경영·경제 통계학 7판

INTRODUCTORY BUSINESS STATISTICS

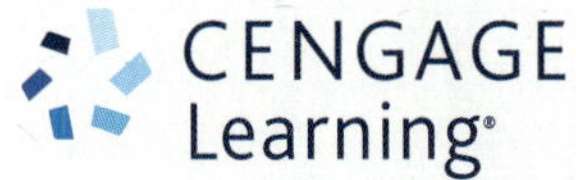

Introductory Business Statistics 7th Edition
International Edition

Ronald M. Weiers

Original edition 2011 South-Western, a part of Cengage Learning.
Introductory Business Statistics, 7th Edition, International Edition by
Ronald M. Weiers. ISBN: 978-1-111-05885-2

This edition is translated by license from South-Western, a part of Cengage Learning, for sale in Korea only.

ISBN-13: 978-89-6218-307-8

Cengage Learning Korea Ltd.
Suite 1801 Seokyo Tower Building
133, 22 Yanghwa-ro, Mapo-Ku
Seoul 121-837, Korea
Tel: (82) 2 322 4926
Fax: (82) 2 322 4927

Cengage Learning is a leading provider of customized learning solutions with office locations around the globe, including Singapore, the United Kingdom, Australia, Mexico, Brazil, and Japan. Locate your local office at:
www.cengage.com/global

Cengage Learning products are represented in Canada by Nelson Education, Ltd.

For product information, visit **www.cengageasia.com**

Printed in Korea

1 2 3 4 15 14 13 12

INTRODUCTORY BUSINESS STATISTICS

7판

경영·경제 통계학

Ronald M. Weiers 지음 | 신준용 · 안성만 · 송한식 옮김

Andover • Melbourne • Mexico City • Stamford, CT • Toronto • Hong Kong • New Delhi • Seoul • Singapore • Tokyo

옮긴이 소개

신준용
고려대학교 경영대학 교수

안성만
국민대학교 경영대학 교수

송한식
동아대학교 경영대학 교수

경영·경제 통계학 —제7판—

Introductory Business Statistics 7th Edition

제7판 1쇄 인쇄 | 2012년 8월 17일
제7판 1쇄 발행 | 2012년 8월 24일

지은이 | Ronald M. Weiers
옮긴이 | 신준용, 안성만, 송한식
발행인 | 송성헌
발행처 | 센게이지러닝코리아㈜
등록번호 | 제313-2007-000074호(2007.3.19.)
주 소 | 서울시 마포구 양화로 133 서교타워빌딩 1801호
전 화 | 02) 322-4926
이메일 | asia.infokorea@cengage.com
홈페이지 | www.cengageasia.com

ISBN-13: 978-89-6218-307-8

공급처 | 교우사
주 소 | 서울시 동대문구 제기2동 148-19
도서안내 및 주문 | TEL 02) 925-2861 FAX 02) 925-2860
홈페이지 | www.kyowoo.co.kr

값 37,000원

역자 서문

PREFACE

이 책은 주로 실제 생활에서 수집된 데이터를 예제, 사례, 연습문제로 사용하기 때문에 통계가 실생활과 얼마나 밀접하게 연관되어 있는가를 실감하게 해줄 뿐만 아니라, 우리 주변에서 쉽게 구할 수 있는 데이터가 어떤 것이 있고 또 얼마나 많은가를 인식하게 해주는 책이다. 자칫 지루하고 어렵게만 느껴질 수 있는 경영통계를 과다할 정도로 친절하고 쉽게 설명하려는 저자의 노력과 성과에 감동할 수밖에 없다. 우리 세 사람의 번역이 이러한 노력에 도움이 되어서 이 책으로 공부하는 모든 사람들이 경영통계를 친근하고 사용하기 쉬운 일상적 도구로 삼을 수 있게 되면 더 바랄 것이 없겠다.

간혹 역자들의 생각이나 기호가 저자와 조금 다른 경우에도 가능한 원서에 충실하게 번역하고자 노력하였다. 원서와 다른 단 한 가지는, 컴퓨터 솔루션에서 Minitab 부분을 생략하였다는 것이다. Minitab은 할인을 받을 수 있지만 돈을 주고 구입하여야 하고 또 우리나라에서는 널리 쓰이지 않는 프로그램이며, Excel만으로도 모든 작업을 쉽게 처리할 수 있기 때문에 생략하였다.

몇 가지 구체적인 것을 첨언하면, 10장의 서두 사례는 번역상의 저작권 문제로 인해 '소주 맛'에 대한 내용으로 역자가 새로이 구성하여 추가한 것이다. 10장에서 검정의 방향은 대립가설의 방향을 가지고 일관성 있게 표현하였다. 또, 10장에서 검정력과 검정력 곡선(그림 10.11)에 대한 설명 가운데, 귀무가설이 진실(true)인 경우는 검정력이 정의되지 않지만, 이를 애써 밝히는 것이 학생들에게 더 혼란을 줄 것 같아 원서 그대로 번역하였다. 11장의 표 11.1에서 '평균차이의 표집분포'로 표현한 가설은 이 책의 독특한 부분이다. 생소하게 느낄 수 있지만 학생들에게 이해를 쉽게 시키고자 하는 원 저자의 생각을 존중하여 그대로 표현하였다. 그러나 10장과 11장에서 '표본 평균을 비교하는 검정'이란 표현(tests comparing sample means) 대신에 '표본 평균을 이용한 검정'으로 번역하였다. 그림 10.3의 분포그림 중앙에 $\mu_0 = 1.3250$만 표기되어 있는데, 이는 학생들이 오해할 수 있으므로 추가 표기와 추가 설명을 넣었다(그림 10.3, 4, 5, 6, 7, 8, 9, 11장 11.2, 3, 4, 5, 6). 원서의 부록에는 표준정규분포와 t-분포 통계표가 별도로 없지만, 학생들이 빈번하게 찾아야 하므로 엑셀함수로 생성하여 책의 뒷부분에 추가하였다.

2012. 7

역자 일동

저자 서문
PREFACE

이 책의 철학과 목적: 학생에게 전하는 메시지

책은 저자와 독자를 연결하는 특별한 고리이다. 미스터리 소설에서는 저자가 불확실하고 당혹스럽고 방심할 수 없는 위험한 함정으로 이루어진 미로를 독자에게 제시한다. 범인이 밝혀지는 끝 부분까지 계속 지적 연막이 펼쳐진다. 불행하게도 모든 의혹이 밝혀지는 끝 부분을 제외하고는 많은 경영통계 책도 같은 방식으로 쓰여진 것처럼 보인다. 이 책은 그렇지 않도록 분명히 다르게 설계되었다. 이 책의 목적은 (1) 경영통계에 대한 명확하고 친절한 소개를 하고, (2) 흥미를 잃거나 학습에 장애가 되는 함정을 제거하고, (3) 이 두 가지 목적을 달성하는 저자의 능력에 대한 독자의 신뢰를 획득하고 끝까지 유지하는 것이다.

경영통계는 단지 여러분이 이수하는 학습과정의 하나로서 중요한 게 아니라, 여러분 미래의 개인적 또는 전문적 삶을 위해서 중요하다. 여러분은 통계적 표현이나 데이터의 분석을 접하게 될 뿐만 아니라, 여러분의 지역, 수, 국가 및 세계적 사회에 중요한 의미가 있는 통계를 생성하는 데 도움이 될 수 있다. 경영 전문가로서 성과와 성공에 대한 통계적 측정치를 사용할 것이며, 직장인으로서 여러분이 최신 통계 기법이나 Excel 같은 컴퓨터 프로그램을 능숙하게 다룰 것으로 기대하는 고용자를 상대하게 될 것이다.

이 책은 격식에 얽매이지 않으면서도 경영통계에 대한 입문서로서 충분한 지식을 제공할 것이다. 이 책을 공부하는 데 간단한 대수 이외에 다른 수학적 지식은 필요하지 않으며, 수학적 기호나 표현은 필요에 따라 소개할 것이다. 각각의 통계적 기법의 목적과 과정을 소개할 때는 그러한 기법을 사용하는 실제적인 예가 제시될 것이다. 각 절마다 그 절의 내용에 대한 연습문제가 있다. 각 장의 끝에는 그 장의 내용 요약과 그 장에서 소개된 수식, 단원 연습문제 및 흥미롭고 현실적인 몇 가지 사례가 있다.

7판의 새로운 점

Data Analysis Plus™ 7.0

7판은 Microsoft Excel에 추가할 수 있는 (add-in) 프로그램으로서 이 책에서 다루는 모든 통계 검정 및 과정을 처리할 수 있는 *Data Analysis Plus™ 7.0*을 폭넓게 사용한다. 이 프로그램은 사용하기가 쉽고 편리하며, CD로 제공된다.

Test Statistics와 Estimators 작업안내서

Excel의 작업안내서(workbooks)인 **Test Statistics**와 **Estimators**는 *Data Analysis Plus™ 7.0*을 보완하는 중요한 안내서이다. 이 안내서를 따르면, 관련된 요약 통계량만 입력하고도 쉽고 빠르게 통계검정을 하고 구간 추정을 할 수 있다. 연습문제를 풀거나, 답을 확인하거나, 데이터가 변하면 결과가 어떻게 달라지는가 등을 알아보고자 할 때 유용하다. 이 작업안내서와 **Beta-mean** 및 가설검정의 검정력을 결정하는 다른 세 가지 작업안내서가 *Data Analysis Plus™ 7.0*에 첨부되어 있으며, CD로 제공된다.

완전한 인쇄 출력과 과정이 제시되어 있는 82개의 컴퓨터 솔루션

가장 최신의 Excel 2007을 이용한 컴퓨터 솔루션이 주요 절마다 제공되어 있다. 교과서의 예제에 대한 컴퓨터 인쇄 출력뿐만 아니라 이러한 결과를 얻는 데 필요한 과정이 쉽게 설명되어 있다.

연습문제와 내용의 개정

7판에는 300개의 새로운 문제를 포함해 거의 1,600개의 연습문제가 있다. 사례와 애플릿 연습문제까지 포함하면 모두 1,800개가 되며, 컴퓨터를 쉽고 편리하게 사용할 수 있는 450가지 데이터가 제공된다. Excel에 사용될 수 있는 양식으로 제공되는 데이터는 CD로 제공된다. 새롭거나 최신화된 예제와 '생활 속의 통계학'뿐만 아니라, 20장(종합품질관리)도 공정능력지수에 대한 소개와 측정이 포함되도록 확장되었다. 더 편리하게 사용되도록 정규분포표도 누적분포표로 바꾸었고, 이는 책 뒤에 첨부되었다.

과거와 같은 이 책의 특징

각 장 도입부의 짧은 이야기와 '생활 속의 통계'

각 장 첫머리에는 그 장의 내용과 연관된 짧은 현실적인 이야기가 있다. 각 장에는 경영통계를 현실에 어떻게 적용하고 이때 발생하는 문제점이 무엇인가를 보여주는 '생활 속의 통계학'이 있다. 소비자물가지수를 이용하여 과거의 가격을 따져보거나 (정말 예전에는 가격이 낮았던가?), 뒷좌석의 사람은 뒤를 보고 앉게 되어 있던 예전의 소형차 등과 같이 광범위한 주제가 포함되어 있다. 몇 가지 예를 들면:

여론조사에 고양이라니! (103쪽)
비율 검정과 화장실 감시 (425쪽)
시계열을 사용한 예측과 Zündapp (617쪽)
확률, 잔디깎는 기계의 도난, 비올 가능성 (127쪽)
CPI 시간여행 (653쪽)
샘플 선물로 구성된 표본 (112쪽)
길 찾기에도 남녀 간에 차이가 있는가? (335쪽)

광범위한 예제의 사용

통계기법을 설명하는 수많은 예가 제공된다. 기법을 소개할 때 작은 규모의 예제에 더하여, 컴퓨터 프로그램이 분석에 어떻게 사용되는가를 보여주는 Excel 인쇄 출력이 제공된다. 이렇게 함으로써 큰 규모의 문제를 컴퓨터로 해결할 때 컴퓨터 안에서 어떤 작업이 이루어지는가를 이해하게 되는 교육적 효과를 가져올 수 있다.

실제 데이터의 사용

이 책에서는 일관성 있게 실제 데이터를 사용하여 통계기법의 가치를 분명하게 보여준다. *USA Today*, *Fortune*, *Newsweek*, *The Wall Street Journal* 등에서 수집된 400개 이상의 실제 자료를 연습문제와 예제에서 사용하여 통계가 중요하면서도 재미있다는 것을 보여준다.

컴퓨터의 중요성

약 200개의 Excel 인쇄 출력이 포함되어 있고, 연습문제, 종합사례, 각 장의 예제에서 사용되는 데이터가 CD로 제공된다. 최신의 ***Data Analysis Plus™ 7.0***과 **Test Statistics**, **Estimators** 작업안내서뿐만 아니라, 연습문제와 요약 통계량을 이용한 'what-if' 분석을 위하여 저자가 작성한 26개의 Excel 템플릿이 제공된다.

실제로 작동시켜 눈으로 보는 통계 애플릿

7판에서도 21개의 Java 애플릿이 CD로 제공된다. 책의 내용과 예제에 맞도록 저자에 의하여 조정된 재미있고 통찰력 있는 애플릿에는 85개의 애플릿 연습문제가 포함되어 있다. University of Colorado의 Gary McClelland가 저술하여 상을 받은 *Seeing Statistics*에서 가져온 애플릿은 이 책의 중요한 통계 개념을 살아 있는 것으로 느끼고 실제로 경험하게 한다.

종합사례

각 장의 끝에는 소개된 개념을 이해하고 적용하는 데 도움이 되는 다음과 같은 사례가 제시되어 있다.

(1) Thorndike Sports Equipment Company

Thorndike Sports Equipment Company가 직면하게 되는 여러 가지 사업 기회 또는 흥미로운 문제나 고민에 할아버지(Luke)와 손자(Ted)가 각 장의 개념을 적용하는 이야기를 계속 따라가면서 공부한다. 각 장의 끝에서 통계를 경영문제에 적용하려는 Luke와 Ted를 돕게 된다. 이 책의 CD에 사례를 설명하는 7개의 Thorndike 비디오가 제공된다. 비디오를 통해 사례의 중요성과 통계를 적용하려는 배경에 대하여 이해를 증진시킬 수 있다.

(2) Springdale Shopping Survey

Springdale Shopping Survey에서는 실제 지역에서 실제 사람들의 의견과 행동을 나타내는 실제로 얻어진 데이터를 접하게 된다. 실제가 아닌 것은 회사 이름뿐이다. 전체 데이터는 30개의 변수와 150명의 응답자로 되어 있으며, CD에 제공된다.

경영사례

7판에는 10개의 장에 걸쳐 12개의 실제 경영사례가 있다. 조직의 이름만 변경되었을 뿐, 모든 데이터가 실제 경영문제와 상황에 대한 실제 데이터로 되어 있는 흥미롭고 광범위한 경영사례이다. 각 사례에서 조직이 더 큰 이익을 내거나, 더 좋은 의사결정을 하거나, 단순히 다음 회계연도에 대한 계획을 하는 데 필요한 데이터의 통계분석을 돕게 된다. MBA 과정, 부동산 중계소, 피자배달 업무 등 다양한 조직이 포함되어 있는 이들 사례는 주로 책의 중간 이후에 소개된다. 사례는 Texas Christian University의 Lawrence H. Peters와 University of Alabama의 J. Brian Gray가 쓴 *Business Cases in Statistical Decision Making*에서 선택되었다. 실제 세상의 문제에 대한 해답이 그렇듯이, 실제 회사나 조직과 연관된 실제 사례 문제의 해답도 단순, 명확하고 간단하지 않은 것이 있다. 하지만, 학생들이 경영통계를 이용해 고객에게 의미 있고 도움이 되는 관찰 결과나 권고를 하는 데 도움이 되는 질문이나 주제의 형식으로 문제를 접근하는 지침이 제공된다.

이 책의 구성

이 책은 1장에서 18장까지를 한 학기에 다룰 수 있다. 나머지 두 장은 강사가 필요에 따라 선택하면 된다.

1장은 경영통계를 소개하고 경영통계가 왜 실제 세상에서 중요한가를 설명한다. 2장과 3장은 통계 정보를 가시적으로 표현하는 방법과 기술통계를 다룬다. 4장은 통계 데이터를 수집하고 생성하는 여러 가지 표본 수집 방법을 다룬다. 5장에서 7장까지는 확률의 개본 개념과 통계분석의 기초가 되는 이산 및 연속 확률 분포를 다룬다. 8장과 9장은 표본 분포와 표본 관측에 의한 예측을 다룬다.

10장에서 14장까지는 표본 데이터를 이용하여 데이터가 나타내는 현상에 대한 결론을 도출하는 방법을 다룬다. 이러한 현상에 대하여 주장된 명제의 진위를 가리는 데 통계가 어떻게 사용될 수 있는가를 배우게 된다. 15장과 16장은 한 개 이상의 변수들이 다른 한 변수에 미치는 영향을 추정하는 수식을 구하고 사용하는 방법을 다룬다.

17장은 앞의 두 장의 내용을 확장하여 모델을 구축하는 방법을 다루고, 18장에서는 시간이 지남에 따라 얻어지는 데이터에 대한 시계열, 예측 및 지수의 개념을 다룬다. 19장은 의사결정에서의 통계의 역할을, 20장에서는 종합적 경영에서의 통계의 사용을 설명할 것이다.

이 책의 끝에는 주요 용어 목록, 여러 가지 통계표, 홀수번호 연습문제의 해답이 첨부되어 있다. 편의를 위해서 학생들이 가장 많이 사용하게 되는 표준정규분포(부록 A.14)와 *t*-분포(부록 A.15)는 이 책 부록 A에 첨부하였다.

부수적 사항

교과서를 더 유용하게 사용할 수 있도록 부수적인 사항들을 모아서 CD로 제공한다.

강의하는 사람을 위한 자료

권한을 인정받은 강사에게는 Instructor's Resources가 제공된다. 여기에는 모든 절, 장, 애플릿의 연습문제, 종합사례 및 경영사례에 대한 완전한 해답; 각 절로 구분되어 Microsoft word로 구성된 문제 은행; 시험문제 출제 프로그램인 Exam View; 각 장의 개념과 예가 포함된 PowerPoint 강의안; 강의에서 사용할 수 있도록 구성된 눈으로 보는 통계학 애플릿이 포함되어 있다.

출판사로부터 추가로 제공받을 수 있는 것들

학생들의 학습에 도움이 되도록 다음과 같은 것들을 출판사로부터 제공받을 수 있다.

강사를 위한 해답집(Weiers)

저자가 직접 만든 모든 절, 장, 애플릿의 연습문제, 종합사례 및 경영사례에 대한 완전한 해답은 자격을 검증 받은 강사에 한하여 Microsoft Word로 제공되며, 암호(password)로 보호되어 있는 웹 사이트 www.cengage.com/international에서 받을 수 있다.

문제 은행(Doug Barrett)

OX형, 선다형, 풀이 문제 등 모두 2,600개의 문제가 수록되어 있다. 컴퓨터화되어 있기 때문에 출제가 간편하다. Eaxm View 프로그램은 www.cengage.com/international에서 제공받을 수 있다.

PPTs (Priscilla Chaffe-Stengel)

각 장의 주요 용어, 이론적 개관, 실용적인 예가 포함되어 있는 PowerPoint 강의안은 www.cengage.com/international에서 제공된다.

감사의 말

동료들의 충고와 조언이 7판을 만드는 데 많은 도움이 되었다. 다음 분들의 조언에 감사드린다:

J. Douglas Barrett
University of North Alabama

David Bush
Villanova University

Priscilla Chaffe-Stengel
California State University-Fresno

Fred Dehner
Rivier College

Jim Ford
University of Delaware

Jeff Grover
Dynamics Research Corporation

Janice Harder
Motlow State Community College

Farid Islam
Utah Valley State College

Yunus Kathawala
Eastern Illinois University

Linda Leighton
Fordham University

Edward Mansfield
University of Alabama

Elizabeth Mayer
St. Bonaventure University

Rich McGowan
Boston College

Patricia Mullins
University of Wisconsin

Alan Olinsky
Bryant University

Deborah J. Rumsey
The Ohio State University

Farhad Saboori
Albright College

Dan Shimshak
University of Massachusetts

Kathy Smith
Carnegie Mellon University

Debra K. Stiver
University of Nevada, Reno

Mark A. Thompson
University of Arkansas at Little Rock

Joseph Van Metre
University of Alabama

이 책의 전 판을 검토하여 주신 다음 분들에게 감사를 드린다:

Randy Anderson, *California State University—Fresno*; Leland Ash, *Yakima Valley Community College*; James O. Flynn, *Cleveland State University*; Marcelline Fusilier, *Northwestern State University of Louisiana*; Thomas Johnson, *North Carolina State University*; Mark P. Karscig, *Central Missouri State University*; David Krueger, *Saint Cloud State University*; Richard T. Milam, Jr., *Appalachian State University*; Erl Sorensen, *Northeastern University*; Peter von Allmen, *Moravian College*: R. C. Baker, *University of Texas-Arlington*; Robert Boothe, *Memphis State University*; Raymond D. Brown, *Drexel University*; Shaw K. Chen, *University of Rhode Island*; Gary Cummings, *Walsh College*; Phyllis Curtiss, *Bowling Green State University*; Fred Derrick, *Loyola College*; John Dominguez, *University of Wisconsin—Whitewater*; Robert Elrod, *Georgia State University*; Mohammed A. El-Saidi, *Ferris State University*; Stelios Fotopoulos, *Washington State University*; Oliver Galbraith, *San Diego State University*; Patricia Gaynor, *University of Scranton*; Edward George, *University of Texas—El Paso*; Jerry Goldman, *DePaul University*; Otis Gooden, *Cleveland State University*; Deborah Gougeon, *Appalachian State University*; Jeffry Green, *Ball State University*; Irene

Hammerbacher, *Iona College*; Robert Hannum, *University of Denver*; Burt Holland, *Temple University*; Larry Johnson, *Austin Community College*; Shimshon Kinory, *Jersey City State College*; Ron Koot, *Pennsylvania State University*; Douglas Lind, *University of Toledo*; Subhash Lonial, *University of Louisville*; Tom Mathew, *Troy State University—Montgomery*; John McGovern, *Georgian Court College*; Frank McGrath, *Iona College*; Jeff Mock, *Diablo Valley College*; Kris Moore, *Baylor University*; Ryan Murphy, *University of Arizona*; Buddy Myers, *Kent State University*; Leon Neidleman, *San Jose State University*; Julia Norton, *California State University—Hayward*; C. J. Park, *San Diego State University*; Leonard Presby, *William Patterson State College*; Harry Reinken, *Phoenix College*; Vartan Safarian, *Winona State University*; Sue Schou, *Idaho State University*; John Sennetti, *Texas Tech University*; William A. Shrode, *Florida State University*; Lynnette K. Solomon, *Stephen F. Austin State University*; Sandra Strasser, *Valparaiso State University*; Joseph Sukta, *Moraine Valley Community College*; J. B. Spaulding, *University of Northern Texas*; Carol Stamm, *Western Michigan University*; Priscilla Chaffe-Stengel, *California State University—Fresno*; Stan Stephenson, *Southwest Texas State University*; Patti Taylor, *Angelo State University*; Patrick Thompson, *University of Florida—Gainesville*; Russell G. Thompson, *University of Houston*; Susan Colvin-White, *Northwestern State University*; Nancy Williams, *Loyola College*; Dick Withycombe, *University of Montana*; Cliff Young, *University of Colorado at Denver*; and Mustafa Yilmaz, *Northeastern University*.

이 책의 Springdale Shopping Survey의 데이터 베이스를 사용하도록 허락하고 도움을 준 Vince Taiani에게 감사를 드린다. 기술적 지원과 도움을 준 Minitab, Inc.에 감사를 드린다. 이 책에서 사용하는 애플릿을 만든 Gary McCelland와 사례 및 학생들과의 경험을 통해 도움을 준 Lawrence H. Peters와 J. Brian Gray에게 감사를 드린다. 친구이자 동료 저자인 Gerry Keller와 이 책에서 사용되는 *Data Analysis Plus*™ *7.0*의 제작사에 감사를 드린다.

힘들지만 보람 있었던 이 책의 제작과정에서 제공된 Cengage Learning 편집진의 격려, 지도 및 전문적 역량에 감사드린다. 특히 기획편집장인 Charles McCormick; 개발 편집장인 Suzanna Bainbridge와 Elizabeth Lowry; 내용기획편집장 Kelly Hillerich; 마케팅 부사장 Bill Hendee; 미술 감독 Stacy Shirley; 편집자 Eleanora Heink; 마케팅 코디네이터 Sullen Ruttkay; 마케팅 커뮤니케이션 매니저 Libby Shipp에게 감사드린다. 세계적 편집 기술을 가지고 있는 Susan Reiland와 미세한 내용을 감수한 Dr. Jeff Grover, Dr. Debra Stiver, Dr. Doug Barrett에게 감사드린다.

마지막으로 7판까지 나오는 동안 참고 성원해 준 가족에게 감사드린다.

Ronald M. Weirs, Ph.D.
Eberly College of Business and Information Technology
Indiana University of Pennsylvania
And
Adjunct, H. Hojn Heinz III College
Carnegie Mellon University

컴퓨터의 사용

컴퓨터 프로그램을 사용하는 능력으로 볼 때 7판은 가장 강력하다. Excel 2007만 사용하는 것이 아니고 *Data Analysis Plus™ 7.0*과 작업안내서인 **Test Statistics**와 **Estimators**도 사용한다. 최종 인쇄 출력과 이를 얻기 위한 순차적 단계가 설명되어 있는 82개의 컴퓨터 솔루션이 포함되어 있다. 모든 Excel 자료는 Microsoft Office 2007로 검증하였다.

Excel

널리 보급되어 있는 이 프로그램으로 할 수 있는 통계 검정과 처리는 제한되어 있지만 거의 모든 컴퓨터에서 사용 가능하고 뛰어난 그래픽을 제공한다. Excel에 관한 보충 설명이 아래에 있다.

Data Analysis/Analysis ToolPak

Excel 2007의 표준 데이터분석 모듈이다. Data 리본에 Excel의 Data Analysis add-in이 오른쪽에 메뉴 항목으로 나타난다. 나타나지 않으면 Data Analysis 모듈을 다음과 같이 추가하면 된다: 화면 왼쪽 상단에 있는 Microsoft Office 단추를 클릭한다. **Excel Options** 단추를 클릭한다. **Add-Ins**를 클릭한다. **Manage** 상자에 **Excel Add-Ins**가 나타나는가를 확인하라. **Go**를 클릭한다. **Add-Ins Available** 상자에서 **Analysis ToolPak**을 선택하고 **OK**를 클릭한다. 이제 Analysis ToolPak이 사용 가능해졌다. 만일 Analysis ToolPak이 컴퓨터에 설치되지 않았다는 표현이 나타나면 **Yes**를 클릭하여 설치한다.

Data Analysis Plus™ 7.0

이 걸출한 프로그램은 이 책의 모든 통계 검정과 과정을 수행할 수 있도록 Excel의 기능을 확장하며 사용하기가 대단히 편리하다. 이 책의 CD로 제공되며, 설치 지시에 따라 자동적으로 설치된다. 컴퓨터 Windows 디렉터리의 Excel 부분에 있는 XLstarter 폴더에 Excel 파일 STATS가 삽입된다. 설치가 끝난 다음 **Tools** 리본을 클릭하면, **Data Analysis Plus**가 메뉴 항목 중 하나로 나타난다.

Test Statistics와 Estimators

*Data Analysis Plus™ 7.0*에 부수되어 있는 이 작업안내서는 문제의 요약 데이터를 이용하여 통계 과정을 수행하거나 해답을 얻게 하는 작업장 역할을 한다. 이를 이용하면, 연습문제를 풀거나 직접 푼 문제의 해답을 확인하거나, 입력이 변하면 결과가 어떻게 달라지는가를 알아보고자 하는 'what-if' 작업을 쉽게 할 수 있다. 이 작업안내서는 통상 데이터 파일이 있는 디렉터리에 설치된다.

기타 Worksheet 템플릿

저자가 이 책의 지난 판에서부터 계속 작성하여 온 26개의 Excel worksheet이 있다. **Test Statistics**와 **Estimators**의 worksheet은 데이터의 요약 정보를 이용하여 해답을 제공한다. 템플릿을 사용하는 방법은 각각의 템플릿 안에 포함되어 있다. 적용 가능한 경우, 관련된 분석과 과정이 있는 컴퓨터 솔루션에서 템플릿이 언급될 것이다.

차례
CONTENTS

PART 1
경영통계의 기본지식

CHAPTER

1 경영통계에 대한 소개
A Preview of Business Statistics

통계는 재미있고, 새로운 것을 알게 해주고, 위험을 경고해 준다

오늘날 통계는 아주 하잘 것 없는 것에서부터 대단히 중요한 것에까지 널리 응용된다. 미국에서 31%의 사람들이 명절 선물을 다시 다른 사람에게 선물한다거나,[1] 배우 톰 크루즈의 인기도가 2005년과 2006년 사이에 58%에서 35%로 하락하였다는 것처럼, 그저 흥밋거리에 불과한 통계도 가끔 접할 수 있다.[2]

그런가 하면 통계적으로 기술된 내용이 경영 윤리나 고용인의 사생활과 밀접한 관련이 있는 중요한 것일 수도 있다. 예를 들면, 업무 중 생산성이 저하될 정도로 인터넷을 과다하게 사용한다고 응답한 직장인이 5%나 된다는 경우다.[3] 정부 조직의 경우에도 마찬가지로, 인구조사(census) 통계가 대도시의 예산에 수백만 달러의 영향을 미칠 수 있다. 한 예로, Los Angeles 시의회에 의하면 76,800명의 소수민족이나 영세민이 2000년도 인구조사에서 누락되었기 때문에 연방정부 지원금이 1억 8천만 달러나 줄었다고 한다.[4]

극단적인 경우로는, 세계 최악의 핵사고가 있었던 체르노빌 인근 거주자의 생명 피해를 기술하는 데도 통계가 사용될 수 있다. 1986년 참사 이후 10년 동안 방사능 오염지역의 암발생률이 거의 2배가 되었고, 시간이 지날수록 발생률이 높아질 것이라는 것이 학자들의 우려이다.[5] 일반적으로 질병이 집중적으로 발생된 지역에 대한 조사에서 이와 같은 높은 발병률이 우연한 결과인지, 아니면 어떤 환경적인 요인 또는 오염 요소가 원인인지를 밝히는 데 통계적 방법이 유용하게 사용될 수 있다.

[1] 출처: Michelle Healy and Veronica Slazer, "Thanks... Again," *USA Today*, December 23, 2008, p. 1D.
[2] Susan Wloszczyna, "In APublic' s eyes, Tom' s Less of a Top Gun," *USA Today*, May 10, 2006 p. 1D.
[3] Jae Yang and Marcy Mullins, "Internet usage' s Impact on Productivity," *USA Today*, March 21, 2006, p. 1B.
[4] cd13.com. Letter from Los Amgeles City Council to U.S. House of Representatives, April 11, 2006,
[5] Allison M. Heindrichs, "Study to Extreme Breast Cancer in Europeans," *Pittsburgh Tribune-Review*, April 23, 2006; and world-nuclear.org/info/chernobyl, April 2009.

1.1 경영통계에 대한 소개

여러분에게 시기적절한 화제, 잘못된 이미지

지금쯤 여러분의 대학생활 단계에서는 유해물질의 방류, 무장 강도, 점술사의 예언, 프로 레슬링 등이 **경영통계**보다 훨씬 더 친근한 주제일 것이다. 대부분의 학생들이 경영통계 과목을 대단히 어렵다거나 자신의 생활과 별로 연관이 없는 것으로 생각하기 때문에 이러한 생각은 하나도 이상할 것이 없다. 통계를 처음 공부하는 학생 105명을 상대로 조사한 결과, 56%의 학생들이 '통계에 대한 두려움'을 갖고 있는 것으로 나타났다[6](이렇게 말하는 것이 바로 통계이며, 이러한 통계는 하나도 어렵지 않고, 또 우리의 생활과 관계가 없는 것도 아니다. 예고 없이 통계를 소개해서 미안하다).

통계에 대한 첫 인상이 부정적이라는 전제 아래, 좀 더 긍정적인 관점에서 통계에 대한 이야기를 해보자. 우선, 공부하기가 어렵지 않은 것이, 이 책을 공부하는 데는 대수에 관한 기초적인 지식만 있으면 충분하다. 그 이외의 필요한 지식은 필요한 때에 소개하고 설명할 것이다. 다음으로, 통계가 실생활에서 중요한가 하는 점에 관해서는 그림 1.1의 불운한 사람들의 경우, 통계의 작은 변화가 어떻게 이 사람들의 운명을 바꾸었을까를 생각해보는 것으로 충분하다.

경영통계란 무엇인가?

간단히 정의하면, 경영의사결정이나 경영상황에 관한 중요한 수치적 조사 결과를 수집, 정리, 분석하여 보고하는 것이 경영통계이다. 다양한 사업이 경영되기 때문에 경영통계도 다양한 경영상황에 적용될 수 있다. 앞으로 다양한 상황에 대한 광범위한 응용을 공부하게 된다. 여러분이 목표로 하는 직업이 회계, 마케팅, 재무, 정치, 정보관리 또는 인사 등 어떠한 것이든지 간에 이 책에서 소개하는 통계적 기법이 각 분야의 중요하고 다양한 사례와 문제에 의하여 설명되는 것을 보게 될 것이다.

그림 1.1

이 사람들의 입장을 살펴보면, 통계가 실생활과 관련이 없다는 생각이 얼마나 잘못된 것인가를 알 수 있다.

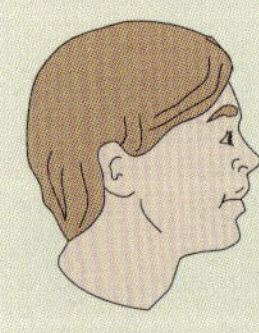

Sidney Sidestreet, 전자제품생산업체의 전직 품질확인 담당자. 그가 확인한 상자 위쪽의 20개 전자칩은 모두 이상이 없었음. 그러나 상자 아래쪽에 있던 14,980개의 전자칩 중 많은 숫자가 불량품이었음.

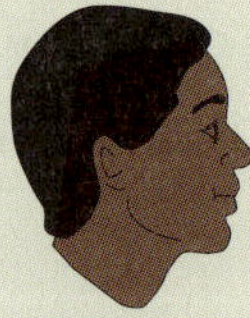

왼손잡이 "H.R." Jones, 전직 프로 야구 투수. 지난 시즌 평균자책점이 12.4이었으며, 프로 생활이 종료되었음.

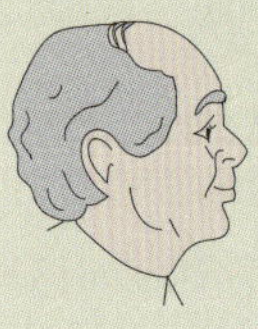

Walter Wickerbin, 전직 신문 칼럼 작가. 신문사 설문조사에 의하면 43%의 구독자가 그의 칼럼이 있는 지조차 기억 못함.

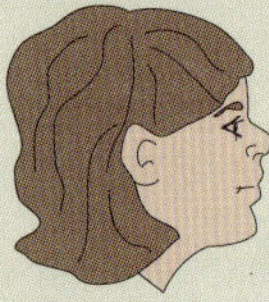

Rhonda Rhodes, 타이어 회사의 전직 기술담당 부사장. 타이어 수명이 45,000마일이라고 광고하였으나, 저명 소비자 잡지의 조사에 의하면 실제 수명이 20,000마일도 안 되는 것으로 밝혀짐.

[6] 출처: Eleanor W. Jordan and Donna F. Stroup, "The Image of Statistics," *Collegiate News and Views*, Spring 1984, p. 11.

실무 담당자뿐만 아니라 소비자를 위하여

여러분은 사업가로서 (1) 통계 자료에 근거한 조사 결과를 수집, 분석, 보고하는 실무담당자 또는 (2) 무능하거나 비윤리적일 수도 있는 다른 사람들에 의하여 제시되는 통계적 주장이나 조사 결과를 사용해야 하는 소비자 중 최소한 한 가지 입장에서 통계를 접하게 될 것이다.

이 책의 일차적 목적은 실무담당자의 입장에서 사용하게 되는 경영통계 방법을 소개하는 것이다. 여러분은 이 책을 공부한 다음 통계자료의 수집, 분석 및 보고에 필요한 모든 기법에 능숙하고 정통한 사람이 될 것이다. 이차적인 목적은 통계를 사용하는 소비자로서의 여러분과 여러분의 회사를 보호하는 것이다. 특히 여러분의 회사에 통계적 조언이나 충고를 하고자 하는 사람들을 대하는 방법을 아는 것이 중요하다. 대체로 이러한 사람들은 다음 중 하나이다.

1. **Dr. Goodstat** 상황에 맞는 올바른 통계적 기법을 성실하게 적용하고, 수집된 정보를 객관적으로 분석하고 보고하는 사람. 이런 사람은 믿어도 된다.
2. **Stanley Stumbler** 악의는 없지만, 자신이 하고 있는 일이 무엇인지 충분히 알지 못하는 사람이다. 부적절한 방법을 적용하여 잘못된 결론을 얻게 된 것을 자신도 모르는 경우이다. 이러한 조사 결과를 사용하는 것은 눈을 감고 날려고 하는 것처럼 위험한 일이다.
3. **Dr. Unethicus** 자신의 지식을 이용하여 의도적으로 옳지 않은 조사 결과를 당신에게 팔아넘기려는 사람이다. 한마디로, 과학적 객관성이나 당신에게 필요한 정보보다 자신의 이익을 우선으로 하는 사람이다. 이러한 사람이 설득하는 방법은 다양하기 때문에 잡아내기가 쉽지 않다. 이러한 사람을 받아들이면 당신은 손해를 보고 이익을 얻는 건 그 사람뿐이다.

1.2 통계: 과거와 현재

과거

지난 수천 년간 통계자료가 수집되었지만, 초기에는 주로 세금을 징수하기 위하여 사람이나 소유물의 숫자를 세는 데 그쳤다. 이와 같이 세고 열거하여 기록하는 기능은 20세기까지 계속되었는데, 상업과 정치적 세계에서의 통계의 역할은 다음과 같이 1925년의 관찰에도 잘 나타나 있다.

통계를 사용하고 통계적으로 사고하는 것은 원칙이 되어가고 있다. 큰 경영조직은 조직과 연관된 사실에 대하여 자료를 수집하고 해석하는 통계부서가 있을 뿐만 아니라, 외부에서 수집된 통계를 사용하는 소비자이기도 하다. 상업 간행물이나 정부 문서는 주로 통계적 성격을 갖는데, 이는 당연한 것이, 사업이나 국가적 업무는 통계에 의존하지 않고는 수행될 수 없기 때문이다.

경영에서는 매출, 원가, 원재료 공급자, 시장 설비 등에 관한 과거 자료에 대한 기록이 필요하다. 이러한 기록은 발전 추이, 재무상태, 경제성장 등을 측정하는 데 쓰인다. 사업의 변화, 즉 증가와 감소, 또 이러한 변화에 영향을 미치는 여러 요소에 대한 기록은 미래의 발전을 예측하는 데 중요하다.[7]

위 글에서 '미래 발전에 대한 예측'에 대한 간단한 언급에 주의할 필요가 있다. 중요한 변화가 일어나고 있는 시기였던 1925년의 이러한 관찰은 대단히 적절한 것이다. 수동적으로 기록하고 묘사하는 통계가 아니라, 표본 정보를 기본으로 하여 추론하고 의사결정에 영향을 미치는 적극적이고 유용한 경영도구로 변해가고 있었던 것이다.

현재

오늘날 통계와 통계의 응용은 우리 삶의 중요한 부분이 되고 있다. 정치, 의학, 교육, 경영, 사법 등 다양한 영역에서 사람들의 행동이 통계에 의하여 측정되고 유도된다.

시장에서의 우리의 행동이 매출 통계가 되어 기업이 제품을 유지하거나, 제거하거나, 변경하는 의사결정에 사용된다. 마찬가지로, 자동차 보험회사는 연령, 자동차 종류, 사고 등에 관한 자료를 수집하고, 이러한 통계에 의하여 Chevrolet사의 Corvette과 같은 고출력 자동차를 운전하는 십대의 운전자에게 높은 보험료를 부과하는 것이다. 또한 이러한 높은 보험료 때문에 십대 청소년이 이러한 자동차를 소유하거나 운전하는 것이 어렵게 되므로, 사람들의 행동에 영향을 미치게 된다. 다음은 통계가 사람들의 행동을 측정하거나 행동에 영향을 미치는 추가적인 예이다.

- 미국에 얼마나 많은 사람들이 살고 있는가를 집계하는 데 그치지 않고, 미국 인구통계국은 수입, 주거, 운송, 직업 등에 관한 광범위한 정보를 수집한다. 과거 통계국은 10년마다 6명 중 1명의 비율로 세부질문서를 보내 이러한 정보를 수집했다. 현재는 매월 300만 가구를 대상으로 67개 항목에 대하여 정보를 수집한다. 이렇게 수집된 정보는 과거보다 더 현실적이고 유용하며, 경영 의사결정과 연방정부 기금보조에 수십억 달러에 해당하는 중요한 영향을 미친다.[8]
- 국제 아이스크림협회에 의하면, 미국인 90% 이상이 아이스크림과 같은 냉동 후식을 소비한다. 가장 인기 있는 맛은 매출의 30%에 해당하는 바닐라이고, 초콜릿이 두 번째로 매출의 10%이다.[9]
- 평균적으로 미국의 상점에서 매일 발생하는 좀도둑 피해액은 3,500만 달러에 해당한다. 경제가 악화될수록 더 많이 발생되며, 지난 5년 동안 구속된 사람은 1천만 명 이상이다.[10]

[7] 출처: Horace Secrist, *An Introduction to Statistical Methods*, rev. ed. New York: Macmillan Company, 1925, p. 1.
[8] 출처: Haya El Nasser, "Rolling Survey for 2010 Census Keeps Data Up to Date," *USA Today*, January 17, 2005 p. 4A.
[9] 출처: idfa.org, June 19, 2009.
[10] 출처: shopliftingprevention.org, June 19, 2009.

이 책에서는 정보의 기술, 분석의 도구, 결론 도출의 수단, 의사결정의 지원 등 복합적 기능의 관점에서 통계가 다루어질 것이다. 다음 절에서는 기술통계와 추론통계의 개념을 소개한 뒤, 현 세계에서 통계의 중요성을 보여 주는 더 많은 사례가 소개될 것이다.

연습문제

1.1 옛날에는 통계가 주로 어떤 목적으로 사용되었나?

1.2 오늘날의 경영환경에서 통계가 어떻게 유용하게 사용될 수 있나?

1.3 기술통계와 추론통계

지금까지 본 것처럼, 통계는 숫자나 수치 또는 특정한 통계적 방법을 의미한다. 통계는 (1) 단지 데이터 집합의 특성을 기술하는가 또는 (2) 데이터의 특성을 기초로 하여 일반화하고, 추정 또는 예측을 하고 판단을 하는가에 따라 더 구체적으로 구분할 수도 있다. 첫 번째의 경우를 **기술통계(descriptive statistics)**라 하고 두 번째의 경우를 **추론통계(inferential statistics)**라 한다. 둘 다 오늘날의 경영에서 중요한 역할을 담당한다.

기술통계

기술통계는 수집된 데이터를 요약하고 기술하는 것이다. 예를 들어, 여러분이 교실을 둘러보았을 때 35%의 학생이 Casio 시계를 차고 있다는 것을 알게 되었다고 하자. 이때 '35%'가 바로 기술통계다. 그렇다고 해서 전국의 학생이나 여러분 학교 전체 학생 중 35%가 Casio 시계를 차고 있다는 주장을 하는 것은 아니다. 단지 관찰된 데이터를 기술하는 것뿐이다. 미국 우정국은 2007년에 27,276개의 우체국을 운영했지만, 1900년에는 76,688개의 우체국을 운영하고 있었다.[11] 2008년 맥도날드 햄버거회사의 12억 2천만 보통주는 주당 $3.76의 이익이 나서 $1.63의 배당을 받았다.[12] 표 1.1은 기술통계의 추가적인 예를 보여준다. 2장과 3장에서는 수집된 정보를 기술하는 여러 가지 가시적 또는 통계적 방법을 소개할 것이다. 지금으로서는, 기술통계가 단지 요약하고 기술하기 위하여 사용된다는 것만 기억하면 된다.

추론통계

때로는 **귀납적**(*inductive*) 통계라고도 불리는 추론통계에서는 데이터의 기술에서 한 걸음 더 나아가, 표본 데이터 수집의 대상이 되었던 현상에 대한 **추론**을 도출한

[11] 출처: Bureau of the Census, U.S. Department of Commerce, *Statistical Abstract of the United States* 2009, p. 690.

[12] 출처: McDonald's Corporation, Inc., 2008 *Annual Report*.

표 1.1

기술통계와 추론통계의 예

기 술 통 계
• 미국 인구 통계국의 조사에 의하면, 홀아버지와 18세 미만 아동으로 구성된 가구의 수가 220만이다. [p. 1A]
• 서비스업 종사자의 자살 건수가 2008년에는 51이었는데, 올해는 82이다. [p. 1A]
• 2001년 8,305개로 최고에 달했던 mutual fund가 주식시장의 침체, 인수 및 합병에 의하여 8,011개가 되었다. [p. 1B]
• 2009년 3월 4일 이후 Obama 대통령의 지원계획에 의하여 190,000건의 주택담보 계약 수정이 이루어졌고, 397,724건의 주택채무 연체와 607,974건의 주택소유권 취소 및 경매가 있었다. [p. 1A]
추 론 통 계
• 돼지유행감기의 감염 가능성이 있는 간호사나 건강관리업 종사자에 대한 조사에 의하면, 단지 절반 정도만이 환자를 접촉할 때 장갑을 착용한다. [p. 3A]
• 외식하는 사람들에 대한 Zagat 설문조사에 의하면, 특수 전문점이 아닌 일반 음식점의 경우 Outback Steakhouse의 스테이크가 가장 높게 평가되었다. [p. 7A]
• 설문조사 결과에 의하면, 골프를 치고 목이 말라 클럽하우스에 간 사람들 중 26%가 스포츠음료를 주문한다. [p. 1C]
• 미국의 운전자에 대한 설문조사에 의하면, 33%가 도로변에 있는 상점 중 South Carolina의 South of the Border가 최고의 상점이라고 응답했다. [p. 1D]

출처: *USA Today*, June 19, 2009. 자료 page는 괄호 안에 제시되었음.

다. 예를 들어, ABC TV 방송국은 수천 가구의 시청률에 대한 조사 결과에 근거하여 황금시간대의 프로그램을 취소할 수도 있다. 이 경우 방송국의 결정은, 전국적으로 수백만 시청자가 경쟁사의 프로그램을 시청하고 있다는 가정 하에 이루어진 것이다.

정치적 여론을 조사하는 사람들이 추론통계를 가장 많이 사용하는 사람들 중 하나인데, 수백만 투표자의 선거일 투표성향을 예측하기 위하여 보통 1,000명에서 2,000명 사이의 투표자를 조사한다. 대통령 선거의 경우, 상대적으로 적은 숫자의 사람들을 조사하고도 여론 조사자들은 누가 어떤 차이로 승리할 것인가까지 정확하게 예측한다. 단순한 우연의 결과가 아닌 이러한 예측 정확도가 바로 추론통계의 매력이고, 추론통계가 유용한 이유이다(표 1.1에 추론통계의 중요성을 보여주는 다양한 예가 있음). 이 책 대부분의 내용은 추론통계의 개념과 다양한 방법을 다루는 것이 될 것이다.

추론통계의 주요 용어

유권자들의 정치적 선택을 알아내기 위하여 여론조사기관은 모든 유권자로 이루어진 **모집단**(population) 중에서 선택한 소수의 **표본**(sample)을 사용한다. 표본조사의 결과를 이용하여 유권자 모집단의 투표성향에 대하여 추론을 하는 것이다. 표본조사 결과(예를 들면, 표본의 45%가 대통령으로 Charles Grady를 더 선호한다)를 **표본통계량**(sample statistics)이라고 부르며, 이를 기초로 하여 **모수**(population parameter: Charles Grady를 선호하는 전국 유권자의 실제 %)에 대한 추정을 한다. 추론통계의 중요한 용어를 정의하면 다음과 같다.

- **모집단(population):** *전체집합(universe)*이라고도 부르며, 관심의 대상이 되는 사람이나 사물 전체의 집합이다. 미국 전체의 성인 모두가 될 수도 있고, 국내 항공사의 조종사 전체, 또는 Timken Company가 생산한 모든 베어링이 될 수도 있다.

모집단은 사람뿐만이 아니라 사물이 될 수도 있다. 통계조사를 하기 전에 모집단이 분명하게 정의되어야 한다. 예를 들면, 소매상점에서 '고객'을 다음 수요일 오전 9시와 오후 5시 사이에 상점에 오는 모든 사람으로 결정할 수 있다. 물론 달리 정의할 수도 있지만, 모집단을 구성하는 사람이나 사물을 명확하게 정의하지 않고는 적절한 표본을 선정할 수가 없다.

- **표본(sample):** 모집단의 부분집합이다. 앞에서의 소매상점의 경우, 다음 수요일 오전 9시와 오후 5시 사이에 상점에 오는 사람들 중 매 10번째 사람을 표본으로 선정할 수 있다.

표본을 구성하는 사람이나 사물이 모집단과 특성(예를 들면, 투표성향, 구매성향, 나이, 수입, 교육수준 등)이 같으면, 표본이 *대표성(representative)*이 있다고 한다. 예를 들어, 모집단의 45%가 여성이면, 표본의 45%도 여성인 것이 좋다. 표본이 너무 커져서 모집단과 동일하게 되는 것을 전수조사(complete census)라고 부른다.

- **통계량(statistic):** 표본의 측정된 특성을 말한다. 예를 들면 소매상점의 경우, 표본의 73%가 우리 상점의 상품이 길 건너 경쟁 상점보다 더 질이 좋다고 생각한다는 경우이다. 표본 통계량은 평균, 중앙값(median), 최빈값(mode), 비율 같은 대표성향 또는 중심성향(central tendency)이 될 수도 있고, 범위(range), 표준편차 같은 산포의 측도(measure)일 수도 있다.

*표본 평균*은 데이터의 산술평균이다. 데이터의 합을 데이터의 개수로 나누어 준 값이다. 예를 들어, $4, $3, $8의 평균은 ($4 + $3 + $8)/3 = $5.

*표본 중앙값*은 데이터의 중간값이다. $4, $3, $8의 표본에서 $4보다 큰 값의 표본의 수와 작은 값의 표본의 수가 같기 때문에 중앙값은 $4이다.

*표본 최빈값*은 가장 높은 빈도로 관찰되는 데이터값이다. 데이터가 12, 15, 10, 15, 18, 21이라면, 가장 높은 빈도를 갖고 있는 15가 최빈값이다.

*표본 비율*은 %를 비율(1 이하의 실수)로 나타낸 것이다. 예로, 75.2%의 표본비율은 0.752가 된다.

표본 범위는 가장 큰 데이터값과 가장 작은 데이터 비율의 차이이다. 예로 $4, $3, $8의 범위는 ($8 − $3) = $5이다.

표본 표준편차는 산포도를 측정하는 표준 공식에 의하여 얻어진다. 표준편차를 계산하는 공식은 중심성향과 산포도의 다른 측정 방법과 함께 3장에서 다룰 것이다.

- **모수(parameter):** 모집단의 특성을 나타내는 수치이다. 모집단을 전수조사한다면 모수가 실제로 측정될 수 있다. 그러나 실제 경영과 연관된 조사에서 전수조사는 불가능하다. 표본통계의 목적은 (표본 평균에 의하여 모집단의 평균을 측정하는 경우처럼) 모집단 모수의 측정에 있다. 대표적인 모수로는 평균, 중앙값, 비율, 표준편차 등이 있다.

앞에서의 소매상점의 경우, 이 상점이 다른 경쟁 상점보다 더 좋은 질의 상품을 판다고 생각하는 실제 고객 비율은 알 수가 없다(이 알지 못하는 비율이 이 경우의 모수이다). 그러나 상점 주인은, 시간과 비용을 들여 전수조사를 하였다면 밝혀졌을 모수의 측정치로 표본통계(73%)를 사용할 수 있는 것이다.

연습문제

1.3 기술통계와 추론통계의 차이점은 무엇인가? 주 상원의원이 상정된 법안에 대하여 어떻게 투표하는 것이 좋은가를 결정하기 위하여 출신 지역 주민의 의견에 대하여 조사를 한다면 어떠한 통계의 범주에 속하나?

1.4 2008년 Piedmont Natural Gas Corporation은 전년 대비 3.7% 증가한 5천 4십만 입방 피트의 가스를 주민에게 팔았다. 이 경우, 기술통계인가 추론통계인가? 이유는? (출처: Piedmont Natural Gas Corporation, Annual Report 2008, p. 16)

1.5 건강관리 잡지에 실린 기사에 의하면, 20명의 성인을 대상으로 실내 달리기를 위한 기구, 도약용 운동기구, 카펫 위에서의 달리기를 이용하여 심장혈관에 대한 반응을 조사한 결과 도약용 운동기구가 가장 심장 박동의 횟수가 작은 것으로 보고되었다. 이것은 기술통계인가 아니면 추론통계인가? 이유는?

1.4 변수의 종류와 측정의 척도

질적 변수

사람이나 사물과 관련된 변수 중에는 이러한 사람이나 사물이 어떠한 범주에 속한 것인가 나타내는 **질적**(qualitative)인 것이 있다. 예를 들어, (1) 당신은 남자 아니면 여자이고, (2) 지난주에 특정한 종류의 맥주를 마셨거나 안마셨거나 둘 중 하나이고, (3) 다음에 사게 될 TV가 흑백 아니면 컬러이고, (4) 당신의 머리 색깔이 갈색, 검정색, 붉은색, 금발 아니면 회색이다. 두 가지 또는 그 이상 되는 범주를 갖고 있는 질적 변수도 있다. **속성**(*attribute*)이라고도 불리는 질적 변수는 각각의 범주에 속한 사람이나 사물의 숫자나 비율이 얼마인가로 표현된다.

예를 들면, 면담 조사한 초등학생의 35%가 맥도날드 햄버거의 상징인 Ronald McDonald를 알고 있고, 65%는 알지 못하였다고 조사 결과를 제시하는 것이다.

양적 변수

양적(quantitative) **변수**는 단지 어떤 것을 가지고 있는가 만이 아니라 얼마나 가지고 있는가를 나타내 준다. 양적 변수에는 이산(discrete)변수와 연속(continuous)변수의 두 가지가 있다.

이산변수는 어떤 구간 안에서 서로 분리되어 있는 수치를 값으로 갖는다. 이산변수의 예를 들면, 제조회사의 종업원 수 또는 극장 공연의 관객 수, 어떤 제품 표본의 불량품의 수 등이다. 이산변수의 값이 분수가 될 수도 있지만, 경영통계에서는 대체로 셀 수 있는 숫자로서 정수의 값을 갖는다. 예로 미국의 슈퍼마켓에서 고객이 사는 우유의 양을 갤런으로 관찰한다면, 우유는 보통 1/4갤런이나 1갤런 용기에 팔리기 때문에 0.25, 0.50, 0.75, 1.00, 1.25, 1.50 등이 될 것이다. 고객이 0.835갤런 같은 양을 사는 것은 불가능하다. 이산변수의 특징은 변수의 값 사이에 간격이 있다는 것이다.

연속변수의 경우에는 어떤 구간 안에서 어떠한 값이라도 가능하다. 예를 들면, 물 저장소의 물의 양은 0에서 저장소의 총 용량까지 어떤 수치도 될 수 있다. 변수값이 될 수 있는 수치들 사이에 전혀 간격이 없다. 화물을 적재한 트럭의 무게, 주가지수, 학교에서 학생들의 집까지의 거리, 이 책을 읽는 동안의 바깥 온도 등도 연속변수의 예이다.

측정척도

변수에 특정한 값을 부여하는 것을 측정(*measurement*)이라고 한다. 예를 들어, 온도계를 보고 온도가 화씨 72.5도인 것을 안다거나, 전구 상자에 깨어진 전구가 3개 있다는 것을 알게 되는 경우, 72.5와 3이 측정값이다. 변수의 값은 표 1.2에 정리되어 있는 것처럼 명목(nominal), 순서(ordinal), 구간(interval), 비(ratio)의 네 가지 **척도**(*scale*)로 표현된다. 데이터를 기술하고 분석하기 위한 적절한 방법의 결정은 변수가 측정되는 척도에 따라 달라진다.

명목척도

명목척도는 어떤 집단이나 범주에 속하였는지 나타내는 데 쓰인다. 집단이나 범주의 이름 대신 숫자를 사용함으로써 컴퓨터를 이용한 통계분석이 쉽게 이루어진다. 예를 들면, Louisiana의 전력회사인 Energy Corporation은 국내 전력 고객을 네 유형으로 분류한다.[13] 이 경우, 주거용 고객은 1, 상업용 고객은 2, 공업용 고객은 3, 정부 고객은 4로 컴퓨터에 기록되는데, 이 숫자들은 고객을 분류하는 목적 이외의 다른 산술석 의미는 없다.

그림 1.2

통계자료를 분석하는 방법은 측정척도에 따라 달라진다. 네 가지 척도는 각각 다른 특성을 갖고 있다.

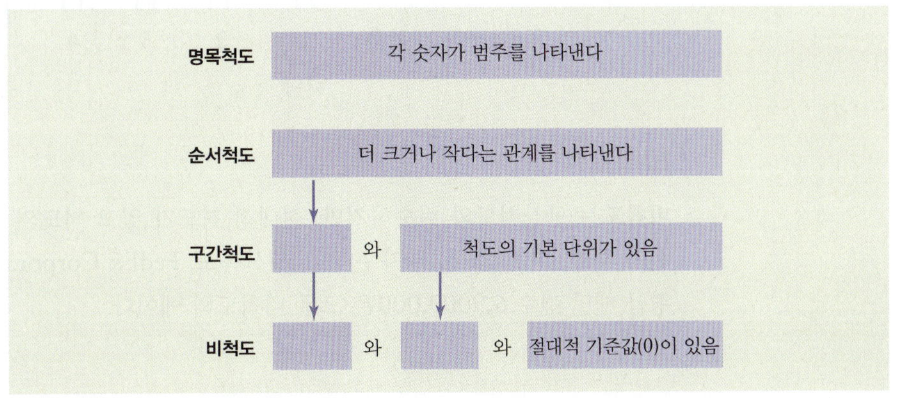

[13] 출처: Entergy Corporation, 2008 *Annual Report.*

순서척도

순서척도의 숫자는 선호(preference)나 순위(ranking)와 같이 더 큰가 아니면 더 작은가를 측정하는 것이다. 예를 들어, 다음과 같은 미국 프로 테니스 협회의 프로 테니스 선수에 대한 순위를 보자.[14]

1. Dinara Safina
2. Serena Williams
3. Venus Williams
4. Elena Dementieva

순서척도에서 숫자는 단지 순위를 나타낼 뿐이지 객체(object) 간의 크기의 차이를 나타내는 것이 아니다. 순서척도는 척도의 단위가 없기 때문에, Dinara Safia와 Serena Williams의 차이가 Serena Williams와 Venus Williams의 차이와 같다고 해석해서는 안 된다.

구간척도

구간척도는 척도의 단위를 갖고 있기 때문에, 한 객체가 다른 객체보다 더 크다거나 더 작다는 관계뿐만이 아니라 얼마나 더 크고 작은지도 나타낸다. 화씨 온도를 나타내는 척도는 구간척도이다. 온도는 단위 온도에 의하여 표현되기 때문에, 화씨 90도가 화씨 70도보다 더 덥고, 70도가 60도보다 더 덥다는 것뿐만 아니라, 90도와 70도의 차이가 70도와 60도의 차이의 두 배라는 것을 알 수 있다.

구간척도에서의 단위척도는 임의적이며, 아무것도 존재하지 않는다는 의미의 절대적 0은 없다. 따라서 척도의 배수는 아무런 의미가 없다. 예를 들면, 화씨 2도가 화씨 1도보다 두 배 더 덥다는 의미가 될 수 없는 것이다. 다음과 같은 설문을 사용하는 연구 실무자는 각각의 응답 간의 차이가 같은 크기로 배열되어 있기 때문에 설문 결과를 구간척도로 취급할 것이다.

	[ ]	[ ]	[ ]	[ ]	[ ]
Kmart의 가격은	1	2	3	4	5
	낮다				높다

비척도

비척도는 구간척도와 비슷하지만, 절대적 척도가 있고 척도의 배수가 의미가 있다. 선거 투표, 가스 소비, 투자수익률, 생산속도, FedEx Corporation의 2008년[15] 일평균 배달 건수 6,9000,000은 모두 비척도의 예이다.

[14] 출처: ESPN.com, June 19, 2009.

[15] 출처: FedEx Corporation, 2008 *Annual Report*, p. 26.

연습문제

1.6 질적 변수와 양적 변수의 차이는 무엇인가? 각각의 변수는 어떠한 경우에 적절한가?

1.7 이산변수와 연속변수의 차이는 무엇인가? 어떠한 경우에 각각의 변수가 사용되어야 하나?

1.8 Acme 자물쇠 학교는 지난 15년 동안 공식 인가되었다. 이 정보가 어떻게 질적 변수 또는 양적 변수로 해석될 수 있는가?

1.9 노동문제 전문가인 Jeff Bowlen은 여러 산업에서의 파업에 관한 정보를 수집하였다.

a. "산업 B보다 산업 A에서 더 많은 파업이 발생되었다"고 Jeff는 말한다. 이 정보는 어떤 척도의 정보인가? 이유는?

b. 산업 C는 고용인 1명당 10.8일, 산업 D는 14.5일의 손실이 있었다. 이 정보는 어떤 척도의 정보인가? 이유는?

1.10 Snowbird Ski Lodge에는 여러 New England 주로부터 스키를 타려는 사람이 온다. 다음의 각 척도별로 이 시설의 경영에 중요한 정보의 예를 제시하라.

a. 명목척도 b. 순서척도

c. 구간척도 d. 비척도

1.5 경영의사결정과 통계

경영의사결정에서 통계는 중요한 역할을 담당한다. 미국에서는 공장의 확장, 신제품 개발, 직원 채용, 품질 확인, 생산 기술, 공급업자 선택 등 수십억 달러가 좌우되는 많은 중요한 의사결정이 매년 이루어진다. 세심하게 준비된 계획도 경쟁 기업, 정부, 기술 변화, 사회 · 경제적 환경, 변덕스러운 소비자나 유권자 등 통제 불가능한 요소들에 의하여 좌절되는 경우가 있다.

의사결정이 이루어지기 전에 기업은 여러 단계의 조사과정(*research process*)을 거쳐서 정보를 수집한다. 이러한 과정은 (1) 조사연구에 의하여 지원될 수 있도록 문제를 구체적으로 정의하고, (2) 필요한 데이터의 유형을 결정하고, (3) 데이터 수집 방법을 결정하고, (4) 표본 선택 등 데이터 수집에 대한 계획을 수립하고, (5) 데이터를 실제로 수집, 분석하고, (6) 결론을 도출하여 보고하고, (7) 이러한 보고된 정보를 기초로 하여 의사결정이 이루어지는 여러 단계를 거치게 된다. 여러 가지 상황에서 경영의사결정을 개선시킬 수 있는 기술통계 및 추론 통계를 제공하는 조사연구는 4장에서 설명된다.

연습문제

1.11 음식점에서는 종종 음식점에 대한 고객의 평가를 묻는 고객의견 설문서를 고객에게 제공한다. 이렇게 수집된 정보는 어떤 의사결정에 사용될 수 있는가?

1.12 도난방지 경보 회사는 도시 거주자가 자사제품을 사도록 하기 위하여 어떤 통계 자료를 제공할 수 있나?

1.6 경영통계: 도구인가, 트릭인가

경영통계 기법은 성공적 경영을 위한 중요한 도구이다. 따라서 이 책은 이러한 기법에 익숙해지고 이러한 기법을 능숙하게 사용하고 해석할 수 있도록 하는 데 중점을 두었다.

그러나 이미 언급한 바와 같이, 이러한 기법들은 개인 또는 기업의 이익을 추구하기 위하여 오용될 수도 있다. 잘못 사용하면, 통계는 다른 사람으로 하여금 내가 원하는 대로 믿고 행동하도록 설득하거나 조종하는 효과적인 무기가 될 수도 있다. 고의적으로 잘못 사용되지 않는 경우에도, 「생활 속의 통계 1.1」에 나타나 있는 것처럼 통계조사와 분석이 언제 또 어떻게 이루어졌는가에 따라 결과는 달라진다.

폭탄을 해체하거나, 등산을 하거나, 악어와 싸움을 하는 등 다른 일을 할 때와는 달리, 경영통계에서는 적절치 못하게 수행하는 것이 오히려 자신에게 도움이 되는 경우가 있다. 여러분은 고객이나 동료가 알아채지 못하는 경우 이들을 속이고 조종하기 위하여 통계 지식을 사용하지는 않겠지만, 여러분을 조종하기 위하여 통계를 사용하는 *다*른 사람이 있을 수도 있다. 이 책의 중요한 목적 중의 하나는, 여러분이 다른 사람이 제공한 통계 정보를 바르게 판단하고 사용할 수 있는 소비자가 되도록 하는 것이다. 다른 사람이 제공한 통계 정보나 데이터를 사용할 때는 반드시 "데이터를 조사 분석한 사람이 누구이고, 도출된 결론에 의하여 그 사람이 얻게 되는 이득이 무엇인가?"라는 질문을 스스로 해야 한다.

연습문제

1.13 통계를 올바르지 않게 사용함으로써 오히려 기업이나 조직이 이득을 볼 수도 있다고 본문에서 이야기했다. 어떻게 이러한 것이 가능한가?

1.14 일간신문의 보도 중에는 흔히 "연구조사 결과에 의하면……"으로 시작되는 것이 있다. 통계를 공부하는 학생으로서 잘못된 결과를 받아들이지 않으려면, 어떠한 의문을 가지고 이러한 글을 대해야 하나?

1.7 요약

경영통계는 경영의사결정이나 경영환경과 연관된 계량적 정보를 수집, 정리, 분석하여 보고하는 것이다. 경영자로서 또는 개인적으로 우리는 통계 작업을 직접 수행하거나 다른 사람이 제공하는 통계적 주장이나 발견을 사용한다. 초기의 통계는 주로 세금 징수의 목적으로 사람이나 재산을 세는 것이 주였다. 최근에는 경영의 모든 영역에서 관찰된 데이터에 근거하여 결론을 도출하고 의사결정을 지원하기 위한 분석과 보고의 도구로 통계가 사용된다.

통계는 기술통계와 추론통계의 두 가지로 분류된다. 기술통계의 초점은 수집된 데이터를 요약하고 기술하는 것이다. 추론통계는 단순한 데이터의 기술에 그치지 않고, 표본이 추출된 모집단에 대하여 결론을 도출하고 예측을 한다. 모집단과 같은 특성을 갖고 있는 표본을 대표성이 있는 표본이라 한다. 전수조사는 모집단에 속한 모든 사람이나 사물을 조사하는 것이다.

표본통계량은 표본에서 측정된 특성이며, 주로 평균, 중앙값, 최빈값, 비율, 또는 범위나 표준편차와 같은 산포도의 측정치로 이루어진다. 모집단 파라미터는 표본통계량에 의하여 측정하고자 하는 모집단의 특성이다.

생활 속의 통계 • 1.1 고속도로에서의 이해관계: 운전중 전화 사용과 사고

자동차운전 중에 전화를 사용하면 사고 가능성이 증가하는가? 뉴욕의 운전자 중 사고를 낸 사람과 사고를 내지 않은 사람 각 100명씩을 무작위로 선정하여 조사한 한 연구에서는 사고를 낸 사람들의 경우 휴대폰을 소지하고 있는 비율이 30% 더 많았다. *The New England Journal of Medicine*에 발표된 연구에 의하면, 운전 중에 전화를 사용하면 사고의 가능성이 4배나 높아진다고 하며, 이는 법정 허용 최대치의 음주량을 섭취한 경우와 같다.

휴대폰 산업 협회는 이 문제에 대하여 민감한 이해관계를 갖고 있다. 현재 휴대폰 가입자는 2억 7천만 명에 달하며, 매일 수만 명이 새로 가입자 등록을 하고 있고, 높은 비율의 가입자가 운전 중 휴대폰을 사용한다. 협회는 자신의 이익을 위해서 휴대폰에 의한 사고위험에 대한 이러한 연구들이 많은 결함을 갖고 있는 충분치 못한 연구라고 무시하려는 입장이다.

한 가지 분명한 것은, 여러 가지 이해관계를 갖고 있는 기관이나 개인뿐만이 아니라 객관적인 입장의 연구자들에 의하여 이에 대한 연구가 계속 이루어지고 있다는 것이다. 이러한 연구에 사용되는 방법, 연구에 대한 후원기관, 연구결과의 해석 등은 고속도로에서의 안전뿐만이 아니라 휴대폰 산업의 경제적 활력에도 중요한 영향을 미칠 것이다.

출처: Survey: "Car Phone Users Run Higher Risk of Crashes," *Indiana Gazette*, March 19, 1996, p. 10; "Ban Car Phones?", *USA Today*, April 27, 2000, p. 16A; "Get Off the Cell Phone," Pittsburgh *Tribune-Review*, January 29, 2000, p. A6; and "Safety Council Urges Ban on Cell Phone Use While Driving," cnn.com, June 19, 2009.

변수에는 질적 또는 양적 변수가 있다. 질적 변수는 사람이나 사물이 특정한 속성을 갖고 있는가를 나타내며, 양적 변수는 이러한 속성을 얼마나 갖고 있는가를 나타낸다. 양적 변수 중, 이산변수는 어떤 구간 안에서 서로 간격이 있는 특정한 값만을 가질 수 있으며, 연속변수는 구간 내의 어떠한 값도 변수값이 될 수 있다.

변수를 측정한다는 것은 변수의 값을 수치로 부여하는 것이며, 변수값의 결정에는 명목, 순서, 구간, 비의 네 가지 척도가 사용된다. 데이터의 기술과 분석을 위한 적절한 방법의 선택은 이러한 척도의 선택에 따라 달라진다.

통계는 경영의사결정에서 경쟁 기업, 정부, 기술, 사회 · 경제적 환경, 예측하기 어려운 소비자나 유권자 등 통제 불가능한 요소에 의하여 야기되는 불확실성을 감소시키는 역할을 담당한다. 통계가 경영의 중요한 도구이지만, 통계기법이 개인이나 기업의 이익을 추구하기 위하여 부당하게 잘못 사용될 수도 있다. 그렇기 때문에 경영자는 통계에 대한 충분한 지식을 갖고 통계적 결과나 주장을 사용할 줄 알아야 한다.

단원 연습문제

1.15 지난해의 주식투자 성과를 조사한 mutual fund 매니저가 단지 43%의 주식이 년 초에 기대했던 것보다 더 낳은 수익을 냈다는 것을 발견하였다.

a. 이 정보는 명목척도라고 볼 수 있나? 그렇다면 이유는? 아니라면, 왜?

b. 이 정보는 비척도라고 볼 수 있나? 그렇다면 이유는? 아니라면, 왜?

1.16 아래의 경우, 제공된 정보가 어떤 측정척도인가를 밝히라.

a. 2008년 Dell Corporation의 직원은 약 78,000명이었다. (출처: Fortune, May 4, 2009, p. F-48)

b. USA Today에 의하면 California에 있는 Death Valley의 어제 온도가 105도였다. (출처: *USA Today*, June 19, 2009, p. 12A)

c. 한 응답자가 TV가 미국에서의 폭력을 조장하고 있는가라는 설문에 "그렇다"고 응답하였다.

d. 어떤 잡지의 비교시험에서 토요타의 Camry가 VW Passart보다 좋게 평가되었다.

1.17 Roger Amster가 강의하는 영어 반에는 40명이 등록하였다. 어제 수업이 끝난 후 맨 뒷줄에 앉아 있는 학생 다섯 명에게 다음 시간에는 *'A Tale of Two Cities'*를 공부하면 어떻겠느냐고 물었더니, 그 중 3명이 "좋다"고 대답하였다.

a. 이 경우 모집단과 표본은 무엇인가?
b. 이 표본이 대표성이 있는가? 아니면 그 이유가 무엇인가?

1.18 자동차 보험회사가 당신이 내야 하는 보험료를 결정할 때 어떤 통계자료를 사용할까?

1.19 Bill은 대학입학자격시험에서 1,200점을 받아서 물리학 전공으로 대학에 입학하였다. 그러나 경영학이 더 재미있어서 전공을 경영학으로 바꿨다. 지난 학기에 최우수 장학생으로 선발되었기 때문에 부모님이 Casio 계산기를 사도록 $30를 선물하였다. 이 경우, 다음 척도에 해당하는 정보를 한 개 이상 제시하라.

a. 명목척도 b. 순서척도
c. 구간척도 d. 비척도

1.20 아래의 경우, 질적 변수인가 또는 양적 변수인가를 밝히고, 양적 변수인 경우 이산변수인가 아니면 연속변수인가를 밝히라.

a. 당신이 Panasonic 텔레비전을 소유하고 있는지 여부
b. 당신이 full-time 학생인지 아니면 Part-time 학생인지 여부
c. 작년에 당신 학교의 졸업식에 참석한 학생의 숫자
d. 최근 당신이 이발을 했을 때의 요금
e. Sam이 기숙사에서 학생회관까지 가는 데 걸리는 시간
f. 동아리에 속한 학생 수

1.21 대부분의 학부 학생은 통계분석과 연구를 하는 전문가가 되지는 않을 것이다. 그런데 왜 이런 학생들이 경영통계에 익숙해지도록 노력해야 하는가?

1.22 연구조사 기관에 의하면, 미식 축구경기의 결승전인 Super Bowl을 여자보다 두 배나 더 많은 남자가 시청한다고 한다. 기술통계인가 추론통계인가? 이유는?

CHAPTER

2 데이터의 시각적 묘사

Visual Description of Data

"USA Snapshots"은 표준을 설정한다

데이터를 시각적으로 표현하는 창의성에 있어서는 이 세상의 어느 누구도 *USA Today*, 특히 신문의 네 섹션마다 첫 페이지 하단 왼쪽에 실리는 "USA Snapshots"을 따라가지 못한다. "나라를 만들어가는 통계"(섹션 A), "당신의 재무(finance)"(섹션 B), "스포츠의 세계"(섹션 C) 또는 "우리의 삶"(섹션 D)의 시각적 표현은 재미있고 교육적이다. 예를 들어, "USA Snapshots"을 만드는 창의적인 사람들이 숫자를 접하면, 주제와 연관된 어떤 둥근 물체든지 파이 그림이 되고, 관련이 있는 직사각형의 것은 막대그림표가 된다.

당신이 *USA Today*의 수백만 독자 중 한 사람이라면, 재치 있고 생기발랄하게 시각적으로 정보를 표현한 많은 예를 볼 것이다. 이러한 시각적 표현은 뉴스 보도, 사설 등 좋은 일간지로서 흔히 기대되는 것들을 보완해 줄 뿐만 아니라, 통계가 중요하면서도 재미있다는 것을 어떻게 보여 주어야 하는가에 대한 표준이 이 일간지와 "USA Snapshots"의 편집자들에 의하여 설정되고 있는 것이다.

학습목표

- 데이터의 도수분포(frequency distribution)와 기둥그림표(histogram)를 구성한다.
- 상대도수분포 또는 누적도수분포를 작성한다.
- 데이터를 줄기-잎 그림(stem-leaf diagram)으로 나타낸다.
- 그래프와 도표를 이용하여 데이터를 시각적으로 표현한다.
- 점 그림(dotplot)과 산점도(scatter diagram)를 만든다.
- 분할표(contingency table)를 작성할 줄 알게 된다.

2.1 머리말

데이터가 수집되어도 데이터에 포함된 정보를 잘 정리하고 표현하지 않으면 쓸모가 없다. 이 장에서는 정보를 잘 볼 수 있도록 수집된 정보를 도수분포와 같은 시각적으로 표현하는 방법에 대하여 설명한다.

데이터를 요약하고 시각적으로 보기 좋게 표현함으로써 설문지 등 데이터 수집 자료 그 자체만 보아서는 알 수가 없는 추세, 패턴 또는 여러 가지 다른 특성을 확연하게 보여줄 수 있다. 이와 같이 데이터를 요약하면 서로 다른 시기, 다른 연구자 또는 다른 출처로부터 수집된 데이터를 쉽게 비교할 수 있다. 즉, 정리되지 않은 원자료(raw data)의 수많은 수치들을 단순화하여 요약하지 않고는 결론을 도출하기가 어렵다.

1장에서 설명한 것처럼 변수에는 질적 또는 양적 변수가 있다. 따라서 데이터를 표현하는 적절한 방법은 변수가 질적 변수인가 아니면 양적 변수인가에 따라 달라진다. 이 장에서 소개하는 표, 도수분포, 줄기-잎 그림, 점 그림, 산점도 기법은 양적 변수에 적용할 수 있고, 분할표는 주로 질적 변수에 사용된다.

2.2 데이터 표와 도수분포

새롭게 배열되거나 정리되지 않은 수집된 상태 그대로의 데이터를 **원자료**라고 한다. 양적 데이터의 경우, 원자료를 정리하는 두 가지 방법이 도수분포와 기둥그림표이다. **도수분포**는 관찰된 데이터를 여러 계급(classes)으로 구분하여 각각의 계급별로 관찰된 데이터의 개수가 얼마나 있는가를 나타내는 표이다. 데이터를 도수분포로 정리함으로써 각각의 나무가 아닌 숲을 볼 수가 있게 된다. 시각적 효과가 더 큰 **기둥그림표**는 도수분포의 각 계급별 데이터 수를 서로 이웃한 직사각형의 높이로 표현한 그림이다. 이 두 가지 방법은 원자료를 쉽게 이해되고 해석될 수 있도록 요약된 형태로 표현한 것이다.

도수분포

자동차의 안전성 및 연비와 연관이 있는 연구조사를 이용하여 도수분포를 살펴보

자. 자료는 사고와 연료를 낭비하는 고속주행이 많이 발생하는 고속도로 구간에서 관찰된 자동차 105대의 속도(MPH, 마일단위의 시속)이다.

예제 EXAMPLE

원자료와 도수분포

표 2.1의 A는 105대 차량의 측정된 속도이다. 다양한 속도가 관찰되었으며 이 자료는 데이터 파일 **CX02SPEE**에 포함되어 있다. 이 자료를 도수분포로 나타낸 것이 B이다.

표 2.1

고속도로에서 각 속도 구간에 속한 자동차의 수. 원자료는 데이터 파일 CX02SPEE에 있다.

A. 원자료

54.2	58.7	71.2	69.7	51.7	75.6	53.7	57.0	82.5	76.8
62.1	67.4	64.6	70.5	48.4	69.0	65.2	64.1	65.8	56.9
82.0	62.0	54.3	73.2	74.5	73.6	76.2	55.1	66.9	62.4
70.7	68.3	62.8	83.5	54.8	68.3	69.4	59.2	60.9	60.4
60.2	75.4	55.4	56.3	77.1	61.2	50.8	67.1	70.6	60.7
56.0	80.7	80.1	56.2	70.1	63.7	70.9	54.6	61.6	63.2
72.2	84.0	76.8	61.6	61.1	80.8	58.3	52.8	74.3	71.4
63.2	57.8	61.9	75.8	80.8	57.3	62.6	75.1	67.6	78.0
52.2	57.6	61.1	66.9	88.5	66.7	61.2	73.9	79.1	70.2
65.2	61.3	69.5	72.8	57.5	71.4	64.7	78.4	67.6	76.3
78.6	66.8	71.1	58.9	61.1					

B. 도수분포(각 구간에 속한 자동차 수)

시속(MPH)	자동차 수
45~50 미만	1
50~55 미만	9
55~60 미만	15
60~65 미만	24
65~70 미만	17
70~75 미만	17
75~80 미만	13
80~85 미만	8
85~90 미만	1

중요한 용어

표 2.1의 B와 같은 도수분포를 만들 때는 몇 가지를 정해서 만들어야 한다. 그러나 주어진 데이터에 가장 정확한 도수분포라는 것은 있을 수가 없다. 도수분포를 만드는 여러 가지 지침이 있지만, 이러한 일반적인 원칙을 설명하기 전에 우선 몇 가지 중요한 기본 용어를 살펴보자.

계급(class) 도수분포에서의 각각의 구간 또는 범주
빈도(frequency) 각 계급에 속하는 데이터의 수
계급한계(class limits) 각 계급의 경계로서 어떤 데이터가 그 계급에 속하는가를 결정한다.
계급구간(class interval) 각 계급의 폭. 이것은 한 계급의 하한(lower limit)과 다음 계급의 하한의 차이이다. 각각의 구간이 같은 폭을 갖는 도수분포의 경우 각 구간의 폭은

$$\text{계급구간} = \frac{\text{데이터의 최대값} - \text{데이터의 최소값}}{\text{계급의 수}}$$

계급값(class mark) 각 계급의 중간값으로 계급상한(upper limit)과 하한의 중간값이다.

도수분포의 작성 지침

데이터의 도수분포를 만들 때는 다음의 원칙이 지켜져야 한다.

1. 각각의 계급이 서로 **중복되지 않아야 한다**(즉, 어떤 데이터이든지 하나의 계급에만 속해야 한다). 따라서 다음과 같은 계급 설정은 잘못된 것이다.

   55~60
   60~65 — *60*이 두 구간 모두에 속하게 된다.
   50~55 미만
   53~58 미만 — 두 계급의 중복된 부분이 있다.

2. **모든** 데이터가 구간에 포함되어야 한다. 어떤 계급에도 속하지 않는 데이터가 있으면 안 된다.
3. 가능한 한 계급구간은 같아야 한다. 계급구간이 다르면 도수분포를 해석하거나 그림표로 표현하기가 어렵다.
4. 계급의 수를 결정하는 것은 주관적 판단이다. 계급의 수가 너무 적으면 데이터의 중요한 특성이 나타나지 않고, 너무 많으면 데이터가 포함되지 않는 계급이 많이 있을 수 있다. 일반적으로 5에서 15개의 계급이 적절하다.
5. 가능한 한 계급구간은 (5, 10, 25, 50, 100과 같이) 정수인 것이 좋다. 고속도로에서의 속도 데이터에서 계급구간을 2.3 mph로 설정한다고 해서 시각적으로 더 보기 좋아지는 것도 아니고, 도수분포의 정보가 증가하지도 않는다.
6. '85 mph 이상'과 같이 상한이나 하한이 없는 **열린구간**은 계급으로 사용하지 않는 것이 좋다. 그러나 때에 따라서는 다른 데이터에 비해서 아주 크거나 작은 값을 갖는 데이터가 존재하는 경우도 있기 때문에, 이러한 구간을 배제하는 것이 어려운 경우도 있다.

표 2.1의 B의 도수분포는 이러한 지침을 적용하여 구성된 것이다. 도수분포의 계급구간 '50~55 미만'을 이용하여 앞에서 소개한 주요용어를 살펴보자.

- **계급한계**는 50과 55 미만이다. 이 계급에 속한 데이터는 최소한 50이고 55보다 작은 값을 갖는다.

- **빈도**는 9이며 이 계급에 속한 속도의 운전자 수이다.
- **계급구간**은 계급 하한인 50과 다음 계급구간의 하한 55의 차이인 5이다.
- **계급값**은 계급구간의 중간값인 52.5이며, 계급하한에 계급구간의 반을 합한 값 즉 50 + (0.5)(5.0) = 52.5로 계산할 수 있다.

상대 및 누적 도수분포

상대도수분포(Relative Frequency Distribution): 데이터를 표현하는 데 유용한 방법인 **상대도수분포**는 각각의 범주에 속하는 비율이나 백분율을 나타내는 것이다. 차량 속도에 대한 상대도수분포는 표 2.2에 제시되어 있다. 예를 들면, 105대 차량 중 50~55 미만 계급에 속한 차량은 15대(14.3%)이다.

데이터의 수가 많으면 각 계급에 포함되는 실제 데이터 수도 많아지기 때문에, 상대도수는 크기가 같지 않은 집단을 비교할 때 유용하다. 예로 100명의 의사를 조사하는 경우와 500명의 매니저를 조사하는 경우를 비교하면, 각 계급에 속하게 되는 매니저의 수가 의사보다 많을 것이다. 상대도수분포는 이러한 집단을 같은 크기(100% 크기)의 집단으로 전환한다. 상대도수는 5장에서 확률에 대하여 공부할 때 중요한 역할을 한다.

누적도수분포(Cumulative Frequency Distribution): 데이터를 표현하는 또 다른 방법은 각각의 계급보다 낮거나 같은 계급에 속한 데이터 수를 모두 제시하는 **누적도수분포**이다. 누적도수를 총 데이터 수로 나누어 준 것을 **누적상대도수분포**(*cumulative relative frequency distribution*)라 한다. 표 2.2의 '누적상대도수(%)' 열은 차량 속도 데이터의 누적상대도수를 나타낸다. 이 열을 보면, 62.85%의 운전자가 70 mph 미만의 속도였다는 것을 알 수 있다.

누적 퍼센트는 다른 방향('어떤 값 이상')으로도 해석할 수 있다. 표 2.2에서 90.48%의 운전자가 최소한 55 mph의 속도였다는 것을 알 수 있다.

기둥그림표

기둥그림표는 각 계급의 도수 또는 상대적 도수를 나타내는 직사각형을 이용하여 도수분포를 나타낸다. 그림 2.1의 (a)의 기둥그림표는 표 2.1의 속도 측정치에 대

표 2.2

표 2.1의 차량속도 데이터의 도수, 상대도수, 누적도수, 누적상대도수

차량속도	자동차 수	상대도수(%)	누적도수	누적상대도수(%)
45~50 미만	1	0.95	1	0.95
50~55 미만	9	8.57	10	9.52
55~60 미만	15	14.29	25	23.81
60~65 미만	24	22.86	49	46.66
65~70 미만	17	16.19	66	62.85
70~75 미만	17	16.19	83	79.05
75~80 미만	13	12.38	96	91.43
80~85 미만	8	7.62	104	99.05
85~90 미만	1	0.95	105	100.00

한 것이다. 각 계급의 하한(시속 45마일, 50마일 등)이 기둥그림표의 수평축을 표현하는 데 사용되었다.

그림 2.1 (a)의 가장 높은 직사각형은, 표 2.3에서 가장 많은 관찰치를 갖고 있는 계급 60~65 미만에 해당된다. 직사각형의 상대적인 높이를 보면, '60~65 미만' 에서 더 높은 계급으로 갈수록 도수가 감소하는 것을 알 수 있다.

도수다각형

기둥그림표의 각 계급의 대표값(계급구간의 중간값)과 도수로 이루어진 점들을 직선으로 연결한 그래프가 **도수다각형**이다. 도수 대신 상대도수나 퍼센트에 의하여 도수다각형을 만들 수도 있다. 도수다각형의 양 끝에는 도수가 없는 계급을 추가하여 그래프가 수평축과 만나도록 한다. 표 2.1의 속도 측정 데이터의 경우 '40~45 미만' 과 '90~95 미만' 의 계급이 이에 해당한다(참고: 만약 첫 계급이 '0~5 미만' 인 분포였다면, 왼쪽에 추가되는 계급은 '−5~0 미만'이다). 속도 측정 데이터에 대한 퍼센트 다각형이 그림 2.1 (b)에 제시되어 있다.

기둥그림표와 달리 도수다각형에서는 도수의 변화가 더 점진적인 것으로 나타난다. 양쪽에 추가되는 계급에 의하여 도수가 0으로 표현되기 때문에 그래프가 더 완전해 보인다.

도수다각형과 관련이 있는 **누적도수곡선**(ogive)은 도수, 상대도수 또는 퍼센트를 누적하여 나타낸 그래프이다. 이 때의 값은 "…보다 작은" 값으로 나타난다. 그림 2.1 (c)의 누적도수곡선은 각 계급의 하한보다 작은 값을 나타낸다.

그림 2.1

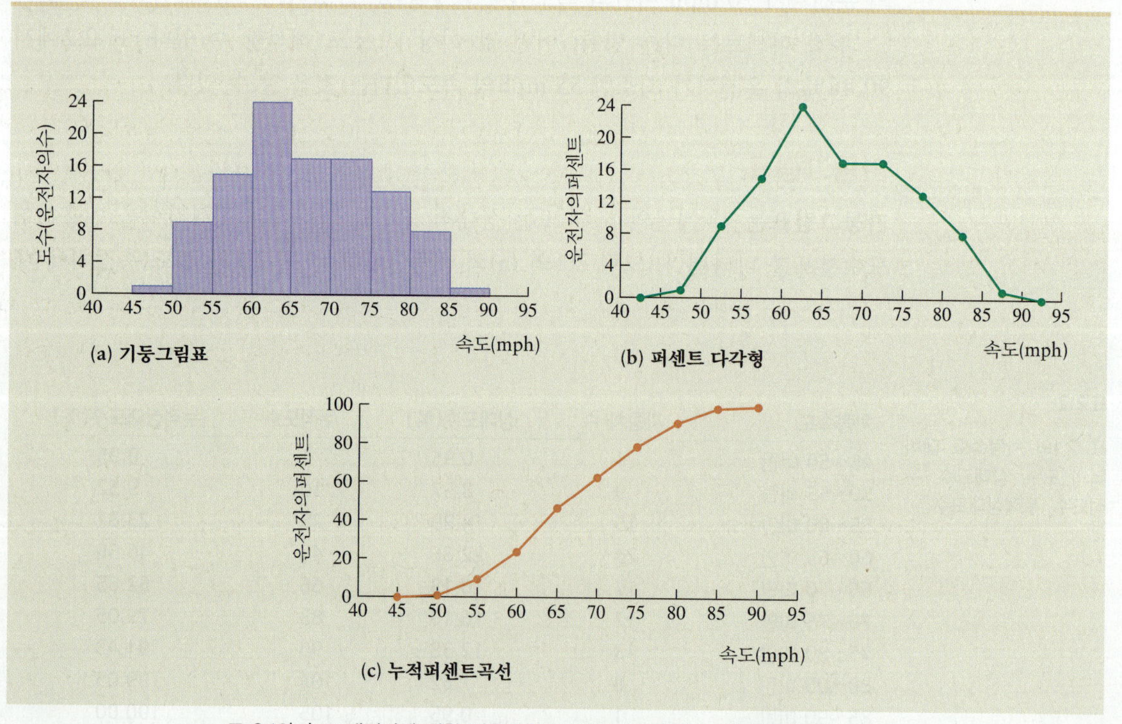

표 2.1의 속도 데이터에 대한 기둥그림표, 퍼센트 다각형, 누적퍼센트곡선.

도수분포나 이를 기초로 한 기둥그림표를 컴퓨터를 이용하여 작성할 수 있다. 「컴퓨터 솔루션 2.1」은 Excel을 사용하여 막대그림표를 작성하는 방법을 차량 속도 데이터를 이용하여 설명한다.

컴퓨터 솔루션 2.1

히스토그램

EXCEL

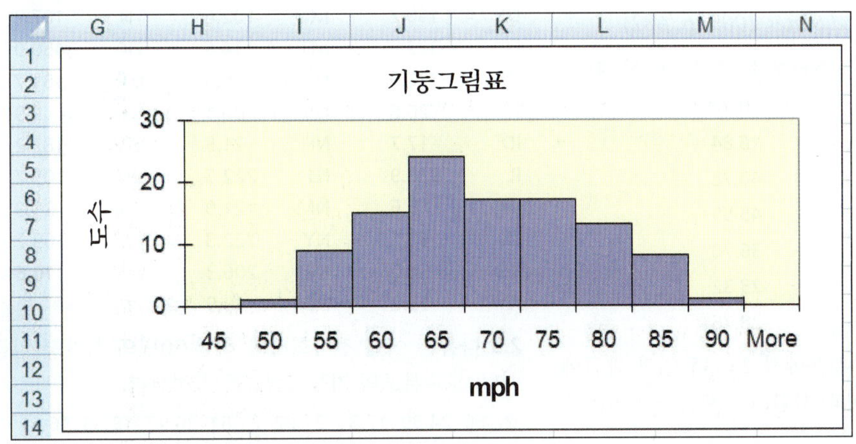

1. 데이터 파일 **CX02SPEE**를 연다. 변수의 이름(속도)이 A1에, 그 아래 A열에 105개의 속도 측정치가 이미 입력되어 있다.
2. C1에 **Bin**이라고 입력하고, 셀 C2부터 셀 C11까지 45부터 90까지 5의 배수를 입력한다(Excel로 하여금 자동으로 도수분포를 만들게 하는 경우에는 이 과정이 생략될 수 있다).
3. **데이터 리본**에서 가장 오른쪽에 있는 menu 부분의 **데이터 분석**을 클릭한다. **분석도구**에서 **히스토그램**을 선택한 후 **OK**를 클릭한다.
4. 데이터 범위 **(A1:A106)**을 **입력범위** 상자에 입력한다. 위 2의 과정을 수행하였으면, **계급구간** 상자에 **(C1:C11)**을 입력한다. **이름표** 상자를 클릭하여 체크 표시를 한다(이렇게 하는 이유는 각 변수의 이름이 첫 번째 셀에 있기 때문이다). **출력범위**를 선택하여 결과가 나타나기를 원하는 첫 번째 셀(이 경우에는 **E1**)을 입력한다.
5. **차트 출력** 상자를 클릭하여 체크표시를 한 후 **확인**를 클릭한다.
6. 도표에서 **Bin**이라는 단어를 클릭한다. 다시 한 번 클릭해서 **mph**라고 입력한다. 도표의 막대 중 아무거나 오른쪽 클릭한다. **데이터 계열 서식** 메뉴에서 **간격너비** 이동 표시를 클릭하여 **간격 없음**까지 왼쪽으로 끌어서 놓는다. **닫기**를 클릭한다. 도표를 다시 클릭하여 글자 모양이나 항목의 위치, 배경 색 등을 바꾸어서 도표를 더 보기 좋게 할 수 있다. 위에 나타난 도표는 크기를 조금 확대하고 위치도 조금 왼쪽으로 이동한 결과이다.

Excel은 계급 구간에 하한은 포함시키지 않고 상한을 포함시킨다. 「컴퓨터 솔루션 2.1」에서 60으로 표시된 구간은 상한이 60인 구간 즉 "55보다 크고 60 이하"인 구간이다. 상한을 포함시키지 않고 "…미만"의 구간으로 설정하려면 상한보다 약간 작은 값을 입력하면 된다. 45대신 44.99, 50대신 49.99, 60대신 59.99 등으로 입력하면 된다.

연습문제

2.1 도수분포는 무엇인가? 데이터값을 도수분포로 요약하여 보고하면 어떤 혜택이 있는가?

2.2 도수분포에서 계급의 수는 어떻게 결정하는가?

2.3 미국 National Safety Council은 운전자를 나이로 구분하면 다음과 같다고 보고한다. 35~55 미만 계급에 대하여, (a) 도수, (b) 상한과 하한, (c) 계급구간, (d) 중간값을 말하라. (출처: Bureau of the Census, Statistical *Abstract of the United States* 2009, p. 682)

나이	운전면허 소지자(단위: 천 명)
20 미만	10.72
20~25 미만	16.84
25~35 미만	40.78
35~45 미만	45.59
45~55 미만	36.70
55~65 미만	23.32
65 이상	28.76

2.4 연습문제 2.3의 도수분포에서 25~35 미만 계급에 대하여 (a) 도수, (b) 상한과 하한, (c) 계급구간, (d) 중간값을 말하라.

2.5 National Center for Health Statistics은 20006년 미국에서의 사망자를 나이별로 구분하여 다음과 같이 보고하였다. 45~55 미만 계급에 대하여, (a) 도수, (b) 상한과 하한, (c) 계급구간, (d) 중간값을 말하라. (출처: *the New York Times Almanac* 2009, p. 392)

나이	사망자 수(단위: 천 명)
15 미만	39.80
15~25 미만	34.23
25~35 미만	41.93
35~45 미만	84.79
45~55 미만	183.53
55~65 미만	275.30
65~75 미만	398.36
75 이상	1389.83

2.6 연습문제 2.5의 도수분포에서 15~25 미만 계급에 대하여 (a) 도수, (b) 상한과 하한, (c) 계급구간, (d) 중간값을 말하라.

2.7 도수분포에서 계급이 서로 배타적이고 중복적이지 않아야 한다는 말은 무슨 의미인가?

2.8 미국 Frderal Deposit Insurance Corporation은 은행의 예금액을 각 주별로 다음과 같이 분류했다. 도수분포와 기둥그림표를 작성하라. (출처: Bureau of the Census, *Statistical Abstract of the United States 2009*, p. 722)

	예금액		예금액		예금액
AL	74.3	LA	73.0	OH	209.1
AK	6.9	ME	20.0	OK	57.4
AZ	80.0	MD	95.0	OR	47.9
AR	47.4	MA	180.8	PA	259.4
CA	751.0	MI	154.7	RI	25.5
CO	81.3	MN	106.2	SC	64.1
CT	81.0	MS	41.6	D	63.3
DE	160.2	MO	102.6	TN	107.2
FL	373.9	MT	14.6	TX	450.0
GA	177.9	NE	36.0	UT	181.7
HI	26.8	NV	188.1	VT	9.9
ID	17.7	NH	21.5	VA	182.2
IL	338.9	NJ	222.5	WA	105.7
IN	88.6	NM	21.9	WV	25.9
IA	56.6	NY	722.8	WI	109.7
KS	54.0	NC	206.3	WY	10.6
KY	63.2	ND	13.9		

2.9 다음은 어떤 전자회사의 직원 30명의 시간당 임금이다. 도수분포와 기둥그림표를 작성하라.

22.66	24.39	17.31	21.02	21.61	20.97	18.58	16.61
19.74	21.57	20.56	22.16	20.16	18.97	22.64	19.62
22.05	22.03	17.09	24.60	23.82	17.80	16.28	19.34
22.22	19.49	22.27	18.20	19.29	20.43		

2.10 다음은 어느 회사 직원 채용을 위한 25명 지원자의 자질검사 결과이다. 도수분포와 기둥그림표를 작성하라.

66.6	75.4	66.7	59.2	78.5	80.8	79.9	87.0	94.1
70.2	92.8	86.9	92.8	66.8	65.3	100.8	76.2	87.8
71.0	92.9	97.3	82.5	78.5	72.0	76.2		

2.11 다음은 위대한 아이스하키 선수였던 Wayne Gretzky의 20년간 득점횟수이다. 도수분포와 기둥그림표를 작성하라. (출처: *The World Almanac and Book of Facts 2000*, p. 954)

51	55	92	71	87	73	52	62	40	54
40	41	31	16	38	11	23	25	23	9

2.12 미국 Department of Agriculture에 의하면, 미국 농장의 연 매출액은 다음과 같다. 이 정보에 대하여 (a) 상대도수분포와 (b) "…미만"의 계급을 이용한 누적도수분포를 작성하라. (출처: Bureau of the Census, *Statistical Abstract of the United States* 2006, p. 545)

연 매출액	농장(천)
$10,000 미만	1262
$10,000~$25,000 미만	256
$25,000~$50,000 미만	158
$50,000~$100,000 미만	140
$100,000~$250,000 미만	159

연 매출액	농장(천)
$250,000~$500,000 미만	82
$500,000~$1,000,000 미만	42
$1,000,000 이상	29

2.13 연습문제 2.3의 도수분포를 이용하여 (a) 상대도수분포와 (b) "…미만"의 계급을 이용한 누적도수분포를 작성하라.

2.14 연습문제 2.8의 도수분포를 이용하여 (a) 상대도수분포와 (b) "…미만"의 계급을 이용한 누적도수분포를 작성하라.

2.15 연습문제 2.8의 도수분포를 이용하여 "…미만"의 계급을 이용한 도수다각형을 작성하라.

2.16 연습문제 2.11의 도수분포를 이용하여 "…미만"의 계급을 이용한 도수다각형을 작성하라.

참고: 연습문제 2.17~2.19는 컴퓨터 통계 프로그램을 이용하는 문제임.

2.17 어떤 투자 자문가의 80명 고객에 대한 주식 포트폴리오의 현재 가치가 데이터 파일 **XR02017**에 있다. 컴퓨터 프로그램을 이용하여, 도수분포와 기둥그림표를 만들라. 다른 것에 비하여 특히 큰 값이나 작은 값을 갖고 있는 포트폴리오가 있는가?

2.18 기업의 웹사이트가 얼마나 사용하기 편리한가를 평가하는 방법 중의 하나는 각 사이트에 들어간 후 그 기업의 연례보고서를 찾는 데까지 걸리는 시간이 얼마인가를 측정하는 것이다. 80개 기업에 대한 조사에서 걸린 평균 시간은 39.9초였다. 80개 기업의 조사자료가 데이터 파일 **XR02018**에 있다. 컴퓨터 프로그램을 이용하여, 도수분포와 기둥그림표를 만들라. 다른 것에 비하여 특히 오래 걸리거나 짧게 걸린 기업이 있는가?

2.19 미국 사무직원이 하루 평균 60개의 이메일을 받는다는 보도를 읽은 매니저가, 자신의 회사 직원 100명이 어제 받은 이메일의 숫자를 조사하였다. 결과는 **XR02019**에 있다. 도수분포와 기둥그림표를 작성하고, 특별히 많거나 적은 이메일을 받은 직원이 있는가를 말하라. (출처: emailststcenter.com, June 20, 2009)

2.3 줄기-잎 그림과 점 그림

데이터값이 어떻게 분포되어 있는가를 보여주는 다른 방법을 두 가지 더 소개한다. 줄기-잎 그림이나 점 그림은 수작업이나 컴퓨터에 의하여 수행될 수 있다.

줄기-잎 그림 표현

줄기-잎 그림에 의한 표현은 도수분포의 변형으로서, 계급을 표시하는 수의 자릿수를 이용하는 방법이다. 이 방법은 예에 의하여 설명하는 것이 이해가 빠르다.

존슨부터 클린턴까지 미국의 7명 대통령 재임 기간 중 대통령에 의하여 거부된 의원 입법의 숫자를 나타내는 원자료는[1] 다음과 같다.

	존슨	닉슨	포드	카터	레이건	부시	클린턴
Vetoes	30	43	66	31	78	44	38

*줄기-잎 그림*으로 이 자료를 표현하면

줄기/잎	(줄기 + 잎)
3 | 018	(30, 31, 38을 나타낸다)
4 | 34	(43과 44를 나타낸다)
5 |	(50자리의 데이터값이 없다)
6 | 6	(66을 나타낸다)
7 | 8	(78을 나타낸다)

[1] Bureau of the Census, *Statistical Abstract of the United States 2009*, p. 247.

컴퓨터 솔루션 2.2

줄기-잎 그림

EXCEL

	A	B	C	D	E	F
1	Stem & Leaf Display					
2						
3	Stems	Leaves				
4	4	->8				
5	5	->0122344444556666777778889				
6	6	->000011111111222223334445556666777788 9999				
7	7	->00000011112233344555566667 8889				
8	8	->000022348				

1. 데이터 파일 CX02SPEE를 연다. **A1**을 클릭하고 셀 **A106**까지 끌어서 셀 **A1:A106**에 있는 이름과 데이터를 선택한다. **추가기능** 리본에서 **Data Analysis Plus**를 클릭한다.
2. **Data Analysis Plus** 메뉴에서 **Stem and Leaf Display**를 클릭한다. **OK**를 클릭한다. **Input Range** 상자가 1에서 지정한 셀과 일치하는가를 확인하여야 한다. **Increment** 메뉴 상자에서 10을 선택한다(왜냐하면 10자리가 줄기이기 때문에). **Labels**를 클릭하고, **OK**를 클릭한다.

데이터를 구분하는 막대(|)의 왼쪽 부분을 **줄기**라 하고, 오른쪽 부분을 **잎**이라 한다. 데이터값에 있는 숫자의 십자리 수를 이용하여 다섯 개의 데이터 집단을 구성하였다. 30자리에는 3개, 40자리에는 2개, 60자리와 70자리에 각각 1개씩의 데이터가 있는 것을 알 수 있다.

도수분포처럼, 줄기-잎 그림도 데이터가 어떻게 분포되어 있는가를 쉽게 알려준다. 예를 들면, 포드와 레이건 대통령이 각각 66번, 78번 거부하였고 그 외에는 어느 대통령도 44번을 넘어서 거부한 적이 없다. 각 집단 또는 줄기에 포함되어 있는 데이터의 개수뿐만 아니라 각 데이터의 값까지 표시하여 주므로, 줄기-잎 그림은 도수분포보다 더 자세한 정보를 제공한다. 「컴퓨터 솔루션 2.2」는 표 2.1의 속도 데이터의 줄기-잎 그림을 Excel을 이용하여 작성하는 과정을 설명한다.

줄기-잎 그림에서는 각 데이터가 두 개의 숫자에 의하여 표현된다. 예를 들어, 1475의 데이터값은 다음과 같이 표현된다.

1 | 4 (1000자리 수와 100자리 수)

또는

14 | 7 (100자리 수와 10자리 수)

또는

147 | 5 (10자리 수와 한자리 수)

이 중의 하나로 데이터가 표현되는 이유는, 줄기-잎 그림에서는 (1) 데이터값이 단 한 번만 나타날 수 있고, (2) 모든 데이터가 같은 줄기 자릿수와 같은 잎 자릿수로 나타나야 하기 때문이다. 이러한 원칙에서 벗어나면 줄기-잎 그림의 의미가 없다.

데이터값이 3.4, 2.5, 4.1과 같이 소수점을 갖고 있어도 줄기-잎 방법이 마찬가지로 사용될 수 있다. 이러한 데이터의 줄기는 한자리 수가 되고, 잎은 데이터값의 소수점 아래 첫 자리가 된다. 예를 들면, 3.4는 줄기 3에 잎 4로 나타난다. 따라서 그림을 해석할 때는 소수점의 위치를 고려해야 한다.

점 그림

점 그림에서는 각 데이터값을 점으로 표시하여 도수분포의 모양이나 최고 및 최저값을 쉽게 볼 수 있게 해 준다. 그러나 Excel은 점 그림기능을 제공하지 않는다. 참고로 Minitab이라는 프로그램을 이용하여 속도 데이터(표 2.1)의 점 그림을 그리면 「컴퓨터 솔루션 2.3」과 같다.

컴퓨터 솔루션 2.3

MINITAB

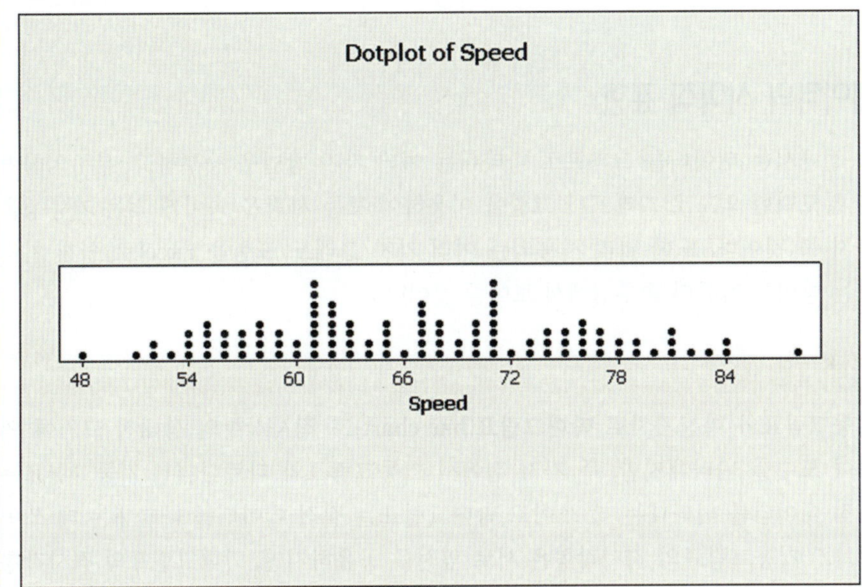

참고로 Minitab에 의하여 위의 결과를 얻는 방법을 소개하면

1. 데이터 파일 **CX02SPEE**를 연다. 변수(Speed)는 C1에 입력되어 있다.
2. **Graph**를 클릭한 다음 **Dotplot**를 클릭한다. **One Y Simple**을 선택하고 **OK**를 클릭한다. **Variables** 상자에 **C1**을 입력하고 **OK**를 클릭한다.

연습문제

2.20 다음 데이터의 줄기-잎 그림을 작성하라.

15	64	15	34	75	24
81	67	19	25	48	57
69	62	41	46	35	27
72	62	48	51	77	71
21	20	26	42	83	38

2.21 다음 데이터의 줄기-잎 그림을 작성하라.

11	22	28	32	41	46	52	56	59
13	24	28	33	41	46	52	57	60
17	24	29	33	42	46	53	57	61
19	24	30	37	43	48	53	57	61
19	26	30	39	43	49	54	59	63

2.22 아래에 있는 두자릿수 데이터의 줄기-잎 그림에서 줄기는 10자리 수이고, 잎은 한자릿수이다. 원자료는 무엇이었나?

2|002278
3|011359
4|1344
5|47

2.23 아래에 있는 세 자리 정수의 줄기-잎 그림에서, 줄기는 100자릿수이고 잎은 10자릿수이다. 이 그림으로부터 원자료를 정확하게 재생하는 것이 가능하면 원자료를 제시하고, 그렇지 않으면 이러한 그림으로 표현되었을 원자료의 예를 제시하라.

6|133579
7|00257
8|66899
9|0003568

참고: 문제 2.24부터 문제 2.28까지는 컴퓨터 통계 프로그램을 이용하여 줄기-잎 그림을 구성하는 문제이다.

2.24 연습문제 2.17의 투자 포트폴리오 데이터 파일(**XR02017**)에 대한 줄기-잎 그림을 구성하라.

2.25 연습문제 2.18의 웹 사이트 접속 시간 데이터 파일(**XR02018**)에 대한 줄기-잎 그림을 구성하라.

2.24 연습문제 2.19의 이메일 데이터 파일(**XR02019**)에 대한 줄기-잎 그림을 구성하라.

2.27 한 도시의 조세 담당자가 중심지 부근의 60개 주택에 대한 가격 감정을 하였다. 감정가(단위: 천달러)는 데이터 파일 **XR02027**에 있다. 줄기-잎 그림을 구성하라.

2.28 방수 시계를 제조하는 회사가 80개의 시계에 대한 방수 기능을 조사하였다. 방수 기능이 효과가 있는 최대 깊이가 데이터 파일 **XR02028**에 제시되어 있다. 줄기-잎 그림을 구성하라.

2.4 데이터의 시각적 표현

이 절에서는 데이터를 그래프로 나타내는 여러 가지 방법을 공부하고, 부주의하거나 부도덕한 의도로 그래프나 그림을 이용하여 보는 사람을 속이게 되는 가능성을 따져 볼 것이다. 또한 널리 사용되는 여러 가지 그래프 표현을 Excel로 쉽게 처리하는 방법을 컴퓨터 솔루션에서 보여줄 것이다.

막대그림표

기둥그림표와 마찬가지로 **막대그림표**(bar chart)도 직사각형의 상대적 크기에 의하여 도수를 나타내지만, 두 가지 점에서 기둥그림표와 다르다. (1) 기둥그림표는 양적 데이터를 나타내는 데 쓰이고 막대그림표는 질적 데이터를 나타내는 데 쓰이며, (2) 기둥그림표의 직사각형은 서로 옆선을 공유하지만, 막대그림표의 직사각형은 서로 분리되어 나타난다. 「컴퓨터 솔루션 2.4」는 Excel을 사용하여 막대그림표를 작성하는 방법을 미국의 전문 비행사 자격증의 수에 관한 데이터(파일 **CX02AIR**)를 이용하여 설명한다.[2]

직선그래프

직선그래프(line graph)는 두 가지 변수(수직축의 y 변수와 수평축의 x 변수)의 값에 의하여 결정되는 점들을 직선으로 연결한 것으로서 두 변수의 측정된 값을 동시에 보여줄 수가 있다. x가 시간을 나타내면, 직선그래프는 y 변수의 시계열(time series) 모습을 나타낸다. 여러 개의 y 변수가 함께 표현되면 더 많은 정보를 표현할 수 있다.

[2] 출처: General Aviation Manufacturers Association, *General Aviation Statistical Databook 2008 Edition*, p. 38.

컴퓨터 솔루션 2.4

막대그림표

EXCEL

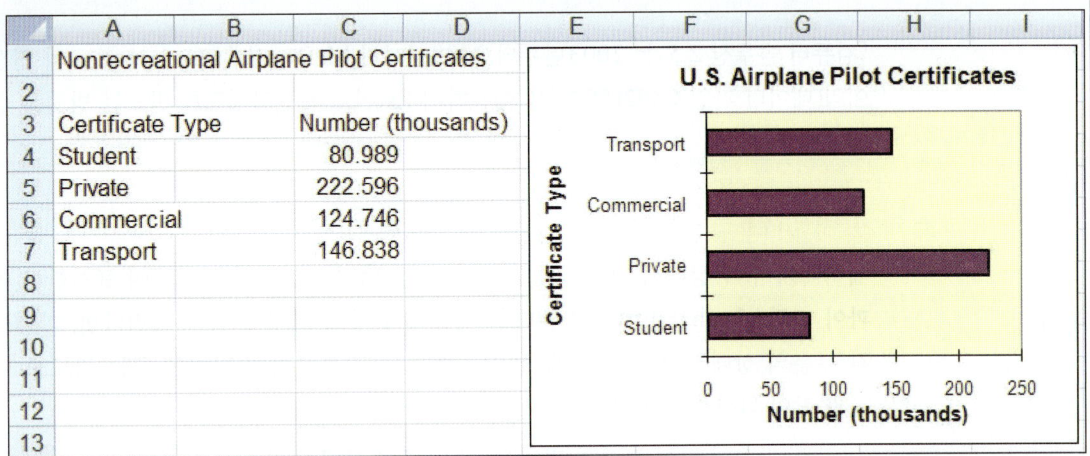

1. 데이터 파일 CX02AIR를 연다. **Certificate Type**과 **Number (thousands)**라는 이름이 이미 **A3**와 **C3**에 입력되어 있다. 교습생(Student) 집단의 이름과 자격증 수가 **A4**와 **C4**에 입력되어 있다. 마찬가지 방법으로 A열에 집단 이름, C열에 자격증 숫자가 입력되어 있다.
2. **A4**를 클릭한 다음 **C7**까지 끌어서 셀 **A4:C7**을 선택한다.
3. **삽입** 리본에서 **차트**라는 부분 메뉴 중 **가로 막대형**를 클릭한다. 다음 메뉴에서 **2차원 가로 막대형** 부분에서 첫 번째로 있는 **묶은 가로막대형**를 클릭한다.
4. 모양새를 좋게 하기 위하여, 그림표를 클릭해서 크기를 조절하거나, 원래부터 나타나 있는 '범례' 상자를 원치 않으면 오른쪽 클릭하고 **삭제**를 클릭해서 없앨 수 있다. 원하는 이름을 삽입할 수도 있다: 그림표 부분을 두 번 클릭한 다음 **레이아웃** 리본의 **레이블** 메뉴 중 **차트제목**과 **축제목**을 선택하면 된다.

컴퓨터 솔루션 2.5

직선 그래프

EXCEL

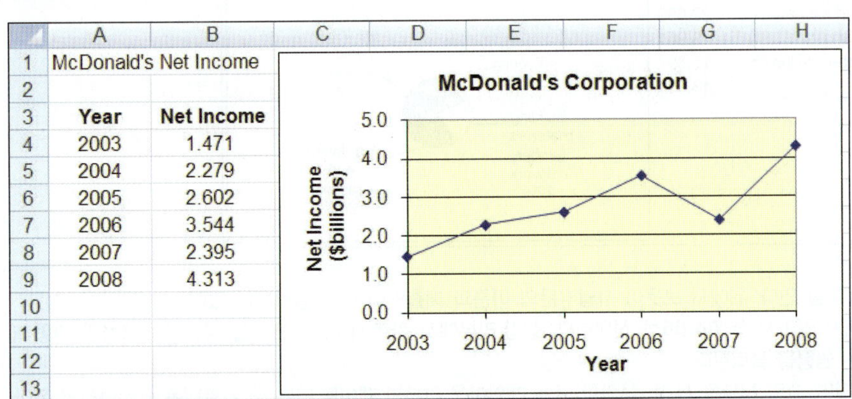

1. 데이터 파일 CX02MCD를 연다. 이름과 데이터는 위에서 보는 것처럼 이미 입력되어 있다. **A4**를 클릭한 후 **B9**까지 끌어서 셀 **A4:B13**을 선택한다(참고 : 수직축에 나타나야 하는 데이터값은 항상 오른쪽 열에 입력된다).
2. **삽입** 리본에서 **차트** 메뉴 중 **분산형**을 클릭한다. **분산형** 부분 메뉴에서 5번째에 있는 **직선이 있는 분산형**을 클릭한다.

3. 모양새를 좋게 하기 위하여, 그림표를 클릭해서 크기를 조절하거나, 원래부터 나타나 있는 **'범례'** 상자를 원치 않으면 오른쪽 클릭하고 **삭제**를 클릭해서 없앨 수 있다. 원하는 이름을 삽입할 수도 있다: 그림표 부분을 두 번 클릭한 다음 **레이아웃** 리본의 **레이블** 메뉴 중 **차트제목**과 **축제목**을 선택하면 된다.

「컴퓨터 솔루션 2.5」는 2003년부터 2008년까지 McDonald's Corporation의 연간 이익(데이터 파일 **CX02MCD**)[3]을 이용하여 Excel로 직선그래프를 만드는 방법을 설명한다.

파이 그림

데이터의 수나 상대적 가치 등에 의하여 원을 여러 부분으로 구분하여 표시한 것이 **파이 그림(pie chart)**이다. 컴퓨터를 이용하지 않고 파이 그림을 그린다면, 파이의 각 부분의 상대적 가치를 전체 360도 중에서 그 부분이 차지해야 하는 각도로 다음과 같이 환산하면 된다.

$$\text{파이 부분의 각도} = \text{그 부분의 상대적 가치} \times 360$$

예를 들면, 25%의 관찰치가 속한 집단은 원 중에서 (0.25 × 360) 즉 90도의 부분으로 표현된다. 「컴퓨터 솔루션 2.6」은 Home Depot Corporation의 전체 이익에서 4개 주요 사업부문이 차지하는 비중을(데이터 파일 **CX02HDEP**) Excel을 이용하여 파이 그림으로 나타내는 방법을 설명한다.[4]

컴퓨터 솔루션 2.6

파이 그림

EXCEL

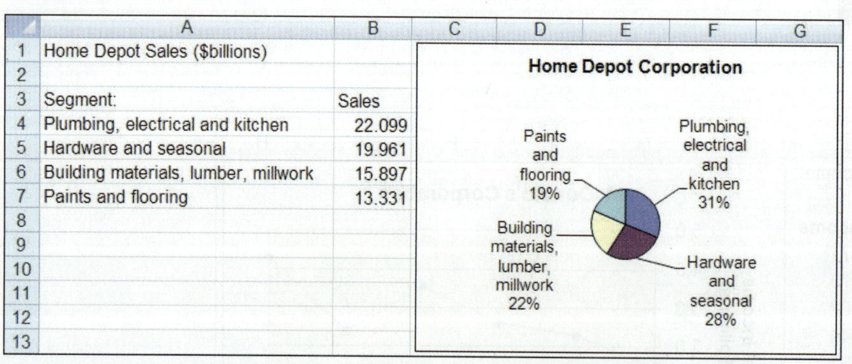

	A	B
1	Home Depot Sales ($billions)	
2		
3	Segment:	Sales
4	Plumbing, electrical and kitchen	22.099
5	Hardware and seasonal	19.961
6	Building materials, lumber, millwork	15.897
7	Paints and flooring	13.331
8		
9		
10		
11		
12		
13		

1. 데이터 파일 **CX02HDEP**를 연다. 위에서 보듯이 사업부문의 이름과 매출액이 이미 입력되어 있다.
2. **A4**를 클릭한 후 **B6**까지 끌어서 셀 **A4:B6**을 선택한다. **삽입** 리본에서 **차트** 메뉴 중 **원형**을 클릭한다. **2차원 원형** 메뉴에서 첫 번째에 있는 **원형**을 클릭한다.
3. 원하는 이름을 삽입하려면, 그림 부분을 두 번 클릭한 다음 **레이아웃** 리본의 **레이블** 메뉴 중 **차트제목**을 선택하면 된다.

[3] 출처: McDonald's Corporation, *2008 Annual Report*, p. 19.
[4] 출처: Home Depot Corporation, *2008 Annual Report*, pp. 3, 28.

그림그래프

직사각형이 아닌 다른 형상을 이용하여 도수 등 여러 가지 값을 나타내는 것을 **그림그래프(pictogram)**라 한다. Panamco사가 중앙아메리카에서의 3년간 청량음료 판매실적을 그림그래프로 나타낸 것이 그림 2.2이다. 그림의 트럭 한 대는 12.5백만 상자의 음료를 의미한다. 그림그래프에 사용할 형상은 마음대로 고를 수 있지만, 형상은 말로 표현할 수 없는 감성적 내용까지 전달할 수 있기 때문에 적절한 형상의 선택이 중요하다. 예를 들면, 팔에 깁스를 하고 슬픈 표정을 한 어린이의 형상(형상 하나가 아동학대를 당한 10,000명의 어린이를 나타냄)은 아동학대의 사회적 비용뿐만이 아니라 감성적 비용까지도 전달할 수 있다.

스케치

데이터와 연관된 사물을 도수 또는 다른 표현하고자 하는 수치에 따라 다른 크기로 나타내는 것을 **스케치(sketch)**라고 한다. 예가 그림 2.4의 (c)에 있다.

기타 시각적 표현

앞에서 설명한 것은 정보를 시각적으로 표현하는 다양한 방법 중의 일부이다. 이 장의 처음에서 언급한 것처럼, *USA Today*의 독자는 각 섹션의 첫 페이지 왼쪽 아래에 있는 "Statistics That Shape Our …"에서 보듯이 정보의 다양한 시각적 표현을 접하게 된다.

시각적 표현의 악용

부주의한 독자를 의도적으로 현혹시키거나 감정적인 호소를 하기 위하여 시각적 표현이 사용될 수 있다는 것을 기억해야 한다. 시각적 표현뿐만 아니라 통계 분석이나 기술도 이러한 목적으로 사용될 수 있다. 시각적 표현이 정보를 잘못 인식되도록 하게 하는 몇 가지 예를 보기로 하자.

그림 2.2

그림그래프에 사용되는 형상은 도수 등 여러 가지 값을 나타낸다. 오른쪽 그림은 1996년부터 1998년까지 중앙아메리카에서 청량음료 판매가 어떻게 증가하였는가를 보여준다.

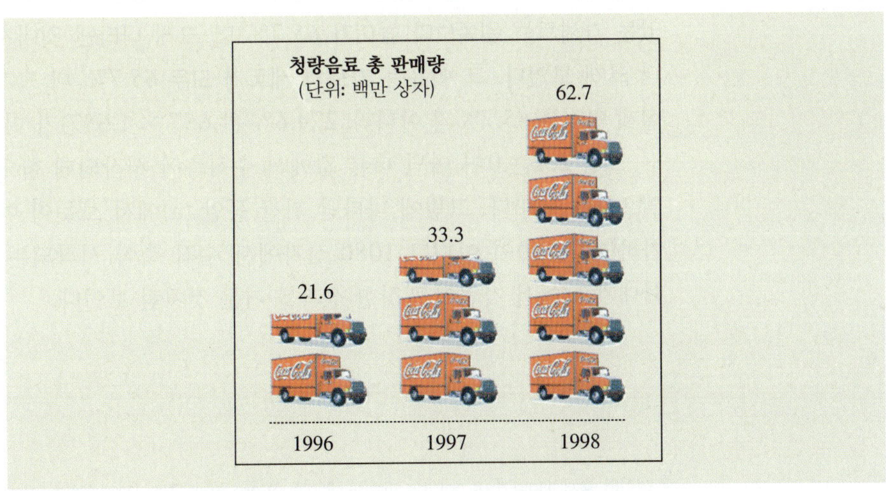

출처: Panamco, *Annual Report 1998*, p. 24.

그림 2.3

그림에 나타난 정보는 여러 가지로 왜곡되어 있다. (a)는 수직축의 최대값을 크게 함으로써 데이터를 압축시킨 효과를 가져오고, (b)는 수직축의 일부를 제거함으로로써 변화가 극적인 것처럼 보이게 하고, (c)는 2004년 그림의 폭과 높이를 2003년보다 각각 65.7% 크게 하였지만, 면적은 274.6% 확대되어 보이도록 한다.

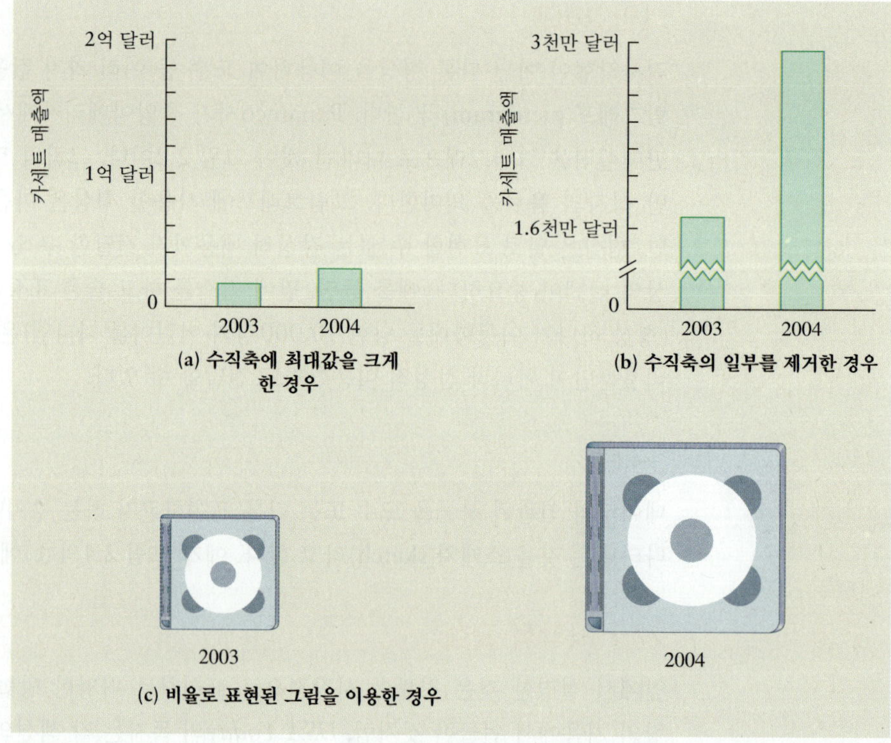

(a) 수직축에 최대값을 크게 한 경우

(b) 수직축의 일부를 제거한 경우

(c) 비율로 표현된 그림을 이용한 경우

2004년 2천 9백만 개의 DVD 비디오가 배송되었다[5](2003년에는 1천 7백 5십만 개). 이 데이터를 이용하여 그림 2.3을 만들 수 있다. (a)에서는 수직축의 최대값이 대단히 큰 값이어서 데이터가 압축되어 나타나게 되고, 따라서 매출 증가가 별 것 아닌 것처럼 보인다. (b)에서는 수직축의 일부분을 제거함으로써 증가가 대단히 인상적인 것으로 보이게 한다. 비슷한 방법 중에 하나는 수직축을 0이 아닌 다른 값에서 시작하게 하는 것이다.

(c)는 2개년의 판매를 DVD 비디오 상자의 형상으로 나타낸 것이다. 오른쪽에 있는 카세트는 왼쪽보다 높이가 65.7% 더 크게 나타낸 것이지만 실제로는 이보다 더 크게 보인다. 그 이유는 가로와 세로가 모두 65.7% 더 크게 표현되었기 때문에 실제 면적은 65.7%가 아니라, 274.6% (1.657 × 1.657)가 더 크게 되기 때문이다.

그림 2.4는 0이 아닌 다른 값에서 수직축이 시작되게 함으로써 시각적 착각을 일으키는 예이다. 그림에 나타난 기간 동안 (a)에서 보듯이 매출이 단지 1.4% 증가하였지만, 0이 아니고 1080 상자에서 수직 축이 시작되는 (b)에서는 수직축이 확대가 되어서 기업이 굉장한 성과를 거둔 것처럼 보인다.

[5] 데이터 출처: Data (but not the visual displays) are from *The World Almanac and Book of Facts 2006*, p. 276.

그림 2.4

수직축을 확대하고 0이 아닌 값에서 시작하면, 이 기업의 지난 8년간의 매출은 1.4%의 증가보다 훨씬 좋았던 것 같은 인상을 준다.

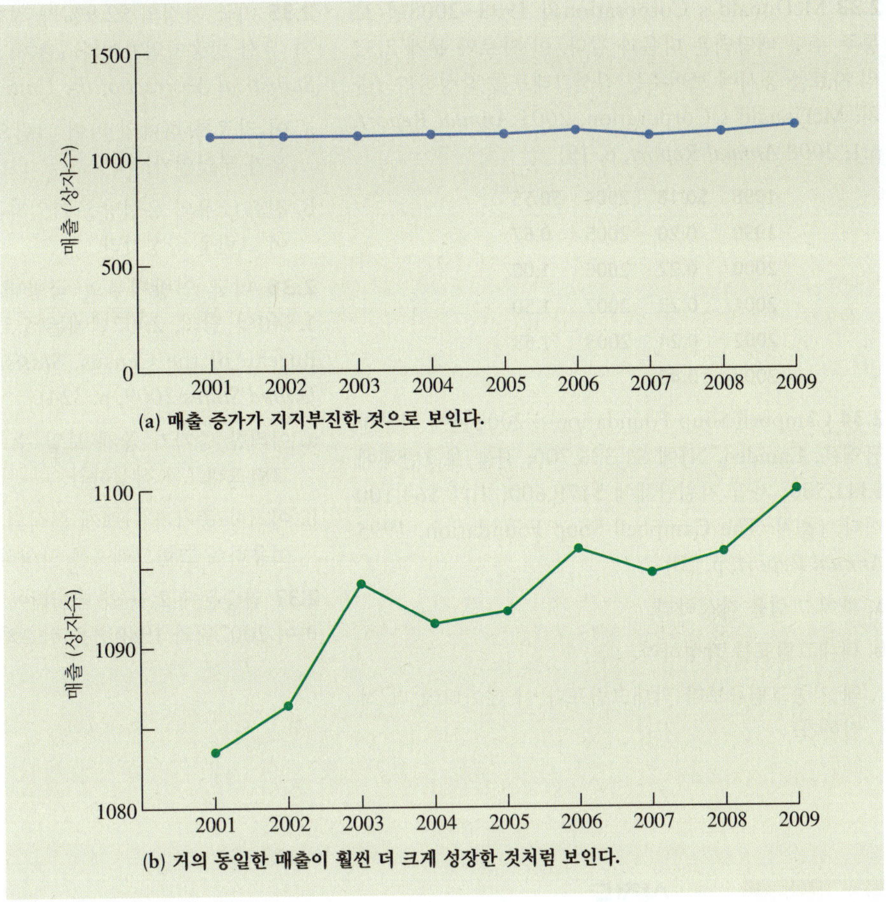

(a) 매출 증가가 지지부진한 것으로 보인다.

(b) 거의 동일한 매출이 훨씬 더 크게 성장한 것처럼 보인다.

연습문제

참고: 아래 문제에서의 그래프나 그림은 손으로 할 수도 있지만, 가능하면 컴퓨터 프로그램을 이용하여 하는 것이 좋다.

2.29 기둥그림표와 막대그림표의 차이가 무엇인가? 어떤 종류의 데이터에 각각 적합한가?

2.30 미국 자동차시장의 시장점유율은 다음과 같다. 막대그림표로 보여라. (출처: *World Almanac and Book of Facts 2009*, p. 122)

생산 기업의 국가 또는 지역	2007년 점유율
북아메리카	69.0%
일본	15.5
유럽	7.4
기타	8.1

2.31 1993~2003년의 4인 가족 수입의 중앙값은 다음과 같다. 직선그래프를 작성하라. (출처: *Time Almanac 2006*, p. 627)

1993	$41,161	1999	$59,981
1994	47,012	2000	62,228
1995	49,687	2001	63,278
1996	51,518	2002	62,732
1997	53,350	2003	65,093
1998	56,061		

2.32 McDonald' s Corporation의 보통주의 1998~2008년 주당 순이익은 다음과 같다. 직선그래프를 작성하라. (출처: McDonald' s Corporation, *2005 Annual Report*, p.1; *2008 Annual Report*, p. 19)

1998	$1.10	2004	$1.79
1999	1.39	2005	2.04
2000	1.46	2006	2.83
2001	1.25	2007	1.98
2002	0.70	2008	3.76
2003	1.15		

2.33 McDonald' s Corporation의 1998~2008년 보통주 주당 배당액은 다음과 같다. 이 자료와 문제 2.32의 자료를 동시에 보여주는 직선그래프를 작성하라. (출처: McDonald' s Corporation, *2005 Annual Report*, p.1; *2008 Annual Report*, p. 19)

1998	\$0.18	2004	\$0.55
1999	0.20	2005	0.67
2000	0.22	2006	1.00
2001	0.23	2007	1.50
2002	0.24	2008	1.63
2003	0.40		

2.34 Campbell Soup Foundation이 2001년에 기부한 금액은, Camden, NJ에 \$1,336,700; 식물 보호단체에 \$341,500; 자립 지원단체에 \$179,600; 기타 \$64,100이다. (출처: The Campbell Soup Foundation, *1995 Annual Report*, p. 20)

a. 파이 그림을 작성하라.

b. 막대그림표를 작성하라.

c. 왜 기둥그림표보다 막대그림표가 이 데이터에 더 적절한가?

2.35 미국 가정의 92.9%가 전화를 갖고 있고 68.5%가 유선 방송가입자이다. (출처: Bureau of the Census, *Statistical Abstract of the United States* 2009, p. 696)

a. 이 자료를 하나의 파이 그림으로 나타낼 수 없는 이유가 무엇인가?

b. 전화 소유와 유선방송 가입자를 나타내는 두 개의 파이 그림을 작성하라.

2.36 미국 연방정부의 국방비 지출이 1980년에는 1,340억 달러, 2007년에는 5,530억 달러였다. (출처: Bureau of the Census, *Statistical Abstract of the United States 2009*, p. 324)

a. 이러한 증가가 좋게 보일 수 있는 형상을 이용하여 그림그래프를 작성하라.

b. 이러한 증가가 나쁘게 인식되도록 하게 하는 형상을 이용하여 그림그래프를 작성하라.

2.37 연습문제 2.36의 데이터에서 스케치 방법을 이용하여 2002년과 1980년을 비교하라.

2.5 산점도

때로는, 광고 효과가 매출로 어떻게 나타났는가, 기업에서 받는 초봉이 대학 평균 학점과 어떤 관계가 있는가, 기업의 주가가 기업의 주당 순이익과 어떠한 관계가 있는가와 같이, 두 양적 변수 사이에 어떤 관계가 있는가를 확인하여야 하는 경우가 있다. 두 변수 사이의 관계를 알아보는 데는 우선 **산점도(scatter diagram** 또는 **scatterplot)**를 이용할 수 있다.

산점도는 2차원 점 그림표라고 할 수 있다. 그림의 각 점은 일반적으로 y와 x(y는 수직축, x는 수평축에 표시된다)로 지정되는 두 변수의 값에 의하여 결정된다. 관계를 찾는 분석에서는 x의 값에 의하여 y의 값이 어떻게 결정되는가를 알아내려고 하는 것이므로, 두 변수는 각각 **종속변수**(y)와 **독립변수**(x)로 불린다.

산점도가 그려지면 산점도의 점에 가장 잘 들어맞는 선을 찾아내는데, 점으로 표현된 변화를 가장 잘 나타내는 선과 산점도의 특성을 고려하면 두 변수 사이에 어떠한 관계가 있는가에 대하여 많은 정보를 얻을 수 있다.

1. 그림 2.5 (a)는 양(*direct* 또는 *positive*)의 선형관계이다. 데이터에 맞추어진 선이 직선이고 양의 기울기를 갖고 있다.

그림 2.5

(a)에서 (c)까지의 두 변수는 관계를 갖고 있으며 관계는 양 또는 음의 관계, 직선 또는 곡선관계로 구분할 수 있다. (d)의 경우에는 두 변수 사이에 아무런 관계도 없다.

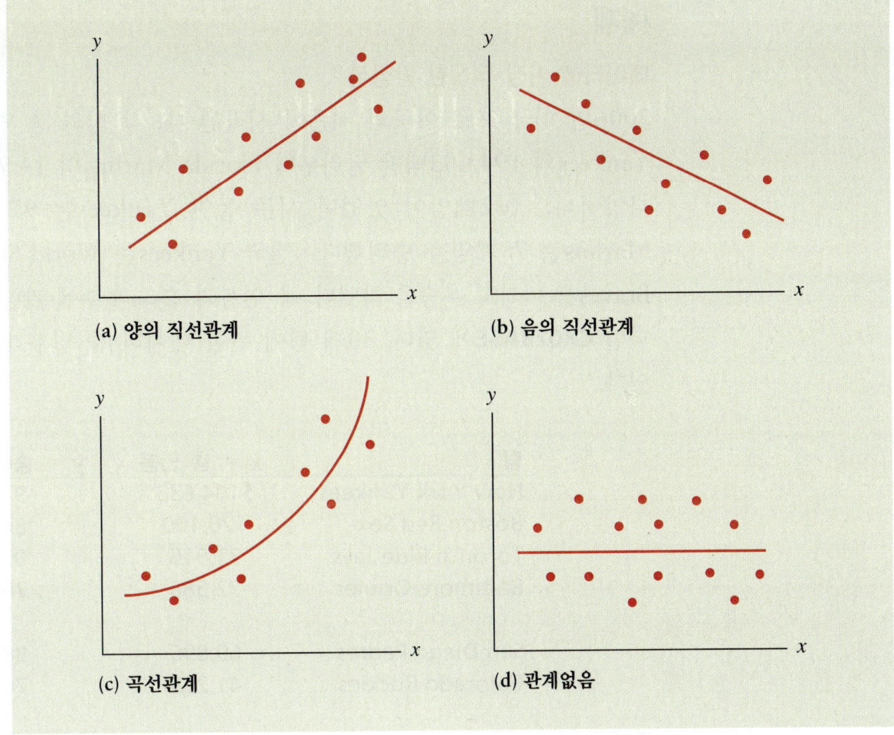

2. (b)는 음(*inverse* 또는 *negative*)의 **선형관계**이다. 데이터에 맞추어진 선이 직선이고 음의 기울기를 갖고 있다.
3. (c)는 **곡선관계**(*curvilinear relationship*)이다. 데이터에 맞추어진 선이 곡선이다. 곡선관계도 양 또는 음의 관계일 수가 있다.
4. (d)는 두 변수 사이에 **아무런 관계도 없는** 경우이다. 데이터에 맞추어진 선이 기울기가 0인 수평 직선이다. 이 경우, x의 값을 알아도 y값에 대하여 아무런 예측을 할 수가 없다.

이 장에서는 **직선관계**만 다룰 것이다. 직선을 데이터에 맞추어 그리는 방법에는 두 가지가 있다. 첫 번째는 자를 이용하여 눈대중으로 직선을 주관적 판단 하에 그려 넣는 것이고, 두 번째는 컴퓨터 프로그램을 이용하여 점들의 중간을 지나가는 정확한 직선을 찾아내는 것이다. 이 방법은 '최소자승법(least-square method)' 이라고 불리며, 이에 대하여는 회귀분석과 상관관계를 다루는 15장에서 자세히 설명할 것이다.

이 장에서는 산점도와 최선의 직선의 선택 또 이에 대한 결과의 해석을 간단하게 언급하였다. 단순 회귀분석과 상관관계를 소개하는 15장에서는 이러한 주제를 더 자세하게 다룰 것이다.

예제 EXAMPLE

데이터에 가장 적합한 방정식

2006년 미국 프로 야구의 시즌이 시작될 때, 각 팀의 총 연봉은 New York Yankees의 194.633백만 달러부터 Florida Marlins의 14.999백만 달러까지 다양하다.[6] 162게임이 있었던 시즌 동안 Yankees는 97게임을 승리했고, Marlins는 78게임을 승리했다.[7] 결국 Yankees는 World Series에서 Atlanta Braves를 이기고 우승을 하였다. 총 연봉과 승리 횟수에 관한 데이터는 데이터 파일 **CX02BASE**에 있다. 30개 팀에 관한 데이터 중 일부가 아래에 제시되어 있다.

팀	x = 총 연봉	y = 승리 횟수
New York Yankees	$194,633	97
Boston Red Sox	120,100	86
Toronto Blue Jays	71,915	87
Baltimore Orioles	72,586	70
⋮	⋮	⋮
San Diego Padres	69,896	88
Colorado Rockies	41,233	76

풀이

그림 2.6은 30개 팀에 대한 산점도이다. 그림을 보면, 총 연봉이 많은 팀이 더 많이 승리를 하므로 두 변수 사이에 관계가 있다. 좋은 선수가 많으면 더 많이 이길 것이고, 좋은 선수는 더 많은 연봉을 받게 될 것이므로, 이러한 관계는 당연할 것으로 생각된다. 산점도는 이러한 우리의 상식적 생각을 확인하게 해 준다.

Excel을 이용하면 산점도를 쉽게 작성하고, 이 산점도에 맞는 최선의 직선을 쉽게 찾을 수 있다. 이에 대한 설명은 「컴퓨터 솔루션 2.7」에 결과와 함께 제시되어 있으며, 관계를 나타내는 직선은 다음과 같이 표현된다.

$$\text{승리 횟수} = 67.980 + 0.167 \times \text{총 연봉}$$

이러한 분석과 최선의 직선의 선택은 여러 가지로 응용될 수 있다.

1. 주어진 x값에 대하여 y값을 예측할 수 있다. 예로, 어느 팀의 연봉이 5천만 달러였다면, 이 팀은 $67.980 + 0.167(50) = 76.33$번의 승리를 할 것으로 예상된다.
2. 직선의 기울기(이 경우에는 0.167)는 연봉이 1백만 달러 증가할 때 평균적으로 기대되는 승리 횟수의 증가로 해석할 수 있다. 1천만 달러가 증가한다면 승리 횟수는 1.67번 증가할 것이다.
3. 기울기의 부호가 이 경우에는 양이기 때문에 두 변수는 양(또는 직접적인)의 관계를 갖고 있다. 즉 연봉과 승리 횟수는 같이 증가하고 감소한다.

[6] 출처: content.usatoday.com, June 21, 2009.
[7] 출처: mlb.com, June 21, 2009.

그림 2.6

2006년 프로 야구 시즌에서 30개 팀의 총 연봉 대비 승리 횟수에 대한 산점도. 연봉이 높은 팀이 승리 횟수가 더 많은 경향이 있다.

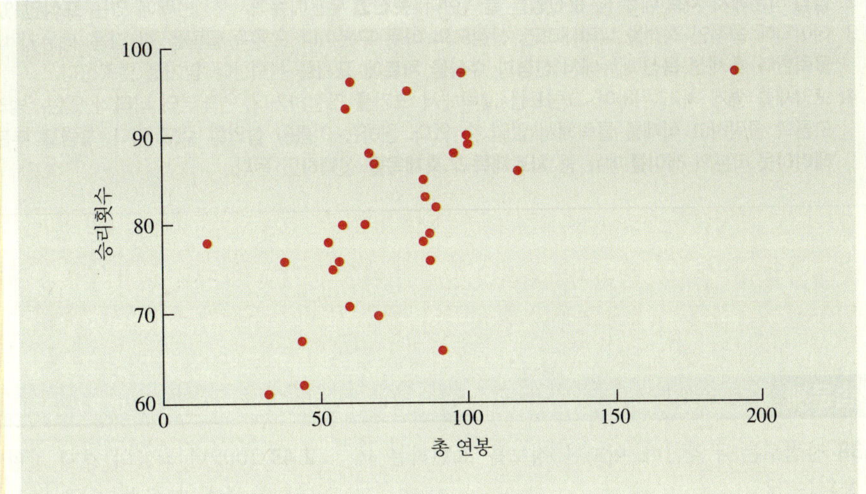

출처: content.usatoday.com and mlb.com, June 21, 2009.

4. 직선 식에 의하여 예측된 승리 횟수보다 실제 승리 횟수가 대단히 크거나 작은 데이터를 확인할 수 있다. 이 경우, 연봉에 비하여 대단히 우수한 성적을 내거나 대단히 저조한 팀을 구별할 수가 있다. 예로, Oakland Atheletics는 연봉에 비하여 월등히 우수한 성적을 낸 팀으로서, 팀의 연봉 $62,243백만의 경우 67.980 + 0.167(62.243) = 78.375번 우승할 것으로 예상되는데 실제로는 93회나 우승하였다.

컴퓨터 솔루션 2.7

산점도

EXCEL

	A	B	C
1	**Team**	**Payroll**	**Wins**
2	New York Yankees	194.633	97
3	Boston Red Sox	120.100	86
4	Toronto Blue Jays	71.915	87
5	Baltimore Orioles	72.586	70
6	Tampa Bay Devil Rays	35.418	61
7	Cleveland Indians	56.032	78
8	Chicago White Sox	102.751	90
9	Detroit Tigers	82.613	95
10	Kansas City Royals	47.294	62
11	Minnesota Twins	63.396	96
12	Texas Rangers	68.229	80
13	Oakland Athletics	62.243	93
14	Seattle Mariners	87.960	78

Wins vs. Payroll

y = 0.167x + 67.980

Wins: 50, 60, 70, 80, 90, 100, 110

Payroll ($millions): 0, 25, 50, 75, 100, 125, 150, 175, 200, 225

1. 데이터 파일 CX02BASE를 연다. 위에서 보듯이 데이터와 제목은 이미 입력되어 있다. **B1**을 클릭한 후 **C31**까지 끌어서 셀 **B1:C31**을 선택한다(참고: 수직 축으로 표현되는 변수는 항상 오른쪽에 입력되어 있어야 한다).

2. **삽입** 리본에서 **차트** 메뉴 중 **분산형**을 클릭한다. **분산형** 부분메뉴에서 첫 번째에 있는 **표식만 있는 분산형**을 클릭한다.
3. 데이터에 최적인 직선을 나타내려면, 산점도의 아무 부분이나 오른쪽 클릭을 한 다음, 메뉴가 나타나면 **추세선 추가**를 클릭한다. **추세선 옵션** 메뉴에서 **선형**과 **수식을 차트에 표시**를 선택한다. **닫기**를 클릭한다.
4. 모양새를 좋게 하기 위하여, 그림표를 클릭해서 크기를 조절하거나, 원래부터 나타나 있는 '범례' 상자를 원치 않으면 오른쪽 클릭하고 **삭제**를 클릭해서 없앨 수 있다. 원하는 이름을 삽입할 수도 있다: 그림표 부분을 두 번 클릭한 다음 **레이아웃** 리본의 **레이블** 메뉴 중 **차트제목**과 **축제목**를 선택하면 된다.

연습문제

2.38 산점도는 무엇이며, 어떠한 정보를 표현하는 데 사용되는가?

2.39 두 변수 사이의 양의 직선관계와 음의 직선관계의 차이가 무엇인가?

2.40 두 변수 사이에 아무런 관계도 없는 경우, 산점도에 맞추어진 직선의 기울기는 어떻게 되는가?

2.41 *PC World*에 보도된 잉크젯 프린터의 문자 및 그래픽 프린트 속도(분당 페이지: ppm)는 다음과 같다. (출처: *PC World*, July 2009, p. 44)

x = ppm 문자	y = ppm 그래픽	x = ppm 문자	y = ppm 그래픽
30.0	20.0	26.0	17.0
33.0	31.0	7.5	4.5
28.0	23.0	27.0	19.0
32.0	24.0	34.0	33.0
8.4	5.6	33.0	32.0

a. 산점도를 그려라.
b. 눈짐작에 의하여 데이터를 표현하는 직선을 그려라.
c. 두 변수 사이에 관계가 있어 보이는가? 그렇다면, 양의 관계인가, 음의 관계인가?

2.42 세무정산 대행 업체 6곳에 관한 다음 데이터에서, x = 수익, y = 비용이다.

x = 수익(달러)	y = 비용(달러)
$351.4	$18.4
291.3	15.8
325.0	19.3
422.7	22.5
238.1	16.0
514.5	24.6

a. 산점도를 작성하라.
b. 눈짐작에 의하여 데이터를 표현하는 직선을 그려라.
c. 두 변수 사이에 관계가 있어 보이는가? 그렇다면, 양의 관계인가, 음의 관계인가?

2.43 2009년 최악의 경제 상황에서 미국 정부가 대형 은행을 조사한 결과, 10개 은행에 대하여 지원금을 결정하고 추가로 필요한 현금 자본이 다음과 같다고 결정하였다.

(출처: "Bank Stress-Test Results," *USA Today*, May 8, 2009, p. 38)

은행	x = 지원금	y = 추가 자본
Bank of America	$45.0 billion	$33.9 billion
Wells Fargo	25.0	13.7
GMAC	5.0	11.5
Citigroup	50.0	5.5
Regions	3.5	2.5
SunTrust	4.9	2.2
KeyCorp	2.5	1.8
Morgan Stanley	10.0	1.8
Fifth Third Bancorp	3.4	1.1
PNC	7.6	0.6

a. 산점도를 작성하라.
b. 눈짐작에 의하여 데이터를 표현하는 직선을 그려라.
c. 두 변수 사이에 관계가 있어 보이는가? 그렇다면, 양의 관계인가, 음의 관계인가?

참고: 연습문제 2.44과 2.45는 컴퓨터 프로그램을 이용하는 문제이다.

2.44 인사 담당자가 100명의 직원에 대하여 작성한 데이터(**XR02044**)에서, x = 직원의 고용 연수, y = 직원이 보유하고 있는 회사 주식 수를 의미한다.

a. 산점도와 이 산점도에 맞는 직선을 함께 구하라.
b. 두 변수 사이에 관계가 있어 보이는가? 그렇다면, 양의 관계인가 음의 관계인가?
c. (a)에서 구한 직선의 기울기의 의미를 말하라.
d. 산점도 및 직선의 관찰에서, 직선에 의하여 예측된 것보다 특이하게 주식을 많이 보유하거나 적게 보유한 직원이 있는가?

2.45 임대업을 하는 업체의 임원이 그 지역에 있는 아파트 80개를 대상으로 면적(square footage)과 임대료에 관한 데이터(**XR02045**)를 조사하였다. 면적을 독립변수, 임대료를 종속변수로 간주하라.

a. 산점도와 이 산점도에 맞는 직선을 함께 구하라.

b. 두 변수 사이에 관계가 있어 보이는가? 그렇다면, 양의 관계인가 음의 관계인가?

c. (a)에서 구한 직선의 기울기의 의미를 말하라.

d. 산점도 및 직선의 관찰에서, 직선에 의하여 예측된 것보다 특이하게 임대료가 높거나 낮은 아파트가 있는가? 이러한 이유를 설명할 수 있는 다른 변수가 있다면 어떠한 것이겠는가?

2.6 제표, 분할표, EXCEL PivotTable 마법사

범주를 나타내는 변수가 있는 경우, 각각의 범주에 몇 사람 또는 몇 개가 있는가를 세어서 나타내는 **제표**(**tabulation**)라는 방법을 이용하여 데이터를 표현할 수 있다. 이 방법을 이용하면, 각각의 사람이나 사물이 양적 변수(예, 년 수입)에 의하여 나타나는 경우, 한 범주의 구성원(예, 노동조합 가입자)이 다른 범주의 구성원(예, 노동조합 비가입자)과 평균 년 수입이 어떻게 다른가를 보일 수가 있다.

예제 EXAMPLE

제표 방법

자동현금지급기(ATM)를 사용하는 고객 50명을 대상으로, 이러한 기계를 사용할 때 걸리는 시간(초)을 측정하였다. 고객은 연령, 성별에 의하여 구분되었다. 이 경우, 연령이나 성별은 범주를 나타내는 명목변수이고, 시간은 양적 변수이다. 원자료는 표 2.3 A에 제시되어 있고, 데이터 파일은 **CX02ATM**이다.

풀이

단순제표

주변(**marginal**) 또는 **일원**(**one-way**)제표로도 불리는 **단순제표**는, 단순히 각각의 범주에 몇이 있는가를 세는 것이다. 표 2.3 B의 단순제표는 ATM 사용자 50명 중 남자가 28명, 여자가 22명이라는 것을 보여준다(남자가 56%, 여자가 44%라고 표현될 수도 있다).

교차제표

Crosstab 또는 **분할표**(**contingency table**)라고도 불리는 **교차제표**는 복합적인 범주에 몇 사람 또는 몇 개가 있는가를 나타낸다. 표 2.3 C는 ATM 사용자 50명 중, 각각의 연령-성별 집단에 속한 사람 수를 보여준다. 예를 들면, 가장 젊은 남자 집단에는 7명, 가장 나이 많은 여자 집단에는 4명이 있다. 표 2.3 C에는 범주를 나타내는 변수가 둘이 있기 때문에, **이원**(**two-way**)**제표**라고 부를 수도 있다. 교차제표는 변수들 간의 관계를 확인할 수 있게 해 준다. 예를 들면, 가장 나이 적은 집단에서는 여자 ATM 사용자가 더 많고, 나이가 많아지면 반대로 남자 사용자가 더 많아진다. 이러한 결과를 보고, 은행의 매니저는 ATM이 설치된 장소나 조명 또는 배치 등에서 나이 든 여자들의 경우 신변 안전의 문제가 있는 것은 아닌가를 확인하기 위하여, 고객 의견을 조사할 수도 있다.

교차제표를 이용하면, 특정한 양적 변수가 범주의 유형 또는 복합적인 범주의 유형에 따라 어떻게 달라지는가를 알 수 있다. 예를 들면, 표 2.3의 D는 여섯 개로 구분된 집단의 평균 ATM 사용 시간을 나타낸다. 50명 전체의 평균시간은 39.76초이고, 중간 나이의 남자 집단이 가장 짧게(34.53초) 사용하고, 나이 많은 여자 집단이 가장 길게(38.36초) 사용하는 것을 알 수 있다. 남자의 평균시간(38.36초)이 여자의 평균시간(41.53초)보다 약간 작다.

교차제표는 이 책에서 공부하게 되는 여러 가지 분석기법의 기초가 된다. 「컴퓨터 솔루션 2.8」은 ATM 데이터(데이터 파일: **CX02ATM**)를 사용할 때의 과정과 결과(표 2.3 C와 같은 결과)이다.

표 2.3

연령, 성별에 따른 50명의 ATM 사용 시간. 연령과 성별은 명목척도의 변수이고, 시간은 양적 변수이다.
여기서 변수의 값은 연령의 경우, 연령이 30 미만이면 1, 30~60이면 2, 60 보다 많으면 3이고 성별의 경우, 남자는 1, 여자는 2이다. 데이터파일은 CX02ATM이다.

A. 원자료

연령	성별	시간	연령	성별	시간	연령	성별	시간
1	2	50.1	2	2	46.4	2	1	33.2
1	1	53.0	2	1	31.0	2	2	29.1
2	2	43.2	2	1	44.8	2	1	37.7
1	2	34.9	2	1	30.3	2	2	54.9
3	1	37.5	2	1	33.6	1	2	29.4
2	1	37.8	3	2	56.3	3	1	37.1
3	1	49.4	2	2	37.8	3	2	42.9
1	1	50.5	1	2	34.4	1	2	44.3
3	1	48.1	2	1	32.9	3	2	45.0
1	2	27.6	1	1	26.3	2	2	47.6
3	2	55.6	2	1	30.8	1	1	58.1
2	2	50.8	1	1	24.1	1	2	32.0
3	1	43.6	1	2	43.6	2	1	36.9
1	1	35.4	2	2	29.9	1	1	27.5
1	2	37.7	2	1	26.3	3	1	42.3
3	1	44.7	3	1	47.7	2	1	34.1
2	1	39.5	1	2	40.1			

B. 성별에 의한 단순제표

1 = 남자	2 = 여자	합계
28	22	50

계속

표 2.3 (계속)

C. 연령과 성별에 의한 교차제표

연령	성별 1 = 남자	성별 2 = 여자	합계
1 = 30세 미만	7	10	17
2 = 30~60세	13	8	21
3 = 60세 이상	8	4	12
합계	28	22	50

D. 연령과 성별에 따른 평균 사용시간

연령	성별 1 = 남자	성별 2 = 여자	합계
1 = 30세 미만	39.27	37.41	38.18
2 = 30~60세	34.53	42.46	37.55
3 = 60세 이상	43.80	49.95	45.85
합계	38.36	41.53	39.76

컴퓨터 솔루션 2.8

교차제표

EXCEL

	A	B	C	D	E	F	G
1	AgeCat	Gender	Seconds	Count of Gender	Gender		
2	1	2	50.1	AgeCat	1	2	Grand Total
3	1	1	53.0	1	7	10	17
4	2	2	43.2	2	13	8	21
5	1	2	34.9	3	8	4	12
6	3	1	37.5	Grand Total	28	22	50

1. 데이터 파일 **CX02ATM**을 연다. 이름과 데이터가 위에서 보는 것처럼 이미 입력되어 있다. 변수는 연령(1 =<30, 2 = 30~60, 35 > 60), 성별(1 = 남자, 2 = 여자)과 초로 측정된 시간이다. **A1**을 클릭한 후 **C51**까지 끌어서 셀 **A1 : C51**을 선택한다.
2. **삽입** 리본에서 **표** 메뉴 중 **피벗테이블**을 클릭한다. **피벗테이블 만들기** 메뉴에서 **표 또는 범위선택**을 클릭한다. 셀 A1:C51가 이미 **표/범위** 상자에 나타나 있지 않으면 입력한다. **기존 워크시트**를 선택하고 **D1**을 상자에 입력한 다음 **확인**을 클릭한다.
3. 오른쪽에 있는 **AgeCat**라는 이름을 클릭하고 **행 레이블** 사각형에 끌어서 넣는다. 마찬가지로 **Gender**라는 이름을 끌어서 **열 레이블** 상자에 넣는다. 다시 **Gender**라는 이름을 끌어서 **값** 상자에 넣는다.
4. 원자료 중 아무거나 오른 클릭한 다음 **값 필드 설정**을 선택한다. **값 필드 요약 기준** 상자에서 **개수**를 클릭하고 **확인**를 클릭한다.
5. **행 레이블** 셀을 클릭한 다음 **AgeCat**를 입력한다. **열 레이블** 셀을 클릭한 다음 **Gender**를 입력한다.

컴퓨터 솔루션 2.9

교차제표와 요약 정보

EXCEL

	A	B	C	D	E	F	G
1	AgeCat	Gender	Seconds	Average of Seconds	Gender		
2	1	2	50.1	AgeCat	1	2	Grand Total
3	1	1	53.0	1	39.27	37.41	38.18
4	2	2	43.2	2	34.53	42.46	37.55
5	1	2	34.9	3	43.80	49.95	45.85
6	3	1	37.5	Grand Total	38.36	41.53	39.76
7	2	1	37.8				
8	3	1	49.4				
9	1	1	50.5				
10	3	1	48.1				
11	1	2	27.6				
12	3	2	55.6				
13	2	2	50.8				
14	3	1	43.6				
15	1	1	35.4				
16	1	2	37.7				
17	3	1	44.7				
18	2	1	39.5				
19	2	2	46.4				
20	2	1	31.0				
21	2	1	44.8				

1. 데이터 파일 CX02ATM을 연다. **A1**을 클릭하여 **C51**까지 끌어서 셀 **A1:C51**을 선택한다.
2. **삽입** 리본에서 **표** 메뉴 중 **피벗테이블**을 클릭한다. **피벗테이블 만들기** 메뉴에서 **표 또는 범위선택**을 클릭한다. 셀 A1:C51가 이미 **표/범위** 상자에 나타나 있지 않으면 입력한다. **기존 워크시트**를 선택하고 **D1**을 상자에 입력한 다음 **확인**을 클릭한다.
3. 오른 쪽에 있는 **AgeCat**라는 이름을 클릭하고 **행 레이블** 사각형에 끌어서 넣는다. 마찬가지로 **Gender**라는 이름을 끌어서 **열 레이블** 상자에 넣는다. 다시 **Gender**라는 이름을 끌어서 **값** 상자에 넣는다.
4. 원자료 중 아무거나 오른쪽 클릭한 다음 **값 필드 설정**을 선택한다. **값 필드 요약 기준** 상자에서 **값**를 클릭하고 **확인**을 클릭한다. **E3**를 클릭하고 **G6**까지 끌어서 셀 **E3:G6**를 선택한다. 오른쪽 클릭한 다음 **필드표시 형식**을 선택한다. **숫자**를 선택하고 **소수 자릿수** 상자에 2를 명시하고 **확인**을 클릭한다. **행 레이블** 셀을 클릭한 다음 **AgeCat**를 입력한다. **열 레이블** 셀을 클릭한 다음 **Gender**를 입력한다.
5. 테이블 중 아무데나 클릭한다. **삽입** 리본에서 **차트** 메뉴 중 **세로 막대형**을 선택한다. **2차원 세로 막대형** 중에서 첫 번째 **묶은 세로 막대형**을 선택한다. 원하는 이름을 삽입할 수도 있다: 그림표 부분을 두 번 클릭한 다음 **레이아웃** 리본의 **레이블** 메뉴 중 **차트제목**과 **축제목**를 선택하면 된다.

연습문제

2.46 교차제표에 기본적으로 사용되는 변수는 어떤 척도를 갖는가?

2.47 단순제표와 교차제표의 차이는 무엇인가? 예를 들어 설명하라.

참고: 연습문제 2.48~2.50은 수작업으로 할 수도 있으나 가능하면 컴퓨터 통계 프로그램을 이용하는 것이 좋다.

2.48 택시회사가 운행하는 30대의 자동차를 엔진(1 = 디젤, 2 = 휘발유), 변속기어(1 = 수동, 2 = 자동), 에어컨 유무(1 = 없음, 2 = 있음)에 따라 구분하고, 지난 달 각 자동차의 연료 갤런당 주행 마일(mpg)을 조사한 자료가 다음과 같다(데이터 파일: XR02048).

a. 엔진의 구분을 이용한 단순제표를 작성하라.

b. 엔진과 기어의 유형을 이용하여 교차제표를 작성하라.

c. 엔진과 기어의 유형에 따른 평균 mpg를 표현하라. 이러한 유형의 구분이 mpg와 연관이 있는가? 그렇다면 어떠한 관계가 있는가?

엔진	변속기어	에어컨	mpg	엔진	변속기어	에어컨	mpg
1	1	1	36.4	1	1	2	38.6
1	1	1	37.7	1	1	2	34.8
1	1	1	38.2	1	2	2	30.8
1	1	1	41.8	1	2	2	26.4
1	1	1	34.8	1	2	2	31.6
1	2	1	35.4	1	2	2	28.3
1	2	1	31.3	1	2	2	29.5
1	2	1	32.2	2	1	2	23.0
2	1	1	26.2	2	1	2	21.5
2	1	1	25.5	2	1	2	19.5
2	1	1	27.7	2	2	2	18.3
2	2	1	22.0	2	2	2	19.1
2	2	1	23.3	2	2	2	20.8
1	1	2	34.8	2	2	2	21.8
1	1	2	34.0	2	2	2	18.4

2.49 연습문제 2.48에서

a. 엔진 유형을 이용하여 단순제표를 만들어라.

b. 엔진 유형과 에어컨의 구분을 이용하여 교차제표를 만들라.

c. 엔진과 에어컨 유형에 따른 평균 mpg를 표현하라. 이러한 유형의 구분이 mpg와 연관이 있는가? 그렇다면 어떠한 관계가 있는가?

2.50 연습문제 2.48에서

a. 변속기어 유형을 이용하여 단순제표를 만들어라.

b. 변속기어 유형과 에어컨의 구분을 이용하여 교차제표를 만들라.

c. 변속기어와 에어컨 유형에 따른 평균 mpg를 표현하라. 이러한 유형의 구분이 mpg와 연관이 있는가? 그렇다면 어떠한 관계가 있는가?

참고: 연습문제 2.51~2.54은 컴퓨터 통계 프로그램을 이용하는 문제이다.

2.51 어느 고등학교의 상담사가 자신의 학교 졸업생에게 추천할 만한 대학으로 60개의 대학을 조사하였다. 조사한 자료는 각 대학의 최고 학위과정(1 = 학사, 2 = 석사, 3 = 박사), 재단(1 = 공립, 2 = 사립), 위치(1 = 도심, 2 = 도심 외곽, 3 = 시골)와 1년 학비이다. (데이터 파일: XR02051)

a. 최고 학위과정 범주를 이용하여 단순제표를 만들라.

b. 최고 학위과정과 재단 유형을 이용하여 교차제표를 만들라.

c. 최고 학위과정과 재단 유형으로 구분된 평균 1년 학비를 표현하라. 이러한 유형의 구분이 학비와 어떤 연관이 있는가?

2.52 연습문제 2.51에서,

a. 학교의 위치를 이용하여 단순제표를 만들라.

b. 학교의 위치와 재단 유형을 이용하여 교차제표를 만들라.

c. 학교의 위치와 재단 유형으로 구분된 평균 1년 학비를 표현하라. 이러한 유형의 구분이 학비와 어떤 연관이 있는가?

2.53 미국의 35개 도시의 재무관리, 장기계획사업, 인사 정책, 정보 기술, 성과관리를 A = 4, B = 3, C = 2, D = 1, F = 0점으로 구분하여 평가하였다. 또한 각 도시의 최근 인구조사에 의한 인구수도 이 데이터에 포함되어 있다(데이터 파일: XR02053).

a. 재무관리의 점수를 이용하여 단순제표를 만들라.

b. 재무관리와 정보 기술을 이용하여 교차제표를 만들라.

c. 재무관리와 정보 기술로 구분된 평균 인구수를 표현하라. 이러한 유형의 구분이 인구수와 어떤 연관이 있는가?

2.54 연습문제 2.53에서,

a. 인사정책의 점수를 이용하여 단순제표를 만들라.

b. 인사정책과 성과관리를 이용하여 교차제표를 만들라.

c. 인사정책과 성과관리로 구분된 평균 인구수를 표현하라. 이러한 유형의 구분이 인구수와 어떤 연관이 있는가?

2.7 요약

도수분포와 기둥그림표

원자료에 포함되어 있는 정보를 간결하고 명확하게 전달하기 위하여, 통계적으로 요약된 측정치로 표현하거나 시각적으로 표현한다. 양적 데이터는 각 범주에 속하는 관찰치의 숫자를 나타내는 도수분포나 기둥그림표로 표현될 수 있다.

도수분포의 계급은, 모든 데이터가 포함되고 어느 데이터도 두 개 이상의 계급에 포함되지 않도록 구성되어야 한다. 계급의 개수를 결정하는 것은 주관적 판단이다. 대체로 5에서 15개의 계급이 사용된다. 도수분포는 상대 또는 누적도수를 나타내도록 작성될 수 있다.

줄기-잎 그림, 점 그림 및 기타 시각적 표현

줄기-잎 그림은 도수분포의 변형으로서 원자료 값의 일부를 이용하여 계급(줄기)과 계급에 속한 데이터(잎)를 표시한다. 점 그림에서는 변수의 값을 점으로 나타내어 분포의 모양을 쉽게 보여준다. 기둥그림표, 도수다각형, 막대그림표, 직선 그래프, 파이 그림, 그림그래프와 스케치는 시각적으로 데이터를 요약하는 방법이다. 다른 통계 방법과 마찬가지로, 의도적으로 시각적 표현을 왜곡할 가능성이 있다.

산점도

산점도는 독립변수(x)와 종속변수(y)로 불리는 두 변수의 값으로 결정되는 점으로 이루어진다. 산점도에 의한 분석은 주로 점으로 표현된 데이터에 잘 맞는 직선을 구하여, x의 값에 대응되는 y값을 예측하는 데 쓰인다.

제표와 분할표

범주를 나타내는 변수가 있을 때, 각각의 범주 또는 복합적인 범주에 속한 사람이나 사물의 수효를 나타내는 데 단순제표와 교차제표가 사용된다. 이러한 표는 각각의 범주 또는 복합적인 범주에 속한 사람이나 사물에 대한 양적 변수의 평균이나 다른 측정치를 나타내는 데도 사용될 수 있다.

단원 연습문제

2.55 국립 해양 및 대기 관리소에 의하면, 50개 미국 도시의 최고온도는 다음과 같다. 데이터 파일은 XR02056이다.(출처: Bureau of the Census, *Statistical Abstract of the United States* 2009, p. 229)

도시	온도
Mobile, AL	105
Juneau, AK	90
Phoenix, AZ	122
Little Rock, AR	112
Los Angeles, CA	110
Denver, CO	105
Hartford, CT	102

도시	온도
Wilmington, DE	102
Miami, FL	98
Atlanta, GA	105
Honolulu, HI	95
Boise, ID	111
Chicago, IL	104
Indianapolis, IN	104
Des Moines, IA	108
Wichita, KS	113
Louisville, KY	106
New Orleans, LA	102

도시	온도
Portland, ME	103
Baltimore, MD	105
Boston, MA	102
Detroit, MI	104
Duluth, MN	97
Jackson, MS	107
St. Louis, MO	107
Great Falls, MT	106
Omaha, NE	114
Reno, NV	108
Concord, NH	102
Atlantic City, NJ	106
Albuquerque, NM	107
Buffalo, NY	99
Charlotte, NC	104
Bismarck, ND	111
Cleveland, OH	104
Oklahoma City, OK	110
Portland, OR	107
Pittsburgh, PA	103
Providence, RI	104
Columbia, SC	107
Sioux Falls, SD	110
Nashville, TN	107
Houston, TX	109
Salt Lake City, UT	107
Burlington, VT	101
Norfolk, VA	104
Seattle, WA	100
Charleston, WV	104
Milwaukee, WI	103
Cheyenne, WY	100

a. 줄기-잎 그림을 작성하라.
b. 도수분포를 작성하라.
c. 작성된 도수분포에서 계급구간과 계급값이 얼마인가?
d. 작성된 도수분포를 이용하여 기둥그림표와 상대도수 다각형을 작성하라.

2.56 미국의 50개 주에 있는 병원의 하루 평균 입원비는 다음과 같다. 데이터 파일은 XR02057이다. (출처: Bureau of the Census, *Statistical Abstract of the United States 2009*, p. 114)

AL	$1274	HI	1383	MA	1895
AK	2455	ID	1511	MI	1608
AZ	1930	IL	1676	MN	1379
AR	1304	IN	1699	MS	1100
CA	2056	IA	1093	MO	1687
CO	1864	KS	1155	MT	924
CT	1839	KY	1318	NE	1180
DE	1634	LA	1288	NV	1544
FL	1595	ME	1627	NH	1714
GA	1243	MD	2009	NJ	1910
NM	1738	PA	1601	VT	1355
NY	1602	RI	1824	VA	1491
NC	1362	SC	1487	WA	2298
ND	966	SD	774	WV	1152
OH	1773	TN	1349	WI	1566
OK	1379	TX	1752	WY	906
OR	2202	UT	1914		

a. 줄기-잎 그림을 작성하라.
b. 도수분포를 작성하라.
c. 작성된 도수분포에서 계급구간과 계급값이 얼마인가?
d. 작성된 도수분포를 이용하여 기둥그림표와 상대도수 다각형을 작성하라.

2.57 10,000명 이상의 주민이 있는 미국 도시의 수는 다음과 같다. (출처: Bureau of the Census, *Statistical Abstract of the United States 2009*, p. 34)

주민 수	도시 수
10,000~25,000 미만	1510
25,000~50,000 미만	684
50,000~100,000 미만	430
100,000~250,000 미만	191
250,000~500,000 미만	37
500,000~1,000,000 미만	25
1,000,000 이상	9

a. 25,000명 이상, 500,000명 미만의 주민이 있는 도시는 몇 개인가?
b. 250,000명 미만의 주민이 있는 도시는 몇 개인가?
c. 100,000명 이상 1,000,000명 미만 계급의 대표값은 얼마인가? 몇 %의 도시가 이 계급에 속하나?
d. 100,000~250,000 미만 계급의 대표값은 얼마인가?
e. 상대도수분포를 만들어라.

2.58 2자리 수로 된 21개 데이터의 줄기-잎 그림이 다음과 같다. (잎의 단위 = 1.0)

1	3	3
4	3	669
4	4	
8	4	5667
(6)	5	012233
7	5	68
5	6	0
4	6	779
1	7	0

a. 이 줄기-잎 그림에서 원자료의 정확한 데이터값을 알아낼 수 있는가? 그렇다면 원자료를 복원하라. 그렇지 않다면 이러한 줄기-잎 그림으로 표현될 수 있는 데이터의 예를 제시하라.

b. 가장 왼쪽에 있는 열에 있는 숫자는 무엇을 의미하는가?

2.59 2007년 미국의 50개 주의 실업률은 다음과 같다(데이터 파일: **XR02058**). (출처: Bureau of the Census, *Statistical Abstract of the United States 2009*, p. 373)

	%		%		%
AL	4.0	LA	4.3	OH	5.6
AK	6.2	ME	4.7	OK	4.4
AZ	3.9	MD	3.6	OR	5.2
AR	5.6	MA	4.6	PA	4.3
CA	5.3	MI	7.1	RI	4.9
CO	3.7	MN	4.6	SC	5.6
CT	4.5	MS	6.1	SD	2.9
DE	3.5	MO	5.0	TN	4.6
FL	4.1	MT	3.6	TX	4.3
GA	4.3	NE	3.1	UT	2.6
HI	2.9	NV	4.6	VT	4.0
ID	3.0	NH	3.6	VA	3.1
IL	5.1	NJ	4.2	WA	4.6
IN	4.6	NM	3.7	WV	4.6
IA	3.7	NY	4.6	WI	5.0
KS	4.1	NC	4.5	WY	2.9
KY	5.4	ND	3.2		

a. 줄기-잎 그림을 작성하라.

b. 도수분포를 작성하라.

c. 작성된 도수분포에서 계급구간과 계급값이 얼마인가?

d. 작성된 도수분포를 이용하여 기둥그림표와 상대도수 다각형을 작성하라.

2.60 3자리 수로 된 21개 데이터의 줄기-잎 그림이 다음과 같다. (잎의 단위 = 1.0)

```
  2    1 89
  3    2 0
  3    2
  9    2 445555
  9    2
(2)    2 89
 10    3 0011
  6    3 23
  4    3 455
  1    3
  1    3 8
```

a. 이 줄기-잎 그림에서 원자료의 정확한 데이터값을 알아낼 수 있는가? 그렇다면 원자료를 복원하라. 그렇지 않다면 이러한 줄기-잎 그림으로 표현될 수 있는 데이터의 예를 제시하라.

b. 가장 왼쪽에 있는 열에 있는 숫자는 무엇을 의미하는가?

2.61 2007년, 미국 전체와 서부지역의 신축 개인주택의 판매 자료는 다음과 같다. (출처: Bureau of the Census, *Statistical Abstract of the United States 2009*, p. 595)

	판매(단위: 천 가구)	
주택 가격	미국 전체	서부지역
$200,000 미만	268	22
$200,000~$300,000 미만	227	54
$300,000~$500,000 미만	186	64
$500,000 이상	94	41

미국 전체와 서부지역의 상대도수분포를 작성하라. 서부지역의 주택 가격이 미국 전체의 주택 가격과 다른 것처럼 나타나는가?

2.62 사회학자가 1960년과 2006년의 두 해의 폭력적 범죄 건수를 그림 그래프로 비교하고자 한다. 이러한 범죄의 폭력성과 비극적 결과를 약화시켜 보여 주는 형상의 예를 제시하라.

2.63 Bristol-Myers Squibb Company의 2001~2008년 순매출액과 광고/판촉비는 다음과 같다(단위: 십억 달러). (데이터 파일: **XR02062**) (출처: Bristol-Myers Squibb Company, *Annual Report 2005, 2008*) 선 그래프를 그려라. 광고/판촉비의 증가가 매출액의 증가로 나타났다고 보는가?

연도	순매출액	광고/판촉비
2001	$16.612	$1.201
2002	16.208	1.143
2003	18.653	1.416
2004	19.380	1.411
2005	19.207	1.476
2006	16.208	1.304
2007	18.193	1.415
2008	20.597	1.550

참고: 연습문제 2.64~2.72는 컴퓨터 통계 프로그램을 이용하는 문제이다.

2.64 연습문제 2.66의 데이터(**XR02067**)에 대하여,

a. 졸업후 취업률을 종속변수, 학교의 명성도에 대한 변호사/판사들의 평가를 독립변수로 하여 산점도를 만들어라. 변호사나 판사들에 의하여 높은 점수가 부여된 학교가 높은 취업률을 갖는다고 생각하는가?

b. 데이터에 가장 잘 맞는 직선을 찾으라. 기울기가 양

인가, 음인가? 기울기의 부호가 (a)에서의 당신의 의견과 일치하는가?

2.65 연습문제 2.67의 데이터(**XR02071**)에 대하여,

a. 전기모터 공급업자에 대한 단순제표를 만들라.

b. 전기모터 공급업자와 최종 조립 기술자를 이용하여 교차제표를 만들라.

c. 전기모터 공급업자와 최종 조립 기술자 조합별 평균 압력(psi)을 나타내라. 어느 공급업자의 조합이 가장 큰 또는 작은 압력을 내는가?

d. (c)의 결과를 볼 때, 2명의 조립 기술자의 능력이 비슷하다고 할 수 있는가? 설명하라.

2.66 *U.S. News & World Report*는 미국의 상위 50개 법학대학원의 명성도(5점 만점)를, 학자들에 의한 평가와 변호사/판사들에 의한 평가의 두 가지 평가로 보도하였다. 이 잡지는 그 외에도 최근 입학허가율(%), 학생/교수 비율, 졸업후 취업률도 보도하였다. (데이터: **XR02071**) (출처: U.S. *News & World Report, Best Graduate School, 2010 edition*, p. 22)

a. 두 가지 평가점수에 대한 산점도를 만들어라. 학자들이 높게 평가하는 학교가 변호사/판사에 의하여도 높게 평가되나?

b. 데이터에 가장 잘 맞는 직선을 찾으라. 기울기가 양인가? 음인가? 기울기의 부호가 (a)에서의 당신의 의견과 일치하는가?

2.67 공기 압축기 제조업자는 일반 부품을 두 공급업자(MechSup = 1 또는 2)로부터 구입하고 전기모터는 다른 세 공급업자(ElectSup = 1, 2, 또는 3)로부터 구입하여, 두 사람의 기술자(Tech = 1 또는 2)에 의하여 제품을 조립한다. 완성된 압축기는 압력의 세기(평방인치당 파운드, 즉 psi)에 대한 검사를 받는다. 100개의 공기 압축기에 대한 검사 결과가 데이터 파일 **XR02071**에 있다.

a. 일반부품 공급업자에 대한 단순제표를 만들라.

b. 일반부품 공급업자와 전기모터 공급업자를 이용하여 교차제표를 만들라.

c. 일반부품 공급업자와 전기모터 공급업자 조합별 평균 압력(psi)을 나타내라. 어느 공급업자의 조합이 가장 큰 또는 작은 압력을 내는가?

d. (c)의 결과를 볼 때, 5곳의 공급업자 중 특별히 더 조사해 볼 필요가 있는 공급업자가 있는가? 설명하라.

2.68 1980년의 실업률을 2007년 실업률과 전 그림을 이용하여 비교하라. 동일한 척도를 사용하고, 실업률의 범위 (최고 · 최저)와 실업률 수준의 변화가 있었는가를 판단하라. (데이터: **XR02066**) (출처: Bereau of the Census, *Statistical Abstract of the United States 2009*, p. 373)

2.69 연습문제 2.71의 저축률에 대한 자료(**XR02069**)를 이용하여

a. 미국과 독일의 저축률에 대한 산점도를 만들어라. 어떤 것을 독립변수로 하는지는 중요하지 않다. 미국의 저축률이 증가할 때 독일의 저축률도 증가하였다고 볼 수 있나?

b. 데이터에 가장 잘 맞는 직선을 찾으라. 기울기가 양인가? 음인가? 기울기의 부호가 (a)에서의 당신의 의견과 일치하는가?

2.70 연습문제 2.56의 데이터(**XR02057**)에 대하여 산점도를 작성하라. 평균 일별 원가가 너무 높아서 다른 데이터와 전혀 다른 것으로 보이는 주가 있는가? 있다면 어떤 주인가?

2.71 1980년부터 1997년까지의 미국, 캐나다, 프랑스, 독일 및 일본의 가구당 저축률(가구 수입 중 저축된 금액의 비율) 자료가 데이터 파일 **XR02069**에 있다. (출처: Security Industry Association, *1999 Securities Industry Fact Book*, p. 98)

a. 미국과 캐나다의 저축률에 대한 산점도를 만들어라. 어떤 것을 독립변수로 하는지는 중요하지 않다. 미국이 저축률이 증가할 때 캐나다의 저축률도 증가하였다고 볼 수 있나?

b. 데이터에 가장 잘 맞는 직선을 찾으라. 기울기가 양인가? 음인가? 기울기의 부호가 (a)에서의 당신의 의견과 일치하는가?

2.72 연습문제 2.55의 데이터(**XR02056**)에 대하여 점그림을 작성하라. 최고 기온이 너무 높아서 다른 데이터와 전혀 다른 것으로 보이는 도시가 있는가? 있다면 어떤 도시인가?

종합사례

Thorndike Sports Equipment (Meet the Thorndikes: Video 1번을 보라)

Thorndike Sports Equipment를 설립하고 지난 34년간 이끌어 온 Luke Thorndike 사장은 자신이 아끼는 손자인 Ted를 회사에 데려오려고 한다.

날카롭고 재치 있지만 점차 늙고 쇠퇴해가는 사장은 Ted를 만나자, "반갑다 Ted. 그런데 너는 너무 긴장하며 사는 거 아니야? 내 생각이지만, 네가 우리 테니스 라켓 사업부로 오고 싶어 하는 것 같은데……"라고 말을 시작했다. 그러자 Ted는, "아닌데요. 그런데, 할아버

지가 꽤 다정해지셨네요"라고 대답했다. 이 Thorndike 가족은 어딘가 이상한 데가 있는 사람들이다.

"진심으로 하는 말인데, Ted야. 요새 내가 너무 나이가 들어서. 지난 크리스마스에 산 컴퓨터도 먼지만 뒤집어쓰고 있거든. 경영학 학위도 있는 네가 오면, 회사에 새로운 바람을 일으킬 수 있을 거야. 네가 수석 부사장이 되면 좋겠어. 그 동안 육감과 경험으로 이 사업을 운영해 왔는데, 이제 세상이 너무 커지고 복잡해졌단 말이야. 옆방에 천장까지 가득 찬 인덱스카드랑 파일 홀더가 있는데, 이렇게 썩혀지는 정보를 쉽게 이용하는 좋은 방법이 있을 거야. 소방서에서 문제를 제기했을 때 이의를 제기하며 싸우지 말았어야 했는지 몰라. 차라리 불이 나서 타버리는 게 속 시원했지."

"이렇게 쌓여 가는 기록 말고도, 자전거의 복합소재 바퀴, 공기역학적인 골프 공, 대형 테니스 라켓 등 무섭게 변하는 기술이 사업에 엄청 큰 영향을 준단 말이야. 어제만 해도 우리 기술자 한 명이 와서 하는 말이, 기존의 골프공보다 훨씬 멀리 나가는 공을 디자인했다고 주장하는데, 물론 믿을 수 있는 사람이기는 하지만, 이 제품을 생산하려면 뭔가 확신을 주는 증거자료가 있어야 할 것 아니야."

몇 차례 더 사업에 관한 이야기를 한 후 Ted는 할아버지의 요청을 받아들였다. 그가 처음으로 한 일은 새로 제안된 골프공에 대한 실험이었다. 기존의 골프공과 새 골프공을 25개씩 섞어서 프로 골퍼가 연습장에서 치도록 하여 날아간 거리를 측정하였다. 결과는 데이터 파일 **THORN02**에 있다.

새 공 25개의 비거리(야드)

267.5	248.3	265.1	243.6	253.6	232.7	249.2	232.3	252.8
247.2	237.4	223.7	260.4	269.6	256.5	271.4	294.1	256.3
264.3	224.4	239.9	233.5	278.7	226.9	258.8		

기존 공 25개의 비거리(야드)

241.8	255.1	266.8	251.6	233.2	242.7	218.5	229.0	256.3
264.2	237.3	253.2	215.8	226.4	201.0	201.6	244.1	213.5
267.9	240.3	247.9	257.6	234.5	234.7	215.9		

1. "200.0~210.0 미만"에서 시작하여 "290.0~300.0 미만"까지 10야드 간격으로 구간을 정해서, 새 공의 도수분포를 작성하라.
2. 기존의 공에 대하여 1과 같이 하라.
3. 새 공의 도수분포를 기존의 공에 대한 도수분포의 옆에 배열하라. 새 공이 확실히 효과가 있는 것처럼 보이는가?

Springdale Shopping Survey*

Springdale의 주요 쇼핑지역은 Springdale Mall, West Mall과 Main Street에 있는 도시 중심지역이다. 각 쇼핑지역의 강 · 약점과, 각 쇼핑지역이 지역 주민들의 구매활동에 얼마나 적합한가를 파악하기 위한 조사가 수행되었다. 150명의 응답자로부터 각자의 신상정보와 구매습관에 관한 정보를 전화로 수집하였다. (데이터 파일: **SHOPPING**) 조사에 사용한 변수는 다음과 같다(5)

A. 각 지역의 상점을 이용하는 빈도(변수 1~3)

	1. Springdale Mall	2. Downtown	3. West Mall
주 6회 이상	(1)	(1)	(1)
주 4~5회	(2)	(2)	(2)
주 2~3회	(3)	(3)	(3)
주 1회	(4)	(4)	(4)
월 2~4회	(5)	(5)	(5)
월 0~1회	(6)	(6)	(6)

* 출처: 이 사례의 데이터는 The Archimedes Group, Indiana, PA의 허락에 의하여 사용되었다. 데이터는 실제 조사의 부분 데이터이며, 도시와 쇼핑 지역 이름은 변경하였다.

B. 매 방문 시 구매 액수(변수 4~6)

	4. Springdale Mall	5. Downtown	6. West Mall
$200 이상	(1)	(1)	(1)
$150~$200 미만	(2)	(2)	(2)
$100~$150 미만	(3)	(3)	(3)
$50~$100 미만	(4)	(4)	(4)
$25~$50 미만	(5)	(5)	(5)
$15~$25 미만	(6)	(6)	(6)
$15 미만	(7)	(7)	(7)

C. 쇼핑지역에 대한 생각(변수 7~9)

	7. Springdale Mall	8. Downtown	9. West Mall
아주 좋아한다	(5)	(5)	(5)
좋아한다	(4)	(4)	(4)
그저 그렇다	(3)	(3)	(3)
안 좋아한다	(2)	(2)	(2)
아주 안 좋아한다	(1)	(1)	(1)

D. 어떤 쇼핑지역이 다음에 가장 잘 맞는가(변수 10~17)

	Springdale Mall	Downtown	West Mall	No Opinion
10. 상품의 반환이나 교환이 쉽다	(1)	(2)	(3)	(4)
11. 상품의 품질이 좋다	(1)	(2)	(3)	(4)
12. 가격이 저렴하다	(1)	(2)	(3)	(4)
13. 상품의 크기나 스타일이 다양하다	(1)	(2)	(3)	(4)
14. 점원이 친절하다	(1)	(2)	(3)	(4)
15. 개장 시간이 편리하다	(1)	(2)	(3)	(4)
16. 상점과 주변이 청결하다	(1)	(2)	(3)	(4)
17. 염가 세일이 많다	(1)	(2)	(3)	(4)

E. 쇼핑지역의 선택에 중요한 요소(변수 18~25)

	중요하지 않음					매우 중요한	
18. 상품의 반환이나 교환이 쉽다	(1)	(2)	(3)	(4)	(5)	(6)	(7)
19. 상품의 품질이 좋다	(1)	(2)	(3)	(4)	(5)	(6)	(7)
20. 가격이 저렴하다	(1)	(2)	(3)	(4)	(5)	(6)	(7)
21. 상품의 크기나 스타일이 다양하다	(1)	(2)	(3)	(4)	(5)	(6)	(7)
22. 점원이 친절하다	(1)	(2)	(3)	(4)	(5)	(6)	(7)
23. 개장 시간이 편리하다	(1)	(2)	(3)	(4)	(5)	(6)	(7)
24. 상점과 주변이 청결하다	(1)	(2)	(3)	(4)	(5)	(6)	(7)
25. 염가 세일이 많다	(1)	(2)	(3)	(4)	(5)	(6)	(7)

F. 응답자에 대한 정보(변수 26~30)

26. 성별: (1) = 남자 (2) = 여자
27. 학력: (1) = 8년 미만 (2) = 8~12년 미만
(3) = 12~16년 미만 (4) = 16년 이상
28. 결혼 여부: (1) = 기혼 (2) = 미혼
29. 가족 수: ________ 명
30. 연령: ________ 세

이 조사에서 각 응답에는 30개의 변수가 사용된다. 이 조사의 응답을 해석하는 방법을 설명하면, 데이터의 행 1은 첫 번째 응답자의 응답인데 아래와 같다.

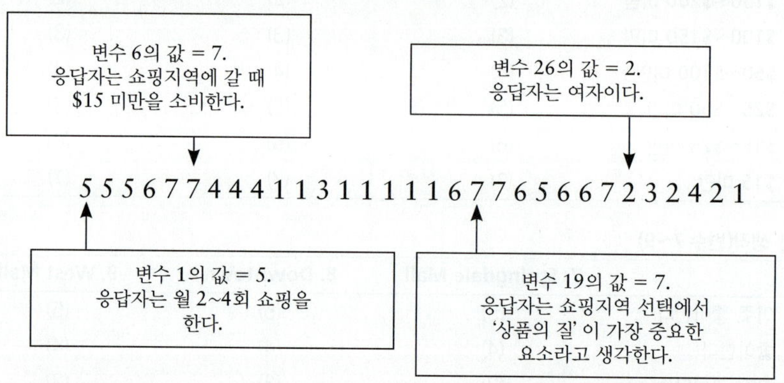

150명한테서 얻은 응답은 이 책에서 다른 분석에 다시 사용될 것이다. Springdale의 주민들이 3개의 쇼핑지역에 대하여 어떤 생각을 갖고 있는가는 아래의 질문에 의하여 살펴볼 수 있다.

1. 데이터 파일 SHOPPING을 이용하여 변수 7, 8, 9에 대한 도수분포를 작성하라. 세 지역에 대한 응답자의 선호에 차이가 있는가?
2. 세 지역에서 응답자의 소비액이 다른가? 변수 4, 5, 6에 대한 도수분포를 작성하고 비교하라.
3. 각 지역의 강점과 약점을 더 파악하기 위하여, 변수 10~17에 대한 도수분포를 만들고 결과를 해석하라. 어떤 지역이 가장 싸게 물건을 파는 지역인가? 어떤 지역이 편리한 쇼핑 시간을 갖고 있는가?
4. 변수 26과 28을 이용하여 교차제표를 만들라. 교차제표에서의 결합된 범주 네 가지에 대하여 변수 30의 평균값을 나타내고 결과를 해석하라.

CHAPTER

3 데이터의 통계적 기술

Statistical Description of Data

직원의 결근: 계획적인 결근인가 아니면 정말로 아픈가?

영국의 1,100개 업소를 조사한 결과에 의하면, 공공기관 직원은 연 평균 10.7일의 병가(paid sick days)를 사용하고, 비공공기관 직원은 연 평균 7.8일을 사용한다. 그렇다면, 비공공기관에서는 더 젊고 건강한 사람들이 주로 일한다는 것인가, 아니면 공공기관 근무자들이 허용되는 병가 일수를 가능한 많이 사용한다는 것인가?

미국에서 574명의 인사 담당 임원들을 조사한 바에 의하면, 해답은 후자이다. 병가 허용일수가 많으면, 병가일수도 많아진다. 인사 담당자들이 추측하기로는 실제로 몸이 불편해서 병가를 내는 사람은 28%에 불과하다. 그러나 어떤 병가가 진짜 병가인가를 확인하는 것은 불가능하다. CareerBuilder.com의 Senior Career Advisor인 Rosemary Haefnersms는 계절에 따라 달라지는 고의적인 병가에 대하여 재미있는 관찰을 하였다: "감기나 독감이 퍼지는 계절에는 병가 신청이 증가하지만, 실제로 아픈 사람이 그렇게 많아지는 것은 아니다. 20%의 직원이 단지 그날 일하러 가고 싶지 않아서 병가를 냈다고 말한다. 4명 중 1명이 병가는 추가적인 휴가라고 생각하고 그렇게 행동한다."

이러한 현상은 노동조합의 위상에 따라 달라지며, 병가의 평균이 아닌 중앙값으로 관찰하면, 노동조합 가입자의 병가의 중앙값은 6.1일이고, 비가입자는 4.9일, 참고로 매니저들은 4.0일의 병가를 사용한다.

이 장에서는 평균, 중앙값 등과 같이 중요한 기술통계량을 공부할 것이므로, 결석하지 말기를.

출처: "Public Sector Sick Days Cost Taxpayers Billions," management-issue.com, June 27, 2009. Del Jones, "Firms Take New Look at Sick Days," USA Today, October 8, 1996, p. 8B; and Kate Lorenz, "Why Are People Calling in Sick? What's your Excuse?" Netscape.com, May 1, 2006.

학습목표

- 중심성향(central tendency)이나 산포(dispersion)의 측정치를 이용하여 데이터를 표현한다.
- 표준화된 값으로 데이터를 변환한다.
- 컴퓨터를 이용하여 데이터를 상자그림(box-and-whisker plot)으로 나타낸다.
- 그룹화된 데이터의 중심성향과 산포의 측도(measures)를 결정한다.
- 두 양적 변수의 연관성을 상관계수를 통하여 측정한다.

3.1 머리말

2장에서는 원자료를 이용하여 도수분포를 만들고 시각적으로 표현하는 방법을 공부하였다. 이제부터는 데이터를 대표하는 값과 데이터가 퍼져 있는 정도를 표현하는 통계적 방법을 알아보기로 하자. 1장에서 소개한 것처럼, 이렇게 기술되는 값을 **중심성향**과 **산포의** 측도라고 한다.

- **중심성향의 측도(measures of central tendency):** 데이터의 대표적인 값을 나타내는 수치이다. *Wall Street Journal*의 구독자가 *Mad*라는 잡지의 구독자보다 아마도 수입이 많을 것이다. 중심성향의 측도를 이용하여 두 잡지 구독자의 대표적인 수입을 수치로 나타낼 수 있다. 이 장에서 공부하게 되는 중심성향 측도는 산술평균(arithmetic mean), 가중평균(weighted mean), 중앙값(median), 최빈값(mode)이다.
- **산포의 측도(measures of dispersion):** 데이터가 퍼져 있는 정도를 나타내는 수치이다. NBA에 속한 프로농구 선수 중 센터들의 키(대체로 6′8″에서 7′4″)의 차이는 농구선수 중 가장 큰 사람이나 새로 태어난 아이도 포함되는 일반인들의 키의 차이보다 적을 것이다. 산포의 측도는 측정치가 산포되어 있는 정도, 즉 퍼져 있는 정도를 값으로 표현한 것이다. 이 장에서 공부하게 되는 산포의 측도는 범위(range), 분위수(quantiles), 평균절대편차(mean absolute deviation), 분산(variance)과 표준편차(standard deviation)이다.

중심성향과 산포의 측도를 다룰 때 1장에서 배운 모집단(*population*), 표본(*sample*)이라는 중요한 용어도 같이 사용하게 된다. 기억하고 있어야 하는 것은, (1) 모집단에서 수집된 표본의 정보를 이용하여 모집단에 관한 추론을 한다는 것과 (2) 모집단의 특성을 파라미터 또는 모수라고 하고 표본의 특성은 통계량(*statistics*)이라고 한다는 것이다.

2장에서 두 양적 변수 사이의 선형관계를 그래프를 이용하여 조사하는 방법으로 산점도와 산점도에 알맞은 직선을 구하는 방법을 공부하였다. 이 장에서는 한 걸음 더 나아가, 연관성을 나타내는 통계적 측정치인 상관계수(coefficient of correlation)와 결정계수(coefficient of determination)를 공부할 것이다. 이 두 측정치는 산점도에 적합한 직선과 함께 15장에서 더 자세하게 공부할 것이다.

3.2 기술통계: 중심성향의 측도

이제 데이터를 단 하나의 값으로 나타내는 방법을 설명한다. 이 값은 데이터에 포함되어 있는 대표적 관찰 값을 나타낸다.

산술평균

데이터값의 합을 데이터의 수로 나눈 것을 **산술평균**이라 하며, 단순히 평균이라고도 부른다. 흔히 모집단의 평균은 μ('뮤' 로 발음한다), 표본의 평균은 $\bar{x}$('x bar' 로 부른다)로 나타낸다.

모집단의 평균(μ)은 전수조사인 경우에 계산되며, 표본평균($\bar{x}$)은 표본의 데이터값을 이용하여 계산된다.

모집단평균:

$$\mu = \frac{\sum_{i=1}^{N} x_i}{N} \quad \text{또는 간단히} \quad \mu = \frac{\sum x_i}{N}$$

μ = 모집단평균
x_i = 모집단의 i번째 데이터값
N = 모집단의 데이터 수

이 책에서는 위 식에서처럼 'i = 1' 부터 'N' 까지 합한다는 표시는 무엇을 합하는 것인지 명확하지 않을 경우에만 표시할 것이다.

표본평균:

$$\bar{x} = \frac{\sum x_i}{n}$$

$\bar{x}$ = 표본평균
x_i = 표본의 i번째 데이터값
n = 표본의 데이터 수

모집단이건 표본이건, 데이터값을 모두 더하여 데이터의 수로 나누어서 평균을 구한다. 모집단의 평균을 구하는 예로, 미국에서 캐나다의 5개 도시로 트럭으로 운송되는 땅콩에 관한 다음 데이터를 보자.

도시	땅콩(1000자루)
Montreal	64.0
Ottawa	15.0
Toronto	285.0
Vancouver	228.0
Winnipeg	45.0

당해 연도에 미국으로부터 땅콩을 트럭으로 수송 받은 도시는 이 5개 도시뿐이었기 때문에, 모집단으로 간주될 수 있다. 이 데이터의 모집단평균은

$$\mu = \frac{\Sigma x_i}{N} = \frac{64.0 + 15.0 + 285.0 + 228.0 + 45.0}{5} = 127.4 \text{ (천 자루)}$$

평균적으로 캐나다 도시에는 미국으로부터 127,400자루의 홍당무가 트럭으로 수송되었다. 산술평균이 무엇을 의미하는가를 보기 위하여 한쪽 끝이 0, 다른 쪽 끝이 300으로 표시된 놀이터의 시소를 생각하자. 이 시소에 캐나다의 각 도시로 수송된 홍당무의 데이터값에 해당되는 자리에 한 사람씩 몸무게가 같은 다섯 사람이 앉아 있다고 하자. 시소 자체의 무게는 없다고 가정하면, 시소의 받침대가 127.4의 위치에 있을 때 다섯 사람은 균형을 이룰 것이다(그림 3.1 (b)).

그림 3.1은 대표성의 표현으로서 산술평균이 갖고 있는 약점도 보여준다. (b)를 보면, 3개의 도시에는 15.0, 45.0, 64.0의 상대적으로 적은 양이 수송되었고, 다른 두 도시에는 228.0, 285.0의 많은 양이 수송되었다. 두 도시 모두, 다른 세 도시에 수송된 양을 다 합한 것보다도 더 많은 양이 수송되었다. 따라서 5개 도시 중 3개 도시에 평균보다 월등히 적은 양이 수송되었는데, 이 경우 평균이 대표적인 것이라고 보기는 어렵다. 이러한 문제를 보완하는 방법이 뒤에서 설명할 중앙값이다.

가중평균

어떤 값이 다른 값보다 더 중요할 때, **가중평균**이 계산될 수 있다. 이 경우, 각 데이터는 상대적 중요도에 따라 가중된다. 모집단이나 표본의 가중평균은 다음과 같이 계산된다.

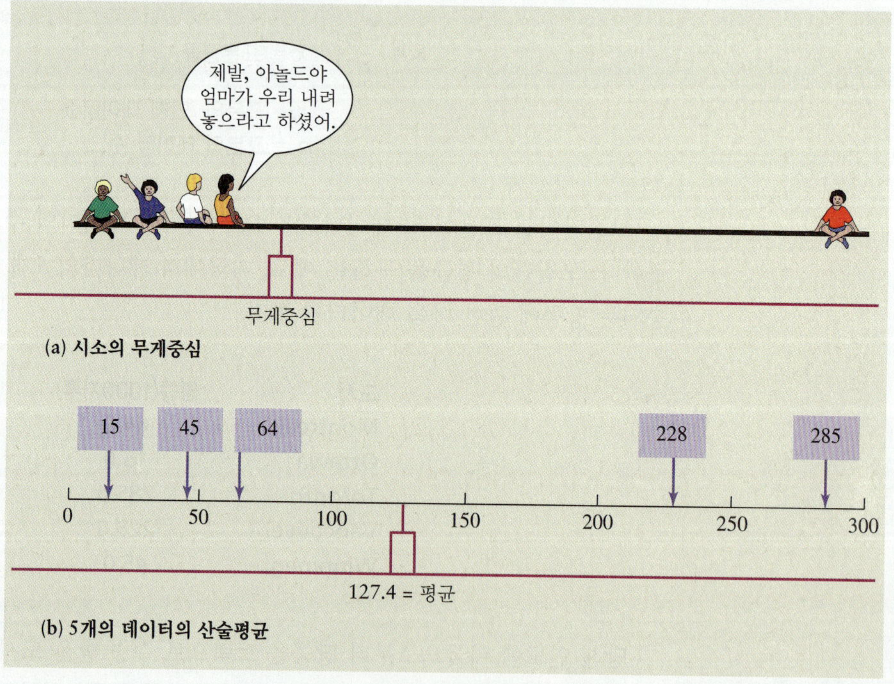

그림 3.1

산술평균은 시소에서의 무게중심과 같은 것이다. 200,000 이상인 두 도시의 값이 Arnold처럼 극적인 값은 아니지만 이러한 큰 값 때문에 5개 중 3개의 데이터가 평균보다 작다.

가중평균, μ_w(모집단) 또는 $\bar{x}_w$ (표본)

$$\mu_w \text{ 또는 } \bar{x}_w = \frac{\sum w_i x_i}{\sum w_i} \qquad w_i = i \text{ 번째 데이터의 가중치}$$

$$x_i = i \text{ 번째 데이터의 값}$$

땅콩의 예에서, 각 도시로 수송된 땅콩의 천 자루당 이익이 각각 $15.00, $13.50, $15.50, $12.00, $14.00이라고 하자(참고: 이 경우, 이익의 가중평균을 구하려고 하는 것이므로, 이익 수치가 데이터값 x_i이고, 각 도시로 수송된 양이 가중치가 된다).

각 도시가 동일한 양을 받은 것이 아니므로, 1,000자루당 평균이익은(15.00 + 13.50 + 15.50 + 12.00 + 14.00)/5이 될 수가 없다. 이 기간 동안에 캐나다로 수송된 모든 땅콩의 1,000자루당 평균이익을 계산하려면, 가중평균을 이용해야만 한다. 가중평균은

$$\begin{aligned}\mu_w &= \frac{\sum w_i x_i}{\sum w_i}\\ &= \frac{64(\$15.00) + 15(\$13.50) + 285(\$15.50) + 228(\$12.00) + 45(\$14.00)}{64 + 15 + 285 + 228 + 45}\\ &= \$14.04 \text{ per thousand bags}\end{aligned}$$

중앙값

더 큰 값을 갖는 데이터와 더 작은 값을 갖는 데이터의 개수가 같게 되는 값이 **중앙값**이다. 예를 들면, 미국에서 캐나다 도시로 수송된 양은,

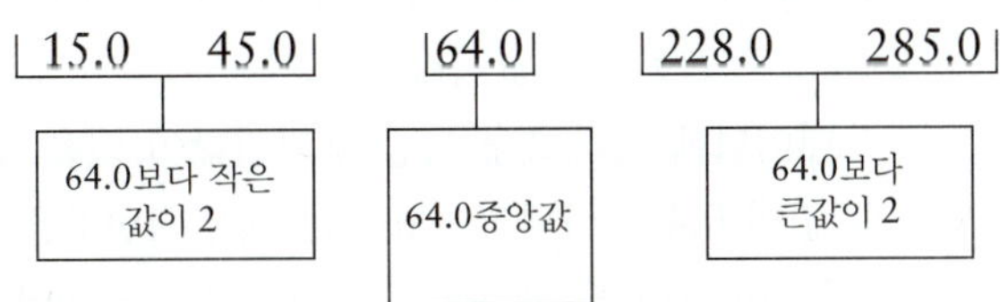

따라서 이 데이터의 중앙값은 64.0이다. Montreal이 5개 도시 중 중앙값의 위치에 있다.

땅콩의 예에서는 데이터의 개수가 홀수이므로(5)중앙값은 위와 아래에 두 개씩 데이터가 있는 값이다. 데이터의 개수가 짝수인 경우에는 가운데 있는 두 개의 데이터값의 중간값이 중앙값이 된다. 예를 들면, Ryder System의 지난 8년간 투자수익률은 다음과 같다.[1]

[1] 출처: Ryder System, Inc., *2005, 2003,* and *1998 Annual Reports.*

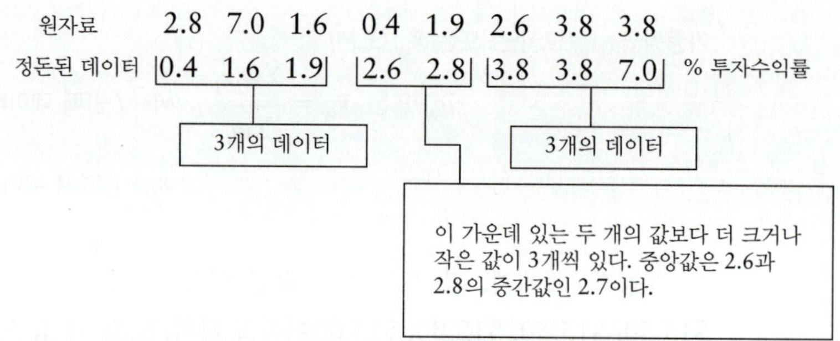

이 데이터에 대한 중앙값 2.7은 가운데 있는 두 개의 값 2.6과 2.8의 중간이다. 평균과 달리 중앙값은 데이터 중 대단히 큰 값이나 대단히 작은 값의 영향을 받지 않는다. 예로, 가장 큰 값이 7.0%가 아니고 600%였다 해도 중앙값은 역시 2.7%이다.

최빈값

데이터 중에서 가장 많은 빈도로 발견되는 값을 **최빈값**이라 한다. 가장 많이 발생되는 값이기 때문에, 다른 어떤 데이터값보다도 대표성이 있다고 할 수 있다. Ryder System의 8년간 투자수익률을 보면,

정돈된 데이터 0.4 1.6 1.9 2.6 2.8 3.8 3.8 7.0 % 투자수익률

최빈값 = 3.8

3.8이 다른 값보다 더 많이 발생되므로, 이 데이터의 최빈값은 3.8이다. 이 데이터의 경우에는 5개의 다른 값이 최빈값보다 작기 때문에, 최빈값이 데이터를 대표적으로 표현하는 값이라고 보기는 어렵다.

데이터에 따라 2개 이상의 최빈값이 있을 수 있다. 위의 데이터에서 가장 왼쪽의 값이 0.4가 아니고 1.6이었다면, 최빈값은 1.6과 3.8 두 개가 있게 된다. 이와 같이 최빈값이 두 개 있는 경우의 분포를 **이봉분포(bimodal distribution)**라고 부른다.

평균, 중앙값, 최빈값의 비교

평균, 중앙값, 최빈값은 모두 데이터값의 중심성향을 나타내는 측도이다. 주어진 상황에서 어떤 측도를 사용하는 것이 좋은가를 결정할 때, 몇 가지 유의할 점이 있다.

- 평균은 극단적인 데이터까지도 동등하게 취급하는 반면, 중앙값은 가운데 있는 데이터에 초점이 맞추어진다. 따라서 평균이 더 모든 데이터를 고려한 값이다. 그러나 앞에서 언급한 것처럼, 평균은 너무 크거나 작은 극단적인 값의 영향을 심하게 받는다.

- 평균과 중앙값은 하나씩 밖에 없지만, 최빈값은 두 개 이상 있을 수 있다.
- 대체로 평균과 중앙값이 최빈값보다 중심경향을 나타내는 측도로서 더 쓸모가 있다. 그러나 상황에 따라서는 최빈값만이 중심경향을 나타내는 측도로서 의미가 있는 경우가 있다. 예를 들어 TV를 파는 사람이 어떤 크기의 TV를 몇 개 준비할 것인가를 결정할 때, 평균이 38.53인치라는 것을 아는 것은 별 도움이 안 된다. 38.53인치 크기의 TV는 없다. 이 경우, 최빈값이 30인치라는 정보가 더 쓸모가 있다.

분포의 모양과 중심성향의 측도

평균, 중앙값, 최빈값의 상대적 크기는 데이터의 분포에 따라 달라진다. 그림 3.2에서 보듯이 분포는 대칭(*symmetry*)과 비대칭도(*skewness*; 왜도 또는 기울이라고도 부른다)에 의하여 설명될 수 있다. (a)와 **같은 대칭분포(symmetrical distribution)**에서는 가운데를 기준으로 서로 겹쳐질 수 있게 똑같다. (a)의 분포는 최빈값이 하나이고 종을 엎어 놓은 모양을 한 것으로 정규분포라고 부른다. 정규분포에 대해서는 6장에서 공부하게 되는데, 지금은 이러한 분포는 평균, 중앙값, 최빈값이 같다는 것만 기억하면 된다.

비대칭도는 (b)와 (c)에서처럼 분포가 오른쪽 또는 왼쪽으로 길게 꼬리를 끄는 경향을 말한다. 그림의 세 가지 분포의 모양을 살펴보면 다음과 같은 사실을 알 수 있다.

그림 3.2

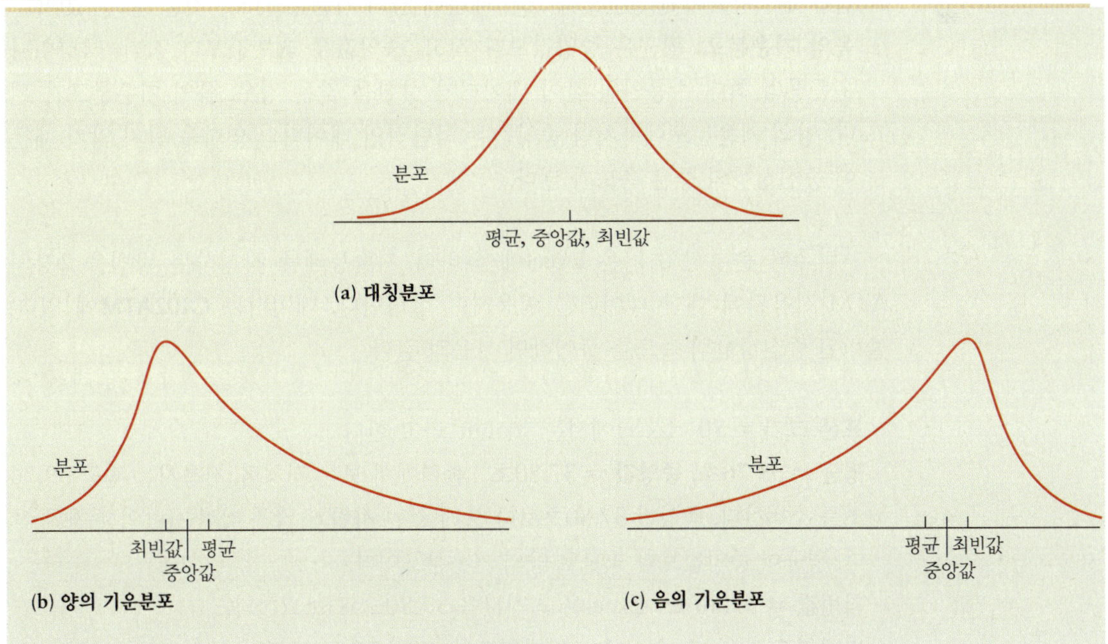

분포의 모양이 평균, 중앙값, 최빈값의 상대적 위치를 결정한다.

생활 속의 통계 • 3.1 미국 남자 소득의 기운분포

소득의 분포는, 평균이 중앙값보다 큰 기운분포이다. 25세 이상인 남자의 2000년 소득은 다음과 같다.

	연령 구분				
소득	25 < 35	35 < 45	45 < 55	55 < 65	65 이상
$10,000 미만	8.4%	7.7%	8.4%	11.6%	18.7%
$10,000~$25,000 미만	29.9	21.0	17.7	24.4	45.2
$25,000~$50,000 미만	40.5	36.7	34.6	30.4	23.5
$50,000~$75,000 미만	13.8	19.6	20.3	16.7	6.4
$75,000 이상	7.4	15.0	19.0	16.9	6.3
	100.0	100.0	100.0	100.0	100.1*
중앙값(천 달러)	$30.63	$37.09	$41.07	$34.41	$19.17
평균(천 달러)	$42.15	$53.48	$58.46	$61.05	$56.50

*소수점 아래 한 자리로 반올림을 하여서 100이 아님.

각 연령 집단에서 평균이 중앙값보다 크므로, 소득의 분포는 모두 양의 기운분포이다. 또한 평균과 중앙값의 차이가 연령이 많아질수록 더 크다. 특히 65세 이상의 집단에서는 차이가 대단히 큰데, 그 이유는 대부분 이 집단의 사람들이 고정된 소득을 갖는 반면 대단히 큰 소득을 갖는 소수의 사람이 있기 때문이다.

출처: Bureau of the Census, U.S. Department of Commerce, *Statistical Abstract of the United States 2002*, pp. 439–440.

- **대칭분포:** 모든 단봉분포(unimodal distribution)에서 평균, 중앙값, 최빈값이 같다. (이봉분포라면 당연히 평균, 중앙값, 최빈값이 같지 않을 것이다.)
- **양의 기운분포:** 평균은 중앙값보다 크고, 중앙값은 최빈값보다 크다. 소득(수익)의 분포는 하한이 0이고 얼마나 많이 벌 수 있는가에 제한이 없기 때문에 양의 기운분포이다. 이런 경우 중앙값이 평균보다 중심성향의 좋은 측도가 된다. 「생활 속의 통계 3.1」은 미국에서 남자의 소득분포를 보여준다. 연령으로 구분된 각 집단에서 평균이 중앙값보다 크기 때문에 양의 기운분포라는 것을 알 수 있다.
- **음의 기운분포:** 평균은 중앙값보다 작고, 중앙값은 최빈값보다 작다. 극장이나 운동장의 최대 수용인원 같이 데이터가 상한을 갖는 경우, 음의 기운분포가 된다. 양의 기운분포에서처럼 중앙값은 극단적인 데이터의 영향을 받지 않기 때문에 중심성향의 좋은 측도가 된다.

「컴퓨터 솔루션 3.1」은 Excel에 의하여 기술통계를 작성하는 방법을 2장의 ATM 사용자에 대한 데이터를 이용하여 설명한다. 데이터는 **CX02ATM**에 있다. 출력된 중심성향의 측도를 풀이하면 다음과 같다.

- **표본 크기 = 50** Excel에서는 'count'라고 한다.
- **평균 = 39.76초, 중앙값 = 37.80초** 출력에서 보는 것처럼, 사용자는 평균 39.76초를 소비한다. 중앙값 37.80초보다 오래 걸린 사람과 짧게 걸린 사람의 숫자가 같다. 평균이 중앙값보다 크므로 양의 기운분포이다.
- **최빈값 = 37.80초** Excel은 최빈값을 37.80으로 보고한다.
- **비대칭도 = 0.23** Excel은 비대칭도를 +0.23으로 보고한다. 이 값의 양의 부호는 양의 기운분포라는 것을 의미하며, 따라서 평균이 중앙값보다 크다.

컴퓨터 솔루션 3.1

기술통계

EXCEL

	A	B	C	D	E	F
1	AgeCat	Gender	Seconds		*Seconds*	
2	1	2	50.1			
3	1	1	53.0		Mean	39.76
4	2	2	43.2		Standard Error	1.26
5	1	2	34.9		Median	37.80
6	3	1	37.5		Mode	37.80
7	2	1	37.8		Standard Deviation	8.92
8	3	1	49.4		Sample Variance	79.49
9	1	1	50.5		Kurtosis	-0.87
10	3	1	48.1		Skewness	0.23
11	1	2	27.6		Range	34.0
12	3	2	55.6		Minimum	24.1
13	2	2	50.8		Maximum	58.1
14	3	1	43.6		Sum	1987.8
15	1	1	35.4		Count	50

1. 데이터 파일 **CX02ATM**를 연다. 이름과 데이터값이 위에 보듯이 이미 입력되어 있다.
2. **데이터** 리본에서 가장 오른쪽에 있는 메뉴 중 **데이터 분석**을 클릭한다. **분석도구**에서 **기술통계법**을 클릭하고 **확인**을 클릭한다.
3. **입력** 부분에서 **입력범위** 상자에 **C1:C51**을 입력한다. **데이터 방향** 부분에서 **열**을 클릭한다. **입력범위**가 첫 행의 이름도 포함하고 있으므로, **첫째 행 이름표 사용**을 클릭하여 체크 표시를 한다.
4. **Output Options** 부분에서, **출력범위**를 클릭하고, **출력범위**에 **E1**을 입력한다. **요약 통계량** 상자를 클릭하여 체크 표시를 한다. **확인**을 클릭한다.
5. 열의 폭을 변경시켜 소수점 아래 자릿수를 조정하여 더 보기 좋게 할 수 있다.

연습문제

3.1 연습문제 2.9의 데이터에 대하여 평균과 중앙값을 결정하라.

3.2 연습문제 2.11의 데이터에 대하여 평균과 중앙값을 결정하라.

3.3 어느 웹 사이트의 지난 20일 간 방문자 수는 65, 36, 52, 70, 37, 55, 63, 59, 68, 63, 43, 46, 73, 41, 47, 75, 75, 54이다. 평균과 중앙값을 계산하라. 최빈값이 있는가? 있으면, 무엇인가?

3.4 토요일 아침의 TV만화 프로그램 10개에 대하여, 언어적 또는 신체적 폭력이 나타나는 횟수를 조사한 결과는 27, 12, 16, 22, 15, 30, 14, 30, 11, 21 이었다. 평균과 중앙값을 계산하라. 최빈값이 있는가? 있으면, 무엇인가?

3.5 1998년부터 2007년까지, 미국 생명보험회사들의 투자수익률은 다음과 같다. 투자수익률의 평균과 중앙값은 얼마인가? (출처: American Council of *Life Insurers, Life Insurers Fact Book 2008*, p. 43)

연도	%	연도	%
1988	9.03	1998	6.95
1989	9.10	1999	6.71
1990	8.89	2000	7.05
1991	8.63	2001	6.31
1992	8.08	2002	5.38
1993	7.52	2003	5.03
1994	014	2004	4.80
1995	7.41	2005	4.90
1996	7.25	2006	5.35
1997	7.35	2007	5.71

3.6 다음은 어느 투자회사가 보유하고 있는 15가지 주식의 주식시장 마감 가격이다. 평균과 중앙값을 구하라.

$31.69	56.69	65.50	83.50	56.88
72.06	121.44	97.00	42.25	71.88
70.63	35.81	83.19	43.63	40.06

3.7 다음은 사육되는 동물의 최대 수명(년)이다. 평균과 중앙값을 구하라. (출처: *The World Almanac and Book of Facts* 2009, p. 329)

비버	50	회색곰	50
들소	40	말	50
낙타	50	캥거루	24
고양이	37	큰사슴(무스)	27
침팬지	60	돼지	27
소	30	북극곰	45
개	30	토끼	13
코끼리	84	바다사자	34
기린	36	양	20
염소	18	호랑이	25
고릴라	54	얼룩말	25

3.8 2005년부터 2009년까지의 기간에 어떤 전력회사의 직원 1인당 비용은 $50,845, $43,690, $47,098, $56,121, $49,369이었다. 각 년도의 직원수가 4,738, 4,637, 4,540, 4,397, 4,026이었다면 이 회사의 직원 1인당 가중평균 비용은 얼마인가?

3.9 어떤 학생의 중간고사 성적은 90, 기말고사 성적은 78, 학기말 리포트(논문) 점수는 83이다. 각각 가중치가 35%, 45%, 20%라면 이 학생의 가중평균 점수는 얼마인가?

3.10 육교 위에 서서 아래로 지나가는 오토바이의 승차인원(x)을 세었다면,

a. 어떤 최빈값이 예상되는가? 이유는?

b. 평균은 최빈값보다 클 것인가 아니면 작을 것인가? 이유는?

c. 평균은 중앙값보다 클 것인가 아니면 작을 것인가? 이유는?

3.11 다가오는 노사협상을 위하여, 비슷한 다른 회사의 직원(사장부터 말단 직원까지) 봉급을 표본조사하였다.

a. 평균값과 중앙값 중 어느 것이 중심경향의 측도로서 적절한가? 이유는?

b. 노동조합 대표의 입장에 알맞는 측도는 이 중 어느 것인가?

참고: 연습문제 3.12~3.15는 컴퓨터 통계 프로그램을 이용하는 문제이다.

3.12 연습문제 2.67에서 학자들의 평가점수의 평균과 중앙값을 구하라. 이를 변호사/판사들의 평가점수의 평균 및 중앙값과 비교하라. 두 가지 평가점수는 각각 양 또는 음의 기운분포인가? 데이터 파일: **XR02067**

3.13 연습문제 2.71에서 압력 측정치의 평균과 중앙값을 구하고 비대칭분포일 가능성에 대하여 언급하라. 데이터 파일: **XR02071**

3.14 인사담당자가 직원 100명의 성별, 연령, 작년 결근일수를 조사하였다. 여자(성별 = 1)와 남자(성별 = 2)의 결근일수의 평균과 중앙값을 비교하라. 데이터 파일: **XR03014**

3.15 연습문제 3.14에서, 여자와 남자의 연령의 평균과 중앙값을 비교하라. 성별 구분에서 여자는 1, 남자는 2이다. 데이터 파일: **XR03014**

3.3 기술통계: 산포의 측도

중심성향을 측정하는 평균 등의 측도도 중요하지만, 데이터가 산포되어 있는 정도를 아는 것도 중요하다. 그림 3.3에 있는 3개의 분포를 보자. B와 C는 평균(μ = 12.5온스)이 같지만, B가 훨씬 많이 퍼져 있고, B와 C는 A(μ = 9.0온스)보다 평균이 크다. 이 세 가지 분포가 기계에 의하여 상자에 담긴 시리얼의 양을 나타낸다면, 각각의 기계에 대하여 다음과 같이 말할 수 있다.

A. 기계가 너무 작은 양을 상자에 넣도록 설정되었다. 상자에 12온스를 넣은 것으로 명시되어 있는데 평균 9온스를 넣고 있다. 회사의 변호사들이 굉장히 바빠지겠다.

B. 이 기계는 평균 12.5온스를 넣지만 넣는 양의 변화가 너무 커서 많은 상자가 덜 채워지고 있다. 회사의 변호사가 꽤 바빠지겠다.

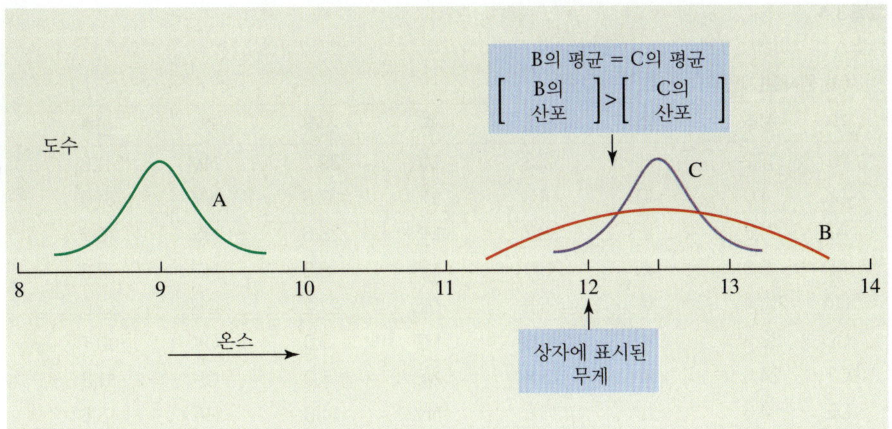

그림 3.3

산포는 데이터값이 얼마나 퍼져 있는가를 의미한다. A, B와 C는 시리얼을 담는 기계의 산출물의 분포이다. B와 C의 평균은 같지만 B가 C보다 더 퍼져 있기 때문에, 12온스에 미달하는 상자가 더 많을 것이다.

C. 평균 12.5온스를 넣고 있고 넣는 양의 변화도 크지 않아서 12온스에 미달하는 경우는 거의 없다. 변호사들이 편하게 지내도 좋겠다.

이 예에서 보는 것처럼, 산포의 측도는 경영에서 중요한 실제적 가치를 갖는다. 이제 범위, 분위수, 평균절대편차, 분산, 표준편차와 같은 일반적인 산포의 측도를 살펴보자.

범위

가장 간단한 산포의 측도인 **범위**는 가장 큰 값과 가장 작은 값의 차이이다. 그림 3.4의 (a)는 50개 주의 개인주택 신축 숫자를 나타낸다. 데이터가 크기 순서로 정돈된 (b)를 보면 범위가 270,200 (California의 271,400과 Wyoming의 1,200의 차이)인 것을 알 수 있다.

범위는 이해하기 쉽지만, 극단적인 데이터만을 사용한다는 약점이 있다. 예를 들어, 큰 값을 갖는 3개 주를 제거하면 94%의 주가 아직 남아 있는데도 범위는 71,900으로 감소한다. 나머지 47개 주가 그대로 있는데도 범위가 1/4로 감소하는 것이다.

"집에서 일하면서 1주에 $10에서 $10,000까지 벌 수 있다"는 식의 광고는 범위의 이러한 약점을 이용한 것이다. 이 광고에 응하는 대부분의 사람은 1주 동안 $20도 못 벌더라도, 큰 돈을 버는 사람이 하나라도 있으면 이렇게 큰 범위가 성립하는 것이다. 데이터 중 대단히 큰 값이 하나라도 있으면, 부주의한 사람에게 감명 깊게 보일 정도로 범위는 커지는 것이다.

범위의 변형인 **범위의 중앙**(midrange)은 가장 작은 데이터값과 가장 큰 데이터값의 평균이다. 범위의 중앙은 극단적인 값의 영향을 받지만 때로 중심성향의 근사적 측도로 사용된다. 그림 3.4의 데이터의 경우 범위의 중앙은 (271,400 + 1,200)/2 즉, 136,300이다.

그림 3.4

(a) 원자료(개인주택 신축, 단위: 천)

주	신축	주	신축	주	신축	주	신축	주	신축
AL	17.2	HI	7.3	MA	39.2	NM	11.8	SD	2.5
AK	4.0	ID	4.3	MI	37.6	NY	61.9	TN	38.1
AZ	71.8	IL	38.7	MN	28.6	NC	70.7	TX	143.1
AR	9.9	IN	23.0	MS	8.8	ND	2.6	UT	16.5
CA	271.4	IA	5.2	MO	27.2	OH	33.0	VT	4.1
CO	32.8	KS	13.3	MT	2.0	OK	10.7	VA	64.1
CT	24.5	KY	13.8	NE	5.0	OR	11.3	WA	35.5
DE	4.6	LA	18.8	NV	14.0	PA	43.6	WV	1.5
FL	202.6	ME	8.1	NH	17.8	RI	5.4	WI	20.2
GA	73.1	MD	42.1	NJ	55.0	SC	32.8	WY	1.2

(b) 데이터 표(작은 값부터 크기 순으로)

1.2	5.2	13.8	28.6	43.6
1.5	5.4	14.0	32.8	55.0
2.0	7.3	16.5	32.8	61.9
2.5	8.1	17.2	33.0	4.1
2.6	8.8	17.8	35.5	70.7
4.0	9.9	18.8	37.6	71.8
4.1	10.7	20.2	38.1	73.1
4.3	11.3	23.0	38.7	143.1
4.6	11.8	24.5	39.2	202.6
5.0	13.3	27.2	42.1	271.4

(c) 사분위수

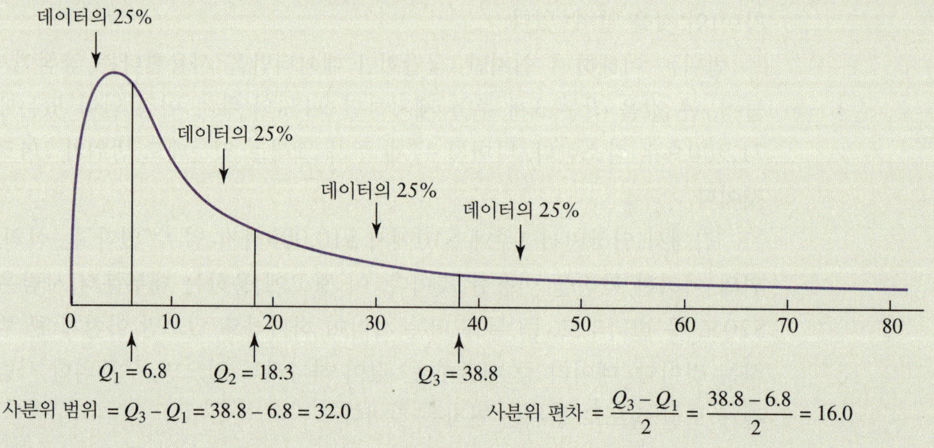

사분위 범위 $= Q_3 - Q_1 = 38.8 - 6.8 = 32.0$　　사분위 편차 $= \frac{Q_3 - Q_1}{2} = \frac{38.8 - 6.8}{2} = 16.0$

미국 50개 주의 개인주택 신축 건수에 대한 원자료, 데이터 표 및 사분위수
출처: Bureau of the Census, U.S. Department of Commerce, *Construction Reports*, series C20.

분위수

중앙값이 같은 개수의 데이터를 갖는 두 부분으로 나누는 것을 보았다. 마찬가지로 **분위수**(quantiles)도 같은 크기의 집단으로 데이터값의 크기에 따라 데이터를 구분한다. 여러 가지 분위수가 있는데 그 중에 주로 **사분위수**(quartiles)를 중심으로 설명을 할 것이다.

백분위수(percentiles) 데이터를 같은 크기의 100부분으로 나눈다. 따라서 각 부분에는 1%의 데이터가 포함된다. 중앙값은 50번째 백분위수이다.

십분위수(deciles) 데이터를 같은 크기의 10부분으로 나눈다. 따라서 각 부분은 10%의 데이터가 포함된다. 중앙값은 5번째 십분위수이다.

사분위수(quartiles) 데이터를 같은 크기의 4부분으로 나눈다. 따라서 각 부분에는 25%의 데이터가 포함된다. 중앙값은 두 번째 사분위수이다[컴퓨터 통계프로그램에 따라서는 2번째와 3번째 사분위수를 경첩(hinges)이라고 부르기도 한다].

데이터를 가장 작은 값부터 크기 순서로 나열한 다음, 중앙값을 결정할 때와 마찬가지 방법으로 분위수를 결정한다. 때로는 두 데이터값 사이에서 **보간법**(*interpolation*)으로 분위수의 위치를 계산하여야 할 때가 있다.

$$\text{첫 번째 사분위수, } Q_1 = \frac{(N+1)}{4} \text{ 의 위치에 있는 데이터값}$$

$$\text{두 번째 사분위수(중앙값), } Q_2 = \frac{2(N+1)}{4} \text{ 의 위치에 있는 데이터값}$$

$$\text{세 번째 사분위수, } Q_3 = \frac{3(N+1)}{4} \text{ 의 위치에 있는 데이터값}$$

(모집단이면 N, 표본이면 n을 사용한다)

그림 3.4의 (b)에 있는 데이터에 대하여 사분위수를 계산해 보자. 미국 50개 주로 이루어진 모집단을 나타내는 50개의 데이터가 있으므로, $N = 50$이다.

첫 번째 사분위수 Q_1은 $(50 + 1)/4 = 12.75$ 번째 데이터이다. 12.75번째 데이터는 없으므로, 12번째와 13번째 데이터 사이에서 12번째 데이터로부터 75%만큼 13번째 쪽으로 이동하여 값을 결정한다.

위치	x_{12}	$x_{12.75}$	x_{13}
데이터 값	5.4	6.8	7.3 (단위: 1,000 신축건수)

5.4로부터 7.3까지 간격의 75%만큼 이동한 값, Q_1 = 6.8(6.825를 소수점 아래 한자리로 반올림하였음)

Q_2는 $2(50 + 1)/4 = 25.5$번째 자리에 있는 데이터값이다. 이에 대응되는 값은 25번째 데이터(17.8)와 26번째 데이터(18.8)의 중간값이므로, $Q_2 = 18.3$이다. 세 번째 사분위수는 $3(50 + 1)/4 = 38.25$번째에 해당되는 값이므로, 38번째 데이터(38.7)와 39번째 데이터(39.2) 사이에서 보간법을 적용하여 $Q_3 = 38.825 \approx 38.8$이 얻어진다. 사분위수를 반올림할 필요는 없으나, 다른 데이터값과 소수점자리가 같도록 하기 위하여 반올림하였다.

사분위수는 극단적인 값의 영향을 받는 범위의 약점을 보완한다. 사분위수와 관련된 두 가지 유용한 표현이 있다.

사분위 범위(**interquartile range**)는 세 번째와 첫 번째 사분위수의 차이, $Q_3 - Q_1$이다.

사분위 편차(**quartile deviation**)는 사분위 범위의 반, $(Q_3 - Q_1)/2$이다.

극단적인 데이터값의 영향을 감소시키므로, 사분위 범위 또는 사분위편차가 범위보다 산포의 측도로서 더 의미가 있다. 또한 두 개의 극단적인 값만이 아닌 더 많은 데이터를 고려하므로 데이터를 더 효과적으로 사용하여 산출되는 값이다. 그림 3.4의 (c)는 50개 주 신축 개인주택에 대한 분포, 사분위수, 사분위 범위, 사분위 편차를 보여준다. 분포는 양의 기운분포이며, 평균(34.6)이 중앙값(18.3)보다 훨씬 크다.

평균절대편차

평균편차(*average deviation*)라고도 부르는 **평균절대편차**(**mean absolute deviation: MAD**)는 데이터가 평균으로부터 얼마나 멀리 떨어져 있는가를 나타내며, 다음과 같이 계산된다.

모집단의 평균절대편차:

$$MAD = \frac{\sum |x_i - \mu|}{N}$$

μ = 모집단평균

x_i = 모집단의 i번째 데이터값

N = 모집단의 데이터 수

(표본의 경우는 N 대신 n 사용)

평균절대편차는 데이터값과 평균의 차이의 절대값을 취해서 평균을 낸 것이다. Microsoft Corporation의 R&D 지출에 대한 다음 자료를 보자.[2]

연도	2001	2002	2003	2004	2005
R&D	4379	6299	6595	7779	6184 (백만 달러)

이 자료를 모집단으로 간주하면, 평균은

$$\mu = \frac{64.0 + 15.0 + 285.0 + 228.0 + 45.0}{5} = 127.4 \text{ (백만 달러)}$$

표 3.1에 있는 것처럼 평균절대편차는 3862.8/5 = 772.6백만 달러이다. 평균적으로, 지난 5년간의 R&D 지출은 평균과 772.6백만 달러 차이가 난다. 표 3.1의 3번째 열에서 보듯이 편차의 합이 0이기 때문에(이 값은 항상 0이다), 평균편차를 절대값으로 계산한 것이다.

[2] 출처: Microsoft Corporation, *2005 Annual Report*.

표 3.1

Compaq Computer Corporation의 R&D 지출의 평균표준편차의 계산(단위: 백만 달러)

연도	R&D x_i	평균으로부터의 편차 $(x_i - \mu)$	평균으로부터의 편차의 절대값 $\lvert x_i - \mu \rvert$
2001	4379	−1868.2	1868.2
2002	6299	51.8	51.8
2003	6595	347.8	347.8
2004	7779	1531.8	1531.8
2005	6184	-63.2	63.2
	31,236	0.0	3862.8
	$= \sum x_i$		$= \sum \lvert x_i - \mu \rvert$

$$\text{평균: } \mu = \frac{\sum x_i}{N} = \frac{31,236}{5} = \$6247.2 \text{ 백만 달러}$$

$$\text{평균표준편차: } MAD = \frac{\sum \lvert x_i - \mu \rvert}{N} = \frac{3862.8}{5} = \$772.6 \text{ 백만 달러}$$

분산과 표준편차

분산

가장 널리 쓰이는 산포의 측도인 **분산**(σ^2, 시그마 제곱)은 N개의 데이터값과 평균(μ)의 차이를 제곱해서 합한 값의 평균이다. 표본 데이터의 분산(s^2)은 n개의 데이터와 평균($\bar{x}$)의 차이의 제곱 합을 $(n-1)$로 나눈 값이다.

모집단의 분산:

$$\sigma^2 = \frac{\sum (x_i - \mu)^2}{N}$$

μ = 모집단평균

x_i = 모집단의 i번째 데이터값

N = 모집단의 데이터 수

표본의 분산:

$$s^2 = \frac{\sum (x_i - \bar{x})^2}{n-1}$$

$\bar{x}$ = 표본 평균

x_i = 표본의 i번째 데이터값

n = 표본의 데이터 수

표본의 분산을 계산할 때 $(n-1)$로 나누는 것은, 이렇게 계산된 표본의 분산이 n으로 나눈 값보다 모집단의 분산에 대한 더 좋은 측정치가 되기 때문이다. 실제로 표본의 크기가 큰 경우(예, $n \geq 30$)에는 1을 뺀 것과 빼지 않은 것의 차이가 별로 없다.

표 3.2는 다섯 가지 스포츠용 자동차의 연비(mpg)에 대한 표본 데이터의 분산을 보여준다. 표에서 **잔차(residuals)**는 평균과 데이터값의 차이를 말한다.

$$\text{데이터의 잔차} = x_i - \bar{x} \quad \text{단, } \bar{x} = \text{표본평균},$$
$$x_i = \text{표본의 } i\text{번째 데이터값}$$

표 3.2

다섯 가지 스포츠 자동차의 연비(mpg)의 분산과 표준편차.

차의 종류	고속도로 mpg x_i	x_i^2	잔차 $(x_i - \bar{x})$	(잔차)^2 $(x_i - \bar{x})^2$
Saturn Outlook	23	529	3.0	9.0
Jeep Liberty	21	441	1.0	1.0
Subaru Tribeca	21	441	1.0	1.0
Land Rover LR3	17	289	−3.0	9.0
Porche Catenne GTS	18	324	−2.0	4.0
	100 $= \sum x_i$	2,024 $= \sum x_i^2$		24.0 $= \sum (x_i - \bar{x})^2$

$$\bar{x} = \frac{\sum x_i}{5} = \frac{100}{5} = 20.0\,\text{mpg}$$

$$s^2 = \frac{\sum (x_i - \bar{x})^2}{n-1} = \frac{24.0}{5-1} = 6.0 \qquad s = \sqrt{6.0} = 2.45$$

출처: U.S. Environmental Protection Agency, *Fuel Economy Guide 2009.*

예를 들면, 세 번째 데이터(21 mpg)의 잔차는 21.0 − 20.0 = 1.0이다. 잔차는 앞으로도 계속 사용되는 중요한 통계 개념이다.

표준편차

모집단과 표본에서 구한 분산의 양의 제곱근을 **표준편차**(standard deviation)라고 한다. 뒤에 설명하는 특정한 분포의 경우, 평균으로부터 양쪽으로 일정한 거리 안에 있는 데이터의 비율이 얼마인가를 계산하는 데 쓰이기 때문에 표준편차는 특히 중요한 측도이다. 표준편차는

	모집단의 경우:	표본의 경우:
표준편차	$\sigma = \sqrt{\sigma^2}$	$s = \sqrt{s^2}$

표 3.2 데이터의 표본 표준편차는 표본 분산의 양의 제곱근 $\sqrt{6.0} = 2.45$ mpg이다.

분산과 표준편차에 대한 추가 설명

- 모든 데이터값이 같지 않은 한 분산과 표준편차는 0이 될 수 없다.
- 동일한 값을 모든 데이터값에 더하거나 빼주어도 분산이나 표준편차는 변하지 않는다. 분산과 표준편차는 잔차에 의하여 결정되기 때문에, 데이터가 24, 53, 36인 경우나 124, 153, 136인 경우나 분산과 표준편차는 같다. 데이터값이 모두 100 증가하면 평균도 100 증가하기 때문이다.

「컴퓨터 솔루션 3.2」는 그림 3.4의 개인주택 신축 데이터를 이용하여, Excel에 의하여 분산과 표준편차를 구하는 방법을 설명한다. 데이터 파일은 **CX03HOUS**이다. 출력된 결과에 포함되어 있는 산포의 측도에 대해 설명하면 다음과 같다.

- **표준편차 = 49.78:** 이는 표준편차가 s = 49.78이라는 의미이다. 표준편차값을 제곱하면 분산이 쉽게 계산되지만, Excel은 분산값도 제공한다.
- **표준오차(Standard Error) = 7.04:** 평균의 표준오차를 의미하며, 이에 대하여는 8장에서 설명한다.
- **Minimum = 1.20과 Maximum = 271.40:** 이는 데이터의 최소값과 최대값을 나타내는 것이다. Excel은 범위(271.40 − 1.20 = 270.20)도 제공한다.
- Excel은 사분위수를 제공하지 않는다. Excel에 추가되는 Data Analysis Plus add-in을 이용하면 상자그림(Boxplot)과 함께 첫 번째, 세 번째 사분위수도 제공되는데, 이에 대하여는 「컴퓨터 솔루션 3.3」에 설명되어 있다.

통계 프로그램은 데이터가 모집단이 아니라 표본이라고 가정하여, 표준편차를 계산할 때 (데이터 수 −1)을 사용한다. 이것은 별로 문제가 안 되는 것이, (1) 경영에 관한 대부분의 데이터는 표본 데이터이고, (2) 데이터 수가 많은 경우에는 계산된 값에 별 차이가 없기 때문이다. 그러나 데이터가 모집단 데이터이고, s가 아닌 σ를 알고 싶다면 다음과 같이 하면 된다.

$$N\text{을 사용한 표준편차} = (N-1)\text{을 사용한 표준편차} \times \sqrt{\frac{N-1}{N}}$$

컴퓨터 솔루션 3.2

기술통계

EXCEL

	A	B	C	D
1	**Hstarts**		*Hstarts*	
2	17.2			
3	4.0		Mean	34.65
4	71.8		Standard Error	7.04
5	9.9		Median	18.30
6	271.4		Mode	32.80
7	32.8		Standard Deviation	49.78
8	24.5		Sample Variance	2478.55
9	4.6		Kurtosis	12.20
10	202.6		Skewness	3.27
11	73.1		Range	270.20
12	7.3		Minimum	1.20
13	4.3		Maximum	271.40
14	38.7		Sum	1732.30
15	23.0		Count	50

데이터 파일 **CX03HOUS**를 연다. **A1:A51**을 **입력범위** 상자에 **C1**을 **출력범위** 상자에 입력하는 것 말고는, 모든 과정이 「컴퓨터 솔루션 3.1」과 같다. Excel은 첫 번째와 세 번째 사분위수를 보고하지 않는다. 그러나 데이터의 크기가 큰 경우, 데이터의 수를 4로 나눈 숫자를 정수로 반올림하여, 과정 3에서 **K번째 큰값** 상자와 **K번째 작은값** 상자에 입력하면 이의 근사치를 얻을 수 있다.

연습문제

3.16 범위가 산포의 측도로서 적절치 못한 실제 또는 가상의 예를 제시하라.

3.17 연습문제 3.3의 표본에 대하여 범위, 평균절대편차, 표준편차, 분산을 계산하라.

3.18 연습문제 3.4의 표본에 대하여 범위, 평균절대편차, 표준편차, 분산을 계산하라.

3.20 11곳의 업소를 조사한 결과, 최근 시간당 임금 인상액은 각각 18, 30, 25, 5, 7, 2, 20, 12, 15, 55, 40센트였다. 이 데이터에 대하여 다음을 계산하라.

a. 평균, 중앙값, 범위, 범위의 중앙

b. 평균절대편차

c. 표준편차, 분산

3.21 미국 Environmental Protection Agency에 의하면, 초소형 자동차 10종의 고속도로 연비(mpg)는 40, 33, 32, 30, 27, 29, 27, 23, 21, 10이다. 이 데이터에 대하여 다음을 구하라.

a. 평균, 중앙값, 범위, 범위의 중앙

b. 평균절대편차

c. 표준편차, 분산

3.22 Chicago에 있는 아파트 건물 6채의 임대율은 다음과 같다.

50.0%	79.1	61.3	43.9
68.1	70.0	72.5	66.3

이 데이터에 대하여 다음을 구하라.

a. 평균, 중앙값, 범위, 범위의 중앙

b. 평균절대편차

c. 표준편차, 분산

3.23 연습문제 3.20에 대하여 첫째, 둘째, 셋째 사분위수를 계산하고, 사분위 범위와 사분위 편차를 결정하라.

3.24 연습문제 3.21에 대하여 첫째, 둘째, 셋째 사분위수를 계산하고, 사분위 범위와 사분위 편차를 결정하라.

참고: 연습문제 3.2~3.27은 컴퓨터 통계프로그램을 이용하는 문제이다.

3.25 1999년 명절 쇼핑 기간에 Keynote System, Inc.는 여러 웹 사이트를 방문해서, 56K 모뎀을 사용하는 경우 컴퓨터에 얼마나 빨리 사이트가 나타나는가를 조사하였다. WalMart.com의 평균 시간은 23.35초였다. WalMart 사이트를 50번 방문한 결과가 데이터 파일 **XR03025**에 있다. 다음을 결정하고 해석하라. (출처: "How Key Web Sites Handle Holiday Shopping Rush," *USA Today*, November 24, 1999, p. 3B)

a. 평균, 중앙값, 범위, 범위의 중앙

b. 평균절대편차

c. 표준편차, 분산

3.26 데이터 파일 **XR03014**에서, 결근일수를 나타내는 변수에 대하여 다음을 결정하고 해석하라.

a. 평균, 중앙값, 범위, 범위의 중앙

b. 평균절대편차

c. 표준편차, 분산

3.27 데이터 파일 **XR02028**에서, 다음을 결정하고 해석하라.

a. 평균, 중앙값, 범위, 범위의 중앙

b. 평균절대편차

c. 표준편차, 분산

3.4 산포에 대한 추가적인 내용

상자그림

상자그림(box plot)은 중심성향과 산포의 측도를 동시에 나타내는 시각적 표현이다. 상자그림은 상자수염도(box-and-whisker plot)라고도 부른다. 데이터의 첫째, 셋째 사분위수, 중앙값, 극단값을 부각시키기 때문에 이들을 쉽게 알아볼 수 있다. 또한 분산가 대칭인지 아니면 양 또는 음의 기운분포인지도 쉽게 알려 준다.

「컴퓨터 솔루션 3.3」은 그림 3.4의 개인주택 신축 건수 자료를 이용하여, Excel로 상자그림을 작성하는 방법을 설명하고 결과를 보여준다. 데이터 파일은 **CX03HOUS**이다. 결과로 나타난 상자그림은 다음과 같은 요소를 갖고 있다.

컴퓨터 솔루션 3.3

상자그림

EXCEL

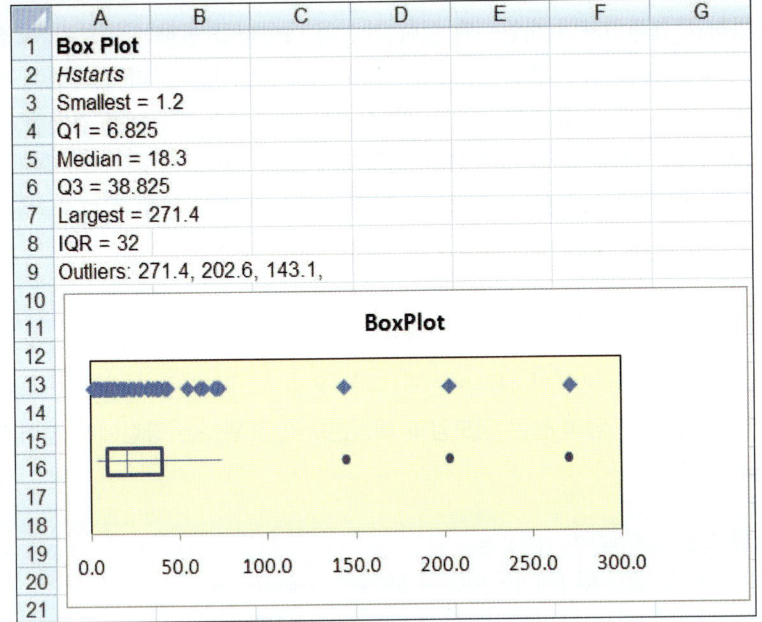

1. 데이터 파일 CX03HOUS를 연다. **A1**을 클릭한 후 **A51**까지 끌어서 **A1:A51**을 선택한다. **추가기능** 리본에서, 가장 왼쪽에 있는 메뉴 중 **Data Analysis Plus**를 클릭한다.
2. **Data Analysis Plus** 메뉴에서 **Box Plot**을 클릭한다. **OK**를 클릭한다. **Input Range** 상자에 1에서 지정한 데이터 범위가 있는지 확인한다. **Labels**를 클릭한다. **OK**를 클릭한다.
3. 출력된 모양을 더 보기 좋게 수정할 수 있다.

- **사분위수:** 상자는 첫째 사분위수(25번째 백분위 수)에서 시작하여 셋째 사분위수(75번째 백분위 수)까지 연장된다. 상자의 폭은 사분위 범위이다.
- **중앙값:** 상자 안의 수직 직선으로 표시된다. 상자의 정 중앙에 있지 않고 중앙보다 조금 왼쪽에 (즉 Q_3보다 Q_1에 더 가깝게) 있는데, 이는 분산이 양의 기운분포이기 때문이다.
- **극단값:** 상자의 왼쪽에 있는 수염은 데이터의 가장 작은 값인 Wyoming주의 1.2천까지 연장된다. 오른쪽에 있는 수염에는 특이점(outlier)으로 간주되는 큰 값의 데이터 3개를 제외한 모든 데이터가 포함된다.

체비셰프 정리

모집단이나 표본의 표준편차가 작으면, 데이터는 평균에 가깝게 위치한다. 반대로 데이터가 평균으로부터 멀리 퍼져 있으면 표준편차도 커진다. 수학자인 Chebyshev는 이러한 현상을 수치로 나타냈다. 이 수치는 분포의 모양에 상관없이, 평균으로부터 일정한 수의 표준편차 구간 안에 있는 데이터의 퍼센트를 나타낸다.

체비셰프 정리(*Chebyshev's theorem*) 표본이나 모집단에서, 평균으로부터 k (단 $k > 1$) 표준편차 이내에 있는 데이터의 %는 최소한 $\left(1 - \frac{1}{k^2}\right) \times 100$ 이다.

이러한 법칙을 그림 3.4의 개인주택 신축 건수의 데이터를 통해 살펴보자. 모집단의 평균은 μ =34.6이고, 표준편차는 σ = 49.3이다. 체비셰프 정리에 의하여 평균으로부터 k = 2와 k = 3 표준편차 구간 안에 있는 데이터의 퍼센트를 결정할 수 있다. 예를 들어, k =2이면 $(1-1/2^2)100$=75%이므로, 75% 이상의 주가 구간 34.62 ± (49.3) 즉 −64.0과 133.2 사이에 속하는 신축 건수를 갖고 있다. 실제로는 75%보다 훨씬 많은 94%의 데이터가 이 구간에 속하여 있다.

경험적 법칙

체비셰프 정리는 어떠한 모양의 분포에든지 다 적용될 수 있지만, 그림 3.2 (a)와 그림 3.3 (a)에서와 같은 엎어 놓은 종모양의 대칭분포의 경우에는 경험에서 얻어진 일반적인 원칙이 있다.

경험적 법칙 종모양의 대칭분포인 경우에는

- 평균으로부터 1 표준편차 이내의 구간에는 약 **68%**의 관측치가 있다.
- 평균으로부터 2 표준편차 이내의 구간에는 약 **95%**의 관측치가 있다.
- 평균으로부터 3 표준편차 이내의 구간에는 거의 모든 관측치가 포함된다.

그림 3.3의 (a)에서 평균은 9.0이고 표준편차는 0.3이다. 기계가 평균 9.0온스의 시리얼을 상자에 담고 표준편차가 0.3온스이므로, 약 68%의 상자가 9.0 ± (0.3)온스의 시리얼, 즉 8.7온스와 9.3온스 사이의 양을 갖고 있고, 95%의 상자가 9.0 ± 2(0.3)온스의 시리얼, 즉 8.4와 9.6온스 사이의 양을 갖고 있고, 거의 모든 상자가 9.0 ± 3(0.3)온스, 즉 8.1과 9.9온스 사이의 양을 갖고 있게 된다.

표준화 데이터

체비셰프 정리에서는 평균으로부터 데이터값까지의 구간을 나타내는 기본단위로 표준편차를 사용하였다. 데이터를 **표준화**한다는 것은 이와 같은 개념으로, 각각의 데이터를 표준편차의 개수로 표현된 평균으로부터의 거리로 나타내는 것이다.

$$z_i = \frac{x_i - \overline{x}}{s}$$

z_i = i 번째 데이터의 표준화된 값
$\overline{x}$ = 표본 평균
x_i = 번째 데이터 값
s = 표본 표준편차

(모집단의 경우에는, $\overline{x}$, s 대신 μ, σ가 각각 사용된다.)

표준화한다는 것은 데이터를 다른 단위로 표현하는 것이다. 6피트의 높이를 2야드의 높이로 표현하는 것과 같다. 예를 들면, 5종의 스포츠용 자동차의 연비에 관한 데이터는 표 3.3과 같이 표준화된다. 이렇게 표현하면 어떤 데이터는 양, 다른

표 3.3

다섯 종류의 스포츠용 자동차 고속도로 연비 데이터의 표준화. 데이터를 표준화한다는 것은 데이터가 평균으로부터 몇 표준편차의 거리에 있는가로 데이터를 표현하는 것이다.

원자료			표준화 데이터
차종	고속도로 연비(mpg)	$x_i - \bar{x}$	$\left[z_i = \dfrac{(x_i - \bar{x})}{s}\right]$
Saturn Outlook	23.00	3.00	1.22
Jeep Liberty	21.00	1.00	0.41
Subaru Tribeca	21.00	1.00	0.41
Land Rover LR3	17.00	−3.00	−1.22
Porsche Cayenne GTS	18.00	−2.00	−0.82
			0.00 $= \sum z_i$

표준화 데이터	원자료 데이터
$\bar{x} = 20.00$ mpg	$\bar{z} = 0.000$
$s_x = 2.45$ mpg	$s_z = 1.000$

데이터는 음의 값이 되는데, 그 이유는 평균이 측정의 기준점이 되기 때문이다. 평균보다 큰 값은 양의 값, 작은 값은 음의 값이 되는 것이다.

원래의 데이터나 평균, 표준편차 등이 물리적 단위를 갖고 있는 경우에도, 표준화된 값은 물리적인 기본단위가 없다. 그 이유는 데이터값을 같은 단위를 갖고 있는 표준편차로 나누어 주므로 단위가 서로 상쇄되어 없어지기 때문이다.

표준화된 값의 평균은 항상 0이고 표준편차는 1이 된다. 데이터를 표준화하면, 단위가 서로 다른 원자료 데이터를 쉽게 비교할 수 있다. 「컴퓨터 솔루션 3.4」는 5종류의 스포츠용 자동차 데이터를 이용하여, Excel로 데이터를 표준화하는 과정을 설명한다.

컴퓨터 솔루션 3.4

기술통계

EXCEL

	A	B	C	D	E
1	MPG	STDMPG		Mean Is:	20.00
2	23	1.22		Std. Dev.Is:	2.45
3	21	0.41			
4	21	0.41			
5	17	-1.22			
6	18	-0.82			

1. 데이터 파일 **CX035SUV**를 연다. 위에서 보듯이 데이터는 **A**열에 입력되어 있다. **D1**과 **D2**에 **Mean Is:** 와 **Std.Dev.Is:**를 각각 입력한다. **E1**에 방정식 **= AVERAGE(A2:A6)**를 입력한다. **E2**에 방정식 **= STDV(A2:A6)**를 입력한다(「컴퓨터 솔루션 3.1」에서처럼 평균과 표준편차를 구해도 된다).
2. **B2**에 방정식 **= (A2−20.00)/2.45**를 입력한다. 셀 **B2**를 클릭한다. 셀 **B2**의 오른쪽 아래 모서리를 클릭하면 커서가 '+' 표시로 바뀔 것이다. 이 '+' 표시를 셀 **B6**까지 끌어서 나머지 표준화된 값을 채운다. 셀 **B1**에 이름을 입력한다.

변동계수[3]

표준편차를 평균의 퍼센트로 표시하는 **변동계수**(coefficient of variation)는 데이터의 상대적인 산포를 나타낸다. 변동계수에 의하여, 다른 단위(화폐 단위 달러와 무게 단위 톤)로 표시되었거나, 크기가 굉장히 다른 두 가지 데이터의 산포를 비교할 수 있다. 예를 들면 다이아몬드 가격의 변화 정도와 석탄 가격의 변화 정도를 비교하거나, 큰 기업과 작은 기업의 매출, 재고자산, 투자액 등을 비교하는 데 변동계수를 이용할 수 있다.

금과 아연 가격의 변동성을 비교할 때 표준편차는 금의 가격이 아연보다 더 많이 변한다는 것을 보여준다. 그러나 금 1온스의 가격은 아연 1파운드의 가격보다 훨씬 높기 때문에, 금 가격의 표준편차가 더 크고 따라서 금 가격의 변동성이 아연보다 과장되어 나타난다. 표준편차를 평균으로 나누어 주면, 데이터의 평균에 대한 상대적인 변동성을 볼 수가 있다. 변동계수는 %로 나타내며 다음과 같이 계산된다.

	모집단	표본
변동계수	$CV = \frac{\sigma}{\mu} \times 100$	$CV = \frac{s}{\bar{x}} \times 100$

평균이 0인 경우에는 변동계수를 계산할 수가 없다. 12개월 간의 온스당 금 값의 평균은 \$810.6이고 표준편차는 \$49.0이었으며, 파운드 당 아연 가격의 평균과 표준편차는 각각 \$1.04, \$0.08이었다고 하면, 어떤 것이 더 가격의 상대적 변동성 즉 변동계수가 더 크다고 할 수 있는가?

변동계수를 계산하면 금은 \$49.0/\$810.6 = 0.060 즉 6.0%이고, 아연은 \$0.08/\$1.04 = 0.077 즉 7.7%이다. 금 값의 표준편차가 아연의 612배이지만, 상대적 변화의 관점에서 보면 금 값의 변동이 실제로는 아연 값의 변동보다 적었다.

연습문제

3.28 어느 제조기업이 지난 50일 동안 일별 불량품 발생 수를 조사한 결과의 상자그림이 아래에 있다.

a. 중간값, 첫 번째 및 세 번째 분위수는 대략 얼마인가?
b. 오른 쪽에 나타나 있는 *는 무엇을 의미하나? 제조담당 매니저에게 시사하는 바가 무엇인가?
c. 대칭분포인가? 아니면 어떤 기운분포인가?

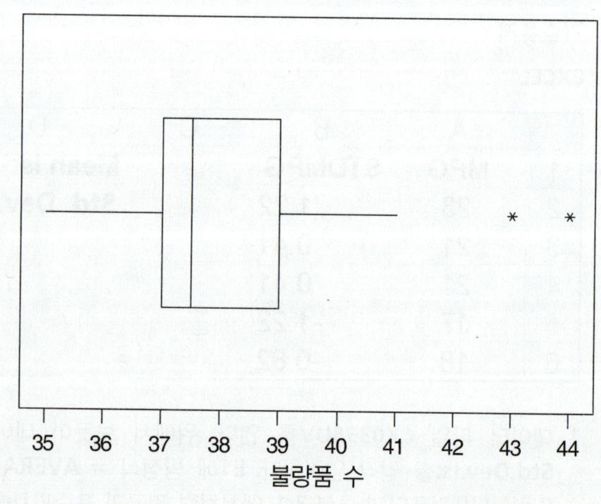

3.29 체비셰프 정리에 의하면 다음 구간에 속하는 데이터는 최소한 몇 %인가?

a. 평균으로부터 2.5 표준편차 이내의 구간
b. 평균으로부터 3.0 표준편차 이내의 구간
c. 평균으로부터 5.0 표준편차 이내의 구간

3.30 연습문제 3.20의 데이터에서 평균으로부터 1.5

[3] 변이계수라고도 함.

표준편차 이내에 있는 실제 데이터는 몇 %인가? 체비셰프 정리가 위배되지 않았는가?

3.31 연습문제 3.21의 실제 데이터를 표준화하고, 평균으로부터 2 표준편차 이내의 구간에 있는 데이터의 %를 구하라. 체비셰프 정리가 위배되지 않았는가?

3.32 수명이 긴 전구를 생산하는 제조업체는 자사제품의 평균수명이 12,000시간이고, 표준편차가 500시간이라고 주장한다. 전구 수명의 분포가 종 모양으로 대칭이라면 다음 구간에 속하는 전구의 %는 얼마인가?

a. 11,000과 13,000시간 사이
b. 12,500시간보다 긴 시간
c. 11,000시간보다 짧은 시간
d. 11,500과 13,000시간 사이

3.33 어느 고등학교 졸업반의 수능시험 수학 점수의 평균이 480, 표준편차가 100이었고, 수학 점수는 종모양의 대칭분포를 갖는다면, 다음 구간에 속하는 학생의 %는 얼마인가?

a. 380점과 580점 사이
b. 680점보다 큰 점수
c. 580점보다 낮은 점수
d. 580과 680점 사이

3.34 데이터 A의 평균은 $1,235 표준편차는 $140이고, 데이터 B의 평균과 표준편차는 15.7인치, 1.87인치이다. 어느 데이터가 더 큰 상대적 산포를 갖고 있는가?

3.35 Barnsboro National Bank의 표본 고객 20명의 평균 저축 잔액은 $315이고, 표준편차는 $87이다. Wellington Savings and Loan의 25명 표본 고객의 평균 저축 잔액은 $8,350이고 표준편차는 $1,800이다. 이 중 어느 표본의 산포가 상대적으로 더 큰가?

참고: 문제 3.36~3.38은 컴퓨터 통계 프로그램을 이용하는 문제이다.

3.36 어느 골프 리조트의 조사에 의하면, 골프를 자주 치는 사람의 가구 평균 소득은 $95,000이다. 이 조사에서 대상이 되었던 골프를 치는 100가구의 소득 데이터는 파일 **XR03036**에 있다. (출처: Golfwashington.com, June 23, 2009.)

a. 이 데이터에 대한 상자그림을 작성하고 해석하라.
b. 데이터를 표준화하고, 표준화 데이터의 평균과 표준편차를 구하라.

3.38 연습문제 3.14(데이터 파일: **XR03014**)에서, 결석일 변수에 대하여

a. 상자그림을 구성하고, 해석하라.
b. 데이터를 표준화하고, 표준화 데이터의 평균과 표준편차를 구하라.

3.38 연습문제 3.25(데이터 파일: **XR03025**)에서, Walmart. com에 접속하는 데 걸리는 시간에 대하여

a. 상자그림을 구성하고, 해석하라.
b. 데이터를 표준화하고, 표준화 데이터의 평균과 표준편차를 구하라.

3.5 그룹화 자료에 의한 기술통계

자료를 그룹 집단으로 모아 요약하기 때문에 **그룹화 자료**(grouped data)라고도 부르는 도수분포를 이용하여 원자료를 요약하면 편리하지만, 이러한 과정에서 원자료에 포함되어 있던 여러 정보가 손실된다. 따라서 도수분포에서 얻어지는 중심성향과 산포의 측도는 실제 값의 근사치일 뿐이다. 그러나 원래의 데이터가 항상 사용 가능한 것이 아니기 때문에 이러한 근사치가 최선의 결과인 경우가 많다. 도수분포에서 다른 근사치도 계산될 수 있지만, 여기서는 평균과 표준편차에 대해서만 논의하기로 한다. 근사값을 계산하는 방법은 표 3.4에 제시되어 있으며 이에 대하여 이제 설명할 것이다. ATM을 사용하는 고객 50명의 사용시간에 대하여 우리가 알고 있는 것은 표 3.4의 왼쪽 3개 열로 표현되는 도수분포가 전부라고 가정하자. 도수분포에서 얻어지는 평균과 표준편차의 근사치를 실제 데이터에 의한 실제 평균(39.76)과 실제 표준편차(8.92)와 비교하여 보자.

그룹화 자료에 의한 산술평균

도수분포에 의하여 평균의 근사값을 구할 때는 각각의 데이터값이 각 구간의 중간

표 3.4

ATM 사용자 50명의 사용시간(데이터 파일: CX02ATM)의 도수분포를 이용하여 계산하는 평균과 표준편차의 근사값이다.

시간	(1) 중간값(m_i)	(2) 도수(f_i)	(3) $f_i m_i$	(4) m_i^2	(5) $f_i m_i^2$
20~25 미만	22.5	1	22.5	506.25	506.25
25~30 미만	27.5	7	192.5	756.25	5,293.75
30~35 미만	32.5	10	325.0	1056.25	10,562.50
35~40 미만	37.5	9	337.5	1406.25	12,656.25
40~45 미만	42.5	9	382.5	1806.25	16,256.25
45~50 미만	47.5	6	285.0	2256.25	13,537.50
50~55 미만	52.5	5	262.5	2756.25	13,781.25
55~60 미만	57.5	3	172.5	3306.25	9,918.75
		50	1980.0		82,512.50
		$= \sum f_i = n$	$= \sum f_i m_i$		$= \sum f_i m_i^2$

평균의 근사치: $\bar{x} = \dfrac{\sum f_i m_i}{n} = \dfrac{1980.0}{50} = 39.6$

분산의 근사치: $s^2 = \dfrac{\sum f_i m_i^2 - n\bar{x}^2}{n-1} = \dfrac{82{,}512.50 - 50(39.6)^2}{50-1}$

$$= \frac{82{,}512.50 - 78{,}408}{50-1} = \frac{4104.5}{49} = 83.77$$

표준편차의 근사치: $s = \sqrt{83.77} = 9.15$

값이라고 간주한다. 예를 들면, 30~35 미만 계급에 속한 10명은 모두 사용시간이 구간의 중간값인 32.5초라고 간주되는 것이다. 이와 같이 구간의 중간값을 이용하여 평균의 근사치가 계산된다.

그룹화 자료에 의한 평균의 근사치:

$$\bar{x} = \frac{\sum f_i m_i}{n}$$

$\bar{x}$ = 표본 평균의 근사치

f_i = 계급의 도수

m_i= 계급의 중간값

n = 표본 데이터의 수

이 공식에서는 각각의 중간값이 f_i번 발생되는 것으로(22.5초가 1번, 27.5초가 7번 등) 가정된다. 표 3.4에서 보듯이 이렇게 계산된 평균은 39.6초이며, 원자료에 의하여 계산한 실제 평균 39.76초의 근사값이다. (참고: 각각의 데이터 값이 모두 계급의 중간값에 있으면 근사적으로 계산된 평균, 분산, 표준편차는 실제값과 동일하다.)

그룹화 자료에 의한 분산과 표준편차

분산

앞에서 설명한 것처럼, 분산의 계산은 모집단인가 또는 표본인가에 따라 달라진다. 또한 위에서 설명한 평균의 근사값(39.6초)이 분산의 계산에 사용된다. 그룹화 자료에 의하여 분산을 계산하면,

그룹화 자료에 의한 분산의 근사치:

- **데이터가 모집단을 나타내는 경우:**

$$\sigma^2 = \frac{\sum f_i m_i^2 - N\mu^2}{N}$$

μ = 모집단평균의 근사치
f_i = 계급 i의 도수
m_i = 계급 i의 중간값
N = 모집단 데이터의 수

- **데이터가 표본을 나타내는 경우:**

$$s^2 = \frac{\sum f_i m_i^2 - n\bar{x}^2}{n-1}$$

$\bar{x}$ = 표본 평균의 근사치
f_i = 계급 i의 도수
m_i = 계급 i의 중간값
n = 표본 데이터의 수

표 3.4에서 보듯이 ATM 사용자 데이터에 대하여 계산된 분산의 근사치는 83.77이며, 이 값은 「컴퓨터 솔루션 3.1」에서 Excel로 계산한 값 79.49와 다르다. 이유는 도수분포에 의하여 근사값이 계산되었기 때문이며, 원자료가 사용 가능하지 않은 경우에는 이것이 최선의 결과이다.

표준편차

그룹화 자료에 의한 표준편차의 근사치는 분산의 제곱근이다. 표 3.4에서 보듯이 표준편차의 근사치는 9.15이고, 분산과 마찬가지로 이 값은 실제 표준편차와 큰 차이가 없다.

연습문제

3.39 연습문제 3.5의 데이터에 대하여 도수분포를 작성하라.

a. 평균과 표준편차의 근사값을 구하라.

b. a에서 구한 근사값을 실제 값과 비교하라.

c. 계급의 수를 2배 더 많게 하여 도수분포를 작성하고 a와 b를 반복하라. 근사값이 더 정확해졌는가?

d. 각각의 데이터가 그 데이터가 속한 계급의 중간값과 일치하는 경우, 도수분포에 의한 근사값은 어떤 값이 되는가? 설명하라.

3.40 다음은 직원 100명의 수작업 능력에 대한 조사결과의 도수분포이다. 평균과 표준편차의 근사값을 구하라.

점수	직원 수
5~15 미만	7
15~25 미만	9
25~35 미만	12
35~45 미만	14
45~55 미만	13
55~65 미만	9
65~75 미만	8
75~85 미만	11
85~95 미만	10
95~105 미만	7

3.41 냉동 식품창고에서 80개의 품목을 무작위로 선택하여 보관 기간(주)을 조사한 결과의 도수분포이다. 평균과 표준편차의 근사값을 구하라.

기간(주)	품목 수
0~10 미만	25
10~20 미만	17
20~30 미만	15
30~40 미만	9
40~50 미만	10
50~60 미만	4

3.6 연관성 측도[4]

두 변수 사이의 관계를 시각적으로 표현하는 방법으로 산점도를 이용하고, 이러한 산점도에 나타난 관계를 가장 잘 표현하는 직선을 컴퓨터로 구하는 방법을 2장에서 공부하였다. 여기서는 두 변수 간의 선형관계의 강도를 측정하는 방법을 설명한다.

상관계수(r, $-1 \le r \le 1$)는 종속변수 (y)와 독립변수 (x) 사이의 선형관계의 강도와 방향을 나타내는 값이다.

- **관계의 방향:** r이 양이면, y와 x는 양의 관계를 갖고 있고[그림 3.5의 (a)와 (c)], r이 음이면, y와 x는 음의 관계를 갖고 있다[그림 3.5의 (b)와 (d)].
- **관계의 강도:** r의 절대값이 클수록 y와 x는 더 강한 관계를 갖는다. r이 $+1$ 또는 -1이면, 모든 데이터가 직선 위에 나타난다[그림 3.5의 (a)와 (b)]. (c)나 (d)의 경우, 직선이 모든 점을 포함하지 않으므로, r의 절대값은 1보다 작다.

그림 3.5의 (e)와 (f)에서는 직선의 기울기가 0이고, 따라서 상관계수 r도 0이다. 두 변수 사이에는 선형관계가 없으며 y의 값이 x의 값에 따라 결정되지 않는다. 이 장의 끝에 있는 '눈으로 보는 통계 애플릿 2'에서 관찰치의 모양이 변하는 것에 따라 상관계수가 어떻게 변하는가를 볼 수 있을 것이다.

15장에서 단순회귀분석과 상관에 대하여 공부할 때, 상관계수를 계산하는 방법을 자세히 설명할 것이다. 지금은 상관계수가 연관성에 대한 중요한 측도라는 것을 기억하면 된다. 이 장에서는 컴퓨터 통계 프로그램에 의하여 상관계수를 계산할 것이다.

선형관계를 나타내는 또 하나의 측도는 **결정계수(coefficient of determination)**이다. 결정계수의 값은 y값의 변화량(variation) 중에서 최적 직선에 의하여 설명되는 비율을 의미한다. 예를 들면, 그림 3.5의 (a)와 (b)에서는 r^2이 1.00이며, 이는 y를 x의 함수로 나타내는 직선에 의하여 y값의 변화가 100% 설명된다는 것을 의미한다. 한편, (c)에서는 직선이 y값의 변화를 모두 설명하지 못한다(이 경우, $r^2 = 0.94^2 = 0.884$이므로, y값 변화의 88.4%가 직선에 의하여 설명된다). 결정계수도 15장에서 더 자세하게 설명될 것이다. (참고: 어떤 변수를 y로 하고, 어떤 변수를 x로 하는가에 상관 없이 상관계수와 결정계수의 값은 변하지 않는다.)

「컴퓨터 솔루션 3.5」는 프로야구 선수의 연봉과 승수에 관한 데이터(파일: **CX02BASE**)를 이용하여, Excel로 상관계수와 결정계수를 계산하는 방법을 설명한다. 상관계수는 $r = +0.536$이다. 2장의 「컴퓨터 솔루션 2.7」에서처럼 산점도와 최적 직선도 작성하였다면, 결정계수 r^2의 값(0.287 또는 28.7%)도 옵션으로 보고된다. 이러한 수치를 보고 연봉과 승리 횟수는 양의 관계를 가지며, 연봉이 승리 횟수

[4] 연관도라고도 한다.

그림 3.5

변수 사이의 선형 관계가 강할수록 상관계수의 절대값이 크다. r = 0이면 데이터에 최적인 직선의 기울기도 0이 된다.

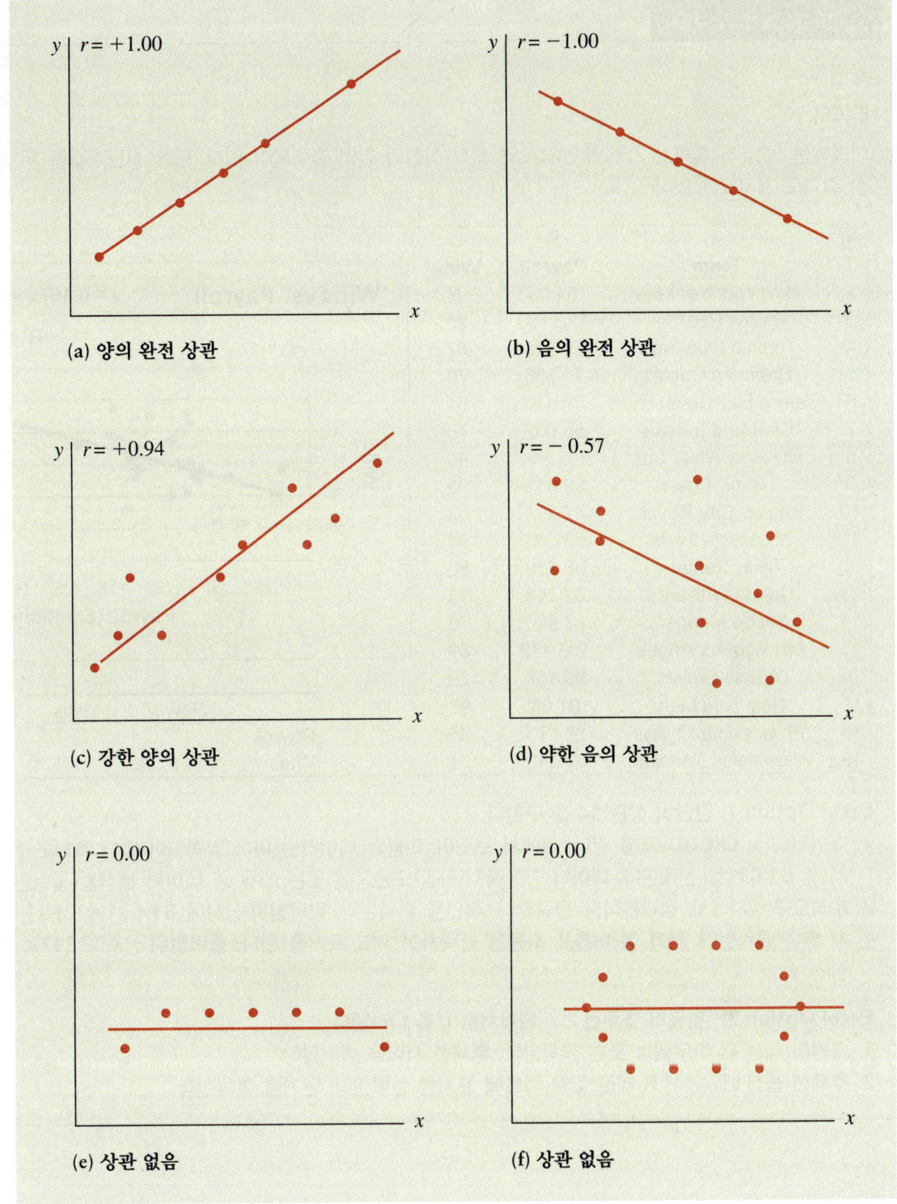

(a) 양의 완전 상관 (b) 음의 완전 상관 (c) 강한 양의 상관 (d) 약한 음의 상관 (e) 상관 없음 (f) 상관 없음

의 변화의 28.7%를 설명한다는 것을 알 수 있다. 달리 해석하면, 승리 횟수의 변화 중 71.3%는 연봉에 의하여 설명되지 않는다고 말할 수 있다. 이것은 연봉 말고도 팬의 지지, 코치의 능력과 자질, 선수의 부상, 게임 스케줄 등 팀의 승리에 영향을 미치는 요소가 많다는 점에서 수긍이 간다.

컴퓨터 솔루션 3.5

상관계수

EXCEL

아래에는 「컴퓨터 솔루션 2.7」의 산점도와 최적 직선이 같이 출력되어 있다. 또한 상관계수를 두 가지 방법에 의하여 구한 결과도 제시되어 있다.

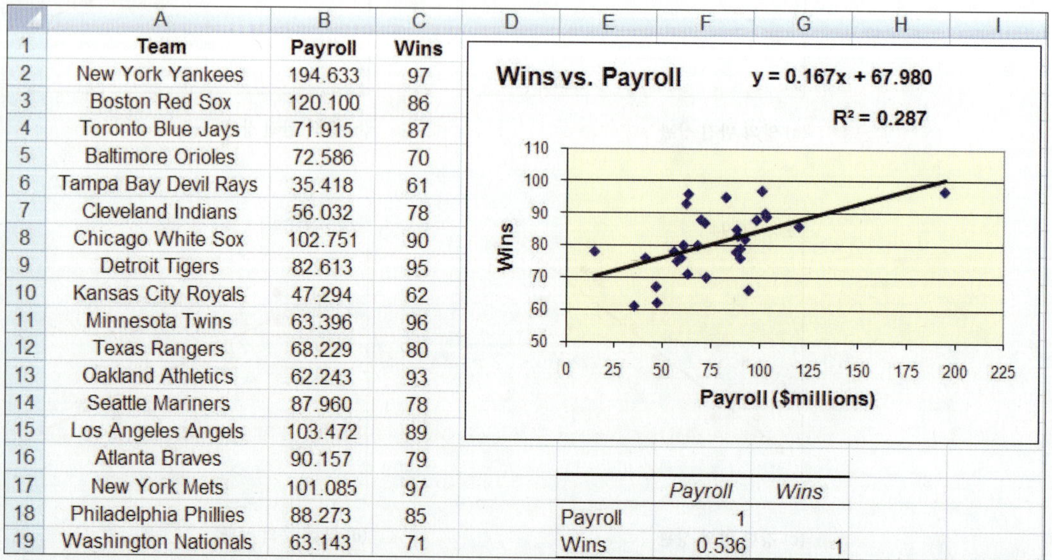

	A	B	C
1	Team	Payroll	Wins
2	New York Yankees	194.633	97
3	Boston Red Sox	120.100	86
4	Toronto Blue Jays	71.915	87
5	Baltimore Orioles	72.586	70
6	Tampa Bay Devil Rays	35.418	61
7	Cleveland Indians	56.032	78
8	Chicago White Sox	102.751	90
9	Detroit Tigers	82.613	95
10	Kansas City Royals	47.294	62
11	Minnesota Twins	63.396	96
12	Texas Rangers	68.229	80
13	Oakland Athletics	62.243	93
14	Seattle Mariners	87.960	78
15	Los Angeles Angels	103.472	89
16	Atlanta Braves	90.157	79
17	New York Mets	101.085	97
18	Philadelphia Phillies	88.273	85
19	Washington Nationals	63.143	71

	Payroll	*Wins*
Payroll	1	
Wins	0.536	1

Excel Option 1: 간단히 상관계수를 구한다.

1. 데이터 파일 **CX02BASE**를 연다. 위에서 보듯이, 이름과 데이터는 이미 입력되어 있다. **B1**을 클릭한 후 **C31**까지 끌어서 셀 **B1:C31**을 선택한다. **데이터** 리본에서 가장 오른쪽에 있는 메뉴 중 **데이터 분석**를 클릭한다.
2. **분석도구** 상자에서, **상관분석**을 클릭한다. **확인**을 클릭한다. **입력범위** 상자에 **B1:C31**을 입력한다. **데이터 방향** 부분에서 **열**을 클릭한다. **첫째 행 이름표 사용**을 클릭하여 체크 표시를 한다. **출력범위** 상자에 **E17**을 입력한다. **확인**을 클릭한다.

Excel Option 2: 「컴퓨터 솔루션 2.7」에서처럼 r^2를 나타낸다.

1. 그림의 직선 위 아무데나 오른 클릭한다. **추세선 서식**을 클릭한다.
2. **추세선 옵션** 메뉴에서 **R-제곱 값을 차트에 표시**를 선택한다. **닫기**를 클릭한다.

연습문제

3.42 상관계수는 무엇이며, 두 변수 사이의 관계에 대하여 무엇을 알려주나?

3.43 r^2가 0.64이고 두 변수가 음의 관계가 있다면, r은 얼마인가?

참고: 연습문제 3.44~3.47은 컴퓨터 통계 프로그램을 이용하는 문제이다.

3.44 연습문제 3.14의 데이터(파일: **XR03014**)의 산점도를 작성(y = 결석일, x = 나이)하고 데이터를 나타내는 최선의 직선을 그리고, 상관계수를 구하고 의미를 해석하라.

3.45 연습문제 2.67의 데이터(파일: **XR02067**)에 대하여 두 축을 임의로 설정하여 산점도를 작성하고 데이터를 나타내는 최선의 직선을 그리고, 상관계수와 결정계수를 구하고 의미를 해석하라.

3.46 American Association of Retired Persons (AARP)는 심장병과 암에 의한 50개 주의 사망률(100,000명당 사망자 수)을 조사하였다. 두 가지 원인에 의한 각 주의 사망률 데이터는 **XR03046**에 있다. 두 축을 임의로 설정하여 산점도와 최적 직선을 구한 다음, 상관계수와 결정계수를 구하고 의미를 해석하라. (출처: Bureau of the

Census, *Statistical Abstract of the United States 2009*, p. 87)

3.47 상표 등록이 되어 있는 약품 가격의 표본 평균보다 상표가 등록되어 있지 않은 동일 효능의 약품 가격의 표본 평균이 훨씬 작은 것으로 조사되었다. 약품과 가격이 상표 등록 여부에 따라 데이터 파일 **XR03047**에 있다. 두 축을 임의로 설정하여 산점도와 최적 직선을 구한 다음, 상관계수와 결정계수를 구하고 의미를 해석하라. (출처: Julie Appleby, "Drug Makers Fight Back As Patents NearExpiration," *USA Today*, November 26, 1999, p. 4B)

3.7 요약

중심성향과 산포의 측도

자료는 도수분포나 시각적인 표현 이외에도, 중심성향과 산포의 측도에 의하여 통계적으로 요약하여 표현할 수 있다. 도수분포에서처럼 이와 같은 요약과정에서 원자료가 가지고 있는 구체적 정보의 일부가 손실되기는 하지만, 방대한 자료 대신에 간단하게 요약된 몇 가지 수치를 사용할 수 있다는 이점이 있다.

중심성향의 측도는 데이터의 대표적인 값을 표현한다. 가장 일반적인 네 가지 측도는 산술평균, 가중평균, 중앙값, 최빈값이다. 산포의 측도는 데이터값이 퍼져 있는 정도를 나타낸다. 일반적인 측도로는 범위, 분위수, 평균절대편차, 분산, 표준편차가 있다. 범위의 중앙은 데이터의 가장 작은 값과 가장 큰 값의 평균이며, 때로 중심성향의 대략적 측도로서 쓰인다.

체비셰프 정리는 모양에 상관없이 모든 도수분포에 적용되며, 평균으로부터 일정한 표준편차 이내의 구간에 있는 데이터가 최소한 몇 %인가를 결정해 준다. 종 모양의 대칭분포인 경우에는, 평균으로부터 일정 표준편차 이내의 구간에 있는 데이터의 %를 경험적 법칙에 의하여 구할 수 있다.

데이터의 표준화

데이터의 표준화는 데이터값을 평균으로부터 몇 표준편차의 거리에 있는가로 나타내는 것이다. 표준화된 분포에서는 평균이 0이고, 표준편차는 1이다. 변동계수는 표준편차를 평균의 %로 나타낸 값이며, 상이한 분포를 비교할 때 유용하게 쓰인다.

상자그림과 그룹화 데이터에 의한 근사값

컴퓨터 통계 프로그램의 출력에는 일반적으로 중심성향과 분산의 측도가 포함되며, 추가로 상자그림으로 정보를 표현할 수도 있다. 도수분포의 그룹 자료를 이용하여 중심성향과 산포의 측도를 근사적으로 계산할 수 있다.

상관계수

상관계수는 두 변수 간의 선형관계의 강도를 나타낸다. 상관계수는 −1과 +1 사이의 값을 가지며, 절대값이 클수록 변수 간에 강한 선형관계가 있다는 것을 의미한다. 결정계수는 최적 직선에 의하여 설명되는 y값의 변화량의 비율을 의미하며, 항상 1 이하의 값을 가진다.

단원 연습문제

참고: 연습문제 3.48~3.64는 컴퓨터를 이용하는 것이 좋다. 계산기로 직접 계산하여도 된다. 컴퓨터를 이용할 때, 데이터 파일이 문제 3.57이면 **XR03057**로 되어 있다는 것에 유의하라.

3.48 치과용 재료를 제공하는 회사가 고객에게 제품 A는 50상자, B는 30상자, C는 60상자, D는 20상자를 배달하였다. 상자당 운송료는 각각 \$5, \$2, \$4, \$10이다. 상자당 운송료의 가중평균은 얼마인가?

3.49 어느 날 조그만 도넛 가게의 처음 7명의 손님이 구입한 금액은 \$1.25, \$2.36, \$2.50, \$2.15, \$4.55, \$1.10, \$0.95이었다. 매일의 고객 수를 조사한 가게 주인은 가게가 이익이 나려면 1인당 구입 금액이 최소한 \$1.75가 되어야 한다고 주장한다. 그렇다면, 이 7명에 대한 매출에서 이익을 보았는가?

3.50 Honda Motor Co., Inc.에 의하면, 1998년부터 2005년까지 기간의 환율(\$1당 엔화)은 123, 128, 112, 111, 125, 122, 113, 108이었다. 평균과 중앙값을 구하라. 최빈값이 있는가? 있으면 얼마인가? (출처: Honda Motor Co., Ltd., *2005 Annual Report*)

3.51 다음 상자그림은 1일 동안 80가구의 물 소비량에 대한 것이다. 중앙값, 첫 번째와 세 번째 사분위수, 범위의 대략적인 값을 구하라. 분포는 기운분포인가? 그렇다면, 양의 기운분포인가? 음의 기운분포인가?

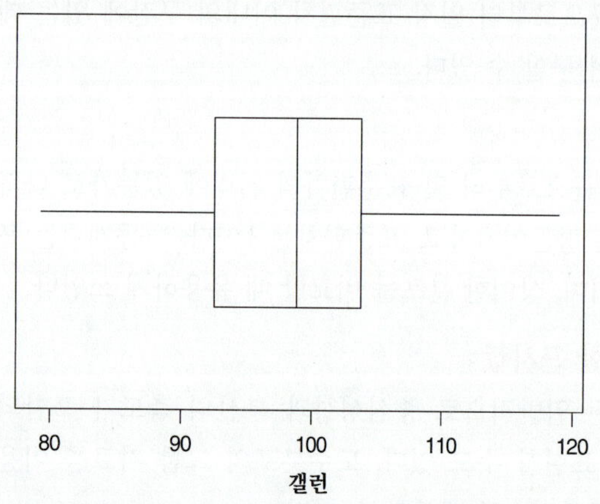

3.52 품질관리 담당자가 16개 볼트의 표본에 대하여 장력을 조사하였다. 부러질 때까지 가해질 수 있는 압력을 톤으로 측정한 결과는 다음과 같다.

2.20	1.95	2.15	2.08	1.85	1.92
2.23	2.19	1.98	2.07	2.24	2.31
1.96	2.30	2.27	1.89		

a. 평균, 중앙값, 범위와 범위의 중앙을 구하라.

b. 평균절대편차를 구하라.

c. 표준편차와 분산을 구하라.

3.53 연습문제 3.55의 점 그림에 나타난 표본 데이터에 대한 도수분포를 10~20미만, 20~30미만과 30~40미만의 계급구간을 이용하여 작성하라. 이 도수분포가 원자료에 대한 유일한 정보라면, 평균과 표준편차의 근사값은 얼마인가?

3.54 1960년부터 2007년 사이의 5개년의 표본을 조사한 결과, 1,000명 이상이 파업한 건수가 268, 424, 235, 145, 44이었다. (출처: Bureau of the Census, *Statistical Abstract of the United States 2009*, p. 418)

a. 평균, 중앙값, 범위, 범위의 중앙을 구하라.

b. 평균절대편차를 구하라.

c. 표준편차와 분산을 구하라.

3.55 아래 점그래프는 지난 3개월 동안 컨설팅 기업이 작성한 보고서 중, 20개 보고서 표본의 길이(페이지 수)를 나타낸다. 중앙값과 첫째 및 셋째 사분위수는 얼마인가?

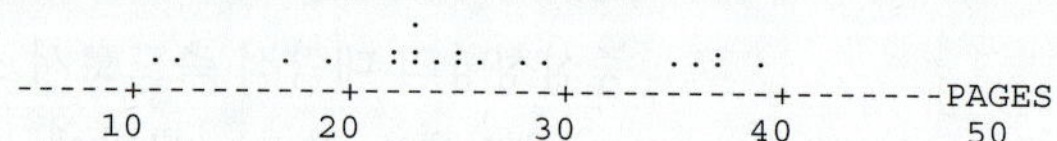

3.56 식품점 주인이 고객을 표본조사한 결과, 고객이 구입한 샌드위치용 고기의 평균 양은 3.0파운드이고 표준편차는 0.5파운드였다.

a. 이 식품점에서 사용하는 저울이 실제 무게보다 0.1파운드 적게 나타낸다면, 이러한 저울의 오류를 정정한 다음의 표본 평균과 표준편차는 얼마인가?

b. 고객의 구입양이 종모양의 대칭분포를 이룬다면, 그보다 더 많이 사는 고객이 2.5%가 되는 구입량은 얼마인가? a에서 계산된 평균과 표준편차를 이용하여 답하라.

3.57 연습문제 3.60의 도수분포를 이용하여 평균과 표준편차의 근사값을 구하라.

3.58 제조기업의 식당 관리자가 지난 90일 동안 매일 판매된 커피 잔 수를 조사하였다.

a. 다음의 기술통계를 이용하여 상자그림을 작성하라. 분포는 대칭으로 보이는가? 아니라면, 양의 기운분포인가? 음의 기운분포인가?

	N	Mean	Median	Tr Mean	StDev	SE Mean
CUPS	90	125.64	123.50	125.50	30.80	3.25

	Min	Max	Q1	Q3
CUPS	54.00	206.00	102.75	147.25

b. 만약 이 데이터의 분포가 종 모양의 대칭분포였다면, 64잔 이하의 커피가 판매된 날은 전체 일수의 몇 % 인가?

3.59 변동계수를 이용하여 문제 3.52와 문제 3.61의 데이터의 변동성을 비교하라.

3.60 미국 50개 주 인구밀도(1평방 마일당 인구)의 도수분포는 다음과 같다. 이 분포는 대칭인가? 아니라면, 양의 기운분포인가, 음의 기운분포인가?

인구 밀도	주의 수
0~100 미만	27
100~200 미만	11
200~300 미만	4
300~400 미만	1
400~500 미만	2
500~600 미만	1
600~700 미만	0
700~800 미만	1
800~900 미만	1
900~1,000 미만	0
1000~1,100 미만	1
1100~1,200 미만	1

3.61 경찰이 도로에 주행금지 시설을 설치하고 음주운전을 조사한 결과, 25명 표본의 혈중 알코올 농도는 다음과 같았다.

0.00%	0.08%	0.15%	0.18%	0.02%
0.04	0.00	0.03	0.11	0.17
0.05	0.21	0.01	0.10	0.19
0.00	0.09	0.05	0.03	0.00
0.03	0.00	0.16	0.04	0.10

a. 평균과 표준편차를 구하라.

b. 평균으로부터 1.50 표준편차 이내에 있는 데이터의 %를 체비셰프 정리로 구하라. 표본 결과가 이 정리에 부합하는가?

c. 변동계수를 계산하라.

3.62 다음은 *Natural History*라는 잡지에 보도된 동물의 최대 속도(mph)이다. (출처: *The World Almanac and Book of Facts 2009*, p. 330)

a. 평균과 중앙값을 구하라.

b. 최빈값이 있는가? 있다면, 얼마인가?

치타	70	회색곰	30
가지뿔 영양	61	집 고양이	30
누	50	사람	27.89
사자	50	코끼리	25
코요테	43	검은 맘바 뱀	20
야생 당나귀	40	다람쥐	12
기린	32	거미	1.17
흑멧돼지	30	큰 거북이	0.17
흰꼬리 사슴	30	달팽이	0.03

3.63 생산된 마이크로웨이브 오븐 중 무작위로 뽑은 50개 제품의 전기 소모량을 조사한 결과가 다음 상자그림

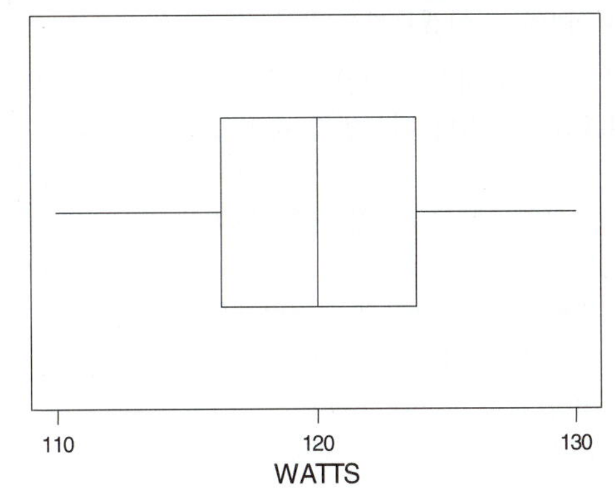

이다. 중앙값, 첫 번째 및 세 번째 분위수, 범위의 대략적인 값을 구하라. 대칭분포인가? 아니라면, 양의 기운분포인가, 음의 기운분포인가?

3.64 2007년 최고 흥행 영화는 336.5백만 달러를 번 스파이더맨 3이었다. 같은 해 흥행 성적 상위 50개 영화의 수입은 다음과 같다. 평균과 중앙값을 구하라. 최빈값은 있는가? 있다면, 얼마인가? (출처: *The New York Times Almanac 2009*, p. 413)

$336.5	$322.7	$319.2	$309.4	$ 292.0
256.4	227.5	219.5	217.3	210.6
206.4	183.1	168.3	148.8	143.5
140.1	134.5	131.9	130.2	127.8

참고: 연습문제 3.65~3.69는 컴퓨터 통계 프로그램을 이용하는 문제이다.

3.65 Energy Information Administration에 의하면, 미국의 1가구당 년 전기료는 $1,196이다. 이 수치가 250 가구를 조사한 결과(데이터: **XR03065**)라고 가정하자. (출처: eia.doe.gov, July 26, 2009)

a. 평균값을 확인하고, 중앙값과 표준편차를 구하라.

b. 표본에 있는 데이터에 대하여 상자그림을 작성하고 해석하라.

c. (a)와 (b)의 결과를 볼 때, 특이점에 해당하는 가구가 있는가? 있다면, 자원절약 운동을 하는 사람이 이 가구에 관심을 가질 이유는 무엇인가?

3.66 *Bride's* 잡지는 평균 신혼여행의 비용이 $5,111 이라고 보고한다. 이러한 보고는 신혼 300쌍의 표본에 근거한 것(데이터: **XR03066**)이다. (출처: msnbc. msn.com, June 26, 2009)

a. 평균값을 확인하고, 중앙값과 표준편차를 구하라.
b. 표본에 있는 데이터에 대하여 상자그림을 작성하고 해석하라.
c. (a)와 (b)의 결과를 볼 때, 특이점에 해당하는 신혼부부가 있는가? 있다면, 신혼여행 전에 이러한 부부를 확인하는 방법에 대하여 관심을 가질 기관이나 기업은 어떠한 것이겠는가?

3.67 2005년 대학을 가고자 하는 고등학교 졸업반 학생 1,186,000명의 대학입학 자격시험 수학 성적의 평균은 20.7이고 표준편차는 5.0이다. 이 중에서 추출한 400개 표본 데이터(파일: **XR03067**)에 대하여 다음을 답하라. (출처: nces.ed.gov, June 26 June 26, 2009)
a. 표본의 평균, 중앙값과 표준편차를 구하라.
b. 표본에 있는 데이터에 대하여 상자그림을 작성하고 해석하라.
c. 표본의 75%보다 높은 성적이 되려면 점수가 얼마여야 하는가? 표본의 25%보다 높은 성적이 되려면?

3.68 National Football League에 갈 수 있는 미식축구 대학 선수들의 표본에 대한 몸무게(파운드)와 40야드 주파시간(초)이 파일 **XR03068**에 있다. 몸무게를 독립변수, 주파시간을 종속변수로 하여 산점도와 최적 직선을 구하고, 상관계수와 결정계수를 계산하고 해석하라. (출처: "Rating the Prospects," *USA Today*, April 14, 2000, p. 19C)

3.69 Federal Aviation Administration이 지난 5년간 항공 안전과 관련하여, 항공사에 대하여 경고 등 조치를 취한 횟수와 부과한 벌금 금액이 항공사별로 데이터 파일 **XR03066**에 있다. 조치 횟수를 독립변수, 부과된 금액을 종속변수로 하여 산점도와 최적 직선을 구하고, 상관계수와 결정계수를 계산하고 해석하라. (출처: "Fines and Administrative Actions Against U.S. Airlines," *USA Today*, March 13, 2000, p. 3B)

종합사례

Thorndike Sports Equipment

지난 번 Thorndikes를 방문했을 때 우리는 엔지니어 중 한 사람이 새로운 골프공을 개발했다는 것을 알았다. 엔지니어 말로는 이 공이 기존의 공보다 훨씬 멀리 날아간다고 한다. 골프광인 엔지니어는 자신이 골프 게임에 혁명을 일으킬 수 있는 것을 창안하였다는 사실에 몹시 흥분해 있다. 그러나 나이 많은 사장은 이 공이 회사의 이익에 혁명을 일으킬 수 있는가에만 관심이 있다.

2장에서 본 것처럼, Ted는 새 공 25개와 기존의 공 25개를 섞어서 총 50개의 공에 대하여 프로골퍼에 의한 비거리를 조사하였다. 데이터 파일 THORN02에 있는 조사 결과를 아래에 다시 제시한다. Ted는 이 데이터에 대하여 2장에서 작성한 시각적 표현을 검토하였는데, 이제 통계적으로 요약된 값을 보려고 한다.

1. 새 공 25개에 대한 데이터에 적절하다고 생각되는 중심성향과 산포의 측도를 구하라.
2. 기존의 공 25개에 대하여 1과 같이 하라.
3. Ted는 1과 2의 결과를 이용하여 한 문단의 간단한 보고서를 작성하려 하였지만, 급한 볼일로 아침 일찍 New York으로 갔다. Ted를 위해 보고서를 작성하라. Luke 사장은 간단하고 이해하기 쉽게 쓴 보고서를 좋아한다.

새 공 25개의 비거리(야드)

267.5	248.3	265.1	243.6	253.6	232.7	249.2	232.3	252.8
247.2	237.4	223.7	260.4	269.6	256.5	271.4	294.1	56.3
264.3	224.4	239.9	233.5	278.7	226.9	258.8		

기존 공 25개의 비거리(야드)

241.8	255.1	266.8	251.6	233.2	242.7	218.5	229.0	256.3
264.2	237.3	253.2	215.8	226.4	201.0	201.6	244.1	213.5
267.9	240.3	247.9	257.6	234.5	234.7	215.9		

Springdale Shopping Survey

2장의 끝에 있는 Springdale Shopping Survey(데이터 파일: **SHOPPING**)에서 데이터의 수집 방법과 변수의 설정은 이미 설명하였다.

여기서는, 응답자가 쇼핑 지역을 선정할 때 중요하게 생각하는 요소인 변수 18－25에 대하여 집중적으로 고려할 것이다. 각각의 변수는 1에서 7까지의 점수로 측정되었다. 점수가 높을수록 중요하게 생각한다는 것을 의미한다. 이 변수들을 아래에 다시 나열한다. 변수의 상대적 중요성은 매니저가 자신의 쇼핑 지역을 고객의 성향에 맞게 조정하는 데 중요한 자료가 된다.

18 상품 반환/교환의 용이성
19 상품의 질
20 상품의 가격
21 상품 크기/스타일의 다양성
22 판매 직원의 도움/친절
23 쇼핑 시간의 편리성
24 상점 및 주변지역의 청결
25 할인 세일의 빈번함

1. 변수 18~25에 대하여
   a. 평균과 중앙값을 포함한 기술통계를 구하라.
   b. 상자그림을 작성하고 분포의 대칭, 비대칭성을 확인하라.
2. 1의 결과에 의하면, 고객이 쇼핑 지격을 선정할 때 가장 중요한 변수와 가장 중요하지 않은 변수는 무엇인가?
3. 변수 29(가족 수)와 변수 30(연령)의 산포를 변동계수를 이용하여 비교하라.
4. 변수 29와 변수 30의 상관계수를 결정하라. 가족 수의 변화 중 몇 %가 연령에 의하여 설명되는가?

경영사례

Baldwin Computer Sales (A)

Baldwin Computer Sales는 Washington 주의 Oldenburg에 있는 작은 회사이다. 이 회사의 창립자인 Jonathan Baldwin은 전화주문에 의한 할인가격으로 컴퓨터를 팔기 시작하였다. Baldwin은 고객이 무료 전화번호를 이용하여 문제를 해결하고 지원을 받을 수 있게 한 최초의 컴퓨터 우편판매회사 중 하나이다. 그동안 회사의 규모는 커졌지만, 새로운 우편판매 회사가 많이 등장하여 경쟁이 심화됨으로써 시장점유율은 실제로 감소하였다.

5년 전, Baldwin은 장기 마케팅 계획과 전략을 수립하기 위하여 마케팅 컨설턴트인 Bob Gravenstein과 계약하였다. 여러 가지 세밀한 조사를 마친 다음, 그는 새롭게 성장하고 있는 시장인 대학생을 대상으로 Baldwin이 사업을 확대하여야 한다고 조언하였다. 당시 대부분의 대학이 학생들이 사용할 수 있도록 컴퓨터 lab 등의 시설을 제공하고 있었지만, 많은 학생들이 집이나 기숙사에서 사용하기 위하여 컴퓨터와 프린터를 구입하였다. 졸업 후에도 익숙해진 컴퓨터를 직장으로 가져가거나, 퇴근 후 집에서 사용하고 있었다. 대학생의 컴퓨터 보유 비율이 빠르게 증가하고 있기 때문에, 이러한 시장에서의 기회를 적극 이용해야 한다는 것이 Bob의 주장이다.

Bob이 수립한 마케팅 계획은 다음과 같다. 차차 다른 대학으로 확산하기로 하고, 우선 대학 5곳을 선정하여, 이 대학의 2학년생에게 Baldwin Computer Sales의 JCN-2001 컴퓨터(프린터 포함) 세트를 염가로 살 수 있는 자격을 주고, 구입대금은 매 학기 등록금을 낼 때 분할하여 조금씩 낼 수 있게 한다. 일단 졸업을 하면 분할 대금의 금액을 높여서 졸업 후 2년 이내에 모든 대금이 지불될 수 있도록 한다. 만약 대금 지불이 안 되는 경우에는 즉시 컴퓨터를 환수한다.

미래 컴퓨터 장비의 판매 가능성도 이 계획의 일부이다. JCN-2001은 대부분의 학습 또는 전문적인 목적으로 사용할 수 있는 컴퓨터이지만, 기본적인 컴퓨터이다. 점차로 이 컴퓨터를 구입한 학생들은 더 강력한 컴퓨터를 원하게 될 것이고, 이 모델의 사용에 만족한 학생들은 다시 Baldwin Computer Sales의 컴퓨터를 사게 될 것이다.

5년이 지난 지금, Baldwin Computer Sales은 아직도 학생을 대상으로 한 이 프로그램을 운영하고 있고, 대상 대학도 몇 개 더 늘어났다. 이제는 이 프로그램이 수익성이 있는지, 이 프로그램이 계속되어야 하는지 등을 결정할 수 있는 충분한 데이터가 축적되었다. 이 프로그램의 미래를 결정하기 위하여 Jonathan Baldwin

은 이 프로그램을 계속 관장해 온 Ben Davis와 마케팅 담당 부사장인 Teresa Grimes를 소집하였다.

Baldwin: "당신들을 부른 것은 학생대상 판매 프로그램을 의논하기 위해서요. 이 프로그램이 이미 5년이나 운영되어 왔는데, 이제 이 프로그램을 앞으로 어떻게 할 것인가를 결정해야 할 때라고 생각합니다. Davis, 당신이 지난 주 이 프로그램을 평가할 수 있는 충분한 데이터가 있다고 말한 것 같은데……."

Davis: "그렇습니다, 사장님. 5년 전 2학년일 때 컴퓨터를 구입한 학생들이 이제 졸업하고 최소한 2년은 직장생활을 하였으니까요."

Baldwin: "그렇다면, 당신이 갖고 있는 정보로 볼 때, 이 프로그램이 성공적이었나요 아니면 실패였나요?"

Davis: "간단히 말씀드리기가 좀 어려운데요, 사장님. 대부분의 학생들은 대금을 모두 완납했지만, 대금 미납률도 높습니다. 학생 시절에 미납하는 사람도 있지만, 대부분은 졸업한 후에 대금을 내지 않습니다."

Baldwin: "대금 미납으로 인한 손실이 얼마나 됩니까?"

Davis: "어떤 사람은 재학 중에, 어떤 사람은 졸업 후에 대금을 내지 않기 때문에 각각의 경우가 좀 다릅니다. 또 환수한 다음, 재판매가 가능하도록 수선하는 비용도 발생합니다. 컴퓨터를 환수할 수 없는 경우도 많습니다. 우리 데이터에 의하면, 미납자 1인당 평균 손실액은 $1,200입니다. 한편, 대금 완납자 1인당 평균 이익은 $750입니다. 전체적으로 볼 때 손익분기 정도를 하고 있습니다."

Grimes: "Davis, 이 프로그램에 대하여 대상 학생의 자격심사제도 같은 것도 생각해봤어요? 은행의 대출심사 같은 것 말입니다."

Davis: "처음에는 그렇게 할까도 생각해 보았는데, 그렇게 할 만큼, 즉 학생들의 신용도를 평가할 만한 충분한 정보가 있다고 믿기지 않았거든요. 물론 신청서에는 학년, 학점 평점, 직장 경력, 장학금 수혜, 학비의 얼마를 스스로 벌어서 충당하는가 등 얻을 수 있는 정보는 모두 기록하도록 하고 있습니다. 그러나 이러한 정보가 학생을 선별하는 데 크게 쓸모가 있다고는 생각하지 않습니다."

Grimes: "오늘 이러한 문제에 대한 토론이 있을 것 같아서, 지난주에 통계를 잘 아는 제 직원에게 그런 데이터를 좀 살펴보라고 했습니다. 그 직원이, 학생 신청자로부터 지금까지 입수한 정보에 근거해서 '선별 테스트'를 작성했어요. 어떤 학생에게 판매할 것인가를 좀 더 신중하게 선별하면 이 프로그램의 수익성을 높일 수도 있을 겁니다."

Davis: "우리가 갖고 있는 데이터, 즉 완납하였는지 미납하였는지를 아는 데이터에 그 직원이 만든 '선별 테스트'를 적용해 보면 알 수 있겠지요."

Baldwin: "두 사람 다 이 문제에 대하여 좀 더 시간을 들여 조사해 보도록 하고, 다음 주에 나한테 보고하도록 합시다. 그 때는 이 프로그램을 계속할 것인지, 계속한다면 지금대로 계속할 것인지 아니면 제안된 '선별 테스트'를 이용해서 할 것인지를 분명히 합시다. 이런 결정에 충분한 증거 자료를 준비하도록 하세요."

과제

Ben Davis와 Teresa Grimes는 이 프로그램과 연관된 데이터를 분석해서 Baldwin 사장에게 보고해야 한다. 필요한 데이터는 파일 **BALDWIN**에 있다. 이 데이터에 대한 설명은 아래의 '데이터에 대한 설명'에 있다. 이 데이터와 사례에서 제공된 다른 정보를 이용하여 Ben Davis와 Teresa Grimes가 학생판매 프로그램을 적절히 평가하고, 직원이 제안한 '선별 테스트'가 쓸모가 있는가를 판단할 수 있게 도우라. 이 사례의 끝에 있는 질문이 데이터를 분석하는 데 도움이 될 것이다.

데이터에 대한 설명

데이터 파일 **BALDWIN**에는 완납자와 미납자를 불문하고, 이 프로그램에 참여한 모든 (졸업하고 최소한 2년 직장을 갖고 있는) 학생에 관한 데이터가 있다. 데이터의 일부가 아래에 제시되어 있다.

학생	학교	채무이행	시기	점수
6,547	1	1	1	64
4,503	2	0	0	58
1,219	2	0	0	52
9,843	4	1	0	56
6,807	1	0	0	47
6,386	4	0	0	58
⋮	⋮	⋮	⋮	⋮

이 데이터는 다음과 같이 표시된다.

학생: 학생을 확인하기 위한 거래 번호.
학교: 학생이 다녔던 대학.
채무이행: 채무불이행(즉 미납)이면 1, 완납이면 0.
시기: 졸업 전의 채무불이행이면 1, 졸업 후의 채무불이행이면 0.
점수: 학생의 신청 서류에 있는 정보에 대한 '선별 테스트'의 점수.

1. 대금을 완납한 학생에 대하여 '선별 테스트' 점수의 적절한 기술통계를 작성하라. 특히 평균과 세 번째

사분위수가 포함되도록 하라. 채무불이행 학생에 대해서도 똑같이 하고 결과를 비교하라. 완납한 학생의 평균 점수가 더 높은가?

2. 완납한 학생에 대한 기술통계에서, 세 번째 사분위수를 확인하고 의미를 해석하라. 만일 이 값이 컴퓨터 구매를 허용하는 최저치로 사용된다면, 완납한 학생 중의 몇 %가 컴퓨터를 구매할 수 없었겠는가? 이렇게 높은 수치를 최저 허용값으로 사용하는 것이 적절한지에 대하여 설명하라.
3. 점그래프를 서로 마주 붙여 그리고, 완납한 학생과 그렇지 않은 학생의 점수를 비교하라. 완납한 학생의 점그래프가 더 오른쪽으로 이동되어 나타나는가?
4. 이러한 결과를 종합해 볼 때, '선별 테스트'가 학생의 채무불이행 가능성을 예측하는 데 유용할 수 있다고 생각하는가?

눈으로 보는 통계

애플릿 1: 데이터 하나가 중앙값에 미치는 영향

주거지역을 통과하는 9대 차량의 속도가 아래의 점으로 나타나 있다. 이 중 8개는 고정되어 있고, 초록색인 점 하나는 변화시킬 수 있다. 9번째 차량의 속도를 나타내는 초록 점을 클릭해서 위 아래로 움직이면, 그림의 맨 윗줄에 나타나는 중앙값도 변화하는 것을 볼 수 있다.

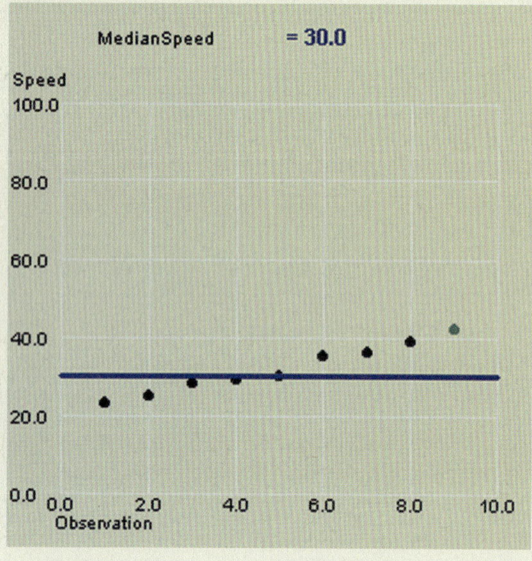

애플릿 과제

1.1 맨 오른 쪽의 초록 점을 클릭해서 속도를 40 mph가 되도록 하라. 중앙값은 얼마인가?

1.2 맨 오른 쪽의 초록 점을 클릭해서 속도를 40 mph가 아니고 100mph가 되도록 하라. 중앙값에 미치는 영향은 무엇인가?

1.3 9번째 차량의 속도를 변화시켜서 얻을 수 있는 중앙값의 최대치와 최소치를 구하라.

1.4 9번째 차가 제트 엔진을 부착한 초음속 차량이라고 가정하고 속도가 1000 mph라 하자. 애플릿에는 나타날 수 없는 속도이지만, 이 경우 중앙값은 얼마가 될까? 평균의 대략적인 값은? 이런 극단적인 값에 의하여 더 영향을 받는 측도는 어느 것인가?

http://www.cengage.com/international 에서 **Applets**을 해보라.

애플릿 2: 표본추출

이 애플릿에서는 산점도 아래에 있는 조절 막대를 움직여서 산점도를 다시 배열할 수가 있다. 막대를 움직이면 선형관계가 더 강해지거나 약해지도록 데이터의 위치가 변하고, 이렇게 변한 데이터에 최적인 직선과 상관관계가 나타난다. 또한 'Switch Sign'을 클릭해서 관계를 반대로 만들 수도 있다.

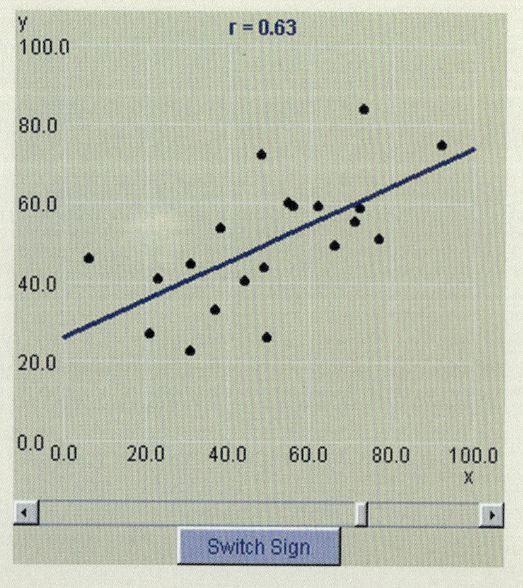

애플릿 과제

2.1 조절 막대를 이용해서 최적 직선이 수평이 되도록 하라. 이 때 상관계수는 얼마인가?

2.2 조절 막대를 이용해서 상관계수가 1.0이 되도록 하라. 이 때 최적 직선과 데이터의 모양을 말하라.

2.3 조절 막대를 이용해서 상관계수가 0.60에 가능한 가깝게 하라. 이 때 최적 직선과 데이터의 모양 사이의 관계는 어떠한지를 말하라.

2.4 'Switch Sign'을 클릭한 다음, 최적 직선과 데이터의 모양 사이의 관계가 어떻게 변하였는지를 말하라.

2.5 조절 막대를 맨 왼쪽 자리에서 오른쪽 끝으로 점차 움직여 갈 때, 최적 직선과 데이터의 모양이 어떻게 변하는지를 말하라.

CHAPTER

4 데이터 수집과 표본추출 방법

Data Collection and Sampling Methods

미국 인구조사: 광범위하고 비용이 많이 들지만, 그래도 누락되는 숫자가 많다

1790년부터 10년 주기로 미국에서는 인구조사가 행해진다. 헌법의 규정에 의하여 행해지는 인구조사 결과는, 미국 하원의원의 숫자를 조정하거나 주 또는 지방정부가 선거구를 조정하고, 1.3조 달러 이상 되는 연방지원금을 향후 10년간 지방 정부에 배분하는데 기본 자료가 된다. 또한 인구조사결과는 공공 보건, 교육, 노약자 지원, 교통 등 중요한 결정에 사용된다. Bureau of Census는 2010년도 조사에, 1,400억 달러 이상의 비용과 약 1,400,000명의 인원을 사용하였다. 이 인원은 New Hampshire 주 인구보다 많다.

이러한 막대한 노력에도 불구하고, 누락되는 사람이 많다. 2000년 조사의 경우 대략 5백만 정도의 사람이 누락되었다고 추정되며, 누락된 사람들은 주로 흑인, 멕시코계, 불법 체류자, 가난한 사람들이다. 누락된 사람이 많은 주는 상대적으로 적은 연방 기금을 할당 받고, 정치적으로도 적은 숫자로 대표된다.

인구조사를 보다 정확하게 하기 위하여 Bureau of the Census는 이 장에서 설명하는 표본접근 방법을 부분적으로 사용하고 인터넷에 의한 조사도 한다. 인구조사 방법이 더 정확하게 변경되면 누락된 숫자가 많았던 California나 Texas 같은 주는 혜택을 보게 되고, 반면 Alabama, Pennsylvania 등의 다른 주는 혜택이 줄어들게 된다. 각 주를 대표하는 의원의 비율이나 기금의 배분이 달라지듯이 인구조사 방법은 각 주의 운명에 지대한 영향을 미친다.

출처: Haya El Nasser, "For 2010 Census, Counting Gets Tougher," usatoday.com, June 27, 2009.

학습목표

- 경영 조사연구의 유형과 목적을 기술한다.
- 기본자료(primary data)와 이차자료(secondary data)의 차이를 설명한다.
- 조사연구가 어떻게 수행되는지를 설명한다.
- 조사연구에서의 주요 오류의 원인을 논의한다.
- 조사연구의 실험적(experimental) 및 관측적(observational) 접근방법을 설명한다.
- 내부(internal) 및 외부(external)의 이차자료와 각각의 소스를 구별하고 확인한다.
- 데이터 웨어하우스와 데이터 마이닝의 중요성을 이해한다.
- 표본이 왜 전수조사보다 더 실용적인가를 설명한다.
- 표본추출에서의 확률적 접근방법과 비확률적 접근방법의 차이와 어떠한 경우에 각 방법이 적절한가를 이해한다.
- 표집오차(sampling error)와 비표집오차(nonsampling error)를 구별한다.
- 표집오차를 추정하기 위해서는 확률표본(probability sample)이 필요하다는 것을 이해한다.

4.1 머리말

통계는 (1) 경영에 필요한 중요한 정보를 표현하는 도구로도 사용되고, (2) 표본조사 결과를 이용하여 모집단에 대한 결론을 이끌어내는 추론의 도구로도 사용된다. 이런 목적으로 통계를 사용하려면, 데이터가 필요한데 이런 데이터는 여러 다양한 소스로부터 수집될 수 있다. 이 책에서 소개하는 여러 가지 통계적 기법은 좋은 데이터가 없으면 소용이 없다.

이 장에서는 통계 데이터를 수집하는 대표적인 기법을 소개할 것이다. 소개되는 경영조사연구 기법은 초보적 수준의 것이지만, 이 책이나 경영 또는 언론에서 사용되는 데이터가 어디서 어떤 과정을 거쳐 수집된 것인가를 충분히 이해할 수 있게 된다. 표본의 중요성과 경영연구에서 사용되는 표본추출의 방법도 설명할 것이다.

4.2 조사연구의 기초

조사의 유형

경영조사연구는 목적에 따라 탐색적(exploratory) 조사, 기술(descriptive)조사, 인과(causal)조사, 예측(predictive)조사로 구분할 수 있다.

탐색적 조사

조사연구의 시작 단계에서 하는 **탐색적 조사**는 어떤 상황의 문제인가를 파악하고 중요한 변수를 확인하여 이 후의 조사연구에서 이러한 변수를 이용하여 가설을 구성하고 테스트할 수 있게 하여 준다. 가설은, 예를 들면 "작업자 A와 B의 위치를 바꾸면 생산성이 증가할 것이다" 같이 변수나 변수 간의 관계에 대하여 서술한 내용을 말한다. 이러한 가설은 옳지 않을 수도 있지만, 두 작업자의 위치를 바꾸어서 작업한 기간 동안의 표본 데이터를 수집하여 검증을 할 수 있기 때문에 유용하다.

탐색적 조사는 질적인 성격을 가질 수도 있다. 이런 방법 중 하나가, 사회자가 소수의 사람을 모아놓고 주제에 대하여 토론하도록 이끌고, 이를 한쪽에서만 볼 수 있는 거울 뒤에서 관찰하는 **초점그룹면접**(*focus group interview*)이다. U.S. Environmental Protection Agency는 사람들이 마시는 물에 대하여 어떻게 생각하고 무엇을 알고 있는가를 파악하기 위하여 이런 방법을 사용하였다. 그 결과 사람들이 식용수 제조회사를 믿지 못하고 식용수에 오염물질이 포함되어 있을 가능성이 있다고 생각하지만 구체적으로 어떤 오염물질이 포함되어 있을 수 있는가는 알지 못한다는 것을 알게 되었다.[1]

기술조사

이름에서 알 수 있듯이, **기술조사**는 어떤 것에 대하여 기술하는 것이 목적이다. 예를 들면, 1가구 주택의 평균 크기가 1970년에는 1,500평방피트였던 것이 2004년에는 2,400평방피트로 증가하였다고 하는 National Association of Home Builders의 조사 같은 것이다.[2]

인과조사

인과조사는 한 변수가 다른 변수에 영향을 미치는가를 결정하기 위한 것이다. 2002년 일본의 수기나미 시에서는 1,710건의 가택 침입 범죄가 있었다. 몇 년 후 시의 주민으로 이루어진 자경단은 도로 쪽 창문에 화분이 있는 거리에서는 도난 범죄가 상대적으로 적게 발생한다는 것을 관찰하게 되었고, '화분 작전'을 전개한 결과 2008년에는 범죄건수가 80%나 감소하였다. 시의 관리인 Kiyotaka Ohyagi씨는 "길 쪽으로 놓여진 화분을 관리하고 물을 주기 위하여 시민들이 도로 쪽 감시를 더하게 되기 때문"이었다고 말한다. 수기나미 시에서는 꽃의 힘이 전혀 새로운 의미를 갖게 되었다.[3]

통계적 방법만으로 인과관계가 결정되는 것은 아니라는 점을 주의해야 한다. 양적 정보와 함께 인과관계를 성립시키는 논리가 제공되어야 한다. 수기나미 시의 화분 작전의 경우, 인과관계가 반대방향(즉, 낮은 도난 범죄율이 더 많은 꽃을 자라게 하였다는 것)으로 성립할 수 없는 것은 분명하다. 그러나 화분 수의 증가 말고도 다른(예, 자경단 참가자의 증가, 경찰의 순찰 증가, 보안 카메라의 증가 등의) 변수의 영향이 있었을 가능성도 고려해야 한다.

예측조사

미래에 발생될 수 있는 상황이나 값을 예측하는 것이 **예측조사**이다. 흔한 예가 미

[1] "Consumer Feedback Focus Group Results," U.S. Environmental Protection Agency, epa.gov, July 25, 2006.

[2] David Struckey and Robert W. Ahrens, "The Swelling Dwelling," *USA Today*, April 10, 2006, p. 1A.

[3] "Tokyo Residents Fight Burglars with Flower Power," reuters.com, June 11, 2009.

래 매출에 관한 예측이다. 예측이 항상 정확하게 이루어지는 것은 아니다. 1984년에 Semiconductor Industry Association은 1985년 매출이 22% 증가할 것이라고 예측하였다. 그러나 실제 매출액은 오히려 17% 감소하였다.[4] 어떤 예측이든지 예측한 값과 실제 값 사이에는 오차가 있게 마련이다. 좋은 예측모델을 사용하면 이런 오차가 그렇지 않은 모델을 사용하는 경우보다 일관성 있게 작아진다.

조사연구 과정

조사연구의 시작은 문제 또는 의문 사항을 조사연구에 의하여 밝힐 수 있도록 명확하게 정의하는 것이다. 중요한 변수를 확인하고 정의하여야 한다. 조사연구 과정은 (1) 문제의 정의, (2) 수집되어야 하는 데이터 종류의 결정, (3) 데이터 수집 방법의 결정, (4) 표본 선택을 포함한 데이터 수집 계획의 작성, (5) 데이터의 수집과 분석, (6) 결론의 도출과 보고, (7) 조사결과를 사용하는 의사결정에 대한 확인으로 이루어진다.

일차 및 이차 데이터

통계 데이터는 여러 가지로 구분될 수 있다. **일차 데이터**(primary data)는 연구조사자에 의하여 직접 수집된 데이터를 말한다. 이 장 4.3의 조사연구(survey research), 4.4의 실험(experimentation)과 관측연구(observational research)는 가장 널리 쓰이는 일차 데이터 수집 방법이다.

이차 데이터(secondary data)는 연구조사자의 문제와는 다른 목적으로 다른 사람에 의하여 수집된 데이터이다. 이차 데이터는 데이터를 수집한 사람이 연구조사자와 같은 기관에 있는 사람인가 아닌가에 따라 다시 **내부** 또는 **외부 데이터**로 나누어진다. 이차 데이터를 구할 수 있는 여러 가지 소스를 4.5에서 보게 될 것이다.

연습문제

4.1 일차 데이터와 이차 데이터의 차이는 무엇인가? 내부 이차 데이터와 외부 이차 데이터의 차이는 무엇인가?

4.2 미국 가정의 60%가 케이블 TV를 갖고 있다는 조사보고가 있다. 전자제품 회사의 사장이 이 보고서의 부분을 오려서 "Cable TV 데이터" 파일에 첨부하였다. 이 정보는 일차 데이터인가? 이차 데이터인가?

4.3 제약회사가 연말 보고에서 처방 없이 판매되는 약품의 판매가 48.1%였다고 보고하였다.

a. 이 기업에게 이 정보는 일차 데이터인가? 아니면 이차 데이터인가?

b. 경쟁자에게 이 정보는 어떤 종류의 데이터인가?

4.4 대학 주변에 있는 아파트 빌딩의 주인이 휴게실에 대형 칼라 TV를 설치하려고 한다. 아래의 정보가 일차 또는 이차 데이터인가를 말하라.

a. 대형 칼라 TV와 당구대 중 어떤 것을 원하는지 현 입주자를 상대로 주인이 면담을 한다.

b. *Newsweek* 잡지에서, 대학 기숙사와 아파트에서 발생되는 기물 파괴에 대한 기사를 읽게 된다.

c. 한 주민이 주인에게 많은 입주자가 대형 칼라 TV를 설치하는 것에 대하여 기대가 크다고 말한다.

[4] 출처: Otis Port, "A Rosy Forecast for Chips Has Skeptics Hooting," *BusinessWeek*, October 14, 1985, p. 104.

4.3 설문조사연구

설문조사연구(survey research)에서는 표본에 속한 사람들과의 커뮤니케이션을 통해 얻어진 결과를 모집단의 특성에 대하여 일반화한다. 전 세계적으로 매년 대략 200억 달러가 설문조사연구에 소비된다고 추정된다.[5]

설문조사의 유형

우편조사

우편조사에서는 반송용 봉투와 함께 설문지를 응답자에게 우편으로 보낸다. 이 때 누가 왜 이런 조사를 하고, 응답자의 응답이 왜 중요한가를 간단하고 읽기 쉽게 설명하는 편지가 동봉된다.

개별면담

개별면담은 면담자가 면담 대상자를 상대로 개별적으로 질문을 하고 대화를 이끌어서 필요한 답변을 얻어내는 것이다. 개별면담은 다른 방법에 비하여 상대적으로 비용이 많이 들지만, 질문을 충분히 설명하고, 필요한 경우 더 자세한 추가적 질문을 할 수 있으며, 설계된 측도보다 더 적절한 측도로 응답을 표시할 수도 있다. 예를 들면, 설문에 대한 응답 말고도 성별, 연령, 신체적 특성, 입고 있는 의상의 유형 등을 면담자가 기록할 수도 있다.

전화면담

전화면담은 개별면담과 비슷하나 전화를 사용하여 면담한다는 점이 다르다. 전화면담은 특히, 면담하는 순간에 응답자가 무엇을 하고 있는가에(예, 어떤 TV프로를 시청하고 있는가) 관한 정보를 수집할 때 유용하다. 또한 전화면담을 사용하면 조사를 빠른 기간 안에 마칠 수 있다.

설문지 설계

자료수집도구(*data collection instrument*)라고도 부르는 **설문지**는 응답자에 의하여 직접, 또는 면담자에 의하여 기록된다. 설문지에는 (1) 여러 개의 답 중에 하나를 고르는 **선다형(multiple choice)**, (2) '그렇다' 와 '그렇지 않다' 같이 두 개의 답변 중에 하나를 고르는 **양자택일형(dichotomous)**, (3) 원하는 대답을 마음대로 할 수 있는 **자유응답형(open-ended)**의 세 가지 질문이 사용된다.

선다형이나 양자택일형의 질문은 구성하기가 어렵지만 데이터의 입력과 분석은 상대적으로 쉽다. 자유응답형의 경우에는 짧은 질문에 긴 답변이 있을 수 있기 때문에 데이터의 입력과 분석이 상대적으로 어렵지만 자신의 감정, 의견, 또는 행동을 충분히 설명할 수 있는 기회를 주기 때문에 탐색적 조사과정에서 특히 유용하다.

[5] 출처: "Top 25 Research Companies Maintain Position in 2003," esomar.org, July 25, 2006.

질문을 적절한 어휘에 의하여 정확히 표현해야 하지만, 이렇게 하기가 쉽지 않다. (1) 조사 대상자에 맞지 않는 언어가 사용되거나, (2) 조사자가 의도하지 않은 관점에서 응답을 하거나, (3) 응답을 유도하거나 응답에 영향을 미치는 단어가 포함되거나, (4) 미묘한 주제를 포함하고 있어서 응답을 꺼리게 하거나 하는 등의 여러 가지 문제가 발생할 수 있다. 각각의 경우의 예를 들면 다음과 같다.

- **조사 대상자에 맞지 않는 언어**

  서투른 표현: "지난 한달 동안 상업적 영상 오락의 후원 고객인 적이 있습니까(Have you patronized a commercial source of cinematic entertainment within the past month)?"

  문제: 대부분의 응답자가 이해하기 쉽지 않은 어려운 단어로 표현되었다.

  개선된 표현: "지난 한달 동안 영화를 보러 영화관에 가신적이 있습니까(Have you gone to a movie within the past month)?"

- **관점의 혼동**

  서투른 표현: "일년 전보다 현재 더 좋은 상태에 있습니까(Are you in better shape than you were a year ago)?"

  문제: 'shape' 은 물리적, 재무적 또는 감정적인 것으로 해석될 수 있는데 어떤 것을 의미하는지 명확하지 않다.

  개선된 표현: "일년 전보다 지금 더 몸이 건강해졌습니까(Are you in better physical condition than you were a year ago)?"

- **유도적 단어 또는 구절**

  서투른 표현: "학교, 병원, 공공 서비스의 질을 향상시키기 위하여 세금을 인상하는 것에 동의하십니까(To help maintain the quality of our schools, hospitals, and public services, do you agree that taxes should be increased next year)?"

  문제: 학교나 병원, 공적 서비스 등의 단어는 감정적인 반응을 일으킬 수 있다. 또한 "do you agree"는 agree해야 한다는 암시로 받아들여질 수 있다.

  개선된 표현: "내년에 세금을 인상하는 것을 지지하십니까(Do you support an increase in taxes next year)?"

- **미묘한 주제**

  서투른 표현: "지난 해에 얼마나 버셨습니까(How much money did you make last year)?"

  문제: 응답자가 제공하기를 꺼려하는 구체적이고 개인적인 정보를 노골적으로 묻는 질문이다.

  개선된 표현: "지난 해 당신의 수입은 다음 중 어디에 해당합니까(Which of the following categories best describes your income last year)?"

[ ] $20,000 미만 [ ] $60,000~$79,999
[ ] $20,000~$39,999 [ ] $80,000~$99,999
[ ] $40,000~$59,999 [ ] $100,000 이상

설문지를 설계할 때 부딪치는 많은 문제 중의 일부를 소개하였다. 구성된 설문지를 사용하여 표본과 유사한 소수의 사람들을 대상으로 조사자가 직접 설문지 응답을 관장하고 설문지 문항에 문제가 없는가를 찾아내는 예비 시험조사를 수행하면, 이러한 문제들을 방지할 수가 있다.

설문조사연구에서 표본추출시 고려할 점

이 장에서 설명하는 표본추출 방법은 조사연구에 즉각적으로 사용될 수 있다. 이 장의 4.7에서 설명하겠지만, 표본의 결과를 이용하여 모집단에 관한 추론을 하려면, **확률표본**(*probability sample*: 각각의 모집단 구성원이 표본으로 선택될 확률을 알거나 계산할 수 있는 경우)이 필요하다.

전화면담의 두 가지 문제는 전화번호부에 실려 있지 않은 전화와 휴대폰만을 갖고 있는 가구이다. 미국의 경우 약 16%의 가정이 휴대폰만을 갖고 있고, 유선전화 가입자의 약 1/3이 번호를 전화번호부에 공개하지 않는다. 지역에 따라서는 이 비율이 60%에 이를 정도로 높다. 번호가 공개되지 않거나 휴대폰만을 갖고 있는 가정은 그렇지 않은 가정과는 다른 특성을 가지고 있을 수 있다. 연구된 바에 의하면, 전화번호를 공개하지 않는 가정은 주로 도시에 있고 젊거나 가난하며, 이동성이 큰 가정이다.[6]

임의번호전화(*random digit dialing*)는 전화번호부에 없는 사람들의 문제를 해결하기 위하여 개발된 기법이다. 이 방법에서는 전화번호 끝의 최소한 4자리 숫자가 컴퓨터나 난수표(random number table)에 의하여 임의로 선택된다. 조사가 전국을 대상으로 하는 것이면, 지역이나 국 번호도 임의로 선택될 수 있다. 임의로 선택된 전화번호를 사용하면, 전화번호부에 없는 사람들도 표본에 포함된다.

수천 개의 표본 데이터를 이용하여 수백만의 구성원을 갖고 있는 모집단에 대한 추론을 하려면, 표본의 선택이 정확하고 엄밀하게 이루어져야 한다. 따라서 조사연구에 필요한 표본추출만 전문으로 하는 기업도 있다. Survey Sampling, Inc.가 이런 기업인데, 이 회사는 자신이 보유한 Random Digit Sampling Database로부터 임의로 선택한 수백만 개의 전화번호를 연구조사 기관에 제공한다. 한번 사용된 전화번호는 자동적으로 6개월간 삭제된다. 이렇게 하는 이유는 더 협조적으로 응답할 수 있는 새로운 사람이 응답자로 선택되도록 하기 위한 것이다.[7]

어떠한 인구에 대해서도 우편면담을 위한 주소는 쉽게 구할 수 있다. 예를 들면, infoUSA는 전국의 위치와 업종에 의하여 분류된 1천 4백만 업소에 관한 데이터베이스를 갖고 있다. 예로, 20,338개의 스포츠 제품 소매상이나 22,114군데의 일광

[6] 출처: surveysampling.com, June 28, 2009.
[7] Ibid.

욕 업소, 또는 13,509개의 건물 벽 설치 업체 등에 대한 임의 표본을 원하는 경우, 이 업체로부터 주소가 프린트된 우송용 레이블까지 제공받을 수 있다.[8]

이렇게 주뿐만 아니라 카운티 같이 작은 지역에 대해서도 전체 명단이나 표본을 작성할 수 있다. 이러한 표본 작성이 유용한 이유 중의 하나는 **편집 명단**(*compiled list*) 또는 응답 명단(*response list*)으로 구분된 명단으로부터 표본을 추출할 수 있다는 것이다. 이 둘의 차이는 다음과 같다.

편집 명단(compiled list) (1) 의사, (2) 주택소유자, (3) 개인 컴퓨터 소유자, (4) Pennsylvania 의 West-moreland 카운티에 사는 거주자 등과 같이, 서로 유사한 기업이나 사람으로 이루어진 표본을 말한다. 특별히 해야 하는 일이나 행동이 없이 수동적으로 편집명단에 포함된다.

응답 명단(pesponse list) (1) PC 잡지를 구독하거나, (2) 그린피스에 기부를 하거나, (3) 우편주문 캐털로그에서 물건을 사거나, (4) American Express 신용카드를 신청하거나 하는 경우처럼, 특별한 행동이나 선택을 한 사람이나 기업으로 이루어진 표본을 말한다.

조사연구의 오차

조사연구에서는 여러 가지 종류의 오차가 발생될 수 있다. 따라서 이러한 조사연구 결과를 사용할 때는 조심해야 한다. 이러한 오차에는 표집오차, 응답(또는 반응)오차, 무응답오차가 있다. **표집오차(sampling error)**는 임의오차(random error)이며, 이러한 오차를 갖고 있는 측정치가 너무 클 가능성은 너무 작을 가능성과 같기 때문에 무방향(nondirectional) 또는 **비계통(nonsystematic)** 오차라고도 한다. 반면 **응답오차**(response error)나 **무응답오차**(nonresponse error)는 방향성이 있고 **계통적(systematic)**인 오차이다.

표집오차

모집단에 대하여 전수조사를 하지 않고 표본을 이용하였기 때문에 발생되는 오차이다. 단순임의표본을 사용하였다면, 9장에서 설명하는 방법을 이용하여 모수와 표본통계량 사이의 오차의 크기를 측정할 수가 있다. 9장에서 소개하는 방법을 이용하면 표본의 결과가 일정한 오차 이내에서 얻어지도록 표본의 크기를 결정할 수 있다.

응답오차

응답자 중에는 소득을 부풀리거나, 나이를 낮추거나, 그럴싸하다고 생각하는 대답을 하는 등 솔직하지 않은 응답을 하는 사람이 있다. "상점에서 물건을 훔치는 행위는 불법일 뿐만 아니라, 모두가 지불해야 하는 가격을 증가시킨다. 상점에서 물건을 훔친 적이 있는가?"와 같이 편향된 질문은 응답오차를 더 크게 한다.

[8] 출처: infousa.com, June 28, 2009.

무응답오차

응답 대상자 전원이 설문지를 반송해 주지는 않는다. 이런 무응답이 고르게 일어난다면 별 문제가 없지만, 문제는 응답자와 무응답자가 다른 종류의 사람일 경우이다. 예를 들어, 셰익스피어 작품에 친숙한 정도를 확인하기 위하여 설문조사를 한다면, 교육 수준이 낮거나 이 작가에 대하여 별로 관심이 없는 사람들이 응답을 하지 않는 사람일 가능성이 높다. 따라서 이 작가에 대한 실제보다 훨씬 더 큰 관심이 측정될 것이다.

연습문제

4.5 조사연구의 주 접근 방법에는 어떠한 것이 있나?

4.6 일반 성인의 수준을 넘는 어려운 말로 표현된 설문지 질문의 예를 하나 들어라.

4.7 질문 "적색 신호를 무시하고 주행하여 법을 위반하거나 다른 사람의 생명을 위험하게 한 적이 있습니까(Have you ever broken the law and endan-gered the lives of others by running a red light)?"에 대하여 문제점을 말하라.

4.8 임의번호전화(random digit dialing)는 무엇이고, 왜 사용되는가?

4.9 편집 명단은 응답 명단과 어떻게 다른가?

4.10 표본오차, 응답오차, 무응답오차는 어떻게 다른가?

4.11 Kellogg사의 Frosted Flakes를 구매한 적이 있다고 응답한 사람 중에 단지 33%만이 실제로 구매한 적이 있다는 것이 밝혀졌다. 이것은 연구조사의 어떤 오차인가?

4.12 우편조사의 응답률을 높이기 위하여, 때로는 현금이나 다른 형태의 사례품을 설문지와 함께 보내는 경우가 있다. 너무 많은 사례(예, 짧은 설문지에 대하여 $20의 사례)가 응답 내용에 영향을 미치는 경우가 있을 수 있겠는가? 그렇다면, 실제적 또는 가상적 예를 하나 제시하라.

4.13 PDA를 생산하는 업체가 두 가지 시제품을 만들었다. 어떤 제품이 더 사용하기 편리한가를 알고자 한다면, 이 장에서 설명한 조사방법 중 사용하지 않을 조사방법은 어느 것인가?

4.4 실험과 관측 연구

실험

실험(experimentation)의 목적은 변수 사이의 원인과 결과를 밝히는 것이다. 실험에서는 (1) 처리(treatment)라고 불리는 **독립변수**와 (2) 측정(measurement)이라고 하는 **종속변수**의 두 가지 변수가 있다.

또한 실험에는 포함되지 않았지만 실험에 영향을 미치는 **외생**(*extraneous*)변수를 고려하여야 한다. 처리를 받게 되는 사람이나 대상은 **실험집단**(experimental group)에 속한다고 하고, 처리를 받지 않는 대상은 **통제집단**(*control* group)에 속한다고 한다. 우리는 독립변수는 T로, 종속변수의 측정치는 O로 표현할 것이다.

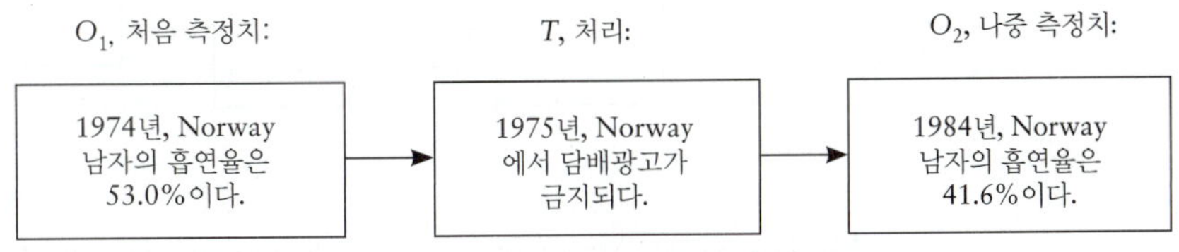

실험의 평가에서는, 내적 타당성(internal validity)과 외적 타당성(external validity)이 모두 고려되어야 한다. Norway의 담배광고 금지와 관련하여 두 가지 타당성을 설명한다.[9]

내적 타당성

내적 타당성은 T가 실제로 측정치의 변화를 가져왔는가를 말한다. 즉, 담배 광고 금지가 실제로 흡연율의 감소효과를 가져왔는가? 예를 들면, 이 경우 외생변수로는 담배에 대한 세금 인상(한 갑당 $1에서 $2로), 공공서비스 홍보, 담배의 위험에 대한 광범위한 교육 노력 등이 있다.

외적 타당성

T가 측정치의 변화를 가져오는 경우에도, 이러한 결과가 다른 사람이나 조건에서도 일반화될 수 있는가를 묻는 것이 **외적 타당성**이다. 예를 들어, 미국이나 영국과 같은 다른 나라에서, 또는 1975년이 아니고 10년 또는 20년 전쯤 담배광고 금지를 했어도 같은 결과를 얻었을 것인가?

건강과 관련을 갖고 있는 기관이나 집단에 의하여, 담배가 수명에 미치는 영향에 관한 많은 연구가 수행되었다. 그러나 이런 연구에서 담배 이외의 다른 많은 변수들의 영향을 배제하는 것은 대단히 어렵다. 예를 들면, 담배를 많이 피우는 사람은 대체로 술을 많이 마시고, 강박감을 가지고 일하는 일벌레인 반면, 담배를 피우지 않는 사람은 술을 마시지 않거나 적게 마시고, 수명연장에 도움이 되는 운동이나 몸무게 등 다른 많은 요소에 신경을 많이 쓰는 사람이기 쉽다.

실험집단과 통제집단에 사람이나 대상을 임의로 배정한 후 종속변수에 대한 측정을 하도록 설계된 실험조사는 유용하다. 200명을 100명씩 임의로 배정한 예를 보자.

- 실험집단($n_1 = 100$)

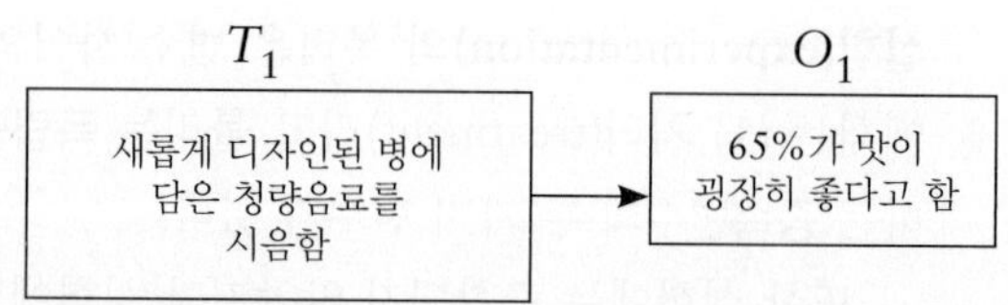

- 통제집단($n_2 = 100$)

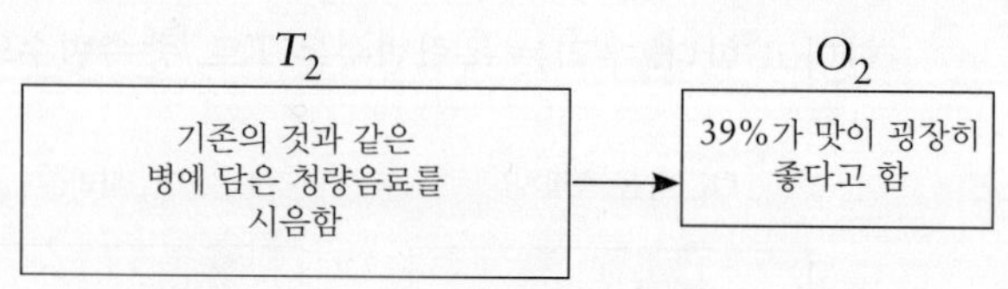

[9] 출처: Jack Burton, "Norway Up in Smoke," *Advertising Age*, April 14, 1986, p. 82.

이 결과는 새 병의 디자인이 사람들이 맛을 더 좋게 느끼는 데 영향을 미친다는 것을 보여준다. 이것은 여러 가지 실험설계 중 하나이지만, 실험집단과 통제집단이 어떻게 쓰이는가를 보여준다. 내적 타당성을 확보하기 위해서는 사람이나 대상이 실험집단과 통제집단에 임의로 할당되도록 하는 것이 최선이다. 이렇게 얻어진 결과인 65%와 39%의 차이가 의미 있는 중요한 차이인가에 대한 테스트는 11장에서 설명하는 가설 검정에 의하여 이루어진다.

관측연구

관측은 실제로 보고, 듣고, 세고 측정하는 것이다. 예를 들면, 수동적으로 고속도로 주행자를 관찰하여 속도, 교통법규 위반 또는 나이, 성별, 차량의 종류에 따른 차이 등의 변수를 측정하는 것이 관측연구이다. 좀 더 재미있는 관측연구는 관찰하려는 상황을 인위적으로 고안하는 경우이다. 예를 들면, '가짜 고객'을 고용해서 매장 판매 직원에게 특정한 문제를 제기하거나, 상품 반환을 요구하거나, 까다롭고 복잡한 요구를 하게 한 다음, 가짜 고객으로 하여금 직원으로부터 받은 대접, 회사 정책에 맞게 상황이 처리되었는가 등에 관하여 보고를 하게 하는 것이다.

조사, 실험, 관측 연구의 결과는 자주 뉴스 매체에 보도된다. 그림 4.1은 3가지 조사방법을 모두 사용한 기사를 보여준다. 이 기사에서의 조사는 고속도로에 제한 속도가 55 mph이었을 때, Transportation Research Board of the National

그림 4.1

이 신문기사는 동일한 주제(55 mph 속도제한)에 대한 세 가지 다른 종류의 조사 결과를 보고하는 특이한 기사이다. 조사연구와 관측연구 사이의 모순되는 관계를 주목하라.

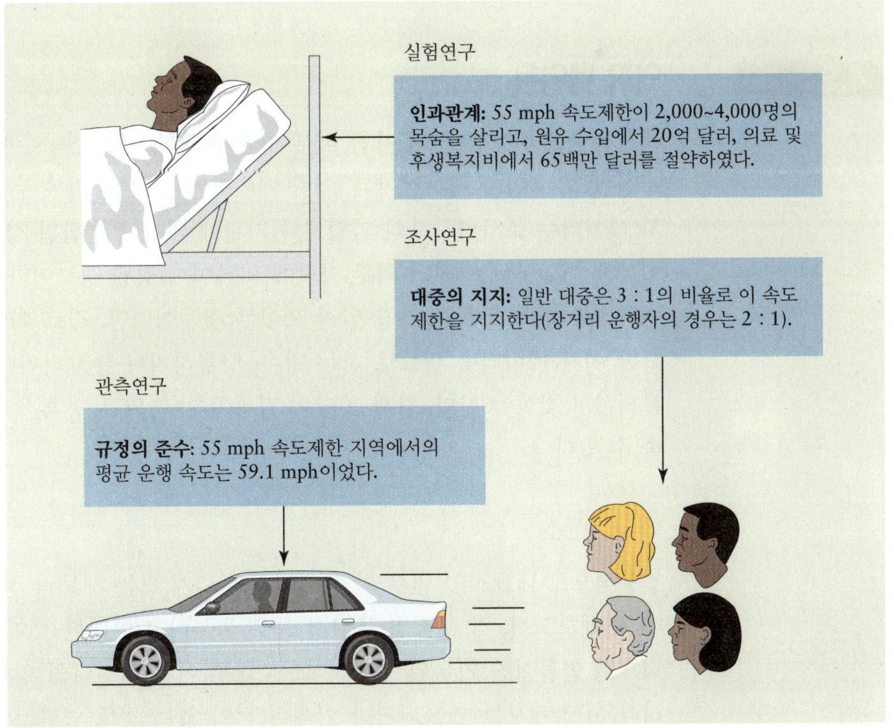

출처: Geoff Sundstrom, "Speed Limit Retention Is Favored," *Automotive News*, December 3, 1984, p. 6.

Research Council이 2년에 걸쳐서 한 조사이다. 이 조사에는 서로 약간 모순적인 결과가 포함되어 있다.

연습문제

4.14 안전벨트 착용에 금전적 보상이 미치는 영향을 조사하기 위해서, 회사 주차장에 안전벨트를 하고 들어오는 운전자에게 복권을 배부하였다. 매 주말 뽑는 복권 당첨자는 지정된 음식점에서 공짜 저녁을 먹을 수 있다. 복권을 주기 전에는 37%의 운전자가 안전벨트를 착용했는데 복권을 주기 시작한지 한 달 후에는 착용자가 57%였다.

a. 이 실험의 독립변수와 종속변수를 말하라.
b. 이 실험에 통제집단이 있는가? 있다면 누구인가?

4.15 우편조사를 하는 기업이, 한 응답자 집단에는 설문지만 보내고 다른 응답자들에게는 50센트의 보상을 함께 보냈다. 현금 보상이 있었던 집단의 응답률이 다른 응답자보다 15% 더 높았다.

a. 독립변수와 종속변수를 말하라.
b. 이 실험에 통제집단이 있는가? 있다면 누구인가?

4.16 420,000명의 남자를 대상으로 식습관을 3년에 걸쳐 조사하였다. 기름에 튀긴 음식을 먹지 않은 사람의 사망률은 100,000명당 1,208명이었다. 1주일에 15회 이상 튀긴 음식을 먹는 사람의 사망자는 단지 702명이었다. 이 두 집단의 상대적인 연령이 보고되지 않았다는 사실을 염두에 두고, 이 실험의 내적 타당성을 비판하라. (출처: "Science Finds Fried Foods Not Harmful," *Moneysworth* magazine, November 24, 1975, p. 1)

4.17 여행 중인 운전자는 식당 앞에 많은 트럭이 세워져 있으면, 값이 싸고 음식 맛이 좋은 식당이라고 생각한다. 여행하는 사람이 식사할 식당을 분별하는 데 사용할 수 있는 다른 관찰 가능한 특징은 어떤 것이 있겠는가?

4.18 여름에 도둑이 교외 주거지역을 운전하면서 관측 연구를 하는 것은 도둑질할 대상을 찾기 위한 것이다. 가족이 휴가 여행을 떠나고 없다는 것을 알려 주는 관찰 요소는 어떤 것이 있는가? 휴가를 가지 않았다고 도둑이 생각하도록 주인이 취할 수 있는 예비책은 어떤 것이 있는가?

4.5 이차 데이터

조사연구를 하는 사람이 아닌 다른 사람에 의하여 현 연구주제와는 다른 목적으로 수집된 것이 이차 데이터이다. 이차 데이터에는 내부, 외부 두 가지가 있다. **내부 이차 데이터**는 조사연구자의 기업이나 기관에 의하여 수집된 정보이다. **외부 이차 데이터**는 기업이나 조직의 외부 사람에 의하여 수집된 정보이다. 이 장에서 소개하는 이차 데이터의 소스는 가장 널리 쓰이는 것들이지만, 결코 이게 전부가 아니다. 중요한 이차 데이터를 필요로 하는 경우, 당황하거나 부끄러워하지 말고 적극적으로 문의하고 찾아야 한다. 잠깐 동안의 겸손이 이후 많은 당혹스러운 어려움을 방지해 줄 수 있다.

내부 소스

전통적으로 대표적인 내부 이차 데이터는 회계 또는 재무적 정보의 형태를 갖고 있다. 연례보고서, 각 부서별 보고서 등은 물론이고 어떠한 것이든 기업 안에서 공개적으로 만들어진 기록된 정보는 모두 내부 이차 데이터의 영역에 속한다. 뿐만 아니라 어떤 정보는 기록되거나 인쇄된 적이 없는 것도 있다. 여러 사람의 기억이나 관찰한 것을 적은 개인적인 메모의 형태로 있을 수도 있다.

외부 소스

정부 기관

연방, 주 지방 정부는 수많은 이차 데이터를 생산하여 제공한다. 특히 연방정부 상무성의 Bureau of the Census는 중요한 자료제공기관이다. U.S. Department of Com-merce가 제공하는 경영연구에 중요한 출판물은 다음과 같다.

- ***Statistical Abstract of the United States***: 매년 간행되는데, 공적 또는 사적 소스로부터 광범위하게 수집되는 사회, 경제, 정치적 데이터이다.
- ***Census of Population***: 매 10년마다 수행되는 조사로서, Bureau of the Census의 주 업무이다. 연령, 교육, 고용 등 인구의 특성과 관련된 광범위한 데이터를 구체적으로 제공한다.
- ***Census of Housing***: 매 10년마다 발표되는데, 주거 소유, 구조물의 유형, 거주자 수, 시장가격, 난방 방법, 주요 가구 등에 관한 데이터를 제공한다.
- ***Economic Censuses***: 마지막 숫자가 2와 7로 끝나는 해에 수행되는 조사로서, 소매와 도매 거래, 건설과 운송 산업, 제조업과 광업에 관한 데이터를 제공한다. 데이터는 전국적 및 세부 지역적으로 종합된다.
- ***Survey of Current Business:*** 인구, 상업, 운송 등에 관한 2,500항목의 통계데이터를 매달 제공한다.

미국 상무성의 주요 간행물 중에는 *Historical Statistics of the United States from Colonial Times to 1970, County Business Patterns, State and Metropolitan Area Data Book*과 *U.S. Industrial Outlook*이 있다. 노동부도 *Monthly Labor Review*를 통해 고용과 임금에 관한 데이터를 제공한다. 연방중앙은행(Federal Reserve System)도 금융, 산업생산, 국제무역에 관한 데이터를 포함하는 *Federal Reserve Bulletin*을 간행한다. 연방정부가 발표하는 수많은 데이터 외에도, 주나 카운티 등 지역별 정부기관에서 발표하는 데이터도 굉장히 많다.

기타 간행물

정기 간행물, 편람 등과 같은 간행물도 많다. 몇가지 예를 제시하면:

- ***Business Periodical Index***: 주제별로 분류된 경영관련 간행물에 실린 기사나 논문의 리스트로서 매월 발행된다.
- ***Reader's Guide to Periodical Literature***: *Business Periodicals Index*와 비슷한데, 경영만이 아니라 일반적인 주제에 관한 출판물을 정리한 것이다.
- ***Rand McNally Commercial Atlas and Marketing Guide***: 미국의 각 카운티와 약 120,000개의 도시와 마을에 관한 통계 데이터를 포함한다.

이외에도 (1) *New York Times Index*나 *Wall Street Journal Index*와 같은 지

수(index)나, (2) *American Demographics, Business Week, Fortune, Sales and Marketing Management, Dun's Business Month, Business Horizons, Industry Week* 등 인기 있는 정기간행물이 있다.

상업적 공급자

경영에 관한 조사연구를 전문으로 하는 기업으로부터 데이터를 구입할 수도 있다. 가장 많이 알려진 기업 중에 A. C. Nielsen Company가 있는데, 고객에게 다양한 정보를 제공한다. 주로 정기적으로 구독하는 회원으로 가입한 기업에게 이러한 정보를 제공하지만, 특수한 기업의 필요에 맞게 정보를 정리하여 제공하기도 한다.

동업자 단체

각 산업의 협회 등 동업자 단체는 자신의 산업과 연관된 데이터를 수집, 정리하여 제공한다. 어떠한 단체가 있는가는 *Encyclopedia of Associations*에서 확인할 수 있다. 특히 특정한 종류의 사기업에 관한 데이터를 원할 때는 이러한 단체가 도움이 된다. 대부분의 이러한 단체는 정기적으로 간행물을 발간하는데 정기구독을 하거나 요청을 하면 받아볼 수 있다.

데이터 웨어하우스와 데이터 마이닝

컴퓨터 기능의 향상, 대용량의 데이터 저장, 데이터 분석기법의 발달로 최근에는 **데이터 웨어하우스**(**data warehouse**)라고 하는 새로운 데이터 저장소가 대두되었다. 이것은 데이터 사이의 관계나 패턴을 확인하는 세밀한 분석을 할 수 있도록, 기업 내부와 외부의 모든 데이터를 정리하여 저장하는 데이터 저장소이다. 이러한 분석적 기법을 적용하는 과정을 **데이터 마이닝**(**data mining**)이라고 하는데, 마치 금을 얻기 위해서 엄청난 양의 광석을 체로 걸러 가는 것과 같다.

데이터 웨어하우스는 경영 의사결정과 연관이 있는 고객, 판매상, 제품, 조직 또는 환경 등에 관한 정보를 여러 출처로부터 수집하여 보유한다. 전 세계적으로 대기업의 90%가 데이터 웨어하우스를 가지고 있거나 설치하고 있는 중인 것으로 추정되며, 1994년에는 전혀 없었던 데이터 웨어하우스 시장 규모가 2000년에는 150억 달러 이상이 되었다.[10]

기술통계, 교차제표(cross tabulation), 회귀분석(regression), 상관관계 등 이 책에서 설명하는 많은 기법들이 데이터 채집의 도구로 사용된다. 그러나 이 책의 정도를 넘는 다른 기법들도 사용되는데 그 중 몇 가지 예를 들면 다음과 같다.

인자분석(***factor analysis***): 변수 사이의 관계를 확인하는 기법으로, 많은 숫자의 변수를 원래의 정보를 손상하지 않으면서 더 기본적인 의미를 갖는 적은 숫자의 새로운 변수(factor)로 축소한다.

[10] 출처: Davis, Duane, *Business Research for Decision Making* (Pacific Grove, CA: Duxbury Press, 2000), p. 355.

군집분석(*cluster analysis*): 많은 숫자의 사람이나 사물이 측도나 변수로 표현되는 경우, 군집분석은 사람이나 사물을 비슷한 종류의 것끼리 분류를 한다. 마케팅에서 군집분석이 응용되는 예 중의 하나는 시장분할(market segmentation)이라고 부르는 것으로, 소비자를 여러 집단으로 분류하는 것이다.

판별분석(*discriminant analysis*): 두 개 이상의 집단을 가장 잘 구분할 수 있는 변수를 확인하는 기법이다. 측정 또는 관찰된 변수값에 의하여 어떤 집단에 속하는가를 확인하는 데도 쓰인다.

다차원척도법(*multidimensional scaling*): 대상의 중요한 속성을 차원으로 하여 구성되는 개념적 공간의 어디에 대상이 위치하는가를 결정하여 지도로 나타내는 것을 다차원척도법이라 한다. 여러 가지 대상의 쌍을 유사성에 의하여 비교하여 얻어지는 순위에 의하여 위치가 결정된다. 다차원척도법에서는 설정된 차원의 의미가 무엇인가를 해석하는 것이 중요한 과제가 된다.

데이터 웨어하우스와 데이터 마이닝은 다양한 분야의 경영에서 유용할 수 있다. 예를 들면, 전화 회사에서 데이터 마이닝에 의하여 구성된 기술 및 예측 통계는, (1) 어떤 고객이 수익성이 있는 고객인가? (2) 통화 대기 서비스 같은 부가적인 서비스를 이용할 고객을 어떻게 분별할 것인가? (3) 왜 특정 시간대에 통화가 집중되는가? (4) 어떤 제품이나 서비스가 수익성이 가장 좋은가? 등의 문제를 해결할 수 있다.[11] 보험회사의 경우에도 어떤 보험보상 요구가 거짓인가를 판별하는 모델이 도움이 될 것이고, 투자회사의 경우에는 기업공개(IPO: initial public offering) 중 어떤 것을 맡아 해야 되고 어떤 것은 맡지 말아야 되는가를 분별할 수 있는 모형이 유용할 것이다.

데이터 마이닝 프로그램을 제공하고 기업에 도움을 주는 기업에는 SAS, SPSS, IBM 등이 있다. 예를 들면, 영국에서 가장 큰 맥주 수출회사인 Bass Export은 IBM의 Intelligent Miner™라는 프로그램을 사용한다. Bass의 경영자인 Mike Fisher는, "매주 우리는 23,000명의 고객에게 제품을 배송한다. 우리 사업에서는 각 고객의 구입 습관, 수익성, 제품별 수익성을 파악하는 것이 대단히 중요하다"고 말한다.[12] 재무에 관한 뉴스와 정보를 제공하는 대표적 기업인 Reuters는 SPSS의 Clementine이라는 프로그램을 사용하여, 전 세계로부터 수집되는 엄청난 양의 데이터를 편집하여 보고할 때 발생되는 오류의 비율을 줄이는 모델을 개발하였다.[13]

인터넷 데이터 소스

상업적인 것도 있지만 대부분이 무료인 수천 개의 데이터베이스 서비스가 PC 사용자에게 통계 데이터나 목록을 제공한다. 어떤 데이터가 사용 가능한 것인지는 당신이 사용하는 인터넷 사업자, 웹 브라우저, 탐색 엔진 등에 의하여 결정된다. PC와

[11] 출처: Groth, Robert, *Data Mining* (Upper Saddle River, NJ: Prentice Hall, 2000), p. 209.
[12] 출처: Groth, Robert, *Data Mining* (Upper Saddle River, NJ: Prentice Hall, 2000), p. 11.
[13] Ibid.

인터넷에 의하여 특정한 경영 상황이나 의사결정에 도움이 될 수 있는 엄청난 양의 정보를 찾을 수 있다. 저자가 7학년일 때 선생님이 "알면 알수록 모르는 게 더 많다는 것을 알게 된다. 알아야 할 것이 너무 많다는 것을 알게 되기 때문이다"라고 말했는데, 인터넷을 사용하게 된 지금 우리가 처한 상황이 이와 같다. 인터넷에 의하여 수집될 수 있는 정보를 조금만 살펴보기로 하자.

온라인 기업 소식과 연례보고서

기업의 연례보고서를 보고 싶으면, 그 기업의 웹사이트에 접속해서 '투자자를 위한 정보' 또는 그와 유사한 항목을 찾으면 된다. 여러 기업의 보고서를 보고 싶으면, annualreportservice.com 같은 곳에 접속하면 된다. 대부분의 인터넷 홈페이지에는 주식시장에 상장되어 있는 주요 회사에 대한 주가정보를 거의 실시간으로 알려주는 '오늘의 주가' 같은 부분이 있을 것이다. 이러한 곳에서는 회사나 산업에 관한 최신 뉴스도 제공한다.

온라인 이차 데이터

앞에서 소개한 이차 데이터 간행물의 대부분은 인터넷으로도 제공된다. 예를 들면, 미국 Bureau of the Census의 웹사이트(census.gov)에서 *USA Statistics in Brief*나 *Statistical Abstract of the United States*의 데이터를 찾을 수 있다. 특히 'State & County Quick Facts'는 카운티의 흥미로운 경제 및 인구 정보를 제공한다. 어떤 사이트에서도 관련 사이트로의 접속 기회를 제공하는데, Bureau of the Census는 통계기관, 주별 데이터센터, 100개가 넘는 연방정부 통계기관, 미국 상무성 등의 접속을 가능하게 한다.

무엇이든지 찾는다—경이로운 탐색 엔진

미국 TV 쇼인 *Tonight Show*의 사회자 Johnny Carson은 쇼 도중에 'Stump the band(밴드를 쩔쩔매게 하라)' 라는 프로를 하는데, 관중석에서 아무나 가상의 노래 제목을 말하면 밴드가 이 제목에 알맞은 음악을 즉흥적으로 연주하는 것이다. 밴드가 쩔쩔매건 아니건, 관중은 늘 공짜 식사권이나 선물을 받는다.

만일 '인터넷 탐색 엔진을 쩔쩔매게 하라' 는 대회가 있다면, 이 대회에서 이길 사람은 별로 없을 것이다. 우리가 찾는 주제가 얼마나 비밀스러운 것이든지 간에, Google 같은 탐색 엔진은 수많은 정보를 제공해서 목적을 달성하게 한다. 탐색 엔진을 잘 사용하는 요령은 탐색에 사용하는 단어를 잘 고르는 것이다.

다른 사람의 전문적 경험을 이용—탐색 토론 그룹

게시판(message board)이나 이익공동체(interest group)는 *Encyclopedia of Associations*에 열거되어 있는 오프라인 조직의 인터넷 판이라고 할 수 있다. 인간이 관심을 가질 수 있는 어떠한 일 또는 주제이든지 간에, 이러한 것에 깊은 지식과 경험을 갖춘 많은 사람들이 열성적으로 참여하는 공개 토론 모임을 찾을 수 있다.

생활 속의 통계 • 4.1 여론조사에 고양이라니!

여론조사를 할 때는 응답자가 대표성을 가질 수 있도록 주의해서 과학적으로 선정된다. 그러나 모든 사람의 하는 일이 그렇듯이, 여론조사도 때로는 전문적이라고 할 수 없는 방법에 의하여 이루어지는 경우가 있다. 한 여론조사 기관이 2002년부터 2004년까지의 기간에 사용한 연구조사방법에 대하여 유감스럽게도 Connecticut주 New Haven의 대배심(grand jury)에 의한 면밀한 검사를 받게 되었다. 검찰 측에 의하면, 이 기관의 주인과 매니저가 현장조사원에게 조사결과를 조작하고, 조사원이 임의로 응답을 작성해서라도 조사를 빨리 끝내고, 개나 고양이를 만나서라도 할당된 설문양을 확보하라고 지시하였다는 것이다.

출처: Noreen Gillespie, "Polling Firm Accused of Falsifying Results," *The Indians Gazette*, March 10, 2005, p. 7.

Google.com에서 'Groups'을 선택해서 관심사를 표현하는 단어를 입력하면, 이러한 그룹이 여러 개 나타날 것이다. 주의할 것은 여기에는 개인적 사생활과 연관된 문제가 있다. 당신이 토론 그룹에 참여한 경우 현재 또는 미래의 당신의 상관이 그룹에서 당신의 이름을 탐색해서 당신의 관심사 또는 인터넷에 남긴 당신의 족적을 알아낼 수 있는 것이다.

이차 데이터에 대한 평가

이차 데이터는 너무 오래 된 것이거나, 데이터의 단위나 데이터를 종합하는 방법이 현재의 연구에서 요구하는 것과는 너무 다른 것이거나, 객관적인 관점과 방법으로 수집된 것이 아니거나 해서 현재의 연구에서 필요로 하는 정보가 아닐 수 있기 때문에 주의를 해서 수집하고, 평가하고, 사용해야 한다. 이차 데이터를 사용할 때는 데이터를 수집한 기관이나 사람이 누구이고, 이들의 연구결과에 특별한 이해관계를 가지고 있는 사람이나 기관이었나를 염두에 두고 조심해야 한다. 「생활 속의 통계 4.1」은 기업이 진실을 아는 것보다 응답자를 확보하는 것에 더 관심이 많은 경우를 보여준다.

연습문제

4.19 이차 데이터는 무엇인가? 내부 이차 데이터와 외부 이차 데이터는 어떻게 다른가?

4.20 회계와 재무 정보 이외에 내부 이차 데이터의 소스에는 어떤 것이 있는가?

4.21 인터넷에서 쉽게 구할 수 있는 외부 이차 데이터에는 어떤 것이 있는가?

4.22 미국 상무성이 *Census of Population*과 *Census of Housing*에서 제공하는 정보에는 어떤 것이 있는지 간단히 설명하라.

4.23 *Encyckopedia of Association*은 무엇이며, 이 간행물이 어떻게 경영에 관한 연구조사에 유용할 수 있는가?

4.24 데이터 마이닝은 무엇이고, 기업 또는 다른 조직의 조사연구자에게 어떻게 유용할 수 있는가? 데이터 마이닝에서 사용하는 기법에는 어떤 것이 있는가?

참고: 연습문제 4.25~4.31은 컴퓨터와 인터넷을 이용하는 문제이다. 인터넷 주소가 변경된 경우에는 탐색 엔진을 이용하여 새로운 웹사이트를 찾아라.

4.25 미국 Bureau of the Census (census. gov)를 방문해서 당신이 관심을 가지고 있는 동네에 대하여 다음을 찾아라.

a. 가구 소득의 중앙값

b. 사회보장(Social security) 연금 수혜자의 숫자

c. 주민 1인당 소매 매출액

4.26 Date County, North Carolina에 대하여 문제 4.25를 다시 하라.

4.27 연례보고서를 조사해서 Coca-Cola, McDonald's, Microsoft의 최근 년도 직원 수와 이익을 찾아라.

4.28 Google.com의 message boards에서 (a)프로 스포츠 팀과 (b) 당신이 원하는 취미나 여흥과 연관이 있는 게시물을 찾아라.

4.29 웹사이트 whitepages.com을 이용하여 당신이 거주하는 주에 당신과 같은 성을 가진 사람이 몇 명이나 전화번호부 명단에 있는지를 찾으라. 당신 마을에는 Smith라는 이름의 사람이 몇 명인가?

4.30 탐색 엔진을 이용하여 (a) Saint Bernard종의 개의 수명이 나타나 있는 사이트와, (b) 효과적으로 메모를 작성하는 법에 대하여 직장인에게 조언하는 사이트를 찾아라.

4.31 탐색엔진에서 'spy equipment'라는 키워드를 이용하여, 다른 기업이나 개인을 대상으로 산업스파이를 하는 데 사용할 수 있는 하이-텍 장비를 찾아라.

4.6 표본추출의 기초

기본적인 용어 설명

다음의 용어들은 표본과 표본추출의 중요성, 표본 선정 방법의 설명에 필요한 기본 용어이다.

모집단(population) 관측되거나 측정할 수 있는 모든 원소의 집합이며, 전체집단(universe)이라고도 한다.

표본(sample) 모집단에 속한 원소 중에서 관측 또는 측정을 위하여 선택된 일부 원소.

전수조사(census) 모집단의 모든 원소에 대한 관측 또는 측정. 이 경우 표본은 모집단 전체이다.

파라미터(parameter) 모집단 평균(μ), 모집단 표준편차(σ), 모집단 비율(π) 같은 모집단의 특성.

통계량(statistic) 표본평균($\bar{x}$), 표준편차(s), 표본비율(p) 같은 표본의 특성으로서, 알려져 있지 않은 모집단 파라미터를 추정하는 데 쓰인다.

왜 전수조사를 하지 않고 표본을 이용하는가?

전수조사는 비용과 시간이 너무 많이 든다

쉽게 확인할 수 있는 소수의 원소로 이루어진 모집단인 경우에는 전수조사가 문제가 되지 않는다. 예를 들어, 500명 이상의 직원이 있는 원자력 발전소는 29개 밖에 없다.[14] 이런 경우라면 모든 모집단 원소를 모두 조사하는 전수조사가 어려울 것이 없다. 그러나 infoUSA에 의하면 미국에 있는 피자식당은 77,240개이다.[15] 이렇게 많은 대상을 모두 접촉하고 조사하려면 많은 시간과 비용이 든다. 적은 수의 표본을 사용하면 비용과 시간을 절약하면서도 만족스러운 결과를 얻을 수 있는 것이다.

전수조사는 해로울 수 있다

포도주 제조업체인 Gallo Wine Company는 다른 업체와 마찬가지로, 제품의 품질을 일정하게 유지하기 위하여 포도주 시음자를 고용한다. 당연히 이 시음자가 모든 포도주를 다 마셔버린다면, 고객한테 팔 것이 없어서 문제가 생긴다. 마찬가지

[14] 출처: Bureau of the Census, *Statistical Abstract of the United States* 2009, p. 565.
[15] 출처: infousa.com, June 28, 2009.

로, 생산되는 철강 케이블이 일정 수준 이상의 장력을 갖고 있는가를 확인하고자 하는 철강회사도 모든 케이블을 끊어질 때까지 압력을 가하면서 조사하지는 않을 것이다. 이런 경우, 조사된 제품은 파괴가 되므로 전수조사는 불가능하다.

실제로 표본이 전수조사보다 더 정확할 수 있다

큰 모집단에 대한 전수조사는 시간과 비용이 많이 들기 때문에, 실제 조사에서는 오히려 표본조사가 더 정확할 수 있다. 예를 들면, 미국의 1억 명이 넘는 인구를 대상으로 전화 면담조사를 하기 위하여 10명을 채용해서 하루에 16시간씩 전화하도록 한다면, 어젯밤의 정치유세에 대한 CNN보도를 보았는가를 묻는 데만도 여러 해가 걸릴 것이다. 마지막 전화를 할 때쯤 되면 아무도 2~3년 전 특정한 날 저녁에 이 프로를 보았는지 기억하지 못할 것이다.

표본을 이용하면 측정도구와 과정에 더 많은 시간과 주의를 기울일 수 있기 때문에, 비표집오차(*nonsampling error*)를 줄여서 측정이 더 정확해질 수 있다. 예를 들어, 설문지의 질문이 편향(biased)된 질문이었다면("대부분의 연구에 의하면 사형제도가 범죄를 감소시키지 않는다. 당신은 사형제도가 철폐되어야 한다고 생각하는가?"), 이러한 편향된 질문을 모집단 전체에게 물으면 모두에게서 편향된 답을 얻게 될 것이다. 그러나 모집단 대신 표본을 사용하면, 절약된 비용을 가지고 질문사항에 대하여 사전조사(pretest)를 한다든지, 보다 더 능숙한 면담자를 고용한다든지, 답변을 하지 않은 사람들을 추후 다시 조사한다든지 하는 등의 전략을 사용하여 측정이 정교하게 이루어지도록 할 수 있다. 표본을 이용하면 전수조사보다 오히려 더 정확한 답변을 얻을 수 있다는 것은 조사연구의 가치를 높이는 중요한 사안이다. 이 장의 처음에서 본 것처럼 Bureau of the Census조차도 전수조사를 표본을 이용한 조사연구로 보완하여야 한다는 의견을 가지고 있다.

전수조사는 이론적으로는 표본보다 더 정확하지만, 실제 상황에서는 조사연구에 쓰일 수 있는 자금이 표본추출(또는 전수조사) 과정과 측정 과정에 나누어져 사용되어야 하는 제약이 있다. 표본 또는 전수조사 과정에 더 많은 자금이 지원되면, 측정과정을 더 정확하게 하는 데 사용되는 자금은 줄어들게 된다. 아래에 표집오차와 비표집오차의 개념을 정리하였다.

표집오차(samplng error) 전수조사를 하지 않고 표본을 사용하였기 때문에 발생하는 오차이다. 예를 들면, 표본평균이 모집단 평균과 다를 수 있으며, 모집단 평균보다 훨씬 크거나 작을 가능성이 같다. 다음 절에서 설명하는 확률표본을 사용하면, 표본오차의 예상되는 크기를 9장에서 설명하는 기법을 사용하여 추정할 수 있고, 표본의 크기를 증가시켜 오차를 감소시킬 수 있다.

비표집오차(nonsampling error) 이런 종류의 오차는 방향이 있는 오차이기 때문에, 편향(bias), 편의(偏倚) 또는 치우침이라고도 한다. 예를 들면, 설문지의 질문이 한쪽 또는 다른 쪽으로 치우친 답변이 많이 나오도록 표현되었을 수가 있다. 마찬가지로 무게를 재는 저울이 일관성 있게 무게를 너무 높게 잰다든지, 봉의 지름을 재는 측미계(micrometer)가 낡아서 실제보다 큰 지름으로 측정한다든지 하는 경우와 같다. *비표집오차는 표본 크기를 크게 하여 줄일 수가 없다.* 비표집오차를 줄이려면, 이러한 오차가 발생될 수 있는 원인을 제거하는 조치를 취해야 한다. 예를 들면, 기계를 다시 조정하거나, 측정을 부정확하게 하는 낡은 부품을 교체해야 하는 것이다.

연습문제

4.32 표본과 전수조사의 차이는 무엇인가? 전수조사보다 표본을 사용하는 경우의 이점이 무엇인가?

4.33 표집오차와 비표집오차의 차이를 설명하라.

4.34 표본추출 과정이 파괴적인 경우의 예를 들라.

4.35 파라미터와 통계량의 차이를 설명하라. 표본을 이용하는 경우의 결과는 어느 것인가?

4.36 400명 응답자 중 많은 사람이 면담자에게 좋은 인상을 주기 위하여 자신의 소득을 2%에서 50%까지 더 많게 말하였다. 이것은 표집오차인가? 아니면 비표집오차인가?

4.37 비표집오차를 줄일 수 있는 방법은 무엇인가?

4.7 표본추출 방법

표본을 추출하는 방법은 확률(*probability*)과 비확률(*nonprobability*)로 구분된다. **확률표본(probability sampling)**에서는 모집단의 각 사람이나 원소가 표본에 포함될 확률을 분명하게 아는 경우이다. 확률표본을 사용하면, 표본의 통계량과 모집단의 실제 값 사이의 최대 표집오차를 예측할 수 있다. **비확률표본**은 표본 결과를 가지고 모집단에 대한 추론을 하려는 의도가 전혀 없는 탐색적 조사(exploratory research)에 주로 사용된다. 이 장 이후 이 책의 초점은 확률표본에 있다.

확률표본

확률표본은 모집단에 있는 사람이나 원소가 표본에 포함될 확률을 계산할 수 있거나 이미 알고 있는 경우이다. 그렇다고 모든 사람이나 원소의 확률이 같을 필요는 없다.

단순임의표본

단순임의표본에서는 모든 사람이나 원소가 표본에 포함될 확률이 같다. 이 경우는 사람의 이름이 적힌 종이를 상자에 넣고 하나씩 뽑는 경우와 같으나, 대체로 이보다는 더 사용하기 쉬운 방법이 이용된다.[16]

이름을 모자나 상자에 넣는 것보다 더 실질적인 방법은 모집단의 사람이나 원소에 숫자를 부여한 후, 난수표(random number table)를 사용하여 표본에 포함될 사람이나 원소를 선택하는 것이다. 부록 A에 있는 난수표의 일부가 표 4.1에 있으며, 다음 예에서 이 표를 사용할 것이다.

[16] 실질적인 목적으로 여기서는 단순임의표본의 *조작적 정의(operational definition)*를 제공하였다. *이론적 정의*는, 주어진 표본 크기에 대하여, 표본의 구성원소는 다른 표본 구성원소와 같은 선택 확률을 가진다로 정의된다. 더 자세한 내용은 Leslie Kish, *Survey Sampling*, New York: John Wiley & Sons, 1965, pp. 36–39를 참조할 것.

예제 EXAMPLE

단순임의표본

750명의 생산직 직원이 있는 업체가 40명의 단순임의표본을 뽑아서 품질유지 훈련을 하려고 한다.

풀이

표 4.1을 이용하여 다음과 같이 표본을 선택할 수 있다.

1. 각 직원에게 001에서 750까지의 번호를 부여한다.
2. 난수표의 아무 곳에서나 시작할 숫자를 선택한다. 눈을 감고 표 중의 아무 곳이나 집든지 아니면 다른 임의의 방법을 사용하여 결정하면 된다. 여기서는 시작할 숫자가 2번째 행의 11열에서 13열까지로 결정되었다고 하자. 이와 같이 3개의 자릿수로 이루어진 숫자를 선택해야 하는데, 그 이유는 직원에게 부여한 숫자 중 가장 큰 숫자가 3자리 수이기 때문이다.
3. 표를 따라 가면서 001과 750 사이에 있는 수로 서로 다른(숫자가 중복되는 경우가 없게) 40개의 수를 선택하면 된다.

이 과정은 표 4.1에 정리되어 있는데, 직원 #451을 선택하는 것으로 시작된다. 다음 숫자 530도 750명의 번호 중 하나이므로 선택된다. 다음 숫자 903은 750보다 크므로 (즉 이에 해당되는 직원이 없으므로) 무시하고, 그 다음 숫자로 옮겨 간다.

표 4.1

부록 A의 난수표의 일부. 750명 직원의 모집단에서 40명의 단순임의표본을 선택하는 예다. 2번째 줄의 11열에서 13열까지의 숫자가 표본 선택의 시작점이다.

행	열 1–10		열 11–20	
1	37220	84861	59998	77311
2	31618	06840	**451**67	13747
3	53778	71813	**503**06	47415
4	82652	58162	**903**52	10751
5	40372	53109	**769**95	24681
6	24952	30711	**225**35	51397
7	94953	96367	**871**43	71467
8	98972	12203	**907**59	56157
9	61759	32900	**052**99	56687
10	14338	44401	**226**30	06918
⋮				

직원 #451 선택.
직원 #503 선택.
903 > 750이므로 903 무시.
769 > 750이므로 769 무시.
직원 #225 선택.
871 > 750이므로 871 무시.
907 > 750이므로 907 무시.
직원 #052 선택.
⋮
이 과정을 40개의 표본 숫자가 얻어질 때까지 계속함.

「컴퓨터 솔루션 4.1」은 난수표를 이용하지 않고, 이미 존재하는 데이터값 중에서 Excel을 이용하여 단순임의표본을 선택하는 과정과 결과를 보여준다. 앞 장에서 보았던 ATM 사용자에 관한 데이터(파일: **CX02ATM**) 중에서 10개의 사용시간으로 이루어진 단순임의표본이 선택된다.

단순임의표본을 선택하는 과정은 간단하지만, 모집단의 구성원의 명단이 있어야 한다. 전화번호부나 *Fortune 500*에 속하는 회사 같은 경우에는 문제가 아니지만, 다른 경우에는 실현 가능하지 않다. 예를 들면, 나중에 100명의 단순임의표본을 작성하기 위하여 내일 쇼핑 센터에 오는 모든 고객의 이름과 전화번호를 적는다는 것은 비용도 많이 들고 실제로 가능하지도 않은 일이다.

그러나 생산라인에서 나오는 제품 같은 경우에는 임의적 추출 방법으로 표본을 선정할 수 있다. 예를 들어, 10%의 제품에 대하여 품질검사를 한다면 난수표의 숫자를 이용하여 표본을 선정할 수 있다. 제품의 일련 번호 중 마지막 숫자가 9(이 숫자는 임의적으로 선택된 숫자임)인 제품을 모두 조사하는 경우처럼 변형된 단순임의표본 방법을 사용하는 것이다. 각 제품이 표본에 포함될 확률은 0.10으로 같다.

컴퓨터 솔루션 4.1

단순임의표본

여기서는 이미 존재하는 데이터 값으로부터 단순임의표본을 선택하는 과정을 설명한다.

EXCEL

	A	B	C	D	E
1	AgeCat	Gender	Seconds		40.1
2	1	2	50.1		50.8
3	1	1	53.0		37.8
4	2	2	43.2		42.9
5	1	2	34.9		40.1
6	3	1	37.5		32.9
7	2	1	37.8		29.4
8	3	1	49.4		49.4
9	1	1	50.5		37.8
10	3	1	48.1		39.5

1. 데이터 파일 **CX02ATM**을 연다. 50개의 ATM 사용시간은 C열에, 변수의 이름은 C1에 있다. **Data** 리본에서 가장 오른쪽에 있는 메뉴 중 **Data Analysis**를 클릭한다. **Sampling**을 클릭하고 **OK**를 클릭한다.
2. **Input Range** 상자에 **C1:C51**을 입력한다. **Labels** 상자를 클릭해서 체크 표시를 한다(Input range의 맨 위에 label이 있기 때문에 이렇게 하는 것이다). **Random**을 선택하고, **Number of Samples** 상자에 **10**을 입력한다. **Output Range** 상자에 **E1**을 입력한다. **OK**를 클릭한다. 10개의 단순임의표본이 E열에 나타나 있다.

그림 4.2

계통표본은 모집단에서 매 k번째 사람이 표본에 포함되는 확률표본이다. 여기서는 $k = 3$이다.

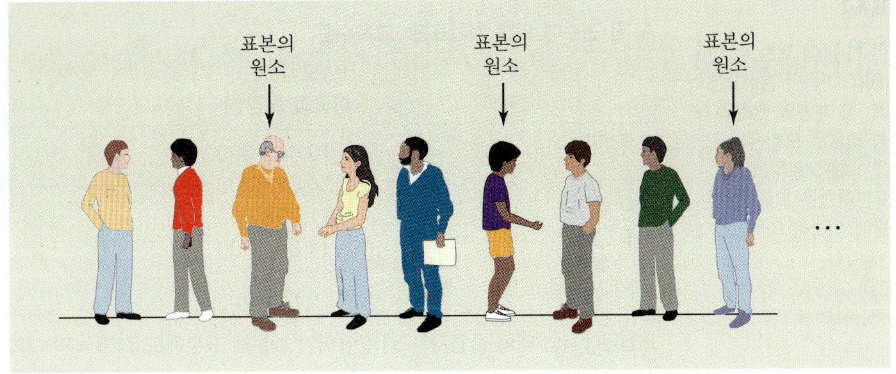

계통표본

단순임의표본과 비슷한 개념이지만, **계통표본**(systematic sample)[17]은 실무에 적용하기가 쉽다. 이 경우 우선 1에서 k 사이에 있는 숫자 중에서 아무것이나 선택하여 시작점으로 삼은 후, 모집단의 매 k번째 원소를 표본으로 선택하는 것이다. 예를 들면, 6,000개의 모집단에서 100개를 선택하는 경우, 1에서 60 사이의 아무 숫자나 하나 뽑아서 그 숫자에 해당되는 사람을 표본에 포함시키고, 이후 매 60번째 사람을 표본에 추가해 가는 것이다. 여기서 모집단의 크기가 표본 크기의 60배이기 때문에 $k = 60$으로 설정되었다.

쇼핑센터의 경우, 간단히 하루 중 일정한 장소를 지나는 사람 중에 10명마다 한 사람씩 선택할 수도 있다. 이런 방법이 그림 4.3에 나타나 있는데 여기서 k는 3이다. 단순임의표본과 같이 표본을 선정하는 원칙이 있고, 주관적 판단이 개입될 여지가 없다. 이와 같이 기본원칙이 사용되고, 주관적 판단이 배제되는 것이 확률표본 추출 과정의 근본적 특성이다. 이러한 원칙이 적용되지 않으면, 큰 짐을 가진 사람이나 바쁜 것 같아 보이는 사람은 면담을 안 한다든가 하는 식으로 여러 가지 이유에 의하여 편의에 따라 표본이 결정될 것이다.

계통표본을 사용할 때 발생될 수 있는 한 가지 문제는 **주기성**(periodicity)이다. 모집단의 원소가 일정한 주기를 가지고 나타나고, 이 주기가 우리가 표본선정에 사용한 k와 일치하는 경우에 문제가 된다. 예를 들면, 1월 1일부터 12월 31일까지 일별 매출액이 날짜 순으로 나열된 경우 $k = 7$을 사용하여 표본을 선택하면, 표본에는 동일한 요일의 매출만 선택되게 된다. 마찬가지로 생산 설비 중의 한 기계가 문제가 생겨서 14번째 제품마다 불량품이 생산되는 경우 $k = 7$ 또는 14를 선정하여 표본을 선택하게 된다면, 생산된 제품의 품질을 대표적으로 나타내는 표본이 되지 못할 것이다. 이러한 주기성의 문제는 흔히 볼 수 있는 것은 아니지만, 계통표본을 이용할 때는 이러한 문제를 염두에 두어야 한다.

[17] 체계적 표본이라고도 한다.

표 4.2

한 변수(A) 또는 두 변수(B)를 이용한 층화표본의 예. 각 계층의 원소의 구성 비율은 모집단과 같다. 계층으로부터의 표본추출은 확률표본추출에 의하여 이루어진다.

A. 한 변수에 의한 층화표본: 교육수준

	모집단: 미국의 직장인	층화표본 $n = 1,000$
고졸 미만	10,466,000	95
고졸	34,011,000	307
대학 중퇴	31,298,000	283
대졸	34,874,000	315
	합계 = 110,649,000	합계 = 1,000

모집단에서의 대학 졸업자가 31.5%이기 때문에 표본에도 31.5%의 대학 졸업자가 포함된다.

B. 두 변수에 의한 층화표본: 교육수준과 성별

	모집단: 미국의 직장인		층화표본 = 1,000	
	남자	여자	남자	여자
고졸 미만	6,397,000	4,069,000	58	37
고졸	18,188,000	15,823,000	164	143
대학 중퇴	15,613,000	15,685,000	141	142
대졸	19,033,000	15,841,000	172	143
	합계 = 110,649,000		합계 = 1,000	

모집단에서의 남자 대학 졸업자가 14.1%이기 때문에 표본에도 14.1%의 남자 대학 졸업자가 포함된다.

출처: Bureau of the Census, U.S. Department of Commerce, *Statistical Abstract of the United States, 2002*, p. 385.

기타 확률표본 추출 방법

더 진보된 확률표본 추출 방법 중에는 층화표집(stratified sampling)[18]과 군집표집(cluster sampling)[19]이 있다.

모집단을 여러 **계층**(*strata*)으로 나눈 후 각 계층별로 단순임의표본을 추출한 것을 **층화표본(stratified sample)**이라 한다. 각 계층의 구성원이 표본에 포함될 확률은 모집단의 다른 원소와 동일하기 때문에 **비례층화표본**(*proportionate stratified sample*)이라고도 한다. 표 4.2의 A는 층화표본의 예이며, 여기서 계층은 교육수준에 의하여 이루어졌다. 공연예술을 위하여 기부금을 내는 정도를 측정할 경우, 교육수준은 층화표본을 결정하는 중요한 변수가 된다.

계층은 동시에 두 개 이상의 변수를 사용하여 만들어질 수도 있다. 표 4.2의 B에서는 두 개의 변수를 사용하였다. 이 경우, 두 가지 특성에 의하여 모집단과 똑같은 비율로 표본이 구성되기 때문에 **이원층화표본**(*two-way* stratified sample)이라고 한다.

[18] 층별표집이라고도 한다.
[19] 집락표집이라고도 한다.

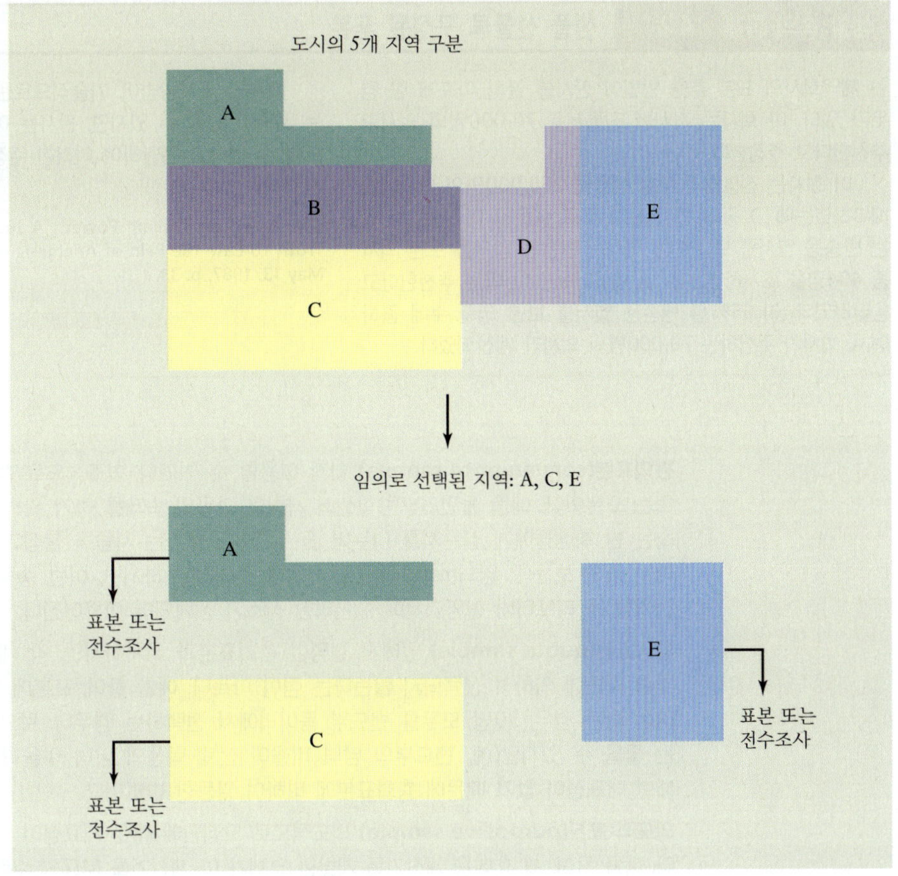

그림 4.3

군집표본은 모집단 을 여러 그룹 또는 부분으로 나누고, 임의로 그룹을 선택해서 표본을 선정하거나 전수조사를 하는 것을 말한다. 이 예에서는 도시를 A에서 E까지의 구역으로 나누었다.

층화표본은 계층화에 사용되는 변수의 관점에서 모집단과 똑같은 구성을 가진다. 예를 들어, 여성 스포츠 프로그램에 대한 대학의 지원 정도를 측정하고자 한다면, 표본에서의 남녀의 비율이 전체 학생에서의 비율과 같아지도록 남자/여자에 의하여 계층화된 표본을 이용하는 것이 타당하다.

군집표본은 모집단을 여러 개의 그룹으로 나눈 다음(예, 지역 등에 의하여), 그룹을 임의 추출하여 표본조사를 하든지 전수조사를 하는 경우를 말한다. 그림 4.3에 이러한 방법이 설명되어 있다. 모집단의 원소가 표본에 포함될 확률이 같지는 않지만, 시간과 노력을 기울이면 이러한 확률을 계산할 수 있다.

비확률표본

비확률표본에서는 모집단의 모든 원소가 표본에 포함될 가능성이 있는 것이 아니며, 미리 결정된 확률적 원칙을 사용하지 않고 어느 정도 주관적 판단에 의하여 표본이 추출된다. 이 책에서는 비확률표본이 중요하게 다루어지지 않지만, 모집단의 특성에 대하여 통계적 결론을 내리는 것이 아니고 단지 모집단을 더 잘 알기 위하여 소규모 또는 탐색적 조사를 하는 경우에는 유용하게 쓰일 수 있다. 비확률표본의 네 가지 유형을 소개한다.

생활 속의 통계 • 4.2 샘플 선물로 구성된 표본

한 제약회사의 표본 추출 방법이 판사를 골치 아프게 한 경우가 있다. 이 회사는 자사의 진통제를 70,000명의 의사가 추천한다고 주장한다.

이 회사는 진통제의 무료 샘플을 250,000명의 의사에게 배부하였는데 그 중의 반 정도가 무료 샘플을 더 받을 수 있는 반송용 엽서를 보내왔다. 회사는 반송용 엽서를 보낸 의사 중 404명을 조사하였는데 그 중 65%가 이 약을 추천한다고 응답하였다. 이 65%를 반송용 엽서를 보낸 의사 수에 곱하여서, 회사가 주장하는 70,000명의 의사가 계산되었다.

회사의 조사방법이 기술적으로는 문제가 없다고 생각하는 사람이 있을 수 있지만, 판사는 이러한 주장이 고객을 오도할 수 있다고 판단하여 이러한 주장을 이용한 광고를 금지시켰다.

출처: Based on William Power, "A Judge Prescribes a Dose of Truth To Ease the Pain of Analgesic Ads," *Wall Street Journal*, May 13, 1987, p. 33.

편의표본(convenience sample) 쉽게 이용할 수 있거나 협조적으로 참여하려는 사람을 선택하는 표본이다. 예를 들면, 어떤 학생이 사회학 과목의 숙제를 하기 위하여 같이 통계학을 수강하는 반 학생들에게 설문지를 나누어 줄 수 있다. 길가는 사람을 붙잡고 의견을 묻는 것을 TV에서 흔히 보는데, 임의(random)로 선택한 것이라고 하지만, 이런 종류의 인터뷰는 쇼핑가나 정거장 등 리포터나 촬영기사에게 편리한 장소가 선택되어 이루어진다.

할당표본(quota sample) 앞에서 설명한 층화표본과 유사하지만, 각 계층의 원소가 확률표본 추출 방법에 의하여 선택되지 않는다는 점이 다르다. 예를 들어, 표본에 대학생 30명이 포함되어야 하는 경우, 30명 모두를 밴드부 동아리에서 선택하는 경우다. 보고서에 나타나는 모양새는 좋을 수 있지만(예, 밴드부의 남녀 비율이 전체 학생의 남녀 비율과 같은 경우), 모집단에 대한 대표성이 없기 때문에 층화표본에 비하여 열등한 방법이다.

의도적 표본(purposive sample) 의도적으로 모집단에 대한 대표성이 없도록 선택하는 표본이다. 예를 들어, 새 휴대용 계산기를 개발한 업체가 이 계산기를 MIT의 수학과 박사과정 학생에게 제공하여 시험을 할 수 있다. 이 학생들이 쉽게 사용할 수 없다면, 당연히 더 쉽게 사용할 수 있도록 계산기의 설계가 단순하게 바뀌어야 한다. 마찬가지로, IQ 80 이하의 지능지수를 갖고 있는 사람들이 쉽게 사용할 수 있다면, 일반 대중이 사용하는 데 아무런 문제가 없을 것이다.

판단표본(judgment sample) 조사자가 대표성이 있다고 생각하는 표본을 선정하는 것이다. 따라서 표본의 대표성은 조사자의 판단에 따라 달라진다. 3개의 교대 작업반 중에서 오후 11시와 아침 7시 사이에 근무하는 작업반에 의하여 생산된 제품이 다른 작업반들에 의하여 생산된 제품과 마찬가지라고(즉 대표성이 있다고) 제조업체 사장이 판단하여 표본을 이 제품들로 선택한다면, 이것이 판단표본이다.

이미 지적한 것처럼, 비확률표본의 결과는 모집단에 대하여 일반화를 할 수가 없다. 「생활 속의 통계 4.2」에서는 한 기업이 괴상한 표본을 사용하고도 마치 결과가 모집단을 나타내는 것처럼 위장하려 한 예를 볼 수 있다.

연습문제

4.38 산업박람회의 참관자에게 설문지를 나누어 주고, 이를 응답해서 상자에 넣으면 그 중 당첨된 30명에게 후원 기업의 소프트웨어 프로그램을 공짜로 준다고 한다. 당첨된 30명을 설문지 응답자의 표본이라고 하면, 이것은 확률표본인가 아니면 비확률표본인가? 어떤 특정한 종류의 확률 또는 비확률 표본인가?

4.39 지난 해 발송된 청구서의 표본을 얻기 위하여, 직원이 1에서부터 일련번호로 되어 있는 청구서 중에서 13의 배수가 되는 번호를 가진 청구서를 컴퓨터로 추출하였다. 어떤 종류의 표본인가?

4.40 판단표본과 편의표본의 차이를 설명하라.

4.41 할당표본과 층화표본은 어떤 점에서 유사하고, 어떤 점에서 다른가? 이러한 차이점이 이러한 표본의 사용에 어떤 영향을 미치는가?

4.42 확률표본과 비확률표본은 어떻게 다른가? 표본결과를 모집단으로 일반화하려면, 어떤 표본이 사용되어야 하는가?

4.43 다음 각 경우, 전수조사를 해야 하는가, 아니면 표본에 의한 조사를 하여야 하는가? 이유를 말하라.

a. 판매를 위해 주문한 여러 개의 충격방지 시계를 배달받았다. 얼마의 높이에서 시멘트 바닥으로 떨어뜨려도 괜찮은가를 실험하고자 한다.

b. General Mills는 아침 식사로 먹는 Cheerios를 구입하는 고객의 연령, 성별, 소득수준을 알고자 한다.

c. TV방송국 NBC의 Tonight쇼 담당자가 TV 시청자 중 몇 %가 이 쇼의 사회자인 Jay Leno의 사진을 알아보는가를 확인하고자 한다.

d. 작은 규모의 회사가, 핵 잠수함을 제조하는 미국 기업이 자사가 개발한 새로운 (잠수함에서 사용 가능한) 공기정화 기술에 관심이 있을 것인가를 알고자 한다.

4.45 주기성은 무엇이며, 왜 계통표본에서 문제가 될 수 있는가? 예를 들어 설명하라.

4.46 초고속, 초강력 접착제를 생산하는 업체가, 자사 제품을 사용하는 고객이 실수로 손가락을 서로 접착시키는 사건이 생기면 법정문제가 될 수도 있다는 점을 우려한다. 고객이 어떤 정도로 접착제를 부적절하게 사용하는가를 결정하는 데 의도적 표본이 도움이 될 것인가? 그렇다면, 이 경우에 적절한 의도적 표본의 예를 들라.

참고: 아래의 연습문제 4.47~4.49는 임의표본과 계통표본을 추출할 수 있는 컴퓨터 통계 프로그램을 사용하는 문제이다.

4.47 연습문제 3.65(파일: **XR03065**)에서 30개 데이터의 단순임의표본을 만들라.

4.48 연습문제 3.66(파일: **XR03066**)에서 30개 데이터의 단순임의표본을 만들라.

4.49 미국인은 일 년에 평균 4.6번, 스페인 사람은 1.9번 영화를 보러 영화관에 간다고 한다. 데이터 파일 **XR4049**에 응답자 100명의 영화관람 횟수가 있다. (출처: spartatheater.com, June 28, 2009)

a. 20개 데이터의 단순임의표본을 구하여 표본평균을 계산하라.

b. 다시 한 번 20개 데이터의 단순임의표본을 구하여 표본평균을 계산하라.

c. 소수점 아래 두 자리까지 a와 b에서 계산된 표본평균을 비교할 때 값이 같은가? 이 값들이 같아야 하는가? 표본이 구해졌던 100개 데이터의 모집단과는 이 값이 어떻게 다른가? (이러한 주제는 8장에서 자세히 다룰 것이다.)

4.8 요약

경영조사연구의 유형

경영조사연구는 연구의 목적에 따라 탐색, 기술, 인과, 예측조사로 나눌 수 있다. 조사를 시작하기 전에, 조사에 의하여 해답이 얻어질 수 있도록 문제를 분명하게 정의하여야 한다.

조사연구의 방법, 데이터 및 오차

조사연구에서 사용되는 데이터에는 일차 데이터 또는 이차 데이터가 있다. 일차 데이터는 당면한 문제나 상황을 해결하기 위하여 조사연구자가 수집한 데이터이고, 이차 데이터는 다른 목적으로 제3자가 수집한 데이터이다. 이차 데이터는 조사연구자의 기업이나 조직 내부에서 얻어진 것인가 아니면 외부에서 얻어진 것인가에 따라 내부 이차 데이터와 외부 이차 데이터로 나눌 수 있다.

조사, 실험 및 관측연구는 일차 데이터를 수집하는 가장 보편적인 방법이다. 조사는 우편설문, 개인면담, 전화면담에 의하여 수행된다. 데이터를 수집하는 데 사용되는 설문에는 선다형, 양자택일형 또는 자유응답형의 질문이 포함된다. 조사연구에서는 표집오차, 응답오차, 무응답오차의 세 가지 중요한 오차가 발생된다.

실험연구와 관측연구

실험연구는 변수들 간의 인과관계를 확인하는 데 사용된다. 실험연구의 결과는 내적 타당성과 외적 타당성에 의하여 평가된다. 관측연구에서는 조사연구에서의 설문지와 비슷한 데이터 수집 방법으로 관측 대상의 행동이 관찰되고 기록되며, 응답자가 무엇을 말하는가가 아니라 어떻게 행동하는가에 초점을 맞추어서 데이터를 수집한다.

내부 이차 데이터와 데이터 마이닝

조사자의 기업 또는 조직 내부에는 다양한 형태의 이차 데이터 소스가 있다. 이차 데이터는 정부기관, 간행물, 상업적 정보 제공기업, 동업자 집단 등 다양하게 많다. 데이터에 있는 상호관계를 분석하고 확인하는 기법인 데이터 마이닝 기법이 사용될 수 있도록 많은 데이터를 정리하여 보관하는 곳을 데이터 웨어하우스라고 한다.

표본이 전수조사보다 나을 수 있다

모집단이 크지 않을 때는 전수조사가 가능하다. 그러나 대부분의 실제 상황에서는 모집단이 크기 때문에 표본을 사용하여 비용과 시간을 절약하고 만족할 만한 결과를 얻어낸다. 때로는 측정 자체가 파괴적이어서 표본을 사용해야만 하는 경우도 있다. 비용과 시간이 절약되기 때문에 표본이 전수조사보다 더 정확할 수 있다. 이는 절약되는 비용을 측정 방법의 개선에 사용하여 비표집오차를 줄일 수 있기 때문이다.

표집오차와 비표집오차

모집단 파라미터의 실제 값(예, μ 혹은 π)과 표본 통계량(예, $\bar{x}$ 혹은 p)의 차이를 오차라고 한다. 표본에 의한 조사를 하는 경우 피할 수 없는 임의적이고 방향성이 없는 오차를 표집오차라 한다. 표본이 확률분포인 경우 표집오차를 추정할 수 있다. 표본의 크기를 크게 하면 표집오차를 줄일 수 있다. 비표집오차는 어느 한쪽 방향으로의 오차이며, 전수조사를 하는 경우에도 존재할 수 있다.

확률분포와 비확률분포

확률분포에서는 모집단의 각각의 원소가 표본에 포함될 확률이 알려져 있거나 계산할 수 있다. 단순임의표본은 모든 사람이나 개체가 표본에 포함될 확률이 동일한 경우이다. 확률표본에는 이외에도, 계통표본, 층화표본, 군집표본이 있다.

비확률표본에서는 표본에 포함될 가능성이 없는 모집단 원소도 있으며, 미리 결정된 확률적 추출 방법을 사용하지 않고 표본 선정에 어느 정도 주관적 판단이 작용한다. 모집단에 관한 추론이 목적이 아닌 소규모, 탐색적 조사에서는 유용하게 사용된다. 이 장에서 설명한 비확률표본은 편의, 할당, 의도적, 판단 표본이다.

단원 연습문제

4.50 고객만족에 관한 정보를 수집하기 위하여, 식당의 식탁에 손님이 응답할 수 있는 카드를 비치하고 출구에 카드를 넣을 수 있는 상자를 마련하였다.

a. 무응답 오차가 조사결과에 영향을 미칠 것인가? 어떻게?

b. 이런 카드의 사용이 경영자에게 정보를 제공하는 것 이외의 다른 혜택을 가져올 수 있는가? 어떻게?

4.51 백화점의 경비 담당자가 일방향 거울로 고객을 관찰하여 물건을 훔치는 사람을 확인한다. 도둑질하는 것 이외에 고객의 어떤 행동 특징이 관찰될 수 있는가?

4.52 새 제품의 생산에 필요한 부품의 구입 가능성을 조사하기 위하여, 이 부품을 생산하는 업체 25개 중 15개에 설문지를 보냈다. 과거 비슷한 조사 경험에 의하면, 이러한 조사의 경우 기업들은 배달 가능 수량과 시일을 자신에게 유리하게 과장해서 응답한다. 대상 기업 중 8군데만 답장을 보내왔다. 표집오차, 응답오차, 비표집오차가 발생될 수 있는 원인을 지적하라.

4.53 Timetech, Inc.는 현장 판매 팀의 성과를 개선하기 위하여 여러 가지 방법으로 실험을 하고 있다. Maine주의 경우, 최고 판매실적을 올린 판매직원에게 snowmobile을 주기로 하였더니 주의 매출이 25% 증가하였다. 이러한 성공적인 결과에 만족한 경영진은 전체 50개 주로 이를 확대하여, 각 주의 최대 판매 직원에게 snowmobile을 상으로 주기로 하였다. 이 실험의 외적 타당성에 대하여 비판하라.

4.54 다음의 보고서 제목을 보고, 각 보고서가 사용한 조사연구가 탐색, 기술, 인과, 예측조사 중 어느 것인가를 말하라.

a. "The Popularity of Bowling as a Participant Sport in Ohio"
b. "The Effects of TV Violence on Crime in Small Towns"
c. "A Preliminary Investigation of the Market for Pet Foods"
d. "Family Vacationing in the 21st Century"

4.55 화석 박물관의 관람자가 5월에는 1,450명, 6월에는 1,890명이었다. 6월 초에 박물관은 인기 많은 지역 운동선수인 Bert McGruff를 관람안내원으로 채용하였다. Mr. McGruff는 관람자 수가 자신 때문에 증가하였다며 봉급을 올려 달라고 한다. 이것을 실험으로 간주할 때,

a. 독립변수와 종속변수는 무엇인가?
b. 이 실험 결과에 영향을 미칠 수 있는 외생변수는 어떤 것이 있는가?
c. (b)의 답을 참조하여, 이 실험의 내적 타당성을 평가하라. 봉급인상 요구가 타당한가?

4.56 노동조합 책임자가 다가오는 임금협약에서 노동조합이 취할 수 있는 입장에는 3가지가 있다고 생각한다. 조합원들은 각기 다른 의견을 갖고 있다. 회사 임원들과의 협상에서 조합원을 잘 대표하고자 하는 경우, 조합원 의견에 대한 연구조사에서 사용할 적절한 질문을 작성하라.

4.57 하급 경영자들이 매일 *The Wallstreet Journal*을 읽는 데 소비하는 시간이 얼마이고 이 신문의 기사 내용이나 편성에 대하여 어떤 생각을 갖고 있는지를 우편으로 조사하려고 한다. 선다형, 양자택일형, 자유응답형의 질문 문항을 하나씩 작성하라.

4.58 Sonic Travel Agency는 현재 크게 유행하고 있는 북부 도시와 Florida 사이의 항공편 가족 휴가여행에 뒤져있다. 다음과 관련된 데이터가 일차 또는 이차 데이터인가를 밝히고, 이차 데이터인 경우 내부 또는 외부 이차 데이터인가를 말하라.

a. 과거의 고객을 대상으로 여행사 서비스에 대한 조사를 한다.
b. Florida Bureau of Tourism은 겨울 휴가를 오는 관광객이 어디서 얼마나 오래 묵는가 등의 특징에 관한 조사결과를 전국적으로 여행사에 보내준다.
c. 문제를 더 잘 파악하기 위해서 Sonic의 사장이 지난 10년간의 연례보고서를 검토한다.

4.59 제3자가 수집한 정보가 타당한가를 일반적으로 어떻게 평가할 수 있는가? 어떤 소스로부터의 정보를 의구심을 가지고 대하여야 하는 정보인가?

4.60 졸업을 앞둔 Shirley는 여러 대기업으로부터 취직 제의를 받을 것을 기대하고 있다. 어떤 회사를 선택하는가에 따라 미국의 4개 지역 중의 하나에서 살게 될 것이다.

a. 취직 대상으로 가장 좋은 기업을 선정하기 위하여 Shirley는 어떻게 인터넷을 사용할 수 있나?
b. 기업은 인터넷을 이용하여 어떻게 Shirley에 대하여 더 자세히 알아보고, Shirley가 적절한 사람인가를 판단할 수 있는가?

참고: 문제 4.63~4.66는 컴퓨터와 인터넷을 이용하는 문제이다. 웹 주소가 맞지 않으면, 탐색 엔진 또는 기업의 새 홈페이지를 이용해서 찾을 수 있다.

4.61 인터넷이나 *Encyclopedia of Associations*를 이용하여 다음과 같은 정보를 수집할 수 있는 기관을 찾아라.

a. 볼링의 인기도
b. 미국에서의 아동 학대
c. 산업 재해
d. 고전적인 골동품 자동차

4.62 고객이 Radio Shack에서 상품을 구입하면, 구매정보를 저장하기 위하여 이름과 전화번호를 알려 달라고 한다. 이러한 정보는 회사가 보유하는 수많은 내부 또는 외부 데이터의 일부이다. Radio Shack은 데이터 웨어하우스와 데이터 마이닝을 어떻게 사용할 수 있는가?

4.63 U.S. Bureau of the Census (census.gov)를 접속해서 Kalamazoo County, Michigan에 대하여 다음을 찾으라.

a. 25세 이상의 사람 중 고등학교 졸업자의 %
b. 60세 이상의 사람 수
c. 가구 소득의 중앙값

4.64 U.S. Bureau of the Census (census.gov)에서 시

작하여 필요한 웹사이트를 접속해서 캐나다의 최근 인구 수를 찾으라.

4.65 인터넷에서 사용할 수 있는 기능 중 하나가 "reverse lookup"이다. 당신이 아는 사람의 주택 전화번호를 입력하고 제공되는 이름과 주소 및 지도가 맞는지 확인하라. 이메일 주소도 확인할 수 있는가?

4.66 google.com의 message boards에서 Sony 디지털 카메라에 관한 내용을 검색하라. 이런 내용을 검색하는 일을 한 직원에게 전적으로 맡기면 Sony는 어떤 혜택을 볼 수 있나?

4.67 1,000명 직원 중에 200명이 매니저이고, 700명이 공장직원, 100명이 사무직이다. 알파벳순으로 나열된 직원 명단의 맨 위에서부터 시작하여 차례로 내려가면서 매니저 20명, 공장직원 70명, 사무직원 10명을 뽑아서 100명 크기의 표본을 만들었다. 이것은 무슨 표본인가? 이유는?

4.68 미국 Bureau of the Census에 의하면, 미국 사람의 27%가 대학 졸업자이다. 200명 크기의 층화표본에 포함되는 대학 졸업자와 대학 미졸업자는 각각 몇 명인가? (출처: *Statistical Abstract of the United States 2009*, p. 147.)

4.69 한 경영대학의 교수는 회계학 20명, 마케팅 30명, 인사 20명, 재무 15명, 정보시스템 15명이다. 학장이 비서에게 시켜서 각 분야에서 임의로 4, 6, 4, 3, 3명을 선택하여 위원회를 구성하려고 한다. 확률표본인가 비확률표본인가? 어떤 종류의 확률 또는 비확률분포인가?

4.70 어느 대학의 연구자가 재학생 12,000명에 대하여 "가게 물건을 훔치는 것은 불법일 뿐만 아니라, 우리 모두가 지불하게 되는 가격을 증가시킨다. 당신은 학교 서점에서 물건을 훔친 적이 있는가?"라는 질문으로 전수조사를 하였다. 표집오차와 비표집오차의 가능성을 설명하라.

4.71 플라스틱으로 만든 수갑의 성능을 시험하기 위하여, 역도를 하는 사람 30명에게 수갑을 채웠는데 아무도 수갑을 벗지 못하였다. 이것은 어떤 표본인가? 이유는?

4.72 지역 주민이 어떤 취미, 여가활동에 참여하고 있는가를 알기 위하여, 전화번호부에서 단순임의표본을 선택해서 오후 6시와 9시 사이에 전화를 걸었다. 통화 중이거나 응답이 없으면, 다음 번호로 대체했다. 전화 인터뷰 결과의 임의성(randomness)과 대표성에 대하여 언급하라.

참고: 연습문제 4.73과 4.74는 단순임의표본을 선택할 수 있는 컴퓨터 통계프로그램을 이용하는 문제이다.

4.73 최근 배송된 초강력 건축용 나사 500개의 장력에 대한 데이터(파일: **XR04073**)가 실험을 하면 실제로 얻어질 수 있는 데이터라고 가정하자(어떻게 이런 데이터가 가능한가는 묻지 말기로 하고). 장력 테스트는 파괴적이기 때문에 20개의 나사만 선택해서 테스트를 하려고 한다. 단순임의표본을 구성하고 평균 장력을 구하라. 볼트 제조업자는 이 제품의 평균 장력이 10,000 psi라고 주장한다. 테스트 결과와 비교하라. (이러한 주장을 표본 데이터를 이용하여 검증하는 방법을 10장에서 다룰 것이다.)

4.74 2006년 미국의 생산직 종사자는 주당 평균 38.9시간 일하였다. Acme Eyebolts, Inc.의 인사 담당자는 이 회사의 경우 이러한 통계값과 어떤 차이가 있는지가 궁금하였다. 300명 직원의 주당 근무시간 데이터(파일: **XR04073**)에서 30개의 데이터를 선택하여 단순임의표본을 구성하려 한다. 이 직원을 도와 표본을 만들고 평균을 구하라. 전국적 통계와 어떻게 비교가 되는가? (출처: *Statistical Abstract of the United States 2009*, p. 409)

종합사례

Thorndike Sports Equipment—Video 2번

첫 번째 Thorndike 비디오는 Ted가 할아버지 회사에 처음 합류했을 때의 이야기다. 이때는 Luke 사장에게 데이터 마이닝이 별로 필요하지 않았다. 천장까지 쌓여 있는 파일에서 필요한 정보를 찾으려면, 파일을 헤쳐 가는 삽이 필요했을 것이다.

할아버지가 하는 사업이 속하는 산업에 대하여 더 깊이 이해하기 위하여 Ted는 스포츠 제품 제조 산업에 대하여 더 알아보고, 이 회사가 생산하는 라켓볼과 테니스 라켓 등 제품의 경쟁력에 관한 데이터를 수집하려 한다. 인터넷에 접속하여 Ted가 필요로 하는 정보를 수집하여 Ted를 도와주어라.

1. 미국인은 스포츠 제품에 얼마나 소비하는가? 가능하다면, 어떤 스포츠 제품의 매출액이 가장 큰가를 확인하라.
2. 라켓볼과 테니스 라켓의 가장 큰 제조업체는 무엇인가? 이 회사의 생산량과 매출액을 확인하라.
3. 라켓볼 제품을 생산하는 기업 두 곳을 선정하여, 웹사이트를 방문하고 최근의 연례보고서를 읽어 보라. 각 회사의 최근 수년간 매출과 이익의 변화가 어떠했는가를 알아보라.
4. 라켓볼 라켓을 생산하는 회사를 선정하여, message boards에서 이 회사 제품의 품질과 명성에 대한 정보를 수집하라.

눈으로 보는 통계

애플릿 3: 표본추출

애플릿에는 100개의 파란 원이 있다. 이 중 하나를 클릭하면, 파란색이 빨강이나 초록으로 바뀐다. 10개의 원을 클릭한 다음 **Show All**을 클릭하면, 맨 위에 표본의 빨간 원 비율과 실제 모집단에서의 비율이 나타난다. 물론 표집오차 때문에 표본 비율이 실제 모집단값과는 다를 것이다. **Reset**을 클릭하면 원이 모두 파란색으로 바뀌고 다시 표본을 선택할 수 있다.

애플릿 과제

3.1 10개씩 20번 표본을 선택해서 각각의 표본에서의 표본 비율과 모집단 비율을 기록하라. 표본 비율이 모집단 비율보다 작은 경우, 같은 경우, 큰 경우는 몇 번이나 있었나?

3.2 각각의 20개 표본에 대하여, 표본 비율과 모집단 비율의 차이를 계산하라. 평균 차이는 얼마인가?

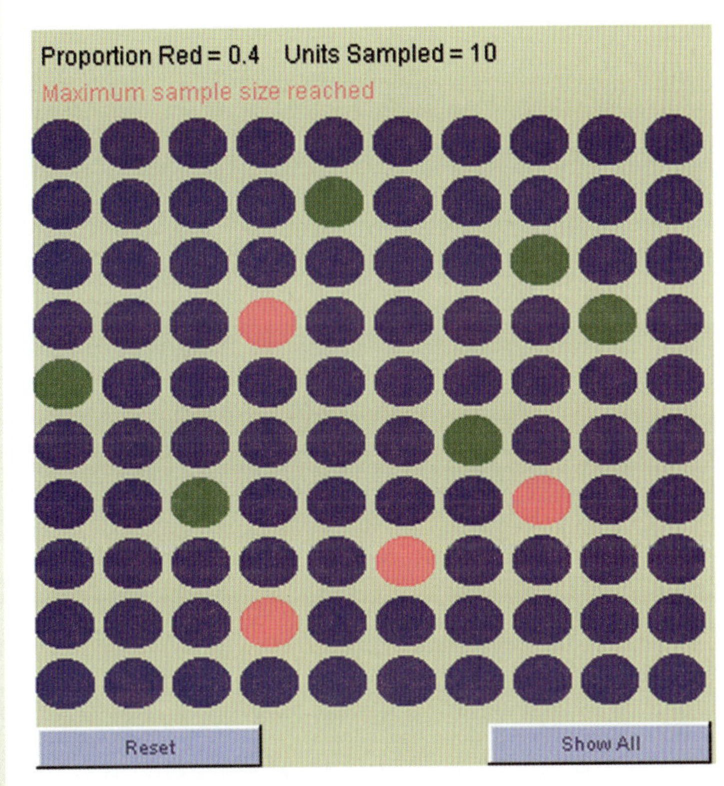

http://www.cengage.com/international에서 **Applets**을 해보라.

PART 2
확률

CHAPTER

5 확률: 기초개념

Probability: Review of Basic Concepts

좌석배정을 못 받을 가능성을 높이기

빈 좌석이 생기는 것을 막기 위해서 항공사들이 초과예약(overbooking)을 하는 것을 여행승객들은 잘 알고 있다. 초과예약으로 좌석을 배정받지 못하면 그만큼 보상을 받게 된다. 눈치 빠른 여행객은 초과예약의 허점을 이용하여 일부러 좌석배정을 못 받은 후 공짜 티켓이나 쿠폰, 기타 현금성 보상을 노리기도 한다. 2007년에는 초과예약이 된 좌석을 포기하는 데 동의한 승객이 622,000명이 넘었다.

요즘은 예전에 비하여 예약 후 나타나지 않는 고객 수가 줄었고, 항공사들의 예측방법이 좋아져서 특정 비행편에서 몇 명의 승객이 좌석배정을 못 받을지를 잘 예측한다. 여러분이 좌석배정을 못 받아서 무료 여행과 같은 보상을 받으려면, 휴가철에 여행을 하거나, 거의 만석인 비행편에 예약하고, 또 가능하면 727이나 737과 같은 크기가 작은 기종의 비행편에 예약을 하는 것이 좋다.

2007년에는 830명 중 한 명꼴로 좌석을 배정받지 못하였다. 좌석을 배정받지 못할 확률을 높이려면 다음의 자료를 참고하라.

출처: Bestfares.com, July 26, 2006; BudgetTravel.com. July 26, 2006; bts.gov. June 28. 2009.

학습목표

- 확률의 기본 개념을 이해한다. 고전적 의미의 확률 계산, 상대도수에 의한 확률 계산, 주관적인 접근에 의한 확률의 개념을 이해한다.
- 변수가 2개인 경우의 확률분할표(contingency table)를 공부한다.
- 어떤 사건(event)이 일어날 확률을 계산한다.
- 순차적인 사건 발생을 나무 그림(tree diagram)으로 그리고 이해한다.
- 베이즈 정리(Bayes' Theorem)를 이해하고, 그것을 이용하여 확률을 갱신한다.
- *n*개 중에서 *r*개를 선택하는 조합의 개수와 그것을 나열하는 순열의 개수를 계산한다.

5.1 머리말

불확실성은 비즈니스뿐만 아니라 우리의 일상생활에서도 중요한 역할을 한다. 예제를 들면, 스포츠 열광팬은 뉴스시간의 스포츠 뉴스를 일부러 안보려고 한다. 뉴스시간에 알려주는 결과를 미리 알고서 녹화 테이프를 보면 흥미가 없어지기 때문이다. 이처럼 불확실성은 우리의 일상생활에서의 흥미를 한층 더 높여준다.

비즈니스 환경에서 불확실성을 보자. 투자 자문가들에게는 두 개의 주식 중에서 어느 주식이 내년에 더 성장할 것인지 불확실하다. 엔지니어들은 기계장비의 고장 가능성을 낮추어서 불확실성을 줄이려고 한다. 마케팅 담당자에게는 신제품에 대한 광고효과가 어느 정도 될 것인지가 불확실하다. 다음은 우리의 일상생활에서 불확실성이 문제가 되는 상황을 열거한 것이다.

- 월드시리즈 마지막 게임, 9회말 2아웃에 홈팀이 1점 차로 지고 있는데 다음 타자는 투수로서 타율이 0.105이다. 이때 감독은 투수 대신에 타율이 0.320인 선수를 내보냈다.
- 에디(Eddie)는 건널목에서 빨간 신호등에 묶여 있다. 신호위반 횡단은 경범죄로 벌금이 5만원이다. 주위를 둘러보니 경찰도 없고, 차도 없음을 확인한 후에 건널목을 건너기 시작했다.
- 아더(Arthur)는 75세 나이로 이미 심장쇼크를 세 번이나 경험하였다. 게다가 그는 경찰서에서 폭탄 제거 전문가로서 일하고 있다. 그런 상황에서 생명보험에 들려고 했는데 거절당했다.

이러한 갖가지 경우에 모두 불확실성이 존재하고 있다. 야구 감독은 안타를 만들어 낼 가능성이 높은 선수를 선택했고, 에디는 자신에게 불리한 일이 생길 가능성을 낮추려고 주위를 잘 살피고 행동했다. 아더의 경우 보험회사는 직업, 건강, 나이 등을 고려할 때 이 사람이 앞으로 몇 년을 더 살 가능성이 아주 낮다고 판단했다.

앞으로 더 정확한 정의를 내리겠지만, 여기서는 우선 확률을 '불확실한 상황에서 어떤 일이 일어날 가능성'으로 생각하자. 인류 역사상 동굴생활 시대부터 확률을 염두에 두고 있었을 것이다. 예를 들면, 뾰족한 창을 들고 다니는 것이 자신의 생명을 지키는 데 더 유리하다고(즉, 확률이 높음) 판단했을 것이다. 그러나 확률에 대해서 수학적인 관심을 가지게 된 것은 불과 지난 200여 년에 지나지 않는다. 맨 처음 확률에 관심을 가진 것은 도박사였고, 그 다음에는 보험회사에서 사람의 생존 가능성을 연령별로 표로 표시하는 데서 볼 수 있다. 최근에 와서 확률은 경영과 사회과학 분야에서 중요한 역할을 하고 있다.

다음 절에서는 확률에 대한 세 가지 기초적인 접근을 설명한다. 그 다음에는 사건의 합(또는 합집합, union)과 사건의 곱(교집합, intersection)을 설명하고 불확실한 상황을 기술(記述)하는 것을 연습한다. 5.4절과 5.5절에서는 여러 가지 상황에서 확률을 계산하는 법칙들을 공부한다.

이전에 없었던 정보를 추가로 획득한 경우에 이러한 정보를 사용하여 확률을 더 정확하게 수정하는 것이 가능할 때도 있다. 이것을 5.6에서 다룬다. 마지막으로 5.7절에서는 어떤 사건이 발생하는 경우의 가지 수를 계산하는 조합과 순열(combinations and per-mutations)을 설명한다.

5.2 확률: 그 용어와 접근방법

기본용어

여기서부터는 중요하면서도 서로 연관된 네 개의 정의를 사용한다.

실험(experiment) 어떤 결과(outcome)를 발생시키는 행위
표본공간(sample space) 어떤 실험에서 얻을 수 있는 모든 결과의 집합
사건(event, 사상) 어떤 실험에서 가능한 한 개 또는 여러 개의 결과; 표본공간의 부분집합
확률(probability) 0과 1 사이의 숫자로서 어떤 사건이 일어날 가능성

확률의 개념은 사건(*event*, 사상)에서부터 시작한다. 관찰자에게 흥미가 있는 것이라면 무엇이든지 사건이 될 수 있다. 예제를 들면, 내일 비가 오는 것, 다음 주에 다우존스 종합지수가 30포인트 오르는 것, 심지어는 지금 잠시 휴식을 취하면서 커피를 한 잔 하는 것도 사건이 된다. 실제 적용으로서 다음 주에 다우존스 지수가 30포인트 이상 오르는 사건과 그 확률을 생각해 보자.

- **실험** 다음 주 뉴욕증권거래소에서 다우존스 지수를 관찰하는 것
- **표본공간** 표본공간은 두 개의 가능한 결과(outcomes)로 구성된다: (1) 다음 주의 다우존스 지수가 30포인트 이상 오르는 것, (2) 그렇지 않는 것.
- **사건** A = 다음 주에 다우존스 지수가 그 전주에 비해서 30포인트 이상 오르는 것
- **확률** 다음 주의 다우존스 지수가 30 이상 오를 가능성. 그 확률은 $P(A)$로 표시하고 어떤 사건 A의 확률 $P(A)$는 다음 성질을 가진다.

$0 \leq P(A) \leq 1$ 어떤 사건이든 그 사건의 확률은 0보다 작을 수 없고 1보다 클 수 없다.

$P(A) + P(A') = 1$ 사건 A가 일어나든지(A) 아니면 사건 A가 일어나지 않든지(A') 한다. 그 두 가지 경우의 확률의 합은 1이다. 여기서 (A')은 사건 A의 **여사건**(complement)이라고 부른다.

어떤 사건에 대한 확률은 0에서 1사이의 값이다. 확률이 0이면 불가능한 사건이며, 1이면 확실한 사건을 의미한다. 다음의 예를 보자.

내일 아침에 여러분이 눈을 뜨니 목성에 있을 사건을 B라고 하면, $P(B) = 0$.
내일 오후에 지구의 한 곳에서 비가 내릴 사건을 C라고 하면, $P(C) = 1$.

확률에 대한 고전적 접근방법

고전적인 접근에서는 어떤 사건이 이론적으로 일어날 수 있는 횟수의 비율로서 확률을 설명한다. 즉,

고전적 확률:
발생할 가능성이 동일한 결과들에 대해서

$$확률 = \frac{\text{어떤 사건에 속하는 결과들의 개수}}{\text{발생 가능한 결과들의 총 개수}}$$

예제를 들면, 면이 6개인 주사위를 굴려서 눈이 3인 면이 나올 확률은

$\frac{1}{1+1+1+1+1+1}$ 이다. 여기서 분모는 출현할 가능성이 서로 동일한 것으로서 각각의 눈이 나오는 6가지 결과의 총합이 고, 분자는 그 중에서 눈이 3인 경우의 결과의 개수이다.

마찬가지 방법으로 동전을 던져서 앞면이 나올 확률은 1/2이다. 이 경우는 가능한 모든 결과의 가지 수는 2이고, 그 중에서 앞면이 나오는 결과는 한 가지(1)뿐이다. 물론 동전의 앞면과 뒷면이 나올 가능성은 서로 같다. 이처럼 고전적 접근은 실제 실험(experiment)을 하지 않고 확률을 정할 수 있기 때문에 사전적 접근(*a priori* approach: 'before the fact')이라고 한다. 고전적 확률은 게임 상황에서 많이 활용된다. 그러나 만일 (1) 가능한 결과들의 발생 가능성이 서로 같지 않거나 (2) 실험 속에 숨어 있는 그 과정이 잘 알려져 있지 않으면 고전적 확률은 실제 세계에서 잘 활용할 수 없다.

확률에 대한 상대도수 접근방법

사건 발생의 상대적 빈도수에 의한 방법에서는 확률을 대단히 많은 횟수로 실험을 시행할 때 어떤 사건이 발생하여 관찰되는 비율로서 이해한다.

상대도수에 의한 확률:
어떤 실험을 아주 많이 시행할 때,

$$확률 = \frac{어떤\ 사건에\ 속하는\ 시행횟수}{총\ 시행횟수}$$

상대도수에 의한 방법으로 확률을 정의할 때는 소위 **대수**(大數)**의 법칙**(**law of large numbers**)에 의존한다. 대수의 법칙이란, 아주 많은 횟수로 실험을 시행하게 되면, 어떤 사건이 일어날 상대적 빈도수는 단 한 번의 시행에서 그 사건이 일어날 확률에 점점 가까워지게 된다는 것이다. 예를 들어서 앞면과 뒷면으로 구분되는 동전을 던지는 실험을 생각해 보자. *단 한 번을 던진다면* 앞면이 나오는 상대도수는 0 또는 1이 될 것이다. 그러나 동전을 아주 많이 던진다면, 앞면이 나올 상대도수는 0.5에 가까워지게 되는데, 그 0.5를 동전을 단 한 번 던질 때 앞면이 나올 이론적인 확률 값으로 믿는 것이다.

더 중요한 예를 들어보자. 생명보험 산업에서는 보험가입 신청자를 받아줄 것인지, 보험료를 어느 정도 책정할 것인지를 상대도수에 의존하여 결정한다. 생명보험 회사에서는 각 연령별로 사람의 대체적인 사망률을 반영하는 상대도수를 기초로 하여 보험료를 결정한다. 표 5.1은 생명보험업계에서 사용하는 사망률 표이다. 이 표에서 주의하여 볼 것은

1. 이 표는 1,000명 중에서 향후 1년 안에 사망하는 비율을 나타낸다. 신생아일 때는 사망률이 상대적으로 높다가 젊은 시절에는 약간 감소하다가 지속적으로 증가하며 95세에는 그 한 해 동안에 3명 중 1명꼴로 사망하게 된다.
2. 각 연령별 사망률을 1,000으로 나누면 사망 확률이 된다. 그 확률이 어떤 특정 사람에 대해서 사망할 확률을 정확히 나타내는 것이 아니라, 그 연령에 있는 평범한 한 사람에 해당되는 확률이다. 예제를 들면, 95세인 보통이 남자인 경우 향후 1년 안에 죽을 확률은 329.96/1,000 = 0.32996이 될 것이라고 생각하는 것이다.
3. 남자와 여자의 사망률을 비교해 보면, 남자의 사망률이 모든 나이 그룹에서 여자보다 높다. 특히 주목할 것은 10세에서 20세 사이에 남자의 사망률은 그 증가가

표 5.1

생명보험 회사는 사망률 통계표를 이용해서 보험 가입자 중 어떤 나이 그룹에서 한 해 동안 몇 명이 죽을 것인지 미리 예측한다. 사망률(death rate)을 1,000으로 나누면 그 연령의 한 보험 가입자가 죽을 확률 (probability)이 된다.

	1,000명당 사망수			1,000명당 사망수			1,000명당 사망수	
나이	남자	여자	나이	남자	여자	나이	남자	여자
0	4.18	2.89	35	2.11	1.65	70	39.51	22.11
5	0.90	0.76	40	3.02	2.42	75	64.19	38.24
10	0.73	0.68	45	4.55	3.56	80	98.84	65.99
15	1.33	0.85	50	6.71	4.96	85	152.95	116.10
20	1.90	1.05	55	10.47	7.09	90	221.77	190.75
25	1.77	1.16	60	16.08	9.47	95	329.96	317.32
30	1.73	1.35	65	25.42	14.59			

출처: 「미국 생명보험협회」, 1999. pp.182–186.

급격한 데 비해서 여자의 사망률은 그 증가가 훨씬 작다.

확률에 대한 주관적 접근방법

확률에 대한 주관적 방법은 어떤 사건이 일어날 것인지 또는 일어나지 않을 것인지에 대해 믿는 정도를 나타내는 것을 의미한다. **주관적 확률**은 육감에 의한 판단 또는 경험에 의한 추측이라고 설명할 수 있다.[1]

미국에서는 한 해에(2000년 자료) 카지노나 빙고게임 같은 여러 가지 도박에 투입된 판돈이 8,660억 달러에 달하는 것으로 추정된다. 물론 각자는 자신이 이길 가능성이 있다고 생각될 때만 판돈을 건다. 거꾸로 된 예도 있다. 보험가입자들이 화재 보험료로서 한 해(2006년 자료) 동안 지불한 액수는 94억 달러이다.[2] 만일 자신의 건물에서 화재가 발생할 확률이 제로라고 생각한다면 그만한 돈을 지불하지 않을 것이다.

육감에 의한 추측이나 경험에 의한 추측이라는 말은 주관적 확률이 수학적 이론이나 과거 사건발생에 대한 도수를 수치적으로 분석해서 얻은 것이 아니라는 뜻이다. 그러나 그렇다고 해서 그것이 의미가 없는 것은 아니다. 예를 들면 다음과 같은 주관적 확률은 일상생활에서 상당히 합당하게 보인다.

사건	주관적 확률
이 책의 이 페이지를 읽는 동안에 강도짓을 당할 것이다.	낮음(확률 $\leq$ 0.001)
오늘 누군가와 전화 통화를 할 것이다.	중간(확률 $\geq$ 0.600)
당신은 지금 신발을 거꾸로 신고 있지 않을 것이다.	높음(확률 $\geq$ 0.999)

지능을 갖춘 인간으로서 우리는 경험과 기억의 총계라고 할 수 있다. 경험과 기억을 사용해 우리에게 익숙한 사건들의 확률을 직관적으로 추정할 수 있다. 그러한 확률들은 비록 주관적이긴 하지만 의사결정을 하고 어떤 결론을 내리는 데 중요한 역할을 한다. 예를 들면 당신이 중고차를 사려고 할 때 판매원이 아주 빠르게 이야기를 해 나가면 과연 추천하는 차가 정말 괜찮은 차인지 그 확률을 수치화하기는 매우 어렵다. 그러나 확률을 수치화하지 못한다고 해도 주관적인 확률 평가는 할 수 있다. 「생활 속의 통계 5.1」에서는 주관적인 확률의 예를 소개한다. 하나는 확률이 매우 낮은 경우이고 또 하나는 오해가 자주 일어나는 경우에 대한 것이다.

확률과 오즈

오즈(Odds, 승산)는 어떤 일이 일어날 가능성을 뜻한다. 어떤 사람이 "이 결과가 나타날 오즈가 3 대 1 이다"고 하면, 그 사건이 일어날 가능성이 일어나지 않을 것의 3배라는 뜻이다. 이때 3 대 1 또는 3:1으로 표현한다. 어떤 사건에 대해서 그 오즈(승산)를 말해 주면 그것은 다음과 같이 확률로 바꿀 수 있다.

[1] 출처: OnPointRadio.org, July 26, 2006.
[2] 출처: Bureau of the Census, *Statistical Abstract of the United States 2009*, p. 739.

생활 속의 통계 • 5.1 확률, 잔디깎는 기계의 도난, 비올 가능성

여러분이 돈이 필요해서 남의 물건을 훔친다면 잔디깎는 기계를 훔쳐서 e-Bay에서 파는 것을 생각해 볼 수 있을 것이다. 2009년에 어떤 독일 사람이 실제로 그런 짓을 하였다. 그런데 보통 사람은 잔디깎는 기계를 도둑맞으면 새것을 사기 마련이다. 그래서 도둑맞은 사람이 e-Bay를 훑어보다가 자신이 잃어버린 잔디깎는 기계를 발견하고 경찰에 신고하여 도둑을 잡고 물건을 찾은 사건이 있었다. 그런 일이 일어날 확률은 사하라사막에서 풀이 자랄 가능성 정도일 것이다.

강수확률은 1960년대부터 사용되었는데도 TV에서 "내일 비올 가능성이 30%"라는 말을 하면 사람들은 무슨 의미인지 잘 모른다. 어떤 사람은 해당 지역의 30%에서 온종일 비가 온다고 생각하는가 하면, 어떤 사람은 내일 하루의 30% 동안 비가 내릴 것이라 생각한다. 시애틀의 워싱턴대학 심리학과의 Susan Joslyn은 450명의 지역학생을 표본으로 하여 조사한 결과 강수확률을 잘못 이해하는 경우가 매우 많음을 알았다. 기상학자가 말하는 강수확률이란 무엇인가? 답: 내일 비올 가능성이 30%라고 하면 해당 지역에서 내일 일정시간동안 비가 내릴 확률이 0.3이라는 뜻이다. 우산을 준비하는 것이 좋다.

출처: "Thief Nabbed Selling Stolen Mower to Owner," reuters.com, June 25, 2009; Doyle Rice, "With a Chance of Misapprehension," *USA Today*, June 24, 2009, p.7D.

오즈를 확률로, 확률을 오즈로 바꾸기:

1. 어떤 사건이 일어날 오즈를 A 대 B 또는 A:B 라고 하면 그 확률은

$$\frac{A}{A+B} \text{ 이다.}$$

2. 어떤 사건의 확률이 x $(0 \le x \le 1)$라면 그 사건이 일어날 오즈는 x:$(1-x)$이다

오즈는 되도록 간단한 정수로 나타낸다. 예를 들면 1.5 대 4는 3 대 8이 된다. 어떤 사건이 일어나지 않을 오즈는 일어날 오즈를 역으로 하면 된다. 어떤 사건이 일어날 오즈가 2:3이면 일어나지 않을 오즈는 3:2가 된다.

지금까지 설명한 확률에 대한 접근방법과 마찬가지로 오즈에 대해서도 고전적인 방법, 상대도수를 이용한 방법, 그리고 주관적인 방법으로 정할 수 있다.

다음의 예를 보자.

- **고전적 방법.** 동전을 던질 때 앞면이 나올 확률은 0.5이다. 그 때의 오즈는 0.5:0.5 혹은 1:1이다.
- **상대도수 방법.** 미국에서 인터넷에 접속이 가능한 휴대폰을 가진 가구의 비율이 16.1%라고 하면, 그 확률은 0.161이 된다. 무작위로 한 가구를 선택했을 때 인터넷에 접속이 가능한 휴대폰을 가지고 있을 사건을 정의하면, 그 사건이 발생할 오즈는 0.161:0.839 혹은 대략적으로 1:5가 된다.
- **주관적 방법.** 메이저리그 야구의 우승팀을 예측하는 전문가(oddsmaker라고 부른다)는 2000년 시즌에 뉴욕 양키즈가 승리할 오즈를 1:3으로 결정하였는데, 이를 주관적 확률로 바꾸면 1/(1 + 3) 혹은 0.25가 된다. 밀워키 브루어즈의 오즈는 그보다 훨씬 낮은 1:10,000,000이었다.

1. 어떤 사건이 일어나지 않을 오즈를 나타낼 때는 오즈의 숫자를 반대로 적는다. 메이저리그의 경우에는 양키즈가 우승하지 못할 오즈로서 3:1로 발표한다. 그렇지만 위의 예에서는 교재의 설명과 일관성을 유지하기 위하여 우승할 오즈의 형태로 나타내었다.
2. 운동경기에서는 한 팀이 승리할 오즈가 1:1이 되도록 그 팀의 점수에 특정점수(point spread라고 부른다)를 더하거나 빼서 표현하기도 한다.

연습문제

5.1 컴퓨터 제조회사의 사장이 말하기를 향후 5년 동안에 노트북컴퓨터 수요가 2배가 될 가능성이 70%라고 한다. 이때 이 확률은 고전적 확률인가, 상대도수확률인가, 아니면 주관적 확률인가?

5.2 사건 *A*를 "내년부터 에어 프랑스가 아이다호 주의 '포카텔로'로 매일 한 차례씩 운항하는 항공편을 만들 예정이다"로 정의할 때, 표본공간과 발생 가능한 사건들을 규명해 보라. 규명한 사건(들)과 그 여사건(들)의 확률을 주관적 판단을 활용하여 도출해 보라.

5.3 사건 *B*를 "내년도 IBM 회사의 순이익이 증가하는 것"으로 정의할 때, 표본공간과 발생 가능한 사건들을 규명해 보라. 규명한 사건(들)과 그 여사건(들)의 확률을 주관적 판단을 활용하여 도출해 보라.

5.4 각 가정에 있는 전기계량기는 전기사용량을 5자리 숫자의 KW 단위로 표시한다. 무작위로 한 가정을 선택했을 때, 그 집의 전기계량기의 맨 오른쪽 디지털 숫자가 '7'이 될 수도 있다. 고전적인 확률의 개념을 이용해서 그 숫자가 '7'이 될 확률을 계산하라.

5.5 연습문제 5.4에서 규명한 고전적 확률값이 맞는지 대수의 법칙을 적용해서 확인하라.

5.6 주사위를 한 번 던지는 경우 고전적 확률에 의하면 주사위 눈이 '2'가 될 확률은 1/6이 된다. 만일 주사위를 60번 던져서 '2'가 9번 나왔다면 이 주사위가 불균형하게 만들어진 것이라고 생각할 수 있는가? 왜 그런가 또는 왜 그렇지 않은가?

5.7 미국의 메사츄세츠 주가 몬타나 주에 이어서 두 번째로 보험료책정에서 남녀성차별을 금지하였다. 표 5.1의 사망률통계표를 참고해서 볼 때, 성차별을 없애면 생명보험료가 남자의 경우 오르는가 내리는가? 여자의 경우는 어떤가? (출처: John R. Dorfman, "Proposals for Equal Insurance Fees for Men and Women Spark Battle," *Wall Street Journal*, August 27, 1987, p. 23)

5.8 조사에 따르면 미국 성인의 35%가 작년에 운동경기를 참관한 것으로 나타났다. 만약 무작위로 미국 성인을 선택했을 때 선택된 사람이 작년 운동경기를 보러 갔을 확률을 구하라.

5.9 어떤 사건이 일어날 오즈가 4:7이면 그 확률은 얼마인가?

5.3 사건의 합집합과 교집합

앞에서 설명하였듯이 사건이란 실험에서 얻을 수 있는 한 개 이상의 결과를 말하며, 표본공간이란 모든 가능한 결과를 모은 전체집합을 말한다. 표본공간과 사건은 테이블 형태로 표시하거나 시각적으로 볼 수 있게 표현할 수 있다. 테이블이나 시각적 표현을 이용하면 확률개념을 쉽게 이해할 수 있다.

테이블 형태는 2장에서 설명한 사건분할표(또는 확률분할표; contingency table)로 나타내는 것이다. 사건분할표를 이용하면 그 발생도수 또는 상대도수를 2개의 변수(사건으로 표현된 변수)에 대해서 동시에 나타낼 수 있다. 시각적 방법은 **벤다이어그램**(Venn diagram)이라고 불리는 방법인데 표본공간 속에 가능한 사건을 동시에 표시할 수 있다. 여기서는 사건분할표와 벤다이어그램을 이용해서 확률에 관계되는 중요한 개념들을 먼저 설명한다.

상호배타적 사건 한 사건이 일어나면 다른 사건은 일어날 수 없을 때 그 두 사건을 상호배타적 사건(mutually exclusive events)이라고 하고 그 관계를 상호배타적이라고 한다. 어떤 사건(A)과 그것의 여사건(A')은 항상 상호배타적이다.

포괄적 사건 사건들의 어떤 집합이 실험에서 얻을 수 있는 가능한 결과들을 모두 포함하면 포괄적(exhaustive)이라고 한다. 사건 A와 그 여사건 A'은 서로 배타적인 동시에 둘 중 하나는 반드시 일어나야 하기 때문에 포괄적이다. 어떤 집합(set) 속에 들어 있는 사건들이 상호배타적이면서 포괄적이면 그 사건들의 확률의 합은 1.0이 된다. 그 사건들 중에서 하나는 반드시 일어나야 하고 그 사건들이 모든 가능한 경우를 다 포함하기 때문이다. 상대도수 분할표 속에 들어 있는 각각의 경우(사건)는 상호배타적이면서 포괄적이고, 그 상대도수의 합은 1.0이 된다.

사건의 교집합 두 개 이상의 사건들이 동시에 일어나는 것(사건)을 말한다. 사건의 교집합은 *A* and *B* 또는 *A* and *B* and *C* 로 표현한다. (집합기호로는 $A \cap B$ 또는 $A \cap B \cap C$로 표현한다.)

사건의 합집합: 여러 개의 사건 중에서 적어도 한 개가 일어나는 것(사건)을 말한다. 사건의 합은 *A* or *B* 또는 *A* or *B* or *C*로 표현한다. (집합기호로는 $A \cup B$ 또는 $A \cup B \cup C$로 표현한다.)

표 5.2의 분할표 (1)과 (2)는 1995년에 불꽃놀이를 하다가 다친 사람을 나이와 성별로 도수와 상대도수를 나타낸 것이다. 분할표 (2)는 총 사람 수 11,449를 가지고 각각의 경우를 나눈 것이다. 예를 들면 (1)의 3,477명은 다친 사람이 남자이면서 15세 미만의 경우인데, 그것을 11,449로 나눈 것이 분할표 (2)의 0.304이다 (3,477/11,449 = 0.304).

- **상호배타적 사건** 다친 사람이 남자이든지(사건 *A* 8,913명) 여자이다(사건 *A*′ 2,536명).
- **포괄적** 사건 4가지 경우의 사건(*A* and *B*), (*A* and *B*′), (*A*′ and *B*), (*A*′ and *B*′)은 상호배타적이면서 동시에 포괄적이다. 각각의 경우는 성별과 나이로 구분한 4가지 경우의 사건 분류 중 하나에 속하기 때문이다.
- **사건의 교집합** 다친 사람이 남자이면서 15세 미만인 경우, 즉 '*A* and *B*' 분류의 경우는 3,477명이다.
- **사건의 합집합** 다친 사람이 남자이거나 15세 미만인 경우, 즉 '*A* or *B*' 분류의

표 5.2

불꽃놀이를 하다가 다친 사람에 대한 도수와 상대도수 분할표

(1) 도수분할표

			나이		
			B 15세 미만	*B*′ 15세 이상	
성별	*A*	남자	3477	5436	8913
	A′	여자	1249	1287	2536
			4726	6723	11,449

(2) 상대도수 분할표

			나이		
			B 15세 미만	*B*′ 15세 이상	
성별	*A*	남자	0.304	0.475	0.779
	A′	여자	0.109	0.112	0.221
			0.413	0.587	1.000

출처: U.S. Consumer Product Safety Commission, National Electronic Injury Surveillance System.

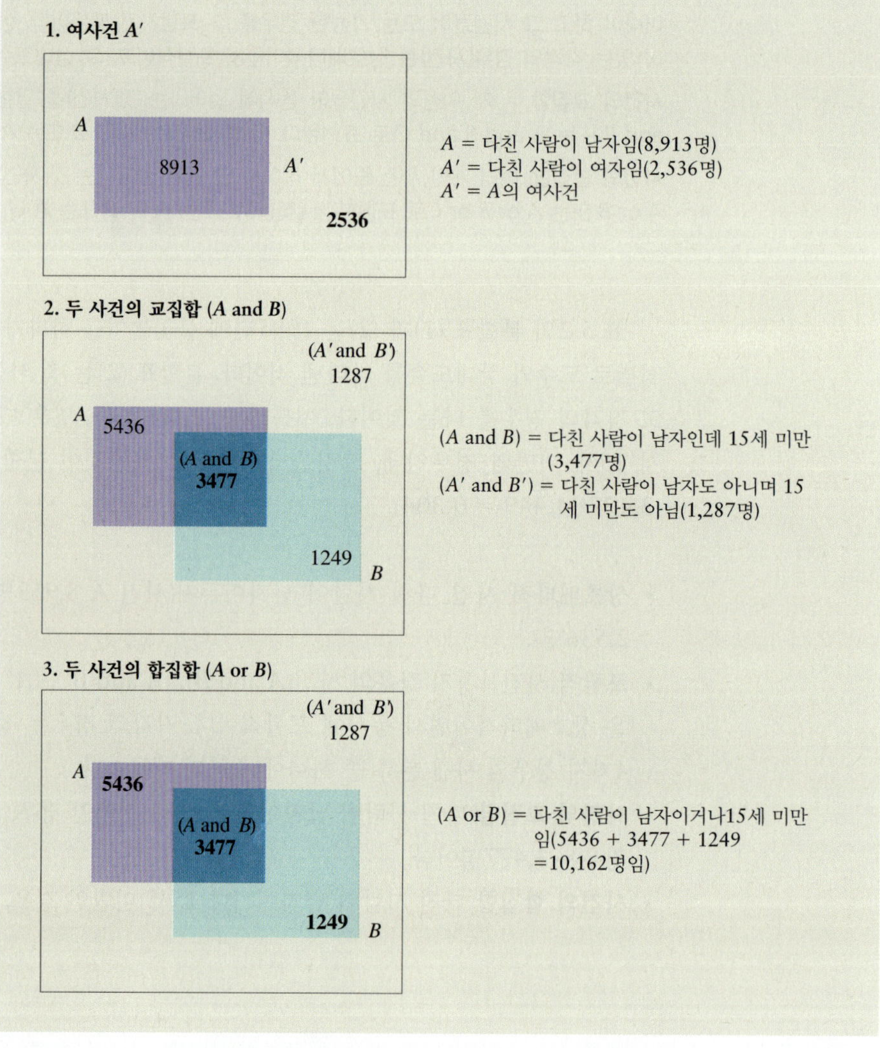

그림 5.1

불꽃놀이를 하다가 다친 사람의 수를 나타내는 벤다이어그램

경우는 10,162명이다. 이 경우는 다친 사람이 여자이면서 15세 이상인 경우를 제외한 모든 경우로 5,346 + 3,477 + 1,249 = 10,162대이다.

그림 5.1은 여러 가지 경우의 벤다이어그램이다. 벤다이어그램은 성별/나이의 분류에 따른 사람수를 보여준다. 함유하고 있는 정보는 표 5.2와 동일하지만 더 시각적인 장점이 있다. 사건의 합과 결합에 따른 사람수를 보여 주는데, 그 결과는 도수분할표와 꼭 같다.

연습문제

5.10 사건 A, B, C를 포함하는 표본공간이 있다. 이 세 개 사건이 상호배타적인 경우를 나타내는 벤다이어그램을 그려라.

5.11 사건 A, B, C를 포함하는 표본공간이 있다. 사건 A와 B는 상호배타적이고 사건 B와 C는 상호배타적이 아닌 경우를 벤다이어그램으로 나타내어라.

5.12 다음의 도수분할표는 매릴랜드 주에서 5년 동안 화재 발생 시 사상자 수를 나타낸다. 편의상 열과 행을 A, B, C, D, E, F, G로 이름을 붙였다. (출처: National Fire Protection Association, *The 1984 Fire Almanac*, p. 151)

나이		사상자들의 혈중 알코올농도 A 0.00%	B 0.01~0.09%	C ≥0.10%	
D	0~19	142	7	6	155
E	20~39	47	8	41	96
F	40~59	29	8	77	114
G	60 이상	47	7	35	89
		265	30	159	454

a. 이 테이블에서 상호배타적인 사건 두 개를 들어라.
b. 이 테이블에서 교집합을 이루는 사건 두 개를 들어라.

5.13 연습문제 5.12에서 다음의 각 분류에 속하는 사상자 수를 계산하라.

a. (A and A')　　b. (C or F)

c. (A' and G')　　d. (B or G')

5.14 연습문제 5.12의 테이블을 참조해서 임의로 한 희생자를 선택했을 때 나이가 60세 이상이고, 혈중알코올농도가 0.10% 이상이 될 확률은?

5.15 다음 테이블은 1986년 한 해 동안 북미와 남미 대륙에서 가스유전을 조사한 결과이다. (출처: American Gas Association, *1987 Gas Facts*, p. 50)

		매장량이 바닥남	매장량이 남아 있음	
N	북미	14,131	31,575	45,706
N'	남미	404	2,563	2,967
		14,535	34,138	48,673

a. 테이블에서 정보를 나타내는 벤다이어그램을 그려라.
b. 벤다이어그램에서 (N and D)을 나타내는 영역을 표시하라.
c. 벤다이어그램에서 (N' and D')를 나타내는 영역을 표시하라.
d. (N or D)를 나타내는 영역을 표시하라.
e. (N' or D')을 나타내는 영역을 표시하라.

5.16 연습문제 5.15의 테이블에서 48,673개의 가스유전 가운데 임의로 한 개를 선택했다고 하자.
a. 그 유전이 북미에 있고 매장이 없을 확률은 얼마인가?
b. 그 유전이 남미에 있고 매장이 있을 확률은 얼마인가?

5.17 프랑스에서 맥도날드 레스토랑을 운영하는 사람이 있는데, 그는 그 도시의 다른 한쪽 편에 새로운 프랜차이즈 가게를 한 개 더 개점할 것을 고려하고 있다. 동일한 시기에 미국 펜실베니아 주 턴파이크 고속도로 관리책임자는 제한속도를 지금보다 10마일 더 늘일 것인지를 고민하고 있었다. 이들 각각의 의사결정을 나타내는 벤다이어그램을 하나 그려라. (벤다이어그램을 그릴 때) 사건들의 상호배반성에 대해서 어떤 가정을 하고 있는지 설명하라.

5.18 어떤 지역에서 역사적 유적지를 매각하는 경매에서 쇼핑몰 개발사업자와 지역역사 보존회 두 사람만이 입찰에 참가하였다. 다음 주에 개최되는 시청위원회에서 밀봉된 입찰서를 개봉하여 낙찰을 공시하려고 한다. 벤다이어그램을 하나 그려서 각 참가자들의 구매/불구매의 의사를 나타내어라. 각 사건들의 상호배반성에 대해 어떤 가정이 필요한지 설명하라.

5.19 미국 에너지 정보 기관의 조사에 따르면, 컴퓨터를 소유하고 있는 미국 6천만 가정이 아래 표에 지역적 분포와 인터넷 접속 여부로 분류되어 있다. 기재된 데이터는 백만 단위로 되어 있다. 한 가정을 무작위로 선택할 때 (남부 or 중서부 or 가능)의 분류에 속할 확률은? 또 (서부 and 불가능)에 속할 확률은?

인터넷 접속 여부	지역 동북부	중서부	남부	서부	
가능	9.7	11.8	16.9	12.2	50.6
불가능	1.2	2.3	3.8	2.1	9.4
	10.9	14.1	20.7	14.3	60.0

5.20 어느 고등학교 졸업생 가운데에 남학생이 100명, 여학생이 120명이 있다. 이 중 남학생 35%와 여학생 30%는 교내 스포츠팀에 가입되어 있다. 졸업생 가운데 무작위로 한 명 뽑아서 한 지역 사업가가 $1,000 장학금을 수여하려고 한다. 뽑힌 학생이 남학생이면서 스포츠팀에 가입되어 있지 않을 확률은? 뽑힌 학생이 여학생이거나 스포츠팀에 가입되어 있을 확률은?

5.4 확률의 덧셈법칙

실험에서 여러 개의 사건 가운데 한 개 이상이 일어날 확률을 계산해야 할 때가 많다. 그때에는 확률의 **덧셈법칙**을 적용하는데 사건들이 상호배타적인가 여부에 따라 적용방법이 달라진다. 그림 5.2의 벤다이어그램을 이용해서 설명해 보자.

사건들이 상호배타적일 때 확률의 덧셈법칙

사건들이 **상호배타적**일 때에는 그중 한 개가 일어나면 다른 사건들은 발생하지 않는다. 이 때에는 그 사건 중에 하나가 일어날 확률은 그 사건에 속하는 각각의 개별 확률을 더하면 된다. 두 개의 사건을 대상으로 한다면, 확률의 덧셈법칙은 다음과 같다.

상호배타적일 때 확률의 덧셈법칙:

$$P(A \text{ or } B) = P(A) + P(B)$$

그림 5.2의 (1)은 북미에서 제조한 2004년형 소형차의 색깔의 상대도수를 나타낸다. 벤다이어그램에서 볼 수 있듯이 가능한 사건들은 상호배타적이다. 한 자동차에는 한 가지 색만 가능하다. A, B 두 개 문자를 각각 은색과 붉은색을 나타내는 것으로 하면, 임의로 선택한 한 소형차에 대한 확률은 다음과 같다.

- 자동차가 은색 혹은 붉은색일 확률:

$$P(A \text{ or } B) = P(A) + P(B) = 0.20 + 0.17 = 0.37$$

그림 5.2

상대도수를 보여주는 벤다이어그램. (1) 북미에서 제조한 2004년형 소형차의 색깔, (2) 불꽃놀이를 하다가 다친 사람.

1. 상호배타적 사건(소형차의 색)

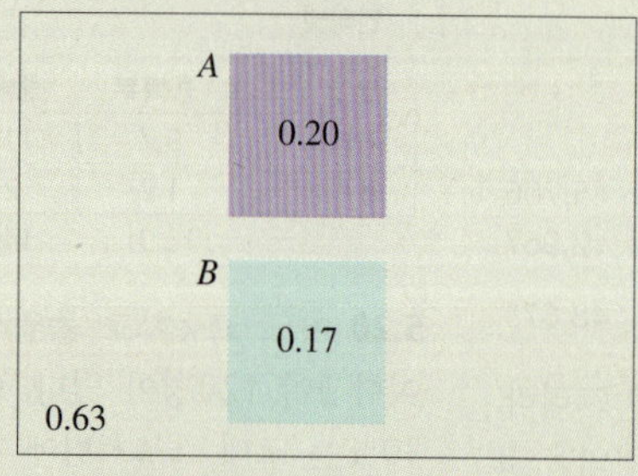

A = 은색
B = 붉은색
(63%는 은색도 아니고 붉은색도 아님)

2. 상호배타적이 아닌 사건(다친 사람)

A = 다친 사람이 남자임.
B = 다친 사람이 15세 미만임.
(11.2%는 남자도 아니고 15세 미만도 아님.)

출처: Part (1) *Time Almanac 2006*, p. 609. Part (2) U.S. Consumer Product Safety Com-mission, National Electronic Injury Surveillance System.

- 자동차가 은색이거나, 은색과 붉은색이 아닌 다른 색일 확률:

  '은색도 아니고 붉은색도 아닌' 사건은 $(A'$ and $B')$으로 나타낼 수 있다. 이 표시를 사용해서 어떤 자동차가 은색이거나, 은색과 붉은색이 아닌 다른 색일 확률을 정할 수 있다.

$$P(A \text{ or } [A' \text{ and } B']) = P(A) + P(A' \text{ and } B') = 0.20 + 0.63 = 0.83$$

사건들이 상호배타적이 아닐 때의 확률의 덧셈법칙

사건들이 상호배타적이 아니면 그중 두 개 또는 그 이상의 사건들이 동시에 일어 날 수 있다. 이 때에는 확률 덧셈의 일반법칙(*general rule of addition*)을 적용할 수 있다. 사건이 두 개인 경우는 다음과 같이 쓸 수 있다:

사건들이 상호배타적이 아닐 때 적용하는 확률 덧셈의 일반법칙 :

$$P(A \text{ or } B) = P(A) + P(B) - P(A \text{ and } B)$$

일반화된 법칙이란 말이 암시하고 있듯이 그것은 사건들이 상호배타적일 때에도 적용할 수 있다. 이 때에는 우변의 마지막 항 $P(A$ and $B)$는 0이 된다. 상호배타적인 사건은 동시에 일어날 수 없기 때문이다.

그림 5.2 (2)에서 벤다이어그램은 불꽃놀이를 하다가 다친 사람의 상대도수를 보여주고 있다. 이 때에는 사건들이 상호배타적이지 않다. 예를 들면 다친 사람이 남자이면서 15세 미만인 경우는 $(A$ and $B)$ 분류에 속한다.

그림 5.2의 (2)에서 보면 다친 사람을 무작위로 선택하면 남자인 경우(사건)의 확률은 0.475 + 0.304이다. 즉 $P(A) = 0.779$이다. 임의로 선택했을 때 15세 미만인 경우(사건)의 확률은 0.109 + 0.304, 즉 $P(B) = 0.413$이다. 만일 이 두 확률을 그냥 더해 버리면 그 결과는 1보다 크다(합은 1.1192이므로). 확률은 1.0보다 클 수 없기 때문에 이것은 불가능하다. 오류는 교집합 사건의 확률, 즉 $P(A$ and $B) = 0.304$가 두 번 더해졌기 때문이다. 이것을 보정하기 위해서는 각각의 확률을 더하고 그 교집합 확률을 한 번 빼주어야 한다. 그러면 다친 사람이 남자이거나 15세 미만일 확률은 다음과 같다:

$$P(A \text{ or } B) = P(A) + P(B) - P(A \text{ and } B) = 0.779 + 0.413 - 0.304 = 0.888$$

확률 덧셈의 일반법칙을 적용해서 다음 확률을 구해보자! 다친 사람을 무작위로 선택하면 그 사람이 여자이거나 15세이상일 확률을 어떻게 구할 수 있을까?

$$P(\text{여자}) = P(A') = 0.221$$
$$P(15\text{세 이상}) = P(B') = 0.587$$
$$P(\text{여자 and } 15\text{세 이상}) = P(A' \text{ and } B') = 0.112$$

그러면

$$\begin{aligned} P(A' \text{ or } B') &= P(A') + P(B') - P(A' \text{ and } B') \\ &= 0.221 + 0.587 - 0.112 = 0.696 \end{aligned}$$

연습문제

5.21 한 투자자문가는 자신의 메일을 직접 받아보는 투자자들을 대상으로 투자상담 워크숍을 개최하려고 한다. 보통의 워크숍에는 10명이 참석한다. 과거 자료를 보면, 고급반 워크숍의 경우에 35%에는 아무도 등록을 하지 않는다. 30%에는 한 사람이 등록하고, 25%에는 두 사람이 등록하고, 10%에는 세 사람 이상이 등록한다. 내일 투자설명 고급반 워크숍을 개최하려고 한다. 적어도 두 명 또는 그 이상이 등록할 확률을 구하라. 등록자가 한 사람을 넘지 못할 확률을 구하라. 벤다이어그램을 그려서 모든 가능한 경우를 다 표시하고 그 상대도수를 표시하라.

5.22 아래의 표는 어떤 회사 직원들의 집에서 회사까지 거리의 상대도수를 나타내고 있다.

	마일 (One-Way)					
	A	*B*	*C*	*D*	*E*	*F*
	≤5	6~10	11~15	16~20	21~30	≥31
상대도수	0.38	0.25	0.16	0.09	0.07	0.05

a. 무작위로 정한 회사원의 출근거리가 11마일 이상일 확률은?

b. 무작위로 정한 회사원의 출근거리가 6과 15마일 사이일 확률은?

c. 벤다이어그램을 그려서 상대도수를 나타내어라.

d. 표에 개시된 알파벳을 이용하여 다음의 확률을 구하라: $P(A \text{ or } B \text{ or } E)$; $P(A \text{ or } F)$; $P(A' \text{ or } B)$; $P(A \text{ or } B \text{ or } C')$

5.23 2008년 맥도날드는 총 31,967개의 지점을 소유하고 있었다. 그중 21,328 지점은 체인점, 6502 지점은 직영점, 그리고 4137 지점은 제휴점이다. 한 지점을 무작위로 선택할 때 그 지점이 체인점이나 제휴점일 확률은? (출처: McDonald's Corporation, *2008 Annual Report*, p. 44)

5.24 A, B, C세 개의 상호배타적 사건에 대해서, $P(A) = 0.3$, $P(B) = 0.6$, $P(A \text{ or } B \text{ or } C) = 1.0$이다. $P(A \text{ or } C)$는 얼마인가?

5.25 유나이티드 항공사의 보고서에 따르면 전체 49,600명의 직원들이 다음 표와 같이 기능별로 분포되어 있다. (출처: United Airlines, *Fact Sheet 2008*)

파일럿	13%	(*A*)
에이전트/사무원	17	(*B*)
승무원	27	(*C*)
기계공	11	(*D*)
기타	32	(*E*)
	100%	

유나이티 항공 직원들의 기능 소속을 표본공간으로 삼고 다음에 답하라.

a. 사건 A, B, C, D, E를 나타내는 벤다이어그램을 그려라.

b. $P(A) = ?$

c. $P(A \text{ or } B) = ?$

d. $P(A \text{ or } D') = ?$

5.26 2003년도에 엔터지 기업은 2,631,752명의 전력 고객을 소유하고 있었다. 그중 86.0%는 주택(R); 11.8%는 상업(C); 1.6%는 산업(I); 그리고 0.6%는 정부와 지방자치제다. (출처: Entergy Corporation, *2003 Annual Report*)

a. 사건 R, C, I, G를 나타내는 벤다이어그램을 그려라.

b. $P(R) = ?$

c. $P(C \text{ or } G) = ?$

d. $P(R \text{ or } C') = ?$

5.27 노동부서 통계에 의하면 생명과학, 자연과학, 그리고 사회과학 분야에 종사하는 인구는 777,000명이 남성이고 588,000이 여성; 농업, 어업, 그리고 임업 분야에 종사하는 인구는 786,000명이 남성이고 204,000명이 여성이다. 모든 2,355,000 인구 중 한 명을 무작위로 골랐을 시 남성이고 생명과학, 자연과학, 또는 사회과학 분야에 종사할 확률은? (출처: *Encyclopedia Britannica Almanac 2006*, p.835)

5.28 연습문제 5.12의 테이블을 보고 다음 확률을 계산하라.

a. $P(A \text{ or } D)$ b. $P(B \text{ or } F)$

c. $P(C \text{ or } G)$ d. $P(B \text{ or } C \text{ or } G)$

5.29 연습문제 5.15의 테이블을 참조하여 다음 확률을 계산하라.

a. $P(D \text{ or } N)$ b. $P(D' \text{ or } N')$

c. $P(D \text{ or } N')$ d. $P(D' \text{ or } N)$

5.5 확률의 곱셈법칙

확률의 덧셈법칙은 여러 개의 사건 중에서 한 개 이상이 일어날 확률을 계산할 때 적용하였다. 여기서는 두 개의 사건이 동시에 발생하는 확률을 계산하는 확률법칙을 공부하고자 한다. 확률의 곱셈법칙은 세 개 이상의 사건이 동시에 발생하는 데에도 적용할 수 있다. 확률의 곱셈에는 몇 가지 중요한 개념을 같이 알아야 한다.

주변확률(marginal probability) 두 개 또는 그 이상의 사건이 동시에 일어날 수 있을 때 하나의 특정한 사건에 주목하여 그것이 일어날 확률을 말한다. 다른 사건들은 고려하지 않는다. 보통 $P(A)$로 표현한다.

결합확률(joint probability) 두 개 이상의 사건이 동시에 일어날 확률을 말한다. 보통 $P(A \text{ and } B)$로 표현한다. 이것은 사건 분할표에서 교집합의 확률(probability of intersection)과 같다.

조건부 확률(conditional probability) 어떤 사건이 이미 발생한 상태에서 다른 사건이 일어날 확률을 말한다. 보통 $P(A \mid B)$로 표시한다. 이는 B의 조건 하에서 A가 일어날 확률(the probability of A given B)로 읽는다. 조건부 확률은 다음과 같이 계산된다.
사건 B가 일어난 조건 하에서 사건 A의 확률:

$$P(A|B) = \frac{P(A \text{ and } B)}{P(B)}$$, 단 $P(B)>0$ 일 때만 적용할 수 있다.

이제 **확률의 곱셈법칙**을 설명해 보자. 확률의 곱셈법칙은 두 개의 사건이 동시에 발생할 확률을 계산해 준다. 세 개 또는 그 이상의 사건이 동시에 모두 발생할 확률도 곱셈법칙을 이용하여 계산할 수 있다. 확률의 곱셈법칙은 사건들이 서로 독립적인지 여부에 따라 두 가지로 나뉜다. 사건의 독립과 사건의 종속을 먼저 살펴보자.

독립사건 하나의 사건 발생이 다른 사건의 발생확률에 전혀 영향을 미치지 않을 때 두 사건을 서로 독립이라고 하고, 각각을 다른 사건에 대해서 독립사건이라고 한다.

종속사건 한 사건의 발생이 다른 사건의 발생확률에 변화를 일으킬 때 두 사건을 서로 종속이라고 하고, 각각을 다른 사건에 대해서 종속사건이라고 한다.

사건들이 서로 독립일 때 확률의 곱셈법칙

사건들이 서로 독립이면 그것의 결합확률은 각각의 개별사건의 발생확률의 곱이 된다. 사건이 두 개인 경우는 다음과 같다.

두 개 사건이 독립일 때 결합확률을 구하는 확률의 곱셈법칙:

$$P(A \text{ and } B) = P(A) \times P(B)$$

확률의 곱셈법칙을 **나무그림**을 이용하면 눈으로 볼 수 있게 설명할 수 있다. 나무그림을 이용하면 사건들이 순차적으로 발생하는 것을 쉽게 나타낼 수 있다. 그림 5.3은 동전을 두 번 던지는 것을 트리 형태로 나타낸 것이다. 첫 번째 던지기의 결과에 상관없이 두 번째 던지기에서 동전의 앞면이 나올 확률은 0.5이다. 따라서 서

그림 5.3

두 번의 동전던지기를 보여주는 나무그림. 두 번의 던지기는 서로독립이다. 한 번 던지기에서 앞면이 나올 확률은 다음 던지기에서 앞면이 나올 확률에 영향을 미치지 않는다.

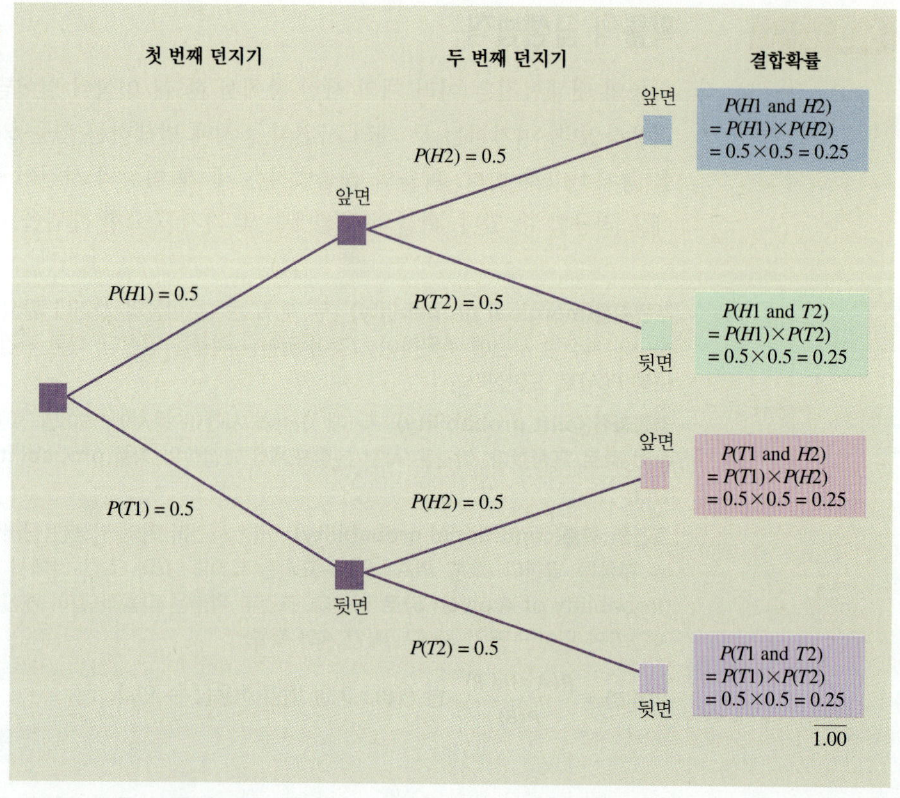

로 독립이다. 나무그림은 각각의 모든 가능한 사건발생과 결합확률을 보여준다.

예를 들면 두 번 연속해서 앞면이 나올 확률은 0.5 × 0.5 = 0.25이다. 다른 경우의 연속사건의 발생확률도 0.25이다($H1 - T2$, $T1 - T2$, $T1 - H2$). 나무그림에는 네 가지 경우의 사건을 다 포함하고 있기 때문에 그들 결합확률의 합계는 1.0이다.

사건이 서로 독립이 아닐 때 확률의 곱셈법칙

사건이 독립이 아니면 한 사건의 발생이 다른 사건의 발생확률에 영향을 미친다. 이러한 경우의 일반적인 곱셈법칙은 다음과 같다.

사건들이 독립이 아닐 때 결합확률을 구하는 확률의 곱셈법칙:

$$P(A \text{ and } B) = P(A) \times P(B \mid A)$$

표 5.3은 상대도수 분할표에서 주변확률, 결합확률, 조건부 확률을 보여주고 있다. 그것을 보면 다친 사람은 여자보다는 남자일 가능성이 높다. 각각의 주변확률은 $P(A) = 0.779$, $P(A') = 0.221$이다. 다친 사람의 30.4%는 15세 미만의 남자였다. 이 경우 결합확률은 $P(A \text{ and } B) = 0.304$이다.

분할표는 그림 5.4와 같이 나무그림으로 나타낼 수 있다. 트리 형태로 표현하면 연관성을 시각적으로 보여줄 수 있다. 그림 5.4의 나무그림에는 표 5.3의 주변확

표 5.3

상대도수 분할표, 다친 사람을 무작위로 선택했을 경우의 주변확률, 결합확률, 조건부 확률을 보여준다.

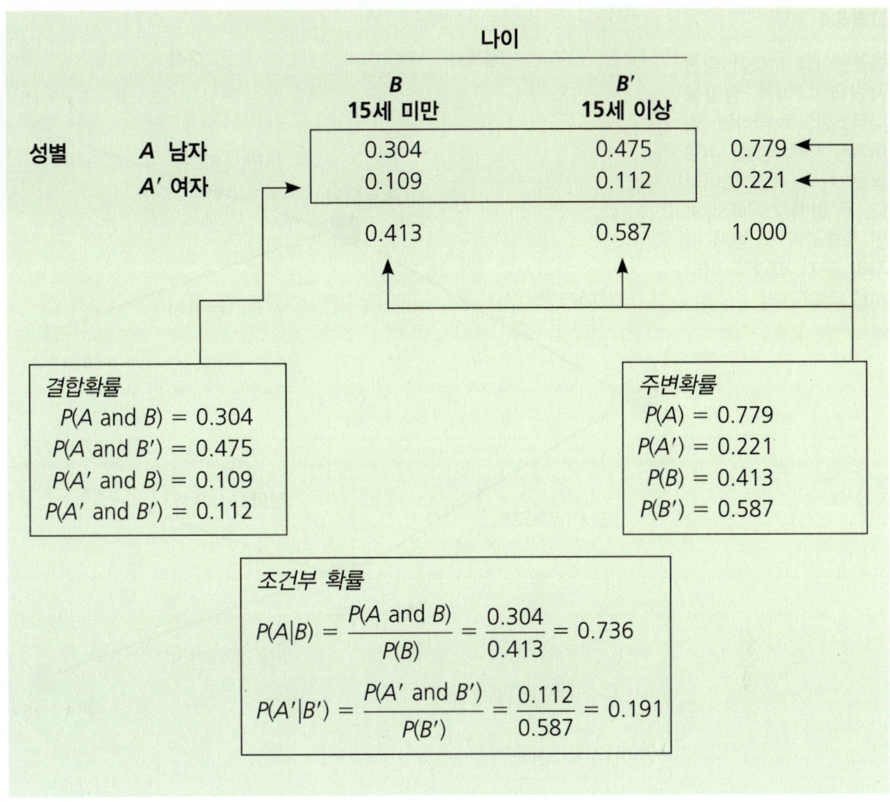

률, 결합확률 및 조건부 확률을 보여준다.

나무그림의 첫 번째 가지(branch)는 주변확률이 된다. 이 확률은 상대도수로부터 정할 수 있다.

$$\text{다친 사람이 남자일 주변확률} = P(A) = 0.779$$
$$\text{다친 사람이 여자일 주변확률} = P(A') = 0.221$$

트리에서 두 번째 가지는 첫 번째 가지의 결과에 따라 달라지는 조건부 확률이 나타난다. 예를 들면 첫 번째 가지에서 다친 사람이 남자일 경우에 그사람이 15세 미만일 확률을 조건부 확률로 구하면 다음과 같이 0.390이다.

$$P(B|A) = \frac{P(B \text{ and } A)}{P(A)} = \frac{0.304}{0.779} = 0.390$$

다른 조건부 확률도 같은 방법으로 계산할 수 있다. 그림의 트리의 맨끝에는 네 개의 결합확률이 계산되어 있다. 그림 5.3과 마찬가지로 그 합은 1.0이다.

되돌림이 없는 추출(**비복원추출**, *sample without replacement*)에서는 사건이 서로 종속된다. 예제를 들면, 그림 5.5는 10개의 볼트 중에서 2개가 불량인 경우, 그 주머니 속에서 볼트를 되돌림 없이 차례로 두 개를 끄집어낼 때를 나무그림으로 그린 것이다. 첫 번째 끄집어낸 볼트가 불량일 확률은 $P(D1) = 2/10 = 0.200$이다. 첫 번째 끄집어낸 볼트가 불량일 경우에, 두 번째 끄집어낸 볼트가 불량품일 확

그림 5.4

불꽃놀이를 하다가 다친 사람의 나이와 성별을 나무그림으로 나타낸 것. 여기서 사건 (성별, 나이)들은 서로 독립이 아니다. 두 번째 가지에서 보면 확률값이 첫 번째 가지의 분지 결과에 따라 서로 다르다.

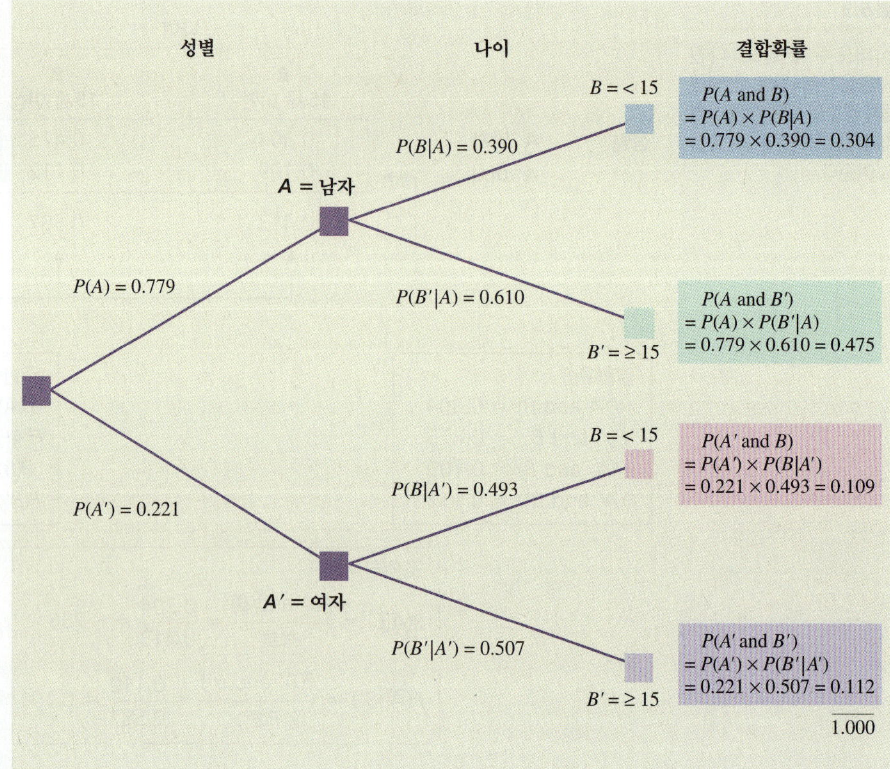

그림 5.5

여덟 개의 양품 볼트와 두 개의 불량품 볼트가 들어 있는 주머니에서 두 개를 연속해서 되돌림 없이 추출하는 실험을 나무그림으로 나타낸 것이다. 두 번째 볼트가 불량일 확률은 첫 번째 끄집어낸 볼트가 불량품($D1$)인지 정품($G1$)인지에 따라 달라진다. 첫 번째가 불량품일 때 두 번째가 불량품일 확률은 $P(D2|D1) = 0.111$ 이다.

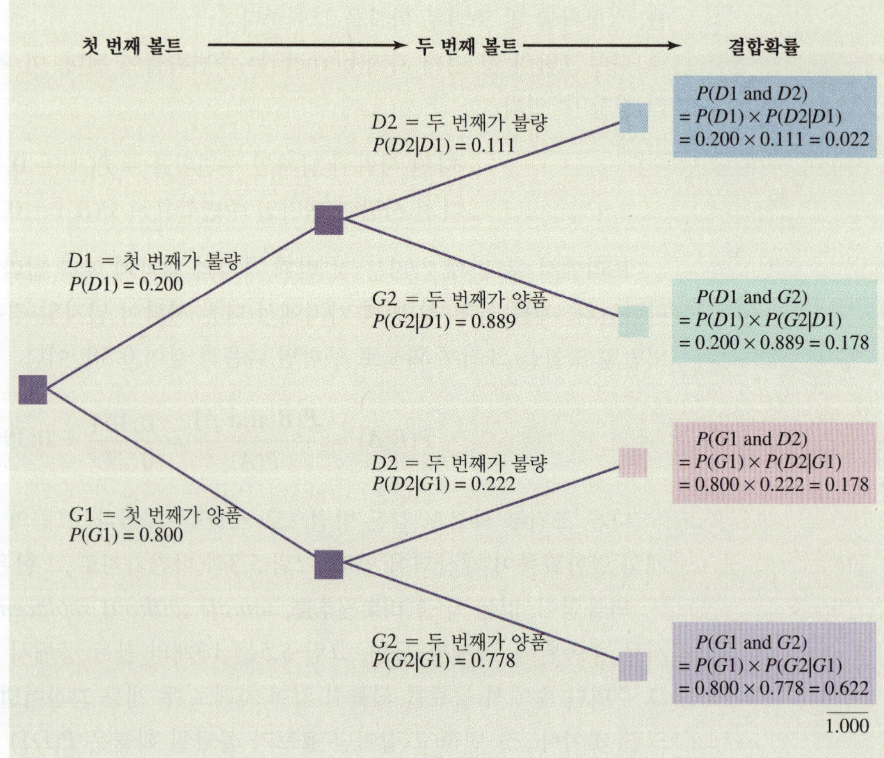

률은 조건부 확률로 표현되는데 $P(D2 \mid D1) = 1/9 = 0.111$이다. 남아 있는 9개 볼트 중에서 불량 볼트는 한 개만 들어 있기 때문이다. 만일 첫 번째 볼트가 불량품이 아니면, 두 번째 끄집어내는 볼트가 불량품일 확률은 방금 계산한 것과 다르다. 즉 $P(D2 \mid G1) = 2/9 = 0.222$이다.

연습문제

5.30 주변확률과 결합확률은 서로 어떻게 다른가?

5.31 어떤 표본공간에서 $P(A) = 0.7$, $P(B) = 0.6$, $P(A \text{ and } B) = 0.35$이다. 이 정보를 볼 때 사건 A와 B는 서로 배반적인가? 서로 독립인가?

5.32 두 사건 A와 B가 독립이면 $P(A|B)$가 $P(A)$보다 큰가, 작은가 아니면 같은가? 설명하라.

5.33 정보에 의하면 미국의 월세 가정 중 57%가 식기세척기를 보유하고 있지 않지만, 본인의 집을 소유한 가정 중 식기세척기를 보유하고 있지 않은 가정은 고작 28%이다. 서로 다른 집 소유형태에서 임의로 한 가구씩 선택했을 때 다음 확률을 구하라. (출처: Bureau of the Census, *Statistical Abstract of the United States 2009*, p. 601)

a. 두 가정 모두 식기세척기를 갖고 있지 않다.

b. 두 가정 모두 식기세척기를 갖고 있다.

c. 월세 가정에서는 갖고 있고, 본인의 집을 소유한 가정에서는 갖고 있지 않다.

d. 월세 가정은 갖고 있고 본인의 집을 구매한 가정은 갖고 있지 않다.

5.34 동전을 세 번 연속해서 던지는 실험을 하였다. 순서대로 앞면, 뒷면, 앞면 순으로 나타날 확률을 구하라.

5.35 한 주방용품은 16개의 주요부품으로 이루어져 있는데, 각 부품은 품질보증기간 동안 고장 없이 작동할 확률이 0.99이다. 각 부품의 고장 발생은 서로 독립인데, 어느 하나라도 고장 나면 그 주방용품은 작동하지 못한다. 이 주방용품을 무작위로 하나 골랐을 때 그것이 보증기간 동안 고장 없이 작동할 확률을 구하라.

5.36 어느 검안학 종사자들의 조사결과에 따르면 시력교정이 필요한 환자의 절반이 이중초점 렌즈를 필요로 한다고 한다.

a. 무작위로 고른 3명의 환자들 모두 이중초점 렌즈를 필요로 할 확률은?

b. 만약 이 3명의 환자가 정년퇴임한 65세 이상의 노인들이라면, (a)에서 구한 확률은 정확한가? 정확하지 않다면 이유를 설명하라.

5.37 2009년 4월 30일까지의 자료를 보면 미국 전체인구의 15.8%가 H&R 블록을 통하여 연말정산서류 작성을 하였다. (출처: H&R Block, Inc., *Fast Facts* 2009)

a. 연말정산서류를 작성한 모든 인구 중 임의로 선택된 두 명이 서류작성을 H&R 블록을 통하여 했을 확률은?

b. 문항 (a)에서 선택된 두 명이 서류작성을 H&R 블록을 통해서 하지 않았을 확률은?

c. 문항 (a)에서 선택된 두 명 중 한 명만 H&R 블록을 통해서 서류작성을 했을 확률은?

5.38 미국의 25세 이상의 취업자 중 90.4%가 고등학교를 졸업했고, 34.0%가 대학교를 졸업했다. H = 고등학교 졸업, C = 대학교 졸업이고, 대학교 졸업을 하기 전에 고등학교 졸업을 해야 한다고 가정했을 때, 나무그림을 이용하여 미국의 25세이상의 취업자에 대하여 다음 확률을 구하라. (출처: bureau of the Census. *Statistical Abstract of the United States 2009*, p. 146)

a. $P(H)$ b. $P(C|H)$

c. $P(H \text{ and } C)$ d. $P(H \text{ and } C')$

5.39 어느 조그만 도시에서 택시사업을 하는 회사가 있는데 이 회사는 두 대의 택시 Cab A와 Cab B를 운영하고 있다. Cab A는 빨간 신호등에서 25%는 엔진이 꺼진다. Cab B는 빨간 신호등에서 10%가 시동이 꺼진다. 택시 운전수는 아침에 두 대 중에서 임의로 한 대를 선택하여 영업을 시작한다. 영업을 시작한 후 처음 만나는 빨간 신호에서 택시의 엔진이 꺼질 확률은?

5.40 연습문제 5.12의 테이블에서 각각의 나이 그룹에서 C가 발생할 조건부 확률 $P(C|D)$, $P(C|E)$ 등을 계산하라. 이 확률을 근거로 하여, 화재발생 시 사상자가 생겼다면 어느 나이 그룹에서 더 술에 취해 있을 가능성이 높은지 추측하라. (법률적으로 술에 취해 있는 것은 알코올 혈중농도가 0.10% 이상이다.)

5.41 Charlie는 어느 조사자료를 본 결과, 그 도시에 거주하는 성인의 60%는 Wendy's 햄버거가 맛이 괜찮다고 응답하였다. Charlie는 인근의 Wendy's 가게로 차를 몰고 갔다. 입구에 서서 가게에 들어가려고 하는 한 쌍의

젊은이들을 만나서 Wendy's 햄버거를 좋아하는지 물어 보려고 하였다. 물어보기 전에 Charlie는 두 사람 모두 Wendy's 햄버거를 좋아한다고 답할 확률은 0.36(= 0.6 × 0.6)이 될 것이라고 추측하였다. Charlie의 추측이 맞는다고 생각하는가? 그 이유를 설명하라.

5.42 연습문제 5.20의 자료를 근거로 답하라. 한 학생을 선택했을 때 그 학생이 스포츠팀에 소속되어 있다면, 그 학생이 여학생일 확률은?

5.43 연습문제 5.21의 자료를 근거로 답하라. 투자 상담 고급반 워크숍에 한 명 이상이 등록했다고 한다. 그러면 세 명 이상이 등록했을 확률을 구하라.

5.44 연습문제 5.22에서, 어떤 한 사람의 직장까지의 출근거리가 11마일 이상이라고 알려져 있다. 그러면 그 사람의 출근거리가 적어도 31마일이 될 확률을 구하라.

5.6 베이즈 정리와 확률의 갱신

1700년대에 Thomas Bayes는 조건부 확률의 개념을 확장한 이론을 개발하였다. Bayes는 사건이 순차적으로 발생하는 경우에, 두 번째 사건의 발생에 대한 정보를 이용해서 역으로 첫 번째 사건의 발생에 대한 확률을 새롭게 수정하는 이론을 연구하였다. 이 절에서는 예제를 통해서 베이즈 정리를 소개하고 중요한 용어와 개념을 설명한다.

예제 EXAMPLE

베이즈 정리

사전정보

L 가전제품 메이커는 세탁물 건조기에 들어가는 히팅부품을 갑, 을, 병 세 곳의 공급업자로부터 공급받고 있다. 갑이 30%, 을이 50%, 병이 20%를 각각 공급하고 있다. 이들은 부품 용기에서 함께 섞여진 후 검사를 거쳐서 건조기 조립에 사용된다. 과거 경험에 따르면 갑이 공급한 부품의 10%는 불량품이고, 을은 5%, 병은 4%이다. 조립라인에서 무작위로 한 개를 골라서 조립할 경우 그것이 갑으로부터 공급받은 부품일 확률은 얼마인가?

풀이

- **사건**

A_1 = 부품을 갑으로부터 공급 받음
A_2 = 부품을 을로부터 공급 받음
A_3 = 부품을 병으로부터 공급 받음

- **사전확률(prior probability)** 사전확률은 현재 가지고 있는 정보를 가지고 정한 초기 확률을 말한다. 갑으로부터 공급받았을 확률이 30% 이므로 $P(A_1) = 0.300$이다.

그림 5.6

히팅부품의 공급과 품질 검사를 그 순서대로 트리로 나타낸 것.

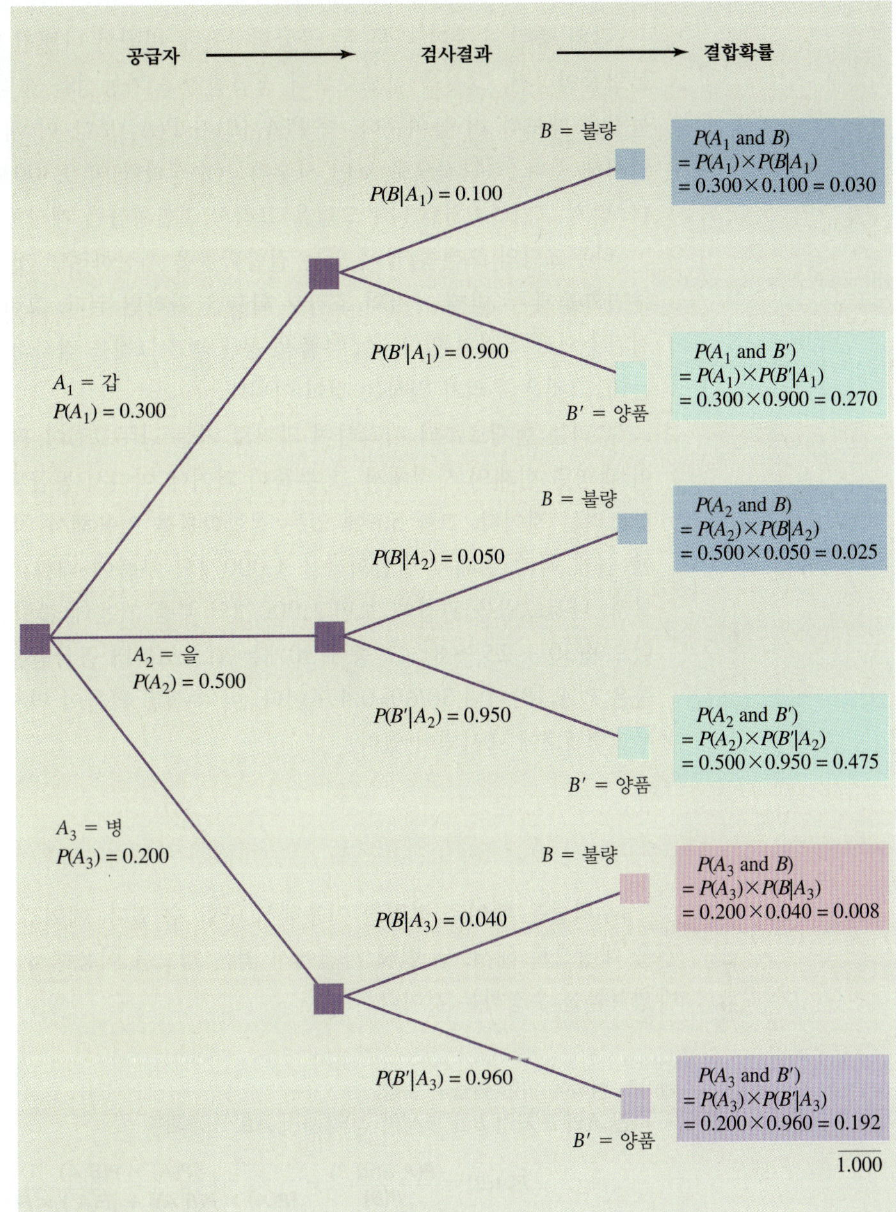

추가정보

조립하기 전에 품질 검사자가 검사해본 결과 그 부품이 불량으로 밝혀졌다.

- **사건**

$$B = \text{검사한 부품이 불량임}$$
$$B' = \text{검사한 부품이 불량이 아님}$$

- **사후확률(posterior probability)** 추가된 정보를 활용하여 사전확률을 새롭게 수정한 확률을 말한다. 그 확률은 조건부 확률인데 $P(A_1|B)$로 표시된다.

갑의 품질 수준이 다른 두 공급회사들에 비해서 나쁘기 때문에 그 부품이 불량품이라면, 그것을 갑으로부터 공급받았을 가능성을 불량품이라는 사실을 몰랐을 때보다 더 높여준다. 즉 $P(A_1|B)$가 $P(A_1)$보다 더 커질 것이라는 것을 암시해 준다. 직관적으로 보면 사후확률(수정확률)이 0.300보다 더 커질 것이다. 먼저 그림 5.6처럼 나무그림을 그려서 결합확률을 계산해 보자.

나무그림의 오른쪽 끝에 있는 결합확률을 계산하려면 첫 번째 가지에 있는 주변확률에 두 번째 가지의 조건부 확률을 곱하면 된다. 그런데 이 나무그림은 시간순으로 그려져 있다. 즉, 부품을 공급받고 그것을 검사하는 순서로 되어 있는데, 그것은 우리가 원하는 것이 아니다.

우리는 현재로부터 시작하여 과거로 가는 나무그림이 필요하다. 즉 불량품이 판명된 현재의 시점에서 그 부품이 과거에 어디서 공급된 것인지의 확률을 찾으려는 것이다. 그림 5.6에 있는 결합확률을 이용해서 역으로 가보자. 이해를 쉽게 하기 위해서 결합확률을 1,000개의 부품에 대한 상대도수로 바꾸어 보자. 나무그림을 관찰해 보면 1,000개의 부품 가운데 불량품이 63개 검출되었으며(30 + 25 + 8), 그 중에 30개는 갑으로부터 공급받은 것이다. 즉 그 확률은 $P(A_1|B)$이며 30/60=0.476이다. 이 수정된 확률이 역시간으로 그려진 나무그림 5.7에 표시되어 있다.

사후확률은 **베이즈 정리**를 이용해서 구할 수 있다. 베이즈 정리는 순차적인 사건을 대상으로 해서, 두 번째 사건에서 얻은 정보를 이용해서 첫 번째 사건에 대한 발생확률을 수정하는 것이다.

베이즈 정리에 의한 확률의 수정:

- **사건 *A*와 *B*** 사건 *B*가 발생한 경우 사건 *A*의 사후확률

$$P(A|B) = \frac{P(A \text{ and } B)}{P(B)} = \frac{P(A) \times P(B|A)}{[P(A) \times P(B|A)] + [P(A') \times P(B|A')]}$$

- **일반화된 공식** 사건 *B*가 발생한 경우 사건 A_i가 일어날 확률:

$$P(A_i|B) = \frac{P(A_i \text{ and } B)}{P(B)} = \frac{P(A_i) \times P(B|A_i)}{\sum_{j=1}^{k} P(A_j) \times P(B|A_j)}$$

단, A_i는 *k*개의 상호배타적이면서 포괄적인 사건 가운데 *i*번째 사건(mutually exclusive and exhaustive)

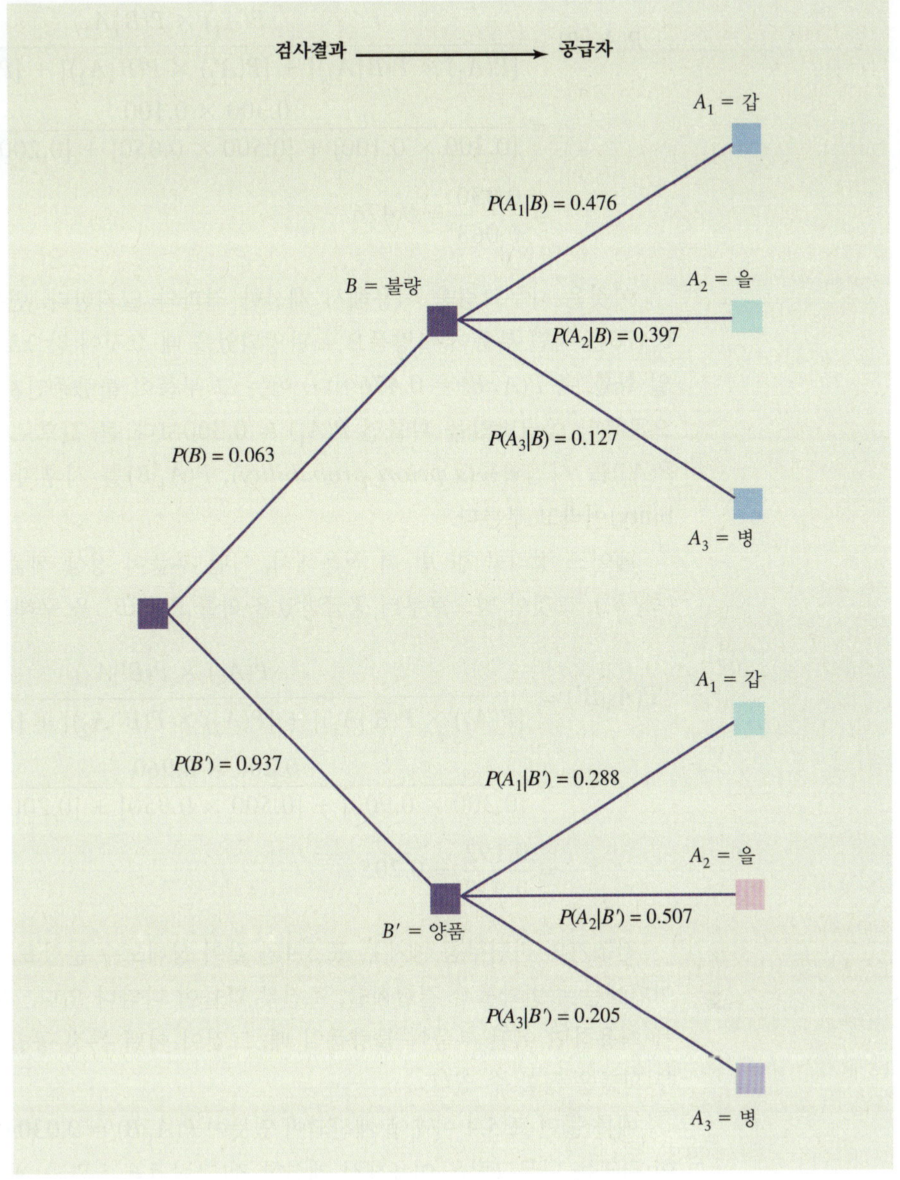

그림 5.7

시간 역순으로 그려진 나무그림. 불량품으로 판명된 부품이 있을 때, 그것이 갑으로부터 공급받았을 확률은 0.476이다. 사전확률 $P(A_1)$ = 0.300은 사후확률 $P(A_1|B)$ = 0.476 으로 수정되었다.

위 일반화된 공식을 적용해 보자. 공급처가 세 곳이므로 A_1, A_2, A_3를 각각 공급처 갑, 을, 병에 대응시키고, 부품이 불량이라는 사건을 B에 대응시키면 된다.

사전에 주어진 정보는 $P(A_1) = 0.300$, $P(A_2) = 0.500$, $P(A_3) = 0.200$이고, $P(B|A_1) = 0.100$, $P(B|A_2) = 0.050$, $P(B|A_3) = 0.040$이다. 어떤 부품이 불량품이라고 판명되었을 때 그것이 갑으로부터 공급되었을 확률은 공식을 적용하여 다음과 같이 계산된다.

$$P(A_1|B) = \frac{P(A_1) \times P(B|A_1)}{[P(A_1) \times P(B|A_1)] + [P(A_2) \times P(B|A_2)] + [P(A_3) \times P(B|A_3)]}$$
$$= \frac{0.300 \times 0.100}{[0.300 \times 0.100] + [0.500 \times 0.050] + [0.200 \times 0.040]}$$
$$= \frac{0.030}{0.063} = 0.476$$

이것은 나무그림을 이용해서 계산한 결과와 일치한다. 반복하여 말하면 확률 0.476은 어떤 부품이 불량품으로 판명되었을 때 그것이 갑으로부터 공급받은 부품일 확률, 즉 $P(A_1|B) = 0.476$이다. 이는 그 부품이 불량품인지 모를 때, 그것이 갑으로부터 공급받았을 확률인 $P(A_1) = 0.300$보다 큰 값으로 수정되었다. 우리는 $P(A_1)$를 사전확률(*a priori probability*), $P(A_1|B)$를 사후확률(posterior probability)이라고 부른다.

베이즈 정리를 한 번 더 적용해서, 어떤 부품이 정상 제품으로 판명되었을 때(즉, B'), 그것이 병으로부터 공급받았을 확률 $P(A_3|B')$을 구해보자.

$$P(A_3|B') = \frac{P(A_3) \times P(B'|A_3)}{[P(A_1) \times P(B'|A_1)] + [P(A_2) \times P(B'|A_2)] + [P(A_3) \times P(B'|A_3)]}$$
$$= \frac{0.200 \times 0.960}{[0.300 \times 0.900] + [0.500 \times 0.950] + [0.200 \times 0.960]}$$
$$= \frac{0.192}{0.937} = 0.205$$

건조기의 히팅부품 예제는 표 5.4와 같이 상대도수 분할표로도 나타낼 수 있다. 여기에는 주변확률과 결합확률, 조건부 확률이 나타나 있다. 주변확률과 결합확률을 이용하면 어떤 부품이 불량품일 때, 그것이 어떤 특정 공급처로부터 왔을 조건부 확률을 정할 수 있다.

예를 들면 표 5.4 아래에 계산되어 있듯이 $P(A_1|B) = 0.030/0.063 = 0.476$이다. 이 결과는 나무그림을 이용해서 계산한 것(그림 5.6, 5.7)과, 베이즈 정리를 이용한 계산과 일치한다. 어느 것이나 그 사후확률(수정된 확률)은 모두 조건부 확률이다.

이처럼 추가적인 정보와 그것을 이용하여 확률을 수정하는 과정은 경영 의사결정에서 중요하다. 19장과 온라인 부록에서 이와 관련된 내용을 자세히 다룰 것이다.

연습문제

5.45 어린 아이가 태어나는 확률을 보면 P(남자) = 0.51, P(여자) = 0.49이다. 그런데 앞으로는 의료기술의 발달로 남자 아이가 태어날 확률과 여자 아이가 태어날 확률이 달라질 수 있다. 연구자들의 보고에 의하면 의료기술의 처치를 받을 경우 남자 아이를 원하는 부부가 성공하는 비율은 85%, 여자 아이를 원하는 부부가 여자 아이를 낳는 비율은 77%라고 한다. 의료기술이 남녀 성을 결정하는 데 영향을 미칠 수 있다고 가정하고 다음 물음에 답하라. (출처: Bureau of the Census, *Statistical Abstract of the United States 2002*, p. 64; Steve

표 5.4

히팅부품의 상대도수 분할표. 주변확률, 결합확률, 조건부 확률이 계산되어 있다.

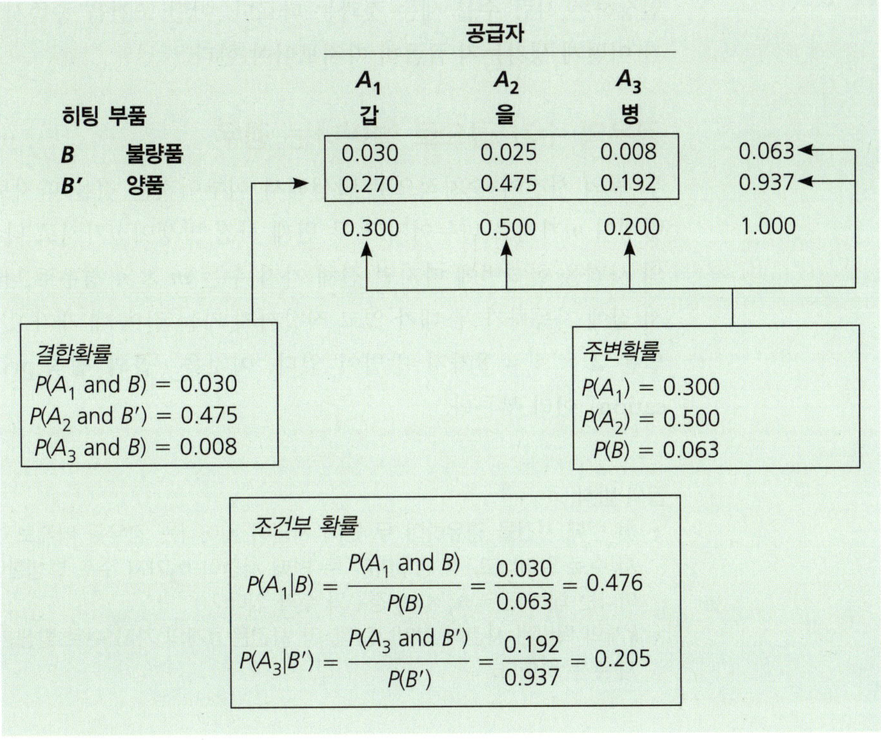

Twedt, "Boy-Girl Selection Available Soon Here," *Pittsburgh Press*, December 31, 1987, pp. 1, 10)

a. 의료기술의 처치를 받지 않을 때에는 남자 아이를 가질 확률은?

b. 의료기술의 처치를 받을 때 남자 아이를 원하는 부부가 남자 아이를 낳을 조건부 확률은?

c. 의료기술의 처치를 받을 때 여자 아이를 원하는 부부가 여자 아이를 낳을 조건부 확률은?

5.46 연습문제 5.45를 참조. 한 부부가 여자 아이를 원하고 있다. 이 부부는 의료기술의 처치를 받을 것인지(treatment group) 받지 않을 것인지(control group)를 무작위로 정하기로 하였다.

a. 이 부부가 의료기술의 처치를 받게 될 사전확률은 얼마인가?

b. 그 부부에게서 태어난 아이가 여자 아이였다. 이 부부가 의료기술의 처치를 받았을 사후확률을 구하라.

5.47 한 마술사가 두 개의 동전을 갖고 있다. 한 개는 불균형 동전으로서 앞면이 나오는 비율이 60%이고, 다른 한 개는 균형 동전으로 앞면이 나올 가능성이 50%이다. 구경꾼 중에서 한 명이 나와서 동전을 골라서 던진 결과 앞면이 나왔다.

a. 균형 동전이 선택될 사전확률은 얼마인가?

b. 구경꾼이 동전을 던진 결과 앞면이 나왔다면, 그 동전이 균형 동전일 사후확률을 구하라.

5.48 연습문제 5.39를 참조. 택시운전수가 처음 만나는 빨간 신호등에서 엔진이 꺼졌다. 그렇다면 운전수가 선택한 택시가 Cab A일 확률을 구하라.

5.49 기계 *A*는 불량품을 3% 만들고, 기계 B는 5%, 기계 C는 10%를 만든다. 총 생산량 중에서 기계 A가 60%를 만들고 기계 B는 30%, 기계 C는 나머지 10%를 만든다. 하루에 생산된 제품 중에서 임의로 한 개를 추출하였다.

a. 그 제품이 기계 C에서 만들어졌을 사전확률은 얼마인가?

b. 그 제품을 검사한 결과 불량품으로 밝혀졌다. 그렇다면 그 제품이 기계 C에서 만들어졌을 사후확률을 계산하라.

5.7 경우 수 세기: 순열과 조합

확률을 계산하기 위해서는 경우의 수를 세어야 한다. 경우의 수는 단순히 극장에 입장하는 사람 수를 세는 것과는 다르다. 어떤 조건을 충족시키는 여러 가지 경우가 어떻게 생기는지 꼼꼼히 따져보아야 한다.

경우의 수가 곱으로 늘어나는 경우

두 번의 사건이 순차적으로 발생해서 이루어지는 것을 따져보자. 첫 번째 사건의 발생이 m가지로 나누어지고 두 번째 사건 발생이 n가지로 나누어지는 경우 두 번의 사건을 한꺼번에 따지면 전체 가지 수는 $m \times n$ 경우로 나누어진다. 예를 들어서 집에 자동차가 두 대가 있고 직장까지 가는 길이 네 개가 있는 경우 출근하는 방법은 $2 \times 4 = 8$가지 방법이 있다. 이것을 **'곱의 법칙(principle of multiplication)'** 이라 부른다.

곱의 법칙:

- 첫 번째 사건을 경유하여 두 번째 사건이 일어나는 경우를 따져보자. 첫 번째 사건이 n_1가지 수로 일어나고, 각 경우마다 두 번째 사건이 n_2가지 수로 발생한다면 두 사건이 모두 일어나는 데는 전부 $n_1 \times n_2$ 경우의 수가 있다.
- k개의 독립된 사건이 일어나는데, 각 사건은 n개의 가지 수로 발생한다면 가능한 전체의 가지 수는 n^k이다.

또 다른 예를 들어보자. 자동차 번호판은 모두 6자리로 되어 있는데(미국의 경우), 각 자리에는 알파벳 26자와 숫자(10개)를 임의로 넣을 수 있다. 곱셈법칙을 적용하면 모두 $(36)^6 = 2,176,782,336$개의 다른 번호판을 만들 수 있다.만일 6자리에 빈칸도 넣을 수 있다면 모두 $(37)^6 = 2,565,726,409$개의 번호판을 만들 수 있다. 이 숫자는 전 세계에 등록된 차량 대수의 3배가 넘는다.[5]

자동차 번호판과 유사한 예로서 영어단어를 무작위로 만들 수 있다. 「생활 속의 통계 5.2」에서는 자음과 모음을 넣어서 기업이름을 무작위로 만드는 예제를 보여주고 있다. '자모자 TECH'(자음-모음-자음 순서로 TECH 앞에 세 개 문자를 넣음)으로 이름을 만들면 총 2,205개의 다른 이름을 만들 수 있다.

경우의 수를 따지는 가운데 어떤 때에는 한쪽의 선택이 다른 쪽의 선택 가지 수에 영향을 미치는 수가 있다. 예제를 들어서 오늘 하루 해야 될 일이 A, B, C, D, E 다섯 가지가 있다고 해보자. 일의 순서를 정하는 것을 생각해 보면, 처음 하나를 정할 때에는 다섯 개 중에서 하나를 고르면 되지만, 그다음 하나를 고를 때에는 남아 있는 네 개 중에서 하나를 골라야 한다. 이렇게 따지면 일을 하는 순서는 아래와 같이 모두 120가지 방법이 있다.

[5] 출처: As of 2005, 862 million motor vehicles were registered throughout the world; *New York Times Almanac 2009*, p. 423.

생활 속의 통계 • 5.2 컴퓨터를 이용한 이름 만들기 게임

회사이름이나 제품이름을 만들 때 한 가지 방법은 컴퓨터를 이용해서 무작위로 조합하는 것이다. 예를 들어서 *cvc*TECH 순으로 이름을 만들어 보자. *c*는 21개 자음 중에 한 개, *v*는 5개 모음(a, e, i, o, u) 중 한 개를 나타낸다. 그러면 총 21 × 5 × 21 = 2,205개의 다른 이름이 만들어진다. 아래 리스트는 회사 이름으로서 그럴듯한 것을 그 중에서 고른 것이다.

BUGTECH	CAVTECH	DUFTECH	FOZTECH	GAGTECH	HOWTECH
JARTECH	JETTECH	KAPTECH	KUBTECH	LOJTECH	MAZTECH
METTECH	MIPTECH	NESTECH	NOGTECH	PASTECH	QUKTECH
RELTECH	ROSTECH	SAXTECH	SOTTECH	TAGTECH	TOYTECH
VUZTECH	WIJTECH	XOGTECH	YESTECH	ZETTECH	ZIQTECH

$$5 \times 4 \times 3 \times 2 \times 1 = 120$$

첫 번째 할 일은 *A*, *B*, *C*, *D*, *E* 5개 중에서 하나를 고른다.
두 번째 할 일은 남아 있는 4개 중에서 하나를 고른다.
세 번째 할 일은 남아 있는 3개 중에서 하나를 고른다.
네 번째 할 일은 남아 있는 2개 중에서 하나를 고른다.
다섯 번째 할 일은 남아 있는 1개를 선택하는 1가지 경우밖에 없다.

이처럼 (5 × 4 × 3 × 2 × 1)의 곱셈을 **팩토리얼**(factorial)이라고 부르고 '5!'이라고 쓴다. 예를 들면 3!은 3 × 2 × 1이다. 느낌표(!)는 단지 간략하게 나타내는 수학기호이다. 이렇게 경우의 가지 수를 따지는 것을 '경우의 수를 따지는 **팩토리얼 법칙**'이라고 부른다.

팩토리얼 법칙:

$$n! = n \times (n-1) \times (n-2) \times \cdots \times 1$$

단 0!은 1로 정의하고, 음수의 팩토리얼은 정의되지 않는다.

순열의 가지 수

순열은 어떤 것(아이템, 물건)을 순서대로 배열하는 가지 수를 말한다. 단, 배열에서 한 개 아이템은 한 번만 나타난다(용어상 하나의 순서배열을 하나의 순열이라고도 하고 그 전체 가지 수를 순열이라고도 한다). 순열(또는 순열의 가지 수)은 다음과 같이 정할 수 있다.

*n*개 물건 중에서 *r*개를 순서대로 배열한 순열의 가지 수:

$$\frac{n!}{(n-r)!}$$

예제 EXAMPLE

순열

Bill은 책이 여섯 권 있는데 책꽂이가 좁아서 그 중에서 네 권만 책꽂이에 꽂을 수 있다. 책꽂이에 책을 순서대로 나열하여 꽂는 방법 수는 몇 가지인가?

풀이

이 예제에서 $n = 6$이고 $r = 4$이다. 책꽂이에 책을 나열하는 방법은 다음과 같다.

$$\frac{n!}{(n-r)!} = \frac{6!}{(6-4)!} = \frac{6 \times 5 \times 4 \times 3 \times 2 \times 1}{2 \times 1} = 360$$

책꽂이 첫 번째 칸에는 여섯 권 중에서 한 권을 골라서 꽂을 수 있으므로 여섯 가지 방법이 있다. 두 번째 칸에는 남은 다섯 권 중에서 한 권을 고르므로 다섯 가지, 세 번째 칸은 네 가지, 네 번째 칸은 세 가지이다. 곱의 법칙을 적용하면 $6 \times 5 \times 4 \times 3$ 이다. 위의 수식에서 분자에 있는 (2×1)과 분모의 (2×1)은 서로 상쇄되어서 $6 \times 5 \times 4 \times 3 = 360$이 된다. 360가지는 여섯 권 중에서 네 권을 나열하는 방법치고는 상당히 큰 수인데, 이는 같은 책 네권을 다르게 배열하면 다른 순열로 간주하기 때문이다. 따라서 순열은 n이 커지면 아주 큰 수가 된다.

예제 EXAMPLE

순열

한 세무감사 담당자에게 모두 9건의 세무 감사건을 할당하였다. 내일 하루 동안에는 총 5건밖에 감사할 수가 없다. 그렇다면 이 세무감사 담당자가 내일 일을 처리하는 순서는 모두 몇 가지 방법이 있는가?

풀이

이 경우를 순열의 일반적인 공식에 적용하면 $n = 9$, $r = 5$로 하면 된다. 그렇다면 이 세무감사 담당자가 내일 일을 처리하는 방법은 다음과 같다.

$$\frac{n!}{(n-r)!} = \frac{9!}{(9-5)!} = \frac{9 \times 8 \times 7 \times 6 \times 5 \times 4 \times 3 \times 2 \times 1}{4 \times 3 \times 2 \times 1} = 15{,}120$$

조합의 가지 수

순열과 달리 **조합**은 주어진 물건 중에서 뽑아서 구성할 수 있는 집합을 생각한다. 그 집합 속에 뽑혀진 것의 순서배열은 감안하지 않는다. n개의 물건(아이템) 중에서 r개를 구성하는 조합의 가지 수는 다음과 같다.

책꽂이 예제를 생각해 보면, 빌이 6권 중에서 4권을 뽑는 조합의 가지 수는 모두 15개이다. 그 계산은 다음과 같다.

n개의 물건 중에서 r개를 뽑는 조합의 개수:

$$\binom{n}{r} = \frac{n!}{r!(n-r)!}$$

$$\binom{n}{r} = \frac{n!}{r!(n-r)!} = \frac{6!}{4!(6-4)!} = \frac{6 \times 5 \times 4!}{4!(2 \times 1)} = \frac{6 \times 5}{2 \times 1} = 15$$

4!이 6!의 일부분임을 감안하면 계산을 더 쉽게 할 수 있다. 분자 6!을 4!을 사용하여 다시 표현하면 분모와 분자에 4!이 있게 되므로 그것을 다음과 같이 삭제하여 계산하면 된다.

세무감사의 예제에서 보면, 만일 처리하는 순서를 고려하지 않는다면 모두 126가지의 조합이 있다. 그 계산은 다음과 같다.

$$\binom{n}{r} = \frac{n!}{r!(n-r)!} = \frac{9!}{5!(9-5)!} = \frac{9 \times 8 \times 7 \times 6 \times 5!}{5! \times 4!} = \frac{3024}{24} = 126$$

이러한 예제를 통해서 알 수 있듯이 $n > r > 1$인 값, 값의 경우, 항상 순열의 가지수가 조합의 가지 수보다 크다. 그 이유는 순열의 가지 수는 각 조합에 $r!$ 가지의 순서배열 방법이 곱해지기 때문이다. 세무감사의 경우를 살펴보면 5건의 감사일을 처리하는 데는 5! 가지의 순서가 있다. 따라서, 조합의 가지 수는 순열의 가지 수의 1/(5!)이다. 이것은 순열과 조합의 공식을 비교해 보아도 알 수 있다. 조합의 공식을 보면 분모에 $r!$이 더 들어 있다.

연습문제

5.50 소득세 신고를 위해서 고객의 소득신고를 대행해 주는 한 세무사가 있다. 고객의 소득공제를 받는 데 세 가지 방법이 있다. 그 다음에는 기부금 공제를 받는 데는 두 가지 방법이 있다. 그렇다면 한 고객에 대해서 공제를 신청하는 방법이 모두 몇 가지가 되는가?

5.51 어떤 위원회에 위원이 8명이 있다. 이들 위원은 다음 주 위원회에 출석할 수도 있고 빠질 수도 있다. 위원들이 각자 독립적으로 출석 여부를 결정한다고 가정하면 다음 주 열리는 위원회에 위원들이 참석하는 경우의 수는 모두 몇 가지인가?

5.52 한 도시에서 '올해의 시민상'을 제정하여 해마다 모범적인 시민 10명에게 상을 주고 있다. 선정된 10명을 대상으로 1등 상과 2등 상을 투표로 결정하여 트로피를 수여한다. 트로피를 수여하는 방법은 모두 몇 가지가 되는가?

5.53 여름철 피서객에게 콘도미니엄을 렌트해 주는 회사가 있다. 투숙객을 유치하기 위해서 광고를 계획하고 있는데, (1) 애완동물을 허용할 것인지, 허용하지 않을 것인지, (2) 렌트를 1주일에 $700, $900, $1,200 중 얼마로 정할 것인지, (3) 10세 이하 어린이 동반을 허용할 것인지, (4) 최대 투숙기간을 1주일, 2주일, 3주일 중 어느 것으로 할 것인지를 전략적으로 정해야 한다. 모두 몇 가지의 광고문안이 만들어질 수 있는가?

5.54 어떤 주의 번호판이 6자리로 되어 있고, 각 자리엔 37개의 글자(알파벳, 정수, 또는 빈칸)가 올 수 있다. 만약 고객이 번호판을 주문할 때 앞 세 자리의 번호를 'BMW'로 하고자 한다면, 몇 가지 방법이 있겠는가?

5.55 n개의 물건 중에서 한 번에 r개를 끄집어 낸다면($r > 1$), 왜 그 조합의 수는 순열의 개수보다 작은가?

5.56 한 투자자문가는 다음 주 월요일에 12명의 고객으로부터 자문요청을 받아 놓고 있다. 그러나 그는 8명만 만날 수 있는 시간이 있다. 만날 수 있는 고객의 조합은 모두 몇 가지인가?

5.57 한 작업장에서는 다음 주 휴가철을 맞아서 모두 3

명이 휴가를 떠난다. 임시 근로자를 모집한 결과 모두 6명이 신청을 하였다. 모두 몇 가지 조합으로 임시 근로자를 채용할 수 있는가?

5.58 한 박물관에는 특별 전시물이 모두 25개가 있다. 전시실에 한 번에 전시할 수 있는 전시물이 10개로 제한되어 있는 경우, 전시하는 순서도 고려한다면 전시하는 방법은 모두 몇 가지인가?

5.59 한 지역에 모두 35명의 고객이 있는데 이들을 방문하려고 한다. 그런데 시간 제약상 모두 20명만 방문이 가능하다. 모두 몇 가지의 방문 순서를 짤 수 있는가?

5.8 요약

확률의 개념

일상생활이나 비즈니스에서 불확실성은 피할 수 없다. 이러한 불확실성은 확률로서 표현될 수 있다. 이러한 확률은 0과 1 사이의 숫자로 나타낸다. 불확실한 결과를 관찰하는 것을 실험(experiment), 실험에 의해서 관찰 가능한(또는 발생 가능한) 모든 결과(outcomes)의 집합을 표본공간(sample space)이라고 부른다. 표본공간 속의 한 개 또는 몇 개 결과들이 모여서 사건(event)을 구성한다.

고전적, 주관적, 그리고 상대도수적 확률

확률에 대한 고전적인 방법은 어떤 사건을 이론적으로 따져서 그 발생하는 비율로서 확률을 정한다. 실제 실험을 통하지 않고 정하기 때문에 사전적 접근(*a priori* approach)이라고 부른다. 상대도수에 의한 방법으로도 확률을 정할 수 있다. 아주 많은 횟수의 실험(또는 시행)을 반복할 때 어떤 사건이 발생되는 관찰비율로서 정한다.

확률에 대한 주관적 접근은 어떤 사건이 일어날 것인지에 대해 어떤 사람이 믿는 정도로 확률을 정한다. 그러한 주관적 확률은 육감에 의한 추측이나 경험에 의한 판단에 근거한다. 확률은 또 어떤 사건이 일어날 오즈(odds)로도 표현된다.

벤다이어그램과 분할표

한 사건이 일어나면 다른 한 사건이 일어날 수 없을 때 우리는 두 사건이 상호배타적(mutuality exclusive)이라고 한다. 또, 여러 개의 사건 가운데 그 중에서 반드시 한 개가 발생한다면 우리는 그 사건들이 포괄적(exhaustive)이라고 말한다. 여러 개의 사건 가운데 하나만 일어나도 어떤 사건(일)이 일어났다고 말할 때 우리는 그것을 여러 개 사건의 합(合)사건(또는 합집합 사건, union)이라고 부른다. 또, 여러 개의 사건이 모두 발생했을 때 어떤 사건(일)이 일어났다고 말한다면, 그 사건(일)은 사건들의 결합사건(intersection, 교집합 사건)이라고 부른다. 표본공간과 그 속에 있는 사건들의 관계는 벤다이어그램으로 그려서 시각적으로 표현할 수 있다. 또, 도수와 상대도수는 분할표(contingency table)로 요약해서 나타낼 수 있다.

확률의 결정

여러 사건이 합사건이나 교집합 사건으로 새로운 사건으로 구성될 때 그 확률은 확률의 덧셈법칙과 곱셈법칙으로 구할 수 있다. 확률의 덧셈법칙은 여러 사건 중에서 적어도 하나가 일어날 경우의 확률을 구할 때 적용한다. 만일 사건들이 상호배타적이면 각각의 확률을 더하면 된다. 만일 사건들이 상호배타적이 아니면 확률덧셈의 일반법칙을 적용한다. 이 때는 두 개 또는 여러 개의 사건이 동시에 일어나는 확률이 중복되어서 더해졌는지를 따져보아야 한다.

확률의 곱셈법칙은 두 개 또는 여러 개의 사건이 동시에 일어나는 결합확률(joint probability)을 구해준다. 만일 사건들이 서로 독립이면 결합확률은 각각의 개별확률(또는 주변확률)을 곱해서 구한다. 사건들이 독립이 아니면 곱셈의 일반법칙을 적용한다. 이 때에는 조건부 확률(한 사건이 일어난 상황에서 다른 한 사건이 발생할 확률)을 구해서 곱한다.

베이즈 정리와 나무그림

베이즈(Bayes) 정리는 두 개 또는 여러 개의 사건이 순차적으로 발생할 때 조건부 확률을 적용해서 새로 얻은 정보로서 확률을 수정하는 방법이다. 즉 어떤 사건의 사전확률을 정한 다음, 두 번째 사건의 발생결과에 따른 정보를 가지고 처음의 확률을 수정한 사후확률을 구한다. 나무그림으로 사건의 발생이 순차적으로 이루어지는 것을 표현하여 주변확률, 조건부 확률, 결합확률을 함께 나타내어서 시각적으로 베이즈 정리의 적용을 이해할 수 있다. 사건발생을 시간의 역순으로 트리에 나타내어서 베이즈 정리의 과정을 밟을 수 있다.

순열과 조합

확률의 개념은 경우의 수를 따지는 것과 깊이 관련되어 있다. 어떤 사건이 일어날 경우의 수를 따질 때 곱셈의 규칙과 팩토리얼 규칙을 적용한다. n개의 물건 중에서 r개를 뽑아서 순서대로 나열하는 방법은 순열(permutation)을 계산하는 방법으로 정한다. 순열과는 다르게 조합(combinations)은 n개 중에서 r개를 뽑기만 하면 되는 것으로 나열순서에 따른 가지 수는 고려하지 않는다.

단원 연습문제

5.60 연습문제 5.62에서, Sheila 양이 그 체인점을 방문할 때 다음 확률을 구하라.

a. 공짜 햄버거를 받지 못한 채 5번 방문할 확률?
b. 공짜 햄버거를 받지 못한 채 10번 방문할 확률?
c. 공짜 햄버거를 받지 못한 채 20번 방문할 확률?
d. 공짜 햄버거를 받지 못한 채 40번 방문할 확률?

5.61 한 해에 번개에 맞을 오즈가 1 대 240,000이라고 한다. 이 정보를 이용하여 다음 문제의 답을 구하라. (출처: lightningtalks.com, July 27, 2006.)

a. '오즈에 반하는' 형식으로 오즈를 구하라.
b. 임의로 선택된 사람이 이번 해에 번개에 맞을 확률은?
c. 문항 (b)에서 선택된 사람이 다음 20년 동안 번개에 한 번이라도 맞을 확률은?

5.62 한 패스트푸드 체인은 고객들에게 즉석식 복권을 하나씩 주고 있다. 평생 동안 매주 $1,000씩 받는 복권의 당첨 오즈는 1 대 200,000,000이고, 공짜 햄버거를 하나 받는 복권의 당첨 오즈는 1 대 15이다. Sheila 양은 인근의 체인점을 방문하여 점심을 먹고 즉석복권을 한 장 받았다. 다음의 확률을 구하라.

a. 평생 매주 $1,000를 받는다.
b. 공짜 햄버거를 하나 받는다.
c. 공짜 햄버거를 하나 받든지 매주 $1,000씩 평생 받는다.
d. 공짜 햄버거도 받고 매주 $1,000씩 평생 받는다.

5.63 한 회사는 두 대의 컴퓨터로 전화 주문을 처리하고 있다. 한 시점에서 볼 때 A 컴퓨터가 다운되어 있을 가능성은 10%, B 컴퓨터는 5%이다. 각 컴퓨터는 서로 독립적으로 작동하고 있다.어떤 전화주문에 대해서 다음의 확률을 구하라.

a. 두 대의 컴퓨터가 모두 다운되어 있다.
b. 두 대의 컴퓨터가 모두 작동하고 있다.
c. 두 대 중 한대만 작동하고 있다.
d. 주문이 시간 지연 없이 처리된다.

5.64 1995 회계연도에 Ashland 석유탐사회사는 미국에 7곳, 나이지리아에 3곳의 시추공을 뚫었다. 그 결과 미국에서 2곳, 나이지리아에서는 한 곳에 석유가 매장되어 있었고 나머지는 석유가 없었다. 이 회사가 뚫은 시추공을 무작위로 한 곳을 골랐을 때 다음 확률을 구하라. (출처: Ashland Oil, Inc, 1995 Fiscal Year operational Supplement, p. 20)
a. P(미국에서 시추한 곳임)
b. P(미국에서 시추한 곳이거나(or) 석유가 없음)
c. P(석유가 없음|나이지리아에서 시추한 곳임)

5.65 Dave는 방화혐의로 유죄판결을 받았으며, Edgar는 마약범으로 기소되어 있다. 연습문제 5.69의 자료를 이용해서 다음 확률을 구하라.
a. Dave가 1년 이상 감옥에 있을 확률
b. Edgar가 유죄판결을 받을 확률
c. Edgar가 감옥에 1년 이상 있게 될 확률

5.66 국가 고속도로 교통 안전 기구의 조사에 의하면 교통사고 사망자의 58.7%가 0.0%의 혈중 알코올 농도(BAC)를 가지고 있고, 5.8%가 0.01에서 0.07% BAC, 그리고 35.5%의 사망자가 0.08% 이상의 BAC를 가지고 있었다고 한다. (출처: Statistical Abstract of the United States 2009, p. 681.)
a. 사망자의 BAC가 0.01% 이상일 확률은?
b. 사망자가 운전 전에 음주를 했다는 가정 하에 이 사망자의 BAC가 0.08% 이상일 확률은?

5.67 연습문제 5.69에서, 세 명의 범인에 대해서 다음의 경우의 수를 정하라. (확률은 고려하지 않음)
a. 한 명만이 기소된다.
b. 세 명 중 두 명만이 유죄판결을 받는다.
c. 세 명 모두 유죄판결을 받는다.

5.68 아래 자료는 어느 지역의 가구당 수입을 상대도수 분포로 나타낸 것이다.

수 입	상대도수
\$20,000 미만	0.10
\$20,000~\$40,000 미만	0.20
\$40,000~\$60,000 미만	0.30
\$60,000~\$80,000 미만	0.25
\$80,000 이상	0.15

a. 임의로 한 가구를 선택했을 때 그 수입이 \$80,000 미만일 확률은?
b. 어떤 한 가구의 수입이 \$20,000 이상인 것으로 알려져 있다. 그 가구의 수입이 \$60,000 or \$80,000 미만 구간에 속할 확률은?
c. 연 수입이 \$40,000 이상 되는 그룹에서 무작위로 2개 가구를 추출하였다. 두 개 가구 모두 다 \$80,000 이상 수입을 갖는 계급에 속할 확률은?

5.69 「미국 사법부」에서는 다음 자료를 발표한 적이 있다. (USA Today, Jan. 18, 1988) 중범죄로 체포된 사람이 기소될 확률, 유죄판결 확률, 1년 이상의 징역에 선고할 확률이다.

	확률		
범죄	기소	유죄판결	1년 이상 징역
살인	0.91	0.75	0.73
상해	0.79	0.64	0.15
강도	0.88	0.81	0.28
방화	0.88	0.72	0.28
마약	0.78	0.69	0.19
불법무기	0.83	0.70	0.13
공공질서문란	0.92	0.85	0.12

Allen은 강도로 체포되었고, Bill은 불법무기 범죄로, Charlie는 공공질서 문란으로 체포되었다. 이들은 모두 독립된 범인이며, 재판과 형량도 서로 독립되어 있다. 다음 확률을 정하라. (출처: U.S. Bureau of Justice, as reported in Sam Meddis, "Felony Arrests: Short Terms," *USA Today*, January 18, 1988, p. 9A)
a. Allen이 1년 이상 징역형을 받을 확률
b. Allen과 Bill 중 최소 1명은 유죄판결을 받음
c. 세 명 모두 1년 이상 징역형은 받지 않음
d. Allen과 Bill은 유죄판결, Charlie는 무죄판결을 받음
e. 아무도 기소되지 않음

5.70 산업용 기중기가 한 대 있는데, 상단과 하단 두 군데에 후크가 연결되어 있다. 허용 최대 무게를 매달 때 상단 후크가 실패할 확률은 0.20, 하단 후크가 실패할 확률은 0.10이다. 최대 허용무게를 성공적으로 들어 올릴 확률을 구하라.

5.71 어떤 주의 복권의 '오늘의 숫자'는 000부터 999까지의 3자리 정수이다.
a. Sam 군이 333이 적힌 복권을 샀을 때 당첨될 확률은?
b. 문항 (a)에서 구한 확률은 고전적 확률인가, 상대도수인가, 아니면 주관적 확률인가? 그 이유를 설명하라.
c. Shirly 양이 418이 적힌 복권을 샀다. 그 이유는 어제의 '오늘의 숫자'가 418이라서 매력적이라고 생각했기 때문이다. 그녀의 논리에 결함이 있는가? 있다면 설명해 보아라.

5.72 어느 부동산 중개업자가 몇 년을 걸쳐 일을 해본 결과, 그녀에게 전화를 한 고객 중 50%가 그녀를 통하여 물건을 구경하고, 구경한 고객 중 20%가 더 많은 정보를 부탁하고, 더 많은 정보를 부탁한 고객 중 2%가

매입가격을 제시한다. 부동산 업자는 방금 어느 젊은 커플에게 물건을 구경시켜 주었다. 이 젊은 커플이 물건의 매입가격을 제시할 확률은?

5.73 10명의 요원을 고용하고 있는 한 보안회사가 있다. 거리의 축제를 하는 데 보안요원 3명을 지원해 달라는 요청을 받았다. 보안요원을 파견하는 방법은 모두 몇 가지인가?

5.74 Jefferson 카운티의 성인들 가운데 10%는 CPR 훈련을 받았다. CPR 훈련을 받은 사람이 적어도 한 명 포함될 확률이 90%를 넘도록 하려면 최소 몇 명을 모아야 하는가?

5.75 대출자의 특성과 대출금 미납의 관계를 알아보기 위해 어느 은행에서 다음과 같은 정보를 모았다: (1) 현재의 일자리에 채용된 기간이 3년 미만인 대출자 중 15%가 할부금 연체, (2) 현재의 일자리에 채용된 기간이 3년 이상인 대출자 중 5%가 할부금 연체, (3) 대출자 중 80%가 본인의 일자리에 채용된 기간이 3년 이상이다. 위 정보를 이용하여 아래 문제의 답을 구하라.

a. 임의로 대출계좌를 선택했을 때 이 계좌의 소유주가 본인의 일자리에 채용된 기간이 3년 이상이고 할부금이 연체되었을 확률은?
b. 임의로 선택한 대출계좌의 소유주가 본인의 일자리에 채용된 기간이 3년 미만이고 할부금이 연체되었을 확률은?
c. 어떤 계좌의 할부금이 연체되었을 때 이 계좌의 소유주가 본인의 일자리에 채용된 기간이 3년 미만일 확률은?

5.76 한 회사에서 직원들의 연수회를 개최하고 있다. 연수회에 참가한 직원 가운데 심폐소생술(CPR) 훈련을 받은 사람은 20% 비율이다. 연수회 휴식시간에 직원 한 명이 인근의 델리가게에 들어가서 햄버거를 주문하였다. 그런데 갑자기 가게에 있던 다른 손님 한 명이 심장마비를 일으켰다. 만일 즉시 심폐소생(CPR) 시술을 받지 못하면 살아날 가망은 40%이고, CPR 시술을 받으면 소생할 가능성이 90%이다. 가게에는 연수회에 참석한 직원 한 명과 심장마비를 일으킨 손님 외에는 다른 손님은 없었고, 델리가게 종업원은 아무도 CPR 훈련을 받은 사람이 없었다.

a. 다른 정보가 없다고 가정하고, 심장발작 손님이 소생할 확률은 얼마인가?
b. 심장발작 손님이 소생하였다면, 가게에 들린 그 연수회 참가 직원이 CPR을 할 줄 아는 사람이었을 확률은?
c. 심장발작 손님이 소생하지 못했다면, 가게에 들린 연수회 직원이 CPR을 아는 사람이었을 확률은?

5.77 어떤 생산기계가 있는데 정확히 조정하면 산출물 가운데 0.5%가 불량이다. 조정이 제대로 안되면 6%가 불량이다. 기계조정은 전문 기술자가 담당하는데 90% 비율로 성공적으로 조정을 한다. 기술자가 방금 그 기계의 조정작업을 마쳤다.

a. 그 기계가 제대로 조정되었을 확률을 구하라.
b. 조정을 마친 후 맨 처음으로 만들어진 제품이 불량으로 판명되었다. 그렇다면 이 기계가 제대로 조정되었을 확률은 얼마인가?

5.78 연방정부 부서의 조사에 의하면 2003년도에 자동차 184대 중에서 1대 꼴로 도둑 맞았다고 한다. 이 정보를 임의로 선택된 5대의 자동차에 적용한다면: (출처: Bureau of the Census, *Statistical Abstract of the United States 2009*, pp. 194, 711)

a. 5대의 자동차 모두가 도둑 맞지 않을 확률은?
b. 5대의 자동차 모두가 도둑 맞을 확률은?
c. 5대의 자동차 중 2대가 도둑 맞았다고 할 때, 몇 가지 경우의 수가 존재하는가?

5.79 한 컴퓨터 전문 메이커에 Adam과 Tom 두 명의 기술지원 인력이 있다. 이들 두 사람은 각자 독립적으로 일을 하며, 과거자료에 따르면 일이 맡겨졌을 때 Adam은 75%를 해결하고 Tom은 95%을 해결하였다. 이 회사에 의뢰된 문제는 무작위로 두 사람 가운데 한 명에게 할당된다.

a. 기술적 문제를 의뢰 받았을 때 그것이 Adam에게 할당될 확률을 구하라.
b. 만일 의뢰 받은 문제를 해결했을 때, 그것을 Adam이 해결하였을 확률은?

5.80 Avis 기업은 현재 200,000대의 자동차를 소유하고 있다. 만약 자동차들의 사고 발생 빈도가 독립되어 있고 각각의 자동차가 0.99999의 확률로 한해를 큰 사고 없이 보낼 수 있다고 할 때, 모든 자동차가 큰 사고 없이 한 해를 보낼 확률은? (출처: Avis.com, July 27, 2006)

5.81 Sears 백화점에 따르면 주택소유자의 2/3는 Sears에서 가전제품을 구매했다고 한다. 주택소유자들 중에서 무작위로 세 개 가정을 선택했다고 하자. (a) 이들 세 가구가 모두 Sears로부터 가전제품을 구입했을 확률은? (b) 세 가구 중 적어도 한 가구는 Sears로부터 가전제품을 구입했을 확률은? (출처: Sears advertisement insert, *Indiana Gazette*, May 24, 2003)

5.82 6개의 음료수를 시음해보는 실험이 준비 중에 있다. 각 참가자는 3개의 음료수를 받고 가장 맛있는 음료를 골라야 한다.

a. 한 참가자에게 주어질 음료 3개의 조합은 총 몇 가지인가?
b. 참가자가 마시게 될 3가지 음료의 순서를 따진다고

할 때, 총 몇 가지 경우의 수가 있는가?

5.83 어떤 기업이 경영진 15명 중 5명을 뽑아 현 회사의 환경문제를 검토할 모임을 만들 것이다. 5명으로 구성된 모임은 총 몇 가지가 있겠는가?

5.84 어떤 자전거 자물쇠는 자물쇠를 열 때 4개의 번호를 맞추어야 한다. 각 번호가 0부터 9까지 있다고 할 때, 제조사는 총 몇 가지 방법으로 자물쇠 번호를 만들 수 있는가?

5.85 회계학과 학과장은 이번 여름강좌에 회계학 201, 회계학 202, 회계학 305 등 세 개 강좌를 개설하려고 한다. 강좌를 담당할 수 있는 강사는 모두 12명이 있다. 한 강사가 2개 강좌를 맡을 수 없다. 강좌에 강사를 배정하는 방법은 몇 가지인가?

종합사례

Thorndike Sports Equipment

Ted Thorndike는 할아버지 회사에서 5주 동안 아주 재미있게 일을 해왔다. Luke 할아버지도 매우 기뻐하면서 손자와 일을 하였다. 하루는 아침시간을 할애해서 같이 낚시를 갔다. Ted는 잉어를 잡고 할아버지는 메기를 낚았다.

낚시를 끝내고 회사에 와서 아주 화가 난 한 고객으로부터 전화를 받았다. 자신이 사용하던 알루미늄 라켓이 반으로 쪼개졌다는 것이다. 구입한 지 14개월 밖에 안되었지만, 이 고객은 일주일 2~3번 코트에 나갈 정도로 열심인 사람이었다. 그러나 그는 결코 라켓을 막 다루지는 않았다고 이야기했다. 그 고객은 Thorndike 스포츠 용품사가 새 라켓으로 교환해줄 뿐만 아니라 내기 시합에서 라켓이 쪼개지는 바람에 졌기 때문에 $30를 변제하라는 것이었다.

Ted는 화난 고객에게 12개월 보증기간이 약간 지났지만 자신 회사에 우호적인 고객에게 감사하는 뜻으로 새 라켓으로 교환해 주겠다고 하였다. 그러나 내기 판돈인 $30는 보상할 수 없었다.

Ted는 할아버지에게 그 사정을 이야기 했더니, 할아버지는 별로 놀라지 않았다. 최근 두세 달 동안에 유사한 고객불만이 접수되었는데 주로 오랜 고객들로부터였고, 최근의 Thorndike 알루미늄 라켓이 그 이전 것보다 튼튼하지 않다는 것이다.

할아버지는 한참 곰곰이 생각하다가 한 가지 사실을 지적했다. Thorndike는 수년 동안 두 군데서 알루미늄을 공급받아 왔는데 1년 반 전부터 새로운 공급자를 한 곳 더 추가했다는 것이다. 그래서 그 새 공급자가 의심스럽다는 것이다. 따라서 거기로부터 온 알루미늄이 더 깨지기 쉬워서 문제를 일으킬 공산이 크며, 확신할 수는 없지만 최근에 불만 접수 건수의 라켓들이 새 공급자가 공급한 알루미늄으로 만들어진 것일 가능성이 높다는 것이다.

회사는 반드시 부서진 라켓을 되돌려 받은 후에 새 라켓을 보내준다. 지난 5년여 동안 되돌아온 라켓은 모두 모아두었다. 그런데 6년 전부터 라켓 하나하나에 시리얼 넘버를 매겨서 그것이 언제 만들어졌는지, 어느 회사가 공급한 알루미늄으로 만들어졌는지 알 수 있도록 해 놓았다. 그래서 만일 고객의 라켓이 문제를 일으키면 그 라켓을 추적할 수 있도록 하였다.

할아버지는 말을 계속했다. "헤이, Ted! 이번 주말에 출근해서 아래 층에 모아놓은 부서진 라켓들을 한번 조사해 보렴. 내가 반드시 알아야 할 무언가가 있는지 찾아봐. 어쩌면 이전에 공급하던 두 개 회사로부터만 공급받아야 할지 모르겠어. 새 공급자의 공급가격은 그냥 거절하기에는 너무 싸단 말이야. 그런데 계속 새 라켓을 공짜로 보내줄 수는 없지 않은가?"

Ted는 부서진 라켓들을 조사해서 어떤 정보를 알아내어서 어떤 형태의 분할표(contingency table)를 구성해야 하는가? 부서진 라켓에 관련해서 어떤 확률(상대도수)이 유용한가? 고객들이 회사에 대해서 더 만족하도록 하려면 Ted는 할아버지에게 어떤 조언을 해주어야 하는가?

Springdale Shopping Survey

분할표와 상대도수 확률을 Springdale 쇼핑몰 조사에서 만들 수 있다. 데이터는 파일 **SHOPPING**에 있다. 이 사례 연습문제에 있는 Part 1과 Part 2와 같이 자료를 정리해 보면 응답자의 특성, 그들의 생각, 소비행위를 잘 파악할 수 있다. 특히 Part 2에 있는 조건부 확률을 잘 살펴보면 응답자의 성별에 따라서 소비행동이 어떻게 다른지 알 수 있다.

1. 각 조사변수에 대한 응답자의 응답에 대한 상대도수를 구해서, 임의의 응답자에 대해 다음 확률을 정하라.
   a. [변수 4] Springdale 몰에서 최소 $15 이상 돈을 쓸 확률.
   b. [변수 5] Downtown 거리에서 최소 $15 이상 돈을 쓸 확률.

c. [변수 6] West 몰에서 최소 $15 이상 돈을 쓸 확률
위의 확률을 근거로 해서 볼 때 고객이 쇼핑할 때 소비하는 금액이 어느 지역이 가장 크고 어느 지역이 가장 작은가?

d. [변수 11] Springdale 몰의 상품들이 최우수품질이라고 느낀다.

e. [변수 11] Downtown에 있는 상품들이 최우수품질이라고 느낀다.

f. [변수 11] West 몰에 있는 상품들이 최우수품질이라고 느낀다.

위의 확률을 비교하면 상품의 품질면에서 어떤지역이 가장 우수하고 어떤 지역이 가장 낮은가?

2. 적절한 변수들에 대해서 분할표를 만들고 다음 확률을 정하라.

a. [변수 4와 26] 응답자가 여성이라면, Springdale 몰에서 최소 $15 이상 소비할 확률은? 이 지역에서 $15 이상 소비할 가능성이 남자가 더 높은가 아니면 여자가 더 높은가?

b. [변수 5와 26] 응답자가 여성인 경우, Downtown에서 최소 $15 이상 돈을 쓸 확률은? 이 지역에서 $15 이상 소비할 가능성이 남자가 여자보다 더 가능성이 높은가 아니면 더 낮은가?

c. [변수 6과 26] 응답자가 여성인 경우, West 몰에서 최소 $15 이상 소비할 확률은? 이 지역에서 $15 이상 소비할 가능성이 남자가 더 높은가? 아니면 여자가 더 높은가?

앞에서 구한 확률을 근거로 해서, 어느 지역에서 남자가 $15 이상 소비할 가능성이 가장 높은가? 혹은 가장 낮은가? 여자는 어느 지역에서 가장 높고 어느 지역에서 가장 낮은가?

경영사례

Baldwin Computer Sales

3장에 있는 Baldwin Computer Sales 사례에서 한 가지 관심은, 대금지불을 미납하고 있는 학생이 어느 대학에 재학 중인가 이다. 즉 소속대학에 따라 미납을 일으킬 확률이 다른지 궁금한 것이다. 데이터 파일 **BALDWIN**을 이용해서 도수분할표를 만들고 컴퓨터 대금 지불을 미납하고 있는 비율을 구하라.

1. 대학 1에 재학 중인 학생이 컴퓨터 대금을 미납할 조건부 확률을 구하라.
2. 1번의 조건부 확률을 각 대학별로 모두 구하라. 어느 한 경우의 조건부 확률이 다른 대학에 비해서 특별히 높거나 낮은 경우가 있는가? 어느 대학이 미납 가능성이 가장 높은가? 어느 대학이 가장 낮은가?
3. 대금을 미납하고 있는 학생을 임의로 선정했을 때, 그 학생이 2에서 구한 "미납 가능성이 가장 높은"대학에 재학 중인 사후확률을 구하라.

CHAPTER

6 이산 확률분포

Discrete Probability Distributions

이산적(discrete)이면서 이성적(discreet)인 ATM 사용자

현금 자동인출기(ATM)를 사용하는 사람들은 매우 조심스럽다. 무엇보다 분실을 조심하고 또 비밀번호를 입력할 때도 혹시 누가 볼까 신경을 잔뜩 쓴다. 이처럼 매우 이성적이다. 한편 ATM을 사용하는 사용자 수는 이산적인 값을 갖는다. 말하자면 그 사용자 수는 이산적인 확률분포를 따른다. 즉 x를 어느 한 시점에 단위시간 동안(1시간 또는 10분) ATM에 도착한 사용자 수라고 하면, x는 0, 1, 2, 3, …과 같은 이산적인 값을 갖게 된다. 이 장에서는 이와 같은 이산적인 변수의 확률분포를 공부한다.

다음 번에 혹시 인근에 ATM이 있으면, 그 옆에서 콜라를 한 잔하며 한 5분 정도 기다리면서 그 기계에 몇 사람이나 오는지 한번 세어 보기 바란다. 이러한 관찰을 10차례 이상 해보라. 그리고는 x가 0인 비율, x가 1인 비율, … 등을 계산해 보라. 그리면 이산적 확률분포를 하나 만든 셈이 된다. 너무나 쉬운 것이지만, 그것이 바로 이 장에서 공부하려고 하는 것이다.

좀 더 이론적으로 설명하자면, 방금 여러분이 관찰한 것은 바로 이산적 확률분포에 속하는 '포아송(Poisson) 분포' 이다. 이 포아송 분포는 ATM이나 톨게이트(도로요금소), 병원응급실, 기타의 서비스 창구에 주어진 시간 동안 도착하는 사람 수를 설명하거나 예측하는 데 적합한 분포이다.

학습목표

- 확률변수에 대한 확률분포의 개념과 그 응용을 이해한다.
- 확률변수가 연속적인지 이산적인지 구분한다.
- 이항분포, 초기하(hypergeometric)분포, 포아송(Poisson) 분포를 이해하고 그 차이를 구분한다.
- 베르누이과정(Bernoulli process)이 의미하는 바를 이해하고, 그것의 반복시행이 이항분포를 구성하는 것을 이해한다.
- 이산 변수가 어떤 값을(또는 어떤 범위의 값을) 가질 확률을 구할 줄 안다.

6.1 머리말

2장에서는 상대도수 분포를 이용해서 관찰결과가 어떤 값을 갖거나 몇 개의 범위(range) 중에 한 군데에 속할 비율을 계산하였다. 5장에서는 고전적인 방법을 이용해서 실제 실험을 하지 않고도 이론적으로 따져서 확률을 계산하였다[예를 들면 동전던지기에서 P(앞면) = 0.5]. 이 장에서 공부할 확률분포는 이 두 가지 개념(상대도수분포와 고전적 확률의 개념)의 특별한 결합이다.

확률분포는 주어진 **모집단**(**population**)으로부터 이론적으로 얻어지는 상대도수 분포라고 정의할 수 있다. 불확실성이 관련된 비즈니스나 기타 실제 상황에서 (1)사건발생의 자연적 과정(natural process)을 먼저 이해하고 (2) 그 다음에 어떤 사건이 발생할 확률을 따지는 것이 올바른 순서다. 이때 확률분포는 발생 가능한 모든 사건과 그것의 발생 가능성을 나타내주는 하나의 모형이다. 확률분포를 활용함으로써 발생하는 사건에 대하여 효과적인 준비나 의사 결정을 할 수 있다.

확률변수: 이산적 혹은 연속적

확률변수(**random variable**)는 실험의 결과에 따라 다른 값을 가지는 변수이다. 확률변수는 이산적(*discrete*)이거나 연속적(*continuous*)인데, 이는 1장에서 간략히 설명하였다.

이산확률변수: 확률변수가 정해진 값만을 가질 수 있고 그 값 사이에는 간격이 있는 경우이다. 예를 들어, 다섯 명의 아이들 중에서 크리스마스선물로 한 개 이상의 장난감을 받은 아이의 수는 0,1,2,3,4,5 중의 하나일 것이다. 당연히 2.338과 같은 값은 가능하지 않을 것이다.

연속확률변수: 확률변수가 주어진 구간의 모든 값을 가질 수 있는 경우이다. 현재 여러분이 거주하는 곳의 기온을 정확히 측정한다면 화씨로 13.568, 78.352, 83.825 등의 값이 될 수 있을 것이다. 물론 이 값은 여러분이 거주하는 장소에서 측정되는 기온의 범위에서 어떠한 값도 가능할 것이다. (위에서 온도를 소수 세 자리까지만으로 나타내었지만 온도계의 눈금을 정밀하게 할 수 있으면 셀 수 없이 많은 온도가 가능하다.)

확률변수를 **확률적**(*random*)이라고 하는 이유는 그 확률변수가 어떤 값을 가질지 실험이나 관찰을 하기 전에는 모르기 때문이다. 예를 들면 동전 던지기 실험을 한다고 해보자. 실험을 시행해서 관찰하기 전에는 그것이 앞면이 나올지 뒷면이 나올지 모르기 때문에 앞면 또는 뒷면에 대응하여 확률변수가 어떤 값을 가질지 모른다. 이 장에서는 이산적인 확률변수와 그것의 확률분포를 다룬다. 연속적인 경우는 다음 장에서 다룬다.

이산 확률분포의 특성

이산 확률분포란 어떤 실험의 발생 가능한 모든 결과를 나열하고 각각의 결과에 대응하여 그 발생확률을 적은 것을 말한다. 또는 모든 가능한 확률변수 값을 나열하고 거기에 대응한 확률을 적은 것을 말한다. 우선 아주 간단한 예부터 시작해 보자.

예제 EXAMPLE

이산 확률분포

균형이 잘 잡힌 동전을 두 번 던지는 실험을 생각한다. 거기서 확률변수 x는 앞면이 나온 횟수로 정의한다. 확률변수 x에 대한 확률분포를 정하라.

풀이

두 번의 동전 던지기는 서로 독립된 시행이며 한 번 던져서 앞면이 나올 확률은 0.5로서 정해져 있다. 동전을 두 번 순서대로 던지면 그 가능한 결과는 네 가지이다. 각각의 결과는 모두 동일한 발생 가능성을 가지며 그 확률은 0.25이다.

동전을 두 번 던지는 경우: 가능한 결과와 확률

관찰결과	x = 앞면(H)의 수	확률
HH	2	0.25 = (0.5 × 0.5)
HT	1	0.25
TH	1	0.25
TT	0	0.25
		1.00

이때, 네 가지 가능한 결과는 상호배타적이며(동전을 두 번 이어서 던지는 실험에서 네 가지 중 하나만 나올 수 있으며, 동시에 두 가지가 나올 수는 없음), 그 확률의 합은 1.00이다. 이 중 *HT*와 *TH*에는 앞면(H)이 하나만 있는데, 5장에서 공부한 확률의 덧셈규칙을 적용하여 $x = 1$의 확률을 구할 수 있다. 이것을 풀어서 쓰면

$$P(HT \text{ or } TH) = P(HT) + P(TH) = 0.25 + 0.25 = 0.50$$

이다. 이제, 동전을 두 번 연거푸 던질 때 나오는 앞면의 수를 확률변수 x로 나타낼 때, x의 확률분포는 다음과 같다.

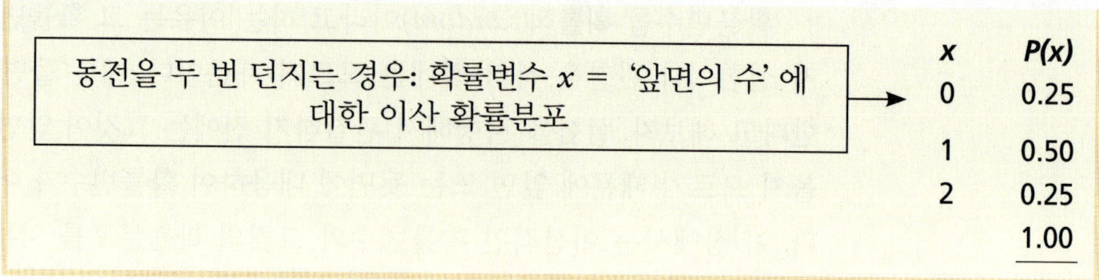

이 확률분포는 그래프로도 나타낼 수 있는데 그림 6.1과 같다. 이산 확률분포는 다음과 같은 특징을 갖는다.[1]

이산 확률분포의 특징:

1. 임의의 x값에 대해서 $0 \le P(x) \le 1.0$이다.
2. x의 값들은 포괄적(exhaustive)이다. 즉 확률분포는 가능한 모든 x에 대해서 확률값을 정해준다.
3. x의 값들은 상호배타적(exclusive)이다. 즉 한 번의 실험 시행에서 x는 하나의 값만 가진다.
4. 각각의 확률의 합은 1.0이다, 즉 $\Sigma P(x_i) = 1.0$.

이산 확률분포는 고전적 방법으로 정할 수 있지만(그림 6.1처럼), 실험을 아주 많이 시행해서 얻은 상대도수를 사용하거나, 주관적인 판단으로 정할 수도 있다. 이제 상대도수로 확률분포를 정하는 예를 살펴보자.

그림 6.1

두 번의 동전 던지기에서 앞면이 나온 횟수를 확률변수 x로 나타낼 때의 확률분포를 그래프로 나타낸 것.

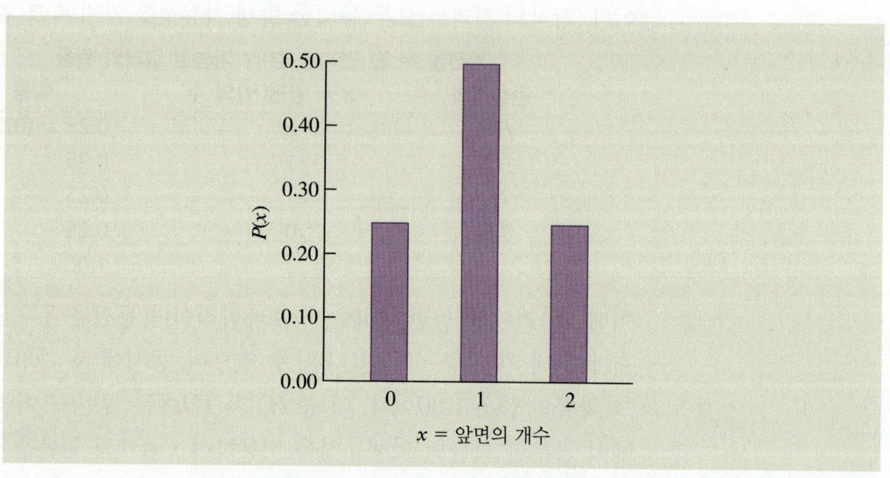

[1] 수학적 관점에서 보면, 이러한 조건을 만족하면 우리는 그것을 확률분포라고 부르고 개개의 $p(x_i)$값을 확률이라고 부른다.

예제 EXAMPLE

이산 확률분포

한 투자 자문가는 투자 세미나를 개최하는데, 한 번의 세미나에는 최고 6명까지만 참석할 수 있도록 제한하고 있다. 최근 이러한 세미나를 20회 개최한 결과 세미나 후에 실제 투자고객이 된 사람 수 x에 대한 상대도수를 구한 결과는 그림 6.2와 같다. 이산적 확률분포를 표로써 나타내 보라.

풀이

투자설명 세미나 후에 참석자가 실제 투자고객이 된 사람 수 x에 대한 확률분포를 표로써 나타내면 다음과 같다.

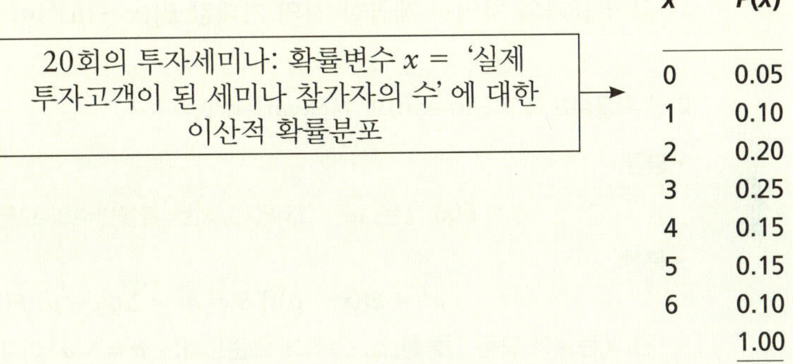

x	$P(x)$
0	0.05
1	0.10
2	0.20
3	0.25
4	0.15
5	0.15
6	0.10
	1.00

그림 6.1의 고전적 확률로 표시된 상대도수와 마찬가지로 그림 6.2에서의 사건(확률변수 x값)도 상호배타적이며 포괄적이다. 상대도수를 확률로 간주하면, 확률의 합계는 1.0이 된다. 어떤 세미나를 개최한 후 투자고객이 한 명도 없을 확률은 $P(0) = 0.05$이고, 또 적어도 4명 이상의 투자고객이 생길 확률은 $P(x \geq 4) = P(x = 4) + P(x = 5) + P(x = 6) = 0.15 + 0.15 + 0.10 = 0.40$이다.

그림 6.2

세미나 그룹에 참석한 투자가들이 실제 고객이 된 사람 수에 대한 상대도수 분포

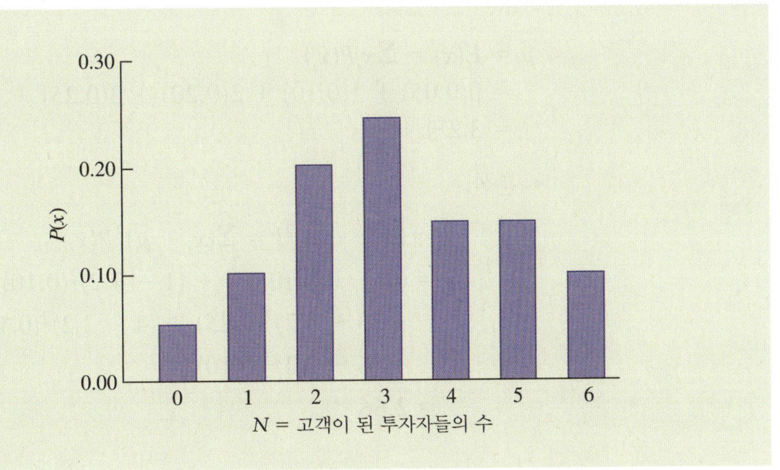

이산 확률분포의 평균과 분산

3장에서 공부하였듯이 어떤 데이터의 대표적인 관측값과 자료의 흩어진 정도를 나타내기 위하여 중심과 분산의 측정치를 각각 사용하였다. 마찬가지로 이산 확률분포에 대해서도 중심경향과 분산으로 그 확률분포를 나타낼 수 있다. 예를 들면, 그림 6.2에서 투자 자문가는 세미나 참석자 가운데 몇 명이 평균적으로 투자고객이 되고 그 숫자에 변동이 얼마나 있는지 알고 싶을 것이다.

확률분포의 중심경향은 확률변수에 대한 **기대값**(*expected value*)으로 나타낼 수 있는데, **평균**(*mean*)이라고 부르고 $E(x)$ 또는 μ로 표시한다.[2] 아래 공식에서 알 수 있듯이 평균(기대값)은 확률변수 x값을 그 발생확률로써 가중한 x값으로, 각각의 값에 그 발생확률을 곱하여 합한 값이다. 그 **분산**(*variance*)은 확률변수의 각 값과 그 평균과의 차이를 제곱한 것의 기대값 $E[(x-\mu)^2]$이다.

이산 확률분포의 평균(mean)과 분산(variance):

- 평균:

$$\mu = E(x) \text{ 혹은, } \mu = \Sigma x_i P(x_i), \; x_i\text{는 확률변수의 모든 가능한 값}$$

- 분산:

$$\sigma^2 = E[(x-\mu)^2] \text{ 혹은 } \sigma^2 = \Sigma(x_i-\mu)^2 P(x_i)$$

단, x_i는 x의 모든 가능한 값, 그리고 표준편차는 $\boldsymbol{\sigma} = \sqrt{\boldsymbol{\sigma}^2}$이다.

NOTE

σ^2을 다른 공식으로 표현하면 $\sigma^2 = [\Sigma x_i^2 P(x_i)] - \mu^2$이다. 이 공식은 앞의 공식을 전개하면 간단히 유도할 수 있다. 경우에 따라서는 이 공식이 적용하기가 쉽다.

이 공식들을 적용해서 그림 6.2에 있는 분포의 평균과 분산을 구해보자.

세미나 참석자 중 투자고객이 되는 사람 수를 확률변수 x(그림 6.2의 이산 확률분포를 따름)로 할 때 x의 평균과 분산

- 평균:

$$\begin{aligned}\mu = E(x) &= \Sigma x_i P(x_i)\\ &= 0(0.05) + 1(0.10) + 2(0.20) + 3(0.25) + 4(0.15) + 5(0.15) + 6(0.10)\\ &= 3.2\text{명}\end{aligned}$$

- 분산:

$$\begin{aligned}\sigma^2 = E[(x-\mu)^2] &= \Sigma(x_i-\mu)^2 P(x_i)\\ &= (0-3.2)^2(0.05) + (1-3.2)^2(0.10) + (2-3.2)^2(0.20)\\ &\quad + (3-3.2)^2(0.25) + (4-3.2)^2(0.15) + (5-3.2)^2(0.15)\\ &\quad + (6-3.2)^2(0.10)\\ &= 2.66\end{aligned}$$

[2] 보통 확률변수를 대문자 로 나타내고 그 특정값을 소문자 로 구분하기도 한다. 여기서는 구분하지 않았다. $p(x)$는 구분한 표기를 이용하면 $p(X = x)$를 나타내고 $E(x)$는 $E(X)$와 같은 뜻이다.

$$\sigma = \sqrt{2.66} = 1.63\text{명}$$

세미나를 한 번 마친 후에 투자고객이 된 사람 수가 정확히 $x = 3.2$가 될 수는 없다. 이 숫자 $\mu = 3.2$는 x의 기대값 또는 **평균**이다. 세미나를 여러 차례 많이 개최한다면, 그리고 앞에서 주어진 확률분포가 변하지 않는다면 $\mu = 3.2$는 평균적인 결과가 될 것이다.

여기서 주어진 평균과 분산에 대한 공식은 모든 이산적 확률분포에 적용되는 식이다. 앞으로 공부하게 될 이항분포나 포아송 분포에는 평균과 분산을 계산하는 공식을 더 간단하게 표현하여 쉽게 적용할 수 있도록 하였다. 그러나 그것은 여기서 소개한 공식을 그 분포에 적용하여 간단하게 표현한 것이며 기본적인 정의와 의미에는 변함이 없다.

다음 절로 넘어가기 전에 숫자 세 개를 맞추는 복권에 대한 확률분포를 생각해 보자. 숫자는 1000개(000에서 999까지)가 있으며, 모든 숫자는 뽑힐 확률이 같으므로 이산 균등분포(*discrete uniform distribution*)를 따른다고 한다. 「생활 속의 통계 6.1」를 참조하라.

생활 속의 통계 • 6.1 어떤 날에 균등하지 못했던 이산 균등분포

펜실베니아주의 복권에는 평일저녁 7시에 추첨하는 '오늘의 수'라는 세자리 숫자가 있다. 번호는 0에서 9까지의 수가 그려진 공을 넣은 세 개의 기계에서 각각 처음 나오는 공으로 결정된다. 그 순간은 TV로 방송이 되며 담당 공무원과 시민이 그 공의 숫자를 확인한다.

오늘의 수는 000에서 999까지이므로 각 수가 나올 확률은 0.001이다. 담당 공무원은 공의 무게를 확인하는 등의 꼼꼼한 검사를 통하여 숫자 하나가 나올 확률이 같도록 한다. 그런데 수년 전에 어떤 사람이 공 속에 고무성분을 주입하여 공의 무게를 무겁게 만들었다가 고소된 사건이 있었다. 고무가 주입된 공은 다른 공과 달리 튀는 모습이 무겁게 보였다. 그 결과 그날의 '오늘의 수'에 대한 확률분포는 균등하지 않게 되었고, 그 이후 보안을 강화하여 담당 공무원은 확률분포가 균등하게 되도록 하는 노력을 더욱 강화하게 되었다.

이 이산적 확률분포가 균등함에도 불구하고 어떤 사람은 생일, 결혼기념일, 운전면허증에 있는 수 등과 같은 행운의 수를 고집하기도 한다. 어떤 사람은 어제 당첨된 수는 당분간 안 나올 것으로 생각하고 피하고, 어떤 사람은 333 혹은 777과 같은 번호를 좋아한다. 그렇지만 모든 수는 나올 확률이 같다.

연습문제

6.1 왜 확률변수(random variable)가 무작위적(random)이라고 하는가?

6.2 다음 확률변수가 이산적인지 연속적인지 구분하라.
a. 생산라인에서 만들어지는 알루미늄 봉의 직경
b. 종업원들의 학교 재학 연수
c. 다우존스 평균
d. 슈퍼마켓에서 손님들이 사가는 우유의 양

6.3 다음 확률변수가 이산적인지 연속적인지 구분하라.
a. 맥도날드 한 가게에서 오늘 하루 드라이브 스루로 사가는 손님의 수
b. 맥도날드 한 가게에서 오늘 하루 손님들이 쓴 돈의 합계
c. 디지털 시계로 읽은 시간
d. 한 보행자의 보폭의 크기

6.4 이산 확률분포의 확률변수 x의 값은 상호배타적이면서 포괄적이어야(mutually exclusive and exhaustive) 한다. 이 두 가지 개념이 뜻하는 바는?

6.5 이산확률변수 x는 값을 $x = 3$, $x = 8$, $x = 10$을 가질 수 있고, 각각의 확률은 0.2, 0.7, 0.10이다. x의 평균과 분산 및 표준편차를 구하라.

6.6 다음과 같은 이산 확률분포의 평균, 분산 및 표준편차를 구하라.

x	0	1	2
$P(x)$	0.60	0.30	0.10

6.7 다음과 같은 이산 확률분포의 평균, 분산 및 표준편차를 구하라.

x	0	1	2	3	4
$P(x)$	0.10	0.30	0.30	0.20	0.10

6.8 작은 대학교의 부학장인 Ed Tompkins 씨는 다른 큰 대학교의 학장 자리에 지원했다. 새로 지원한 일자리의 연봉이 $200,000이라는 말에 Ed는 들떠 있다. 그쪽 대학교에서 일하는 지인의 말에 의하면 Ed 씨의 이력서로 보아 학장으로 선택될 가능성이 '대략 60%'라고 한다. Ed가 일자리를 옮기지 않는다면 내년 연봉은 $120,000일 것이라고 한다. 그의 지인이 그의 선택 가능성을 정확히 쟀다면 내년에 Ed 씨의 기대 연봉은 무엇인가?

6.9 교통사고 위장 사기꾼들은 때때로 아주 비싼 고급승용차를 대상으로 계획적인 교통사고 상해사건을 꾸민다. 그리고는 운전수에게 합의를 종용하여 현금을 받아내는 것이다. 운전수는 책임보험료 금액이 큰 폭으로 상승하고 또 자신의 직업적인 운전경력에 오점을 남기느니 합의를 하려고 한다는 약점을 이용하는 것이다. Marlin은 아주 천천히 달리는 고급 벤츠 승용차를 대상으로 그러한 고의적 사고를 유발하여 다친 것처럼 하는 사기를 계획하였다. 만일 고의사고가 발각되어 체포되면 벌금을 물어야 한다. Marlin에게 예상되는 결과는 −$500(발각되어 벌금을 무는 경우), $0(운전수가 알아차리고 현금합의를 하지 않는 경우), $100(운전수가 합의를 제시하는 경우)이고, 각각의 확률은 0.1, 0.3, 0.6이다. Marlin이 얻을 금액의 기대값은 얼마인가?

6.10 패스트푸드 프랜차이즈 관리 책임자가 프랜차이즈 점포들을 방문하여 서비스 속도를 측정하였다. 45초 이내에 음식을 제공 받으면 영화관 공짜 입장권을 그 종업원에게 준다. 45초가 넘으면 아무것도 없다. 전체 프랜차이즈 점포들을 통틀어서 음식이 45초 이내에 나올 확률은 0.60이다. 이 관리 책임자에게 음식을 서빙할 경우 종업원이 받을 공짜 입장권 매수의 기대값은?

6.11 한 컨설턴트는 고객에게 세 가지 연구과제를 제시했다. 만일 고객이 a과제를 선택하면 컨설턴트는 연구원 한 명을, b를 선택하면 2명을, c를 선택하면 5명을 신규 고용하여야 한다. 고객이 연구과제 a, b, c를 선택할 확률은 각각 0.1, 0.5, 0.4이다. 적절한 이산확률변수를 정하고, 기대값을 계산하라.

6.12 어느 계약자는 새로 짓는 값비싼 집의 공사기간이 16주가 넘어가면 $40,000의 벌금을 내야한다고 한다. 그리고 공사가 8주 안에 끝나면 $10,000만큼의 보너스를 받는다. 계약자의 경험에 의하면, 공사기간이 16주를 넘어갈 확률이 0.2이고 8주를 안넘어갈 확률이 0.3이라고 한다. 만약 집의 가격이 벌금과 보너스 없이 $550,000일 때, 구매자는 집 구매를 위해 얼마 정도의 가격을 예상하여야 하는가?

6.13 한 음반판매점은 판촉활동의 일환으로 주사위를 던져서 나오는 눈의 점수만큼 CD가격을 할인해 주는 행사를 벌였다. 예를 들어 주사위를 던져서 눈이 한 개 나오면 $1.00를 할인해 주는 것이다. 판매점 주인은 CD를 한 장에 $5.00에 사와서 $9.00에 판다. 이 판촉기간 동안 CD 한 장을 팔 때 평균 이익은 얼마인가?

6.14 Riverside 베이커리 주인 Laura McCarthy에게 어느 날 보험회사 직원이 찾아와서 홍수에 대비한 재난보험에 가입할 것을 권유하였다. 그 지역의 기상청에 따르면 내년 1년 동안 홍수가 날 확률은 0.01이고, 보험료는 1년간 $10,000이다. 보험에 가입하는지 여부와 홍수가 발생하는지 여부에 따라 모두 네 가지 사건의 분할표가 만들어지고 그때의 이익은 다음 표와 같다. 이익은 연간 보험료 $10,000를 감안한 것이다.

	홍수가 발생 않음	홍수가 발생함
보험에 가입 않음	$200,000	−$1,000,000
보험에 가입함	$190,000	$200,000

a. 주인 Laura가 보험에 가입하지 않는 경우에 대하여 적절한 확률변수를 정하고 이산적 확률분포를 만들어서 내년 1년간의 기대이익을 구하라.

b. Laura가 보험에 가입한 경우에 기대이익을 구하라.

c. (a)와 (b)의 결과를 이용하여 Laura에게 합리적인 의사결정을 권고하라.

6.15 2007년 한 해 동안 건설공사에 총 2,400만 톤의 철이 사용되었다. Transco스틸이라는 가상의 철강회사는 이러한 시장을 대상으로 사업을 하고 있는데, 최근 생산시설이 노후화되어 리노베이션을 고려하고 있다. 크게 세 가지 대안이 있는데, (1) 리노베이션을 하지 않음, (2) 소규모 리노베이션을 함, (3) 대규모 리노베이션을 하는 것이다. 어느 대안을 선택하든 상관없이 이 회사의 이익은 건설시장의 규모에 달려 있다. 회사의 중역들의 주관적 확률에 의한 예측으로는 건설산업이 전혀 성장을 하지 않을 확률이 0.3, 보통으로 성장할 확률이 0.5, 급성장을 할 확률이 0.2이다. 각각의 경우에 대한 이 회사의 예상이익은 다음 표와 같다(백만 달러).

		건설 산업의 성장		
		성장 않음	보통성장	급성장
리노베이션	전혀 않음	$35	$38	$42
수준	소규모	$28	$45	$55
	대규모	$21	$40	$70

건설산업의 성장가능성에 대한 이 회사 중역들의 주관적 확률을 근거로 할 때, 리노베이션을 전혀 하지 않은 때의 기대이익은 얼마인가? 소규모 리노베이션을 할 때 기대이익은 얼마인가? 대규모 리노베이션을 할 때 기대이익은 얼마인가? 이 계산 결과를 근거로 하여 이 회사의 리노베이션 수준에 대한 추천을 하라.

6.2 이항분포

이산분포 가운데 가장 광범위하게 쓰이는 **이항분포**(binomial distribution)는 두 가지 결과 중에 하나가 나타나는 시행(trials)을 연속적으로 여러 번 하는 것을 다룬다. 이항(*binomial*)에 'bi'는 두 개를 뜻하는 어원을 갖고 있다. 이항분포는 시행에서 나타나는 결과를 보통 '성공'과 '실패', 또는 'yes'와 'no'로 구분한다. 이항분포를 구성하는 시행은 다음과 같은 **베르누이 과정**(Bernoulli process)을 반복한다고 가정한다.

베르누이 과정의 특성:

1. 두 번 이상의 시행이 이어진다.
2. 각각의 시행에서는 두 가지의 결과만 나타난다. 보통 *성공*과 *실패*로 표현한다.
3. 각 시행은 통계적으로 독립이다. 즉, 어떤 시행의 결과는 그 전에 있었던 시행의 결과로부터 영향을 받지 않고, 또 나중의 시행의 결과에도 영향을 주지 않는다.
4. 각 시행에서 '성공'의 확률은 처음부터 끝까지 변하지 않는다.

이항분포와 그 응용

지금까지 확률분포는 표로써 나타냈는데 이항확률분포는 수식(함수)으로 나타낼 수 있다. 베르누이 과정을 n번의 연속적 시행하여 얻은 성공횟수를 이산적 확률변수 x로 나타내면 이항분포는 다음과 같이 요약하여 나타낼 수 있다.

이항분포:

n 번 시행에서 x회 성공할 확률은 다음과 같은 확률분포함수로 계산된다.

$$P(x) = \frac{n!}{x!(n-x)!}\pi^x(1-\pi)^{n-x}$$

n = 시행횟수
x = 성공횟수, x는 0, 1, 2, . . . , n
π = 어떤 한 번의 시행에서 '성공'할 확률
$(1-\pi)$ = 어떤 한 번의 시행에서 '실패'할 확률

• 평균 :

$$\mu = E(x) = n\pi$$

• 분산 :

$$\sigma^2 = E[(x-\mu)^2] = n\pi(1-\pi)$$

이항분포에서 n번의 시행은 (1) 성공한 x번의 시행과 (2) 실패한 $(n - x)$번의 시행으로 구성된다. π^x은 x번의 시행이 모두 성공할 확률이고 $(1 - \pi)^{n-x}$은 $n-x$번 시행이 모두 실패할 확률이다. 첫 번째 부분은 n번의 시행에서 x번의 성공이 있는 조합의 가짓수이다.(n개의 물건 가운데서 x개를 선택하는 조합의 개수와 같다.)

이항분포는 n과 π의 값에 따라 각각 다른 확률분포를 갖게 되는데, 그 확률분포들은 하나의 확률분포군(群, family)을 이룬다.

이항분포가 되기 위해서는 베르누이 과정을 거쳐야 하는데, 베르누이과정의 요건 가운데 성공확률(π)이 변함이 없어야 한다는 조건이 있다. 이는 다음과 같이 두 가지로 나누어서 살펴볼 수 있다.

1. **복원추출:** 사람이나 어떤 항목을 모집단에서 추출하여 관찰할 경우 한 번 추출한 것을 다시 되돌려 넣는다면(즉, 복원한다면) π는 추출과정에서 변함이 없다.
2. **비복원추출:** 모집단에서 어떤 원소를 추출하여 관찰한 후 다시 되돌려 놓지 않는 것을 비복원추출이라고 한다. 비복원추출에서 모집단의 크기(N)에 비해서 추출하는 시행횟수(n)가 상대적으로 아주 작다면 성공확률 π는 변함이 없는 것으로 간주해도 된다. 예제를 들면 1,000명 가운데 20명을 추출하여 인터뷰하는 경우이다. 대체적인 규칙은 모집단 크기가 시행횟수 n의 20배가 넘으면 성공확률은 변함이 없는 것으로 간주한다.

예제 EXAMPLE

이항분포

미국의 18,000,000명의 비정규직 노동자 중에서 20%가 연금에 가입하고 있다.[3] 이 사람들 중에서 5명을 무작위로 선정하여 이산확률변수 x = '연금에 가입하고 있는 사람의 수' 로 하자.

풀이

전체 시행횟수 $n = 5$이고 성공확률 $\pi = 0.20$인 베르누이 과정으로 볼 수 있다. 모집단 크기($N = 18,000,000$)가 시행횟수에 비해서 충분히 크기 때문에 성공확률 π는 고정된 것으로 생각할 수 있다. 각각의 사람은 연금에 가입하였든지 가입하지 않았든지 두 가지 경우(결과)밖에 없다.

x의 기대값은?

5명 중에서 연금에 가입한 사람 수 x의 기대값은 식에 의해서 $E(x) = n\pi = 5(0.20) = 1.0$이다. 즉 5명 중 1명이 연금에 가입한 것으로 기대된다. 5명을 무작위로 뽑는 추출을 여러 번 많이 반복하면 연금에 가입한 사람 수 x의 평균값은 1.0이 된다.

5명 그룹 가운데 연금에 가입한 사람이 정확히 2명일 확률은?

$n = 5, \pi = 0.2, 1 - \pi = 0.8$의 이항분포식

[3] 출처: statisrical Abstract g the united state 2006, pp. 367, 635.

$$P(x) = \frac{5!}{x!(5-x)!}(0.2)^x(0.8)^{5-x}$$ 에 $x = 2$를 대입하면

$$P(2) = \frac{5!}{2!(5-2)!}(0.2)^2(0.8)^{5-2} = \boxed{0.205}$$ 이다.

x의 가능한 모든 값에 대하여 확률을 계산하면?

$x = 0$에서 $x = 5$까지 각각에 대해서 $P(x)$를 구해 보면 다음과 같다.

$$P(0) = \frac{5!}{0!(5-0)!}(0.2)^0(0.8)^5 = \boxed{0.328}$$

$$P(1) = \frac{5!}{1!(5-1)!}(0.2)^1(0.8)^4 = \boxed{0.410}$$

$$P(2) = \frac{5!}{2!(5-2)!}(0.2)^2(0.8)^3 = \boxed{0.205}$$

$$P(3) = \frac{5!}{3!(5-3)!}(0.2)^3(0.8)^2 = \boxed{0.051}$$

$$P(4) = \frac{5!}{4!(5-4)!}(0.2)^4(0.8)^1 = \boxed{0.006}$$

$$P(5) = \frac{5!}{5!(5-5)!}(0.2)^5(0.8)^0 = \boxed{0.000}$$ (반올림함)

여기서 $E(x) = \sum x_i P(x_i)$를 직접 계산해 보면 $E(x) = n\pi = 5(0.2) = 1.0$이 됨을 확인할 수 있다. 위의 계산은 반올림한 것이므로 합산한 결과가 정확히 1.000이 되지 않을 수 있다.

$$\begin{aligned} E(x) &= \sum x_i P(x_i) \\ &= 0(0.328) + 1(0.410) + 2(0.205) + 3(0.051) + 4(0.006) + 5(0.000) \\ &= 0.997 \end{aligned}$$

명 0.997은 $E(x) = n\pi = 5(0.2) = 1.000$과 일치해야 하는데 그 약간의 차이는 $p(x)$를 나타낼 때 반올림이 있었기 때문이다.

5명의 그룹에서 연금에 가입한 사람이 적어도 3명이 포함될 확률은?

x는 0~5의 값을 가질 수 있으며 이들은 서로 배반적이다.

그러므로 $P(x \ge 3) = [P(x = 3) + P(x = 4) + P(x = 5)]$
$= 0.051 + 0.006 + 0.000 = 0.057$이다.

이 예제의 이항분포를 그림으로 나타내면 그림 6.3과 같다. 그림의 분포를 보면 양의 방향으로 늘어져 있다(skewed positively). 곧 알게 되겠지만 이항분포는 양의 방향으로 늘어지기도 하고, 음의 방향으로 늘어지기도 하고 좌우 대칭이 되기도 한다.

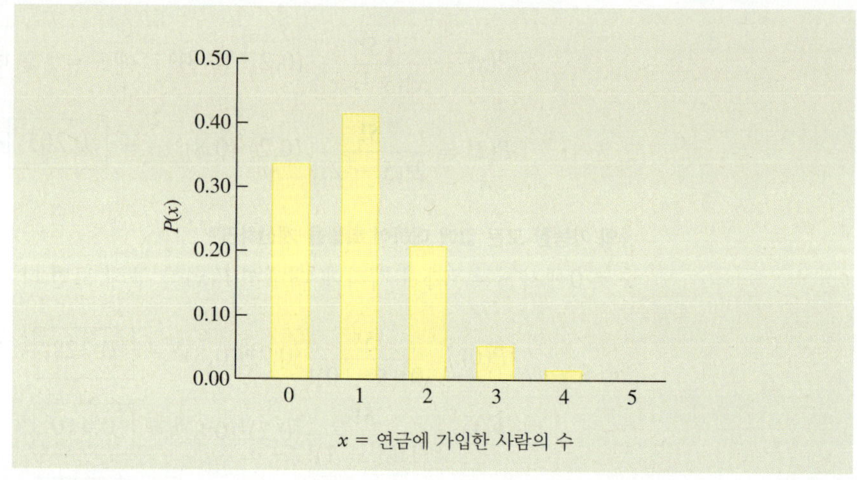

그림 6.3

예제에서의 이항분포 모양 ($n = 5$, $\pi = 0.2$인 경우). 천팔백만 비정규직중에서 20%만이 연금에 가입하고 있다. 모집단이 표본의 크기에 비하여 매우 크므로 각 시행에서 π는 일정하다고 간주해도 된다.

이항분포표 이용하기: 개별확률분포표와 누적확률분포표

앞의 예제에서 보듯이 이항분포식을 이용해서 확률을 구하려면 팩토리얼과 지수승을 계산해야 하는데 이것은 상당히 힘든 일이다. 부록 A에 보면 n과 π에 따라 이항분포 확률을 찾을 수 있도록 표가 있다.

앞의 예제에서 $n = 5$이다. 부록의 표 A.1을 보면 $n = 5$인 경우의 표가 준비되어 있다. 이것을 표 6.1에 그대로 옮겨 놓았다. 표 6.1의 첫 번째 행을 보면 π값을 0.1~0.9 사이에 0.1 단위로 분류해 놓고 있다. 예제에서는 $\pi = 0.2$이므로 두 번째 열을 보면 $k = 0{\sim}5$까지 해당하는 확률값을 계산해 두고 있다. 표에서 $\pi = 0.2$에 해당하는 확률을 다시 쓰면 다음과 같다.

x	0	1	2	3	4	5
$P(x)$	0.3277	0.4096	0.2048	0.0521	0.0064	0.0003

이 $P(x)$값을 소수 4째 자리에서 반올림하면 예제에서 구한 값과 일치함을 알 수 있다.

부록 A의 표 A.2에는 이항분포의 누적확률분포(cumulative probability distribution)를 계산해 놓고 있다. 앞에서 공부하였듯이 누적확률은 $P(x \le k) = P(x = 0) + P(x = 1) + \cdots + P(x = k)$을 계산한 것이다. 예제에서 5명 중 연금 가입자가 3명을 넘지 않을 확률은 $P(x \le 3) = 0.9933$임을 표 A.2에서 바로 읽을 수 있다. 표 6.2는 $n = 5$인 경우의 누적확률분포표를 그대로 옮겨 놓은 것이다.

누적확률분포표는 'k 이하일 확률', 'k를 넘지 않을 확률' 또는 '최대 k명이 될 확률'을 계산한 것이다. 이것을 이용하면 '최소한($k + 1$)명이 될 확률' 또는 '($k + 1$)명 이상일 확률'도 계산할 수 있다.

표 6.1

부록 A의 이항분포확률표, 시행횟수 n = 5인 경우이다. 각각의 값에 대응하여 확률변수 x = k인 경우의 확률 $p(x = k)$를 읽을 수 있다.

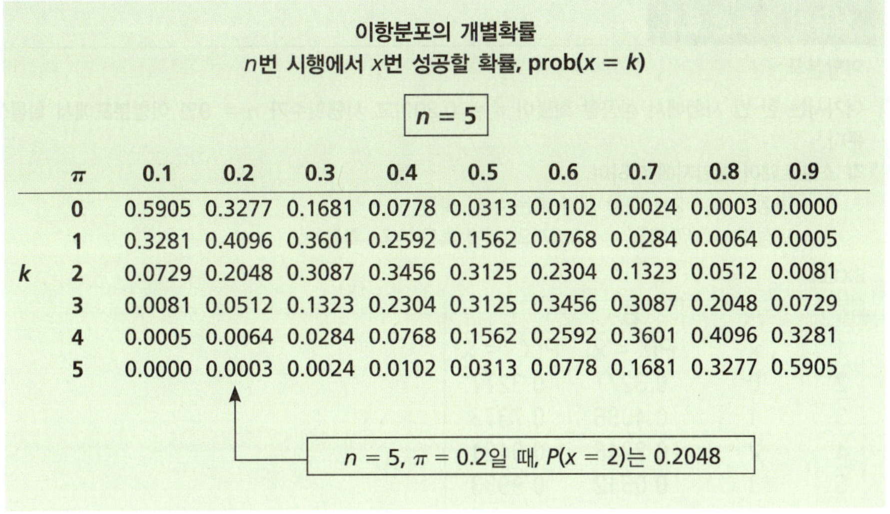

이항분포의 개별확률
n번 시행에서 x번 성공할 확률, prob($x = k$)

$n = 5$

	π	0.1	0.2	0.3	0.4	0.5	0.6	0.7	0.8	0.9
	0	0.5905	0.3277	0.1681	0.0778	0.0313	0.0102	0.0024	0.0003	0.0000
	1	0.3281	0.4096	0.3601	0.2592	0.1562	0.0768	0.0284	0.0064	0.0005
k	2	0.0729	0.2048	0.3087	0.3456	0.3125	0.2304	0.1323	0.0512	0.0081
	3	0.0081	0.0512	0.1323	0.2304	0.3125	0.3456	0.3087	0.2048	0.0729
	4	0.0005	0.0064	0.0284	0.0768	0.1562	0.2592	0.3601	0.4096	0.3281
	5	0.0000	0.0003	0.0024	0.0102	0.0313	0.0778	0.1681	0.3277	0.5905

$n = 5$, $\pi = 0.2$일 때, $P(x = 2)$는 0.2048

예를 들면 $P(x \leq 1) + P(x \geq 2) = 1.0$이므로

$$P(x \geq 2) = 1.0 - P(x \leq 1)\text{이다.}$$

누적확률표에서 $P(x \leq 1)$를 찾으면 0.7373이므로

$$P(x \geq 2) = 1.0 - 0.7373 = 2.627\text{이다.}$$

표 6.2

부록 A에서 n = 5인 경우 누적이항분포표, 각 확률은 $P(x \leq k)$를 계산한 것이다.

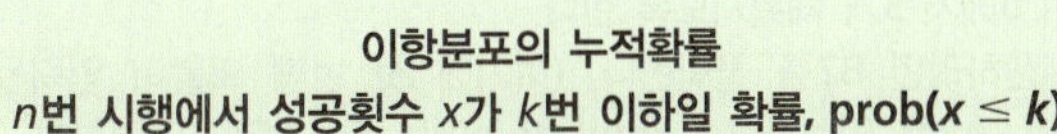

이항분포의 누적확률
n번 시행에서 성공횟수 x가 k번 이하일 확률, prob($x \leq k$)

$n = 5$

	π	0.1	0.2	0.3	0.4	0.5	0.6	0.7	0.8	0.9
	0	0.5905	0.3277	0.1681	0.0778	0.0313	0.0102	0.0024	0.0003	0.0000
	1	0.9185	0.7373	0.5282	0.3370	0.1875	0.0870	0.0308	0.0067	0.0005
k	2	0.9914	0.9421	0.8369	0.6826	0.5000	0.3174	0.1631	0.0579	0.0086
	3	0.9995	0.9933	0.9692	0.9130	0.8125	0.6630	0.4718	0.2627	0.0815
	4	1.0000	0.9997	0.9976	0.9898	0.9688	0.9222	0.8319	0.6723	0.4095
	5		1.0000	1.0000	1.0000	1.0000	1.0000	1.0000	1.0000	1.0000

$n = 5$, $\pi = 0.2$일 때, $P(x \leq 3)$는 0.9933

컴퓨터 솔루션 6.1

이항분포

여기서는 한 번 시행에서 성공할 확률이 π = 0.20이고 시행횟수가 n = 9인 이항분포에서 확률을 구하는 과정을 보여준다.

각 소프트웨어 패키지에 대하여

과정 1: x = 2에 대한 개별 혹은 누적 확률

과정 2: x = 0에서 x = 5까지의 개별 혹은 누적 확률

EXCEL

	A	B	C
1	x	P(X = x)	P(X <= x)
2	0	0.3277	0.3277
3	1	0.4096	0.7373
4	2	0.2048	0.9421
5	3	0.0512	0.9933
6	4	0.0064	0.9997
7	5	0.0003	1.0000

I. Excel을 이용하여 한 개의 개별 혹은 누적 이항확률 구하기

1. 넣을 임의의 셀을 클릭한다. **수식** 리본에서 왼쪽 끝에 있는 **함수삽입**을 클릭한다. 나타나는 창의 **범주선택** 상자에서 **통계**를 클릭한다. 그 밑의 **함수선택**에서는 **BINOMDIST**를 선택하고 **확인**을 클릭한다.
2. **함수인수** 선택창에서 **Number_son**는 2를 입력, **Trials**에는 5를 입력, **Probability**에는 0.20을 입력한다. 개별확률 $P(x = 2)$를 계산하려면 **Cumulative**에는 **FALSE**를 입력한다. 누적확률 $P(x \leq 2)$를 얻으려면 **Cumulative**에 **True**를 입력한다. **확인**을 클릭한다.

II. Excel을 이용하여 개별 혹은 누적 이항확률 전부를 구하기

1. **A1:C1**에 위의 그림과 같이 제목을 입력한다. **A2**에 성공 횟수 중 가장 낮은 수(이 경우는 **0**이다)를 입력한다. **A3**에 **1**을 입력한다. **A2:A3**를 선택한다. **A3**의 오른쪽 아래부분을 클릭하여(그러면 커서가 '+'로 변한다) 아래로 끌어내려 **A2:A7**에 값이 **0**에서 **5**가 채워지도록 한다.
2. 개별확률을 계산하려면 **B2**를 클릭한다. (여기에 첫 번째 확률이 입력될 것이다) 나머지 과정은 과정 **1**을 따르되 **Number_s**에는 **A2**를 입력하고 **Cumulative**에는 **FALSE**를 입력한다. 그러면 첫 번째 확률이 **B2**에 나타난다. **B2**를 클릭한다. **B2**의 오른쪽 아랫부분을 클릭하여(그러면 커서가 '+'로 변한다) 아래로 끌어내려 **B2:B7**에 개별확률이 채워지도록 한다.
3. 누적확률을 계산하려면 **C2**를 클릭한다. (여기에 첫 번째 누적확률이 입력될 것이다) 나머지 과정은 과정 **1**을 따르되 **Number_s**에는 **A2**를 입력하고 **Cumulative**에는 **True**를 입력한다. 그러면 첫 번째 확률이 **C2**에 나타난다. **C2**를 클릭한다. **C2**의 오른쪽 아랫부분을 클릭하여(그러면 커서가 '+'로 변한다) 아래로 끌어내려 **C2:C7**에 누적확률이 채워지도록 한다.

이항분포에 대한 추가사항

경우에 따라 이항분포는 다른 확률분포로 근사계산(approximation)을 할 수 있다. 이항분포를 표로써 나타내는 것이 충분하지 못하기 때문에 근사계산을 아주 유용하게 활용할 수 있다. 뒤에서 공부할 또 다른 이산 분포인 **포아송 분포**를 이용하여 이항분포를 근사계산할 수 있다. 다음 장에서 공부하는 연속적 확률분포인 **정규분포**도 실제 계산에서 이항분포를 대신하여 사용할 수 있다.

연습문제

6.16 어떤 과정(프로세스)을 베르누이 과정으로 간주하려면 필요한 조건이 무엇인가?

6.17 비복원추출을 한다고 할때, π가 상수라는 가정을 만족하려면 어떤 조건이 필요한가?

6.18 베르누이 과정에서 성공확률이 0.7이고 시행횟수가 7번이다. x = '성공횟수' 로 정의할 때 다음을 계산하라.

a. $E(x)$ b. σ_x c. $P(x = 3)$
d. $P(3 \le x \le 5)$ e. $P(x > 4)$

6.19 성공확률이 0.3이고 시행횟수가 12인 베르누이 과정에서, x = '성공횟수'로 정의하고 다음을 계산하라.

a. $E(x)$ b. σ_x c. $P(x = 3)$
d. $P(2 \le x \le 8)$ e. $P(x > 3)$

6.20 어떤 도시의 법원 공무원의 말에 따르면, 그 도시의 전당포에서 판매되는 물품의 20%는 도난된 장물이라고 한다. 그 도시의 전당포에서 4개 물품을 샀다. 법원 공무원의 말이 옳다고 가정하고, x = '4개 물품 가운데 장물의 개수'로 정의하고 다음을 계산하라.

a. $P(x = 0)$ b. $P(2 \le x)$
c. $P(1 \le x \le 3)$ d. $P(x \le 2)$

6.21 연습문제 6.10의 프랜차이즈 지역 책임자는 그 지역의 5개 레스토랑의 서비스 속도를 평가하기로 하였다. 5명의 종사원을 대상으로 다음 확률을 계산하라.

a. 공짜 영화 입장권을 아무도 못 받는다.
b. 5명 중 2명이 공짜 입장권을 받는다.
c. 5명 중 3명이 공짜 입장권을 받는다.
d. 5명 전부가 공짜 입장권을 받는다.

6.22 「국립조선업협회」에 따르면 미국 Vermont에 거주하는 인구의 50.0%는 최근 한 해 동안에 보트놀이를 하였다고 조사되었다. Vermont 거주자 20명을 무작위로 뽑았을 때, 이산적 확률변수 x = '한 해 동안 보트놀이를 한 사람 수' 로 정의하고 다음을 계산하라. (출처: National Marine Manufacturers Association, NMMA Boating Industry Report, p. 3)

a. $E(x)$ b. $P(x \le 8)$ c. $P(x = 10)$
d. $P(x = 12)$ e. $P(7 \le x \le 13)$

6.23 어느 도시에서 성인 한 명이 다음 한 해 동안 법원의 배심원으로 선정될 가능성이 1%이다. 배심원을 무작위로 추출할 때 어느 가정에 성인 가족이 세 명이 있다면 다음 확률을 계산하라.

a. 그 가정에서 아무도 선정되지 않는다.
b. 그 가정에서 1명이 선정된다.
c. 그 가정에서 2명이 선정된다.
d. 그 가정에서 3명이 모두 선정된다.

6.24 조사에 의하면 Division 1-A 미식축구선수들의 대학교 졸업률은 65%라고 한다. 출처: "How Football Rates," *USA Today*, December 20, 2005, p. 12C.

a. Division 1-A 미식축구선수들 중에서 임의로 5명의 선수를 선택했을 때 2명 이상이 졸업할 확률은?
b. 문항 (a)에서 5명 모두가 졸업할 확률은?

6.25 커피 생산자협회의 조사에 따르면 일하는 성인 중 50%는 업무중에 가끔은 커피를 마신다고 한다.

a. 임의로 4명을 선택 했을때 3명 이하가 업무중에 커피를 가끔 마실 확률은?
b. 문항 (a)에서 2명 이상이 업무중에 커피를 가끔 마실 확률은?

6.26 미국 「노동성」의 보고서를 보면, 미국의 2천1백만 명 수학자와 컴퓨터 과학자 중에서 30%는 여성이다. 이 직업에 종사하는 사람들 중에서 무작위로 3명을 뽑을 경우, x = '여성 종사자의 수'로 정의하면 $P(x = 0)$, $P(x = 1)$, $P(x = 2)$, $P(x = 3)$의 확률을 각각 구하라. (출처: Bureau of the Census, *Statistical Abstract of the United States 2002*, p. 381)

6.27 Alicia는 화/목 과목을 3개 수강하고 있는데, 각 과목의 교수들은 매 강의 시간에 동전을 던져서 퀴즈를 볼 것인지 결정한다. Alicia는 학생회 활동과 아르바이트로 매우 바쁘게 지내고 있는데 특히 목요일 수업시간에는 준비시간이 매우 부족하다. Alicia가 내일 목요일 수업시간에 퀴즈를 하나도 보지 않을 확률은 얼마인가? 최악의 경우 내일 목요일에 3과목 다 퀴즈를 보게 될 확률은 얼마인가? 3과목 중 한 과목만 퀴즈를 보게 될 확률은 얼마인가?

6.28 OfficeQuip은 작은 사무용품 회사로서 현재 4곳의 비슷한 규모를 가진 고객과 계약을 맺을 기회를 가졌다. 성사된 계약당 $50,000의 이익이 발생하므로, 계약의 성사 여부에 따라 $0에서 $200,000까지의 이익이 발생한다. 4 고객은 각각 독립된 의사결정을 내리고 계약이 성사가 될 확률은 0.4이다. 모든 결정이 내려졌을 때, OfficeQuip이 아무런 계약도 성사할 수 없을 확률은? 1개의 계약만 성사될 확률은? 2개의 계약만 성사될 확률은? 3개? 4개? 마지막으로, OfficeQuip의 예상 이익은 얼마인가?

6.29 한 회사의 영업용 차량에 4개의 휠 베어링을 모두 교체하려고 하는데, 자동차정비공(mechanic)은 창고에서 교체용 휠 베어링 4개를 임의로 선택한다. 정비공은 모르고 있는데 베어링 중에는 10%가 불량품이며 불량 베어링은 교체 후에 100마일 안에 고장이 난다. 수리교체를 한 후 내일 예정된 200마일 배송 스케줄을 완료하기 전에 불량 베어링이 고장을 일으킬 확률은?

6.30 조사에 의하면 미국 인구 5명 중 1명은 알러지가 있다고 한다. Hargrove 대학교의 학장은 1,400명의 학생 중 임의로 10명의 학생을 뽑아 본인의 집에서 저녁식사를 할 예정이다. Hargrove 학생들이 알러지가 있을 가능성이 보통 미국사람과 같고, 학장과의 저녁식사에는 모든 알러지균이 포함되어 있다고 할때, 적어도 8명의 학생이 저녁식사가 끝날 때까지 남아 있을 확률은? (출처: *World Almanac and Book of Facts 2009*, p. 187)

6.31 항공사들은 실제 좌석보다 많이 예약을 받는데, 좌석 수보다 승객이 더 많이 오게 되면 '좌석을 받지 못하는(bump)' 고객이 생긴다. 2009년 승객 1,000명당 좌석을 받지 못한 승객은 비율은 1.40명이다. 평균적으로 승객 한 명이 좌석을 받지 못할 확률은 1.40/1,000 = 0.00140이라고 가정하고 답하라. (출처: *U.S. Bureau of Transportation Statistics*, June 2009)

a. Emily는 채용 인터뷰를 하기 위해서 Besco사에 직행편으로 가려고 한다. 그녀가 좌석을 받지 못할 확률은?

b. Besco사의 이사진 10명은 회의에 참석하기 위해서 직행편으로 회의장으로 가려고 한다. 각 이사들은 각자 개별적으로 예약을 하였다. 10명 중 적어도 한 명이 좌석을 받지 못할 확률은?

c. Besco사의 판매원들은 지난해에 모두 220편의 직행편으로 여행을 하였는데 좌석을 받지 못한 경우가 4번 있었다. 이 회사의 사례는 매우 특이한(unusual) 한 것인가?

6.32 Arnold's House of Fine Figurines의 화가들은 매일 붓질과 사포질을 필요로 하는 작은 인형 5개를 만든다. 경험에 의하면 완성된 작은 인형의 10%는 결함을 가지고 있고, 이 결함은 붓질과 사포질이 끝난 후에 나타난다고 한다. 결함이 발생할 때마다 Arnold는 그 인형을 전문가에게 가져다줘서 $20의 수리비를 내고 수리를 받아야 한다. 매일 Arnold가 전문가에게 줘야 할 돈의 확률분포를 구하고, 이로 인한 전문가의 일일 평균 수입을 구하라.

6.3 초기하분포

초기하분포와 그 응용

초기하분포(hypergeometric distribution)는 주어진 횟수만큼 반복된 시행에서 성공한 횟수에 초점을 맞춘다는 점에서 이항분포와 유사하다. 이항분포와 다른 점은 다음과 같다. 첫째, **연속되는 시행이 독립이 아니다.** 즉 현재의 결과는 과거의 결과에 영향을 받고 또 미래의 결과에 영향을 미친다. 둘째, **각 시행에서 성공확률은 같지 않다.** 초기하 분포는 베르누이 과정을 따르지 않는다.

이항분포와 초기하분포의 차이는 복원추출과 비복원추출의 관점에서 설명할 수도 있다. 비복원추출에서는 추출된 표본은 모집단에 다시 넣지 않는다. 그래서 모집단이 작은 경우에 비복원추출을 하면 성공할 확률이 상당히 변하게 된다.

이와 같은 경우 나무그림을 사용하여 주변확률, 조건부확률, 결합확률 등을 구할 수 있는데, 초기하분포를 사용하면 훨씬 쉽게 다룰 수 있다. 초기하분포의 정의는 다음과 같다.

초기하분포:
서로 독립이 아닌 n번의 연속된 시행에서 정확히 x번의 성공이 발생할 확률은

$$P(x) = \frac{\binom{s}{x}\cdot\binom{N-s}{n-x}}{\binom{N}{n}}$$

, 단, N = 모집단의 크기
n = 표본의 크기
s = 모집단에서 성공의 수
x = 표본에서 성공의 수

- 평균: $\mu = E(x) = \dfrac{ns}{N}$
- 분산: $\sigma^2 = E[(x-\mu)^2] = \dfrac{ns(N-s)}{N^2}\cdot\dfrac{N-n}{N-1}$

예제 EXAMPLE

초기하분포

소규모 지역에 있는 20개의 기업이 지난해 실적에 대한 연말정산서류를 제출하였다. 그 중에서 6개의 서류에 오류가 있었다. 국세청의 감사는 그 중에서 4개를 무작위로 선정하여 조사를 하려고 한다. 확률변수 x = '오류가 있는 연말정산서류의 수' 라고 하자.

x의 기댓값은 얼마인가?

표본의 수는 $n = 4$이고 모집단에서 오류가 있는 연말정산서류의 수는 $s = 6$이다. 모집단의 크기는 $N = 20$이므로 표본에서 오류가 있는 연말정산서류의 수의 기댓값은 다음과 같다.

$$E(x) = \frac{ns}{N} = \frac{4(6)}{20} = 1.20$$

선택된 4개의 서류 중에서 오류가 있는 서류의 수가 정확히 2개일 확률은?

모집단의 수는 $N = 20$이고 모집단에서 오류가 있는 연말정산서류의 수는 $s = 6$이며, 표본의 수는 $n = 4$이다. 우리가 구하는 확률은 $P(x = 2)$이다.

$$P(x) = \frac{\binom{s}{x} \cdot \binom{N-s}{n-x}}{\binom{N}{n}} \text{ 이므로 } P(2) = \frac{\binom{6}{2} \cdot \binom{20-6}{4-2}}{\binom{20}{4}} = \frac{\binom{6}{2} \cdot \binom{14}{2}}{\binom{20}{4}}$$

$$P(2) = \frac{\dfrac{6!}{2!(6-2)!} \cdot \dfrac{14!}{2!(14-2)!}}{\dfrac{20!}{4!(20-4)!}} = \frac{\dfrac{6 \cdot 5}{2 \cdot 1} \cdot \dfrac{14 \cdot 13}{2 \cdot 1}}{\dfrac{20 \cdot 19 \cdot 18 \cdot 17}{4 \cdot 3 \cdot 2 \cdot 1}} = \frac{1365}{4845} = 0.2817$$

x의 다른 값에 대하여 계산을 반복하면 다음의 확률분포를 얻는다.

x = 오류가 있는 연말정산서류의 수:	0	1	2	3	4
$P(x)$:	0.2066	0.4508	0.2817	0.0578	0.0031

위의 예제에서 본 것과 같이 초기하분포의 계산은 좀 복잡하다. 초기하분포의 확률을 계산하는 식에서 N, n, s의 가능한 조합이 너무 많기 때문에 확률표를 만들어 사용하기는 현실적으로 어려우므로 컴퓨터를 사용하는 것이 제일 좋은 방법이다. 「컴퓨터 솔루션 6.2」에서는 Excel과 미니탭을 사용하여 초기하분포의 개별확률과 누적확률을 계산하는 과정을 설명하고 있다.

컴퓨터 솔루션 6.2

초기하분포 확률

크기가 N = 20이고 성공이 s = 6인 모집단에서 n = 4인 시행을 했을 때 x = '성공한 횟수'라고 하면, x는 초기하분포를 한다. 여기서는 x의 확률분포를 구하는 과정을 보여준다..

각 소프트웨어 패키지에 대하여:

과정 I: x = 2에 대한 개별 혹은 누적 확률.

과정 II: x = 0에서 x = 4까지의 개별 혹은 누적 확률.

EXCEL

	A	B	C
1	x	P(X = x)	P(X <= x)
2	0	0.2066	0.2066
3	1	0.4508	0.6574
4	2	0.2817	0.9391
5	3	0.0578	0.9969
6	4	0.0031	1.0000

I. Excel을 이용하여 개별 초기하분포 확률 구하기

1. 확률을 넣을 임의의 셀을 클릭한다. **수식** 리본에서 왼쪽 끝에 있는 **함수삽입**을 클릭한다. 나타나는 창의 **범주선택** 상자에서 **통계**를 클릭한다. 그 밑의 **함수선택**에서는 **HYPGEOMDIST**를 선택하고 **확인**을 클릭한다.
2. **Sample_s** 상자에는 **2**(성공횟수)를 입력, **Number_sample**상자에는 **4**(시행횟수)를 입력, **Population_s** 상자에는 **6**(모집단의 성공횟수)을 입력, **Number_pop**상자에는 **20**(모집단의 크기)를 입력한다. 확인을 클릭한다. 개별확률 $P(x = 2)$ = **0.2817**이 1단계에서 선택한 셀에 나타난다. (Excel 워크시트 템플릿 **tmhyper**를 사용해도 된다).

II. Excel을 이용하여 개별 혹은 누적 이항확률 전부를 구하기

1. **A1:C1**에 위의 그림과 같이 제목을 입력한다. **A2**에 성공횟수 중 가장 낮은 수(이 경우는 **0**이다)를 입력한다. **A3**에 **1**을 입력한다. **A2:A3**를 선택한다. **A3**의 오른쪽 아래부분을 클릭하여(그러면 커서가 '+'로 변한다) 아래로 끌어내려 **A2:A6** 값이 **0**에서 **4** 채워지도록 한다. (표본에서 성공횟수의 최대값은 **4**이다).
2. 개별확률을 계산하려면 **B2**를 클릭한다. (여기에 첫 번째 확률이 입력될 것이다) **수식** 리본에서 왼쪽 끝에 있는 **함수삽입**을 클릭한다. 나타나는 창의 **범주선택** 상자에서 **통계**를 클릭한다. 그 밑의 **함수선택**에서는 **HYPGEOMDIST**를 선택하고 확인을 클릭한다. 나머지 과정은 과정 1의 2단계를 따르되 **Sample_s**(표본에서 성공횟수)에는 **A2**를 입력한다. 그러면 첫 번째 확률이 **B2**에 나타난다.
3. **B2**를 클릭한다. **B2**의 오른쪽 아랫부분을 클릭하여(그러면 커서가 '+'로 변한다) 아래로 끌어내려 **B2:B6**에 개별확률이 채워지도록 한다.
4. 누적확률을 계산하려면 먼저 **B2**의 값을 **C2**에 복사한다. (이것이 첫 번째 누적확률이다) **C3**를 클릭하고 수식 **=C2 + B3**를 입력한다. **C3**의 오른쪽 아랫부분을 클릭하여(그러면 커서가 '+'로 변한다) 아래로 끌어내려 **C2:C6**에 누적확률이 채워지도록 한다.

연습문제

6.33 어떤 상황에서 이항분포 대신에 초기하분포를 이용 해야 하는가?

6.34 $N = 4, n = 2, s = 3$일 때, 초기하분포를 이용하여 다음을 구하라.

a. $P(x = 0)$ b. $P(x = 1)$ c. $P(x = 2)$

6.35 $N = 5, n = 2, s = 3$일 때, 초기하분포를 이용하여 다음을 구하라.

a. $P(x = 0)$ b. $P(x = 1)$ c. $P(x = 2)$

6.36 어느 재판엔 12명의 배심원 자리에 후보자 25명이 대기하고 있다. 25명의 후보자 중 14명은 여성이고 11명은 남성이다. 판사가 무작위로 12명의 배심원을 뽑았을 시 그 12명 중 반 이상이 남성일 확률은?

6.37 어느 컴퓨터 회사는 본사에서 3명의 사원을 파견해 잠재 고객에게 상품설명을 해야 한다고 한다. 5명의 사원이 상품설명회를 가고싶어 하지만, 그중 2명의 사원만이 대인관계가 좋다고 한다. 하지만 5명의 사원의 경력이 비슷해서, 모자 속에 이름을 적은 쪽지를 넣어

경영진에게 무작위로 쪽지 3장을 뽑도록 하였다. 뽑힌 3명 중 대인관계가 좋은 사람이 최소한 한 명이라도 있을 확률은?

6.38 어떤 렌터카 회사에 12대의 소형차가 있는데, 국가 고속도로 교통 안전 기구에서 안전 문제로 12개 차 중 3개 차를 리콜할 예정이다. 렌터카 회사는 이 사실을 모른다. 오늘은 5대의 소형차들이 렌탈되어 나갈 것이고, 이 5대는 무작위로 선택된다. 5대 중 딱 한 대만 리콜될 확률은? 5대 중 리콜될 3대가 전부 포함될 확률은?

6.4 포아송 분포

포아송 분포와 그 응용

포아송 분포(Poisson distribution)는 주어진 시간, 거리, 또는 공간 범위에서 발생 확률이 아주 낮은 사건들의 발생에 관한 이산 확률분포를 말한다. 이산확률변수 x는 주어진 범위에서 사건의 발생횟수로 정의하는데 x는 0, 1, 2, 3 ⋯ 등이 될 수 있고 (이론적으로는) 상한값은 제한이 없다. 포아송 분포는 n이 크고 π가 작을 때의 이항분포의 확률을 근사계산(approximation)할 수 있고, 다음과 같은 현상을 설명하는 데도 유용하다.

- 주어진 시간 간격 동안 서비스 지점에 고객의 도착 수. 예를 들면, 톨게이트에 도착하는 자동차 수, 맥도날드 가게에 도착하는 고객 수, 회사의 안내전화에 걸려오는 전화 수 등이다. 이러한 사례들은 경영과학(management science)에서 다루는 대기행렬(waiting-line) 이론에서 포아송 분포가 매우 유용하게 쓰이는 예이다.
- 제조물품에서 결함 수. 예를 들면, 일정한 길이의 전선이나 파이프에 있는 결점 수, 나무 판넬의 단위 면적당 옹이 개수
- 주어진 기간 동안 출생 수, 사망 수, 결혼, 이혼, 자살, 살인건수 등
- 주어진 생산 작업 시간 동안 산업재해 관련 사망, 사건건수, 재해건수.

포아송 분포는 이항분포와 아주 연관이 높지만 몇 개의 독특한 특징이 있다. 이항분포처럼 포아송 분포도 하나의 분포군인데, 분포모양은 그 평균에 따라 정해진다. 포아송 분포에서는 평균을 λ(람다)라는 기호로 나타낸다. 포아송 분포의 평균과 분산은 값이 같다.

포아송 분포:
주어진 시간, 거리 및 공간범위에서 어떤 사건이 x번 발생활 확률은

$$P(x) = \frac{\lambda^x \cdot e^{-\lambda}}{x!}, \text{ 단, } \lambda = \text{평균, } E(x), \text{ 주어진 범위에서 기대되는 발생건수.} \quad e = 2.71828$$

(참고: 포아송 분포에서는 평균과 분산이 같다.)

NOTE

1. 계산기를 사용해서 계산할 때에는 $2.71828^{-\lambda}$는 1 나누기 2.71828^{λ}와 같다. 즉 $2.71828^{-\lambda} = 1/2.71828^{\lambda}$임.
2. 「부록 A」에는 포아송 분포의 개별 확률과 누적분포를 계산해 놓았다. 표 사용에 대해서는 예제 설명 이후에 한다.

예제 EXAMPLE

포아송 분포

한 지역의 보건소는 올해의 출생 수가 작년과 동일할 것으로 예상하는데, 작년에 438명, 즉 하루 평균 438/365 = 1.2명의 어린아이가 태어났다. 하루의 출생 수는 포아송 분포를 따른다. 다음 질문에 답하라.

풀이

(1) 분포의 평균은 얼마인가?

$E(x) = \lambda$는 다른 값으로 표현될 수 있는데, 그 이유는 단위시간이 달라지면 발생건수가 달라질 수 있기 때문이다. '시간단위'를 월로 하면 $\lambda = 438/12 = 36.5$명/월, 주단위로 하면 $\lambda = 438/52 = 8.42$명/주, 하루로 하면 $\lambda = 438/365 = 1.2$명/하루이다. 여기서의 예제에서는 분포를 설명할 때 하루 단위를 사용하면 $\lambda = 1.2$명/하루이다.

(2) 어떤 하루를 볼 때, 어린 아이가 태어나지 않을 확률은?

$\lambda = 1.2$명/하루를 적용하여 포아송 분포 식을 사용하여 $P(x = 0)$을 구한다:

$$P(x) = \frac{\lambda^x \cdot e^{-\lambda}}{x!}$$

$$\text{그리고} \quad P(0) = \frac{1.2^0 \cdot e^{-1.2}}{0!} = \frac{1 \cdot 0.30119}{1} = \boxed{0.3012}$$

(3) 다음 확률을 각각 계산하라: $P(x = 1)$, $P(x = 2)$, $P(x = 3)$, $P(x = 4)$, $P(x = 5)$

평균 $\lambda = 1.2$명/하루를 적용하고 x를 1~5(명/하루)를 대입하여 포아송 분포 식을 그대로 사용한다.

$$P(x = 1 \text{ birth}) = \frac{1.2^1 \cdot e^{-1.2}}{1!} = \frac{(1.2000)(0.30119)}{1} = \boxed{0.3614}$$

$$P(x = 2 \text{ births}) = \frac{1.2^2 \cdot e^{-1.2}}{2!} = \frac{(1.4400)(0.30119)}{2 \cdot 1} = \boxed{0.2169}$$

$$P(x = 3 \text{ births}) = \frac{1.2^3 \cdot e^{-1.2}}{3!} = \frac{(1.7280)(0.30119)}{3 \cdot 2 \cdot 1} = \boxed{0.0867}$$

$$P(x = 4 \text{ births}) = \frac{1.2^4 \cdot e^{-1.2}}{4!} = \frac{(2.0736)(0.30119)}{4 \cdot 3 \cdot 2 \cdot 1} = \boxed{0.0260}$$

x 0 1 2 3 4 5 6 7

$$P(x = 5 \text{ births}) = \frac{1.2^5 \cdot e^{-1.2}}{5!} = \frac{(2.4883)(0.30119)}{5 \cdot 4 \cdot 3 \cdot 2 \cdot 1} = \boxed{0.0062}$$

계산을 계속해 보면, $P(x = 6) = 0.0012$, $P(x = 7) = 0.0002$이다. (소수 4자리로 반올림함) 이 확률 계산을 함께 나타내면 다음과 같은데, 그림 6.4에서 보듯이 분포모양은 양의 방향으로 늘어져 있다.

그림 6.4

하루 중 출생건수를 포아송 분포로 나타내어서 그래프로 그리면 양의 방향으로 늘어져 있음을 알 수 있다. 분포의 평균은 1.2명/하루이며, 이 모수 한 개만 있으면 확률변수 x값에 따른 포아송 확률을 정할 수 있다.

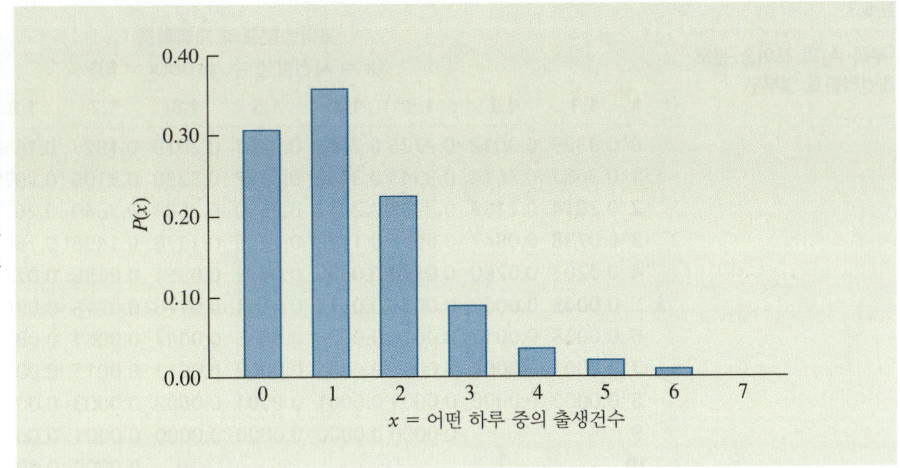

x	0	1	2	3	4	5	6	7
$P(x)$	0.3012	0.3614	0.2169	0.0867	0.0260	0.0062	0.0012	0.0002

(4) 어떤 하루에 출생 수가 1보다 크지 않을 확률은?

사건들이 상호배타적이므로 확률은 $P(x = 0) + P(x = 1) = 0.3012 + 0.3614$이고, $P(x \leq 1) = 0.6626$이다.

포아송 분포표 이용하기

포아송 분포 확률 계산은 이항분포확률보다 훨씬 간편하다. $e^{-\lambda}$를 한 번 계산해 놓으면 x값을 달리하면서 계속 사용할 수 있기 때문이다. 「부록 A」의 표 A.3, A.4를 이용하면 포아송 분포의 개별확률과 누적확률을 더 쉽게 구할 수 있다. 표 6.3은 표 A.3의 한 부분이고, 표 6.4는 누적확률을 보여준다. 확률계산 문제에서 λ값이 표에 있는 값이면 $P(x = k)$나 $P(x \leq k)$는 표에서 읽기만 하면 된다.

앞의 예제에서 $\lambda = 1.2$였다. 표 6.3에서 $\lambda = 1.2$에 해당하는 열을 보면 앞에서 계산했던 $P(x = 1)$에서 $P(x = 7)$까지의 확률을 볼 수 있다. 또, 어느 하루에 출생수가 2명 이하일 확률을 찾으려면, 포아송 분포 누적확률 표 6.4에서 $P(x \leq 2) = 0.8795$임을 알 수 있다. 어떤 경우는 개별확률을 합하여 1.0이 안 되는 경우도 있는데, 그 이유는 (1) 반올림 때문이거나, (2) 포아송 분포의 확률변수가 상한값이 없기 때문이다. 때로는 $P(x) > 0$인데 표에 0.0000으로 표시된 것은 그 확률이 너무 작은 경우이다.

이항분포와 마찬가지로 Excel로 포아송 분포의 개별확률이나 누적확률을 계산할 수 있다. 사용방법은 「컴퓨터 솔루션 6.3」에 설명되어 있다.

표 6.3

「부록 A」의 포아송 분포 개별확률표 일부분

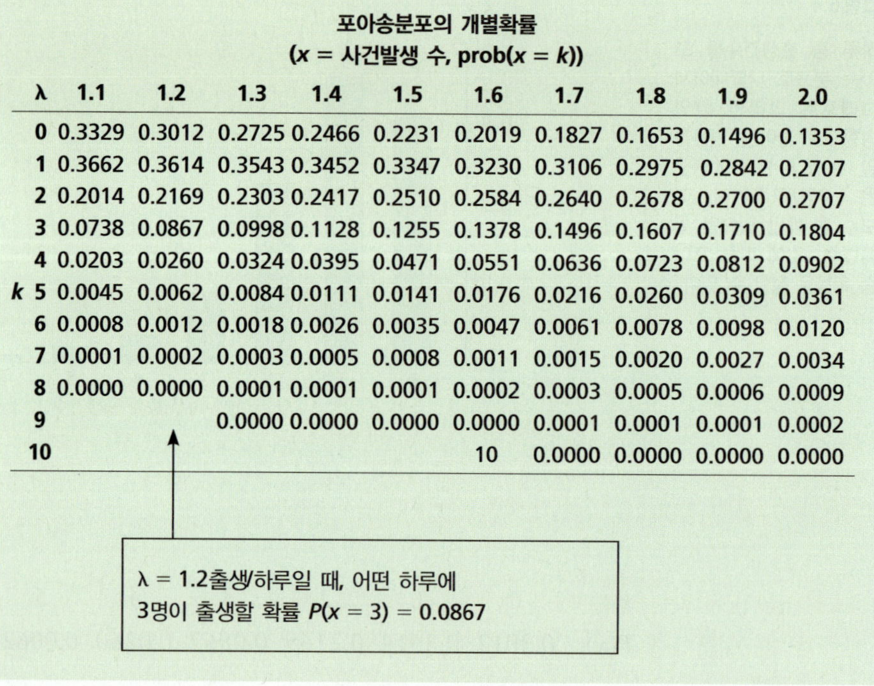

포아송분포의 개별확률
(x = 사건발생 수, prob($x = k$))

k \ λ	1.1	1.2	1.3	1.4	1.5	1.6	1.7	1.8	1.9	2.0
0	0.3329	0.3012	0.2725	0.2466	0.2231	0.2019	0.1827	0.1653	0.1496	0.1353
1	0.3662	0.3614	0.3543	0.3452	0.3347	0.3230	0.3106	0.2975	0.2842	0.2707
2	0.2014	0.2169	0.2303	0.2417	0.2510	0.2584	0.2640	0.2678	0.2700	0.2707
3	0.0738	0.0867	0.0998	0.1128	0.1255	0.1378	0.1496	0.1607	0.1710	0.1804
4	0.0203	0.0260	0.0324	0.0395	0.0471	0.0551	0.0636	0.0723	0.0812	0.0902
5	0.0045	0.0062	0.0084	0.0111	0.0141	0.0176	0.0216	0.0260	0.0309	0.0361
6	0.0008	0.0012	0.0018	0.0026	0.0035	0.0047	0.0061	0.0078	0.0098	0.0120
7	0.0001	0.0002	0.0003	0.0005	0.0008	0.0011	0.0015	0.0020	0.0027	0.0034
8	0.0000	0.0000	0.0001	0.0001	0.0001	0.0002	0.0003	0.0005	0.0006	0.0009
9			0.0000	0.0000	0.0000	0.0000	0.0001	0.0001	0.0001	0.0002
10						10	0.0000	0.0000	0.0000	0.0000

λ = 1.2출생/하루일 때, 어떤 하루에
3명이 출생할 확률 $P(x = 3) = 0.0867$

표 6.4

「부록 A」의 포아송 분포 누적확률표 일부분

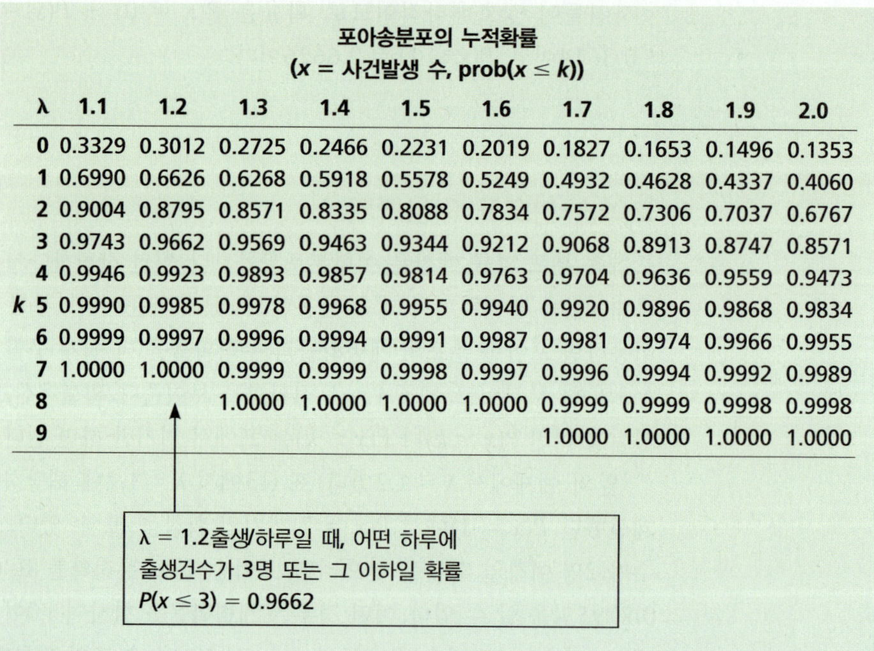

포아송분포의 누적확률
(x = 사건발생 수, prob($x \leq k$))

k \ λ	1.1	1.2	1.3	1.4	1.5	1.6	1.7	1.8	1.9	2.0
0	0.3329	0.3012	0.2725	0.2466	0.2231	0.2019	0.1827	0.1653	0.1496	0.1353
1	0.6990	0.6626	0.6268	0.5918	0.5578	0.5249	0.4932	0.4628	0.4337	0.4060
2	0.9004	0.8795	0.8571	0.8335	0.8088	0.7834	0.7572	0.7306	0.7037	0.6767
3	0.9743	0.9662	0.9569	0.9463	0.9344	0.9212	0.9068	0.8913	0.8747	0.8571
4	0.9946	0.9923	0.9893	0.9857	0.9814	0.9763	0.9704	0.9636	0.9559	0.9473
5	0.9990	0.9985	0.9978	0.9968	0.9955	0.9940	0.9920	0.9896	0.9868	0.9834
6	0.9999	0.9997	0.9996	0.9994	0.9991	0.9987	0.9981	0.9974	0.9966	0.9955
7	1.0000	1.0000	0.9999	0.9999	0.9998	0.9997	0.9996	0.9994	0.9992	0.9989
8			1.0000	1.0000	1.0000	1.0000	0.9999	0.9999	0.9998	0.9998
9							1.0000	1.0000	1.0000	1.0000

λ = 1.2출생/하루일 때, 어떤 하루에
출생건수가 3명 또는 그 이하일 확률
$P(x \leq 3) = 0.9662$

컴퓨터 솔루션 6.3

포아송분포 확률

여기서는 평균이 1.2인 포아송분포의 확률을 구하는 과정을 보여준다.
각 소프트웨어 패키지에 대하여

과정 1: $x = 2$에 대한 개별 혹은 누적 확률
과정 2: $x = 0$에서 $x = 8$까지의 개별 혹은 누적 확률

EXCEL

	A	B	C
1	x	P(X = x)	P(X <= x)
2	0	0.3012	0.3012
3	1	0.3614	0.6626
4	2	0.2169	0.8795
5	3	0.0867	0.9662
6	4	0.0260	0.9923
7	5	0.0062	0.9985
8	6	0.0012	0.9997
9	7	0.0002	1.0000
10	8	0.0000	1.0000

I. Excel을 이용하여 포아송분포의 개별 혹은 누적확률 구하기

1. 확률을 넣을 임의의 셀을 클릭한다. **수식** 리본에서 왼쪽 끝에 있는 **함수삽입**을 클릭한다. 나타나는 창의 **범주선택** 상자에서 **통계**를 클릭한다. 그 밑의 **함수선택**에서는 **POISSON**를 선택하고 **확인**을 클릭한다.
2. **X** 상자에는 **2**(발생횟수)를 입력, **Mean**상자에는 **1.2**(분포의 평균)를 입력한다. 개별확률 $P(x = 2)$를 구하려면 **Cumulative**상자에 **false**를 입력한다. 누적확률 **P(x ≤ 2)**를 구하려면 **Cumulative**상자에 **true**를 입력한다. 확인을 클릭한다.

II. Excel을 이용하여 포아송분포의 개별 혹은 누적확률 전부를 구하기

1. **A1:C1**에 위의 그림과 같이 제목을 입력한다. **A2**에 성공횟수 중 가장 낮은 수(이 경우는 **0**이다)를 입력한다. **A3**에 **1**을 입력한다. **A2:A3**를 선택한다. **A3**의 오른쪽 아래부분을 클릭하여(그러면 커서가 '+'로 변한다) 아래로 끌어내려 **A2:A10** 값이 **0**에서 **8**이 채워지도록 한다.
2. 개별확률을 계산하려면 **B2**를 클릭한다. (여기에 첫 번째 확률이 입력될 것이다) **수식** 리본에서 왼쪽 끝에 있는 **함수삽입**을 클릭한다. 다음 과정은 과정 **1**의 나머지 단계를 따른다. 단, **X**(발생횟수) 상자에는 **A2**를 입력하고, **Cumulative**상자에 **false**를 입력한다. 누적확률 **P(x ≤ 2)**를 구하려면 **Cumulative**상자에 **true**를 입력한다. **확인**을 클릭한다. 그러면 첫 번째 확률이 **B2**에 나타난다. **B2**를 선택한다. **B2**의 오른쪽 아랫부분을 클릭하여(그러면 커서가 '+'로 변한다) 아래로 끌어내려 **B2:B10**에 개별확률이 채워지도록 한다.
3. 누적확률을 계산하려면 **C2**를 클릭한다. (여기에 첫 번째 누적확률이 입력될 것이다) 나머지 과정은 과정 **1**을 따른다. 단, **X**(발생횟수) 상자에는 **A2**를 입력하고, **Cumulative**상자에 **true**를 입력한다. 그러면 첫 번째 확률이 **C2**에 나타난다. **C2**를 클릭한다. **C2**의 오른쪽 아랫부분을 클릭하여(그러면 커서가 '+'로 변한다) 아래로 끌어내려 **C2:C10**에 누적확률이 채워지도록 한다.

포아송 분포를 이용한 이항분포 근사계산

n이 상대적으로 크고 π(성공확률)가 작으면 이항분포는 포아송 분포로 매우 근접하게 계산할 수 있다. 대략적인 원칙으로 $n \geq 20$이고 $\pi \leq 0.05$이면 이항분포는 포아송 분포로 만족스럽게 근사계산을 할 수 있다. 포아송 근사계산을 하려면 이러한 조건 하에서 $\lambda = n\pi$를 사용하면 된다.

예제 EXAMPLE

이항분포에 대한 포아송 근사계산

과거경험에 의하면 어떤 회사에서 만드는 마이크로칩은 1.0%가 불량이다. 30개 칩을 표본으로 추출하여 x = 표본 속의 불량칩의 개수로 정의하고, $P(x = 0)$, $P(x = 1)$, $P(x = 2)$, $P(x = 3)$, $P(x = 4)$를 계산하라.

풀이

이항분포 방법

이항분포의 모수로는 어떤 마이크로칩이 불량일 확률로서 $\pi = 0.01$이고 표본 속의 칩의 개수인 $n = 30$이다. 자세한 계산과정은 생략하지만, 그때의 확률은 다음 표와 같다.

포아송 근사계산

포아송 분포의 모수는 $\lambda = n\pi = 30(0.01) = 0.3$으로 표본 속에 불량칩의 예상 개수이다. 포아송 분포표에서 $\lambda = 0.3$을 보면 $x = 0$에서 $x = 4$까지 확률을 찾을 수 있다.이항분포 확률과 포아송 근사계산이 매우 비슷한 것을 알 수 있다.

x = 표본에서 불량칩 개수	$P(x)$ 이항분포 이용	$P(x)$ 포아송 분포 이용
0	0.7397	0.7408
1	0.2242	0.2222
2	0.0328	0.0333
3	0.0031	0.0033
4	0.0002	0.0003

연습문제

6.39 $\lambda = 2.0$인 포아송 분포를 따르는 이산확률변수에 대해서 다음 확률을 계산하라.

a. $P(x = 0)$ b. $P(x = 1)$ c. $P(x \le 3)$
d. $P(x \ge 2)$

6.40 $\lambda = 9.6$인 포아송 분포를 따르는 이산확률변수에 대해서 다음 확률을 계산하라.

a. $P(x = 7)$ b. $P(x = 9)$ c. $P(x \le 12)$
d. $P(x \ge 10)$

6.41 2006년에 등록된 차량 십만 대당 490대가 도난되었다. (1) 포아송 분포를 가정하고, (2) 도난율이 비슷한 지역에서 차량등록대수가 1,000대일 때, (3) x = 그 지역에 그해에 도난당한 차량대수로 정의하고 다음을 계산하라. (출처: *Statistical Abstract of the United States 2009, pp. 188, 672*)

a. $E(x)$ b. $P(x = 3)$ c. $P(x = 5)$
d. $P(x \le 8)$ e. $P(3 \le x \le 10)$

6.42 어느 백화점의 안경점에서는 시간당 평균 2.5명의 잠재고객이 매점 안으로 들어온다고 한다. 포아송 분포를 가정하고 x = 시간당 고객 수로 정할 때, 다음을 구하라.

a. $E(x)$ b. $P(x = 1)$ c. $P(x = 3)$
d. $P(x \le 5)$ e. $P(2 \le x \le 6)$

6.43 미국의 이혼율은 인구 1,000명당 3.6건으로 보고되었다. 이 비율이 인구 500명인 조그만 한 지역에 그대로 적용되고 또 포아송 분포를 따른다고 가정하자. x = 그 지역에 다음 한 해 동안 발생하는 이혼건수로 정의하고 다음을 계산하라. (출처: *New York Times Almanac 2009*, p. 294)

a. $E(x)$ b. $P(x = 1)$ c. $P(x = 4)$
d. $P(x \le 6)$ e. $P(2 \le x \le 5)$

6.44 오후 12시에서 1시 사이에 무인 현금인출기를 이용하는 사람의 수가 포아송 분포를 따르고, 1분에 평균 1.3명이라고 한다. x = 1분당 현금인출기를 이용하는 사람 수라고 할 때, 다음을 구하라.

a. $E(x)$ b. $P(x = 0)$ c. $P(x = 1)$
d. $P(x \le 2)$ e. $P(1 \le x \le 3)$

6.45 겨울시즌 동안 Howard 냉난방 서비스사에는 고객으로부터 하루 평균 3.1회의 긴급서비스 요청 전화가 걸려온다. Howard사는 인원과 장비를 충원하여 하루에 긴급서비스를 최대 8건까지 처리할 수 있다. 긴급서비스 요청건수가 포아송 분포를 따른다고 가정할 때, 다음날 걸려오는 긴급서비스 요청건수가 하루 처리능력을 초과할 확률을 계산하라. 이 확률을 감안해서 볼 때 Howard社는 인원과 장비를 더 늘려야 하는가 아니면 줄이는 것이 좋은가?

6.46 지난 한 해 동안, 어느 대학의 컴퓨터에는 일주일에 평균 0.4회 바이러스 침투가 있었다. 대학에서는 바이러스를 제거하고 고치는 데 $1,000 정도 비용이 드는 것으로 추산했다. 포아송 분포를 가정하고, 다음 주 동안 바이러스 침투가 전혀 없을 확률을 계산하라. 같은 한 주 동안, 바이러스 제거와 수리에 얼마 정도의 지출을 예상해야 하는가?

6.47 Mortgage Bankers Association에 따르면, 2007년 한 해 동안 일반 가정용 주택에 대한 담보 대출에서 저당권이 상실되는 비율이 2%였다. 500개 가정용 주택에 대한 모기지 대출이 이루어진 어느 한 지역에서 이 비율이 적용된다고 가정하고, 이항분포에 대한 포아송 분포 근사계산을 이용해서 다음을 계산하라. (출처: *Statis-tical Abstract of United States 2009*, p. 727)

a. $E(x)$ b. $P(x = 7)$ c. $P(x = 10)$
d. $P(x \le 12)$ e. $P(8 \le x \le 15)$

6.48 Federal Aviation Administration의 조사에 의하면 American 항공사는 2008년에 1,000명의 승객당 6.06개의 수화물에 대한 불평사항이 들어왔다고 한다. 이 비율이 적용된다고 가정하고, 다음 500명의 승객이 Portland, Oregon에서 오는 비행기를 탔을 때 최소한 5명의 승객이 수화물에 대한 불평을 할 확률은? 3명 이하의 승객이 불평을 할 확률은? (출처: *The New York Times Almanac 2009*, p. 426)

6.49 다른 직종보다도 택시운전수들이 자신의 직업에 종사하다가 죽임을 당할 확률이 더 높다. 택시운전수 10만 명당 살인사건으로 죽는 비율은 1년에 30.0인데 이는 모든 직종의 10만 명당 0.6의 비율보다는 훨씬 높다. Northeastern 시의 택시회사에 고용된 운전수는 총 3,000명인데, 살인사건이 생기면 시에서 그 가족에 $5만을 보상해 주기로 하였다고 가정하자. 다음 한 해 동안에 이 도시에서 2명 이상의 택시운전수가 근무 중에 죽을 확률은? 다음 한 해 동안 시에서 택시운전수 가족에게 보상해 주어야 할 금액의 기댓값의 근사치는 얼마인가?(출처: "Occupational Homicide Rate is Hightest Among Taxi Drivers," *USA Today*, May 2, 2000, p. 3A)

6.50 어느 제조공장의 기계는 하루에 평균 2.4번 정도 고장이 난다. 기계가 고장이 날 때마다 회사가 손해보는 금액은 기계수리와 미생산 품목을 포함하여 $500이다. 내일 이 기계가 최소 3번 고장이 날 확률은? 이 기계에 의해서 손해보는 금액의 하루평균은 얼마 정도인가?

6.51 연습문제 6.50의 회사는 공장에서 공구과 공급품을 빼돌렸다고 의심을 받는 작업자 한 명을 징계하였다. 바로 그 다음날 생산라인의 고장이 9회나 발생하였다. 경영진은 노동조합의 사보타지를 고소하려고 하자 노동조합은 생산라인의 고장이 늘어난 것이 작업자 징계 바로 다음날인 것은 우연한 일치라고 하였다. 필요한 확률을 계산해서 고장횟수가 이처럼 많이 발생할 우연성에 대해서 설명하라.

6.5 이산확률분포의 관측값을 컴퓨터로 만들기

이산확률변수의 확률분포를 수식으로 나타내는 방법 이외에 통계 소프트웨어를 이용해서 분포로부터 관측치를 만들 수 있다. Excel을 사용해서 포아송 분포를 따르는 확률변수 값을 얻어 내고 그것을 도수분포 형태로 출력할 수 있다. 「컴퓨터 솔루션 6.4」는 그 과정을 설명한다. Excel과 미니탭을 각각 사용하면 두 개의 다른 자료를 만들게 되므로, 여기서는 미니탭의 결과를 설명하기로 한다.

표 6.5에 있는 개별확률은 미니탭을 사용하여 만든 것으로서, 세 가지 포아송 분포(그림 A에서 오는)에 대한 것이다. 이론적인 확률의 오른쪽에 있는 값은 해당 분포에 따라 미니탭이 생성한 1만개 자료의 상대도수이다.

상대도수와 이론적 확률은 비슷하지만 항상 같지는 않다. 이는 앞 장에서 설명하였듯이 동전을 던져서 앞면이 나올 확률은 0.5이지만, 이는 동전을 10번 던졌을 때 앞면이 항상 5번 나오는 것을 뜻하는 것은 아니기 때문이다. 그렇지만, 대수의 법칙에 따라 실험을 많이 하면 할수록 상대도수는 이론적 확률에 근접하게 된다.

표 6.6에는 표 6.5에 있는 확률분포에 따라 미니탭이 생성한 1만개 자료의 도수분포가 있다. 세 개의 도수분포를 비교해 보면 λ가 증가하면 분포의 모양이 대칭에 가까워짐을 알 수 있다. 포아송 분포는 항상 양의 방향으로 늘어져 있지만 λ가 커지면 모양이 대칭에 가까워진다.

알려진 확률분포나 가정된 확률분포에서 관측치를 생성하는 것은 경영과학 분야에서 자주 필요하다. 확률분포를 한 개 이상 이용해서 실제 현상을 수학적으로 나타내는 데 사용하는 것이다. 그렇게 함으로써 경영과학자들은 어떤 관심대상의 실제 프로세스에 대한 직관적 이해를 높이고 경영적인 의사결정이 미치는 영향을 평가해 볼 수 있다. 경영과학에서는 실제 현실에 대한 수학적 모형을 구축하고, 그 특성을 이해하고, 응용하는 내용을 공부한다.

컴퓨터 솔루션 6.4

이산적 확률분포의 관측치를 생성하기

여기에서는 평균이 1.2인 포아송분포를 따르는 10,000개의 관측치를 생성하는 과정을 보인다. 이 과정을 조금 수정하면 이항분포의 관측치도 생성할 수 있다.

EXCEL

1. 빈 Excel 시트를 준비한다. **데이터** 리본에서 오른쪽 끝에 있는 **데이터분석**을 클릭한다. **난수생성**을 선택하고 **확인**을 클릭한다..
2. **변수의 개수** 상자에 1을 입력한다. **난수의 개수** 상자에 **10000**을 입력한다. **분포** 상자에서 **포아송 분포**를 선택한다. **평균율** 상자에 **1.2**(평균0을 입력한다. **출력범위**를 선택하고 **A1**을 입력한다. **확인**을 클릭한다. 그러면 **A1:A1000**에 **10,000**개의 관측치가 생성된다.

표 6.5

컴퓨터를 사용하면 확률분포의 확률을 계산할 수 있으며, 확률분포로 부터 관측치를 생성할 수도 있다.

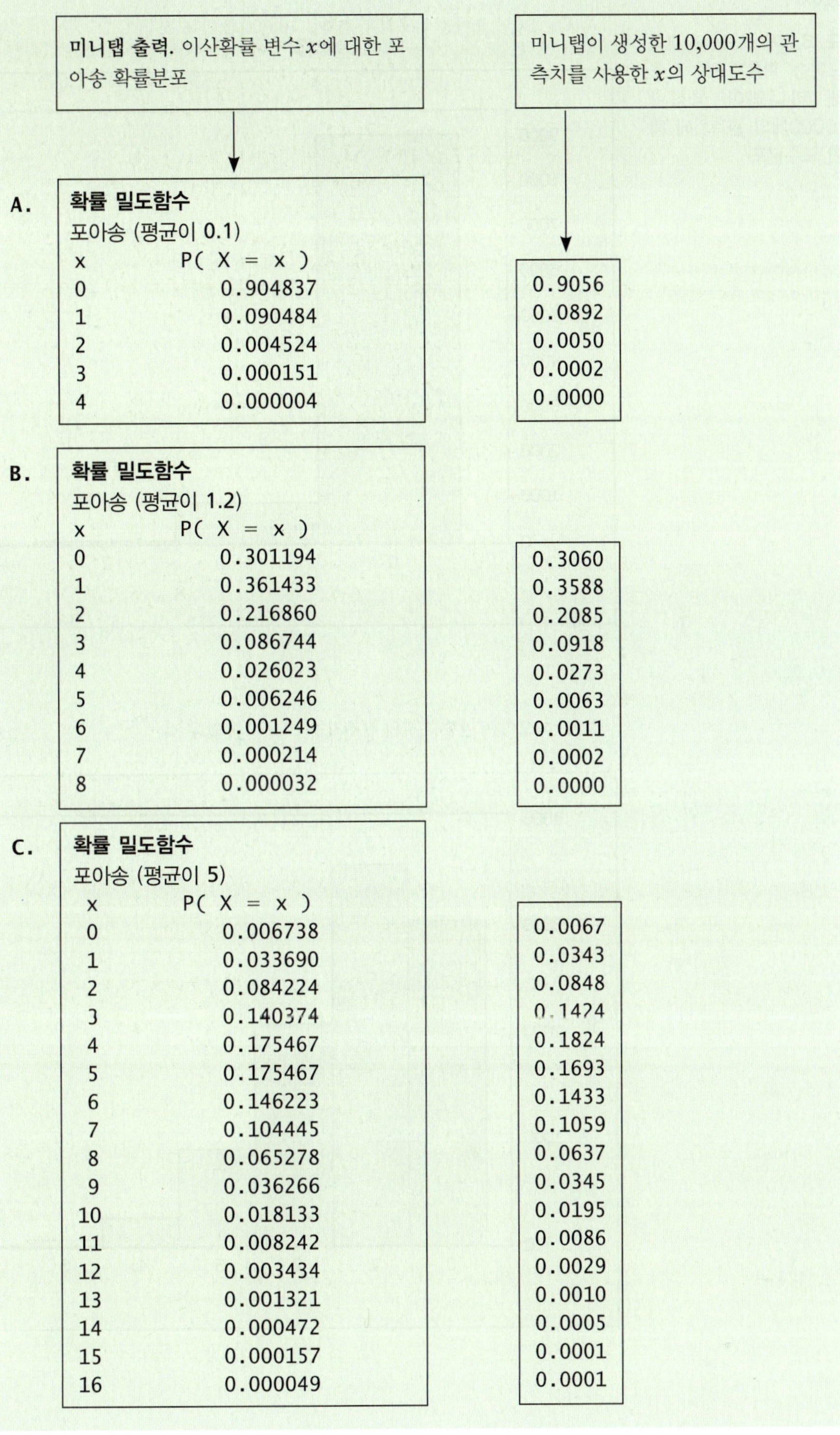

미니탭 출력. 이산확률 변수 x에 대한 포아송 확률분포

미니탭이 생성한 10,000개의 관측치를 사용한 x의 상대도수

A. 확률 밀도함수
포아송 (평균이 0.1)

x	P(X = x)	상대도수
0	0.904837	0.9056
1	0.090484	0.0892
2	0.004524	0.0050
3	0.000151	0.0002
4	0.000004	0.0000

B. 확률 밀도함수
포아송 (평균이 1.2)

x	P(X = x)	상대도수
0	0.301194	0.3060
1	0.361433	0.3588
2	0.216860	0.2085
3	0.086744	0.0918
4	0.026023	0.0273
5	0.006246	0.0063
6	0.001249	0.0011
7	0.000214	0.0002
8	0.000032	0.0000

C. 확률 밀도함수
포아송 (평균이 5)

x	P(X = x)	상대도수
0	0.006738	0.0067
1	0.033690	0.0343
2	0.084224	0.0848
3	0.140374	0.1424
4	0.175467	0.1824
5	0.175467	0.1693
6	0.146223	0.1433
7	0.104445	0.1059
8	0.065278	0.0637
9	0.036266	0.0345
10	0.018133	0.0195
11	0.008242	0.0086
12	0.003434	0.0029
13	0.001321	0.0010
14	0.000472	0.0005
15	0.000157	0.0001
16	0.000049	0.0001

표 6.6

표 6.5에 있는 세개의 포아송 확률분포를 사용해 미니탭이 생성한 10000개의 관측치에 대한 도수분포

A. λ = 1.0인 포아송 분포의 관측치를 10,000개 만든 것

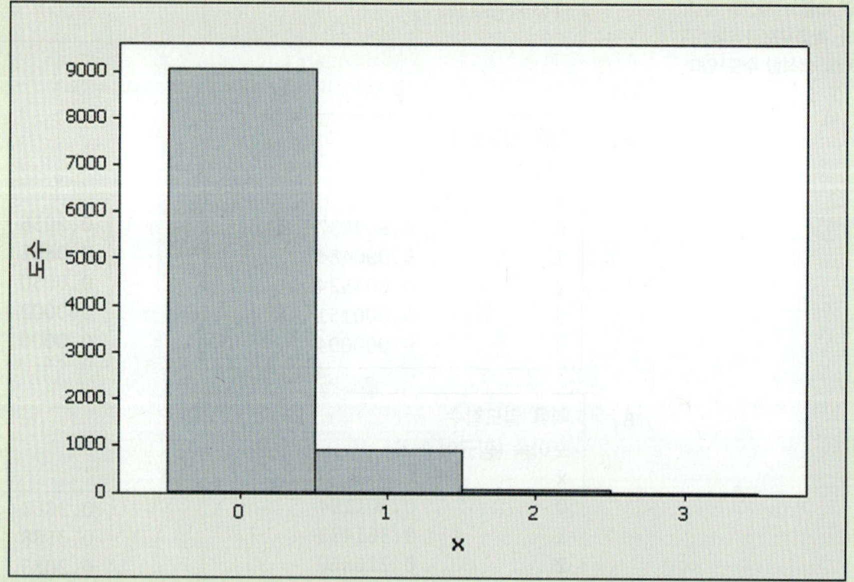

B. λ = 1.2인 포아송 분포의 관측치를 10,000개 만든 것

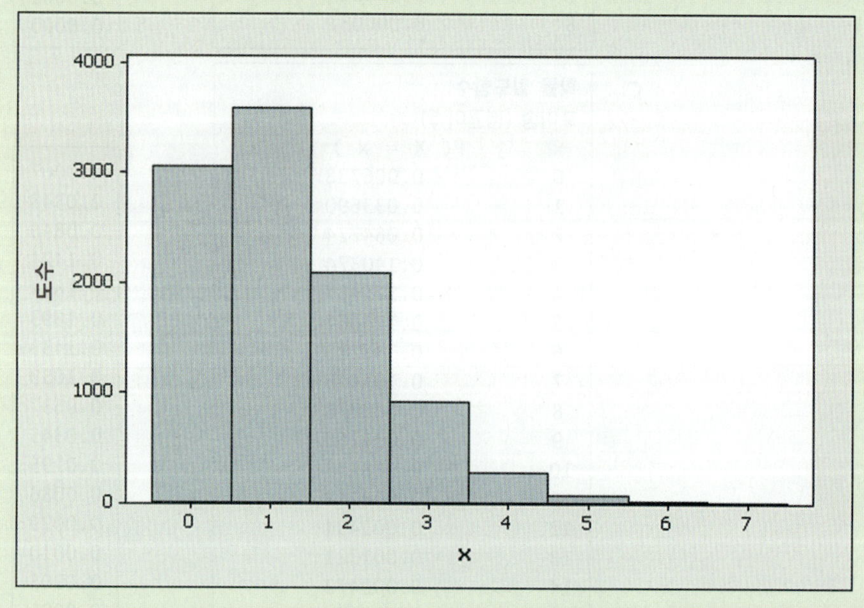

표 6.6(계속)

표 6.5를 이용하여 3개의 포아송 분포로부터 1만 번 관찰을 시뮬레이션한 것을 도수분포도로 그린 것

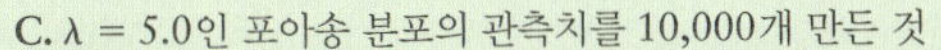

C. λ = 5.0인 포아송 분포의 관측치를 10,000개 만든 것

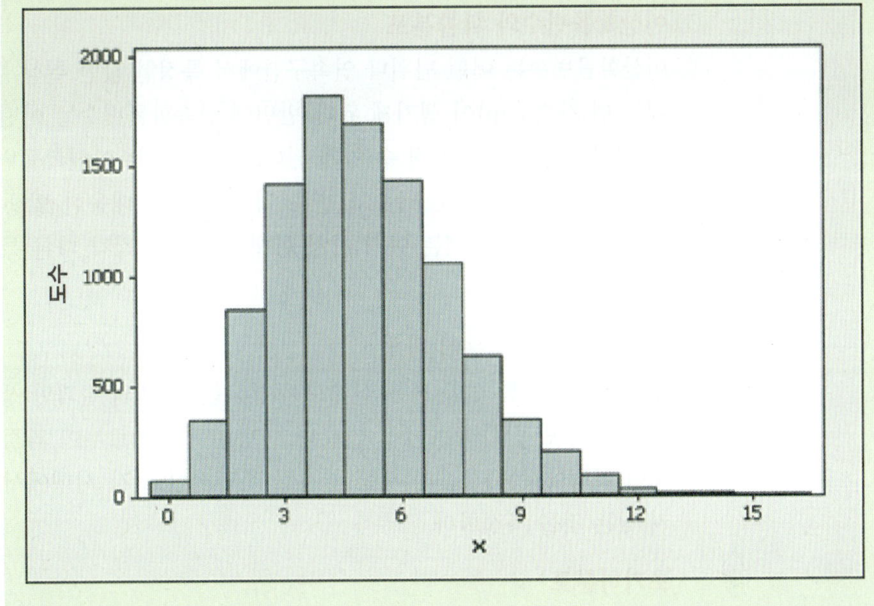

연습문제

참고: 여기 연습문제를 풀기 위해서는 주어진 이산확률분포를 따르는 관측치를 만들수 있는 컴퓨터 소프트웨어가 있어야 한다.

6.52 통계패키지를 이용해서:

a. $\lambda = 2.35$인 포아송 분포에서 100번의 관측치를 생성(시뮬레이션)하라.

b. $\lambda = 2.35$인 포아송 분포에서 개별확률을 각각 계산하라.

c. (a)문항을 다시 한 번 반복하라.

d. (b)문항을 다시 한 번 반복하라.

e. (a)를 반복하면 결과가 매번 다르다. 그러나 (b)를 반복하면 결과는 항상 같다. 이것은 도수분포와 확률분포에 대해서 무엇을 뜻하는가?

6.53 통계패키지를 이용해서:

a. $n = 5$이고 $\pi = 0.2$인 이항분포에서 관측치를 50개 생성하라.

b. 이 관측치에서 도수분포를 작성하라. 도수분포가 대칭형인가?

c. 관측치를 500개 생성해서 (a)와 (b)를 반복하라. 도수분포 모양이 앞에서보다 더 대칭형인가 덜 대칭형인가?

d. 관측치가 많을수록 도수분포 모양은 어떻게 변하는지 설명하라.

6.6 요약

이산확률변수와 확률분포

이산확률변수는 어떤 범위나 연속구간에서 특정한 값만 취할 수 있고 그 값들 사이에는 빈 간격(gap)이 생기게 된다. 반면에 연속확률변수는 어떤 범위나 연속구간에서 어떠한 값이라도 가질 수 있게 된다. 이 장에서는 이산확률변수를 다룬다.

이산변수의 확률분포는 그 변수 각각의 값에 대응한 발생확률 값을 목록으로 보여준다. 이산분포에는 여러 가지 형태가 있으며 각각 다른 특징과 응용 가능성이 있다.

이항분포와 베르누이 과정

이항분포는 보통 성공 또는 실제로 구분되는 두 개의 결과만 생기는 시행을 연속적으로 여러 번 반복하는 것을 다룬다. 이항분포는 베르누이 과정을 가정하는데, 베르누이 과정에서는 각각의 시행이 서로 독립적이고 각 시행에서의 성공확률이 정해져 있는 것을 가정한다.

초기하분포

이항분포와 같이, 초기하분포는 연속되는 시행이 대상이고 시행의 결과가 두 개만 있다. 그러나 연속되는 시행은 서로 독립이 아니고, 또 성공할 확률은 항상 일정하지 않다.

포아송 분포

포아송 분포는 어떤 시간구간이나 거리구간, 공간범위 위에서 발생하는 사건을 다루는데 그 사건 발생확률이 매우 낮은 경우에 적용된다. 포아송 분포는 그 구간에서 사건 발생횟수를 확률변수로 정의한다. 베르누이 과정에서 그 시행반복횟수가 매우 크고 한 번 시행에서 성공확률이 아주 낮은 경우에는 이항분포를 포아송 분포로서 근사계산할 수 있다.

이산확률변수의 확률을 계산하기

「부록 A」에는 이항분포와 포아송 분포의 확률표가 마련되어 있다. 통계패키지 기능을 활용하면 표를 이용하지 않고도 확률을 계산할 수 있다.

이산확률분포의 관측치를 컴퓨터로 만들기

컴퓨터 패키지를 이용하면 지정한 확률분포의 관측치를 만들 수 있다. 이 기능을 활용하면 확률분포 모양을 대략적으로 그릴 수 있으며, 또 실제 현상을 모형화해서 시뮬레이션을 할 수도 있다. 대수의 법칙(law of large numbers)에 따르면 생성된 자료의 상대도수 분포는 자료의 수가 커질수록 이론적인 분포 모양에 더욱 근접하게 된다.

단원 연습문제

6.54 미국 메릴랜드의 인구 중 20%는 자신이 폭음한다고 한다. 임의로 선택된 5명의 메릴랜드 거주자 중, x = 자신이 폭음자라고 생각하는 사람의 수라고 할 때 통계표를 이용하여 확률분포를 구하라. (출처: *Statistical Abstract of the United States 2009*, p. 130)

6.55 2009년 소득신고를 한 미국 인구 중 15.8%가 H&R Block을 통해서 소득신고를 했다고 한다. 이 중 3개의 소득신고서를 임의로 선택하고, x = H&R Block을 통한 소득신고의 수라고 할 때 확률분포를 구하라. (출처: H&R Block, Inc., *Fast Facts 2009*)

6.56 한 회사는 사무실에 침입경보 보안장치를 5개 설치하였다. 이 장치는 매우 민감하게 반응하며 하룻밤에 침입이 없는데 경보를 울리는 확률이 0.1에 이른다. 만일 2곳 이상에서 동시에 경보를 울리면 그 지역 경찰에 자동으로 신호를 보낸다. 어떤 날 밤에 침입이 없을 때 경보 시스템이 경찰에 잘못된 신호를 보낼 확률은 얼마인가?

6.57 Bill은 이번 달의 할당량을 채우기 위해 3대의 자동차를 더 팔아야 한다. 오늘 밤에 각각 다른 자동차에 관심이 있는 5명의 잠재 고객과의 상담이 있다. Bill의 거래성사 가능성이 30%라고 할 때, 내일 아침까지 이번 달의 할당량을 채울 확률은?

6.58 한 광산회사에서는 하루에 평균 1.2건의 치명적인 재해사고가 일어난다. 노동조합에서 하루에 치명적 재해사고가 3건 이상 발생하면 작업을 중단하는 계약 조항을 삽입한다면, 하루 종일 작업이 계속될 확률을 계산하라.

6.59 연습문제 6.57에서, 3명의 고객 모두가 같은 차량에 관심이 있고 그 차가 없으면 다른 딜러쉽에 간다고 한다. 이 상황에서 이항분포를 사용하는 것이 적절한가? 설명하라.

6.60 품질관리 검사자에게는 알려져 있지 않은데, 한번 납품받은 전기 스위치의 20%가 불량이다. 품질 검사자는 15개를 검사해서 2개 이상 불량품이 발견되면 납품 전량을 반송 조치한다. 검사를 한 후 납품된 전기 스위치를 반송조치할 확률을 계산하라.

6.61 2007년 한 해 동안, 일반 여객용 항공기가 10만 시간 비행 스케줄당 2.1회의 추락사고율을 보였다. 이 비율이 적용된다면, 다음 5만 시간 비행에서 추락사고가 1번을 넘지 않을 확률을 계산하라. (출처: *Statistical Abstract of the United States 2009*, p. 662)

6.62 연습문제 6.29로 반복하되, 보급 상자에 단 20개의 베어링만 들어가 있고 그중 2개는 결함이 있다고 가정하라.

6.63 전세 낚시배의 주인은 자신의 모든 승객 중 12%가 반나절의 낚시여행을 가는 도중에 배멀미를 한다고 한다. 낚시배 주인은 갑판 아랫층에 배멀미를 하는 승객을 둘 침구가 두구밖에 없다고 한다. 지금 반나절 여행을 떠나려 하는데, 승객이 6명이라고 한다. 낚시여행 중 갑판 아랫층의 공간이 부족하지 않을 확률은?

6.64 어떤 트럭회사의 조사에 의하면 자기네 트럭들이 뉴욕에서 LA까지의 왕복 운행중 고장이 날 가능성이 20%라고 한다.

a. 트럭 한 대가 왕복 운행 중 고장이 나지 않을 확률은?
b. 트럭 3대가 왕복 운행을 할 때, 최소한 두 대가 고장이 나지 않고 왕복 운행을 할 확률은?

6.65 Burean of Labor Statistics의 조사에 의하면 수하물 담당자, 쓰레기 운반사, 그리고 광부가 불구가 될 가능성이 가장 높은 직종이다. 광부로 일하는 사람 중 부상을 당한 비율은 연간 100명 중 3.6명이라고 한다. 광부 200명을 고용한 회사가 있을 때, 이들 광부 중 내년 한 해 동안 최소한 10명이 부상을 당할 확률은? (출처: "Workers at Risk," *USA Today*, March 15, 2006, p. 6D)

6.66 어느 커다란 배관계약자가 연습문제 6.70에 있는 제조사한테서 200피트 길이의 두루마리를 8개 구매했다고 한다. 이 중 3개 이하의 두루마리가 무결점일 확률을 구하라.

6.67 U.S Centers for Disease Control and Prevention의 조사에 의하면, 십 만명의 85세 이상의 노인들 중 1,200건이 독감으로 인한 기관지와 순환계 질병이 제보된다고 한다. 어느 시골에서 이 나이대의 노인이 500명이라고 할 때, 다음 한 해 동안 5명 이하의 노인들이 이 질병에 걸릴 확률은? 만약 이 500명 중 15명의 노인이 질병에 걸렸다고 할 때, 이 경우는 특이하다고 볼수 있는가? 설명하라. (출처: Anita Manning, "Tens of Thousands More People Are Hospitalized for Flu Than Expected", *USA Today*, September 15, 2004, p. 5D)

6.68 2004년도에 미국 가정 중 50%의 순자산가치가 $93,000 이하였다. 임의로 5가정을 선택했을 시 이 중 3 가정의 순자산가치가 $93,000 이하일 확률은? (출처: *Statistical Abstract of the United States 2009*, p. 459)

6.69 공공TV 방송에는 상업광고는 없지만 때때로 공공성 캠페인을 한다. 공공캠페인프로그램 도중에 청취자들의 기부금을 요청하는 방송을 하는데, 그 시간 동안 1분에 평균 3건의 전화가 걸려온다. 최근에는 전화교환기를 업그레이드하여 분당 5건의 전화를 받을 수 있다. 지금 기부금을 요청하는 방송을 한다고 가정하고, 다음

1분 동안 전화교환기의 능력을 초과할 확률을 구하라.

6.70 구리관을 뽑는 생산자가 있는데 2,000피트당 평균 5개 결함이 발생한다. 구리관은 200피트 단위의 롤(roll)로 판매되는데, 무작위로 추출한 200피트 구리관 롤에 결함이 하나도 없을 확률은?

6.71 한 고릴라가 20개의 경기 중에 13경기의 승자를 맞춤으로써 400개의 신문과 3개의 유명 방송에 출연했다. 이 고릴라가 승자를 선택한 방법은 각 팀의 이름이 적혀진 종이 두 장 중 한 장을 고르는 식이였다. 만약 많은 고릴라에게 같은 기회가 주어졌을 때, 최소한 이 고릴라만큼의 행운이 따라줄 고릴라는 몇 퍼센트이겠는가? (출처: "Gone Ape," *Pittsburgh Press*, June 8, 1986.)

6.72 어느 대학교 강당에서 강연을 할 지방의원을 위해 강당에 배치될 경찰 5명을 뽑아야 한다. 캠퍼스 경찰 중 15명 중 7명이 특수훈련을 받았다고 한다. 임의로 5명을 선택했을 시 이 중 2명만이 특수훈련을 받았을 확률은? 3명만이 특수훈련을 받았을 확률은?

6.73 세계적인 대기업의 90%는 데이터 웨어하우징을 활발하게 응용하는 것으로 추산되었다. 90%라는 비율을 그대로 적용하고, 세계적인 기업 10개를 무작이로 추출한다면, 그중 적어도 7개 기업이 데이터 웨어하우징을 응용할 확률은?

6.74 Fred와 Emily는 50명의 결승전 진출자이다. 이 중 5명을 뽑아 하와이 여행권을 준다. 초기하분포를 이용하여 위의 두 명 중 한 명만이 여행권을 얻을 확률을 계산하라.

6.75 한 컴퓨터 메이커는 노트북 컴퓨터를 고객들에게 직접 파는데, 한 모델에서 문제점이 발견되었다. 고객들이 컴퓨터를 받았을 때 그 모델의 10% 정도가 제대로 작동을 하지 않았다. 원인은 밝혀지지 않았지만 공장에서 테스트할 때는 정상이었으므로 배송처리 과정에서 문제가 있는 것으로 판단되었다. 한 중요한 고객이 바로 다음 날 사용할 수 있도록 그 모델의 노트북 컴퓨터 8대를 주문해왔다. 고객에게 솔직하게 상황을 설명하고, 최소 8대가 제대로 작동할 수 있게 해주기 위해서 9대를 보내기로 하였고, 고객은 그것을 받아들였다. 그 고객이 적어도 8대를 제대로 사용할 수 있게 될 확률을 계산하라.

6.76 한 도시의 위원회는 10명의 민주당원과 15명의 공화당원으로 구성되어 있다. 거주지로 분류되어 있는 지역에 한 여성이 편의점을 차리겠다고 신청을 해서 시장은 위원회 중 5명을 뽑아 이 일을 검토해 보라고 한다. 이 5명 중 최소한 3명의 공화당원이 있을 확률은?

6.77 어느 골프장의 조사에 의하면 한 번 골프를 치러 나온 사람의 평균 라운드 수가 1.3라운드라고 한다. 임의로 선택된 사람이 다음에 최소한 2라운드를 칠 확률은?

6.78 한 타이어 제조업자는 자신들이 제조하는 타이어의 2%에만 표면에 흠집이 있다고 광고한다. 게다가 그것은 단지 외관상의 문제일 뿐 완벽하게 안전하다고 주장하고 있다. 한 소비자 매거진은 다음 번 타이어 품질 평가보고서용으로 40개 타이어를 무작위로 구입하였다. 조사해본 결과 그 중에 5개가 표면에 흠집이 있었다. 2%가 흠집이 있다는 것이 사실이라고 가정할 경우 40개 중에서 5개 또는 그 이상이 흠집이 있을 확률을 계산하라. 이 계산 결과를 볼 때 타이어 제조업자의 광고를 믿을 수 있는지 설명하라.

6.79 「J. D. Power의 초기품질연구」에 따르면 100대의 차량에서 평균적으로 108개 결함이 발견된다. 가장 높은 점수는 Lexus로 100대당 84개이고, 반대로 BMW mini는 100대당 165개이다. Larry는 Lexus 신차를, Mark는 BMW mini 신차를 막 인수하러 간다. Lexus에 정확히 결함이 2개일 확률은? BMW mini에 결함이 1개를 넘지 않을 확률은? Larry와 Mark 둘 다 결함이 전혀 없을 확률은? (출처: Sharon Silke Carty, "U.S. Auto Power Forward with Gains in Quality Survey," *USA Today*, June 23, 2009, p. 3B.)

6.80 병원에 입원한 환자 중 5%는 병원 안에서 감염된다고 추산하고 있고, 한 해에 2백2십만 환자가 생기고 그 중에 88,000명이 이러한 감염으로 죽는다고 추산한다. 전문가들은 환자에게 병원의료진들이 손을 깨끗이 씻는지 확인하고, 수술경험이 풍부한 외과의사를 선택하라고 충고하며 되도록이면 소변 도뇨관장치(cathe-terigation) 시간을 최소로 하라고 한다. Grove Tree라는 한 병원은 이번 달에 수술용 환자 100명을 입원시켰는데 그 중에 14명이 병원 내 감염을 당한 것으로 밝혀졌다. 100명은 무작위 추출로 간주하고 앞에서의 감염비율을 적용해서 이 표본 사이즈에서 14명 이상이 감염될 확률을 계산하라. Grove Tree 병원이 환자들의 병원 내 감염비율로 볼 때 평균적인 병원에 속하는지 설명하라. (출처: Anita Manning, "Hospital Infections Jump as Outpatient Care Rises," *USA Today*, March 6, 2000, p. 8D)

종합사례

Thorndike Sports Equipment

사무실에 조금 일찍 도착한 Ted는 Luke가 다소 화가 난 것을 알았다. Thorndike 씨는 커피를 마시면서 Ted의 알루미늄 소재에 대한 결함보고서를 보고 있었다. 알루미늄 소재는 3개 공급처로부터 공급받고 있었다.

지하창고를 샅샅이 뒤진 결과 모두 30개의 반품된 라켓을 찾아냈다. 이 중에 5개는 Snowmet사에서 공급받은 알루미늄으로 만든 것이고 5개는 Barstow사에서 공급받은 알루미늄으로 만든 것이었다. 이 두 회사는 오래된 거래처로서 좋은 성과를 내고 있었다.

Thorndike 씨가 화를 낸 이유는 나머지 20개가 최근에 가장 낮은 가격으로 거래를 시작한 Darwood 메탈회사에서 공급받은 알루미늄으로 만든 것이었기 때문이다. Luke는 Darwood에 큰 규모의 주문을 해 놓고 있으며, 아침 10시에 곧 전화를 해서 다른 회사의 주문을 취소하고 그 분량을 모두 Darwood에 줄 생각을 하고 있었다. 아침에 우편물이 도착하자 Luke는 더욱 화가 났다. 3명의 고객으로부터 부러진 라켓에 대한 교체 불만 건이 접수되었기 때문이다.

10시가 되자 Luke는 Darwood 씨에게 직접 전화를 걸어서 그들의 제품 불량에 대해서 강도 높게 질책하고 주문량 전량을 취소하였다. Darwood는 한참 연배가 높은 Thorndike 씨의 질책을 받아들이지 않았다. 다만 Thorndike 스포츠용품점과의 거래가 자신들의 순이익의 10%를 차지하는 만큼 중요도는 잘 인식하고 있었다. Darwood 씨에 따르면, 독립된 제3의 금속전문가들이 테스트를 하였는데 Snowmet나 Barstow사의 알루미늄 제품과 비교하여 꼭 같은 품질이라고 한다. 특별히 많은 불량품이 생긴 것은 단지 우연한 일일 것이라고 말하였다. 잠깐 화를 가라앉힌 Thorndike 씨는 아침나절에 실랑이 하기 싫으니 Ted와 함께 더 조사해서 새로운 정보를 얻을 때까지 알루미늄을 보내지 말 것을 분명히 하였다. 오후 3시에 Darwood 씨에게 전화로 최후의 결정을 통보하기로 약속하였다.

Ted는 아침에 매우 바쁘게 되었다. 점심도 거르고 조사한 결과 상당히 쓸모 있는 데이터를 얻었다. 가장 중요한 것은 Thorndike사뿐만 아니라 일반적으로 알루미늄 라켓의 0.8%는 불량품으로 반품된다는 연구보고서를 찾아냈다. Snowmet과 Barstow의 알루미늄으로 만든 것은 불량률이 1%밖에 되지 않았다. Darwood 알루미늄으로 만든 1,200개 라켓 중에 20개(1.7%)가 불량이었다.Ted는 이것을 이항분포로 분석하기로 하였다. 생산된 알루미늄 라켓의 0.8%가 불량품이라는 연구결과를 이용하면 불량확률은 0.008이다. 이러한 산업계 전체의 추산을 따르면 Darwood 알루미늄으로 만든 라켓 1,200개 중에서 예상되는 불량품은 $n\pi = 1{,}200(0.008) = 9.6$개인데 실제는 *20*개가 발견되었다.

이 계산이 얼마나 이상한 것인지 판단하기 위해서 Ted는 Excel을 이용해서 $n = 1{,}200$이고 $\pi = 0.008$인 경우 누적확률을 표 6.7과 같이 계산하였다.

그때 집에서 수도 배관이 터져서 집안이 홍수가 났다는 긴급전화를 받고 사무실을 급하게 뛰어나왔다. 집으로 가는 도중 Ted는 당신에게 전화를 걸어서 표 6.7을 활용해서 Thorndike 할아버지가 Darwood에게 전화로 최후 결정을 통보하기 전에 적절한 조언을 해 주라고 요청하였다.

표 6.7

Ted Thorndike는 Excel을 사용하여 이항분포의 확률을 생성하였다. 이항분포의 시행횟수는 1200이고 매 시행에서 불량품으로 판명될 확률은 0.008이다.

	A	B	C	D	E
1	Binomial probabilities for				
2	시행횟수(n)				
3	성공확률(pi), 0.008인 이항분포 확률				
4					
5	k	p(x<=k)		k	p(x<=k)
6	0	0.0001		13	0.8927
7	1	0.0007		14	0.9365
8	2	0.0037		15	0.9644
9	3	0.0136		16	0.9811
10	4	0.0373		17	0.9904
11	5	0.0830		18	0.9954
12	6	0.1564		19	0.9979
13	7	0.2574		20	0.9991
14	8	0.3788		21	0.9996
15	9	0.5086		22	0.9998
16	10	0.6331		23	0.9999
17	11	0.7419		24	1.0000
18	12	0.8287			

CHAPTER

7 연속확률분포

Continuous Probability Distributions

ATM 고객의 도착시간: 연속분포

6장 서두의 이야기에서 우리는 ATM기계를 사용하는 고객의 수를 가지고, 확률변수 x = '5분 동안 도착한 고객 수(0, 1, 2, . . .)' 로 나타내는 이산확률분포를 소개하였다. 여기서도 ATM기계를 관찰해 보자. 이번에는 고객이 ATM에 도착하는 시간간격을 기록해서 크로노그래프(chro-nograph)를 만들어 보자. 예제를 들어, x_1은 고객 A와 B가 도착한 시간간격, x_2는 고객 B와 C가 도착한 시간간격 등으로 말이다. 이 시간간격을 이용하여 이 장의 주제인 연속확률분포(continuous probability distri-butions)를 만들어보자.

여기서 설명하는 내용은 6장에서 소개한 예의 뒷면을 보는 격이다. 분당 도착하는 사람 수의 역수는 도착 사이의 시간간격이 되기 때문이다. 분당 도착하는 사람 수를 6장의 이산적인 포아송 분포로 분석했다면, 도착하는 사이의 시간간격을 이번 장에서는 연속적인 지수분포로 알아볼 것이다. 그리고 포아송 분포와 지수분포의 독특한 관계도 이 장의 끝에서 알아볼 것이다. 도착 사이의 시간간격을 측정하고 예측하는 것이 필요한 경우가 있다. 예를 들면 응급 의료서비스 시스템의 경영자에게는 응급서비스 요청이 도래하는 시간 간격은 매우 중요하다.

학습목표

- 정규분포의 특성을 이해하고 그 응용을 공부한다.
- 표준정규분포와 정규분포에 관련된 확률을 구하기 위한 *z*-값(*z*-score)을 이용한다.
- 정규분포를 이용하여 이항분포를 근사계산한다.
- 6장의 포아송 분포와의 관계를 공부하고 지수분포의 성질과 응용을 이해한다.
- 컴퓨터를 이용해 정규분포와 지수분포에 대한 확률을 구한다.

7.1 머리말

6장에서는 이산확률변수에 대한 확률분포를 다루었다. 이산확률변수는 정해진 값들을 가질 수 있고 그 값들 사이에는 빈 간격이 있었다. 이 장에서 배우는 **연속확률변수**는 어떤 구간에 있는 무수히 많은 값 중에서 어떤 값이라도 가질 수 있는 것으로 가정한다.

이산확률분포는 각각의 값에 대하여 수직 기둥의 높이로 확률을 나타낸 히스토그램으로 표현했다. 이와는 대조적으로, 연속확률분포는 매끈한 곡선으로 나타낸다. 이때 확률은 곡선 밑의 면적으로 표현된다. 그 곡선은 **확률밀도함수(probability density function,** 이하 pdf로 표기)로 불리는 x의 함수, 즉 $f(x)$로 표시한다. 연속확률변수 x가 매우 작은 간격(infinitely small interval)에 속하되 그 간격의 폭이 거의 0이 되는 것으로 생각하면 x가 정확히 어떤 특정 값을 가질 확률은 0이다. 그러므로 연속확률변수의 확률을 말할 때는 x가 어떤 특정 구간에 속할 확률로 나타낸다. 연속확률변수를 가지는 연속확률분포는 다음과 같은 성질을 가진다.

연속확률변수에 대한 연속확률분포:

1. 수직축은 확률밀도함수(pdf)라 불리는 x의 함수 $f(x)$이다.
2. x가 가질 수 있는 값은 수평축 전부이다.
3. x가 a와 b 사이의 구간에 속할 확률은 그림 7.1과 같이 점 a와 점 b 사이의 곡선 $f(x)$ 밑의 넓이이다. 주어진 연속분포에 대한 확률밀도함수 $f(x)$는 수식으로 표현하고, 곡선 밑의 넓이는 적분으로 구한다. 그러나 이 책에서는 미리 그 넓이들을 계산한 표를 준비해 놓았다.
4. 곡선 밑의 총 넓이는 1.0이다.

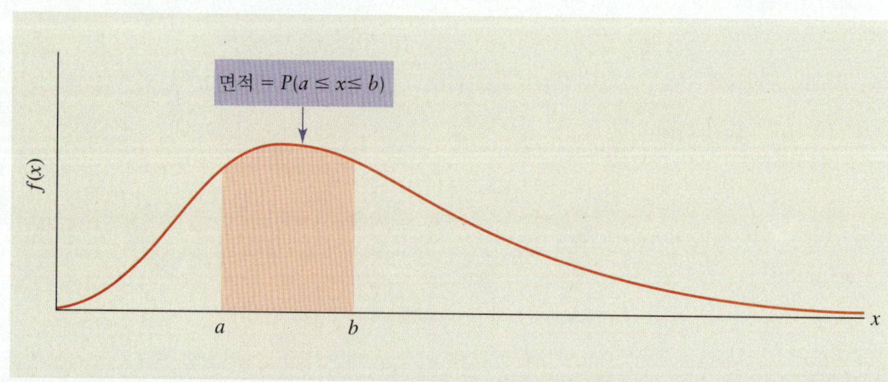

그림 7.1

연속확률변수에 대한 확률분포는 확률밀도함수 $f(x)$로 표현된다. 곡선 밑 전체 넓이는 1.0이고, x가 a와 b 사이에 있을 때 확률은 a와 b 사이의 곡선 밑 넓이와 같다.

생활 속의 통계 • 7.1 Thorndike Sports Equipment의 정규분포곡선

이 책의 저자 Dr. Weiers가 Thorndike 회사를 그의 책에 있는 통계학 실제적용의 '종합사례'로 넣으면 어떨지 요청해 왔습니다. 기쁘기도 했지만 한편으로는 당황스러웠습니다. 결국에 그는 우리를 첫 번째 종합사례로 올려 놓았습니다. 아무튼, 나는 정규곡선을 생각하는 데 많은 시간을 보내지 않았지만 이 부분을 준비하면서 얼마나 많은 것을 정규곡선으로 그릴 수 있는지 깨달았습니다.

우리 사업에서 그동안 모아 왔던 많은 데이터를 정규분포곡선으로 그릴 수 있었습니다. 예를 들어 골프공의 탄력성을 모니터링하는 'bounce test'에서 바운스 높이가 정규분포 경향을 가짐을 알 수 있었습니다. 여기서 상세히 밝히고 싶진 않지만, 우리가 후원하는 프로 선수들에게 공급한 공들은 'bounce test'의 결과 중 0.5% 안에 드는 가장 탄력적인 공들이었습니다. 나의 손자 Ted가 말하기를 평균값으로부터 표준편차 단위인 $z = +2.58$에 상응한다는 것입니다.

우리 회사의 인사 관리부 매니저에 따르면, 입사할 사원과 현 사원을 대상으로 한 적성검사와 성과검사의 결과가 종 모양의 곡선과 같이 분포되는 경향이 있었습니다. 매니저는 오랫동안 우리 회사에서 일해 왔는데 10년~20년 전의 결과와 오늘날의 평균과 표준편차를 비교해서 매우 흥미로운 것을 많이 발견했다고 합니다.

Ted의 말을 빌면 Thorndike 라켓이 고품질의 명성을 얻을 수 있었던 것도 정규분포 덕분에 통계적 공정관리도(process control chart)를 만들고 분석한 결과라고 하였습니다. 우리 Thorndike Sports Equipment는 정규분포의 응용과 가치에 감사하며, 우리의 경험을 전할 수 있어서 기쁘게 생각합니다.

Luke Thorndike
president and founder
Thorndike Sports Equipment

처음으로 우리가 배울 연속확률분포는 통계학을 공부하거나 경영분야의 응용에 있어서 매우 중요한 정규분포(normal distribution)이다. 정규분포는 좌우 대칭인 종 모양이고, 곡선 밑의 넓이는 표준정규분포표를 사용하여 찾을 수 있다.

6장에서 설명했듯이 이항확률은 많은 계산을 하거나 큰 표를 이용해야 한다. 그래서 우리는 이항분포에 대한 확률을 계산할 때 정규분포를 이용하여 근사계산을 하는 내용도 공부할 것이다.

그다음 주제는 지수분포이다. 지수분포는 6장의 포아송 분포와 관련이 있다. 지수분포는 포아송 과정에서 드물게 발생하는 사건 사이의 (연속적인) 시간간격이나 거리간격과 관련된 확률을 구하는 연속확률분포이다.

마지막으로 특정한 연속확률분포를 골라서 Excel을 사용할 것이다. 6장에서 이산 확률분포에 대한 시뮬레이션을 한 예제와 유사하다.

연습문제

7.1 연속확률변수와 이산확률변수의 차이점은 무엇인가?

7.2 확률밀도함수는 무엇이고, 연속확률변수와 관련하여 확률을 구할 때 그것을 어떻게 활용하는가?

7.3 확률밀도함수의 전체 면적은 왜 1.0인가?

7.4 연속확률변수가 어떤 특정 값을 가질 때 그 확률은 얼마인가? 그 이유를 설명하라.

7.2 정규분포

정규분포와 응용

정규분포는 통계학에서 가장 중요한 연속분포이다. 이는 다음과 같은 세 가지 중요한 이유 때문이다. (1) 많은 자연현상과 경제현상이 거의 대부분 정규분포 경향이

그림 7.2

정규분포는 종 모양으로 된 분포이다. 특정 정규분포를 표현할 때는 평균(μ)과 표준편차(σ) 두 개의 인자가 필요하다.

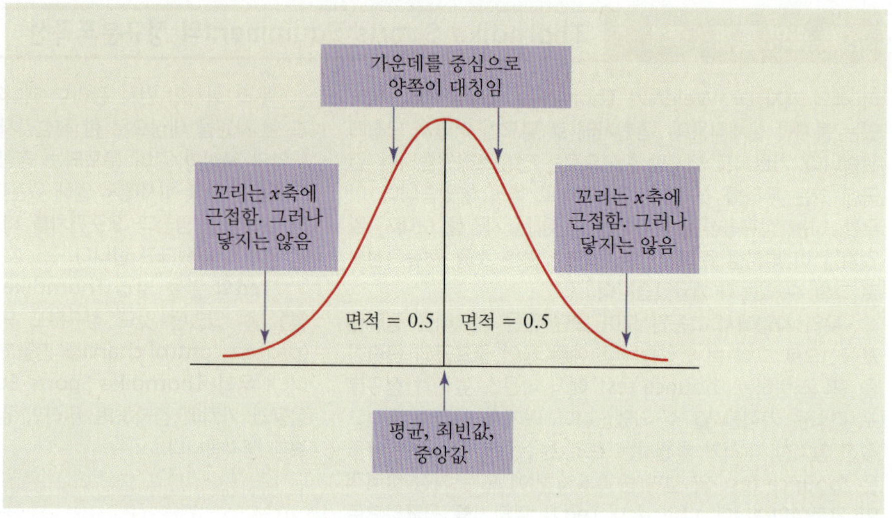

있다. (2) 이항분포를 포함해서 다른 분포를 정규분포를 이용해서 근사계산을 할 수 있다. (3) 8장에서와 같이 어떤 분포를 가지는 모집단에서 표본을 반복해서 뽑아내면 낼수록 표본평균(sample mean)과 비율(proportion)은 정규분포 경향을 가진다. 이는 다음 장에서 설명할 중심극한정리(*central limit theorem*)와 관련이 있다.

정규분포는 하나의 분포군을 이루는데 모두 종 모양이고 좌우대칭이다. 그림 7.2의 확률밀도함수(pdf)를 보면, (1) 평균, 중앙값, 최빈값이 모두 수평축의 같은 지점에 나타난다. (2) 수평축 양끝으로 갈수록 곡선은 수평축에 점근하지만(*asymptotic*) 축과 절대 만나지 않는다. (3) 곡선 밑 전체 넓이는 1.0이다. 이와 같은 특성을 분포의 정규성(normality)이라고 한다. 정규분포는 두 개의 인자[평균(μ)과 표준편차(σ)]에 의해서 모양이 결정된다. 정규분포는 그림 7.2와 같다.

정규분포의 확률밀도함수(pdf) ($-\infty \le x \le +\infty$):

$$f(x) = \frac{1}{\sigma\sqrt{2\pi}} e^{-(1/2)[(x-\mu)/\sigma]^2}$$

μ = 평균
σ = 표준편차
e = 상수, 2.71828
π = 원주율 상수, 3.14159

NOTE

이 정규분포 확률밀도함수에 있는 π는 원의 직경과 둘레의 비율을 나타내는 상수이며, 모비율(population proportion, 모집단비율)을 나타내는 기호와는 관련이 없다.

모든 정규곡선이 그림 7.2와 꼭 같은 것은 아니다. 곡선의 모양과 x축 위에서 곡선의 위치는 평균과 표준편차에 따라 다르다. 그림 7.3은 두 대의 튜브 사출기에서 만들어진 파이프 직경의 분포를 정규분포로 나타낸 것이다.

- B 기계에서 만든 튜브 직경의 평균은 A의 평균 튜브직경보다 크다. $\mu_B > \mu_A$.
- A 기계에서 만든 제품의 변동성이 B보다 크다. $\sigma_A > \sigma_B$.

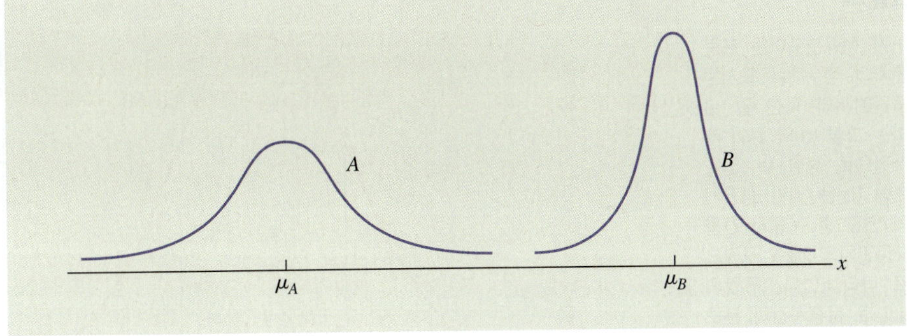

그림 7.3

정규곡선의 모양과 x축에서 곡선 위치는 평균(μ), 표준편차(σ)로 정해진다. 곡선 B가 평균은 더 크지만 표준편차는 더 작다.

정규곡선 밑의 넓이

연속확률변수에 대한 확률은 구간으로 정의되고 그 확률은 확률밀도함수(pdf)를 적분하여 구한다. 따라서 정규분포의 확률도 정규분포의 확률밀도함수를 적분하여 구해야 하지만 매번 적분하는 일이 복잡하기 때문에 미리 준비된 표를 이용하여 찾아서 사용한다. 어떤 정규곡선이라도 다음 각각의 구간에서 곡선 밑 넓이는 다음과 같이 정해져 있다(그림 7.4의 (a) 참조).

- 구간 $\mu - \sigma$에서 $\mu + \sigma$의 넓이는 전체 넓이의 약 68.3%.
- 구간 $\mu - 2\sigma$에서 $\mu + 2\sigma$의 넓이는 전체 넓이의 약 95.5%.
- 구간 $\mu - 3\sigma$에서 $\mu + 3\sigma$의 넓이는 거의 전체 넓이인 99.7%.

예제 EXAMPLE

정규분포

General Aviation Manufacturers Association의 보고서에 의하면 피스톤식 엔진 항공기의 연평균 비행시간은 약 120시간이다.[1] 이 예제에서, 모집단의 비행시간은 표준편차가 30시간인 정규분포라고 가정한다. 평균으로부터 표준편차의 정수배 구간에 대한 확률을 정하라.

풀이

평균이 $\mu = 120$시간이고 표준편차가 $\sigma = 30$시간이므로 구간 (120 − 2[30])에서 (120 + 2[30]), 즉 한 해 동안 60시간에서 180시간 동안 운행한 비행기가 약 95.5% 차지한다는 것을 알 수 있다. 같은 방법으로 90시간에서 150시간 ($\mu \pm \sigma$) 운행한 비행기는 68.3%, 30시간에서 210시간 ($\mu \pm 3\sigma$) 운행한 비행기는 99.7%임을 알 수 있다. 이들 구간과 개략적인 넓이는 그림 7.4(b)에 있다.

[1] 출처: General Aviation Manufacturers Association, *General Aviation Statistical Databook, 2008 Edition*, pp. 28–29.

그림 7.4

어떤 정규분포이든 표준편차의 정수배로 표시된 구간에서의 곡선 밑 넓이는 그림 (a)와 같이 개략적으로 정할 수 있다. 그림 (b)는 일반 항공기의 연간 총 운행시 간을 표준편차의 배수 구간으로 나타내었다. 구간의 넓이는 운행시간의 분포를 보여준다. 평균은 μ = 120시간, 표준편차는 σ = 30시간인데, 약 95.5%의 항공기가 60시간에서 180시간 정도 운행했다.

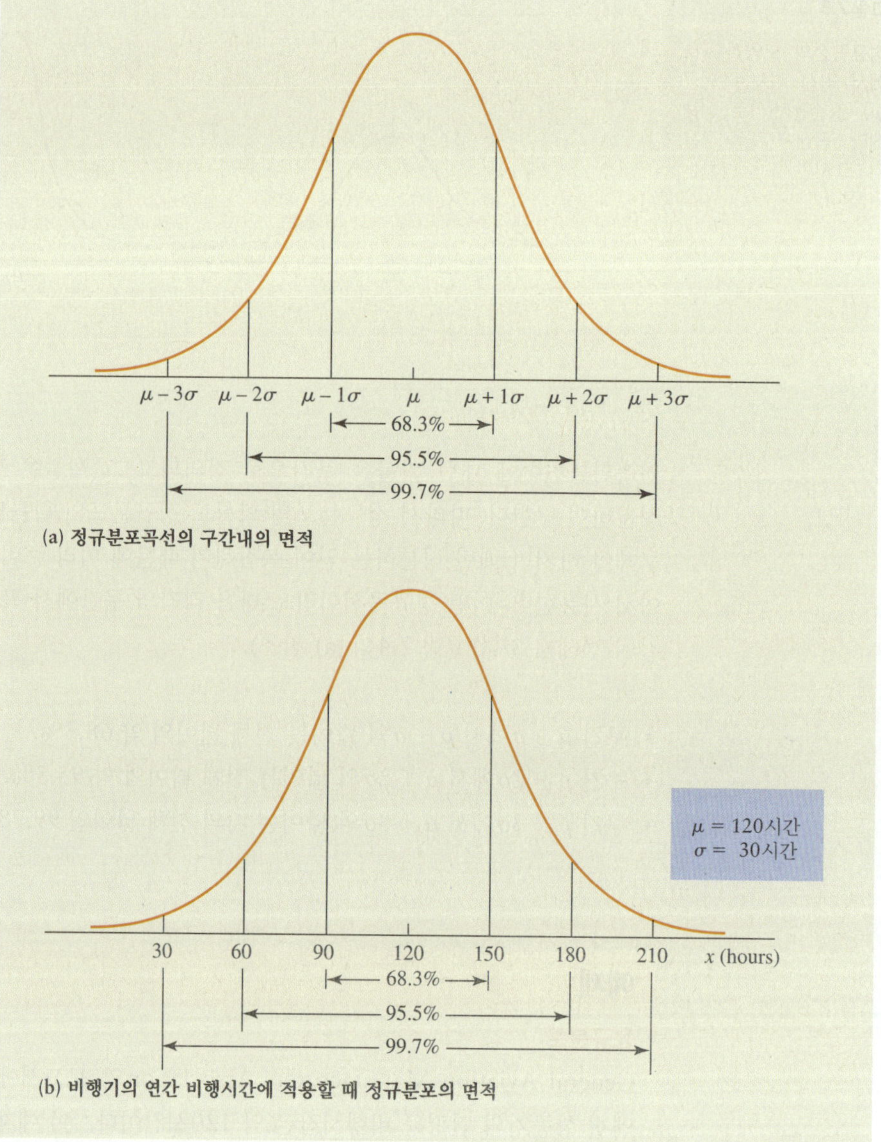

연습문제

7.5 정규분포는 하나의 분포군(family)을 만든다고 언급한 바 있다. 이에 대해 설명하라.

7.6 정규분포에서 $(\mu + 2\sigma)$를 초과하는 x에 대한 확률은 $(\mu - 2\sigma)$ 미만인 x에 대한 확률과 같다. 이것은 정규분포의 어떤 성질을 말하는가?

7.7 동일한 x축 위에 다음의 조건을 만족하는 두 개의 서로 다른 정규분포를 그려라.

(a) $\mu_a = \mu_b$ (b) $\sigma_a > \sigma_a$

7.8 x가 $\mu = 20.0$이고 $\sigma = 4.0$인 정규분포이다. 다음을 계산하라.

a. $P(x \geq 20.0)$ b. $P(16.0 \leq x \leq 24.0)$
c. $P(x \leq 12)$ d. $P(x = 22.0)$
e. $P(12.0 \leq x \leq 28.0)$ f. $P(x \geq 16)$

7.9 x가 $\mu = 25.0$이고 $\sigma = 5.0$인 정규분포이다. 다음을 계산하라.

a. $P(x \geq 25.0)$ b. $P(20.0 \leq x \leq 30.0)$
c. $P(x \leq 30)$ d. $P(x = 26.2)$
e. $P(15.0 \leq x \leq 25.0)$ f. $P(x \geq 15)$

7.10 Canada Urban Transit Association이 보고한 바에 의하면 승객당 연평균 수익은 \$1.55였다. 정규분포

를 가정하고 표준편차가 σ = $0.20이라면, 다음의 수익을 낸 승객의 비율은 얼마인가? (출처: American Public Transit Association, *APTA 2009 Transit Fact Book*, p.35)

a. $1.55 미만
b. $1.15부터 $1.95까지
c. $1.35부터 $1.75까지
d. $0.95부터 $1.55까지

7.11 2007년에 새 가정의 첫 주택융자금액의 평균은 $360,000이었다. 정규분포를 가정하고 표준편차가 σ = $30,000일 때, 첫 주택융자금액이 다음과 같을 비율은 얼마인가? (출처: Bureau of the Census, *Statistical Abstract of the United States 2009*, p. 726)

a. $360,000 이상
b. $300,000부터 $420,000까지
c. $330,000부터 $390,000까지
d. $270,000 이상

7.12 2009년 H&R Block사가 세금정산을 작성해 주는 평균요금이 $187이었다. 정규분포를 가정하고 표준편차가 σ = $20일 때, 다음의 H&R Block의 세금정산 요금의 비율은 얼마인가? (출처: hrblock.com. July 14, 2009)

a. $187 이상
b. $147부터 $227까지
c. $167부터 $207까지
d. $227 이상

7.13 호텔 정문에서 방까지 짐을 갖다 놓는 데 걸리는 평균 체크인 시간이 12.0 분으로 보고된 바 있다. An Li가 택시를 타고 호텔 입구에 내렸다. 표준편차가 2분인 정규분포로 가정하고, An Li와 그녀의 짐이 방까지 오는 데 다음과 같이 시간이 걸릴 확률은 얼마인가?

a. 14.0분 이상
b. 10.0분부터 14.0분까지
c. 8.0분 미만
d. 10.0분부터 16.0분까지

7.14 4인 가정의 식료품 구입비용이 평균 $5000이라고 한다. 표준편차가 $1,000이고 정규분포를 가정할 때, 임의로 선택한 4인 가정이 다음과 같은 돈을 쓸 확률은 얼마인가? (출처: "Business Briefing," *Pittsburgh Tribune-Review*, July 5, 2009, p. E1)

a. $8,000 이상
b. $5,000에서 $7,000까지
c. $6,000 이하
d. $3,000에서 $6,000까지

7.15 캘리포니아 주의 Los Angeles 시의 통근자들이 직장까지 가는데 평균 30.0분이 걸린다. 표준편차가 5분인 정규분포로 가정하고, 무작위로 고른 Los Angeles의 Jamal이라는 통근자가 있다고 가정하자. (출처: The World Almanac and Book of Facts 2006, p. 474.)

a. Jamal이 어느 날 직장까지 가는 데 45.0분보다 더 걸릴 확률은 얼마인가?
b. Jamal이 금방 집에서 출발했는데 25.0분 안에 CEO와 중요한 미팅에 참석해야만 한다. 만약에 CEO가 지각하는 직원들을 해고시킨다면, Jamal이 다음날 직장에 출근할 수 있을 확률은 얼마인가?

7.3 표준정규분포

표준정규분포와 응용－표준화

정규분포는 μ와 σ의 값에 따라서 서로 다른 정규곡선이 만들어지기 때문에, 우리가 원하는 구간에 대한 넓이를 모두 통계표로 나타낼 수는 없다. 다행히도, 우리는 정규곡선을 '표준화' 하고, x값이 평균으로부터 떨어진 정도를 표준편차의 배수로 바꾸어 표현함으로써 이런 어려움을 해결할 수 있다. 확률변수 x를 표준화한 것의 분포를 **표준정규분포(standard normal distribution)**라고 부르며, 곡선 밑의 넓이는 하나의 통계표로 나타낼 수 있다. 이런 표준화 과정의 핵심은 **z-값(z-score)**에 있다.

그림 7.5

그림 7.4(b)의 연간 비행시간 분포에서 두 개의 수평축 척도 중 위의 값은 x값(시간)을 z-값(평균으로부터의 표준편차 단위)로 바꾼 표준정규분포를 나타낸다. z-값을 사용하면 원래 μ와 σ의 값에 상관없이 모든 정규분포에 대해서 한 개의 표만 사용할 수 있다.

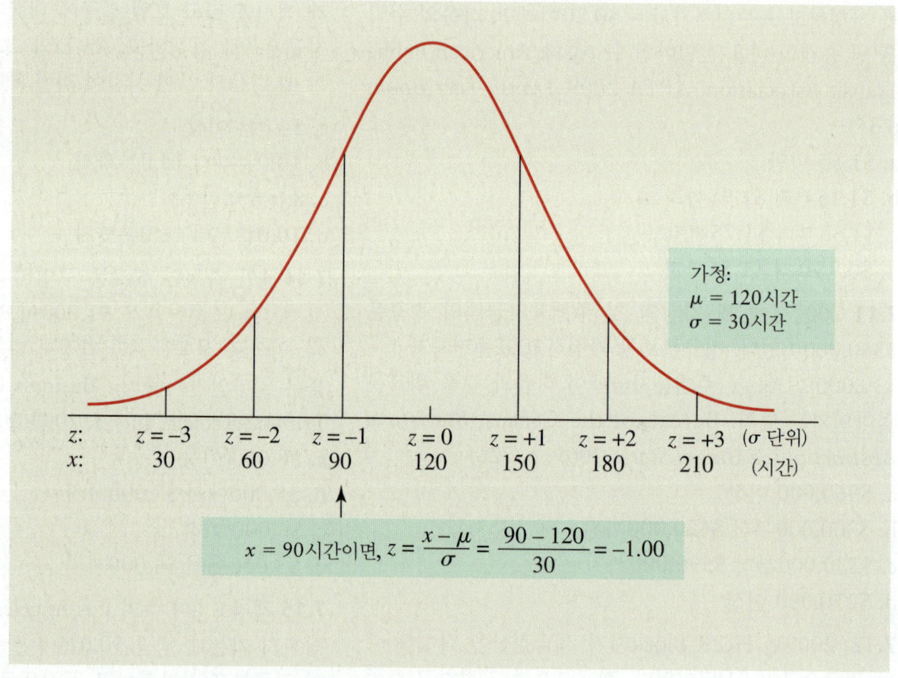

표준정규분포를 만들기 위한 z-값:

$$z = \frac{x - \mu}{\sigma}$$, z = 평균으로부터 표준편차 배수로 측정한 거리
x = 관심 대상 값
μ = 분포의 평균
σ = 분포의 표준편차

앞에서 언급했던 항공기 비행시간에서 평균과 표준편차는 각각 $\mu = 120$시간, $\sigma = 30$시간이었다. z-점수를 이용해 x값 대신에 z-값을 사용한 표준정규분포로 바꿀 수 있다. 예제를 들면:

원래의 정규분포의 x값	표준정규분포의 대응값
$x = 120$시간	$z = \frac{x-\mu}{\sigma} = \frac{120-120}{30} = 0.00$
$x = 160$시간	$z = \frac{x-\mu}{\sigma} = \frac{160-120}{30} = 1.33$
$x = 90$시간	$z = \frac{x-\mu}{\sigma} = \frac{90-120}{30} = -1.00$

그림 7.5를 보면 곡선 밑에 두 개의 척도가 있다. 하나는 x (비행시간)척도이고, 다른 하나는 z (표준편차 단위)척도이다. z척도에서 평균은 0.00이라는 점을 주의하자. 정규분포의 평균과 표준편차가 어떤 값이든 상관없이, 원래 값이 평균으로부터 몇 표준편차의 거리에 있는가를 나타내는 값이 z이다. 어떤 정규분포이든 확률

을 표준정규분포표를 이용하여 구할 수 있다. 이 장의 마지막에 있는 눈으로보는 통계 애플릿 5를 보면, 그림 7.5에 있는 z-값을 변경함에 따라 정규분포의 곡선 아래의 면적이 어떻게 바뀌는지를 확인할 수 있다.

표준정규분포표 이용하기

원래 정규분포에 단위(파운드, 시간, 달러 등)가 포함되어 있어도, 평균으로부터의 거리를 표준편차의 배수로 바꾸어 표준정규분포로 나타낼 수 있다. 「생활 속의 통계 7.1」에서와 같이 적성검사의 단위도 바꿀 수 있다.

표준정규분포표를 이용하여 질문에 답하려면 다음의 과정을 밟는다.

1. 주어진 정보를 z-값으로 바꾼다.
2. z-값에 해당하는 넓이를 구하기 위해 표준정규분포표를 이용한다. 표 7.1에 표준정규분포표의 일부가 나와 있다. 이 표는 원하는 z-값까지의 누적 면적을 표시한다.
3. 그 결과를 해석해서 원래 질문에 답한다.

누적표준정규분포표(cumulative standard normal distribution table)가 교재의 뒷부분에 있는데, 표 7.1은 그 일부분이다. 각 행의 처음에 있는 숫자(예: 1.4)는 z의 정수부분과 소숫점 이하 첫 번째 자리의 값을 나타내고, z의 소숫점이하 둘째 자리의 값은 열의 첫 번째 숫자(예제: 0.05)에 해당한다. 즉 1.4열과 0.05행에 해당하는 값 0.9265는 표준정규분포에서 $z = 1.45$까지의 누적확률이 된다. z의 몇가지 값에 대한 누적확률의 예는 다음과 같다.

- $z = -1.37$일 때 **누적확률**: 표 7.1에서 −1.3행과 0.07열의 값을 찾으면, 확률은 0.0853이다.
- $z = -0.08$일 때 **누적확률**: 표 7.1에서 −0.0행과 0.08열의 값을 찾으면, 확률은 0.4681이다.
- $z = 0.09$일 때 **누적확률**: 표 7.1에서 0.0행과 0.09열의 값을 찾으면, 확률은 0.5359이다.
- $z = 1.73$일 때 **누적확률**: 표 7.1에서 1.7행과 0.03열의 값을 찾으면, 확률은 0.9582이다.

표준정규분포표를 이용할 때, 원하는 넓이가 평균값의 왼쪽이나 오른쪽에 놓여 있을 수 있고, 두 면적을 서로 더하거나 빼는 일이 필요하다. (1) 여러 가지 다양한 경우와 (2) 표준정규분포표 사용법의 중요성 때문에 예제에서 많은 응용문제를 풀어보도록 한다.

표 7.1

책 맨 뒤편에 있는 표준 정규분포표의 일부

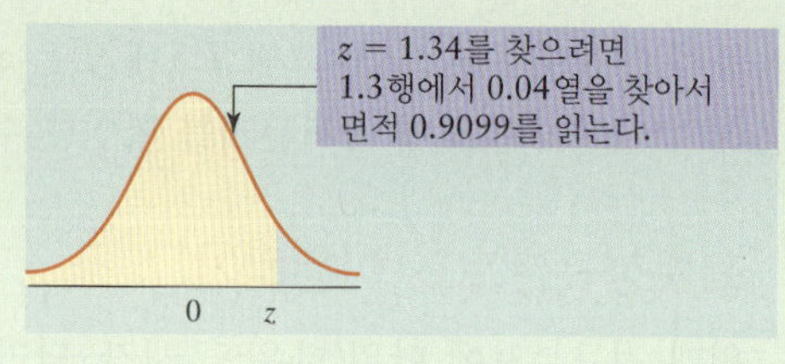

z	0.00	0.01	0.02	0.03	0.04	0.05	0.06	0.07	0.08	0.09
−2.0	0.0228	0.0222	0.0217	0.0212	0.0207	0.0202	0.0197	0.0192	0.0188	0.0183
−1.9	0.0287	0.0281	0.0274	0.0268	0.0262	0.0256	0.0250	0.0244	0.0239	0.0233
−1.8	0.0359	0.0351	0.0344	0.0336	0.0329	0.0322	0.0314	0.0307	0.0301	0.0294
−1.7	0.0446	0.0436	0.0427	0.0418	0.0409	0.0401	0.0392	0.0384	0.0375	0.0367
−1.6	0.0548	0.0537	0.0526	0.0516	0.0505	0.0495	0.0485	0.0475	0.0465	0.0455
−1.5	0.0668	0.0655	0.0643	0.0630	0.0618	0.0606	0.0594	0.0582	0.0571	0.0559
−1.4	0.0808	0.0793	0.0778	0.0764	0.0749	0.0735	0.0721	0.0708	0.0694	0.0681
−1.3	0.0968	0.0951	0.0934	0.0918	0.0901	0.0885	0.0869	0.0853	0.0838	0.0823
−1.2	0.1151	0.1131	0.1112	0.1093	0.1075	0.1056	0.1038	0.1020	0.1003	0.0985
−1.1	0.1357	0.1335	0.1314	0.1292	0.1271	0.1251	0.1230	0.1210	0.1190	0.1170
−1.0	0.1587	0.1562	0.1539	0.1515	0.1492	0.1469	0.1446	0.1423	0.1401	0.1379
−0.9	0.1841	0.1814	0.1788	0.1762	0.1736	0.1711	0.1685	0.1660	0.1635	0.1611
−0.8	0.2119	0.2090	0.2061	0.2033	0.2005	0.1977	0.1949	0.1922	0.1894	0.1867
−0.7	0.2420	0.2389	0.2358	0.2327	0.2296	0.2266	0.2236	0.2206	0.2177	0.2148
−0.6	0.2743	0.2709	0.2676	0.2643	0.2611	0.2578	0.2546	0.2514	0.2483	0.2451
−0.5	0.3085	0.3050	0.3015	0.2981	0.2946	0.2912	0.2877	0.2843	0.2810	0.2776
−0.4	0.3446	0.3409	0.3372	0.3336	0.3300	0.3264	0.3228	0.3192	0.3156	0.3121
−0.3	0.3821	0.3783	0.3745	0.3707	0.3669	0.3632	0.3594	0.3557	0.3520	0.3483
−0.2	0.4207	0.4168	0.4129	0.4090	0.4052	0.4013	0.3974	0.3936	0.3897	0.3859
−0.1	0.4602	0.4562	0.4522	0.4483	0.4443	0.4404	0.4364	0.4325	0.4286	0.4247
−0.0	0.5000	0.4960	0.4920	0.4880	0.4840	0.4801	0.4761	0.4721	0.4681	0.4641
0.0	0.5000	0.5040	0.5080	0.5120	0.5160	0.5199	0.5239	0.5279	0.5319	0.5359
0.1	0.5398	0.5438	0.5478	0.5517	0.5557	0.5596	0.5636	0.5675	0.5714	0.5753
0.2	0.5793	0.5832	0.5871	0.5910	0.5948	0.5987	0.6026	0.6064	0.6103	0.6141
0.3	0.6179	0.6217	0.6255	0.6293	0.6331	0.6368	0.6406	0.6443	0.6480	0.6517
0.4	0.6554	0.6591	0.6628	0.6664	0.6700	0.6736	0.6772	0.6808	0.6844	0.6879
0.5	0.6915	0.6950	0.6985	0.7019	0.7054	0.7088	0.7123	0.7157	0.7190	0.7224
0.6	0.7257	0.7291	0.7324	0.7357	0.7389	0.7422	0.7454	0.7486	0.7517	0.7549
0.7	0.7580	0.7611	0.7642	0.7673	0.7704	0.7734	0.7764	0.7794	0.7823	0.7852
0.8	0.7881	0.7910	0.7939	0.7967	0.7995	0.8023	0.8051	0.8078	0.8106	0.8133
0.9	0.8159	0.8186	0.8212	0.8238	0.8264	0.8289	0.8315	0.8340	0.8365	0.8389
1.0	0.8413	0.8438	0.8461	0.8485	0.8508	0.8531	0.8554	0.8577	0.8599	0.8621
1.1	0.8643	0.8665	0.8686	0.8708	0.8729	0.8749	0.8770	0.8790	0.8810	0.8830
1.2	0.8849	0.8869	0.8888	0.8907	0.8925	0.8944	0.8962	0.8980	0.8997	0.9015
1.3	0.9032	0.9049	0.9066	0.9082	0.9099	0.9115	0.9131	0.9147	0.9162	0.9177
1.4	0.9192	0.9207	0.9222	0.9236	0.9251	0.9265	0.9279	0.9292	0.9306	0.9319
1.5	0.9332	0.9345	0.9357	0.9370	0.9382	0.9394	0.9406	0.9418	0.9429	0.9441
1.6	0.9452	0.9463	0.9474	0.9484	0.9495	0.9505	0.9515	0.9525	0.9535	0.9545
1.7	0.9554	0.9564	0.9573	0.9582	0.9591	0.9599	0.9608	0.9616	0.9625	0.9633
1.8	0.9641	0.9649	0.9656	0.9664	0.9671	0.9678	0.9686	0.9693	0.9699	0.9706
1.9	0.9713	0.9719	0.9726	0.9732	0.9738	0.9744	0.9750	0.9756	0.9761	0.9767
2.0	0.9772	0.9778	0.9783	0.9788	0.9793	0.9798	0.9803	0.9808	0.9812	0.9817

예제 EXAMPLE

정규 확률

산업용 발전기를 제작할 때 발전기 축의 정적 균형과 동적 균형은 매우 중요하다. 균형을 테스트한 후에 미리 뚫어 놓은 구멍에 무게를 추가해 넣어서 균형을 조정한다. 과거의 경험에 미루어 볼 때, 축에 추가해야 할 무게는 정규분포로, 평균은 35그램, 표준편차는 9그램이다. 다음 각 질문에 답하라.

풀이

무작위로 고른 발전기 축에 추가해야 할 무게가 35그램과 40그램 사이일 확률은 얼마인가? [$P(35 \leq x \leq 40)$]

1. $x = 40$그램을 z-값으로 바꾼다:

$$z = \frac{x - \mu}{\sigma} = \frac{40 - 35}{9} = 0.56$$

   $x = 35$그램을 z-값으로 바꾼다:

$$z = \frac{x - \mu}{\sigma} = \frac{35 - 35}{9} = 0.00$$

2. 표준정규분포표를 참조한다: 표에서 0.5행과 0.06열을 찾아가면 넓이가 0.7123임을 알 수 있다. 또 0.0행과 0.00열을 찾아가면 넓이가 0.5000임을 알 수 있다.
3. 답: 무작위로 고른 축에 추가할 무게가 35그램에서 40그램 사이일 확률은 그림 7.6과 같이 0.2123(= 0.7123 − 0.5000)이다.

무작위로 고른 축에 추가해야 할 무게가 적어도 50그램일 확률은 얼마인가? [$P(x \geq 50)$]

1. $x = 50$그램을 z-값으로 바꾼다:

$$z = \frac{x - \mu}{\sigma} = \frac{50 - 35}{9} = 1.67$$

2. 표준정규분포표를 참조한다: 표에서 1.6행과 0.07열을 찾아가면 넓이가 0.9525임을 알 수 있다. 곡선 아래의 전체 넓이는 1.0000이다.
3. 답: 무작위로 고른 축이 필요한 무게가 적어도 50그램일 확률은 그림 7.7과 같이 0.0475(= 1.0000 − 0.9525)이다.

무작위로 고른 축에 추가해야 할 무게가 41그램과 49그램 사이일 확률은 얼마인가? [$P(41 \leq x \leq 49)$]

1. $x = 49$그램을 z-값으로 바꾼다.

$$z = \frac{x - \mu}{\sigma} = \frac{49 - 35}{9} = 1.56$$

   $x = 41$그램을 z-값으로 바꾼다.

$$z = \frac{x - \mu}{\sigma} = \frac{41 - 35}{9} = 0.67$$

그림 7.6

무작위로 고른 발전기 축에 균형을 잡기 위해 추가할 무게가 35그램과 40그램 사이일 확률은 0.2123이다.

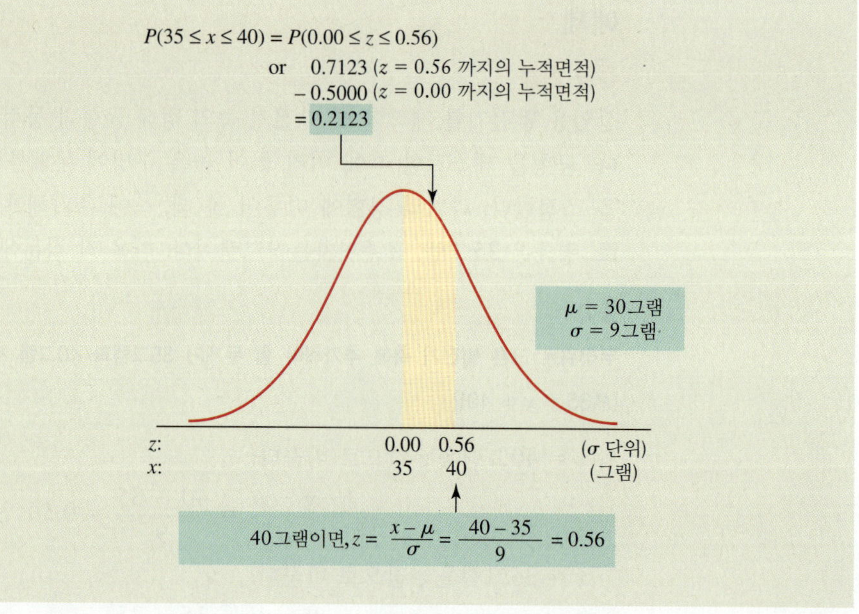

그림 7.7

무작위로 고른 발전기 축에 균형을 위해 필요한 무게가 적어도 50그램일 확률은 0.0475이다.

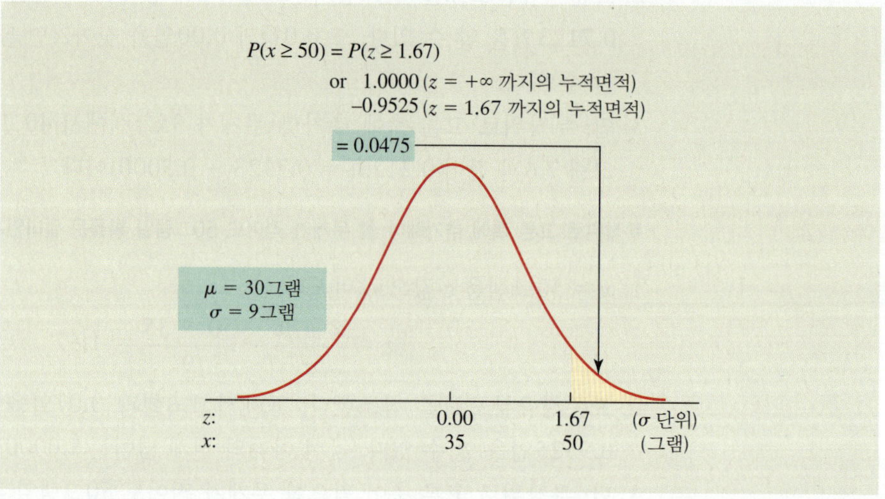

2. 표준정규분포표를 참조한다: 이 경우에 우리는 두 개의 넓이를 봐야 한다. 1.5행과 0.06열을 찾으면 z-값까지 넓이가 0.9406이다. 0.6행과 0.07열을 보면 z-값까지 넓이가 0.7486이다.
3. 답: 그림 7.8과 같이 무작위로 고른 축에 필요한 무게가 41그램에서 49그램 사이일 확률은 0.1920이다.

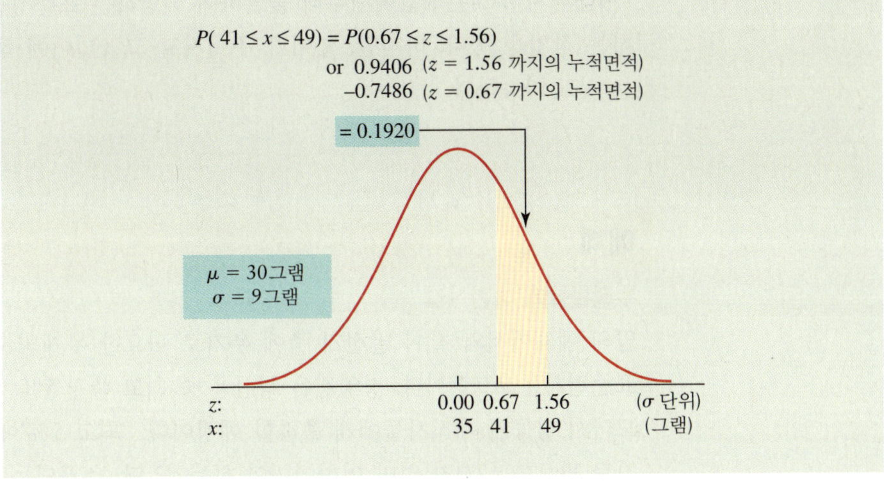

그림 7.8

무작위로 고른 발전기 축에 균형을 위해 필요한 무게가 41그램에서 49그램 사이일 확률은 0.1920이다.

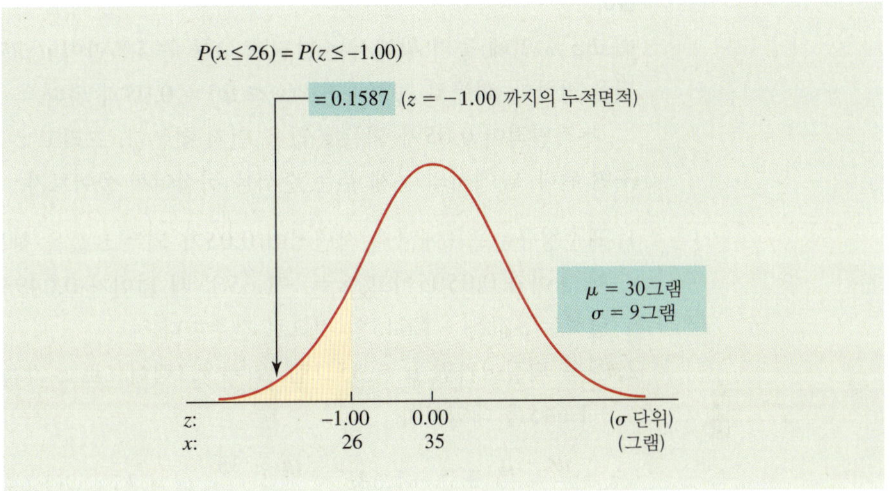

그림 7.9

무작위로 고른 발전기 축에 균형을 위해 필요한 무게가 26그램보다 적을 확률은 0.1587이다.

무작위로 고른 축에 추가해야 할 무게가 26그램보다 크지 않을 확률은 얼마인가? [$P(x \le 26)$]

1. $x = 26$그램을 z-값으로 바꾼다.

$$z = \frac{x - \mu}{\sigma} = \frac{26 - 35}{9} = -1.00$$

2. 표준정규분포표를 참조한다: 정규분포표에서 −1.0행과 0.00열을 보면 $z = -1.00$까지 넓이는 0.1587이다.
3. 답: 그림 7.9와 같이, 무작위로 고른 축에 필요한 무게가 26그램보다 크지 않을 확률은 0.1587이다.

여태까지 우리는 x값에서부터 출발하여 해당하는 표준정규곡선 아래의 넓이를 구하는 작업을 했다. 하지만, 넓이가 주어지고 그 x넓이에 해당하는 값의 범위를 찾는 것도 가능하다.

예제 EXAMPLE

누적확률에 대한 x값

앞의 예제에서와 같이 발전기 축에 추가로 필요한 무게의 평균은 35그램이고 표준편차는 9그램이다. 경영진은 생산품 중 최고 품질 5%에 드는 제품을 따로 모아서 항공기 제작사들에게 출하할 예정이다. '최고 5%'에 들기 위해서는 추가로 필요한 무게가 얼마 이하이어야 하는가? 단, 추가되는 무게가 무거울수록 우수한 품질이다.

풀이

최고 5% 안에 들기 위해서는 발전기 축들 중 5%만이 w그램 이하를 추가하는 것을 말한다. 확률로 표현하면 $P(x \leq w) = 0.05$가 된다.

누적면적이 0.05가 되는 z-값을 먼저 찾는다. 그리고 z-값을 w그램으로 바꾸면 된다. 앞에서의 문제 푸는 순서를 뒤집어서 풀어보자.

1. 표준정규분포표에서 누적면적이 0.05가 되는 z-값을 찾는다. $z = -1.64$일 때 넓이가 0.0505이고, $z = -1.65$일 때 넓이가 0.0495이므로, 0.05에 해당하는 z-값은 -1.645인 것으로 간주한다.
2. 계속 되짚어가면 $\mu = 35$그램, $\sigma = 9$그램이므로 z-값을 구하는 식에 $z = -1.645$를 대입하자.

$$z = \frac{w - \mu}{\sigma} \text{ 또는 } -1.645 = \frac{w - 35}{9}, w = 35 - 9(1.645) = 20.195\text{그램}$$

그림 7.10을 보면 항공사에 공급할 발전기 축에 추가할 한계무게는 20.195그램이며, 나머지 95%의 발전기 축은 그 이상의 무게가 필요하다.

엑셀을 이용해 x에 대한 누적 정규확률을 구할 수 있다.「컴퓨터 솔루션 7.1」에 과정과 결과가 나와 있다. 엑셀을 이용하면 반대로 특정 누적확률에 대한 값도 구할 수 있다.「컴퓨터 솔루션 7.2」에 과정과 결과가 있다.

그림 7.10

항공사에 제공할 생산품의 최고품질 5%는 균형을 위해 20.195그램 이하의 무게를 추가한다.

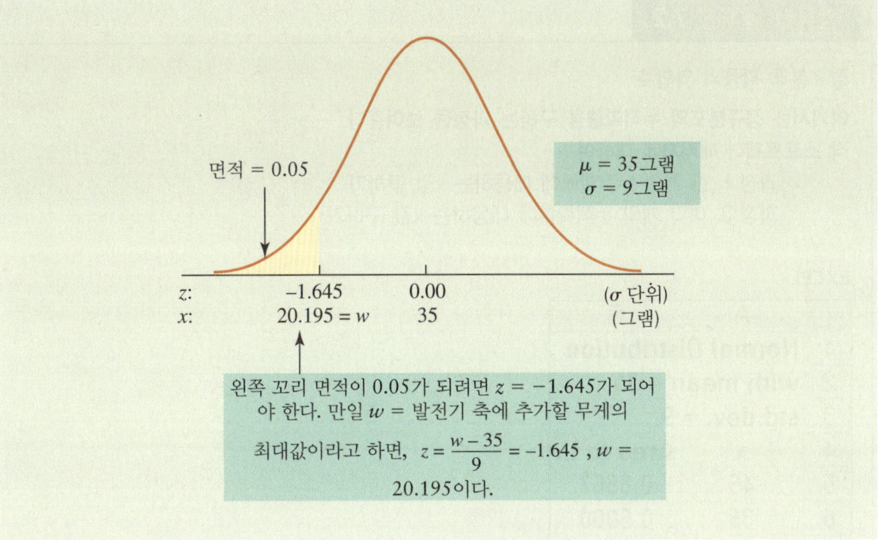

컴퓨터 솔루션 7.1

정규분포 확률

여기서는 정규분포의 누적확률을 구하는 과정을 보여준다.

각 소프트웨어 패키지에 대하여

과정 1: 한 개의 x값에 대한 누적 확률

과정 2: 여러 개의 x값에 대한 누적 확률

EXCEL

	A	B
1	Normal Distribution	
2	with mean = 35,	
3	std dev. = 9.	
4	x	Area to L.
5	45	0.8667
6	35	0.5000
7	25	0.1333

I. Excel을 이용하여 한 개의 x값에 대한 누적 확률 구하기

1. 확률을 넣을 임의의 셀을 클릭한다. **수식** 리본에서 왼쪽 끝에 있는 **함수삽입**을 클릭한다. 나타나는 창의 **범주선택** 상자에서 **통계**를 클릭한다. 그 밑의 **함수선택**에서는 **NORMDIST**를 선택하고 **확인**을 클릭한다..
2. **X** 상자에는 x값(예: 45)을 입력, **Mean**상자에는 분포의 평균(예: **35**)을 입력, **Standard_dev**상자에는 표준편차(예: **9**)를 입력, **Cumulative**상자에 **true**를 입력한다. **확인**을 클릭한다.

II. Excel을 이용하여 여러 개의 x값에 대한 누적 확률 구하기

1 **A4:C4**에 위의 그림과 같이 제목을 입력한다. **A5**에서 시작하여 아래로 x값(예: 45, 35, 25)을 입력한다. **B5**를 클릭한다.

2 **수식** 리본에서 왼쪽 끝에 있는 **함수삽입**을 클릭한다. 나타나는 창의 **범주선택** 상자에서 **통계**를 클릭한다. 그 밑의 **함수선택**에서는 **NORMDIST**를 선택하고 **확인**을 클릭한다.

3 X 상자에는 **A5**를 입력, **Mean**상자에는 분포의 평균(예: **35**)을 입력, **Standard_dev**상자에는 표준편차(예: **9**)를 입력, **Cumulative**상자에 **true**를 입력한다. **확인**을 클릭한다. 첫 번째 누적확률이 **B5**에 나타날 것이다.

4 **B5**의 오른쪽 아랫부분을 클릭하여(그러면 커서가 '+'로 변한다) 아래로 끌어 내려 **B5:B7**에 누적확률이 채워지도록 한다.

컴퓨터 솔루션 7.2

정규분포 확률의 역함수

여기서는 정규분포의 누적확률을 구하는 과정을 보여준다.
각 소프트웨어 패키지에 대하여

과정 1: 한 개의 누적확률에 대응하는 x값 구하기
과정 2: 여러 개의 누적확률에 대응하는 x값 구하기

EXCEL

	A	B
1	Normal Distribution	
2	with mean = 35,	
3	std dev. = 9.	
4	x	Area to L.
5	45	0.8667
6	35	0.5000
7	25	0.1333

I. Excel을 이용하여 한 개의 누적확률에 대응하는 x값 구하기

1. 확률을 넣을 임의의 셀을 클릭한다. **수식** 리본에서 왼쪽 끝에 있는 **함수삽입**을 클릭한다. 나타나는 창의 **범주선택** 상자에서 **통계**를 클릭한다. 그 밑의 **함수선택**에서는 **NORMINV**를 선택하고 **확인**을 클릭한다.
2. 확률 상자에는 누적확률(예: **0.9750**)을 입력, **Mean**상자에는 분포의 평균(예: **35**)을 입력, **Standard_dev**상자에는 표준편차(예: **9**)를 입력한다. **확인**을 클릭한다.

II. Excel을 이용하여 여러 개의 누적확률에 대응하는 x값 구하기

1. **A4:B4**에 위의 그림과 같이 제목을 입력한다. **A5**에서 시작하여 아래로 누적확률(예: **0.9750**, **0.5000**, **0.2500**)을 입력한다. **B5**를 클릭한다.
2. **수식** 리본에서 왼쪽 끝에 있는 **함수삽입**을 클릭한다. 나타나는 창의 **범주선택** 상자에서 **통계**를 클릭한다. 그 밑의 **함수선택**에서는 **NORMINV**를 선택하고 **확인**을 클릭한다.
3. 확률 상자에는 **A5**를 입력, **Mean**상자에는 분포의 평균(예: **35**)을 입력, **Standard_dev**상자에는 표준편차(예: **9**)를 입력한다. **확인**을 클릭한다. 첫 번째 x값이 **B5**에 나타날 것이다.
4. **B5**의 오른쪽 아래부분을 클릭하여(그러면 커서가 '+'로 변한다) 아래로 끌어내려 **B5:B7**에 x값이 채워지도록 한다.

연습문제

7.16 정규분포는 하나의 분포군(family)을 형성한다. 표준정규분포도 분포군을 형성하는가? 설명하라.

7.17 표준정규분포에서 다음의 값에 대응하는 z-값은 얼마인가?

a. 첫 번째 사분위수와 세 번째 사분위수
b. 첫 번째 십분위수와 아홉 번째 십분위수
c. 23번째 백분위수와 77번째 백분위수

7.18 연속확률변수 x는 평균이 $1,000이고 표준편차가 $100인 정규분포를 따른다. 다음의 값들을 z-값으로 바꾸어라.

a. $x = \$1,000$ b. $x = \$750$
c. $x = \$1,100$ d. $x = \$950$
e. $x = \$1,225$

7.19 연속확률변수 x는평균 200그램이고 표준편차 25그램인 정규분포를 따른다. 다음의 값들을 z-값으로 바꾸어라.

a. $x = 150$ b. $x = 180$
c. $x = 200$ d. $x = 285$
e. $x = 315$

7.20 표준정규분포표를 이용해 다음의 확률을 구하라.

a. $P(0.00 \leq z \leq 1.25)$
b. $P(-1.25 \leq z \leq 0.00)$
c. $P(-1.25 \leq z \leq 1.25)$

7.21 표준정규분포표를 이용해 다음의 확률을 구하라.

a. $P(0.00 \leq z \leq 1.10)$
b. $P(z \geq 1.10)$

c. $P(z \leq 1.35)$

7.22 표준정규분포표를 이용해 다음의 확률을 구하라.
a. $P(-0.36 \leq z \leq 0.00)$
b. $P(z \leq -0.36)$
c. $P(z \geq -0.43)$

7.23 표준정규분포표를 이용해 다음의 확률을 구하라.
a. $P(-1.96 \leq z \leq 1.27)$
b. $P(0.29 \leq z \leq 1.00)$
c. $P(-2.87 \leq z \leq -1.22)$

7.24 표준정규분포표를 이용해 다음의 확률에 해당하는 z 값을 구하라. (소수 2자리까지)
a. z까지 누적확률이 0.7486
b. z까지 누적확률이 0.0735
c. z부터 양의 무한대까지의 확률이 0.3508
d. z부터 양의 무한대까지의 확률이 0.0212

7.25 표준정규분포표를 이용해 다음의 확률에 해당하는 값을 구하라. (소수 2자리까지)
a. z까지 누적확률이 0.70
b. z까지 누적확률이 0.10
c. z부터 음의 무한대까지의 확률이 0.54
d. z부터 양의 무한대까지의 확률이 0.30

7.26 연습문제 7.10의 정규분포에서 무작위로 고른 승객 운행이 다음과 같은 수익을 낼 확률은 얼마인가?
a. $1.55부터 $1.80까지
b. $1.90 이상
c. $1.25 이하

7.27 연습문제 7.11의 정규분포에서 무작위로 고른 첫 주택융자금액이 다음과 같을 확률은 얼마인가?
a. $305,000부터 $325,000까지
b. $325,000 이상
c. $390,000 이하

7.28 연습문제 7.12의 정규분포에서 무작위로 고른 세금정산고객이 내야 되는 요금이 다음과 같을 확률은 얼마인가?
a. $150부터 $180까지
b. $140 이하
c. $220 이상

7.29 연습문제 7.15의 정규분포에서 Jamal의 통근시간이 다음과 같을 확률은 얼마인가?
a. 29분 미만
b. 29분부터 33분까지
c. 32분 이상

7.30 연습문제 7.15의 정규분포에서 Jamal의 통근일 중 10%에서만이 초과할 수 있는 통근시간은 얼마인가?

7.31 연습문제 7.11의 정규분포에서 주택융자 고객의 5%만이 초과할 수 있는 첫 주택융자금액은 얼마인가?

7.32 연습문제 7.12의 정규분포에서 세금정산고객의 90% 이상이 초과할 수 있는 세금정산요금은 얼마인가?

7.33 서부에 사는 가정들은 시장보는 데 쓰는 돈이 평균 $6050이라고 한다. 정규분포를 가정하고 표준편차가 $1500일 때 다음을 구하라. (출처: David Stuckey and Sam Ward, “Home Cooked,” USA Today, July 25, 2006, p. 1A)
a. 임의로 선택한 서부의 가정이 $6350보다 더 쓸 확률은?
b. 한 서부 가정이 99번째 백분위수에 정확히 맞아떨어지려면 한 해에 얼마를 써야 하는가 (즉, 1%의 가정만이 이 가정보다 돈을 더 쓴다)?

7.34 Andre는 두려움을 모르는 서커스공연자이다. 그는 쇼의 피날레 때 특별제작한 대포로 인간대포알이 되어 날아가서 경기장 반대편의 그물에 착지하게 되어 있었다. 그가 날아가는 거리는 매번 변하지만 평균 150피트, 표준편차 10피트의 정규분포를 따른다. 그물망의 길이는 30피트이다.
a. Andre가 그물에 착지할 확률을 최대화하기 위해서는 대포로부터 그물이 시작하는 위치가 얼마나 떨어져 있어야 하는가?
b. (a)에서 구한 위치에 그물을 설치하여 피날레를 공연한 후, Andre가 다음날 밤 쇼에 나타날 수 있는 확률은 얼마인가?

7.35 전자레인지 몸체를 도색한 후 마르는 데 걸리는 시간은 평균 2.5분, 표준편차 0.25분인 정규분포를 따른다. 도색하고 난 후 각 전자레인지는 각종 전자모듈과 기계부품들로 조립된다. 생산관리자는 도색한 후 다른 부품들을 장착하기 전까지 얼마만큼의 시간을 기다려야 할지 정해야 한다. 만약 시간이 짧다면, 도색이 망가져서 다시 도색을 해야 된다. 만약 시간이 너무 길다면, 생산효과가 떨어질 것이다. 컨설턴트는 전자렌지의 99.8%를 완벽하게 말리고 0.2%만을 다시 도색하게끔 대기시간을 정했다. 이 경우, 생산관리자는 각 전자레인지의 페인트를 말리는 동안 생산라인을 얼마 동안 자동으로 정지하도록 해야 할까?

7.36 KleerCo는 자동차의 배기가스 제어펌프를 만드는 회사이다. 이 펌프는 진공의 힘으로 동작하고, 엔진이 작동하기 시작하면 배기시스템에 산소를 펌프질하며 동작한다. 만약 자동차가 50,000마일을 채우지 못하고 펌프가 망가지면 ‘연방배기가스조절법’에 의해서 회사가 무상으로 교체해야 된다. KleerCo가 최근에 만든 배기펌프는 평균 63,000마일, 표준편차 10,000마일을 견딜 수 있다. 펌프가 고장 나지 않고 동작할 수 있는 마일

수는 정규분포를 가진다.

a. 현재의 펌프설계대로라면 고객에게 무상으로 교체해 줘야 되는 펌프는 몇 퍼센트나 되는가?

b. 몇 퍼센트의 펌프가 정확히 50,000마일에 고장이 날 것인가?

c. 몇 퍼센트의 펌프가 40,000마일에서 55,000마일 사이에 고장이 날 것인가?

d. 몇 마일에서 펌프의 80%가 동작하지 않겠는가?

7.37 연습문제 7.36의 KleerCo 회사는 더욱 오래 가는 펌프를 설계해서 전체 제품 중 2% 정도만 무상으로 교체하고자 한다. 표준편차는 여전히 10,000마일이다. 새로 설계한 펌프의 평균수명은 얼마가 되어야 하는가?

7.38 한 배터리 제조업자는 야외활동 마니아들을 위한 6볼트 랜턴배터리 SuperVolt를 시판했다. 새로운 배터리의 프로토타입 검사결과 평균수명이 연속적으로 사용했을 때 8시간, 표준편차가 2시간이었다. 배터리 수명은 거의 정규분포를 따른다. 대도시 신문의 소비자리포터로 일하는 Edgar Evans는 캠핑여행에 쓸 배터리 하나를 구입했다. 여행 첫날에 캠프근처에 있는 큰 호수에 Edgar가 낚시하러 배를 타고 나갔는데 방향을 잃고 작은 섬들 사이에서 길을 잃었다. 다행히도 Edgar는 새로 산 SuperVolt 배터리를 넣은 랜턴을 들고 왔다. 밤 9시에 Edgar는 랜턴을 켜서 누군가 그를 발견하고 구해주길 바라며 허공에다 비췄다. 새벽 3시에 수색대가 비행기를 타고 호수위를 수색하기 시작했다. Edgar의 랜턴이 계속 켜져있다면 수색대가 그를 쉽게 찾을 수 있을 것이다. Edgar가 다시 도시로 돌아와 그가 SuperVolt 배터리와 함께한 멋진 이야기를 친구들에게 말해줄 수 있는 확률은 얼마인가?

7.4 정규분포를 이용한 이항분포 근사계산

6장에서 살펴보았듯이, 이항분포는 모집단의 비율 π가 0.5이면 항상 대칭이며, π가 0.5에 근접할수록 대칭에 가까워 진다. 게다가 시행 수 n이 클수록, 이항분포는 정규분포와 비슷하게 종 모양이 된다.

이항분포는 이산적이고 정규분포는 연속적이지만, $n\pi$와 $n(1-\pi)$가 동시에 5이상이면 정규분포를 이용하여 이항분포를 근사계산할 수 있다. 이러한 계산은 n이나 π가 이항분포표에 없을 때 더욱 유용하다. n값이 조금만 커져도 이항분포표는 매우 커진다. 게다가 표에 확률이 없으면 이항확률을 직접 계산하는 것이 매우 지루한 작업이다.

이항분포의 평균과 표준편차

이항분포를 근사계산하기 위해서는 이항분포의 평균과 표준편차를 정규분포의 평균과 표준편차로 사용한다. 6장에서 설명한 바와 같이 n시행에서 성공한 횟수의 평균과 표준편차는 다음과 같다.

- 평균: $\mu = n\pi$
- 표준편차: $\sigma = \sqrt{n\pi(1-\pi)}$

n = 시행횟수

π =한 번 시행에서 성공할 확률

x = n번의 시행에서 성공한 횟수

연속성 수정

이항분포의 x값들 사이에는 빈 간격(gap)이 있기 때문에 연속적 분포인 정규분포로서 이항분포를 근사계산하려면 **연속성 수정**을 해야 한다. 연속성 수정은 이산확률변수인 x를 좌우 방향으로 0.5씩 확장시키는 것이다. 연속분포에서는 정확히 어떤 값을 가질 확률은 항상 0이다. 그래서 이산확률변수인 x를 다음과 같이 구간으로 표현한다.

0부터 15까지 정수 값을 가지는 이산확률변수 x 에 대한 연속성 수정과정:

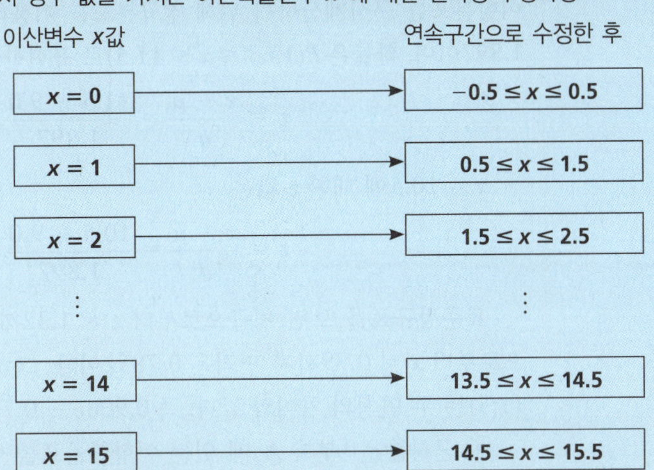

정규근사계산(Normal Approximation)

정규분포를 이용해서 이항분포를 근사계산하려면 먼저 이항분포의 평균과 표준편차를 구한다. 그 다음에 이항분포의 평균과 표준편차를 μ와 σ로 보고, 표준정규곡선에서 해당되는 구간의 넓이를 구한다.

1. 개별적인 x값에 대한 확률은 $[x - 0.5]$부터 $[x + 0.5]$ 사이의 구간에 대한 확률로 구한다.
2. 확률변수 x가 어떤 값보다 크거나 작을 때의 확률도 같은 방법으로 구한다. (참고: 이 경우, x의 값이 커지면 연속성 수정은 그 의미가 적어진다.)

예제 EXAMPLE

정규근사

이 예제는 이항분포를 근사계산하기 위해 정규분포를 이용하는 방법을 설명한다. 근사계산의 조건은 $n\pi \geq 5$, $n(1 - \pi) \geq 5$이다. 매주 걷기 운동을 하는 미국인 중 60%가 여성이라고 한다. 매주 걷기 운동을 하는 15명의 사람을 무작위로 골라서 그룹을 만들었다. x = '그룹에서 여성의 수'로 정의한다. 다음 질문에 답하라.

풀이

x의 평균과 표준편차를 구하라.

그룹에서 여성의 기대값은 9.0명이다.

$$\mu = n\pi \quad \text{or} \quad 15(0.60) = 9$$

$$\sigma = \sqrt{n\pi(1 - \pi)} = \sqrt{15(0.60)(1 - 0.60)} = 1.897$$

그룹에서 여성이 정확히 11명일 확률은 얼마인가?

이항분포를 근사계산하기 위해 정규분포를 이용하려면 먼저 $\mu = 9.0$이고 $\sigma = 1.897$이며, 확률은 $P(10.5 \le x \le 11.5)$로 표현한다. $x = 11.5$에 대한 z-값은

$$z = \frac{x - \mu}{\sigma} = \frac{11.5 - 9.0}{1.897} = 1.32$$

$x = 10.5$에 대한 z-값은

$$z = \frac{x - \mu}{\sigma} = \frac{10.5 - 9.0}{1.897} = 0.79$$

표준정규표를 보면 평균으로부터 $z = 1.32$까지 면적은 0.9066이고, 평균으로부터 $x = 0.79$까지 면적은 0.7852이다. 그림 7.11과 같이 $P(10.5 \le x \le 11.5)$는 두 면적의 차이와 같다. 즉 $0.9066 - 0.7852 = 0.1214$이다.

이 근사값은 「부록 A」에 있는 이항확률표를 이용해 구한 실제 이항확률인 0.1268과 매우 비슷하다. 하지만 이 예제는 π와 n의 값이 이항확률표에 나타나 있는 경우이다. 그러나 확률표에서 π와 n을 항상 찾을 수 있는 것은 아니기 때문에 정규분포를 이용해 이항분포를 근사계산하는 것은 매우 유용하다.

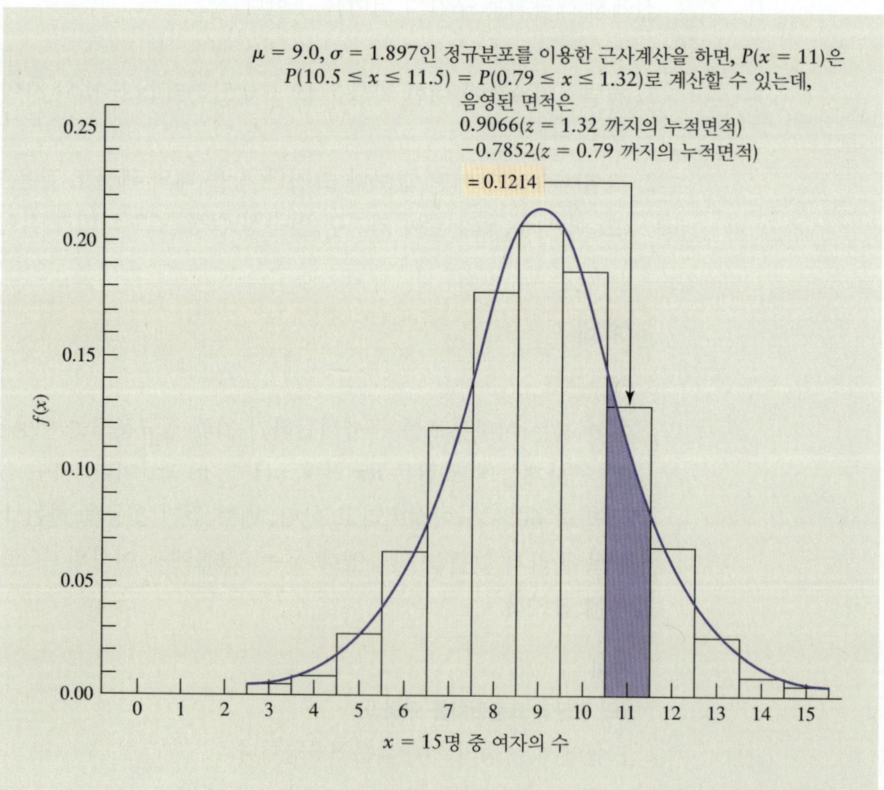

그림 7.11

$\mu = 15$, $\pi = 0.6$인 이항분포에 대한 정규 근사계산. $x = 11$을 10.5에서 11.5인 구간으로 연속성 수정해서 나타낸다. 그러고 나서 $P(x = 11)$에 대한 근사값으로 표준정규표를 이용해 0.1214를 얻을 수 있다.

15명의 그룹에서 여성이 10명 이상일 확률은 얼마인가?

이항분포를 정규분포로 근사계산한 확률은 $P(x \geq 9.5)$이다. (연속성 수정으로 이산값인 10은 구간 9.5에서 10.5로 생각한다.) $x = 9.5$에 대한 z-점수는

$$z = \frac{x - \mu}{\sigma} = \frac{9.5 - 9.0}{1.897} = 0.26$$

표준정규표를 보면, 평균으로부터 $z = 0.26$까지 넓이는 0.6026이다. 표준정규곡선 아래의 전체 면적은 1.0000이므로, $z = 0.26$의 오른쪽 넓이는 (1.0000−0.6026)이다. 차이를 계산하면, $P(x \geq 9.5) = 0.3974$이다. 정규근사값은 이항분포표에서 얻은 실제값(0.4032)과 매우 비슷함을 알 수 있다.

$n\pi$와 $n(1 - \pi)$가 동시에 5 이상이면 정규근사값은 이항분포확률과 매우 비슷하다. 한편, n값이 커지고 π가 0.5에 근접할수록 정규근사는 이항분포와 더욱 비슷해진다. 또한 주어진 값보다 크거나 작은 x에 대한 확률을 구할 때, 이항분포 변수 x가 가질 수 있는 값이 많을수록 '연속성 수정'의 중요성은 떨어진다. 예를 들어 만약 $n = 1000$이고 $\pi = 0.3$이라면 $P(x \geq 200)$을 구하는 데 x에 연속성 수정을 위해 0.5를 더하거나 빼도 결과는 별 차이가 없다. 이 장의 뒤에 있는 눈으로 보는 통계 애플릿 6을 보면 정규분포를 사용하여 이항분포의 확률을 근사계산하는 것을 눈으로 확인할 수 있다.

연습문제

7.39 연속성 수정이란 무엇이고, 정규분포를 이용해 이항분포를 근사계산할 때 연속성 수정을 하는 이유는 무엇인가?

7.40 어떤 조건일 때 이항분포를 정규분포로 근사할 수 있는가?

7.41 $\pi = 0.25$이고 $n = 40$인 이항분포가 있다. 정규근사를 이용할 때,

a. 사용할 정규분포의 평균과 표준편차는 얼마인가?

b. x = '40번 관찰 중 성공의 횟수'로 정의할 때 다음을 구하라. $P(x = 8)$, $P(12 \leq x \leq 16)$, $P(10 \leq x \leq 12)$, $P(x \geq 14)$

7.42 $\pi = 0.30$이고 $n = 20$인 이항분포가 있다. 정규근사를 이용할때,

a. 사용할 정규분포의 평균과 표준편차는 얼마인가?

b. x = '20번 관찰 중 성공의 횟수'라고 할 때 다음을 구하라. $P(x = 5)$, $P(4 \leq x \leq 7)$, $P(1 \leq x \leq 5)$, $P(x \geq 7)$

7.43 미국 가정의 약 80%는 생명보험에 가입하고 있다. 무작위로 고른 크기 $n = 15$ 가정의 표본에서, 이산확률변수 x = '표본집단에서 생명보험에 가입한 가정 수'로 정의할 때: (출처: American Council of Life Insurers, *2008 Life Insurers Fact Book*, p. 78)

a. 이항분포의 평균과 표준편차를 구하라.

b. 이항분포를 이용해 x가 12명일 확률을 구하라.

c. 이항분포를 정규근사해서 문제 (b)를 다시 풀어라. (힌트: 정규곡선에서 해당하는 구간은 $x = 11.5$에서 $x = 12.5$ 사이이다.)

d. 표본집단에서 적어도 10가정이 생명보험에 가입했을 확률을 정규근사로 구하라.

7.44 미국에서 2007년에 지은 신규주택의 40%는 전기난방이라고 한다. 같은 해에 준공된 새 집 중 무작위로 고른 20채의 집을 표본집단으로 하고, x = '표본집단에서 전기난방인 집 수'라고 할 때: (출처: *Statistical Abstract of the United States 2009*, p. 593)

a. 이항분포의 평균과 표준편차를 구하라.

b. 이항분포표를 이용해 x가 정확히 8일 확률을 구하라.
c. 이항분포표를 이용해 x가 6채에서 9채일 확률을 구하라.
d. 정규근사를 사용해서 (b)를 다시 풀어라.
e. 정규근사를 사용해 (c)를 다시 풀어라.

7.45 2009년 세금보고기간에 세금환급된 것 중 15.8%가 H&R 블록에서 준비한 것이었다. 그 기간에 무작위로 고른 900건의 세금환급 표본집단에 대해 110건에서 140건의 세금환급이 H&R 블록에서 준비한 것일 확률을 정규근사계산으로 구하라. (출처: hrblock.com, July 14, 2009)

7.46 Electronic Industries Association에 의하면 미국 가정의 50%가 캠코더를 가지고 있다. 무작위로 고른 800 가정에서 적어도 410 가정이 캠코더를 가지고 있을 확률을 정규근사해서 구하라. (출처: *New York Times Almanac 2009*, p. 409)

7.47 연속성 수정 없이 연습문제 7.45를 반복하라. (즉, 이산확률변수를 구간 $x - 0.5$에서 $x + 0.5$로 바꾸지 마라.) 연습문제 7.45에서 구한 답과 많은 차이가 있는가? 그렇지 않다면 x가 큰 값을 가질 수 있을 때 연속성 수정의 필요성에 대해 말해 보라.

7.48 연속성 수정 없이 연습문제 7.46을 반복하라. (즉, 이산확률변수를 구간 $x - 0.5$에서 $x + 0.5$로 바꾸지 마라.) 연습문제 7.46에서 구한 답과 많은 차이가 있는가? 그렇지 않다면 x가 많은 값을 가질 수 있을 때 연속성 수정의 필요성에 대해 말해 보라.

7.5 지수분포

지수분포와 응용

6장에서 포아송 분포에 대해 설명했다. 포아송 분포는 시간, 공간 또는 거리로 주어진 구간에서 드물게 일어나는 사건(*rare event*)의 발생건수를 이산확률변수로 정의하였다. 포아송 과정에서 **지수분포(exponential distribution)**라 불리는 분포는 연속확률변수 x = '드문 사건들 사이의 시간, 공간 또는 거리의 크기'로 정의한다. 예를 들면, 서비스 카운터에 찾아오는 고객들에 대해서 연속확률변수 x는 연이어서 찾아오는 고객 사이의 시간 간격으로 표현한다.

포아송 분포와 함께 지수분포는 경영과학의 대기행렬이론에 사용된다. 포아송 분포와 같이 지수분포 역시 찾아오는 고객들의 도착은 서로 독립적으로 가정한다. 지수분포를 요약하면 다음과 같다.

지수분포

- x = 사건 발생 사이의 시간간격:
  $f(x) = \lambda e^{-\lambda x}$, 단 $x>0$ 이고 $\lambda>0$ 단, λ = 포아송 분포의 평균과 분산
  $1/\lambda$ = 대응하는 지수분포의 평균과 표준편차
  e = 상수, 2.71828: 자연로그의 밑수
- 곡선 아래 면적:
  $P(x \geq k) = e^{-\lambda k}$, 단, k = 다음 사건 발생까지의 시간, 공간 및 거리

포아송 분포와 마찬가지로 지수분포도 하나의 확률분포군이며, 평균값 하나만으로 그 분포가 정해진다. 실제로 지수분포의 평균은 포아송 분포 평균의 역수이다. 예를 들어, 요금소에 찾아오는 평균 고객수가 λ = 5(명/분)라면, 그에 해당하는 지수분포의 평균은 $1/\lambda = 1/5$(분), 즉 고객들의 도착 시간간격은 평균 0.2분이 될 것이다. 포아송 확률변수는 이산적(사람 수)인 반면에 지수분포의 확률변수는 연속적(이 경우, 시간)임을 염두에 두자.

NOTE

λ의 역수를 취해서 지수분포의 평균을 구할 때 물리적 측정단위를 일관성 있게 사용해야만 한다. 예를 들어 시간당 15명의 비율로 고객들이 찾아온다면, 15명의 고객을 60분으로 나누어 분당 0.25 고객들이 찾아온다고 표현할 수 있다. 만약 포아송 평균으로서 λ가 분당 0.25 고객이라면 지수분포의 평균도 또한 분단위를 이용해 $1/\lambda = 1/0.25$, 즉 고객들의 도착 시간간격의 평균은 4분으로 표현한다.

예제 EXAMPLE

지수분포

어떤 큰 지역에서 911 긴급 전화통화가 시간당 평균 10건인 포아송 분포를 가지는 것으로 밝혀졌다. 다음 각 물음에 답하라.

풀이

지수분포의 평균과 표준편차를 구하라.

포아송 분포의 평균 $\lambda = 10$통화/시간이고 지수분포의 평균은 그의 역수인 $1/\lambda = 1/10$, 즉 통화 간격 0.1시간이다. 표준편차는 평균과 같은 값이다.

포아송 분포와 지수분포의 평균의 단위를 시간 대신에 분(分)으로 고쳐 보자. 포아송 분포의 평균은 60분당 10 통화, 즉 $\lambda = 1/6$통화/분이다. 지수분포의 평균은 $1/\lambda = 6$분이다.

지금부터 5분 뒤에 다음 통화가 걸려올 확률은 얼마인가?

그림 7.12의 연속확률분포를 보면, 이 확률은 축에서 $k = 5$분을 기준으로 오른쪽 넓이와 같다. 곡선 밑 넓이를 구하기 위해 다음의 공식을 적용해 보자.

$$P(x \geq k) = e^{-\lambda k}, \text{ 여기서 } k = 5\text{분이므로}$$
$$P(x \geq 5) = e^{-(1/6)(5)} = 2.71828^{-0.833} \text{ 즉 } 0.4347$$

다음 통화를 하기 전에 적어도 5분이 흐를 확률은 0.4347이다. 반대로 5분 전에 다음 통화가 일어날 확률은 $(1.000 - 0.4347)$, 즉 0.5653이다. (1) 곡선 밑 전체 넓이가 1.0이고, (2) 지수분포가 연속적이며 연속확률변수가 어떤 특정 값일 때 확률은 0이기 때문이다. [즉, $P(x = 5) = 0.0$]

지금부터 3분과 8분 사이에 다음 통화가 걸려올 확률은 얼마인가?

구간 $3 \leq x \leq 8$의 곡선 밑 넓이는 $x \geq 3$인 넓이로부터 $x \geq 8$인 넓이를 빼서 구할 수 있다. 그림 7.13과 같고 계산을 하면 다음과 같다.

$$P(3 \leq x \leq 8) = P(x \geq 3) - P(x \geq 8) = e^{-(1/6)(3)} - e^{-(1/6)(8)}$$
$$= 2.71828^{-0.500} - 2.71828^{-1.333} \text{ 즉 } 0.6065 - 0.2637 = 0.3428$$

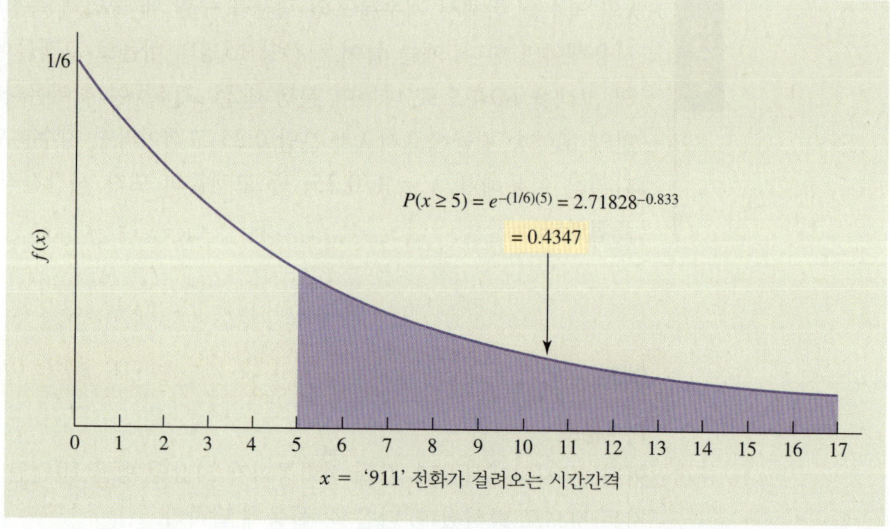

그림 7.12

통화 간 평균시간 이 6분인 지수분포. 다음 전화가 911 교환기로 걸려오기 전에 적어도 5분이 흐를 확률은 0.4347이다.

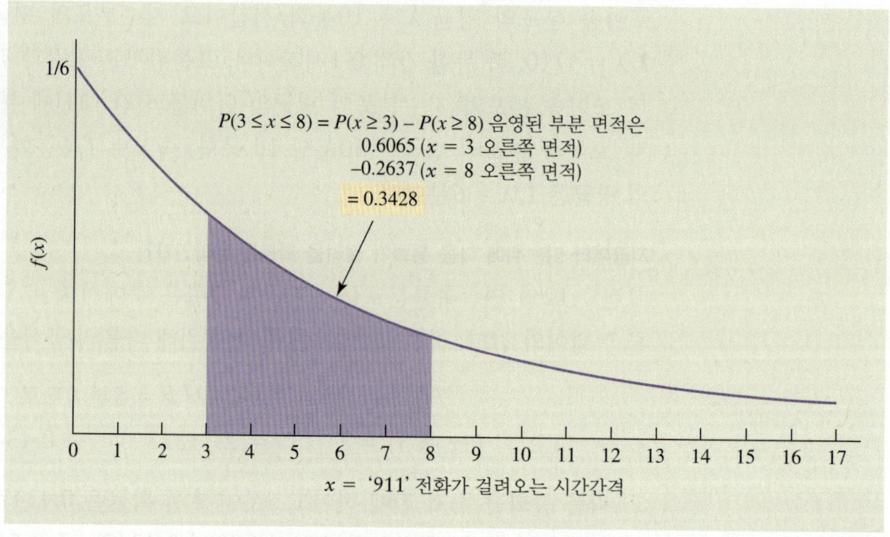

그림 7.13

통화 간 평균시간이 6분인 지수분포에서 3분에서 8분이 지난 사이에 911 교환기에 통화할 확률은 0.3428이다.

Excel을 이용하면 지수분포의 누적확률을 계산할 수 있으며, 그 절차는 「컴퓨터 솔루션 7.3」에 있다.

컴퓨터 솔루션 7.3

지수분포 확률

여기서는 정규분포의 누적확률을 구하는 과정을 보여준다.
각 소프트웨어 패키지에 대하여

과정 1: 한 개의 x값에 대한 누적 확률
과정 2: 여러 개의 x값에 대한 누적 확률

EXCEL

	A	B	C
1	Exponential Distribution		
2	with mean = 6.0.		
3	x	Area to L.	
4	7.0	0.6886	
5	6.0	0.6321	
6	5.0	0.5654	

I. Excel을 이용하여 한 개의 x값에 대한 누적 확률 구하기

1. 확률을 넣을 임의의 셀을 클릭한다. 볼드 리본에서 왼쪽 끝에 있는 **함수삽입**을 클릭한다. 나타나는 창의 **범주선택** 상자에서 **통계**를 클릭한다. 그 밑의 **함수선택**에서는 **EXPONDIST**를 선택하고 **확인**을 클릭한다.
2. **X** 상자에는 x값(예: **5**)을 입력, **Lambda**상자에는 분포의 평균의 역수(예: 통화사이의 간격이 6분이면 1/6 혹은 **0.16667**)를 입력한다. **Cumulative**상자에 **true**를 입력한다. **확인**을 클릭한다.

II. Excel을 이용하여 여러 개의 x값에 대한 누적 확률 구하기

1. **A3:B3**에 위의 그림과 같이 제목을 입력한다. **A4**에서 시작하여 아래로 x값(예: **7**, **6**, **5**)을 입력한다. **B4**를 클릭한다.
2. **수식** 리본에서 왼쪽 끝에 있는 **함수삽입**을 클릭한다. 나타나는 창의 **범주선택** 상자에서 **통계**를 클릭한다. 그 밑의 **함수선택**에서는 **EXPONDIST**를 선택하고 **확인**을 클릭한다.
3. **X** 상자에는 **A4**를 입력, **Lambda**상자에는 분포의 평균의 역수(예: 1/6 혹은 **0.16667**)를 입력한다. **Cumulative**상자에 **true**를 입력한다. 확인을 클릭한다. 첫 번째 누적확률이 **B4**에 나타날 것이다.
4. **B4**의 오른쪽 아랫부분을 클릭하여(그러면 커서가 '+'로 변한다) 아래로 끌어 내려 **B4:B6**에 누적확률이 채워지도록 한다.

연습문제

7.49 포아송 분포와 지수분포의 관계는 무엇인가?

7.50 매일 운전자들이 요금소(tollbooth)에 도착한다. 만약 이 과정에 포아송 분포가 적용된다면, 적합한 확률변수는 무엇이겠는가? 대응되는 지수분포에 맞는 확률변수는 무엇이겠는가?

7.51 Home Shopping Network에서 주교환기는 고객들의 통화를 처리한다. 만약 이 과정에 포아송 분포가 적용된다면, 적합한 확률변수는 무엇이겠는가? 대응되는 지수분포에 맞는 확률변수는 무엇이겠는가?

7.52 한 확률변수는 $\lambda = 1.5$(건/시간)의 사건이 발생하는 포아송 분포를 따른다. 이에 해당하는 지수분포에 대하여 x = '다음 사건이 일어날 때까지 걸리는 시간' 이라고 할 때, x의 평균을 구하고 다음의 확률을 계산하라.

a. $P(x \geq 0.5)$　　b. $P(x \geq 1.0)$
c. $P(x \geq 1.5)$　　d. $P(x \geq 2.0)$

7.53 한 확률변수는 $\lambda = 0.02$(건/분)의 사건이 발생하는 포아송 분포를 따른다. 이에 해당하는 지수분포에 대하여 x = '다음 사건이 일어날 때까지 걸리는 시간' 이라고 할 때, x의 평균을 구하고 다음의 확률을 계산하라.

a. $P(x \geq 30.0)$　　b. $P(x \geq 40.0)$
c. $P(x \geq 50.0)$　　d. $P(x \geq 60.0)$

7.54 한 확률변수는 $\lambda = 0.5$(명/분)가 찾아오는 포아송 분포를 따른다. 이에 해당하는 지수분포에 대하여 x = '다음 고객이 도착할 때까지 걸리는 시간' 이라고 할 때, x의 평균을 구하고 다음의 확률을 계산하라.

a. $P(x \leq 0.5)$　　b. $P(x \leq 1.5)$

c. $P(x \geq 2.5)$ d. $P(x \geq 3.0)$

7.55 한 셀프세차시설 운영자는 고객들이 세차를 하고 말리는 데 평균 8분이 걸린다는 것을 알았다. 세차하고 말리는 시간이 지수분포를 따른다고 가정할때, 한 고객이 세차하고 말리는 데 10분이상 걸릴 확률은 얼마인가?

7.56 한 콜택시 교환원은 콜택시 전화가 걸려오는 시간 간격은 평균 5.3분인 지수분포를 따른다고 했다. 교환원이 교환기를 고치기 위해 3분간 교환시스템을 꺼 놓아야 했다. 교환시스템이 동작을 하지 않는 동안 콜택시 전화가 걸려올 확률은 얼마인가?

7.57 2008년 한 해동안 일반 비행조종사의 100,000 비행시간 중에 1.20건의 치명적인 사고를 냈다. Harriet Arnold는 미국의 20개 지역을 돌아볼 수 있는 50대의 관광비행기를 소유한 Arnold's Flying Service 회장이다. 이 회사의 비행기는 한 해에 40,000시간을 운행한다. 전년도에 변덕스러운 날씨에 이륙한 비행기가 치명적인 사고가 난 이후로 회사는 정부안전공무원들과 국가기관에 의해 아주 면밀한 조사를 받아왔다. Harriet은 회사가 보유한 비행기가 다른 비행기와 마찬가지로 안전하다고 생각한다. 하지만 다가오는 해에 치명적인 사고가 또 난다면 더 이상 극복하기 힘들 것이라 걱정했다. x = '치명적인 사고 간 비행시간(천 시간 단위)' 인 지수분포라 가정할 때 Arnold's Flying Service가 앞으로 일 년 동안 치명적인 사고를 겪지 않을 확률은 얼마인가? 앞으로 두 해 동안 사고가 일어나지 않을 확률은 얼마인가? 0.9의 확률로 사고를 당하지 않을 비행시간은 지금부터 얼마까지인가? (출처: General Aviation Manufacturers Association, *General Aviation Statistical Databook, 2008 Edition*, p. 58)

7.58 The Bureau of Labor Statistics에 따르면, 철도수송 산업에서 노동자들의 사망자 비율이 200,000 작업시간(worker-hours)당 0.006명이다. 2007년 한 해 동안의 누적작업시간은 5억4천5백만 시간이었다. (1) 사망사고 간의 작업시간이 지수분포를 따르는 확률변수라고 가정하고 (2) 매년 5억 4천5백만 작업시간만큼 일을 한다고 가정하면, 철도수송 산업에서 다음 사망자가 발생하기까지 걸리는 작업시간의 기대값은 얼마인가? 만약 어떤 철도수송회사가 매년 1,000,000 작업시간으로 일한다면 지금부터 30년까지 사망자가 생기지 않을 확률은 얼마인가? (출처: Bureau of Labor Statistics, *Census of Fatal Occupational Injuries*, 2007.)

7.6 연속확률분포의 관측값을 컴퓨터로 만들기

Excel과 같은 컴퓨터 프로그램을 이용하면 연속확률변수를 인위적으로 생성시켜서 관찰해 볼 수 있다. 예를 들면 「컴퓨터 솔루션 7.4」에서처럼 Excel로 정규분포를 따르는 관측치를 무작위로 10,000개 생성시킨 후 기술적 요약 통계량을 구하고 히스토그램을 그려볼 수 있다. 여기서는 평균이 $\mu = 35$이고 표준편차가 $\sigma = 9$인 발전기 회전축에 추가하는 무게를 생성시켰다.

「컴퓨터 솔루션 7.4」의 요약 통계량을 보면 이론적인 정뷰분포와 매우 근사함을 알 수 있다.

대수의 법칙에 따라서 「컴퓨터 솔루션 7.4」에서 구한 도수분포 히스토그램은 관찰횟수가 더 커지면 더욱 더 이론적인 정규분포에 근접하게 된다. 생성될 때마다 다른 표본이 얻어져서 나타나는 서로 간의 차이나, 이론적인 값과의 차이는 다음 2개장에서 공부할 주제이다.

컴퓨터 솔루션 7.4

연속확률분포 따르는 관측치를 생성하기

여기에서는 평균이 35이고 표준편차가 9인 정규분포로부터 10,000개의 관측치를 생성하는 과정을 보인다. 이 과정은 지수분포로부터 관측치를 생성하는 방법과 거의 비슷하다.

EXCEL

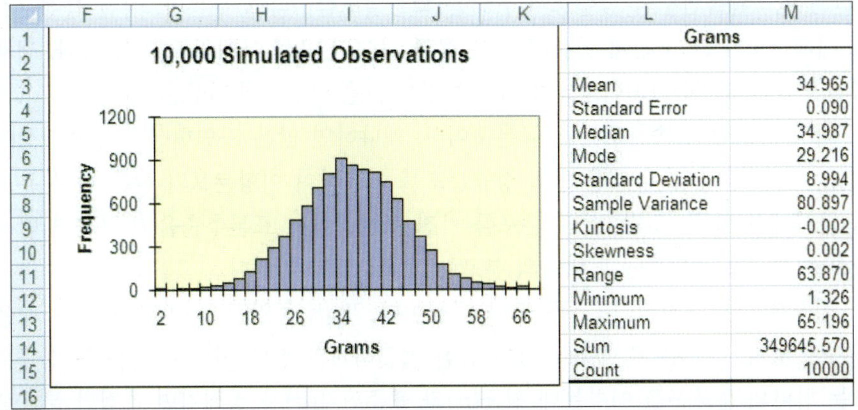

	Grams
Mean	34.965
Standard Error	0.090
Median	34.987
Mode	29.216
Standard Deviation	8.994
Sample Variance	80.897
Kurtosis	-0.002
Skewness	0.002
Range	63.870
Minimum	1.326
Maximum	65.196
Sum	349645.570
Count	10000

1. 빈 Excel 시트를 준비한다. **데이터** 리본에서 오른쪽 끝에 있는 **데이터분석**을 클릭한다. **난수생성**을 선택하고 **확인**을 클릭한다.
2. **변수의 개수** 상자에 1을 입력한다. **난수의 개수** 상자에 **10000**을 입력한다. **분포** 상자에서 **정규분포**를 선택한다. **평균** 상자에 **35**를 입력한다. **표준편차** 상자에 9를 입력한다. **출력범위**를 선택하고 **A1**을 입력한다. **확인**을 클릭한다. 그러면 **A1:A1000**에 **10,000**개의 관측치가 생성된다.
3. 컴퓨터 솔루션 2.1과 3.1에 설명한 방법을 사용하면 위의 그림과 같은 기술통계량과 히스토그램을 만들 수 있다.

연습문제

7.59 한 통계패키지에서 $\mu = 50$이고 $\sigma = 10$인 정규분포의 관측치 1,000개를 생성하였다. 생성된 값을 가지고 개략적인 상자수염그림(box-and-whisker)을 그려라.

7.60 한 통계패키지에서 $\mu = 80$이고 $\sigma = 20$인 정규분포의 관측치 2,000개를 생성하였다. 생성된 값을 가지고 개략적인 상자수염그림 (box-and-whisker)을 그려라.

7.61 한 통계패키지에서 $\mu = 150$이고 $\sigma = 25$인 정규분포의 관측치 2,000개를 생성하였다고 하자. 그 중에서 140 이하되는 값들은 전체의 몇 퍼센트가 될 것으로 예상하는가? 실제 140 이하가 되는 값을 세면 그것이 예상한 개수와 정확히 일치하는가? 그렇지 않다면 그 이유는 무엇인가?

7.62 한 통계패키지에서 $\mu = 200$이고 $\sigma = 50$인 정규분포의 관측치 1,000개를 생성하였다고 하자. 그 중에서 300 이상되는 값들은 전체의 몇 퍼센트가 될 것으로 예상하는가? 실제 300 이상 되는 값을 세면 그것이 예상한 개수와 정확히 일치하는가? 그렇지 않다면 그 이유는 무엇인가?

7.7 요약

정규분포의 특징과 응용

연속확률분포는 주어진 범위 안에서 어떤 값이든지 가질 수 있고, 값들 사이에 빈 간격 없이 모든 가능한 값으로 이루어진 확률변수에 대한 확률을 나타낸다. 곡선 $f(x)$는 연속확률변수의 함수로서, $f(x)$는 확률밀도함수라고 부른다. 어떤 특정구간에 대해서 x가 그 구간에 있을 확률은 구간 사이의 곡선 아래의 넓이와 같다. 전체 곡선 아래의 넓이는 1.0이고 x가 어떤 특정한 값을 가질 x의 확률은 0.0이다.

가장 중요한 연속분포는 정규분포이다. 왜냐하면 많은 자연현상과 경제현상이 정규분포 경향이 있기 때문이다. 정규분포를 이용하여 이항분포와 같은 다른 분포를 근사계산 할 수 있다. 어떤 분포를 가진 모집단에서 표본추출을 반복하면 반복적으로 할수록 표본평균과 비율의 분포는 정규분포를 가진다.

정규분포는 대칭적이고, 종 모양 곡선이며, 평균, 중앙값, 최빈값이 모두 같은 위치에 있다. 곡선은 수평축(x축)에 점점 접근하지만 절대 만나지 않는다. 정규분포는 하나의 분포군을 이루는데 평균(μ)과 표준편차(σ)가 정해지면 특정한 분포모양이 정해진다. 개개의 정규분포 모양에 상관없이 구간 $\mu \pm \sigma$는 전체넓이의 68.3%, $\mu \pm 2\sigma$에는 95.5%, $\mu \pm 3\sigma$에는 99.7%이다.

표준정규분포와 z-값

원래의 확률변수 x값은 평균으로부터 표준편차의 배수로 표현할 수 있다. 확률변수 x를 표준편차의 배수로 표준화된 z-값으로 대체한 것을 표준정규분포라고 한다. 표준정규분포는 평균은 0이고 표준편차는 1이다. 그리고 곡선 밑의 넓이는 표준정규분포표에서 구할 수 있다.

정규분포에 의한 이항분포확률의 근사계산

이항분포는 이산적이고 정규분포는 연속적이지만, $n\pi$, $n(1 - \pi) \geq 5$일 때 이항분포는 정규분포로 근사계산을 할 수 있다. 적당한 이항분포표가 없거나 이항분포의 계산이 지루해지면 정규근사가 더욱 유용하다.

이항분포는 가능한 x값 사이에 빈 간격이 있기 때문에, 이항분포를 정규근사할 때는 연속성 수정, 즉 x값의 각 방향으로 0.5씩 늘리는 작업을 해야 한다. x가 주어진 값보다 크거나 작은 확률을 구해야 할 때 시행횟수가 많으면 연속성 수정은 의미가 적어진다.

지수분포

포아송 과정에서 지수분포는 연속확률변수 x = '드문 사건 발생 사이의 시간, 공간 거리의 간격'으로 표현한다. 지수분포는 하나의 분포군을 형성하는데, 모두 오른쪽으로 늘어져 있으며, 평균값에 의해 특정 지수분포가 결정된다.

컴퓨터로 정규분포확률을 계산하고 정규분포를 갖는 자료 만들기

이산확률분포와 마찬가지로 컴퓨터 통계패키지를 이용하면 가능한 모든 x값들에 대한 확률을 구할 수 있다. 연속확률분포의 경우에 곡선(확률밀도함수) 특정부분에 대해 넓이를 구할 수 있으므로, 계산을 하거나 표를 찾아보지 않아도 된다. Excel을 사용하면 해당 분포를 갖는 관측치를 생성할 수도 있다.

단원 연습문제

7.63 음료전문가가 두 개의 유명 소프트드링크의 맛에 별 차이가 없다는 주장을 제기했다. 하지만 200명이 시음을 한 결과 55%의 사람들이 A 드링크가 B 드링크보다 좋다고 대답하였다. 만약 음료전문가가 맞다면 시음한 사람들의 50%가 A 드링크를 좋아할 것이다. 음료전문가의 말이 맞다는 가정하에 110명 이상이 A 드링크를 좋아할 확률은 얼마인가?

7.64 최근 조사에 의하면 Mayville 성인의 35%가 Marcy's Department Store의 신용카드를 가지고 있다. Mr. Marcy 의 조카가 횡령에 대해 재판받게 되었는데, 9명의 배심원을 일반 성인들 중 무작위로 뽑았다. 배심원들 중에 그 백화점의 신용카드를 가지고 있는 사람이 적어도 4명일 확률은 얼마인가?

7.65 Maine주에서 선거권이 있는 100만 명 중 72%가 2008년 대선에 투표를 했다고 한다. 선거권이 있는 Maine 주민 중에서 무작위로 30명을 선택한 경우 그 중에서 최소한 20명이 2008년 대선에 투표를 했을 확률은? (출처: *nonprofitvote.org*, July 15, 2009)

7.66 연습문제 7.63에서 A 드링크의 제조회사는 B 드링크보다 더 맛있다고 말했다. 연습문제 7.63에서 얻은 결과가 A 드링크의 제조회사의 주장을 확고하게 뒷받침하는가?

7.67 한 광고내행사는 고객회사에게 말하기를 반경 50마일이 내의 거주자의 80%는 고객회사를 '산업계의 선두기업' 으로 생각하고 있다고 말했다. 이 말을 믿지 못하는 고객회사는 조사를 의뢰하여, 500명을 인터뷰하였는데 320명이 그 회사를 선두기업으로 생각한다고 대답하였다. 만일 광고대행사의 말이 옳다면 500명을 인터뷰해서 320 이하가 그 회사를 산업계 리더라고 대답할 확률을 계산하라.

7.68 난방계절에 New England 지역의 고객들이 지출하는 평균 난방비가 $457이다. 표준편차가 $80인 정규분포라 가정하자.

a. 난방비가 $382 이상인 가구의 비율은 얼마인가?
b. 난방비가 $497에서 $537인 가구의 비율은 얼마인가?
c. 가구의 2.5%가 지출하는 난방비는 얼마 이상인가?
d. 가구의 95%가 지출하는 난방비는 얼마 이상인가?

7.69 연습문제 7.67의 결과를 이용해서 광고대행사의 주장을 평가하라.

7.70 조사에 의하면 평균 휴대폰 요금은 매달 평균 $50이다. 표준편차가 $10인 정규분포로 가정할 때, 임의로 선택된 휴대폰 사용자가 지난달 휴대폰 요금이 $35 미만이였을 확률은? $70 초과하였을 확률은? (출처: *Statistical Abstract of the United States 2009*, p. 706)

7.71 한 연구자가 어떤 사건발생 프로세스를 조사하고 있는데, 사건발생의 시간간격이 다음과 같았다. 1.8, 4.3, 2.3, 2.1, 5.6, 1.5, 4.5, 1.8, 2.4, 2.6, 3.2, 3.5, 1.6, 2.1, 1.9이다(분단위). 이 데이터를 가지고, 지수분포의 평균을 추정해 보라. 대응하는 포아송 분포의 평균은 무엇인가?

7.72 2004년 한 해 동안, 미국 내의 지역항공사의 비행기당 평균 비행시간은 2,389시간이다. 표준편차가 300시간인 정규분포로 가정하자. (출처: *Statistical Abstract of the United States 2002*, p. 70)

a. 이 해에 2,200시간 이상 비행한 비행기의 비율은 얼마인가?
b. 이 해에 2,000시간에서 2,400시간 비행한 비행기의 비율은 얼마인가?
c. 비행기의 15%만이 비행한 시간은 얼마 이상인가?
d. 비행기의 75%가 비행한 시간은 얼마 이상인가?

7.73 어느 안전 연구원의 조사에 의하면 학교에서 노는 4학년에서 6학녀 학생들의 부상비률이 100,000학급일당 2.4(건)이라고 한다. 학생들의 부상사건 사이의 평균 학급일을 구하고, 다음 부상이 45,000일 안에 일어날 확률은?

7.74 2008년 한 해 동안, FedEx Corporation이 하루에 평균 7,000,000개의 소포를 취급했다. 표준편차가 800,000개인 정규분포로 가정할 때, 6,000,000개에서 6,500,000개의 소포를 취급하는 날의 비율은 얼마인가? (출처: *FedEx Corporation, 2008 Annual Report*, p. 28)

7.75 알루미늄종이의 결점수가 100피트당 평균 3.5개이다. 회사 사장이 외국회사로부터 방문자들을 데리고 와서 알루미늄종이 제조기계를 보게 되었다. 그들이 32피트를 만드는 시간 동안 머물러서 구경하게 된다면, 방문자들이 그 기계를 떠날 때까지 결점이 발생하지 않을 확률을 계산하라.

7.76 최근 몇 년간 연간수입이 $60,000에서 $75,000

인 국민 중에서 자선사업에 기부한 금액의 평균이 \$1,935이다. 표준편차가 \$400인 정규분포라고 가정하자. (출처: *Statistical Abstract of the United States 2002*, p. 360)

a. 이 집단에서 무작위로 고른 가구에 대해서 자선사업에 기부한 금액이 \$1,600 이상일 확률은 얼마인가?
b. 이 집단에서 무작위로 고른 가구에 대해서 자선사업에 기부한 금액이 \$2,200에서 \$2,400일 확률은 얼마인가?
c. 이 집단의 20%가 자선사업에 기부한 금액은 얼마 이상인가?
d. 이 집단의 40%가 자선사업에 기부한 금액은 얼마 이상인가?

7.77 U-Drive라는 자동차 렌탈회사는 임대용 자동차의 타이어가 10,000마일당 1.25번의 비율로 펑크가 발생한다. 운행거리당 펑크횟수는 포아송 분포를 따른다. Ed와 Harriet은 U-Drive의 초과운행 마일당 부과하는 비용을 면제시켜 주는 판촉활동을 이용해서 자동차를 렌트하기로 하고, 방학기간 동안 보스톤에서 LA까지 가서 다시 돌아오기로 하였다. 총 6,164마일이다.

a. Ed와 Harriet이 운행하는 동안 타이어를 교체할 필요가 없을 확률은?
b. 서부로 여행을 하는 도중에 Denver까지 2,016마일을 가기 전에 타이어에 펑크가 날 확률은?
c. Ed와 Harriet이 얼마나 멀리 가기까지 타이어에 펑크가 날 확률이 0.80이 되는가?

7.78 한 프로풋볼팀 트레이너는 자신의 팀의 경기시간 1,000(분) 동안 평균적으로 2.3회 발목을 삐는 것을 알아냈다. 한 경기당 60분이 걸리고, 발목을 삐는 사고발생의 시간간격이 지수분포를 따른다. 다음 각각의 다음 번 발목을 삐는 사고가 일어날 확률을 구하라.

a. 팀의 다음 경기 동안에
b. 팀의 다음 10번 경기 동안에
c. 다음 경기에서 마지막 2분을 알리는 신호가 울린 순간에

7.79 한 큰 컴퓨터 제조회사의 고객담당 책임자인 Bonnie Rogers는 최근에 회사의 기술부서에 걸려오는 고객과의 상담전화의 통화길이를 조사하였다. 통화길이는 지수분포를 따르고 평균이 8분이었다. 경험상, 긴 통화는 처음 전화를 받는 초보 사원보다는 경험 많은 기술지원 책임자가 직접통화하여 처리하는 것이 효과적이라고 판단하였다. 그래서 Bonnie는 통화시간이 긴 10%에 대하여 기술지원 책임자에게 넘겨 처리하려고 한다. 고객과의 전화통화가 얼마 이상으로 길어지면 기술지원 책임자에게 연결되도록 하여야 하는가?

7.80 고급 햄버거 레스토랑에서 파는 햄버거는 평균이 5.5온스이고 표준편차가 0.15온스인 정규분포를 따른다. 한 지역신문의 요리전문 칼럼니스트가 레스토랑을 방문하여 햄버거를 주문하였다. 받은 햄버거가 5.3 온스 이하일 확률을 구하라. 다음날 동료 3명과 함께 레스토랑을 방문하여 각자 햄버거를 주문하였다. 4명중 2명이상이 5.7온스 이상되는 햄버거를 받을 확률을 계산하라.

7.81 연습문제 7.85에서 제조회사는 소비자단체로부터 고발당하지 않기 위해서 여분의 설탕을 더 담으려고 한다. 설탕 패키지의 2% 만 20온스 이하가 되도록 하려면 설탕주입기계의 주입량의 평균을 얼마로 설정해야 하겠는가?

7.82 주립경찰학교의 한 대형 강의 클래스에서 졸업시험을 친 결과, 성적은 평균점수가 81.0이고 $\sigma = 8.5$인 정규분포를 따른다. 경찰학교를 졸업한 학생들은 한 병영막사에 다른 한 명과 짝을 지어서 배정되었다. Madeleine은 시험에서 83.0점을 받았다. 그의 짝이 자신의 점수에서 ±5점 이내에 있을 확률을 계산하라.

7.83 Discount Micro라는 컴퓨터를 우편으로 판매하는 회사가 있다. Discount Micro는 한 데스크탑 컴퓨터 메이커로부터 2,000대를 납품 받았다. 이 회사에게는 알려져 있지 않지만 그 중에 250개 컴퓨터에는 하드디스크가 잘못 인스톨되어 있다. 한 컨설팅회사가 Discount Micro에 데스크탑 컴퓨터 40대를 주문하였다. 2,000대 컴퓨터 중에서 무작위로 40대를 선택하여 배송한다면, 그 컨설팅회사에 배송된 컴퓨터 가운데 하드디스크에 문제가 있는 컴퓨터가 2대를 넘지 않을 확률은? 또 1대 이상이고 3대를 넘지 않을 확률을 계산하라.

7.84 한 식료품회사에서 판매하는 모짜렐라치즈 20온스짜리 한 팩에 들어 있는 치즈는 $\mu = 21$온스이고 $\sigma = 0.2$온스인 정규분포를 따른다.

a. 무작위로 한 팩을 추출하면 그 속에 치즈가 최소 20.5온스 이상 들어 있을 확률을 계산하라.
b. 무작이로 한 팩을 추출할 때 그 속에 치즈가 20.5온스~21.3온스만큼 들어 있을 확률은?
c. 한 쇼핑손님이 무작위로 8팩을 골랐다. 그 중에서 3개 이상의 팩의 무게가 적어도 21.2온스일 확률을 계산하라.

7.85 평균 20.3온스씩 채우도록 조정된 기계로 설탕을 패키지에 주입한다. 패키지에 채워진 설탕무게는 표준편차 0.3온스인 정규분포를 따른다. 한 소비자보호단체는 패키지 한 통을 구입하여 무게를 측정하였다. 구입한 패키지의 무게가 20온스~21온스에 들어갈 확률을 구하라. 만일 소비자보호단체가 100개 패키지를 구입하여 그 중에 5개 이상의 무게가 박스에 표시된 정량인 20온스보다 적으면 그 회사를 고발하려고 한다. 소비

자단체가 결국 그 회사를 고발하게 될 확률을 계산하라.

7.86 모터사이클의 마일리지 사망률은 1억 마일 운행당 39건으로 추정되었다. 한 전국모터사이클협회소속의 1,200명 회원들은 매년 총 2백만 마일을 달린다. 이 협회 소속 회원들 중에서 다음번 사고로 사망하는 사고가 앞으로 1년 동안 일어나지 않을 확률을 구하라. 앞으로 2년 동안 일어나지 않을 확률도 구하라. (출처: USAToday.com, July 30, 2006)

7.87 도시에서 다소 멀리 떨어진 곳에 있는 한 창고에 일반 가정용 도둑감시경보장치를 설치하였다. 침입자가 생기면 경보장치가 15분 동안 울리다가 꺼지며, 다음번 침입이 있으면 다시 경보장치가 작동한다. 이 지역의 경찰은 3대의 순찰차로 저녁부터 새벽까지 창고 주변을 순찰한다. 평균적으로 경찰순찰차는 창고 주변을 20분마다 지나가고, 순찰차가 오는 시간간격은 지수분포를 따른다. 한밤중에 도둑이 침입하여 지금 막 경보장치가 작동되었다. 경보장치가 꺼질 때까지 경찰순찰차가 오지 않을 확률을 계산하라.

종합사례

Thorndike Sports Equipment (Video 3번)

'Graph-Pro' 라켓볼 라켓을 선보인 이래 몇 년 동안 Thorndike는 더 가벼운 제품을 개발할 생각을 하지 않았다. Ted가 조사한 바에 따르면 다른 제조회사들이 Thorndike 표준제품보다 더 가벼운 제품을 내놓고 있었다. 더구나 Ted는 라켓볼 플레이어들이 가벼운 라켓이 게임에 더 유리하다고 이야기하는 것을 많이 들었다.

생산 기술자와 이야기한 Ted는 생산라인을 통해 흘러나오는 제품들이 모두 같은 무게가 아니라는 것을 알게 되었다. 기술부장에 따르면, 라켓은 평균 240그램인데 같은 생산로트 안에서도 전부 무게가 다르다. 그래서 Ted는 지금이 라켓 무게 변동을 아주 좁은 범위에서 허용하면서 동일한 품질수준의 라켓을 만들 수 있는 70만 달러짜리 새 기계를 도입할 기회라고 생각하였다.

Luke 할아버지는 70만 달러짜리 새 기계를 도입하는 것에 별 관심이 없었다. Ted는 지금 사용하고 있는 기계의 매뉴얼을 먼지더미 속에서 찾아냈다. 매뉴얼에는 무게가 표준편차가 10그램인 정규분포를 따르는 것으로 되어 있었다. 지금 보면 이것은 상당히 허술한 성능이지만 그래도 지금이 이 약점을 보완해서 강점으로 바꿀 수 있는 기회인지도 모른다.

Luke 할아버지와 더 이야기해 본 Ted는 스포츠용품 판매상 3곳에서 이야기도 들어보고, 라켓볼 시설이 되어 있는 5곳을 방문해서 이야기를 들어본 후 아주 과감한 생각을 갖게 되었다. Ted는 Luke 할아버지에게 커피를 한 잔 권하면서 자신의 생각을 이야기 했다. "할아버지, 말씀드릴게 있는데요, 좀 가벼운 라켓에는 'Graph-Pro Light', 중간 것은 'Graph-Pro Regular', 좀 무거운 것은 'Graph-Pro Stout' 라고 이름을 붙이는 것이 어떨까요?"

Luke 할아버지는 그런 아이디어는 무슨 맥주회사에서나 하는 이야기이지 Thorndike처럼 스포츠용품 제조회사에서는 통하지 않을 것이라는 반응을 보였다. 그러나 한번 해 보라고 하였다. Luke는 Ted를 데리고 판매점 주인과 라켓볼 플레이어들과 이야기를 나눈 후 Ted에게 15%는 'Graph-Pro Light' 를 만들고 80%는 'Graph-Pro Regular', 5%는 'Graph- Pro Stout' 를 만들어 보라고 지시하였다.

Ted의 다음 할 일은 생산담당자들에게 라켓을 이 세 가지 카테고리에 어떻게 분류해서 넣을 것인지 지시하는 일이었다. 할아버지의 제안대로 'Stout' 라는 모델 이름 대신에 다른 이름을 찾아보는 것은 점심식사 후에 생각해 보기로 하였다.

Thorndike 골프용품 사업부

골프 볼을 생산하는 8시간 작업시간 동안 매 2분 동안의 생산 분량에서 한 개씩 랜덤하게 뽑는다. 그 볼을 스테인리스 스틸 표면으로 된 홈을 따라 구르게 해서 볼의 '생생함'을 테스트하였다. 끝에 가서 볼은 쇠에 부딪쳐서 다시 홈을 따라 뒤로 튀어오르게 되는데 그 홈 안쪽에는 거리점수 표시가 되어 있다. 볼이 뒤로 높이 튀어오를수록 볼은 더욱 생생한 것이 된다.

> 볼의 평균 리바운드(반발) 점수는 $\mu = 30.00$인치, $\sigma = 2.00$인치가 되도록 볼 생산기계를 설정해 놓고 있다. 반발 점수는 정규분포를 따른다.

1. 한 드라이빙 레인지 연습장에서 Thorndike 골프 볼 100개를 구입하였다. x = '바운스 테스트에서 볼의 반발 점수가 31.0인치 이상 되는 볼의 개수'로 정의하고, x의 개별확률과 누적확률을 컴퓨터와 이항분포표를 이용해서 계산하라. 성공확률은 $\pi = P(x \geq 31.00)$으로 계산하여 사용하라.
2. 이항분포에 대한 정규분포 근사계산을 통해서 (1) 부분을 반복하라. 각각의 확률이 서로 비슷한가?(먼저 이항분포에 대한 평균(μ)과 표준편차(σ)를 계산하라.)
3. 앞에서 설명한 바운스 테스트의 반발점수에 대한 정규분포를 가지고 답하라. 분포 중에서 5%만이 초과할 수 있는 반발점수는 얼마인가? 분포 중에서 5%만이 미달하는 반발점수는 얼마인가?
4. (3)에서 답한 반발점수 중 작은 값을 기준으로, 볼 세 개가 연속적으로 그보다 더 작은 값(반발점수)을 가지게 되는 확률을 계산하라.

가장 최근의 8시간 작업시간 동안 생산한 볼 중에서 240개를 뽑아서 테스트를 하였다. 1번부터 240번까지 반발점수가 데이터파일 **CDB07**에 (연속확률변수 BOUNCE로) 있다. 변수 BALL은 1~240의 번호이다.

5. 컴퓨터를 이용해서 BALL 번호를 X축에 BOUNCE를 Y축에 나타내는 직선그림표를 그려라.
6. (5)에서 구한 그래프에다 (3)에서 정한 점수에 해당하는 곳에 수평선 2개를 그려라.
7. $\mu = 30.00$이고 $\sigma = 2.00$인 정규분포에서 예상하는 대로, 볼의 90%의 BOUNCE 점수가 그래프에 그은 2개의 수평선 사이에 들어가는가?
8. BALL = 1~200의 BOUNCE 점수와 BALL = 201~240까지의 BOUNCE 점수를 비교하라. 8시간 작업교대가 끝나갈수록 공정에 어떤 변화가 있는가? 기계를 수리하거나 조정해야 될 필요가 있는가? 작업교대가 끝나가는 시점에 있는 것 같은 공정변화를 어떻게 조정해야 하는가?

참고: (5)에서 (8)번 질문은 통계적 공정관리(*statistical process control*)와 관련된 것이다. 이 내용은 20장에서 자세히 다룰 것이다.

눈으로 보는 통계

애플릿 4: 정규분포의 크기와 모양

이 애플릿을 보면 파란색 정규곡선과 빨간색 정규곡선 두 개가 있다. 파란색 정규곡선은 평균이 0이고 표준편차가 1로 고정되어 있다. 그림 아래의 조절막대를 이용하면 빨간색 곡선의 평균과 표준편차를 변화시키면서 곡선의 위치와 모양이 어떻게 달라지는지 관찰할 수 있다. 위쪽의 슬라이더를 왼쪽이나 오른쪽으로 움직이면, 평균값이 줄거나 늘어난다. 아래쪽 조절막대를 움직이면 표준편차를 줄이거나 늘릴 수 있다.

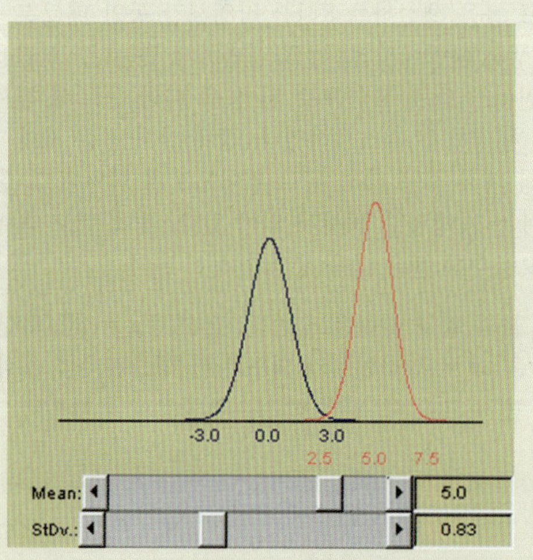

애플릿 과제

4.1 위쪽 조절막대를 가장 왼쪽에서 출발하여, 점차 가장 오른쪽으로 옮겨 보자. 이 분포의 평균이 곡선에 어떤 영향을 주는가?

4.2 아래쪽 조절막대를 이용해 표준편차 값을 바꾸어 1보다 크게 해 보자. 파란 정규곡선과 비교해 빨간 정규곡선의 모양은 어떻게 달라지는가?

4.3 두 조절막대를 이용해서 빨간 곡선의 평균을 가능한 한 작게, 모양은 가능한 한 폭이 좁게 만들어라. 이때 평균과 표준편차의 값을 파란 곡선의 것(평균 = 0, 표준편차 = 1)과 비교하라.

http://www.cengage.com/international에서 **Applets**을 해보라.

눈으로 보는 통계

애플릿 5: 정규분포면적

이 애플릿은 특정 정규곡선에서 구간을 선택하면 그 넓이를 쉽게 알려준다. 왼쪽 아래에 있는 박스에다 평균(mean)을 입력하면 된다. (텍스트 박스에 커서가 있을 때에는 Re-turn이나 Enter 키를 눌러야 한다.) 정규곡선의 표준편차도 오른쪽 아래의 박스에 입력하면 된다.

평균과 표준편차를 정해서 만든 정규분포에서 음영으로 표시된 구간(inter-val)의 시작과 끝을 변경할 수 있다. 값의 결과와 색칠된 면적에 해당하는 확률이 애플릿의 위쪽에 나타난다.

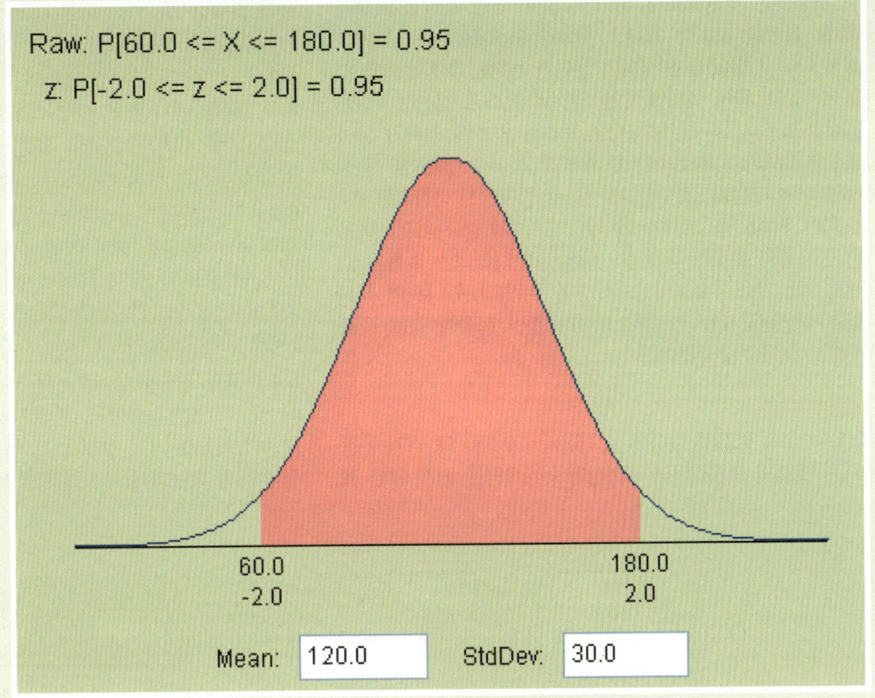

애플릿 과제

5.1 텍스트박스에 그림 7.5에 있는 비행시간의 분포와 같이 평균(mean)은 120, 표준편차(StdDev)는 30을 입력하라. (**Enter**나 **Return** 키를 잊지 말고 눌러야 함.) 다음에 색칠된 구간이 왼쪽과 오른쪽 경계를 각각 60과 180으로 정하라. 필요하다면, 색칠된 부분의 왼쪽 또는 오른쪽 모서리를 클릭하고 드래그하라. 무작위로 고른 비행기가 한 해에 60시간에서 180시간 운행했을 확률은 얼마인가? 60시간과 180시간에 대응되는 z-값은 각각 얼마인가?

5.2 평균(mean)과 표준편차(stdDev)가 각각 120, 30일 때, 색칠된 면적의 모서리를 끌어서 왼쪽 경계는 120에 오른쪽 경계는 180에 놓자. 무작위로 고른 비행기가 한 해에 120시간에서 180시간 운행했을 확률은 얼마인가? 120시간과 180시간에 대응되는 각각의 *z*-값은 얼마인가?

5.3 색칠된 부분의 왼쪽과 오른쪽 모서리를 끌어서, 무작위로 고른 비행기가 한 해에 130시간에서 160시간 운행했을 확률을 구하라. 130시간과 160시간에 대응하는 각각의 z-값은 얼마인가?

5.4 색칠된 면적의 왼쪽과 오른쪽 모서리를 끌어서 왼쪽 경계는 $z = 0$으로, 오른쪽 경계는 $z = +1.0$으로 놓아라. 이때 색칠된 면적에 해당하는 확률은 얼마인가?

http://www.cengage.com/international에서 **Applets**을 해보라.

눈으로 보는 통계

애플릿 6: 이항분포에 대한 정규근사

이 애플릿은 이항분포(왼쪽)와 그것에 대한 정규근사(오른쪽)를 설명한 것이다. 표본크기(n)와 모비율(π, 애플릿에는 **pi**로 나타나 있다)을 입력하면 우리가 원하는 이항분포를 얻을 수 있다. 왼쪽 아래에 있는 텍스트 박스에 원하는 k값을 입력하라. 다시 한 번 말하지만, 텍스트 박스에 커서가 남아 있으면 **Enter**나 **Return**키를 눌러라. n, π, k값을 한 번 정하고 나면 다음과 같은 결과를 볼 수 있다. (1) 이항확률 $P(x \le k)$는 **Prob** 텍스트 박스에 나타나고, (2) 정규분포를 이용한 근사화한 분포가 나타난다. 애플릿에 나타나는 확률은 때때로 계산기나 분포표와 조금 다를 수 있다. 왜냐하면 책에 있는 이항분포표와 정규분포표보다 훨씬 정확한 값을 애플릿에서 이용하기 때문이다.

애플릿 과제

6.1 이 절의 예제와 같이 n = 15, π = 0.6일 때 걷기 운동하는 15명의 표본집단에서 여성이 k = 9명을 넘지 않을 확률은 얼마인가? 이항분포에 대한 정규근사를 해서 구한 확률과 비교하면 어떠한가?

6.2 n = 5이고 π = 0.6일 때, 5명의 표본집단에서 여성이 k = 3명을 넘지 않을 실제 이항확률로 계산하면 얼마인가? 정규근사를 이용해서 구한 확률과 비교하면 어떠한가? 표본집단의 크기가 작을수록 정규근사에 어떤 영향을 미치는가?

6.3 n = 100이고 π = 0.6일 때, 100명의 표본집단에서 여성이 k = 60명을 넘지 않을 실제 이항확률로 계산하면 얼마인가? 정규근사를 이용해서 구한 확률과 비교하면 어떠한가? 표본집단의 크기가 클수록 정규근사에 어떤 영향을 미치는가?

6.4 애플릿 연습문제 6.1에서 6부터 12까지 k값을 바꾸면서 해보자. 표본집단에서 여성이 k명을 넘지 않을 확률을 실제 이항확률로 각각 구해 보자. 각각의 k에 대해서 정규근사를 이용한 확률과 실제 이항확률과의 근사정도를 파악하자.

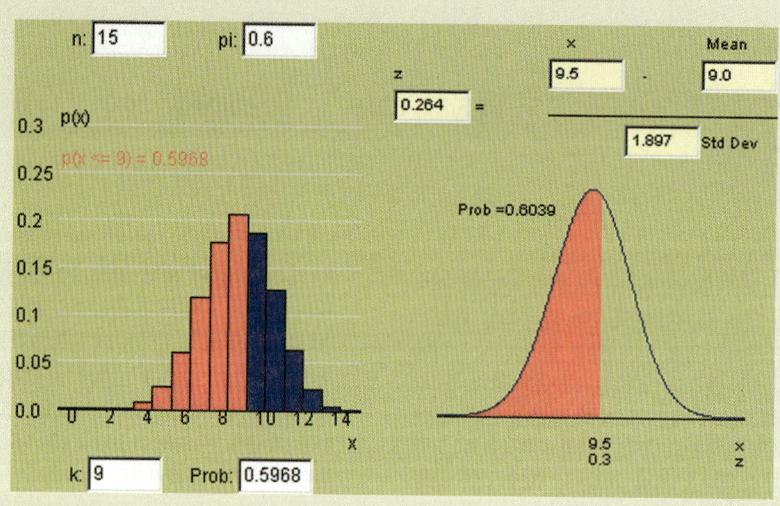

http://www.cengage.com/international에서 **Applets**을 해보라.

PART 3
표집분포 및 추정

CHAPTER

8 표집분포

Sampling Distributions

공정관리와 평균의 표집분포

제조 공정이 제대로 작동되면 우리는 그것을 '정상(in control)'이라고 한다. 그러나 공정이 정상이더라도 우연한 변동(random variation) 때문에 제품 모집단의 평균 μ로부터 표본마다 그 평균이 약간씩의 차이를 보일 수 있다. 이 장에서 소개하는 개념들을 적용한다면, 공정이 정상일 때 크기가 $n \geq 30$인 표본을 추출하면 그 평균은, $\mu_{\bar{x}} = \mu$이고 $\sigma_{\bar{x}} = \frac{\sigma}{\sqrt{n}}$ 인 정규분포를 따른다.

공정이 정상이면 표본의 평균이 $z = \pm 2$배 표준오차 안에 있을 가능성은 95.5%이고, $z = \pm 3$배 표준오차 안에 있을 가능성은 99.73%이다. 이것을 이용하면 생산공정이 제대로 작동하는지 감시할 수 있는 '관리한계(control limits)'를 설정할 수 있다.

예를 들어 어떤 액체제품을 주입하는 기계가 있다고 하자. 12온스(표준편차는 0.1온스)를 채우도록 세팅되어 있는 기계가 주입한 제품 30개를 추출할 때($n = 30$) 그 평균의 95.5%(2시그마) 관리한계는 다음과 같이 설정할 수 있을 것이다.

$$12.0 \pm 2.0\left(\frac{0.1}{\sqrt{30}}\right) = 0.037\text{온스}$$

$$= 11.963 \sim 12.037\text{온스}$$

만일 표본의 평균이 지속적으로 이 관리한계선 바깥으로 나가면, 거기서 생산되는 제품 모집단의 평균이 원래 원했던 12.0온스에서 벗어났으며, 새로 재조정해 주어야 함을 의미한다. '$\bar{x}$ 관리도'라고 부르는 이와 같은 관리도의 용도는 20장(전사적 품질관리)에서 자세히 살펴볼 것이다.

학습목표

- 표본평균과 표본비율이 확률변수임을 이해한다.
- 주어진 모집단에서 추출한 표본평균의 표집분포를 이해하고 그 분포를 정한다.
- 주어진 모집단에서 추출한 표본비율의 표집분포를 이해하고 그 분포를 정한다.
- 중심극한이론을 설명하고 평균과 비율의 표집분포 모양과의 연관성을 이해한다.
- 모집단에 비해서 표본의 크기가 상대적으로 클 때 그것이 표집분포에 미치는 효과를 이해한다.

8.1 머리말

앞의 2개의 장에서 공부한 확률분포는 사실은 모집단(population)의 분포를 설명하기 위한 것이었다. 우리는 모집단을 두 가지 관점에서 설명하였다. (1) 모집단을 이산변수나 연속변수로 표현할 수 있다는 것과 (2) 모집단의 확률분포와 해당 분포의 모양에 대해서 공부하였다. 그러나 더 중요한 것은 표본의 데이터를 보고 모집단의 특성을 알아내는 것이다. 표본의 데이터에서 얻은 정보를 이용하여 모집단에 대한 어떤 결론을 내리는 것을 **추론통계학**(inferential statistics)이라고 한다. 이 장의 목표는 모집단에서 구한 표본 평균이나 비율이 어떻게 분포하는지 알아보고 다음 장에서 공부할 추론통계학의 응용 기초를 닦는 것이다.

이 장의 내용은 매우 중요하므로 7장과 9장의 내용과 함께 요약하면 다음과 같다.

- 7장에서는, 모집단의 평균을 안다고 간주하고 모집단에서 추출한 개별 x값에 대한 확률적인 기술을 하였다.
- 이 장에서는, 모집단의 평균을 안다고 간주하고, 모집단에서 추출한 표본의 평균에 대한 확률적인 진술을 할 수 있게 될 것이다(표본의 평균도 확률변수이다).
- 9장에서는 표본의 평균을 이용해서 모집단의 평균의 참값(알려져 있지 않지만)에 대한 확률적 진술을 할 수 있게 한다.

요점만 말한다면, 이 장은 하나의 전환점으로서 (a) 이전에는 모집단의 정보를 알고 있다는 전제하에 모집단에서 추출한 원소에 대한 확률적인 진술을 하였다면, (b) 이제는 모집단의 정보를 모르는 상태에서 모집단에서 추출한 표본 데이터로부터 모집단에 대해 확률적인 진술을 하려고 한다.

8.2 표집분포를 미리 살펴보기

8.1절에서 밝혔듯이 이제 한 차원 높여서 표본의 평균을 하나의 확률변수로 간주한다. 모집단에서 크기가 n인 표본을 무수히 많이 추출한다면 그 수만큼 많은 표본평균값을 가지게 된다. 그렇게 모은 표본평균은 그 자체가 하나의 확률변수가 되며,

이것들 역시 평균과 표준편차를 가진다. 표본평균의 확률분포를 표본평균의 분포 또는 **평균의 표집분포**라고 부른다(표본평균을 전부 모은 것을 또 하나의 모집단으로 생각할 수 있다).

어떤 모집단에 대해서, 평균의 표집분포는 모집단에서 추출한 같은 크기의 모든 표본의 평균값들의 확률분포로 정의한다. 표 8.1은 평균의 표집분포의 개념을 소개한다.

- **A. 모집단.** 모집단의 각 멤버들은 각자 숫자만큼의 콜라 캔을 가지고 있다. Bill은 1개, Carl은 1개, Denise는 3개, Ed는 5개를 갖고 있다. 이산변수 x = '콜라 캔 수' 로 정의할 때 x의 확률분포는 표 8.1의 A 와 같다. $\mu = (1 + 1 + 3 + 5)/4 = 2.5$캔이다.
- **B.** 이 모집단에서 $n = 2$인 모든 가능한 단순임의표본을 추출할 수 있다. 단순임의 표집방법을 쓰면 각 표본이 추출될 확률은 꼭 같다. 모집단 속의 4개 원소에서 2개를 뽑는 방법은 6가지가 있다. 따라서 단순임의 표본은 모두 6개가 된다. 표 표 8.1 B 에서는 각 표본의 평균($\bar{x}$)을 구하였다.

표 8.1

A, B, C는 표집분포의 개념을 설명해 준다. 이산확률변수 x는 네 사람이 가지고 있는 콜라캔의 개수를 나타낸다.

A. *모집단, 모집단의 확률분포, 그 평균*

사람이름	x
Bill	1
Carl	1
Denise	3
Ed	5

0.50
0.25
0.00
0 1 2 3 4 5 x

Mean: $\mu = (1 + 1 + 3 + 5)/4 = 2.5$

B. *단순임의표본들(n = 2일 때)*

표본	표본평균	표본추출확률
Bill, Carl	$\bar{x} = (1 + 1)/2 = 1.0$	1/6
Bill, Denise	$\bar{x} = (1 + 3)/2 = 2.0$	1/6
Bill, Ed	$\bar{x} = (1 + 5)/2 = 3.0$	1/6
Carl, Denise	$\bar{x} = (1 + 3)/2 = 2.0$	1/6
Carl, Ed	$\bar{x} = (1 + 5)/2 = 3.0$	1/6
Denise, Ed	$\bar{x} = (3 + 5)/2 = 4.0$	1/6

C. *표본평균의 확률분포(평균의 표집분포)*

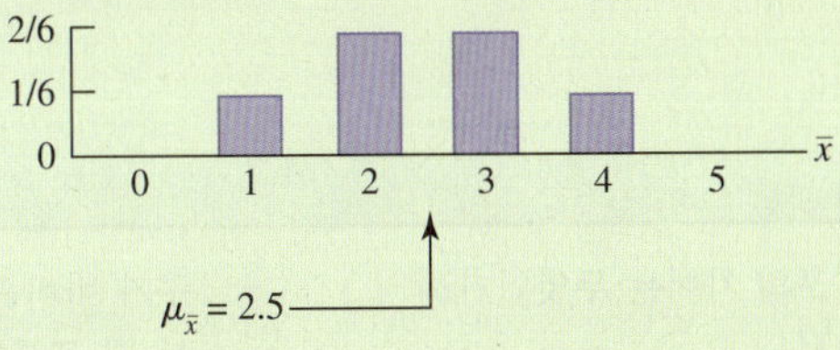

표본평균의 평균 $\mu_{\bar{x}}$를 계산한다.

$$\mu_{\bar{x}} = \frac{1}{6}(1.0) + \frac{2}{6}(2.0) + \frac{2}{6}(3.0) + \frac{1}{6}(4.0) = 2.5\text{캔}$$

- C. 표본평균($\bar{x}$)의 확률분포(즉 평균의 표집분포)를 기술할 수 있다. 이때 표집분포의 평균은 $\mu_{\bar{x}}$로 표기되는데, 원래 모집단의 평균 μ와 같은 값 2.5를 가진다.

표본평균 $\bar{x}$를 하나의 확률변수로 간주한 평균의 표집분포는 다음 4개의 특성을 가진다.

1. 평균의 표집분포는 원래 모집단의 평균(μ)과 꼭 같은 평균($\mu_{\bar{x}}$)을 가진다[즉 $E(\bar{x}) = \mu_{\bar{x}} = \mu$].
2. 평균의 표집분포의 표준편차($\sigma_{\bar{x}}$)를 **평균의 표준오차**(standard error)라고 한다. 표 8.1의 표집분포를 보면 $\sigma_{\bar{x}}$는 6장에서 설명한 표준편차 계산방법과 꼭 같이 분산의 제곱근으로 계산된다.

$$\sigma_{\bar{x}}^2 = E[(\bar{x} - \mu)^2] = (1.0 - 2.5)^2\left(\frac{1}{6}\right) + (2.0 - 2.5)^2\left(\frac{2}{6}\right) + (3.0 - 2.5)^2\left(\frac{2}{6}\right) + (4.0 - 2.5)^2\left(\frac{1}{6}\right) = 0.917$$

$$\sigma_{\bar{x}} = \sqrt{0.917} = 0.958\text{캔}$$

3. 원래의 모집단이 정규분포라면 평균의 표집분포도 정규분포이다.
4. 원래의 모집단이 정규분포가 아니더라도 표본의 크기가 크다면 평균의 표집분포는 정규분포에 가까워지며, 표본의 크기가 커질수록 더욱더 정규분포에 가까워진다. 이것을 중심극한정리(*central limit theorem*)라고 하는데 이는 다음 절에서 상세히 공부한다.

베르누이 과정을 반복하는 것도 하나의 표본추출(sampling)로 간주할 수 있다. x = 'n번 시행에서 성공횟수'로 정의하면 다음과 같이 표본비율 p를 계산할 수 있다.

$$p = \frac{\text{성공횟수}}{\text{시행횟수}} = \frac{x}{n}$$

표본평균과 마찬가지로 표본비율도 하나의 확률변수로 간주할 수 있고 표본을 추출할 때마다 매번 다른 값을 가지게 된다. 결과적으로 얻어지는 확률분포를 비율의 표집분포라고 부른다. 그것도 기대값(π, 한 번 시행에서 성공할 확률)을 갖게 되고 표준편차(σ_p)를 갖게 된다. 이는 8.4절에서 공부한다.

연습문제

8.1 확률분포와 표집분포의 차이는 무엇인가?

8.2 표준편차와 표준오차의 차이는 무엇인가?

8.3 1,000개 가구로 구성된 단순임의표본에서 150개 가구가 바비큐 그릴을 갖고 있다. 모집단의 특성에 비추어 볼 때 표본의 기대값은 180이었다. π, p, n값은 각각 무엇인가?

8.4 다섯 사람으로 구성된 모집단에서 TV의 보유대수는 다음과 같다.

	x = TV 보유대수
Allen	2
Betty	1
Chuck	3
Dave	4
Eddie	2

a. 이산변수 x = 'TV보유대수'로 정의할 때 x의 확률분포를 정하라. 모집단의 평균과 표준편차를 계산하라.
b. 크기 $n = 2$인 표본에 대해서 모든 가능한 단순임의표본을 뽑고 그 평균을 정하라.
c. (b)에서 정한 각각의 단순임의표본에서 그 표본이 뽑힐 확률은 얼마인가?
d. (b)와 (c)를 연결지어서 (표본) 평균의 표집분포를 기술하라.
e. $n = 2$를 바꾸어서 $n = 3$인 경우 (b), (c), (d)를 반복하라. 표본크기가 커지는 것이 표집분포의 평균에 어떤 영향을 미치는가? 표집분포의 표준오차에는 어떤 영향을 미치는가?

8.5 이산변수 x에 대한 어떤 무한 모집단의 확률분포는 다음과 같다.

x	1	2
$P(x)$	0.5	0.5

a. x의 평균과 표준편차를 정하라.
b. 크기 $n = 2$인 경우, 가능한 모든 단순임의표본을 만들고 그것의 평균을 각각 계산하라.
c. (b)의 단순임의표본 각각에 대해서 그것이 추출될 확률을 계산하라.
d. (b)와 (c)를 결합해서 평균의 표집분포를 표로 나타내어라.
e. 크기 $n = 2$를 바꾸어서 $n = 3$인 경우 (b), (c), (d)를 반복하라. 표본크기가 커지는 것이 표집분포의 평균에 미치는 영향은 무엇인가? 표집분포의 표준오차에 미치는 영향은 무엇인가?

8.6 어느 박물관 전시 운영자는 관람객들에게 1달러씩 기부금을 내도록 요청을 하였는데 관람객의 30%는 1달러씩 기부금을 냈다. 3명의 관람객이 전시장으로 입장을 하는데 각자가 독립적으로 기부금을 낼 것인지 결정한다고 가정하고 물음에 답하라.

a. x = '관람객이 낸 기부금'으로 정의하고 x의 평균과 표준편차를 정하라.
b. 3명의 관람객으로 구성된 표본에 대해서 $\bar{x}$의 표집분포를 생각하고 그것의 평균과 표준편차를 구하라.

8.3 평균의 표집분포

모집단이 정규분포일 때

정규분포에서 단순임의표본을 추출하면 그 표본의 평균($\bar{x}$)도 정규분포를 따른다. 이는 표본의 크기에 상관없이 성립한다. 또한 분포의 표준오차는 표본의 크기(n)가 커질수록 작아진다. 요약하면 다음과 같다.

평균($\bar{x}$)의 표집분포(정규모집단에서 단순무작위표본을 추출할 때):
평균($\bar{x}$)의 표집분포는 다음의 평균과 표준오차를 가지는 정규분포가 된다.

- 평균:

$$E(\bar{x}) = \mu_{\bar{x}} = \mu$$

- 표준오차:

$$\sigma_{\bar{x}} = \frac{\sigma}{\sqrt{n}}$$

단, μ = 모집단 평균
σ = 모집단표준편차
n = 표본 크기

표본평균의 표준편차(표준오차)는 원래 모집단의 그것보다 작아진다. 그 이유는 표본의 평균이 모집단에서 추출한 여러 개 값을 평균한 것이기 때문에 상대적으

예제 EXAMPLE

표집분포

7장의 예제에서 피스톤식 단발기 엔진을 탑재한 비행기의 비행시간은 평균 120시간이라고 하였다.[1] 비행시간이 표준편차가 30시간인 정규분포를 따른다고 가정하자.

풀이

$\mu = 120.0$시간, $\sigma = 30.0$시간인 정규분포를 가정할 때, 그림 8.1의 (a) 부분은 모집단의 분포 모양이고 (b) 부분은 9대 비행기를 표본으로 추출할 때($n = 9$) 평균($\bar{x}$)의 표집분포이다. 원래 모집단의 비행시간의 분포 모양보다 표집분

그림 8.1

정규 모집단에서는, $\bar{x}$의 표집분포는 표본크기에 상관없이 정규분포이다. n이 커짐에 따라 표집분포의 표준오차가 점점 작아진다.

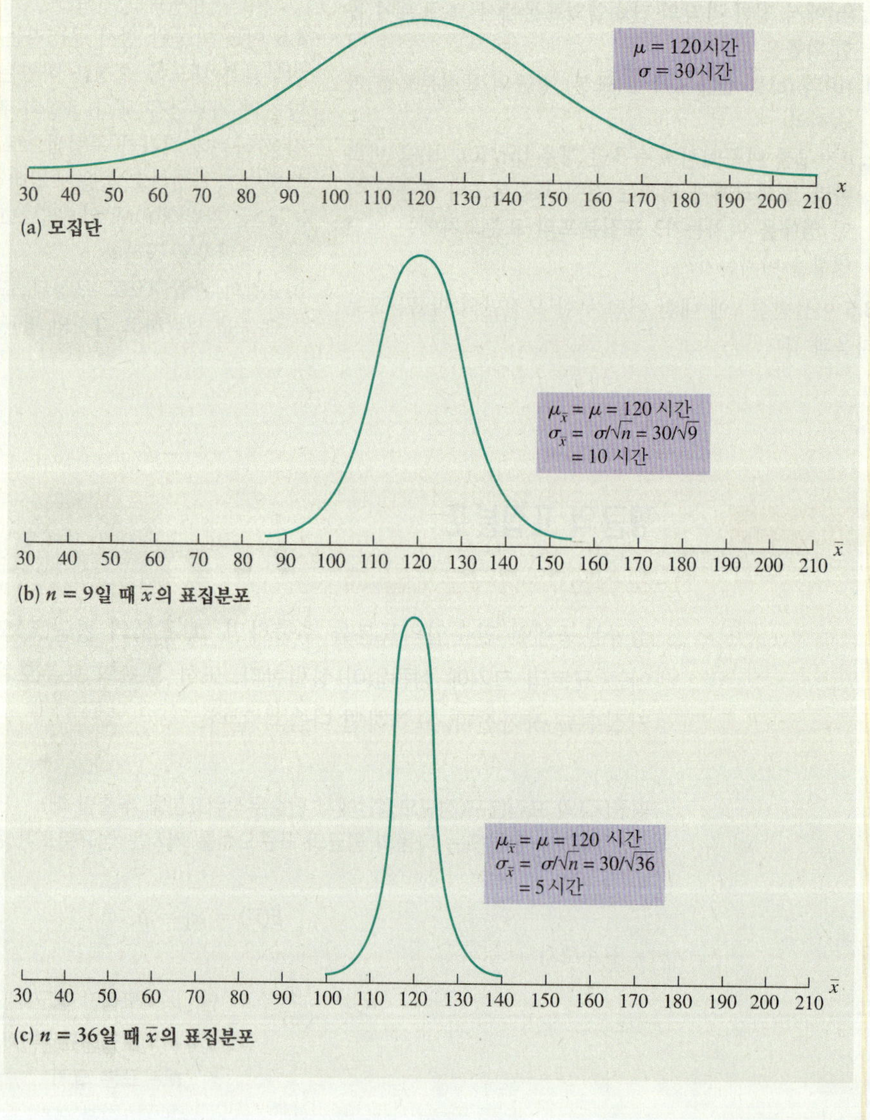

[1] 출처: General Aviation Manufacturers Association, *General Aviation Statistical Databook, 2008 Edition*, pp. 28-29.

포의 모양이 훨씬 좁아진 것을 알 수 있다. 모집단의 x값은 표준편차가 30.0시간인데 표집분포의 표준오차는 $30.0/\sqrt{9} = 10.0$시간밖에 안 되기 때문이다. (c) 부분에서는 표본의 크기가 커질수록 표집분포의 폭이 훨씬 좁아지는 것을 보여준다. 표본크기가 $n = 36$인 경우 표본평균($\bar{x}$)의 표준오차는 $30.0/\sqrt{36} = 5.0$시간밖에 안 된다.

로 크거나 작은 값들이 서로 결합하여 들쭉날쭉한 정도가 적어지기 때문이다.

정규분포를 표준정규분포로 바꾸기 위해서 z-값으로 변환하였듯이 정규분포인 표집분포도 표준정규분포로 변환할 수 있다. z-점수를 구하는 식은 앞의 방법과 같다.

정규 모집단에 대한 표본평균의 z-점수:

$$z = \frac{\bar{x} - \mu}{\sigma_{\bar{x}}}$$

z = 평균으로부터의 거리, 표준오차 단위로 측정

$\bar{x}$ = 표본평균값

μ = 모집단 평균

$\sigma_{\bar{x}}$ = 표집분포의 표준오차, $\sigma/\sqrt{n}$

예제 EXAMPLE

Z-값

이 예제는 비행기의 비행시간을 모집단으로 하여, $\mu = 120.0$시간이고 $\sigma = 30.0$ 비행시간인 경우를 가정한다. 다음 확률을 계산하라.

풀이

두 가지 주의할 점:

1. 7장의 비행기 모집단을 그대로 이용한다. 7장에서는 개별 비행기 한 대에 대한 확률적 진술을 하였는데 여기서는 몇 대의 표본에서 구한 평균($\bar{x}$)에 대한 확률적 진술을 한다.
2. 7장에서는 개별 비행기로 구성된 모집단으로 하였다. 여기서는 표본의 평균($\bar{x}$) 값들로 된 모집단을 대상으로 한다.

36대를 표본으로 추출할 때, 비행기의 평균 비행시간이 128.0시간 이상 될 확률은?

앞에서도 계산하였지만 이 표집분포의 표준오차는 $\sigma_{\bar{x}} = 30.0/\sqrt{36} = 5.0$시간이다. 여기서는 표본평균 128.0시간에 대응하는 z-값을 계산한다.

$$z = \frac{\bar{x} - \mu}{\sigma_{\bar{x}}} = \frac{128.0 - 120.0}{5.0} = \frac{8.0}{5.0} = 1.60$$

표준정규분포표를 보면 $z = 1.60$까지의 누적확률은 0.9452이다. 곡선 아래의 전체 면적은 1.0000이므로 $\bar{x}$가 128.0 이상 될 확률은 $1.0000 - 0.9452 =$

0.0548이다(그림 8.2).

표준정규분포곡선 아래의 면적을 계산하는데 z-값을 이용하면 표본평균($\bar{x}$)에 관련된 여러 가지 확률을 계산할 수 있다. 예를 들면 크기가 $n = 36$인 표본에서 $P(123.0 \le x \le 129.0) = 0.2384$임을 계산하여 확인할 수 있을 것이다.

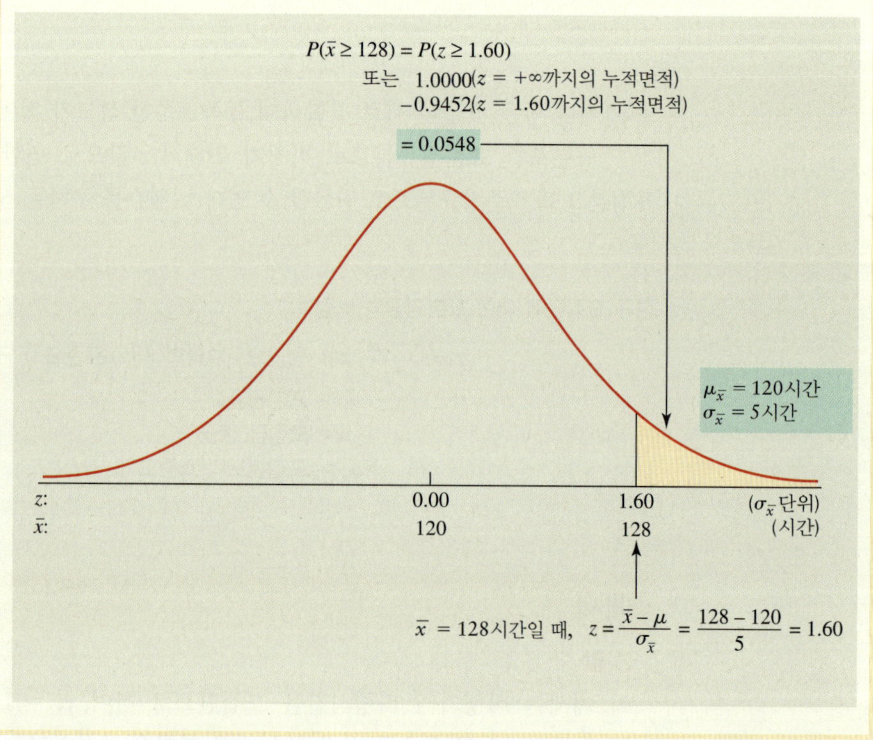

그림 8.2

비행기의 비행시간 모집단에서 추출한 n = 36인 단순임의표본에 대해서 표본평균이 128시간 이상 될 확률은 0.0548밖에 되지 않는다.

모집단이 정규분포가 아닐 때

모집단을 정규분포라고 가정하는 것이 불가능하거나 비현실적일 수도 있다. 왜냐하면 많은 경우 모집단이 정규분포로 되어 있지도 않거나 모집단의 실제 분포에 대한 정보가 없는 경우가 많기 때문이다. 그러나 표본의 크기가 충분히 크다면($n \ge 30$) 평균의 표집분포는 정규분포로 가정할 수 있다. 이는 다음의 **중심극한정리**(*central limit theorem*) 때문이다.

중심극한정리 : 크기가 충분히 큰 표본에서 구한 평균($\bar{x}$)의 표집분포는 평균이 $\mu_{\bar{x}} = \mu$이고 표준오차가 $\sigma_{\bar{x}} = \sigma/\sqrt{n}$인 정규분포에 근접하게 된다. 표본크기 n이 커짐에 따라 평균의 표집분포는 더욱 정규분포에 근접하게 된다.

그림 8.3에 있는 것처럼, 모집단의 분포가 어떤 모양이든지 상관없이 중심극한정리를 적용하면 표본을 정규분포에서 추출한 것처럼 생각하고 처리하면 된다.[2] 단 한

[2] 중심극한정리는 분산이 0이 아니면 어떤 분포에도 적용할 수 있다. 모집단의 분산이 0이면 표본평균은 항상 같은 값을 갖게 되고, 아주 희귀한 경우로 표본평균은 정규분포가 아니다.

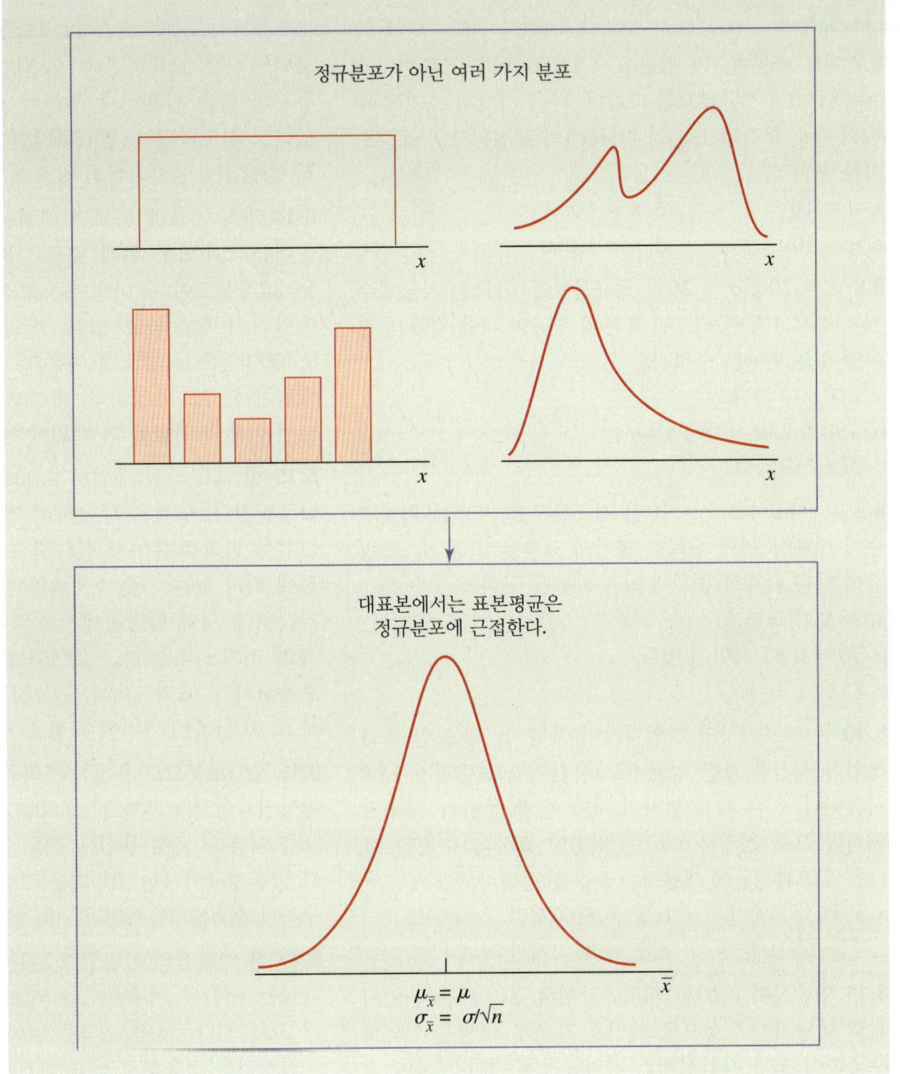

그림 8.3

모집단이 정규분포가 아닐 때에도 중심극한정리는 대표본의 경우 평균($\bar{x}$)의 표집분포는 거의 정규분포가 된다.

가지 조건은 표본의 크기가 충분히 커야 한다는 것이다. 9장에서는 σ를 알아야 한다는 조건을 고려할 것이다. 실제 적용에서는 $n \geq 30$이면 '충분히 큰 것(대표본)' 으로 간주한다. 중심극한정리의 정의에서 보듯이 표본의 크기가 커질수록 정규분포 근사 계산이 더욱 좋아진다. 이 장의 끝에 있는 눈으로 보는 통계 7과 8에는 공정한 주사위와 그렇지 않은 주사위를 사용하여 도출한 표집분포를 그래픽으로 보여준다.

중심극한정리는 통계적 추론이라는 개념의 기초가 된다. 중심극한정리를 이용하면, 모집단 분포에 대한 지식 없이 표본 자료만 가지고 모집단에 대한 결론을 도출할 수 있게 된다. 그러한 추론은 다음의 3개 장에서의 주요 내용이며, 그 이외에도 통계를 이용한 전사적 품질관리에 적용된다. 이 장의 도입부에서 소개된 삽화는 공정관리에 관한 것이었고, 이는 20장에서 더 자세히 다룰 것이다.

연습문제

8.7 어느 확률변수가 평균 $\mu = \$1,500$이고 표준편차가 $\sigma = \$100$인 정규분포를 따른다. 다음 각각의 크기에 대해서 단순 무작위 표본의 평균($\bar{x}$)의 표집분포의 표준오차를 구하라.

a. $n = 16$ b. $n = 100$

c. $n = 400$ d. $n = 1,000$

8.8 $\mu = 200$, $\sigma = 20$인 정규분포를 따르는 확률변수에 대해서 4개 원소로 된 표본의 평균이 다음 각각의 경우에 있을 확률을 구하라.

a. 210보다 크다.

b. 190과 230 사이에 있다.

c. 225보다 작다.

8.9 $\mu = 80$이고 $\sigma = 10$인 정규분포를 따르는 확률변수에 대해서 25개 항목을 뽑아서 표본을 만들 때 그 평균이 다음 각각의 경우에 있을 확률을 구하라.

a. 78보다 크다.

b. 79에서 85 사이에 있다.

c. 85보다 작다.

8.10 큰 제조공장의 작업자들이 작년 한 해 동안 초과 작업한 시간을 보면 평균 62.0시간이고 표준편차 15.0시간이다. x = '각 작업자의 지난 한 해 동안의 초과 작업시간' 으로 정의하고 $n = 36$명인 표본을 추출할 때, 다음의 표본평균에 대응하는 z-값을 정하라.

a. $\bar{x} = 55.0$시간 b. $\bar{x} = 60.0$시간

c. $\bar{x} = 65.0$시간 d. $\bar{x} = 47.0$시간

8.11 연습문제 8.10의 제조공장에서, 노조대표와 인사관리 담당자는 공동으로 작업자 가운데 36명을 임의로 추출하여 초과 작업정책과 작업규칙에 대한 토론에 참여시키기로 하였다. 추출된 36명에 대해서 초과 작업시간 평균이 65.0시간보다 작을 확률은? 55.0~65.0시간일 확률은?

8.12 Shirley Johnson은 내년도 선거운동을 앞두고, 지방정부의 예산부족을 메우기 위해서 재산세 인상을 주장하고 나서야 할지 모르는 상황이다. 그래서 그녀는 지역주민 중에서 주택소유자 40명을 선발하여 지역토론회를 개최하기로 하였다. 그 지역에는 10만 가구가 넘어 있는데 주택가격은 평균은 \$19만이고 표준편차는 \$5만이다. 지역토론회에 초청된 40명의 주택의 평균가격이 \$20만을 넘을 확률을 계산하라.

8.13 어느 산업용 크레인에는 4개의 전기모터가 함께 작동한다. 크레인이 제대로 작동하려면 4개 모터가 함께 작동해서 380마력 이상의 동력을 발휘해야 한다. 모터를 제작하는 엔지니어에 따르면 모터는 평균 100마력의 힘에 표준편차 10마력이다. 산업용 크레인에 새 모터 4개를 교체하였다. 안전담당 엔지니어는 모터가 충분히 힘을 발휘하지 못하여 사고의 위험이 있을 수 있다고 경고하였다. 필요하다면 추가적인 가정을 더 해서 안전담당 엔지니어의 경고가 합당한지 설명하라.

8.14 과거 자료에 따르면 대서양을 횡단하는 여객기의 승객들의 수화물 무게 평균은 80파운드이고 표준편차는 20파운드이다. 비행기는 만석으로 100명의 승객이 예약하여 탑승하고 있다. 파일럿은 만일 짐 무게가 8,300파운드를 넘으면 여분으로 연료를 500파운드 더 채워야 한다고 주장한다. 대서양 횡단 여객기의 몇 퍼센트가 여분의 연료를 더 채워야 하는가?

8.15 한 공구상점 체인은 5,000개의 전기드릴을 방금 납품받았다. 납품을 수납하기 전에 구매 담당자는 9개 드릴을 임의로 뽑아서 검사해 보고 평균 전력소모가 제품에 써어 있는 기준인 300와트를 넘으면 전체 납품을 기각한다. 구매 담당자에게는 알려져 있지 않지만, 납품 속의 전기드릴은 평균 295와트만큼 전력을 소모하고 표준편차가 12와트이다. 필요하면 더 추가적인 가정을 하고, 이 납품이 기각될 확률을 계산하라.

8.16 용접로봇으로 용접한 곳의 장력은 평균 1만 파운드/평방인치이고 표준편차는 800파운드/평방인치인 정규분포를 따른다. 로봇 용접한 곳을 임의로 4곳을 추출할 때 그 표본평균이 1만 200파운드/평방인치를 넘을 확률을 구하라. 9,900파운드/평방인치 이하일 확률을 구하라.

8.17 한 백화점의 카탈로그 주문 접수처에서 고객이 기다리는 시간은 지수분포를 따르는데 평균과 표준편차가 3.5분이다. 36명 고객을 임의로 추출하였는데, 중심극한정리를 적용해서 평균 대기시간이 4.0분을 넘을 확률을 계산하라.

8.18 미국에 사는 청소년 한 사람당 하루에 평균 80건의 문자 메시지를 보낸다고 조사되었다. 연습문제를 위해서 표준편차가 15.0건인 정규분포를 따른다고 가정한다. 임의로 청소년 10명을 골랐을 때, 하루에 모두 900건 이상의 문자를 보낼 확률을 계산하라(즉 한 사람당 90건의 문자에 해당한다). (출처: healthnews.com, May 27, 2009.)

8.19 미국의 일반병원에서 환자들의 입원일수는 평균 5.5일이다. 표준편차가 2.5일이라고 가정하고, 환자 50명을 단순임의표본으로 추출할 때, 평균 입원날짜수가 6.5일을 넘지 않을 확률을 계산하라. 만일 환자를 50명이 아닌 8명으로 추출한다고 하자. 이 문제에 답하기 위해서는 어떤 추가적인 가정이 필요한가? (출처: Bureau of the Census, *Statistical Abstract of the United States 2009*, p. 115.)

8.20 Newspaper Association of America의 조사에 의하면, 한 사람이 온라인 뉴스 사이트에서 기사 구독을 하는 시간이 평균 45분이라고 한다. 표준편차가 10분인 정규분포를 가정하고, 기사 구독을 하는 사람 30명을 표본으로 할 때, 이 표본의 평균 구독 시간이 최소한 40분일 가능성은? (출처: niemanlab.org, July 17, 2009).

8.4 비율의 표집분포

앞에서도 언급하였지만, n번 시행을 관찰하는 표본에서 성공하는 횟수의 비율은 다음과 같다.

$$\text{표본비율} = p = \frac{\text{성공횟수}}{\text{시행횟수}} = \frac{x}{n}$$

$n\pi$와 $n(1-\pi)$가 동시에 5 이상인 경우 정규분포로서 이항분포의 근사계산을 하는 예제를 7장에서 소개하였다. 이 조건이 만족되고 표본관찰을 아주 많이 반복하게 되면 비율(p)의 표집분포는 정규분포에 가까워진다. n이 아주 크고 π가 0.5에 가까울수록 이 근사계산은 더욱 좋아진다.

평균($\bar{x}$)의 표집분포와 마찬가지로 비율(p)의 표집분포도 평균과 표준오차를 가지게 된다. 또 표본의 크기가 클수록 표준오차는 점점 작아진다. 단순임의 표본에서 비율의 표집분포는 다음과 같다.

비율(p)의 표집분포:

$$\text{평균} = E(p) = \pi$$

$$\text{표준오차} = \sigma_p = \sqrt{\frac{\pi(1-\pi)}{n}}, \quad \pi = \text{모집단의비율}$$

$$n = \text{표본크기}$$

수어신 p값에 내한 z-값:

$$z = \frac{p-\pi}{\sigma_p}, \quad p = \text{표본비율 값}$$

예제 EXAMPLE

비율과 표집분포

인구통계국에 따르면 오클라호마주에 거주하는 성인의 85.2%가 고등학교를 졸업하였다.[3]

풀이

오클라호마주에 거주하는 성인 중에서 무작위로 200명의 표본을 추출하면 그 중에서 80% 이하가 고졸일 확률은? (즉 p ≤ 0.800일 확률)

비율의 표집분포의 기대값은 $\pi = 0.852$이다. 이것과 표본크기 $n = 200$을 이

[3] 출처: Bureau of the Census, *Statistical Abstract of the United States 2009*, p. 149.

용하면 표집분포의 표준오차를 계산할 수 있고, 표본비율 $p = 0.800$에 대응하는 z-점수를 계산할 수 있다.

$$표준오차 = \sigma_p = \sqrt{\frac{\pi(1 - \pi)}{n}} = \sqrt{\frac{0.852(1 - 0.852)}{200}} = 0.0251$$

$$z = \frac{p - \pi}{\sigma_p} = \frac{0.800 - 0.852}{0.0251} = -2.07$$

표준정규분포표를 이용하면 $z = -2.07$까지의 누적확률은 0.0192이다. 그림 8.4에 있는 것과 같이 200명 중에서 고등학교 졸업자의 비율이 80%를 넘지 않을 확률은 0.0192이다.

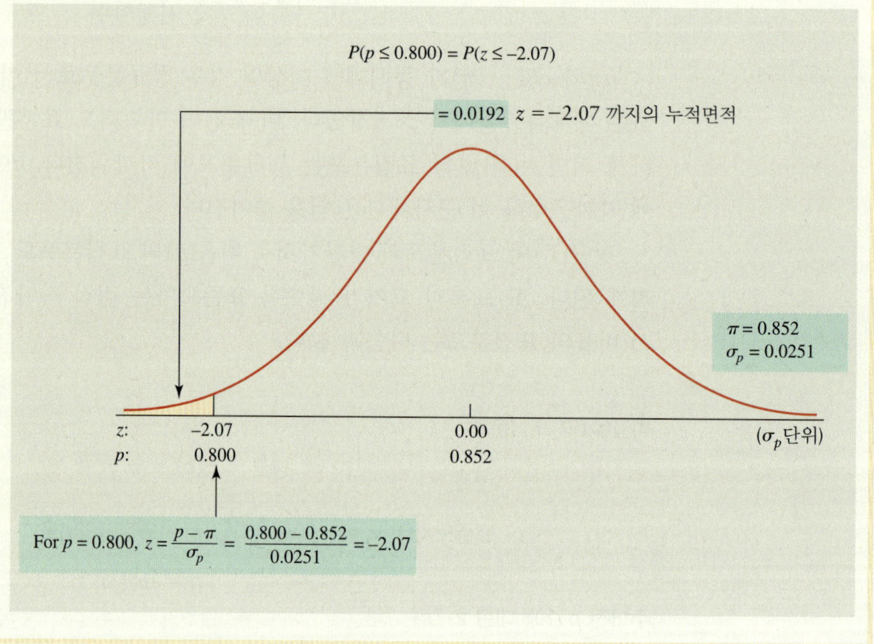

그림 8.4

오클라호마주의 성인 거주민의 모집단에서 고졸자의 비율(π)은 0.851이라고 추정할 경우, 200명의 성인을 뽑은 표본에서 고졸자의 비율이 80%를 넘지 않을 확률은 0.0217이다.

NOTE

이항분포는 이산적이고 정규분포는 연속적이지만, 여기서는 연속성 수정(continuity correction)을 하지 않았다. 7장에서 설명하였지만 표본크기가 크고 성공횟수가 큰 값을 가지면 연속성 수정은 큰 차이를 주지 않는다. 비율의 표집분포를 대상으로 할 때에는 보통 표본크기를 매우 큰 것으로 가정하기 때문에 연속성 수정을 하지 않는다.

연습문제

8.21 Federal Reserve System의 조사에 의하면, 미국 가정의 46%는 신용카드 빚을 지고 있다고 한다. 크기 $n(n > 30)$의 단순임의표본에서, p = '표본에서 카드 빚을 지고 있는 가정의 비율'이라고 할 때 이의 표집분포를 설명하라. (출처: *Statistical Abstract of the United States 2009*, p. 719)

8.22 연습문제 8.12의 Shirley Johnson은 공화당 소속 정치인이다. 투표자등록부를 보면 그 지역의 주택소유

주민 60%가 공화당 소속이다. 지역주민 토론회에 단순 임의로 초청된 40명 주택소유주 표본에 대해서 p = '공화당 소속 비율' 이라고 할 때의 표집분포를 설명하라.

8.23 $\pi = 0.4$인 이항 모집단에서 추출된 $n = 300$인 단순임의표본이 있다. p = '성공비율' 로 정의할 때 다음 확률을 계산하라.

a. $P(p \geq 0.35)$

b. $P(0.38 \leq p \leq 0.42)$

c. $P(p \leq 0.45)$

8.24 $\pi = 0.6$인 이항 모집단에서 추출된 $n = 200$인 단순임의표본이 있다. p = '성공비율' 로 정의할 때 다음 확률을 계산하라.

a. $P(0.50 \leq p)$

b. $P(0.65 \leq p \leq 0.70)$

c. $P(\mathrm{p} \geq 0.70)$

8.25 구매담당자로 일하는 미국 근로자 40%는 여성인 것으로 보고되었다. 구매담당자 중에서 추출한 표본 200명 중 70명이 여성이라고 하자. 이 정보를 가지고 다음을 계산하라. (출처: Bureau of the Census, *Statistical Abstract of the United States 2009*, p. 384.)

a. 모비율은 무엇인가?

b. 표본비율은 무엇인가?

c. 표본비율의 표준오차는 무엇인가?

d. 비율의 표집분포를 볼 때, 이 크기의 표본에서 구한 표본비율이 (b)에서 구한 표본비율보다 작지 않을 확률은?

8.26 Investment Company Institute의 조사에 의하면, 미국 가정의 40%는 개인 퇴직 계좌(IRA)를 소유하고 있다. 임의로 400 가정을 고르고, 모집단 비율이 $\pi = 0.40$이라고 하자. (출처: Investment Company Institute, *2008 Investment Compay Fact Book*, p. 87.)

a. p = '표본에서 IRA를 소유하고 있는 가정의 비율' 의 값은?

b. 비율의 표집분포의 표준오차는 무엇인가?

c. 표본의 35% 이상이 IRA를 소유하고 있을 확률은?

d. 표본의 38%에서 45% 사이의 가정이 IRA를 소유하고 있을 확률은?

8.27 러닝슈즈를 택배로 판매하는 한 가게에서, 신규고객에게 판 신발 중에서 크기가 맞지 않거나 발에 안 맞아서 20%는 반품된다. 100명의 회원을 가진 한 조깅 클럽에서 단체로 이 가게에 주문을 하였다. 가게의 단체 주문 담당자는 한 가지 약속을 하였다. 만일 반품되는 것이 10켤레 이상 되면 다음 오더에서 15% 할인을 해주기로 하였다. 그 클럽에서 다음 주문에서 15% 할인을 받을 확률을 계산하라.

8.28 Temployee는 산업계에서 인력요청이 오면 인력을 공급해 주는데, 요청하는 인력의 58%는 Excel 기능을 요구하였다. Temployee는 현재 Excel 기능을 보유한 인력을 25명 확보하고 있다. 다음 번 인력요청이 50명이라면 Excel기능 인력요청에 비해 보유인원이 부족할 확률을 계산하라.

8.29 한 교육청에 소속된 학교에 통학버스를 운행해주는 운전수의 결근율은 최근 5%이다. 지난 몇 달 동안 운전수 노동조합과 학교교육청은 새 계약조건을 협상해왔다. 몇 가지 쟁점에서 협상이 난항을 겪으면서 지난 번 계약의 유효시간이 6개월이 지났다. 어제 협상에서는 서로 욕설까지 오고 갈 정도였다. 오늘 아침에는 400명의 운전수 중에서 15%인 60명이 아침에 병으로 결근을 통보해 왔다. 학교교육청은 노동조합을 파업혐의로 비난하고, 노동조합은 단지 평소보다 좀 더 많은 사람이 병으로 결근한 것을 가지고 협상에서 이득을 보려고 이용한다고 응수하였다. 과거의 결근율에 비추어 볼 때 결근율이 15% 이상이 될 확률을 구하라. 학교 교육청의 주장과 노동조합의 주장에 대해서 설명하라.

8.30 Federal Trade Commission(FTC)에 따르면, 제품 중 3.4%가 계산대에서 틀린 가격으로 처리되는 것으로 나타났다. 어느 한 지역에 있는 소비자문제 담당자가 그 지역에 있는 Wal-Mart의 소비자들을 조사한 결과, 600개 물건 중에서 15개가 계산대에서 가격을 잘못 처리한 것으로 나타났다. 오류 비율은 2.5%였다 . Wal-Mart의 오류 비율이 FTC가 조사한 오류 비율과 같다고 가정하고, 수행된 조사연구에서 오류 비율이 2.5%를 넘지 않을 확률을 계산하라. 표본의 조사결과에 비추어 볼 때 Wal-Mart의 오류 비율이 다른 쇼핑점과 같은지 설명하라. (출처: nist.gov, July 17, 2009.)

8.5 모집단이 유한할 때의 표집분포

모집단 크기가 유한하고(finite) 한 번 추출한 것을 다시 되돌리지 않으면(비복원추출), 지금까지 공부한 것들을 약간 수정해야 된다. 수정 목적은 표집분포의 표준오차의 올바른 값을 구하기 위한 것이다. 예를 들면 모집단 크기가 1,000명인 데서

990명을 추출하는 것을 생각해보면, 표본이 모집단 원소를 거의 다 포함하기 때문에 실질적으로 표집오차(sampling error)가 거의 없기 때문에 수정이 필요하다.

표본평균($\bar{x}$)이든 표본비율(p)이든 꼭 같은 수정항(correction factor)을 곱한다. 이 수정값은 표본크기(n)와 모집단크기(N)에 달려 있는데, 대체적인 룰은 표본이 모집단 크기의 5% 이상이면 적용한다. $n < 0.05N$이면 수정효과는 거의 없다.

- 유한 모집단에서 비복원추출을 할 때 평균의 표준오차:

$$\sigma_{\bar{x}} = \frac{\sigma}{\sqrt{n}} \cdot \sqrt{\frac{N-n}{N-1}}, \quad n = \text{표본크기}$$

N = 모집단 크기

σ = 모집단 표존편차

- 유한 모집단에서 비복원추출을 할 때 비율의 표준오차:

$$\sigma_p = \sqrt{\frac{\pi(1-\pi)}{n}} \cdot \sqrt{\frac{N-n}{N-1}}, \quad n = \text{표본크기}$$

N = 모집단크기

π = 모집단비율

위의 두 개 식에서 두 번째 곱한 항을 **유한 모집단 수정항(finite population correction factor)**이라고 한다. 수정항은 표본의 상대적 크기에 따라 표준오차의 값을 줄여준다.

예제 EXAMPLE

유한 모집단

최근 한 해 동안 남아메리카에서 수입된 승용차 629대 가운데 117대가 Volvo 차였다. 그 해에 수입된 승용차 가운데 300대를 무작위로 추출하였다.

풀이

이 표본에서 Volvo 차가 적어도 15% 차지할 확률은?

수입차 629대 가운데 Volvo 차의 모집단 비율은 $\pi = 117/629 = 0.186$이다. 표본크기($n = 300$)가 모집단의 5% 이상이므로 유한 모집단 수정항을 표준오차를 계산할 때 곱해 주어야 한다.

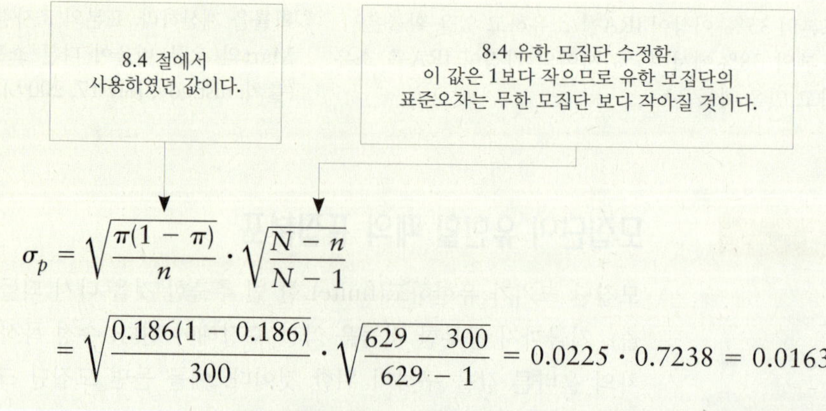

$$\sigma_p = \sqrt{\frac{\pi(1-\pi)}{n}} \cdot \sqrt{\frac{N-n}{N-1}}$$

$$= \sqrt{\frac{0.186(1-0.186)}{300}} \cdot \sqrt{\frac{629-300}{629-1}} = 0.0225 \cdot 0.7238 = 0.0163$$

여기서 수정항이 역할을 제대로 하는 것을 알 수 있다. 유한수정항을 곱한 후의 표준오차는 무한모집단일 때의 표준오차의 72.38%에 해당한다(그만큼 작아졌다). $\sigma_p = 0.0163$을 구했으니 이것을 이용하여 $p = 0.15$에 해당하는 z-값을 계산하면,

$$z = \frac{p - \pi}{\sigma_p} = \frac{0.15 - 0.186}{0.0163} = -2.21$$

표준정규분포표를 이용하면 $z = -2.21$까지의 누적확률은 0.0136이다. 표준정규분포곡선 아래의 면적은 1.0000이므로 표본에서 적어도 15%가 Volvo일 확률은 $1.0000 - 0.0136 = 0.9864$이다.

표본평균에 대한 문제를 다룰 때에도 유한 모집단 수정을 적용한다. 표본비율에서와 마찬가지로 수정한 값은 항상 1.0보다 작으며 표준오차값을 줄여준다. 이 경우도 $n < 0.05N$이면 수정효과는 거의 없다. 극단적인 예를 들면 $n = 100$이고 $N = 2000$이면 수정항은 0.975가 되는데 표준오차를 수정해도 모집단이 무한대인 경우와 거의 같은 값을 갖는다.

연습문제

8.31 유한 모집단(*finite population*)이 뜻하는 바는 무엇인가? 그것이 평균이나 비율의 표집분포에 미치는 영향은 무엇인가?

8.32 평균이나 비율의 표집분포를 기술할 때 유한 모집단 수정은 어떤 경우에 사용하는 것이 바람직한가?

8.33 모집단의 크기가 아주 크거나 무한대일 때와 비교한다면, 유한 모집단 수정은 표준오차의 값에 어떤 영향을 미치는가?

8.34 크기가 500인 모집단의 평균이 $\mu = \$1,000$이고 표준편차는 $\sigma = \$400$이다. 크기 $n = 200$인 표본을 복원하지 않고 추출하였을 때, 표본평균의 표집분포를 설명하라.

8.35 시 산하에 있는 한 조직에는 회원이 200명인데 그들의 평균소득이 $58,000이고 표준편차는 $10,000이다. $n = 30$인 단순임의표본을 추출하여 기금조성운동에 참여하도록 하였다. 기금조성그룹의 평균소득이 $60,000을 넘을 확률을 계산하라.

8.36 벨기에에 있는 217개 공항 가운데 132개는 활주로가 포장이 되어 있다. 단순임의로 50개 공항을 추출할 때 그 중에 적어도 22개가 포장되어 있을 확률은? (출처: General Aviation Manufacturers Association, *General Aviation Statistical Databook, 2008 Edition*, p. 48)

8.37 한 회사의 수납부서에서 발전기 300개를 방금 납품받았는데 그 중 20%는 불량이다. 품질검사부서에서는 40개를 표본으로 뽑아서 그 중 15% 또는 그 이상이 불량이면 납품 전체를 반송하도록 지시를 받았다. 이번 납품이 반송될 확률을 계산하라.

8.6 표집분포의 컴퓨터 시뮬레이션

컴퓨터를 이용해서 모집단이나 확률분포에서 단순임의표본 추출을 시뮬레이션해 볼 수 있다. 「컴퓨터 솔루션 8.1」은 Excel을 이용해서 평균이 4인 포아송 확률분포로부터 단순임의표본을 생성하는 과정을 보여준다. 그림 8.5의 (a)는 표본추출을

시뮬레이션해 보면 포아송 분포가 연속도 아니고 대칭형도 아닌 것을 보여준다. (b)는 크기가 5인 표본을 Excel로 200개 추출하여 그 표본평균의 분포를 보여준다. (c)에서는 $n = 30$인 표본 200개를 보여준다. 표본평균의 분포가 더 좁아지고 더욱 정규분포에 가까워진 것을 알 수 있다.

그림 8.5의 (a)에서의 확률분포는 평균이 4.0이다. 포아송 분포이기 때문에 분산도 4.0이고 표준편차는 분산의 양의 제곱근인 2.0이다. 중심극한정리에 따르면 이 모집단에서 추출한 $n = 30$인 분포의 평균은 4.0이고 표준오차는 $\sigma/\sqrt{n} = 2.0/\sqrt{30} = 0.365$ 가 되어야 한다. (c)에 있는 표본 200개는 평균이 4.009이고 표준오차는 0.3759인데 중심극한정리에서의 이론적인 값에 매우 가깝다는 것을 알 수 있다.

컴퓨터 솔루션 8.1

Excel을 이용한 컴퓨터 시뮬레이션과 표집분포 그리기

평균 = 4.0인 포아송 분포에서 200개 표본을 추출하는 시뮬레이션 과정을 보여준다. 첫 번째 시뮬레이션은 표본크기가 *n* = 5인 경우이다. 두 번째 시뮬레이션은 표본크기가 *n* = 30인 경우이다. 그림 8.5는 시뮬레이션 결과를 디스플레이한 것이다.

EXCEL

1. 새 Excel 시트를 연다. **데이터** 리본의 오른쪽 메뉴 부분에서 **데이터분석**을 클릭하고 **난수생성**을 클릭한다. **확인**을 클릭한다.
2. **변수의 개수** 상자에 **5**를 입력하고, **난수의 개수** 상자에 **200**을 입력한다. **분포** 상자에서 **포아송 분포**를 선택하고, **평균율** 상자에 **4.0**을 입력한 후, **출력범위**를 선택하여 **A2**를 입력한다. 각 표본이 열로 되어 있는 200개 표본이 A2:E201에 발생된다.
3. 셀 **F2**를 클릭해서 **= AVERAGE(A2:E2)**를 입력하고, F2를 F201까지 복사한다(셀 **F2**에서 마우스를 오른쪽 아래 모서리에 위치시켜 '+'가 나타날 때 마우스를 누른 채 밑으로 끌어내린다). **F1**에 **Means**라고 입력한다.
4. 셀 **G2**를 클릭해서 **= AVERAGE(F2:F201)**을 입력하여, 표본평균의 평균을 계산한다. 셀 **H2**를 클릭해서 **= STDEV(F2:F201)**을 입력하여 표본평균의 표준편차를 계산한다.
5. 히스토그램을 다음 절차로 만든다. 셀 **J1**에 **Bin**이라고 라벨을 입력한다. **J2**에 **1.0**을 입력하고, **J3**에 **1.2**를 입력한 후, **J2:J3**를 마우스로 선택한 후 마우스를 오른쪽 아래 모서리에 위치시켜 '+'가 나타날 때 마우스를 누른 채 밑으로 끌어내린다. 그러면 **J32**에 **7.0**이 입력된다.
6. **데이터** 리본의 오른쪽 부분에서 **데이터분석**을 클릭한다. **도구**에서 **히스토그램**을 클릭한다. **입력범위(I)**에 **F1:F201, 계급구간(B)**에 **J1:J32**를 입력하고 **이름표(L)**를 체크한다. **출력범위**에 **K1**을 입력하고, **차트출력(C)**을 체크한 후, **확인**을 클릭한다(히스토그램의 bar 간의 빈 간격을 없애려면, bar 중 하나에 오른쪽 클릭한 후, **'데이터계열 서식'** 대화창에서 옵션으로 가서 **간격너비**를 0으로 한다).
7. 표본크기 *n* = 30으로 하려면 1~6의 과정을 반복하되, 변수의 개수를 30으로 한다. 그러면 표본값이 A에서 AE까지에 발생된다.

그림 8.5

모집단은 평균 = 4.0인 포아송 분포이지만, Excel로 추출한 표본이 커질수록 표본평균($\bar{x}$)은 점점 정규분포에 가까워진다. (b), (c)는 컴퓨터 솔루션 8.1에서 설명한 Excel 과정으로 그린 것이다.

(a) 평균이 4.0인 포아송 분포의 분포 모양

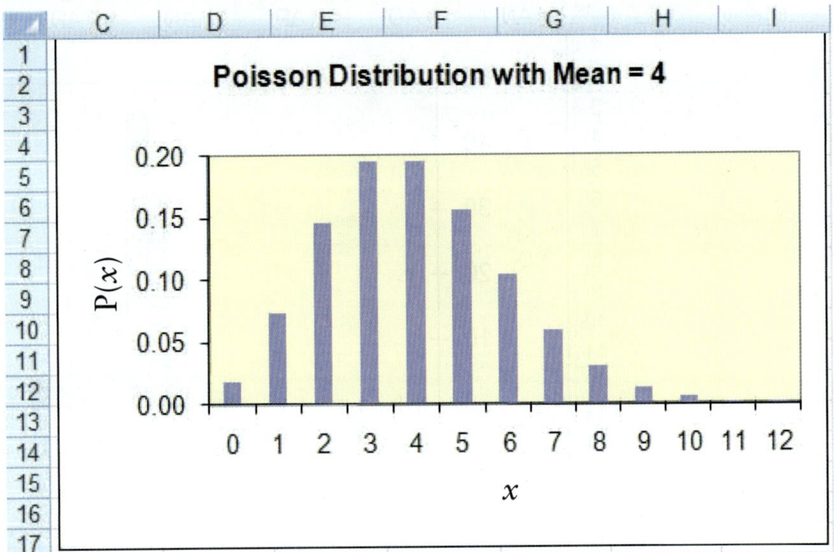

(b) n = 5인 표본을 200개 시뮬레이션할 때 표본평균의 분포

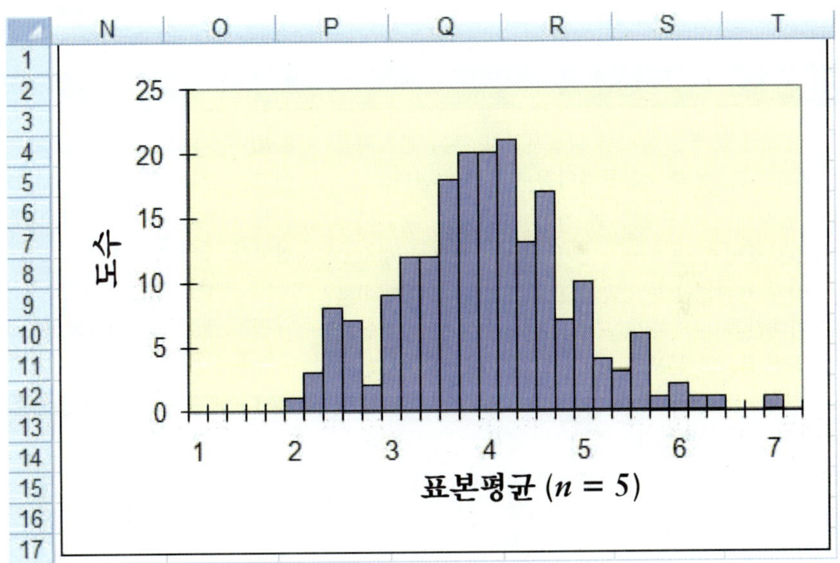

그림 8.5 (계속)

(c) $n = 30$인 표본을 200개 시뮬레이션할 때 표본평균의 분포

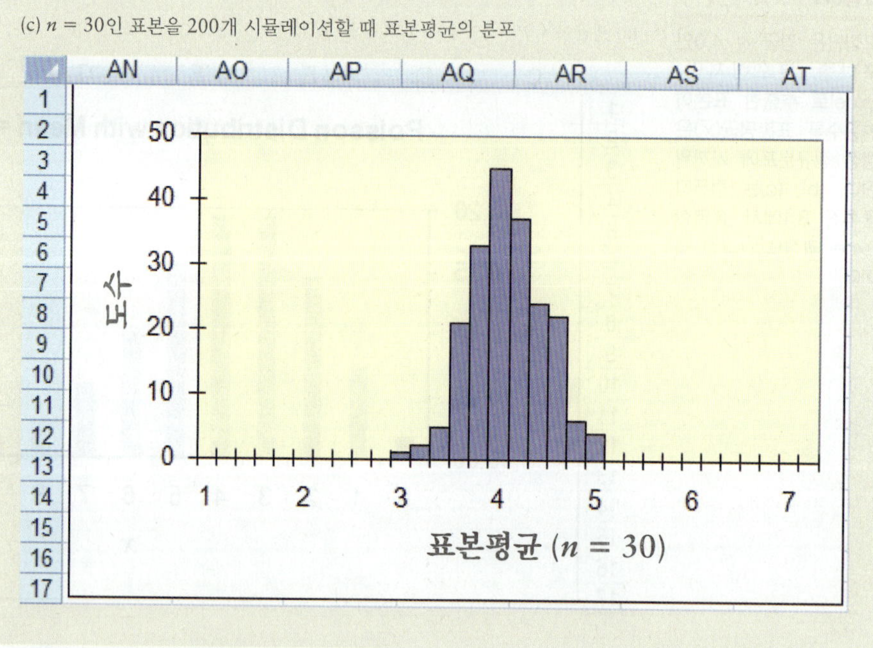

연습문제

참고: 다음의 문제를 풀려면 확률분포로 부터 관측치를 생성할 수 있는 통계 소프트웨어를 사용해야 한다.

8.38 「컴퓨터 솔루션 8.1」과 같은 방법으로, 평균이 6인 지수분포에서 크기 $n = 2$인 표본을 150개 생성하라. 150개 표본평균의 평균과 표준편차를 구하고 이론적인 기대값과 비교하라. 모집단분포의 특성을 감안한다면, 표본평균의 분포가 정규분포와 비슷해진다고 예상할 수 있는가? 표본평균의 히스토그램을 그리고 분포 모양에 대해서 설명하라.

8.39 $n = 30$인 표본을 생성해서 연습문제 8.38을 반복하라.

8.40 「컴퓨터 솔루션 8.1」과 같은 방법으로, 평균이 80이고 표준편차가 20인 정규분포에서 크기 $n = 4$인 표본을 150개 생성하라. 150개 표본평균의 평균과 표준편차를 구하고 이론적인 기대값과 비교하라. 모집단분포의 특성을 감안한다면, 표본평균의 분포가 정규분포와 비슷해진다고 예상할 수 있는가? 표본평균의 히스토그램을 그리고 분포 모양에 대해서 설명하라.

8.41 $n = 30$인 표본을 생성해서 문제 8.40를 반복하라.

8.7 요약

표본평균과 표본비율은 확률변수이다

앞에서 공부한 2개 장에서는 이산변수와 연속변수로 된 모집단의 확률분포를 공부하였다. 이 장의 학습목표는 표본평균($\bar{x}$)과 표본비율 (p)이 어떤 분포경향을 보이는지 검토하고 앞으로 공부할 추론통계학의 기초를 다지는 것이다. 추론통계학은 표본정보를 이용해서 모집단에 관한 결론을 추론해 내는 것이다.

표본평균과 표본비율에 대한 표집분포

동일한 모집단으로부터 동일한 크기의 표본을 무수히 많이 반복해서 끄집어낸다면 그 결과는 각각 다른 값의 무수히 많은 표본평균($\bar{x}$)이나 표본비율(p)을 얻게 된다. 이 과정에서 표본평균이나 표본비율의 표집분포(sampling distribution)가 생기게 되고 표본평균이나 표본비율 그 자체를 새로운 또 하나의 관심대상인 확률변수로 간주할 수 있다. 표집분포의 표준편차는 표집분포의 표준오차(standard error)라고 부르며, 표본의 크기가 커질수록 표집분포의 표준오차는 점점 작아지게 된다.

중심극한정리

모집단이 정규분포이면 거기서 추출된 표본평균의 표집분포도 정규분포를 따른다. 중심극한정리는 모집단의 값들이 어떻게 분포하는지 상관없이 큰 표본($n \geq 30$)의 평균($\bar{x}$)의 표집분포는 근사하게 정규분포를 이루고 표본이 크면 클수록 더욱 정규분포에 가까워진다는 것을 말한다. 또 $n\pi$와 $n(1-\pi)$가 ≥ 5이면 정규분포를 이용해서 이항분포를 근사계산할 수 있으며, 비율의 표집분포도 정규분포에 근사해지고 n이 커지고 π가 0.5에 가까워질수록 근사계산이 더욱 좋아진다.

z-값을 이용하면 정규분포를 표준정규분포로 전환할 수 있는 것처럼 정규 표집분포를 표준정규분포로 전환하여 표본평균이나 표본비율에 관련된 확률을 계산할 수 있다.

모집단에 비해 표본의 크기가 큰 경우

유한 모집단에서 되돌림 없이 표집을 하는 경우는 표준오차를 계산하기 위해서는 유한 모집단 수정을 해 주어야 한다. 수정의 목적은 모집단 크기에 따라 표본의 크기가 차지하는 비중을 고려해서 표준오차를 줄여주기 위한 것이다. 대체적인 룰은 표본이 모집단의 1/20 이상을 차지하면 수정항을 곱해주는 것이다.

컴퓨터를 이용해 중심극한정리를 확인하기

컴퓨터의 통계기능을 이용하면 어떤 분포에서 단순임의표본을 생성할 수 있다. 이 장(章)에서는 Excel을 이용해서 중심극한정리를 보여주었는데, 비정규분포 모집단 생성된 표본 평균의 분포가 표본 크기가 커질수록 더욱 정규분포에 근접하는 것을 보았다.

단원 연습문제

8.42 연습문제 8.43의 상황에 대하여, 등록된 투표자 중에서 실제로는 49%만이 제 1 상대후보에 비해서 우리 측 후보를 지지한다고 가정하자.

a. 만일 선거운동 매니저의 주장이 사실이라면 추출된 표본에서 우리 측 후보를 지지하는 비율이 49%를 넘지 않을 확률을 계산하라.

b. (a)의 답을 근거로 해서, 선거운동 매니저의 주장이 잘못되었을 가능성을 추측하라.

8.43 선거운동 책임자는 등록된 투표자 중에서 우리 측 후보가 제 1 상대후보에 비해서 55% 지지를 받고 있다고 주장한다. 이 주장이 옳다고 가정하고 투표자 300명을 뽑은 단순임의표본에서 적어도 60%가 우리 측 후보를 지지할 확률을 구하라.

8.44 주어진 표본크기에 대해서, 표본평균의 표준오차는 10 g이다. 다른 요인에는 변함이 없다면, 표준오차가 5 g이 되려면 표본크기가 얼마나 커져야 하는가?

8.45 어떤 생산기계가 있는데, 조정을 정확하게 하면 제품 한 개를 만드는데 평균 25초가 걸리고 표준편차는 3초이다. 크기 $n = 36$인 단순임의표본을 추출한 결과 제품 한 개당 생산시간의 평균이 26.2초이다.

a. 표본평균 26.2초에 해당하는 z-값을 계산하라.

b. 이 기계가 정확히 조정되었다면, 같은 크기의 표본의 평균이 26.2초 이상 될 확률을 구하라.

c. 문제 (b)의 확률을 볼 때, 이 기계가 정확히 조정이 된 것으로 볼 수 있는가? 설명하라.

8.46 고등학교 수학과목에서 학생들에 부과한 과제로서 학생 4명에게 유명회사의 시리얼을 4 박스를 구입해서 그 무게를 재서 표시되어 있는 12온스와 일치하는지 비교하게 하였다. 4명의 학생은 결과를 보고 놀랐다. 무게 평균이 11.5온스였기 때문이었다. 그들은 시리얼회사의 고객상담실에 편지를 했는데 답장은: "'12온스' 박스에는 평균 12.2온스, 표준편차 0.4온스의 시리얼이 있습니다. 박스별로 시리얼 양은 조금씩 다를 수 있습니다. 여러분이 사용한 표본의 크기는 매우 작아서 평균 무게가 11.5온스가 된 것입니다." 만일 고객담당자의 정보가 정확하다면, 학생들이 얻은 표본시리얼의 평균이 그만큼 작게 나오는 것이 얼마나 이상한(특이한) 것인지 설명하라. 그 설명에 필요한 가정이 있으면 명시하라.

8.47 한 텔레마케팅회사의 과거경험에 의하면 가능성이 있는 고객에게 전화를 걸면 평균 2분, 표준편차 1.5분 시간이 걸린다. 통화시간의 분포는 양의 방향으로 늘어져 있는데(skewed), 흥미가 없는 고객은 금방 끊지만 가능성이 있는 고객은 통화가 길어지기 때문이다. Albert는 내일 220곳의 고객에게 전화를 걸도록 할당받았으며 하루 8시간 일을 한다. 그에게 할당된 고객이 단순임의표본이라고 간주하면, Albert가 자신의 할당목표를 초과달성할 확률을 계산하라.

8.48 여행용 알람시계를 제조하는 한 회사는 자사의 시계는 한 달 동안의 오차의 평균이 30초이고 표준편차가 10초라고 주장하고 있다. 소비자매거진의 한 엔지니어가 그 회사의 시계 40개를 구입해서 조사해 보니, 한 달간 오차의 평균이 정확한 시간에 비해 34초였다.

a. 제조회사의 주장이 옳다고 가정하면($\mu = 30$, $\sigma = 10$초), 정확한 시계에 비해 오차평균이 34초 이상이 될 확률은?

b. (a)의 답을 근거로 제조회사의 주장이 옳지 않을 가능성이 있는가?

8.49 H&R Block이 연말소득 정산보고서를 작성해주는 데 평균수수료가 \$187이다. 수수료의 표준편차를 \$60으로 가정하고, 모집단 분포 모양에 대해서는 전혀 모르고 있다고 가정한다. (출처: hrblock.com, July 14, 2009.)

a. H&R Block 고객 5명을 추출할 때 그들의 수수료의 평균이 \$170보다 작을 확률을 계산하고자 한다. 표준정규분포를 이용하려면 어떤 가정이 더 필요한가?

b. 36명의 고객에 대한 평균수수료가 \$170보다 작을 확률을 계산하라. 이 때 중심극한정리는 무슨 역할을 하는가?

8.50 과거 경험에 비추어 볼 때 회사의 판매원이 고객과 접촉하면 20%는 판매에 성공하였다. Charlie는 100명의 잠재적 고객과 접촉하였는데 판매는 10건에 불과하였다. Charlie가 접촉한 잠재고객은 판매원 누구나 접촉할 수 있는 단순임의표본이라고 가정하고 다음에 답하라.

a. 표본의 비율 p = '판매에 성공한 비율' 은 얼마인가?

b. 이 크기의 단순임의표본에서 $p \le 0.10$일 확률을 계산하라.

c. (b)의 계산결과를 볼 때, Charlie가 "그날은 운이 나빴어"라고 하는 말을 인정할 수 있는가?

8.51 이산확률변수에 대한 무한모집단의 확률분포가 다음과 같다.

x	0	1	2	3
$P(x)$	0.2	0.1	0.3	0.4

a. x의 평균과 표준편차를 찾아라.

b. 크기 $n = 2$인 가능한 모든 표본에 대해서 그 평균을 계산하라.

c. (b)에서 구한 각각의 표본에 대해서 그 표본이 추출될 확률을 구하라.

d. (b)와 (c)를 종합하여 평균의 표집분포를 기술하라.

8.52 어느 주식회사 본사에 근무하는 사원은 평균 240주, 표준편차 40주의 본사주식을 보유하고 있다. 5명 사원을 표본으로 추출해서 그 평균에 대해서 $P(\bar{x} \ge 220)$을 표준정규분포를 이용해서 계산하려면 어떤 가정이 필요한가?

8.53 2000년 인구조사에서 6가구 중 1가구꼴로 '긴 설문지조사' 를 작성하는데 그 속에는 직업, 소득 뿐 아니라 심지어는 목욕욕조가 있는지까지 조사하는 52개 문항이 있었다. 미국 센서스사무국에 따르면 그 문항에 모두 답하는 데 평균 38분이 걸린다. 표준편차를 5분으로 가정하고 50명을 임의로 추출하면 그 문항에 모두 답하는 데 걸리는 시간의 평균이 45분 이상 될 확률을 계산하라. (출처: Haya El Nasser, "Census Forms Can Be Filed by Computer," *USA Today*, February 10, 2000, p. 4A.)

8.54 매릴랜드 주에서 법학대학원 졸업생이 변호사시험(bar exam)에 합격하는 전체적인 비율은 76%라고 보고 되었다. 매릴랜드 주의 한 법학대학원의 최근 졸업생 400명이 매릴랜드 주 변호사시험에 응시하였는데 60%

만 합격하였다. 이 법학대학원의 학장은 자신의 대학의 학생들이 다른 대학생들과 마찬가지로 우수하며 이번에 합격률이 낮은 것은 '언제나 일어나는 통계적 변동'에 불과하다고 하였다. 만일 이 대학의 시험합격률이 다른 대학과 마찬가지로 76%라고 한다면, 단순임의표본인 400명의 응시자의 합격률이 60%또는 그 이하가 될 확률은 얼마가 될 것인지 계산하라. 이 확률을 근거로 학장의 설명이 옳은지 판단하라. (출처: *U.S. News & World Report*, *Best Graduate Schools, 2010 Edition*, p. 22.)

8.55 한 지역에 투표자로 등록한 사람 가운데 70%가 민주당원이다. 시장은 등록된 투표자 가운데 20명을 단순임의로 추출하여 공원시설과 주차시설에 대한 정책을 수립하기 위해서 자문그룹을 구성하려고 한다. 그 위원회의 구성에서 민주당원이 50%를 넘지 않을 확률을 구하라.

8.56 한 조명설비 공급자는 자신의 백열등의 수명이 평균 2,000시간, 표준편차 100시간인 정규분포를 따른다고 말하고 있다. 한 까다로운 고객이 주문을 확정하기 전에 수명테스트를 해 보자고 제안해 왔다. 고객의 구매부서에서는 16개 백열등을 테스트해서 그 평균수명이 2,050시간 이상이면 주문을 하겠다고 한다. 공급자의 수명정보와 고객의 테스트를 감안해서, 이 공급업자가 주문계약을 받게 될 확률을 구하라.

8.57 지난달 어느 자동차 딜러가 판매한 500대 차량 가운데 200대가 제조자 리콜로 수리작업이 필요하였다. 지난달 판매한 차량 중에서 n = 50대를 단순임의로 추출할 때, 리콜 차량이 15대를 넘지 않을 확률을 계산하라.

8.58 초감각적 인식에 대한 연구를 하기 위해서, 연구자는 두 사람을 다른 장소에 있게 하고 A('송신자')에게 일련의 시각적 영상을 보여주고 B('수신자')에게 A 가 본 것을 알아 맞히게 한다. Amy와 Donald는 실험에 자원하여 각각 송신자와 수신자가 되었는데, Amy에게 두 개 사진 중 한 개를 보여주고–맑은 하늘과 구름 낀 하늘 사진-Donald에게 알아 맞히게 하였다. Amy에게 20 초 간격으로 총 200번의 사진을 보여주고 Donald에게 추측하게 만들었다. Donald가 임의로 답한다면 50% 는 맞히게 된다. 실험에서 Donald는 Amy가 본 200개 그림 중에서 108개를 맞혔다. 만일 어떤 사람이 초감각적인 인식능력이 전혀 없다면 200개 그림 중에서 적어도 108개를 맞힐 확률은 얼마인가? 이 계산의 결과에 비추어 볼 때 Donald가 심령사로 광고하려는 계획을 취소하라고 충고할 수 있는가?

종합사례

Thorndike Sports Equipment

Ted는 매월 첫날 늘 하던 대로 Luke 할아버지가 설치해 놓은 '종업원 제안함'에 들어 있는 제안서를 훑어보았다. 그 중에는 Luke 할아버지가 나이에 어울리지 않는 활동을 시도한다든지 생리학적으로 불가능한 시도를 한다는 등의 고언(苦言)도 있었지만, 한 작업자가 보낸 라켓볼 라켓 제조 기계에 대한 심도 깊은 제안도 있었다.

Thorndike 경영진에게:

라켓볼 라켓 제조 머신에 대해 심히 우려되는 일이 있습니다. 어떤 오래된 작업자는 그 기계가 여기에 온 지 15년이 넘었다고 하는데 내가 보기에는 이제 낡아서 수명이 다된 것 같습니다. 새 기계가 몹시 비싸다는 것도 알고 있는데 기계를 교체하는 데 도움이 될 만한 계산을 수치로 보여드릴까 합니다.

머신에서 만들어지는 라켓의 무게가 중요합니다. 만들어지는 라켓의 무게를 재서 'Light', 'Regular', 'Heavy'로 나눕니다. 어쨌든 내 스스로 시간을 내서 실험을 하였습니다. 하루 중에도 때때로 30개 라켓을 뽑아서 무게를 측정하였습니다.

라켓 무게가 조금씩 다르다고 하였는데, 어떤 라켓은 245그램, 그 다음 것은 230그램, 또 어떤 것은 250그램이었습니다. 앞에서 말씀드린 대로 기계는 낡았습니다. 그래서 다시 한 번 30개를 뽑아서 평균무게를 계산해 보았습니다. 처음 30개는 평균을 구했더니 236.5그램이었고 그 다음 30개는 243.1그램이었습니다. 그 기계는 미쳤음에 틀림없습니다. 지금 고치든지 교체해야 될 것입니다.

내가 이 제안서를 쓰는 것을 알면 동료 작업자들이 난리가 날 것입니다. 새 기계를 사는 데 돈이 들기 때문에 올해 크리스마스 보너스가 날아가기 때문입니다. 그러나 나는 아직 젊은 사람이고, Thorndike가 사업을 잘해서 내 직장도 안전해지고 내 가족을 돌보는 데도 문제가 없었으면 좋겠습니다. 만일 우리가 제조하는 라켓의 무게에 문제가 있다면 결국에는 내 직장을 잃을 것이기 때문입니다.

기계가 정상이든 아니면 문제가 있든 관계없이 내가 발견한 것에 대해서 좀 더 자세히 알아보기를 바랍니다. 내 동료들이 이 제안에 대해서 알지 못하게 해주고, 답장을 자판기 옆의 공중전화박스 밑에 붙여 놓아주면 좋겠습니다. 다음달 15일 제1교대조 작업이 끝나면 답장을 찾아가도록 하겠습니다.

Luke 할아버지가 화낼 만한 것은 빼버리고, Ted는 그 젊은 작업자의 제안에 대해서 이야기하였다. 할아버지는 그 기계가 애초에 설정한 대로 3개 종류의 무게별로 라켓을 만들 수 있도록 제대로 작동하는지 물었다. Ted는 그런 것 같다고 대답했다. 평균무게는 지금도 240그램이며 표준편차는 10그램이다. 단지 그 분포가 정규분포인지는 확신할 수 없었다. Luke 할아버지는 Ted에게 제안서에 대한 답변을 작성하여 공중전화기 밑에 붙여두라고 하였다.

눈으로 보는 통계

애플릿 7: 평균의 분포: 주사위 던지기

이 애플릿은 *균형이 잘 잡힌* 주사위를 던지는 것을 경험하게 해준다. 균형이 잘 잡힌 주사위란 던질 때마다 나오는 눈이 1에서부터 6까지 어느 것이나 꼭 같은 확률로 나타날 수 있는 주사위를 말한다. 애플릿에서는 주사위를 한 번에 한 개 던지는 실험(n = 1), 3개를 한 Set로 던지는 실험(n = 3), 12개를 한 Set로 던지는 실험(n = 12)으로 구분하였다. 각각의 시행에서는 던진 주사위의 눈을 합하여 평균을 구하였다. 세 개의 애플릿이 다음에 설명된다.

표본크기 = 1

Roll One Set버튼을 한번 클릭하는 것은 한 개의 주사위를 던지는 것과 같다. N의 숫자는 지금까지 생성한 표본의 수를 나타내며, 그림은 현재까지 생성한 표본평균의 상대도수를 나타낸다. 각 표본에는 하나의 주사위만 있으므로, 그 표본의 평균은 표본의 주사위의 눈의 수과 같을 것이다. 표본을 한꺼번에 많이 얻으려면 Roll 10 Sets버튼이나 Roll 100 Sets버튼을 누르면 된다. Roll 100 Sets버튼을 누르면 가장 나중에 생성된 10개의 표본만 그래프에 보인다.

표본크기 = 3

Roll One Set버튼을 한번 클릭하는 것은 세 개의 주사위를 던지는 것과 같다. N의 숫자는 지금까지 생성한 표본의 수를 나타내며, 그림은 현재까지 생성한 표본평균의 상대도수를 나타낸다.

표본크기 = 12

Roll One Set버튼을 한번 클릭하는 것은 12개의 주사위를 던지는 것과 같다. 이것은 앞에서와 동일하지만, 평균은 12개의 주사위의 평균이다.

애플릿 과제

7.1 주사위 한 개를 3,000번 던지는 실험을 하라. **Sample Size = 1**인 애플릿을 선택하고, **Rolls 100 Sets** 버튼을 30번 클릭하라. 상대도수 그래프의 표본의 분포 모양을 설명하라. 기대한 것과 유사한가?

7.2 Sample Size = 3인 애플릿을 선택하여 3,000개 표본을 추출하라: **Rolls 100 Sets** 버튼을 30번 클릭하라. 표본평균의 분포 모양을 설명하라. 애플릿 연습문제 7.1의 분포 모양과 어떻게 다른가?

7.3 Sample Size = 12인 애플릿을 선택하여 3,000개 표본을 추출하라: **Rolls 100 Sets** 버튼을 30번 클릭하라. 표본 크기가 커지면 표본평균의 분포 모양이 어떻게 달라지는지 7.1과 7.2와 비교하여 설명하라.

7.4 만일 한 번에 주사위 100개를 던지는 실험을 해주는 애플릿이 있다면, 거기서 표본을 2,000개 추출하여 표본평균을 분포로 나타낸다고 가정하자. 표본평균의 분포 모양은 어떤 모양이 될까? 일반적으로 표본 크기가 커지면 분포 모양은 어떤 모양으로 변해가는가?

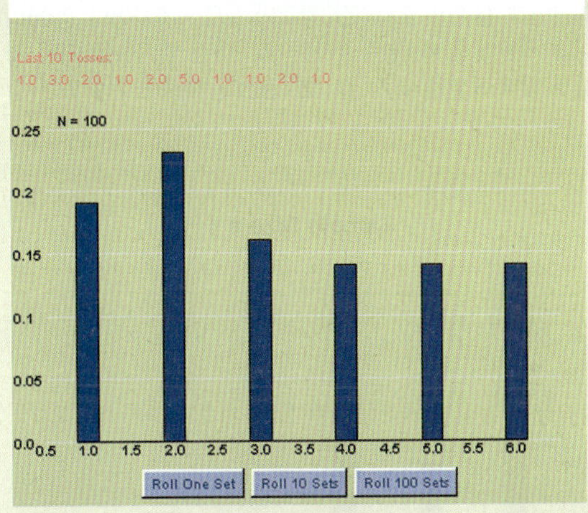

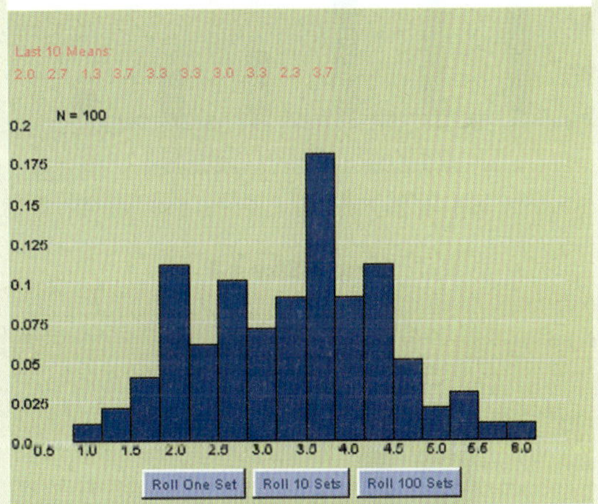

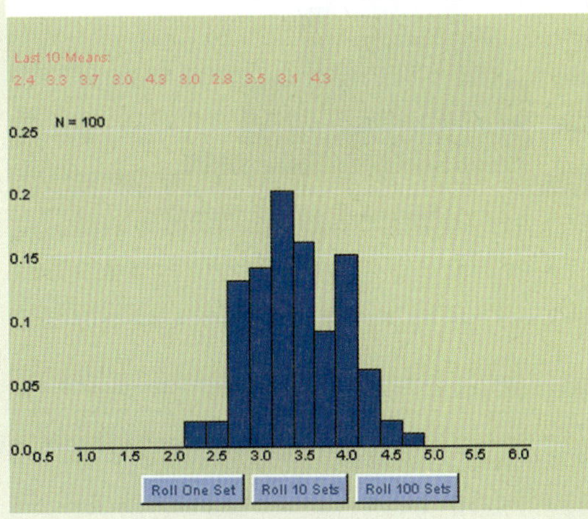

http://www.cengage.com/international 에서 Applets을 해보라.

눈으로 보는 통계

애플릿 8: 평균의 분포: 불균형 주사위 던지기

이 애플릿은 불균형 주사위(**loaded dice**)를 던지는 시뮬레이션이다. 불균형 주사위란 각각의 눈(**1 – 6**사이의 정수)이 나올 확률이 같지 않은 주사위이다. 이런 주사위를 가진 사람과 절대 도박을 하지 않기를 권한다. 애플릿 **7**에 있는 정직한 주사위에서와 같이 표본의 크기(**n = 1, 3, 7**)를 선택할 수 있으며, 애플릿은 표본평균의 상대도수를 계속 고쳐서 그릴 것이다. 애플릿 **7**과 사용하는 방식과 기능은 같지만 결과는 매우 다름을 알 수 있다. 불균형 주사위에 대한 세 개의 애플릿은 다음과 같다.

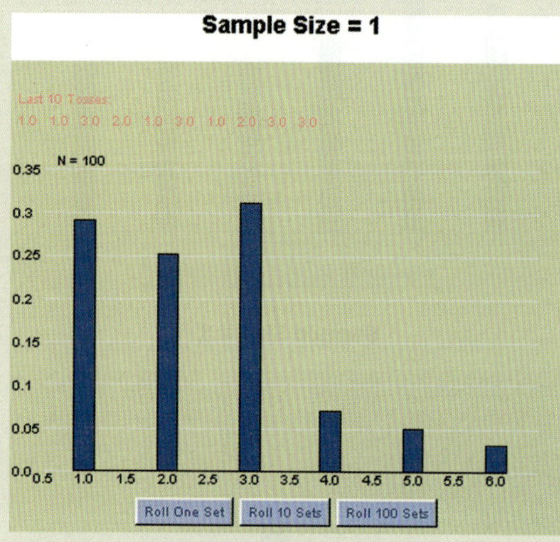

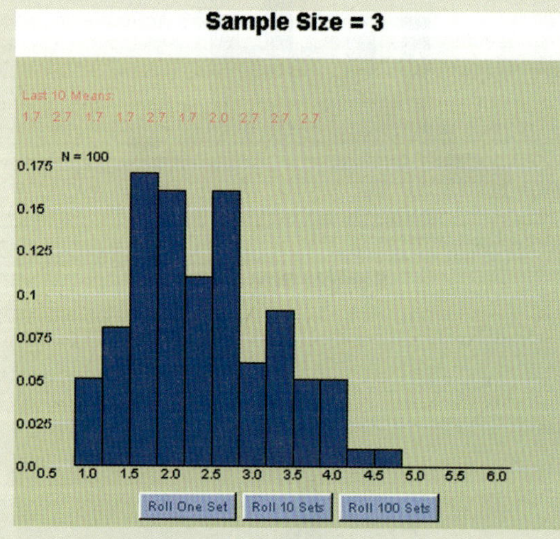

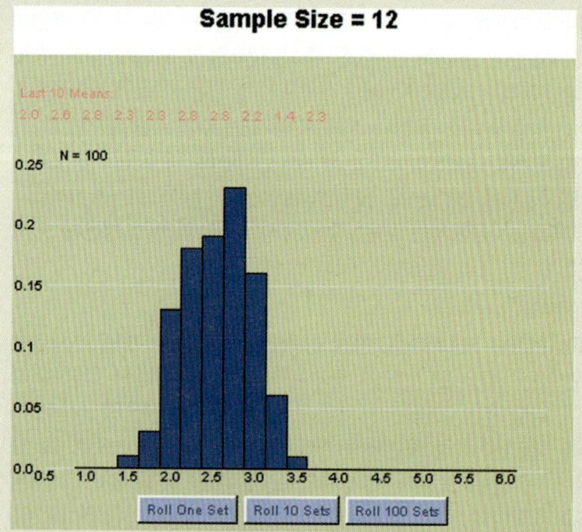

애플릿 과제

8.1 주사위 한 개를 3,000번 던지는 실험을 하라. **Sample Size = 1**인 애플릿을 선택하고, '**Rolls 100 Sets**' 버튼을 30번 클릭하라. 상대도수 그래프로 표본의 분포 모양을 설명하라. 모양이 특별히 다른 점이 있는가? 주사위 어느 눈에 무게가 많이 배정되었는지 알 수 있는가?

8.2 Sample Size = 3인 애플릿을 선택하여 3,000개 표본을 추출하라: **Rolls 100 Sets** 버튼을 30번 클릭하라. 표본평균의 분포 모양을 설명하라. 애플릿 연습문제 8.1의 분포 모양과 어떻게 다른가?

8.3 Sample Size = 12인 애플릿을 선택하여 3000개 표본을 추출하라: **Rolls 100 Sets** 버튼을 30번 클릭하라. 표본 크기가 커지면 표본평균의 분포 모양이 어떻게 달라지는지 8.1과 8.2와 비교하여 설명하라.

8.4 만일 한 번에 주사위 100개를 던지는 실험을 해주는 애플릿이 있다면, 거기서 표본을 2,000개 추출하여 표본평균을 분포로 나타낸다고 가정하자. 표본평균의 분포 모양은 어떤 모양이 될까? 일반적으로 표본 크기가 커지면 분포 모양은 어떤 모양으로 변해가는가?

http://www.cengage.com/international 에서 **Applets**을 해보라.

CHAPTER

9 표본 자료를 이용한 추정

Estimation from Sample Data

워크 샘플링법

작업장에서는 가끔 작업시간이 얼마나 걸릴지에 대한 연구를 한다. 이 정보는 작업표준을 만드는 데 뿐만 아니라 작업자의 성과를 평가하는 데에도 사용한다. 작업자가 작업을 수행하는 데 걸리는 시간이 얼마나 되는지 결정하는 방법 가운데 기술적으로 잘 알려진 것이 **워크 샘플링**(*work sampling*)법이다. 다른 방법(스톱워치로 사람에 따라 시간을 재는 것과 같은)과 비교하면, 워크 샘플링법은 작업 자체를 방해하지 않고 수행할 수 있는 장점이 있다.

워크 샘플링법은 일정 기간 동안 무작위로 선택한 시점에 어떤 작업을 수행하고 있는지를 관찰하여 그 비율을 계산한다. 예를 들어, 비서가 워드작업을 하는 데 걸리는 시간을 측정하고 싶다면, 표본이 되는 날이나 주 동안 임의의 시점에 그 비서를 관찰하여 그 사람이 워드작업을 하는 시간의 비율을 계산한다. 만약 그 사람이 임의로 관측된 280번의 관찰 중에 100번 동안 워드작업을 하는 것으로 관측되었다면, 그 표본비율은 100/280 = 100/280 = 0.357이 될 것이다.

우리는 이 장에서 실제 모비율이 포함될 범위를 추정하는 방법을 공부한다. 9.6절을 공부한 후, 이 부분으로 되돌아와서 보면 모집단 비율의 90% 신뢰구간이 0.310에서 0.404임을 확인할 수 있을 것이다. 그리고 비서가 워드작업을 하는 데 보내는 시간의 비율이 31.0%에서 40.4% 사이 어느 곳에 있다는 것을 90% 신뢰한다는 것을 확인할 수 있을 것이다.

학습목표

- 모수에 대한 점추정(point estimate)과 구간 추정(interval eatimate)의 차이점을 설명한다.
- 표준정규분포를 이용하여 모평균과 모비율에 대한 신뢰구간을 구한다.
- t 분포를 이용하여 모평균에 대한 신뢰구간을 구한다.
- 신뢰구간을 정할 때 표준정규분포를 사용할 것인지 t 분포를 사용할 것인지 결정한다.
- 주어진 신뢰수준과 오차 범위 내에서 모평균과 모비율을 추정하려면 단순임의 표본이 얼마나 커야 하는지 결정한다.
- Excel을 이용하여 신뢰구간을 구한다.

9.1 머리말

8장에서는 모집단의 평균이나 비율을 알고 있다는 가정 하에, 특정 크기의 표본에 대한 통계량($\bar{x}$ 혹은 p)의 표집분포를 살펴보았다. 이 장에서는 그 방향을 반대로 하여, 표본의 자료를 사용하여 모집단의 평균이나 비율을 역으로 추정할 것이다. 이처럼 표본의 정보를 사용하여 모집단에 대한 결론을 얻는 것을 **추론통계학**(*inferential statistics*)이라고 한다.

이 장은 7장부터 논의해 왔던 내용을 완성하는 단계이며, 그 과정을 요약하면 다음과 같다.

- 7장에서는 모집단의 평균을 알고 있는 경우에, 그를 이용하여 **모집단에서 뽑은 각각의 x값에 대한 확률**을 구하였다.
- 8장에서는 모집단의 평균을 알고 있는 상황에서 **중심극한정리**(*Central Limit Theorem*)를 이용하여 모집단에서 얻은 표본의 평균에 대한 확률분포를 살펴보았다.
- 이 장에서는 모집단의 평균을 모르는 상태에서, 표본 자료를 이용하여 **모평균의 참값**에 대한 추정을 할 것이다. 8장에서 설명하였던 중심극한정리를 주로 활용할 것이다.

다음 절에서부터 표본 자료를 이용하여 모수(μ나 π)에 관한 점추정값과 구간추정값을 구할 것이다. **점추정값**은 모수의 정확한 값을 추정하는 하나의 수인 반면, **구간추정값**은 모수를 포함할 수 있는 값의 구간이다. 모수를 포함하는 구간추정을 신뢰수준과 연계하여 생각할 때 그것을 **신뢰구간**(confidence interval, CI)이라고 한다.

또한 점추정과 구간추정은 두 모평균의 차이($\mu_1 - \mu_2$)나 두 모비율의 차이($\pi_1 - \pi_2$)에 대해서도 구할 수 있다. 이는 11장의 두 개 표본에 의한 가설검정과 관련하여 설명할 것이다.

모평균이나 모비율을 추정하기 위해 표본 자료를 이용할 때, 전수조사(Census)

대신에 표본을 추출하기 때문에 표집오차가 발생하기 마련이다. 따라서 관측된 표본통계량($\bar{x}$ 나 p)은 모수(μ나 π)의 실제 값과 다를 것이다. 그러나 모집단에서 단순임의 표본을 추출한다고 가정한다면, 표집오차가 주어진 오차 범위를 넘지 않을 만한 표본크기를 정할 수 있다.

연습문제

9.1 모수에 대한 점추정과 구간추정을 구별하라.

9.2 추론통계학은 무엇을 뜻하는 것이며, 그것은 추정에서 어떤 역할을 하는가?

9.3 구간추정이 신뢰구간으로 되기 위해 필요한 것은 무엇인가?

9.2 점추정

모수의 값에 대한 점추정치로 사용할 표본통계량을 선택할 때 중요하게 고려해야 하는 것은 표본통계량이 **불편추정량**(unbiased estimator)이어야 한다는 것이다. 추정량이 **불편의**(unbiased)되어 있다는 것은 표본통계량의 기대값이 추정되는 모수의 실제 값과 같다는 것을 의미한다. 이 장에서 소개할 세 개의 점추정량은 모평균(μ), 모분산(σ^2), 그리고 모비율(π)에 대한 것이다.

8장에서 설명한 바와 같이, 표본평균의 기대값은 모평균과 같고, 표본비율의 기대값은 모비율과 같다. 즉, $\bar{x}$와 p는 각각 μ와 π의 불편추정량이다. 표 9.1에는 표본통계량을 계산하는 식을 요약해 두었다. 표본분산(s^2)을 계산하는 식의 분모가 (n − 1)임을 유의하라. 표본의 분산을 계산할 때 (n − 1)로 나누어야 (알려지지 않은) 모분산(σ^2)에 대한 불편추정량이 된다. s^2의 양의 제곱근(표본표준편차, s)은 모표준편차(σ)의 불편추정치가 아님을 유의하라. 그럼에도 s는 모표준편차(σ)의 추정량으로 자주 사용된다.

표 9.1

추정량이 불편의하다는 것은 그 기대값이 대응되는 모수의 실제값과 같다는 것이다. 여기에 기록된 것은 모평균, 모분산, 모비율의 불편의 점추정량이다.

모수	불편추정량	공식
평균, μ	$\bar{x}$	$\bar{x} = \dfrac{\Sigma x_i}{n}$
분산, σ^2	s^2	$s^2 = \dfrac{\Sigma(x_i - \bar{x})^2}{n - 1}$
비율, π	p	$p = \dfrac{x \text{ 성공횟수}}{n \text{ 시도횟수}}$

연습문제

9.4 표본통계량을 불편추정량이라고 하는 것은 무엇을 뜻하는가?

9.5 표본분산을 계산할 때, s^2이 σ^2의 불편추정량이 되기 위해 필요한 과정은 무엇인가? s는 σ의 불편추정량이 되는가?

9.6 한 자동차 제조회사는 새 제품을 제조할 기계를 설치하기 위해 7월 한 달간 제조자들에게 휴가를 준다. 인사담당 이사는 제조자 200명의 단순임의표본으로 조사한 결과 38%가 이 기간 동안 최소한 일주일을 다른 지역으로 가서 휴가를 보낼 계획을 하고 있다는 것을 알게 되었다. 이것은 점추정인가? 아니면 구간추정인가? 설명하라.

9.7 어떤 큰 회사에서 단순임의표본으로 8명의 사원이 선택되었다. 지난 한 달 동안 8명이 결근한 일수는 각각 0, 2, 4, 2, 1, 7, 3, 2였다.

a. 그 회사의 사원들의 평균 결근일수 μ의 점추정치는 얼마인가?

b. 결근일수의 분산 σ^2의 점추정치는 얼마인가?

9.8 미국에서 양상추(iceberg lettuce)의 연간 1인당 평균소비량이 20.2파운드로 추정되었다. 2년 전 연간 1인당 평균소비량은 21.3파운드로 추정되었었다. 이 두 개의 소비량 수치는 각각 점추정치로 간주할 수 있는가? 두 소비량의 차이를 구간추정치로 생각할 수 있는가? 두 질문에 대한 여러분의 답에 대해 그 이유를 설명하라. (출처: Bureau of the Census, *Statistical Abstract of the United States 2009*, p. 136)

9.3 구간추정의 개요

모집단의 평균과 표준편차를 안다면, 수많은 표본평균들 중에서 몇 %가 모평균 주위의 일정거리 안에 있을지를 표준정규분포(모집단이 정규분포를 하거나 아니면 표본의 크기가 클 때)를 사용하여 계산할 수 있다. 8장에서 실제로 그 내용을 살펴보았다.

일반적으로 추론통계학에서는 단일표본의 평균($\bar{x}$)과 표준편차(s)를 (알려지지 않은) μ와 σ에 대한 가장 좋은 추정치로 간주한다. 한편, $\bar{x}$와 s를 사용하여 동일한 표본크기를 가지는 표본들의 평균에 대한 표집분포를 추정할 수도 있는데, 이를 통하여 모평균에 대한 구간추정을 할 수 있다.

이 장에서 설명하는 기법을 적용하여 표본평균을 모평균에 대한 구간추정치의 중심으로 사용하면, 그 구간은 실제 모평균을 포함할 수도 있고 하지 않을 수도 있다. 그림 9.1을 보면 동일한 모집단에서 추출된 7개의 단순무작위 표본중에서 6개의 경우의 구간추정치가 모평균을 포함하고 있음을 알 수 있다.

그림 9.1에서 표본1의 평균($\bar{x}_1$)은 모평균보다 약간 크므로 이를 사용한 구간추정치는 μ를 포함한다. 그런데 같은 모집단에서 추출한 표본3을 통해 얻은 구간추정치는 μ를 포함하지 않는다. 그러나 현실에서 우리는 모평균을 알고 있지 않으므로, 표본을 통해서 얻은 구간추정치가 μ를 포함하고 있을지에 대해 확실하게 판단할 수 없다.

평균에 대한 구간추정치는 실제 모평균을 포함할 것으로 예상하는 구간을 제시하는 것이다. 이 방법은 모비율(π)을 추정하기 위하여 표본비율(p)을 사용하고, π를 포함하는 구간을 추정할 때도 동일하게 사용된다.

구간추정에서 사용되는 주요 용어를 소개하면 다음과 같다.

그림 9.1

한 모집단에서 추출한 단순임의 표본을 기초로 모평균을 추정하는 7개의 다른 구간추정의 예. 7개의 구간추정치 중에 6개가 μ의 참값을 포함하고 있음을 보여주고 있다.

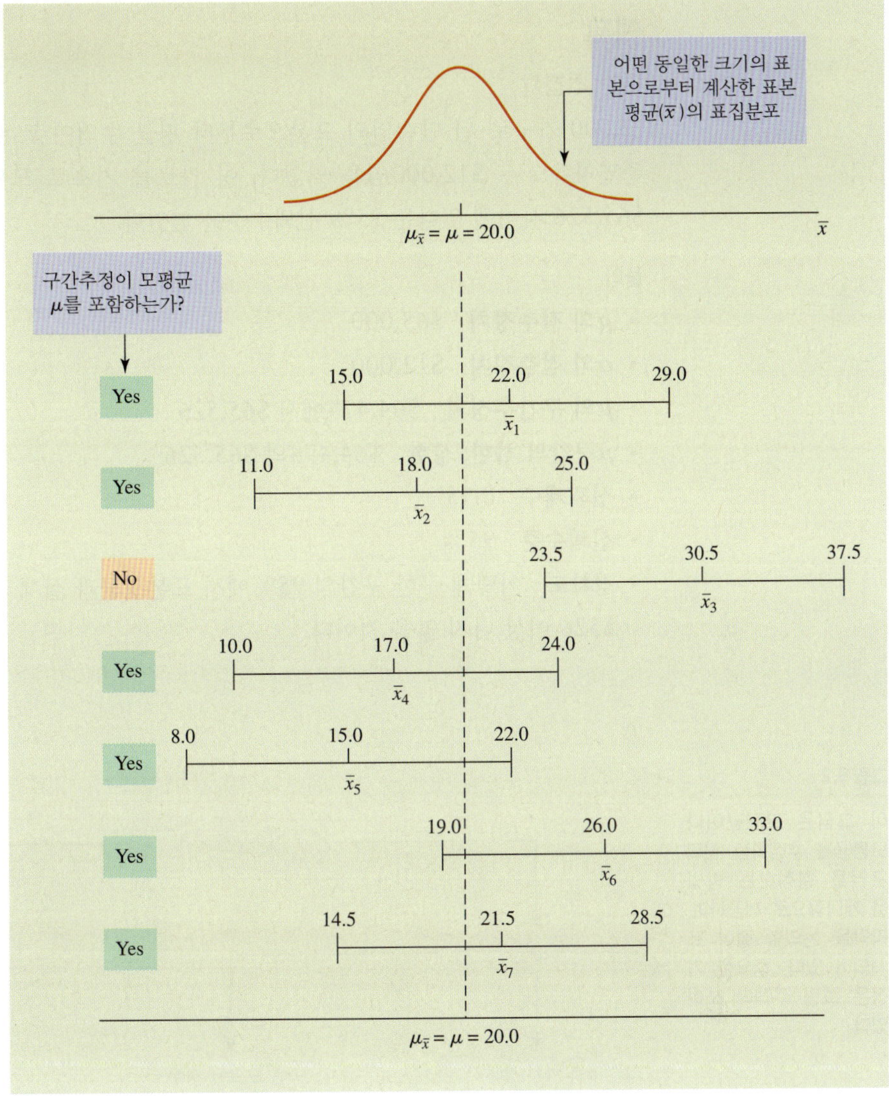

구간추정(interval estimate) 모수의 실제값이 들어 있을 만한 값들의 구간.

구간한계(interval limits) 구간추정값의 하한값과 상한값.

신뢰구간(confidence interval) 모수의 실제 값이 구간 내에 있을 확신을 표시한 구간 추정.

신뢰계수(confidence coefficient) 같은 방법으로 신뢰구간을 수없이 많이 구할 때 그 구간이 모수를 포함하는 비율. 보통 $(1 - \alpha)$로 표시함.

신뢰수준(confidence level) 신뢰계수처럼 구간이 모수의 실제 값을 포함할 확신을 퍼센트로 표현한 것 $100(1 - \alpha)\%$. 예를 들어, 0.95 신뢰계수는 95% 신뢰 수준과 같다.

정확도(accuracy) 관측된 표본통계량과 추정되는 모수의 실제값의 차이. 이것은 또한 **추정오차**(*estimation error*)나 **표집오차**(*sampling error*)로 해석될 수 있다.

예제 EXAMPLE

구간 추정치

"2,000 가구로 된 단순임의 표본으로부터 평균 수입이 $\bar{x}$ = \$65,000이고 표준편차는 s = \$12,000임을 알았다. 이 자료를 기초로 모평균이 \$64,474와 \$65,526 사이에 있다는 95% 신뢰수준을 얻었다."

풀이

- **μ의 점추정치** \$65,000
- **σ의 점추정치** \$12,000
- **μ의 구간추정치** \$64,474에서 \$65,526
- **μ구간의 하한, 상한** \$64,474와 \$65,526
- **신뢰계수** 0.95
- **신뢰수준** 95%
- **정확도** 이렇게 구한 구간의 95%에서 표본평균과 실제 모평균과의 차이가 \$526 이상 나지 않을 것이다.

그림 9.2

이 그림은 모평균이나 모평균을 추정하는 신뢰구간을 결정하는 방법을 개략적으로 제공하며, 각각을 논의할 절이 표시되어 있다. 중요한 가정은 그림 주석에 쓰여 있다.

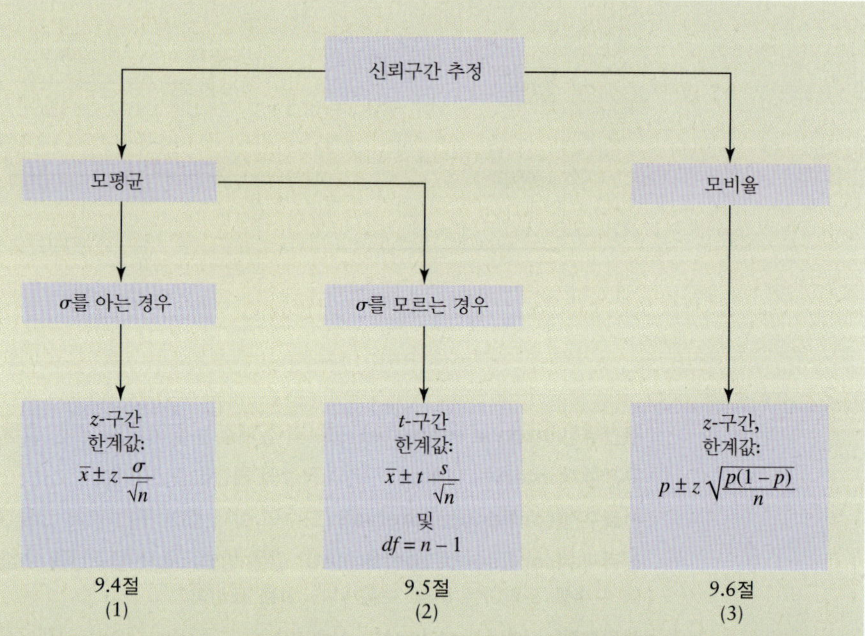

[1] 모집단이 정규분포를 따르지 않는다면, 중심극한정리를 사용하기 위해 최소한 30개의 n이 있어야 한다.

[2] $n < 30$이고, σ는 모르지만 모집단이 근사적으로 정규분포를 따른다고 가정할 수 있으면 반드시 t 분포를 사용해야 한다. 그러나 표본크기가 크고 σ를 모르는 경우에는 t분포를 사용해도 된다. 대부분의 컴퓨터 통계 패키지는 σ를 모를 때 모든 표본크기에서 t구간을 사용한다.

[3] np와 $n(1-p)$가 ≥ 5라고 가정한다. 이항분포는 n이 크고 p의 값이 0.5에 가까울수록 근사적으로 정규분포와 같아진다.

평균에 대한 신뢰구간을 구할 때, 모표준편차(σ)의 실제값을 알고 있는지 여부가 중요하다. 이것은 그림 9.2에서 보여주듯이, 신뢰구간을 정하는 데 정규분포를 사용할 것인지, t분포를 사용할 것인지(t분포는 9.5절에서 설명한다) 결정해야 한다. 또한 그림 9.2는 모비율에 대한 신뢰구간을 정하는 절차를 요약하며, 그 방법은 9.6에서 논의할 것이다.

연습문제

9.9 점추정치의 정확도(*accuracy*)는 무엇을 뜻하는가?

9.10 모집단은 근사적으로 정규분포를 따르고, 표본크기는 $n = 40$이다. 모평균에 대한 신뢰구간을 구하는 데 표준정규분포를 사용할 것인지 정하기 위해 반드시 고려되어야 할 것은 무엇인가?

9.11 "1,000명의 직장인으로 된 단순임의 표본을 조사한 결과 450명이 최소 $3,000 이상 임금을 적게 받는다고 느꼈다. 이 결과를 바탕으로 이러한 느낌을 받는 직장인의 모집단의 비율이 0.419와 0.481 사이에 있을 신뢰수준은 95%였다." 이렇게 요약된 결과에 대하여 다음을 구하라.

a. 모비율의 점추정치
b. 모비율에 대한 신뢰구간 추정치
c. 신뢰수준과 신뢰계수
d. 표본 결과의 정확도

9.4 평균에 대한 신뢰구간 추정치: σ를 아는 경우

모평균을 모를 때는 모표준편차의 값 역시 모르는 경우가 대부분이다. 그러나 어떤 경우에는, 예를 들면 산업계의 처리공정에서는 μ는 몰라도 σ는 알 수 있는 경우가 있다. 모집단이 정규분포이거나, 그렇지 않다면 표본크기가 30 이상이어서 중심극한 정리를 사용할 수 있다면 모평균에 대한 신뢰구간은 다음과 같이 정한다.

σ를 아는 경우, 모평균의 100(1 − α)% 신뢰구간 범위는 다음과 같다:

$$\bar{x} \pm z\frac{\sigma}{\sqrt{n}}$$

$\bar{x}$ = 표본평균
σ = 모표준편차
n = 표본크기
z = 신뢰수준에 대응되는 z-값(예, 95%의 신뢰수준에서의 $z = 1.96$)
$\sigma/\sqrt{n}$ = 평균의 표집분포의 표준오차

NOTE

위 식을 적용하려면 (1) 모집단이 정규분포이거나 (2) 표본크기 $n \geq 30$이어야 한다. 또한 z-값은 $z_{\alpha/2}$로 표현할 수도 있는데, 여기서 $\alpha/2$는 오른쪽의 꼬리의 면적에 해당되는 값이다. 예를 들어, $z_{0.025}$는 1.96이다. 가장 많이 사용되는 신뢰구간과 대응되는 z-값은 다음과 같다.

신뢰구간	z
90%	1.645
95%	1.96
98%	2.33
99%	2.58

예제 EXAMPLE

z 구간, 평균

과거 경험으로부터, 어떤 기계로부터 만들어지는 막대 직경의 모표준편차는 $\sigma = 0.053$인치로 알려져 있다. 단순임의 표본 $n = 30$개의 막대에서 평균 직경이 $\bar{x} = 1.400$인치로 나타났다. 원 자료는 파일 **CX09ROSD**에 있다. 다음 질문에 답하라.

풀이

모평균 μ에 대한 95% 신뢰구간은 무엇인가?

μ의 값을 모르지만 $\bar{x} = 1.400$인치는 모평균 직경에 대한 추정량이다. 그림 9.3에서 보듯이, 평균의 표집분포의 표준오차는 $\sigma/\sqrt{n}$ 으로서 $0.053/\sqrt{30}$ 이다. 표준정규분포에서 95% 영역구간은 $z = -1.96$에서 $z = 1.96$ 사이이다. $n \geq 30$이고 중심극한정리를 이용할 수 있기 때문에 우리는 표준정규분포표를 사용할 수 있다. 결과적으로 (알지 못하는) 모평균에 대한 95% 신뢰구간은 다음과 같이 계산된다.

$$\bar{x} \pm z\frac{\sigma}{\sqrt{n}} = 1.400 \pm 1.96\frac{0.053}{\sqrt{30}}, \text{ 1.381과 1.419인치 사이}$$

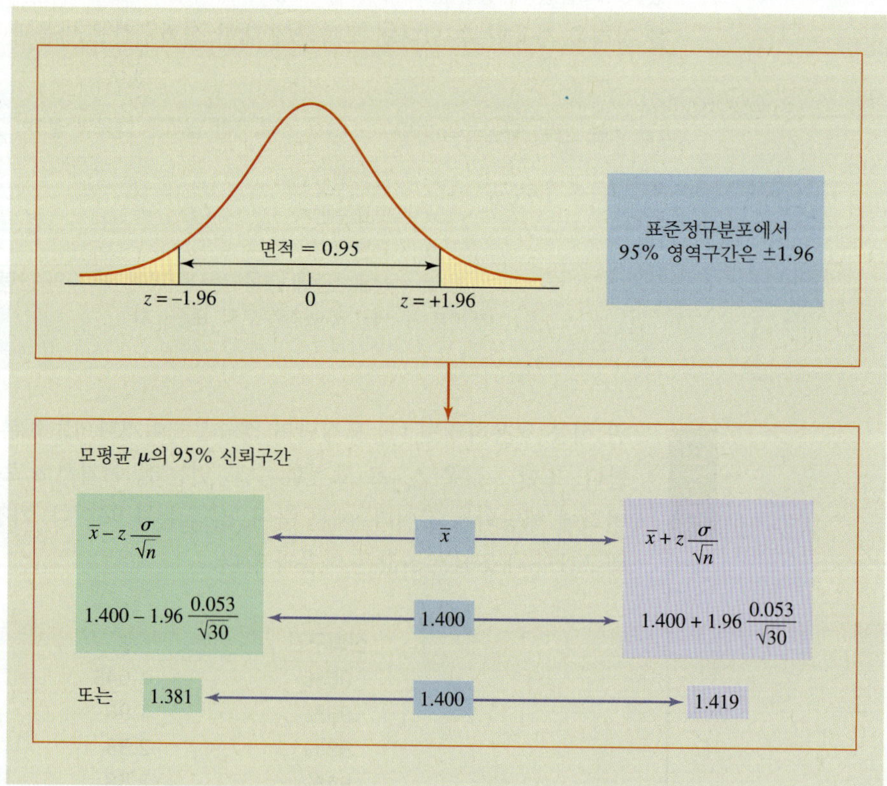

그림 9.3

30개의 표본 막대의 평균 직경이 1.400인치임을 바탕으로 모평균의 95% 신뢰구간을 구한 것. 과거 경험으로부터 모표준편차는 $\sigma = 0.053$인치로 알려져 있다. σ를 알기 때문에 구간 범위를 구하는 데 정규분포를 사용할 수 있다. 95% 신뢰수준으로 μ는 1.381과 1.419 사이에 있다.

그림 9.3을 보면, 평균의 95% 신뢰구간의 하한과 상한을 알 수 있으며 신뢰구간의 중심값($\bar{x}$ = 1,400인치)을 알 수 있다. 이 계산을 바탕으로 모평균의 95% 신뢰구간은 1.381에서 1.419인치가 된다.

더 엄밀하게 말하면, 이런 방법으로 정한 신뢰구간의 95%는 모평균을 포함하게 된다고 표현해야 한다. 그렇지만 우리는 항상 한 개의 표본과 그를 사용한 한 개의 구간만을 구하기 때문에, 그 특정 구간이 모평균을 포함할 것을 95% 신뢰한다고 표현한다. 이는 특정 신뢰구간이 모평균을 포함할 확률이 0.95라고 말하는 것과는 같지 않다.

다른 조건을 그대로 두고 신뢰수준을 높이고 싶으면 신뢰구간이 넓어지게 된다. 마찬가지로 신뢰수준을 낮추면 신뢰구간은 좁아진다. 다시말해서, 신뢰구간에 모수가 포함될 가능성을 높게하면 할수록 신뢰구간은 넓어진다. 눈으로 보는 통계 애플릿 9를 통하여 신뢰수준과 신뢰구간의 크기의 관계를 확인할 수 있다.

「컴퓨터 솔루션 9.1」은 모표준편차를 알고 있을 때 Excel을 이용하여 평균에 대한 신뢰구간을 정하는 방법을 보여준다. 그림 9.3에서 본 95% 신뢰구간과 파일 **CX09RODS**의 30개의 자료 값을 다시 사용한다. Excel의 요약통계량을 바탕으로 여러 가지 신뢰수준에 따라서 신뢰구간의 폭이 어떻게 달라지는지 즉시 확인해 볼 수 있다.

컴퓨터 솔루션 9.1

σ를 알고 있을 때, 모평균에 대한 신뢰구간

이 과정은 모표준 편차를 알고 있을 때 모평균에 대한 신뢰구간을 어떻게 구하는지 보여준다.

EXCEL

	A	B	C
1	z-Estimate: Mean		
2			
3			*diameter*
4	Mean		1.400
5	Standard Deviation		0.052
6	Observations		30
7	SIGMA		0.053
8	LCL		1.381
9	UCL		1.419

σ를 아는 경우, 원자료를 가지고 μ에 대한 신뢰구간 정하기

1. 예를 들어 그림 9.3에서의 30개의 막대 직경(파일 **CX09RODS**.XLS)을 사용하자. 라벨과 30개의 자료 값은 **A1:A31**에 있다. 메뉴에서 「**도구**」를 선택하고 **Data Analysis Plus**를 선택한다. **Z-Estimate: Mean**을 선택하고 **OK**를 클릭한다.

2. **Input Range**란에 **A1:A31**을 입력한다. 알고 있는 모표준편차**(0.053)**를 **Standard Deviation (SIGMA)** 상자에 입력하고 자료의 첫 번째 셀에 변수명이 있으므로 **Labels**를 체크한다. 원하는 신뢰수준은 0.95이므로 이에 대응되는 값은 1 − 0.95 = 0.05이다. **Alpha**란에 0.05를 입력하고 **OK**를 클릭한다. 신뢰구간의 결과는 위에서 보여주는 것과 같을 것이다.

σ를 아는 경우, 요약통계량을 가지고 μ에 대한 신뢰구간 정하기

1. 예를 들어 그림 9.3과 같이 $\bar{x}$ = 1.400, σ = 0.053, n = 30이라고 하자. 자료에 대한 설명이 들어 있는 파일 **ESTIMATOS.XLS**를 연다.
2. 왼쪽 아래에 있는 화살표를 이용하여 ***z*-Estimate_Mean** 워크시트를 선택한다. 표본평균**(1.4)**, 알려진 **σ(0.053)**, 표본크기**(30)**, 그리고 원하는 신뢰수준**(0.95)**을 입력한다.

(참고: 다른 방법으로, Excel 워크시트 템플릿 **TMZINT.XLS**를 사용할 수 있다.)

연습문제

9.12 모평균에 대한 신뢰구간을 구하는 데 중심극한정리는 어떤 역할을 하는가?

9.13 표본크기가 30 이하인 경우, 모평균에 대한 신뢰구간을 구하는 데 표준정규분포를 사용하려고 할 때 필요한 두 가지 가정은 무엇인가?

9.14 σ^2 = 25.0인 정규분포를 따르는 모집단에서 단순임의표본으로 다음의 값들을 추출하였다: 47, 43, 33, 42, 34, 41. 모평균에 대한 95%, 99% 신뢰구간을 구하고 설명하라.

9.15 σ = 10.0으로 알려진 모집단에서 단순임의표본 30개가 선택되었다. 표본평균은 240.0으로 계산되었다. 모평균에 대한 90%, 95% 신뢰구간을 구하고 설명하라.

9.16 σ = 17.0인 정규분포를 따르는 모집단에서 단순임의표본 25개가 추출되었다. 표본평균은 342.0으로 계산되었고, 표본표준편차는 s = 14.9였다. 모평균에 대한 95%, 99% 신뢰구간을 구하고 설명하라.

9.17 물리치료 센터의 관리자는 수술 후에 무릎 유연성 검사로부터 얻은 점수는 표준편차 4의 정규분포를 따르는 경향이 있다는 것을 알았다. 최근 무릎 수술을 한 환자들의 단순임의표본 점수는 다음과 같았다: 101, 92, 94, 88, 52, 93, 76, 84, 72, 98. 모평균에 대한 90%, 95% 신뢰구간을 구하고 설명하라.

9.18 안전 관리기술자는 전기부품의 연결선의 열 저항 검사를 하기 위해서 화씨 450°에 연결한 후 연결선이 녹는 시간을 기록한다. 과거 경험으로 연결선이 녹는 시간의 표준편차는 6.4초임을 알았다. 많은 생산량에서 추출된 40개의 단순임의 표본에서 녹는 평균시간은 35.5초로 조사되었다. 생산된 모든 연결선의 녹는 시간의 평균시간에 대해 99% 신뢰구간을 구하고 설명하라.

9.19 조립작업에서 자동으로 볼트를 조이는 장치인 토크 렌치의 토크(torque)의 표준편차는 σ = 3 lb-ft이다. 이 장치로 조립한 35개의 너트를 단순임의 추출하여 측정한 바, 평균 토크는 150 lb-ft였다. 조립과정에서의 평균 토크에 대한 95% 신뢰구간은 얼마인가?

9.20 과자에 치즈를 넣는 기계가 있는데 주입하는 치즈의 양을 조절할 수 있다. 단순임의로 추출된 30개의 표본에 주입된 평균 치즈의 양은 $\bar{x}$ = 3.5그램이었다. 이 과정의 표준편차가 σ = 0.25그램으로 알려져 있다면, 기계가 주입하는 치즈의 평균 양 μ에 대해 95% 신뢰구간을 구하고 설명하라.

9.21 연습문제 9.20에서 표본크기가 n = 30 대신 n = 5라면, z-값을 사용하여 신뢰구간을 구하려면 모집단의 분포에 대하여 어떤 가정이 있어야 하겠는가?

(참고: 연습문제 9.22와 9.23을 답하려면 컴퓨터 패키지가 필요하다.

9.22 어떤 제조과정에서 한 작업을 완료하는 평균시간은 역사상 35.0분이고 표준편차는 2.5분이었다. 최근 작업자들은 작업에서 사용하는 기계장치가 닳아서 느려진다고 불평했다. 그 건의에 응하여 공장장은 100번의 작업 가동에서 소요되는 시간을 측정하였다. 표본자료는 파일 **XR09022**에 있다. 이 표본의 평균을 이용해서 모표준편차를 2.5분으로 그대로 사용했을 때 모평균에 대한 95% 신뢰구간을 구하라. 35.0분이 신뢰구간 안에 존재하는가? 작업의 평균시간이 바뀌었는지에 대해 설명하라.

9.23 어떤 주의 조달 관리자, Sheila Johnson은 구매된 제품의 품질을 유지할 책임이 있다. 그녀는 최근 오래된 공급자에게 받는 페인트 컨테이너의 표본을 조사하였다. 공급자에 따르면 캔을 채우는 과정에서 하나에서 다음 것으로 넘어갈 때 작은 변동이 생기며, 표준편차는 0.25 유체 온스라고 한다. Sheila는 40개의 캔에 페인

트가 얼마나 들어 있는지 검사하였고 그 결과는 **XR09023**에 있다. 이 표본의 평균을 사용하고, 모표준편차를 0.25라고 가정하여 공급자에게서 받은 페인트 캔의 용량에 대한 모평균의 90% 신뢰구간을 구하라. 페인트 캔에 평균 용량이 100 유체 온스라고 적혀 있다면, 계산된 신뢰구간은 이를 받아들일 수 있는가?

9.5 평균에 대한 신뢰구간 추정치: σ를 모르는 경우

평균을 모르는 경우 모집단의 표준편차를 아는 일은 드물다. 그런 이유로 앞 절에서 설명한 방법은 실제로 이 절에서 논의하는 것보다 적게 쓰인다. 모표준편차를 모를 때에는 표본표준편차 s를 사용한 Student의 t분포(Student's t distribution)를 이용하여 신뢰구간을 추정한다.

Student의 t분포

설명

단순히 t**분포**라고도 불리는 이 분포는 연속적이고 단봉이며, 종 모양의 분포군(群)이다. t분포는 1900년대 초에 W.S. Gossett에 의해 개발되었다. 그의 회사에서는 이러한 연구 결과를 발표하는 것을 꺼려했기 때문에 그는 'Student' 라는 필명을 썼다. t분포는 다음과 같이 정의된 확률변수 t에 대한 분포이다.

$$t = \frac{(\bar{x} - \mu)}{s/\sqrt{n}}$$

t분포는 평균이 0이며 좌우대칭이고, **자유도**(df, **degrees of freedom**)라고 부르는 값에 따라 그 모양이 결정된다. t분포의 자유도는 $(n - 1)$이다.

자유도는 어떤 데이터 세트 내에서 자유로운 값들의 수를 말한다. 예를 들어 4개의 값으로 구성된 자료의 평균이 10.0이라고 하자. 그 중에 3개의 값이 8, 12, 7이라면, 4번째 값이 13 이외의 다른 값이 될 자유가 없다. 이 경우 자유도는 4가 아니라 3이 되며, 평균이 결정되어 있어서 하나의 자유도를 잃어버린 것이다.

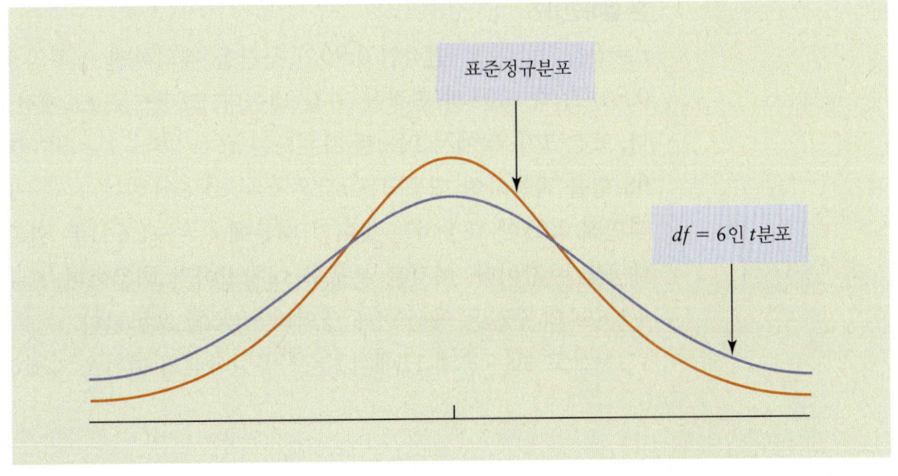

그림 9.4

표준정규분포와 자유도 6의 t분포의 근사적 모양의 비교. t분포의 모양이 더 평편하고 벌어졌지만, 자유도가 증가할수록 표준정규분포로 접근한다.

표본크기가 작아지면 t분포는 표준정규분포에 비해서 평평하게 퍼진 모습이 된다. 그림 9.4는 표준정규분포와 $df = 6$인 t분포의 모양을 대략적으로 비교한 것이다. t분포는 표본크기(혹은 자유도)가 커지면 정규분포와 가까워지며, 자유도가 무한대인 경우에 두 분포는 동일하다. z의 경우와 마찬가지로, t도 분포의 중심으로부터 표준편차의 단위로 얼마만큼의 거리에 있는지를 나타내는 값이다. 눈으로 보는 통계 애플릿 10을 보면, 자유도에 따라 t분포의 모양이 변하는 것을 확인할 수 있다.

예제 EXAMPLE

t 분포표 사용하기

책의 뒤 부록에 t분포표가 있는데, 그 표의 일부분이 표 9.2에 있다. 다음의 두 가지만 제외하면 정규분포표와 같은 방법으로 사용한다. (1) 오른쪽 꼬리면적(α)에 해당하는 t값을 찾는다. (2) t값을 찾을 때 적절한 자유도를 행에서 찾아야 한다. 다음 몇 가지 경우를 살펴보자.

풀이

크기 $n = 15$인 표본에서 $t = 0$을 중심으로 하는 구간의 곡선 아래의 면적이 95%가 되는 값은 얼마인가?

$t = 0$을 중심으로 면적이 0.95인 구간을 제외하면 양쪽 꼬리의 면적은 $(1.00-0.95) = 0.05$이다. 곡선이 대칭적이기 때문에 한쪽 꼬리의 영역은 0.05/2, 즉 0.025가 된다. 자유도는 표본크기에서 1을 뺀 값 $df = n - 1$, 즉 $15 - 1 = 14$이다. 표에서 0.025 열과 $df = 14$ 행을 참조하면 오른쪽 꼬리 면적이 0.025가 되는 t값인 $t_{0.025} = +2.145$를 찾을 수 있다. 곡선이 대칭적이기 때문에 면적이 0.025인 왼쪽 꼬리 부분의 t값은 $t_{0.025} = -2.145$가 된다.

t의 이 값들($t = \pm 2.145$)은 표준정규분포 하에서의 95% 영역의 z-값($z = \pm 1.96$)보다 더 멀리 떨어져 있다. 특히 작은 표본에서는 t분포의 모양은 정규분포보다 더 평평하고 더 벌어져 있다는 것을 기억하여야 한다.

크기 $n = 99$인 표본에서 $t = 0$을 중심으로 하는 구간의 곡선 아래의 면적이 90%가 되는 값은 얼마인가?

$t = 0$을 중심으로 면적인 0.90인 구간을 제외하면 양쪽의 각 꼬리는 $(1.00 - 0.90)/2$, 즉 0.05의 면적을 가질 것이다. 그러므로 t표에서 0.05 열을 참조한다. 표본크기 99에서 1을 뺀 자유도는 $df = 99 - 1 = 98$이다. 0.05 열과 $df = 98$ 행을 사용하여 대응되는 t값은 $t = +1.661$이다. $t = +1.661$은 오른쪽 꼬리면적 0.05에 대응하는 것이기 때문에 $t = -1.661$은 왼쪽 꼬리면적 0.05에 대응되는 값이다. 이것은 분포가 대칭적이기 때문이며, $t = -1.661$에서 $t = +1.661$의 구간은 곡선 아래 영역의 90%를 포함한다.

눈으로 보는 통계 11에서 t분포 곡선아래의 면적을 자세히 확인할 수 있다.

표 9.2

Student의 t분포표의 일부분. t분포는 평균 $t = 0$을 중심으로 좌우 대칭이고 연속인 분포군이다. 이 분포의 특징은 자유도(df)에 의존한다는 것이다. 자유도가 증가함에 따라 t분포는 정규분포에 접근하고, 무한대(infinity) 행에서의 t값은 표준정규분포의 z-값과 같다.

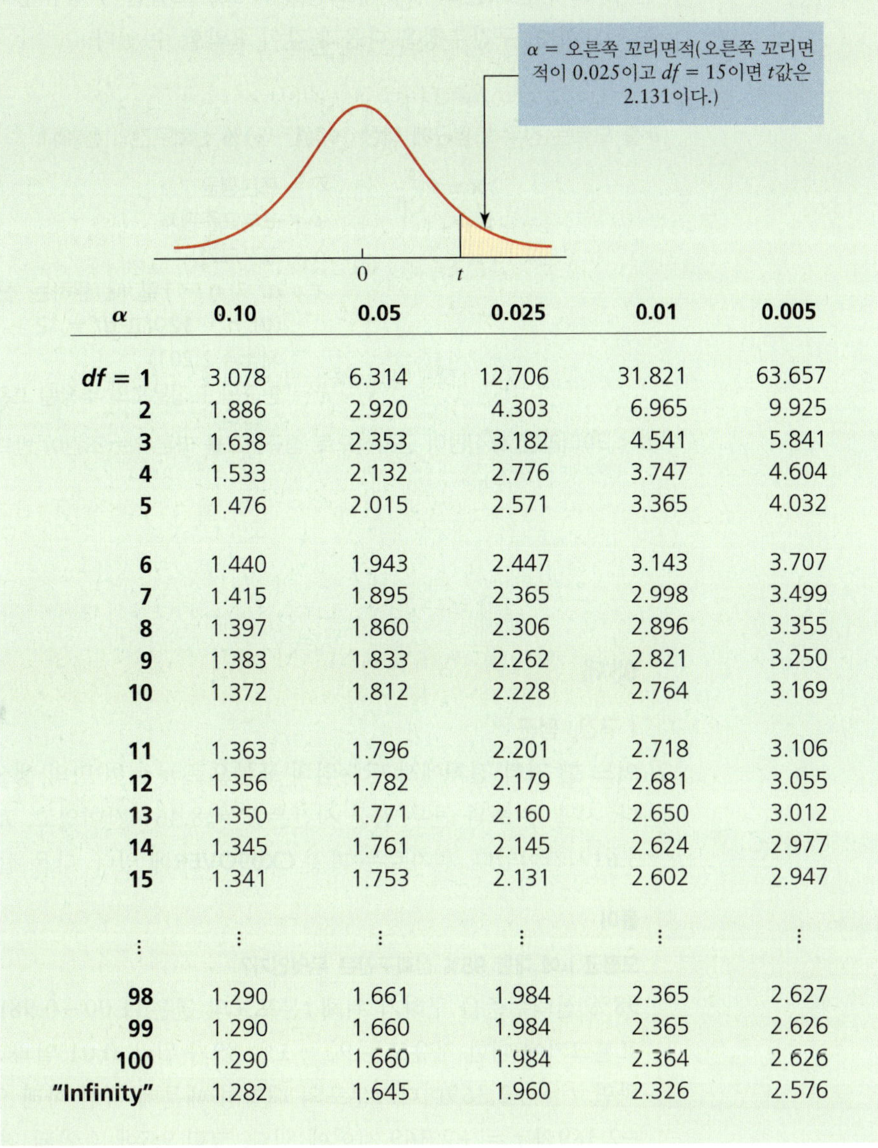

α	0.10	0.05	0.025	0.01	0.005
df = 1	3.078	6.314	12.706	31.821	63.657
2	1.886	2.920	4.303	6.965	9.925
3	1.638	2.353	3.182	4.541	5.841
4	1.533	2.132	2.776	3.747	4.604
5	1.476	2.015	2.571	3.365	4.032
6	1.440	1.943	2.447	3.143	3.707
7	1.415	1.895	2.365	2.998	3.499
8	1.397	1.860	2.306	2.896	3.355
9	1.383	1.833	2.262	2.821	3.250
10	1.372	1.812	2.228	2.764	3.169
11	1.363	1.796	2.201	2.718	3.106
12	1.356	1.782	2.179	2.681	3.055
13	1.350	1.771	2.160	2.650	3.012
14	1.345	1.761	2.145	2.624	2.977
15	1.341	1.753	2.131	2.602	2.947
⋮	⋮	⋮	⋮	⋮	⋮
98	1.290	1.661	1.984	2.365	2.627
99	1.290	1.660	1.984	2.365	2.626
100	1.290	1.660	1.984	2.364	2.626
"Infinity"	1.282	1.645	1.960	2.326	2.576

참고 중요

익숙하게 사용해 왔던 표준정규분포표 대신 t분포표를 사용하는 것이 처음에는 어색할 것이다. 그러나 앞서 언급했듯이, σ를 모르는 경우에 s가 사용될 때는 t-구간이 기술적으로 적절하다. 컴퓨터 통계 패키지를 사용할 때에도, σ를 모르고 그것을 s로 추정하여 신뢰구간을 구할 때에는 t분포를 통상적으로 사용한다.

t분포를 이용한 신뢰구간

t분포를 사용하는 것을 제외하면, 신뢰구간을 추정하는 기본 절차는 앞의 절과 비슷하다. z 대신에 적절한 t값을 사용하고, σ를 s로 대신한다. t분포는 모집단이 근사적으로 정규분포를 따른다고 가정하지만, 이 가정은 표본이 커짐에 따라 덜 중요해

진다. 그러나 표본크기가 작으면($n < 30$) 모집단이 정규분포를 따른다는 조건은 꼭 필요하다. 구간추정은 다음과 같이 요약할 수 있다:

σ를 모르는 경우 모평균에 대한 $100(1-\alpha)\%$ 신뢰구간의 한계치:

$$\bar{x} \pm t\frac{s}{\sqrt{n}}$$

$\bar{x}$ = 표본평균
s = 표본표준편차
n = 표본크기
t = df 가 $n-1$일 때 원하는 신뢰수준에 대응하는 t값 (예: $n = 12$이고 $df = 12 - 1 = 11$, 95% 신뢰도에서 $t = 2.201$)
$s/\sqrt{n}$ = 평균의 표집분포의 추정된 표준오차

($n < 30$이라면, 모집단이 근사적으로 정규분포를 따른다는 조건이 반드시 필요하다.)

예제 EXAMPLE

t 구간, 평균

어느 한 지역 전체에서 단순임의 표본으로 $n = 90$명의 생산직 근로자를 뽑았다. 지난 주 초과 근무 평균 시간은 $\bar{x} = 8.46$시간이었고, 표본표준편차는 $s = 3.61$시간이었다. 원자료는 파일 **CX09OVER**에 있다. 다음 신뢰구간을 정하라.

풀이

모평균 μ에 대한 98% 신뢰구간은 무엇인가?

98% 신뢰수준을 구하기 위해 t분포표의 열은 $(1.00-0.98)/2 = 0.01$이다. 이 표본크기에 대한 자유도는 $90 - 1 = 89$가 된다. 0.01 열과 $df = 89$ 행을 참조하면, $t = +2.369$이다. t분포의 대칭성 때문에 곡선 아래 영역의 98%는 $t = -2.369$와 $t = +2.369$ 사이에 있다. 그림 9.5에 요약된 결과로 98% 신뢰구간을 계산하면 다음과 같다.

$$\bar{x} \pm t\frac{s}{\sqrt{n}} = 8.46 \pm 2.369\frac{3.61}{\sqrt{90}} \quad \text{즉, 7.56과 9.36시간 사이}$$

그림 9.5

이 예제의 표본크기는 비교적 크다($n = 90$)고하더라도 모평균에 대한 98% 신뢰구간을 구하기 위해 t분포를 이용하였다. 왜냐하면 모표준편차를 알지 못하고, 이를 표본 표준편차($s = 3.61$시간)로 추정하기 때문이다.

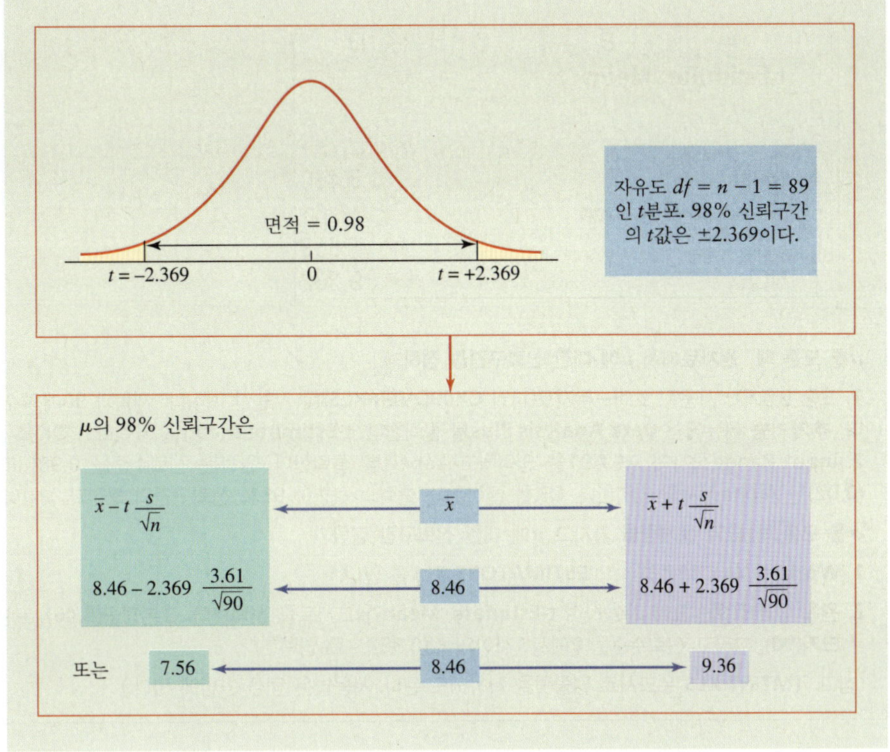

확인

자유도가 t분포표를 넘을 만큼 n이 크다면(즉, $n \geq 101$), 표의 무한대 행을 사용한다. 앞의 예제에서 $n \geq 101$이었다면, 0.05 열과 df = infinity 행을 참조하여 2.326의 t값을 얻었을 것이다. 이것은 t 대신 z를 쓰는 것과 같다. 큰 표본에 대해서 z와 t분포는 매우 비슷하기 때문에 z-값을 사용해도 된다.

「컴퓨터 솔루션 9.2」는 모표준편차를 모를 때 평균에 대한 신뢰구간을 Excel로 구하는 것을 보여준다. 그림 9.5에서 보여준 98% 신뢰구간과 파일 **CX09OVER**에 있는 90개의 자료를 다시 사용한다. 요약통계량을 바탕으로 Excel을 이용하면 각 신뢰수준에 따라서 신뢰구간의 폭이 어떻게 달라지는지 즉시 확인할 수 있는 'what-if' 시나리오를 점검해 볼 수 있을 것이다.

컴퓨터 솔루션 9.2

σ를 모를 때 모평균에 대한 신뢰구간

모표준 편차를 모를 때 모평균에 대한 신뢰구간을 어떻게 구하는지 보여준다.

EXCEL

	A	B	C	D
1	t-Estimate: Mean			
2				
3				*hours*
4	Mean			8.460
5	Standard Deviation			3.61
6	LCL			7.559
7	UCL			9.362

σ를 모를 때, 원자료에서 μ에 대한 신뢰구간을 정하기

1. 그림 9.5에서 사용된 초과근무자료(파일 **CX09OVER.XLS**)를 사용한 예이다. 제목과 90개의 자료값이 A1:A91에 있다. **추가기능** 메뉴에서 **Data Analysis Plus**를 클릭한다. ***t*-Estimate:Mean**을 클릭하고 OK를 클릭한다.
2. Input Range상자에 A1:A91을 입력하고 Labels를 클릭한다. 원하는 신뢰수준을 0.98이라고 하면 대응하는 값(0.02)을 Alpha상자에 입력한다. OK를 클릭한다. 출력의 하단에 98% 신뢰구간의 하한과 상한이 있다.

σ를 모를 때, 요약 통계량을 가지고 μ에 대한 신뢰구간 정하기

1. **WorkBooks** 디렉토리 속의 **ESTIMATORS.XLS**를 연다.
2. 왼쪽 아래의 화살표를 사용하여 ***t*-Estimate_Mean** 워크시트를 선택한다. 표본평균(**8.46**), 표본표준편차(**3.61**), 표본크기(**90**), 그리고 신뢰수준을 **0**에서 1사이의 값(0.98) 으로 입력한다.

(참고: **TMTINT.XLS** 워크시트 탬플릿을 사용해도 된다. 사용법은 탬플릿 안에 있다.)

연습문제

9.24 30보다 작은 크기의 표본에서 신뢰구간을 구하려고 t분포를 사용했을 때, 모집단의 모양에 대해 어떤 가정이 필요한가?

9.25 분포표의 df = 무한대 행이 표준정규분포의 오른쪽 꼬리 부분에 대응하는 z-값과 같은 이유는 무엇인가? t분포와 표준정규분포 사이에 어떤 관계가 있는가?

9.26 t분포표에서 자유도 19일 때 꼬리 부분 0.025에 대응하는 값은 무엇인가?

9.27 t분포표에서 자유도 28일 때 꼬리 부분 0.10에 대응하는 t값은 무엇인가?

9.28 $df = 25$일 때 다음 각 확률에 대응하는 A의 값을 구하라.

a. $P(t \geq A) = 0.025$

b. $P(t \leq A) = 0.10$

c. $P(-A \leq t \leq A) = 0.99$

9.29 $df = 85$일 때 다음 각 확률에 대응하는 A의 값을 구하라.

a. $P(t \geq A) = 0.10$

b. $P(t \leq A) = 0.025$

c. $P(-A \leq t \leq A) = 0.98$

9.30 근사적으로 정규분포를 따르는 모집단에서 다음과 같은 단순임의표본을 추출했을 때 평균에 대한 90%와 95% 신뢰구간을 구하고 설명하라.

67 79 71 98 74 70 59 102 92 96

9.31 근사적으로 정규분포를 따르는 모집단에서 다음과 같은 단순임의표본을 추출했을 때 평균에 대한 95%와 99% 신뢰구간을 구하고 설명하라.

66 34 59 56 51 45 38 58 52 52
50 34 42 61 53 48 57 47 50 54

9.32 소비자 잡지는 한 자동차 모델을 대상으로 차주 33명을 단순임의표본으로 뽑고, 처음 2달 동안 고쳐야 하는 결점이 얼마나 많았는지 물었다. 평균 결점 $\bar{x}$ = 3.7이고 표준편차는 1.8개였다.

a. μ = '이 모델의 평균 결점 수' 에 대한 95% 신뢰구간을 구하는 데 t분포를 사용하라.

b. μ = '이 모델의 평균 결점 수' 에 대한 95% 신뢰구간을 구하는 데 z분포를 사용하라.

c. 모표준편차를 모른다고 하면, 두 신뢰구간 중에 μ를 추정하는 구간으로 어떤 것을 사용해야 하는가?

9.33 Appliance Universe회사의 서비스 관리자는 지난해의 서비스 기록으로부터 단순임의표본으로 50개의 냉장고 수리 시간을 뽑았다. 표본평균과 표준편차는 각각 25분과 10분이었다.

a. 평균에 대한 95% 신뢰구간을 구하고 설명하라.

b. 수리시간의 모집단은 양의 방향으로 많이 늘어질 가능성이 높다. 예를 들면 압축기 교체 같은 일에서는 3~4시간이 걸리기 때문이다. 이것이 사실일 때, (a)에서 구한 구간이 여전히 적절한 것인가 설명하라.

9.34 자동차 렌트회사는 지난해 빌려주었던 자동차들 중에서 단순임의표본 20대를 뽑아서 다음과 같은 주행거리(마일) 데이터를 얻었다. 근사적으로 정규분포를 따르는 모집단에서 뽑은 자료라고 가정하고 모평균에 대한 90% 신뢰구간을 구하고 설명하라.

55 35 65 64 69 37 88 80 39 61

54 50 74 92 59 50 38 59 29 60마일

9.35 전기 퓨즈 제조사가 파는 제품 중에 가장 많이 팔리는 제품은 건설업에서 전기 종사자들이 사용하는 표준 30암페어 퓨즈이다. 회사는 이 생산품에서 16개의 퓨즈를 단순임의표본으로 뽑아서 검사하여 몇 암페어에서 끊어지는지 아래와 같이 관찰하였다. 정규분포의 모집단에서 뽑은 자료라고 가정하고, 이 퓨즈들이 견딜 수 있는 모평균 암페어에 대한 95% 신뢰구간을 구하고 설명하라.

30.6 30.2 27.7 28.5 29.0 27.5 28.9 28.1

30.3 30.8 28.5 30.3 30.0 28.5 29.0 28.2암페어

9.36 Microsoft Word 사용법에 관한 책을 저술한 저자는 자신의 책을 가지고 간단한 실험을 하였다. 35명의 초급자에게 자신의 책과 컴퓨터, 그리고 복잡하게 손으로 쓴 서류를 Microsoft Word 파일로 입력하는 과제를 주었다. 초급자들이 과제를 수행한 평균 시간은 105분이었고, 표준편차는 20분이었다. 이와 같은 모든 초급자들이 이 과제를 완성시킬 모평균 시간에 대한 90% 신뢰구간을 구하고 설명하라.

9.37 한 사무용품 제조사는 새로운 복사기를 개발한 후, 토너 한 개당 A4용지를 평균 몇 장이나 복사할 수 있는지 추정하려고 한다. 단순임의표본 20개의 토너에 대해 평균은 1,535장이고, 표준편차는 30장이었다. 필요하다고 생각되는 가정을 세우고, 모평균에 대한 95% 신뢰구간을 구하고 설명하라.

9.38 아이폰 사용자의 월평균 데이터 사용량이 400메가바이트라고 한다. 이것이 임의로 선택한 80명의 사용자의 정보이며 또 표준편차가 s = 90메가바이트라고 할 때, 월평균 데이터 사용량의 95%신뢰구간을 구하라. 만일 같은 크기의 다른 표본의 평균이 350메가바이트라고 하면 이 값은 매우 이상한 값인가? (출처: Leslie Cauley, "iPhone Gulps AT&T Network Capacity," *USA Today*, June 17, 2009, p.1B.)

9.39 Nielsen/NetRatings에 따르면, American Greetings Web 사이트에 방문한 사람들은 사이트에서 평균 19.7분을 보냈다. 이는 20명의 단순임의표본의 통계량으로서 표본표준편차는 s = 4.0분이다. 또 사이트 방문자의 모집단은 근사적으로 정규분포를 따르는 것으로 가정하자. 모평균에 대한 98% 신뢰구간을 구하고 설명하라. 만일 같은 크기의 다른 표본의 평균이 18.5분이라고 하면 이 값은 매우 이상한 값인가? (출처: *The New York Times Almnac* 2009, p. 812)

9.40 Sallie Mae 연구원들의 조사에 의하면 현재 대학교 3학년 학생들이 평균 $2,912의 신용카드 빚을 지고 있다. **XR09040** 파일에 있는 자료를 사용하여, 대학교 3학년 학생들의 신용카드 빚의 평균에 대한 99% 신뢰구간을 구하고 설명하라. 이 신뢰구간을 고려할 때, 만일 같은 크기의 다른 표본의 평균이 $3,150라고 하면 이 값은 매우 이상한 값인가? (출처: Sandra Block, "Credit Card Reform Swipes Easy Plastic from College Students," *USA Today*, May 26, 2009, p. 3B.)

9.41 Kelton의 조사에 의하면, 미국 여성은 평균 15켤레의 신발을 가지고 있다. **XR09041** 파일에 있는 자료를 사용하여, 모평균에 대한 95% 신뢰구간을 구하고 설명하라. 이 신뢰구간을 고려할 때, 만일 같은 크기의 다른 표본의 평균이 13.2라고 하면 이 값은 매우 이상한 값인가? (출처: Anne R. Carey and Sam Ward, "Who Owns More Shoes?", *USA Today*, July 8, 2009, p. 1A)

9.6 모비율의 신뢰구간 추정

모비율의 신뢰구간을 추정하기 위해서는 다음 두 가지 목적으로 표본비율(p)을 사용한다: (1) (알려지지 않은) 모비율 π를 점추정하여 신뢰구간의 중간점으로 사용하기 위해, (2) 표본크기(n)와 함께 표본비율의 표준편차를 추정하는데

이 절에서는 이항분포의 근사치로 정규분포를 사용한다. 이 근사치는 np와 $n(1-p)$이 모두 5 이상인 경우에 사용되고, p가 0.5에 가까울수록, 그리고 n의 값이

클수록 값이 더 정확해진다. 신뢰구간의 중간점은 표본비율이고, 신뢰구간의 상한값과 하한값은 다음과 같이 구한다.

모비율의 100(1 − α)% 신뢰구간 한계:

$$p \pm z\sqrt{\frac{p(1-p)}{n}}, \quad p = \text{표본비율} = \frac{\text{성공횟수}}{\text{시행횟수}}$$

n = 표본크기
z = 신뢰수준에 대응하는 z-값 (예: 95% 신뢰수준에는 $z = 1.96$)

$$\sqrt{\frac{p(1-p)}{n}} = \text{비율의 표집분포의 추정 표준오차}$$

예제 EXAMPLE

z-구간, 비율

2007년 4월에 NBC News/*Wall Street Journal*은 1,008명의 미국 성인을 무작위로 선택하여 여론조사를 하였다. “현재 우리나라는 전반적으로 잘 돌아가고 있다고 생각합니까? 아니면 잘못되어가고 있다고 생각합니까?”라는 질문에 22%가 “잘 돌아가고 있다”라고 답하였다.[1]

풀이

질문에 대해 “잘 돌아가고 있다”라고 대답한 사람의 모비율의 95% 신뢰구간은?

표본비율 $p = 0.22$는 π의 점추정이고 구간의 중간점이 된다. 95% 신뢰구간에 대한 z-값은 ±1.96이다. 그림 9.6과 같이 신뢰구간은 다음과 같다.

$$p \pm z\sqrt{\frac{p(1-p)}{n}} = 0.22 \pm 1.96\sqrt{\frac{0.22(1-0.22)}{1008}} = 0.194 \text{ to } 0.246$$

이 결과로부터, 모비율이 0.194와 0.246 사이에 있을 것이라고 95% 신뢰할 수 있다. 백분율로 표현해 보면 “잘 돌아가고 있다”라고 대답한 사람들의 백분율 구간은 19.4%와 24.6%이고, 구간폭은 (24.6 − 19.4) = 5.2%가 된다.

이 예제는 시민에 대한 정치여론조사에 해당한다. 이러한 여론조사는 민주주의에서 매우 중요한데, 「생활 속의 통계 9.1」에서 그 이유를 설명한다.

「컴퓨터 솔루션 9.3」은 Excel을 사용하여 그림 9.6의 모비율에 대한 95% 신뢰구간을 어떻게 구하는지 보여준다. 요약통계량을 사용하는 경우에는, 신뢰 수준의 변동에 따라 신뢰구간의 넓이가 변동하는 것을 쉽게 확인할 수 있다.

[1] 출처: online.wsj.com, July 21, 2009.

생활 속의 통계 • 9.1 정치여론조사: 민주주의에서의 중요성

대공황 이후로 경제상황이 가장 좋지 않을 때 선출된 버락 오바마 대통령의 취임 6개월 후의 지지율은 55%였다. 2차 세계대전 이후 12명의 대통령 중에서 그 지지율은 10번째 순위에 해당한다.

대통령의 지지율은 언론기자들이 발표하는 여러 수치 중의 하나이지만 그것은 중요한 의미를 가지는 통계량이다. 대통령은 집권당의 지원을 유지하기 위해서 뿐만 아니라 야당의 지지를 얻기 위해서도 높은 지지율을 필요로 한다. 공화당 여론조사원인 Whit Ayres는 다음과 같이 말한다. "지지율은 대통령이 의제를 수행하기 위하여 절대적으로 필요하다."

6개월이 지난 시점에서 지지율이 하락함에따라 오바마 대통령은 여러 의제를 수행함에 있어서 어려움을 겪고 있었다. 그 시점에서 많은 사람들이 경제, 세금, 의료보험 등에 대한 대통령의 입장에 찬성보다는 반대를 하였다. 어떤 대통령도 그러한 상황에서는 자신의 의제를 의회로 넘기는 것이 쉽지 않게 된다. Texas-Austin 대학의 H.W. Brands에 따르면, "대통령이 큰 의제를 법으로 통과시키느냐 그렇지 못하느냐는 중요한 문제이다... 국회의원은 국민의 지지를 받고 있는 대통령의 발목을 잡지는 못할 것이다."

민주주의에서 대통령과 정치지도자들은 여론조사원을 통하여 국민이 바라는 것이 무엇인지를 알고 싶어 한다. 여론조사를 통해 정치지도자들은 마치 백미러를 보듯이 자신의 지지자들이 어느 방향으로 가는지를 확인하고 재빨리 방향을 수정해서 지지자들의 이념적 행진을 맨 앞에 서서 이끌어 간다.

여러분이 정치인의 지지율과 정치여론조사의 결과를 볼 때, 정치인도 그 결과를 보고 자신의 정강과 정책을 개발한다는 것을 기억하라.

만약 정치여론조사원이 여러분의 의견을 묻는다면, 여러분의 대답은 매 4년마다 여러분이 행하는 투표만큼이나 중요하게 간주될 것이다.

출처: Susan Page, "Polls Can Affect President' Hold on Party," *USA Today*, July 21, 2009, p. 6A.

그림 9.6

표본비율이 $p = 0.22$이고 표본크기가 $n = 1008$인 정치 여론조사를 바탕으로 한 모비율의 95% 신뢰구간. π가 0.194와 0.246 사이에 있다고 95% 신뢰한다.

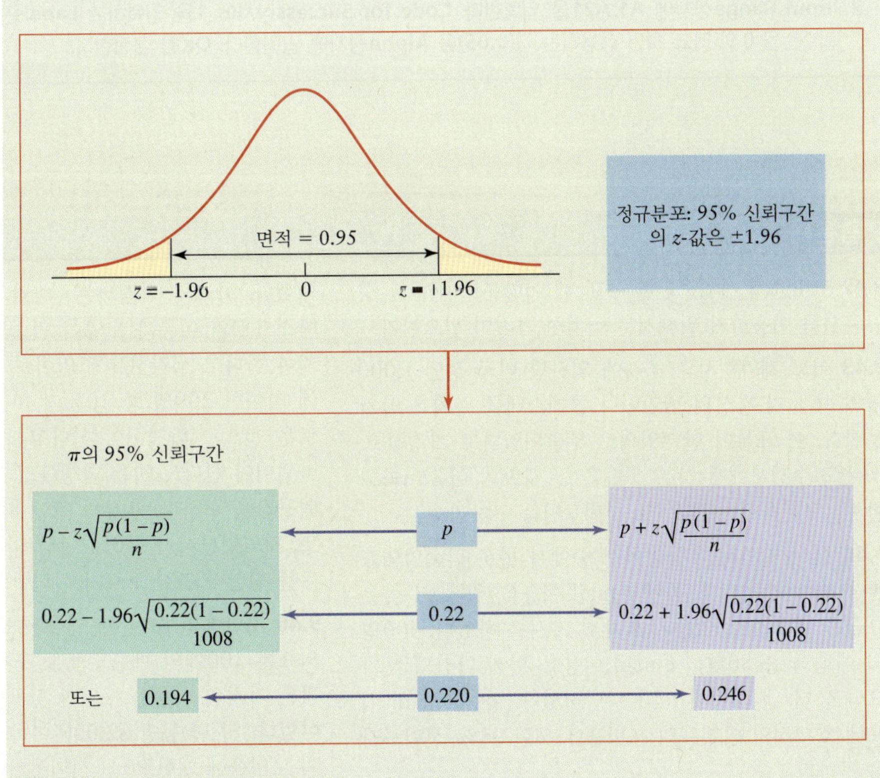

컴퓨터 솔루션 9.3

모비율의 신뢰구간

모비율의 신뢰구간을 어떻게 추정하는지 보여준다.

EXCEL

	A	B	C	D	E
1	z-Estimate of a Proportion				
2					
3	Sample proportion	0.22	Confidence Interval Estimate		
4	Sample size	1008	0.22	±	0.026
5	Confidence level	0.95	Lower confidence limit		0.194
6			Upper confidence limit		0.246

요약통계량에서 π에 대한 신뢰구간을 정하기

1. 그림 9.6에서 사용된 $n = 1008$이고 $p = 0.22$인 경우이다. 워크북에서 **ESTIMATORS.XLS** 를 연다.
2. 왼쪽 아래의 화살표를 사용하여 **z-Estimate_Proportion** 워크시트를 선택한다. 표본 비율**(0.22)**, 표본 크기**(1008)**, 그리고 신뢰수준을 0에서 1사이의 값(0.95)으로 입력한다. 신뢰구간은 위의 그림과 같다.

(참고: **TMPINT.XLS**워크시트 템플릿을 사용해도 된다. 사용법은 탬플릿 안에 있다.)

원자료에서 π에 대한 신뢰구간을 정하기

1. **A1:A21**에 제목과 20개의 자료가 있다고 하자. 자료는 '1 = 여성, 2 = 남성'으로 코딩되어 있다. **추가기능** 리본에서 **Data Analysis Plus**를 클릭한다. **OK**를 누른다. **t-Estimate:Proportion**을 클릭하고 **OK**를 클릭한다.
2. **Input Range**상자에 **A1:A21**을 입력한다. **Code for Success**상자에 **1**을 입력하고 **Labels**를 클릭한다. 원하는 신뢰수준을 0.95라고 하면 대응하는 값**(0.05)**을 **Alpha**상자에 입력한다. **OK**를 클릭한다.

연습문제

9.42 모비율의 신뢰구간을 구할 때 이항분포에 대한 정규근사를 이용하기 위해서는 어떠한 가정이 필요한가?

9.43 어느 제약회사의 조사에 의하면 미국 성인 1,000명의 46%가 자신의 혈압이나 콜레스테롤 수치를 알지 못한다. 이 표본이 단순임의로 추출되었다고 가정하고, π = '전수검사에서 같은 응답을 할 사람의 비율'이라고 할 때, 모비율에 대한 95% 신뢰구간을 구하라.

9.44 한 항공회사는 항공여객 중에서 뽑은 단순임의표본을 대상으로 비행 중에 e-mail 이용을 위해 더 높은 요금을 낼 의향이 있는지에 대한 조사를 하였다. 400명의 여행객 중 80명이 e-mail 이용을 위해 약간의 부가요금을 더 낼 의향이 있다고 답하였다. 항공 e-mail 이용에 호의적인 여행객의 모비율에 대한 95% 신뢰구간을 구하라.

9.45 언론사들의 조사요청과 폭력을 반대하는 사람들의 걱정에 부응해서 학생 수가 25,000명 이상인 한 대학의 총장이 학생들 중 단순임의표본을 조사하는 데 동의했다. 학교를 상징하는 '약탈자(Plundering Pirate)' 마스코트의 이름과 모양이 덜 공격적인 것으로 바뀌어져야 한다고 생각하는지 알아보기 위한 조사였다. 조사에 참여한 200명 중 20%가 마스코트가 더 친근한 새로운 것으로 바뀌어야 한다고 대답하였다. 마스코트가 바뀌어야 한다고 하는 학생들의 모비율에 대한 90% 신뢰구간을 구하라. 표본과 그에 따른 신뢰구간을 바탕으로, 지역언론사가 '50% 이상'의 학생이 새로운 마스코트를 원한다고 한 보도가 신뢰할 만한지 설명하라.

9.46 지난해의 수천 개 매출전표로부터 추출한 단순임의표본 100개의 매출전표를 조사한 결과 $2,000보다 적은 가격의 상품을 구입한 고객들의 매출전표가 65개이었다. 일 년 동안 $2,000 이하의 상품을 구입한 고객의 모비율에 대한 90% 신뢰구간을 구하라.

9.47 세대주가 35~44세인 미국 가정의 48%가 뮤추얼펀드를 소유하고 있다고 추정되었다. 이 연령대의 미국인구 1,000명을 단순임의표본으로 조사하였다고 가정

하고 π = '같은 응답을 할 사람들의 모비율'이라고 할 때, 모비율에 대한 95% 신뢰구간을 구하라. (출처: Investment Company Institute, *Investment Company Fact Book 2008*, p. 72)

9.48 CareerBuilder.com의 조사에 의하면 회사의 20%가 페이스북이나 마이스페이스 같은 소셜네트워킹 사이트를 이용하여 면접 지원자의 프로필을 살핀 후 채용 여부를 결정한다. 이 조사가 단순임의표본인 1,200개의 회사들로 이루어졌다고 할 때, π = '소셜네트워킹 사이트를 검색해볼 회사의 모비율' 이라고 할 때, 이 비율에 대한 90% 신뢰구간을 구하라. (출처: Carrie-Ann Skinner, "Employers Admit Checking Facebook Before Hiring," pcworld.com, September 14, 2008)

9.49 Nielsen Media Research의 시청률 자료에 따르면 역사상 가장 높은 시청률을 보인 프로그램은 1983년 2월 28일에 방송되어 모든 TV 소유자 중 60.2%가 시청한 *M*A*S*H*의 마지막 회였다. 이 추정이 단순임의표본인 1,800 TV 소유자들로 이루어졌다고 할 때 π = '*M*A*S*H*의 마지막 회를 시청한 사람들의 모비율' 에 대한 95% 신뢰구간을 구하라. (출처: *The World Almanac and Book of Facts 2009*, p. 293)

9.50 100,000명 이상의 생산직 근로자가 한 개의 노동조합에 가입되어 있는 산업에서 단순임의표본 n = 100명의 조합원 가운데 57%가 노동조합과 경영자가 합의한 새로운 노동계약에 찬성할 것이라 한다.

a. π = '새로운 노동계약에 찬성할 조합원의 모비율' 에 대한 99% 신뢰구간을 구하라.

b. (a)에 대한 당신의 대답에 따르면 조합에 의한 계약 승인이 확실한가? 이유를 설명하라.

9.51 표본크기가 n = 900인 경우에 연습문제 9.50을 반복하라.

9.52 Pew Internet & American Life Project가 2009년에 2,253명의 미국 성인을 대상으로 한 설문조사에 의하면, 69%의 성인들이 인터넷을 통하여 직장, 세일, 사회보장지원, 대출 등과 같은 불황을 극복하기 위한 정보를 검색한다고 한다. 이 표본이 단순임의로 추출된 것이라고 할 때, 이러한 목적으로 인터넷을 사용한 사람들의 모비율에 대한 90% 신뢰구간을 구하고 설명하라. (출처: Lee Rainie and Aaron Smith, "The Internet and the Recession," pewinternet.org, July 15, 2009)

9.53 National Organization for Youth Safety가 16~20세의 인구 605명을 대상으로 한 설문조사에 의하면, 68%가 운전 중 문자메세지를 보내본 것으로 나타났다. 이 표본이 같은 연령대의 단순임의표본이라고 할 때, 운전 중 문자메세지를 보내는 같은 연령대 인구의 모비율에 대한 90% 신뢰구간을 구하고 설명하라. (출처: Anne R. Carey and Karl Gelles, "Young Drivers Busy Behind the Wheel," *USA Today*, June 16, 2009, p. 1A)

9.54 Zogby의 여론조사에 의하면 75%의 미국인이 The Three Stooges에 출연하는 세 명의 이름(Moe, Curly, 그리고 Larry)을 댈 수 있다고 한다. 이 추정이 단순임의표본인 1,200의 미국인들로 이루어져 있다고 할 때, 위와 같은 사람들의 모비율에 대한 95% 신뢰구간을 구하고 설명하라. (출처: Brit Hume, "Zogby Poll: Most Americans Can Name Three Stooges, But Not Three Branches of Government," foxnews.com, August 15, 2006)

9.55 뉴저지 주의 주의원으로 출마한 Estelle McCarthy는 적어도 65%의 노동조합원 표를 얻어야 한다는 이야기를 들었다. 최근의 정치여론조사에서 800명의 조합원 중에서 60%가 Ms. McCarthy를 뽑겠다고 응답하였다. 조사에 기초하여 Ms. McCarthy를 뽑겠다는 사람의 모비율에 대한 65% 신뢰구간을 구하라. 이 답을 근거로 하여 주의원으로 선출될 가능성에 대해서 설명하라.

참고: 연습문제 9.56과 9.57은 컴퓨터 패키지를 사용해야 한다.

9.56 보증서비스를 받기 위해 반송된 제품과 함께 동봉된 설문지에는 고객에게 반송 이유를 묻는다. 코드와 반송 관련 카테고리는 다음과 같다: (1) "작동하지 않음," (2) "심한 소음," (3) "기타." 자료파일 **XR09056**에는 단순임의표본 300개의 반송 상품에 대한 코드를 포함하고 있다. "작동하지 않음"의 이유로 반송한 것들의 모비율에 대한 95% 신뢰구간을 구하라.

9.57 한 투자상담사는 50,000명의 잠재 투자자들 메일 주소를 얻게 되었다. 그들에게 보낼 팸플릿을 만들기 전에 상담사는 그들 중 단순임의로 추출된 소표본에게 질문서를 발송했다. 질문 중 하나는 "나는 위험을 감수하기 좋아하는 사람인가?"이다. 그에 대한 응답 코드는 (1) "네"와 (2) "아니오"이다. 질문을 받은 200명의 투자자들의 응답 결과는 자료파일 **XR09057**에 저장되어 있다. 상담사가 갖고 있는 메일 리스트 중 위험을 감수하기 좋아한다고 생각하는 사람들의 모비율에 대한 99% 신뢰구간을 구하라.

9.7 표본크기 결정

앞에서 다룬 신뢰구간 추정에서는 표본크기가 사전에 결정된 것으로 간주하였다. 이 절에서는 반대로 미리 원하는 구간폭을 정한 후, 그 구간폭을 만족하려면 표본크기가 얼마나 커야 하는지 알아본다. 표집오차(정확도)의 최대값은 신뢰구간 폭의 절반이라는 사실을 이용할 것이다.

모평균의 추정에 필요한 표본크기

필요한 표본크기를 계산하는 방정식을 얻는 과정을 이해하기 위하여 σ를 아는 경우를 생각해 보자. 신뢰구간의 중간점으로부터 상한점까지의 거리가 (1) 표집오차(e)의 최대값이거나 (2) 표집분포 표준오차의 z배로 표현될 수 있다. (1)과 (2)의 값이 같으므로 다음과 같은 식을 세우고 n을 구할 수 있다:

$$e = z\frac{\sigma}{\sqrt{n}} \longrightarrow \boxed{n\text{에 대해 계산}} \longrightarrow n = \frac{z^2 \cdot \sigma^2}{e^2}$$

모평균 추정에 필요한 표본크기:

$$n = \frac{z^2 \cdot \sigma^2}{e^2}$$

n = 필요한 표본크기
z = 원하는 신뢰수준에 대응되는 z-값
σ = 알려진(혹은 추정된) 모집단의 표준편차
e = 허용 가능한 최대 오차

σ를 모르는 경우에 그것을 추정하는 방법 중 하나는 상대적으로 작은 규모의 시험연구(pilot study)를 사전에 하고, 이 연구로부터 얻어진 표본표준편차를 모집단 표준편차의 점추정값으로 사용한다. 두 번째 방법은 과거에 실행된 비슷한 연구의 결과를 찾아서 σ를 추정하는 것이다. 세 번째 방법은 자료값들의 근사범위(자료의 최대값 − 최소값)의 1/6로 σ를 추정하는 방법이 있다.

예제 EXAMPLE

평균 추정에서의 표본크기

한 정치가는 십대들이 지난 여름방학 동안 벌어들인 수익의 평균치를 알고 싶어한다. 그는 95% 신뢰수준에서 표본평균이 실제 모평균으로부터 \$50 이내에 있기를 바란다. 그는 과거의 연구를 기초하여 모집단의 표준편차가 σ = \$400라고 추정하였다.

풀이

95% 신뢰수준에서 $\bar{x}$가 실제 모평균의 \$50 이내에 있도록 하려면 표본크기는 얼마로 하여야 하는가?

95% 신뢰수준으로부터 z = 1.96, e = \$50 허용가능 최대 오차, 그리고 σ의 추정값은 \$400가 된다. 이 경우에 필요한 표본크기는 다음과 같다.

$$n = \frac{z^2 \cdot \sigma^2}{e^2} = \frac{1.96^2 \cdot 400^2}{50^2} = 245.9 \text{ 명 (약 246명)}$$

95% 신뢰수준에서 모평균의 \$50 이내에 있도록 하려면 표본크기는 n = 246이 된다. 계산된 n값이 정수가 아닌 경우에는 올림한 값을 사용한다.

분모에 있는 e가 제곱형태이기 때문에 e의 값이 반으로 줄어들면 그에 필요한 표본크기는 4배로 늘어난다. 오차가 작은 신뢰구간을 구하려면 표본크기가 상대적으로 더 늘어나서 많은 비용이 들 것이다.

모비율의 추정에 필요한 표본크기

모평균 추정에서와 같이 모비율의 추정에서도 허용가능 최대 오차(e)는 신뢰구간 폭의 반이 된다. 마찬가지로 신뢰구간의 중간점으로부터 신뢰 상한까지의 거리를 최대 오차로 두고 n에 대해 계산을 하면 다음과 같다.

$$e = z\sqrt{\frac{p(1-p)}{n}} \longrightarrow \boxed{n\text{에 대해 계산}} \longrightarrow n = \frac{z^2 p(1-p)}{e^2}$$

모비율 추정에 필요한 표본크기:

$$n = \frac{z^2 p(1-p)}{e^2},$$

n = 필요한 표본크기
z = 원하는 신뢰수준에 대응되는 z-값
p = 모비율의 추정값 (실제 π값을 모르는 경우 $p = 0.5$를 사용)
e = 허용 가능한 최대 오차

앞의 식을 적용하기 전에, 우선 모비율이 0.5보다 아주 크거나 작은지 점검해 보아야 한다. 표본의 크기는 $p(1-p)$값에 비례하며 $p = 0.5$인 경우에 가장 크게 된다. 따라서 π가 어떤 값을 갖는지 전혀 모르는 경우에는 $p = 0.5$를 사용하여야 한다.

실제 모비율에 대해 아무런 정보가 없는 경우에는 모비율에 대한 대략적인 정보를 얻기 위해서 시험연구(pilot study)를 시행한다. 모비율이 0.5보다 매우 작은지 또는 매우 큰지 추정이 가능하다면 훨씬 작은 표본으로도 우리가 원하는 정확도를 얻을 수 있기 때문이다. 모비율이 '0.20과 0.40 사이'에 있다고 생각되면 0.5에 가까운 값(0.40)을 식에 넣으면 된다.

예제 EXAMPLE

비율추정에서의 표본크기

한 관광회사의 조사원은 멕시코에서 휴가를 보낸 적이 있는 미국사람의 비율을 조사하고 싶은데 95% 신뢰수준에서 표집오차가 0.03보다 크지 않았으면 한다. 다음 질문에 답하라.

풀이

실제 모비율 값에 대한 정보가 전혀 없다고 가정하면 95% 신뢰수준에서 표본비율이 실제 모비율의 0.03 이내에 있기 위해 필요한 표본크기는 얼마인가?

95% 신뢰수준에 대한 z-값은 1.96이고, 최대 오차는 $e = 0.03$이 된다. 조사원은 필요한 표본크기 계산에서 p에 대한 추정을 하지 않기 위해 $p = 0.5$을 사용하였다:

$$n = \frac{z^2 p(1-p)}{e^2} = \frac{1.96^2(0.5)(1-0.5)}{0.03^2} = 1067.1\text{명 (약 1,068명)}$$

모비율이 0.3을 넘지 않는다고 믿고 모비율 추정치로 $p = 0.3$을 사용한다면 몇 개의 표본이 필요하겠는가?

z-값은 1.96이고 e는 0.03으로 다른 요소들은 변하지 않았다. 그러나 모비율이 0.3보다 작다는 가정에 따라 분자의 $p(1-p)$항이 감소하게 된다. 따라서 필요한 표본의 크기는 다음과 같다.

$$n = \frac{z^2 p(1-p)}{e^2} = \frac{1.96^2(0.3)(1-0.3)}{0.03^2} = 896.4\text{명 (약 897명)}$$

모평균 추정에 필요한 표본크기를 정하는 경우와 마찬가지로 e값을 조금 더 작게 하려면 표본크기는 훨씬 더 증가된다. 예를 들어, 조사원이 모비율이 0.3보다 작다고 추정하였는데, 최대 가능 오차를 0.03이 아닌 0.01로 하고자 한다면 897명의 9배인 8068명의 표본이 필요하게 된다.

「컴퓨터 솔루션 9.4」는 모평균과 모비율을 추정할 때 필요한 표본크기를 결정하는 데 Excel을 어떻게 사용하는지 보여준다. Excel을 이용하면 여러 가지 경우를 시험해 볼 수 있고, 신뢰수준이나 최대 오차의 변화가 표본크기에 어떤 영향을 주는지 알아보기 쉽다.

연습문제

9.58 "최대 오차를 반으로 줄이기 위해서 표본의 크기를 두 배로 늘리면 된다." 이 주장이 옳은가? 그 이유를 설명하라.

9.59 모평균의 구간추정을 하는 데 필요한 표본크기를 결정할 때 모집단의 표준편차의 추정이 먼저 필요하다. 이 추정은 어떻게 하는가?

9.60 과거 경험으로부터 제품 용기를 채우는 어떤 기계의 표준편차가 0.65온스이다. 이 기계로부터 생산된 제품의 평균 무게를 알아보기 위해 그것들로부터 단순임의표본을 추출하였다. 실제 모평균으로부터 0.1온스 이상 차이가 나지 않도록 표본평균에 대한 95% 신뢰구간을 구하려면 표본크기가 얼마나 되어야 하는가?

9.61 미국 고등학교 졸업생을 대상으로 새로운 버전의 적성검사에 대한 한 시험연구를 통해서 모집단 표준편차는 3.7점으로 추정되었다. 더 큰 연구를 진행할 때 실제 모평균과 1.0 이상 차이나지 않도록 표본평균의 99% 신뢰구간을 구하려면 얼마나 큰 표본이 필요한가?

9.62 한 소비자단체는 50인치 TV 모델이 110와트의 전력만 소비하는지에 대한 시험을 하기 위해 독립적인 실험을 계획하였다. 사전연구를 기초로 모집단의 표준편차가 11.2와트로 추정되었다. 단순임의표본을 사용하여 더 큰 연구를 진행할 때 실제 모평균과 3.0와트 이상 차이가 나지 않도록 표본평균에 대한 95% 신뢰구간을 구하려면 몇 개의 텔레비전을 실험하여야 하는가?

9.63 한 의원 후보는 등록된 투표자 가운데 자신에게 투표하려는 사람의 비율을 조사해 달라고 요청하였다. 3% 오차한계로 95% 신뢰구간을 정하려면 표본크기는 얼마나 되어야 하는가?

9.64 Nabisco는 일주일에 적어도 한 번은 아침식사로 Nabisco의 Spoon-Size Shredded Wheat를 먹는 펜실베니아 사람들의 비율을 결정하고자 한다. 95% 신뢰수준으로 최대 오차를 0.03 이내로 정하려면 단순임의표본의 크기를 얼마로 해야 하는가?

a. 모비율의 추정치로 0.5를 사용하라.

b. 모비율이 실제로 0.5 정도로 높을 것이라고 생각하는가? 그렇지 않다면 실제와 비슷하다고 생각되는 비율의 추정치로 (a)를 반복하라. 이 추정이 표본크기에 어떤 영향을 미치는가?

9.65 어느 큰 도시의 Chevrolet 판매 딜러들은 차를 소유하고 있는 그 도시 사람 중에 내년에 새 차를 구입하려는 사람들의 비율을 알아보려고 한다. 모비율이 0.15보다 작다고 할 때 90% 신뢰수준에서 최대 오차가 0.02보다 작기를 바란다면 단순임의표본으로 몇 명의 차 소유자가 필요한가?

9.66 연습문제 9.65에서 실제 모비율이 0.35라고 가정하자(판매자는 모름). 만약 판매자들이 추정치($\pi \leq$ 0.15)를 사용하여 표본크기를 구한 후 조사를 진행하였다면 최대 오차는 0.02보다 큰가? 작은가? 아니면 같은가? 그 이유를 설명하라.

9.67 미국 유권자를 대상으로 단순임의표본을 조사한 결과를 보고하면서, 여론조사기관은 95% 신뢰수준에서 표집오차가 0.04보다 작기를 원한다. 오직 이 정보만 있는 경우 사용할 표본의 크기는 얼마가 되어야 하는가?

컴퓨터 솔루션 9.4

표본크기 결정

모평균이나 모비율을 추정하는 데 필요한 표본크기를 결정할 수있다.

EXCEL

	A	B	C	D
1	**Sample size required for estimating a**			
2	**population mean:**			
3				
4	Estimate for sigma:			400.00
5	Maximum likely error, e:			50.00
6				
7	Confidence level desired:			0.95
8	alpha = (1 - conf. level desired):			0.05
9	The corresponding z value is:			1.960
10				
11	The required sample size is n =			245.9

TMNFORMU워크시트 템플릿을 사용하여 모평균 추정에 필요한 표본크기를 결정하기

95%의 신뢰수준에서 \$50 이내로 모평균을 추정하는데 필요한 표본크기를 결정하려고 한다. 모표준편차는 \$400이라 가정한다. Excel 워크시트 **TMNFORMU.XLS**를 연다. 추정된 표준편차(400), 최대허용오차(50), 0에서 1사이의 신뢰수

준(0.95)를 입력한다. 그러면 필요한 표본크기(246)가 D11에 나타난다. 소숫점이 있는 값인 경우에 올림하여 표시된다. 이 절차는 워크시트에도 설명되어 있다.

참고: Excel을 종료할 때 변경사항을 저장하지 않도록 하라.

TMNFORPI워크시트 템플릿을 사용하여 모비율 추정에 필요한 표본크기를 결정하기

95%의 신뢰수준에서 0.03(3%포인트) 이내로 모비율을 추정하는데 필요한 표본크기를 결정하려고 한다. Excel 워크시트 **TMNFORPI.XLS**를 연다. 추정된 표준편차(400), 최대허용오차(0.03), 0에서 1사이의 신뢰수준(0.95)를 입력한다. 그러면 필요한 표본크기(1068)가 D11에 나타난다. 소숫점이 있는 값인 경우에 올림하여 표시된다. (참고: 만일 모비율이 0.5와 다른 값임을 알고 있다면 그 값을 사용하도록 하라. 그러면 필요한 표본크기가 작아질 것이다. 그렇지 않다면 보수적인 값인 0.5를 사용하라.) 이 절차는 워크시트에도 설명되어 있다.

참고: Excel을 종료할 때 변경사항을 저장하지 않도록 하라.

9.8 유한 모집단인 경우

유한 모집단에서 비복원 추출을 하는 경우는 지금까지 공부한 표본크기 결정과 신뢰구간 추정에 대한 기법들을 수정할 필요가 있다. 8장에서와 같이 유한 모집단의 경우는 표집분포에서 평균이나 비율 추정의 표준 오차값이 과대평가되기 때문에 그만큼 축소해 주어야 한다. 이 절에서 다룰 유한 모집단에 대한 수정은 표본크기(n)가 적어도 모집단의 5%가 되어야 적용가능하다. n이 $0.05N$보다 작은 경우에는 거의 차이가 없다.

신뢰구간 추정–유한 모집단의 경우 표본크기 정하기

유한 모집단의 경우에도 모평균(μ)이나 모비율(π)에 대한 구간추정을 하는 경우의 신뢰구간은 그림 9.2와 유사하다. 유일하게 다른 점은 '±' 항에 표 9.3의 '유한 모집단 수정계수(finite population correction factor)'가 곱해지는 것이다. 8장에서와 같이 이 수정은 표본크기(n)와 모집단크기(N)에 따라 달라진다.

아래의 예제는 9.5절에서 소개된 것으로서, 모표준편차(σ)의 추정치로서 표본표준편차(s)를 사용하여 모평균에 대한 신뢰구간을 구하는 경우이다. 그렇지만 모집단의 크기에 비해 상대적으로 표본의 크기가 크다는 점이 앞의 예제와 다르다.

예제 EXAMPLE

구간 추정, 유한 모집단

인구조사국(the Bureau of the Census)에 따르면 콜로라도 힌스데일 카운티의 인구는 838명이다.[2] 이 가운데 임의로 추출된 400명을 인터뷰한 결과 정규 교육을 받은 평균 연수가 $\bar{x} = 11.5$이고 표준편차가 $s = 4.3$이었다.

[2] 출처: *The World Almanac and Book of Facts 2009*, p. 611.

풀이

모집단이 유한하고 $n \geq 0.05N$인 경우 모평균에 대한 95% 신뢰구간은?

자유도($df = n - 1 = 400 - 1 = 399$)가 아주 크므로 t분포와 정규분포는 동일하기 때문에 t분포표의 무한대 자유도 행을 사용할 수 있다. 95% 신뢰구간에 해당하는 분포표의 열 값은 0.025이고 이 열과 무한대 행이 만나는 t값은 1.96이 된다.

s를 σ의 추정치로 사용하고 표본은 모집단의 5%보다 크므로 표 9.3의 'σ가 알려지지 않은(unknown)' 유한 모집단 식을 사용할 수 있다. 모평균의 95% 신뢰구간은 다음과 같이 계산된다.

유한 모집단 수정계수:
이 값은 1.0보다 작으므로 표준오차는
무한 모집단인 경우보다 작은 값을 갖는다.

$$\bar{x} \pm t\left(\frac{s}{\sqrt{n}} \cdot \sqrt{\frac{N-n}{N-1}}\right)$$

$$= 11.5 \pm 1.96\left(\frac{4.3}{\sqrt{400}} \cdot \sqrt{\frac{838-400}{838-1}}\right)$$

$$= 11.5 \pm 1.96(0.215 \cdot 0.723) = 11.5 \pm 0.305$$

예상한 대로 유한 수정계수(0.723)는 1.0보다 작으므로 95% 신뢰구간은 무한모집단인 경우보다 구간폭이 좁다. (참고: 모집단이 무한하다고 가정한다면 상한과 하한이 각각 11.079와 11.921로 신뢰구간의 폭은 더 넓을 것이다.)

표 9.3

유한 모집단으로부터 비복원 추출한 경우 신뢰구간 공식의 요약. 경험 법칙에 의해서 이 식들은 표본이 모집단의 5% 이상 되는 경우에만 적용한다. 이들은 그림 9.2에 있는 식들과 유사하지만, 표본(n)과 모집단(N)의 상대적 크기에 따라 변하는 값인 "유한 모집단 수정계수"를 포함하고 있는 점이 다르다.

무한 모집단	**유한 모집단**
σ를 아는 경우, 모평균에 대한 신뢰구간 추정	
$\bar{x} \pm z\frac{\sigma}{\sqrt{n}}$	$\bar{x} \pm z\left(\frac{\sigma}{\sqrt{n}} \cdot \sqrt{\frac{N-n}{N-1}}\right)$
σ를 모르는 경우, 모평균에 대한 신뢰구간 추정	
$\bar{x} \pm t\frac{s}{\sqrt{n}}$	$\bar{x} \pm t\left(\frac{s}{\sqrt{n}} \cdot \sqrt{\frac{N-n}{N-1}}\right)$
모비율에 대한 신뢰구간 추정	
$p \pm z\sqrt{\frac{p(1-p)}{n}}$	$p \pm z\left(\sqrt{\frac{p(1-p)}{n}} \cdot \sqrt{\frac{N-n}{N-1}}\right)$

표본크기의 결정

신뢰구간 추정에서와 마찬가지로 유한 모집단에서의 비복원 추출을 하고 표본이 모집단의 5% 이상 되는 경우에 표본크기의 결정과정도 조금 바뀌게 된다. 다음 식의 모양은 다르지만 9.7절에서도 같은 방법으로 적용되었다.

NOTE 다음 각각의 식에서 N값을 무한대로 대입을 하면 분모의 오른쪽 항이 소거되고 결과는 9.7절의 식과 동일함을 알 수 있다.

유한 모집단의 평균 추정에 필요한 표본크기:

$$n = \frac{\sigma^2}{\frac{e^2}{z^2} + \frac{\sigma^2}{N}},$$

n = 필요한 표본크기
N = 모집단 크기
z =주어진 신뢰수준에 해당하는 z-값
σ = 모집단의 표준편차의 알려진 값 (혹은 추정치)
e = 허용 가능한 최대 오차

유한 모집단의 비율 추정에 필요한 표본크기:

$$n = \frac{p(1-p)}{\frac{e^2}{z^2} + \frac{p(1-p)}{N}},$$

n = 필요한 표본크기
N = 모집단 크기
z = 주어진 신뢰수준에 해당하는 z-값
p = 모비율의 추정값
(실제 π값을 모르는 경우 $p = 0.5$를 사용)
e = 허용 가능한 최대 오차

예제 EXAMPLE

표본크기, 유한 모집단

Federal Aviation Administration(FAA)은 12,290명의 조종사가 여객 헬리콥터 자격증[3]을 소유하고 있다고 발표했다. FAA는 향후 3년 동안 직업을 바꿀 의향이 있는 사람의 비율을 알아보기 위하여 이들로부터 단순임의 표본을 추출하려 한다고 하자. FAA는 95% 신뢰수준에서 표본비율이 실제 모비율의 ±0.04 안에 있기를 바란다. 다음 질문에 답하라.

풀이

모집단이 유한함을 감안하여, 95% 신뢰수준에서 표본비율과 모비율의 차이가 0.04보다 작게 하려면 필요한 표본크기는?

직업을 바꿀 의향이 있는 사람들의 실제 모비율을 추정하지 않았으므로 표본

[3] 출처: General Aviation Manufacturers Association, *General Aviation Statistical Databook, 2008 Edition*, p. 38.

크기를 결정하는 데 $p = 0.5$를 사용한다. 95% 신뢰수준에서 z-값은 1.96이 된다. $N = 12{,}290$인 유한 모집단의 식을 적용하면 표본으로 필요한 파일럿의 수는 다음과 같이 계산된다.

$$n = \frac{p(1-p)}{\dfrac{e^2}{z^2} + \dfrac{p(1-p)}{N}} = \frac{0.5(1-0.5)}{\dfrac{0.04^2}{1.96^2} + \dfrac{0.5(1-0.5)}{12{,}290}} = 572.3\text{명}$$

모집단이 무한이라면 표본의 크기는 9.7절과 같이 계산하면 된다. 그 결과 $n = 600.25$를 올림하여 601이 된다. 모집단이 유한하다는 사실을 안다면 601명 대신 573명의 표본만 조사하여도 원하는 신뢰구간을 최대 오차 안에서 구할 수 있다.

연습문제

9.68 경험적 규칙에 비추어 볼 때, 신뢰구간을 구하거나 표본크기를 계산하는 데 필요한 모집단 수정을 적용하려면 어떤 조건이 필요한가?

9.69 모집단이 무한이거나 표본크기에 비해 아주 큰 경우와 비교하였을 때 유한 모집단 수정은 다음 두 가지에 어떤 영향을 미치는가?

a. 신뢰구간의 폭

b. 필요한 표본크기

9.70 직원이 200명인 한 회사의 인사담당자가 직원 40명을 단순임의로 추출하고 작년 한 해 동안 의료보험금 청구금액을 알아보았다. 작년 한 해 동안의 평균 의료보험 청구금액은 \$260이었고 표준편차는 \$80이었다. 모평균에 대한 95% 신뢰구간을 구하고 설명하라. 모집단 분포의 형태에 대한 가정이 필요한가? 설명하라.

9.71 한 대학의 학부 학생 1,200명에서 추출한 단순임의표본 600명에 대해 여성 대학연합 운동경기 지원을 위한 활동금의 \$5 인상에 대해 학생들의 지지율을 알아보았다. 조사한 사람 중 55%가 요금 인상을 지지했다. 모비율에 대한 95%와 99% 신뢰구간을 구하고 설명하라. 결과를 바탕으로 다음 주에 있을 학교 투표에서 요금 인상이 되지 않을 가능성에 대해 설명하라.

9.72 어느 지역 환경기관은 16가구의 단순임의표본을 추출하여 물의 납 농도에 대해 실험하였다. 평균 납 농도는 12 ppb(parts per billion)이고, 표준편차는 4 ppb이었다. 100가구가 있는 지역에서 표본이 추출되었을 때 모평균에 대한 95% 신뢰구간을 구하고 설명하라. 결과를 바탕으로 이 지역의 평균 납 농도가 환경보호단체가 제시하는 납 농도의 한계치 15 ppb를 넘을 가능성에 대해 설명하라.

9.73 크기 800인 모집단에서 단순임의표본이 추출되었다. 추정에서의 오차가 0.03보다 작은 95% 신뢰구간을 구하기 위해 필요한 표본크기를 구하라.

9.74 크기 2,000인 모집단에서 단순임의표본을 추출하려고 한다. 모집단의 표준편차가 40그램으로 추정되었다. μ 추정의 오차가 5그램을 넘지 않는 99% 신뢰구간을 구하기 위해 필요한 표본의 크기는 얼마인가?

9.75 미국의 상원의회는 100명의 의원으로 구성되어 있다. 어느 정치학자는 95% 신뢰수준과 오차 0.03 이내에서 외국계 회사의 주식을 소유한 의원의 비율을 추정하려고 한다. 몇 명의 상원의원을 인터뷰해야 하는가? 당신이 제안한 표본크기를 계산하기 위해 필요한 가정들에 대해 설명하라.

9.76 한 운송회사는 200대의 트럭을 운행하고 있는데, 트럭들의 최대 속도를 측정하기 위해 숨겨진 속도측정기를 사용한다. 회사는 90% 신뢰수준으로 오차가 시간당 2마일 이내인 평균 최고속도를 추정하길 원한다. 추정한 모집단의 표준편차를 사용하여 숨겨진 속도측정기를 장착해야 하는 트럭은 몇 대인가?

9.77 한 리서치 회사는 자신의 주간 가계 지출을 기록하도록 보상을 제공하는 2,000가구의 소비자 패널을 유지하고 있다. 이 회사는 추가로 \$50을 더 보상하면 더 자세한 정보를 제공하겠다는 패널가구의 비율을 95% 신

뢰수준으로 표집오차 0.04 이내에서 추정하고자 한다. 몇 가구를 조사해야 하는가? 당신이 제안하는 표본크기를 계산할 때 필요한 가정을 설명하라.

9.78 한 대학관계자는 99%의 신뢰수준에서 표집오차가 $2 이내가 되도록 여성클럽과 남성클럽의 회원 학생들이 학기의 첫 주에 그 지역 레스토랑에서 사용한 평균 액수를 추정하고 싶어한다. 남성과 여성 클럽의 총 회원수가 300명이라면 표본은 몇 명이어야 하는가? 모집단 표준편차는 자신이 스스로 추정하여 사용하라.

9.79 전사적 품질관리(TQM) 담당자는 최근 선적 제품 2,000개 중 불량률이 5%를 넘지 않는다고 믿는다. 99% 신뢰수준에서 오차가 0.01 이내인 불량률을 결정할 때 단순임의표본의 크기는 얼마가 되어야 하는가?

9.9 요약

추론통계학: 모수에 대한 점추정과 구간추정

8장에서는 알고 있는 모집단으로부터 얻어지는 표본평균이나 표본비율의 표집분포를 다루었다. 이 장에서는 표본통계량을 이용하여 알려지지 않은 모평균(μ)이나 모비율(π)을 추정하는 데 중점을 두었다. 점추정은 표본평균($\bar{x}$)이나 표본비율(p)을 사용하여 모평균과 모비율을 추정하는 방법이다. 구간추정은 모수의 실제값을 포함하는 값의 범위를 구하는 방법이다. 구간추정은 그 구간이 실제 모수를 포함한다는 확신의 정도와 관련이 있기 때문에 신뢰구간이라고 한다.

모평균과 모비율에 대한 구간추정

모평균에 대한 구간추정을 하는 과정은 모집단 표준편차가 알려져 있는지 아니면 알려져 있지 않은지에 따라 많이 다르다. 그림 9.2는 이 과정들과 가정들을 요약하고 있다. t-구간은 주로 소표본을 대상으로 하지만 대표본인 경우에도 사용할 수 있다. σ를 모르는 경우에는 컴퓨터 통계 패키지를 사용하여 아주 큰 대표본에도 평균의 구간추정에 t분포를 자연스럽게 적용할 수 있다.

구간이 모수를 포함하는 신뢰수준과 구간폭 사이에는 상호작용이 존재한다. 구간 추정이 모수를 더 확실하게 포함하기를 원한다면 구간폭은 더 넓어지게 된다.

표본크기의 결정

정확도(accuracy)나 표집오차는 신뢰구간 폭의 반을 말한다. 표본크기의 결정 과정은 신뢰구간의 폭을 예상하고 최대 표집오차를 적당하게 제한하는 표본크기를 결정한다.

표본이 모집단과 비교해서 큰 경우

8장에서와 같이 유한 모집단으로부터 비복원추출을 하는 경우, 표본이 적어도 모집단의 5%를 넘으면 유한 모집단 수정계수를 사용하는 것이 좋다. 이와 같은 수정은 이 장의 구간추정과 표본크기 결정 방법에서도 필요하다.

컴퓨터를 사용해서 신뢰구간 구하기

대부분의 컴퓨터 통계 패키지에서는 이 장에서 다루는 신뢰구간 추정을 계산하는 기능을 갖추고 있다.

단원 연습문제

9.80 500명의 미국 성인을 단순임의로 선택한 설문조사에 의하면, 그중 45%가 해변가에서 쉬는 게 '꿈의 여가' 라고 한다. 위와 같은 꿈의 여가를 가진 사람들의 모비율에 대한 95%와 99% 신뢰구간을 구하고 설명하라.

9.81 연습문제 9.83에서, 소규모 사전조사를 해본 결과 해당 미니시리즈를 시청하는 가구가 20%를 넘지 않는 것으로 나타났다. 이 정보를 사용한다면 표본크기는 얼마로 하여야 하는가?

9.82 다음은 어느 지역 가구의 소득(천 달러)에 대한 단순임의표본이다. 모집단 평균에 대한 90% 신뢰구간과 95% 신뢰구간을 구하고 해석하라. 자료는 **XRO9087**에도 있다.

58.3	50.0	58.1	33.5	51.1	38.1	42.3	60.4	55.8	46.2
40.4	52.5	51.3	47.5	48.5	59.3	40.9	37.1	39.1	43.6
55.3	42.3	48.2	42.8	61.1	34.7	35.5	52.9	44.7	51.5

9.83 미국에는 TV를 갖고 있는 가구가 약 113백만이다. 한 시청률 조사회사는 어느 미니시리즈의 시청률을 조사하려고 한다. 5% 오차 범위 이내의 95% 신뢰구간을 구하고자 한다. TV가구를 얼마나 조사하여야 하는가?(출처: *The World Almanac and Book of Fact 2009*, p. 291)

9.84 한 생산관리자는 자신에게 생소한 새로운 공정을 설치하려고 한다. 그 공정의 표준편차나 평균도 알려져 있지 않다. 표본크기 n = 50인 표본을 20개 추출하여 공정평균에 대한 90% 신뢰구간을 각각 구하려고 한다. 20개의 신뢰구간 가운데 적어도 2개가 모평균을 구간 안에 포함시키지 못할 확률을 계산하라.

9.85 엔진실린더 위의 마지막 조립에 사용되는 렌치조임은 5.0 lb-ft의 공정 표준편차를 갖는다. 엔지니어들은 공정의 평균인 135 lb-ft가 이상적이라고 한다. 최근에 기계로 조인 너트를 30개 단순 임의추출한 결과 표본평균은 137.0 lb-ft였다. 현재 공정의 평균에 대한 95% 신뢰구간을 구하고 설명하라.

9.86 Subway는 2002년에 레스토랑프랜차이즈 지점 904개를 새로 열었다. Subway 본사는 새로운 지점 가운데 몇 퍼센트가 본사와의 관계에 대해 만족하고 있는지 단순 임의표본을 추출하여 조사하려고 한다. 3% 오차 이내로 90% 신뢰구간을 정하려면 새로 문을 연 지점 가운데 몇 개를 표본으로 추출하여야 하는가? (출처: Subway com, June 13, 2003)

9.87 다음의 자료는 어느 큰 조립공장에서 일하는 15명의 단순 임의표본에 대한 통근시간(분)을 나타낸다. 자료는 파일 **XR09082**에도 있다. 그 공장에서 일하는 사람들의 통근시간이 근사적으로 정규분포를 따른다고 가정하고 평균의 90%와 95% 신뢰구간을 구하고 설명하라.

21.7	26.8	33.1	27.9	23.5
39.0	28.0	24.7	28.4	28.9
30.0	33.6	33.3	34.1	35.1

9.88 연습문제 9.86에서 구한 표본크기로 연구를 수행하였다고 하자. Subway 프랜차이즈 지점 가운데 27.5%가 본사와의 관계에 만족한다고 응답하였다. 전체 모집단에서 만족하는 비율의 95% 신뢰구간을 구하라.

9.89 두 연구원은 어떤 모집단의 평균에 대한 90% 신뢰구간을 구하기 위해 각각 독립적으로 실행할 표집계획을 갖고 있다. 그들의 신뢰구간 모두 모평균을 포함하지 않을 확률은 얼마인가?

9.90 한 생산관리자는 자신에게 전혀 생소한 새로운 공정을 설치하려고 한다. 그 공정의 표준편차나 평균도 알려져 있지 않다. 표본크기 n = 50인 표본을 20개 추출하여 공정 평균에 대한 90% 신뢰구간을 각각 정하려고 한다. 20개의 신뢰구간 가운데 적어도 2개가 모평균을 구간 안에 포함시키지 못할 확률을 계산하라.

9.91 제품 품질실험에서 여행용 가방 제조업자는 매일 그날 생산된 제품 가운데 단순 임의표본을 추출하여 바이스장치에 놓고 이 가방이 망가질 때까지 몇 파운드를 견디는지 측량한다. 과거의 자료에 의하면 표준편차가 21.5파운드였다. 오늘 생산된 제품 중에서 임의로 추출한 35개의 가방이 견디는 평균 무게가 341.0파운드였다. 오늘 생산된 가방이 견디는 평균 무게에 대한 99% 신뢰구간을 구하고 설명하라.

9.92 회사의 데이터처리를 책임지고 있는 담당자 1,320명을 조사한 결과 24%가 지난 한 해 동안 바이러스에 의한 금전적 피해를 경험하였다고 응답하였다. 추출된 담당자가 단순 임의표본이라고 간주하고, 지난해에 컴퓨터바이러스에 의해서 금전적 피해를 입은 모집단 비율을 90% 신뢰구간으로 구축하고 설명하라.

9.93 Colgate-Palmolive 회사에는 종업원이 36,000명이 있다. 회사의 새로운 스톡옵션 프로그램에 종업원의 몇 %나 참여할지 2% 오차 안에서 99% 신뢰구간으로 정하고자 한다면 몇 명이나 조사하여야 하는가? (출처: Colgate-Palmolive Company, *2008 Annual Report*, p.2)

9.94 워크샘플링연구에서, 한 주일 동안 어느 비서의 활동을 모두 121번 관찰하였다. 그 중에 32번은 비서가 전화통화를 하고 있었다. 하루 8시간 근무시간 중 전화

통화를 하는 시간의 95% 신뢰구간의 하한값과 상한값을 정하라. (분 단위로)

9.95 연습문제 9.97에서, 공구 제조업체가 그 문제에서 계산한 표본크기로 조사연구를 수행하였다고 하자. 기계류 수리 및 재생업체 가운데 39.0%가 새로운 공구 디자인에 흥미를 나타내었다. 전체 모집단에 대한 95% 신뢰구간을 정하고 해석하라.

9.96 한 연구자는 미국인 가운데 특정한 성격을 갖고 있는 인구의 비율을 3% 오차 이내로 90% 신뢰구간을 정하고자 한다. 그 성격을 갖고 있는 인구의 비율이 20%에서 40% 사이에 있는 것으로 확신한다면, 표본으로 몇 명이나 조사를 하여야 하는가?

9.97 미국에는 기계류에 대한 재생 및 수리업체가 1,254개 있다. 한 공구 제조업체는 이들 수리업체 가운데 몇 %가 새로운 공구 디자인에 흥미를 가지는지 단순 임의표본을 조사해서 알고자 한다. 실제 모집단비율이 0.01 오차 이내로 추정되기를 95% 신뢰도수준으로 원한다면 기계 수리업체를 몇 개나 표본으로 조사해야 하는가? (출처: infousa.com, July 21, 2009)

9.98 Count Chocula 시리얼회사는 2% 오차 이내로 99% 신뢰구간을 정하려고 한다. 대상은 미국 노인인구 중에서 1주일에 한 번 이상 Count Chocula 시리얼을 먹는 인구의 비율이다. 표본크기를 얼마로 하여야 하는가?

9.99 조사를 전문으로 하는 어떤 회사는 90%의 신뢰수준에서 모집단의 비율을 추정하는데 있어서 오차가 3퍼센트 포인트 이내로 되기를 원한다. 조사담당자는 그 조건을 만족하는 표본의 크기를 계산하기 위하여 모집단의 비율을 0.5로 간주하였다. 그런데 경영학과를 졸업한 신입사원이 그 추정에 의문을 제기한 뒤에, 모집단의 비율이 0.3을 넘지 않는다는 결론을 내리고 표본의 크기를 다시 계산하였다. 표본 데이터 한 개를 수집하려면 $10의 비용이 든다고 할 때, 신입사원으로 인하여 회사는 얼마의 비용을 절약하였는가?

9.100 표준편차가 알려진 어느 공정에서 단순임의표본을 35개 추출하였다. 공정평균에 대한 95% 신뢰구간의 폭이 y라고 하자. 99% 신뢰구간의 폭을 y로 나타내어라.

9.101 한 항공회사는 다음 달 고객 가운데 몇 %가 자신 회사직원의 친절도를 '우수 및 최우수'로 평가해줄 지 3% 오차 이내에서 95% 신뢰수준으로 측정하고자 한다. 표본크기를 얼마로 하도록 조언해 주어야 하는가?

9.102 어느 연구원의 조사에 따르면 연봉이 $75,000 이상인 미국성인의 39%가 매주 51시간 이상을 일한다. 이 500명의 미국성인에 대한 단순임의표본으로 간주하고, 매주 51시간 이상을 일하는 성인의 모비율을 95%와 99% 신뢰구간으로 구축하고 설명하라. 각 신뢰구간의 최대 가능한 오차를 구하라.

9.103 경쟁회사 제품에 대한 정보를 얻기 위해서 종종 '역공학(reverse engineering)' 방법을 택하기도 한다. 역공학 방법은 완제품을 구입한 다음 그것을 해체하여 아주 상세히 부품들을 조사하는 것이다. 이 방법을 실제 적용한 한 자전거 제조업체는 경쟁사의 산악용 자전거를 2대 이상 구입하여 프레임의 앞 크로스바(cross bar) 부분의 장력을 측정하였다. 과거 경험에 의하면, 이 장력은 표준편차가 20 psi(pound per square inch)인 정규분포를 따른다. 만일, 오차가 5 psi를 넘지 않는 90% 신뢰수준을 원한다면 경쟁사 산악용 자전거를 몇 대 구입하여 분해하여야 하는가?

9.104 한 대학교 행사 담당자는 다음 달 체육관에서 있을 수상 수여식에 학생들이 몇 명이나 참석할지 미리 알고자 한다. 임의로 뽑은 100명에게 물어 본 결과 40명이 참석하겠다고 대답하였다. 전체학생 10,000명 가운데 몇 명이나 참석할 지 참석인원에 대한 95% 신뢰구간을 구하라.

9.105 연구자들은 미국 대학생들이 인터넷에 한 주에 평균 17.2시간을 보내는 것으로 추정한다. 표본의 표준편차는 1.4시간/주였다. 단순임의표본 500명을 대상으로 조사한 것으로 가정하고, 모집단 평균에 대한 99% 신뢰구간을 구하라.

9.106 8,000개 전자회로보드를 실은 납품트럭 한 대가 회사의 수입도크에서 화물을 내리고 있다. 공급자는 그 중에 성능규격에 미달하는 비율이 3%를 넘지 않는다고 주장하고 있다. 그중 300개 보드를 조사한 결과 12개가 규격에 미달하였다. 현재 납품된 보드 중에서 규격을 벗어나는 비율에 대한 95% 신뢰구간을 정하라. 공급자의 주장이 옳은지 설명하라.

9.107 한 연구자는 모비율 π가 0.40을 넘지 않는다고 보고, 주어진 최대 오차를 만족하는 표본크기를 계산하였다. 연구를 완료한 후, 자신의 표본비율이 0.32인 것을 알았다. 그렇다면 최대오차는 처음 제시된 오차보다 작은가, 같은가, 아니면 큰가? 설명하라.

9.108 비즈니스 여행자들을 대상으로 한 설문조사에 의하면 그중 40%가 호텔에서 헬스 시설을 이용한다고 한다. 단순임의표본으로 1,000명의 비즈니스 여행자를 추출한 것으로 간주하고, 헬스를 이용하는 사람들의 모비율을 90%와 95% 신뢰구간에 대하여 각각 구축하고 설명하라.

참고: 9.109 – 9.111 연습문제에는 컴퓨터 통계 패키지가 필요하다.

9.109 세계 제일 규모의 고급 스테이크 레스토랑인 Morton's의 조사에 따르면 식당에서 식사한 후 지불하

는 금액의 평균이 $97이다. 이는 **XR09109** 파일에 있는 800개 금액을 사용한 결과이다. 이 자료를 이용해서 모집단 평균의 95% 신뢰구간을 정하고 설명하라. (출처: Bruce Horovitz, "Struggling Restaurant Chains Try Cheap Eats to Lure Diners," usatoday.com, July 21, 2009; and mortons.com, July 21, 2009)

9.110 Internal Revenue Service(IRS)의 보고에 의하면 최근의 기부금 공제금액의 평균은 $4,388이다. 한 상원의원은 자신의 주는 어떠한지 궁금해서 이 소득금액 그룹에 속하는 납세자 200명을 단순 임의표본으로 추출하여 조사하였다. 조사데이터는 **XR09110** 파일에 있다. 파일 속의 데이터를 이용해서, 기부금공제금액의 모평균에 대한 90% 신뢰구간을 구하고 해석하라. $4,388가 그 신뢰구간 안에 들어 있는가? 이 질문에 대한 답을 볼 때, 이 주의 납세자의 공제대상 기부금 금액이 미국 전체와 비교하면 비슷하다고 할 수 있는가? 설명하라. (출처: Bureau of the Census, *Statistical Abstract of the United States 2009*, p. 364)

9.111 연방정부로부터 고속도로 예산배정을 잃지 않기 위해서, 주정부의 공무원은 자신의 주 안에서 고속도로 속도제한을 잘 규제하고 있다는 것을 보여주어야 한다. 곧 있을 테스트에서 연방정부의 연구조사자들은 사고율이 높은 고속도로 한 지역에서 많은 수의 차량의 속도를 측정한다. 다가올 테스트를 대비해서 주정부 공무원들이 그 지역에서 단순 임의표본으로 100대의 차량의 속도를 측정하였다. 데이터는 **XR09111** 파일에 들어 있다. 차량의 속도평균에 대한 95% 신뢰수준을 정하라. 이 신뢰구간을 보고 고속도로에서의 평균속도가 70 mph인지 설명하라. 70 mph를 넘으면 주예산 배정이 어렵다.

종합사례

Thorndike Sports Equipment (Thorndike Vedio 4번)

Ted Thorndike는 Luke 할아버지 사무실에서 낚싯대를 보고는 루크 할아버지가 다시 낚시를 시작하고 자신에게 회사일을 맞길 것이라고 생각했다. 그런데, 실제는 낚싯대를 가지고 새로운 광고 시리즈에 대한 영감을 얻고 있는 것을 알고 꽤 놀랐다.

Luke 할아버지는 설명하기를 "테드, 이 낚싯대는 우리의 Graf-Pro 라켓볼 라켓의 재료인 그래파이트(흑연)로 만들어졌단다. 이것은 구부리면 양쪽 끝이 서로 닿을 정도로 매우 유연하고 견고하단다. 이것을 광고에서 보여주고 있어." Luke 할아버지는 라켓볼 라켓으로는 이렇게 할 수 없다는 것을 알고 있었지만, 몇 개의 라켓을 horizontal mounting device에 넣고 그것이 부러지기까지 얼마만큼의 무게를 견디는지 살펴보고 싶어했다.

Luke는 그 견디는 무게가 충분히 인상적이라면 라켓볼 라켓의 텔레비전 광고에 이와 같은 실험을 포함하려고 계획하였다. 정부와 다른 광고전문가와의 충돌이 있을 수 있으므로 그는 라켓이 너무 많은 무게를 견딜 수 있다고 과장하지 않기 위해 주의를 기울였다.

그는 Ted에게 라켓들을 수평하게 설치하고 그 위에 무게를 올려서 부러질 때까지 그 무게를 늘리는 실험을 준비하라고 했다. 실험 결과를 바탕으로 라켓이 평균적으로 견딜 수 있는 무게를 선택하였다. 정확도도 중요하지만 실험에서 15개~20개 이상의 라켓을 부서먹지 않도록 하였다.

이 중요한 실험에서 20개의 라켓에 대한 부러질 때까지의 무게(파운드)는 다음과 같다. 자료는 **THORN09**에도 포함되어 있다.

221	228	223	218	218
208	220	217	224	225
224	222	229	215	221
217	230	236	222	234

Ted는 파괴응력(외력에 의한 파괴에 저항할 수 있는 최대 능력)의 모집단이 근사적으로 정규분포를 따른다고 가정할 수 있다고 믿었다. 광고 클레임에 대비하려는 Luke는 할아버지의 관심 때문에 그는 파괴응력의 모평균을 매우 보수적으로 추정하려고 한다. 테드는 어느 정도 보수적이어야 하는지와 광고에서 선전할 파괴응력값에 대한 결정에 도움이 필요하다.

Springdale Shopping Survey

2장을 보면 스프링데일 지역의 150명에게 질문된 30개의 문항이 나열되어 있다. 응답에 대한 코딩법은 이전의 연습문제에서 다루었다. 자료는 파일 **SHOPPING**에 있다. 이번 연습문제에서는 이 장에서 다룬 추정기법을 설문 결과에 적용하는 것이다. 응답자들은 지역 내의 모든 가능한 사람들의 단순임의표본이라고 가정하고, 유한모집단 수정이 결과에서 큰 차이를 만들지 않을 정도로 모집단이 충분히 크다고 가정한다.

쇼핑센터의 매니저들은 그들 고객의 성향이나 성격을 나타내는 변수에 대한 점추정이 유용하다는 것과 추정의 정확도와 같은 정보가 도움이 된다는 것을 잘 이해하고 있다.

1. 항목 C에는 각 쇼핑센터에 대한 선호도를 조사한 변수 7, 8, 9가 열거되어 있다. 각각의 변수들은 응답 간에 같은 거리를 갖는 구간척도 변량으로 간주한다.
   a. 점추정을 하고 μ_7 = 스프링데일 몰(Springdale Mall)에 대한 평균적인 태도의 95% 신뢰구간을 구하여라. 모평균의 점추정에서 최대 오차는 얼마인가?
   b. 각각 다운타운(Downtown)과 웨스트 몰(West Mall)에 대한 태도의 평균인 μ_8과 μ_9에 대해 (a)를 반복하여라.
2. 변수 26(응답자의 성별)에 대한 응답 분류를 가지고 점추정을 하고 π_{26} = 남성의 모비율에 대한 95% 신뢰구간을 구하여라. 모비율의 점추정에서 최대 오차는 얼마인가?
3. 변수 28(응답자의 결혼 여부)에 대한 응답분류를 가지고 점추정을 하고 π_{28} = 'single or other' 범주의 모비율에 대한 95% 신뢰구간을 구하여라. 모비율의 점추정에서 최대 오차는 얼마인가?

눈으로 보는 통계

애플릿 9: 신뢰구간 크기

이 애플릿은 각각의 신뢰수준에 대응하여 조절막대(slider)를 이용하여 모평균에 대한 z-구간을 만들고 보여준다. 그림 9.3에 의하면, 표본평균은 1.400인치이고, 표본크기는 30, 그리고 모표준편차는 0.053인치로 알려져 있다.

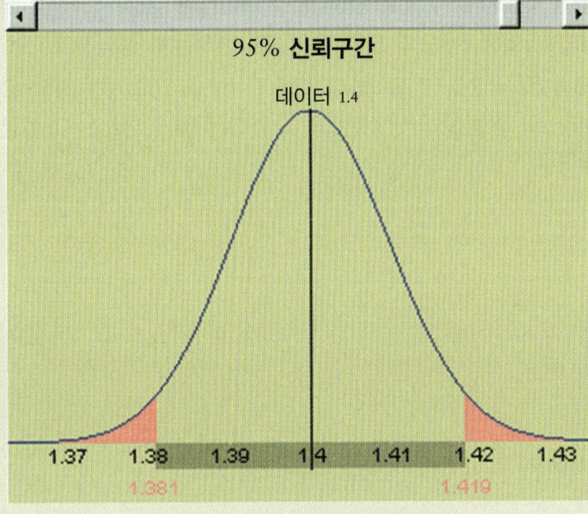

그래프에서 보여주는 신뢰구간 한계치는 계산기와 표준정규분포표를 이용해서 계산한 값들과 약간의 차이를 보일 수 있다. 애플릿은 교재에서의 표보다 더 정확한 z-값을 이용하기 때문이다.

애플릿 과제

9.1 μ의 95% 신뢰구간을 조절막대로 지정할 때 신뢰한계의 상한, 하한 값은 얼마인가?

9.2 조절막대를 99% 신뢰구간으로 바꾸어라. 신뢰수준이 신뢰구간의 폭을 어떻게 변화시키는지 설명하라.

9.3 조절막대를 80% 신뢰구간으로 바꾸어라. 신뢰수준이 신뢰구간의 폭을 어떻게 변화시키는지 설명하라.

9.4 조절막대를 가장 왼쪽에 놓은 후에 점점 오른쪽으로 움직여라. 이러한 이동이 신뢰수준과 신뢰구간의 폭을 어떻게 변화시키는지 설명하라.

http://www.cengage.com/international 에서 **Applets**을 해보라.

눈으로 보는 통계

애플릿 10: 정규분포와 Student *t* 분포의 비교

이 애플릿에서는 조절막대를 사용하여 Student *t*분포의 자유도와 모양을 변화시키고, 표준정규분포와 모양을 비교하여 관찰할 수 있다. 표준정규분포는 빨간색이고, Student *t*분포는 파란색으로 나타내었다. *t*분포가 더 평편하고 더 퍼져 있다.

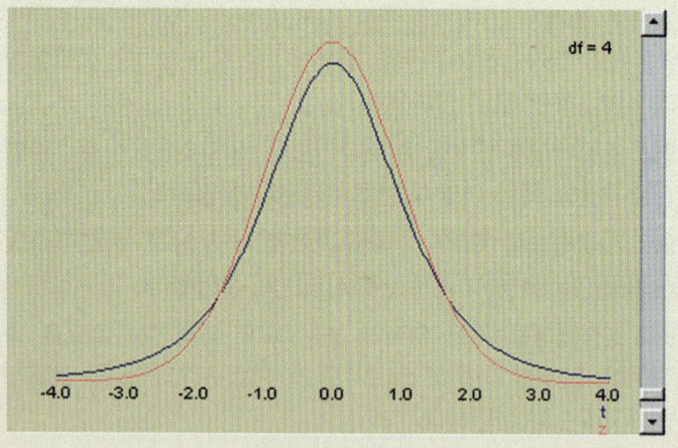

애플릿 과제

10.1 $df = 5$로 조절막대를 옮겨라. 표준정규분포와 비교해서 분포의 모양을 설명하라.

10.2 $df = 2$로 조절막대를 낮추어라. 이 감소가 *t*분포의 모양을 어떻게 바꾸었는가?

10.3 자유도를 2에서 10으로 조절막대를 점점 올려라. 이 방법에 의해 *t*분포의 모양이 어떻게 변하는지 설명하라.

10.4 $df = 2$로 조절막대를 맞추고 $df = 100$까지 점점 올려라. 이 방법에 의해 *t*분포의 모양이 어떻게 변하는지 설명하여라.

http://www.cengage.com/international 에서 **Applets**을 해보라.

애플릿 11: Student *t* 분포 영역

이 애플릿에서는 글상자 속에 두 개 꼬리 면적(확률)과 *t*값을 입력하고 오른쪽의 조절막대를 이용하여 자유도를 바꾸면서 *t*분포 모양을 관찰할 수 있다. 글상자의 입력 값을 바꿀 때, Enter나 return 키를 눌러야 한다.

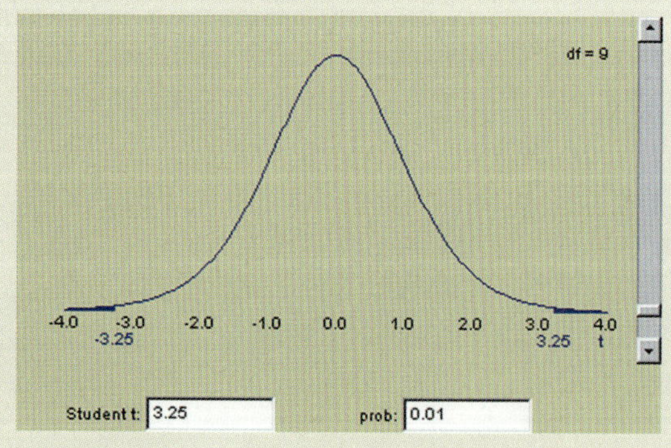

애플릿 과제

11.1 조절막대가 $df = 9$이고 왼쪽 글상자에 $t = 3.25$라고 쓰여 있을 때, $t = -3.25$와 $t = +3.25$ 사이의 곡선 아래 영역의 면적은 얼마인가?

11.2 조절막대를 $df = 89$까지 점점 올려라. 글상자에 있는 값은 어떻게 변하는가?

11.3 조절막대를 $df = 2$에 놓고, $df = 100$까지 점점 올려라. 글상자의 *t*값과 *t*분포의 모양이 어떻게 변하는지 설명하라.

11.4 조절막대가 $df = 9$일 때, 오른쪽 두 꼬리 확률 글상자에 0.10을 입력하라. 지금 왼쪽 글상자의 *t*값은 무엇인가? 오른쪽 꼬리 영역의 무엇이 이것과 일치하는가? 이 책의 *t*표를 사용하여 $df = 9$인 이 오른쪽 꼬리 부분의 *t*값을 확인하라.

http://www.cengage.com/international 에서 **Applets**을 해보라.

PART 4
가설검정

CHAPTER 10	표본평균과 표본비율을 이용한 가설검정
CHAPTER 11	두 개 표본의 평균 혹은 비율을 이용한 가설검정
CHAPTER 12	분산분석검정
CHAPTER 13	카이제곱 검정의 응용
CHAPTER 14	비모수적 방법

CHAPTER 10

표본평균과 표본비율을 이용한 가설검정

Hypothesis Tests Involving a Sample Mean or Proportion

통계적인 방법으로 소주맛의 차이를 구분할 수 있을까?

애주가들은 소주의 미세한 맛의 차이에도 자신이 좋아하는 브랜드만 찾는다. 과연 애주가들은 그 맛의 차이를 느끼는지, 그리고 보통의 사람들도 소주맛의 차이를 구분하는지 궁금하다. 실제로 알콜 도수를 낮추어서 순하고 부드러운 맛으로 소비자에게 접근하는 소주 가운데 '즐거워 예'(16.2%)와 '좋은 데이'(16.9%)가 있다. 맛의 차이를 사람들이 실제로 구분할 수 있을까? 또, 그것을 통계적 방법으로 밝혀낼 수 있을까?

통계적 방법은 사건 발생의 확률에 기초를 두고 있다. 다음과 같이 실험을 한다고 해보자. 즉, 여러 개의 잔을 준비하고 절반은 '즐거워 예'를 따르고, 절반은 '좋은 데이'를 따루어 놓자. 그리고 그 잔들을 무작위로 섞어놓자. 물론 피실험자가 눈치채지 못하게 잔 밑에 두 개 소주를 구분해 놓아야 할 것이다. 이제, 두 개의 잔을 임의로 골라서 마셔보게 한 후 맛이 같은지 다른지 구분하게 해보자. 같은 소주를 따루어 놓은 두 잔을 각각 맛보고 그 맛이 다르다고 응답하는 비율을 구해 보라. 서로 다른 두 종류의 소주를 맛보고 그 맛이 다르다고 응답하는 비율을 구해 보라. 실제로 두 종류의 소주 맛이 다르다면, 후자의 비율이 전자의 비율보다 현저히 커야 할 것이다. 이에 대한 결론은 10장에서 공부하는 가설검정의 통계적 기법으로 얻을 수 있다.

이 실험은 더 다양하게 할 수 있다. 피실험자가 자신을 애주가라고 생각하는지 구분하여 실험하는 경우, 두 종류 소주의 비율을 다르게 한 후 그 비율을 피실험자에게 알려주는 경우과 알려주지 않는 경우 등. 지금까지 공부한 확률에 대한 이론과 앞으로 공부할 11~14장 여러 가지 가설검정의 기법을 동원하여 다양한 결론을 도출해 보기 바란다. (역자)

학습목표

- 귀무가설과 대립가설의 의미를 기술한다.
- 서술적인 표현을 적절한 귀무가설과 대립가설로 변환한다.
- 제1종 오류와 제2종 오류의 의미를 이해하고, 이를 줄일 수 있는 방법을 설명한다.
- 모평균과 모비율에 대한 가설검정을 수행하고 적절한 의사결정을 내릴 수 있다.
- 가설검정의 P값을 구하고 설명할 수 있어야 한다.
- 신뢰구간과 가설검정의 연관성을 설명할 수 있다.
- 가설검정의 검정력곡선을 구하고 설명할 수 있다.
- 가설검정의 검사특성곡선을 구하고 설명할 수 있다.

10.1 머리말: 가설검정과 의사결정

우리의 주변에는 확신할 수 없는 주장이 많다. 그러나 100%확신할 수 없다고 하더라도 진실(true)에 가까운 결론은 얻을 수 있다. 예를 들어서 어떤 동전을 던져서 앞면이 연속해서 20번 나왔다고 하자. (앞면이 나올 확률이 $\pi = 0.5$라면, 연속해서 20번 나올 확률은 거의 0에 가깝다.) 그러면 이 동전이 앞 뒤 면이 균형이 잡힌 동전이라고 볼 수 없을 것이다($\pi \neq 0.5$). 그러므로 그 동전의 주인과 동전던지기 내기는 하지 않을 것이다. 이처럼 불확실한 경우에도 우리는 표본정보를 가지고 **통계적인 추론**(statistical inference)을 할 수 있으며 올바른 판단과 선택을 할 수 있다. 이 장에서는 표본에서의 확률을 따져서 통계적 추론을 하는 방법 중 하나인 **가설검정**(hypothesis test)을 공부한다. 계속해서 다음 두 가지의 사례를 더 살펴보자.

- 어느 도시의 교통국장인 Titus Walsh는 도시교통 이용자의 35%가 고령자라고 주장하였다. 최근에 어떤 독자적인 조사에 의하면 고령자 비율이 23%밖에 되지 않았다. 그렇다면 Walsh의 주장이 거짓(false)이라고 할 수 있을까?
- Jackson T. Backus는 야채 캔을 한 트럭 공급받았는데, 공급자는 그 중에 찌그러진 캔은 20%를 넘지 않을 것이라고 주장하였다. Jackson은 캔을 무작위로 몇 개 조사하였는데, 조사한 캔 가운데 찌그러진 캔의 비율이 25%이었다. 그렇다면 Jackson은 이 트럭 공급을 수령하지 않고 돌려보내야 할까?

이러한 사례가 제기하는 의문은 모두 이 장에서 공부할 통계적 기법으로 검정할 수 있다. 이러한 기법의 방법을 **추론통계학**(inferential statistics)이라고 하는데, 이는 표본의 정보를 가지고 모집단에 대한 결론을 추측하기 때문이다.

귀무가설과 대립가설

앞의 두가지 사례의 주장을 검토하는 첫 번째 단계는 귀무가설(null hypothesis)을 수립하는 일이다. 현재 진실로서 받아들여지고 있는 사실이나 주장을 **귀무가설** (H_0: H sub naught로 읽음)로 표현한다. 귀무가설은 모집단의 모수(parameter)에 대해서 표현되며, 이러한 귀무가설을 의심하거나 그것을 검증하기 위해서 가설검정을 수행한다. 가설검정의 결과는 귀무가설을 기각(reject)하든지 아니면 기각하지 못하든지(fail to reject) 두 가지 중 하나가 된다. 그러나 귀무가설을 부정할 만한 충분한 증거를 가지지 않은 한 우리는 귀무가설을 기각하지 않는다.

귀무가설에 도전하는 가설을 **대립가설**(alternative hypothesis)이라고 한다. **대립가설**(H_1, 혹은 H_A: H sub one 또는 H sub alternative로 읽음)은 귀무가설에 대립하는 새로운 추측이나 주장을 가설로서 표현한 것이다. 가설검정에서는 귀무가설과 대립가설 둘 중 하나는 반드시 거짓(false)으로 판명된다.

귀무가설과 대립가설에는 세가지 세트(set)가 있다. 모집단의 평균(μ)에 대해서 귀무가설과 대립가설을 기술하면 아래와 같다. 각각의 귀무가설에는 등호가 들어 있음을 유의해야 한다(즉, "=", "≥", "≤").

귀무가설	대립가설	
H_0: μ = \$10	H_1: $\mu \neq$ \$10	(μ가 \$10이거나, \$10가 아니다.)
H_0: $\mu \geq$ \$10	H_1: $\mu <$ \$10	(μ가 최소 \$10이거나, \$10보다 작다.)
H_0: $\mu \leq$ \$10	H_1: $\mu >$ \$10	(μ가 최대 \$10이거나, \$10보다 크다.)

가설검정의 방향성

가설검정은 모집단의 **모수**에 대한 가설을 다루는데, 귀무가설(H_0)과 대립가설(H_1)에는 **방향성**이 있다. 대립가설이 '모수가 ~보다 크다.(>)'로 표현되면 이를 **우측검정**(오른쪽 꼬리 검정)이라고 하고, '모수가 ~보다 작다(<)'이면 **좌측검정**(왼쪽 꼬리 검정)이라고 한다. 만일 대립가설이 '~이 아니다(≠)'이면 양방향성 검정(무방향성 검정) 또는 **양측검정**(양쪽 꼬리 검정)이라고 한다. 우측검정과 좌측검정을 합하여 **단측검정**이라고 부르기도 한다.

귀무가설의 기각과 기각영역

귀무가설과 대립가설을 수립할 때에는 검정의 목적을 고려하여야 한다. 검정의 목적은 귀무가설의 진위 여부를 가리는 것이지만 실제 가설검정의 과정은 수집된 **표본**이 귀무가설에 부합하는지를 판정하는 절차로 이루어 진다. (예를 들면, 도시교통의 사례에서, 표본의 평균값 23%가 귀무가설의 주장에 비해 현저히 작다면 귀무가설을 거짓으로 판정을 내릴 수 있을 것이다.) 검정에 대해서 (1) 검정의 방향성과 (2)검정의 목적을 예시하기 위하여 앞에서 든 사례를 가지고 다음과 같이 살펴보자.

(1) 검정이 필요한 주장, (2) 검정할 귀무가설, (3) 대립가설, (4) 양측검정인지 단측검정인지 구분하고 기각영역의 위치를 정함, (5) 검정을 분포그림으로 표현함.

Titus Walsh의 경우

1. Titus의 주장: "도시교통 이용자의 35%가 고령자이다."
2. 귀무가설: H_0: π = 0.35, π는 모집단의 비율. Titus의 주장이 특정값을 지정하기 때문에 귀무가설은 그의 주장과 일치함.
3. 대립가설: H_1: $\pi \neq$ 0.35. 모집단의 비율이 0.35가 아니라면 다른 어떤 값임.

4. 대립가설이 양방향이므로 **양측검정**이 사용된다.
5. 그림 10.1(a)에서 보듯이 표본비율의 표집분포의 중심은 0.35이다. 고령자의 표본비율(p)이 매우 크거나 매우 작으면 귀무가설을 기각한다. 귀무가설을 기각하는 **기각영역(rejection area)**은 표집분포의 양쪽꼬리 부분의 영역에 있다.

Jackson T. Backus의 경우

1. 공급자의 주장: "찌그러진 캔의 비율이 20% 이하이다."
2. 귀무가설: H_0: $\pi \leq 0.20$, π는 모집단의 비율. 여기서는 검정하고자 하는 주장이 그대로 귀무가설이 된다.
3. 대립가설: H_1: $\pi > 0.20$. Jackson의 목적은 찌그러진 캔의 비율이 실제로 0.20보다 큰지 판정하려는 것이다.
4. 대립가설이 오른쪽 방향이므로 **우측검정**을 사용한다. 귀무가설을 기각하는 **기각영역**은 표집분포의 오른쪽 꼬리에 있다.
5. 그림 10.1의 (b)에서 보듯이, 표본에서의 찌그러진 캔의 비율이 매우 높게 나온다면 귀무가설이 기각된다. Jackson의 경우 귀무가설이 진실이라면 표집분포의 중심은 0.20에 있다. 이는 귀무가설: H_0: $\pi \leq 0.20$의 값 가운데 가장 큰 값이다. Jackson의 입장에서 보면 이 값은 매우 보수적인 값인데, $\pi = 0.20$에서 귀무가설이 기각되면, 그 이하의 다른 값에서도 모두 기각된다. 귀무가설이 검정을 받고 있다는 점을 기억할 필요가 있다.

그림 10.1

가설검정에 관계되는 표집분포와 귀무가설의 기각영역.

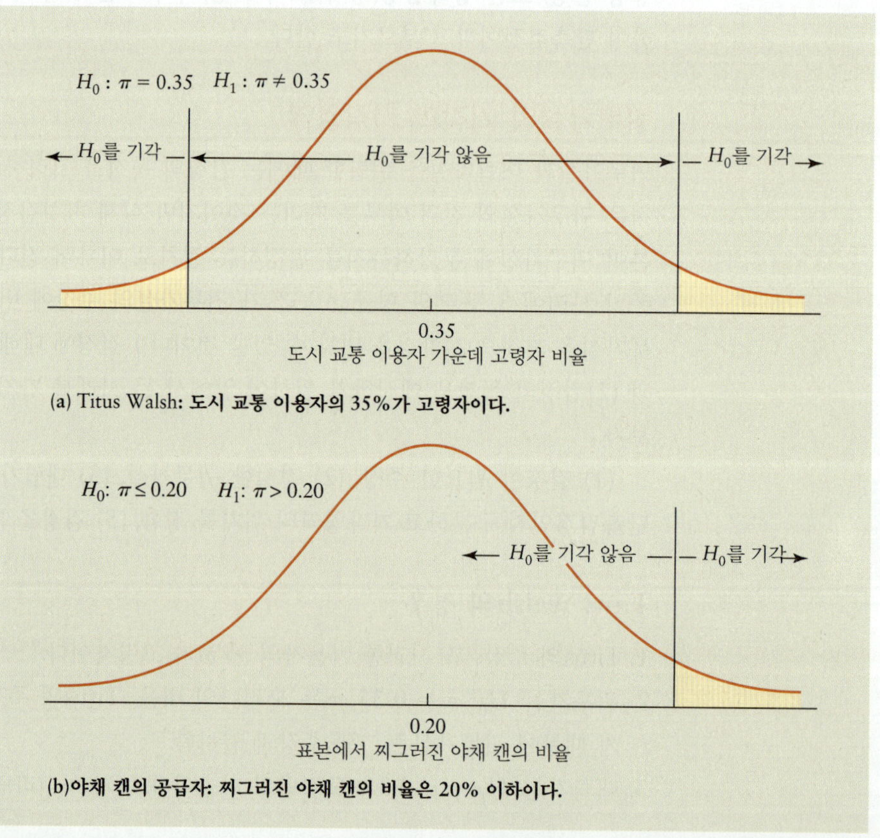

(a) Titus Walsh: **도시 교통 이용자의 35%가 고령자이다.**

(b)야채 캔의 공급자: 찌그러진 야채 캔의 비율은 20% 이하이다.

가설검정의 목적에 따라 귀무가설과 대립가설의 방향이 어떻게 설정되는지는 앞으로 여러 예제를 통해서 설명하기로 한다. 표 10.1에는 기존 사실에 대한 서술적인 표현이 귀무가설로 어떻게 표현되는지, 그에 대응한 대립가설이 어떻게 표현되는지 예를 보여주고 있다.

가설검정에서의 오류

귀무가설을 기각할 때에는 실수를 범할 가능성이 항상 있다. 즉 귀무가설이 진실임에도 불구하고 그것을 기각할 가능성이 있다는 것이다. 귀무가설이 진실임에도 기각하는 경우를 **제1종 오류**(Type I error)라고 하고 이 확률을 검정의 **유의수준**(significance level)이라고 한다. Jackson의 경우, 유의수준은 정상제품의 트럭을 불량품으로 판정하고 수령을 거부하는 확률을 말한다. 이 확률을 희랍어 **알파**(α)로 표기하는데, 이는 매우 심각한 오류의 확률이다. 이러한 심각한 오류가 발생하는 것을 나타내는 것이 유의수준이며, 유의수준은 가설검정에서 제일 중요한 관심사항이다.

반면에, 귀무가설이 거짓임에도 그것을 기각하지 않는 오류를 범할 수도 있다. 이를 **제2종 오류**(Type II error)라고 하고 그 확률을 희랍어 **베타**(β)로 표기한다. Jackson의 경우, 찌그러진 캔의 비율이 20%를 넘는데도 정상품으로 받아들이는 경우이다.

검정에서의 올바른 결정은 참인 귀무가설을 기각하지 않거나 거짓인 귀무가설을 기각하는 것이다. 거짓인 귀무가설을 기각할 확률을 **검정력**(power of the test)이라고 하며, 검정력에 대해서는 10.7절에서 자세히 다룬다. 이상 설명한 네 가지의 경우는 표 10.2에 요약되어 있다.

주어진 표본으로 제1종 오류와 제2종 오류를 동시에 줄일 수는 없다. 표본의 크기가 일정한 경우에 제1종 오류를 줄이도록 기각영역을 정하면 제2종 오류가 커지며, 제2종 오류를 줄이도록 기각영역을 정하면 제1종 오류가 늘어난다. 그러므로 두 종류의 오류를 범할 위험성을 적정한 수준에서 받아들이는 것이 현실적인 타협이다.

표 10.1

서술적인 표현을 귀무가설로 나타내는 방법과 대응하는 대립가설

A. 가설의 서술적 표현이 '~와 같다'인 경우, '='

타이어의 평균수명은 35,000마일과 같다.

H_0: $\mu = 35{,}000$마일
H_1: $\mu \neq 35{,}000$마일

B. 가설의 서술적 표현이 '~ 이상 (≥)' 혹은 '~ 이하 (≤)'인 경우

타이어의 평균수명은 적어도 35,000마일이다.

H_0: $\mu \geq 35{,}000$마일
H_1: $\mu < 35{,}000$마일

타이어의 평균수명은 35,000마일 이하이다.

H_0: $\mu \leq 35{,}000$마일
H_0: $\mu > 35{,}000$마일

표 10.2

가설검정에서의 오류와 올바른 결정. 귀무가설이 참인데도 기각할 확률 α를 유의수준, 거짓인 귀무가설을 기각할 확률 $(1-\beta)$를 검정력이라고 한다.

		귀무가설 (H_0)	
		참인 경우	거짓인 경우
가설검정의 결론	"H_0를 기각하지 않음"	올바른 결정	제2종 오류 이 오류의 확률: β
	"H_0를 기각함"	제1종 오류 *유의수준*: α	올바른 결정 *검정력*:$(1-\beta)$

연습문제

10.1 귀무가설과 대립가설의 차이점은 무엇인가? 검정을 필요로 하는 서술적 진술의 주장과 귀무가설은 항상 같은가? 이유를 설명하라.

10.2 아래의 귀무가설과 대립가설의 쌍이 가설검정에 적절한가? 만약 적합하지 않다면 이유를 구체적으로 써라.

a. H_0: $\mu \geq 10$, H_1: $\mu < 10$
b. H_0: $\mu = 30$, H_1: $\mu \neq 30$
c. H_0: $\mu > 90$, H_1: $\mu \leq 90$
d. H_0: $\mu \leq 75$, H_1: $\mu \leq 85$
e. H_0: $\bar{x} \geq 15$, H_1: $\bar{x} < 15$
f. H_0: $\bar{x} = 58$, H_0: $\bar{x} \neq 58$

10.3 아래의 귀무가설과 대립가설의 쌍이 가설검정에 적절한가? 만약 적합하지 않다면 이유를 써라.

a. H_0: $\pi \geq 0.30$, H_1: $\pi < 0.35$
b. H_0: $\pi = 0.72$, H_1: $\pi \neq 0.72$
c. H_0: $\pi \leq 0.25$, H_1: $\pi > 0.25$
d. H_0: $\pi \geq 0.48$, H_1: $\pi > 0.48$
e. H_0: $\pi \leq 0.70$, H_1: $\pi > 0.70$
f. H_0: $p \geq 0.65$, H_1: $p < 0.65$

10.4 가정용 중앙집중식 에어컨을 제조하는 어느 회사의 사장은 고객 중에서 적어도 85%가 자기 회사의 제품에 '완전히 만족' 했다고 주장했다. 만약 조사자가 사장의 주장을 통계적인 관점에서 조사하기 위하여 몇 명의 고객들에게 질문을 한다면, 그 검정은 한쪽꼬리가 되는가, 아니면 양쪽꼬리가 되는가? 적절한 귀무가설과 대립가설은 무엇인가?

10.5 CNN과 같은 뉴스 네트워크를 보면 프로그램 초청자들은 자신의 주장을 내세울 때는 강하고, 설득력 있고, 때로는 겁을 주는 용어들을 사용한다. 예를 들면, 과학자는 지구 온난화 현상이 일어나고 있다는 사실을 심각하게 받아들이지 않는다면 무서운 현상들(해수면이 올라가는 현상, 홍수, 지구의 기온 변화)이 나타날 것이라며 경고를 할 것이다. 만일 과학자의 말이 사실인데 세상은 그 과학자의 조언을 심각하게 받아들이지 않는다면, 이 경우는 제1종 오류가 되는가, 아니면 제2종 오류가 되는가? 이유를 간단히 설명하라.

10.6 법 집행 기관들은 심문을 받는 사람이 거짓을 말하는지 목소리 분석을 이용한다. 만일 질문을 받았을 때 소리 주파수가 바뀌면, 그 사람이 진실을 말하고 있지 않다고 판단한다. 이 상황에서의 귀무가설과 대립가설을 서술적으로 기술하고, 이 경우에 제1종 오류와 제2종 오류를 말하라.

10.7 큰 지진이 한번 일어나면 도시의 건축기술 공무원은 곧 다가올 운동경기를 치를 경기장이 구조적으로 안전한지 점검을 반드시 한다. 만일 귀무가설을 "경기장은 구조적으로 안전하다." 대립가설을 "경기장은 구조적으로 안전하지 않다."로 한다면, 건축공무원은 안전을 위해서 어떤 타입의 오류(제1종 혹은 제2종)를 가장 적게 하고 싶을 것인가?

10.8 어떤 주의 한 의원은 차량 도난사고의 10% 정도는 차량을 정말로 도난당한 것이 아니고 보험회사를 속이려고 하는 것이라고 말하였다. 어떤 귀무가설과 대립가설이 그 의견을 검정하는 데 적절하겠는가?

10.9 연습문제 10.8에서의 주장에 대한 답변으로, 어떤 보험회사의 사장이 차량 도난의 사기는 "10%를 넘지 않는다."고 말했다고 하자. 그러면 어떤 귀무가설과 대립가설이 사장의 말을 검정하는 데 적절하겠는가?

10.10 아래의 주장에 대하여 각각 적절한 귀무가설과 대립가설을 설정하라. 그 검정이 한쪽꼬리인지 양쪽꼬리인지 표시하고, 검정의 기각영역의 대략적인 위치를 그림으로 표시하라.

a. "대학생들이 학교 서점에서 쓰는 돈은 한 학기에 평균 $300를 넘지 않는다."
b. "어른은 하루에 평균 1.5잔의 커피를 마신다."
c. "대학교 1학년 학생의 SAT 점수 평균은 최소 1,200점은 된다."
d. "지난 주 종업원들의 초과근무시간의 평균은 3.5시간이다."

10.11 어떤 사람이 음주를 했는가를 '현장검사' 할 때, 경찰관들이 운전자에게 길을 일직선으로 걸어 보라고 하거나 눈을 감고 코를 만져 보라고 한다. 이 상황에서는 제1종 오류와 제2종 오류가 무엇인가? 각 오류에 영향을 미칠 생리학적인 변수(음주를 제외하고)에 대해 생각해 보아라.

10.12 재판 제도에서 변호사는 피고인이 결백하다는 귀무가설을 관철하기 위해서 논쟁을 한다. 만약 판사가 배심원에게 다음과 같이 지시하면 배심원은 어떻게 판정하여야 하는가?

a. 제1종 오류를 절대 범하지 마라.
b. 제2종 오류를 절대 범하지 마라.
c. 1종 오류와 2종 오류 사이에서 절충하라.

10.13 약품이 안전하다고 하는 제약회사의 주장에 대해서, 미국의 식품의약청(FDA)의 담당자는 "1,000개의 안전한 약품을 거절하는 것이 안전하지 않은 약품 한 개를 승인하는 것보다 낫다."고 하였다. 만약 H_0: "그 약품은 안전하다."는 것을 귀무가설로 삼는다면, 이 담당자는 두 개의 오류 중 어떤 유형의 오류를 범하는 것이 차라리 낫다고 생각하는가?

10.2 가설검정의 기본 절차

가설검정은 기본적인 절차를 따라서 수행한다. 다음은 단계별로 중요한 의미를 요약하여 기술한 것이지만, 나중에 예제를 통하여 더 자세히 설명하고자 한다.

1. **귀무가설과 대립가설을 수립한다.** 귀무가설(H_0)은 모집단의 '모수가 ~ 이상이다(≥).' 또는 '~ 이하이다(≤).' 또는 '~이다(=).'로 가정하는 것을 표현한 것이다. 귀무가설이 참인지 표본을 수집하여 수치적으로 검정하는데, 귀무가설을 기각할 경우에 채택할 대립가설(H_1)은 '모수가 ~보다 작다(<).' 또는 '~보다 크다(>).' 또는 '~가 아니다(≠).'로 표현된다.
2. **유의수준(α)을 정한다.** **유의수준(significance level)**은 보통은 $\alpha = 0.01$, $\alpha = 0.05$, 또는 $\alpha = 0.10$으로 설정한다. 이는 귀무가설이 진실(true)인데 그것을 기각하는 오류를 범할 가능성이 각각 1%, 5%, 10%라는 것을 의미한다. (유의수준 $\alpha = 0.05$는 보통의 수준, $\alpha = 0.01$은 매우 엄격한 수준, $\alpha = 0.10$은 느슨한 수준의 검정기준을 정하게 됨.) 유의수준은 귀무가설을 기각하는 판정의 **기각영역(critical region)**을 정하는 기준이 된다.
3. **검정통계량을 정하고 계산한다.** 가설검정의 대상이 모집단의 평균에 관한 것이면 표본평균이 기각영역에 속하면 귀무가설을 기각한다. 기각영역에 속하는지를 판정하기 위해서는 표본평균을 **검정통계량**으로 전환한다. 검정통계량으로 전환하는 간단한 규칙은 모집단의 표준편차(σ)를 알면 z-검정통계량으로, 모르면 t-검정통계량으로 전환하는 것이다. 이 장(章)에서는 z-통계량과 t-통계량만 사용하는데, 다음은 z-검정 통계량과 t-검정 통계량의 계산식이다.

   z-검정 통계량: $z = \dfrac{\bar{x} - \mu_0}{\sigma/\sqrt{n}}$, μ_0는 H_0에서 가정한 값

   t-검정 통계량: $t = \dfrac{\bar{x} - \mu_0}{s/\sqrt{n}}$, μ_0는 H_0에서 가정한 값, $df = n - 1$

   그림 10.2는 조건에 따라 사용하는 검정통계량을 요약해 놓은 것이며, 자세한 설명은 그림 10.2의 참고에 기술하였다. 모집단의 비율을 검정하는 경우는 표본

그림 10.2

단일 표본을 가지고 가설검정을 할때 검정통계량을 선정하는 방법. 필요한 가정은 아래의 참고사항에 있음.

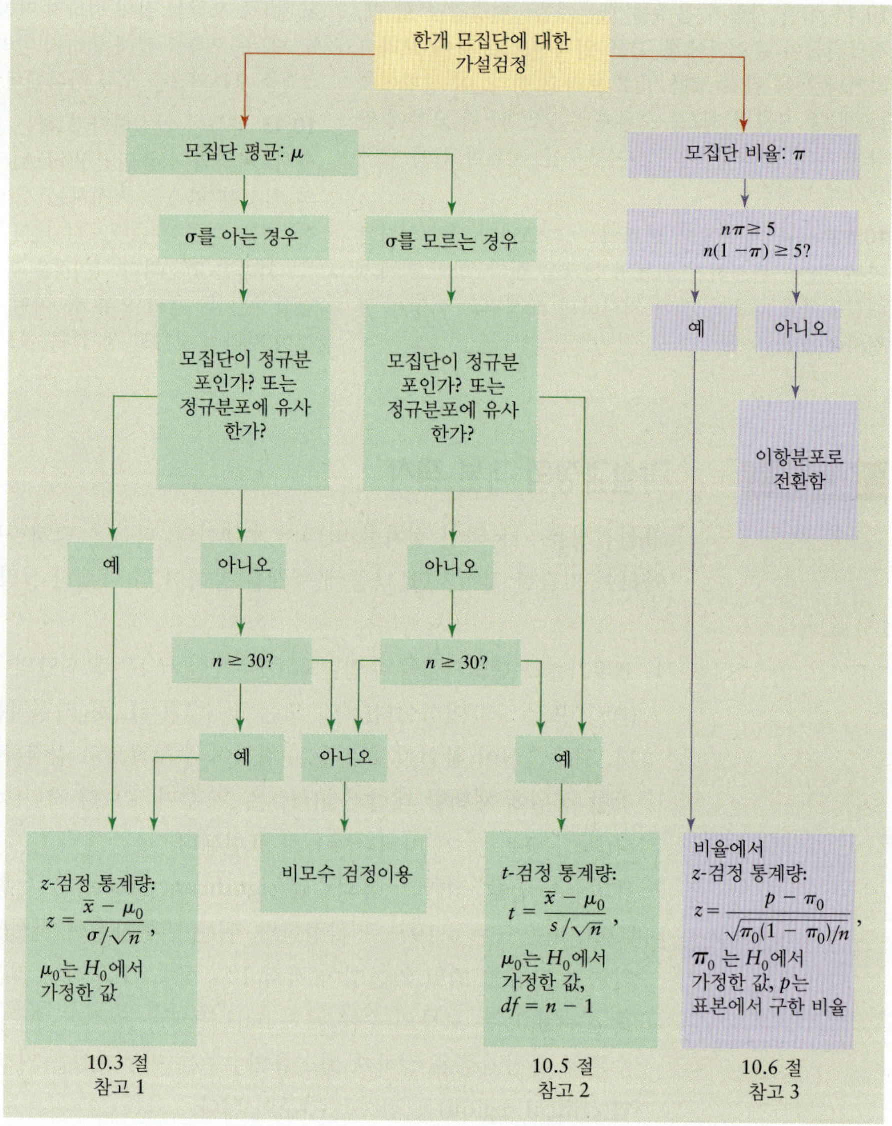

참고 1: σ를 아는 경우 모집단이 정규분포이면 z-검정을 사용한다. 모집단의 분포가 불명확하거나 정규분포가 아니라고 하더라도 표본이 충분히 ($n \geq 30$) 크다면 중심극한정리를 이용하여 z-검정을 적용한다.

참고 2: σ를 모를 때는 모집단이 정규분포라고 가정할 수 있다면, 표본의 크기에 관계없이 t-검정을 사용한다. t-검정은 모집단이 정규분포이어야 적용할 수 있는데 표본이 커질수록 정규분포에 대한 요건이 덜 중요해진다. 모집단이 비정규분포이고 표본의 크기가 작으면($n < 30$) 비모수 검정방법을 사용한다(14장 참조). t-검정은 모집단이 정규분포임을 요건으로 하지만, 표본이 커 질수록 정규분포를 약간 벗어나더라도 크게 영향을 받지 않는다는 점에서 매우 강건하다(robust).

참고 3: $n\pi \geq 5$ 이고 $n(1-\pi) \geq 5$이면 이항분포를 정규분포로 근사계산할 수 있다. 이 조건이 만족되지 않으면 이항분포를 직접 적용하여 확률계산으로 유의수준에 맞는 결정기준을 정하여야 한다.

의 비율을 검정통계량으로 전환하여 적용한다.

4. 검정통계량의 기각값과 결정규칙을 정한다. 귀무가설을 기각하는 검정통계량의 범위를 **기각영역**(rejection region)으로 정한다. 그림 10.1에서 보듯이 기각영역은 검정통계량 분포의 꼬리 위치에서 유의수준의 면적을 나타내는 영역을 말하고 그 경계선의 값이 **기각값(critical value, 임계값)**이 된다. 단측검정에서는 기각값은 하나로 정해지고, 양측검정에서는 두 개의 기각값을 정한다. 앞에서 계산한 검정통계량 값이 이 기각값을 넘어서면 귀무가설을 기각하는데, 그것을 결정규칙으로 표현한다. 예를 들면 "$z > 1.645$이면 H_0을 기각하고, 그렇지 않으면 H_0를 기각하지 않는다." 와 같다.
5. 귀무가설의 기각여부를 결정한다. **계산된 검정통계량**이 기각영역에 속하면 귀무가설을 기각한다. 그렇지 않으면 귀무가설을 기각하지 못한다. 귀무가설을 기각하지 못한다고 하여 그것이 귀무가설이 참이라는 증거가 되는 것은 아니다. 다만, 주어진 유의수준에서 귀무가설을 기각할 수 없다는 것을 의미한다.
6. 관련된 의사결정을 내린다. 귀무가설을 기각하거나 기각하지 못한다는 결과가 당초에 제기되었던 의사결정 문제에 어떤 의미를 주는지 결론을 내린다. 예를 들면 Jackson의 경우, 귀무가설이 기각되면 찌그러진 캔의 비율이 20%를 넘으므로 야채 캔 트럭을 되돌려 보내기로 결정할 수 있다.

연습문제

10.14 어떤 연구자는 크기 $n = 18$의 표본으로 평균에 관한 가설검정을 하려고 한다. 모표준편차의 값을 모르지만, 모집단이 정규분포를 따른다는 것은 확실하다. 분석을 하려면 z-검정을 사용해야 하는가, 아니면 t-검정을 사용해야 하는가?

10.15 한 조사기관의 연구에 의하면, 40~49의 연령그룹에 있는 여성의 62%는 401(k)나 개인 퇴직 계좌에 저축한다. 만약 해당 연령집단의 뉴욕에 거주하는 여성들 중 300명의 표본을 대상으로 하여 비율이 같은지를 알아본다면, 귀무가설과 대립가설은 무엇인가? 그 검정은 z-검정인가, 아니면 t-검정인가? 왜 그런가?

10.16 가설검정을 할 때, 결정규칙(*decision rule*)이 의미하는 것은 무엇인가? 가설검정을 하는 과정에서 그것은 어떠한 역할을 하는가?

10.17 어떤 제조업자는 자신이 만든 못의 인장강도는 3,000파운드라고 한다. 귀무가설과 대립가설을 H_0: $\mu \geq 3{,}000$과 $\mu < 3{,}000$으로 수립하여 인장강도를 검정하려고 한다. 아래 각각의 경우에서, 당사자가 높은 값(즉, $\alpha = 0.20$)의 유의수준을 좋아할지, 아니면 낮은 값(즉, $\alpha = 0.0001$)의 유의수준을 좋아할지를 말하라.

a. 경쟁업체의 영업이사

b. '적어도 3,000파운드'라고 광고를 한 제조업자의 광고 대행사

10.18 어느 공장의 조립라인에서 나오는 제품 중 불량품은 5% 이하라고 주장된다. 이 상황에 맞는 귀무가설과 대립가설을 설정하라. 그 실험은 한쪽꼬리인가, 아니면 양쪽꼬리인가? 왜 그런가? 만일 한쪽꼬리라면, 왼쪽꼬리인가 혹은 오른쪽꼬리인가? 왜 그런가?

10.3 평균(μ)에 대한 검정: σ를 아는 경우

가설검정은 관심대상의 모집단을 상정하는데, 그 모집단의 표준편차(σ: 시그마)를 아는 경우와 모르는 경우로 나뉜다. σ를 아는 경우는 자료를 수집하기 앞서 과거의 자료나 경험에 의해서 모집단의 표준편차(σ)에 대해서는 신뢰할 만한 값을 알고 있

는 경우를 말한다. 예를 들면 산업현장에서 생산기계의 설정이나 근로자들의 작업 소요시간, 소비자들의 행동양식에 관해서는 σ가 알려져 있는 경우가 많다.

여기서는 σ를 아는 것으로 가정하는 것 말고도, 한 가지 가정이 더 필요한데, (1) 표본크기가 크거나($n \geq 30$), (2) 표본이 작다면($n < 30$) 모집단이 정규분포를 따른다는 가정이다. σ를 알고 표본이 충분히 크다면, 중심극한정리에 의해, 모집단의 분포 모양에 관계없이 표본평균의 분포는 정규분포에 근접한다. 표본이 크면 클수록 정규분포에 더욱 가까워진다. 정규분포를 이용하기 때문에 z-검정이라고 부르고 아래와 같이 z-점수를 검정통계량으로 사용한다. 표본의 크기가 작더라도 모집단이 정규분포를 따른다면 z-검정을 이용한다. 이러한 가정은 앞 절의 그림 10.2에 잘 요약되어 있다.

표본평균에 대한 z-검정:

검정통계량: $z = \dfrac{\bar{x} - \mu_0}{\sigma_{\bar{x}}}$

$\sigma_{\bar{x}}$ = 표본평균의 표준오차, $\sigma_{\bar{x}} = \sigma/\sqrt{n}$
$\bar{x}$ = 표본평균
μ_0 = H_0에서 가정한 모집단 평균값
n = 표본크기

NOTE

μ_0는 가설검정에서 가정된 모평균(μ)의 값을 나타낸다.

평균(μ)에 대한 양측검정(σ를 알고 있을 경우)

예제 EXAMPLE

양측검정

어느 자동차 조립라인은 로봇용접기의 **작업시간**을 1.3250분으로 설정하고 있다. 과거 경험에 의하면 로봇용접의 작업시간의 표준편차는 0.0396분이다. 작업시간이 정확하지 않으면 생산라인 전체의 작업에 혼란이 일어난다. 최근에 80개의 로봇용접작업을 무작위로 추출하여 조사하였더니 평균시간이 1.3229분이었다. 이 로봇용접기의 작업시간을 새로 조정하여야 하는가? 데이터는 **CX10WELD** 파일에 있다.

풀이

귀무가설과 대립가설의 설정

H_0: $\mu = 1.3250$분 로봇용접기가 잘 작동하고 있다.
H_1: $\mu \neq 1.3250$분 로봇용접기에 조정이 필요하다.

이 검정의 모집단은 로봇이 작업을 할 때마다 소요되는 작업시간이며, 귀무가설은 모집단의 평균을 $\mu_0 = 1.3250$으로 가정한다. 이는 그림 10.3의 검정통계량 분포 그림의 가운데 위치에 해당한다. 이 검정에서의 관심은 로봇이 너무 빠르게 또는 너무 느리게 동작하는지 여부이다. 따라서 표본의 평균이 양쪽방향 중 어느 한쪽으로 현저하게 치우친 값을가지면 귀무가설을 기각한다.

유의수준의 선택

유의수준은 $\alpha = 0.05$이다. 로봇이 정상적으로 동작함에도 불구하고 조정이 필요하다는 오류를 범할 확률이 0.05가 됨을 뜻한다.

검정통계량의 선택과 계산

모집단의 표준편차(σ)를 알고 있고 표본이 충분히 크므로($n \geq 30$) z-검정을 사용한다. 검정통계량(z)은 다음과 같다.

$$z = \frac{\bar{x} - \mu_0}{\sigma_{\bar{x}}} = \frac{1.3229 - 1.3250}{0.0396/\sqrt{80}} = \frac{-0.0021}{0.00443} = -0.47$$

귀무가설 기각기준을 정하고 결정규칙을 표현

양측검정에서는 유의수준 $\alpha = 0.05$를 양쪽 꼬리에 0.025씩 배분한다. 표준정규분포에서 그 경계값이 $z = -1.96$과 $z = +1.96$이 되고, 해당하는 기각영역을 정한다(그림 10.3 참조). 결정규칙은 다음과 같이 표현된다: "$z < -1.96$이거나 $z > +1.96$이면 H_0를 기각하고 그렇지 않으면 기각하지 않는다."

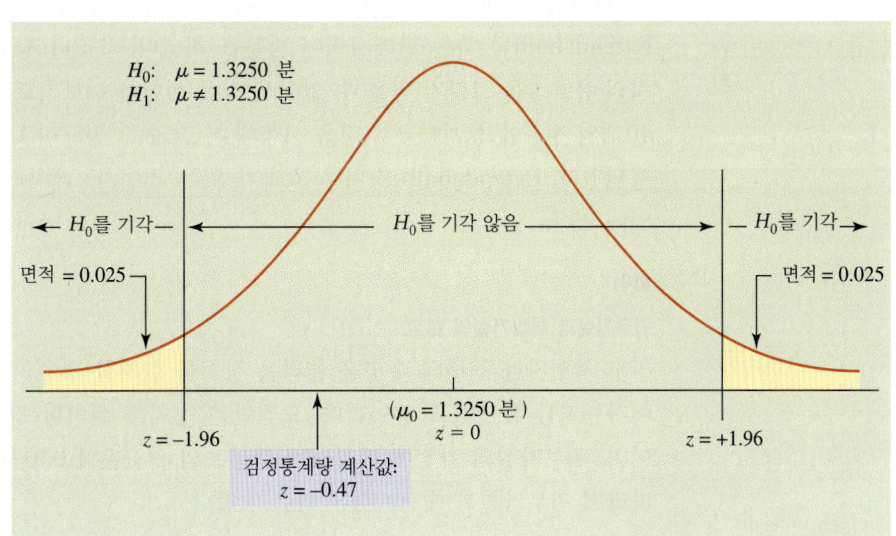

그림 10.3

로봇용접기가 정상이면 평균 작업시간이 1.3250이다. 0.05의 유의수주에서 양측검정을 한 결과 로봇은 새로 조정할 필요가 없음. (검정통계량 z는 $\bar{x} = 1.3250$일 때 $z = 0$이 되고, 분포의 가운데에 있다.)

계산된 값과 기각값을 비교하고 귀무가설에 대한 결론에 도달함

계산된 값($z = -0.47$)이 $-1.96 \sim +1.96$ 사이에 있으므로(즉, 기각영역에 있지 않으므로), 0.05의 유의수준에서는 귀무가설을 기각할 수 없다.

관련된 의사결정을 내림

이 결과에 따라서 로봇용접기는 따로 조정할 필요가 없다. 가정된 모집단평균 (μ_0 = 1.3250분)과 관측된 표본평균($\bar{x}$ = 1.3229)의 차이는 우연한 변동 (chance variation)으로 판단된다.

NOTE

μ에 대한 95% 신뢰구간을 구하면 다음과 같다.

$$\bar{x} \pm z\frac{\sigma}{\sqrt{n}} = 1.3229 \pm 1.96\frac{0.0396}{\sqrt{80}}, \text{ 혹은 } (1.3142, 1.3316)$$

가정된 모집단평균 μ_0 = 1.3250이 95% 신뢰구간에 포함되는 것을 확인하기 바란다. 즉 표본에서 구한 신뢰구간은 μ가 1.3250일 수 있음을 뜻한다. 이는 α = 0.05를 사용한 양측검정의 결론과 동일하며, 이는 우연한 것이 아니다. 100(1 − α)% 신뢰구간은 유의수준 α에서의 양측검정과 동일한 결론을 주는데, 그 관련성은 10.4에서 논의하기로 한다.

평균(μ)에 대한 단측검정(σ를 알고 있을 경우)

예제 EXAMPLE

단측검정

어느 창고에 설치되어 있는 **전구의 수명**은 평균 1,030.0시간이고 표준편차는 90.0시간인 것으로 조사되었다. 최근에 전구의 수명을 늘려주는 장치 Extendabulb를 파는 판매사원이 방문을 하였다. 그러나 창고 책임자는 그 장치의 유효성을 그다지 믿을 수 없어서 직접 실험을 해보기로 하였다. 그 장치를 40개의 전구에 설치하고 수명을 시험해 본 결과 그 평균이 1,061.6시간으로 측정되었다. Extendabulb 장치는 효과가 있는 것인가? 데이터는 **CX10BULB** 파일에 있다.

풀이

귀무가설과 대립가설의 설정

창고 책임자는 전구의 수명을 늘리는 장치를 설치할 경우의 전구의 수명이 늘어나는지를 확인하고 싶어한다. 모집단은 장치를 설치한 경우의 전구의 수명이며, 귀무가설의 가정에 따라 모집단분포의 평균은 1,030시간으로 간주한다. 따라서 귀무가설과 대립가설은 다음과 같다.

H_0: $\mu \leq$ 1,030.0시간 그 장치는 효과가 없다.

H_1: $\mu >$ 1,030.0시간 그 장치는 효과가 있다. (오른쪽꼬리 검정)

유의수준의 선택

유의수준은 α = 0.05로 한다. 그 장치의 효과가 없음에도 불구하고 효과가 있다는 결론을 내릴 오류의 확률을 0.05로 함을 뜻한다.

검정통계량의 선택과 계산

모집단의 분포는 불명확하지만 모표준편차(σ)를 알고 있고 표본이 충분히 크므로 중심극한정리에 의해서 표본평균의 분포는 정규분포를 따른다. 그러므로 z-검정을 사용한다. 검정통계량(z)은 다음과 같다.

$$z = \frac{\bar{x} - \mu_0}{\sigma_{\bar{x}}} = \frac{1061.6 - 1030.0}{90.0/\sqrt{40}} = 2.22$$

그림 10.4

창고 책임자는 전구의 수명을 늘리는 장치의 유효성을 의심한다. 0.05의 유의수준에서의 검정은 효과가 있음을 뒷받침한다. (μ_0 = 1030시간이라면, $\bar{x}$ = 1030일 때 z = 0 이다.)

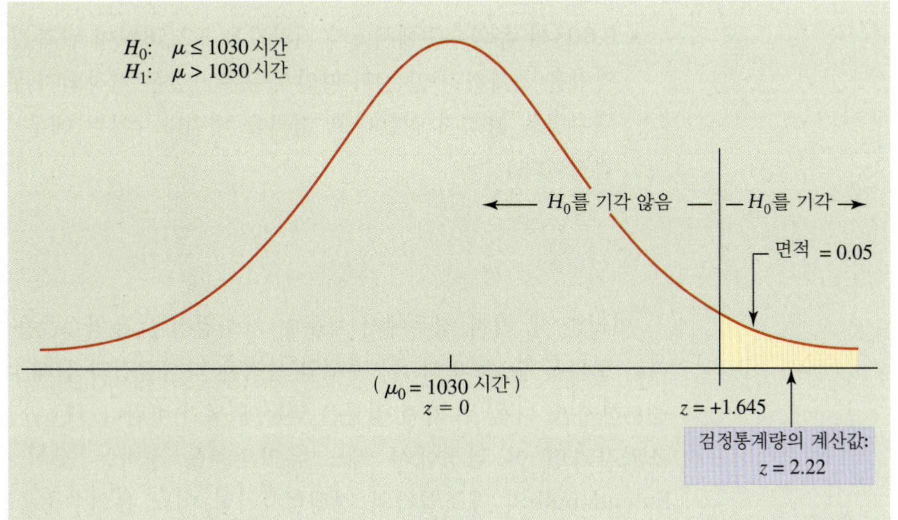

귀무가설 기각기준을 정하고 결정규칙을 표현

α =0.05인 오른쪽꼬리 z-검정에서는 z = +1.645가 기각영역의 경계값이다. 그림 10.4에서 보듯이 결정규칙은 다음과 같이 표현될 수 있다. "$z > +1.645$이면 H_0를 기각하고 그렇지 않으면 기각하지 않는다."

계산된 값과 기각값을 비교하고 귀무가설에 대한 결론에 도달함

계산된 값(z = +2.22)이 +1.645보다 크므로(그림 10.4의 기각영역), 0.05의 유의수준으로 귀무가설을 기각한다.

관련된 의사결정을 내림

가설검정의 결과 Extendabulb 장치는 전구의 평균수명을 늘려주는 것으로 판단된다. 가설분포의 평균(μ_0 = 1,030.0시간)과 관측된 표본평균($\bar{x}$ = 1,061.6시간)의 차이는 우연이라고 보기에는 너무 크며, 그 이유는 Extendabulb 장치의 효과 때문으로 보인다. 창고 책임자는 그 장치를 설치하는 것이 좋을 것이다.

다른 유의수준의 경우

이 검정은 0.05의 수준에서 이루어졌다. 그러나 유의수준이 다르다면 결론이 달라질 것인가? 다음의 경우를 보자.

- **0.05의 유의수준**에서 z의 기각값은 +1.645이며 관측된 값 $z = 2.22$는 기각값을 초과한다. 귀무가설은 기각되며 그 장치는 전구수명을 늘린다고 결론을 내린다.
- **0.025의 유의수준**에서 z의 기각값은 +1.96이며 관측된 값 $z = 2.22$는 기각값을 초과한다. 귀무가설은 기각되며 그 장치는 전구수명을 늘린다고 결론을 내린다.
- **0.005의 유의수준**에서 z의 기각값은 +2.58이며 관측된 값 $z = 2.22$는 기각값을 초과하지 않는다. 따라서 귀무가설은 기각되지 못하며 그 장치는 전구수명을 늘리지 않는다고 결론을 내린다. (이는 매우 엄격하고 보수적인 검정이다.)

이러한 세 가지 경우에서 보듯이 가설검정은 유의수준을 다르게 정할 때마다 다른 결론을 줄 수 있다. 이 예제의 목적은 가설검정의 실제 예를 보여주는 것으로 충분하지만, 다음 두 가지 질문을 염두에 두기 바란다. (1) 만일 Extendabulb의 제조업자라면 이 검정에서 어느 유의수준을 정하는 것이 좋겠는가? (2) 만일 Extendabulb의 제조업자의 경쟁업자라면 어느 유의수준을 선택하겠는가? 이제 p값 가설검정 방법을 가지고 이러한 질문에 대해서 검토하여 보겠다.

p값을 이용한 가설검정

가설검정을 하는 데는 두 가지 접근법이 있다:

- 정해진 유의수준(α) 하에서 계산된 검정통계량이 기각영역에 속하면 귀무가설을 기각한다. 가설검정을 높이뛰기에 비유하면, 높이뛰기 기준(기각값)을 미리 설정해 놓고 검정통계량이 그것을 뛰어 넘으면 귀무가설을 기각하는 것이다.
- 검정 통계량의 계산값으로 정확한 유의수준을 결정한다. 이 유의수준은 그 검정 통계량이 넘을 수 있는 가장 큰 값을 의미한다. 이는 높이 뛰기 기준 없이 일단 가장 높이 뛰어 본 후 그 기준(p값)을 확인하는 것과 같다.

앞서 보았던 두 경우의 검정에서는 첫 번째 접근법을 사용하여 기각 혹은 기각 불가로 판단하였다. 그렇지만 Extendabulb 예제에서는 여러 개의 유의수준에 대한 결론도 함께 제시하였는데, 이는 두 번째 접근법과 관련이 있기 때문이다.

Extendabulb는 0.05와 0.025 유의수준에서 유의한 성능개선효과가 있음을 알 수 있었다. 이를 높이 뛰기에 다시 비유하면, Extendabulb는 0.05 높이를 뛰어 넘었고 더 어려운 0.025 높이도 뛰어 넘었지만, 기준을 0.005로 매우 어렵게 하면 뛰어넘지 못하였다.

- **0.05 유의수준** Extendabulb는 전구 수명을 유의하게 늘려준다. (즉, 그 높이를 뛰어 넘는다)
- **0.025 유의수준** Extendabulb는 전구 수명을 유의하게 늘려준다. (그 높이를 뛰어 넘는다)
- ***p*값 유의수준** Extendabulb는 전구 수명을 늘린다는 것을 아슬아슬하게 보였다. (그 높이를 스치도록 뛰어 넘는다)
- **0.005 유의수준** Extendabulb는 전구 수명을 유의하게 늘려주지 못하였다. (그 높이를 뛰어 넘지 못한다)

그림 10.5의 (a)에서 보듯이 검정통계량의 계산값이 기각값과 정확히 같아지는 유의수준이 존재하는데 이것이 p값이다. 관측된 유의수준이라고도 부르는 p값은 귀무가설을 기각할 수 있는 가장 낮은 수준이다. (참고: p값에서 p는 표본비율을 나타내는 기호와는 다른 의미이다)

그림 10.5

검정의 p값: (a) 검정통계량 $z = 2.2$의 오른쪽 꼬리에 해당하는 p값은 0.0132. (b) 양측검정인 경우, $z = -0.47$의 왼쪽꼬리의 면적을 두 배한 것이 p값 0.6384임. p값이 유의수준 α보다 작으면 귀무가설을 기각한다.

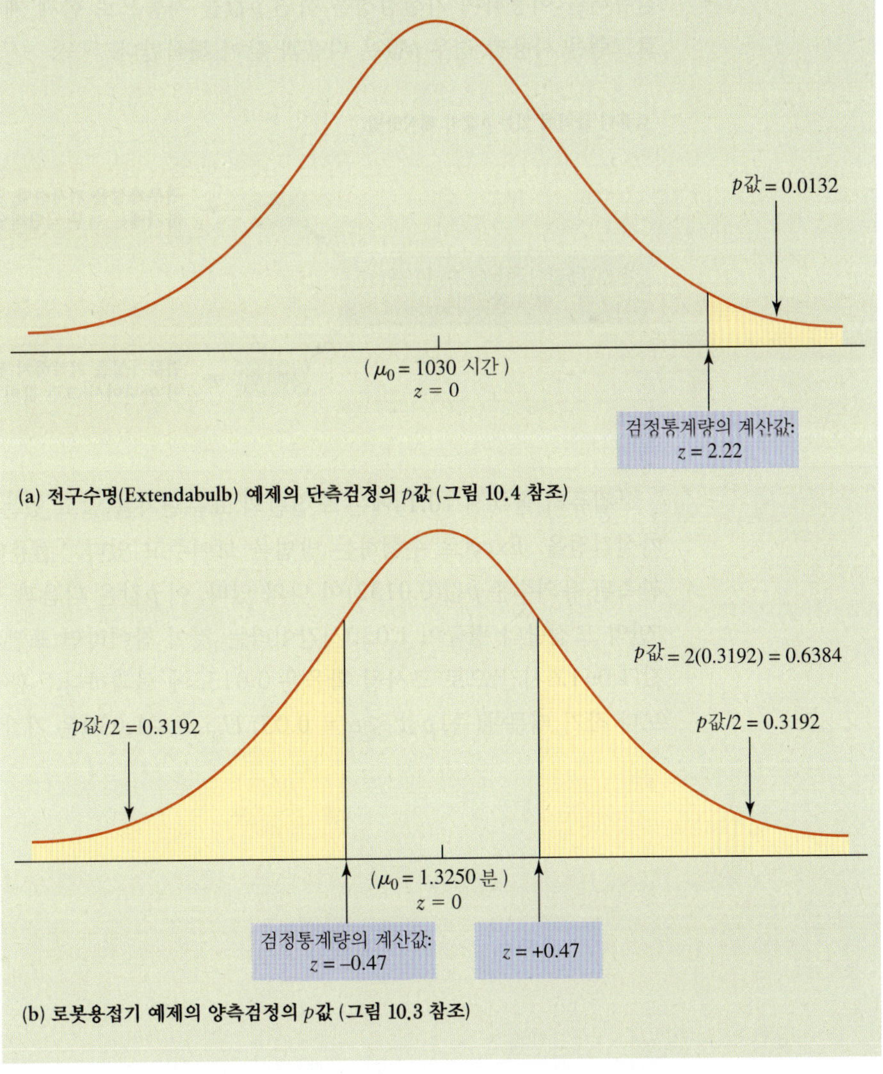

(a) 전구수명(Extendabulb) 예제의 단측검정의 p값 (그림 10.4 참조)

(b) 로봇용접기 예제의 양측검정의 p값 (그림 10.3 참조)

Extendabulb의 검정에서 검정통계량의 계산값은 $z = 2.22$이다. $z = +2.22$를 기준으로 오른쪽꼬리 부분의 면적은 표준정규분포표를 사용하여 찾을 수 있다. 표준 정규분포표를 보면 $z = 2.22$까지의 누적면적이 0.9896이므로 오른쪽꼬리 부분의 면적은 (1.000 − 0.9869) 혹은 0.0132이다. 이 값이 Extendabulb가 유의하게 전구 수명을 늘린다고 판단해 줄 가장 낮은 유의수준이 된다. 만약 앞의 검정에서 유의수준을 0.0132로 설정하였다면 검정통계량의 계산값은 기각값과 정확히 같아졌을 것이다. 따라서 Extendabulb 검정에서 p값은 0.0132이다.

이 예제는 단측검정이므로 p값은 한쪽꼬리 부분의 면적에 해당한다. 로봇용접기와 같은 양측검정에서는, 그림 10.5의 (b)에서처럼 p값은 양쪽꼬리 부분의 면적이 된다. 계산된 검정통계량은 $z = -0.47$이며 −0.47까지의 누적확률은 0.3192이다. 로봇용접기 문제는 양측검정이므로 0.3192에 2를 곱하여 p값은 0.6384가 된다. 이 값은 유의수준 0.05보다 크므로 귀무가설을 기각하지 못한다.

컴퓨터를 이용한 p값 계산

컴퓨터를 이용하여 가설검정을 하면 p값을 자동으로 함께 계산해 준다. 통계용 프로그램을 사용할 경우 p값은 다음과 같이 해석한다.

컴퓨터 출력에 있는 p값의 해석방법

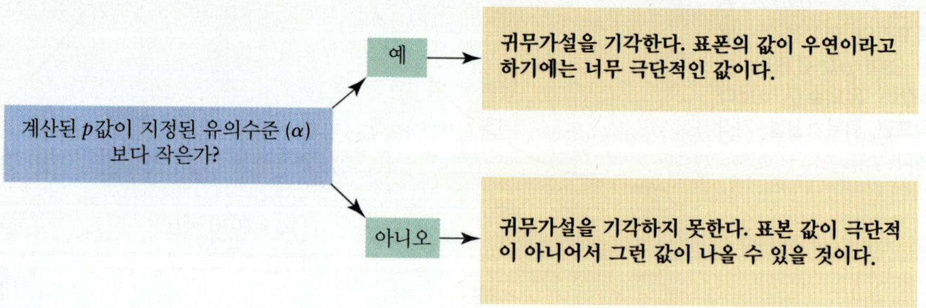

「컴퓨터 솔루션 10.1」에는 모집단의 표준편차를 알고 있는 경우에 평균에 대한 가설검정을 Excel로 수행하는 방법을 보여주고 있다. 「컴퓨터 솔루션 10.1」에는 관측된 유의수준 p값(0.0132)이 나와 있다. 이 p값은 다음과 같이 해석할 수 있다: "만약 모집단의 평균이 1,030시간이라는 것이 참이라면 표본의 평균이 이렇게 큰 값(1,061.6시간)으로 조사될 확률은 0.0132에 불과하다." 관측된 p값이 유의수준보다 작기 때문에(즉, p값 $< \alpha = 0.05$) $H_0: \mu \le 1{,}030$은 기각된다.

컴퓨터 솔루션 10.1

모집단평균에 대한 가설검정, σ는 알고 있는 경우

모집단의 표준편차를 알 경우에 모집단평균에 대한 가설검정을 수행하는 방법(예제 2의 전구수명의 예제를 대상으로)

EXCEL

	A	B	C	D
1	Z-Test: Mean			
2				hours
3	Mean			1061.61
4	Standard Deviation			93.60
5	Observations			40
6	Hypothesized Mean			1030
7	SIGMA			90
8	z Stat			2.221
9	P(Z<=z) one-tail			0.0132
10	z Critical one-tail			1.645
11	P(Z<=z) two-tail			0.0264
12	z Critical two-tail			1.96

Excel 가설검정(원자료를 사용, σ를 알고 있음)

1. 예제 2의 그림 10.4에서 사용된 40개 전구의 수명(**CX10BULB**) 데이터를 레이블과 함께 **A1:A41**에 입력하고, 추가기능 → **Data Analysis Plus**를 클릭하고 ***z*-test:mean**을 선택하고 **OK**를 클릭한다.
2. **Input Range**에서 **A2:A41**을, **Hypothesized Mean**에 **(1030)**을 **Standard Deviation**에 **(90.0)**을, **Alpha**에 **(0.05)**를 입력하고 **OK**를 클릭한다. 출력화면에는 단측검정에 대한 p값(0.0132)이 포함되어 있다.
   역주: 출력화면에서 p값은 왼쪽꼬리 검정을 기준으로 적은 것이다(Excel화면에서 제9행). 오른쪽꼬리 검정에서 p값은 $P(Z \geq z)$의 확률이다.

Excel 가설검정(요약통계량을 사용, σ를 알고 있음)

1. 그림 10.4와 같이 $\bar{x}$ = 1,061.6, σ = 90.0, n = 40을 사용. **TEST STATISTICS** 워크북을 연다.
2. 왼쪽 아래의 화살표를 사용하여 ***z*-test–Mean** 워크시트를 선택한다. 표본평균 **(1061.6)**, 알려진 표준편차 **(90.0)**, 표본크기**(40)**, 가설평균**(1030)**, 검정의 유의수준 **(0.05)**을 입력한다.

(참고: 워크시트 템플릿 **TMZTEST** 파일을 이용해도 된다).

연습문제

10.19 중심극한정리는 무엇이며, 가설검정에 어떻게 적용되는가?

10.20 모표준편차를 알지만 표본크기가 30보다 작다면, 모평균에 대한 가설검정에 z-통계량을 사용하기 위해 어떤 가정이 필요한가?

10.21 p값은 무엇이며, 가설검정과 무슨 관련이 있는가?

10.22 어떤 가설검정의 p값은 0.03인 것으로 나타났다. 만일 $\alpha = 0.05$의 유의수준에서 검정한다면 H_0는 기각되는가? 설명하라.

10.23 어떤 가설검정의 p값은 0.04인 것으로 나타났다. 만일 $\alpha = 0.01$의 유의수준에서 검정한다면 H_0는 기각되는가? 설명하라.

10.24 $\alpha = 0.01$의 유의수준에서 어떤 가설검정을 수행하여 H_0가 기각되지 않았다. 이 검정의 p값에 대하여 가장 정확하게 말한다면 어떤 범위에 있는가?

10.25 다음 검정과 z-값에 대하여, 검정의 p값을 찾아라.

a. 왼쪽꼬리 검정과 $z = 1.54$
b. 오른쪽꼬리 검정과 $z = -1.43$
c. 양쪽꼬리 검정과 $z = -1.83$

10.26 다음의 검정과 z-값에 대하여, 검정의 p값을 찾아라.

a. 왼쪽꼬리 검정과 $z = -1.62$
b. 오른쪽꼬리 검정과 $z = 1.43$
c. 양쪽꼬리 검정과 $z = 1.27$

10.27 표준편차가 $\sigma = 20.5$인 모집단에서 추출한 35개의 표본평균이 458.0이다. 0.05의 유의수준에서, H_0: $\mu = 450$ 대 H_1: $\mu \neq 450$를 검정하라. 검정의 p값을 구하고, 해석하라.

10.28 표준편차가 $\sigma = 17.0$인 정규모집단에서 추출한 12개의 표본평균이 230.8이다. 0.05의 유의수준에서 H_0: $\mu \leq 220$ 대 H_1: $\mu > 220$을 검정하라. 검정의 p값을 구하고 해석하라.

10.29 못을 생산하는 공장의 품질보증 담당자는 주기적으로 기계의 상태를 살펴보는데, 정상적인 경우에는 제품의 길이가 평균 2.000인치이고 표준편차가 0.070인치인 못을 생산한다. 35개의 못을 표본으로 하여 평균 길이를 측정하니 2.025인치이다. 0.01의 유의수준을 사용하여, 기계가 정상이라는 귀무가설을 검정하라. 검정의 p값을 구하고 해석하라.

10.30 예전에는, 시네마 콤플렉스의 고객들이 평균 \$5.00(표준편차가 \$1.80)를 팝콘과 스낵에 지출하였다. 이 소비량은 정규분포를 따랐다. 지역의료단체가 지속적인 공공캠페인을 벌인 뒤에 표본 고객 18명의 평균 지출을 조사하니 \$4.20이었다. 이 조사를 근거로 하여 평균 지출액이 감소했다고 할 수 있는가? 0.05의 유의수준으로 검정하라. 검정의 p값을 구하고 해석하라.

10.31 어떤 압출성형 기계는 정비와 교정을 한 상태에서는 외경이 평균 2.500인 알루미늄 튜브를 제조하며, 표준편차가 0.027인치이다. 그러나 이 기계는 오랫동안 여러 번의 작업교대를 거쳐서 작동하게 되면, 표준편차는 많이 바뀌지는 않지만, 잔여 축적물과 기계의 마모로 인해 평균 직경은 2.500인치에서부터 멀어지게 된다. 최근 무작위 표본 34개의 튜브를 추출하여 조사한 결과 평균 직경이 2.509인치였다. 기계는 정비와 교정이 필요한가? 유의수준 0.01에서 검정하고, 검정의 p값을 구하고 해석하라.

10.32 어떤 전자장비를 제조하는 회사에서 초보자가 회로시험기를 조립하는 데 걸리는 시간이 평균 3시간, 표준편차는 0.20시간이다. 회사의 전문가는 초보자가 회로조립을 빨리 하게끔 해주는 설명서를 만들었다고 한다. 설명서의 효과를 실험해 보니, 15명의 초보자들이 평균 2.90시간에 조립을 마쳤다. 조립시간의 모집단이 정규분포를 따른다고 하고, 0.05의 유의수준을 이용한다면, 우리는 설명서가 유용하다고 결정을 내릴 수 있는가? 검정의 p값을 구하고 해석하라.

참고: 연습문제10.33과 10.34는 컴퓨터와 통계프로그램을 이용하라.

10.33 bankreat.com에 의하면, 일반 방을 홈오피스로 바꾸는 데 평균 비용이 \$10,526이고, 모표준편차가 \$2,000이다. 미국의 어느 특정지역에서 업자들이 수행한 40개의 리모델링 작업을 표본으로 조사한 데이터를 이용하여, 이 지역 업자들의 리모델링 비용의 평균이 전국 평균과 다른지 판단하라. 데이터는 **XR10033** 파일에 있다. 검정의 p값을 구하고, 해석하라. 0.05의 유의수준에서 결론은 무엇인가? (출처: bankrate.com, July 23, 2009)

10.34 수송용 컨테이너에 물품을 적재해 주는 기계가 있는데, 평균 70.0파운드의 무게를 적재하며 적재되는 물품의 무게의 표준편차는 1.0파운드로 알려져 있다. 이 기계의 적재작업의 모표준편차가 1.0파운드에서 바뀌지 않고 그대로 있다고 가정하고, 평균 무게가 70.0파운드인지 0.05의 유의수준에서 검사하라. 최근에 이 기계로 적재한 35개의 컨테이너의 물품 무게는 데이터 파일 **XR10034**에 있다. 검정의 p값을 구하고 해석하라.

10.4 신뢰구간과 가설검정

9장에서는 모집단의 평균과 비율에 대한 신뢰구간을 정하는 것을 공부하였다. 이 장에서는 모집단의 평균이나 비율에 대한 양측검정을 공부한다. 구간추정과 양측검정은 서로 목적은 다르지만 기본개념은 같다. 그림 10.3의 로봇용접기 문제를 다시 보자.

1. 귀무가설과 대립가설: H_0: $\mu = 1.3250$분, H_1: $\mu \neq 1.3250$분
2. 평균의 표준오차: $\sigma_{\bar{x}} = \sigma/\sqrt{n} = 0.0396/\sqrt{80}$, 혹은 0.00443분
3. $\alpha = 0.05$ 유의수준에서 양측검정을 위한 z의 기각값은 $z = -1.96$과 $z = +1.96$
4. z-점수로 된 기각값을 $\bar{x}$ 의 기각값으로 타나내면 $1.325 \pm 1.96(0.00443)$ 혹은 1.3163분과 1.3337분이다.

5. 표본평균의 관측값은 $\bar{x}$ =1.3229분이다. 이는 두 개의 기각값 사이에 있으므로 H_0를 기각할 수 없다.

$\alpha = 0.05$를 사용하여 양측검정을 하면 H_0: $\mu = 1.3250$을 기각할 수 없다는 결론을 내린다. 관측된 표본평균(1.3229분)은 가설값 1.3250에 충분히 가까우며 그 오차는 우연에 의한 것이다.

이 문제를 95% 신뢰구간을 사용해서 접근해 보자. 앞에서 기술한 바와 같이, μ에 대한 95% 신뢰구간은 1.3229 ± 1.96(0.00443) 혹은 1.3142분과 1.3316분이다. 이 구간 안에 귀무가설의 모평균 μ = 1.3250이 포함되므로 귀무가설을 기각하지 않는다. 유의수준 α에서 이루어진 평균에 대한 양측검정의 결론은 *100(1 − α)%* 신뢰구간에 의한 결론과 동일하다.

가설검정이 양방향적인 경우에는 가설검정과 신뢰구간 추정은 동일한 결론을 준다. 그러나 방향성이 있는 단측검정의 경우에는 서로 관련이 있음에도 꼭 같은 결과를 준다고 말할 수는 없다. 그 관련성을 밝히는 것은 이 장의 목적을 벗어나기 때문에 생략한다. **애플릿 12**는 95%신뢰구간을 구해보는 실험을 보여준다. 여러 가지 표본평균에 대해서 신뢰구간을 구하여 그것이 귀무가설을 포함하는지 실험으로 비교해 보기 바란다.

연습문제

10.35 표본을 사용하여, 모집단의 평균은 120에서 180 사이에 있다고 90% 신뢰구간을 만들었다. 이 정보에 근거하여, $\alpha = 0.10$의 수준에서 다음의 가설에 대한 결론을 제시하라.

a. H_0: $\mu = 170$ vs. H_0: $\mu \neq 170$
b. H_0: $\mu = 110$ vs. H_0: $\mu \neq 110$
c. H_0: $\mu = 130$ vs. H_0: $\mu \neq 130$
d. H_0: $\mu = 200$ vs. H_0: $\mu \neq 200$

10.36 연습문제 10.27의 정보를 이용하여 모평균에 대한 95%의 신뢰구간을 만든 후, 실제 μ가 평균의 가설값과 같은지 판단하라. 이 결론은 연습문제 10.27의 결론과 일치하는가? 설명하라.

10.37 연습문제 10.29의 정보를 이용하여 모평균에 대한 95%의 신뢰구간을 만든 후, 가설의 값과 실제 μ가 같은지 판단하라. 이 결론은 연습문제 10.29의 결론과 일치하는가? 설명하라.

10.38 연습문제 10.31에서의 상황과 귀무가설에 대해서 적절한 신뢰구간을 구하여 결론을 내려라.

10.5 평균(μ)에 대한 검정: σ를 모르는 경우

가설검정의 대상이 되는 모집단에 대해서 과거 경험이나 데이터가 없으면 표준편차(σ)를 알 수 없다. σ를 추정해야 하는 경우에는 ***t*-검정**을 사용한다(그림 10.2 참조). t분포는 변량의 모집단이 정규분포인 것을 가정하지만, 모집단이 정규성을 크게 벗어나지 않으면 t-검정을 사용할 수 있으며, 포본이 커질수록 정규성에 대한 제약은 약해진다.

t-검정은 t분포에 바탕을 두고 있는데, 9장에서 보았듯이 t분포는 각 자유도(df)마다 하나의 분포가 있는 분포의 집단(family of distributions)이다. df가 작으면 t분포는 납작하며 정규분포보다 좌우로 많이 퍼진 형태이다. 자유도가 커지면

정규분포와 비슷해지며, 자유도가 무한대로 커지면 같아진다. z-검정과 마찬가지로 t-검정은 평균의 표집분포를 기반으로 한다.

t-검정에서의 검정통계량의 형태는 z-검정에서와 비슷하다. 그러나 σ를 추정해야 하므로 σ대신에 s를 사용한다. t검정통계량은 다음과 같이 계산한다.

표본평균에 대한 t-검정:

검정통계량: $t = \dfrac{\bar{x} - \mu_0}{s_{\bar{x}}}$

$s_{\bar{x}}$ = 표본평균에 대한 표준오차의 추정치, $s_{\bar{x}} = s/\sqrt{n}$
$\bar{x}$ = 표본평균
μ_0 = 모집단평균의 가설값
n = 표본크기

평균(μ)에 대한 양측검정(σ를 모르는 경우)

예제 EXAMPLE

양측검정

어느 백화점의 신용담당 팀장은 고객의 신용계정 잔고의 평균이 $410라고 주장한다. 외부감사가 임의로 고객의 신용계정 18개를 조사한 결과 평균잔고는 $511.33이며 표준편차는 s = $183.75였다. 신용담당 팀장의 주장이 조사결과와 비교하여 큰 차이가 있다면 외부감사는 모든 고객의 계정을 조사할 용의가 있다. 고객의 잔고가 근사적 정규분포를 따른다고 가정하면 외부감사는 어떤 행동을 해야 할 것인가? 데이터는 **CX10CRED** 파일에 있다.

풀이

귀무가설과 대립가설의 설정

H_0: μ = $410 평균잔고는 $410이다.
H_1: $\mu \neq$ $410 평균잔고는 $410이 아니다(양측검정).

팀장의 주장이 옳다면 조사한 고객 잔고의 평균값은 μ_0 = $410을 중심으로 분포할 것이다. 표본에서 계산한 평균값이 어느 한쪽이든 극한값이 나오면 팀장의 주장은 기각이 되어야 할 것이므로 양측검정을 사용하는 것이 옳다.

유의수준의 선택

유의수준은 $\alpha = 0.05$로 한다. 기각영역을 양쪽꼬리 부분에 위치시키고 그 확률(면적)의 합을 0.05로 한다.

검정통계량의 선택과 계산

고객의 잔고금액을 모집단으로 하여 그 모집단이 정규분포를 크게 벗어나지 않는다고 가정하고 t검정을 사용한다. 표본평균($\bar{x}$)의 표집분포는 다음과 같은 표준오차를 가진다.

$$s_{\bar{x}} = \frac{s}{\sqrt{n}} = \frac{\$183.75}{\sqrt{18}} = \$43.31$$

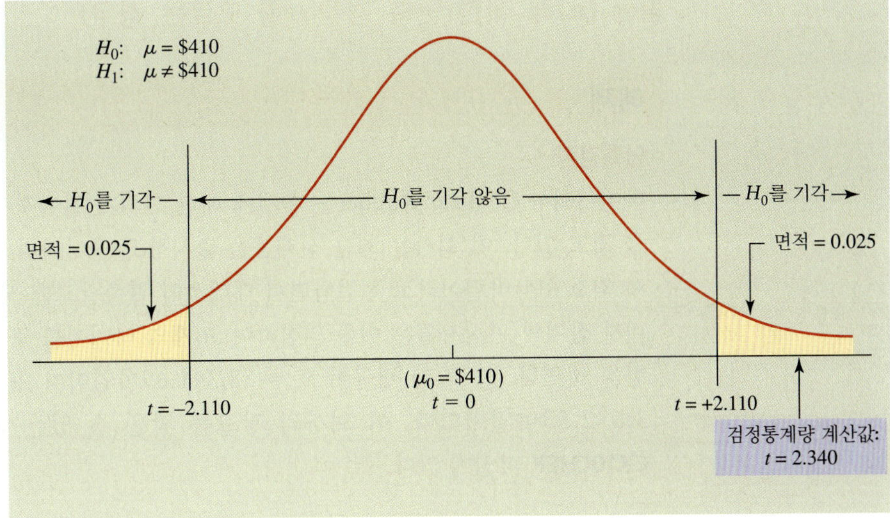

그림 10.6

신용담당 팀장은 고객의 신용카드 잔고는 평균 \$410이라고 주장한다. 그러나 양측 검정의 결과는 주장과 다르다. t-분포의 중심 $t = 0$는 $\overline{x} = \$410$일 때이다.

그리고 t-값은 다음과 같이 계산한다.

$$t = \frac{\overline{x} - \mu_0}{s_{\overline{x}}} = \frac{\$511.33 - \$410.00}{\$43.31} = 2.340$$

귀무가설 기각기준을 정하고 결정규칙을 표현

유의수준 $\alpha = 0.05$이고 양측검정이므로 α의 반인 0.025가 기각영역 꼬리면적이 된다. t분포 표에는 한쪽꼬리 부분의 면적이 있는데, 자유도는 $df = 18 - 1 = 17$의 분포에서 꼬리부분 면적이 0.025에 해당하는 지점을 찾으면 된다. 표의 17번째 행의 0.025에 해당하는 열을 보면 검정통계량의 기각값은 $t = -2.110$과 $t = +2.110$이 된다. (-2.110은 표에는 없지만 분포가 대칭이므로 그 값이 왼쪽꼬리의 기각값이 된다.) 기각영역과 비기각영역은 그림 10.6에 나와 있으며 결정규칙은 다음과 같다. "t값이 -2.110보다 작거나 $+2.110$보다 크면 H_0를 기각하고 그렇지 않으면 기각하지 않는다."

계산된 값과 기각값을 비교하고 귀무가설에 대한 결론을 내리게 되는데, 계산된 검정통계량($t = 2.340$)이 오른쪽 기각값 2.110보다 크므로 H_0가 기각된다.

관련된 의사결정을 내림

이런 결과에 따라서 신용계정의 잔고의 평균은 \$410와 다르다고 판단되며, 외부감사는 모든 신용계정의 잔고를 조사하게 될 것이다.

평균 (μ)에 대한 단측 검정(σ를 모르는 경우)

예제 EXAMPLE

단측검정

타이어회사 Chekzar Rubber는 품질에 대한 신뢰가 떨어져서 재정적인 어려움을 겪고 있다. 이 회사는 최근 신제품을 출시하고 타이어의 수명이 고속주행에서 최소 6만 마일이라고 선전하면서 대대적인 판촉광고를 시작하였다. 어느 소비자 잡지의 편집자들은 이를 의심하여 36개의 타이어를 구입하여 고속주행시험을 하였다. 그 결과 평균이 $\bar{x} = 58{,}341.69$마일이며 표본표준편차는 $s = 3{,}632.53$마일이었다. 이 회사의 광고를 믿을 수 있는가? 표본 데이터는 **CX10CHEK** 파일에 있다.

풀이

귀무가설과 대립가설의 설정

편집인이 갖고 있는 '~보다 작을 것이다.' 라는 의심은 방향성을 갖고 있으므로 귀무가설과 대립가설은 다음과 같이 수립한다.

H_0: $\mu \geq 60{,}000$마일 타이어의 평균수명은 최소한 60,000마일이다.

H_1: $\mu < 60{,}000$마일 타이어의 평균수명은 60,000마일보다 작다. (좌측검정)

유의수준의 선택

회사의 광고를 부정하기 위해서는 엄격한 유의수준 $\alpha = 0.01$을 사용하기로 한다.

검정통계량의 선택과 계산

타이어의 수명의 모집단 분포는 정확히 알 수는 없으나 정규분포를 크게 벗어나지 않는다고 가정하고 t-검정을 이용한다. $(\bar{x} - \mu_0)/s_{\bar{x}}$는 t분포를 따르고, 분포의 중심을 귀무가설이 참으로서 가장 작은 값 60,000 $(= \mu_0)$에 맞춘다. **검정통계량**은 $t = (\bar{x} - \mu_0)/s_{\bar{x}}$이고, $\bar{x}$의 표준오차 $s_{\bar{x}}$는 다음과 같다.

$$s_{\bar{x}} = \frac{s}{\sqrt{n}} = \frac{3632.53\text{마일}}{\sqrt{36}} = 605.42\text{ 마일}$$

그리고 t값은 다음과 같이 계산할 수 있다.

$$t = \frac{\bar{x} - \mu_0}{s_{\bar{x}}} = \frac{58{,}341.69 - 60{,}000.00}{605.42} = -2.739$$

귀무가설 기각기준을 정하고 결정규칙을 표현

유의수준은 $\alpha = 0.01$이고, 자유도는 $df = (n - 1) = (36 - 1) = 35$이다. t분포표에서 한쪽꼬리 부분의 면적이 0.01이고 $df = 35$가 되는 t값을 찾을 수 있다. 표의 35번째 행의 0.01에 해당하는 열을 보면 검정통계량의 기각값은 $t = -2.438$이다. (표에 있는 값은 양수이지만 분포가 대칭이며 이 경우는 왼쪽꼬

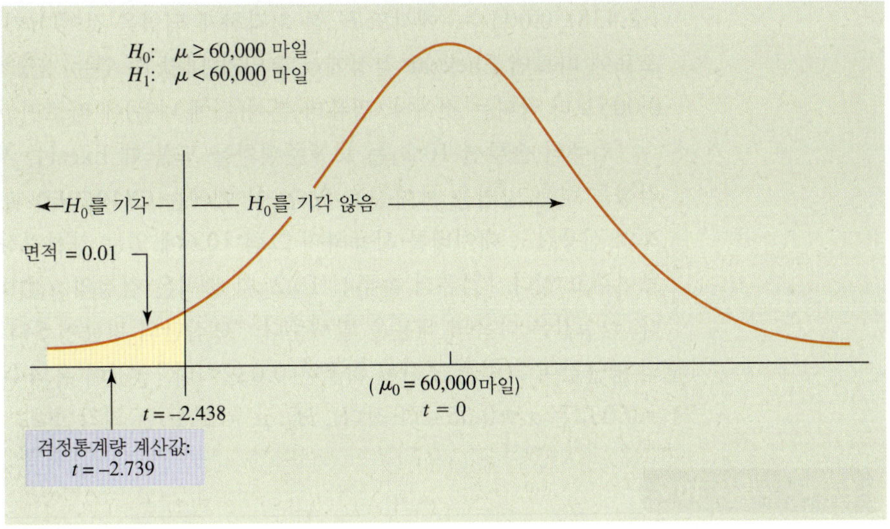

그림 10.7

Chekzar Rubber Company는 고속주행에서 타이어의 수명이 최소한 6만 마일이라고 주장한다. 0.01의 유의수준에서 그 주장을 뒷받침하지 못한다. (μ_0 = 60,000시간이라면, $\bar{x}$ = 60,000일 때 t = 0 이다.)

리의 기각값을 필요로 한다.) 기각영역과 비기각영역은 그림 10.7에 나와 있으며 결정규칙은 다음과 같다. "t값이 −2.438보다 작으면 H_0를 기각하고 그렇지 않으면 기각하지 않는다."

계산된 값과 기각값을 비교하고 귀무가설에 대한 결론에 도달함

계산된 검정통계량 (t = −2.739)이 기각값보다 작아서 기각영역에 있게 되었다. 따라서 귀무가설 H_0: $\mu \geq 60,000$마일은 기각되어야 한다.

관련된 의사결정을 내림

이 결과는 Chekzar의 광고를 의심하였던 편집자의 생각을 뒷받침한다. 그 잡지는 Chekzar의 주장을 수정하도록 압력을 가할 것이다.

NOTE

휴대용계산기나 분포표를 이용할 경우에는 t-검정보다 z-검정이 사용하기가 더 편리하다. n이 크고 s가 σ의 근사한 추정치인 경우에는 중심극한정리를 이용한 z-검정을 사용하여도 꽤 정확한 결과를 얻을 수 있다.

그럼에도 불구하고 σ를 s로 추정하는 경우에는 t-검정이 올바른 선택이라고 할 수 있다. 컴퓨터 통계 패키지를 이용할 경우에는 이 방법을 사용하게 될 것이다. 예를 들어 Excel, Minitab, SYSTAT, SPSS, SAS 등과 같은 패키지를 사용하면 s를 사용하여 t-검정을 쉽게 적용할 수 있다.

t-검정의 경우 통계표를 사용해서는 z-검정에서처럼 p값을 쉽게 찾을 수 없다. 표에서의 확률값의 간격이 크기 때문이다(즉, 0.005, 0.01, 0.025 등). 그렇지만 t-검정에서는 '0.01과 0.025 사이의 값' 과 같이 p값의 범위를 표시할 수는 있다.

예를 들어 그림 10.7의 Chekzar Rubber Company의 t-검정에서는 계산된 검정통계량이 t = −2.739이다. 0.01 수준에서 귀무가설을 기각하였으며(기각값 =

−2.438), 0.005수준에서도 H_0를 기각하게 되었을 것이다(기각값 = −2.724). t분포표에 따르면 Chekzar 검정에서 우리가 내릴 수 있는 가장 정확한 결론은 p값이 0.005보다 작다는 것이다. 컴퓨터 분석(뒤에 나옴)에 따르면 p값은 0.0048이다.

「컴퓨터 솔루션 10.2」는 모표준편차를 모를 때 Excel을 사용하여 평균에 대한 검정을 하는 방법을 보여주고 있다. 이 예에는 **CX10CRED** 파일에 있는 백화점 고객의 신용잔고 데이터를 사용하여 그림 10.6에 있는 가설검정을 다시 수행한 것을 보여주고 있다. 「컴퓨터 솔루션 10.2」의 출력은 검정의 p값(0.032)을 보여주고 있다. 이 p값은 다음의 내용을 말해준다: "모집단의 평균이 $410이라면 우연히 표본의 평균값이 그렇게 조사될 확률은 0.032이다." p값이 유의수준보다 작으므로(p값 = 0.032는 $\alpha = 0.05$보다 작다), H_0: μ = $410는 기각된다.

컴퓨터 솔루션 10.2

모평균에 대한 가설검정, σ는 모름

모표준편차를 모를 경우에 모평균에 대한 가설검정을 수행하는 방법(예제 3의 신용잔고를 대상으로)

EXCEL

	A	B	C	D
1	**t-Test: Mean**			
2				*balance*
3	Mean			511.33
4	Standard Deviation			183.750
5	Hypothesized Mean			410
6	df			17
7	t Stat			2.3396
8	P(T<=t) one-tail			0.0159
9	t Critical one-tail			1.7396
10	P(T<=t) two-tail			0.0318
11	t Critical two-tail			2.1098

Excel 가설검정(원자료를 사용, σ모름)

1. 그림 10.6에서 사용된 18개의 신용잔고 파일 **CX10CRED**를 연다. 데이터는 레이블과 함께 **A1:A19**에 입력되어 있다. 추가기능 → **Data Analysis Plus**를 클릭하고 ***t*-test:mean**을 선택하고 **OK**를 클릭한다.
2. **Input Range**에서 **A1:A19**를, **Hypothesized Mean**에 **(410)**을 입력한다. **Labels**을 클릭한다. **Alpha**에 **(0.05)**를 입력하고 **OK**를 클릭한다. 출력화면에 양측검정의 p값 (0.0318)이 포함되어 있다.

Excel 가설검정(요약통계량을 사용, σ모름)

1. 그림 10.6에 있는 바와 같이 $\bar{x}$ = 511.33, s = 183.75, n = 18을 사용. WorkBooks 속의 **TEST STATISTICS** 워크북을 연다.
2. 왼쪽 아래의 화살표를 사용하여 ***t*-test_Mean** 워크시트를 선택한다. 표본평균**(511.33)**, 표본표준편차**(183.75)**, 표본크기**(18)**, 검정의 유의수준**(0.05)**을 입력한다.

참고: Excel 워크시트의 템플릿 TMTTEST를 사용하여도 되다.

참고: Data Analysis Plus 설치방법: http://www.cengage.com/login 으로 접속하여 Data Analysis Plus Installer를 다운 받는다. 이때, 마우스 오른쪽 버튼으로 '다른 이름으로 저장'할 때, 파일 확장자명을 ****.msi으로 설정하여 저장한다. 저장된 ****.msi 파일을 실행하면 Data Analysis Plus가 설치된다.

연습문제

10.39 어떤 상황에서 모평균에 대한 가설검정을 하는데 t-통계량이 사용되는가?

10.40 단순무작위로 추출한 40개를 표본으로하여 구한 $\bar{x} = 25.9$이고 $s = 4.2$이다. 0.01의 유의수준에서, H_0: $\mu = 24.0$ 대 H_1: $\mu \neq 24.0$을 검정하라.

10.41 근사적으로 정규분포를 이루는 모집단에서 단순무작위로 추출한 15개를 표본으로 하여 구한 $\bar{x} = 82.0$이고 $s = 20.5$이다. 0.05의 유의수준에서, H_0: $\mu \geq 90.0$ 대 H_1: $\mu < 90.0$을 검정하라.

10.42 미국에서 사용 중인 승용차의 평균연령은 9.0년이다. 어느 대기업 제조공장의 주차장에 있는 승용차를 무작위로 34대를 선별했는데, 평균연령은 10.4년이고 표준편차는 3.1년이었다. 0.01의 유의수준에서, 그 제조공장 직원들이 소유한 자동차의 연령이 국가평균보다 더 높은가? (출처: polk.com, August 9, 2006)

10.43 미국의 지역항공사들의 평균 비행거리는 464마일로 나타났다. 어느 한 지역항공사에서 무작위로 30편의 비행을 조사한 결과, $\bar{x} = 479.6$마일과 $s = 42.8$마일로 나타났는데, 이것 때문에 평균 464마일이라는 것을 의심할 것인가? 양쪽꼬리 검정과 0.05의 유의수준을 이용하여 답하라. (출처: Bureau of the Census, *Statistical Abstract of the United States 2009*, p. 664)

10.44 국제커피협회에 의하면 미국인의 하루 평균 커피 소모량은 1.65컵이라고 한다. North Carolina의 한 도시에서 38명을 조사하였더니 하루 평균 1.84컵, 표준편차 0.85컵이었다. 이 도시의 거주자들은 다른 지역의 미국사람들과 다르다고 할 수 있는가? 유의수준 0.05로 검정하라. (출처: cofferesearch.org, August 8, 2006)

10.45 Taxco라는 연말정산 대행을 하고 있는 회사는, 지난해 환급을 받았던 고객들의 평균 환급액수는 $150이라고 주장했다. 무작위로 고른 지난 해 고객 12명을 조사한 결과, 평균 액수는 표준편차 $43와 함께 $125라고 한다. 모집단이 대략 정규분포를 한다고 가정하고, 0.10 수준의 양쪽꼬리 검정을 하면 Taxco의 주장은 옳다고 볼 수 있는가?

10.46 지역 YMCA의 새 회장은 전임자로부터 회원의 평균 가입기간은 8.7년이라고 들었다. 무작위로 고른 15명의 멤버십 파일을 보니 평균 기간은 7.2년이고, 표준편차는 2.5년이었다. 회원의 평균 가입기간이 8.7년과 다른 값인지 모집단이 대략 정규분포를 한다고 가정하고, 0.05 수준을 사용하여 검정하라.

10.47 어느 고철상은 현금매출액의 평균은 $80를 넘어가지 않는다고 하였다. 하지만 국세청은 그를 의심하여, 20명의 고객을 조사해 보았는데, 평균 매출액은 $91이고 표준편차는 $21이었다. 모집단이 대략 정규분포를 한다고 가정하고, 0.05의 유의수준을 이용하면, 국세청의 의심이 맞다고 할 수 있는가?

10.48 2008년, 일하면서 공부하는 대학생들의 평균수입이 $1,478였다. 같은 해에 규모가 큰 어느 대학교에서 일하면서 공부하는 학생 45명을 조사하였드니 평균 $1,503, 표준편차 $210이었다. 이 대학교의 학생들이 전국 평균보다 수입이 많다고 볼 수 있는가? 0.05 수준의 한쪽꼬리 검정하라. (출처: Bureau of the Census, *Statistical Abstract of the United States 2009*, p. 178)

10.49 연방지불준비 이사회에 의하면, 가장이 75세 이상인 미국 가정의 평균 재산은 $640,000이다. 미국의 어느 특정 지역에서 추출한 동일한 연령층의 단순 무작위추출 표본 50개 가정의 재산의 평균은 $615,000, 표준편차가 $120,000이다. 표본의 결과와 0.05 유의수준에서 양쪽꼬리 검정을 이용하면 이 지역의 순재산이 미국전체의 평균과 다른지 설명해 보아라. (출처: Federal Reserve Board, *Changes in U.S. Family Finances from 2004 to 2007*, p. A11.)

10.50 연습문제 10.49의 표본결과를 보고, 모평균의 95% 신뢰구간을 구하고 해석하라. 가설의 모평균($640,000)은 이 구간 안에 있는가? 이 결과는 연습문제 10.49의 가설검정의 결과와 일치하는가?

10.51 할로겐전구의 평균수명은 4,000시간으로 알려져 있다. 공장의 관리자는 공장 내의 진동과 온도가 전구의 수명에 좋지 않은 영향을 미치는지 알고자 한다. 공장 내의 여러 장소에 설치된 15개의 할로겐전구 수명을 조사해 보니 평균 3,882시간, 표준편차는 200시간이었다. 할로겐전구의 모집단이 대략 정규분포를 한다고 가정하고 0.025의 유의수준에서 조사결과는 공장 내의 환경이 할로겐전구의 수명을 줄일 것이라는 관리자의 생각을 뒷받침하는가? (출처: Cindy Hall and Gary Visgaitis, "Bulbs Lasting Longer," *USA Today*, March 9, 2000, p.1D)

10.52 한 은행지점은 드라이브-쓰루(drive-through) 고객의 서비스 시간이 93초라고 은행본점의 조사에 대해 보고하였다. 통계학 수업을 수강하던 인턴학생이 실제 서비스 시간이 93초가 아니라는 의심이 들어 임의로 50명의 드라이브-쓰루 고객에 대한 서비스 시간을 조사해 보니 평균 89.5초, 표준편차 11.3초였다. 0.05의 유의수준에서 볼 때, 은행지점이 보고한 서비스 시간에 대해 이 학생이 내리는 결론은 무엇이겠는가?

10.53 연습문제 10.52의 표본을 사용하여 모평균의

95%신뢰구간을 계산하라. 가설의 모평균(93초)이 구간 내에 있는가? 이 결과는 연습문제 10.52의 가설검정의 결과와 일치하는가?

10.54 미국통계청은 '2000 센서스'에서 6가구 중 1가구 꼴로 실시될 예정인 52개 항목의 '긴 형식' 설문지의 평균 응답시간은 38분이라고 한다. 35명의 무작위 표본에 이 설문을 작성하도록 한 결과 평균 36.8분, 표준편차 4.0분이라고 하자. 0.10의 유의수준에서 실제 설문작성 시간이 38분과 다르다고 할 수 있는가? (출처: Haya El Nasser, "Census Forms Can be Filed by Computer," *USA Today*, February 10, 2000, p. 4A)

10.55 연습문제 10.54의 표본을 사용하여 모평균의 90%신뢰구간을 계산하라. 가설의 모평균(38분)이 구간 내에 있는가? 이 결과는 연습문제 10.54의 가설검정의 결과와 일치하는가?

참고: 연습문제 10.56~10.58은 컴퓨터와 통계소프트웨어를 이용하기 바람.

10.56 국제쇼핑센터위원회는 10대 연령층 고객이 쇼핑몰을 한 번 방문하면 평균 $57를 소비한다고 보고하였다. 한 쇼핑몰의 판촉담당 이사는 10대 고객을 유인하기 위해 라이브공연, "10대 고객 감사일" 등의 다양한 행사를 시행하였으며 그 결과 10대 고객이 더 자주 방문하고 더 많이 소비했을 것이라 생각한다. 그것이 사실인지를 알아보기 위하여 45명의 10대 고객을 무작위로 선택하여 가장 최근의 방문에서 얼마를 소비했는지를 조사하였다. 데이터파일은 **XR10056**이다. 이 지역의 10대들의 소비가 미국 전역의 10대의 소비수준보다 높은지를 적절한 방법으로 검정하라. 검정의 p값을 찾고 해석하라. 0.025의 유의수준에서 어떤 결론을 내리게 되는가? (출처: icsc.org, July 23, 2009)

10.57 보험정보원에 따르면 미국의 1인당 연간 자동차보험지출액은 $817이다. 북캐롤라이나 주정부의 한 관리가 임의의 80명 주민에 대하여 근년의 자동차보험 지출액을 조사한 데이터가 **XR10057** 파일에 있다. 이 데이터를 사용하여 북캐롤라이나의 1인당 연간 자동차보험 지출액은 전국평균인 $817와 다른지를 알아보라. 검정의 p값을 찾고 해석하라. 0.05의 유의수준에서 어떤 결론을 내리게 되는가? (출처: iii.org, July 23, 2009)

10.58 연습문제 10.57의 표본을 사용하여 모평균의 95%신뢰구간을 계산하고 해석하라. 가설의 모평균($817)이 구간 내에 있는가? 이 결과는 연습문제 10.57의 가설검정의 결과와 일치하는가?

10.6 비율(π)에 대한 검정

표본비율(p)을 가지고 모집단 비율(π)의 가설값을 비교하는 경우가 간혹 있다. 비율을 다룰 때에는 **이항분포**를 사용하는 것이 이론적으로 옳다. 그러나 $n\pi_0 \geq 5$이고 $n(1 - \pi_0) \geq 5$일 경우에는 정규분포를 근사치로 사용할 수 으며, 표본크기가 커지면 근사치는 점점 더 정확해진다. 따라서 **모비율(π)에 대한 가설검정**에서는 정규분포를 사용하며, 검정통계량은 다음과 같다.

비율에 대한 z-검정:

검정통계량:

$$z = \frac{p - \pi_0}{\sigma_p}$$

p = 표본비율
π_0 = 모비율의 가설값
n = 표본크기
σ_p = 표본비율의 표준오차

$$\sigma_p = \sqrt{\frac{\pi_0(1 - \pi_0)}{n}}$$

비율(π)에 대한 양측검정

비율에 대한 가설이 비방향적이면 양측검정을 하게 된다. 검정절차는 다음과 같다.

예제 EXAMPLE

양측검정

Hobart 대학의 취업센터장은 4학년의 70%는 학부전공과 관련이 있는 직장을 구한다고 주장한다. 이 주장이 옳은지 검정하기 위해서 지난해 졸업생들 중 200명을 조사해 보았더니 66%가 학부전공과 관련된 직종에 있었다. 취업센터장의 주장이 맞는지 검정하라. 데이터는 **CX10GRAD** 파일에 있으며, '1 = 학부전공과 무관, 2 = 관련 있음' 으로 값이 주어져 있다.

풀이

귀무가설과 대립가설의 설정

취업센터장의 주장은 지금까지 졸업한 학생들을 대상으로 그 직장이 전공에 관련되어 있는 학생의 비율에 대한 추론이다. 취업센터장의 주장은 다음과 같은 가설로 설정하게 된다.

H_0: $\pi = 0.70$ 전공 관련 직장을 구한 졸업생의 비율은 0.70이다

H_1: $\pi \neq 0.70$ 비율은 0.70과 다르다.

유의수준의 선택

유의수준은 $\alpha = 0.05$로 하고, 양측검정이므로 기각영역을 양쪽꼬리에 나누어서 배분한다. 양쪽꼬리의 기각영역 면적의 합은 0.05이다.

검정통계량의 선택과 계산

검정통계량은 표준정규분포의 z를 선택하고, z는 가정된 모비율($\pi_0 = 0.70$)로부터 표본비율($p = 0.66$)이 표준오차의 몇 단위만큼 멀리 있는지를 의미한다. 표본비율의 표준오차는 다음과 같다.

$$\sigma_p = \sqrt{\frac{\pi_0(1 - \pi_0)}{n}} = \sqrt{\frac{0.70(1 - 0.70)}{200}} = 0.0324$$

그리고 z-값은 다음과 같이 계산할 수 있다.

$$z = \frac{p - \pi_0}{\sigma_p} = \frac{0.66 - 0.70}{0.0324} = -1.23$$

귀무가설 기각기준을 정하고 결정규칙을 표현

유의수준 $\alpha = 0.05$이며 $\alpha/2 = 0.025$에 해당하는 z-값은 1.96이다. 양측검정을 사용하므로 기각기준 값은 $z = -1.96$과 $z = +1.96$이다. 결정규칙은 다음과 같다. "z-값이 1.96보다 작거나 +1.96보다 크면 H_0를 기각하고 그렇지 않으면 기각하지 않는다."

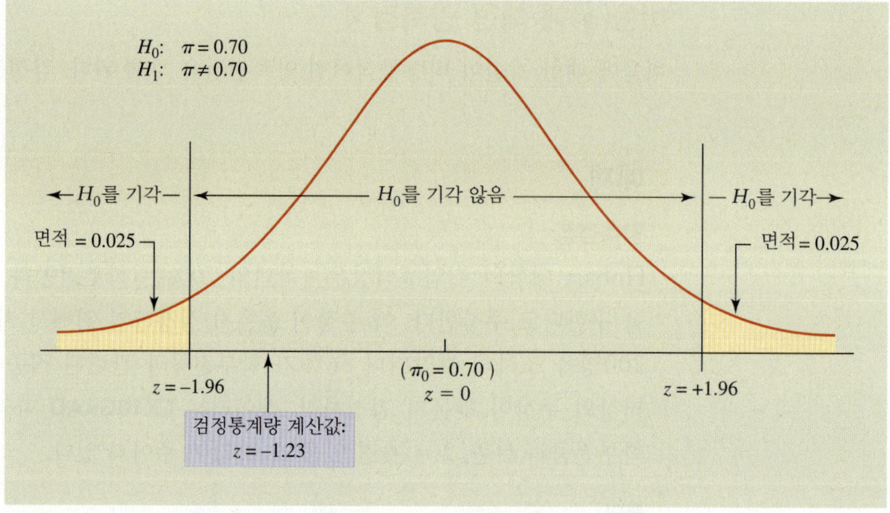

그림 10.8

비율에 대한 양쪽꼬리 검정을 한 결과, 대학의 취업센터장의 주장에 관련한 표본비율은 기각영역에 위치하지 않는다. ($\pi_0 = 0.70$이면, $\bar{x} = 0.70$일 때 $z = 0$ 이다.)

계산된 값과 기각값을 비교하고 귀무가설에 대한 결론에 도달함

계산된 검정통계량($z = -1.23$)이 두 기각값 사이에 있으므로 그림 10.8의 분포에서 비기각영역에 있다. 따라서 귀무가설은 기각되지 않는다.

관련된 의사결정을 내림

귀무가설을 기각하지 못하였으므로 졸업생의 70%는 학부전공과 관련이 있는 직장을 가진다고 할 수 있다. 취업센터장이 학생이나 학부형에게 이러한 주장을 한다면 이 분석결과는 그 주장을 뒷받침해 주고 있는 셈이다.

비율(π)에 대한 단측검정

비율에 대한 방향성검정은 앞의 예와 유사하지만 귀무가설이 기각되는 영역이 한쪽 꼬리 부분에 있다는 점이 다르다. 다음 사례를 보자.

예제 EXAMPLE

단측검정

미국 재향군인청(VA)에서는 산하의 병원 중에서 심장수술 수술사망률이 5.0%를 넘으면 그 병원의 심장수술 부문을 폐쇄한다는 원칙을 수립하였다.[4] VA 산하의 한 병원을 조사하였더니 지난해에 100건의 심장수술을 했고 사망률이 7.0%이었다. 유의수준 0.01에서 검정할 때, 이 병원의 사망률이 5.0%보다 높다고 할 수 있는가? 지난해 100건의 심장수술 데이터를, 이 병원이 시술했을 모든 수술

[4] VA는 심장수술 건수가 150건 미만이거나 사망률이 5%를 넘으면 심장수술 부문을 폐쇄조치하였다. "VA Halts Some Heart Operations," *Indiana Gazette*, January 13, 1987.

을 모집단으로 삼고 거기서 뽑은 표본이라고 가정하라. 데이터는 **CX10HOSP** 파일에 있으며, '1 = 미사망, 2 = 사망'으로 값이 주어져 있다.

풀이

귀무가설과 대립가설의 설정

귀무가설은 해당 병원의 심장수술 부문의 '모집단'의 사망률이 0.05보다 크지 않으며 관측된 비율(p = 0.07)은 우연에 의한 것이라는 가정이다.

$H_0: \pi \leq 0.05$ 실제 사망률은 0.05 이하이다.

$H_1: \pi > 0.05$ 실제 사망률은 0.05보다 크다(우측검정).

유의수준의 선택

엄격한 검정이 필요하므로 유의수준은 $\alpha = 0.01$로 한다. 귀무가설이 참인데 그것을 기각하는 오류의 확률이 0.01이 넘지 않도록 한다.

검정통계량의 선택과 계산

검정통계량은 $z = (p - \pi_0)/\sigma_p$로 하고, 표본비율의 표준오차와 검정통계량의 계산은 다음과 같다.

$$\sigma_p = \sqrt{\frac{\pi_0(1 - \pi_0)}{n}} = \sqrt{\frac{0.05(1 - 0.05)}{100}} = 0.02179$$

그리고

$$z = \frac{p - \pi_0}{\sigma_p} = \frac{0.07 - 0.05}{0.02179} = 0.92$$

귀무가설 기각기준을 정하고 결정규칙을 표현

유의수준 $\alpha = 0.01$에서 기각값은 $z = +2.33$이다. 결정규칙은 다음과 같다. "계산된 z-값이 +2.33보다 크면 H_0를 기각하고 그렇지 않으면 기각하지 않는다."

계산된 값과 기각값을 비교하고 귀무가설에 대한 결론에 도달함

계산된 검정통계량(z = 0.92)이 기각값보다 작으므로 그림 10.9의 분포에서 비기각영역에 있게 된다. 그러므로 $H_0: \pi \leq 0.05$는 기각되지 않는다.

관련된 의사결정을 내림

해당병원의 심장수술 사망률은 0.07로 조사되었지만 우연히 그렇게 높게 조사되었다고 본다. 그래서 '사망률이 0.05보다 유의하게 큼'이라는 기준만으로 판단한다면 그 병원의 심장수술 부문을 폐쇄하는 것이 정당화될 수 없다.

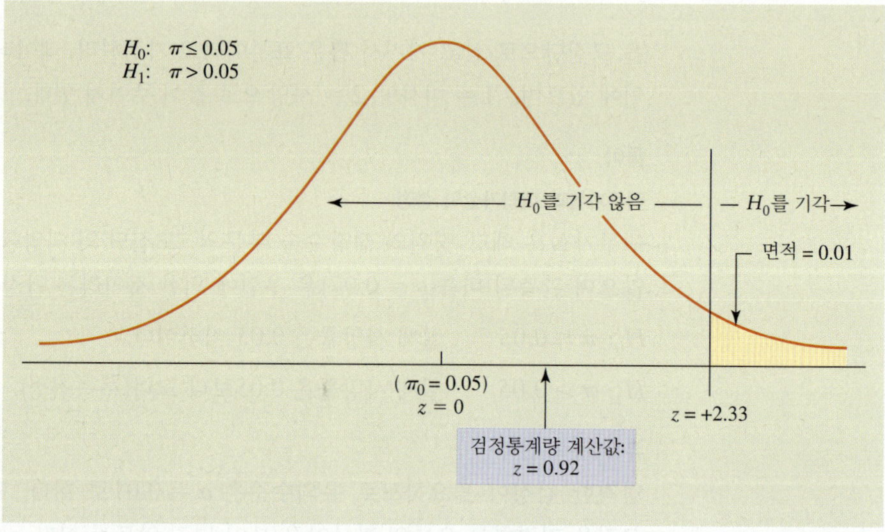

그림 10.9

미국의 재향군인청 산하의 병원 중에서 연간 심장수술 건수 사망률이 5.0% 이상인 병원은 심장수술 부문을 폐쇄하기로 하였다. 한 병원을 조사하였는데, 지난해에 100건의 심장수술을 했고 그 중 사망률은 7.0%이었다. 이 병원의 데이터는 이 병원이 환자에 대해 시술했을 모든 수술이라는 모집단에서 추출한 표본이라고 간주하면, 이 병원의 사망률이 비교적 높지만 우연에 의한 것이라고 판단된다.

「컴퓨터 솔루션 10.3」은 Excel을 사용하여 비율에 대한 가설검정을 수행하는 방법을 보여준다. 여기에는 그림 10.8의 가설검정(취업에 관한 비율)을 다시 보여주고 있다. 「컴퓨터 솔루션 10.3」을 보면 이 검정의 p값이 0.217임을 알 수 있다. p값은 다음을 뜻한다: "모집단의 비율이 0.70이었다면, 표본의 결과가 (표본비율 0.66) 우연에 의해서 0.70과 이처럼 다를 확률은 0.217이다." 이 p값은 우리가 사용하기로 한 유의수준보다 작지 않다. (즉, p값 0.217은 $\alpha = 0.05$보다 작지 않다) 그래서 H_0: $\pi = 0.70$은 기각될 수 없다.

컴퓨터 솔루션 10.3

모비율에 대한 가설검정

모비율에 대한가설 검정을 수행하는 방법(예제 5의 대학졸업생 취업비율을 대상으로)

EXCEL

	A	B	C	D
1	z-Test of a Proportion			
2				
3	Sample proportion	0.66	z Stat	-1.23
4	Sample size	200	P(Z<=z) one-tail	0.1085
5	Hypothesized proportion	0.70	z Critical one-tail	1.645
6	Alpha	0.05	P(Z<=z) two-tail	0.2170
7			z Critical two-tail	1.960

모비율에 대한 Excel 가설검정(요약통계량을 사용)

1. 그림 10.8에 있는 바와 같이 $n = 18$, $p = 0.66$을 사용. **TEST STATISTICS** 워크북을 연다.
2. 왼쪽 아래의 화살표를 사용하여 ***z*-test_Proportion** 워크시트를 선택한다. 표본비율**(0.66)**, 표본크기**(200)**, 모비율의 추정치**(0.70)**, 검정의 유의수준**(0.05)**을 입력한다. 양측검정에 대한 *p*값은 0.2170이다. 참고: Excel 워크시트 템플릿 **TMPTEST**를 사용해도 된다.

모비율에 대한 Excel 가설검정(원자료를 사용)

1. 예제 5의 **CX10GRAD** 파일을 연다. 데이터는 **A1:A201**에 입력되어 있다. 추가기능 → **Data Analysis Plus**를 클릭하고 ***z*-test:Proportion**을 선택하고 **OK**를 클릭한다.
2. **Input Range**에서 **A2:A201**을, **Code for Success** 박스에 2를, **Hypothesized Proportion**에 **(0.70)**을 입력한다. **Labels**을 체크한다. **Alpha**에 **(0.05)**를 입력하고 **OK**를 클릭한다.

생활 속의 통계 • 10.1 아직도 고통 받고 있는 9/11의 일차 구급대원들

누구나 알고 있지만, 2001년 9월 11일은 전 세계 사람들에게 비극적인 날이었다. 뉴욕의 세계무역센터 쌍둥이 빌딩이 납치된 여객기가 연료를 가득 채운 채로 부딪혀서 지상으로 내려 앉았다. 수많은 사상자를 내고 먼지와 유독물질로 주변을 뒤덮었다. 경찰과 소방대원을 비롯한 수많은 응급대원들이 현장에서 온갖 유독물질이 섞인 먼지를 뒤집어쓰고, 들이마시지 않으면 안 되었다. 그것은 그 후의 탐색대원, 구조대원, 청소대원들도 마찬가지였다.

2009년 8월, *Journal of Occupational and Environmental Medicine*에 한 아티클이 실렸는데, 보통 노년층에서 발견되는 암 질병인데 이상하게도 45세 이하의 연령층에서 이상할 정도로 많이 발견되었다는 내용을 담고 있다. 9/11 구급대원 28,252명을 대상으로 연구하였는데, 2001년 9월 11부터 2007년 9월 10일 사이에 8건의 복수 골수종(multiple myeloma) 케이스가 진단되었는데, 그 중에 절반이 45세 이하 연령층이었다.

아티클의 연구자에 의하면, 45세 이하 연령층에서 발견될 것으로 기대되는 케이스는 1.2건이다. 그러나 보고된 4.0건은 45세 이하 연령층에 우연히 발견된 것으로 생각하기에는 상대적으로 너무 컸었다. 혹시, 전문 의학자들이 말하는 것으로서 유독물질을 흡입한 것이 시한폭탄처럼 신체에 서서히 훼손을 입히는 것인지도 모른다.

이러한 실제 사례를 가지고, 자료를 정리 표현하고 정보를 발견하고 어떤 결론을 내리는 보통의 사례 대신에, 여러분 스스로 연구 주제로 삼기 바란다. 어떤 가설검정에 들어가기 전에 구급대원들 중에서 45세 이하 연령층이 몇 명이나 되는지, 전체 인구 중에서 이러한 질병에 걸리는 사람 가운데 이 연령층의 비율은 얼마나 되는지, 등등 더 많은 정보가 필요할 것이다. 그러면 정규분포나 이항분포를 이용하여 우연히 이러한 케이스가 발견될 확률을 계산할 수 있을 것이다. 인터넷 등으로 자료를 조사하면 그 심각성이 드러나겠지만 동시에 이항분포나 정규분포에 대한 이해통찰을 얻을 수 있을 것이다.

경영통계를 공부하는 학생으로서, 그리고 동일한 관심을 가지는 시민으로서, 인터넷이나 다른 정보출처를 이용하여 앞으로도 계속 9/11 구급대원들이 겪게 될 '사후현상'에 주의를 기울여주기 바란다. 다른 어떤 실제 사례보다도 이 사례는 통계학이란 것이 단지 숫자적인 것 이상이라는 것을 보여준다.

출처: Amanda Gardner, "9/11 Responders May Be at Raised Myeloma Risk," Medicine, August 14, 2009.

연습문제

10.59 모비율에 대한 가설검정을 하는 경우 이항분포의 근사치로 정규분포를 사용하려면 어떤 조건이 만족되어야 하는가?

10.60 $n = 200$이고 $p = 0.34$인 단순 무작위표본에서 다음을 0.01 수준에서 검정하라. H_0: $p = 0.40$ 대 H_1: $p \neq 0.40$.

10.61 $n = 1{,}000$이고 $\pi = 0.47$인 단순 무작위표본에서 다음을 0.05 수준에서 검정하라. H_0: $\pi \geq 0.50$ 대 H_1: $\pi < 0.50$.

10.62 $n = 700$이고 $\pi = 0.63$인 단순 무작위표본에서 다음을 0.025 수준에서 검정하라. H_0: $\pi \leq 0.60$ 대 H_1: $\pi > 0.60$.

10.63 선적물에서 300개 제품을 무작위로 표집한 결과 4%가 포장 불량이었다. 공급자는 포장 불량률이 2%를 넘지 않는다고 하는데, 공급자의 주장이 믿을 만한 것인지를 검정하라.

10.64 어느 규모가 큰 대학의 입학처장은 대학홍보물을 받은 고3 학생의 15%가 그 대학에 지원한다고 말한다. 대학홍보물을 받은 300명의 학생 중에 30명이 지원했다고 하자. 0.05의 유의수준에서 양쪽꼬리 검정을 한다면 입학처장의 주장을 기각할 수 있는가?

10.65 어느 공장의 인사담당자에 따르면 금지 약물을 복용하지 않겠다는 서약을 어긴 신규고용자는 5%를 넘지 않았다고 한다. 그 서약에는 소변검사를 통하여 검

사를 할 수 있다고 명시되어 있으며, 400명의 고용자를 무작위로 검사하니 8%가 약물을 복용한 것으로 나타났다. 0.025 수준에서 인사담당자의 주장이 옳다고 할 수 있는가? 검정의 *p*값을 계산하고 해석하라.

10.66 전체 가구의 65%가 가스 대신 전기난방을 선호한다고 알려져 왔다. 200가구에 대한 조사결과 60%가 전기난방을 선호하였다. 0.05의 유의수준에서 양쪽꼬리 검정을 했을 때, 전기난방을 선호하는 가구비율이 65%와 다르다고 할 수 있는가? 검정의 *p*값을 계산하고 해석하라.

10.67 과거의 통계에 의하면 공인회계사 예비시험 응시자의 44%가 처음 시험에 합격하였다. 최근에는 준비서적과 학원강좌가 등장하여 합격률이 높아지고 있다. 250명의 지원자 중에서 130명이 처음 시험에 합격했다고 할 때, 0.05의 유의수준에서 볼 때 합격률이 높아졌다고 할 수 있는가? 검정의 *p*값을 계산하고 해석하라.

10.68 Heritage Union에 의하면 미국 성인의 66%가 생명보험에 가입한 적이 있다. 미국의 어느 도시에서 50명을 무작위표본해서 조사하니 56%만이 생명보험에 가입했다. 유의수준 0.05에서 한쪽꼬리 검정을 할 때 이 조사결과는 66%보다 유의하게 낮다고 할 수 있는가? 검정의 *p*값을 계산하고 해석하라. (출처: reuters.com, September 23, 2008)

10.69 주택건축협회에 따르면 2005년도에 건축된 주택 중 55%가 벽난로가 있다고 한다. 전국에 걸쳐 주택을 건축해 온 한 건축회사는 자사가 건축한 주택 중에서 무작위로 600채를 표본으로 조사한 결과 그중 50.0%만 벽난로가 있는 것으로 조사되었다. 0.05의 유의수준을 사용한 양쪽꼬리 검정을 통하여 이 표본이 55%와 다르게 조사된 것이 단순한 우연 때문인지를 알아보라. 검정의 *p*값을 계산하고 해석하라. (출처: National Association of Homebuilders, *2007 Housing Facts, Figures, and Trends*, p. 13)

10.70 연습문제 10.69의 표본을 사용하여 모비율의 95%신뢰구간을 계산하고 해석하라. 가설의 모비율(0.55)이 구간 내에 있는가? 이 결과는 10.69의 가설검정의 결과와 일치하는가?

10.71 미국노동통계국에 따르면 16세에서 24세까지의 직업여성의 7.0%는 최저임금 이하를 받는다고 한다. [참고로 일부 업종에서는 최저임금이 적용되지 않아도 되도록 Fair Labor Standards Act(평등임금법)에서 규정하고 있다. 그래서 일부는 적법하게 최저임금 이하의 임금을 받는다.] 한 유망한 정치가는 자신의 선거구에서 젊은 직업여성의 임금수준을 알기 위해서 16세에서 24세까지의 직업여성 중 500명을 무작위로 조사하였다. 그 결과 42명이 최저임금 이하를 받고 있었다. 0.10의 유의수준을 사용하여 해당 선거구의 최저임금을 받는 직업여성의 비율이 전국평균과 같은지를 알아보라. 검정의 *p*값을 계산하고 해석하라. (출처: *Statistical Abstract of the United States 2009*, p. 413)

10.72 연습문제 10.71의 표본을 사용하여 모비율의 90%신뢰구간을 계산하고 해석하라. 가설의 모비율(0.07)이 구간 내에 있는가? 이 결과는 연습문제 10.71의 가설검정의 결과와 일치하는가?

10.73 한 케이블 TV의 소비자 담당기자는 일반상표 음식제품과 유명상표 음식제품을 비교하는 기사를 작성하는 중이다. 이 기자의 조사에 따르면 일반소비자는 유명상표 제품을 선호하지만 실제로 그 차이를 알지 못한다. 이 주장을 실험하기 위하여 기자는 두 가지 종류의 감자칩(일반상표와 유명상표)을 200명의 소비자에게 주고 어떤 것이 유명상표 제품인지를 맞추게 하였는데 55%의 참가자가 유명상표를 구분하였다. 0.025의 유의수준에서 볼 때, 이 비율이 이론상 우연에 의한 50%보다 유의하게 크다고 할 수 있는가? 검정의 *p*값을 계산하고 해석하라.

10.74 국세청의 감사를 받은 사람 중 80%가 세금추징을 당하였다고 한다. 감사인을 무작위로 감사대상에게 배치할 경우에 감사인을 감독하는 방법 중의 한 가지는 세금이 추징되는 감사대상의 비율을 확인하는 것이다. 한 감사인이 감사한 400건의 사례 중에서 77.0%가 세금을 추징당했다면, 그 비율이 평균비율(80%)과 다르다고 할 수 있는가? 0.10의 유의수준을 사용하라. 검정의 *p*값을 계산하고 해석하라. (출처: Sandra Block, “Audit Red Flags You Don’ t Want to Wave,” *USA Today*, April 11, 2000, p. 3B)

10.75 연습문제 10.74의 표본을 사용하여 모비율의 90%신뢰구간을 계산하고 해석하라. 가설의 모비율(0.80)이 구간 내에 있는가? 이 결과는 연습문제 10.74의 가설검정의 결과와 일치하는가?

참고: 연습문제 10.76~10.78는 컴퓨터를 사용해야 함

10.76 전국대학운동선수협회(NCAA)에 따르면 남자 농구선수 41%는 입학 후 6년 이내에 졸업한다. 전체 학생의 평균은 56%이다. 6년 전에 입학한 뉴잉글랜드지역 대학의 남자 농구선수 200명의 표본에 대한 데이터가 **XR10076** 파일에 있다. 코드는 ‘1 = 중퇴, 2 = 재학, 3 = 졸업’ 이다. 0.10의 유의수준을 사용한다면 이 지역의 남자 농구선수들의 6년 이내에 졸업비율이 전국 평균인 41%와 유의하게 차이 난다고 할 수 있는가? 검정의 *p*값을 계산하고 해석하라. (출처: “NCAA Basketball ‘Reforms’ Come Up Short,” *USA Today*, April 1, 2000, p. 17A)

10.77 연습문제 10.76의 표본을 사용하여 모비율의 90% 신뢰구간을 계산하고 해석하라. 가설의 모비율(0.41)이 구간 내에 있는가? 이 결과는 연습문제 10.76의 가설검정의 결과와 일치하는가?

10.78 웹사이트 관리자는 분석툴을 사용하거나 외주를 통하여 사이트 방문자의 방문행태를 추적한다. 한 정치관련 웹사이트에서는 '환경문제' 페이지 방문자 중 35%가 '환경을 위해 할 수 있는 일' 페이지를 방문하는 것으로 나타났다. 이 비율을 높이기 위하여 관리자는 기름에 덮인 수달 사진을 '환경문제' 페이지에 게시하였고 그 비율은 40%로 증가하였다. 데이터 파일은 **XR10078**이며 코드는 1 = '당신이 할 일'페이지를 방문하지 않음, 2 = '당신이 할 일'을 방문함이다. 0.05의 유의수준에서 40%가 35%보다 유의하게 증가한 비율인지를 검정하라. 검정의 p값을 계산하고 해석하라.

10.7 가설검정의 검정력

가설검정의 오류와 검정력

가설검정은 잘못된 결론에 이를 수도 있다. 가설검정은 두 가지 종류의 오류를 범할 수 있는데 이를 요약하면 다음과 같다.

- 제1종 오류(참인 가설을 기각함):

  α = H_0가 참인데 H_0를 기각할 확률, 혹은

  $\alpha = p(H_0$를 기각 | H_0가 참)

  α = 검정의 유의수준

- 제2종 오류(거짓인 가설을 기각하지 못함):

  β = H_0가 거짓인데 H_0를 기각하지 못할 확률, 혹은

  $\beta = p(H_0$를 기각하지 못함 | H_0가 거짓)

  $1 - \beta$ = H_0가 거짓일 때 H_0를 기각할 확률

  $1 - \beta$ = 검정력

이 절에서 우리의 관심은 가설검정의 **검정력**(**power of test**)을 나타내는 확률 $(1 - \beta)$이다. 즉 H_0가 참이 아닐 때 그것을 기각하는 확률이다. 귀무가설이 거짓인 경우를 가정하고 검정력을 계산해 보자.

검정력 계산 사례

우선 단측검정을 가지고 검정력을 계산해 보자. 10.3절에서 소개되었던 전구수명에 관한 가설검정과 그림 10.4의 예를 요약하면 다음과 같다.

- 귀무가설과 대립가설:

  H_0: $\mu \le 1{,}030$시간　　그 장치는 효과가 없다.

  H_1: $\mu > 1{,}030$시간　　그 장치는 효과가 있다.

- 유의수준: 0.05
- 검정통계량의 값:

$$z = \frac{\bar{x} - \mu_0}{\sigma/\sqrt{n}} = \frac{1061.6 - 1030.0}{90/\sqrt{40}} = 2.22$$

- 검정통계량의 기각값: $z = +1.645$
- 결정규칙: $z > +1.645$이면 H_0를 기각하고 그렇지 않으면 기각하지 않는다.

이 검정의 기각값($z = +1.645$)을 표본의 평균으로 변환해 보자. 그 값은 가설분포의 평균값 1,030시간으로부터 표준오차의 1.645단위만큼 오른쪽에 위치해 있다. 표본평균 분포의 표준오차는 $\sigma_{\overline{x}} = \sigma/\sqrt{n} = 90/\sqrt{40} = 14.23$시간이다. 기각값($z$)을 표본평균값으로 나타내면 다음과 같이 변환된다:

$$1{,}030.00 + 1.645(14.23) = 1{,}053.41\text{시간}$$

그리고 **결정규칙**은, "표본평균이 1,053.41시간보다 크면 H_0를 기각하라."로 고쳐 쓸 수 있다. 이 결정규칙을 적용할 때, **검정력**은 실제 모평균의 값에 달려 있다. 모집단의 실제값(μ)이 귀무가설이 참이 아닌 영역에 있을 때(즉, $\mu > 1{,}030.0$), 검정의 결정규칙이 귀무가설을 기각하는지 알아보자.

수명을 늘리는 장치가 설치된 경우 전구의 실제수명이 $\mu = 1{,}040$이라고 가정하자. 실제수명의 평균(μ)을 $\mu = 1{,}040.0$시간으로 가정하면 표본평균의 분포는 중심이 $\mu = 1{,}040$이다[그림 10.10의 (a)]. 표본평균의 분포의 표준오차는 변함이 없다. 그러면, 그림 10.10의 (a)에서 보는 바와 같이 분포곡선이 10시간만큼 오른쪽으로 이동하게 된다.

실제 평균값이 1,040이라면 그림 10.10의 (a)에 있는 곡선의 음영 부분이 가설검정의 검정력이 된다. 표본평균의 분포의 표준오차($\sigma_{\overline{x}} = 14.23$)를 사용하여 1,040에서 1,053.41까지의 표준오차 단위를 계산할 수 있다.

$$z = \frac{\overline{x} - \mu}{\sigma_{\overline{x}}} = \frac{1053.41 - 1040.00}{14.23} = \frac{13.41}{14.23} = \text{모평균의 오른쪽 방향으로 표준오차의 0.94단위}$$

정규분포에서 $-\infty$에서 $z = +0.94$까지의 면적이 0.8264임을 알 수 있다. 총 면적이 1.0이므로 음영된 면적은 $1.0 - 0.8264 = 0.1736$이 된다. 이 확률은 표본평균이 1053.42보다 클 확률이다. 그러므로 전구의 실제수명이 1,040시간인 경우, 크기가 40인 표본의 평균이 검정의 기각영역에 속할 확률이 0.1736이고, 따라서 거짓인 귀무가설을 기각하게 될 확률이 0.1736이라는 것이다. 이것이 가설검정의 검정력이다.

가설검정의 검정력 곡선

단측검정에서

앞의 예제에는 우측검정에서 귀무가설이 거짓인 어떤 값($\mu = 1{,}040$)을 임의로 선택하여 귀무가설을 기각하게 될 확률을 계산하였다. 다시 말해서, 가능한 여러 가지 모집단의 평균값 가운데 한 개의 값을 가정하고 검정력($1 - \beta$)을 계산한 것이다. H_0가 참이 아닌 여러 개의 모평균값(즉, $\mu = 1{,}060$, $\mu = 1{,}080$, $\mu = 1{,}100$ 등)에 대해서도 해당하는 ($1 - \beta$) 값을 구할 수 있을 것이다.

예를 들어, 그림 10.10의 (b)는 Extendabulb 장치가 설치된 경우 전구의 수명이 1,060일 때의 검정력을 보여주고 있다. (b)에서는 검정력이 0.6772이다. 그림 10.10의 (c)는 모평균 값을 1,080으로 가정하고 검정력을 계산한 것인데 0.9693

그림 10.10

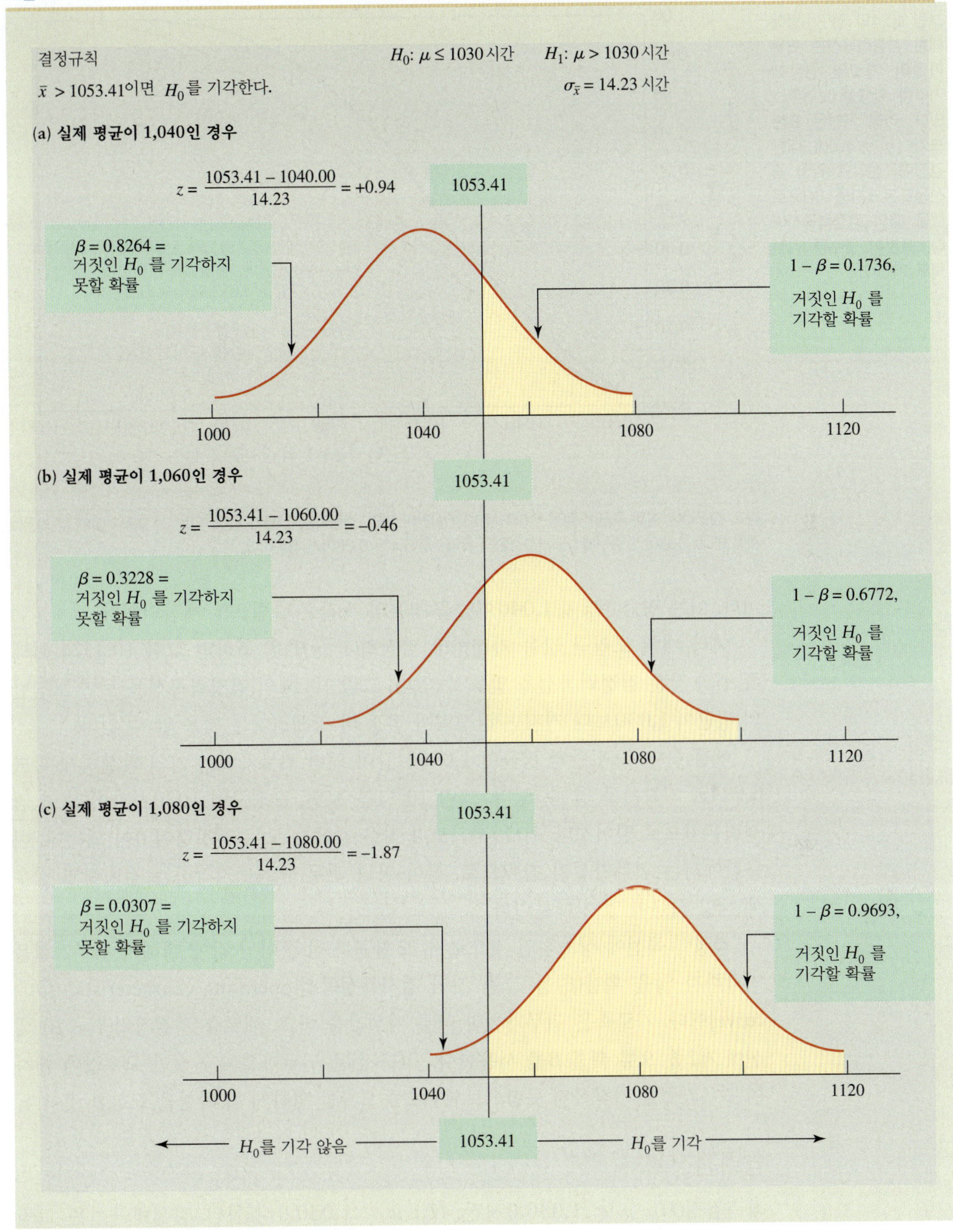

검정력(1 − β)은 거짓인 귀무가설을 기각할 확률이다. 예를 들어 모평균이 1,040(a)이었다면 결정규칙이 $\mu \leq$ 1,030이라는 귀무가설을 기각할 확률이 0.1736이 된다. 표본크기 n = 40이다.

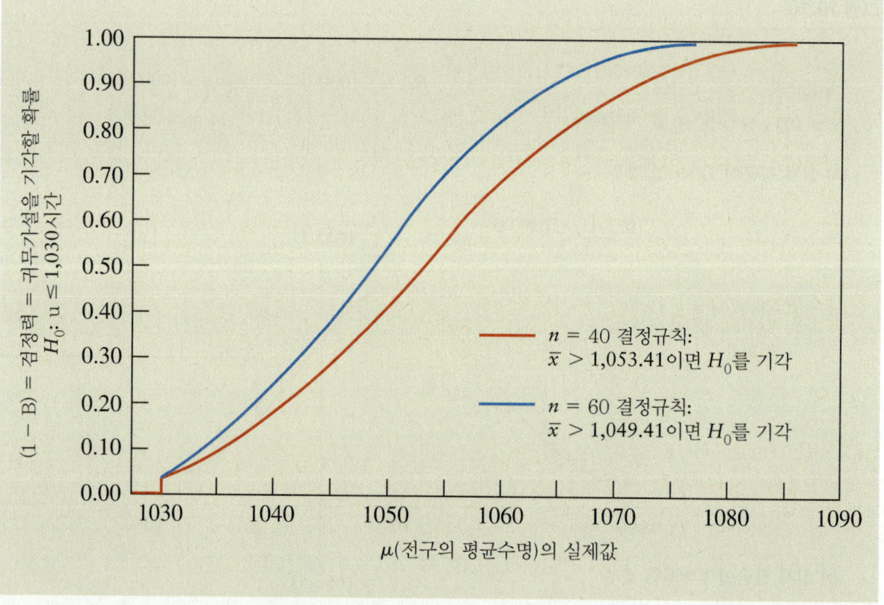

그림 10.11

그림 10.4의 전구수명에 대한 검정력곡선은 귀무가설이 거짓일 경우에 기각할 확률을 보여주고 있다. 아래 곡선은 표본크기 (n = 40)에 대한 검정력곡선이고 위의 곡선은표본크기를 60으로 했을 때의 검정력곡선이다. 표본이 클수록 검정력도 커진다.

참고: 전구수명 실제 평균이 점점 작아져서 1030시간이 되면, 검정력은 0.05가 된다. 이는 (1) 귀무가설의 값 가운데 제일 큰 값 (1030)인 경우에 (2) 가설검정의 유의수준이 α = 0.05이기 때문이다.

이다. 이는 평균수명이 1,040이었을 경우와 똑같은 방법으로 계산되었다.

여러 개의 모평균 값을 가정하고 검정력($1 - \beta$)을 구하면 그림 10.11의 아래쪽 선과 같은 검정력곡선을 얻을 수 있다. 그림 10.11의 **검정력곡선**을 보면 모집단의 평균이 1,030보다 커지면 검정력이 점점 더 강해진다는 것을 알 수 있다.

예를 들어, 모집단의 평균이 1,090시간이 되면 귀무가설은 거의 확실하게(확률 0.9949) 기각됨을 알 수 있다. 그림 10.11을 보면, 모평균이 1030시간이 되면 검정력은 0으로 떨어진다. 1030시간보다 작은 값에는 모두 검정력이 0이 되는데, 이 구간에서는 귀무가설이 참이므로, 참이 아닌 귀무가설을 기각하는 검정력의 경우에 해당 사항이 없기 때문이다.

검정력 곡선에 상보적인 것으로써, 모평균이 참이 아닌 값에 대해서 귀무가설을 기각하지 않을 확률(β)를 그린 것이 **검사특성곡선**[operating characteristic (OC) curve]이다. 가로축은 귀무가설과 다른 가설값을 하고, 세로축은 검정력($1 - \beta$) 대신에 제2종 오류 확률 β를 사용한다. OC곡선은 귀무가설이 거짓인 모수값에 대하여 귀무가설을 기각하지 못함으로써 제2종 오류를 범하게 될 확률을 표현한 것이다.

양측검정에서

좌측검정(H_0: $\mu \geq 1{,}030.0$시간, H_1: $\mu < 1{,}030.0$시간)의 검정력곡선은 그림 10.11을 $\mu = 1{,}030.0$인 수직축을 중심으로 왼쪽으로 대칭시킨 모양이 된다. 양측검정의 검정력곡선은 이 두 개를 좌우로 나란히 놓은 모양이 된다. 양측검정의 검정력은 귀무가설 가설값에서 제일 낮고(알파값), 그 값에서 좌우로 멀어질수록 증가하여 1.0이 된다. 모양은 종 모양(bell-shape)을 뒤집어 놓은 형태이다. 검정력곡선을 그리는 방법은 단측검정에서 했던 것과 같다.

표본크기가 제1종 오류와 제2종 오류에 미치는 영향

표본크기를 일정하게 유지하면서 제2종 오류를 범할 확률인 β를 감소시킬 수 있도록 결정규칙을 수정할 수 있다. 그러나 그렇게 하면 제1종 오류를 범할 확률인 α가 증가된다. 마찬가지로 **표본크기**를 일정하게 유지하면서 α를 감소시키고자 하면 β가 증가하게 된다. 반면에 표본크기를 크게 하면 α와 β를 동시에 감소시킬 수 있다. 표본크기가 커지면, (1) 평균 혹은 비율의 표집분포는 좁아진다. 그 결과, (2) 귀무가설에 대한 결론이 더 정확하게 된다.

예를 들어, 그림 10.4의 전구수명에 관한 검정에서 표본크기를 40 대신에 60으로 가정하고 검정하면 다음과 같이 된다.

- 검정에서 변하지 않는 것:

귀무가설: H_0: $\mu \leq 1{,}030$시간
대립가설: H_1: $\mu > 1{,}030$시간
모집단의 표준편차: $\sigma = 90$시간
유의수준: $\alpha = 0.05$

- 표본크기의 변경에 따라 변하는 것:

표본평균의 표준오차: $\sigma_{\bar{x}} = \dfrac{\sigma}{\sqrt{n}} = \dfrac{90}{\sqrt{60}} = 11.62$ 시간

기각값 $z = +1.645$에 해당하는 표본평균:

$$1{,}030.00 + 1.645(11.62) = 1{,}049.11\text{시간}$$

결정규칙은 "$\bar{x} > 1{,}049.11$이면 H_0를 기각한다."

이러한 새로운 검정으로 그림 10.10을 다시 구성하면, 다음 표와 같이 검정력값을 구할 수 있다. 다음 표는 $n = 60$이고, 유의수준이 0.05인 조건에서 실제평균이 1040, 1060, 1080인 경우에 검정력을 계산한 것이다. 검정력을 비교해 보면 $n = 40$일 때보다 검정력이 더 크다. 그림 10.10에 있는 값들과 비교해서 보여주고 있다.

		검정력(1 − β)	
		$n = 60$	$n = 40$
		prob($\bar{x} > 1049.11$)	prob($\bar{x} > 1053.41$)
모평균값	1040	0.2177	0.1736
	1060	0.8264	0.6772
	1080	0.9961	0.9693

$$z = \frac{\bar{x} - \mu}{\sigma_{\bar{x}}} = \frac{1049.11 - 1080.00}{11.62} = -2.66$$

$n = 60$인 경우에 정규분포곡선에서 $z = -2.66$보다 큰 부분의 면적은 0.9961이다.

이 표와 그림 10.11에서 보여주듯이 n = 60일 경우에 가설검정이 올바른 결론을 내릴 가능성이 n = 40일 때와 비교해서 커진다는 것을 알 수 있다. 다른 것은 변하지 않고 표본의 크기만 n = 60으로 바뀌었다면 n = 40이었을 때보다 큰 검정력($1 - \beta$)을 얻을 수 있다. (그림 10.11에서 위쪽의 곡선 참조) 그림 10.11에 더 많은 검정력곡선을 그려본다면 표본의 크기가 제2종 오류에 어떻게 영향을 주는지 알 수 있을 것이다. (눈으로 보는 통계 애플릿 13 참조)

가설검정의 오류확률 α와 β는 서로 비견하는 관계(trade-off)가 있다. 주어진 표본크기에서 α를 늘리면 β가 줄어들고, 반대로 β를 늘리면 α가 줄어든다. 그러나 표본크기를 늘리면 α와 β를 동시에 줄일 수 있다.

「컴퓨터 솔루션 10.4」를 보면 Excel을 사용하여 그림 10.11에 있는 검정력곡선을 얻을 수 있다. 모평균 가설값을 한 번에 하나씩 지정하면 되고, 그렇게 하면 그림 10.10에서 했던 것보다 훨씬 편리하게 검정력곡선을 만들 수 있다.

컴퓨터 솔루션 10.4

가설검정에 대한 검정력곡선

검정력곡선을 그리는 방법. 그림 10.4, 10.10, 10.11에서 기술된 사례이다.

EXCEL

	A	B	C	D	E
1	Type II Error				
2					
3	H0: MU	1030	Critical value	1053.41	
4	SIGMA	90	Prob(Type II error)	0.8269	
5	Sample size	40	Power of the test	0.1731	
6	ALPHA	0.05			
7	H1: MU	1040			

Excel을 사용하여 검정력곡선을 그리는 방법

1. **BETA-MEAN** 워크북을 연다. 왼쪽 아래의 화살표를 사용하여 **Right-tail Test** 워크시트를 선택한다.
2. **H0:MU**에 **1030**을 입력, **SIGMA**에 **90**을 입력, **Sample size**에 **40**을 입력, **ALPHA**에 **0.05**를 입력한다. **H1:MU**에 **1040**을 입력한다. Excel은 자동으로 표본평균의 기각값(1053.41)과 검정력 (0.1731)을 구한다. 이는 그림 10.10의 (a)의 값보다 좀더 정확하다. 이로써 n = 40인 경우의 검정력곡선의 한 점(세로축의 검정력 = 0.1731, 가로축의 μ = 1040)을 구하였다. 결과는 Excel 출력의 윗부분에 있다.
3. 2번 과정을 반복하여 다른 μ값(1030, 1050, 1060, 1070, 1080, 1090)에 대한 검정력을 구한다. 구한 점을 연결한 것이 위의 그림과 같다.

연습문제

10.79 검정력곡선은 무엇이며 가설검정에 어떻게 사용될 수 있는가?

10.80 검사특성곡선은 무엇이며 검정력곡선과 어떤 관계가 있는가?

10.81 가설검정이 $\alpha = 0.05$의 유의수준에서 수행된다고 하자. 표본크기가 두 배로 된다면 α와 β에는 어떤 영향을 미치겠는가?

10.82 연습문제 10.31의 검정에서 바깥지름의 모평균 실제값이 2.520인치라고 할 때 검사자가 $\mu = 2.500$이라는 귀무가설을 기각할 확률은 얼마인가?

10.83 연습문제 10.32의 검정에서 새 책에 대한 실제 모평균이 μ = 2.80시간이라면 참이 아닌 귀무가설 'H_0: $\mu \geq 3.00$시간' 을 기각할 확률은 얼마인가?

10.84 연습문제10.31에서 모집단의 실제 평균이 2.485, 2.490, 2.495, 2.500, 2.505, 2.510, 2.515인치인 경우에 검정력을 구하여 검정력곡선을 그려보라.

10.85 연습문제 10.32에서 모집단의 실제 평균이 2.80, 2.85, 2.90, 2.95, 3.00시간인 경우에 검정력을 구하여 검정력곡선을 그려보라.

10.86 연습문제 10.63에서 모비율의 실제값이 2%, 3%, 4%, 5%, 6%, 7%인 경우에 검정력을 구하여 검정력곡선을 그려보라.

10.87 어느 기계가 정상적으로 동작할 경우는 제품의 2%만 불량이 된다. 그런데 지게차에 부딪힌 후 기계의 성능이 저하되었을 것이라는 우려가 있어서 0.01의 유의수준으로 400건의 표본을 사용한 오른쪽꼬리 검정을 하여 제품의 불량률을 알아보려고 한다. 귀무가설과 대립가설은 'H_0: $\pi \leq 0.02$ 대 H_1: $\pi > 0.02$' 이다.

a. 이 검정에서 의 기각값은?
b. (a)에서의 기각값에 대한 표본비율(p)을 계산하고 p를 사용하여 검정의 결정규칙을 기술하라.
c. 실제 모비율이 0.02, 0.03, 0.04, 0.05, 0.06일 경우에 H_0를 기각하지 못할 확률을 각각 계산하라.
d. (c)에서 계산한 확률을 사용하여 검정력곡선과 검사특성곡선을 그려라.

10.88 연습문제 10.84에서 그린 검정력곡선에 대응하는 검사특성곡선을 그려라.

10.89 연습문제 10.86에서 그린 검정력곡선에 대응하는 검사특성곡선을 그려라.

10.8 요약

가설검정: 귀무가설과 대립가설

가설검정은 표본의 데이터를 사용하여 **귀무가설**과 **대립가설**로 표현된 주장을 평가하는 방법이다. 가설검정은 귀무가설을 기각하거나 기각하지 못한다는 결론 중 한 가지를 선택하게 된다. 만약 귀무가설을 기각하지 못한다면, 귀무가설과 반대의 주장인 대립가설이 기각하게 된다. 귀무가설은 통계적으로 확실한 증거가 나오지 않는 한 참이라고 인정된다. 입증하려고 하는 대립가설은 한쪽 방향으로 표현되거나 양쪽 방향으로 표현된다. 따라서 가설검정은 방향적(단측검정)이거나 비방향적(양측검정)이 된다.

제1종 오류와 제2종 오류

귀무가설을 기각하든 기각하지 못하든, 검정의 결론은 잘못된 것일 가능성이 있다. 참인 귀무가설을 기각하는 것을 **제1종 오류**라고 하며, 거짓인 귀무가설을 기각하지 못하는 것을 **제2종 오류**라고 한다. 참인 귀무가설을 기각하게 될 확률 알파 (α)를 검정의 유의수준이라고 한다. 거짓인 귀무가설을 기각하지 못하는 확률을 베타(β)라고 한다. 표본의 크기와 검정의 형태(단측검정 혹은 양측검정)가 같은 경우에 α를 감소하면 β가 증가하며 그 반대의 경우도 마찬가지다. 그러나 표본의 크기를 증가하면 α와 β를 동시에 줄일 수 있다.

가설검정 절차

가설검정은 다음의 절차를 따른다. (1) 귀무가설과 대립가설을 설정, (2) 검정에 사용할 유의수준(α)을 선택, (3) 검정통계량의 선택과 그 값의 계산, (4) 귀무가설 기각기준을 정하고 결정규칙을 표현, (5) 계산된 값과 기각값을 비교하고 귀무가설에 대한 결론에 도달함, (6) 가설검정이 필요한 상황에 대해 의사결정을 내림. 양측검정에서는 검정통계량에 대한 두 개의 기각값이 존재하며 단측검정에서는 한 개의 기각값이 존재한다.

검정통계량: z-검정과 t-검정

모집단의 평균에 대한 검정에서 **검정통계량**(z 혹은 t)을 선택하는 기준은 모집단의 표준편차(σ)를 알고 있는지의 여부이다. σ를 알고 있는 경우는 z-**검정**을 이용한다. 모집단이 정규분포를 따르거나 정규성을 크게 벗어나지 않으면 σ를 모를 경우에는 t-**검정**을 하는 것이 올바른 선택이다. 그림 10.2는 이에 대한 내용을 요약하고 있다.

기각기준: 기각값 방법과 p값 방법

계산된 검정통계량 값이 기각값과 비교하여 기각영역에 속하게 되면 귀무가설을 기각한다. 귀무가설을 기각하는 경우는 표본평균 혹은 표본비율과 귀무가설의 값과의 차이가 우연 이라고 보기에는 너무 크다고 판단한다.

p값이 원래 설정한 유의수준보다 작으면 귀무가설을 기각한다. p값은 검정통계량 값을 기각값으로 할 때, 귀무가설이 참인데 그것을 기각할 확률이다. 따라서 p값을 '관측된 유의수준' 이라고 부른다. 컴퓨터를 사용하여 가설검정을 하면 컴퓨터의 출력에는 p값이 나와 있다. p값은 진실인 귀무가설이 기각되는 최소의 유의수준이다.

양측검정과 신뢰구간

신뢰구간과 가설검정은 서로의 목적은 다르지만 개념은 같다. 모집단의 평균에 대한 양측검정의 사례를 예로 들면, 유의수준 α에서의 가설검정 결론은 신뢰수준 $100(1-\alpha)\%$의 **신뢰구간**에 근거한 결론과 동일하다.

검정력과 검정력곡선, 검사특성곡선

가설검정의 성능에 대한 또 다른 척도는 '검정력' 이다. 이는 거짓인 귀무가설을 기각함으로써 제2종 오류를 피하게 될 확률($1-\beta$)을 의미한다. 귀무가설이 거짓이 되는 모수값(가로축)에 대하여 검정력값(세로축)을 곡선으로 그린 것이 검정력곡선이다. 검정력곡선을 상보(complementary)하는 것이 **검사특성곡선**(OC곡선, operating characteristic curve)이다. 그것은 가로축은 귀무가설과 다른 가설값으로 하고, 세로축은 검정력(1 − β) 대신에 제2종 오류확률 β를 사용한다. OC곡선은 귀무가설이 거짓이 되는 모집단의 모수값에 대하여 귀무가설을 기각하지 못함으로써 제2종 오류를 범하게 될 확률을 표현한 것이다.

단원 연습문제

10.90 미국에는 가구당 평균 인원이 3.13명이다. 한 시의원이 해당 시의 가구구성원의 평균 수가 전국 평균과 일치하는지를 알아보기 위하여 40가구를 무작위로 추출하여 조사하니 평균이 3.40이고 표준편차가 1.10이었다. (출처: Bureau of the Census, *Statistical Abstract of the United States 2009*, p. 52)

a. 비방향적 검정과 임의의 유의수준을 사용하여 검정결과를 제시하라.

b. (a)에서 사용한 유의수준에 대하여 신뢰구간을 설정하고 (a)에서의 결과와 일관성이 있는지를 확인하라.

10.91 생산성향상 컨설팅을 받기 전에 회사 직원의 평균생산성의 평균은 시간당 45.4단위, 표준편차는 4.5단위였다. 컨설팅 이후에 30명의 직원을 대상으로 조사하니 시간당 47.5단위였다. 0.01 유의수준을 사용하여 평균생산성이 향상되었다고 할 수 있는가?

10.92 평균 미국가구의 생명보험 보장액은 $235,600이다. 한 지역 보험설계사는 자신의 지역의 보장액이 전국 평균과 같은지를 비교하기 위하여 30가구의 무작위 표본을 만들어 조사하였다. 표본평균은 $\bar{x}$ = $245,800, 표준편차는 s = $25,500이다. (출처: reuters.com, September 23, 2008)

a. 비방향적 검정과 임의의 유의수준을 사용하여 검정결과를 제시하라.

b. (a)에서 사용한 유의수준에 대하여 신뢰구간을 설정하고 (a)에서의 결과와 일관성이 있는지를 확인하라.

10.93 엘리베이터 설치담당자는 볼트를 납품받기 전에 20개의 무작위 표본을 사용하여 인장강도를 시험한다. 품질표기는 정품으로 되어 있지만 저급재료로 만들어진 가짜일 것이라는 의심이 든다. 정품볼트는 인장강도의 평균이 1,400파운드, 표준편차가 30파운드인 정규분포를 한다. 표본의 평균이 1,385파운드라고 할 때, 볼트가 가짜일 가능성을 시험하기 위한 가설검정을 수행하라.

10.94 어느 실내제습기의 설명서에 따르면 평균 800와트, 표준편차 12와트의 전력을 사용한다. 사무실 관리자는 최근에 구매한 30개의 제습기의 평균 전력소모량이 805와트임을 확인하고 전기를 많이 소모한다고 생각하게 되었다. 0.05의 유의수준에서 확인하라.

10.95 사람의 머리카락은 혈액성분을 흡수하여 과거의 건강상태나 화학물질의 섭취 여부 등에 관한 정보를 알 수 있게 한다. 머리카락은 매달 1인치 정도로 자라며 긴 머리를 가진 사람은 과거에 자랐던 머리카락 때문에 마약관련 죄의 여부가 판단되기도 한다. 머리카락의 구간을 따로 분석하면 기간별로 금지약물을 많게, 보통, 적게 복용했는지 혹은 복용하지 않았는지를 알 수 있다. 어느 운송직원이 마약복용검사를 위하여 머리카락을 제공했다고 할 때, 귀무가설과 대립가설을 문장으로 적고 이 경우에 제1종 오류와 제1종 오류를 기술하라. (출처: omegalabs.com, July 24, 2009)

10.96 국세청은 연말정산서류를 여러 명의 감사인에게 무작위로 감사하도록 배포한다. 지난해에 감사된 수천 건의 정산서류 중에서 건당 평균추징액은 $356이다. 감사인 중 한 명인 제프리 존스는 너무 관대하게 감사를 한다는 지적이 있는데, 그가 지난해 감사한 30건의 정산을 조사하였더니 건당 평균추징액은 $322, 표준편차는 $90였다. 이 정보를 사용하여 가설검정을 하고 존스가 의심받을 만한지 결론 내려라.

10.97 다음의 경우에 대하여 한쪽꼬리 검정과 양쪽꼬리 검정 중에서 어떤 것이 적절한지를 결정한 뒤 귀무가설과 대립가설을 기술하고 설명하라.

a. 여러 달 동안 관리를 하지 않은 기계가 있는데 생산품 중 5%가 불량이다. 그 기계가 방금 수리가 되었으므로 성능이 향상되었을 것으로 기대한다.

b. 선거기간 중의 연설에서 어느 공화당 후보는 자신의 선거구에서 민주당 유권자의 55%가 자신을 지지한다고 주장한다.

c. 새 자동차를 구매한 사람 중에서 처음 4개월 동안 세 가지 이상의 고장을 경험한 사람이 70%가 된다. 자동차 딜러는 그 비율을 낮추기 위하여 자동차 인도 전에 이상을 검사하는 절차를 대폭 개선하였다.

10.98 시식평가를 해본 결과 크림타입의 땅콩잼보다 알갱이가 있는 것을 더 좋아한다는 결과가 나왔다(100

명 중 58명이 좋아함). 이 비율(0.58)이 맛의 차이가 없다는 것(0.50)과 유의하게 큰 수치임을 알아보기 위하여 0.05의 유의수준에서 검정하라.

10.99 Shop-Mart는 평균 수명이 2,000시간이라는 G&E의 형광등을 사용해 왔다. 그런데 Phipps의 전구가 같은 가격임에도 수명이 길다고 하여 그것으로 교체할 것을 고려하고 있다. Phipps 전구의 표본 평균은 2,080시간이었고 오른쪽꼬리 검정(H_0: $\mu \leq 2{,}000$ 대 H_1: $\mu > 2{,}000$)의 p값은 0.012이다. Shop-Mart는 이 결과에 대하여 G&E와 Phipps와 논의하고 있다.

a. Shop-Mart에 어떤 제안을 할 수 있는가? 통계학은 모르지만 일기예보에서 사용되는 확률이란 용어에는 익숙해 있는 Shop-Mart 사장에게 0.012를 사용하여 설명하라.

b. 이 결과를 해석할 경우 G&E는 어떤 유의수준을 선호할 것인가? 설명하라.

c. 이 결과를 해석할 경우 Phipps는 어떤 유의수준을 선호할 것인가? 설명하라.

d. 양쪽꼬리 검정(H_0: $\mu = 2{,}000$ 대 H_1: $\mu \neq 2{,}000$)을 사용했다면 p값은 여전히 0.012일 것인가? 아니라면 p값은 얼마인가? 설명하라.

10.100 한 병원의 관리자는 이사회에 보고하기를 응급환자의 30%는 응급처리를 받을 필요가 없다고 했다(즉, 예약을 통한 진료를 해도 된다). 400명의 응급환자를 무작위 표본으로 조사하니 35%가 비응급환자였다. 0.05의 유의수준에서 적절한 가설검정을 하여 관리자의 주장을 평가하라.

10.101 소비자 단체는 한 애완동물 식품회사의 제품무게가 표기와 다르다는 의심을 하게 되었다. 포장에는 1,600그램으로 표기되어 있고 회사 사장은 평균무게가 1,600그램 이상이라고 주장한다. 소비자 단체가 수거한 35개의 무작위 표본의 평균과 표준편차는 각각 1,591.7그램과 18.5그램이었다.

a. 0.05의 유의수준에서 소비자 단체는 어떤 결론을 내릴 것인가? 회사 사장은 다른 값의 유의수준을 선호할 것인가? 설명하라.

b. (a)에서의 결정규칙에 따른 μ의 적절한 값을 사용하여 검정력곡선을 그려보라.

10.102 *Time* 지 1931년 판에는 *Liberty* 지의 광고가 실려 있다. *Liberty*의 광고에 의하면 *Liberty* 구독자의 15%가 '기계식 냉장고'를 가지고 있었다고 한다(당시의 전국평균은 8%였다). 그 조사가 120가구에 대한 것이었다고 할 때, *Liberty* 구독자는 전국 평균보다 더 많은 현대식 가전제품을 가지고 있었다고 할 수 있는가? 0.01의 유의수준을 사용하라. (출처: *Time*, August 10, 1931, p. 49)

10.103 지역신문과의 인터뷰에서 한 존경받는 법정변호사가 자신의 승소율은 적어도 75%라고 주장하고 있다. 통계전공 학생인 버트는 그를 의심하여 변호사가 수임한 40개의 사건을 무작위 표본으로 하여 승소율을 알아보았다. 귀무가설과 대립가설은 'H_0: $\pi \geq 0.75$ 대 H_0: $\pi < 0.75$'이다. 버트는 이 장에서의 기법을 사용하여 가설검정을 설정하고 "$z < -1.645$이면 귀무가설을 기각하고 그렇지 않으면 기각하지 않는다."는 결정규칙을 마련하였다. 다음의 각 경우에 버트가 제2종 오류를 범할(참이 아닌 귀무가설을 기각하지 못할) 확률은 얼마인가?

a. $\pi = 0.75$ b. $\pi = 0.70$ c. $\pi = 0.65$
d. $\pi = 0.60$ e. $\pi = 0.55$

f. (a)에서 (e)까지에서 계산된 확률을 가지고 버트의 가설의 검정력곡선을 그려라.

10.104 2006년 한 해 동안 미국 가구의 3.0%가 도둑피해를 당했다. 특정지역에서 300가구를 무작위 표본으로 해서 조사하니 18가구가 그 해에 도둑피해를 당했다고 하자. 0.05의 유의수준에서 적절한 가설검정을 하여 그 지역이 전국과 비교하여 도둑피해가 큰지를 알아보라. (출처: Bureau of the Census, Statistical Abstract of the United States 2009, p. 195)

10.105 헬스클럽 한 관계자는 지난 한 달 동안에 회원의 평균 몸무게는 최소한 5파운드가 줄었다고 말했다. 소비자 단체는 이 주장이 과장된 것이라고 생각하고 40명의 회원에게 인터뷰를 하여 조사하니 평균 몸무게의 감량이 4.6파운드, 표준편차가 1.5파운드였다. 0.01의 유의수준에서 헬스클럽의 주장이 맞는지 검정하라.

10.106 주 교통관리는 수도권 외곽에서 진입하는 고속도로의 톨게이트를 통과하는 데 평균 대기시간이 0.40분을 넘지 않는다고 주장한다. 톨게이트를 통과하는 35명의 운전자를 대상으로 조사를 하니 평균 대기시간이 0.46분, 표준편차가 0.16분이 되었다. 0.05의 유의수준에서 교통관리의 주장을 기각할 수 있는가?

10.107 자신이 해충박멸처리를 한 가정 중 1년 이내에 문제가 생기는 가정은 10%를 넘지 않는다고 주장하는 업자가 있다고 하자. 100가구를 조사하여 보니 14가구가 1년 이내에 문제가 발생했다고 하면 0.05의 유의수준에서 그 업자의 말이 사실인지 검정하라.

참고: 연습문제 10.108~10.113은 컴퓨터를 사용해야 함.

10.108 출입구 근처에 하이테크 레이저 전시를 배치하기 전에는 박물관 관람객의 평균 소비금액은 일인당 $2.75였다. 레이저 전시의 배치 이후 30명의 관람객을 표본으로 조사한 결과가 **XR10108** 파일에 있다. 0.025의 유의수준을 사용하여 레이저 전시가 관람객의 소비

액을 높였는지를 검정하라. 검정의 p값을 구하고 해석하라.

10.109 미국 법무부에 따르면 폭력범죄의 25%는 무기를 사용한다고 한다. 파일 **XR10109**에는 한 도시의 400개 범죄데이터의 표본이 있으며, '1 = 무기를 사용한 범죄, 2 = 무기를 사용하지 않은 범죄'로 코딩되어 있다. 0.05의 유의수준을 사용한 양쪽꼬리 검정에서 이 도시에서 발생한 폭력범죄 중에서 무기를 사용한 비율이 전국비율(25%)과 유의하게 다른지를 검정하라. 검정의 p값을 구하고 해석하라. (출처: Bureau of the Census, *Statistical Abstract of the United States* 2009, p. 194)

10.110 연습문제 10.109의 표본을 사용하여 모비율의 95% 신뢰구간을 계산하고 해석하라. 가설의 모비율(0.25)이 구간 내에 있는가? 이 결과는 연습문제 10.109의 가설검정의 결과와 일치하는가?

10.111 알루미늄 주물 제품을 만드는 데 평균 3.5온스가 마무리 작업에서 깍여서 재사용된다. 재사용되는 주물의 양을 감소시키는 새로운 공정이 개발되었는데 새 공정으로 만든 주물에 대한 재사용량을 측정한 35개 데이터가 **XR10111** 파일에 있다. 0.01의 유의수준을 사용하여 이 공정이 알루미늄 주물의 평균 재사용량을 유의하게 줄이는지 검정하라. 검정의 p값을 구하고 해석하라.

10.112 연습문제 10.111에서의 결정규칙에 따른 μ의 적절한 값을 사용하여 검정력곡선을 그려보라.

10.113 과거 디젤엔진의 연료펌프의 수명은 평균 12,000시간이었다. 새 연료펌프가 개발되어 수명이 길어졌다고 광고하고 있다. 50개의 새 펌프에 대한 수명을 **XR10113** 파일에 기록하였다. 0.025의 유의수준에서 새 펌프의 수명이 이전보다 길어지지 않았을 가능성을 검정하라. 검정의 p값을 구하고 해석하라.

종합사례

Thorndike Sports Equipment

Ted Thorndike의 오늘 첫 번째 일정은 Cromwell Industries의 영업사원인 Martha Scott와의 미팅이다. Cromwell은 스트링을 매는 데 속도가 가장 빠르다고 선전되는 라켓스트링 장비를 제조하는 회사이다. 최근의 전화통화에서 Martha는 Ted에게 장비를 일주일 동안 써보고 성능이 좋지 않으면 반품을 할 수 있다고 제안하였다.

현재 Thorndike는 10년 전에 제조된 스트링장비를 사용하여 스트링을 매고 있으며 그 장비에 대한 만족도는 매우 높은 편이다. 전문가가 작년에 공장을 방문했을 때, 라켓볼 라켓의 스트링을 매는 데 걸리는 시간은 평균 3.25분이었고, 테니스 라켓은 평균 4.13분이었다. 두 분포는 근사적으로 정규분포이다.

Scott는 도착하자마자 장비의 조작법을 설명하고 설치를 도와주었다. 새 장비의 조작은 기존의 장비와 비슷하기 때문에 별도의 교육은 필요 없었다. 일주일의 시험기간 동안 새 장비는 기존의 장비와 함께 사용될 것이다.

Scott가 떠난 뒤에 Luke 할아버지와 Ted는 새 장비에 대한 논의를 계속하였다. Luke는 기존의 장비 중에 가장 오래된 것은 교체시기가 되었으므로 Cromwell의 장비가 정말로 빠르다면 우선 그것을 구입하고 다른 장비가 수명이 다하게 될 때마다 Cromwell의 장비를 구입하면 될 것이라 하였다. 그렇지만 Luke는 Cromwell의 장비가 기존의 장비보다 빠른 경우에만 그렇게 하자고 했다(비록 Scott의 얼굴이 진실되어 보이기는 하지만 그는 영업사원을 절대 믿지 않는다). Cromwell의 장비는 라켓볼 라켓과 테니스 라켓의 스트링을 매는 시간이 모두 빨라야 한다. 그렇지 않으면 Thorndike는 기존의 장비를 계속 구입하여 사용할 것이다.

Luke는 기존의 장비보다 빠르지 않은 장비를 구입하는 것에 대해서는 매우 부정적이므로, Ted는 새장비를 사용한 결과가 우연히 그렇게 된 것이 아니라는 확증이 있어야 한다. 컴퓨터 통계 패키지를 사용하여 Cromwell 장비를 구입하는 것이 옳은지 아니면 반품해야 하는지 알아보자.

40 라켓볼 라켓:

2.97	3.43	3.10	2.79	3.41	3.22	3.36	3.46
3.11	3.26	3.36	3.48	3.09	3.06	2.67	3.13
2.97	3.09	3.18	2.71	3.41	2.83	3.20	3.32
2.70	3.17	3.16	3.16	3.24	2.91	3.34	2.97
3.14	3.36	3.89	3.21	3.13	2.92	2.94	3.18

분

40 테니스 라켓:

3.77	3.97	4.08	4.36	3.85	4.65	3.89	3.99
3.51	3.43	4.31	3.84	3.86	3.50	4.23	3.88
3.91	4.47	4.27	3.70	3.80	4.54	4.46	3.97
4.49	3.74	4.17	3.68	4.09	4.27	3.84	3.51
3.71	3.77	3.90	4.14	4.03	4.61	3.63	4.62

분

Springdale Shopping Survey

2장의 Springdale 컴퓨터 데이터베이스에는 쇼핑에 관련된 30개 질문 문항에 대한 150명의 응답 내용이 들어 있다. 데이터는 **SHOPPING** 파일에 있다. 응답자의 응답수치에 대한 설명은 2장의 종합사례에 설명되어 있다. 이 절에서는 가설검정을 사용하여 그 응답결과의 유의성을 알아보기로 하자.

관리적 관점에서 볼 때, 이 데이터베이스 사례에서 얻는 정보는 쇼핑몰의 해당구역에 대한 고객의 평균성향이 '중립'과 다른지를 알아보고, 세 개의 쇼핑구역에 대한 평균성향을 관측하고 비교하며, 해당구역의 다른 두 구역의 강점과 약점을 알아보는 등에 유용하게 사용될 수 있다. 이러한 연구를 때때로 수행하면 해당구역에 대한 고객의 성향이 좋아지는지 나빠지는지를 알 수 있으며 따라서 장점을 살리고 약점을 보완하는 정책을 사용할 수 있을 것이다.

1. 데이터베이스에서 C항목에는 변수 7, 8, 9가 있으며, 이는 세 개의 쇼핑구역에 대한 응답자의 일반 성향을 나타낸다. 각 변수는 가능한 응답값 사이의 간격이 동일하며, 분석의 목적에 따라 연속값으로 간주될 수 있다.
   a. Springdale Mall 쇼핑구역에 대한 평균성향을 계산하고 표본표준편차를 계산하라. 이 구역에 대한 응답자의 평가는 좋은가?
   b. 0.10 수준의 양측검정을 사용하여 (a)에서 계산된 평균값과 3.0 '보통'을 비교하라. 귀무가설 H_0: $\mu = 3.0$, 대립가설 H_1: $\mu \neq 3.0$을 사용하라.
   c. 모평균에 대한 90% 신뢰구간을 구하고 (b)에서 얻은 결론과 일치하는지 확인하라.
   d. 이 가설검정의 p값은 얼마인가?
   e. Downtown 쇼핑구역에 대해서 (a)~(d)를 반복하라.
   f. West Mall 쇼핑구역에 대해서 (a)~(d)를 반복하라.
2. Springdale Mall이 다른 두 쇼핑구역과 동일한 편의를 제공한다면, 상품의 교환과 반품이 쉬운 구역을 선택한다는 10번 변수에서 응답자의 1/3은 Springdale Mall을 선택하였을 것이다. Springdale Mall이 이 비율과 유의하게 다른 응답을 받았는지 검정하기 위하여 귀무가설과 대립가설을 $H_0 : \mu = 0.333$과 H_1: $\mu \neq 0.333$으로 하고 다음 분석을 수행하자.
   a. 변수 10의 데이터를 사용하여 위의 귀무가설을 0.05수준에서 검정하라.
   b. 이 검정의 p값을 구하라.
   c. 편의성에 대한 변수 11~17에 대하여 (a)와 (b)를 반복하라.
   d. 이 결과를 보고 Springdale Mall의 강점과 약점을 찾아보라.

경영사례

Pronto Pizza (A)

Pronto Pizza는 뉴욕 주 북부지방의 20,000명 정도의 인구가 거주하는 작은 도시인 Vinemont에 있는 피자 레스토랑이다. Antonio Scapelli가 30년 전에 몇 천 달러를 투자하여 Antonio's Restaurant을 시작한 이후에 부인과 장성한 아이들이 현재 가게를 운영하고 있다. 몇 년 전에 Antonio의 아들인 Tony Jr.가 경영학을 전공하여 NYU를 졸업하였다. 졸업 후에 그는 돌아와 가게의 운영을 돕고 있다. Pronto Pizza는 피자 레스토랑으로서 배달 서비스를 일찍이 시작한 가게 중의 하나이다. Tony는 다행스럽게 몇 년 전부터 배달을 시작함과 동시에 가게 이름을 Pronto Pizza로 바꾸고 배달을 강조하였다. 그 후로 레스토랑은 번창하여 그 지역의 유명업소가 되었다. 가게에서 피자를 먹는 사람이 여전히 있지만 현재 매출의 90% 정도가 배달에 의한 것이다.

최근에 전국 체인 피자 배달업체 중 하나가 Vine-mont에 점포를 개설하게 되었다. 이 업체는 주문을 하면 30분 이내로 배달을 보증하며 그렇지 못하면 피자값을 받지 않는다고 광고하였다. 얼마되지 않아 이 경쟁업자는 Pronto Pizza의 고객을 빼앗아가게 되었고, Tony는 자신도 비슷한 보증을 하지 않으면 안 된다고 생각했다.

원가분석을 한 뒤 Tony는 29분 이하로 배달보증을 하기 위해서는 평균배달시간이 25분 이하가 되어야 한다고 판단했다. 이렇게 하면 전체 배달 가운데 최대 5% 정도가 배달시간을 어기게 되어 피자값을 받지 못하게 되고, 그 수치는 이 전략의 손익분기점인 것으로 분석되었다. Pronto가 29분 이내에 배달을 완수할 수 있는지를 알아보기 위하여 배달시간 데이터를 수집하기로 하였다.

Pronto Pizza의 배달서비스는 매일 오후 4시에 시작하여 자정에 종료한다. 주문이 접수되면 조리사 두 명 중 한 명이 주문을 처리한다. 반죽 위에 재료가 얹혀지면 피자가 컨베이어 벨트에 올려지고, 벨트의 속도는 피자가 연속적으로 잘 구워지도록 조절되어 있다. 피자가 완성되면 배달자가 보온백에 넣어서 배달을 하게 된다. Pronto는 고등학교 2,3학년 정도의 배달 인원을 5~6명을 고용하고 있다.

매일 저녁에 배달주문이 많으므로 Tony는 모든 배달을 일일이 확인할 수 없어서 데이터를 수집하는 사람을 고용하는 것을 고려했으나 정확한 시간측정을 위하여 자신이 직접 하기로 하였다. 데이터의 수집은 일정기간 동안에 무작위로 선정된 배달을 측정하기로 하였다. 수집기간은 한 달로 하였다. 한 시간 동안에 도착하는 배달 중 하나를 무작위로 선정하여 피자를 굽는 시간, 배달자를 기다리는 시간을 측정하였다. 그 다음에 배달자와 함께 가서 배달에 걸리는 시간을 측정하였다. 그런 뒤에 다음 한 시간 동안에 도착하는 배달주문 중에 하나를 무작위로 선정하여 그 과정을 반복하였다. 그렇게 한 달 동안 240개의 주문에 대한 데이터를 수집하게 되었다.

데이터가 수집되고 나서 Tony는 몇 가지 문제를 해결해야 했다. 평균 배달시간이 25분이 넘지 않으면 29분 배달보증을 할 수 있을 텐데, 어떻게 그것을 알 수 있는가? Tony는 피자배달시간을 구성하는 세 가지 요소(제조시간, 대기시간, 배달시간)가 있다고 보았으며, 전체 배달시간을 줄이기 위해 필요한 데이터가 충분히 모아졌기를 기대하였다.

과제

Tony는 자신이 모은 데이터를 해석해줄 사람이 필요하다. 특히 그는 Pronto Pizza의 배달시간이 25분보다 더 걸리는지를 알고 싶어한다. **PRONTO** 파일에 있는 데이터를 사용하여 이 질문에 대답하라. 이 데이터에 대한 설명은 아래의 Data Description에 있다. 데이터 분석 결과를 사용하여 Tony에게 제안을 해서 그가 29분 배달보증을 하는 의사결정을 하고 피자배달 서비스를 개선할 수 있도록 하는 데 도움을 주어라. 사례의 질문이 데이터를 분석하는 데 도움을 줄 것이다.

데이터 설명

CD의 **PRONTO** 파일은 Tony Scapelli가 지난달에 수집한 데이터를 가지고 있다. 개별 주문에 대한 데이터는 다음과 같다.

변수는 다음과 같이 정의된다.

DAY:	요일(1 = 월요일, 7 = 일요일)
HOUR:	하루의 시각(오후 4시~11시)
PREP_TIME:	피자를 준비하는 데 걸리는 시간(분)
WAIT_TIME:	피자가 완성된 시점으로부터 배달자가 배달을 시작할 수 있을 때까지 걸리는 시간(분)
TRAVEL_TIME:	자동차가 목적지까지 도착하는 데 걸리는 시간(분)
DISTANCE:	Pronto Pizza에서 목적지까지의 거리(마일)

(참고: 주문 접수시간부터 배달완료까지 걸리는 시간을 나타내는 TOT_TIME이라는 변수를 만드는 것이 좋다. TOT_TIME은 PREP_TIME, WAIT_TIME, TRAVEL_TIME을 합한 것을 보증시간에 대응되는 것이며 아래의 질문과 관련되는 것이다.)

1. 평균 피자배달시간(주문 접수시간부터 배달완료까지 걸리는 시간)이 25분보다 크다고 판단하기에 충분한 확증이 있는가? 원하는 유의수준을 사용하여 적절한 통계분석을 수행하고 관련 컴퓨터 출력을 첨부하라. 이 검정의 p값은 얼마인가?
2. Tony가 수집한 데이터에 따르면 대략 어느 정도의 비율이 29분 보증을 맞추지 못할 것인가? 답의 근거를 설명하고 필요한 가정이 있으면 기술하라. 5% 이내라는 조건을 만족할 수 없는 것으로 보이는가?
3. 서로 다른 요일의 평균 배달시간을 비교하라. 요일이 다르면 배달시간이 달라지는가? 답에 대한 근거가 되는 컴퓨터 출력을 첨부하라.
4. 서로 다른 시간대의 평균 배달시간을 비교하라. 시간대가 다르면 배달시간이 달라지는가? 답에 대한 근거가 되는 컴퓨터 출력을 첨부하라.
5. 당신의 분석에 따라 당신은 Pronto Pizza의 사장에게 어떤 대책을 추천하겠는가? 답에 대한 근거가 되는 컴퓨터 출력을 첨부하라.

DAY (날짜)	HOUR (시각)	PREP_TIME (제조시간)	WAIT_TIME (대기시간)	TRAVEL_TIME (배달시간)	DISTANCE (거리)
5	4	14.86	3.08	6.02	2.5
5	5	14.84	13.81	5.47	3.3
5	6	15.41	9.91	8.99	4.9
5	7	16.34	2.08	7.98	3.8
5	8	15.19	2.69	9.01	4.9
⋮	⋮	⋮	⋮	⋮	⋮

애플릿 12: 신뢰구간과 가설검정

이 애플릿은 예제 1의 로봇용접기 작업시간에 대한 귀무가설 $\mu = 1.3250$분의 기각영역을 붉은색으로 보여준다. 이는

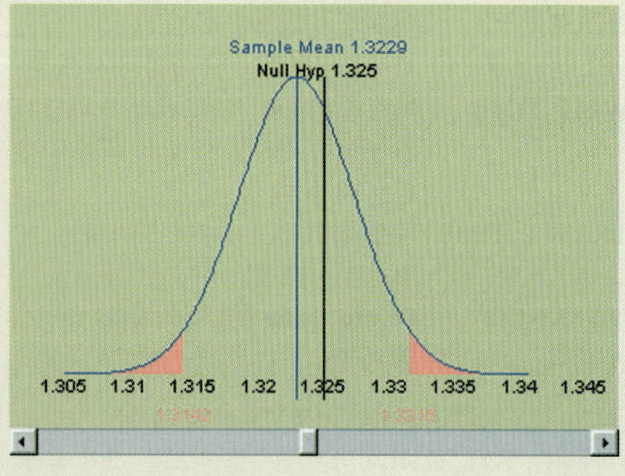

관측된 표본평균(Sample Mean)을 중심으로 μ의 95% 신뢰구간을 보여주는데, 신뢰구간이 귀무가설의 값(Null Hyp 1.325)을 포함하면 귀무가설을 기각하지 못한다. 귀무가설의 값(Null Hyp 1.325)이 신뢰구간 밖의 붉은색 영역에 들어가면 귀무가설을 기각한다.

애플릿 과제

12.1 애플릿이 처음 동작할 때 표본평균이 얼마이며 μ의 신뢰구간은 무엇인가? 이 신뢰구간에 의하면 모집단의 평균이 1.325인치라는 것이 믿을 만한가?

12.2 조절막대를 사용하여 표본평균을 1.330인치로 증가시켜라. μ의 95% 신뢰구간은 무엇인가? 이 신뢰구간에 의하면 모집단의 평균이 1.325인치라는 것이 믿을 만한가?

12.3 조절막대를 사용하여 표본평균을 1.310인치로 낮추어라. 이 경우의 신뢰구간에 의하면 모집단의 평균이 1.325인치라는 것이 믿을 만한가?

http://www.cengage.com/international에서 **Applets**을 해보라.

애플릿 13: 검정력

이 애플릿을 사용하면 H_0: $\mu = 10$ 대 H_1: $\mu \neq 10$에 대한 검정력$(1 - \beta)$을 'what-if'로 분석을 할 수 있다. 왼쪽 조절막대는 검정의 유의수준 α, 오른쪽 조절막대는 표본크기 n, 그리고 아래쪽 조절막대로 μ의 실제값('Alt Hyp')을 조정할 수 있다. 조절막대를 움직이면 아래쪽 그래프의 파란색 영역이 검정력$(1 - \beta)$인데, 그래프의 위쪽에 검정력(power) 값이 바뀌는 것을 볼 수 있다.

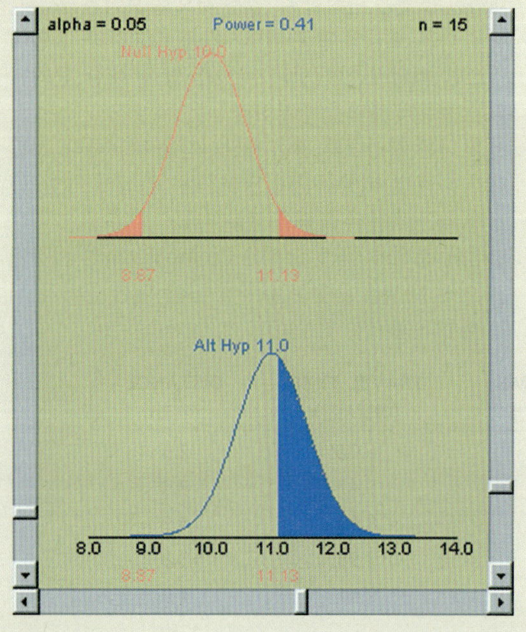

위쪽 그래프는 귀무가설의 기각영역을 표본평균 값으로 보여준다. 왼쪽 조절막대의 알파값이 커질수록 양쪽 꼬리의 기각영역이 넓어지는 것을 확인할 수 있다. 아래의 분포에 있는 푸른색 면적은 α, μ, n이 주어졌을 때 귀무가설을 기각하게 될 확률인데, μ의 실제값('Alt Hyp')이 10.0에서 멀어질수록 푸른색 면적이 넓어진다.

애플릿 과제

13.1 좌우의 조절막대를 조정하여 $\alpha = 0.10$, $n = 20$이 되게 하라. 아래의 조절막대를 조정하여 μ가 10에 가까운 값이 되도록 하라(예: Alt Hyp 10.01). 검정력은 얼마인가? 이 값이 맞다고 생각하는가?

13.2 좌우와 아래의 조절막대를 조정하여 $\alpha = 0.05$, $n = 15$, 그리고 μ는 13.1에서와 같이 10에 가깝게 되게 하라. 이제 왼쪽 조절막대를 위아래로 움직여 검정의 유의수준을 변경하라. α값이 검정력에 어떤 영향을 미치는가?

13.3 좌하의 조절막대를 조정하여 $\alpha = 0.05$, $\mu = 11.2$가 되게 하라. 이제 오른쪽 조절막대를 상하로 움직여 검정의 표본크기를 변경해 보라. 다음의 각 n값에 대하여 검정력을 관찰하라: 2, 10, 20, 40, 60, 80, 100.

13.4 우하의 조절막대를 조정하여 $n = 20$, $\mu = 11.2$가 되게 하라. 이제 왼쪽 조절막대를 상하로 움직여 검정의 유의수준을 변경해 보라. 다음의 각 α값에 대하여 검정력을 관찰하라: 0.01, 0.02, 0.05, 0.10, 0.20, 0.30, 0.40, 0.50.

http://www.cengage.com/international에서 **Applets**을 해보라.

CHAPTER 11

두 개 표본의 평균 혹은 비율을 이용한 가설검정

Hypothesis Tests Involving Two Sample Means or Proportions

길 찾기에도 남녀 간에 차이가 있는가?

남자들은 길을 모를 때 다른 사람에게 물어서 도움을 받는 대신에 '스스로 찾을 때까지' 헤매고 돌아다니는 습성이 있다고 한다. 과연 진짜 이러한 습성이 있는 것일까? Lincoln Mercury는 새로 출시할 고급차에 네비게이션 기능을 설치하기에 앞서 남녀 간에 이러한 운전 습성의 차이가 있는지 조사를 하였다.

그 조사에 따르면, 여성운전자는 길을 잃었다고 생각되면 61%는 차를 세우고 길을 물어본다고 응답하였다. 그러나 남자는 42%가 그렇다고 대답하였다. 남녀 각각 200명을 조사하였다고 하면, 남자는 84명, 여자는 122명이 도움을 얻는다고 응답한 것이다.

그렇다면 이러한 남녀 간의 응답차이는 우연한 차이인가 아니면 진짜로 남녀 간에 습성의 차이가 있는 것인가? 통계학적으로 보면, 만일 남녀간에 습성의 차이가 없다면 이러한 조사결과가 나타날 확률은 0.0001밖에 되지 않는다. 11.6절에서는 이러한 성별의 차이를 비교해서 결론에 도달하는 통계적 검정을 공부한다. 11.5절에 멈추어 서서 어느 길로 가야 11.6절로 가는지 물어볼 필요 없을 것이다. 또, 공부하는 습성에는 남녀 간에 차이가 없기를 바란다.

출처: Jamie LaReau, "Lincoln Uses Gender Stereotypes to Sell Navigation System," *Automotive News*, May 30, 2005, p. 32.

학습목표

- 두 개의 독립인 표본의 평균을 비교하는 데 적합한 가설검정을 택한다.
- 표본이 서로 독립이 아닌 경우에 모평균의 차이에 대한 검정을 한다.
- 두 개의 독립인 표본의 비율을 검정한다.
- 두 개의 독립인 표본의 모집단의 표준편차가 동일한지의 여부를 판단한다.

11.1 머리말

통계학의 유용한 응용에는 두 개의 모집단을 비교하는 검정이 있다. 이러한 검정은 두 개 모집단으로부터 표본을 조사하고, 그 표본 통계량의 차이가 (1) 의미가 있는 차이인지, 아니면 (2) 그 차이가 우연한 것인지 판정한다. 이는 다음과 같은 실험에서 얻은 데이터를 분석할 수 있게 해준다.

예제 EXAMPLE

표본 비교하기

어느 한 지역의 YMCA는 체육관을 확장하는데 필요한 자금을 모으기 위한 전화모금운동을 벌리기에 앞서 두가지 모금방법을 시험해 보았다. 방법 A를 사용해서 거주민 100명에게 부탁하였더니 21%가 기부를 약속하였다. 방법 B로 150명에게 부탁하였더니 28%가 약속하였다.

풀이

방법 B가 더 나은가? 아니면 그 성과가 단지 우연한 결과인가? 이 장에서 공부하는 기법을 사용하면 이와 같은 질문에 대한 결론에 도달할 수 있다. 방법은 10장에서 공부한 것과 유사하다. 10장에서는 한개의 표본통계량 ($\bar{x}$ 또는 p), 그것의 표준 오차, 유의한지 정해주는 유의 수준 등을 다루었다.

11.2절~11.4절과 11.6절은 두 개의 독립된 표본으로부터의 정보를 이용하여 모집단의 평균 혹은 비율을 비교하는 검정을 공부할 것이다. 여기서 **독립표본**이라 함은 어느 표본의 추출과정이 다른 표본의 추출과정에 관련이 없다는 것을 의미한다.

두 개의 독립표본을 비교하기 위한 귀무가설과 대립가설은 모집단의 모수로서 표현되거나 (μ_1과 μ_2, 혹은 π_1과 π_2), 또는 표본통계량($\bar{x}_1$ 와 $\bar{x}_2$, 혹은 p_1과 p_2)의 차이의 표집분포로 표현된다. 귀무가설과 대립가설을 표현하는 방법이 표 11.1에 설명되어 있다.

11.5절에서는 독립이 아닌 두 개 표본의 평균을 가지고 수행하는 가설검정을

표 11.1

두 개의 독립된 표본을 가지고 모집단의 평균을 비교할 때 가설의 표현은, 모집단의 모수를 이용하여 표현하거나(왼쪽), 표본 통계량의 차이의 평균의 표집분포로서 표현한다(오른쪽).

모평균이 같은지에 대한 귀무가설과 대립가설	표본평균 차이의 표집분포로 표현된 가설
양쪽꼬리 검정:	
H_0: $\mu_1 = \mu_2$	H_0: $\mu_{(\bar{x}_1 - \bar{x}_2)} = 0$
H_1: $\mu_1 \neq \mu_2$	H_1: $\mu_{(\bar{x}_1 - \bar{x}_2)} \neq 0$
왼쪽꼬리 검정:	
H_0: $\mu_1 \geq \mu_2$	H_0: $\mu_{(\bar{x}_1 - \bar{x}_2)} \geq 0$
H_1: $\mu_1 < \mu_2$	H_1: $\mu_{(\bar{x}_1 - \bar{x}_2)} < 0$
오른쪽꼬리 검정:	
H_0: $\mu_1 \leq \mu_2$	H_0: $\mu_{(\bar{x}_1 - \bar{x}_2)} \leq 0$
H_1: $\mu_1 > \mu_2$	H_1: $\mu_{(\bar{x}_1 - \bar{x}_2)} > 0$

다룬다. 이는 표본의 선택과정이 서로 연관되어 있을 경우를 말하는 데, 예를 들어서 동일한 조사대상에 대해서 시간상 전-후로 나누어서 조사한 것을 각각의 표본으로 삼는다면 두 개 표본은 독립이 아니다. 이 경우에 우리는 조사대상의 측정값의 차이를 하나의 변수로 생각하여 검정한다.

이 장에서는 두 개의 독립인 표본의 평균을 비교하기 위한 세 가지 방법을 제시한다. 그것은 **합동분산 *t*-검정**(11.2절), **이분산 *t*-검정**(11.3절), 그리고 ***z*-검정**(11.4절)이다. 사용할 검정을 선택하는 절차를 그림으로 나타낸 것이 그림 11.1이다. 그림 11.1을 보면, 합동분산 *t*-검정과 이분산 *t*-검정 사이의 중요한 선택 기준은 모표준편차 (혹은 모분산)가 같은지 여부이다. 당분간은 검정절차를 통하지 않고 표본 표준편차를 보고 같은지를 판단할 것이다. 모표준편차가 동일한지에 대한 검정은 11.7절에 논의한다.

11.2 두 개 독립표본의 평균을 이용한 합동분산 *t*-검정

경우에 따라서는 두 개의 독립된 표본의 평균값의 차이가 너무 커서 두 개 모집단의 평균이 같을 가능성이 없다는 검정이 필요하다. 이 경우에 반대가 되는 결론은, 표본평균값의 차이가 확률적으로 발생할 수 있는 작은 크기여서 모집단의 평균은 같다는 것이다.

이 경우의 *t*-검정에서의 가정은 (1) 모표준편차는 동일하며 (2) 모집단은 근사적으로 정규분포를 따른다는 것이다. 중심극한정리에 따라서 표본이 커지면 모집단의 정규성은 덜 중요하게 된다. *t*-검정은 표본이 작은 경우에 사용하는 것으로 설명을 하지만, 표본이 큰 경우에도 모표준편차를 모르면 사용하는 것이 적절하다.

이러한 경우에 자주 사용하는 검정으로서 **합동분산 *t*-검정(pooled - variance *t*-test)**이라 불리는 검정이 있는데, 여기서는 두 모집단의 공통된 분산을 s_1^2과 s_2^2의 합동(pooled)으로 추정하여 사용한다. 그림 11.1에 합동추정치를 s_p^2으로 표시하고 있다. 이 검정에 사용되는 자유도는 $df = n_1 + n_2 - 2$이다. 검정통계량은 다음과 같다.

그림 11.1

두 독립표본의 평균을 이용한 가설검정에서 검정통계량의 선택.

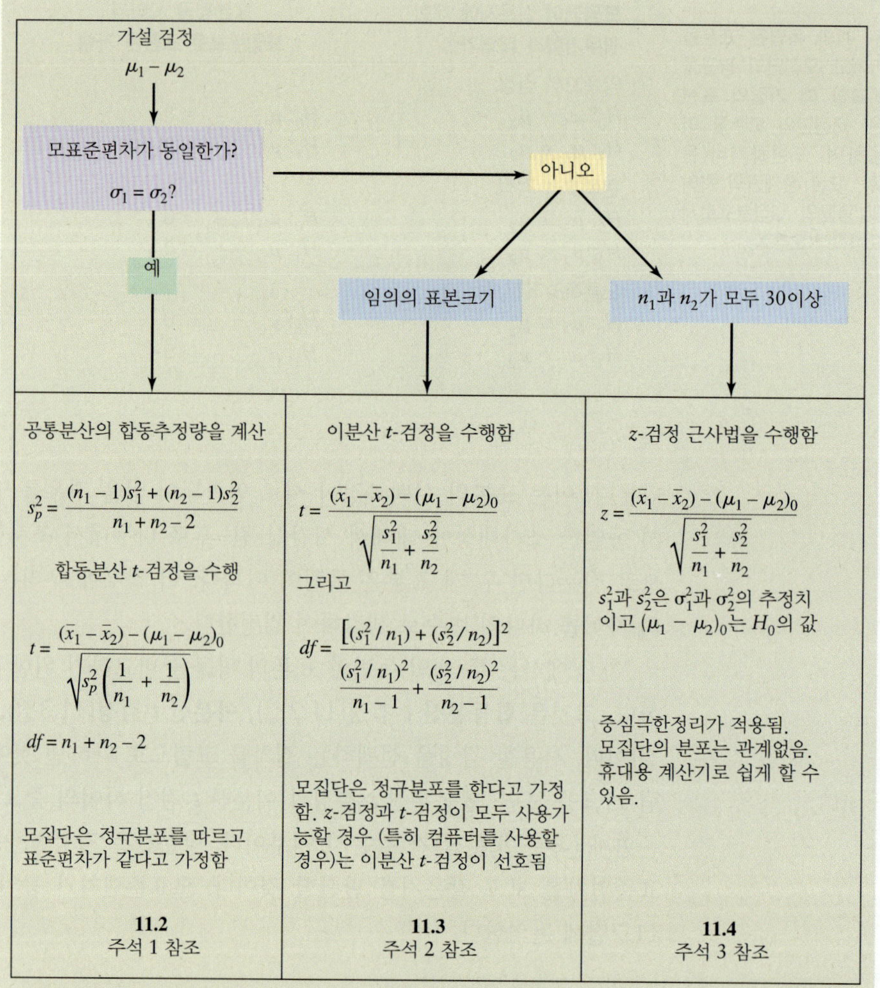

1. 합동분산 t-검정을 위해서는 $\sigma_1 = \sigma_2$의 가정이 필요한데, 11.7에서 $\sigma_1 = \sigma_2$ 귀무가설을 검정하는 절차를 설명한다. 그러나 컴퓨터를 사용할 경우에는 이 가정에 상관없이 11.3의 이분산 t-검정을 사용하면 된다.
2. 이 검정에서는 $\sigma_1 = \sigma_2$를 가정할 경우보다 더 작은 df값을 사용한다. 컴퓨터를 사용할 경우에는 t-검정을 선호한다. df의 계산이 좀 복잡하지만 표본이 커지면 정규분포에 대한 요건이 덜 중요해지는 장점이 있기 때문이다.
3. 표본크기가 크면($n \geq 30$) 중심극한정리를 이용하여 z-검정을 사용할 수 있다. 계산이 간편한 장점이 있다.
4. 각 검정에 대한 컴퓨터 솔루션(Excel)을 이 장에서 함께 소개한다.

두 모집단의 평균의 비교(σ_1과 σ_2는 같다고 가정):

검정통계량:

$$t = \frac{(\bar{x}_1 - \bar{x}_2) - (\mu_1 - \mu_2)_0}{\sqrt{s_p^2\left(\frac{1}{n_1} + \frac{1}{n_2}\right)}}$$

$\bar{x}_1$와 $\bar{x}_2$ = 표본 1과 2의 평균
$(\mu_1 - \mu_2)_0$ = 모평균의 차이의 가설값
n_1과 n_2 = 표본 1과 2의 크기
s_1과 s_2 = 표본 1과 2의 표준편차
s_p = 공통표준편차의 합동추정치

$$s_p^2 = \frac{(n_1 - 1)s_1^2 + (n_2 - 1)s_2^2}{n_1 + n_2 - 2}$$, 그리고 $df = n_1 + n_2 - 2$

$\mu_1 - \mu_2$의 신뢰구간:

$$(\bar{x}_1 - \bar{x}_2) \pm t_{\alpha/2}\sqrt{s_p^2\left(\frac{1}{n_1} + \frac{1}{n_2}\right)}$$

$$\alpha = (1 - \text{신뢰계수})$$

t-통계량의 분자에 $(\mu_1 - \mu_2)_0$가 있는데, 이는 모평균의 차이에 대한 가설값이다. 차이의 가설값은 대부분 0으로 하고 있다. t-통계량의 분모는 표본평균의 차이에 대한 표준오차의 추정치이다. 이것은 10장에서 논의한 표본평균의 표집분포에 대한 표준오차와 비슷하다. 모집단 평균의 차이에 대한 신뢰구간도 함께 제시하였다.

예제 EXAMPLE

합동분산 t-검정

CPA시험 수험생에게 유용한 회계 학습프로그램을 개발하고 있는 한 업체는 두 가지 형식을 고려하고 있다. 형식 1을 통하여 훈련된 학생 10명에 대하여 예제문제에 대한 오답의 개수를 기록하고, 형식 2에 따라 훈련된 12명의 학생에 대하여 동일한 문제에 대해 오답의 수를 기록하였다. 형식 1에 대한 10명의 학생의 오답 수는 11, 8, 8, 3, 7, 5, 9, 5, 1, 3이며, 형식 2에 대한 12명의 학생의 오답 수는 11, 9, 7, 2, 11, 12, 3, 6, 7, 8, 12이다. 두 개 형식의 학습 프로그램은 서로 차이가 있는가? 데이터는 **CX11CPA** 파일에 있다.

풀이

이 사례는 검정에 방향성을 염두에 두지는 않고 있으므로, 양쪽꼬리 검정이 적절하다. 귀무가설은 H_0: $\mu_1 = \mu_2$이고 대립가설은 H_1: $\mu_1 \neq \mu_2$이다. 여기서 μ_1과 μ_2는 각각 형식 1과 형식 2의 훈련을 거친 가상의 모집단 학생들의 오답 개수의 평균을 나타낸다. 귀무가설과 대립가설은 다음과 같이 표현해도 좋다.

- **귀무가설** H_0: $\mu_{(\bar{x}_1 - \bar{x}_2)} = 0$ 두 복습형식의 효과는 같다.
- **대립가설** H_1: $\mu_{(\bar{x}_1 - \bar{x}_2)} \neq 0$ 두 복습형식의 효과는 다르다.

두 그룹의 성과를 비교하는 데 유의수준은 0.10으로 하였다. 이 데이터에 근거하면, 형식 1로 훈련된 학생 10명은 평균($\bar{x}_1$) 6.000개의 오답을 기록하였으며, 표본표준편차(s_1)는 3.217이다. 형식 2로 훈련된 12명의 학생은 평균($\bar{x}_2$) 8.167개의 오답과 3.326의 표준편차(s_2)를 기록하였다. 모집단의 분산(또는 표준편차)은 같다고 가정하고, **합동분산 *t*-검정**을 적용한다. 공통분산인 s_p^2와 검정통계량(t)은 다음과 같다.

$$s_p^2 = \frac{(10 - 1)(3.127)^2 + (12 - 1)(3.326)^2}{10 + 12 - 2} = 10.484\text{이며}$$

$$t = \frac{(6.000 - 8.167) - 0}{\sqrt{10.484\left(\frac{1}{10} + \frac{1}{12}\right)}} = -1.563$$

여기서 자유도는 $df = (n_1 + n_2 - 2) = (10 + 12 - 2) = 20$이며, 0.10의 유의수준에서 검정통계량의 기각값은 $t = -1.725$와 $t = +1.725$이다. 양측검정이므로 유의수준 0.10을 반으로 나누어서 두 꼬리부분의 기각영역 면적은 각각 0.05이다. 그러므로 계산된 검정통계량의 값이 $t = -1.725$보다 작거나 $t = +1.725$보다 크면 귀무가설을 기각한다.

그림 11.2에 있는 것처럼, 검정통계량의 계산값인 $t = -1.563$이 검정의

그림 11.2

합동분산 t-검정에서 두 개의 회계 학습프로그램의 효과가 동일하다는 가설을 기각할 수 없다. (t-분포의 중심 $t = 0$는 $\bar{x}_1 - \bar{x}_2 = 0$ 일 때 이다.)

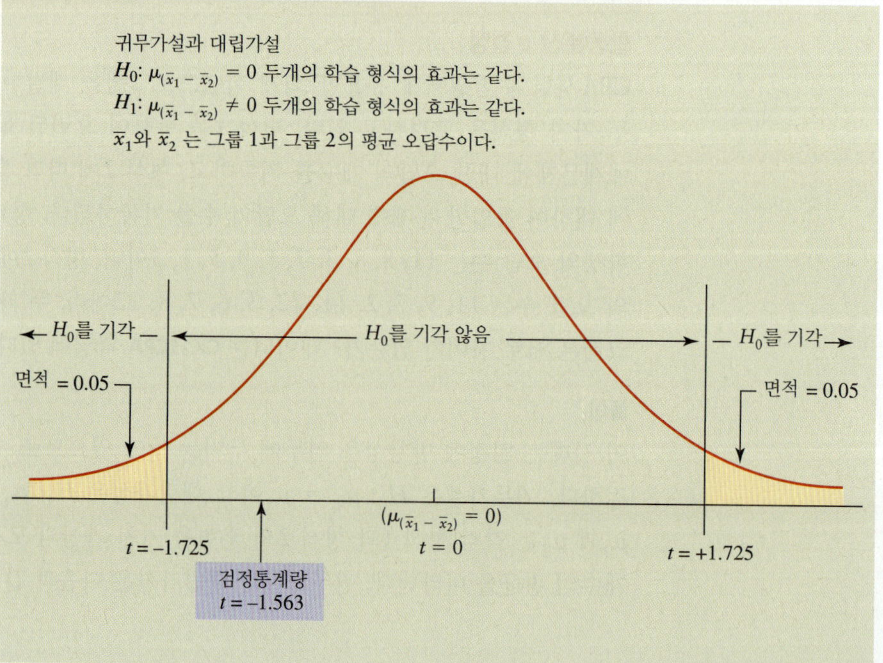

비기각역에 포함된다. 0.10의 수준에서 귀무가설을 기각하지 못하고, CPA시험 수험생을 위한 두 개의 학습형식은 그 효과가 차이가 있다고 말할 수 없다. 유의수준 0.10에서 볼 때 관측된 평균의 차이 6.00과 8.167의 차이는 우연에 기인한 것이라 판단된다.
동일한 표본을 사용하여 $(\mu_1 - \mu_2)$에 대한 90% 신뢰구간을 계산할 수 있다. $df = 20$과 $\alpha = 0.10$이므로

$$(\bar{x}_1 - \bar{x}_2) \pm t_{\alpha/2}\sqrt{s_p^2\left(\frac{1}{n_1} + \frac{1}{n_2}\right)} = (6.000 - 8.167) \pm 1.725\sqrt{10.484\left(\frac{1}{10} + \frac{1}{12}\right)}$$
$$= -2.167 \pm 2.392, \quad (-4.559 \sim +0.225)$$

모평균 차이$(\mu_1 - \mu_2)$에 대한 가설값(= 0)이, $(\mu_1 - \mu_2)$의 90% 신뢰구간에 포함되므로 유의수준 0.10에서 볼 때 모집단의 평균이 동일하다고 할 수 있다. 10장에서 논의하였듯이 유의수준이 α인 비방향검정과 $100(1 - \alpha)\%$ 신뢰구간은 동일한 결론에 도달하게 된다. 「컴퓨터 솔루션 11.1」은 Excel에서 합동분산 t-검정을 하는 절차이다.

컴퓨터 솔루션 11.1

$(\mu_1 - \mu_2)$에 대한 합동분산 t-검정, 모분산은 모르지만 같다고 가정함

두 개 모집단의 평균을 비교하기 위한 합동분산 t-정을 수행하는 방법

EXCEL

	A	B	C	D	E	F
1	formal	format 2		t-검정: 등분산 가정 두 집단		
2	11	10				
3	8	11			formal	format 2
4	8	9		평균	6	8.166667
5	3	7		분산	9.777778	11.06061
6	7	2		관측수	10	12
7	5	11		공동(Pooled) 분산	10.48333	
8	9	12		가설 평균차	0	
9	5	3		자유도	20	
10	1	6		t 통계량	-1.56287	
11	3	7		P(T<=t) 단측 검정	0.066885	
12		8		t 기각치 단측 검정	1.325341	
13		12		P(T<=t) 양측 검정	0.133769	
14				t 기각치 양측 검정	1.724718	

Excel을 이용한 $(\mu_1 - \mu_2)$에 대한 합동분산 t-검정 (원자료를 사용)

1. 데이터가 입력된 **CX11CPA** 파일을 연다. 형식 1(format 1)의 데이터 10개와 형식 2(format 2)의 데이터 12개가 A열과 B열에 입력되어 있다.
2. 「데이터」 → 「데이터 분석」을 선택하고 「t-검정: 등분산 가정 두 집단」을 선택한다. 변수 1 입력범위 박스에 A1:A11, 변수 2 입력범위에 B1:B13을 입력한다. 가설 평균차 박스에 0을 입력하고, 이름표 난에 체크하고, 유의수준 박스에 0.10을 입력한다. 「출력범위」를 선택하고 D1을 입력한다. 「확인」을 클릭하면 위와 같은 결과보고서를 작성해 준다. 양측검정 p_2값은 0.134(소수 4자리에서 반올림)이므로 귀무가설을 기각하지 못한다.

3. $(\mu_1 - \mu_2)$에 대한 신뢰구간은 요약통계량을 사용하여 아래와 같이 구한다.

Excel의 $(\mu_1 - \mu_2)$에 대한 합동분산 *t*-검정과 신뢰구간(요약통계량을 사용)

1. **CX11CPA**에 관련한 요약통계량을 사용: **TEST STATISTICS** 워크북을 연다.
2. 왼쪽 아래의 화살표를 사용하여 *t*-Test 2_Means(Eq2Var) 워크시트를 선택한다.
3. 표본평균, 분산, 표본크기를 제 위치에 입력한다. 가설의 차이값(이 경우는 0)과 검정의 유의수준을 입력한다. *t*-통계량과 양쪽 *p*값이 오른쪽에 표시된다.
4. $(\mu_1 - \mu_2)$의 신뢰구간을 계산하려면 1~3단계를 반복하되 **ESTIMATORS** 워크북을 열고 ***t*- Estimate 2_Means (Eq2Var)**를 선택한다. 신뢰수준을 소수값(예, 0:90)으로 입력한다.

연습문제

11.1 "두 모집단의 평균을 비교할 경우에 표본의 크기가 30보다 작을 때에만 *t*-검정을 사용하여야 한다." 이에 대한 의견을 말하라.

11.2 학생들에게 경제학 개론을 소개하는 비디오 교재가 두 종류 있다. 학생들을 무작위로 두 그룹으로 나누어 비디오를 관람하게 한 뒤에 동일한 시험을 치르게 한 결과가 아래와 같다. 정규분포와 등분산가정을 한다면, 두 비디오 교재의 효과가 동일하다고 할 수 있는가? 검정의 *p*값의 범위를 추정해 보아라.

비디오 교재 1: $\bar{x}_1 = 77.1$ $s_1 = 7.8$ $n_1 = 25$
비디오 교재 2: $\bar{x}_2 = 80.0$ $s_2 = 8.1$ $n_2 = 25$

11.3 무작위 독립표본을 사용하여 고등학교 2학년과 3학년을 대상으로 지난주 동안의 TV 시청시간을 비교하려고 한다. 데이터는 다음에 있다. 정규분포와 등분산가정을 한다면, 두 모집단의 평균 주당 TV 시청시간은 같다고 할 수 있는가? 검정의 *p*값의 범위를 추정해 보아라.

3학년: $\bar{x}_1 = 3.9$시간 $s_1 = 1.2$시간 $n_1 = 32$
2학년: $\bar{x}_2 = 3.5$시간 $s_2 = 1.4$시간 $n_2 = 30$

11.4 시경계에 위치해 있는 어느 응급서비스는 도심 속의 한 커다란 사무실 빌딩을 담당하고 있다. 응급서비스 사무실로부터 빌딩까지의 경로를 시험을 해보니 경로 A는 다섯 번의 반복 결과 평균과 표준편차가 5.9분과 1.4분이었다. 한편 경로 B는 6번의 반복 결과 각각 4.2분과 1.8분이 나왔다. 정규분포와 등분산가정을 했을 때, 0.10의 유의수준에서 두 경로는 차이가 있는가? 모평균의 차이에 대한 90% 신뢰구간을 구하라.

11.5 한 유지보수 담당자는 기존 훈련책자와 개선된 훈련책자를 비교하려고 한다. 26명의 수리공을 두 그룹으로 나누어 각 훈련책자를 사용하게 하고 일주일 뒤에 테스트를 하였다. 표준책자를 사용한 13명의 시험성적은 평균과 표준편차가 72.0과 9.3이었다. 새 훈련책자는 각각 80.2와 10.1이었다. 정규분포와 등분산가정을 했을 때, 0.05의 유의수준에서 새 훈련책자가 기존의 것보다 좋다고 할 수 있는가?

11.6 한 회계관리자가 관리하는 40명의 고객을 조사한 결과 연간 거래금액은 평균 $23,000이며 표준편차는 $8,500이었다. 한편 다른 회계관리자가 관리하는 30명의 고객의 연간 거래금액은 평균 $28,000이며 표준편차는 $11,000이었다. 모표준편차가 동일하다고 할 때, 0.05의 유의수준에서 두 회계관리자의 고객의 모평균이 동일한지에 대한 검정을 하라. 분포표를 사용하여 *p*값의 범위를 추정하라. 모평균의 차이에 대한 95% 신뢰구간을 구하라.

11.7 주간근무직원과 야간근무직원들 간의 숙련도의 차이를 비교하기 위하여 37명의 주간근무직원의 숙련도를 측정하니 평균과 표준편차가 73.1과 12.3이었고, 42명의 야간근무직원의 숙련도를 측정하니 평균과 표준편차가 77.3과 8.4이었다. 모표준편차는 동일하다고 할 때, 0.05의 유의수준을 사용하여 두 집단의 평균을 비교하라. 분포표를 사용하여 *p*값의 범위를 추정하라. 모평균의 차이에 대한 95% 신뢰구간을 구하고 해석하라.

11.8 한 휴양지 호텔의 매니저인 쉴라 스미스는 프론트데스크에서 직원의 서비스가 신속하지 않다는 불만이 자주 제기됨을 보고, 여자손님에게 상대적으로 서비스가 지체된다는 의심을 하게 되었다. 34명의 남자손님에 대한 관측 결과 서비스시간이 평균 15.2초, 표준편차가 5.9초이었다. 39명의 여자손님에 대해서는 평균 17.4초, 표준편차가 6.4초이었다. 모표준편차는 동일하다고 할 때, 0.05의 유의수준을 사용하여 여자손님에 대한

서비스시간이 남자손님보다 길지 않은지에 대한 검정을 하라. 분포표를 사용하여 정확한 p값의 범위를 추정하라.

11.9 미디어조사기관은 두 개의 지역케이블방송을 대상으로 저녁뉴스에서 경제뉴스가 차지하는 비중이 얼마인지를 비교하려고 한다. 각 채널당 10개의 평일 저녁뉴스를 무작위로 선택하여 경제뉴스시간을 측정하였다. 정규분포와 등분산가정을 하고 0.10의 유의수준에서 모평균이 동일한지의 여부에 대한 검정을 하라. 분포표를 사용하여 정확한 p값의 범위를 추정하라. 모평균의 차이에 대한 90% 신뢰구간을 구하고 해석하라.

채널 2: 3.8 2.7 4.9 3.4 3.7 4.5 4.2 2.8 3.5 4.6분
채널 4: 3.6 4.0 4.5 5.2 4.8 4.3 5.7 3.5 3.7 5.8분

11.10 새 배터리의 효능을 검정하기 위하여 16개의 음향기기에 무작위로 구형 배터리와 새 배터리를 장착하여 작동시간을 측정해 보았다. 최대 작동시간의 측정 결과는 아래와 같다.

8개 음향기기	3.3	6.4	3.9	5.4
(새 배터리):	5.1	4.6	4.9	7.2시간
8개 음향기기	4.2	2.9	4.5	4.9
(구형 배터리):	5.0	5.1	3.2	4.0시간

정규분포와 등분산가정을 하고 0.05의 유의수준에서 새 배터리가 구형 배터리보다 성능이 우수한지에 대한 검정을 하라. 분포표를 사용하여 p값의 범위를 추정하라.

11.11 한 영양사는 FoodFarm의 땅콩버터가 경쟁사 제품보다 지방 함유량이 낮다고 광고하는 것을 보고 8온스짜리 제품을 11개씩 구입하여 지방 함유량을 측정하였다. FoodFarm의 제품은 평균과 표준편차가 각각 31.3그램과 2.1그램이었고, 경쟁사의 제품은 각각 33.2그램과 1.8그램이었다. 정규분포와 등분산가정을 하고 0.05의 유의수준에서 FoodFarm의 광고가 사실인지 검정을 하라. 분포표를 사용하여 p값의 범위를 추정하라.

참고: 연습문제 11.12~11.17은 컴퓨터를 사용해야 함.

11.12 *Archives of Internal Medicine*에 발표된 연구에 의하면 불필요한 처방전을 요구하거나 필요이상으로 불평을 하는 환자를 소위 '어려운' 환자라고 부른다. 연구에 의하면 어려운 환자에 대해 커다란 문제가 있는 의사의 평균 연령은 41이고, 어려운 환자에 대해 문제가 덜한 의사의 평균 연령은 46이라고 한다. 파일 **XR11012**는 의사의 나이와 어려운 환자에 대한 표본이 있다. 0.01 수준의 한쪽꼬리 검정을 사용하여 커다란 문제가 있는 경우의 의사 나이가 문제가 덜한 의사의 나이보다 유의하게 작다고 할 수 있는가? 검정의 p값을 계산하고 해석하라. (출처: Rita Rubin, "'difficult Patients Can Test Doctors' Patience," *USA Today*, February 24, 2009, p. 5D)

11.13 그라파이트 야구방망이는 볼록한 부분을 둥글게 늘리면 섬유조직을 더 잘 늘리기 때문에 일반 방망이보다 투수가 던진 공을 멀리 칠 수 있다고 하였다. 이것은 2009년 세계 대학 야구대회에서 논란이 되었다. **XR11013** 파일의 데이터에 일반 방망이와 그라파이트 방망이에 대해서 투수가 던진 공의 반환 속도를 측정한 결과가 있다. 이 표본의 결과를 가지고 0.05 수준의 한쪽꼬리 검정을 사용하여 그라파이트 방망이의 공의 반환속도가 다른 방망이보다 유의하게 크다고 할 수 있는가? 검정의 p값을 계산하고 해석하라. (출처: Andy Gardiner, "NCAA on Guard for 'Rolled' Bats," *USA Today*, June 17, 2009, p. 8C)

11.14 남성과 여성별로 Facebook의 '친구'의 수를 비교하여 남성과 여성의 그룹별로 Facebook 친구 수가 동일할 것으로 추측한다. **XR11014** 파일의 데이터에 Facebook 친구의 수가 있다. 0.05 수준의 양쪽꼬리 검정의 결과에 근거하여 표본평균의 차이가 단순히 우연에 의한 것인지 판단하라. 검정의 p값을 계산하고 해석하라. (출처: "Primates on Facebook," economist.com, February 26, 2009)

11.15 연습문제 11.14의 데이터를 사용하여 모평균의 차이에 대한 95% 신뢰구간을 구하고 해석하라. 가설의 차이값(0.00)이 구간 내에 있는가? 이 결과는 연습문제 11.14의 가설검정의 결과와 일치하는가?

11.16 컨베이어 벨트를 지지하는 베어링의 강도를 측정하였다. 베어링은 두 가지 방법으로 강화되는데, 한 가지는 현재 사용하고 있는 방법이고 다른 방법은 다른 회사에서 널리 사용되는 방법이다. 데이터는 **XR11016** 파일에 있다. 0.05의 유의수준에서 두 샘플의 평균 강도를 비교하여 그 차이가 우연에 의한 것인지를 판단하라. 검정의 p값을 계산하고 해석하라.

11.17 연습문제 11.16의 데이터를 사용하여 모평균의 차이에 대한 95% 신뢰구간을 구하고 해석하라. 가설의 차이값(0.00)이 구간 내에 있는가? 이 결과는 연습문제 11.16의 가설검정의 결과와 일치하는가?

11.3 두 개 독립표본의 평균을 이용한 이분산 t-검정

각 모집단의 표준편차를 모르고 또 같다고 할 만한 근거나 정보가 없는 경우는 앞에서 사용하였던 합동분산(s_p^2)을 사용할 수 없다. 이 경우는 **이분산 t-검정** (unequal-variance t-test)을 사용한다. 이분산 t-검정의 t-통계량은 어렵지 않게 구할 수 있는데, df는 약간 복잡하지만 앞 절에서의 공식 $df = n_1 + n_2 - 2$보다 df값을 좀더 작게 만든다. df를 휴대용계산기를 사용해서 계산할 경우에는 소수점 이하 자리를 가능한 많이 유지해야 정확한 값을 계산할 수 있다. 통계 패키지를 사용하면 계산상의 어려움이 없으므로 표본의 크기에 관계없이 이분산 t-검정을 사용하는 것이 좋다. 가설과 검정통계량, df, 신뢰구간 등은 다음과 같다.

두 개 모집단의 평균을 비교하는 이분산 t-검정(σ_1과 σ_2는 같지 않고, 모름):
검정통계량:

$$t = \frac{(\bar{x}_1 - \bar{x}_2) - (\mu_1 - \mu_2)_0}{\sqrt{\dfrac{s_1^2}{n_1} + \dfrac{s_2^2}{n_2}}}$$

$\bar{x}_1$과 $\bar{x}_2$ = 표본 1과 2의 평균
$(\mu_1 - \mu_2)_0$ = 모평균의 차이에 대한 가설값
n_1과 n_2 = 표본 1과 2의 크기
s_1과 s_2 = 표본 1과 2의 표준편차

$$df = \frac{[(s_1^2/n_1) + (s_2^2/n_2)]^2}{\dfrac{(s_1^2/n_1)^2}{n_1 - 1} + \dfrac{(s_2^2/n_2)^2}{n_2 - 1}}$$

$\mu_1 - \mu_2$의 신뢰구간:

$$(\bar{x}_1 - \bar{x}_2) \pm t_{\alpha/2}\sqrt{\frac{s_1^2}{n_1} + \frac{s_2^2}{n_2}}$$

$$\alpha = (1 - \text{신뢰계수})$$

예제 EXAMPLE

이분산 t-검정

엔진오일 첨가제인 Graphlex를 생산하는 한 업체는 자사제품이 엔진의 연비를 향상하는지 여부를 알아보기 위해 실험을 하였다. 한 운수회사의 도움을 받아 그 회사의 차량을 45대씩 두 그룹으로 무작위로 나누어 한 그룹에는 Graphlex를 첨가하고 다른 그룹(통제그룹)에는 보통의 엔진오일만으로 운행하도록 하였으며 운전자에게는 그 정보를 주지 않았다. 한 달 뒤에 차량의 연비를 계산해 보니, Graphlex를 첨가한 45개 차량에서는 평균 18.94 mpg(표준편차 3.90 mpg)를 얻었고, Graphlex를 사용하지 않은 차량에서는 평균 17.51 mpg(표준편차 2.87 mpg)가 나왔다. 데이터는 **CX11MPG** 파일에 있다. 그 회사는 연비 향상기능이 있다는 광고를 할 수 있겠는가?

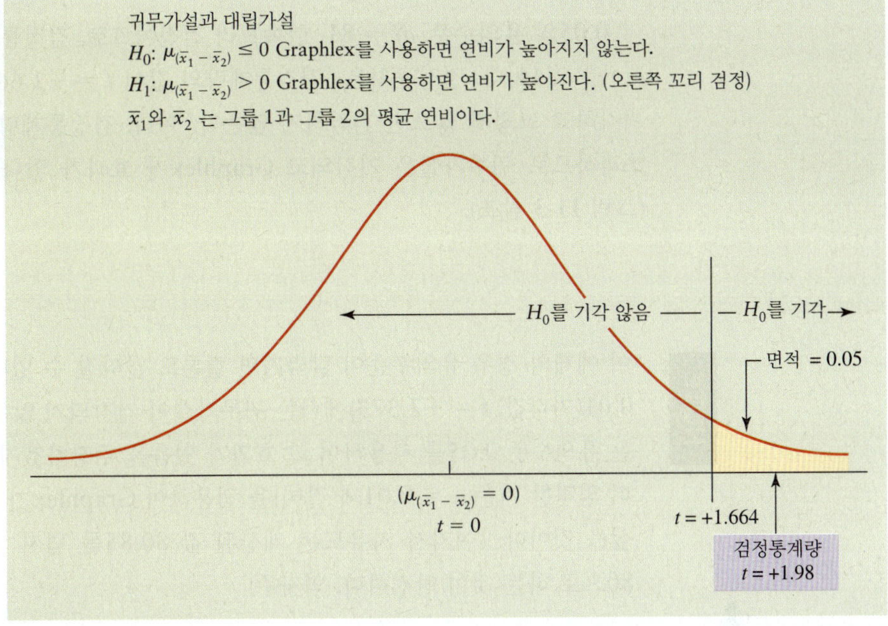

그림 11.3

Graphlex 생산업체는 자사제품이 엔진의 연비를 향상한다고 주장한다. 0.05 수준의 한쪽꼬리 검정에 따르면 업체의 주장이 옳다.

풀이

조사결과를 유의수준 0.05에서 평가하려고 한다. 연구의 목적은 Graphlex를 사용한 그룹(그룹 1)이 그렇지 않은 그룹(그룹 2)보다 연비가 높은지를 판단하기 위한 것이므로 귀무가설과 대립가설은 H_0: $\mu_1 \leq \mu_2$와 H_1: $\mu_1 > \mu_2$이다. 여기서 μ_1과 μ_2는 두 모집단의 평균연비를 나타낸다. 이를 표본평균의 차이의 표집분포로 나타내면 다음과 같다.

- **귀무가설**

H_0: $\mu_{(\bar{x}_1 - \bar{x}_2)} < 0$ Graphlex를 사용해도 연비가 높아지지 않는다.

- **대립가설**

H_1: $\mu_{(\bar{x}_1 - \bar{x}_2)} > 0$ Graphlex를 사용하면 연비가 높아진다.

이 데이터를 사용하여 검정통계량(t)과 자유도를 계산하면 다음과 같다.

$$t = \frac{(\bar{x}_1 - \bar{x}_2) - (\mu_1 - \mu_2)_0}{\sqrt{\dfrac{s_1^2}{n_1} + \dfrac{s_2^2}{n_2}}} = \frac{(18.94 - 17.51) - 0}{\sqrt{\dfrac{3.90^2}{45} + \dfrac{2.87^2}{45}}} = 1.98$$

$$df = \frac{\left[(s_1^2/n_1) + (s_2^2/n_2)\right]^2}{\dfrac{(s_1^2/n_1)^2}{n_1 - 1} + \dfrac{(s_2^2/n_2)^2}{n_2 - 1}} = \frac{[(3.90^2/45) + (2.87^2/45)]^2}{\dfrac{(3.90^2/45)^2}{45 - 1} + \dfrac{(2.87^2/45)^2}{45 - 1}}$$

$$= 80.85(\text{반올림하여 } 81)$$

0.05의 유의수준, $df = 81$, 한쪽꼬리 검정이므로, 검정통계량의 기각값은 $t = +1.664$이다. 결정규칙은 "검정통계량의 값이 $t = +1.664$보다 크면 H_0를 기각하고 그렇지 않으면 기각하지 않는다."이다. 검정통계량의 값이 기각값을 초과하므로 귀무가설은 기각되고 Graphlex가 효과가 있다고 결론을 내린다 (그림 11.3 참조).

NOTE 이 예제의 경우 유의수준이 달라지면 결론도 달라질 수 있다. 예컨대, 유의수준 0.01(기각값, $t = +2.373$)에서는 귀무가설이 기각되지 않는다. Graphlex 회사는 유의수준 0.05를 사용하여 그 효과가 있음을 주장하겠지만 경쟁제품 업체는 더 엄격한 기준($\alpha = 0.01$과 같이)을 적용하여 Graphlex가 효과가 없다고 하고 싶을 것이다. (여기서 자유도는 계산된 값 80.85를 넘지 않는 최대정수 $df = 80$으로 하는 것이 안전하다. 역자주)

표본 평균을 사용하여 $(\mu_1 - \mu_2)$의 90% 신뢰구간을 구할 수 있으며, $df = 80$, $\alpha = 0.10$인 경우에 다음과 같다. (우측검정 알파 = 0.05에 대응하여 90% 신뢰구간을 찾음)

$$(\bar{x}_1 - \bar{x}_2) \pm t_{\alpha/2}\sqrt{\frac{s_1^2}{n_1} + \frac{s_2^2}{n_2}} = (18.94 - 17.51) \pm 1.664\sqrt{\frac{3.90^2}{45} + \frac{2.87^2}{45}}$$
$$= 1.43 \pm 1.20 \quad \text{혹은 } (0.23 \sim 2.63)$$

「컴퓨터 솔루션 11.2」는 Excel을 사용하여 이분산 t-검정을 한 절차이다.

컴퓨터 솔루션 11.2

$(\mu_1 - \mu_2)$에 대한 이분산 t-검정, 모분산은 모르고 같지 않음

두 개 표본의 평균을 비교하기 위한 이분산 t-검정을 수행하는 방법. 모집단의 분산은 모르고 같지 않다고 가정함. (예제 2)

EXCEL

	A	B	C	D	E	F
3	12.0	17.0			Expgrp	Ctrlgrp
4	20.0	13.2		평균	18.94	17.51
5	20.9	16.3		분산	15.22	8.24
6	14.3	14.4		관측수	45	45
7	15.2	16.6		가설 평균차	0	
8	17.9	16.7		자유도	81	
9	20.4	19.2		t 통계량	1.98	
10	24.0	19.7		P(T<=t) 단측 검정	0.026	
11	17.5	14.2		t 기각치 단측 검정	1.664	
12	25.0	16.6		P(T<=t) 양측 검정	0.051	
13	20.7	18.3		t 기각치 양측 검정	1.99	
14	17.9	14.7				
46	18.0	18.1				

Excel을 이용한 ($\mu_1 - \mu_2$)에 대한 이분산 *t*-검정 (원자료를 사용)

1. 데이터가 입력된 **CX11MPG** 파일을 연다. 실험그룹(Expgrp)의 데이터 45개와 통제그룹(Ctrlgrp)의 데이터 45개가 A열과 B열에 입력되어 있다.
2. 「데이터」 → 「데이터 분석」을 선택하고 「*t*-검정: 이분산 가정 두 집단」을 선택한다. 변수 1 입력범위 박스에 **A1:A46**, 변수2 입력범위에 **B1:B46**을 입력한다. 가설 평균차 박스에 0을 입력하고, 이름표 난에 체크하고, 유의수준 박스에 0.05를 입력한다. 「출력범위」를 선택하고 D1을 입력한다. **OK**를 클릭하면 위와 같은 결과보고서를 작성해 준다. 단측 검정 *p*값은 0.026(소수 4자리에서 반올림)이므로 귀무가설을 기각한다.

역주: 출력화면의 *p*값(Excel시트 제10행)은 왼쪽꼬리 검정을 기준으로 적은 것이다. 오른쪽꼬리 검정에서 *p*값은 $P(T \geq t)$의 확률이다.

3. ($\mu_1 - \mu_2$)에 대한 신뢰구간은 요약통계량을 사용하여 아래와 같이 구한다.

Excel의 ($\mu_1 - \mu_2$)에 대한 이분산 *t*-검정과 신뢰구간(요약통계량을 사용)

1. **CX11MPG**에 관련한 요약통계량을 사용: **TEST STATISTICS** 워크북을 연다.
2. 왼쪽 아래의 화살표를 사용하여 ***t*-Test_Means(Uneq2Var)** 워크시트를 선택한다.
3. 표본평균, 분산, 크기를 제 위치에 입력한다. 차이의 가설값(이 경우는 0)과 검정의 유의수준을 입력한다. *t*-통계량과 한쪽 *p*값이 오른쪽에 표시된다.
4. ($\mu_1 - \mu_2$)의 신뢰구간을 계산하려면 123단계를 반복하되 **ESTIMATORS** 워크북을 열고 ***t*-Estimate_Means (Uneq2Var)** 워크시트를 선택한다. 원하는 신뢰수준을 소수값(예, 0.90)으로 입력한다.

연습문제

11.18 두 정규모집단에서 추출한 독립표본에서 $\bar{x}_1 = 35.0$, $s_1 = 5.8$, $n_1 = 12$이고 $\bar{x}_2 = 42.5$, $s_2 = 9.3$, $n_2 = 14$라고 하자. 0.05의 유의수준에서 다음을 검정하라. $H_0: \mu_1 = \mu_2$ 대 $H_1: \mu_1 \neq \mu_2$.

11.19 두 독립표본에서 $\bar{x}_1 = 165.0$, $s_1 = 21.5$, $n_1 = 40$이고 $\bar{x}_2 = 172.9$, $s_2 = 31.3$, $n_2 = 32$라고 하자. 0.10의 유의수준에서 다음을 검정하라. $H_0: \mu_1 \geq \mu_2$ vs. $H_1: \mu_1 < \mu_2$.

11.20 두 독립표본에서 $\bar{x}_1 = 125.0$, $s_1 = 21.5$, $n_1 = 40$이고 $\bar{x}_2 = 116.4$, $s_2 = 10.8$, $n_2 = 35$라고 하자. 0.025의 유의수준에서 다음을 검정하라. $H_0: \mu_1 - \mu_2 \leq 0$ 대 $H_1: \mu_1 - \mu_2 > 0$.

11.21 공항검색대의 담당관인 Fred와 Martina는 매일 무작위로 선택된 수백 명의 승객을 특별히 검색한다. Fred가 최근에 검색한 30명의 승객에 대하여 평균 검색시간은 124.5초이고 표준편차는 20.4초이었으며, Martina는 36명의 승객에 대하여 평균 133.0초, 표준편차는 38.7초이었다. 0.05의 유의수준을 사용하여 Fred와 Martina의 평균 검색시간이 같은지를 검정하라. 통계표를 사용하여 *p*값의 범위를 계산하라. 모평균의 차이에 대한 95% 신뢰구간을 구하고 해석하라.

11.22 어느 타이어회사는 고온과 높은 하중에서도 견딜 수 있게 하는 새 접착제를 고려하고 있다. 정상적인 환경 속에서의 최대값보다 90%가 높은 온도와 하중을 가하는 실험에서 새 접착제를 사용한 12개의 타이어는 평균 65마일(표준편차 12마일)을 주행하고 파열되었으며, 기존의 18개 타이어는 평균 53마일(표준편차 22마일)을 주행하고 파열되었다. 모집단이 정규분포임을 가정하고 0.05의 유의수준을 사용하여 새 접착제가 악조건에서 기존의 접착제보다 우수한지를 검정하라. 분포표를 사용하여 검정의 *p*값의 범위를 추정하라.

11.23 Braxton's 백화점의 신용담당 매니저는 두 지역의 고객들 중, 근거리에 거주하는 고객 20명에 대한 평균 외상잔고는 \$375이고 표준편차는 \$75이며, 원거리에 거주하는 고객 25명에 대한 외상잔고는 각각 \$425와 \$143이다. 모집단이 정규분포임을 가정하고 0.05의 유의수준을 사용하여 두 지역 고객의 외상잔고의 평균이 같은지를 검정하라. 분포표를 사용하여 검정의 *p*값의 범위를 추정하라. 모평균의 차이에 대한 95% 신뢰구간을 구하고 해석하라. 가설의 차이값(0.00)이 구간 내에 있는가? 이 결과는 가설검정의 결과와 일치하는가?

11.24 한 제조공장의 안전담당기사는 2종류의 50암페어 전기퓨즈를 비교하기 위하여 50암페어의 전류를 흘려서 얼마 동안 견디는지를 측정하였다. Shockley 퓨즈는 35개의 표본을 대상으로 평균이 240×10^{-3}초, 표준편차가 50×10^{-3}초이었고, Fusemaster 퓨즈는 30개의

표본에 대하여 각각 221×10^{-3}초와 28×10^{-3}초였다. 0.10의 유의수준을 사용하여 퓨즈의 모집단의 평균이 같은지를 검정하라. 분포표를 사용하여 검정의 p값의 범위를 추정하라. 모평균의 차이에 대한 90% 신뢰구간을 구하고 해석하라. 가설의 차이값(0.00)이 구간 내에 있는가? 이 결과는 가설검정의 결과와 일치하는가?

11.25 Gallup 여론조사에 의하면 남성은 연평균 병원을 3.8회 방문하며 여성은 5.8회 방문한다. Midwest 지역에서 조사된 자료에 따르면 남성 50명의 표본에 대하여 평균 2.2회, 표준편차 0.6회이고, 여성 40명에 대하여는 각각 3.9회와 0.9회였다. 0.05 수준의 양쪽꼬리 검정에서 표본평균의 차이는 전국의 차이인 (3.8 − 5.8) = −2.0회와 다르다고 할 수 있는가? 해당지역의 $(\mu_1 - \mu_2)$에 대한 95% 신뢰구간을 구하고 해석하라. 가설의 차이값(−2.0)이 구간 내에 있는가? 이 결과는 가설검정의 결과와 일치하는가? (출처: Cindy Hall and Marcy E. Mllins, "Doctors See Women More Often," *USA Today*, May 2, 2000, p. 7D)

11.26 자극에 대한 반응정도를 알아보는 방법 중 하나는 대상자의 맥박수를 측정하는 것이다. TV광고의 음악효과를 측정하기 위하여 25명에게 광고를 새 음악과 함께 시청하도록 하여 맥박수를 측정하니 평균 증가수가 20.5회(표준편차 7.4회)였고, 동일한 광고를 옛날음악과 함께 25명에게 시청하도록 하여 맥박수를 측정하니 평균 증가수가 16.4회(표준편차 4.9회)였다. 모집단이 정규분포임을 가정하고 0.025의 유의수준을 사용하여 새 음악이 옛날 음악보다 시청자의 맥박수를 더 뛰게 하는지를 검정하라. 검정의 p값의 범위를 추정하라.

참고: 연습문제 11.27~11.30은 컴퓨터를 사용해야 함.

11.27 Yankelovich 여론조사에 따르면 12월 중에 여성은 19.1시간 동안 쇼핑을 하고 남성은 12.7시간 동안 쇼핑을 한다. 이 결과의 데이터 파일은 XR11027이다. 0.01 수준을 사용하여 여성의 표본평균은 남성보다 유의하게 높은지 검정하라. 검정의 p값을 계산하고 해석하라. (출처: Anne R. Carey and Gary Visgaitis, "Tis the Season, Health," *USA Today 1999 Snapshot Calendar*, December 8)

11.28 새로운 제품을 디자인할 때, 시제품(혹은 사진)에 대한 소비자의 반응을 조사한다. 노트북 컴퓨터회사의 제품개발팀은 그림 A를 잠재고객들에게 보여주고 그 제품의 가격을 추정하도록 하고 그림 B를 똑같이 다른 잠재고객들에게 보여준 뒤 가격을 추정하도록 하였다. 데이터 파일은 **XR11028**이며, 0.05의 유의수준을 사용하여 잠재고객이 평가한 두 시제품의 가격이 차이가 없는지에 대한 검정을 하라. 검정의 p값을 계산하고 해석하라. 모평균의 95% 신뢰구간을 구하고 해석하라. 가설의 차이값(0.00)이 구간 내에 있는가? 이 결과는 가설검정의 결과와 일치하는가?

11.29 일본관광객은 미국에서 평균 $3,120를 소비하며 영국관광객은 평균 $2,654를 소비한다고 한다. 이 결과에 대한 데이터 파일이 **XR11029**라고 하고, 0.05의 유의수준에서 일본관광객의 표본평균이 영국관광객의 표본평균보다 유의하게 큰지를 검정하라. 검정의 p값을 계산하고 해석하라. (출처: *The World Almanac and Book of Facts* 2009, p. 127)

11.30 2009년 5월 usatoday.com에 평균 12.2분 동안, washingtonpost.com에는 11.0분 동안 접속자가 접속하였다. 이 결과에 대한 데이터 파일이 **XR11030**라고 하고, 0.01의 유의수준에서 두 사이트의 접속시간이 같은지를 검정하라. 검정의 p값을 계산하고 해석하라. 모평균의 차이에 대한 99% 신뢰구간을 계산하고 해석하라. 가설의 차이값(0.00)이 구간 내에 있는가? 이 결과는 가설검정의 결과와 일치하는가? (출처: Jennifer Sada, "Average Time Spent on Top 30 Newspaper Web Sites Declines," editorandpublisher.com, June 22, 2009)

11.4 두 개 독립표본의 평균을 이용한 z-검정

그림 11.1에 z-검정 근사법이 있었는데, 그것은 n_1과 n_2가 30 이상인 경우에 이분산 t-검정의 대안으로 사용 가능하다. z-검정 근사는 t-검정과 비교하여 몇 가지 이점이 있는데, 그것은 모집단의 분포에 대한 가정이 필요 없고, 또 복잡한 df의 수정식이 필요없어서 보다 간편히 적용할 수 있다는 것이다. 그러므로 통계 패키지를 사용하지 못하는 경우에 이 검정을 사용하면 된다. 이 검정법은 표본이 크고 모표준편차를 모르는 경우이거나 표본이 작지만 모집단이 정규분포를 따르고 모표준편차를 아는 경우에, 두 독립표본의 평균을 비교하는 검정법으로 오랜 기간 동안 사

용되었다. z-검정 근사법은 이분산 t-검정과 마찬가지로 모평균이 같다는 가정을 하지 않으므로 σ_1과 σ_2의 추정치로서 s_1과 s_2를 사용한다.

두 모집단의 평균을 비교하기 위한 z-검정(σ_1과 σ_2를 모르면 각 $n \geq 30$):
검정통계량:

$$z = \frac{(\bar{x}_1 - \bar{x}_2) - (\mu_1 - \mu_2)_0}{\sqrt{\frac{s_1^2}{n_1} + \frac{s_2^2}{n_2}}}$$

$\bar{x}_1$와 $\bar{x}_2$ = 표본 1과 2의 평균
$(\mu_1 - \mu_2)_0$ = 모평균 차이의 가설값
n_1과 n_2 = 표본 1과 2의 크기
s_1과 s_2 = 표본 1과 2의 표준편차

$\mu_1 - \mu_2$의 신뢰구간:

$$(\bar{x}_1 - \bar{x}_2) \pm z_{\alpha/2}\sqrt{\frac{s_1^2}{n_1} + \frac{s_2^2}{n_2}}$$

$$\alpha = (1 - \text{신뢰계수})$$

예제 EXAMPLE

z-검정을 이용한 평균의 비교

한 대학의 취업센터는 졸업생의 연봉을 조사하였는데, 이름의 첫 글자가 A부터 M인 졸업생과 N부터 Z인 졸업생으로 분류하여 비교를 하였다. A-M그룹에 있는 30명의 졸업생의 평균연봉은 \$37,233.33(표준편차는 \$3,475.54)이며 N-Z 그룹에 있는 졸업생 36명의 평균 연봉은 \$35,855.81(표준편차는 \$2,580.02)였다. 데이터는 **CX11GRAD** 파일에 있다. 서로 차이가 있는가?

풀이

이 연구의 귀무가설은 모집단의 평균의 차이가 없다는 것이므로 H_0: $\mu_1 = \mu_2$이다. 검정의 의도가 비방향적이므로 대립가설은 H_1: $\mu_1 \neq \mu_2$이고, 검정통계량 값이 양 방향으로 큰 값이 나오면 귀무가설은 기각된다. 귀무가설을 검정하기 위하여 0.02의 유의수준을 사용한다. 표 11.1에 있는 것처럼 귀무가설과 대립가설은 다음과 같이 기술할 수 있다.

- **귀무가설**

  H_0: $\mu_{(\bar{x}_1 - \bar{x}_2)} = 0$ 취업 시의 두 그룹의 연봉은 같다.

- **대립가설**

  H_1: $\mu_{(\bar{x}_1 - \bar{x}_2)} \neq 0$ 취업 시의 두 그룹의 연봉은 다르다.

검정통계량(z)은 다음과 같이 계산할 수 있다. σ_1^2과 σ_2^2은 s_1^2과 s_2^2으로 추정하여 사용한다.

그림 11.4

두 모집단의 평균을 비교하는 *z*-검정. 이름 첫 글자가 A부터 M인 졸업생과 N부터 Z인 졸업생의 연봉이 같다는 주장을 기각하지 못한다.

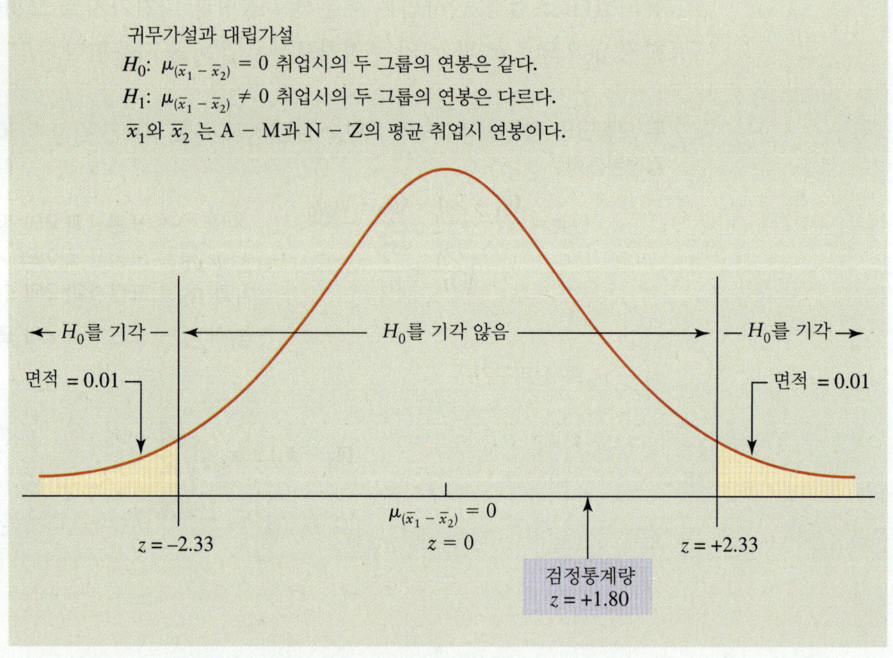

$$z = \frac{(\bar{x}_1 - \bar{x}_2) - 0}{\sqrt{\frac{s_1^2}{n_1} + \frac{s_2^2}{n_2}}} = \frac{(37{,}233.33 - 35{,}855.81) - 0}{\sqrt{\frac{3475.54^2}{30} + \frac{2580.02^2}{36}}} = 1.80$$

0.02의 유의수준에서 기각값은 $z = -2.33$과 $z = +2.33$이다. 결정규칙은 그림 11.4에 있는 바와 같이 z-값이 −2.33보다 작거나 +2.332.33보다 크면 귀무가설을 기각한다는 것이다. 검정통계량의 계산값이 $z = 1.80$이므로 이는 비기각영역에 속하게 되고 따라서 0.02의 유의수준에서 귀무가설은 기각되지 못한다. 이 분석을 통하여 우리는 이름의 첫 글자로 분류된 졸업생의 그룹 사이에 연봉이 차이가 난다고 결론내릴 수 없다.

이 검정에 대한 p값의 근사치는 검정통계량의 계산값인 $z = 1.80$의 오른쪽 부분의 면적에 2를 곱하면 구할 수 있다. 정규분포표를 참조하면 중심에서 $z = 1.80$까지의 면적이 0.9641이므로 오른쪽 부분의 면적이 0.0359임을 알 수 있다. 그러므로 이 양쪽꼬리 검정의 p값의 근사치는 2(0.0359) 혹은 0.0718이다. p값이 유의수준보다 크므로 귀무가설을 기각하지 못한다.

한편, $\mu_1 - \mu_2$의 98% 신뢰구간을 정하면 다음과 같다.

$$(\bar{x}_1 - \bar{x}_2) \pm z_{\alpha/2}\sqrt{\frac{s_1^2}{n_1} + \frac{s_2^2}{n_2}}$$

$$= (37{,}233.33 - 35{,}855.81) \pm 2.33\sqrt{\frac{3475.54^2}{30} + \frac{2580.02^2}{36}}$$

$$= 1377.52 \pm 1785.99 \quad \text{혹은 } (-408.47 \sim +3163.51)$$

평균의 차이의 가설값(= 0)이 98% 신뢰구간에 포함되므로 모집단의 평균의 차이가 없다는 것을 98% 확신할 수 있다. 10장에서 논의한 바와 같이, 유의수준 α에서의 양측검정과 $100(1 - \alpha)\%$ 신뢰구간은 동일한 결론에 도달한다. 「컴퓨터 솔루션 11.3」은 Excel을 사용하여 모집단의 평균의 차이에 대한 z-검정과 신뢰구간을 구하는 과정을 보여준다. 신뢰구간에 대한 컴퓨터 출력값은 위의 값과 약간 다른데, 그것은 정규분포표에서 z-값을 소수점 이하 2자리만을 사용하였기 때문이다.

이 장의 끝에 있는 애플릿 14를 활용해 보면 표본평균의 차이의 분포를 직접 눈으로 볼 수 있고, 여러가지 선택에 따라 그 변동을 알 수 있다.

컴퓨터 솔루션 11.3

$(\mu_1 - \mu_2)$에 대한 z-검정

두 모집단의 평균을 비교하기 위한 **z**-검정을 수행하는 방법. 각 표본의 크기는 30 이상임. (예제 3의 대학졸업생 연봉에 관한 비교)

EXCEL

	A	B	C	D	E	F
1	GroupAM	GroupNZ		z-검정: 평균에 대한 두 집단		
2	39550	29544				
3	39020	37850			GroupAM	GroupNZ
4	37810	33175		평균	37233.33	35855.81
5	45020	39477		기지의 분산	12079378	6656503
6	32940	34375		관측수	30	36
7	37280	35249		가설 평균차	0	
8	43700	33585		z 통계량	1.797	
9	33930	35652		P(Z<=z) 단측 검정	0.036	
10	38430	38090		z 기각치 단측 검정	2.054	
36		36104		P(Z<=z) 양측 검정	0.072	
37		41544		z 기각치 양측 검정	2.326	
38	분산	분산				
39	12079378	6656503				

Excel을 이용한 $(\mu_1 - \mu_2)$에 대한 z-검정 (원자료를 사용)

1. 예제 3의 데이터가 입력된 **CX11GRAD** 파일을 연다. A-M그룹(GroupAM)의 데이터와 N-Z그룹(GroupNZ)의 데이터가 A열과 B열에 입력되어 있다.
2. 「데이터」→「데이터 분석」을 선택하고 「z-검정: 평균에 대한 두 집단」을 선택한다. 변수 1 입력범위 박스에 **A1:A31**, 변수 2 입력범위에 **B1:B37**을 입력한다. 가설 평균차 박스에 **0**을 입력하고, 이름표 난에 체크하고, 유의수준 박스에 0.02를 입력한다.
3. Excel은 모분산을 안다고 가정한다. 표본분산을 사용하여 추정하기 위하여 우선 두 표본의 분산을 계산한다: 빈 셀을 선택하여 **= VAR(A2:A31)**을 입력하고 enter한다. 또 하나의 빈 셀을 선택하여 **= VAR(B2:B31)**을 입력하고 enter한다. 계산된 표본분산을 박스에 각각 입력한다.

4. 출력범위를 선택하여 **D1**을 입력한다. **OK**를 클릭한다. 양쪽꼬리 검정이므로 p값은 0.072이다. p값이 유의수준보다 크므로 귀무가설을 기각하지 못한다.
5. $(\mu_1 - \mu_2)$에 대한 신뢰구간은 요약통계량을 사용하여 아래와 같이 구한다.

Excel의 $(\mu_1 - \mu_2)$에 대한 z-검정과 신뢰구간(요약통계량을 사용)

	A	B	C	D	E
1	**2-Sample Z-Test Comparing Means (based on summary statistics)**				
2					
3	Hypothesized Difference (mu1 - mu2)	0.000			
4					
5	*Summary of Sample Data:*		*Calculated Values:*		
6	Mean for Sample 1, xbar1	37233.33	Std. Error =	766.517	
7	Std. Dev. For Sample 1, s1	3475.54	z =	1.797	
8	Size of Sample 1, n1	30			
9	Mean for Sample 2, xbar2	35855.81	*p-value if the test is:*		
10	Std. Dev. For Sample 2, s2	2580.02	Left-Tail	**Two-Tail**	Right-Tail
11	Size of Sample 2, n2	36	0.964	**0.072**	0.036
12					
13	Confidence level desired	0.98			
14	Lower confidence limit	-405.7			
15	Upper confidence limit	3160.7			

1. **TMZ2TEST** 워크시트를 연다. 모평균의 추정 차이값**(0)**을 B3에 입력한다. 요약통계량을 B6:B11에 입력한다. 원하는 신뢰수준을 소수값**(0.98)**으로 B13에 입력한다.
2. 수행되는 검정의 형태와 일치하는 p값을 확인하라. 그림 11.4의 검정은 양쪽꼬리 검정이므로 p값은 D11에 있는 0.072이다.

연습문제

11.31 두 모집단의 평균을 비교하는 이분산 t-검정에 대한 근사치로서 z-검정을 사용하기 위한 조건은 무엇인가?

11.32 다음의 독립 무작위표본을 사용하여 0.01의 유의수준에서 z-검정을 하라. H_0: $\mu_1 = \mu_2$ 대 H_1: $\mu_1 \neq \mu_2$.

$\bar{x}_1 = 33.5$ $s_1 = 6.4$ $n_1 = 31$

$\bar{x}_2 = 27.6$ $s_2 = 2.7$ $n_2 = 30$

11.33 다음의 독립 무작위표본을 사용하여 0.05의 유의수준에서 z-검정을 하라. H_0: $\mu_1 \le \mu_2$ 대 H_1: $\mu_1 > \mu_2$.

$\bar{x}_1 = 85.2$ $s_1 = 9.6$ $n_1 = 40$

$\bar{x}_2 = 81.7$ $s_2 = 4.1$ $n_2 = 32$

11.34 연습문제 11.20을 이분산 t-검정에 대한 근사치로서 z-검정을 사용하여 다시 하라.

11.35 연습문제 11.21을 이분산 t-검정에 대한 근사치로서 z-검정을 사용하여 다시 하라.

11.36 미국 노동통계국에 따르면, 문화행사관람을 위한 개인소비는 북동부지역에서 평균 \$349이고 서부지역에서는 \$420이다. (1) 표본크기가 각각 800과 600이고 (2) 표준편차가 각각 \$215와 \$325일 때, z-검정과 0.01의 유의수준을 사용하여 평균의 차이에 대한 검정을 하라. 검정의 p값을 구하고 해석하라. 차이에 대한 99% 신뢰구간을 구하고 해석하라. (출처: U. S. Bureau of Labor Statistics, *Consumer Expenditure Survey*, Interview Survey, annual)

11.37 집에서 기르는 개 주인을 대상으로 한 조사에 의하면 인접한 두 마을에서 개 주인이 동물병원에서 사용한 비용이 A마을은 \$240, 표준편차 \$55이고, B마을은 \$225, 표준편차 \$32이다. 각 마을의 표본이 30개라고 가정하고 z-검정과 0.05의 유의수준을 사용하여 평균이 같은지에 대한 검정을 하라. 검정의 p값을 구하고 해석하라. 차이에 대한 95% 신뢰구간을 구하고 해석하라.

11.38 한 연구에서 102명 환자의 소화기 외과 진료를 찾아보니 식사 후에 15분 동안 껌을 씹는 사람들은 평균 4.4일 후에 퇴원하였고, 그렇지 않은 경우에 5.2일 후에 퇴원하였다. (1) 표본크기가 각각 51로 같고 (2) 표준편차가 각각 1.3일과 1.9일인 경우, z-검정과 0.01의 유의수준을 사용하여 모평균이 같은지에 대한 검정을 하라. 검정의 p값을 구하고 해석하라. 차이에 대한 99% 신뢰구간을 구하고 해석하라. (출처: Jennifer

Bails, "Chewing Gum Might Help Digestive2Tract Patients Get Home Sooner." *Pttsburgh Tribune-Review*, October 15, 2005, p. A4)

11.39 질병으로 인한 연간 결근수가 정상체중의 여성 노동자가 3.4일이고 과체중의 여성 노동자는 5.2일이다. (1) 표본크기가 30으로 같고 (2) 표준편차가 각각 2.5일와 3.6일 때, z-검정과 0.05의 유의수준을 사용하여 과체중 모집단의 결근일수가 정상체중보다 작은지에 대한 검정을 하라. 검정의 p값을 구하고 해석하라. (출처: Nanci Hellmich, "Heavy Workers, Hefty Price," *USA Today*, Steptember 9, 2005, p. 7D)

11.40 버지니아 의과대학의 한 심리학자에 따르면 경기당 10번 이상의 헤딩을 하는 축구선수는 지능저하를 일으킬 수 있다고 한다. 경기당 10번 이상의 헤딩을 하는 남자축구선수에 대하여 IQ를 조사해 보니 평균 103이었고 경기당 1번 이하의 헤딩을 하는 선수의 평균은 112이었다. 표본당 30명이 있고 표준편차가 각각 17.4와 14.5라고 할 때, 적절한 한쪽꼬리 z-검정과 0.01의 유의수준을 사용하여 잦은 헤딩이 지능저하를 일으키는지에 대한 판단을 하라. 검정의 p값을 구하고 해석하라. (출처: Marilyn Elias, "Heading Soccer Ball Can Lower IQ," *USA Today*, August 14, 1995, p. 1D)

참고: 연습문제 11.41~11.43은 컴퓨터를 사용해야 함.

11.41 J.D. Power and Associates의 2003년과 2008년까지의 연구 결과를 보면 고객이 휴대폰으로 고객서비스 상담을 하기 위해 평균 전화대기시간이 2003년 3.3분이고 2008년 4.1분이다. 이에 대한 데이터 파일은 **XR11041**이다. 한쪽꼬리 검정과 0.05의 유의수준을 사용하여 2008년의 대기시간이 2003년보다 긴지를 판단하라. 검정의 p값을 구하고 해석하라. (출처: J.D. Power and Associates press release, "Customer Hold Times for Wireless Phone Customers Reach an ALL2Time High," jdpower.com, August 14, 2008)

11.42 공장에서 새로운 제조공정을 도입하려고 하는데 두 가지 후보가 있다. 60명의 작업자가 두 공정에 대한 (30명은 공정 A, 30명은 공정 B) 생산성 테스트를 하였다. 이에 대한 데이터 파일은 **XR11042**이다. 0.10의 유의수준을 사용하여 두 공정의 효율성이 동일한지를 검정하라. 검정의 p값을 구하고 해석하라. 모평균의 차이에 대한 90% 신뢰구간을 구하고 해석하라.

11.43 SAT 수험생에 대한 새 교육프로그램의 효과에 대한 테스트를 하기 위하여 80명의 학생을 무작위로 40명씩 두 그룹으로 나누어 40명에게는 새 프로그램을 나머지 40명에게는 기존의 프로그램으로 교육하였다. 그 학생들의 실제 SAT 성적이 **XR11043** 파일에 있다. 한쪽꼬리 검정과 0.025의 유의수준을 사용하여 새 교육프로그램이 좋은지를 검정하라. 검정의 p값을 구하고 해석하라.

11.5 표본이 종속적인 경우 평균의 비교

앞 절에서는 두 개의 표본이 독립인 것으로 가정하였다. 즉 표본의 선택과정이 서로 연관되어 있지 않았다. 그러나 때로는 표본이 독립이 아닌 경우가 있다. 예를 들면, 작업장의 레이아웃을 바꾼 후에 작업자들의 생산성의 변화나 속독훈련을 받은 뒤의 수강생의 읽기속도의 변화를 검사하는 경우가 있다. 이와 같은 경우는 두 개의 서로 다른 표본이라기 보다는, 오히려 동일한 개인에 대한 전-후 측정이라고 해야 할 것이다. 그러므로 '각 개인에 대한 전-후의 차이'는 하나의 변수라고 할 수 있다.

표본이 독립이 아닌 경우를 **짝표본**(**paired observations**) 혹은 대응표본이라고 하며, 동일한 대상에 대한 전-후의 관측값 x_1과 x_2의 차이를 나타내는 변수를 새로 도입하여 $d = (x_1 - x_2)$로 나타낸다. d에 대한 검정은 한 개의 표본을 사용한 10장의 경우와 근본적으로 동일하다. 한 개의 모평균에 대한 검정에서처럼 귀무가설과 대립가설은 다음 중 하나이며, μ_d는 차이값(d)을 모집단으로 할 경우 그것의 평균이다.

귀무가설	대립가설	검정형태
$H_0: \mu_d = 0$	$H_1: \mu_d \neq 0$	양쪽꼬리
$H_0: \mu_d \geq 0$	$H_1: \mu_d < 0$	왼쪽꼬리
$H_0: \mu_d \leq 0$	$H_1: \mu_d > 0$	오른쪽꼬리

짝관측에 대한 평균의 비교를 위한 검정통계량:

$$t = \frac{\bar{d}}{s_d/\sqrt{n}}$$

d = 각 개인 혹은 검정단위에 대한 두 관측값의 차이, $(x_1 - x_2)$

$\bar{d}$ = 차이의 평균 = $\Sigma d_i/n$

n = 짝관측의 수

s_d = d의 표준편차, 혹은 $\sqrt{\dfrac{\sum d_i^2 - n\bar{d}^2}{n-1}}$

$df = n - 1$

μ_d의 신뢰구간:

$$\bar{d} \pm t_{\alpha/2}\frac{s_d}{\sqrt{n}}$$

예제 EXAMPLE

종속표본의 경우

비서업무의 생산성을 향상하기 위한 방법으로서, 한 회사의 부사장은 비서업무 직원 12명에게 인간공학적으로 디자인된 키보드를 써보게 하였다. 그 키보드가 생산성을 높이는 것으로 확인되면 회사의 모든 키보드를 그 모델로 교체할 예정이었다. 기존의 키보드를 사용하여 문서를 입력하도록 하여 분당 입력단어 수를 기록하였다. 새 키보드로 교체한 후 몇 주 동안 사용하게 하여 익숙해지도록 한 뒤에 동일한 문서를 입력하게 하여 입력속도를 측정해 보니 표 11.2와 같은 결과가 나왔다. 데이터는 **CX11TYPE** 파일에 있다.

풀이

부사장은 새 키보드가 명백하게 좋다고 입증되어야만 그것으로 교체할 생각이다. 따라서 단측검정이 적절하고, 유의수준을 0.025로 한다. 비서 한 사람에 대하여 전 − 후의 측정치의 차이는 분당 입력하는 단어 개수의 차이 $d = (x_1 - x_2)$이다. 귀무가설과 대립가설은 다음과 같다.

- **귀무가설** $H_0: \mu_d \geq 0$ 입력속도는 기존의 것과 차이가 없다.
- **대립가설** $H_1: \mu_d < 0$ 새 키보드에 의한 입력단어수가 더 많다.

d에 대한 표본평균과 표준편차는 3장에서와 같이 계산되며 다음과 같다.

표 11.2

비독립표본에 대해서는 한 개의 변수(측정값의 차이)를 검정한다. 인간공학적으로 디자인된 키보드를 사용하기 전과 후의 분당 입력단어 수를 12명에 대하여 조사한 표이다.

사람	분당 입력단어 수 (현재 키보드 사용), x_1	분당 입력단어 수 (새 키보드 사용), x_2	차이 $d = (x_1 - x_2)$	d^2
1	25.5	43.6	−18.1	327.61
2	59.2	69.9	−10.7	114.49
3	38.4	39.8	−1.4	1.96
4	66.8	73.4	−6.6	43.56
5	44.9	50.2	−5.3	28.09
6	47.4	53.9	−6.5	42.25
7	41.6	40.3	1.3	1.69
8	48.9	58.0	−9.1	82.81
9	60.7	66.9	−6.2	38.44
10	41.0	66.5	−25.5	650.25
11	36.1	27.4	8.7	75.69
12	34.4	33.7	0.7	0.49
			−78.7 $= \Sigma d$	1407.33 $= \Sigma d^2$

$$\bar{d} = \frac{-18.1 - 10.7 - 1.4 - 6.6 - 5.3 - 6.5 + 1.3 - 9.1 - 6.2 - 25.5 + 8.7 + 0.7}{12}$$

$$= -6.558$$

$$s_d = \sqrt{\frac{\Sigma d_i^2 - n\bar{d}^2}{n-1}} = \sqrt{\frac{1407.33 - 12(-6.558)^2}{12-1}} = 9.001$$

검정통계량은 다음과 같이 계산된다.

$$t = \frac{\bar{d}}{s_d/\sqrt{n}} = \frac{-6.558}{9.001/\sqrt{12}} = -2.524$$

검정의 자유도는 $df = (n - 1)$ 혹은 $(12 - 1) = 11$이다. 한쪽꼬리 검정에서 유의수준 0.025일 경우에 검정통계량의 기각값은 $t = -2.201$이다. 이는 분포표의 $\alpha = 0.025$ 열과 $df = 11$ 행에서 찾을 수 있다. 결정규칙은 "검정통계량의 계산값이 $t = -2.201$보다 작으면 귀무가설을 기각하고 그렇지 않으면 기각하지 않는다."이다.

그림 11.5에서 보듯이 검정통계량의 계산값은 기각값보다 작으며 검정의 기각영역에 있게 된다. 그 결과, 귀무가설은 기각되고 인간공학적으로 디자인된 새 키보드가 입력속도를 향상한다고 결론을 내린다. 회사의 부사장은 회사의 모든 키보드를 교체할 것이다.

표본데이터를 사용하여 μ_d에 대한 95% 신뢰구간을 구할 수 있다. $\alpha = 0.05$이고 $df = 12 - 1 = 11$이며 $t_{\alpha/2} = 2.201$이므로 신뢰구간은 다음과 같다.

$$\bar{d} \pm t_{\alpha/2}\frac{s_d}{\sqrt{n}} = -6.558 \pm 2.201\frac{9.001}{\sqrt{12}}$$

$$= -6.558 \pm 5.719, \text{ 혹은}(-12.277 \sim -0.839)$$

그림 11.5

표 11.2의 짝관측에 대한 가설검정의 요약. 0.025 수준의 한쪽꼬리 검정에서 새 키보드는 입력 속도를 향상시킨다.

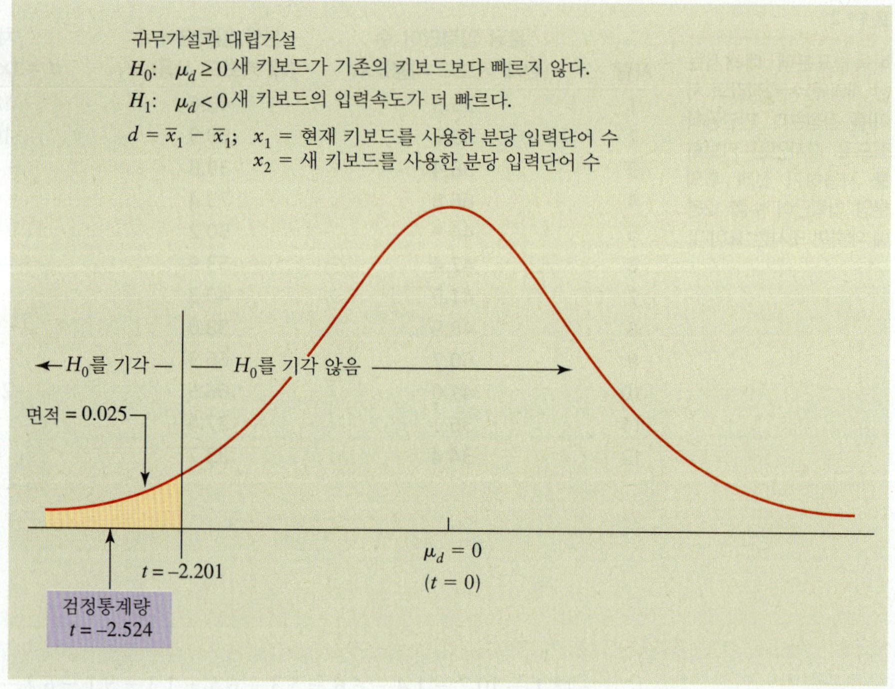

「컴퓨터 솔루션 11.4」는 Excel로 수행한 t-검정과 신뢰구간을 보여주고 있다.

컴퓨터 솔루션 11.4

비독립표본을 이용한 검정

표본이 독립이 아닌 경우에 모집단의 평균을 비교하기 위한 t-검정을 수행하는 방법. (예제 4 키보드 사용에 관한 가설검정)

EXCEL

	A	B	C	D	E	F
1	Old	New	Old - New	t-검정: 쌍체 비교		
2	25.5	43.6	-18.1			
3	59.2	69.9	-10.7		Old	New
4	38.4	39.8	-1.4	평균	45.40833	51.966667
5	66.8	73.4	-6.6	분산	144.1172	231.80061
6	44.9	50.2	-5.3	관측수	12	12
7	47.4	53.9	-6.5	피어슨 상관 계수	0.806734	
8	41.6	40.3	1.3	가설 평균차	0	
9	48.9	58	-9.1	자유도	11	
10	60.7	66.9	-6.2	t 통계량	-2.524036	
11	41	66.5	-25.5	P(T<=t) 단측 검정	0.014136	
12	36.1	27.4	8.7	t 기각치 단측 검정	2.200985	
13	34.4	33.7	0.7	P(T<=t) 양측 검정	0.028272	
14				t 기각치 양측 검정	2.593093	

Excel을 이용한 짝관측 t-검정 (원자료를 사용)

1. 데이터가 입력된 **CX11TYPE** 파일을 연다. '구형 키보드'(Old)에 의한 데이터와 (New) '신형키보드'의 데이터가 A열과 B열에 입력되어 있다.
2. [데이터] → [데이터 분석]을 선택하고 [t-검정: 쌍체비교]를 선택한다. 변수 1 입력범위 박스에 **A1:A13**, 변수 2 입력범위에 **B1:B13**를 입력한다. 가설 평균차 박스에 **0**을 입력하고, 이름표 난에 체크하고, 유의수준 박스에 **0.025**를 입력한다. [출력범위]를 선택하고 **D1**을 입력한다. **OK**를 클릭하면 위와 같은 결과보고서를 작성해 준다. 단측검정 p값은 0.014(소수 4자리에서 반올림)이므로 귀무가설을 기각한다.
3. $(\mu_1 - \mu_2)$에 대한 신뢰구간은 요약통계량을 사용하여 아래와 같이 구한다.

Excel의 비독립표본을 이용한 t-검정(요약통계량을 사용)

1. **CX11TYPE.XLS**에 관련한 요약통계량을 사용: **TEST STATISTICS** 워크북을 연다.
2. 왼쪽 아래의 화살표를 사용하여 ***t*-Test_Mean** 워크시트를 선택한다.
3. $d = x_1 - x_2$에 대하여 d의 평균**(−6.558)**, 표준편차**(9.001)**, 쌍의 수**(12)**를 제 위치에 입력한다. 가설의 차이값**(0)**과 검정의 유의수준을 입력한다. t-통계량과 한쪽 p값이 오른쪽에 표시된다.
4. μ_d의 신뢰구간을 계산하려면 123단계를 반복하되 **ESTIMATORS** 워크북을 열고 ***t*-Estimate_Mean** 워크시트를 선택한다. 원하는 신뢰수준을 소수값(예: **0.95**)으로 입력한다.

연습문제

11.44 제약회사는 30명의 남성환자의 콜레스테롤 수치를 측정하고 약을 복용하게 한 뒤 1개월 후에 다시 수치를 측정하였다. 이 연구의 표본은 독립인가 아닌가?

11.45 20명의 소비자에게 두 종류의 인스턴트 커피를 주고 1주일 후에 각 커피의 맛에 대한 점수를 1(나쁨)부터 10(좋음)까지의 수치로 표시하도록 하였다. 이것은 독립표본인가 종속표본인가?

11.46 대학총장은 문리대 소속 정교수 10명과 경영대 소속 정교수 10명을 무작위로 뽑아서 직업만족도에 대하여 1(매우 불만족)부터 10(매우 만족)까지의 점수로 표시하도록 하였다. 이것은 독립표본인가 종속표본인가?

11.47 트럭회사는 트럭엔진의 공기필터를 새 제품으로 교체할 것을 고려 중이다. 새 필터의 연료절감효과를 알아보기 위하여 10개의 트럭을 가지고 두 번 주행을 하도록 하였다(첫 번째 주행은 기존의 공기필터를 사용하고 두 번째는 새 필터를 사용함). 시험결과가 아래와 같을 때, 0.05의 유의수준에서 새 필터가 연료절감효과가 있는지를 검정하라.

트럭 넘버	기존의 공기필터	새 공기필터
1	7.6 mpg	7.3 mpg
2	5.1	7.2
3	10.4	6.8
4	6.9	10.6
5	5.6	8.8
6	7.9	8.7
7	5.4	5.7
8	5.7	8.7
9	5.5	8.9
10	5.3	7.1

11.48 새 광고판 광고의 감성적 효과를 측정하기 위하여 10명의 대상자에게 광고판 광고를 보이기 전과 후의 심장박동수를 체크하였다. 효과적인 광고판 광고는 심장박동수를 증가시킬 것이며, 그 결과 평균 +5.7회(표준편차는 1.6회) 증가하였다. 0.01의 유의수준을 사용하여 광고판 광고가 효과적인지를 검정하라.

11.49 에어로빅 강좌의 수강생에 대하여 5주간의 수업 전과 후에 몸무게를 측정하였더니 다음과 같았다. 0.05의 유의수준에서 강좌가 효과가 있었는지를 평가하라. 통계표를 사용하여 p값의 범위를 계산하라.

학생 번호	수강 전 몸무게	수강 후 몸무게
1	198 파운드	194 파운드
2	154	151
3	124	126
4	110	104
5	127	123
6	162	155
7	141	129
8	180	165

참고: 연습문제 11.50~11.51은 컴퓨터를 사용해야 함.

11.50 라디오 방송국에서는 연말특집으로 술을 마시면 반응속도가 늦어진다는 사실을 청취자에게 알리기 위하여 몇몇 시민을 대상으로 음주 전후의 반응속도(초)를 테스트하였다. 결과는 **XR11050** 파일에 있다. 0.005

의 수준에서 프로그램의 의도에 맞는 결론을 내릴 수 있는가? 검정의 p값을 구하고 해석하라.

11.51 어느 공장의 관리자는 근로자의 생산성을 조사해서 월요일과 수요일의 생산량이 차이가 나는지를 알아보려고 한다. 결과(생산품의 수)파일은 **XR11051**이다. 0.01의 유의수준을 사용해서 두 요일의 생산량의 차이가 없다는 귀무가설을 평가하라. 검정의 p값을 구하고 해석하라. 두 요일의 생산량의 차이에 대한 99% 신뢰구간을 구하고 해석하라.

11.6 두 개 표본의 비율을 이용한 검정

두 개 독립표본의 표본비율을 가지고 두 개 모집단의 비율을 비교하는 통계분석이 자주 있다. 몇 가지 예를 들면 다음과 같다.

- 어느 기업에 부품을 공급하는 두 업체의 공급 부품의 불량률에 대한 비교
- 아스피린을 복용한 환자들의 두통경감 비율과 새로운 신약을 복용한 뒤의 두통경감 비율의 차이를 비교
- 고등학교 졸업생을 대상으로 하는 모병광고 A와 B에 의한 입대지원 비율의 차이를 비교

n_1, p_1은 표본 1의 크기와 비율, n_2, p_2는 표본 2의 크기와 비율이고, 이 절에서는 두 표본의 크기가 크다고 가정한다($n_1,\ n_2 \geq 30$). 그리고 $n_1p_1,\ n_1(1-p_1),\ n_2p_2,\ n_2(1-p_2)$는 모두 5 이상이 되어야 한다. 이 두 가지 조건은 정규분포를 이용하여 이항분포에 대한 근사치를 구하기 위해 필요하다. 비율에 대한 검정도 비방향적 혹은 방향적이 될 수 있다.

검정통계량은 모비율의 차이에 대한 가설값 [즉,$(\pi_1 - \pi_2)_0$]을 사용하여 정의된다. 모비율의 차이를 0이라 가정하면 검정통계량은 아래의 두 가지 중 첫 번째가 된다. 신뢰구간은 영향을 받지 않는다.

두 모집단의 비율을 비교하는 검정통계량:

1. 차이의 가설값이 0인 경우(보통의 경우):

$$\frac{(p_1 - p_2)}{\sqrt{\bar{p}(1-\bar{p}_1)\left(\frac{1}{n_1}+\frac{1}{n_2}\right)}}$$

p_1과 p_2 = 표본비율
n_1 과 n_2 = 표본크기
$\bar{p}$ = 모비율의 합동추정치

$$\bar{p} = \frac{n_1p_1 + n_2p_2}{n_1 + n_2}$$

2. 차이의 가설값이 0이 아닌 경우: $(\pi_1 - \pi_2)_0 \neq 0$

$$z = \frac{(p_1 - p_2) - (\pi_1 - \pi_2)_0}{\sqrt{\frac{p_1(1-p_1)}{n_1} + \frac{p_2(1-p_2)}{n_2}}}$$

1, 2의 경우 $(\pi_1 - \pi_2)$의 신뢰구간:

$$(p_1 - p_2) \pm z_{\alpha/2}\sqrt{\frac{p_1(1-p_1)}{n_1} + \frac{p_2(1-p_2)}{n_2}}$$

예제 EXAMPLE

비율을 비교하는 검정

지난 10년간 수행된 한 연구에서는 콜레스테롤은 높지만 심장병은 없는 3,806명의 중년남자를 두 그룹으로 나누어서 한 그룹에는 콜레스테롤을 낮추는 신약을 주고 다른 그룹에는 가짜약(placebo)을 투여했다. 신약은 콜레스테롤을 낮추는 효과 이외에도 심장발작을 줄이는 효과가 있다고 한다. 지난 10년 동안 신약을 투여한 첫째 그룹에서 155명이, 가짜약을 투여한 그룹에서는 187명이 각각 심장발작을 경험하였다.[1] 신약은 심장발작을 줄이는 효과가 있는가? 데이터는 **CX11HRT** 파일에 있으며 '1은 심장발작 없음, 2는 심장발작 경험함'을 의미한다.

풀이

3,806명을 무작위로 두 그룹으로 나누면 한 그룹에 1,903명이다. 두 그룹에서 심장발작 표본비율은 $p_1 = 155/1{,}903$ 혹은 $p_1 = 0.0815$이고 $p_2 = 187/1{,}903$ 혹은 $p_2 = 0.0983$이다. 연구의 의도가 신약의 효과를 알아보자는 것이므로 귀무가설과 대립가설은 H_0: $\pi_1 \geq \pi_2$이고 H_1: $\pi_1 < \pi_2$이다. 두 개 가설은 다음과 같이 표현할 수 있다.

- **귀무가설** H_0: $\mu_{(p_1 - p_2)} \geq 0$ 신약은 심장발작에 효과가 없다.
- **대립가설** H_1: $\mu_{(p_1 - p_2)} < 0$ 신약은 심장발작에 효과가 있다.

유의수준은 0.05로 한다. 모비율의 합동추정치는 다음과 같다.

$$\bar{p} = \frac{n_1p_1 + n_2p_2}{n_1 + n_2} = \frac{(1903)(0.0815) + (1903)(0.0983)}{1903 + 1903} = 0.0899$$

검정통계량(z)의 계산값은 다음과 같다.

$$z = \frac{p_1 - p_2}{\sqrt{\bar{p}(1 - \bar{p})\left(\frac{1}{n_1} + \frac{1}{n_2}\right)}} = \frac{(0.0815 - 0.0983) - 0}{\sqrt{0.0899(1 - 0.0899)\left(\frac{1}{1903} + \frac{1}{1903}\right)}} = -1.81$$

왼쪽꼬리 검정의 0.05 수준에 대한 z의 기각값은 $z = -1.645$이다. 결정규칙은 "검정통계량의 계산값이 -1.645보다 작으면 H_0를 기각하고 그렇지 않으면 기각하지 않는다."이다.

그림 11.6에서 보듯이 검정통계량의 계산값인 $z = -1.81$이 기각값보다 작고 기각영역에 포함된다. 0.05의 유의수준에서 귀무가설은 기각되고 신약은 효과가 있다고 결론을 내린다.

정규분포표를 사용하여 $z = -1.81$까지의 누적확률은 0.0351이다. 이것이 이 검정에 대한 p값의 근사치이다.

[1]출처: "News from the World of Medicine," *Reader's Digest*, May 1984, p. 222.

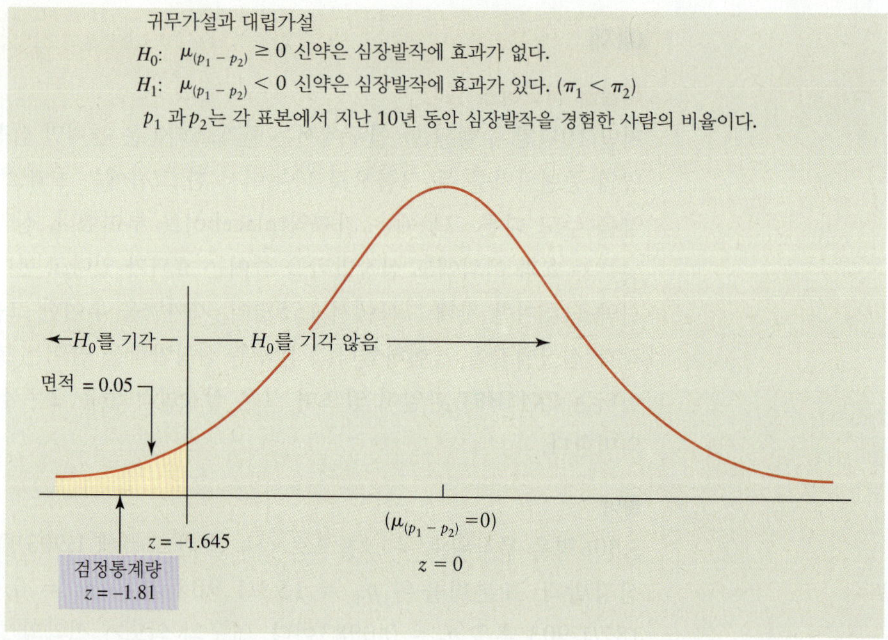

그림 11.6

0.05의 유의수준에서 볼 때 새로 개발된 약은 중년남자의 심장발작을 감소하는 효과가 있다.

표본데이터를 사용하여 $(\pi_1 - \pi_2)$에 대한 90% 신뢰구간을 구할 수 있다. $z = 1.645$를 사용하여 계산하면 다음과 같다.

$$(p_1 - p_2) \pm z_{\alpha/2}\sqrt{\frac{p_1(1-p_1)}{n_1} + \frac{p_2(1-p_2)}{n_2}}$$

$$= (0.0815 - 0.0983) \pm 1.645\sqrt{\frac{0.0815(1-0.0815)}{1903} + \frac{0.0983(1-0.0983)}{1903}}$$

$$= -0.0168 \pm 0.0152, \text{ 혹은 } (-0.0320 \sim -0.0016)$$

「컴퓨터 솔루션 11.5」는 Excel을 사용하여 두 개 모집단의 비율을 비교하는 z-검정과 신뢰구간을 수행하는 과정을 보여주고 있다.

컴퓨터 솔루션 11.5

두 모집단의 비율을 비교하는 z-검정

독립인 두 표본비율을 이용한 z-검정을 수행하는 방법. (예제 5 약효과에 대한 검정)

EXCEL

	A	B	C	D	E
1	z-Test of the Difference Between Two Proportions (Case 1)				
2					
3		Sample 1	Sample 2	z Stat	-1.812
4	Sample proportion	0.0815	0.0983	P(Z<=z) one-tail	0.035
5	Sample size	1903	1903	z Critical one-tail	1.645
6	Alpha	0.05		P(Z<=z) two-tail	0.070
7				z Critical two-tail	1.960

Excel의 p_1과 p_2의 비교, ($\pi_1 - \pi_2$)의 가설값이 0일 때(요약통계량을 사용)

1. 그림 11.6과 관련한 요약통계량을 사용: **TEST STATISTICS** 워크북을 연다.
2. 왼쪽 아래의 화살표를 사용하여 ***z*-Test_Proportions (Case 1)**워크시트를 선택한다. 위에서처럼 각 표본에 대한 표본비율과 표본크기를 입력한다. 검정의 알파**(0.05)**를 입력한다. 출력에는 z통계량과 두 개의 p값이 있다. 한쪽꼬리 검정이므로 p값은 0.035가 된다.

Excel의 p_1과 p_2의 비교, ($\pi_1 - \pi_2$)의 가설값이 0이 아닐 때(요약통계량을 사용)

위의 단계를 반복하되 2단계에서 ***z*-Test _ Proportions (Case 2)**를 선택하고 귀무가설의 ($\pi_1 - \pi_2$)값을 입력한다.

Excel의 ($\pi_1 - \pi_2$)의 신뢰구간(요약통계량을 사용)

위의 단계를 반복하되 **ESTIMATORS** 워크북을 열고 ***z*-Estimate _ Proportions** 워크시트를 선택한다. 원하는 신뢰수준을 소수점값(예, **0.90**)으로 입력한다. (**TM2PTEST**를 사용해도 된다.)

Excel의 p_1과 p_2의 비교, ($\pi_1 - \pi_2$)의 가설값이 어떤 값이라도 됨(원자료를 사용)

1. 예제 5의 데이터가 입력된 파일 **CX11HRT** 파일을 연다. '신약'(Drug)그룹에 의한 데이터와 '가짜약(Placebo)'의 데이터가 A열과 B열에 코딩되어 있다(1 = 심장발작이 없음, 2 = 심장발작을 경험함). 「추가기능」 → 「**Data Analysis Plus**」을 선택하고 ***z*-Test: Two Proportions**를 선택한다.
2. **Variable 1 Range** 박스에 **A2:A1904**을 입력, **Variable 2 Range** 박스에 **B2:B1904**를 입력한다. **Hypothesized Difference** 박스에 0을 입력한다. **Labels**을 클릭한다. **Alpha** 박스에 **0.05**를 입력한다. **OK**를 클릭한다.

Excel의 ($\pi_1 - \pi_2$)의 신뢰구간(원자료를 사용)

위의 단계를 반복하되 **Data Analysis Plus** 메뉴에서 ***z*-Estimate: Two Proportions**를 선택한다. 원하는 신뢰수준을 **Alpha** 박스에 유의수준값(예: **0.05**)으로 입력한다.

연습문제

11.52 두 개의 독립표본에 대한 데이터는 다음과 같다. $p_1 = 0.36$, $n_1 = 150$, $p_2 = 0.29$, $n_2 = 100$. 0.025의 유의수준을 사용하여 다음의 가설을 검정하라. H_0: $\pi_1 - \pi_2 \leq 0$ 대 H_1: $\pi_1 - \pi_2 < 0$.

11.53 두 독립표본에 대한 데이터는 다음과 같다. $p_1 = 0.31$, $n_1 = 400$, $p_2 = 0.38$, $n_2 = 550$. 0.05의 유의수준을 사용하여 다음의 가설을 검정하라. H_0: $\pi_1 = \pi_2$ 대 H_1: $\pi_1 \neq \pi_2$.

11.54 은행의 한 지점장은 재정컨설팅을 소개하는 새 브로슈어를 만들어서 고객을 유치하려고 한다. 새 브로슈어가 기존의 것보다 더 효과가 있을지를 알아보기 위하여 400명의 고객을 임의로 선택한 뒤 그중 200명에게 기존의 브로슈어를 발송하고 나머지 200명에게는 새 브로슈어를 발송하였다. 그 결과 기존의 브로슈어를 받은 고객의 35%가 재정컨설팅에 관심을 표시했고 새 브로슈어를 받은 고객 중 42%가 관심을 표시했다. 0.10의 유의수준을 사용하여 새 브로슈어에 의한 관심도가 높게 조사된 것이 단순한 우연 때문이며 그래서 기존의 브로슈어보다 효과가 없다고 할 수 있는가?

11.55 휴대전화로 다양한 정보를 찾고 작업을 완수하는 사용자들의 능력을 시험하기 위해, Nielsen Norman Group은 샘플 고객들에게 다음과 같이 다양한 질문을 하였다. "thin~crust 피자 한 조각에 얼마나 많은 칸루리가 있는가?" 이러한 과업을 완수하기 위해 기존의 개인용 컴퓨터로 웹사이트에 접근하는 사람은 80%, 모바일로 인터넷에 연결할 수 있는 아이폰과 같은 터치 스크린 휴대전화를 사용하는 사람은 75%였다. 이 비율이 500명의 표본에서 얻은 것이다. 0.01의 유의수준에서 개인용 컴퓨터의 사용자가 터치 스크린 휴대전화의 사용자보다 더 크다고 할 수 있는가? (출처: "Study: Mobile Web a Throwback to '90s," *USA Today*, July 20, 2009, p. 3B)

11.56 미국낙농산업협회의 연구에 따르면, 35세에서 44세 사이의 655명 중에서 42%는 흰색 치즈를 거의 먹지 않았으며, 45세와 54세 사이의 455명 중에서 그 비율은 34%였다. 0.01의 유의수준에서 두 그룹의 모집단의 비율이 같다는 가능성을 기각할 수 있는가? (출처: United Dairy Industry Association, *Cottage Cheese: Attitudes & Usage*, p. 21)

11.57 어떤 해에 행방불명된 상선 213척 중에서 38.0%가 일반화물선이었고, 그 다음 해에는 219척 중에서 43.8%가 일반화물선이었다. 0.05 수준에서의 양쪽꼬리 검정을 통하여 이 비율의 증가가 우연한 결과인지를 검사하라. (출처: Bureau of the Census, *Statistical Abstract of the United States 1996*, p. 657)

11.58 리포터 A는 200명을 시도하여 45명으로부터 인터뷰를 거절당하였고, 리포터 B는 120명 중에서 42명으로부터 거절당하였다. 0.05의 유의수준에서 두 명의 리포터는 인터뷰 성공률이 같다는 주장을 기각할 수 있겠는가?

11.59 Commnity National Bank는 새로 도입된 24시 ATM의 이용도를 시험하고 있다. 지난주에 ATM을 이용한 300명의 남자고객 중 42%가 두 가지 이상의 거래를 하였고, 같은 기간에 250명의 여성고객 중에서는 50%가 두 가지 이상의 거래를 하였다. 0.10 수준에서 두 가지 이상의 거래를 하는 비율이 남자와 여자 간에 유의하게 다른가? 이 검정의 p값을 구하고 해석하라. $\pi_1 - \pi_2$의 90% 신뢰구간을 구하고 해석하라.

11.60 텔레마케터는 두 가지 종류의 방식으로 전화판매를 하고 있으며 매일 번갈아가면서 한 방식을 선택하였다. 그 결과 방법 A를 사용한 100번의 전화에서 20%가 관심을 가졌고 방법 B를 사용한 100번의 전화에서는 14%만 관심을 가졌다. 0.05의 유의수준에서 그 결과의 차이가 우연 때문인지를 판단하라. 검정의 p값을 구하고 해석하라. $\pi_1 - \pi_2$의 95% 신뢰구간을 구하고 해석하라.

11.61 미국 참전용사국은 예비조사에서 1991년의 걸프전에서 신경가스 유출지역 근처에 있었던 81명의 병사 중에서 30.9%가 근육과 뼈의 통증을 경험하였으나, 그 지역에 있지 않았던 52,000명의 병사 중에서는 23.5%만이 통증을 경험하였다. 0.10의 유의수준에서 이 비율의 차이가 있는지 단측검정으로 검정하라. 이 검정의 p값을 구하고 해석하라. (출처: John Diamond, "Some Veterans Sufer Bone, Mscle Ailments," *The Indiana Gazette*, January 22, 1997, p. 5)

11.62 ICR 조사연구소에 따르면 18세에서 34세의 연령그룹의 미국인의 63%가 인터넷으로 연말정산을 하는 것이 편하며, 55세에서 64세의 그룹은 49%가 그렇다고 응답하였다. 각 그룹에서 200명을 대상으로 조사하였다. 0.025의 유의수준에서 젊은 연령그룹이 인터넷 연말정산을 더 편하게 느끼는지를 검정하라. 검정의 p값을 계산하고 해석하라. (출처: Anne R. Carey and Genevieve Lynn, "E2Filing: No Problem," *USA Today*, March 22, 2000, p. 1B)

참고: 연습문제 11.63~11.65는 컴퓨터를 사용해야 함.

11.63 American Express의 조사에 의하면 작은 회사 여성기업주의 71%가 업무와 생활의 불균형 때문에 스트레스를 받는다고 생각하고, 남성기업주의 62%가 불균형 때문에 스트레스를 받는다고 생각하는 것으로 나타났다. 각 그룹에 대한 데이터가 **XR11063** 파일에 있다. 작은 회사의 여성기업주와 남성기업주가 업무와 생활의 불균형으로 스트레스를 받는 확률이 같다는 귀무가설에 대한 검정을 0.01의 유의수준에서 하라. 검정의 p값을 구하고 해석하라. 모비율의 차이에 대한 99% 신뢰구간을 구하고 해석하라. (출처: Jeff Cornwall, "Small Business Owners Still Struggle with Balance," smartbiz.com, May 30, 2007)

11.64 고객서비스를 개선하기 위해 고급의류 백화점 사장은 일부 직원들을 대상으로 고객서비스 교육을 실시하였다. 교육 후의 3개월 기간 동안에 이들 중 10%의 직원들이 고객불만의 대상이 되었다. 그러나 교육을 받지 않은 직원들 중에서는 15%가 고객불만의 대상이 되었다. 데이터 파일은 **XR11064**이며, '1 = 불만 대상이 아님, 2 = 불만 대상임' 이다. 0.05의 유의수준에서 교육의 효과가 있는지를 판단하라. 이 검정의 p값을 구하고 해석하라.

11.65 미국해양산업협회의 조사에 의하면 배를 탔던 사람들 중 12.2%가 25~34세의 여성이었고, 말타기를 한 사람들 중 14.7%가 그 연령대의 여성이었다. 각 그룹에 대한 데이터가 **XR11065** 파일에 있으며, '1 = 해당 연령대의 여성이 아님, 2~해당 연령대의 여성임' 이다. 0.10의 유의수준에서 25~34세의 여성이 두 가지 활동에 참가하는 비율이 같은지를 검정하라. 이 검정의 p값을 구하고 해석하라. 모비율의 90% 신뢰구간을 구하고 해석하라. (출처: National Marine Manufacturers Association, *The Boating Market: A Sports Participation Study*, p. 40)

11.7 두 표본의 분산에 대한 비교

두 표본의 분산을 비교할 필요가 종종 있다. 예를 들어, 두 개 생산공정에서 생산한 제품의 규격에 대해서 그 분산에 차이가 있는지를 알고 싶을 때가 있다. 투자에 대한 위험(risk)은 수익률의 변동으로 평가하는데, 분산을 비교하여 두 개의 투자 포트폴리오를 비교해볼 수 있다. 또, 통계적 검정에서 합동추정분산 t-검정은 동일한 분산을 가정하기 때문에 사전에 두 모집단의 분산을 비교해볼 필요가 있다(11.2 참조).

이 절에서의 검정은 F분포를 사용한다. F분포는 연속적 분포로서 t분포와 같이 하나의 분포 군(群)이다. t분포와 다른 점은 두 개의 자유도를 사용한다는 것이다. 이론적으로 F분포는 동일한 정규분포 모집단으로부터 두 개의 표본을 반복하여 추출할 때, 두 표본에서 구한 s_1^2/s_2^2의 표집분포이다.

10장에서 논의된 가설검정 절차를 그대로 적용하면 다음과 같다.

1. **귀무가설과 대립가설의 설정.** 귀무가설과 대립가설은 H_0: $\sigma_1^2 = \sigma_2^2$, H_1: $\sigma_1^2 \neq \sigma_2^2$이다.
2. **유의수준(α)을 선택.** 부록 A에는 세 개의 F분포표가 있다(표 A.6의 A~C). 그것은 각각 0.05, 0.025, 0.01에 해당하는 오른쪽꼬리 부분의 면적에 대한 표이다. 이는 한쪽꼬리 부분의 면적이므로 양쪽꼬리 검정인 경우에는 $\alpha = 0.10$, $\alpha = 0.05$, $\alpha = 0.02$에 해당한다.
3. **검정통계량의 계산.** 검정통계량의 계산값은 다음 중의 큰 값으로 정한다.

$$F = \frac{s_1^2}{s_2^2} \quad \text{혹은} \quad \frac{s_2^2}{s_1^2}$$

4. **검정통계량의 기각값의 결정 및 결정규칙의 기술.** 양측검정이지만 F의 기각값은 하나로 정해진다. 이는 두 개의 F-비율 중에서 큰 값을 선택하기 때문이다. F의 기각값은

$$\begin{aligned} F(\alpha/2, \nu_1, \nu_2) \quad & \alpha = \text{유의수준값}(0.10,\ 0.05,\ \text{혹은}\ 0.02) \\ & \nu_1 = (n-1),\ n\text{은 큰 분산을 가지는 표본크기} \\ & \nu_2 = (n-1),\ n\text{은 작은 분산을 가지는 표본크기} \end{aligned}$$

   꼬리면적이 $\alpha/2$(즉, 0.05, 0.025, 0.01)에 해당하는 기각값은, F분포표에서 F비의 분자의 자유도(ν_1)와 분모의 자유도(ν_2)에 해당하는 값에서 찾는다. ν_1과 ν_2값 중에서 하나가 표에 존재하지 않으면 표를 사용하여 보간계산(interpolation)을 한다. 결정규칙은 "F의 계산값이 기각값보다 크면 H_0를 기각하고 그렇지 않으면 기각하지 않는다."이다.
5. ***F*의 계산값과 기각값을 비교하여 결론을 내림.** F의 계산값이 기각값보다 크면 모집단의 분산이 같다고 가정할 수 없다.

6. **관련된 의사결정을 함.** 이는 검정의 목적에 따라 달라진다. 예를 들어, 투자 포트폴리오의 수익률의 분산이 현저히 차이가 난다면 분산이 낮은 포트폴리오를 선택하게 될 것이다. 등분산가정을 할 수 있게 된다면 11.2절의 합동분산 t-검정을 사용하여 두 모집단의 평균을 비교할 수 있을 것이다. 그렇지만 분산의 동일성에 대한 검정 없이 11.3에 논의한 이분산 t-검정을 바로 적용할 수도 있음을 명심하자.

예제 EXAMPLE

두 개 모집단의 분산의 비교

표준방법으로 훈련을 받은 9명의 수리공이 압축기를 수리하는 데 평균 31.4분, 표준편차 14.5분이 걸렸다. 대체방법으로 훈련을 받은 7명의 수리공은 평균 22.3분, 표준편차 10.2분이 걸렸다. 두 개 표본을 추출한 각각의 모집단의 분포가 정규분포와 비슷하다면 σ_1^2과 σ_2^2가 같다고 할 수 있는가? 데이터는 **CX11TECH** 파일에 있다.

풀이

귀무가설과 대립가설의 설정

귀무가설과 대립가설은 $H_0: \sigma_1^2 = \sigma_2^2$와 $H_1: \sigma_1^2 \neq \sigma_2^2$이다.

유의수준(α)의 선택

이 검정에서 사용할 유의수준은 $\alpha = 0.02$이다.

검정통계량의 계산

F통계량의 값은

$$\frac{s_1^2}{s_2^2} = \frac{14.5^2}{10.2^2} \text{ 혹은 } \frac{s_2^2}{s_1^2} = \frac{10.2^2}{14.5^2} \text{ 중에서 큰 값}$$

첫 번째 비율이 크므로 F값은

$$\frac{14.5^2}{10.2^2} = 2.02$$

이다.

검정통계량의 기각값의 결정 및 결정규칙의 기술

F통계량의 분자는 표본분산이 큰 쪽을 선택한다. 분자의 표본크기가 9이므로 ν_1는 $(9 - 1)$ 혹은 $\nu_1 = 8$이다. F통계량의 분모에는 표본분산이 작은 쪽을 선택한다. 표본크기가 7이므로 ν_2는 $(7 - 1)$ 혹은 $\nu_2 = 6$이다.

유의수준이 $\alpha = 0.02$이고 F의 기각값은 $F(\alpha/2, \nu_1, \nu_2) = F(0.01, 8, 6)$이다. 꼬리부분의 면적이 0.01인 F분포표에서 $\nu_1 = 8$, $\nu_2 = 6$에 해당하는 기각값은 8.10이다. 결정규칙은 "F의 계산값이 8.10보다 크면 H_0를 기각하고 그렇지 않으면 기각하지 않는다."이다.

그림 11.7

모분산이 같은지를 비교하기 위하여 F분포를 사용할 수 있다. 0.02의 유의수준에서 계산된 F값이 기각값보다 작으므로 모분산은 같다고 가정할 수 있다.

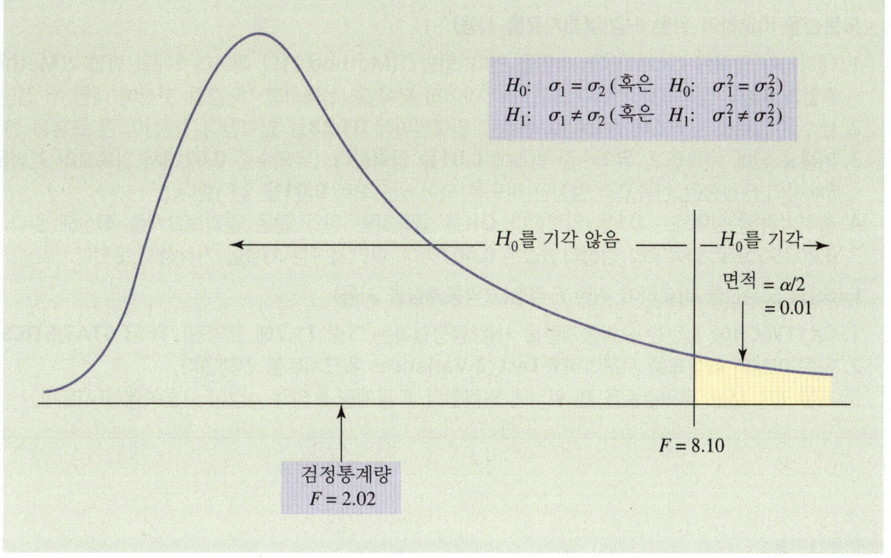

F의 계산값과 기각값을 비교하여 결론을 내림

그림 11.7의 요약에서 보듯이 F의 계산값(2.02)은 기각값(8.10)을 초과하지 않으므로 귀무가설은 기각되지 않는다.

관련된 의사결정을 함

0.02의 유의수준에서, 두 개의 훈련방법을 각각 사용한 수리공의 수리시간의 분산은 같다고 결론을 내린다. 두 표본평균을 비교할 경우에 모표준편차를 같다고 가정하고 합동분산 t-검정을 사용하면 된다. 「컴퓨터 솔루션 11.6」은 모집단의 분산이 동일한지에 대하여 Excel을 사용한 절차를 보여준다.

컴퓨터 솔루션 11.6

모분산이 같은지에 대한 F-검정

두 모집단의 분산을 비교하는 F-검정을 수행하는 방법.

EXCEL

Method1	Method2
49.6	31.2
14.2	29
35.9	9.3
40.3	10.6
25.5	14.8
33.8	30.9
11.3	30.3
20.7	
51.3	

F-검정: 분산에 대한 두 집단

	Method1	Method2
평균	31.4	22.3
분산	210.2025	104.0333
관측수	9	7
자유도	8	6
F 비	2.02053	
P(F<=f) 단측 검정	0.203497	
F 기각치: 단측 검정	8.101651	

모분산을 비교하기 위한 *F*-검정(원자료를 사용)

1. 데이터가 입력된 **CX11TECH** 파일을 연다. 방법 1(Method 1)의 데이터 9개와 방법 2(Method 2)의 데이터 7개가 A열과 B열에 입력되어 있다. 「도구」→「데이터 분석」을 선택하고 「*F*-검정: 분산에 대한 두 집단」을 선택한다.
2. 변수 1 입력범위 박스에 **A1:A10**, 변수 2 입력범위에 **B1:B8**을 입력한다. (분산이 큰 표본을 변수 1로 해야 한다.)
3. 이름표 난에 체크하고, 유의수준 박스에 **0.01**을 입력한다. (유의수준 **0.02**에서 양쪽꼬리 검정을 할 예정이다. 그러나 Excel의 *F*-검정은 한쪽꼬리 검정만 하도록 되어 있으므로 **0.01**을 입력한다.
4. 출력범위를 선택하고 **D1**을 입력한다. **OK**를 클릭하면 위와 같은 결과보고서를 작성해 준다. 한쪽꼬리 검정 *p*값은 0.2035이므로 양쪽꼬리 검정의 *p*값은 0.407이다. 따라서 귀무가설을 기각하지 못한다.

Excel의 모분산을 비교하기 위한 *F*-검정(요약통계량을 사용)

1. **CX11TECH**에 관련한 요약통계량을 사용(검정결과는 그림 11.7에 요약됨): **TEST STATISTICS**워크북을 연다.
2. 왼쪽 아래의 화살표를 사용하여 ***F*-Test_2 Variances** 워크시트를 선택한다.
3. 표본크기, 분산, 유의수준을 제 위치에 입력한다. *F*-통계량과 양쪽 *p*값이 오른쪽에 표시된다.

연습문제

11.66 정규 모집단으로부터 추출한 두 표본에 대하여 표본크기와 표준편차가 $n_1 = 10$, $s_1 = 23.5$, $n_2 = 9$, $s_2 = 10.4$라고 하자. 0.10의 유의수준에서 모분산이 같다는 귀무가설을 검정하라. 0.05의 유의수준에서 검정을 하면 결론이 다른가? 0.02 수준에서는 어떤가?

11.67 정규 모집단에서 추출한 두 표본에 대하여 표본크기와 표준편차가 $n_1 = 28$, $s_1 = 103.1$, $n_2 = 41$, $s_2 = 133.5$라고 하자. 0.10의 유의수준에서 모분산이 같다는 귀무가설을 검정하라. 0.05의 유의수준에서 검정을 하면 결론이 다른가? 0.02 수준에서는 어떤가?

11.68 연습문제 11.10의 데이터에서 0.02의 유의수준에서 비교할 때, 모집단의 표준편차가 같다고 할 수 있는가? 새 배터리를 사용한 음향기기의 작동시간의 표준편차가 연습문제 11.10에서의 값보다 20% 더 크다면 동일한 결론을 내릴 수 있는가?

11.69 연습문제 11.11에서 0.05의 유의수준에서 비교할 때, 모집단의 표준편차가 같다고 할 수 있는가? FoodFarm의 제품의 표준편차가 3.0그램이라면 결론이 달라지는가?

11.70 미국주택건축업협회에 따르면 식기세척기와 마이크로 오븐의 평균 기대수명은 대략 9년으로 비슷하다. 조사에서 사용된 표본크기가 각각 $n_1 = 60$, $n_2 = 40$이고, 표준편차가 각각 $s_1 = 3.0$년, $s_2 = 3.7$년이라고 하자. 0.02의 유의수준에서 두 제품의 수명에 대한 모표준편차가 같은지에 대한 검정을 하라. (출처: National Association of Homebuilders, *Study of Life Expectancy of Home Components*, February 2007, p. 5)

11.71 어느 회사의 두 공급자에 대한 조사를 해보니, 공급자 1은 24번의 주문에 대해 평균 도착시간이 3.4일(표준편차 0.4일)이었고, 공급자 2는 30번의 주문에 대해 평균 도착시간이 3.6일(표준편차 0.7일)이었다. 평균 도착시간은 비슷하지만 도착시간의 편차는 다르게 보인다. 0.025의 유의수준에서 공급자 2의 표준편차가 더 큰지를 한쪽꼬리 검정을 하여 판단하라.

참고: 연습문제 11.72~11.74는 컴퓨터를 사용해야 함.

11.72 여성과 남성을 독립표본으로 하여 백화점에서 쇼핑을 하는 데 걸리는 시간을 기록하였다. 각 쇼핑시간은 파일 **XR11072**에 있다. 0.025의 유의수준과 한쪽꼬리 검정을 사용하여 여성의 쇼핑시간의 변동성이 남성보다 큰지를 판단하라.

11.73 인터넷 서비스공급자 A와 B의 고객을 독립표본으로 하여 나이를 파일 **XR11073**에 기록하였다. 0.05의 유의수준에서 비방향검정을 사용하여 두 고객집단의 나이의 변동성이 같은지를 판단하라.

11.74 투자분석가는 두 뮤추얼펀드에 대한 지난 8년간의 연간 수익률을 조사하여 파일 **XR11074**에 기록하였다. 두 펀드는 평균적으로 매우 우수한 수익률을 보이고 있지만 한 펀드는 수익률의 변동성이 커서 투자위험이 상대적으로 높아 보인다. 0.05의 유의수준에서 두 펀드의 수익률의 변동성이 유의하게 다른지 판단하라.

11.8 요약

두 개 모집단의 평균이나 비율을 비교하기

경영통계의 유용한 적용분야는 두 표본의 차이가 (1) 유의한지 혹은 (2) 우연에 기인한 것인지를 알아보는 것이다. 두 개 표본을 비교할 때에도, 검정통계량의 계산값과 기각값을 비교하여 귀무가설의 기각 여부를 결정한다.

독립표본과 종속표본

표본의 표집과정이 다른 표본의 표집과 관련이 없을 때를 독립표본이라고 한다. 독립표본의 예는 실험의 대상이 실험그룹과 통제그룹에 무작위로 할당되었을 경우이다. 독립이 아닌 표본은 두 표본의 표집과정이 연관되어 있을 경우이며, 동일한 사람 혹은 검정대상에 대한 전–후 측정이 대표적인 예이다. 이 경우에는 두 측정치의 차이를 하나의 변수로 간주한다.

독립표본의 경우 평균의 비교

두 모집단의 평균을 비교할 경우에 두 모집단의 표준편차를 모르면 t-검정을 사용한다. 모표준편차는 대부분의 경우 알 수 없다. **합동분산 t-검정**은 모표준편차가 같다고 가정할 수 있는 경우에 사용된다. 표본크기에 관계없이 사용하지만, 표집분포인 t분포는 표본이 추출된 모집단 분포가 정규분포임을 가정하기 때문에, 모집단의 분포가 정규성에서 멀어질수록 표본의 크기는 커야 한다.

모표준편차를 모르면서, 또 그것이 서로 같다고 가정할 수 없다면 **이분산 t-검정**을 사용한다. 이분산 t-검정은 자유도 산정에 수정공식을 사용한다.

모표준편차를 아는 경우는 z-검정을 사용하며, 표본크기가 클 경우에는 (각 n이 30 이상) 모표준편차를 모르더라도 이분산 t-검정 대신에 간편하게 z-검정을 근사치로 사용할 수 있다.

독립표본을 사용한 비율에 대한 비교

두 모집단의 비율을 비교할 때는 z-검정을 사용한다. 표본크기가 크고 이 장에서 설명한 조건들이 만족되면 이항분포의 근사치로 정규분포를 사용한 z-검정을 이용한다.

독립표본을 이용한 두 모집단의 분산에 대한 검정

두 개 독립표본에 관련한 모집단의 **분산의 동일성**에 대한 검정을 F분포를 이용하여 할 수 있다. 분산의 동일성에 대한 검정결과에 따라 합동분산 t-검정을 사용하는 것이 타당한지, 아니면 이분산 t-검정을 사용할 것인지를 선택할 수 있다.

단원 연습문제

참고: 그림 11.1을 참조하여 검정절차를 선택하라. 동일한 데이터에 대해 두 검정이 다 사용 가능할 때는 이분산 t-검정이 z-검정보다 좋다. 특히 컴퓨터로 할 경우는 더 그렇다.

11.75 TV 수리센터가 여성에게 수리비를 더 많이 청구한다는 의심이 든 Emily는 TV의 스피커선을 절단하여 12개의 수리센터에 가져가서 수리비를 알아보았다. 평균 수리비는 $85이고 표준편차는 $28이었다. 남자친구 John이 9개 수리센터에 문의하니 평균 $65, 표준편차가 $21이었다. 모집단이 정규분포를 하고 표준편차가 같다고 하고 0.05의 수준에서 Emily의 생각이 사실인지 판단하라. 분포표를 사용하여 p값의 범위를 구하라.

11.76 다목적 트레일러를 제조하는 생산업자는 트레일러를 견인할 때와 지붕위 캐리어(rooftop carrier)를 사용할 경우의 연료 소모량을 비교하려고 한다. 시험도로에서 고속주행을 8번 할 경우에 트레일러를 단 차량은 평균 0.28갤런(표준편차는 0.03갤런)을, 지붕위 캐리어를 단 차량은 10번의 주행에서 0.35갤런(표준편차는 0.05갤런)을 소모하였다. 정규분포와 등분산가정을 하고 0.01의 수준에서 트레일러가 연료를 적게 소모하는지를 검정하라.

11.77 압축기 제조업자는 두 종류의 공기탱크를 시험하고 있다. 탱크가 폭발하기 직전의 공기압력을 측정하니 공기탱크 A는 4개의 평균이 1,400 psi이고(표준편차 250 psi), 공기탱크 B는 6개의 평균이 1,620 psi였다(표준편차 230 psi). 정규분포와 등분산가정을 하고 0.10의 수준에서 두 공기탱크를 비교하라. 모평균의 차이에 대한 90% 신뢰구간을 구하라.

11.78 어느 산업공학자는 생산성을 향상시킬 수 있는 작업장을 설계한 후 8명의 직원을 작업하게 하였다. 새 작업장에서의 시간당 생산량의 평균과 표준편차는 36.4와 4.9이며, 기존의 작업장에서 작업한 6명의 직원의 생산량은 각각 30.2와 6.2였다. 정규분포와 등분산가정을 하고 0.025의 수준에서 새 작업장은 생산성을 향상시킨다고 할 수 있는가?

11.79 Bob Techster는 자동차 경주대회의 우승을 위해 경주차의 속도를 향상하기 위한 새 디자인의 효능을 시험하려고 한다. 비행기회사의 풍동실험장치를 이용할 수가 없어서 언덕에서 실험을 한 결과 기존 디자인의 속도는 10번 주행에서 평균과 표준편차가 22.5초와 1.3초이었고, 새 디자인의 속도는 12번 주행에서 평균과 표준편차가 21.9초와 0.9초이었다. 정규 모집단과 등분산가정을 하고 0.10 수준에서 새 디자인이 속도향상에 도움을 주는지 Bob에게 알려주라. 분포표를 사용하여 이 검정의 p값의 근사치를 구하라.

11.80 새 용접총의 개발업자는 그것으로 용접하면 용접부위가 기존제품보다 더 단단하다고 주장한다. 새 용접총을 사용한 45개의 용접부위의 평균강도는 23,500 psi(표준편차는 600 psi)이고, 기존의 용접총을 사용한 40개의 용접부위의 평균강도는 23,140 psi(표준편차는 750 psi)이다. 개발업자의 주장을 0.01 수준에서 검정하라. 이 검정의 p값의 근사치를 구하라.

11.81 월요일과 수요일에 고속도로의 일정지점을 지나는 차량을 무작위로 선택하여 보니 월요일에는 16대의 속도 평균이 59.5 mph이고(표준편차는 3.7 mph), 수요일에는 20대의 속도 평균이 56.3 mph이었다(표준편차는 4.4 mph). 정규 모집단을 가정할 때, 0.05의 수준에서 월요일의 모든 차량의 평균속도가 수요일보다 빠르다고 할 수 있는가? 검정의 p값의 범위를 구하라.

11.82 25명의 생산직 근로자는 손동작 테스트를 두 번씩 받았다. 테스트를 마치는 데 걸리는 시간은 두 번째에서 단축되어서 그 평균 단축시간은 1.5분이고 표준편차는 0.3분이었다. 0.05의 유의수준에서 근로자가 두 번째 테스트를 마치는 데 걸리는 시간의 평균이 첫 번째보다 빠르다고 할 수 있는가?

11.83 48명의 재무 전공학생이 대학신문을 읽는 데 걸리는 시간은 평균 19.7분이고 표준편차는 7.3분이다. MIS 전공자는 각각 16.3분과 4.1분이다. 0.01의 유의수준에서 모평균이 같다는 귀무가설을 검정하라. 이 검정의 p값의 근사치를 구하라. 모평균의 차이에 대한 99% 신뢰구간을 구하고 해석하라.

11.84 두 기계는 대략 같은 길이의 강철봉을 생산한다. 한 기계에서 생산한 35개 봉의 평균길이는 37.013인치고 표준편차는 0.095이며, 다른 기계에서 생산한 38개 봉의 평균길이는 36.974인치고 표준편차는 0.032였다. 0.05 수준에서 모평균이 동일하다는 귀무가설을 검정하라. 이 검정의 p값의 근사치를 구하라. 모평균의 차이에 대한 95% 신뢰구간을 구하고 해석하라.

11.85 편의점에서 아침고객 35명을 조사해 보니 평균 가게에서 머무는 시간은 3.0분(표준편차 0.9분)이며, 오후고객 43명은 평균 3.5분(표준편차 1.8분) 동안 머문다. 0.05 수준에서 모평균이 동일하다는 귀무가설을 검정하라. 모평균의 차이에 대한 95% 신뢰구간을 구하고 해석하라.

11.86 비거리를 향상시키는 새 골프공을 실험하기 위하여 20명의 골퍼가 새 공과 기존의 공을 한 번씩 날려보았다. 새 공이 평균 9.3야드(표준편차 10.5야드) 더 멀리 날

라갔다. 0.005의 유의수준에서 새 공의 비거리가 향상되었는지를 확인하라. 이 검정의 p값의 근사치를 구하라.

11.87 마찰을 줄이는 오일첨가제의 사용 전과 후에 대하여 14개의 가솔린 발전기의 공회전 속도를 측정하였다. 첨가 후의 회전속도는 평균 +23 rpm(표준편차 3.5 rpm) 상승하였다. 0.05의 유의수준에서 첨가제는 엔진의 rpm을 높이는 효과가 있는가?

11.88 호텔의 투숙객이 객실 타월을 반출하는 일이 잦아서 타월의 종류를 희고 로고가 있는 것에서 연두색 무지의 형태로 바꾸어 보았다. 120명의 투숙객의 35%가 적어도 한 장의 흰색 타월을 반출하였고, 160명의 투숙객 중 25%만이 한 장 이상의 연두색 타월을 숨겨 퇴실하였다. 0.01의 유의수준에서 연두색 타월이 도난을 막는 효과가 있다고 할 수 있는가?

11.89 IRS 관리자는 두 감사인이 수행한 납세자와의 인터뷰 결과를 비교하고 있다. Smith 양이 감사한 200명의 납세자 중에서 30%가 추가 납부를 했으며, Burke 씨가 감사한 100명 중에는 19%만이 추가납부를 하였다. 0.01의 유의수준에서 IRS 관리자는 Smith 양이 Burke 씨보다 유능하다고 생각할 것인가?

11.90 어느 제약회사는 기존의 것보다 두통을 더 경감시키는 새 약물을 개발하였다. 이전 약물을 사용한 250명의 환자 중에서 130명이 두통이 경감되었고, 새 약물을 복용한 200명 중 128명이 효능이 있다고 한다. 0.05의 수준에서 새 약물이 우수하다고 할 수 있는가? 이 검정의 p값의 근사치를 구하라.

11.91 속독강좌를 수강한 10명을 테스트해 보니 분당 평균 200단어(표준편차 75단어)만큼 속도가 향상되었다. 0.10의 수준에서 강좌가 읽기속도를 향상한다고 할 수 있는가? 이 검정의 p값의 근사치를 구하라.

11.92 몰리브덴을 사용한 새로운 타입의 윤활유를 사용하면 엔진의 고장률이 낮아진다고 한다. 한 달 동안에 새 윤활유를 사용한 120개의 엔진 중에서 20%가 한 시간 이상 고장이 났고, 기존의 윤활유를 사용한 100개의 엔진 중에서는 30%가 한 시간 이상 고장이 났다. 0.05의 유의수준에서 새 윤활유의 성능이 더 좋은가? 이 검정의 p값의 근사치를 구하라.

11.93 미국 교육통계센터에 의하면 가계수입이 $75,000 되는 가정의 초중고교 학생의 88%의 그룹은 컴퓨터를 사용하였고, 연간 수입이 $20,000인 가정의 학생은 81%가 컴퓨터를 사용하였다. 500명의 학생을 각각 표본으로 사용하였다. 0.01 유의수준의 한쪽꼬리 검정에서 가계수입이 높은 가정의 학생이 그렇지 않은 학생보다 유의하게 높다고 할 수 있는가? 이 검정의 p값의 근사치를 구하라. (출처: Bureau of the Census, *Statistical Abstract of the United States 2009*, p. 163)

11.94 Experian의 연구에 의하면 소비자 표본 100명을 대상으로 각각 조사한 결과 신용카드를 10장 이상 가지고 있는 비율이 뉴저지 소비자의 20%, 테네시의 11%이다. 0.05의 유의수준과 양쪽꼬리 검정을 사용하여 비율을 비교하라. 신용카드가 10장 이상 가지고 있는 뉴저지와 테네시 소비자의 비율이 다른가? 검정의 p값을 해석하고, 모비율의 차이에 대한 95% 신뢰구간을 구하고 해석하라. (출처: "1 in 7 Americans Carry 10 or more Credit Cards," moneycentral.msn.com, July 25, 2009)

11.95 연습문제 11.75에서 표본표준편차를 0.05 수준에서 비교한다면, 모표준편차가 같다는 가정이 올바른가? Emily가 조사한 수리비의 표준편차가 $35라면 결과가 달라지는가?

11.96 연습문제 11.76에서 표본표준편차를 0.01의 유의수준에서 비교한다면, 모표준편차가 같다는 가정이 올바른가? 지붕 위 캐리어를 단 차량의 표준편차가 0.07갤런이라면 결과가 달라지는가?

참고: 연습문제 11.97~11.101은 컴퓨터를 사용해야 함.

11.97 한 대학의 MBA 과정 졸업생들의 졸업 3년 후의 연봉을 조사한 데이터가 **XR11097** 파일에 있다. 파일의 한 그룹은 컨설팅회사에 근무하는 졸업생이고 다른 그룹은 대기업에 근무하는 졸업생이다. 두 표본은 독립이라고 할 때, 0.05의 유의수준에서 표본평균이 유의하게 다른지 검정하라. 검정의 p값을 구하고 해석하라. 모평균의 차이에 대한 95% 신뢰구간을 구하고 해석하라.

11.98 슈퍼마켓 관리자는 야채코너에 새로 구비된 비닐포장시스템이 고객의 포장시간을 절약하는지를 알아보려 한다. **XR11098** 파일에는 새 포장시스템과 기존의 포장시스템을 사용하여 고객이 구입할 야채를 포장한 시간(초)이 기록되어 있다. 두 표본은 독립이라고 할 때, 0.025의 유의수준에서 새 비닐포장시스템이 고객의 포장시간을 절약하는지를 검정하라. 검정의 p값을 구하고 해석하라.

11.99 농구화를 제조하는 어느 신발회사는 자사의 새 농구화가 점프력을 향상한다고 선전하고 있다. 프로구단의 감독이 선수들에게 기존의 신발과 새 신발을 신고 수직점프를 하게 하여 결과를 **XR11099** 파일에 기록하였다. 0.05의 유의수준에서 신발회사의 주장을 평가하라. 검정의 p값을 구하고 해석하라.

11.100 **XR11100** 파일에는 두 포장기계가 포장한 곡물 패키지의 무작위 표본이 있다. 포장기계에는 패키지의 평균무게를 조정할 수는 있지만 표준편차는 고정되어 있다. 이 데이터에 의하면 0.01의 유의수준에서 두 포

장기계가 포장한 패키지의 무게의 표준편차가 다르다고 할 수 있는가? 검정의 p값을 구하고 해석하라.

11.101 New York 주의 Utica 시의 신문에 게재되는 짝찾기 광고를 연구하는 인류학자는 광고에서 야외활동에 대한 문구가 있는지를 조사하였다. 야외활동에 관심이 있다는 것은 좋은 취미를 가지고 있다는 것 이외에 성품이 건전함을 의미한다고 볼 수 있다. 광고 중에서 58%의 남성과 62%의 여성이 야외활동을 언급한 것으로 조사되었으며, 데이터는 **XR11103** 파일에 '1 5야외활동에 관한 언급 없음, 2 = 언급 있음' 으로 코딩되어 있다. 0.10의 유의수준을 사용하여 두 모집단의 야외활동 선호비율이 같은지를 검정하라. 검정의 p값을 구하고 해석하라. 모비율의 차이에 대한 90% 신뢰구간을 구하고 해석하라. (출처: Karen S. Peterson, "Personal Ads Get Back To Nature," *USA Today*, November 23, 1999, p. 1D)

종합사례

Thorndike Sports Equipment

Thorndike는 U.S 올림픽팀의 수영고글 독점공급자를 선정하는 입찰서를 제출하였다. OptiView, Inc.가 오랫동안 고글을 공급해 왔다. 그러나 올림픽 위원회는 Thorndike의 제품이 누수실험에서 유의하게 좋은 결과가 나온다면 공급업체로 선정될 수 있다고 하였다.

공정하게 하기 위하여 위원회는 소매상으로부터 각각 16개의 제품을 구입하였다. 이는 제조업체가 성능이 우수한 제품만을 골라서 제출할 가능성을 배제하기 위함이었다. 실험은 고글을 인형얼굴에 착용하여 물의 압력(수심의 깊이로 표현됨)을 물이 샐 때까지 증가시켜서 압력을 측정하는 것이다. 압력값이 높게 측정되면 고글의 성능이 좋은 것이다.

두 회사는 실험결과를 통고받았으며 위원회가 최종 결론을 내리기 전에 의견을 제시할 기회를 가지게 되었다. Ted Thorndike는 다음과 같은 결과(정수로 반올림됨)를 받았다. 데이터는 **THORN11** 파일에 있다.

Thorndike 고글 (미터)

82	117	91	95	110	81	101	108
106	114	106	95	101	92	94	108

OptiView 고글 (미터)

73	95	83	106	70	103	86	100
92	108	94	77	109	90	107	73

1. 이 데이터를 사용하여 Ted Thorndike가 위원회에 제시할 의견을 만들어라.
2. 이 데이터를 사용하여 OptiView가 위원회에 제시할 의견을 만들어라.
3. 당신이라면 위원회에 무엇을 제안하겠는가?

Springdale Shopping Survey

2장의 후반에서 소개된 Springdale Shoppng Survey의 항목 C에는 설문의 7~9항목에 대한 설명이 있다. 이 변수는 세 가지 쇼핑구역에 대한 고객의 일반성향에 대한 것이며, 5(매우 좋음)부터 1(매우 싫음)까지의 값을 가진다. 고객집단에 따른 결과가 때로는 다르게 조사되는데, 이 차이가 표집에 따르는 우연한 결과인지 아니면 고객집단이 다른 성향을 보이는지를 알아보고 싶다.

변수 7 = Springdale Mall에 대한 성향
변수 8 = Downtown에 대한 성향
변수 9 = West Mall에 대한 성향

Part I: 결혼 여부에 따른 성향비교

1. 변수 7(Springdale Mall에 대한 성향)에 대하여 결혼한 고객(변수 28의 code = 1)이 미혼(변수 28의 code = 2)인 고객과 평균성향이 다른지를 가설검정하라. 컴퓨터 출력을 해석하고 검정의 p값을 구하라.
2. 변수 8(Downtown에 대한 성향)에 대하여 1번을 반복하라.
3. 변수 9(West Mall에 대한 성향)에 대하여 1번을 반복하라.
4. 각 쇼핑구역에서 결혼 여부가 보이는 차이의 정도에 대하여 의견을 기술하라.

Part II: 성별에 따른 성향비교

그룹을 구분하는 기준으로 변수 28(고객의 결혼 여부) 대신에 변수 26(고객의 성별)을 사용하여 part I을 반복하라.

경영사례

Circuit Systems, Inc. (A)

Circuit Systems, Inc.는 북부 캘리포니아의 PC의 집적회로보드를 제조하는 회사이다. 사무직원 이외에 조립라인에서 근무하는 250명의 시간제 근로자들이 있는데 이들의 평균임금은 시간당 $11.00이다.

인사담당이사인 Thomas Nelson은 시간제 근로자들의 결근에 관심을 가지고 있다. 시간제 근로자는 현재 연간 18일의 유급병가를 사용할 수 있는데, 근로자들은 병가를 대부분 빨리 사용해 버린다. Thomas는 인사기록에 대한 비공식적인 조사를 통하여 많은 근로자들이 유급병가를 '여분의' 휴가라고 간주하고 쉬고 싶을 때는 언제든지 '아파서 결근'한다고 둘러대고 있다고 파악하였다. 이것이 시간제 근로자와 관리부서 사이에서 갈등을 만들고 있었다. 이는 Circuit Systems이 근로자들에게 연간 일주일 남짓의 휴가만 허락하고 있기 때문이기도 하다. 그래서 유급병가휴가가 없다면 연간 50주를 근무하는 것이다.

원가를 절감하고 생산성을 높이기 위하여 Thomas는 두 가지 계획안을 마련하여 사장의 결재를 받았다. 유급병가를 남용하지 못하도록 시간제 근로자는 사용하지 않은 유급병가를 3 대 1로 현금지급이 되도록 하였다. 즉 유급병가 하루는 하루임금의 1/3과 바꿀 수 있게 되었다. 그래서 유급병가를 전부 사용하지 않으면 연간 6일에 해당하는 임금을 더 받을 수 있는 것이다. Thomas는 이를 통하여 근로자의 거짓 병가를 줄일 수 있을 것이라 기대하였다. 두 번째 계획은 시간제 근로자의 건강을 증진하기 위한 자발적 운동 프로그램이다. 참가자를 대상으로 연간 $200를 지원하여 헬스클럽 멤버십을 구입하도록 하며 그 경우에 참가자는 매주 적어도 3회 동안 운동을 해야 한다. Circuit Systems은 근로자의 육체적 건강이 회사의 생산성을 장기적으로 향상시킬 뿐 아니라 회사의 건강보험 지급액을 줄일 것이라 믿는다. 시간제 근로자와의 대화에서 Thomas는 그들이 이 계획에 동의하여 많이 참가할 것이라 기대하였다.

Thomas와 대화한 대부분 감독자들도 두 가지 계획이 시간제 근로자의 결근을 줄일 것이라 생각하였지만 일부는 성공에 대한 회의를 표현하였고 회사의 비용만 증가할 것이라 하였다. Circuit Systems의 사장은 이 계획을 1년간 시행해 보기로 결정하고 1년 뒤에 그 계획을 평가하여 지속 여부에 대한 판단을 하도록 지시하였다.

과제

두 가지 프로그램이 시행되는 다음 해 동안에 Thomas Nelson은 근로자의 결근일수, 유급병가의 전환 활용, 헬스클럽 프로그램의 참가 등에 관련한 데이터를 수집하였다. 프로그램이 시행되기 전해의 데이터도 함께 수집하여 새 프로그램의 성과를 평가할 수 있도록 하였다. 최종 데이터는 **CIRCUIT** 파일에 있다. 이 데이터에 대한 자세한 설명은 다음의 자료설명에 있다.

이 데이터와 기타 정보를 사용하여 Thomas Nelson이 새로운 프로그램의 성과를 판단할 수 있도록 도움을 주자. 특히 지난해의 데이터와 올해의 데이터를 비교하여 새로운 프로그램이 결근비용을 줄이는데 효과가 있는지, 실제로 비용이 줄어들었는지 알아보자. 사례에 대한 구체적인 질문이 데이터를 분석하는 데 도움을 줄 것이다.

데이터 설명

CIRCUIT 파일은 지난 2년 동안에 근무하였던 233명의 시간제 근로자에 대한 자료를 담고 있다. 다음은 데이터의 일부분이다.

근로자	시간당 임금	지난해 병가일수	올해의 병가일수	헬스 프로그램
6631	$10.97	3.50	2.00	0
7179	11.35	24.00	12.50	0
2304	10.75	18.00	12.75	0
9819	10.96	21.25	14.00	0
4479	10.59	16.50	11.75	0
1484	11.41	16.50	9.75	1
⋮	⋮	⋮	⋮	⋮

데이터는 다음과 같이 코딩되어 있다.

근로자(Employee):	근로자 ID넘버
시간당 임금(Hourly Pay):	2년간의 시간당 임금. 경제상황 때문에 임금상승은 없었다.
지난해 병가일수(Sick Leave Last Year):	새 프로그램이 시작되기 전인 지난해에 사용하였던 유급 병가일수
올해의 병가일수(Sick Leave This Year):	새 프로그램이 가동된 올해에 사용한 유급 병가일수
헬스 프로그램(Exercise Program):	1, 프로그램에 참가했음 0, 참가하지 않았음

1. 짝표본의 평균을 비교하는 방법을 사용하여 새 프로그램이 가동되기 전과 후에 사용된 병가일수를 비교하라. 이 결과만을 볼 때, 새 프로그램은 결근을 줄이는 데 효과가 있는가?
2. 새 프로그램의 목적은 의도적인 결근으로 발생하는 비용을 줄이는 것이므로 각 근로자에 대한 2개의 변수를 새로 만들 필요가 있다: (1) 지난해 발생한 결근 비용, (2) 올해 발생한 결근 관련 비용. 이 변수에 대한 힌트: (1)에 대하여 하루 *8*시간 근무를 가정하고 근로자의 하루 임금과 결근일수를 고려하라. (2)에 대하여 하루 *8*시간 근무를 가정하고 결근에 관련한 비용에는 유급휴가비용, 미사용한 병가에 대한 지급액, 헬스클럽 멤버십비용이 포함되어야 한다. 이 변수의 이름을 *Cost_Before*와 *Cost_After*로 하면 된다. 이 새 변수를 사용하여 1번 문제를 반복한 뒤, 새 프로그램의 효과를 분석하여 그것을 계속해야 하는지를 판단하라.
3. 2번에서 만든 올해의 비용변수와 적절한 검정방법을 사용하여 헬스프로그램의 효과를 평가하라. 결과를 분석하여 헬스클럽 멤버십 프로그램을 계속해야 하는지를 판단하라.

애플릿 14: 표본평균 차이의 분포

이 애플릿에는 세 가지 파트가 있다:

1. 윗부분에는 두 개의 정규모집단 분포가 있다. 편의상 표준편차는 같게 하였다. 애플릿의 제일 위에 있는 조절막대를 움직이면 모집단의 분포 중 하나를 이동할 수 있다(모평균의 차이를 변경하게 된다). 우측의 조절막대 중 위의 조절막대를 움직이면 모표준편차를 변경할 수 있다.
2. 중앙에는 위의 모집단에서 추출한 단순 무작위표본의 평균에 대한 표집분포를 보여준다. 표본의 크기는 동일하다고 하였다. 우측의 조절막대 중 아래의 것을 움직이면 표본크기를 변경할 수 있다.

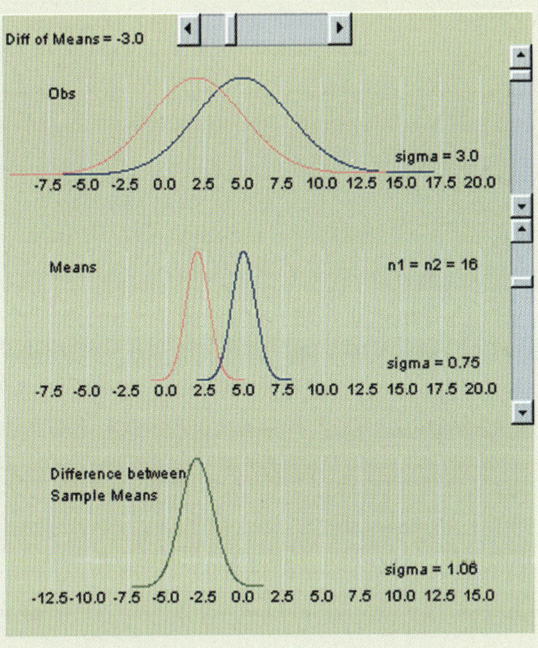

3. 아랫부분에는 표본평균의 차이($\bar{x}_1 - \bar{x}_2$)의 표집분포를 보여준다. 이 표집분포의 표준오차는 그림의 우하에 'sigma'로 표시되어 있으며, 이는 11.4에 있는 공식으로 계산된다. 표본크기가 작아도 모집단이 정규분포이며 모표준편차를 알고 있는 것으로 가정한다.

애플릿 과제

14.1 위쪽 조절막대를 조정하여 모평균의 차이가 −3.0이 되도록 한다. 우상의 조절막대를 조정하여 모표준편차를 2.5가 되도록 한다. 우하의 조절막대로 $n_1 = n_2 = 20$이 되도록 한다.

a. 윗부분의 애플릿에서 두 모집단의 곡선이 많이 겹치는가?

b. 중앙의 애플릿에서 두 표집분포의 곡선이 많이 겹치는가?

c. 아랫부분의 애플릿을 볼 때 $(x_1 - x_2)$가 0보다 클 가능성이 높아 보이는가?

14.2 모평균의 차이를 +0.5로 하고 14.1을 반복하라.

14.3 모평균의 차이를 +3.0으로 하고 14.1을 반복하라.

14.4 위쪽 조절막대를 조정하여 모평균의 차이가 −0.5에서 4.5로 서서히 변하게 하라. 애플릿에 있는 세 개의 그림에 어떻게 영향을 미치는지 설명하라.

14.5 우상의 조절막대를 조정하여 모표준편차를 1.1에서 3.0으로 서서히 변하게 하라. 애플릿에 있는 세 개의 그림에 어떻게 영향을 미치는지 설명하라.

14.6 우하의 조절막대를 조정하여 표본크기를 2에서 20으로 서서히 변하게 하라. 애플릿에 있는 세 개의 그림에 어떻게 영향을 미치는지 설명하라.

http://www.cengage.com/international에서 **Applets**을 해보라.

CHAPTER

12 분산분석검정

Analysis of Variance Tests

Synergy효과와 ANOVA

멋진 체크무늬 옷과 보기 좋은 줄무늬 옷이 있다고 해 보자. 그러나 체크무늬 바지에 줄무늬 셔츠를 같이 입으면 잘 어울리지 않는다. 반면에 어떤 조합은 서로를 돋보이게 하기도 한다. 바다의 파도와 눈부신 하늘이 그와 같은 경우이다. 이처럼 전체적인 효과가 부분 효과의 합과 다른 경우에 우리는 시너지(Synergy) 효과가 있다고 말한다. 과연 이러한 시너지 효과를 통계학적인 분석으로 밝혀 낼 수 있을까?

통계학의 분산분석 기법(ANOVA)을 활용하면 두 가지 인자가 상호작용을 하여 긍정적이거나 부정적인 결과를 낳는 것을 찾아낼 수 있다. 이와 관련된 기법으로 이원 분산분석이 있는데, 이는 12.5절에서 다룬다.

Thorndike Sports Equipment 사례에서 Luke와 Ted는 라켓볼 선수를 후원하여 그에게 가장 잘 맞는 스트링과 라켓의 조합을 찾아 주려고 한다. 이 장의 주제를 학습하여 여러분이 Thorndike의 고민을 해결해 줄 수 있기를 기대한다.

학습목표

- 분산분석을 적용하는 절차와 그것이 사용되는 분야를 이해한다.
- 분산분석과 실험설계의 관계를 이해한다.
- 완전임의화 설계, 임의화블록설계, 이원 분산분석 설계의 구분과 목적을 이해한다.
- 분산분석 절차를 이용할 수 있도록 데이터를 분석에 맞는 포맷으로 구성한다.
- 실험데이터에 관련된 가설을 검정할 수 있도록 일원분산분석, 임의화블록, 이원 분산분석기법을 사용한다.
- 컴퓨터를 사용하여 분산분석을 수행하고 검정결과의 출력을 해석한다.

12.1 머리말

11장에서 공부한 검정은 두 개 독립표본의 평균을 이용하여 두 개 모집단의 평균을 비교하는 것이었다. 이 장에서는 세 개 이상의 모집단의 평균을 동시에 비교할 수 있는 분산분석 기법을 공부한다.

앞 장까지는 주로 조사(survey)와 관찰(observation)에 의한 자료를 가지고 분석하였다. 그러나 이 장의 분산분석은 관찰에 의한 자료뿐만 아니라, 분석자가 실험(experiment)을 설계하고 그 실험결과에 의한 자료를 가지고 분석할 수 있다. 비교하고자 하는 어떤 관심변량을 정하고, 그 관심대상 변량이 관찰될 수 있도록 실험을 계획하고, 그 결과에 의한 자료를 가지고 분석을 하는 것이다.

12.3절에서 12.5절까지는 ANOVA에 관련하여 많이 사용되는 세 가지 기법을 살펴보도록 한다. 그 기법들은 서로 비슷한 점도 있지만 그 목적과 사용절차는 다르다. 이러한 ANOVA 기법에 대하여 간단한 예제와 그에 대한 컴퓨터사용 결과도 제시한다. ANOVA에서는 계산량이 많으므로 컴퓨터의 사용이 필수적이다.

12.2 분산분석의 기본개념

분산분석과 실험

1700년대 후반에 영국 해군은 해병들에게 과일통조림을 배포하기 시작했다. 이는 당시에 유행하였던 괴혈병을 예방하는 데 비타민 C가 효과가 있다는 실험결과 때문이었다. 최근에는 불소가 함유된 치약이 나오고 있는데 이는 충치를 예방하는 데 불소가 효과가 있다는 것을 발견하였기 때문이다. 이들은 모두 실험결과에 근거한 의사결정이었다. 이러한 실험을 설계하고 그 결과를 분석하여 어떤 효과나 영향이 있는지를 판단하는 분석기법이 **분산분석(ANOVA, analysis of variance)**이다.

ANOVA를 논의하는 출발점은 실험이다. 실험의 결과 관측되는 개별값에는 평균값과 비교하여 항상 차이(변동)가 있기 마련이다. 실험에서는 차이와 변동을 발생시키는 원천 (source)을 선정하고 그것을 다양하게 변화시키면서 그것이 관심대상에 어떤 영향을 미치는지를 관찰한다. ANOVA는 실험에 연관되어 있는데 앞으로 사용할 주요 용어를 정리하면 다음과 같다:

실험(Experiment) 한 변수가 다른 변수에 미치는 효과를 알기 위해 설계된 연구 혹은 조사

종속변수(Dependent Variable) 관심대상을 가지고 실험한 결과 그 값이 측정(혹은 관측)되는 변수. ANOVA에서 종속변수는 계량적 변수로서 반응변수(response variable)이라고도 한다.

독립변수(Independent Variable) 종속변수에 효과를 미치면서 실험설계자가 통제할 수 있는 변수. ANOVA에서 독립변수는 정성적 변수, 혹은 계량적 변수 모두 가능하다.

1. 종속변수에 영향을 미칠 것으로 예상되는 독립변수를 인자(factor)라고 한다. 실험에서 인자는 한 개 또는 여러 개(다중인자)를 둘 수 있다.
2. 각 인자는 몇 개의 인자수준(factor level, category)으로 구분할 수 있다.
3. 각 인자수준을 처리(treatment)라고 부른다. 인자가 여럿인 경우는 여러 개 인자수준의 조합을 처리라고 부른다. 인자가 한 개만 있는 경우는 인자수준과 처리는 같은 의미가 된다.

이 장에서 강조하고자 하는 것은 **설계된 실험**(designed experiment)이다. 설계된 실험을 통해서 사람이나 실험대상에 어떤 처리(treatments)를 무작위로 적용할 수 있다. 또한 무작위로 적용할 수 없는 처리를 비교하는데에도 응용할 수 있다. 예를 들면 고등학교 졸업자, 대학 졸업자, 대학원 졸업자 별로 소득을 비교하고자 한다면 처리를 무작위로 적용할 수가 없다. 이러한 경우에도 우리는 기존의 데이터를 가지고 분석할 수 있다.

예를 들어 어느 자물쇠 제조업자가 자물쇠의 디자인을 바꾸어서 자물쇠의 강도를 튼튼하게 할 수 있는지 알고 싶다고 해보자. 자물쇠 제조업자가 네 가지의 디자인을 제안하고, 디자인별로 부러지기 직전까지 견딜 수 있는 힘의 강도를 실험을 통하여 측정한다고 해보자. 그 결과는 아래의 표와 같다.

	인자: 자물쇠 디자인 수준			
	1	2	3	4
측정: 부러질 때의 강도, 파운드, 디자인별 3개의 자물쇠	1050	957	1008	1235
	1023	1114	849	1093
	981	1056	972	1110
평균	1018.0	1042.3	943.0	1146.0 파운드

이 실험에서 종속변수는 '부러질 때의 힘(강도)'이며, 이에 영향을 미치는 독립변수 또는 인자(factor, 요소)는 '자물쇠 디자인'이다. 여기서 인자수준(처리, treatment)은 바로 4가지 디자인이 된다. 각 실험의 처리는 세 개의 실험대상(자물쇠)을 가지고 3회 반복하였다. 이는 동일한 수의 실험대상을 처리하는 균형실험(balanced experiment)의 경우이다.

ANOVA 검정의 핵심은 표본평균($\bar{x}_1$, $\bar{x}_2$, $\bar{x}_3$, $\bar{x}_4$)이 서로 유의하게 다른지, 아니면 그것의 차이가 우연에 의한 변동인지 판단하는 것이다. 자물쇠 디자인의 예에서 보면, 4가지 디자인으로 구분되는 모집단들에 대해서 그 강도가 서로 같다고 할 수 있는가 판단하는 것이다.

처리그룹 간 변동과 처리그룹 내 변동

앞의 실험에서 측정한 자물쇠의 강도의 변동은 (1) 인자수준(자물쇠 디자인)의 효과에 의한 변동을 말하는 **처리그룹 간의 변동**과, (2) 표집과정에서 발생한 무작위적인 오류에 의한 변동을 말하는 **처리그룹 내의 변동**으로 나눌 수 있다. 이 두 종류의 변동을 비교하는 것이 ANOVA의 기본적인 내용이다.

이 두 종류의 변동을 ANOVA에 적용하는 것을 보여주기 위해서 컴퓨터를 이용하여 두 번의 실험을 하였다. 표 12.1은 각 실험에서 얻은 세 개의 독립표본을 점그래프(dotplot)를 그린 것인데(표에는 GROUP1, 2, 3과 SAMPLE 1, 2, 3으로 표기), 이것은 각각 세 개의 처리를 적용한 별도의 실험으로 볼 수 있다. 점그래프를 가지고 각각이 동일한 모평균을 갖는 모집단에서 추출된 표본으로 간주할 수 있는지 판단해 보기 바란다.

Part A. 여러분이 눈으로 판단한다면, part A의 세 개의 표본이 동일한 모평균의 모집단에서 추출된 것으로 보이는가?

Part B. part B의 세 개의 독립표본을 보기 바란다. 세 개의 표본이 동일한 모평균의 모집단에서 추출된 것으로 보이는가?

Part A. 표 12.1의 A에서 점이 분포한 것을 보면, 이들 세 개의 처리그룹이 서로 같은 평균값을 갖는 모집단에서 추출된 표본이라고 보기 어렵다(표본평균 $\overline{x}_1$, $\overline{x}_2$, $\overline{x}_3$가 대략 60, 30, 50으로 확연히 달라 보이기 때문이다).

표 12.1

ANOVA는 표본 간의 변량과 표본 내의 변량을 비교한다. A에 있는 세 개의 독립표본에서는 H_0: $\mu_1 = \mu_2 = \mu_3$를 기각할 것이며, B의 경우에는 기각하지 못할 것이다.

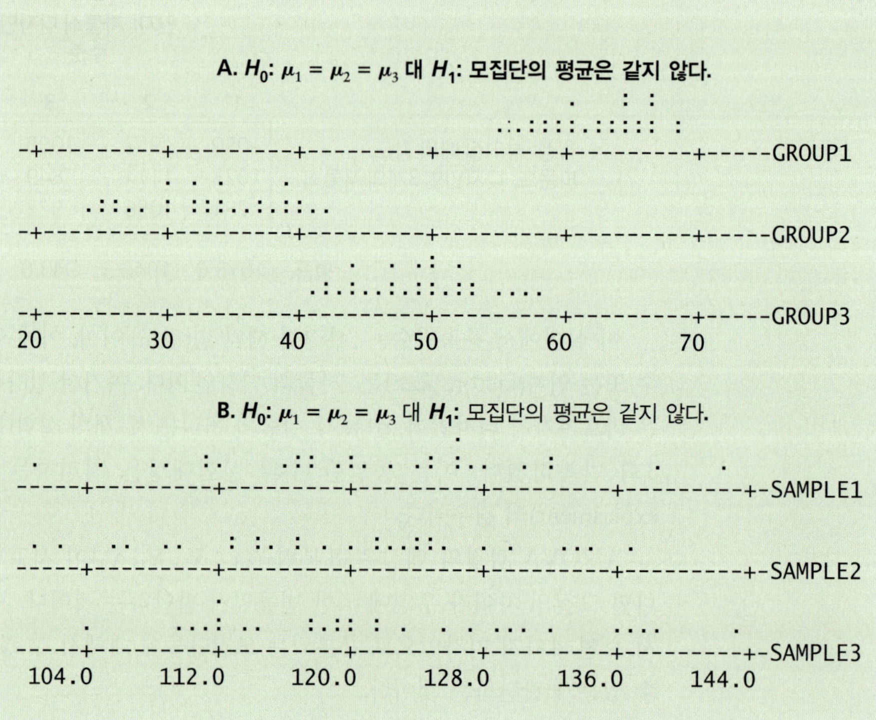

Part B. 표 12.1의 B에 있는 세 개의 처리그룹을 보면, 서로 비슷한 평균값을 갖는 모집단에서 추출된 표본으로 보인다(표본평균 $\bar{x}_1$, $\bar{x}_2$, $\bar{x}_3$가 모두 125.0 부근의 값을 중심으로 분포해 보이기 때문이다).

표 12.1의 Part A의 분포가 part B의 분포와 다른 점은, part A는 표본 간의 변동이 표본 내의 변동보다 크다는 것이다. A는 단발 엽총으로 세 개의 다른 목표지점을 정해놓고 각각 여러 번 쏜 결과이고, B는 엽총으로 동일한 목표지점을 향해 쏜 결과와 비슷하다고 할 수 있다.

표 12.1의 part A의 자료를 가지고 본다면, 단일 요인을 세가지 처리로 나누서 적용한 것으로서 그 처리 효과가 같지 않다고 말 할 수 있다. 마찬가지 방법으로 생각하면, part B의 실험에서는 처리효과가 서로 다르다고 볼 수 없다.

ANOVA는 표본간의 변동과 표본내의 변동을 계량화하는 것인데, 그 기본적인 절차는 part A와 B에 대한 직관적인 이해를 연장해서 적용하는 것이다. ANOVA의 기본은 단일 변동요인을 두 개이상의 수준으로 나누어서 적용하는 것이다. 자물쇠 디자인의 예와 같이 하나의 변동요인(자물쇠 디자인)을 처리수준별로 나누어서 비교해보는 것을 **'일원배치 분산분석'** 이라고 부른다. 이것이 다음절의 주제이다.

연습문제

12.1 설계된 실험이란 무엇인가?

12.2 "인자수준이란 처리와 같은 의미다." 이 말은 항상 옳은가? 아니라면 어떤 경우에 옳은가?

12.3 실험이 '균형' 되기 위해서는 무엇이 필요한가?

12.4 분산분석을 할 때 표본 간 변량과 표본 내 변량이 하는 기본적인 역할은 무엇인가?

12.5 실험에서 독립변수와 종속변수를 구분하라.

12.6 대학교 총장은 공과대학 6명의 교수를 무작위로 선택해서 지난해의 결강횟수를 조사하였다. 경영대학 9명의 교수와 미술대학의 8명에 대해서도 같은 자료를 조사하였다. 이것이 설계된 실험인가? 설명하라.

12.7 20명의 회계전공 학생을 무작위로 중급회계과목의 두 분반에 10명씩 나누어 등록시켰다. 한 분반에서는 컴퓨터와 복습프로그램을 사용하였고 다른 분반에서는 사용하지 않았다. 학기말에 동일한 시험으로 테스트하였다. 이는 설계된 실험인가? 설명하라.

12.8 네 개의 공급자로부터 각각 못 10개의 표본을 받아서 못의 강도를 측정하였다. 이는 설계된 실험인가? 설명하라.

12.9 연습문제 12.6의 실험에서 독립변수와 종속변수를 찾아라. 각 변수는 정량적인지 정성적인지 밝혀라.

12.10 연습문제 12.7의 실험에서 독립변수와 종속변수를 찾아라. 각 변수는 정량적인지 정성적인지 밝혀라.

12.11 연습문제 12.8의 실험에서 독립변수와 종속변수를 찾아라. 각 변수는 정량적인지 정성적인지 밝혀라.

12.12 다음의 독립표본인 점선그래프에서 $\mu_A = \mu_B$라는 귀무가설을 기각할 것인가? 설명하라.

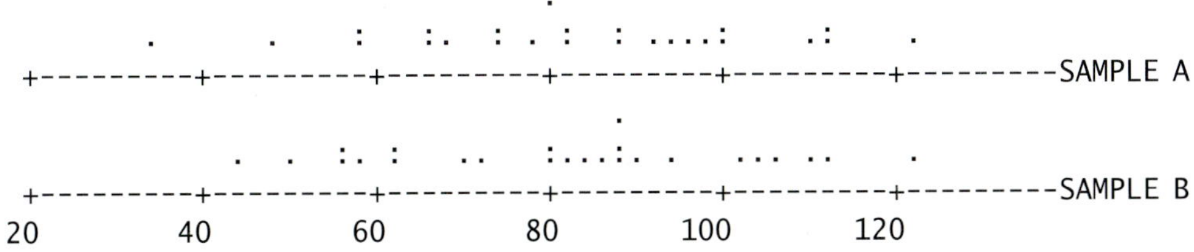

12.3 일원배치 분산분석

목적

일원배치 분산분석은 하나의 변동요인에 그 효과가 동일한지를 검사한다. 실험에 참가한 모든 대상에게 무작위로 처리를 적용하므로 이를 **단일인자 완전임의화 계획법**(*one factor, completely randomized design*)이라고 한다. 처리 수준이 두 개일 경우는 11장에서 논의한 합동추정량 t-검정과 동일하게 된다. 이 절의 후반부에서 이 두 가지가 같음을 논의하도록 하겠다.

귀무가설과 대립가설은 다음과 같다.

H_0: 1부터 t까지의 처리에 대하여 $\mu_1 = \mu_2 = \cdots = \mu_t$

H_1: 모집단의 평균은 같지 않다.

모형과 가정

다음과 같이 종속변수의 변동이 세 가지 요소으로 구성되는 모형으로 가정한다.

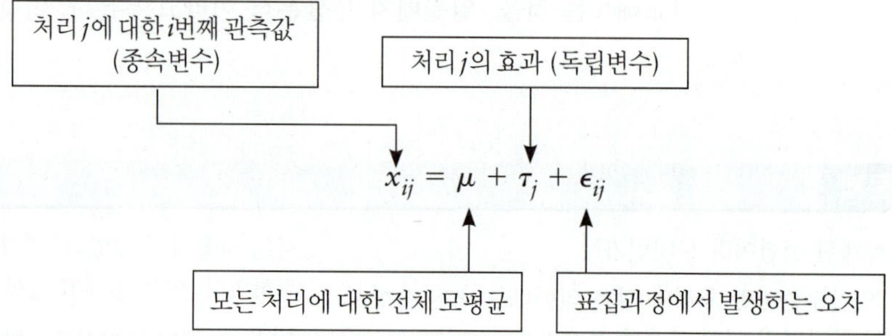

이 모형에 따르면, 처리 j에 관련한 관측값(x_{ij})은 모든 처리에 대한 실제모평균(μ), 처리 j의 효과(τ_j) 그리고 표집오차(ϵ_{ij})의 합으로 구성된다. 관측값 x_{ij}가 서로 다른 이유는 (τ_j)와 (ϵ_{ij})가 관측할 때마다 변동이 있기 때문이다. 귀무가설과 대립가설을 이 모형을 가지고 표현하면 다음과 같다.

H_0: 처리 $j = 1 \ldots t$에 대하여 $\tau_j = 0$(각 처리는 효과가 없다)

H_1: 처리 $j = 1 \ldots t$에 대하여 적어도 하나는 $\tau_j \neq 0$(한 개 이상의 처리는 효과가 있다)

이 귀무가설과 대립가설은 모집단 평균으로 표현한 것과 동일하다. 각 처리의 효과가 없다면 ($\tau_j = 0, j = 1 \ldots t$)처리에 대한 모집단의 평균($\mu_1, \mu_2, \cdots \mu_t$)은 서로 같을 것으로 가정한다.

NOTE

여기서 '효과가 있다', '동일하게 효과가 있다', 그리고 '효과' (*effective, equally effective, effect*) 등의 용어의 뜻을 정리해 보자. 예를 들어 실험에 사용된 자물쇠 디자인 모두가 부러뜨리기가 매우 어렵다면 ($x_{ij} = \mu + \tau_j + \epsilon_{ij}$) 모형에서 μ가 값이 매우 크다는 것을 의미한다. 반면에 처리가 종속변수에 효과가 있다(effective)는 것은 τ_j가 무시할 수 없을 정도로 크다는 것을 의미한다. 일원배치

ANOVA의 목적은 처리가 **동일하게 효과가 있는지**(*equally effective*)를 판단하는 것이다. 처리가 동일하게 효과가 있다고 결론을 내린다는 것은 각 처리의 효과(*effect*, τ_j)가 0이라고 결론을 내리는 것과 같은 의미이다.

일원배치 ANOVA의 가정은 다음과 같다: (1) 모집단은 정규분포를 따른다. (2) 모분산은 동일하다($\sigma_1^2 = \sigma_2^2 = \cdot\cdot\cdot = \sigma_t^2 = \sigma^2$). (3) 표본은 독립적으로 선택되었다. 이 가정들 중에서 **모집단의 등분산가정**은 특히 중요한데, 이는 ANOVA가 동일한 분산의 서로 다른 추정값을 사용하기 때문이다. 이와 같은 가정을 사용할 수 없거나 하고 싶지 않을 경우에는 두 개 이상의 표본의 중심을 비교하는 *Kruskal-Wallis* 검정을 사용한다. 14장에서 이 검정을 소개한다.

일원분산분석의 절차

표 12.2에 일원배치 ANOVA를 수행하는 절차가 Part A, B, C, D로 요약되어 있다.

Part A: 귀무가설과 대립가설

귀무가설과 대립가설은 처리그룹에 대해 모평균이 동일한지 여부로 표현된다.

Part B: 분석될 데이터의 형식

데이터는 처리를 기준으로 각 열을 구분한 표로 나타낼 수 있다. 각 열에서 관측값의 수($n_1, n_2, n_3, \ldots, n_t$)는 같지 않아도 된다. N은 전체관측값의 수이며, 전체평균 ($\bar{\bar{x}}$)은 모든 관측값의 평균이다.

표의 x_{ij}값에 대해서 각 처리($j = 1 \ldots t$)에 대한 평균은 첨자에 점 하나로 표시되어 있다. 예를 들어 처리 1번에 대한 평균은 $\bar{x}_{.1}$이다. 이 평균값은 첫 번째 열의 x_{i1}의 모든 값을 대표함을 의미한다.

Part C: 일원배치 ANOVA의 계산

Part C에 일원배치 ANOVA에 필요한 계산식이 있다. (이러한 계산은 컴퓨터 패키지를 이용하는 것이 쉽다.) Part C에 있는 변동의 요인은 표본 데이터에 있는 변동 원인(source of variation)을 요소별로 나타낸 것이며, 이는 앞에서 설명한 $x_{ij} = \mu + \tau_j + \epsilon_{ij}$모형과 일치한다.

제곱합 항목

- **처리변동 *TR*** *SSTR*은 개별 처리의 평균과 전체평균($\bar{\bar{x}}$)과의 차이의 제곱합이다. *SSTR*은 처리에 기인하는 변동에다 해당 처리그룹의 표본크기에 의한 가중치를 곱해서 표현한다.
- **표집오차 변동 *E*** *SSE*는 관측값과 해당 처리그룹의 평균값의 차이의 제곱합이다. *SSE*는 표집오차에 따른 변동을 표현한다.
- **전체변동 *T*** *SST* 는 전체 변동을 나타낸다. $SST = SSTR + SSE$이다.

표 12.2

일원배치 ANOVA의 요약. 표본크기(n_1, n_2, n_3, . . . , n_t)는 같지 않아도 된다.

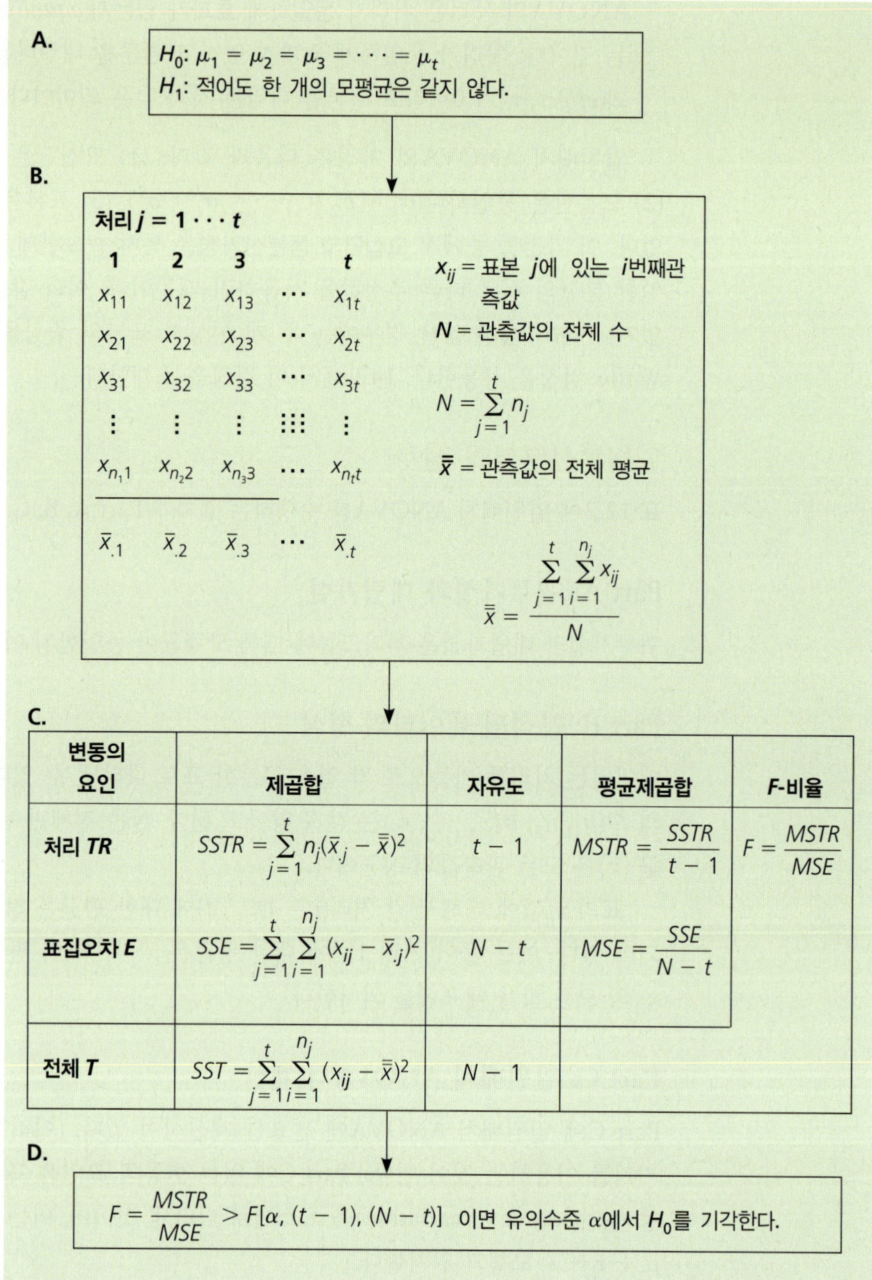

A.

H_0: $\mu_1 = \mu_2 = \mu_3 = \cdots = \mu_t$
H_1: 적어도 한 개의 모평균은 같지 않다.

B.

처리 $j = 1 \cdots t$

1	2	3		t
x_{11}	x_{12}	x_{13}	⋯	x_{1t}
x_{21}	x_{22}	x_{23}	⋯	x_{2t}
x_{31}	x_{32}	x_{33}	⋯	x_{3t}
⋮	⋮	⋮	⋮	⋮
$x_{n_1 1}$	$x_{n_2 2}$	$x_{n_3 3}$	⋯	$x_{n_t t}$
$\bar{x}_{.1}$	$\bar{x}_{.2}$	$\bar{x}_{.3}$	⋯	$\bar{x}_{.t}$

x_{ij} = 표본 j에 있는 i번째관측값

N = 관측값의 전체 수

$$N = \sum_{j=1}^{t} n_j$$

$\bar{\bar{x}}$ = 관측값의 전체 평균

$$\bar{\bar{x}} = \frac{\sum_{j=1}^{t}\sum_{i=1}^{n_j} x_{ij}}{N}$$

C.

변동의 요인	제곱합	자유도	평균제곱합	*F*-비율
처리 *TR*	$SSTR = \sum_{j=1}^{t} n_j(\bar{x}_{.j} - \bar{\bar{x}})^2$	$t - 1$	$MSTR = \dfrac{SSTR}{t-1}$	$F = \dfrac{MSTR}{MSE}$
표집오차 *E*	$SSE = \sum_{j=1}^{t}\sum_{i=1}^{n_j} (x_{ij} - \bar{x}_{.j})^2$	$N - t$	$MSE = \dfrac{SSE}{N-t}$	
전체 *T*	$SST = \sum_{j=1}^{t}\sum_{i=1}^{n_j} (x_{ij} - \bar{\bar{x}})^2$	$N - 1$		

D.

$F = \dfrac{MSTR}{MSE} > F[\alpha, (t-1), (N-t)]$ 이면 유의수준 α에서 H_0를 기각한다.

각 변동을 비교 가능하게 만들기. *MSTR*은 그룹 간 변동을 **제곱합하여 그 평균(mean square)**를 구한 것이다. *SSTR*을 자유도 $(t-1)$로 나누어 계산한다. *MSE*는 그룹 내의 변동에 대한 제곱합의 평균으로. *SSE*를 자유도 $(N-t)$로 나누어 계산한다.

Part D: 검정통계량, 기각값, 그리고 결정규칙

검정통계량. 일원배치 분산분석은 *F*-비율(*MSTR*/*MSE*)을 검정통계량으로 사용한다. *MSTR*은 처리평균 간의 변동값에 의한 공통분산(σ^2) 추정값이고, *MSE*는 처리

그룹 내의 변동값에 의한 공통분산(σ^2) 추정값이다. 검정통계량(F)은 공통분산에 대한 두 개 추정값의 비율이다. 만일 모집단의 평균이 모두 같다면(귀무가설) 두 개 추정값은 같은 값을 가질 것이다. 따라서 원래의 가설을 분산에 대한 가설로 바꾸어서 검정하는 셈이다.

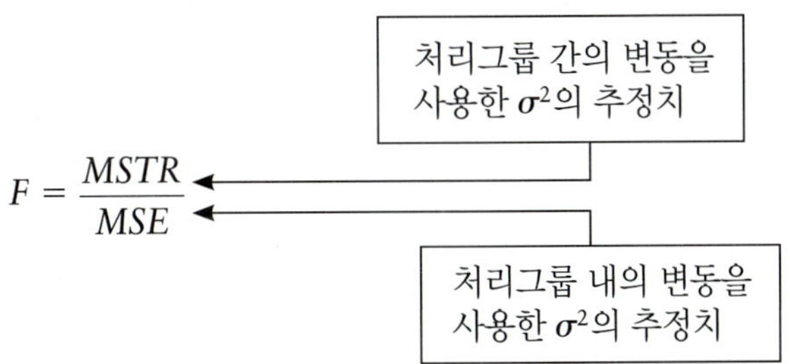

기각값과 결정규칙: F-검정은 오른쪽꼬리 검정이며, 주어진 유의수준 (α)에 대하여 F의 계산값이 $F[\alpha, (t-1), (N-t)]$ 보다 크면 H_0: $\mu_1 = \mu_2 = \cdots = \mu_t$를 기각한다. F-값이 클수록 모평균은 같지 않다고 결론을 내리게 된다. F분포표에서 $\upsilon_1 = (t-1)$과 $\upsilon_2 = (N-t)$를 사용하여 기각값을 찾는다.

예제 EXAMPLE

일원 ANOVA 절차

어느 회계사무소는 소득세 연말정산을 위해 세 가지 처리방법을 만들었다. 이 세 가지 방법의 효과를 비교하기 위하여 10명의 계약직원들에게 세 가지 중의 한 가지 방법을 사용하여 연말정산 처리를 하도록 하였다. 유의수준 $\alpha = 0.025$에서 볼 때, 세 가지 방법이 동일한 효과를 가진다고 할 수 있는가? 표 12.3에 처리시간(분)이 기록되어 있으며 데이터는 **CX12ACCT** 파일에 있다.

표 12.3

세 가지 처리방법에 따른 소요 시간

처리그룹 j, j = 1, 2, 3		
방법 1	방법 2	방법 3
15	10	18
20	15	19
19	11	23
14		
$\bar{x}_{.1} = 17.0$	$\bar{x}_{.2} = 12.0$	$\bar{x}_{.3} = 20.0$

x_{ij}값: 처리그룹 3에서 두 번째 관측값은 x_{23} = 19분이다.

처리그룹 2의 평균은 분이다.

$$\bar{x}_{.2} = \frac{10 + 15 + 11}{3} = 12.0$$

풀이

표 12.3에 있는 바와 같이 세 처리그룹은 크기가 같지 않으나($n_1 = 4, n_2 = 3, n_3 = 3$) 분석하는 데 문제는 되지 않는다. 전체의 자료배열은 표 12.2의 B와 같다.

$$N = \sum_{j=1}^{t} n_j = 4 + 3 + 3 = 10$$

전체평균($\bar{\bar{x}}$)은 10개의 관측값의 평균이다. 모든 관측값의 합을 N으로 나누면 다음과 같다.

$$\bar{\bar{x}} = \frac{\sum_{j=1}^{t}\sum_{i=1}^{n_j} x_{ij}}{N} = \frac{15 + 20 + 19 + 14 + 10 + 15 + 11 + 18 + 19 + 23}{10}$$

$$= 16.4 \text{ 분}$$

그 다음은 표 12.2의 C단계로 넘어간다.

처리제곱합 *SSTR*

이 값은 처리에 기인하는 변동을 의미하며, 각 처리평균을 전체평균과 비교하여 그 차이의 제곱을 반복 횟수만큼 가중치를 곱해서 더한다.

$$SSTR = \sum_{j=1}^{t} n_j (\bar{x}_{.j} - \bar{\bar{x}})^2$$

$$= 4(17.0 - 16.4)^2 + 3(12.0 - 16.4)^2 + 3(20.0 - 16.4)^2$$

$$\boxed{SSTR = 98.4}$$

오차제곱합 *SSE*

이 값은 처리그룹 내의 변동(표집오차)을 의미한다. 각 관측값은 해당 처리그룹의 평균과 비교되며, 각 처리그룹별로 SSE에 합산된다.

$$SSE = \sum_{j=1}^{t}\sum_{i=1}^{n_j} (x_{ij} - \bar{x}_{.j})^2$$

$$= \begin{bmatrix} (15.0 - 17.0)^2 \\ +(20.0 - 17.0)^2 \\ +(19.0 - 17.0)^2 \\ +(14.0 - 17.0)^2 \end{bmatrix} + \begin{bmatrix} (10.0 - 12.0)^2 \\ +(15.0 - 12.0)^2 \\ +(11.0 - 12.0)^2 \end{bmatrix} + \begin{bmatrix} (18.0 - 20.0)^2 \\ +(19.0 - 20.0)^2 \\ +(23.0 - 20.0)^2 \end{bmatrix}$$

$$\boxed{SSE = 54.0}$$

전체제곱합 *SST*

SST는 다음과 같이 계산한다. $SST = SSTR + SSE$ 식을 이용하면 간편하다. 이는 전체제곱합(SST)이 처리제곱합($SSTR$)과 오차제곱합(SSE)의 합임을 보여주고 있다.

$$SST = \sum_{j=1}^{t}\sum_{i=1}^{n_j}(x_{ij} - \bar{\bar{x}})^2$$

$$= \begin{bmatrix} (15.0 - 16.4)^2 \\ +(20.0 - 16.4)^2 \\ +(19.0 - 16.4)^2 \\ +(14.0 - 16.4)^2 \end{bmatrix} + \begin{bmatrix} (10.0 - 16.4)^2 \\ +(15.0 - 16.4)^2 \\ +(11.0 - 16.4)^2 \end{bmatrix} + \begin{bmatrix} (18.0 - 16.4)^2 \\ +(19.0 - 16.4)^2 \\ +(23.0 - 16.4)^2 \end{bmatrix}$$

$$\boxed{SST = 152.4 \text{ 또는 } SST = SSTR + SSE}$$

처리제곱평균(*MSTR*)과 오차제곱평균(*MSE*)

$SSTR$과 SSE를 각각의 자유도로 나누면 (1) 서로 비교할 수 있게 되고 (2) 각각은 모집단의 공통분산의 추정치가 된다. 처리는 $t = 3$개이며 모두 $N = 10$개의 관측값이 있다.

처리 간의 변동에 근거한 σ^2의 추정값은 다음과 같다.

$$MSTR = \frac{SSTR}{t - 1} = \frac{98.4}{3 - 1} \quad \boxed{MSTR = 49.20}$$

처리 내의 변동, 혹은 표집오차의 변동에 근거한 σ^2의 추정값은 다음과 같다.

$$MSE = \frac{SSE}{N - t} = \frac{54.0}{10 - 3} \quad \boxed{MSE = 7.71}$$

검정통계량 *F*

검정통계량은 σ^2의 두 추정값의 비율로서 다음과 같다.

$$F = \frac{MSTR}{MSE} = \frac{49.20}{7.71} \quad \boxed{F = 6.38}$$

여기까지 표 12.2의 C단계에 설명된 모든 정보를 산출하였다. 이것을 정리하면 표 12.4에 있는 일원배치 ANOVA표가 된다. 컴퓨터 통계 패키지는 보통 표 12.4에 있는 내용만 제공한다.

*F*의 기각값과 의사결정

F의 계산값이 크기 때문에 모집단의 평균이 서로 같지 않아 보인다. 엄밀하게 말하면 "유의수준 $\alpha = 0.025$에서 귀무가설을 기각해도 될 만큼 그 값이 큰가?"

표 12.4

표 12.3의 데이터와 본문에서의 계산을 사용하여 일원배치 ANOVA의 결과를 요약한 표준형식의 표이다. 이 형식은 표 12.2의 C에 있는 것과 유사하다. 컴퓨터 패키지 중에는 이 표만 제공하는 것도 있다.

변동의 요인	제곱합	자유도	평균제곱합	*F*
처리[1]	98.40	2	49.20	6.38
오차[2]	54.00	7	7.71	
합계	152.40	9		

[1] '그룹 간' 변동으로 표시되기도 한다.
[2] '그룹 내' 변동으로 표시되기도 한다.

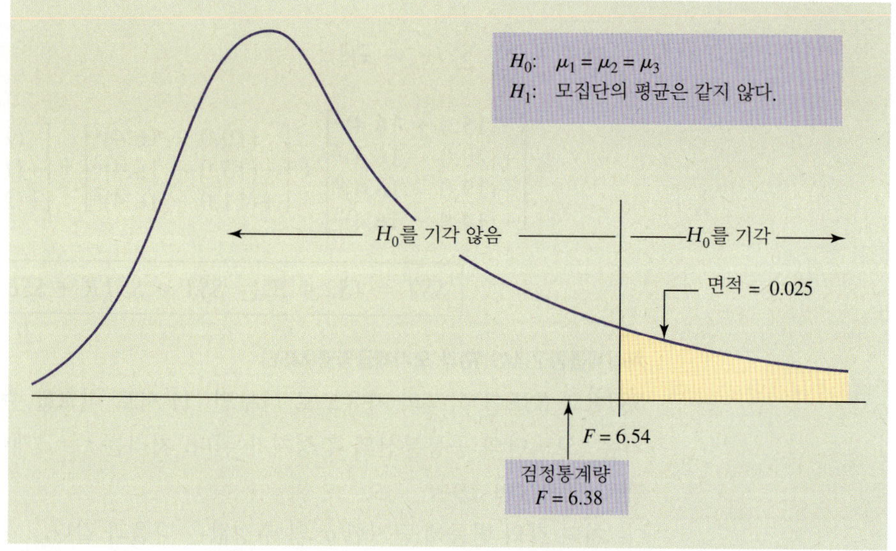

그림 12.1

표 12.3의 데이터에 대한 일원분산분석의 결과. 0.025 수준에서 *F*값은 기각값을 초과하지 않으므로 모집단의 평균이 같다는 귀무가설을 기각할 수 없다.

라는 질문에 답을 하기 위해서는 부록 A에 있는 *F*분포표에서 $\alpha = 0.025$에 해당하는 *F*의 기각값을 찾아야 한다.

$$F\text{의 기각값} = F(\alpha, v_1, v_2)$$

*F*의 분자에 대한 *df*는 $v_1 = (t - 1)$, 즉 $(3 - 1) = 2$이고, *F*의 분모에 대한 *df*는 $v_2 = (N - t)$, 즉 $(10 - 3) = 7$이다. 그러므로 $\alpha = 0.025$, $t = 3$개의 처리, 전체 $N = 10$개의 관측값에 대한 *F*의 기각값은 (0.025, 2, 7) = 6.54이다. (*F*분포의 자유도에 따른 분포모양에 대해서는 애플릿 15 참조 바람.)

그림 12.1에서처럼 *F*의 계산값(6.38)은 기각값(6.54)을 초과하지 않으므로 귀무가설(H_0: $\mu_1 = \mu_2 = \mu_3$)을 기각할 수 없다. 0.025의 유의수준에서 세 가지 방법의 효과가 비슷하다고 볼 수 있다. 유의수준 α가 0.05, 0.025, 0.01인 각각의 경우 *F*분포표를 사용하여 검정을 하면 다음과 같다.

α	F값		F기각값	결정
0.01	6.38	$\ngtr$	9.55	H_0를 기각못함
0.025	6.38	$\ngtr$	6.54	H_0를 기각못함
0.05	6.38	$>$	4.74	H_0를 기각함

위 표에 의하면, 검정의 *p*값은 0.025와 0.05 사이에 있다고 추측할 수 있다. 유의수준 0.025, 0.01에서는 귀무가설을 기각하지 못하고, 보통의 유의수준인 0.05에서는 귀무가설을 기각할 수 있다.

컴퓨터 솔루션 12.1

일원분산분석

EXCEL

	A	B	C	D	E	F	G	H	I	J
1	방법1	방법2	방법3	분산 분석: 일원 배치법						
2	15	10	18	요약표						
3	20	15	19	인자의 수준	관측수	합	평균	분산		
4	19	11	23	방법1	4	68	17	8.667		
5	14			방법2	3	36	12	7		
6				방법3	3	60	20	7		
7										
8				분산 분석						
9				변동의 요인	제곱합	자유도	제곱 평균	F 비	P-값	F 기각치
10				처리	98.4	2	49.2	6.378	0.026	4.737
11				잔차	54	7	7.714			
12										
13				계	152.4	9				

Excel의 일원분산분석

1. 표 12.3에서 사용된 데이터(**CX12ACCT**)를 A칼럼부터 C칼럼에 입력하고 첫 줄에는 레이블을 적는다. 데이터 → 데이터 분석을 클릭하고 분산분석: 일원배치법을 선택하고 확인을 클릭한다.
2. 입력범위 박스에 **A1:C5**를 입력, 데이터 방향에 열을 선택하고 첫째 행 이름표 사용을 선택한다. 유의수준 박스에 **0.025**를 입력한다. 출력범위를 선택하여 **D1**을 입력한다. 확인을 클릭한다. 결과는 위와 같다.

컴퓨터 출력과 해석

「컴퓨터 솔루션 12.1」은 앞에서 계산한 ANOVA 결과를 Excel을 사용해서 분석한 결과이다. 각 출력의 내용은 표 12.4의 요약표와 같다. *F*-비 6.378과 *F*-기각치 6.542, *p*값 0.0265이 계산되어 있다. 오른쪽 꼬리에서 *F*-비가 *F*-기각치보다 작고, 유의수준 0.05보다 *p*값이 작으므로 귀무가설을 기각한다. 또한 분산분석표에서 전체제곱합은 '계' = 152.400, 처리그룹 간의 제곱합은 '처리' = 98.400, 처리그룹 내의 제곱합은 '잔차' = 54.000으로 표기된다(한글 Excel에서). 이는 각각 *STR*, *STTR*, *SSE* 항목에 해당한다.

일원배치 ANOVA와 합동추정량 *t*-검정

앞에서 언급하였듯이 일원배치 ANOVA 검정과 합동분산 *t*-검정은 꼭 같다. 이들 두 검정은 두개의 모집단의 평균이 동일한지를 검정하는데, 두 모집단의 공통분산의 합동추정량을 활용한다. 이 두 검정은 모집단이 정규분포(또는 정규분포에 근접)이고 표본이 독립이라고 가정한다.

처리그룹이 두 개인 경우, 일원배치 ANOVA는 H_0: $\mu_1 = \mu_2$와, H_1: $\mu_1 \neq \mu_2$를 검정한다. 이 때 검정은 양측검정이고 일원배치 ANOVA와 합동분산 *t*-검정은 서로 같은 귀무가설과 대립가설을 사용한다. 각각의 경우, 표본결과가 어느쪽이든 지나치게 편중된 차이를 보이면 귀무가설을 기각하게 된다.

연습문제

참고: ANOVA를 적용할 때는 컴퓨터를 사용하기를 권장한다. 데이터가 제공될 경우는 괄호 속에 파일명을 표시한다.

12.13 일원배치 ANOVA의 목적은 무엇인가?

12.14 일원배치 ANOVA를 사용할 때 필요한 가정은 무엇인가?

12.15 ANOVA에서는 왜 *F*분포가 사용되는가?

12.16 일원배치 ANOVA 모형($x_{ij} = \mu + \tau_j + \epsilon_{ij}$)에서 각 항목의 의미를 설명하라. 그 항목을 사용하여 귀무가설을 표현하고 설명하라.

12.17 AVOVA를 적용할 때 필요한 가설 중에서 오차평균제곱(*MSE*)의 계산에 관련된 것은 무엇인가?

12.18 눈덮인 길에서 스노우타이어는 일반타이어보다 제동거리를 짧게 한다. 다섯 종류의 스노우타이어에 대한 눈길에서의 제동거리를 측정하는 실험을 한다면, 일원 ANOVA 모형에 관련해서 'effectiveness'와 'effect'의 차이를 설명하라.

12.19 여러 개 표본의 평균을 비교하기 위해 ANOVA를 사용하는 경우에, 모집단의 평균이 동일하다면 *F*-통계량의 계산값이 얼마가 되겠는가? 설명하라.

12.20 일원배치 ANOVA에서 $n_1 = 8, n_2 = 10, n_3 = 7$인 세 개의 독립표본이 있으며, *F*-통계량의 값이 $F = 3.95$라고 하자. 0.05의 유의수준에서 어떤 결론을 내릴 수 있는가? *F*분포표를 사용하여 *p*값의 범위를 구하라.

12.21 일원배치 ANOVA에서 $n_1 = 20, n_2 = 15$인 두 개의 독립표본이 있으며, *F*-통계량의 값이 $F = 3.60$이라고 하자. 0.05의 유의수준에서 어떤 결론을 내릴 수 있는가? *F*분포표를 사용하여 *p*값의 범위를 구하라.

12.22 일원배치 ANOVA를 위한 실험에서 세 가지 처리를 두고 각 처리그룹은 10사람으로 구성되었다. 아래의 제곱합을 사용하여 ANOVA 표를 만들고 0.025의 수준에서 모든 처리효과가 0인지를 검정하라.

$$SSTR = 252.1 \qquad SSE = 761.1$$

12.23 연습문제 12.6에서의 실험에서 일원배치 ANOVA를 위해 적절한 귀무가설과 대립가설은 무엇인가? 아래의 데이터를 사용한다면, 0.05의 유의수준에서 어떤 결론을 내릴 수 있는가? *F*분포표를 사용하여 이 검정의 *p*값의 근사치를 구하라. (**XR12023** 파일 사용)

결강횟수, 해당 단과대학의 교수표본

공대	경영대	미술대
8	5	9
10	7	10
6	6	10
8	7	9
4	7	7
8	6	5
	8	13
	8	7
	1	

12.24 연습문제 12.7에서의 실험에서 일원배치 ANOVA를 위해 적절한 귀무가설과 대립가설은 무엇인가? 아래의 데이터를 사용한다면, 0.025의 유의수준에서 어떤 결론을 내릴 수 있는가? *F*분포표를 사용하여 이 검정의 *p*값의 근사치를 구하라. (**XR12024** 파일 사용)

컴퓨터와 소프트웨어의 활용여부에 따른 기말고사성적

활용함	73	82	72	75	88	73	74	81	86	83
활용하지 않음	78	67	71	72	69	81	64	79	73	73

12.25 연습문제 12.8의 실험에서 일원배치 ANOVA를 위해 적절한 귀무가설과 대립가설은 무엇인가? 아래의 데이터를 사용한다면, 0.01의 유의수준에서 어떤 결론을 내릴 수 있는가? (**XR12025** 파일 사용)

해당 공급자로부터의 못 10개의 강도(파운드)

공급자 A	517	484	463	452	502
	447	481	500	485	566
공급자 B	479	499	488	430	482
	457	424	488	526	455
공급자 C	435	443	480	465	435
	430	465	514	463	510
공급자 D	526	537	443	505	468
	533	481	477	490	470

12.26 독립표본으로부터의 데이터가 다음과 같다고 할 때, 모평균이 동일하다는 귀무가설을 0.05의 유의수준에서 기각할 수 있는가? (**XR12026** 파일 사용)

표본 1	표본 2	표본 3	표본 4
15.2	10.2	14.9	11.5
12.2	12.1	13.0	13.1
15.0	8.5	10.8	11.5
14.6	8.1	10.7	6.3
9.7	10.9	13.3	12.0
	13.6	10.6	8.7
	8.5		11.9

12.27 세 개의 회사에서 근무하는 사무직원이 United Way 단체에 기부한 기부금을 비교하려고 한다. 각 회

사에서 무작위로 사무직원을 선택하여 기부금을 조사하니 다음과 같았다. (**XR12027** 파일 사용)

회사 1	회사 2	회사 3
199	108	162
236	104	86
167	153	160
263	218	135
254	210	207
	96	201

a. 이 검정의 귀무가설과 대립가설은 무엇인가?
b. ANOVA를 사용하여 0.05의 유의수준에서 (a)에서 정의한 귀무가설을 검정하라.

12.28 생물학을 수강하고 있는 학생들을 무작위로 2명의 실험조교에 할당하였다. 임의로 선택된 학생의 학기말 고사성적을 담당 실험조교별로 분류하니 다음과 같았다. (**XR12028** 파일 사용)

조교 A: 78 78 71 89 80 93 73 76

조교 B: 74 81 65 73 80 63 71 64 50 80

a. 이 검정의 귀무가설과 대립가설은 무엇인가?
b. ANOVA를 사용하여 0.01의 유의수준에서 (a)에서 정의한 귀무가설을 검정하라.

12.29 15개의 60와트 전구를 설치하여 일부는 기준치보다 3볼트 낮게, 일부는 2볼트 낮게, 그리고 일부는 기준치와 같이 전압을 흘려서 전구수명(일)을 측정하였다. (**XR12029** 파일 사용)

3볼트 낮은 전압:	58	63	46	57	51
2볼트 낮은 전압:	46	59	51	46	42
기준치의 전압:	52	48	38	48	42

a. 이 검정의 귀무가설과 대립가설은 무엇인가?
b. ANOVA를 사용하여 0.01의 유의수준에서 (a)에서 정의한 귀무가설을 검정하라.
c. 각 표본에 대하여 모집단의 95% 신뢰구간을 구하라.

12.30 자동차의 승객수와 주행속도와 관련이 있는지를 알아보기 위하여 두 개의 무작위 표본을 대상으로 주행속도(mph)를 측정하였다. (XR12030 파일 사용)

운전자만 있는 경우: 64 50 71 55 67 61 80 56 59 74

동승자가 있는 경우: 44 52 54 48 69 67 54 57 58 51 62 67

a. 이 검정의 귀무가설과 대립가설은 무엇인가?
b. ANOVA를 사용하여 0.025의 유의수준에서 (a)에서 정의한 귀무가설을 검정하라.
c. 각 표본에 대하여 모집단의 95% 신뢰구간을 구하라.

12.31 일원배치 ANOVA에 대한 다음의 요약표에서 (별표한) 빈칸을 채워라. 귀무가설과 대립가설을 설정하고 0.05의 수준에서 귀무가설을 검정하라.

인자	제곱합	자유도	평균제곱합	*F*값
처리	6752.0	2	3376.0	***
오차	30178.0	***	***	
전체	36930.0	29		

12.32 일원배치 ANOVA에 대한 다음의 요약표에서 (별표한) 빈칸을 채워라. 귀무가설과 대립가설을 설정하고 0.025의 수준에서 귀무가설을 검정하라.

인자	제곱합	자유도	평균제곱합	*F*값
처리	665.0	4	***	***
오차	***	60	***	
전체	3736.3	***		

12.33 대기업의 세 개 부서에서 무작위로 선택된 근무자를 대상으로 업무만족도에 대한 조사를 하였다. 다음의 Minitab 출력에서 요약된 결과를 해석하라.

```
Analysis of Variance
Source      DF        SS        MS        F        p
Factor       2      69.9      35.0     2.45    0.092
Error       92    1311.2      14.3
Total       94    1381.1
                                    Individual 95% CIs for Mean
                                    Based on Pooled StDev
Level        N      Mean     StDev  --------+---------+---------+--------
DEPT1       30    17.640     3.458                 (---------*--------)
DEPT2       25    15.400     3.841   (---------*---------)
DEPT3       40    16.875     3.956              (------*-------)
                                    --------+---------+---------+--------
Pooled StDev =     3.775                  15.0      16.5      18.0
```

12.34 어떤 기업은 자사의 여성근로자와 남성근로자의 평균 연봉의 차이는 없다고 주장한다. 15명의 남성근로자와 17명의 여성근로자를 무작위로 선택하여 연봉을 조사하여 ANOVA로 분석하였다. 다음의 Minitab 출력을 해석하라.

```
Analysis of Variance
Source      DF        SS        MS        F        p
Factor       1     142.8     142.8     2.70    0.111
Error       30    1586.0      52.9
Total       31    1728.8
                                    Individual 95% CIs for Mean
                                    Based on Pooled StDev
Level        N      Mean     StDev  -------+---------+---------+---------
MALES       15    47.654     6.963            (----------*----------)
FEMALES     17    43.420     7.530  (---------*---------)
                                    -------+---------+---------+---------
Pooled StDev =     7.271                 42.0      45.5      49.0
```

12.35 연습문제 12.33에서의 출력에 있는 각 처리 평균에 대한 95% 신뢰구간의 계산이 옳은지 확인하라.

12.36 연습문제 12.34에서의 출력에 있는 각 처리 평균에 대한 95% 신뢰구간의 계산이 옳은지 확인하라.

12.37 일원배치 ANOVA와 11장의 합동분산 t-검정의 가정, 절차, 결과 등을 비교하라.

12.38 연습문제 12.28의 표본평균을 비교하기 위해 11장의 합동분산 t-검정을 사용하라. 그 결과는 앞에서의 결과와 일치하는가? 설명하라.

12.39 연습문제 12.30의 표본평균을 비교하기 위해 11장의 합동분산 t-검정을 사용하라. 그 결과는 앞에서의 결과와 일치하는가? 설명하라.

12.4 임의화블록설계의 분산분석

임의화블록설계(Randomized Block Design)의 목적

앞절의 완전임의화 설계의 분산분석(ANOVA)은 처리(treatment)를 실험대상에게 무작위로 적용하였다. 임의화설계에서는 특정한 실험대상이 어떤 처리그룹에 많이 포함되거나 혹은 적게 포함될 가능성이 있다. 만일, 실험대상의 특성이 종속변수에 영향을 많이 미친다면 처리의 효과보다는 실험대상 그룹의 구성에 따른 변동이 크게 나타날 수 있고 이는 처리효과를 측정하려는 당초의 의도에 방해가 된다.

예를 들어 운전자 12명을 무작위로 뽑아서 네 종류의 전조등(headlamp)에 대해서 '야간시력 향상효과'를 알아보는 실험에 참가하도록 하고, 야간시력은 교통신호판의 가시거리로 측정한다고 하자. 운전자에는 청년(Y), 장년(M), 노인(O)이 섞여 있다. 처리를 무작위로 적용한다면, 표 12.5의 A에 있는 것처럼 노인 운전자가 네 그룹에 골고루 분포되지 않을 수 있다. 나이가 들면 야간시력이 나빠지므로 노인이 많이 포함된 그룹에서는 효과가 나쁘게 나타나고, 청년이 많으면 그 효과가 좋게 나타날 것이다. 이렇게 처리를 적용해서는 전조등의 성능을 제대로 비교하기 어렵다. 우리가 측정하고자 하는 변수의 값(교통신호판의 가시거리)이 당초 실험에서 고려하지 않은 나이라는 외부변수에 영향을 받기 때문이다. (ANOVA의 오차제곱합 SSE에 외부변수의 변동이 포함되면 F-비를 계산할 때의 분모 MSE가 과대측정된다. 이는 처리효과를 제대로 반영하지 못하게 만든다.)

표 12.5

A에 있는 일원분석 (완전임의화)설계에서는 연령 차이 때문에 전조등의 야간시력향상 효과를 비교하기가 쉽지 않다. B의 임의화블록설계에서는 각 그룹의 연령수준을 비슷하게 한다.

측정: 야간에 교통신호판을 읽을 수 있는 거리
처리: 네 종류의 전조등 1, 2, 3, 4
연령구분: Y, 30세 미만; M, 30~60세; O, 61세 이상

A. *완전임의화설계*

1. 12명의 운전자를 임의로 선발(예: 5Y, 3M, 4O)
2. 한 가지 처리를 임의로 적용함. 각 처리그룹은 다음과 같이 구성될 수 있음.

처리그룹의 구성

1	2	3	4
Y	M	Y	O
Y	O	M	Y
O	O	Y	M

야간 가시거리측정에서 처리그룹 2는 불리하고 처리그룹 3은 유리함.

B. *임의화블록설계*

1. 각 연령그룹에서 4명을 임의로 선택함(예: 4Y, 4M, 4O)
2. 각 연령그룹에 대하여 처리를 무작위로 적용함. 각 처리그룹은 각 연령그룹에서 한 명씩을 포함함.

처리 그룹의 구성

	1	2	3	4
4Y, 처리가 무작위로 적용됨 →	Y	Y	Y	Y
4M, 처리가 무작위로 적용됨 →	M	M	M	M
4O, 처리가 무작위로 적용됨 →	O	O	O	O

이 절에서 논의할 **임의화블록설계**는 실험대상을 유사한 것끼리 블록으로 묶어서 각각의 처리에 골고루 배분한다. 이렇게 하면 블록에 의한 변동량을 따로 추출하여 전체 변동에서 빼낼 수 있다. 예를 들어 앞의 야간시력실험에서 연령대별로 블록을 만들고, 연령변수(혹은 **블록변수**)를 통제하게 되면 전조등(혹은 처리)의 효과의 비교가 쉬워진다. 이렇게 만든 처리그룹이 표 12.5의 B이다. [만일, 노인(O)이 한 명만 있다면, 이 노인에게 세 가지 전조등을 모두 실험하게 하고, 전조등의 실험 순서는 랜덤하게 하여야 한다.]

외부변수를 통제(혹은 **블록화**)하지만 우리의 목적은 여전히 처리그룹의 모평균이 같은지를 검정하는 것이다. 따라서 귀무가설과 대립가설은 다음과 같다.

H_0: 1부터 t까지의 처리에 대하여 $\mu_1 = \mu_2 = \cdots = \mu_t$
H_1: 모집단의 평균은 같지 않다.

모형과 가정

실험의 종속변수 변량을 처리에 의한 효과와 블록에 의한 효과로 구분한 변동요인의 합으로 모형화한다. 임의화블록설계에서는 아래 모형과 같이 처리효과와 블록효과를 주요 구성요소로 보는 것이다.

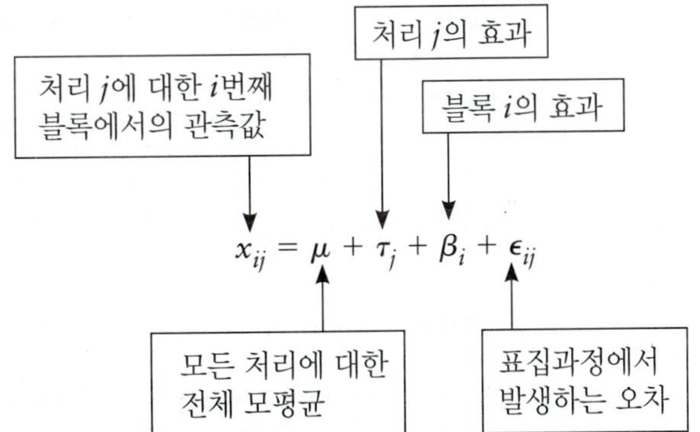

블록 i와 처리 j에 의한 실험의 관측값 (x_{ij})을 모든 처리에 공통된 모평균(μ), 처리 j의 효과(τ_j), 블록 i의 효과(β_i), 표집오차(ϵ_{ij})의 합으로 가정한다. 블록변수의 효과는 통제되어서 그 영향이 따로 측정되도록 한다. 그러므로 귀무가설과 대립가설은 다음과 같이 표현될 수 있다.

H_0: 처리 $j = 1 \cdots t$에 대하여 $\tau_j = 0$ (각 처리는 효과가 없다)
H_1: 처리 $j = 1 \cdots t$에 대하여 적어도 하나는 $\tau_j \neq 0$ (한 개 이상의 처리는 효과가 있다)

임의화블록설계에서는 각 블록–처리 조합에 대한 한 개의 관측(측정)값만 있다. 예를 들어 표 12.5의 B에서처럼 전조등 처리 1은 30세 미만에 1명, 30~60세에 1명, 61세 이상에 1명에 대해 적용된다. 그래서 블록과 처리의 각 조합이 하나의 실험 표본이 된다.

표 12.6

임의화블록설계의 요약

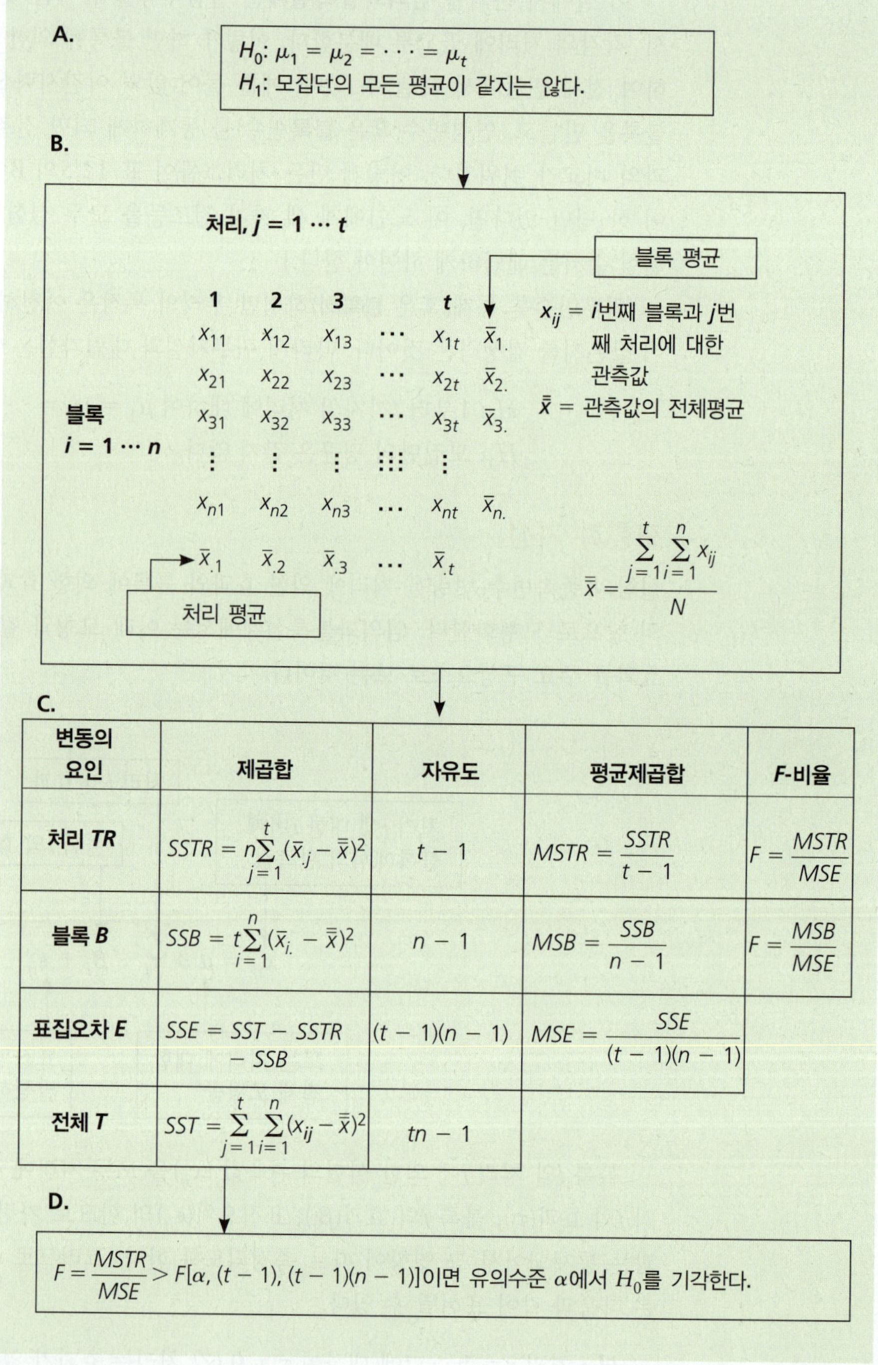

A.

H_0: $\mu_1 = \mu_2 = \cdots = \mu_t$

H_1: 모집단의 모든 평균이 같지는 않다.

B.

처리, $j = 1 \cdots t$

블록 평균

	1	2	3	⋯	t	
	x_{11}	x_{12}	x_{13}	⋯	x_{1t}	$\bar{x}_{1.}$
	x_{21}	x_{22}	x_{23}	⋯	x_{2t}	$\bar{x}_{2.}$
블록 $i = 1 \cdots n$	x_{31}	x_{32}	x_{33}	⋯	x_{3t}	$\bar{x}_{3.}$
	⋮	⋮	⋮	⋮	⋮	
	x_{n1}	x_{n2}	x_{n3}	⋯	x_{nt}	$\bar{x}_{n.}$
처리 평균	$\bar{x}_{.1}$	$\bar{x}_{.2}$	$\bar{x}_{.3}$	⋯	$\bar{x}_{.t}$	

x_{ij} = i번째 블록과 j번째 처리에 대한 관측값

$\bar{\bar{x}}$ = 관측값의 전체평균

$$\bar{\bar{x}} = \frac{\sum_{j=1}^{t}\sum_{i=1}^{n} x_{ij}}{N}$$

C.

변동의 요인	제곱합	자유도	평균제곱합	F-비율
처리 *TR*	$SSTR = n\sum_{j=1}^{t}(\bar{x}_{.j} - \bar{\bar{x}})^2$	$t - 1$	$MSTR = \frac{SSTR}{t-1}$	$F = \frac{MSTR}{MSE}$
블록 *B*	$SSB = t\sum_{i=1}^{n}(\bar{x}_{i.} - \bar{\bar{x}})^2$	$n - 1$	$MSB = \frac{SSB}{n-1}$	$F = \frac{MSB}{MSE}$
표집오차 *E*	$SSE = SST - SSTR - SSB$	$(t-1)(n-1)$	$MSE = \frac{SSE}{(t-1)(n-1)}$	
전체 *T*	$SST = \sum_{j=1}^{t}\sum_{i=1}^{n}(x_{ij} - \bar{\bar{x}})^2$	$tn - 1$		

D.

$F = \frac{MSTR}{MSE} > F[\alpha, (t-1), (t-1)(n-1)]$이면 유의수준 α에서 H_0를 기각한다.

임의화블록설계는 다음을 가정한다. (1) 각 블록-처리 조합(즉, i와 j값의 각 조합)에 대하여 크기가 1인 표본(x_{ij})이 정규분포를 따르는 모집단에서 추출되었다. (2) 각 모집단에서 x_{ij}의 분산은 서로 동일하다. (3) 블록과 처리 간의 상호작용은 없다. 전조등 종류별로 그 성능이 나이그룹에 따라 차이가 나지 않음을 의미한다. 상호작용의 존재 유무는 뒤에서 다시 논의하겠다. 이런 가정이 성립하지 않으면 다

른 대체기법을 사용해야 할 것이며, 이 경우에는 14장의 *Friedman* 검정을 대신 사용할 수 있다.

절차

임의화블록설계를 수행하는 절차는 표 12.6에 요약되어 있다.

Part A: 귀무가설과 대립가설

귀무가설과 대립가설은 모든 처리그룹별 모평균이 서로 동일한지 여부로 표현되었다.

Part B: 분석될 데이터의 형식

데이터는 t개의 처리를 열(列)로 하고 n개의 블록을 행(行)으로 하는 표로 만들 수 있다. 각 항목(블록 i와 처리 j의 조합)에는 하나의 관측값만 있다. 전체평균($\bar{\bar{x}}$)은 모든 관측값의 평균이다.

표 12.6의 B에는 x_{ij}값 배열 오른쪽에 블록평균, 아래에는 처리평균을 계산한다. 예를 들어 블록 1번에 대한 평균은 $\bar{x}_{1.}$이다. 첨자에서 점은 평균값이 모든 처리에 대한 것임을 의미한다. 비슷한 의미로 처리 3번에 대한 평균은 $\bar{x}_{.3}$이며, 첨자에서 점은 평균값이 모든 블록에 대한 것임을 의미한다.

Part C: 임의화블록설계의 계산

표 12.6의 C에서는 임의화블록설계에 필요한 계산식이 있다. 각 항목은 표본 데이터에 있는 변동의 원인과 연관이 있으며 앞에서 설명한 $x_{ij} = \mu + \tau_j + \beta_i + \epsilon_{ij}$ 모형과 일치하며 그 계산과 해석은 일원분석설계(혹은 완전임의화설계)와 유사하다.

제곱합 항목

- **처리변동** *TR* *SSTR*은 처리의 평균과 전체평균($\bar{\bar{x}}$)과의 차이의 제곱합이다.
- **블록변동** B *SSB*는 블록의 평균과 전체평균($\bar{\bar{x}}$)과의 차이의 제곱합이다.
- **표집오차 변동** *E* *SSE*는 제곱값의 합으로서 표집오차에 따른 변동을 의미한다. *SST*를 계산하고 거기에서 *SSTR*과 *SSB*를 뺀 값으로 계산한다.
- **전체변동** *T* *SST*는 데이터에서 전체변동을 나타낸다. 개별데이터를 전체평균과 비교하여 그 차이를 제곱하여 더한 값이다.

각 변동을 비교 가능하게 만들기: *MSTR*, *MSB*, *MSE*는 각각 처리변동, 블록변동, 오차에 대한 제곱합의 평균이다. 제곱합을 그것의 자유도로 나누어 계산한다.

Part D: 검정통계량, 기각값, 그리고 결정규칙

검정통계량 검정통계량은 *MSTR*/*MSE*이다. *MSTR*은 처리평균 간의 변동에 의한 공통분산(σ^2)의 추정값이고 *MSE*는 처리그룹 내의 변동에 의한 공통분산의 추정값이다. 검정통계량은 공통분산에 대한 두 추정값의 비율이다.

기각값과 결정규칙 오른쪽꼬리 검정이므로, 주어진 유의수준(α)에 대하여 F의 계산값이 기각값 $F[\alpha, (t-1), (t-1)(n-1)]$보다 크면 H_0: $\mu_1 = \mu_2 = \cdots \mu_t$를 기각한다. F분포표에서 $v_1 = (t-1)$과 $v_2 = (t-1)(n-1)$을 사용하여 기각값을 찾는다.

예제 EXAMPLE

임의화블록 ANOVA 절차

자동차 전조등 제조회사의 제품개발팀은 네 종류의 전조등 디자인을 고려하고 있다. 야간 운전을 할 때 전조등의 효과를 운전자가 교통신호판을 인지하는 거리로 측정하려고 한다. 거리를 측정한 결과가 표 12.7에 있다. 유의수준 0.05에서 검정할 때 전조등 디자인의 효과가 동일하다고 할 수 있는가? 데이터는 **CX12LITE** 파일에 있다.

풀이

이 검정에서 귀무가설은 H_0: 네 가지 전조등 디자인(혹은 처리)에 대한 $\mu_1 = \mu_2 = \mu_3 = \mu_4$이다. 귀무가설에 따르면 처리 모평균은 같다. 즉 네 가지 전조등 디자인의 효과는 동일하다. 대립가설은 모집단의 평균이 같지 않다는 것, 즉 전조등 디자인의 효과가 동일하지 않다는 것이다. 블록평균, 처리평균, 전체평균을 계산한 값이 표 12.7에 있다.

처리제곱합 *SSTR*

$$SSTR = n\sum_{j=1}^{t}(\bar{x}_{.j} - \bar{\bar{x}})^2$$

$$= 3\begin{bmatrix}(84.00 - 82.50)^2 + (80.00 - 82.50)^2 \\ +(85.67 - 82.50)^2 + (80.33 - 82.50)^2\end{bmatrix} \quad \boxed{SSTR = 69.77}$$

블록제곱합 *SSB*

$$SSB = t\sum_{i=1}^{n}(\bar{x}_{i.} - \bar{\bar{x}})^2$$

$$= 4[(88.75 - 82.50)^2 + (83.75 - 82.50)^2 + (75.00 - 82.50)^2]$$

$$\boxed{SSB = 387.50}$$

전체제곱합 *SST*

SST는 개별 데이터값을 사용한다. 각 x_{ij}값은 전체평균($\bar{\bar{x}}$)과 비교된다

$$SST = \sum_{j=1}^{t}\sum_{i=1}^{n}(x_{ij} - \bar{\bar{x}})^2$$

$$= \begin{bmatrix}(90 - 82.50)^2 \\ +(86 - 82.50)^2 \\ +(76 - 82.50)^2\end{bmatrix} + \begin{bmatrix}(87 - 82.50)^2 \\ +(79 - 82.50)^2 \\ +(74 - 82.50)^2\end{bmatrix}$$

표 12.7

네 가지 전조등의 효과를 비교하기 위한 임의화블록설계의 데이터와 기초 계산 결과. 블록은 연령그룹에 따르며, i = 1은 30세 미만; i = 2는 30~60세; i = 3은 61세 이상이다. 데이터는 교통신호판의 가시거리(야드)이다.

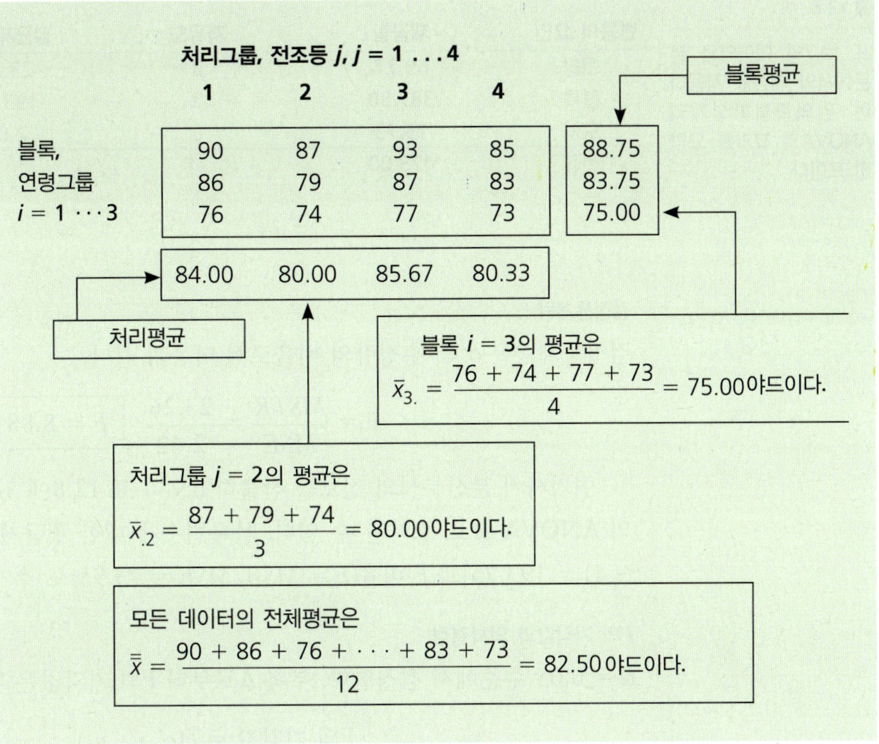

블록, 연령그룹 $i = 1 \cdots 3$	처리그룹, 전조등 j, $j = 1 \ldots 4$: 1	2	3	4	블록평균
	90	87	93	85	88.75
	86	79	87	83	83.75
	76	74	77	73	75.00
처리평균	84.00	80.00	85.67	80.33	

블록 i = 3의 평균은

$$\bar{x}_{3.} = \frac{76 + 74 + 77 + 73}{4} = 75.00\text{야드이다.}$$

처리그룹 j = 2의 평균은

$$\bar{x}_{.2} = \frac{87 + 79 + 74}{3} = 80.00\text{야드이다.}$$

모든 데이터의 전체평균은

$$\bar{\bar{x}} = \frac{90 + 86 + 76 + \cdots + 83 + 73}{12} = 82.50\text{야드이다.}$$

$$+\begin{bmatrix} (93 - 82.50)^2 \\ +(87 - 82.50)^2 \\ +(77 - 82.50)^2 \end{bmatrix} + \begin{bmatrix} (85 - 82.50)^2 \\ +(83 - 82.50)^2 \\ +(73 - 82.50)^2 \end{bmatrix} \quad \boxed{SST = 473.00}$$

오차제곱합 *SSE*

SSE는 앞의 항목을 계산한 뒤 $SST = SSTR + SSB + SSE$를 이용하여 계산한다.

$$SSE = SST - SSTR - SSB = 473.00 - 69.77 - 387.50 \quad \boxed{SSE = 15.73}$$

처리제곱평균(*MSTR*)과 오차제곱평균(*MSE*)

$SSTR$과 SSE는 각각 자유도로 나누어서 (1) 비교할 수 있게 되고 (2) 각각은 처리그룹의 모집단의 공통분산의 추정치이다. 처리 개수 t = 4개이며 블록 개수 n = 3개이다.

처리 간의 변동에 근거한 σ^2의 추정치는 다음과 같다.

$$MSTR = \frac{SSTR}{t - 1} = \frac{69.77}{4 - 1} \quad \boxed{MSTR = 23.26}$$

처리 내의 혹은 표집오차의 변동에 근거한 σ^2의 추정치는 다음과 같다.

$$MSE = \frac{SSE}{(t - 1)(n - 1)} = \frac{15.73}{(4 - 1)(3 - 1)} \quad \boxed{MSE = 2.62}$$

표 12.8

표 12.7의 데이터와 본문에서의 계산을 사용하여 임의화블록설계의 ANOVA의 결과를 요약한 표이다.

변동의 요인	제곱합	자유도	평균제곱합	*F*
처리	69.77	3	23.26	8.88
블록	387.50	2	193.75	73.95
오차	15.73	6	2.62	
전체	473.00	11		

검정통계량 *F*

검정통계량은 σ^2의 추정량의 비율로서 다음과 같다.

$$F = \frac{MSTR}{MSE} = \frac{23.26}{2.62} \quad \boxed{F = 8.88}$$

여기까지 분산분석의 정보를 산출하였으며 표 12.8에 있는 임의화블록설계의 ANOVA 표로 요약할 수 있다. 블록변수에 대한 평균제곱[$MSB = SSB/(n - 1) = 193.75$]과 F-비율($F = MSB/MSE = 73.95$)도 추가로 보여주고 있다.

F의 기각값과 의사결정

$\alpha = 0.05$ 수준에서 검정한다. 부록 A로부터 F의 기각값은 다음과 같다.

$$F\text{의 기각값} = F(\alpha, \nu_1, \nu_2)$$

F의 분자에 대한 df는 $\nu_1 = (t - 1)$, 즉 $(4 - 1) = 3$이고, F의 분모에 대한 df는 $\nu_2 = (t - 1)(n - 1)$, 즉 $(4 - 1)(3 - 1) = 6$이다. 그러므로 $\alpha = 0.05$, $\nu_1 = 3$, $\nu_2 = 6$에 대한 F의 기각값은 $F(0.05, 3, 6) = 4.76$이다. F의 계산값 8.88은 기각값을 초과하므로, 0.05의 수준에서 모집단의 평균이 동일하다는 귀무가설을 기각할 수 있다. 이 유의수준에서 전조등 디자인의 효과가 동일하다고 볼 수 없다.

F분포표를 사용하여 검정의 p값에 대한 추정을 할 수 있다. 0.05, 0.025, 0.01의 수준에 대하여 기각값은 각각 4.76, 6.60, 9.78이며 F의 계산값(8.88)은 유의수준 0.025와 0.01의 사이에 위치한다. 그러므로 통계표에 근거하여 검정의 p값은 0.025와 0.01 사이에 있다고 말할 수 있다.

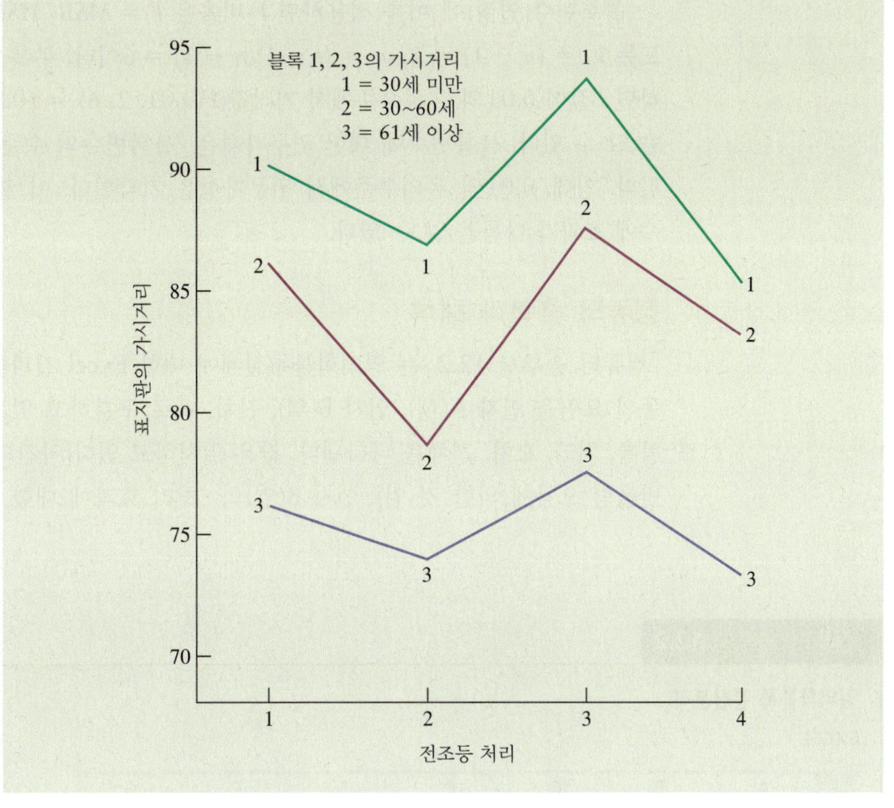

그림 12.2

표 12.7의 데이터를 요약한 그래프. 이와 같은 연구에서 연령그룹에 따른 블록을 하는 것이 바람직하다는 것을 보여준다.

그림 12.2는 처리와 블록에 따른 측정값의 그래프이다. 각 선은 동일 연령그룹 블록의 측정값을 연결한 것이다. 전조등의 종류에 관계없이 젊은 사람의 가시거리는 길고 나이 든 사람의 가시거리는 짧게 조사되었다. 이 결과를 보면 연령그룹을 블록변수로 사용하여 위의화블록설계를 한 것이 타당하다고 할 수 있다.

블록변수의 효과에 대한 검정

앞에서 언급한 바와 같이 이 실험의 의도는 블록변수의 효과를 통제하는 것이다. 만약 블록변수의 효과를 알아보려면 다음의 절차를 사용하면 된다.

블록변수의 효과를 검정하기 위한 가설:

H_0: 블록변수의 수준의 효과는 모두 같다.

H_1: 적어도 한 개의 수준은 효과가 다르다.

F의 계산값 $= MSB/MSE$

F의 기각값 $= F(\alpha, \nu_1, \nu_2)$,

$\nu_1 = (n-1)$, 분자의 df

$\nu_2 = (t-1)(n-1)$, 분모의 df

n = 블록의 수, t = 처리의 수

결정규칙: F의 계산값이 $F(\alpha, \nu_1, \nu_2)$보다 크면 유의수준 α에서 H_0를 기각함

블록변수(연령)에 이를 적용하면 F-비율은 $F = MSB/MSE = 73.95$이며 자유도는 $\nu_1 = (n-1) = 2$, $\nu_2 = (t-1)(n-1) = 6$이다. 부록 A의 F분포표를 사용하면 F값이 0.01의 유의수준에서 기각값($F(0.01, 2, 6) = 10.92$)을 초과한다는 것을 알 수 있다. 블록변수에 대한 귀무가설은 "블록변수의 수준별로 그 효과가 모두 같다."인데, 0.01의 유의수준에서 귀무가설은 기각된다. 이 결과에 의하면 블록변수에 효과가 다름을 알 수 있다.

컴퓨터 출력과 해석

「컴퓨터 솔루션 12.2」는 임의화블록설계에 대한 Excel 결과를 보여주고 있다. 변동의 요인을 인자 A(행), 인자 B(열), 잔차, 계로 구분하고 있는데, 이는 표 12.8의 블록, 처리, 오차, 전체를 나타낸다. 값은 일치하고 있다(약간의 차이는 계산과정의 반올림 오차에 의한 것 임). 인자 B(열)의 '처리' 효과에 대한 p값은 0.0128889이

컴퓨터 솔루션 12.2

임의화블록 분산분석

EXCEL

	A	B	C	D	E	F	G
1		전조등1	전조등2	전조등3	전조등4		
2	연령 Y	90	87	93	85		
3	연령 M	86	79	87	83		
4	연령 O	76	74	77	73		
5							
6	분산 분석: 반복 없는 이원 배치법						
7							
8	요약표	관측수	합	평균	분산		
9	연령 Y	4	355	88.75	12.25		
10	연령 M	4	335	83.75	12.917		
11	연령 O	4	300	75	3.333		
12							
13	전조등1	3	252	84	52		
14	전조등2	3	240	80	43		
15	전조등3	3	257	85.667	65.333		
16	전조등4	3	241	80.333	41.333		
17							
18	분산 분석						
19	변동의 요인	제곱합	자유도	제곱 평균	F 비	P-값	F 기각치
20	인자 A(행)	387.5	2	193.75	73.421	6.0496E-05	5.143
21	인자 B(열)	69.667	3	23.222	8.8	0.013	4.757
22	잔차	15.833	6	2.639			
23							
24	계	473	11				

Excel의 임의화블록 분산분석

1. 표 12..8에서 사용된 데이터(**CX12LITE**)를 위와 같이 A칼럼부터 E칼럼에 입력한다. 데이터 → 데이터 분석을 클릭하고 분산분석: **반복 없는 이원배치법**을 선택하고 확인을 클릭한다.
2. 입력범위 박스에 **A1:E5**를 입력하고 이름표를 선택한다. 유의수준 박스에 **0.05**를 입력한다. 출력범위를 선택하여 **A6**를 입력한다. 확인을 클릭한다. 결과는 위와 같다.

고, F-비는 8.8로서 기각값보다 크므로 전조등의 효과에 대한 귀무가설 H_0: $\tau_i = 0$, $i = 1 \cdots n$을 기각한다. 전조등 디자인별로 효과가 같지 않음을 의미한다. 인자 A(행)의 '블록' 효과 검정에 대한 p값(6.05×10^{-5}, 즉 0.0000605)과 F-비율(73.421)을 계산해 놓고 있는데 역시 귀무가설을 기각한다. 이 검정은 'H_0: $\beta_i = 0$, $i = 1 \cdots n$, H_1: n개의 블록 중에 적어도 하나에 대한 $\beta_i \neq 0$'이다. 즉 나이별로 가시거리가 같지 않음을 의미한다.

블록변수가 비록 많은 영향을 미치지만 검정의 목적은 전조등 디자인(처리)의 효과를 알아보는 것이다. 블록변수가 영향을 미치는 사실을 미리 알고 임의화블록설계를 사용했으므로 그것이 의외의 결과는 아니다.

임의화블록설계의 ANOVA는 블록과 처리의 상호작용도 없다고 가정하였다. 상호작용에 대하여는 다음 절의 이원분석 ANOVA에서 다루게 된다.

임의화블록 ANOVA와 비독립표본 t-검정

처리가 두 개만 있는 경우 임의화블록설계의 ANOVA는 11장의 짝을 이루는 t-검정(양측검정, 비독립표본)은 서로 일치한다. 짝을 이룬 비독립표본의 데이터에 임의화블록 ANOVA를 적용한다면, 각각의 짝 (x_1, x_2)이 하나의 블록이 된다. 또, 두가지의 검정이 동일하기 때문에 짝을 이룬 데이터에 적용하면 동일한 p값을 얻는다.

연습문제

참고: ANOVA를 적용할 때는 컴퓨터를 사용하기를 권장한다. 데이터가 제공될 경우는 괄호 속에 파일명을 표시한다.

12.40 임의화블록설계의 목적은 무엇인가?

12.41 임의화블록설계를 사용할 때 필요한 가정은 무엇인가?

12.42 임의화블록설계는 일원배치(완전임의화)설계와 비교하여 어떤 점이 다른가?

12.43 임의화블록설계($x_{ij} = \mu + \tau_j + \beta_i + \epsilon_{ij}$)에서 각 항목의 의미를 설명하라. 그 항목을 사용하여 여러 형태의 귀무가설과 대립가설을 표현하고 설명하라.

12.44 임의화블록설계에서 블록화의 이점은 무엇인가?

12.45 일원배치ANOVA에서는 각 처리의 모평균에 대한 신뢰구간을 구할 수 있었다. 임의화블록설계에서는 가능하지 않은데, 그 이유는 무엇인가?

12.46 임의화블록실험에서 세 개의 처리와 두 개의 블록이 있으며 $F = MSTR/MSE$의 계산값은 16.1이다. 0.05의 유의수준을 사용하여 적절한 결론을 내려라. F 분포표를 사용하여 이 검정의 p값의 범위를 구하라.

12.47 임의화블록실험에서 다섯 개의 처리와 네 개의 블록이 있으며 $F = MSTR/MSE$의 계산값은 3.75이다. 0.05의 유의수준을 사용하여 적절한 결론을 내려라. F 분포표를 사용하여 이 검정의 p값의 범위를 구하라.

12.48 세 개의 처리와 세 개의 블록을 가지는 임의화블록실험의 결과로서 다음의 제곱합을 계산하였다. 이를 이용하여 적절한 ANOVA 요약표를 작성하고 0.05의 유의수준에서 모든 처리효과가 0인지를 검정하라.

$SSTR = 394.0$ $SSB = 325.0$ $SSE = 180.0$

12.49 세 개의 소득 그룹을 블록으로 하는 임의화블록실험에서 각 블록에 있는 대상에게 다음과 같이 무작위로 처리를 적용하였다. 0.01의 유의수준에서 처리의 효과가 없는지에 대한 검정을 하라. 0.01의 수준에서 블록변수의 효과를 평가하라. (**XR12049** 파일 사용)

		처리	
		1	2
블록	A	46	31
	B	37	26
	C	44	35

12.50 다섯 개의 연령 그룹을 블록으로 하는 임의화블록설계에서 각 블록에 있는 대상에게 다음과 같이 무작위로 처리를 적용하였다. 0.05의 유의수준에서 처리의

효과가 없는지에 대한 검정을 하라. 0.01의 수준에서 블록변수의 효과를 평가하라. (**XR12050** 파일 사용)

		처리			
		1	2	3	4
블록	A	51.2	50.3	47.2	42.0
	B	41.0	37.6	37.0	35.7
	C	57.5	56.9	54.7	49.2
	D	51.2	49.3	46.9	50.9
	E	36.9	34.6	37.2	33.2

12.51 배터리의 연속작동 수명은 배터리가 장착된 기기의 전력소모량에 따라 다르다. 세 종류의 배터리 네 개씩을 무작위로 선택하고, 네 종류의 장난감 세 개씩을 무작위로 선택하여 배터리를 장착한 뒤 작동시간(시)을 측정한 결과가 아래와 같다. 0.025의 유의수준에서 처리(배터리) 효과가 전부 0인지를 검정하라. 0.01의 수준에서 블록변수의 효과를 평가하라. (**XR12051** 파일 사용)

		해당 장난감에 대한 연속동작시간			
		깡총 토끼	둥둥 오리	재잘 입술	아장 거북
배터리 종류	A	6.1	7.7	7.4	5.5
	B	5.6	5.7	6.9	4.9
	C	3.4	4.3	6.4	5.0

12.52 실력 차이가 있는 세 명의 라켓볼 선수가 헬스클럽의 회원 중에서 무작위로 선발되었다. 하나의 공으로 선수당 다섯 번의 서브를 넣어서 (서브마다 다섯 개의 라켓을 임의의 순서로 사용) 서브의 속도를 측정한 결과가 아래와 같다. 선수의 실력을 블록변수로 하고 0.025의 유의수준에서 다섯 라켓의 처리효과가 모두 0이라는 가설을 검정하라. 0.01의 수준에서 블록변수의 효과를 평가하라. (**XR12052** 파일 사용)

		선수 실력에 따른 서브 속도		
		초보	중급	고급
라켓 모델	A	73 mph	64mph	83mph
	B	63	72	89
	C	51	54	72
	D	56	81	86
	E	69	90	97

12.53 두 종류의 기기조작버튼 배열을 테스트하고 있다. 작업자마다 조작속도가 차이가 나므로 7명의 작업자를 블록으로 하여 두 버튼 배열에 대한 표준조작을 수행하도록 하였다. 각 작업자는 두 버튼 배열을 임의로 선택하여 테스트를 한 결과가 아래의 표에 있다. 0.05의 유의수준에서 두 버튼 배열의 처리효과가 0이라는 가설을 검정하라. (**XR12053** 파일 사용)

		기기조작버튼 배열 타입	
		1	2
작업자	A	5	6초
	B	9	6
	C	11	8
	D	13	10
	E	10	7
	F	9	10
	G	12	9

12.54 임의화블록설계의 결과가 다음의 요약표와 같을 때, (별표한) 빈칸을 채워라. 처리효과에 대한 귀무가설과 대립가설을 설정하고 0.025의 수준에서 귀무가설을 검정하라.

인자	제곱합	자유도	평균제곱합	F값
처리	30.89	2	***	***
블록	80.22	2	***	***
오차	7.11	***	***	
전체	118.22	8		

12.55 임의화블록설계의 결과가 다음의 요약표와 같을 때, (별표한) 빈칸을 채워라. 처리효과에 대한 귀무가설과 대립가설을 설정하고 0.05의 수준에서 귀무가설을 검정하라.

인자	제곱합	자유도	평균제곱합	F-값
처리	35.33	***	***	***
블록	134.40	2	***	***
오차	16.27	8	***	
전체	186.0	14		

12.56 다음의 Minitab 출력은 임의화블록 ANOVA의 결과이며, 네 가지 소득구분으로 구성된 블록과 세 가지 종류의 기부형태 처리를 적용하였다. 측정된 변수는 각 자선단체에 기부된 금액(달러)이다. 처리효과에 대한 귀무가설과 대립가설을 기술하고 0.025의 유의수준을 사용하여 귀무가설을 검정하라.

```
Analysis of Variance for Dollars
Source      DF      SS      MS      F       P
Block        3   75613   25204   9.08   0.012
Treatment    2   36422   18211   6.56   0.031
Error        6   16663    2777
Total       11  128698
```

12.57 두 개의 처리가 있는 임의화블록 ANOVA와 11장의 종속표본 t-검정을 비교하라.

12.58 종속표본 t-검정을 연습문제 12.49의 데이터에 적용하라. 이 결론이 해당 문제의 결론과 일치하는가? 설명하라.

12.59 종속표본 t-검정을 연습문제 12.53의 데이터에 적용하라. 이 결론이 해당 문제의 결론과 일치하는가? 설명하라.

12.5 이원배치 분산분석

목적

이 절에서는 **이원배치 분산분석**에 대한 논의를 하고자 한다. 이는 다음 두 가지를 동시에 검사한다: (1) 두 개의 인자가 각각 종속변수에 효과를 미치는지, (2) 두 인자가 상호작용으로 종속변수에 효과를 미치는지이다. 두 개 이상의 인자가 각각 수준별로 조합을 이루어서 종속변수에 효과를 미치는지 알아내는 것을 **인자실험(factorial experiment)**이라고 한다. Factorial은 각각의 조합을 '처리'로 간주한다는 뜻을 갖고 있으며, 이원배치 분산분석(two-way ANOVA)은 인자실험의 가장 단순한 형태이다.

이원배치 ANOVA는 인자(독립변수) 간에 상호작용이 있는지 검사한다. 한 인자의 효과가 다른 인자의 수준에 따라 달라질 경우에 '상호작용'(*interaction*)이 있다고 한다. 예를 들면, 약들에는 상호작용이 생길 수 있다. 약간의 음주를 하거나 혹은 소량의 기침약을 복용하면 가벼운 졸음이 온다. 그러나 그 둘을 섞어 먹으면 심한 졸음이 오게 된다. 두 종류의 물질로 구성된 화학무기의 경우도 각 물질은 그 자체로는 전혀 해가 없지만 두 물질이 섞이면 치명적이 된다. 이러한 경우 우리는 상호작용이 있는지 이원배치 분산분석으로 알아낼 수 있다.

12.3절의 일원배치 ANOVA에서는 한 개의 인자(회계처리 방법)가 종속변수에 미치는 효과에 관심이 있었다. 12.4절의 임의화블록설계 ANOVA에서는 관심인자(전조등 디자인)에 여향을 미치는 외부변수 효과를 블록변수(연령구분)로 설정하여 제거할 수 있었다. 이 때, 인자수준과 블록의 상호작용을 고려하지 않았다. 그림 12.2에서 보듯이 네 가지 전조등 디자인 모두 젊은 사람에게는 가시거리가 멀었고 나이 든 사람에게는 짧았다. 그렇지만 그래프가 교차했다면(예컨대 전조등 4번에서 나이 든 사람의 가시거리가 젊은 사람의 가시거리보다 길었다면) 상호작용이 있다는 것을 의미한다. 이 절에서는 이러한 상호작용의 개념에 대해서 사례에서 다시 설명하도록 한다.

모형과 가정

이원배치 ANOVA에서는 모든 인자수준조합에 실험대상이 두 개 이상 무작위로 할당되도록 한다. 각 조합(셀)에서의 실험대상의 수는 반복횟수($r \geq 2$)라고 한다. 이 절에서는 반복횟수(r)가 동일한 균형설계를 대상으로 한다. 다시 말하면 각 수준의 조합은 $k = 1 \cdots r$개의 관측값을 가진다.

개별 관측값은 다음과 같이 여러 개의 구성요소의 합으로 이루어진다.

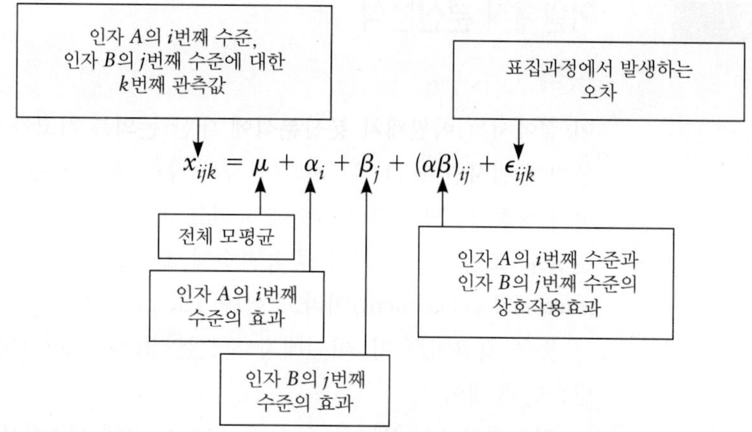

이 모형에서 x_{ijk}는 인자 A의 i번째 수준과 인자 B의 j번째 수준의 처리에 대한 k번째 관측값이다. 그것은 전체 모평균(μ), 인자 A의 i번째 수준의 효과(α_i), 인자 B의 j번째 수준의 효과(β_j), 인자 A의 i번째 수준과 인자 B의 j번째 수준의 상호작용효과[$(\alpha\beta)_{ij}$], 표집오차(ϵ_{ijk})의 합으로 정의된다. 이러한 모형의 종속변수에 대해서 다음과 같이 세 가지 종류의 귀무가설과 대립가설이 있다.

1. 주효과(인자 A)에 대한 검정
   H_0: 인자 A의 각 수준에 대하여 $\alpha_i = 0, i = 1 \cdots a$
   (인자 A는 모든 수준에 대하여 효과가 없다.)
   H_1: 적어도 한 개의 i에 대하여 $\alpha_i \neq 0, i = 1 \cdots a$
   (인자 A의 한 개 이상의 수준은 효과가 있다.)
2. 주효과(인자 B)에 대한 검정
   H_1: 인자 B의 각 수준에 대하여 $\beta_j = 0, j = 1 \cdots b$
   (인자 B는 모든 수준에 대하여 효과가 없다.)
   H_1: 적어도 한 개의 j에 대하여 $\beta_j \neq 0, j = 1 \cdots b$
   (인자 B의 한 개 이상의 수준은 효과가 있다.)
3. 인자 A와 B의 수준 간의 상호작용효과에 대한 검정
   H_0: i와 j의 각 조합에 대하여 $(\alpha\beta)_{ij} = 0$
   (상호작용효과가 없다.)
   H_1: i와 j의 각 조합 중에서 적어도 한 개는 $(\alpha\beta)_{ij} \neq 0$
   (i와 j의 한 개 이상의 조합은 효과가 있다.)

이원배치 ANOVA 설계는 $a \times b$개의 인자수준의 조합(셀)이 있으며 각 셀에는 **동일한 분산**을 가지는 **정규모집단**으로부터 **독립적으**로 추출된 r개의 관측값이 있다고 가정한다. 이 중 한 개 이상의 가정이 성립하지 않으면 14장의 *Friedman* 검정을 사용한다.

절차

이원배치 ANOVA를 수행하는 절차는 표 12.9에 요약되어 있다.

Part A: 귀무가설과 대립가설

귀무가설과 대립가설은 주효과(인자 A와 B)와 상호작용효과(인자의 수준의 조합)를 사용하여 표현된다.

Part B: 분석될 데이터의 형식

각 셀은 인자 A의 i번째 수준과 인자 B의 j번째 수준에서 관찰한 값을 나타낸다. 각 셀에는 r개의 관측값(반복)이 있다. 개별 인자의 각 수준에 대한 평균을 계산한다. 예를 들어 $\bar{x}_{2..}$은 인자 A의 두 번째 수준에 대한 모든 관측값의 평균이며, $\bar{x}_{.1.}$은 인자 B의 첫 번째 수준에 대한 모든 관측값의 평균이다. 전체평균($\bar{\bar{x}}$)은 모든 관측 값의 평균이다.

Part C: 이원배치 ANOVA 설계의 계산

표 12.9의 C에서는 이원배치 ANOVA 설계에 필요한 계산식이 있다. 각 변동요인은 앞에서 설명한 $x_{ijk} = \mu + \alpha_i + \beta_j + (\alpha\beta)_{ij} + \epsilon_{ijk}$ 모형과 일치한다.

제곱합 항목

- **인자A와 인자 B에 기인한 변동** SSA는 인자 A의 수준에 의한 변동의 제곱합이다. SSB는 인자 B의 수준에 의한 변동의 제곱합이다.
- **인자수준 간의 상호작용에 기인한 변동** $SSAB$는 인자 A와 인자 B의 수준 상호 간의 작용에 의한 변동의 제곱합이다. 이는 다른 제곱합을 계산한 뒤에 다음의 식으로 계산하면 된다. $SSAB = SST - SSA - SSB - SSE$.
- **표집오차변동 E** SSE는 표집오차에 따른 변동의 제곱합이다. 각 데이터값을 해당 셀의 평균과 비교한 차이를 제곱하여 합한다.
- **전체변동 T** SST는 데이터에서 전체 변동을 나타낸다. 개별 데이터를 전체평균과 비교하여 그 차이를 제곱하여 더한 값이다.

각 변동을 비교 가능하게 만들기. MSA, MSB, $MSAB$, MSE는 각각 A, B, A와 B의 상호작용, 오차에 대한 평균제곱이다. 표의 C에서처럼 해당하는 제곱합을 적절한 자유도로 나누어 계산한다.

Part D: 검정통계량, 기각값, 그리고 결정규칙

각 귀무가설에 대하여 검정통계량을 따로 계산한다. 검정통계량의 분자와 분모는 셀의 모집단이 공유하는 분산에 대한 추정값들이다. 각 귀무가설에 대하여 F의 기각값은 유의수준과 F의 분자와 분모의 자유도에 따라 결정된다. 각 H_0의 검정에 대한 υ_1과 υ_2는 표에 나와 있다. F의 계산값이 $F[\alpha, \upsilon_1, \upsilon_2]$보다 크면 해당 귀무가설은 기각된다.

표 12.9

이원배치 ANOVA의 요약

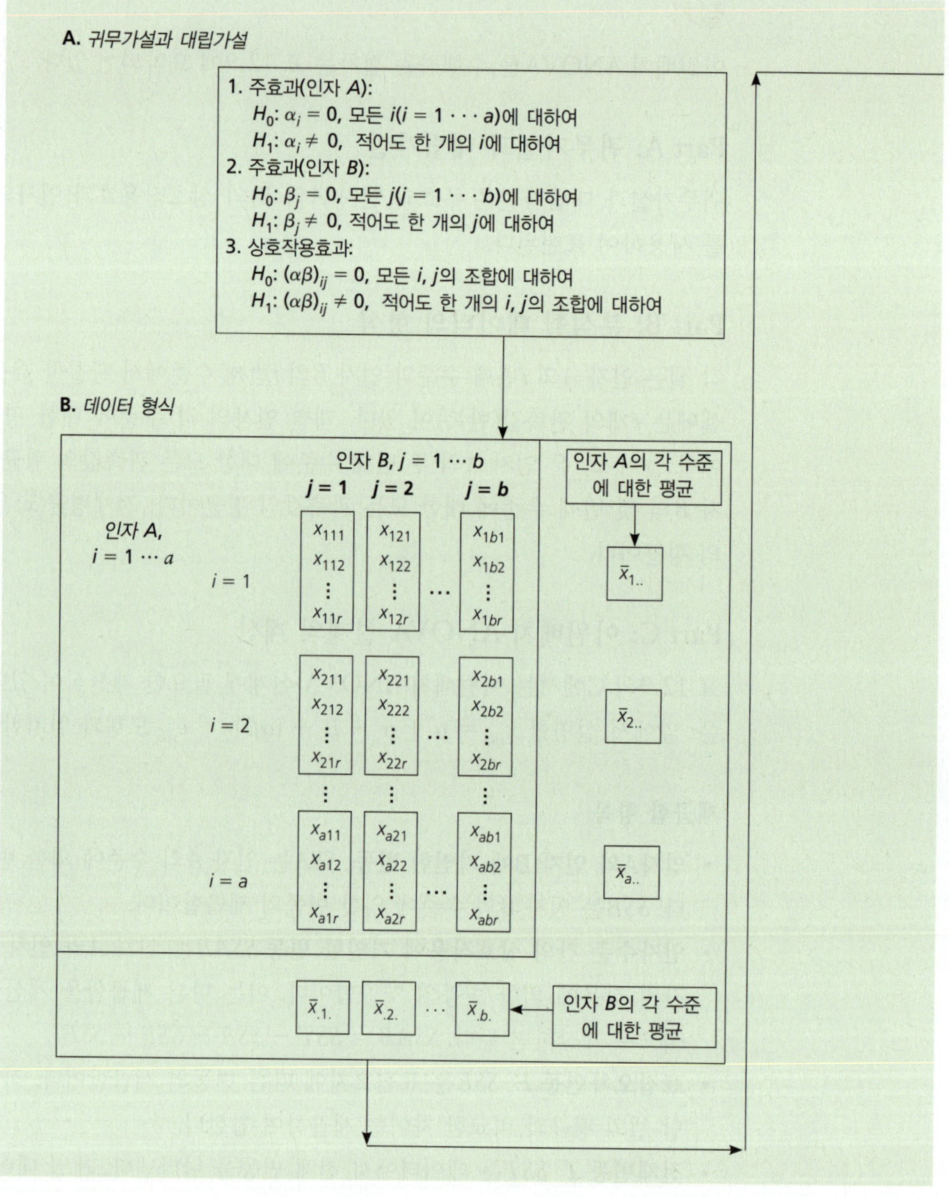

C. *계산*

변동의 요인	제곱합	자유도	평균제곱합	F-비율
인자 A	$SSA = rb\sum_{i=1}^{a}(\bar{x}_{i..} - \bar{\bar{x}})^2$	$a-1$	$MSA = \frac{SSA}{a-1}$	$F = \frac{MSA}{MSE}$
인자 B	$SSB = ra\sum_{j=1}^{b}(\bar{x}_{.j.} - \bar{\bar{x}})^2$	$b-1$	$MSB = \frac{SSB}{b-1}$	$F = \frac{MSB}{MSE}$
A와 B의 상호작용	$SSAB = SST - SSA - SSB - SSE$	$(a-1)(b-1)$	$MSAB = \frac{SSAB}{(a-1)(b-1)}$	$F = \frac{MSAB}{MSE}$
표집오차 E	$SSE = \sum_{i=1}^{a}\sum_{j=1}^{b}\sum_{k=1}^{r}(x_{ijk} - \bar{x}_{ij.})^2$	$ab(r-1)$	$MSE = \frac{SSE}{ab(r-1)}$	
전체 T	$SST = \sum_{i=1}^{a}\sum_{j=1}^{b}\sum_{k=1}^{r}(x_{ijk} - \bar{\bar{x}})^2$	$abr-1$		

D. *기각값과 의사결정*

1. 주효과(인자 *A*):

$F = \frac{MSA}{MSE} > F[\alpha, (a-1), ab(r-1)]$ 이면 유의수준 α에서 H_0: 모든 $d_i = 0$ 을 기각한다.

2. 주효과(인자 *B*):

$F = \frac{MSB}{MSE} > F[\alpha, (b-1), ab(r-1)]$ 이면 유의수준 α에서 H_0: 모든 $\beta_i = 0$ 을 기각한다.

3. 상호작용효과:

$F = \frac{MSAB}{MSE} > F[\alpha, (a-1)(b-1), ab(r-1)]$ 이면 유의수준 α에서 H_0: 모든 $\alpha\beta_i = 0$ 을 기각한다.

예제 EXAMPLE

이원배치 ANOVA 절차

어느 항공기회사는 신형비행기의 날개 제작에 사용하고자 세 가지 합금을 고려하고 있다. 각 합금은 네 종류의 두께로 생산된다(1 = 가장 얇음, 4 = 가장 두꺼움). 합금 종류와 두께의 조합에 대하여 샘플을 두 개씩 전부 24개를 만들어 실험실에서 구부림 테스트를 하였다. 각 샘플에 대하여 부러질 때까지의 구부림의 횟수를 기록한 것이 표 12.10이다. 0.05의 유의수준에서 다음을 검정하라. (1) 합금의 두께가 내구성에 영향을 미치는가? (2) 합금의 종류가 내구성

표 12.10

인자 A(합금 두께)와 인자 B(합금 종류)의 주효과와 상호작용효과를 비교하기 위한 이원배치 ANOVA의 데이터와 계산 결과.
각 셀은 인자수준 i와 j의 조합이며 r = 2의 관측(반복)값이 있다.

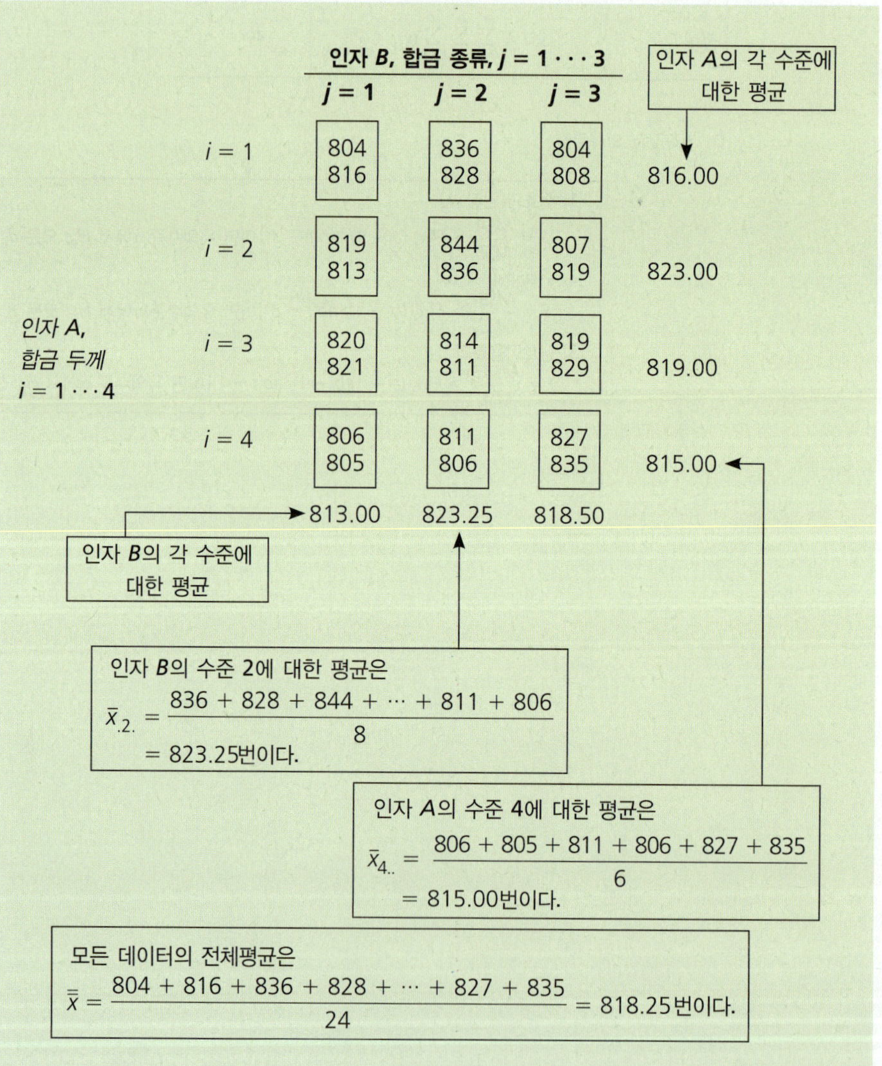

인자 A, 합금 두께 $i = 1 \cdots 4$	$j = 1$	$j = 2$	$j = 3$	인자 A의 각 수준에 대한 평균
$i = 1$	804, 816	836, 828	804, 808	816.00
$i = 2$	819, 813	844, 836	807, 819	823.00
$i = 3$	820, 821	814, 811	819, 829	819.00
$i = 4$	806, 805	811, 806	827, 835	815.00
인자 B의 각 수준에 대한 평균	813.00	823.25	818.50	

(열 제목: 인자 B, 합금 종류, $j = 1 \cdots 3$)

인자 B의 수준 2에 대한 평균은

$$\bar{x}_{.2.} = \frac{836 + 828 + 844 + \cdots + 811 + 806}{8}$$
= 823.25번이다.

인자 A의 수준 4에 대한 평균은

$$\bar{x}_{4..} = \frac{806 + 805 + 811 + 806 + 827 + 835}{6}$$
= 815.00번이다.

모든 데이터의 전체평균은

$$\bar{\bar{x}} = \frac{804 + 816 + 836 + 828 + \cdots + 827 + 835}{24} = 818.25\text{번이다.}$$

에 영향을 미치는가? (3) 합금의 두께와 종류의 상호작용이 내구성에 영향을 미치는가? 데이터는 **CX12WING** 파일에 있다.

풀이

이 데이터에 대한 세 가지 귀무가설은 다음과 같다: (1) 인자 A(두께)의 수준은 효과가 없다. (2) 인자 B(합금 종류)의 수준은 효과가 없다. (3) 인자 A와 B 간의 상호작용은 없다(표 12.9A 참조)

표 12.10에서와 같이 인자 A의 네 가지 수준, 인자 B의 세 가지 수준이 있으므로 전체 12개의 조합(셀)이 있게 된다. 각 셀에는 $r = 2$개의 관측값(반복)이 있다. 예를 들어 ($i = 2, j = 3$)셀은 다음의 관측값을 가지고 있다: $x_{231} =$ 807회와 $x_{232} = 819$회. 표 12.10에는 두 인자의 수준에 대한 평균을 계산하는 예도 있다. 첨자의 점은 앞서의 분석에서의 의미와 같다. 즉 $\bar{x}_{.2.}$은 인자 B의 $j = 2$ 수준에 대한 관측값의 평균이다(표 12.9B 참조) 다음 계산은 표 12.9의 C를 따른 것이다.

인자 *A*의 제곱합 *SSA*

각 셀에는 $r = 2$개의 측정값이 있고 인자 B는 $b = 3$개의 수준이 있다. SSA는 전체평균($\bar{\bar{x}} = 818.25$)과 인자 A의 $a = 4$개의 수준에 대한 평균과의 차이를 사용하여 계산한다.

$$\begin{aligned} SSA &= rb\sum_{i=1}^{a}(\bar{x}_{i..} - \bar{\bar{x}})^2 \\ &= 2(3)\begin{bmatrix} (816.00 - 818.25)^2 + (823.00 - 818.25)^2 \\ +(819.00 - 818.25)^2 + (815.00 - 818.25)^2 \end{bmatrix} \\ &= 6(38.75) \quad \boxed{SSA = 232.50} \end{aligned}$$

인자 *B*의 제곱합 *SSB*

각 셀에는 $r = 2$개의 측정값이 있고 인자 A는 $a = 4$개의 수준이 있다. SSB는 전체평균($\bar{\bar{x}} = 818.25$)과 인자 B의 $b = 3$개의 수준에 대한 평균과의 차이를 사용하여 계산한다.

$$\begin{aligned} SSB &= ra\sum_{j=1}^{b}(\bar{x}_{.j.} - \bar{\bar{x}})^2 \\ &= 2(4)[(813.00 - 818.25)^2 + (823.25 - 818.25)^2 + (818.50 - 818.25)^2] \\ &= 8(52.625) \quad \boxed{SSB = 421.00} \end{aligned}$$

오차제곱합 *SSE*

각 관측값을 해당 셀의 평균값과 비교하여 오차 제곱을 계산한다. 예를 들어 ($i = 2, j = 3$)셀의 평균은 $\bar{\bar{x}}_{23.} = (807 + 819)/2 = 813.00$이다.

$$SSE = \sum_{i=1}^{a}\sum_{j=1}^{b}\sum_{k=1}^{r}(x_{ijk} - \bar{x}_{ij.})^2$$

$$= \begin{bmatrix} (804 - 810.00)^2 \\ +(816 - 810.00)^2 \end{bmatrix} + \begin{bmatrix} (836 - 832.00)^2 \\ +(828 - 832.00)^2 \end{bmatrix} + \begin{bmatrix} (804 - 806.00)^2 \\ +(808 - 806.00)^2 \end{bmatrix}$$

$$+ \begin{bmatrix} (819 - 816.00)^2 \\ +(813 - 816.00)^2 \end{bmatrix} + \begin{bmatrix} (844 - 840.00)^2 \\ +(836 - 840.00)^2 \end{bmatrix} + \begin{bmatrix} (807 - 813.00)^2 \\ +(819 - 813.00)^2 \end{bmatrix}$$

$$+ \begin{bmatrix} (820 - 820.50)^2 \\ +(821 - 820.50)^2 \end{bmatrix} + \begin{bmatrix} (814 - 812.50)^2 \\ +(811 - 812.50)^2 \end{bmatrix} + \begin{bmatrix} (819 - 824.00)^2 \\ +(829 - 824.00)^2 \end{bmatrix}$$

$$+ \begin{bmatrix} (806 - 805.50)^2 \\ +(805 - 805.50)^2 \end{bmatrix} + \begin{bmatrix} (811 - 808.50)^2 \\ +(806 - 808.50)^2 \end{bmatrix} + \begin{bmatrix} (827 - 831.00)^2 \\ +(835 - 831.00)^2 \end{bmatrix}$$

$$\boxed{SSE = 334.00}$$

전체제곱합 *SST*

개별 관측값과 전체평균($\bar{\bar{x}} = 818.25$)과 차이를 제곱한 것을 합하여 계산한다.

$$SST = \sum_{i=1}^{a}\sum_{j=1}^{b}\sum_{k=1}^{r}(x_{ijk} - \bar{\bar{x}})^2$$

$$= \begin{bmatrix} (804 - 818.25)^2 \\ +(816 - 818.25)^2 \end{bmatrix} + \begin{bmatrix} (836 - 818.25)^2 \\ +(828 - 818.25)^2 \end{bmatrix} + \begin{bmatrix} (804 - 818.25)^2 \\ +(808 - 818.25)^2 \end{bmatrix}$$

$$+ \begin{bmatrix} (819 - 818.25)^2 \\ +(813 - 818.25)^2 \end{bmatrix} + \begin{bmatrix} (844 - 818.25)^2 \\ +(836 - 818.25)^2 \end{bmatrix} + \begin{bmatrix} (807 - 818.25)^2 \\ +(819 - 818.25)^2 \end{bmatrix}$$

$$+ \begin{bmatrix} (820 - 818.25)^2 \\ +(821 - 818.25)^2 \end{bmatrix} + \begin{bmatrix} (814 - 818.25)^2 \\ +(811 - 818.25)^2 \end{bmatrix} + \begin{bmatrix} (819 - 818.25)^2 \\ +(829 - 818.25)^2 \end{bmatrix}$$

$$+ \begin{bmatrix} (806 - 818.25)^2 \\ +(805 - 818.25)^2 \end{bmatrix} + \begin{bmatrix} (811 - 818.25)^2 \\ +(806 - 818.25)^2 \end{bmatrix} + \begin{bmatrix} (827 - 818.25)^2 \\ +(835 - 818.25)^2 \end{bmatrix}$$

$$\boxed{SST = 3142.50}$$

상호작용의 제곱합 *SSAB*

다른 제곱합 항목을 계산하였으면 다음과 같은 식으로 $SSAB$를 구한다.

$$SSAB = SST - SSA - SSB - SSE$$

$$= 3142.50 - 232.50 - 421.00 - 334.00 \quad \boxed{SSAB = 2155.00}$$

평균제곱 항목

각 제곱합을 관련된 자유도로 나눈다(표 12.9C 참조).

- 인자 A:

$$MSA = \frac{SSA}{a-1} = \frac{232.50}{4-1} \quad \boxed{MSA = 77.50}$$

- 인자 B:

$$MSB = \frac{SSB}{b-1} = \frac{421.00}{3-1} \quad \boxed{MSB = 210.50}$$

- 상호작용 AB:

$$MSAB = \frac{SSAB}{(a-1)(b-1)} = \frac{2,155.00}{(4-1)(3-1)} \quad \boxed{MSAB = 359.17}$$

- 오차 E:

$$MSE = \frac{SSE}{ab(r-1)} = \frac{334.00}{4(3)(2-1)} \quad \boxed{MSE = 27.83}$$

검정통계량, 기각값, 의사결정

세 가지의 귀무가설과 대립가설에 대해서 각각 F값을 F의 기각값과 비교하여 의사결정을 내린다. 각 검정의 F-비율의 분모는 MSE이며, 분모의 자유도는 $ab(r-1) = 4(3)(2-1) = 12$이다(표 12.9D 참조).

1. **주효과(인자 A)에 대한 검정** F의 계산값은 다음과 같다.

$$\frac{MSA}{MSE} = \frac{77.50}{27.83} = 2.78$$

0.05 수준에서 F의 기각값은

$F[0.05, (a-1), ab(r-1)] = F(0.05, 3, 12) = 3.49$이다.

F의 계산값(2.78)이 기각값(3.49)보다 작으므로 'H_0: 모든 $\alpha_i = 0$'은 기각되지 못한다. 그러므로 두께의 정도가 내구성에 미치는 효과는 없다.

2. **주효과(인자 B)에 대한 검정** F의 계산값은 다음과 같다.

$$\frac{MSB}{MSE} = \frac{210.50}{27.83} = 7.56$$

0.05 수준에서 F의 기각값은

$F[0.05, (b-1), ab(r-1)] = F(0.05, 2, 12) = 3.89$이다.

이 경우에는 F의 계산값(7.56)이 기각값(3.89)보다 크므로 'H_0: 모든 $\beta_j = 0$'은 기각된다. 그러므로 합금의 종류별로 내구성에 미치는 효과가 모두 같다고는 할 수 없다. F의 계산값은 유의수준 0.025와 0.01의 F값(5.10과 6.93)보다 크므로 이 유의수준에서도 귀무가설은 기각된다. 이 검정에서 p값은 0.01보다 작다.

3. **인자 A와 B의 수준 간의 상호작용에 대한 검정** F의 계산값은 다음과 같다.

$$\frac{MSAB}{MSE} = \frac{359.17}{27.83} = 12.91$$

0.05 수준에서 F의 기각값은

$F[0.05, (a-1)(b-1), ab(r-1)] = F(0.05, 6, 12) = 3.00$이다.

표 12.11

표 12.10 데이터를 사용한 이원배치 ANOVA의 결과를 요약한 표

변동의 요인	제곱합	자유도	평균제곱합	*F*값
인자 *A*	232.50	3	77.50	2.78
인자 *B*	421.00	2	210.50	7.56
상호작용, *AB*	2155.00	6	359.17	12.91
오차	334.00	12	27.83	
전체	3142.50	23		

이 경우에서 *F*의 계산값(12.91)은 기각값(3.00)을 초과하므로 'H_0: 모든 $(\alpha\beta)_{ij} = 0$'은 기각된다. 합금의 두께(인자 *A*)와 합금의 종류(인자 *B*)의 상호작용하여 내구성에 어떤 영향을 준다고 할 수 있다. *F*의 계산값은 유의수준 0.025와 0.01의 *F*값(3.73과 4.82)보다 크므로 이 유의수준에서도 귀무가설은 기각된다. 그러므로 이 검정에서도 *p*값은 0.01보다 작다.

표 12.11은 이 분석결과를 요약하고 있는데 이는 이원배치 ANOVA의 결과에 대한 표준형식이다. 표에서 확인할 수 있듯이 전체변동의 많은 부분이 인자 *A*(합금의 두께)와 인자 *B*(합금의 종류)의 상호작용의 결과이다.

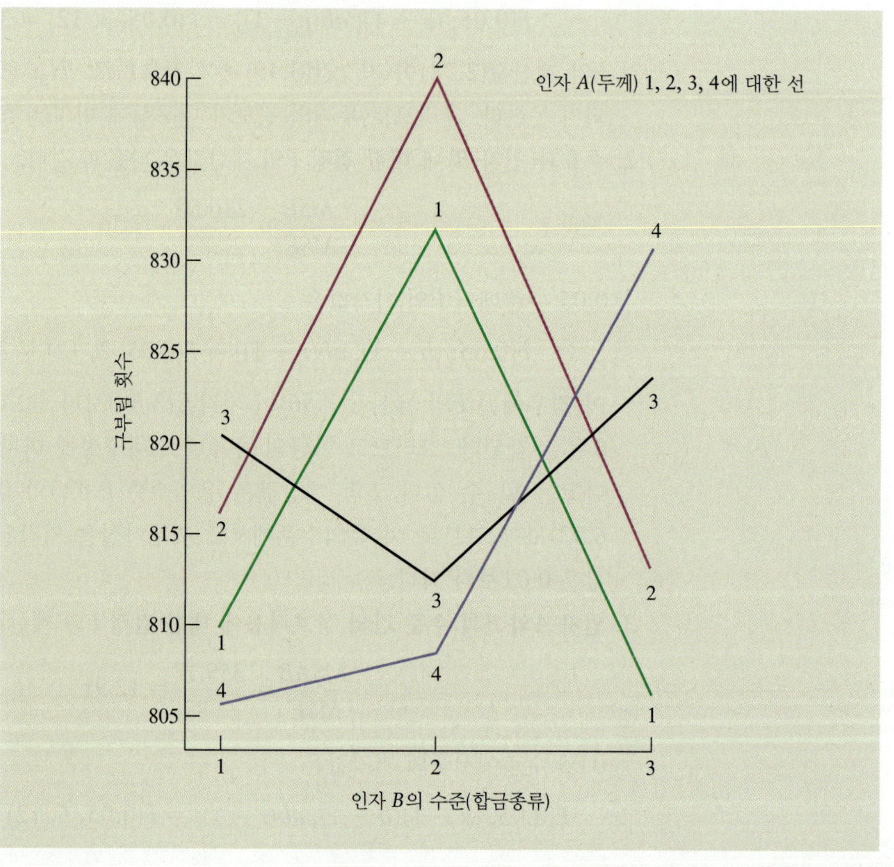

그림 12.3

인자 *A*(두께)와 인자 *B*(합금 종류)의 상호작용을 보여주는 그래프. 두께 1과 2가 합금 2와 잘 어울리고, 두께 4가 합금 3과 잘 어울린다.

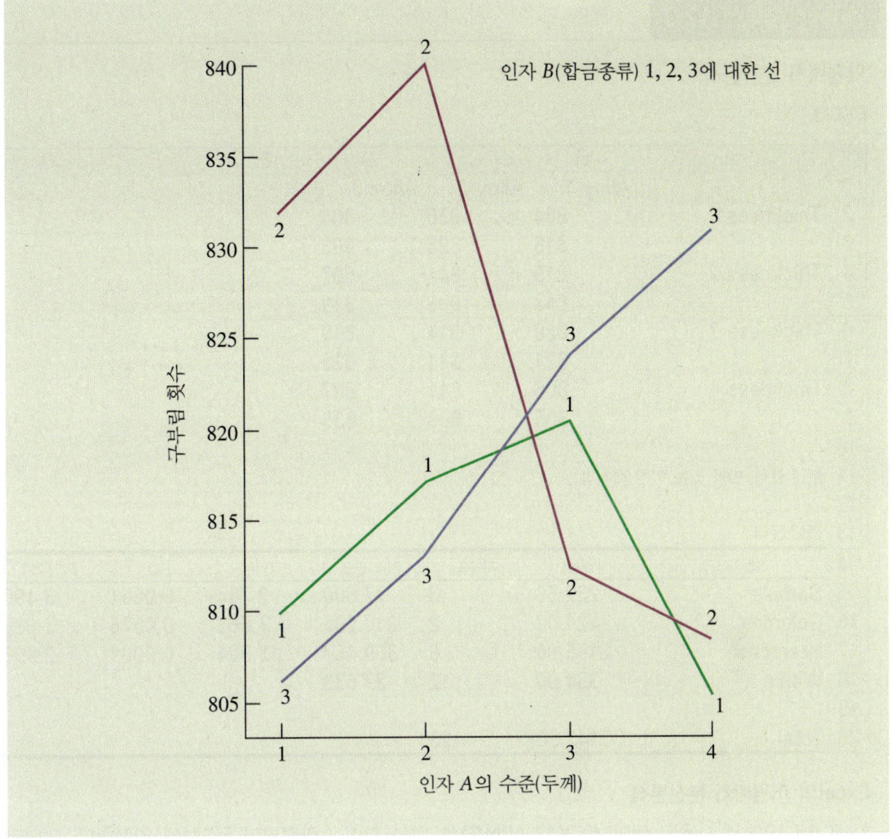

그림 12.4

인자 A(두께)와 인자 B(합금 종류)의 상호작용을 보여주는 또 다른 그래프. 두께가 두꺼울수록 합금 3은 오래 견디고, 합금 2는 그 반대이다.

인자수준 간의 상호작용에 대한 이해를 돕기 위하여 그림 12.3의 그래프를 보자. 그래프의 세로축은 $r = 2$인 각 셀에서의 평균 구부림 횟수이다. 가로축은 인자(합금 종류)의 수준을 나타낸다. 두께 1과 2는 합금 2의 경우에는 내구성이 있어 보이지만 합금 1과 3의 경우에는 오래 견디지 못한다. 이 그림을 보면 가장 오래 견디는 조합은 두께 2와 합금 2이다.

그림 12.4는 그림 12.3과 유사하지만 가로축이 인자 A(두께)이며 꺾은 선은 인자 B(합금 종류)의 수준 1, 2, 3을 나타낸다. 실험대상의 두께가 1번에서 4번 순서로 두꺼워지므로 흥미로운 사실을 발견하게 된다. 선을 보면 합금 2는 두께가 2일 때 내구성이 가장 강하지만 두께가 3과 4이면 오래 견디지 못한다. 비슷하게 합금 1은 두께가 3인 경우에 오래 견딘다. 반면에 합금 3은 두께가 두꺼워지면 점점 더 오래 견딘다. 그림 12.4를 보면 합금 3은 실험에서 사용된 수준보다 더 두껍게 만들면 내구성이 더 좋아질 것이라고 생각하게 된다. (두 개 인자의 상호작용 실험은 애플릿 16 참조)

컴퓨터 출력과 해석

「컴퓨터 솔루션 12.3」에서는 Excel 데이터의 형태와 이원배치 ANOVA에 대한 결과의 일부를 보여주고 있다. Excel은 도수, 합계, 평균, 각 수준과 셀의 분산 등의 여러 가지 통계를 계산해 주지만, 여기서 Excel 시트는 평균값만 보여주고 있다.

컴퓨터 솔루션 12.3

이원배치 분산분석

EXCEL

	A	B	C	D	E	F	G
1		Alloy 1	Alloy 2	Alloy 3			
2	Thickness1	804	836	804			
3		816	828	808			
4	Thickness 2	819	844	807			
5		813	836	819			
6	Thickness 3	820	814	819			
7		821	811	829			
8	Thickness 4	806	811	827			
9		805	806	835			
10							
11	분산 분석: 반복 있는 이원 배치법						
12							
13	분산 분석						
14	변동의 요인	제곱합	자유도	제곱 평균	F 비	P값	F 기각치
15	Sample	232.50	3	77.500	2.784	0.0864	3.490
16	Columns	421.00	2	210.500	7.563	0.0075	3.885
17	Interaction	2155.00	6	359.167	12.904	0.0001	2.996
18	Within	334.00	12	27.833			
19							
20	Total	3142.50	23				

Excel의 이원배치 분산분석

1. 표 12.10에서 사용된 데이터(**CX12WING**)를 위와 같이 A칼럼부터 E칼럼에 입력한다. 데이터 → 데이터 분석을 클릭하고 분산분석: 반복 있는 이원배치법을 선택하고 확인을 클릭한다.
2. 입력범위 박스에 **A1:D9**를 입력하고 표본당 행수 박스에 **2**를 입력한다. 유의수준 박스에 **0.05**를 입력한다. 출력범위를 선택하여 **A11**을 입력한다. 확인을 클릭한다. 데이터와 결과의 일부분은 위와 같다.

Excel에서는 인자 *A*를 행으로 인자 *B*를 열로 표시하고 있다. 이는 표 12.10의 데이터 배열형식과 일치하고 있다. 인자 *A*가 행으로, *B*인자 *B*가 열로 배치되는 것이 정해진 것은 아니다. 중요한 것은 기호의 첨자를 일관되게 사용하고 해석하는 것이고 그렇게 하면 주어진 데이터의 행과 열이 바뀌어도 문제될 것이 없다.

「컴퓨터 솔루션 12.3」은 앞에서 설명한 각 가설에 대한 *p*값의 정확한 수치를 보여주고 있다. 주효과(인자 *A*)의 검정에서 0.05의 유의수준에서 'H_0: 모든 $\alpha_i = 0$'을 기각하지 못했다. 이는 Excel이 계산한 *p*값(0.0864)에서 다시 확인할 수 있다. 그러나, 인자 *B*의 주효과에 대한 검정은 'H_0: 모든 $\beta_j = 0$'을 0.01 수준에서 기각할 수 있다. 인자 *A*와 *B*의 상호작용에 대한 검정에서는 'H_0: 모든 $(\alpha\beta)_{ij} = 0$'을 매우 유의한 수준(0.01)에서 기각할 수 있다.

미니탭(MiniTab)을 이용한 컴퓨터 솔루션(문제 12.79 참조)을 보면, 변동의 요인(source)에 각각의 실험요인과 Interaction(상호작용), Error(오차), Total(합계) 제곱합(*ss*)과 제곱합 평균(*MS*) 프린트해 준다. 각 요인별로 처리수준에 따라 95%

신뢰구간을 추정해 주는데, 이는 σ를 $\sqrt{MSE}$로 추정한 s_p를 사용한다. 아래는 요인 M에 대한 k수준 의 평균 μ_{kM}의 신뢰구간이다.

$$\bar{x}_{kM} \pm t\left(\frac{s_p}{\sqrt{n_{kM}}}\right),$$

$s_p = \sqrt{MSE}$: σ에 대한 합동추정

n_{km}: 요인 M의 수준 k에서 실험 반복 횟수

$\bar{x}_{km}$: 요인 M의 수준 k에서 실험 반복의 평균

t: MSE의 자유도와 신뢰수준에 해당하는 t값

이를 두께의 수준1에 적용하면, 6번 관측한 것의 평균은 816.00이고, 합동추정 표준편차 $s_p = \sqrt{MSE} = \sqrt{27.8} = 5.27$, MSE의 자유도 $df = 12$에 대응한 95% 신뢰구간의 t값은 2.179이다. 따라서 μ_{1M}의 95% 신뢰구간은:

$$\bar{x}_{1A} \pm t\left(\frac{s_p}{\sqrt{n_{1A}}}\right) = 816.00 \pm t\left(\frac{5.27}{\sqrt{6}}\right) = 816.00 \pm 2.179(2.15) = 811.32 \sim 820.68$$

이다. 즉, 두께요인 A에서 수준 1의 모집단에서 견딜 수 있는 구부림 횟수 평균의 95% 신뢰구간은 811~820회이다.

연습문제

참고: ANOVA를 적용할 때는 컴퓨터를 사용하기를 권장한다. 데이터가 제공될 경우는 괄호 속에 파일명을 표시한다.

12.60 이원배치 분산분석의 목적은 무엇인가?

12.61 이원배치 ANOVA를 사용하는 데 필요한 가정은 무엇인가?

12.62 일원배치와 임의화블록설계와 비교해서 이원배치ANOVA에서 가설의 종류가 많은 이유는 무엇인가?

12.63 이원배치 ANOVA가 임의화블록설계와 비슷한 점은 무엇인가? 다른 점은 무엇인가?

12.64 이원배치 ANOVA에서 주효과와 상호작용효과를 설명하라.

12.65 이원배치 ANOVA에서 반복(replication)이라는 용어의 의미는 무엇인가?

12.66 이원배치 ANOVA 실험에서 인자 A는 네 가지 수준에서, 인자 B는 세 가지 수준에서, 그리고 각 셀당 세 개의 반복이 있다고 하자. 이 실험에서 몇 개의 처리가 존재하는가? 설명하라.

12.67 이원배치 ANOVA 모형($x_{ijk} = \mu + \alpha_i + \beta_j + (\alpha\beta)_{ij} + \epsilon_{ijk}$)에서 각 항목의 의미를 설명하라. 그 항목을 사용하여 세 종류의 귀무가설과 대립가설을 표현하고 설명하라.

12.68 이원배치 ANOVA 모형에서 인자 A는 세 가지 수준에서, 인자 B는 두 가지 수준에서, 그리고 각 셀당 두 개의 반복이 있다고 하자. $MSA/MSE = 5.35$, $MSB/MSE = 5.72$, $MSAB/MSE = 6.75$이고, 0.05의 유의수준을 사용한다면, 각 귀무가설에 대한 결론은 무엇인가?

12.69 이원배치 ANOVA 모형에서 인자 A는 네 가지 수준에서, 인자 B는 세 가지 수준에서, 그리고 각 셀당 세 개의 반복이 있다고 하자. $MSA/MSE = 3.54$, $MSB/MSE = 5.55$, $MSAB/MSE = 12.40$이고, 0.025의 유의수준을 사용한다면, 각 귀무가설에 대한 결론은 무엇인가?

12.70 이원배치 ANOVA 모형에서 인자 A는 세 가지 수준에서, 인자 B는 네 가지 수준에서, 그리고 각 셀당 두 개의 반복이 있다고 하자. 각 제곱합 항목이 다음과 같다고 할 때, ANOVA 표를 작성하고 0.05의 유의수준을 사용한다면, 각 귀무가설을 검정하라.

$SSA = 89.58$ $SSB = 30.17$

$SSAB = 973.08$ $SSE = 29.00$

12.71 이원배치 ANOVA에서의 데이터가 다음과 같다. 모든 귀무가설과 대립가설을 설정하고 0.05의 유의수준에서 검정하라. (**XR12071** 파일 사용)

		인자 B		
		1	2	3
인자 A	1	13 10	19 15	19 17
	2	15 15	22 19	16 17

12.72 이원배치 ANOVA에서의 데이터가 다음과 같다. 모든 귀무가설과 대립가설을 설정하고 0.05의 유의수준에서 검정하라. (**XR12072** 파일 사용)

		인자 B		
		1	2	3
인자 A	1	152 151	158 154	160 160
	2	158 154	164 158	152 155
	3	160 161	147 150	147 146

12.73 이원배치 ANOVA에서의 데이터가 다음과 같다. 모든 귀무가설과 대립가설을 설정하고 0.05의 유의수준에서 검정하라. (**XR12073** 파일 사용)

		인자 B			
		1	2	3	4
인자 A	1	58 64 61	63 66 61	64 68 59	66 68 72
	2	59 64 59	56 61 56	58 60 63	60 59 62
	3	64 62 61	57 58 51	55 56 52	61 58 64

12.74 이원배치 ANOVA의 결과가 다음의 요약표와 같을 때, (별표한) 빈칸을 채워라. 모든 귀무가설과 대립가설을 설정하고 0.05의 유의수준에서 검정하라.

인자	제곱합	자유도	평균제곱합	F값
인자 A	40.50	***	***	***
인자 B	154.08 1	***	***	
상호작용, AB	70.17	2	***	***
오차	31.50	6	***	
전체	296.25	11		

12.75 전자회로기판의 생산라인에서 배경음악과 조립방법의 효과를 연구하였다. 8명의 작업자를 아래와 같이 네 개의 셀에 무작위로 할당하였다. 특정한 음악을 듣게 하기 위하여 헤드폰을 사용하였다. 데이터값은 한 시간 동안 생산된 회로기판의 수이다. 0.05의 유의수준에서 주효과와 상호작용효과를 검정한다면 결론은 무엇인가? 각 인자수준의 모평균에 대한 95% 신뢰구간을 구하라. (**XR12075** 파일을 사용)

		음악	
		클래식	락
조립방법	1	29 32	49 45
	2	35 32	41 40

12.76 연습문제 12.75에서 조립방법 인자의 수준을 수평축으로 하고 생산량을 수직축으로 하여 배경음악 인자의 '클래식 음악' 수준에 관련한 셀 평균값을 연결한 선을 그려라. 같은 그래프에서 배경음악 인자의 '락 음악' 수준에 관련한 셀 평균값을 연결한 선을 그려라. 그래프를 보고 인자수준 간의 상호작용의 존재를 알 수 있는가? 설명하라.

12.77 12명의 대학생을 아래와 같이 여섯 개의 셀에 무작위로 할당하였다. 이 연구의 목적은 인자(쇼핑백을 들고 있는지)와 인자 B(복장상태)가 고급 백화점의 보석상점에서 기다리는 시간(초)에 영향을 주는지를 알아보는 것이다. 대학생은 실험일자에 무작위로 선택된 시간에 백화점에 들어갔다. 0.025의 유의수준에서 주효과와 상호작용효과를 검정한다면 결론은 무엇인가? 각 인자수준의 모평균에 대한 95% 신뢰구간을 구하라. (**XR12077** 파일을 사용)

		복장 상태		
		단정하지 않음	캐주얼	정장
쇼핑백을 들고 있는가?	예	41 39	24 29	14 19
	아니오	52 49	16 16	27 21

12.78 연습문제 12.77에서 '쇼핑백을 들고 있는지' 인자의 수준을 수평축으로 하고 기다리는 시간(분)을 수직축으로 하여 복장인자의 '단정하지 않음' 수준에 관련한 셀 평균값을 연결한 선을 그려라. 같은 그래프에서 복장인자의 '캐주얼' 수준에 관련한 셀 평균값을 연결한 선을 그려라. 복장인자의 '정장' 수준에 관련한 셀 평균값을 연결한 세 번째 선을 그려라. 그래프를 보고 인자수준 간의 상호작용의 존재를 알 수 있는가? 설명하라.

12.79 인자 A(키보드 배열, 세 가지 수준)와 인자 B(문서작성 패키지, 두 가지 수준)의 주효과와 상호작용효과

를 알아보기 위한 실험을 하였다. 각 셀에는 두 가지 반복이 적용되며, 무작위로 선택된 두 명의 비서가 표준문서를 작성하는 데 걸리는 시간(분)을 기록하였다. 이 연구에 대한 아래의 컴퓨터 출력을 보고 0.05의 유의수준에서 각 귀무가설에 대한 결론을 내려라.

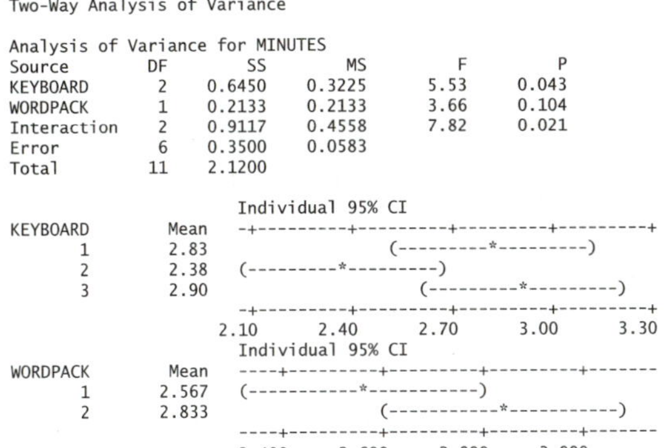

```
Two-Way Analysis of Variance

Analysis of Variance for MINUTES
Source        DF       SS        MS         F        P
KEYBOARD       2   0.6450    0.3225      5.53    0.043
WORDPACK       1   0.2133    0.2133      3.66    0.104
Interaction    2   0.9117    0.4558      7.82    0.021
Error          6   0.3500    0.0583
Total         11   2.1200

                        Individual 95% CI
KEYBOARD        Mean    -+---------+---------+---------+---------+
       1        2.83                  (---------*---------)
       2        2.38    (---------*---------)
       3        2.90                     (---------*---------)
                        -+---------+---------+---------+---------+
                      2.10      2.40      2.70      3.00      3.30
                        Individual 95% CI
WORDPACK        Mean    ----+---------+---------+---------+-------
       1       2.567    (-----------*-----------)
       2       2.833                  (-----------*-----------)
                        ----+---------+---------+---------+-------
                        2.400     2.600     2.800     3.000
```

12.80 연습문제 12.79의 컴퓨터 출력에 있는 각 인자 수준의 평균에 대한 신뢰구간이 옳은지 확인하라.

12.6 요약

ANOVA와 실험연구

ANOVA는 독립변수(혹은 인자, factor)의 여러 가지 수준이 종속변수(관심변량)에 영향을 미치는지를 실험으로 알아보는 기법이다. 실험에서 인자의 각 수준을 인자수준 혹은 **처리**(*treatment*)라고 하는데, '처리'에 따라 종속변수의 평균이 서로 다른지를 검정함으로써 인자의 영향이나 효과가 있는지 검정한다. 처리별로 관측된 표본을 처리그룹이라고 하고, 처리그룹이 속하는 모집단은 정규분포이고, 각 모집단은 서로 같은 분산(공통분산)을 갖는 것으로 가정한다. 그리고 처리그룹의 관측은 서로 독립적인 것으로 가정한다.

ANOVA 과정

ANOVA는 기본적으로 처리그룹 간의 변동과 처리그룹 내의 변동을 비교한다. 검정통계량은 F-비율이며, 비율의 분자는 처리그룹 간의 변동이고 분모는 처리그룹 내의 변동을 의미한다. F-통계량의 분자와 분모는 처리그룹 모집단의 공통분산에 대한 서로 다른 추정치이다. F-통계량의 계산값이 검정의 기각값을 초과하면 모평균이 같다는 귀무가설은 기각된다.

일원배치 ANOVA

일원배치 ANOVA에서는 인자가 하나인 경우로서, 각 처리(혹은 인자수준)에 대한 모집단의 평균이 같다는 것을 귀무가설로 한다. 실험대상에게 처리가 무작위로 할당되므로 완전임의화 ANOVA라고 불리기도 한다. 종속변수의 측정값은 세 가지 요소(전체평균, 처리의 효과, 표집오차)로 구성된다고 모형화하면, 귀무가설은 처리효과가 모두 0이라고 표현된다. 처리가 두 가지인 경우에 일원배치 ANOVA는 11장의 양방향 합동분산 t-검정과 동일하다.

임의화블록설계 ANOVA

임의화블록설계에서는 실험대상을 유사한 그룹(블록)으로 묶고, 블록별로 처리를 모두 실험하도록 한다. 블록화는 블록 간에 생기는 체계적인 오차를 SSE에서 제거함으로써 처리그룹을 비교할 수 있도록 해준다. 이 설계에서는 블록과 처리의 상호작용은 없다고 가정한다. 처리가 두 개인 경우는 11장의 양방향 독립표본 t-검정과 동일하다.

이원배치 ANOVA

이원배치 ANOVA는 인자가 두 개이며 각 인자는 두 가지 이상의 수준을 가진다. 두 개 인자의 수준별 조합이 독립적인 처리가 된다. 이원배치 ANOVA는 두 인자의 주효과(main effects)에 대한 검정과, 두 인자 간의 수준별 조합이 미치는 상호작용효과(interactive effects)도 검정한다.

ANOVA 의 컴퓨터 사용

ANOVA를 할 때는 데이터의 양이 적은 경우에도 계산이 많으므로 컴퓨터 통계 패키지가 필요하다. 이 장에서는 소규모 데이터에 대한 Excel 출력과 해석을 붙였다.

단원 연습문제

참고: ANOVA를 적용할 때는 컴퓨터를 사용하기를 권장한다. 데이터가 제공될 경우는 괄호 속에 파일명을 표시한다.

12.81 일원배치, 임의화블록, 이원배치 분산분석의 목적을 비교하라. 어떤 조건에서 각 방법은 사용되는가?

12.82 11장의 t-검정과 이 장의 ANOVA 기법은 표본평균을 비교하는 것이다. 그렇다면 두 기법의 다른 점은 무엇인가?

12.83 실험의 데이터는 ANOVA를 사용해서 분석하였고, 신뢰구간은 인자의 각 수준의 평균에 대하여 구하였다. 이 경우에 사용되지 않은 ANOVA 기법은 (일원, 임의화블록, 이원 중에서) 무엇인가? 설명하라.

12.84 대기업의 인사담당이사는 100명의 사무직원을 무작위로 뽑아서 5년 이상 근무했는지 여부와 회사주식 보유량을 조사하였다. 회사 근무연수가 주식보유량에 영향을 미치는지를 알아보기 위하여 ANOVA를 사용하였다. 독립변수와 종속변수는 무엇인가? 이것이 설계된 실험인지 설명하라.

12.85 새 고급차의 오디오 전면 패널로 사용할 세 가지 디자인에 대하여 운전자가 쉽게 조작할 수 있는지를 테스트하려고 한다. 15명의 운전자를 무작위로 세 그룹(패널 1, 패널 2, 패널 3)으로 나누어서 각 운전자에게 CD에서 18번 트랙을 틀도록 하여 그 때까지 걸리는 시간을 측정하였다. ANOVA를 사용하여 분석할 경우에 독립변수와 종속변수는 무엇이며, 이것이 설계된 실험인지 설명하라.

12.86 연습문제 12.85에서 설명된 내용에서는 어떤 ANOVA 기법을 사용하는 것이 좋은가?

12.87 연습문제 12.85에서 각 그룹은 21세 미만의 운전자 2명, 22에서 60세까지 2명, 60세 이상 1명으로 구성되었다고 하자. 세 그룹이 모두 이렇게 구성되었다면 연습문제 12.86에서 사용된 ANOVA 기법을 여전히 사용할 수 있는가? 이유를 설명하라.

12.88 법률대학원 졸업생에 대한 변호사시험 준비학원에서는 새로운 과정 두 개를 개발하여 효과를 알아보려고 한다. 대학원 졸업생을 무작위로 선발하여 5명씩 각 프로그램을 수강하게 한 결과 프로그램 A를 수강한 학생의 변호사시험 성적은 82, 75, 57, 74, 74였고, 프로그램 B를 수강한 학생의 성적은 73, 63, 57, 59, 76이었으며, 기존의 프로그램을 수강한 학생의 성적은 74, 71, 66, 78, 61이었다. (**XR12088** 파일에 있음) 0.025의 유의수준에서 세 가지 준비과정의 효과는 동일하다고 할 수 있는가?

12.89 회사의 영업팀장은 세 종류의 제품 프리젠테이션 방식에 대한 효과를 알아보기 위해서 14번의 제품 프리젠테이션에서 세 가지 중 한 가지 방식을 무작위로 사용한 뒤 주문량을 조사한 결과가 아래와 같다. 0.05의 유의수준을 사용하여 세 종류의 제품 프리젠테이션 방식의 효과가 동일하다는 가설검정을 하라. (**XR12089** 파일을 사용)

프리젠테이션		
1	2	3
7	13	14
9	10	15
11	11	12
7	13	10
	14	13

12.90 네 종류의 브레이크 라이닝을 12대의 시내버스에 장착하였다. 각 종류를 3대의 버스에 무작위로 장착하고 라이닝을 교체할 때까지 주행한 거리(천 마일)를 측정한 결과가 다음과 같다. (**XR12090** 파일을 사용)

브레이크 라이닝 종류			
1	2	3	4
23	19	23	17
20	11	25	13
17	16	30	19

a. 표본 간의 변량으로부터 네 모집단이 공유한다고 가정한 공통분산을 추정하라.

b. 표본 내의 변량으로부터 네 모집단이 공유한다고 가정한 공통분산을 추정하라.

c. 0.01의 유의수준에서 네 종류의 브레이크 라이닝은 내구성이 동일하다고 할 수 있는가?

12.91 네 명의 평가사의 감정가격을 비교하기 위하여 시청관리는 다섯 개의 주택에 대한 가격을 감정하도록 하였다. 각 평가사는 임의의 시간을 선택하여 주택을 방문한 뒤 감정가(천 달러)를 아래와 같이 제출하였다. 0.025의 유의수준을 사용하여 평가사 효과를 비교하라. (**XR12091** 파일을 사용)

		평가사 번호			
		1	2	3	4
주택	*A*	40	48	55	53
	B	49	46	52	50
	C	35	47	51	48
	D	60	54	70	72
	E	100	81	109	

12.92 세 개의 독립표본의 데이터가 다음 표와 같을 때, 0.025의 수준에서 모평균이 같은지 검정하라. (**XR12092** 파일을 사용)

표본		
1	2	3
6	7	14
9	20	18
18	11	23
12	15	17
13	23	27
10	16	

12.93 세 가지 종류의 화장실저울을 평가하기 위해서 각 제품의 무작위 표본을 구하여 실험을 하였다. 제품 A의 다섯 개 샘플을 사용하여 어떤 물건의 무게를 재보니 204, 202, 197, 204, 205파운드였고, 제품 B의 네 개 샘플을 사용한 무게는 201, 199, 196, 203파운드였으며, 제품 C의 여섯 개 샘플을 사용한 무게는 195, 197, 192, 196, 198, 196파운드였다. 유의수준 0.025를 사용하여 세 종류 저울의 모집단 평균이 동일한지에 대한 검정을 하라. (**XR12093** 파일을 사용)

12.94 강철봉의 제조소재로 네 종류의 합금이 사용되며 각 합금 강도의 측정값은 아래와 같다. 0.05의 유의수준에서 모평균의 동일성에 대한 검정을 하라. 각 모평균의 95% 신뢰구간을 구하라. (**XR12093** 파일을 사용)

합금소재			
1	2	3	4
42	52	45	46
51	54	48	54
46	45	39	63
	50		56
			53

12.95 투자자가 세 종류의 자산 포트폴리오의 수익률에 대하여 네 명의 전문가에게 상담을 받았다. 네 명의 전문가는 각각 보수적(전문가 A)인 성향에서 매우 낙관적(전문가 D)인 성향으로 구분된다. 전문가의 수익률(%)에 대한 예측값은 아래의 표와 같다. 0.05의 수준에서 포트폴리오를 비교하라. (**XR12095** 파일을 사용)

		포트폴리오		
		1	2	3
전문가	*A*	8%	8	5
	B	12	10	8
	C	8	11	10
	D	15	12	11

12.96 100파운드의 힘을 견딜 수 있다고 하는 나일론 로프 네 종류의 표본에 대한 실험결과가 다음과 같다. 0.025의 유의수준에서 비교하라. (**XR12096** 파일을 사용)

나일론 로프 종류			
A	B	C	D
103.1	111.6	109.0	118.0
108.9	117.8	111.8	115.8
106.7	109.8	113.0	114.2
114.3	110.1	109.7	117.3
113.3	118.3	108.6	113.8
110.5	116.7	114.7	110.6

12.97 주경찰국은 휴가기간의 도난방지 주의를 환기시키는 세 가지 방안을 마련하였다. 큰 동네에서 도난사건이 자주 일어나므로 세 가지 규모에 해당하는 동네 세 개씩을 무작위로 선택하여 처리를 적용하였다. 도난방지 주의 방안을 적용한 기간 동안 일어난 도난사고 건수는 아래와 같다. 0.05의 수준에서 각 방안의 효과를 비교하라. (**XR12097** 파일을 사용)

		방안		
		1	2	3
	소	14	13	8
동네 규모	중	17	15	13
	대	27	23	17

12.98 네 가지의 운전방법을 비교하기 위하여 소형차에 0.01갤론 단위로 연료소모량을 측정할 수 있는 장치를 달았다. 다섯 명의 운전자가 네 가지 운전방법으로 같은 코스를 주행하여 연료소모량(1/100갤론)을 측정한 결과가 아래와 같다. 운전자는 네 가지 운전방법을 무작위순으로 선택하였다. 0.05의 수준에서 운전방법을 비교하라. (**XR12098** 파일을 사용)

		운전방법			
		1	2	3	4
	A	21	34	25	38
	B	23	29	20	32
운전자	*C*	28	33	26	37
	D	25	28	18	24
	E	19	26	23	16

12.99 잡지 발행인은 글자체와 어둡기가 잡지의 가독성에 미치는 영향을 연구하고 있다. 12명을 무작위로 셀에 할당하여 해당기사를 읽는 데 걸리는 시간(초)을 측정하였다. 0.05의 수준에서 실험의 주효과와 상호작용효과에 대한 결론을 내려라. 각 인자수준에 대한 모평균의 95% 신뢰구간을 구하라. (**XR12099** 파일을 사용)

		글자체의 어둡기		
		밝음	중간	어두움
글자체	1	29, 32	23, 28	26, 30
	2	29, 31	26, 23	23, 24

12.100 네 종류의 아연도금에 대한 세 가지 열처리 기법을 테스트하려고 한다. 데이터는 바늘이 아연도금을 뚫는 데 필요한 압력(파운드)을 측정한 값이다. 표본은 무작위로 인자수준에 적용되었으며 각 셀에는 두 개의 반복이 있다. 0.01의 유의수준에서 결론은 무엇인가? 각 인자수준에 대한 모평균의 95% 신뢰구간을 구하라. (**XR12100** 파일을 사용)

		아연도금 방법			
		1	2	3	4
	1	663, 695	736, 740	736, 675	747, 736
열처리 기법	2	726, 759	778, 759	690, 650	697, 710
	3	774, 745	671, 690	756, 774	774, 813

12.101 편의점 체인에서 복권판매대에 대한 세 가지 진열방식과 점포 안의 두 가지 장소를 고려하고 있다. 18개의 지점을 한 셀에 세 개씩 무작위로 할당하여 특정일의 복권판매수를 조사한 결과가 아래와 같다. 0.025의 수준에서 실험의 주효과와 상호작용효과에 대한 결론은 무엇인가? 각 인자수준에 대한 모평균의 95% 신뢰구간을 구하라. (**XR12101** 파일을 사용)

		진열대 위치		
진열방식		1	2	3
계산대 1	1	43, 39, 40	39, 38, 43	57, 60, 49
출입구 2	2	53, 46, 51	58, 55, 50	47, 42, 46

종합사례

Thorndike Sports Equipment (Video 6번)

지역의 라켓볼 선수 몇 명이 Ted와 Luke Thorndike에게 내년에 열리는 지역대회에 출전하는 데 지원을 부탁하였다. 과거에는 Luke가 선수에 대한 지원을 반대해 왔으며, 그의 철학은 "우리 회사의 라켓은 품질이 최고이므로 그것을 아는 선수는 우리 제품을 사용할 것이다; 그러므로 우리는 라켓을 공짜로 배포할 필요가 없다."는 것이었다.

그러나 Ted는 Thorndike 라켓과 관련제품을 사용하는 상위급 선수를 클럽회원과 관중에게 보여줌으로써 얻게 되는 장점을 Luke에게 설명하여 설득을 했다. 라켓 몇 개와 신발 몇 켤레, 그리고 'Thorndike Power' 티셔츠 6장 정도면 그 효과를 얻을 수 있다는 것이었다.

Thorndike사는 Luke(지원불가)와 Ted(세 명 이상에 대한 지원)의 의견을 절충하여 지난해 지역 대회에서 3위를 한 Kermit Clawson을 지원하기로 결정하였다. Kermit과 Thorndike사는 세부적인 계약사항에 동의하였으나 라켓의 종류와 스트링의 강도는 아직 결정을 못하였다.

Kermit은 서브와 리턴의 빠르기로 승부하는 선수이다. Thorndike는 네 종류의 'power' 라켓을 제조하고 있으며, Kermit과 같은 선수들이 선호하는 스트링은 세 종류가 있다. Ted는 이 라켓과 스트링의 각 조합에 대하여 두 번의 '파워 서브'를 넣는 실험을 하기로 하였다. 24번의 서브는 무작위의 순서로 행해져서 속도가 측정되었다. 이 실험은 Kermit이 좋아하는 조합을 선택하는 데 도움이 되기도 하지만, 라켓과 스트링의 주효과와 상호작용효과를 측정하는 데에도 도움이 될 것이다. 실험 데이터는 아래에 있고, **THORN12** 파일에도 있다.

이 데이터를 가지고 Kermit에게 적합한 라켓과 스트링의 조합을 찾아보아라. Luke가 "모든 라켓은 동일하고 스트링도 동일하다. 그러므로 어떤 라켓에 어떤 스트링을 사용해도 무방하다."라고 생각한다면 적절한 ANOVA 기법을 적용하여 Luke의 생각을 반박해 보아라.

		라켓			
		1	2	3	4
스트링 (String)	*1*	105, 108	113, 109	114, 112	109, 108 mph
	2	110, 108	109, 107	118, 114	113, 113
	3	113, 112	114, 109	114, 114	110, 107

Springdale Shopping Survey

2장의 후반에서 소개된 Springdale Shopping Survey의 항목 C에는 설문의 7~9 항목에 대한 설명이 있다. 이 변수는 세 가지 쇼핑구역에 대한 고객의 일반성향에 대한 것이며, 5(매우 좋음)부터 1(매우 싫음)까지의 값을 가진다. 데이터는 **SHOPPING** 파일에 있다.

변수 7 = Springdale Mall에 대한 성향
변수 8 = Downtown에 대한 성향
변수 9 = West Mall에 대한 성향

이 데이터베이스로부터 얻어진 정보는 세 가지 쇼핑구역에 대한 모집단의 평균성향이 성별, 교육수준, 혹은 기타 구분에 따라 차이가 나는지를 알아보는 데 사용될 것이다. 그 결과는 고객을 더 잘 이해하여 나은 서비스를 제공하는 데 도움을 줄 것이다.

Part I: 응답자의 성별에 따른 성향의 비교

1. 변수 7(Springdale Mall에 대한 성향)에 대하여, 변수 26(응답자의 성별)에 따른 응답자의 평균점수를 비교하라. 0.05의 유의수준에서 이 그룹의 모평균은 같다고 할 수 있는가? 이 검정의 p값은 얼마인가?
2. 변수 8(Downtown에 대한 성향)에 대하여 1번을 반복하라.
3. 변수 9(West Mall에 대한 성향)에 대하여 1번을 반복하라.
4. 두 개의 그룹이 있다면 11장의 가설검정 중에서 어느 것을 사용하면 되는가? 가능하다면 컴퓨터 통계 패키지를 사용하여 이 검정을 수행하고 그 결과를 ANOVA의 결과와 비교하라.

Part II: 교육수준에 따른 성향의 비교

1. 변수 7(Springdale Mall에 대한 성향)에 대하여, 변수 27(학업분류)에 따른 응답자의 평균점수를 비교하라. 0.05의 유의수준에서 이 그룹의 모평균은 같다고 할 수 있는가? 이 검정의 p값은 얼마인가?
2. 변수 8(Downtown에 대한 성향)에 대하여 1번을 반복하라.
3. 변수 9(West Mall에 대한 성향)에 대하여 1번을 반복하라.

Part III: 기타 비교

이 데이터베이스에 분류변수들이 있다면, 그에 따른 표

본평균들을 비교할 수 있을 것이다. 예를 들어, 변수 10~17은 특정분야에 대하여 응답자가 우수하다고 생각하는 쇼핑구역을 표시한 것이다. 변수 11(고급제품을 취급하는 쇼핑구역)에 따라 분류된 그룹에 대하여 변수 7(Springdale Mall에 대한 성향)의 평균을 비교하라. 다른 분류변수에 대하여도 유사한 비교를 해 보아라.

경영사례

Fastest Courier in the West

Adams, Babcock, and Conners 법률회사는 Dallas-Fort Worth에 위치하고 있다. Randall Adams는 당사의 설립자이며 사장이다. John Babcock은 지난 8년 동안 당사의 이사였으며 Blake Conners는 지난해에 이사가 되었다. 당사는 2명의 법률보조원과 3명의 비서를 고용하고 있다. 또한 새로 고용된 사무실 관리자 Bill Davis는 당사의 업무와 재무를 담당하고 있다.

이 법률회사의 주업무는 고객의 계약서와 같은 법률서류의 작성이다. 도시 전체에 있는 고객에게 법률서류를 보내기 위하여 택배서비스를 이용하고 있다. Dallas와 Fort Worth의 도심은 대략 30마일 정도 떨어져 있다. 크기도 크고 교통량이 많기 때문에 Fort Worth의 남서지역에서 Dallas의 북동지역까지 자동차로 가면 한 시간 이상이 소요된다. 법률서류는 배달시간을 지키는 것이 매우 중요하다. 최근 이사회에서 다음과 같은 택배와 관련한 대화가 있었다.

Adams: "최근에 주요고객으로부터 계약서의 배달이 늦다는 불만이 몇 건 있었습니다. 어제 오후에 Dixon을 달래느라 30분 이상을 소비하였는데, 계약서의 배달이 조금만 더 늦었으면 Taguchi Group과의 계약이 무산되었을 것이라 했습니다."

Connors: "우리 잘못은 아닙니다. Anne이 계약서를 아침 아홉시 이전까지 입력과 교정을 마치도록 했습니다."

Adams: "저런. 우리는 모든 일을 잘 처리했군요. 문제는 택배과정에서 있었던 것이군요."

Babcock: "Metro Delivery는 지금까지 별 문제가 없었습니다. 아마 이번 경우만 좀 문제가 있었던 것 같습니다."

Conners: "그 회사의 서비스가 문제가 있는 것이 아닐까요?"

Adams: "어쨌든 고객을 화나게 하는 것은 안 됩니다. 실수는 누구나 할 수 있지만, 한두 번의 실수로 중요한 고객을 잃을 수도 있습니다. 지난 2년 동안 적어도 2개의 택배회사가 시내에 생겼는데, 제 친구가 그 회사들이 믿을 만하다고 했습니다. Metro의 서비스를 계속 이용해야 할까요 아니면 새 업체에게 일을 맡겨 볼까요?"

Babcock: "시험으로 일을 맡겨서 가장 나은 곳을 선택하는 것이 어떨까요?"

Adams: "좋은 생각입니다. 그런데 누가 좋은지 어떻게 판단합니까?"

Babcock: "가장 빠른 배달회사를 선택해야지요. 자주 있지는 않았지만 서비스가 늦어서 곤란한 경우가 있었지 않습니까? 배달비용은 두 번째로 중요한 평가기준입니다."

Conners: "새 사무실관리자가 이 '실험'을 하도록 합시다. Bill은 평소에 계약서 배달에 관련한 세부 데이터를 관리하지 않습니까? 배달서류가 있으면 세 택배업체에게 골고루 일을 맡기면 되겠습니다."

Adams: "택배업체는 이 실험에 대하여 모르도록 합시다. 그렇지 않으면 그들의 실제 배달시간을 제대로 측정 못할 수도 있습니다. Bill이 데이터를 모은 뒤에 분석결과를 발표할 준비가 되면 다시 논의하도록 합시다."

지난 한달 동안 Bill Davis는 세 택배회사(DFW Express, Carborne Carrier, Metro Delivery)의 배달기록을 상세하게 기록하였다. 계약서류가 중요하기 때문에 택배회사는 배달이 되자마자 전화로 배달이 되었음을 알려주어야 한다. 각 배달에 대하여 기록되는 데이터는 집배시간, 배달시간, 배달거리, 배달비용이다. 택배회사는 고정금액에 배달거리에 비례하는 금액을 부과한다. 이 비용은 택배회사마다 다르다.

과제

사무실관리자인 Bill Davis는 어떤 택배회사를 최종 계약자로 선택할 것인지를 결정해야 한다. CD의 **COURIER** 파일에 있는 데이터를 사용하여 통계적 분석결과를 수행하여 Bill의 의사결정을 도와주고 이사회에서 설명을 잘 할 수 있게 하라. 이사회에 대한 최종 제안을 간단히 기술하라. 아래의 질문이 여러분의 분석에 도움을 줄 것이다.

데이터 설명

각 배달에 대하여 Bill Davis가 기록한 데이터는 택배회사, 집배시간, 배달시간, 배달거리 그리고 배달비용이다. 데이터의 처음 몇 줄이 아래에 있다. 전체 데이터는 **COURIER** 파일에 있으며 전체 배달수는 182개이다.

택배회사 (Courier)	집배시간 (Pickup Time)	배달시간 (Delivery Time)	배달거리 (Mileage)	배달비용 (Cost)
1	13	14	7	16.55
3	20	51	20	26.50
2	22	33	12	19.00
3	11	47	19	25.60
3	17	18	8	15.70
⋮	⋮	⋮	⋮	⋮

변수는 다음과 같이 정의된다.

택배회사:	1 = DFW Express 2 = Carborne Carrier 3 = Metro Delivery
집배시간	전화를 한 시간부터 배달자가 도착할 때까지의 시간(분)
배달시간:	문서가 회사에서 목적지까지 가는 데 걸리는 시간(분)
배달거리:	회사에서 목적지까지의 거리
배달비용:	택배회사는 고정금액에 배달거리에 비례하는 금액을 부과한다. 이 비용은 택배회사마다 다르다.

1. 표본 데이터에 따르면 세 택배회사에 대한 모집단의 평균 배달시간은 같다고 할 수 있는가? 적절한 유의수준을 선택하여 ANOVA를 수행하고 컴퓨터 출력을 첨부하라. 이 검정의 p값은 무엇인가? 그 분석에 근거하여 어떤 제안을 하겠는가?
2. 표본 데이터에 따르면 세 택배회사에 대한 모집단의 평균 배달거리는 같다고 할 수 있는가? 적절한 유의수준을 선택하여 ANOVA를 수행하고 컴퓨터 출력을 첨부하라. 이 검정의 p값은 무엇인가? 이 검정의 결과로 인하여 1번에서 한 제안이 변경될 수 있겠는가?
3. 'Mileage'를 'Delivery Time'으로 나누어 'Average Speed' 변수를 새로 만들어라. 이는 각 배달의 평균 속도를 뜻하는 것이다. 표본 데이터에 따르면 세 택배회사에 대한 모집단의 평균 **배달속도**는 같다고 할 수 있는가? 적절한 유의수준을 선택하여 ANOVA를 수행하고 컴퓨터 출력을 첨부하라. 이 검정의 p값은 무엇인가? 그 분석에 근거하여 어떤 제안을 하겠는가?
4. 위에서 한 분석을 고려할 때, 현재의 택배회사를 다른 회사로 교체하는 것이 좋겠다고 생각되는가? 간략하게 결론을 기술해 보아라.

눈으로 보는 통계

애플릿 15: *F*분포와 ANOVA

이 애플릿은 *F*분포를 보여준다. 분자의 자유도(v_1 = 2는 'df1 = 2'로 표시됨)와 분모의 자유도(v_2 = 7은 'df2 = 7'로 표시됨), 그리고 검정의 유의수준('prob = 0.025')에 대응한 *F*의 기각값(6.54)을 보여준다. 좌우의 조절막대를 움직이면 *F*-비율의 분자와 분모에 관련된 자유도를 각각 변경할 수 있으며, 곡선의 형태가 따라서 변하게 된다. *F*-비율 혹은 *F*분포 오른쪽 꼬리 확률값을 아래의 상자에 입력할 수 있다.

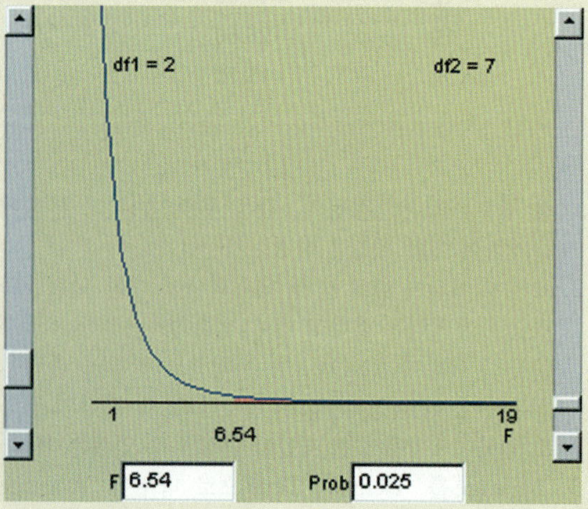

F-비율과 확률값은 교재의 뒤에 있는 분포표의 수치와 약간 다를 수 있다. 애플릿의 *F*-비율과 확률값은 *F*분포표보다 값이 더 정확하며, 더 많은 *F*-비율 및 확률을 제공한다.

애플릿 과제

15.1 좌측의 조절막대를 사용하여 *F*-비율 분자의 자유도를 df1 = 5와 df1 = 10으로 변경해 보라. 분포곡선의 모양은 어떻게 변하는가?

15.2 좌우의 조절막대를 사용하여 자유도를 df1 = 2와 df2 = 7로 만든 다음, 우측의 조절막대를 사용하여 분모의 자유도를 df2 = 10과 df2 = 15로 변경해 보라. *F*분포곡선의 모양은 어떻게 변하는가?

15.3 좌우의 조절막대를 사용하여 자유도를 df1 = 2와 df2 = 7로 만든 다음, 좌측의 입력상자를 사용하여 *F*값을 9.55로 변경해 보라(**Return** 혹은 **Enter**를 입력하라). 확률값이 어떻게 변하는가?

15.4 좌우의 조절막대를 사용하여 자유도를 df1 = 2와 df2 = 7로 만든 다음, 좌측의 입력상자를 사용하여 *F*값을 6.54로 변경하라(**Return** 혹은 **Enter**를 입력하라). 다음에 우측의 입력상자를 사용하여 확률을 0.01로 변경하라. *F*값이 어떻게 변하는가?

http://www.cengage.com/international에서 **Applets**을 해보라.

눈으로 보는 통계

애플릿 16: 이원배치 ANOVA에서의 상호작용 그래프

이 애플릿은 그림 12.3 및 12.4와 유사하게 상호작용의 효과를 수직축에 보여주는 실험이다. 각 행, 열, 상호작용의 값이 변경될 때 그래프가 어떻게 변하는지를 보여준다. 위쪽 조절막대는 평균('Row') 간의 차이를 변경시키는데, 오른쪽으로 갈수록 R2가 더 큰 효과를 발휘한다. 가운데 조절막대는 열의 평균('Col') 간의 차이를 변경시키는데, 오른쪽으로 갈수록 C2가 큰 효과를 준다. 아래쪽 조절막대는 상호작용 효과('RxC')를 변경시키는데, 오른쪽으로 갈수록 R1xC2, R2xC1이 상호작용 효과를 보인다.

애플릿 과제

16.1 세 조절막대를 중앙에 오도록 하여 각 조절막대의 우측 끝의 숫자가 0이 되게 하라. 다음에 위쪽 조절막대를 오른쪽으로 움직여(행의 평균의 차이가 증가함) +10이 되게 하라. 다음에 오른쪽으로 더 움직여 +20이 되게 하라. 그래프를 설명하라. 행의 평균의 차이가 증가하면 그래프가 어떻게 변하는가?

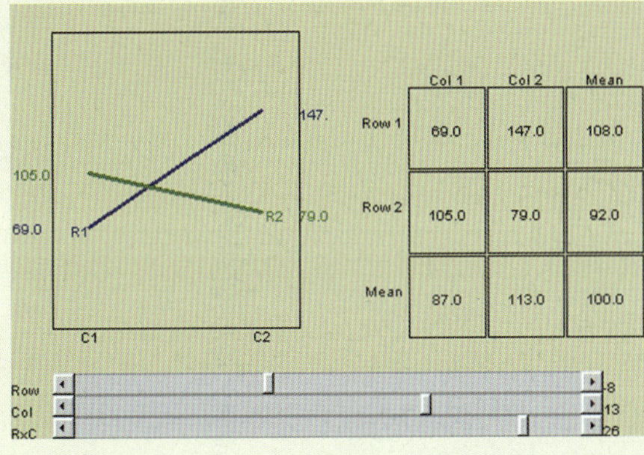

16.2 세 조절막대를 중앙에 오도록 하여 각 조절막대의 우측 끝의 숫자가 0이 되게 하라. 다음에 가운데 조절막대를 오른쪽으로 움직여(열의 평균의 차이가 증가함) +10이 되게 하라. 다음에 오른쪽으로 더 움직여 +20이 되게 하라. 그래프를 설명하라. 열의 평균의 차이가 증가하면 그래프가 어떻게 변하는가?

16.3 세 조절막대를 중앙에 오도록 하여 각 조절막대의 우측 끝의 숫자가 0이 되게 하라. 다음에 위쪽과 가운데의 조절막대를 움직여 값이 −20이 되게 하라. 그래프가 어떻게 보이는가? 다음에 위쪽과 가운데의 조절막대를 움직여 값이 +20이 되게 하라. 그래프가 어떻게 보이는가? 다음에 오른쪽으로 더 움직여 +20이 되게 하라. 그래프의 어떤 부분이 변하고 또 어떤 부분이 변하지 않는가?

16.4 위쪽과 가운데의 조절막대의 값이 +20인 상태에서 아래쪽 조절막대를 좌우로 움직여 보라. 그래프의 모습이 어떻게 변하는가?

16.5 조절막대를 움직여서 다음의 상태가 동시에 되도록 하라: (a) Row 1이 Row 2보다 효과가 크다. (b) Column 2가 Column 1보다 효과가 크다. (c) Row 1과 Column 2의 상호작용효과가 가장 크다. (참고: 수없이 많은 경우가 있지만, 세 개의 조절막대를 움직여 위의 조건이 동시에 만족되도록 하면 된다.)

http://www.cengage.com/international에서 **Applets**을 해보라.

CHAPTER

13 카이제곱 검정의 응용
Chi-Square Applications

비율 검정과 화장실 감시

미국 전역에 있는 화장실을 무작위로 선택하여 관찰한 결과, 상당수의 사람들이 화장실을 사용한 후에 손을 씻지 않는다는 것을 발견하였다. 가만히 훔쳐보거나 머리를 빗는 척하며 관찰한 내용 중에는 애틀랜타 브레이브스 홈경기의 1,576명 관중 중 75%, 시카고의 Science and Industry 박물관 관람객 789명 중 81% 뉴욕의 Penn 역 대합실의 515명 중 72%가 손을 씻는 것으로 밝혀졌다. 이 세 비율(75%, 81%, 72%)이 우연적인 요인(표집오차)에 기인한 것인지 아니면 실제로 모집단 간에 손씻는 비율의 차이가 있는 것일까? 실제로 우연적인 요인에 의해 표본 간에 이렇게 차이가 발생했을 확률은 0.0003(p값)에 불과하다. 이 장의 13.5절에서 이러한 결론을 얻게 되는 검정방법을 배우게 된다.

참고: 이 조사는 손을 씻는 것이 독감이나 감기, 또는 기타 많은 질병을 일으키는 병원체의 전염방지에 도움이 된다고 믿는 미국 미생물학회의 후원을 받아 실시되었다.

참고: 매우 명백한 사실도 많은 단체나 기관들이 흥미 있는 연구나 재미있는 조사결과로 포장하여 언론사 편집인들의 흥미를 끌어서 기사화한다. 여기에 통계학도 일조를 한다.

출처: American Society for Microbiology and Harris Interactive, Inc., *A Survey for Handwashing Behavior*, September 2007.

학습목표

- 카이제곱 분포의 성질을 설명한다.
- 카이제곱 검정의 절차를 이해한다.
- 수집된 표본이 특정한 확률분포의 모집단으로부터 온 것인지 검정하는 데(적합도 검정) 카이제곱 분포를 적용한다.
- 명목척도로 측정된 두 변수의 독립성을 검정하기 위해 카이제곱 분포를 적용한다.
- 둘 이상의 독립적 표본의 비율을 비교하기 위해 카이제곱 분포를 적용한다.
- 모분산에 대한 신뢰구간을 구하고 가설검정을 한다.

13.1 머리말

이 장에서는 **카이제곱**(chi-square) 분포라고 부르는 새로운 확률분포를 소개한다. 이 분포와 표본 데이터 및 빈도를 이용하여,

(1) 표본이 어떤 특정한 분포의 모집단으로부터 추출된 것인지 검정하고,
(2) 명목척도인 두 변수가 서로 독립적인지 검정하고,
(3) 둘 이상의 독립표본이 같은 모비율을 가진 모집단에서 추출된 것인지 검정할 것이다.

또한 카이제곱 분포를 이용하여 모분산에 대한 신뢰구간을 설정하거나 모분산에 대한 가설검정을 할 것이다. 앞 장에서와 같이 예제의 컴퓨터 출력물을 제시하고 해석할 것이다.

13.2 카이제곱 검정의 기본개념

카이제곱 분포

앞에서 소개한 t와 F분포처럼 카이제곱(χ^2) 분포도 하나의 표집분포이다. **정규분포**로부터 얻어진 크기가 n인 표본의 경우, 다음과 같이 계산되는 표본통계량의 표집분포를 **카이제곱 분포**라고 한다.

$$\chi^2 = \frac{(n-1)s^2}{\sigma^2}$$

카이제곱 분포도 확률분포의 일종이다. t분포와 마찬가지로 카이제곱 분포도 자유도의 크기에 따라 분포의 모양이 달라진다. 카이제곱 분포는 양의 방향으로 늘어진(skewed) 비대칭 모양이지만 자유도가 커지면 정규분포 모양에 가까워진다. 그림 13.1은 자유도에 따라 달라지는 카이제곱 분포의 모양을 보여준다. 자유도가 작을수록 분포 봉우리가 왼쪽으로 치우친(즉, 오른쪽으로 길게 꼬리가 있는) 모양으로 나타난다. $(n-1)$과 s^2, σ^2이 모두 양의 값이므로 항상 $\chi^2 \geq 0$이다. 눈으로

그림 13.1

카이제곱 분포 모양

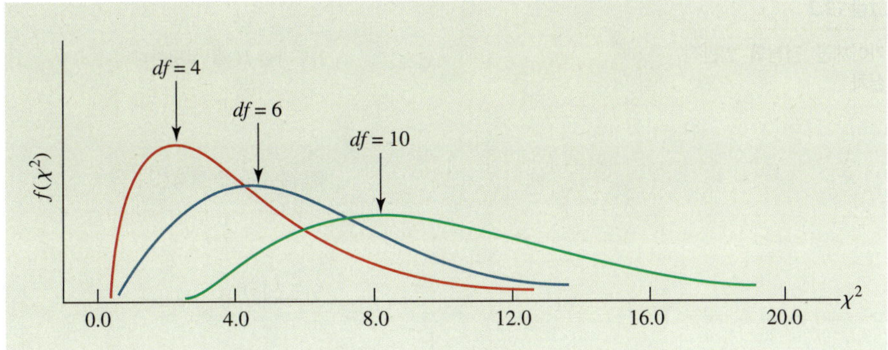

χ^2 분포는 하나의 분포군(群)인데 자유도에 따라 그 모양이 결정된다. 자유도(*df*)가 작으면 분포 봉우리가 왼쪽으로 치우치고, 자유도가 커지면 점점 정규분포에 접근한다.

보는 통계 애플릿 17에서 자유도에 따라 카이제곱 분포의 모양과 확률이 어떻게 변하는지 관찰할 수 있다.

*t*분포표에서와 같이 카이제곱 분포도 부록 A에서 보듯이 자유도에 따른 오른쪽 꼬리 부분의 확률에 대응하는 χ^2값을 제공한다. 이 표의 일부분이 표 13.1에 나와 있다. 오른쪽꼬리 부분 면적의 확률에 따라 열을, 그리고 자유도에 해당되는 행을 찾아 교차하는 부분의 χ^2값을 읽으면 된다. 예를 들면 오른쪽꼬리 부분의 확률이

표 13.1

카이제곱 분포표 α와 *df* 값에 따른 χ^2값

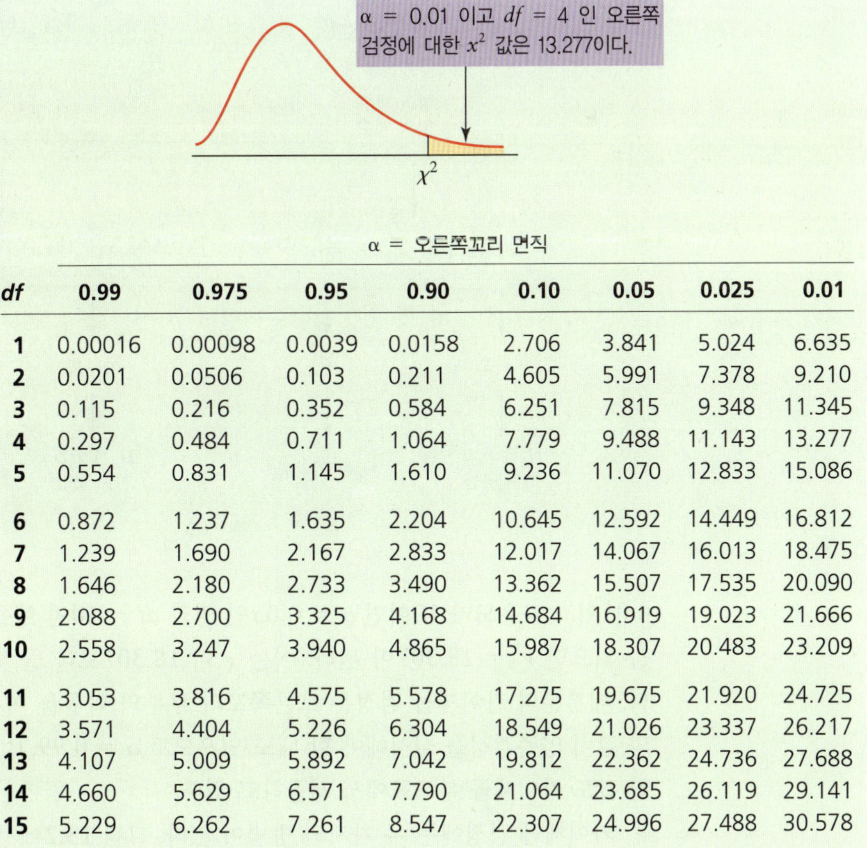

α = 오른쪽꼬리 면적

df	0.99	0.975	0.95	0.90	0.10	0.05	0.025	0.01
1	0.00016	0.00098	0.0039	0.0158	2.706	3.841	5.024	6.635
2	0.0201	0.0506	0.103	0.211	4.605	5.991	7.378	9.210
3	0.115	0.216	0.352	0.584	6.251	7.815	9.348	11.345
4	0.297	0.484	0.711	1.064	7.779	9.488	11.143	13.277
5	0.554	0.831	1.145	1.610	9.236	11.070	12.833	15.086
6	0.872	1.237	1.635	2.204	10.645	12.592	14.449	16.812
7	1.239	1.690	2.167	2.833	12.017	14.067	16.013	18.475
8	1.646	2.180	2.733	3.490	13.362	15.507	17.535	20.090
9	2.088	2.700	3.325	4.168	14.684	16.919	19.023	21.666
10	2.558	3.247	3.940	4.865	15.987	18.307	20.483	23.209
11	3.053	3.816	4.575	5.578	17.275	19.675	21.920	24.725
12	3.571	4.404	5.226	6.304	18.549	21.026	23.337	26.217
13	4.107	5.009	5.892	7.042	19.812	22.362	24.736	27.688
14	4.660	5.629	6.571	7.790	21.064	23.685	26.119	29.141
15	5.229	6.262	7.261	8.547	22.307	24.996	27.488	30.578

그림 13.2

카이제곱 검정의 일반적 절차

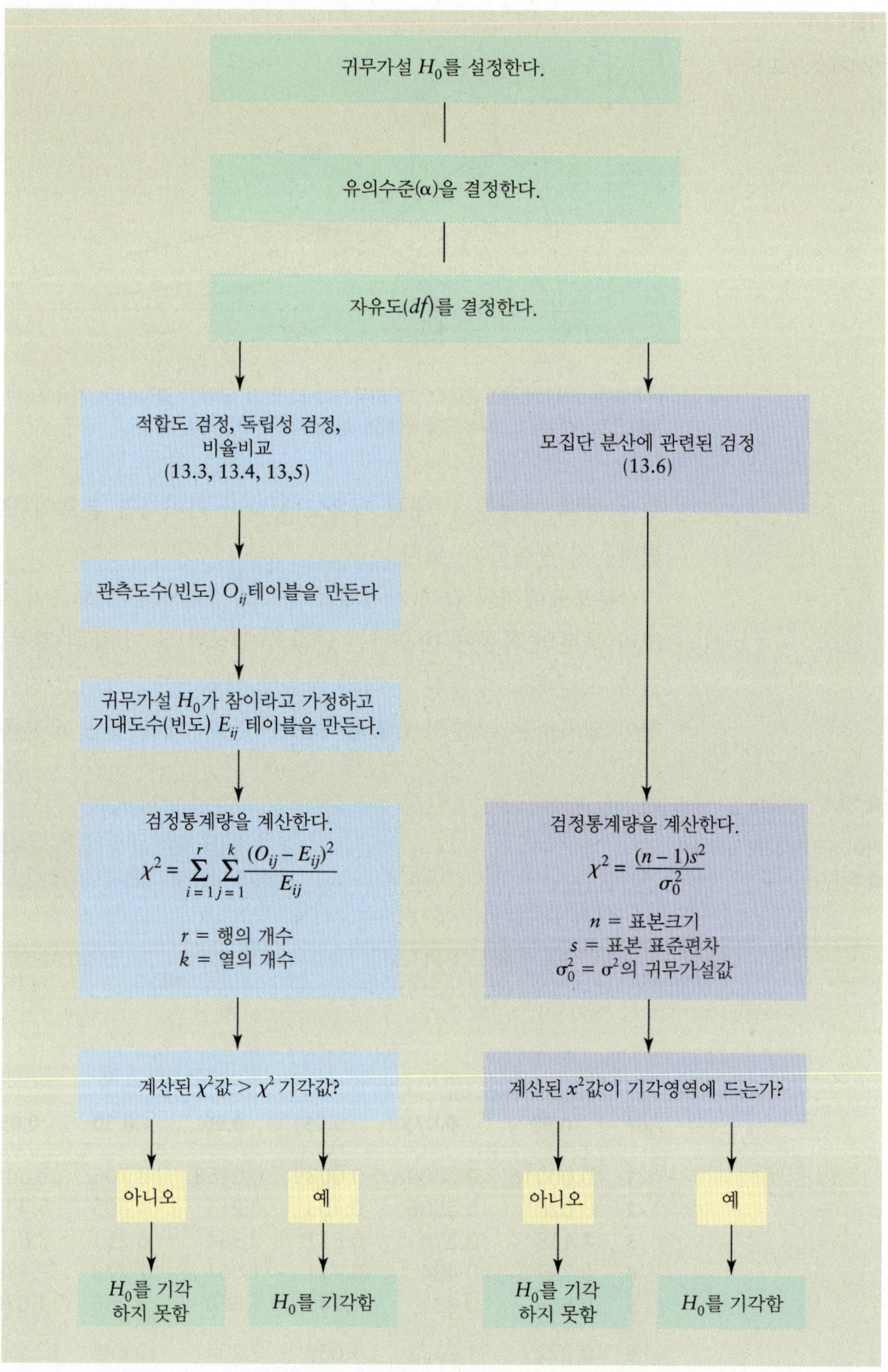

0.05이고 자유도가 10이면 α = 0.05인 열과 df = 10인 행을 따라 교차되는 부분을 읽으면 χ^2 = 18.307이 된다. 이는 χ^2이 18.307보다 클 확률이 0.05라는 뜻이다. 대부분의 카이제곱 검정은 오른쪽꼬리 부분의 확률을 이용하지만, 13.6절에서와 같이 양측검정을 실시해야 할 때도 있으므로 α = 0.99, 0.975, 0.95, 0.90에 대한 값도 카이제곱 분포표에서 제공하고 있다.

카이제곱 검정에는 두 가지의 방법이 있다. 그림 13.2에서 보듯이, 실제 표본에서 관측된 빈도(frequencies)가 H_0가 사실(참)일 경우에 예상되는 빈도와 비교하여 서로 얼마나 다른지를 나타내는 정도를 χ^2값으로 계산한다. 즉 계산된 χ^2값이 기각값보다 크면 H_0가 기각된다. χ^2값의 기각값은 그 검정에서의 유의수준 α와 자유도 df에 따라 카이제곱 분포표에서 얻어진다. 카이제곱 검정은 우측 기각역을 갖는 단측검정이다.

13.3, 13.4절과 13.5절에서는 그림 13.2에서 보는 일반적인 공식을 각각 변형하여 사용한다. 각 절에서 사용되는 **도수분포표**에 포함되는 행의 수가 다른데, 13.3절에서는 1, 13.4절에서는 2 이상, 13.5절에서는 2개의 행이 있다.

모분산의 신뢰구간을 구하거나 모분산에 대한 가설검정을 하는 데에도 카이제곱 분포를 사용한다. 9장과 10장에서 모평균에 대한 신뢰구간을 구하거나 가설검정을 수행할 때 t통계치를 사용한 것과 같은 방법으로 χ^2 통계량을 사용한다. 모분산에 대한 검정은 제시된 귀무가설과 대립가설의 형태에 따라 단측검정이나 양측검정이 실시된다.

연습문제

13.1 카이제곱 분석은 어떤 종류의 검정에 사용되는가? 각 경우에 대해 귀무가설과 대립가설의 예를 제시하라.

13.2 카이제곱 분포가 연속확률분포인가 아니면 이산확률분포인가를 설명하라.

13.3 카이제곱 분포와 정규분포는 어떻게 서로 연관되어 있는가?

13.4 자유도 $df = 2$일 때와 $df = 100$일 때의 카이제곱 분포의 개략적인 곡선형태를 그려보라.

13.5 카이제곱 통계치가 왜 음의 값이 될 수 없는가?

13.6 $df - 5$에 대해 다음 확률값을 주는 A이 값을 구하라.

a. $P(\chi^2 > A) = 0.90$　b. $P(\chi^2 > A) = 0.10$
c. $P(\chi^2 > A) = 0.95$　d. $P(\chi^2 > A) = 0.05$
e. $P(\chi^2 < A) = 0.975$　f. $P(\chi^2 < A) = 0.025$

13.7 $df = 8$에 대해 다음 확률값을 주는 상수 A의 값을 구하라.

a. $P(\chi^2 > A) = 0.90$　b. $P(\chi^2 > A) = 0.10$
c. $P(\chi^2 > A) = 0.95$　d. $P(\chi^2 > A) = 0.05$
e. $P(\chi^2 < A) = 0.975$　f. $P(\chi^2 < A) = 0.025$

13.8 $df = 10$에 대해 다음 확률값을 주는 A와 B의 값을 구하라.

a. $P(A < \chi^2 < B) = 0.80$
b. $P(A < \chi^2 < B) = 0.90$
c. $P(A < \chi^2 < B) = 0.95$
d. $P(A < \chi^2 < B) = 0.98$

13.9 $df = 15$에 대해 다음 확률값을 주는 A와 B의 값을 구하라.

a. $P(A < \chi^2 < B) = 0.80$
b. $P(A < \chi^2 < B) = 0.90$
c. $P(A < \chi^2 < B) = 0.95$
d. $P(A < \chi^2 < B) = 0.98$

13.3 적합도에 대한 검정과 분포의 정규성 검정

적합도 검정의 목적

표본 데이터가 특정한 확률분포의 모집단으로부터 추출되었다고 볼 수 있는지의 여부를 판단하는 것을 **적합도 검정**(goodness-of-fit tests)이라고 한다. 이러한 적합도 검정에 카이제곱 검정을 사용할 수 있다. 예를 들면 (1) 난수표의 숫자들이 난수표에서 가정하고 있는 이산 균등분포를 따르는지, (2) 수집된 데이터가 정규분포를 갖고 있는 모집단에서 추출되었다고 할 수 있는지, (3) 수집된 데이터가 포아송 분포를 갖고 있는 모집단에서 추출되었다고 할 수 있는지 등을 판단하는 목적으로 적합도 검정을 활용한다. 앞서 공부한 가설검정에서 모집단을 정규분포나 근사 정규분포로 가정하는 통계적 기법을 많이 다루었는데, 이 경우 (2)의 정규성(nomality)에 대한 적합도 검정이 필요하다. 이 절에서는 표본 데이터가 정규 모집단으로부터 추출된 것인지를 판단하는 적합도 판정과 Excel을 이용한 카이제곱 적합도 검정도 함께 설명한다.

적합도 검정의 절차

우선 상호배타적이고 포괄적인 범주(category)로 구분하여 데이터를 배열한 후, 각각의 범주에 속하는 데이터의 수를 세어서 관측빈도의 표를 만든다. 그림 13.2의 과정을 따르면 행은 하나이고, 열은 k개인 표가 된다. 행이 하나이므로 각 범주의 관측빈도를 Oj(j = 1에서 k까지)로 표현할 수 있다.

적합도 검정은 귀무가설과 대립가설을 아래와 같이 설정한다.

H_0: 모집단이 특정한 분포이다.
H_1 : 모집단이 특정한 분포가 아니다.

귀무가설이 사실이라는 가정 하에 **기대도수표**(E_j, j = 1에서 k까지)를 작성한다. 이는 가정하고 있는 모집단의 확률분포로부터 구할 수 있다. 검정통계량 χ^2값은 관측도수와 기대도수가 얼마나 서로 다른지를 나타내는 측도이다. 직관적으로 생각해 보면 기대도수와 관측도수의 불일치가 커질수록 귀무가설이 기각될 가능성이 커질 것이다. 검정통계량은 다음과 같이 계산한다.

적합도 검정에서의 χ^2값

$$\chi^2 = \sum_{j=1}^{k} \frac{(O_j - E_j)^2}{E_j}$$

k = 범주의 수
O_j = 범주 j의 관측도수
E_j = 범주 j의 기대도수

이 검정은 카이제곱 분포의 우측꼬리 부분을 이용한다. χ^2 기각값은 유의수준(α)과 자유도(df)에 따라 달라진다. $df = k - 1 - m$이며, 여기서 m은 표본으로부터 추정할 모집단 모수(예를 들면 μ나 σ)의 개수이다. 자유도에서 (k − 1)은 도수들을 범주별로 나누어 배열하는 과정에서 자유도를 하나 잃어버리기 때문이다. 데이터의 총 수를 알고 있기 때문에, (k − 1)개 범주의 빈도를 알면 나머지 k번째 범주의 빈도를 결정할 수 있기 때문이다. 또 검정을 수행하기 위해 모수를 하나씩 추정할 때마다 자유도를 1씩 줄여나가야 한다. 모수를 추정함으로써 기대도수표를 작성하는 경우, 자유도가 (k − 1)에서 m만큼 줄어들게 되는 것이다. 자유도를 결정하는 방법은 앞으로 계속 논의될 것이다.

범주를 정할 때, 각 기대도수(E_j)가 적어도 5 이상이 되도록 하여야 한다. 이는 적합도 검정이 사용하는 카이제곱 분포는 연속분포인데 검정의 검정통계량 값은 이산적인 도수를 가지고 근사적으로 계산하기 때문이다. 기대도수 값이 지나치게 작은 것이 있으면 근사값이 만족스럽지 않는다. 이를 해결하기 위해서는 다음과 같은 두 가지 방법이 있다. (1) 각 범주의 기대도수가 적어도 5 이상이 되도록 전체 표본의 수를 크게 하거나 (2) 인접한 범주를 하나의 범주로 통합하여 기대도수를 5 이상 되게 하는 것이다.

예제 EXAMPLE

포아송 분포 적합도 검정

자동차 조립공장에서는 자동차의 도장 작업을 마친 후 도색 표면에 대해 엄밀한 검사를 한다. 최근에 생산된 380대를 검사한 결과 자동차 한 대당 흠집의 수가 다음과 같다. 예를 들면, 242대는 흠집이 없었고, 94대는 1개의 흠집이 있었다. 이 데이터가 파일 **CX13BLEM**에 있다. 유의수준 0.05에서 이 데이터가 포아송 분포의 모집단에서 뽑혔다고 판단할 수 있는지 검정하라.

흠집의 수/대:	0	1	2	3	4
자동차 대수:	242	94	38	4	2

풀이

귀무가설과 대립가설의 수립

H_0: 모집단이 포아송 분포이다.

H_1: 모집단이 포아송 분포가 아니다.

유의수준 (α)의 명시　α = 0.05로 한다.

관측도수(O_j) 표를 만든다.

흠집의 수/대:	0	1	2	3	4	
관측도수(O_j):	242	94	38	4	2	380

귀무가설이 사실이라는 가정 하에 기대도수(E_j) 표를 만든다.

기대도수표를 만들기 위해서는 가정된 포아송 분포의 모평균 추정치로서 표본 데이터의 표본평균을 사용한다. 표본평균은 총 흠집의 수를 자동차 수로 나누거나 가중평균을 구하면 된다.

$$\bar{x} = \frac{0(242) + 1(94) + 2(38) + 3(4) + 4(2)}{380 \text{ cars}}$$

$$\bar{x} = 190/380 = 0.5$$

$\overline{x}$ = 0.5(흠집/대)를 원래 모집단의 모평균 추정치로 사용하여 부록 A에서 λ = 0.5에 해당하는 포아송 분포의 확률(혹은, 누적확률표)을 참조한다. λ = 0.5인 포아송 분포에서 x = '자동차 대당 흠집의 수'라 하면

x = 흠집의 수	P(x) · n	흠집개수가 x인 자동차대수 기대값
0	0.6065 · 380 =	230.470
1	0.3033 · 380 =	115.254
2	0.0758 · 380 =	28.804
3	0.0126 · 380 =	4.788
4	0.0016 · 380 =	0.608
5 이상	0.0002 · 380 =	0.076
	1.0000	380.000

마지막 세 범주(x = 3, x = 4, $x \geq 5$)에서 기대도수가 5보다 작게 나타나고 있다. 기대도수가 적어도 5 이상이어야 한다는 조건을 충족하기 위해서 이 세 범주를 '3개 이상의 흠집'이라는 하나의 범주로 묶도록 한다. 그러면 이 범주의 기대도수는 4.788 + 0.608 + 0.076 = 5.472가 된다. 이때의 범주별 기대도수는 다음과 같다.

흠집의 수/대:	0	1	2	≥3	
기대도수(E_j):	230.470	115.254	28.804	5.472	380.000

기대도수 범주와 동일한 범주에 따라 관측도수표를 다시 작성하면 다음과 같다.

흠집의 수/대:	0	1	2	≥3	
관측도수(O_j):	242	94	38	6	380

검정통계량인 χ^2값을 계산한다.

k = 4인 범주에 대해 χ^2값을 계산하면 7.483이다.

$$= \sum_{j=1}^{k} \frac{(O_j - E_j)^2}{E_j}$$

$$= \frac{(242 - 230.470)^2}{230.470} + \frac{(94 - 115.254)^2}{115.254} + \frac{(38 - 28.804)^2}{28.804} + \frac{(6 - 5.472)^2}{5.472}$$

$$= 7.483$$

카이제곱 분포표에서 기각값을 찾는다.

자유도는 $df = k - 1 - m$이다. 여기서 k = 4가지 범주이고, 표본으로부터 추정된 모수의 수는 포아송 분포의 모평균만 추정되었으므로 m = 1이다. 따라서 df = 4 − 1 − 1 = 2가 되고 이때 카이제곱 기각값은 5.991이 된다.

검정통계량 값과 기각값을 비교한다.

계산된 카이제곱 값 7.483은 기각값 5.991을 초과하므로 유의수준 0.05로 귀무가설을 기각할 수 있다. 유의수준 5%로 표본이 포아송 분포로부터 추출되지 않았다고 결론을 내릴 수 있다.

계산된 카이제곱 값이 유의수준 0.025에서도 기각값 7.378을 여전히 초과한다. 그러나 유의수준 0.01에서의 기각값 9.210은 초과하지 않는다. 카이제곱 분포표를 보면 정확한 p값은 0.025와 0.01 사이에 있을 것이다. 이 검정과정이 그림 13.3에 요약되어 있다.

NOTE

포아송 분포에서는 모평균과 모분산이 동일하므로, 이러한 포아송 분포의 검정에서는 자유도 $df = k - 1 - m$에서 추정되는 모수의 수가 $m = 0$이거나 $m = 1$이다. 예를 들면 "H_0: 모집단은 모평균이 $\lambda = 1.8$인 포아송 분포이다."와 같이 귀무가설에서 λ값이 주어진 경우는 $m = 0$이 된다. 표본 데이터로부터 λ값을 추정해야 할 경우에는 $m = 1$이다. 포아송 분포는 평균 λ와 분산 σ^2이 서로 같으므로 λ만 추정하면 분산은 추정할 필요가 없으며 자유도를 계산할 때 이 점을 감안하여야 한다.

「컴퓨터 솔루션 13.1」은 그림 13.3에서 요약된 적합도 검정에 Excel을 어떻게 사용할 수 있는지를 보여준다. 그렇지만 Excel의 CHITEST 함수는 모수추정이 하나도 없는 $m = 0$인 경우에만 적용할 수 있다. 따라서 이 예제에는 적용할 수 없다.

그림 13.3

카이제곱 검정을 이용한 포아송 분포 적합도 검정

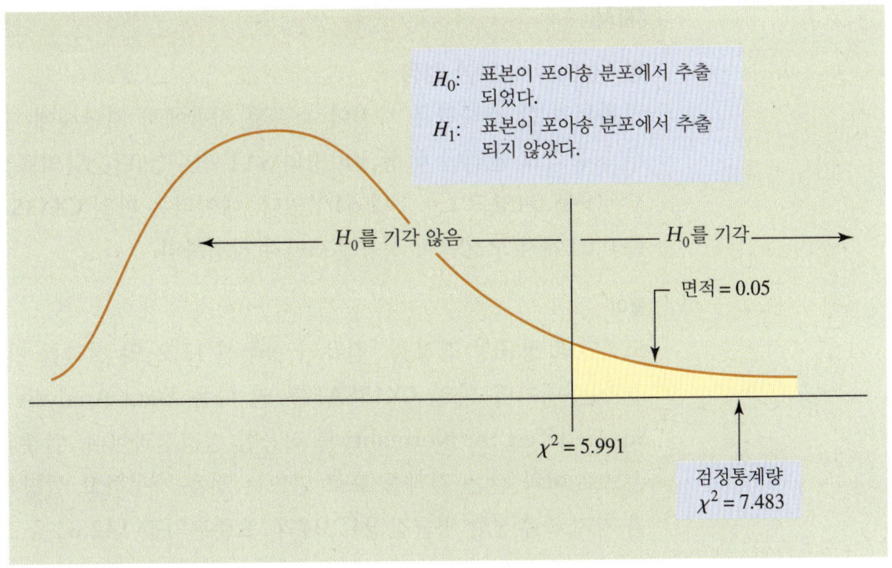

컴퓨터 솔루션 13.1

카이제곱 적합도 검정

EXCEL

	A	B	C	D	E
1	Chi-Square Goodness-of-Fit Test			no. of cells, k =	4
2	Cell Frequencies:			no. of parameters estimated, m =	1
3	Observed (Oj):	Expected (Ej):	(Oj-Ej)^2/Ej:	df = k - 1 - m =	2
4	242	230.470	0.577	calculated chi-square =	7.483
5	94	115.254	3.919	p-value =	0.024
6	38	28.804	2.936		
7	6	5.472	0.051		

Excel을 이용한 카이제곱 적합도 검정

1. 예제 1의 페인트 흠집 관측도수와 기대도수가 주어져 있다. Excel worksheet 템플릿 **TMXFIT**을 연다. 템플릿 속에 설명이 들어 있다. 이 분석에서는 범주가 네 개이므로 범주의 수를 10에서 4로 줄여야 한다. Excel의 7행 버튼을 클릭하고, **7행에서 12행까지** 끌어서 선택하고 선택된 행 버튼 중 어느 하나에 마우스 우측 버튼을 클릭하고 **삭제**를 클릭한다. 셀 E2에 표본 데이터에 의해 추정될 모수의 수를 입력한다. 이 경우 포아송 분포의 모평균을 추정하므로 $m = 1$이다.
2. 셀 **A4**에서부터 관측도수를 입력한다. **B4**에서부터 기대도수를 입력한다. **C4**셀의 오른쪽 아래 모서리를 클릭한 후 아래로 끌어서 자동으로 수식을 입력한다. 계산된 카이제곱 값과 p값이 위에서와 같이 각각 셀 E4와 E5에 나타난다.
   이 예에서와 같이 원시 데이터만 있고 또 그 값이 정수값만 갖는 경우에는 각각의 값이 몇 번 나타나는지를 세기 위해 Excel의 COUNTIF 함수를 사용할 수 있다. 예를 들어 파일 **CX13BLEM**에는 0, 1, 2, 3, 4값을 가진 380개의 데이터가 들어 있다. 빈 셀을 하나 클릭한 후, 함수마법사 f_x를 클릭하고 범주 선택에서 **통계**를, 그리고 함수 COUNTIF를 선택하고 **확인**을 클릭한 후, **Range** 상자에는 **A2:A381**을 **Criteria** 상자에는 **0**을 입력하고 **확인**을 누른다. = COUNTIF(A3:A382,1) 함수가 입력되고 0의 개수 (242)가 나타난다. 이 절차를 1, 2, 3, 4에 대해서 반복적으로 실시한다.

참고: Excel에서 제공하는 **CHITEST** 함수는 표본으로부터 추정하는 모수의 수가 $m = 0$일 때만 적용할 수 있다. 따라서 이 경우에 **CHITEST**를 적용하려면 다음과 같은 절차를 적용해야 한다. 관측도수와 기대도수는 위에 주어져 있다. 빈 셀을 클릭하고 함수마법사 f_x를 클릭하여 **통계**와 **CHITEST**를 선택한 후, **확인**을 클릭한다. **Actual_range** 상자에 **A4:A7**을, **Expected range** 상자에는 **B4:B7**을 입력하면 p값이 제공된다.

예제 EXAMPLE

정규성(normality) 검정

교육부의 한 조사관은 자신이 소속된 지방에서 지난해에 대학 입학시험을 치른 고등학교 졸업반 학생 300명의 SAT 점수를 단순임의표본으로 수집하였다. $\bar{x} = 945.04$였고 $s = 142.61$이었다. 데이터는 파일 **CX13SAT**에 있다. 유의수준 0.01에서 모집단이 정규분포인지 검정하라.

풀이

모집단의 정규성 검정을 「컴퓨터 솔루션 13.2」의 결과를 가지고 설명한다. 이 결과는 데이터 파일 **CX13SAT**를 연 다음 Data Analysis Plus에 있는 Chi-Squared Test for Normality를 적용한 검정결과이다. 컴퓨터를 이용하지 않고 손으로 이와 같은 결과를 표로 만드는 것을 가정하고 설명해 보자. 단, 데이터를 가지고 추정한 평균값 945.04와 표준편차값 142.61을 그대로 이용한다.

귀무가설과 대립가설은 다음과 같다.

H_0: 표본이 정규분포의 모집단으로부터 추출되었다.

H_1: 표본이 정규분포의 모집단으로부터 추출되지 않았다.

1. 구간설정과 기대도수 작성

CX13SAT 속에 있는 300개 데이터를 표준화된 z-값을 가지고 구간으로 분류한다. z-값이 −2 이하, −2~−1, −1~0, 0~1, 1~2, 2 이상으로 구간을 나눈다. 첫 번째 구간에 속하는 확률은 정규분포표를 이용하여 확률 $P(z \leq -2) = 0.0228$이다. 기대도수(E_1)는 300(0.0228) = 6.825이다.

2. 관측도수 작성

관측도수는 300개 데이터를 크기순으로 나열한 후, (z = −2)에 해당하는 값 945.04 + (−2) × 142.61 = 659.82 이하가 되는 데이터 개수를 관측도수로 삼는다. 그것이 (O_j) 8개로 관측되었다.

3. 도수분포표 완성

같은 방법으로 나머지 구간에 대해서도 기대도수 E_j와 관측도수 O_j를 계산한다. (Excel에서 B8:D13 참조).

4. 검정통계량인 χ^2값을 계산한다.

검정통계량 χ^2값은 다음과 같다.

$$\chi^2 = \sum_{j=1}^{k} \frac{(O_j - E_j)^2}{E_j}$$

$$= \frac{(8 - 6.825)^2}{6.825} + \frac{(28 - 40.772)^2}{40.772} + \cdots + \frac{(11 - 6.825)^2}{6.825} = 15.24$$

5. 카이제곱 분포표에서 기각값을 찾는다.

자유도는 $df = k - 1 - m$이다. 여기서 $k = 6$가지 범주이고 표본으로부터 추정된 모수의 수는 정규분포의 모평균과 모표준편차(μ와 σ) 두 개이므로 $m = 2$이다. 따라서 $df = 6 - 1 - 2 = 3$이 되고 이때 카이제곱 기각값은 11.345가 된다(Excel에서 B18 참조).

6. 검정통계량 값과 기각값을 비교한다.

계산된 카이제곱 값 15.24가 기각값 11.345보다 크므로 유의수준 0.01로 귀무가설을 기각한다. 즉 "주어진 데이터가 정규분포로부터 추출된 경우 기대도수와 관측도수의 차이가 우연한 차이라고 보기에는 너무 크다."는 결론을 내릴 수 있다. p값은 0.0016으로서 유의수준값 0.01보다 훨씬 작다(Excel에서 B17 참조).

컴퓨터 솔루션 13.2

정규성 검정을 위한 카이제곱 적합도 검정

EXCEL

	A	B	C	D
1	Chi-Squared Test of Normality			
2		SAT		
3	Mean	945.04		
4	Standard deviation	142.61		
5	Observations	300		
6				
7	Intervals	Probability	Expected	Observed
8	(z <= -2)	0.0228	6.825	8
9	(-2 < z <= -1)	0.1359	40.772	28
10	(-1 < z <= 0)	0.3413	102.404	127
11	(0 < z <= 1)	0.3413	102.404	94
12	(1 < z <= 2)	0.1359	40.772	32
13	(z > 2)	0.0228	6.825	11
14				
15	chi-squared Stat	15.24		
16	df	3		
17	p-value	0.0016		
18	chi-squared Critical	11.345		

Excel 정규성 검정을 위한 카이제곱 적합도 검정($n \geq 32$이어야 함)

1. 300개의 대학진학 적성검사 성적(SAT)이 들어 있는 파일 **CX13SAT**을 연다. A1에는 제목 이름이, 데이터는 범위 A2:A301에 입력되어 있다. **메뉴**에서 **추가기능**를 선택하고, **Data Analysis Plus**를 선택한다. **정규성 검정을 위한 카이제곱 검정**을 선택하고 **OK**를 클릭한다.
2. **Input Range** 상자에 **A1:A301**을 입력하고, **Labels**을 클릭한 후 α 상자에 **0.01**을 입력한다. **OK**를 클릭한다. 관측도수와 기대도수, 카이제곱 통계량, p값이 위와 같이 주어진다. p값이 굉장히 작게 나온 것을 보면 표본 데이터가 정규분포로부터 추출되지 않았음을 결론 내릴 수 있다.

연습문제

13.10 카이제곱 적합도 검정을 수행할 때 자유도 $df = k - 1 - m$에서 k와 m은 무엇을 의미하며 왜 자유도의 결정에 포함되어야 하는가?

13.11 기대도수표가 관측도수표와 약간만 차이가 난다면 계산된 카이제곱 값이 커질까 아니면 작아질까? 그 이유는?

13.12 귀무가설이 "H_0: 자료가 $\lambda = 7.0$인 포아송 분포로부터 추출되었다."이고 빈도표에 8개의 칸이 있다면, 이 검정에서의 자유도는 얼마인가?

13.13 귀무가설이 "H_0: 자료가 $\lambda = 7.0$인 포아송 분포로부터 추출되었다."이고 빈도표에 5개의 칸이 있다면, 이 검정에서의 자유도는 얼마인가?

13.14 귀무가설이 "H_0: 자료가 정규분포로부터 추출되었다."이고, 빈도표에 5개의 칸이 있다면,

a. 이 검정에서의 자유도는 얼마인가?

b. 유의수준이 0.05일 때 χ^2 기각값은 얼마인가?

c. 표본에서 계산된 카이제곱 값이 8.13라면, 귀무가설에 대하여 어떤 결론을 내릴 수 있는가?

13.15 귀무가설이 "H_0: 자료가 $\mu = 130$인 정규분포로부터 추출되었다."이고, 빈도표에 8개의 칸이 있다면,

a. 이 검정에서의 자유도는 얼마인가?

b. 유의수준이 0.05일 때 χ^2 기각값은 얼마인가?

c. 표본에서 계산된 카이제곱 값이 11.25라면, 귀무가설에 대하여 어떤 결론을 내릴 수 있는가?

13.16 Bureau of the Census에 의하면, 미국 인구의 18.1%가 북동부에, 21.9%가 중서부에, 36.7%가 남부에, 23.3%가 서부에 살고 있다고 한다. 전국적인 무료 응답 전화번호에 전화한 사람 200명을 조사한 결과, 39

명이 북동부에서, 55명이 중서부에서, 60명이 남부에서, 46명이 서부에서 전화를 하였다. 0.05 유의수준에서, 이 전화번호에 응답하는 사람들의 분포가 미국 인구분포와 같다고 할 수 있는가? (출처: Bureau of the Census, factfinder.census.gov, July 30, 2009)

13.17 지난해의 결근 중 표본 150건의 결근에 대한 요일별 결근일수는 다음과 같다. 0.05 유의수준에서, 요일별 결근 건수는 같다고 할 수 있는가?

	월	화	수	목	금	
결근 건수	42	18	24	27	39	150

13.18 자동차 소유실태 조사를 보면, 미국 가구의 8.7%가 자동차를 소유하고 있지 않으며, 33.1%는 1대를, 38.1%는 2대를, 20.1%는 3대 이상을 소유하고 있는 것으로 나타났다. 어느 리조트 지역에서 100가구를 임의 추출하여 자동차의 보유실태를 조사한 결과가 다음 도수분포표에 요약되어 있다. 유의수준 0.05에서 이 리조트 지역의 자동차 보유 분포 형태가 전국적인 분포 형태와 다르다고 하는 주장을 기각할 수 있는가? (출처: planetforward.org, July 30, 2009)

자동차 대수	가구 수
0	20
1	35
2	23
3대 이상	22
합계	100

13.19 연습문제 13.18에서 유의수준 0.05로 이 표본 데이터가 $\lambda = 1.5$인 포아송 분포에서 추출되었다고 볼 수 있는지 검정하라.

13.20 조립라인에서 조립한 부품 25개씩을 한 개 뱃치(batch)로 하여 50개 뱃치를 품질 조사한 결과 뱃치당 불량 부품 개수는 다음과 같다. 0.01 유의수준에서, 뱃치당 불량 부품 개수의 분포가 $\lambda = 2.0$인 포아송 분포인가를 결정하라.

불량 부품 수	뱃치 개수
0	5
1	15
2	14
3	10
4	4
5	2
	50

13.21 연습문제 13.20에서, 유의수준 0.05로 불량품 개수가 $n = 25$, $\pi = 0.1$인 이항분포인가를 검정하라.

13.22 미국 운전자의 13.2%가 25세 미만, 37.7%가 25~44세, 49.1%가 45세 이상이다. 200건의 치명적 자동차 사고를 조사한 결과, 42건이 25세 미만, 80건이 25~44세, 78건이 45세 이상의 운전자에 의한 사고였다. 0.05 유의수준에서, 치명적 사고를 낸 운전자의 분포가 운전자 전체의 분포와 같은지 검정하라. (출처: *The World Almanac and Book of Facts 2006*, p. 117)

참고: 연습문제 13.23~13.26은 컴퓨터를 사용해야 함.

13.23 무작위로 추출한 200명의 미국 운전자들이 작년에 자동차를 운전한 거리가 데이터 파일 **XR13023**에 있다. 유의수준 0.01로 운전한 거리가 정규분포를 하는지 검정하라.

13.24 합판공장에서 생산되는 300개의 합판 패널의 패널당 표면의 결점 개수가 데이터 파일 **XR13024**에 수록되어 있다. 유의수준 0.05로 이 데이터가 포아송 분포로부터 추출되었는지 밝혀라.

13.25 연습문제 13.24에서, 유의수준 0.05로 데이터가 정규분포로부터 추출되었는지 검정하라.

13.26 신용카드 사용자 500명의 신용카드 잔고가 파일 **XR13026**에 있다. 0.10 유의수준에서 이 데이터가 정규분포에서 얻어진 것인가를 검정하라.

13.4 두 변수의 독립성 검정

독립성 검정의 목적

각각의 범주 수가 둘 이상인 두 가지 **명목척도 변수**를 가지고 있는 데이터에서, 두 변수 간의 관련성을 파악하기 위해 카이제곱 검정을 사용할 수 있다. 예를 들면 선거운동 관리자의 경우 교육수준과 정당가입 여부가 관계가 있는지 관심을 가질 수 있으며, 보험업자는 업무상 입는 재해의 종류가 직업에 따라 다른지 파악하고 싶을 것이다. 이러한 카이제곱 분석의 목적은 명목척도인 두 변수 간의 정확한 관계를 파악하는 것이 아니고, 단지 변수들이 서로 독립적인가를 검정하는 것이다.

절차

두 변수 간의 독립성에 대한 카이제곱 검정의 출발점은 **분할표**를 작성하는 것이다. 2장에서 다루었듯이 이 표는 한 변수의 범주를 나타내는 행과 다른 변수의 범주를 나타내는 열로 구성되며, 다양한 행과 열의 범주조합에 따라 발생하는 빈도수를 나타낸다. 분할표는 일반적으로 r개의 행과 k개의 열($r \geq 2$, $k \geq 2$)을 가진다. 귀무가설과 대립가설은:

H_0: 변수들이 서로 독립이다.

H_1: 변수들이 서로 독립이 아니다.

앞 절에서와 같이 관측도수표와 기대도수표를 만들고, 이 도수(frequencies)들 간의 **불일치의 정도**를 카이제곱 검정통계량에 의하여 비교한다. 관측도수는 표본 하나하나를 범주별로 분류한 것이고 기대도수는 귀무가설이 사실이라는 가정 하에 작성된 것이다.

검정통계량은 다음과 같이 계산한다.

두 변수의 독립성에 대한 카이제곱 검정:

$$\chi^2 = \sum_{i=1}^{r}\sum_{j=1}^{k}\frac{(O_{ij} - E_{ij})^2}{E_{ij}}$$

r = 행의 수
k = 열의 수
O_{ij} = i행과 j열의 관측도수
E_{ij} = i행과 j열의 기대도수
$df = (r - 1)(k - 1)$

자유도 $df = (r - 1)(k - 1)$는 관측도수분포표에서 자유롭게 변화할 수 있는 칸(도수)이 몇 개인지를 나타낸다. i번째 열에는 도수의 합이 n_i인데, 합이 n_i로 정해지고 나면 그 열에서 자유롭게 변할 수 있는 칸(도수)은 $(k - 1)$개이다. 따라서 자유도는 $(k - 1)$이다. 마찬가지로 열 범주의 자유도는 $(r - 1)$이다. 모두 r개 열 범주가 있지만 같은 방법으로 생각하면 $(r - 1)$개의 열만이 자유롭기 때문이다. 앞 절에서처럼 E_{ij}값이 5보다 작을 경우 행과 열을 통합하여야 하는데, 그 이유는 이산적인 값의 데이터를 연속적인 카이제곱 분포를 이용하여 분석하기 때문이다.

기대도수 E_{ij}값은 (1) 두 변수가 실제로 독립적이라는 가정과, (2) 결합확률과 주변확률 개념(5장 참조)을 이용하여 결정된다.

변수들의 독립성 검정 시의 기대도수 계산:

$$E_{ij} = p_j \times n_i$$

p_j = j열에 속한 관측치의 비율, 주변확률
n_i = i행에 속한 관측치의 수

표 13.2

두 개의 명목척도 간의 독립성 (관련성) 검정

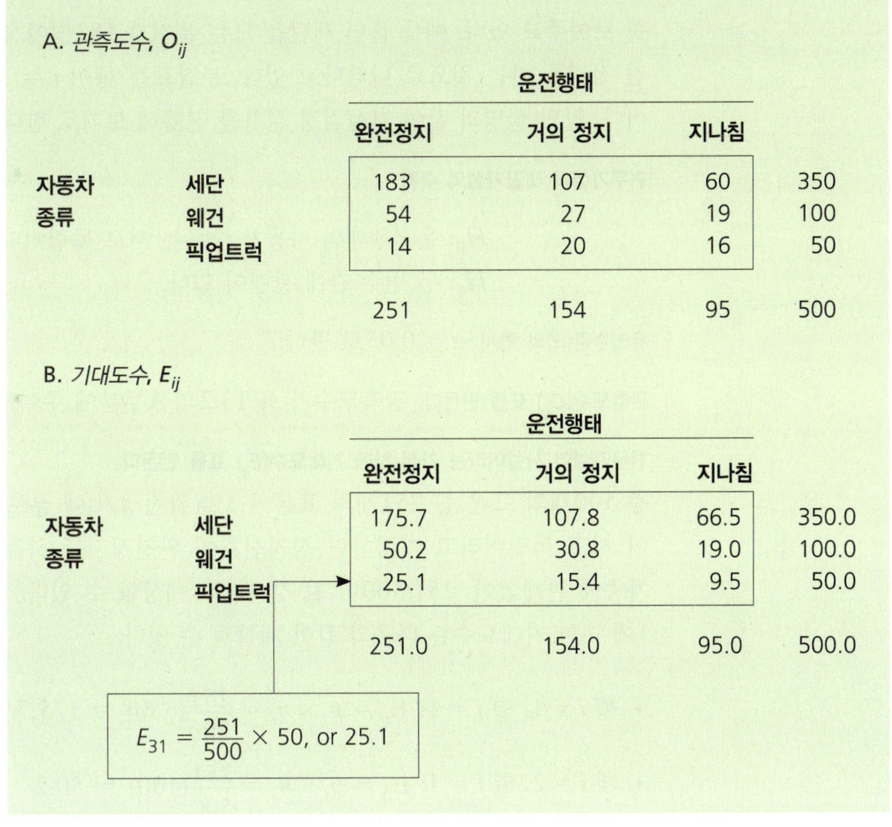

A. *관측도수*, O_{ij}

		운전행태			
		완전정지	**거의 정지**	**지나침**	
자동차 종류	**세단**	183	107	60	350
	웨건	54	27	19	100
	픽업트럭	14	20	16	50
		251	154	95	500

B. *기대도수*, E_{ij}

		운전행태			
		완전정지	**거의 정지**	**지나침**	
자동차 종류	**세단**	175.7	107.8	66.5	350.0
	웨건	50.2	30.8	19.0	100.0
	픽업트럭	25.1	15.4	9.5	50.0
		251.0	154.0	95.0	500.0

$$E_{31} = \frac{251}{500} \times 50, \text{ or } 25.1$$

위의 식에서 p_j는 무작위로 관측된 표본값이 j열 범주에 속할 주변확률이다. 변수들이 실제로 서로 독립이라면 이 확률값은 행의 범주에 영향을 받지 않을 것이므로 어떤 행에 서든지 같은 값을 갖게 된다. 따라서 ij칸의 기대도수는 n_i 곱하기 p_j가 되는 것이다.

예제 EXAMPLE

독립성 검정

교통안전 연구원 한 사람이 도시 근교에서 500대의 자동차를 대상으로 멈춤 신호에 대한 행동을 조사하고, 자동차의 차종(세단, 웨건, 픽업트럭)과 운전자의 운전행태(완전정지, 거의 정지, 지나침)를 기록하였다. 그 결과가 표 13.2의 A에 요약되어 있다. 0.05 유의수준에서 볼 때 운전자의 행태와 그가 운전하는 차종이 서로 연관이 있다고 할 수 있겠는가? 수집된 데이터는 파일 **CX13STOP**에 있다.

풀이

표 13.2의 A의 관측도수표는 두 변수의 범주가 서로 교차되는 칸의 관측도수

를 보여주고 있다. 예를 들면 세단을 모는 운전자 183명이 정지신호 앞에서 완전 정지를 하는 것으로 나타나고 있다. 분할표는 행이 $r = 3$이고 열이 $k = 3$이다. 앞의 설명과 같이 가설검정 절차를 진행해 보기로 한다.

귀무가설과 대립가설의 수립

H_0: 운전행태와 자동차 종류는 서로 독립이다.

H_1: 두 변수 간에 관련이 있다.

유의수준(α)의 명시: $\alpha = 0.05$로 한다.

관측도수(O_{ij}) 표를 만든다: 관측도수가 표 13.2의 A부분에 주어져 있다.

귀무가설이 사실이라는 가정 하에 기대도수(E_{ij}) 표를 만든다.

총 500개의 표본 중 251개의 표본이 1열(완전정지)에 분포되어 있다. 변수들이 서로 독립이라고 가정하면 정지신호에 완전정지를 하는 운전자의 비율이 차종에 관계없이 251/500이 될 것이라고 예상할 수 있다. 행 1에서 3까지 열 1에 대한 기대도수는 다음과 같이 계산될 수 있다.

- 행 $i = 1$, 열 $j = 1$: $E_{ij} = p_j \times n_i = \frac{251}{500}(350) = 175.7$
- 행 $i = 2$, 열 $j = 1$: $E_{ij} = p_j \times n_i = \frac{251}{500}(100) = 50.2$
- 행 $i = 3$, 열 $j = 1$: $E_{ij} = p_j \times n_i = \frac{251}{500}(50) = 25.1$

이 된다. 열 2와 3의 기대도수도 위와 같이 하여 계산하면 된다. 그 결과가 표 13.2의 B에 있다.

검정통계량 χ^2값을 계산한다.

계산된 검정통계량 χ^2값은 다음 계산에 의해 12.431이다.

$$\begin{aligned}
\chi^2 &= \sum_{i=1}^{r}\sum_{j=1}^{k}\frac{(O_{ij}-E_{ij})^2}{E_{ij}} \\
&= \frac{(183.0-175.7)^2}{175.7} + \frac{(107.0-107.8)^2}{107.8} + \frac{(60.0-66.5)^2}{66.5} \\
&\quad + \frac{(54.0-50.2)^2}{50.2} + \frac{(27.0-30.8)^2}{30.8} + \frac{(19.0-19.0)^2}{19.0} \\
&\quad + \frac{(14.0-25.1)^2}{25.1} + \frac{(20.0-15.4)^2}{15.4} + \frac{(16.0-9.5)^2}{9.5} \\
&= 12.431
\end{aligned}$$

카이제곱 분포표에서 기각값을 찾는다.

행의 개수가 $r = 3$이고 열의 개수가 $k = 3$이므로 자유도는 $df = (r - 1)(k -$

1) = (3 − 1)(3 − 1) = 4이다. 유의수준 0.05에서 자유도가 4일 때 카이제곱 기각값은 9.488이다.

검정통계량 값과 기각값을 비교한다.

계산된 카이제곱 값이 12.431로 기각값인 9.488보다 크므로 유의수준 0.05에서 귀무가설을 기각할 수 있다. 이 분석 결과 운전행태와 차종은 서로 독립이 아니라고 결론 내릴 수 있다. 즉 세단을 운전하는 사람들이 상대적으로 다른 차종에 비해 정지신호에서 완전정지를 하는 비율이 높아 교통신호를 잘 지키며 픽업트럭 운전자들은 잘 지키지 않아서 운전행태와 차종이 서로 관련성이 있다고 볼 수 있는 것이다.

유의수준을 0.025로 낮추어도 기각값이 11.143이므로 같은 결론이다. 그러나 보다 엄격한 유의수준 0.01을 적용하면 기각값이 13.277이므로 귀무가설을 기각할 수 없다. 정확한 p값은 0.025와 0.01 사이가 될 것이다.

「컴퓨터 솔루션 13.3」은 변수 간의 독립성을 검정하기 위해 Excel을 어떻게 사용하는지 보여준다. 원자료를 이용하거나 요약정보를 이용해서 이 분석을 할 수 있다.

컴퓨터 솔루션 13.3

변수들의 독립성에 대한 카이제곱 검정

EXCEL

	A	B	C	D	E
1	**Contingency Table**				
2		*Column 1*	*Column 2*	*Column 3*	TOTAL
3	*Row 1*	183	107	60	350
4	*Row 2*	54	27	19	100
5	*Row 3*	14	20	16	50
6	TOTAL	251	154	95	500
7					
8	chi-squared Stat			12.431	
9	df			4	
10	p-value			0.014	
11	chi-squared Critical			9.488	

변수들의 독립성 검정을 위한 카이제곱 검정: 요약정보 사용

1. 빈 시트를 하나 열어서 표 13.3에 있는 9개의 관측도수를 셀 A1:C3에 입력한다. **추가기능**를 클릭하여 **Data Analysis Plus**를 선택한다. **Contingency Table**를 선택하고 **OK**를 클릭한다.
2. **Input Range** 상자에 **A1:C3**를 입력한다. **Labels**은 체크하지 않는다. **Alpha** 상자에 **0.05**를 입력하고 **OK**를 클릭한다. 관측도수들과 카이제곱 통계량, p값이 위와 같이 나타난다.

참고: 또 다른 방법으로 Excel worksheet 템플릿 **TMXVAR**를 사용할 수 있다.

변수들의 독립성 검정을 위한 카이제곱 검정: 원자료 사용

1. 표 13.2에 대한 해당 데이터가 파일 **CX13STOP**에 들어 있다. 차종에 대한 코드가 A열에(1 = 세단, 2 = 웨건, 3 = 픽업) 그리고 행태에 대한 코드가 B열에(1 = 완전정지, 2 = 거의 멈춤, 3 = 통과함) 들어 있다. 라벨들이 A1과 B1 셀에 있다.
2. **추가기능**을 클릭하여 **Data Analysis Plus**를 선택한다. **Contingency Table(Raw Data)**를 선택하고 **OK**를 클릭한다.
3. **Input Range** 상자에 **A1:B501**을 입력한다. **Labels**을 체크한다. **Alpha** 상자에 **0.05**를 입력하고 **OK**를 클릭한다. 관측도수들과 카이제곱 통계량, p값이 위와 같이 나타난다.

연습문제

13.27 카이제곱 검정을 수행할 때 각 기대도수가 적어도 5.0 이상이 되어야 하는 이유가 무엇인가? 만약 어떤 칸에서의 기대도수가 5.0보다 작다면 어떤 조치를 취해야 하는가?

13.28 변수의 독립성을 검정하기 위한 카이제곱 검정을 수행할 때 자유도를 결정하는 절차를 설명하라.

13.29 r행과 k열을 갖고 있는 분할표에서 다음 각 경우의 자유도를 결정하라.

a. $r = 3, k = 4$ b. $r = 2, k = 3$
c. $r = 4, k = 5$ d. $r = 5, k = 3$
e. $r = 3, k = 7$ f. $r = 3, k = 3$

13.30 두 변수의 독립성 검정에서, 아래 검정의 경우 카이제곱 기각값을 결정하라.

a. $\alpha = 0.05, df = 3$ b. $\alpha = 0.01, df = 5$
c. $\alpha = 0.10, df = 2$ d. $\alpha = 0.025, df = 4$

13.31 두 변수의 독립성 검정에서, 아래 검정의 경우 카이제곱 기각값을 결정하라.

a. $\alpha = 0.025, df = 5$ b. $\alpha = 0.05, df = 8$
c. $\alpha = 0.01, df = 6$ d. $\alpha = 0.10, df = 4$

13.32 두 변수 간의 독립성 검정에서 하나의 변수는 두 개의 범주, 다른 변수는 세 개의 범주를 가지고 있다. 유의수준 0.025에서 검정을 할 경우 임계치 카이제곱 값은 얼마인가? 유의수준 0.05에서는 얼마인가?

13.33 어떤 연구자가 대형 할인점에 들어가는 100명의 고객을 연령에 따라 나누고, 입구에서 점원들로부터 받는 인사의 친밀도에 대한 자료를 수집하였다. 다음 표를 이용하여 유의수준 0.025로 연령과 인사의 친밀도가 서로 독립적인지 검정하라. 카이제곱 분포표에 근거하여 정확한 p값은 어떻게 된다고 말할 수 있는가?

	연령집단			
	21세 이하	22–50	51세 이상	
쌀쌀함	16	12	5	33
친절함	8	20	6	34
감동적	6	14	13	33
	30	46	24	100

13.34 미국의 200가구 표본에 대하여 가족 수와 전화기 보유를 조사한 결과가 다음과 같다. 0.05 유의수준에서 두 변수가 독립적이라 할 수 있나? 정확한 p값을 말하라.

		전화기 보유 가구			
		≤1	2	≥3	
가족 수	≤2	49	18	13	80
	3~4	40	27	21	88
	≥5	11	13	8	32
		100	58	42	200

13.35 California의 자동차 소유자 표본 175명에게 자동차 관련 잡지 세 가지 중에서 가장 좋아하는 잡지를 고르게 하였다. 수입차 소유자 111명 중에 54명이 *Car and Drive*를, 25명이 *Motor Trend*를, 32명이 *Road & Track*을 선택하였다. 국산차 소유자 64명 중에는, 19명이 *Car and Drive*를, 22명이 *Motor Trend*를, 23명이 *Road & Track*을 선택하였다. 0.05 유의수준에서, 수입차와 국산차 소유자들의 잡지 선호가 독립적인가? 카이제곱표를 이용하여 가능한 한 정확한 p값을 말하라.

13.36 '브랜드 약품'과 '일반 약품' 중 어떤 것이 더 처방되는가를 알고자 하는 제약회사가 한 약국에서 처리된 150개의 처방전을 조사하였다. 일반 약품을 처방한 경우는, 40세 미만 환자 44명의 경우 16, 40~60세 미만 환자 52명의 경우 28, 61세 이상 환자 54명의 경우 32개이었다. 0.0025 유의수준에서, 환자연령은 약품 처방과 독립적인가? 카이제곱표를 이용하여 가능한 한 정확한 p값을 말하라.

13.37 슈퍼마켓의 고객이 프라스틱 봉투와 종이봉투 중 어느 것을 더 선호하는지를 응답자의 교육 수준과 함께 조사하였다. 표본 175명에 대한 데이터는 다음과 같다. 유의수준 0.01에서, 교육 수준이 봉투의 선호와 독립적인지 검정하라. 카이제곱표를 이용하여 가능한 한 정확한 p값을 말하라.

	교육수준				
	고등학교	전문학교	대학	대학원	
종이봉투	14	13	34	2	63
프라스틱봉투	17	19	19	3	58
무선호	8	28	13	5	54
	39	60	66	10	175

13.38 제품의 조립이 완료된 시점에서 제품을 검사하여 추가 작업을 할 것인지 아니면 폐품으로 처리할 것인지를 결정한다. 불량으로 판명된 150개의 제품에 대한 판정과 검사자에 대한 요약정보가 다음 표에 있다. 유의수준 0.10로 판정의 종류와 검사자가 서로 독립적인지 검정하라. 카이제곱 분포표에 의하면 정확한 p값에 대해 어떻게 말할 수 있는가?

		검사자			
		A	B	C	
판정결과	전적 재작업	20	14	13	47
	부분적 재작업	18	16	23	57
	폐품	16	21	9	46
		54	51	45	150

13.39 여덟 번의 농구 경기에서 각 쿼터별로 조사한 자유투에 의한 득점 결과가 다음 표와 같다. 0.025 유의수준에서, 경기의 쿼터와 자유투 득점은 서로 독립적인가?

		쿼터				
		1	2	3	4	
점수	0	6	12	10	17	45
	1	21	17	19	25	82
	2	26	24	11	15	76
		53	53	40	57	203

참고: 연습문제 13.40~13.41은 컴퓨터를 사용해야 함

13.40 TV 방송국에 3명의 일기예보 아나운서(코드 1~3)가 고용되어 있다. 아나운서의 학력수준(코드 1~4)과 시청자들의 아나운서 선호도의 관련성을 조사하고자 한다. 파일 **XR13040**의 데이터를 사용하여 유의수준 0.05로 검정하라.

13.41 IRS에 의해 감사되는 소득세 신고서의 확률표본이, 감사대상의 소득범주(1 = 저소득, 2 = 중간소득, 3 = 상위소득, 4 = 고소득)와 감사한 사람의 유형(1 = 소득신고 대리인, 2 = 세무감사관, 3 = 서비스 센터)별 데이터로 파일 **XR13041**에 있다. 유의수준 0.05로 소득범주와 감사한 사람이 유형이 서로 독립적인지 결론을 내릴 수 있겠는가?

13.5 k개 모집단의 비율 비교

목적

11장에서는 두 개 모집단의 **모비율**이 서로 같은지 살펴보기 위해 두 표본비율을 이용한 검정을 다루었다. 카이제곱 분석을 이용하면 두 개 이상의 모집단을 동시에 비교하여 그 비율이 같은지 검정할 수 있다. 예를 들면 정치가가 선거에서 연령 계층별 투표율이 같은지에 관심이 있다고 해 보자. 연령 계층별로 독립된 모집단을 가정할 수 있고, 각 연령층별 투표율이 모수가 된다. 관측된 표본을 가지고 그 투표율이 같은지를 검정할 수 있는 것이다. 생산관리 담당자라면, 작업자의 소속 부서별로 불량률이 서로 같은지 검정하는 데에도 적용할 수 있다.

모비율의 동일성 검정은 두 변수의 독립성에 대한 검정의 특별한 경우라 할 수 있다. 차이는 (1) 앞에서는 표 전체가 하나의 표본으로 간주되었는데, 여기서는 각 열이 각각 독립된 모집단에서 관측된 독립표본으로 구성되어 있고, (2) 관측치와 기대치의 도수분포 표는 각각 $r = 2$개 행을 가진다는 것이다. O_{ij}와 E_{ij} 표와 χ^2값, df의 결정 등은 13.4절에서와 동일하다.

귀무가설과 대립가설은 다음과 같다.

$$H_0: \pi_1 = \pi_2 = \pi_3 = \cdots = \pi_k$$
$$H_1: \text{적어도 하나의 } \pi_j\text{값이 서로 다르다}(j = 1, 2, \cdots, k).$$

예제 EXAMPLE

모비율의 비교

한 주택업자의 조사에 의하면, 1980년부터 1981년 사이에는 17%가, 1990~1991년 동안은 16%, 2000~2001년 동안은 14%가 다른 집으로 이사를 한 것으로 나타났다.[1] 기간별로 이사한 비율이 달라졌는지 검정하라. 지난 두 번의 조사에서는 1,000명을 조사했으며 최근 조사에서는 2,000명을 조사하였다고 가정하라.

풀이

이 세 기간 중의 이사한 비율은 특별한 이유가 없다면 서로 같다고 생각하여야 할 것이다. 「컴퓨터 솔루션 13.4」의 결과를 가지고 설명한다.

1. 귀무가설과 대립가설의 수립

$$H_0: \pi_1 = \pi_2 = \pi_3 (= \pi_0)$$
$$H_1: \pi_j \text{ 중에 다른 것이 적어도 하나 있다.}$$

2. 유의수준(α)의 명시 $\alpha = 0.05$로 한다.
3. 관측도수(O_{ij}) 표와 기대도수(E_{ij}) 표를 작성

   관측도수들은 각 기간의 표본비율 17%, 16%, 14%를 조사한 표본수를 곱해서 얻는다. 예를 들면 처음 조사에서는 $n_1 = 1{,}000$명을 조사하였고 이 기간 중(1980~81)에 이사한 비율이 0.17이므로, 관측도수표의 첫 번째 열에서 이사한 사람의 수는 (1,000)(0.17) = 170명이 되고 이사하지 않은 사람 수는 1,000 − 170 = 830명이 된다. 나머지 열에 대해서도 동일한 방법으로 관측도수를 계산한다.

   관측도수표의 행과 열의 합계로부터 세 기간 동안 이사한 사람의 비율은 (170 + 160 + 280)/(1,000 + 1,000 + 2,000) = 610/4,000 = 0.1525이

[1] 실제 미국의 통계청에서 실시한 인구 총조사census에 의하면 1980년부터 1981년 사이에 17%가, 1990~1991년 동안에는 16%, 2000~2001년에는 14%가 다른 집으로 이사를 하였다. Bureau of the Census, *Statistical Abstract of the United States 2009*, p. 35.

다. 이 비율을 동일하다고 가정한 모비율에 대한 추정치로 사용한다. 따라서 첫 번째 열 1980~1981년의 이사한 사람 수는 (1000)(0.1525) = 152.5명이다. 이사하지 않은 사람은 1000 − 152.5 = 847.5명이다. 같은 방법으로 다른 열도 기대도수를 구한다.

관측도수(O_{ij})표를 작성

	기간			
	1980~1981	**1990~1991**	**2000~2001**	
이사함	170	160	280	610
이사 않음	830	840	1720	3390
	1000	1000	2000	4000

기대도수(E_{ij}) 표를 작성

	기간			
	1980~1981	**1990~1991**	**2000~2001**	
이사함	152.5	152.5	305.0	610
이사 않음	847.5	847.5	1695.0	3390
	1000	1000	2000	4000

4. 검정통계량 값의 계산

$$\chi^2 = \sum_{i=1}^{r}\sum_{j=1}^{k}\frac{(O_{ij} - E_{ij})^2}{E_{ij}}$$

$$= \frac{(170 - 152.5)^2}{152.5} + \frac{(160 - 152.5)^2}{152.5} + \cdots + \frac{(1720 - 1695)^2}{1695} = 5.223$$

5. 카이제곱 분포표에서 기각값을 찾는다.
   $r = 2$행이고 $k = 3$열이므로 $df = (r - 1)(k - 1) = (2 - 1)(3 - 1) = 2$이다. 유의수준 0.05에서 $df = 2$인 카이제곱 기각값은 5.992이다.
6. 검정통계량 값과 기각값을 비교한다.
   계산된 카이제곱 값 5.223은 기각값 5.992을 넘지 않으므로 유의수준 0.05로 귀무가설을 기각할 수 없다.[2)] 이 분석 결과에 의하면 세 기간 동안의 이사한 비율은 변함이 없다고 할 수 있다. 「컴퓨터 솔루션 13.4」에 의하면, p값은 0.073이다.

[2)] 센서스(총조사)에 의한 실제 비율은 17%, 14%, 16%이므로 세 기간의 이사 비율은 서로 다르다. 그러나 이 예제의 가설검정은 이것을 밝혀내지 못하고 있다. 만일 표본크기를 지금의 두 배로 하여 2000, 2000, 4000으로 한다면 귀무가설을 기각할 수 있고 이는 이사 비율이 다르다는 것을 밝혀낸다. 표본의 크기가 충분하지 않다면 통계적 가설검정은 실제와 다른 결론을 내릴 수 있다는 것을 이 예제는 보여준다. (역자주)

「컴퓨터 솔루션 13.4」는 이 예제의 Excel 출력이다. 이는「컴퓨터 솔루션 13.3」에서 두 변수 중 하나가 범주를 두 개만을 가지는 특별 케이스라고 할 수 있다.

컴퓨터 솔루션 13.4

독립된 표본의 비율을 비교하는 카이제곱 검정

EXCEL

	A	B	C	D	E
1	Contingency Table				
2		*1980-81*	*1990-91*	*2000-01*	TOTAL
3	*moved*	170	160	280	610
4	*didn't*	830	840	1720	3390
5	TOTAL	1000	1000	2000	4000
6					
7	chi-squared Stat			5.223	
8	df			2	
9	p-value			0.073	
10	chi-squared Critical			5.992	

「컴퓨터 솔루션 13.3」에서와 같은 방법으로 데이터를 입력한 후 Excel의 **Data Analysis Plus**의 **Contingency Table**을 실행한다. 행이나 각 행에는 두 개의 범주만 있다는 것이 다르다.

참고: 또 다른 방법으로 이 교재에서 제공하는 Excel의 worksheet 템플릿 **TMXPRO**를 사용해도 된다. 사용하는 절차는 템플릿 내에 포함되어 있다.

연습문제

13.42 다음과 같이 세 개의 독립표본으로부터 얻어진 데이터에 대해 "귀무가설 H_0: $\pi_1 = \pi_2 = \pi_3$, 대립가설 H_1: 적어도 하나의 모비율이 다른 것과는 다르다."를 유의수준 0.05로 검정하라.

$n_1 = 100,\quad p_1 = 0.20$
$n_2 = 120,\quad p_2 = 0.25$
$n_3 = 200,\quad p_3 = 0.18$

13.43 네 개의 표본에서 얻어진 다음 자료에서, 유의수준 0.025로 가설 $H_0 = \pi_1 = \pi_2 = \pi_3 = \pi_4$를 검정하라.

$n_1 = 150,\quad p_1 = 0.30$
$n_2 = 80,\quad p_2 = 0.20$
$n_3 = 140,\quad p_3 = 0.25$
$\pi_4 = 50,\quad p_4 = 0.26$

13.44 각각 $n = 100$인 세 독립변수의 표본비율이 0.30, 0.35, 0.25이었다. 0.05 유의수준에서 모비율이 같은지를 검정하라.

13.45 투자회사에서 조사한 바에 따르면 150명의 매우 공격적 성향의 고객 중 52%가 주식시장 동향에 대해 낙관하고 있었으며 중도적 성향의 고객 100명 중 46%, 보수적 성향 100명 중에서는 38%만이 낙관하고 있었다고 한다. 유의수준 0.01로 세 고객 모집단의 낙관비율이 다르다고 할 수 있는지 검정하라.

13.46 Pew Research Center에서 조사한 결과 18~30세의 75%, 65~74세의 40%, 75세이상 16%가 매일 온라인에 접속한다. 유의수준 0.01을 사용하여 무작위 표본 200명을 각 그룹당 조사하였다고 가정하면, 세 그룹의 매일 온라인 접속 비율이 같다고 할 수 있는지 검정하라. (출처: "Poll Finds Generation Gap Biggest Since Vietnam War," *USA Today*, June 29, 2009, p. 7A)

13.47 전기 난방을 하는 미국 가정은 1980년에는 18.3%, 1995년에는 27.4%, 2005년에는 31.5%이었

다. 매년 1,000가정을 조사하였다. 0.05 유의수준에서 모집단 퍼센트가 같은지 검정하라. (출처: *Statistical Abstract of the United States 1996*, p. 722; *Statistical Abstract of the United States 2009*, p. 610)

13.48 다양한 직업군에 따라 코티지 치즈의 소비행태를 미국낙농산업협회에서 분석한 결과, 전문직 종사자 837명 중 326명, 사무직 종사자 489명 중 220명, 육체 노동자 1,243명 중 522명이 코티지 치즈를 안 먹거나 거의 먹지 않는 것으로 나타났다. 표본의 독립성을 가정하고 유의수준을 0.05로 하여 세 직업군의 모비율이 서로 같다는 귀무가설을 검정하라. (출처: United Dairy Industry Association, *Cottage Cheese Attitudes & Usaga*, p. 25)

참고: 연습문제 13.49~13.50은 컴퓨터를 사용해야 함

13.49 쇼핑몰에 있는 영화관에서 같은 날 저녁에 세 편의 영화를 동시에 상영하고 있다. 영화관객이 스낵을 구입하는지 여부에 따라 1 = 스낵 구입, 2 = 스낵 구입 않음으로, 관람한 영화에 따라 1 = G영화, 2 = PG영화, 3 = R영화로 구분하여 조사한 데이터가 파일 **XR13049**에 있다. 유의수준 0.025로 관람한 영화에 상관없이 스낵을 구입한 사람들의 비율이 같다고 할 수 있는지 검정하라.

13.50 어떤 휴대용 계산기가 사용하기에 편리한가를 조사하기 위하여 네 가지 디자인을 무작위로 실험 대상자에게 제공하고, 실험대상자를 제공된 디자인에 따라 1부터 4까지, 사용의 용이성을 1 = 쉬움, 2 = 쉽지 않음으로 기록한 데이터가 파일 **XR13050**에 있다. 0.01 유의수준에서 사용의 용이성이 같은지 검정하라.

13.6 모분산의 추정과 검정

적합도 검정과 독립성 검정 이외에도 모집단의 모분산을 추정하거나 검정하는 데 카이제곱 분포를 이용할 수 있다. 모평균과 마찬가지로 모분산도 대부분의 경우 알 수가 없으므로 표본으로부터 추정하게 된다. 여기서는 모분산에 대한 신뢰구간을 설정하거나 모분산 값에 대한 가설검정을 수행할 것이다.

모분산에 대한 신뢰구간

표본분산(s^2)은 모분산에 대한 점추정값으로서 σ^2에 대한 가장 좋은 추정치이다. 모평균에 대한 신뢰구간처럼 σ^2에 대한 신뢰구간도 유용하게 사용된다. 예를 들면 직경이나 무게 등 제품의 평균값에 따라 생산 장비를 조정하는 것은 어렵지 않다. 그러나 생산을 계속하면 베어링이나 기타 생산장비의 부품이 마모되고 이 마모가 계속 진행되면 생산되는 제품 규격의 변동이 점점 커지고 가속화될 것이며, 결국은 장비를 교체하거나 분해해서 정밀수리를 해야 할 시점에 도달할지도 모른다. 이러한 결정은 장비로부터 생산되는 **제품규격**의 분산의 정도가 얼마나 심한지에 달려 있는 것이다.

카이제곱 분포는 정규분포로부터 크기 n인 **확률표본**을 취할 때 $\chi^2 = (n-1)s^2/\sigma^2$의 식으로 계산된 통계량의 표본분포이다. 이 공식을 약간 변형하면 $\sigma^2 = (n-1)s^2/\chi^2$이 된다. 이 식을 이용하여 σ^2에 대한 신뢰구간을 결정할 수 있다. σ^2에 대한 신뢰구간을 구하거나 가설검정을 하는 데 있어서 중요한 가정은 '**모집단이 정규분포를 따른다**'는 것이다.

s^2이 σ^2에 대한 점추정값이긴 하지만 이를 이용해서 신뢰구간의 하한과 상한을 정할 때 신뢰구간이 $s^2 \pm$(고정된 구간) 형태를 취하지는 않는다. 이는 t분포나 정규분포와는 달리 카이제곱 분포가 비대칭 분포이기 때문이다. 그림 13.1에서와 같이 카이제곱 분포는 양의 방향으로 늘어진 비대칭 분포이다. 따라서 σ^2에 대한 신뢰구간을 계산할 때 하한과 상한값을 각각 따로 계산해야 한다.

정규모집단의 모분산에 대한 신뢰구간:

σ^2에 대한 $100(1-\alpha)\%$ 신뢰구간

$$\frac{(n-1)s^2}{\chi_U^2} \le \sigma^2 \le \frac{(n-1)s^2}{\chi_L^2}$$

s^2 = 표본분산
n = 표본크기
χ_U^2 = 상위꼬리 부분이 $\alpha/2$인 카이제곱 값
χ_L^2 = 하위꼬리 부분이 $\alpha/2$인 카이제곱 값
$df = n - 1$

이 공식에서 χ_U^2은 오른쪽꼬리 부분의 확률이 $\alpha/2$인 χ^2값이고, χ_L^2은 왼쪽꼬리 부분의 확률이 $\alpha/2$인 χ^2값이다. 이 값들이 분모에 들어가 있으므로 큰 값으로 나눌수록 작아지고 작은 값으로 나눌수록 커지기 때문에 χ_U^2은 하한계산에 χ_L^2은 신뢰구간의 상한계산에 사용된다.

예를 들면 그림 13.4와 같이 $df = 5$이고 90% 신뢰구간을 구하는 경우, 신뢰구간의 하한을 계산할 때 분모는 $\chi_U^2 = 11.070$이고, 상한을 계산할 때 분모는 $\chi_L^2 = 1.145$이다.

예제 EXAMPLE

모분산에 대한 신뢰구간

어느 종합적 품질관리(TQM) 담당자는 제품을 용기에 주입할 때 내용물의 양이 일정한지에 관심을 갖고 있다. $n = 15$개의 제품 표본에서 내용물의 평균무게는 412.72그램이었고 표준편차는 5.30그램이었다. 관련 데이터가 파일 **CX13FILL**에 있다. 채워지는 내용물의 무게가 정규분포를 갖는 경우, 모분산에 대한 98% 신뢰구간을 구하라.

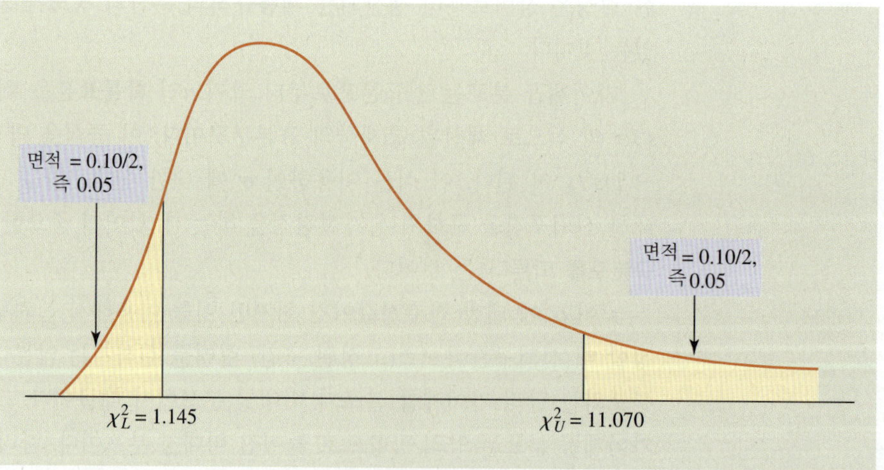

그림 13.4
σ^2에 대한 90%신뢰구간 결정에 사용되는 카이제곱 값($df = 5$)

풀이

이 표본으로부터 σ^2의 점추정값은 $s^2 = 5.30^2 = 28.09$이다. 그렇지만 카이제곱 분포가 비대칭이기 때문에 $s^2 = 28.09$가 신뢰구간의 중심이 되지 않는다. 98% 신뢰구간을 구하므로 $\alpha = 0.02$이고, 카이제곱 곡선의 양쪽꼬리 부분에 확률 $\alpha/2 = 0.01$을 배분한다. 다음 단계는 하위꼬리 부분 확률 0.01에 대응하는 χ_L^2값과, 상위꼬리 부분 확률 0.01에 대응하는 χ_U^2값을 결정하는 것이다. 부록 A의 카이제곱 분포표를 참조하면 된다.

- 하위꼬리 확률 0.01에 대해 $df = 14$일 때: $\chi_L^2 = 4.660$
- 상위꼬리 확률 0.01에 대해 $df = 14$일 때: $\chi_U^2 = 29.141$

σ^2의 98% 신뢰구간은 다음과 같이 계산하면 된다.

- σ^2에 대한 98% 신뢰구간의 하한

$$\frac{(n-1)s^2}{\chi_U^2} = \frac{(15-1)(5.30)^2}{29.141} = 13.495$$

- σ^2에 대한 98% 신뢰구간의 상한

$$\frac{(n-1)s^2}{\chi_L^2} = \frac{(15-1)(5.30)^2}{4.660} = 84.391$$

따라서 모분산에 대한 98% 신뢰구간은 13.495에서 84.391까지가 된다. 모표준편차에 대한 98% 신뢰구간은 $\sqrt{13.495}$에서 $\sqrt{84.391}$까지, 즉 3.674그램과 9.186그램 사이가 된다.

모분산에 대한 가설검정

σ^2에 대한 가설검정에도 모집단이 정규분포임을 가정한다. σ^2에 대한 양방향성 검정이나 방향성 검정을 수행할 수 있다. 검정의 방향성과 관계없이 검정통계량은 χ^2 통계량을 사용한다.

사용하는 검정 통계량은 같지만, 귀무가설과 대립가설, 검정 기각값, 의사결정 방법은 검정에 따라 다르다. 모든 경우가 표 13.3에 나타나 있다. 유의도는 α이다.

모분산의 가설검정에 관한 검정통계량:

$$\chi^2 = \frac{(n-1)s^2}{\sigma_0^2}$$

s^2 = 표본분산
n = 데이터의 수
σ_0^2 = 가설에서의 σ^2값
$df = n - 1$

표 13.3

모분산에 대한 가설검정

A. *양쪽꼬리 검정*

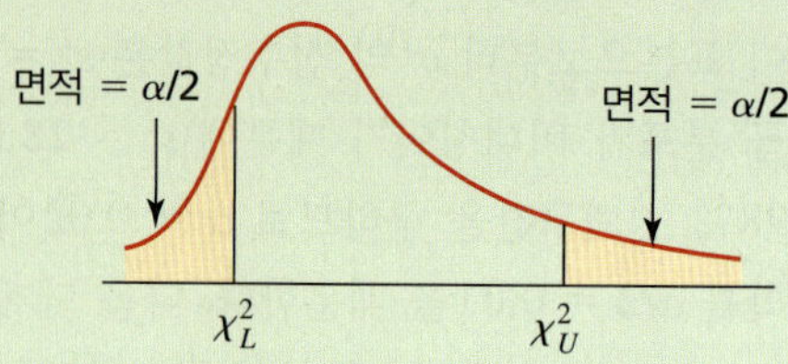

귀무가설과 대립가설: H_0: $\sigma^2 = \sigma_0^2$, H_1: $\sigma^2 \neq \sigma_0^2$
기각값: 왼쪽꼬리 면적 $\alpha/2$에 해당하는 χ_L^2
오른쪽꼬리 면적 $\alpha/2$에 해당하는 χ_U^2
결정규칙: 계산된 χ^2값 $> \chi_U^2$이거나 $\chi^2 < \chi_L^2$일 때 H_0를 기각함.

B. *오른쪽꼬리 검정*

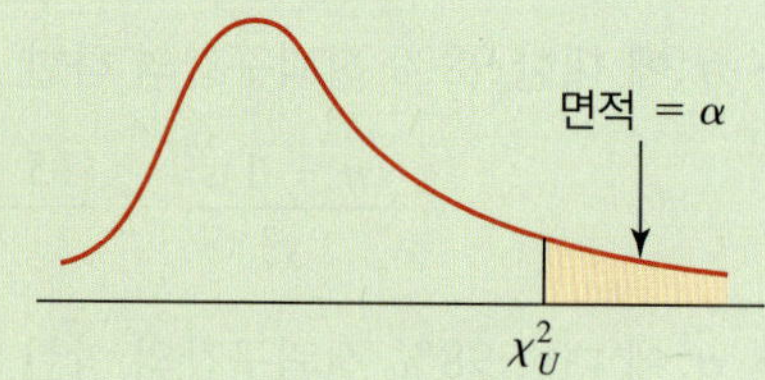

귀무가설과 대립가설: H_0: $\sigma^2 \leq \sigma_0^2$, H_1: $\sigma^2 > \sigma_0^2$
기각값: 오른쪽꼬리 면적이 α인 χ_U^2
결정규칙: 계산된 χ^2값 $> \chi_U^2$이면 H_0를 기각함.

C. *왼쪽꼬리 검정*

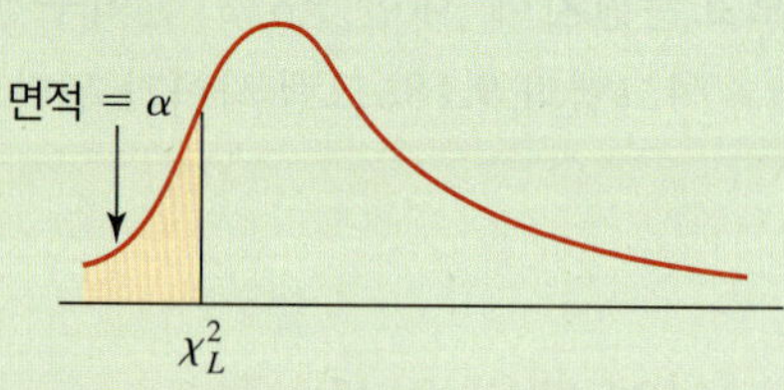

귀무가설과 대립가설: H_0: $\sigma^2 \geq \sigma_0^2$, H_1: $\sigma^2 < \sigma_0^2$
기각값: 왼쪽꼬리 면적이 α인 χ_L^2
결정규칙: 계산된 χ^2값 $<$ χ_L^2이면 H_0를 기각함.

예제 EXAMPLE

모분산에 대한 가설검정

어느 컴퓨터 제조업자가 생산하는 키보드의 각각의 키 밑에 있는 용수철의 반발력의 변동성은 $\sigma = 5$그램 이내로 유지되어야 한다. 납품된 수천 개의 용수철 중에서 20개를 임의 추출하여 조사한 결과 표본 표준편차가 7.78그램이었다. 용수철의 반발력이 정규분포를 따른다고 가정하고 유의수준 0.01에서 납품된 용수철이 제조업자의 요구규격을 만족하는지 판단하라. 데이터는 파일 **CX13KEYS**에 있다.

풀이

표본분산은 $s^2 = (7.78)^2 = 60.53$이고 제조업자가 요구하는 분산은 $\sigma_0^2 = (5)^2 = 25.00$이다. 귀무가설과 대립가설은 다음과 같다.

$$H_0\text{: } \sigma^2 \leq 25.00, \quad H_1\text{: } \sigma^2 > 25.00$$

컴퓨터 제조업자의 모분산이 허용되는 수준을 초과하는지의 여부를 알기 원하기 때문에 표 13.3의 B와 같이 오른쪽꼬리 검정을 적용한다.

$\sigma_0^2 = 25.00$, $s^2 = 60.53$이고 $n = 20$일 때 계산된 검정통계량 χ^2값은

$$\chi^2 = \frac{(n-1)s^2}{\sigma_0^2} = \frac{(20-1)(60.53)}{25.00} = 46.00$$

이 된다.

카이제곱 분포표에서 $df = 19$이고 오른쪽꼬리 확률이 0.01일 때 대응하는 기각값은 $\chi_U^2 = 36.191$이다. 계산된 χ^2값 46.00은 기각영역에 속하므로 유의수준 0.01로 H_0를 기각할 수 있다. 즉,납품된 용수철들-반발력의 변동성이 컴퓨터 제조업자의 요구수준을 충족하지 못한다는 결론을 내릴 수 있다(그림 13.5 참조).

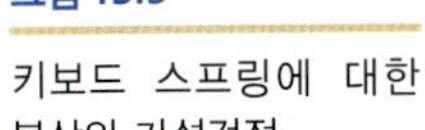

그림 13.5

키보드 스프링에 대한 분산의 가설검정.

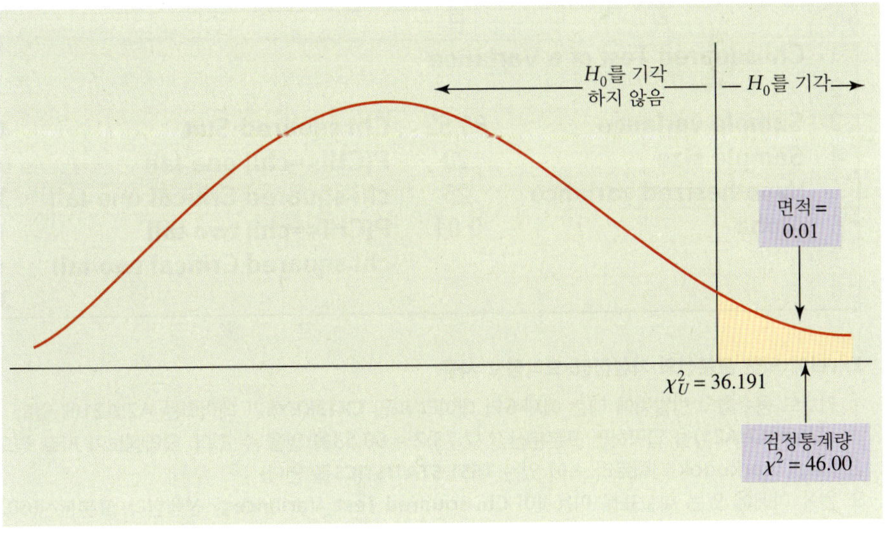

「컴퓨터 솔루션 13.5」는 Excel로 모분산의 신뢰구간을 구축하는 과정과 결과를 보여준다. 「컴퓨터 솔루션 13.6」은 Excel에 의한 모분산 가설검정이다.

「컴퓨터 솔루션 13.6」은 모분산에 대한 가설검정을 보여준다.

컴퓨터 솔루션 13.5

모분산에 대한 신뢰구간

EXCEL

	A	B	C	D
1	Chi-Squared Estimate of a Variance			
2				
3	Sample variance	28.09	Confidence Interval Estimate	
4	Sample size	15	Lower confidence limit	13.495
5	Confidence level	0.98	Upper confidence limit	84.383

Excel에 의한 모분산의 신뢰구간: 요약정보 사용

1. 예제 5의 파일 CX13FILL을 열면 셀 A2:A16에 데이터가 들어 있다. 빈 셀을 클릭하고 수식 **=VAR(A2:A16)**을 입력하면 제품 무게의 표본분산 값 (5.30)2 = 28.09를 얻는다. 요약정보가 따로 있으면 바로 이용한다.
2. workbook ESTIMATORS를 연다.
3. 왼쪽 아래에 있는 화살표를 이용하여 **Chi-Squared-Estimate Variance**를 선택한다. 표본분산**(28.09)**, 표본크기**(15)**, 신뢰수준**(0.98)**을 입력한다. 신뢰구간의 상한과 하한이 위와 같이 얻어진다.

Excel에 의한 모분산의 신뢰구간: 원자료 사용

1. 파일 CX13FILL을 열고, 데이터를 클릭하고, **Data Analysis Plus**를 클릭한다. **Chi-Squared Estimate: Variance**를 선택하고 **OK**를 클릭한다.
2. **Input Range** 상자에 **A1:A16**을 입력하고 **Labels**을 체크한다. **Alpha** 상자에 **0.02**(98% 신뢰수준)를 입력하고 **OK**를 클릭한다.

컴퓨터 솔루션 13.6

모분산에 대한 가설검정

EXCEL

	A	B	C	D
1	Chi-squared Test of a Variance			
2				
3	Sample variance	60.53	Chi-squared Stat	46.003
4	Sample size	20	P(CHI<=chi) one-tail	0.0005
5	Hypothesized variance	25	chi-squared Critical one-tail	36.191
6	Alpha	0.01	P(CHI<=chi) two-tail	0.001
7			chi-squared Critical two-tail	6.844
8				38.582

Excel에 의한 모분산의 가설검정: 요약정보 사용

1. 키보드 용수철의 반발력에 대한 예제 6의 데이터 파일 CX13KEYS가 데이터는 A2:A21에 있다. 빈 셀을 클릭하고 수식 **=VAR(A2:A21)**을 입력하면 표본분산값 (7.78)2 = 60.53을 얻을 수 있다. 요약정보가 따로 있으면 바로 이용한다.
2. Excel workbook 디렉토리 속에 있는 TEST STATISTICS를 연다.
3. 왼쪽 아래에 있는 화살표를 이용하여 **Chi-squared Test_Variance**를 선택한다. 표본분산**(60.53)**, 표본크기**(20)**, 모분산의 가정된 값**(25.0)**과 신뢰수준**(0.01)**을 입력한다.

Excel에 의한 모분산의 검정: 원자료 사용

1. CX13KEYS.를 열고 **도구**를 클릭한 후 **Data Analysis Plus**를 클릭한다. **Chi-Squared Test: Variance**를 선택하고 **OK**를 클릭한다.
2. **Input Range** 상자에 **A1:A16**을 입력하고 **Labels**을 체크한다. **Hypothesized Variance** 상자에 **25.0**, **Alpha** 상자에 **0.01**을 입력하고 **OK**를 클릭한다.

연습문제

13.51 모분산의 추정과 검정을 하기 위해 카이제곱 통계량을 적용할 때 모집단이 정규분포를 해야만 하는 이유는 무엇인가?

13.52 앞 장에서는 신뢰구간이 표본통계량에 일정한 값을 더하거나 빼주어서 (예로, $\bar{x} \pm t(s/\sqrt{n})$)표현되었다. 그러나 σ^2의 신뢰구간은 s^2에 일정한 값을 더하거나 빼주는 형태로 결정되지 않는다. 이유가 무엇인가?

13.53 정규분포로부터 30개의 확률표본을 추출했을 때 표본분산이 $s^2 = 23.8$이었다. 모분산 σ^2에 대한 95% 신뢰구간을 구하라.

13.54 정규분포로부터 임의표본 10개가 추출되었다. 표본분산이 $s^2 = 19.5$일 때, σ^2의 98% 신뢰구간을 구하라.

13.55 정규분포로부터 임의표본 20개가 추출되었다. 표본분산이 $s^2 = 4.53$일 때, σ^2의 95% 신뢰구간을 구하라.

13.56 어느 제약회사가 생산하는 대표적 약품은 중요 성분이 모집단 표준편차가 1.20 micrograms 이하가 되도록 제조되어야 한다. 주요성분은 정규분포를 가진다. 20개의 약품을 조사한 경과 $s = 1.32$ micrograms이었다. $\alpha = 0.05$로 귀무가설 $H_0: \sigma \leq 1.20$ micrograms과 대립가설 $H_1: \sigma > 1.20$ micrograms을 검정하라.

13.57 휴대용 발전기에 사용되는 1기통 엔진의 초기생산 단계에서, 12개 엔진을 선택해서 검사한 결과 엔진 출력의 표준편차가 $s = 0.18$마력이었다. 엔진 출력이 정규분포를 가진다는 가정 하에, σ의 90% 신뢰구간을 구하라.

13.58 20개의 혈압측정기를 사람의 팔과 똑같이 만든 혈압시뮬레이터에 의하여 검사하였다. 혈압시뮬레이터의 혈압은 알고 있는 일정한 값이다. 검사결과 표준편차가 1.4 millimeters이었다. 측정치가 정규분포를 갖는다는 가정 하에, 모집단 표준편차의 95% 신뢰구간을 구하라.

13.59 정규분포로부터 추출한 임의표본 30개의 표본 표준편차는 $s^2 = 41.5$이었다. $\alpha = 0.05$에서 $H_0: \sigma^2 = 29.0$과 $H_1: \sigma^2 \neq 29.0$을 검정하라.

13.60 정규분포로부터 추출한 임의표본 12개의 표본표준편차는 $s^2 = 19.3$이었다. $\alpha = 0.025$에서 $H_0: \sigma^2 \leq 9.4$와 $H_1: \sigma^2 > 9.4$를 검정하라.

13.61 한 제품에 사용되는 개스킷 두께의 표준편차는 0.003인치 이상이 되면 안 된다. 임의표본 25개를 조사한 결과 표준편차가 0.0037인치이었다. 두께가 정규분포를 가진다는 가정 하에 $\alpha = 0.025$로 제품이 규정에 위배되는가를 검정하라. 카이제곱표를 이용하여 가능한 한 정확한 p값을 말하라.

참고: 연습문제 13.62~13.63은 컴퓨터를 사용해야 함

13.62 조사에 의하면 어떤 패스트푸드 가맹점의 요리된 햄버거 무게의 표준편차가 0.28온스였다. 전문 조리사의 자문을 얻어 새로 개발한 조리법을 사용하면 햄버거 무게를 더 균일하게 할 수 있다고 한다. 이 새로운 요리법에 의하여 61개의 햄버거를 요리한 후 무게를 측정한 결과가 데이터 파일 **XR13062**에 입력되어 있다. 햄버거 무게가 정규분포를 갖는다는 가정 하에 새로운 요리법이 실제로 이전 것보다 좋지 않을 가능성을 유의수준 0.05로 살펴보라.

13.63 연습문제 13.62의 파일 **XR13062**에 수록된 데이터를 사용하여 새로운 요리법에 따라 요리한 햄버거 무게의 분산에 대한 98% 신뢰구간을 구하라.

13.7 요약

카이제곱 분포

이 장에서는 **카이제곱 분포**라는 확률분포를 소개하였다. 크기가 n인 확률표본이 정규분포로부터 추출되었을 때 카이제곱 분포는 $\chi^2 = (n-1)s^2/\sigma^2$의 **표집분포**를 말한다. 카이제곱 분포는 자유도의 크기에 따라 형태가 결정된다. 자유도가 작으면 분포 모양이 양의 방향으로 꼬리가 있는 형태를 취하며 자유도가 커질수록 **정규분포**에 접근해 간다.

카이제곱 검정

수집된 표본 데이터를 범주나 구간으로 나누어서 도수분포표를 작성한 후, 카이제곱 검정을 이용하면 아래의 검정을 할 수 있다.

(1) 표본이 어떤 특정 분포로부터 추출되었는지(**적합도 검정**)
(2) 두 명목척도 변수가 서로 독립인지 또는 관련성이 있는지(**독립성 검정**)
(3) 둘 이상의 독립표본들의 **모비율**이 서로 같은지를 판단할 수 있다.

이러한 판단은 카이제곱 검정통계량 값을 기각값과 비교하여 이루어진다. 카이제곱 통계량은 실제 표본의 관측도수(O_{ij})와 귀무가설이 참이라는 가정 하에서 계산된 기대도수(E_{ij})를 비교하여 **관측도수**와 **기대도수**가 서로 다른 정도를 나타내는 수치이다. 이 값이 기각값보다 크면 H_0가 기각된다. 이러한 검정에서는 각 E_{ij}의 크기가 5 이상이 되도록 표본의 크기와 **범주의 수**를 설정하는 것이 중요하다. 그 이유는 이산데이터를 분석하는 데 연속분포인 카이제곱 분포를 이용하기 때문이다. 만약 하나 또는 그 이상의 기대도수가 이 조건을 충족하지 못하면 총 표본의 수를 증가시키거나 표에서 인접한 행이나 열의 범주를 서로 통합해야 한다.

모집단의 분산에 대한 신뢰구간과 가설검정

카이제곱 분포는 모분산에 대한 신뢰구간을 구축하거나 모분산에 대한 검정을 수행하는 데에 사용될 수 있다. 이 경우 중요한 점은 모집단이 정규분포를 따른다는 가정이다.

단원 연습문제

13.64 어느 대기업의 인사담당자가 지난해 결근일수에 관한 임의표본을 다음 분할표로 작성하였다. 연령과 결근일수가 서로 독립적인지를 신뢰수준 0.01로 검정하라.

		결근일수				
		1	2~4	5~7	>7	
연령	25 미만	30	8	3	4	45
	25~40 미만	15	12	5	7	39
	40 이상	18	22	11	10	61
		63	42	19	21	145

13.65 보험회사 대리인인 Frank Gerbel 씨는 새 보험 고객을 개발하기 위하여 사람들에게 전화를 하고 Gerbel 씨와 면담을 주선하는 일을 할 사무원을 채용하였다. 이 사무원은 매일 20명에게 전화를 하여야 하는데, 이 중 면담으로 이어지는 경우가 성공적인 전화로 분류된다. 지난 50일 간의 결과는 다음 표와 같다. 신뢰수준 0.05로 $\lambda = 1.4$인 포아송 분포에 대하여 적합도 검정을 하라.

성공적인 전화	근무일수
0	17
1	15
2	9
3	4
4	1
5	3
6	1
	50

13.66 FBI가 발표한 자료에 의하면, 지난해 미국 전체에서 발생한 강도 건수는 다음과 같다. (출처: *Statistical Abstract of the United States 2006*, p. 201)

도로에서	179,000
은행 또는 상가에서	70,000
주유소 또는 편의점에서	37,000
주택가에서	57,000

같은 해, 어느 마을에서 발생한 강도 건수는 각각의 경우 23, 9, 7, 11이었다. 이 마을의 강도 발생 유형이 미국 전체와 같은가를 신뢰수준 0.05로 검정하라.

13.67 한 주간 동안에 계산대 앞에서 기다리고 있는 사람의 수를 임의의 시각에 100번 측정한 결과가 다음 표이다. 0.05 수준에서 모집단이 포아송 분포인가를 검정하라.

대기자 수	관찰 횟수
0	24
1	24
2	18
3	20
4	10
5	4
	100

13.68 로또복권에 대한 기사를 기획하고 있는 기자가 로또번호로 선택되는 숫자의 빈도를 200개의 로또에서 조사한 결과가 아래와 같다. 0.10 유의수준에서 이러한 선택이 이산균등분포라고 말할 수 있는가?

숫자	0	1	2	3	4	5	6	7	8	9	
빈도	17	18	24	25	19	16	14	23	24	20	200

13.69 미국 인구 중 유럽, 아시아, 카리브해, 중미, 남미 등 미국 이외의 지역에서 태어난 인구수가 3천770 만 명이다. 미국 외의 출생지역 비율은 아래에 있다. 어느 대도시에서 조사한 300명의 임의표본의 출생지 비율도 표와 같다. 0.05 유의수준에서 전국적 분포와 이 도시의 분포가 같다고 할 수 있는가? (출처: Bureau of the Census, *Statistical Abstract of the United States 2009*, p. 44)

출생지역	전국 비율	표본 비율
유럽	11.8%	43
아시아	26.3	87
카리브해	9.1	30
중미	38.9	102
남미	6.8	25
기타	7.1	13
	100.0	300

13.70 전국적 공영TV 방송국의 기부금은 35%가 $20 미만, 45%가 $20~$50, 20%가 $50보다 더 많은 액수이다. 어느 지역 공영방송국의 기부금 사례를 200개 임의표본으로 조사한 결과, 각각의 경우가 42%, 43%, 15%이었다. 0.05 유의수준에서 전국적 분포와 이 지역의 기부금 분포가 서로 같다고 할 수 있는가?

13.71 어느 대기업의 직원 중 25%가 10년 미만, 40%가 10년에서 20년 미만, 35%가 20년 이상 이 회사에서 근무하였다. 경영진은 경품 추첨에 참가할 직원을 임의로 20명을 선발하였다고 하는데, 이 표본에 포함된 직원 수는 각각의 근무기간별로 3, 5, 12명이었다. 신뢰수준 0.025로 이 표본이 랜덤한 임의표본인가를 검정하라. 부록 A의 카이제곱표를 이용할 때 정확한 p값에 대하여 어떻게 추정할 수 있는가?

13.72 작년에 한 지역에서 발생한 차량 충돌사고 유형과 도로환경에 대한 자료가 다음 표이다. 0.01 유의수준에서 충돌사고 유형과 도로환경이 서로 독립적인지 검정하라.

		충돌사고 유형			
		대각충돌	후미충돌	기타	
도로 환경	도시	40	30	72	142
	교외	6	12	15	33
		46	42	87	175

13.73 어느 큰 대학교는 1학년생이 30%, 2학년생이 25%, 3학년생이 25%, 4학년생 20%이다. 100명으로 구성된 밴드부의 각 학년생은 24%, 28%, 19%, 29%이었다. 0.05 유의수준에서 두 분포가 같은지를 검정하라. 카이제곱표를 이용하여 가능한 한 정확한 p값을 말하라.

13.74 자동차의 연료분사장치의 미세한 작업을 수행할 기능공을 훈련하기 위한 세 가지 다른 교육방법이 고려되고 있다. 60명의 기능공을 임의로 20명씩 각각의 교육과정에 배정하여 훈련한 결과, A과정 수료자의 70%, B과정은 50%, C과정은 65%가 이 작업을 만족스럽게 수행하였다. 신뢰수준 0.05에서, 세 과정이 거의 비슷한 훈련 성과를 가져온다고 할 수 있는가?

13.75 환경단체가 대기오염을 조사한 결과, 화학공장 근처의 오존함유도의 표준편차가 0.03 ppm으로 나타났다. 이 단체는 오존함유도가 정규분포를 하는 것으로 믿고 있으며, 측정된 0.03 ppm은 분산을 평가하기 위한 기초자료로 사용하고자 한다. 매주 임의의 시점에서 12개의 표본 관측을 하여 표준편차가 0.03보다 비정상적으로 높거나 낮으면 공장에서 무엇인가 비정상적인 문제가 발생되었다고 결론을 내린다. 98%의 신뢰구간을 사용하는 경우, 표준편차가 얼마 이상 또는 이하가 되면

비정상적인 문제가 발생되었다고 판단하게 되는가?

13.76 전문가에 의하면, 현금자동지급기(ATM)의 사용시간은 정규분포를 이루고, 표준편차는 처음 설치 시에는 높지만 점차 낮아져서 0.8분이 된다고 한다. 이렇게 표준편차가 높을 수 있는가를 의아해하는 은행의 매니저가 30명의 사용자에 대한 조사를 한 결과 표준편차가 0.61분이었다. 0.05 유의수준에서 이 은행 ATM 사용자의 표준편차가 전문가가 말한 표준편차와 다르지 않음을 검정하라.

13.77 인구조사국이 각각의 소득수준별 계급에서 1,000명씩 독립표본을 추출하여, 최근 성인을 위한 교육기관에서 교육받은 비율을 조사한 결과가 다음과 같다. 신뢰수준 0.10에서 $\pi_1 = \pi_2 = \pi_3$라는 가정을 검정하라. (출처: *Statistical Abstract of the United States 2009*, p. 184)

소득 수준	교육자 비율
\$20,001~\$35,000	36%
\$35,001~\$50,000	42%
\$50,001~\$75,000	48%

13.78 지난해에 한 음향기기 가게에서 세 가지 스테레오 시스템을 판매하였다. A회사 제품은 400대 중 12%가, B회사 제품은 300대 중 15%가, C회사 제품은 500대 중 16%가 A/S를 위하여 반환되었다. 이 가게의 판매비율이 세 회사 제품을 대표한다고 가정하고, 0.025 유의수준에서 세 회사의 A/S 반환비율이 같은지 검정하라.

13.79 어느 회사의 노동조합 가입자는 조립, 유지보수, 배송 부문에서 일한다. 노동조합 임원진이 새로 제안한 협상안을 찬성하는 회원은, 조립부문은 30명 중 20명, 유지보수 부문은 40명 중 30명, 배송 부문은 50명 중 25명이다. 0.025 유의수준에서 모집단 비율이 같다는 것을 검정하라.

13.80 아스피린을 제조하는 한 제약회사는 어린이들이 쉽게 열지 못하도록 하는 약병을 개발하였다. 병을 열려면 뚜껑을 아래로 눌러서 비틀어야 한다. 15개의 표본을 추출하여 뚜껑을 누르는 힘이 얼마나 되어야 하는가를 조사한 결과 표준편차가 7.2그램이었다. 정규분포를 가정하고 모집단 표준편차의 95% 신뢰구간을 구하라.

13.81 전국대학축구연맹(NCAA)의 Division II에 속한 한 대학교가 Division I으로 소속을 옮기는 것에 대하여 이 대학교의 여러 대학 학생들이 어떻게 생각하는가를 대학신문이 조사하였다. 경영대학은 47%, 미술대학, 이공대학, 인문사회대학은 각각 62%, 45%, 39%가 찬성하였다. 0.05 유의수준에서 모집단 퍼센트가 같은지를 검정하라.

13.82 제품생산에 사용되는 주조기계를 제작한 업체에 의하면, 이 기계로 생산된 제품 무게의 표준편차는 0.4온스를 넘지 말아야 한다. 0.4온스를 초과하는 경우에는 즉시 생산을 중단하고 기계를 정밀 조사하여야 한다고 한다. 이 기계를 사용하여 최근 생산된 제품의 표본 30개를 조사한 결과, 표준편차가 0.82온스였다. 정규분포를 가정할 때, 이 기계의 사용을 중단하여야 한다고 경영자에게 권고하여야 하나? p값을 근사적으로 구하여 답변하라.

참고: 연습문제 13.83~13.88은 컴퓨터를 사용해야 함.

13.83 지난해 초에 전력회사가 산업용 고객에게 당해 연도에 사용할 전력이 얼마나 될 것인가를 문의하였다. 연말에 실제 전력 소비량이 예측된 소비량을 초과 또는 미달하는 양을 조사한 결과가 파일 **XR13083**에 있다. 고객은 크기에 따라 (1 = 소, 2 = 중, 3 = 대)로, 전력의 초과 또는 미달 사용은 (1 = 110% 이상 사용, 2 = 예측의 10% 이내 차이, 3 = 90% 미만 사용)으로 표현되었다. 0.025 유의수준에서 고객의 크기와 예측의 정확도가 독립적인지를 검정하라.

13.84 파일 **XR13084**는 고등학교 졸업반 학생 200명의 SAT 점수에 관한 데이터이다. 0.025 유의수준으로 이 점수 데이터가 정규분포에서 얻어진 것인지를 검정하라.

13.85 어느 지역의 가정에 대한 임의표본에 대하여 각 가정이 보유한 TV 대수를 조사한 자료가 파일 **XR13085**이다. 0.025 유의수준에서 각 가정당 보유대수가 포아송 분포를 갖는지 검정하라.

13.86 임의로 선택한 가정에 대하여, 수입(1 = \$ 30,000 미만, 2 = \$30,000~\$49,999, 3 = \$50,000~ \$69,999, 4 = \$70,000 이상)과 자동차 보유 대수(1 = 0대, 2 = 1 또는 2대, 353대 이상)를 조사한 결과가 파일 **XR13086**에 있다. 0.05 유의수준에서 수입과 자동자 보유대수가 서로 독립적인지 검정하라.

13.87 고속도로를 주행하는 자동차 간의 속도 변동이 너무 크면 같은 방향으로 주행하는 자동차 간의 접촉기회가 많아져서 사고가 증가할 수 있다. 속도의 표준편차가 5 mph 이상이 되는 것은 바람직하지 않다. 고속도로의 어느 한 지점에서 관찰한 자동차의 속도에 관한 데이터가 파일 **XR13087**에 있다. 자동차의 속도가 정규분포를 한다고 가정하라. 0.025 유의수준에서 자동차의 운행 속도 간에 변동이 너무 크다고 말할 수 있는가?

13.88 연습문제 13.87에서, 자동차 속도의 모집단 분산의 95% 신뢰구간을 구하라.

종합사례

Thorndike Sports Equipment

Ted Thorndike 씨는 마이너리그 프로 야구팀인 Alvindale Xpmunks에 대한 판매를 종결지으려고 한다. Ted의 할아버지는 Xpmunks와 같은 상대와의 흥정에는 별로 큰 관심을 갖고 있지 않지만, Ted는 이 거래가 메이저 팀들을 포함한 프로 야구팀들과의 큰 비즈니스로 이어질 수 있는 시발점이 될지도 모른다고 생각한다. 이 Xpmunks팀은 상대적으로 다른 마이너리그 팀들에 비해 고급 기기를 사용하고 있고, Thorndike의 경쟁사에서 제조한 자동 피칭머신을 타격연습에 사용해 왔는데, 현재 이 장비의 교체를 검토하고 있다. 문제는 이 경쟁사의 장비가 매우 불규칙하다는 점이다. 비록 타자의 몸에 맞는 빈볼을 던진 적은 아직 없지만, 공을 피칭할 때 나타나는 수직 변동의 정도가 문제이다. Xpmunks의 구단주인 Tom Johnson 씨는 이 문제를 조사하기 위하여 홈플레이트에 타깃을 설치하고 볼이 타깃을 맞히는 높이를 측정하였다.

Johnson 씨는 이 높이가 정규분포를 한다는 것을 발견했는데, 이는 피칭머신 업계 어느 회사 제품에서나 마찬가지였다. 그렇지만 3.5인치의 표준편차는 아무리 마이너리그 수준이라 하여도 너무 '와일드' 하다는 것이다. 그래서 그는 Thorndike에게 교체장비를 제공할 수 있는 기회를 주었는데, 조건은 Thorndike사의 'Rapid Robot'이라는 이름의 장비가 현재 사용하고 있는 장비보다 뚜렷이 뛰어나야 한다는 것이다. 즉 Rapid Robot을 사용하여 공을 30회 던졌을 때 수직 높이의 표준편차가 유의수준 0.01에서 3.5인치보다 작아야 한다는 것이다.

이런 조건을 잘 알고 있는 Luke 할아버지는 Ted에게 Xpmunks와의 거래를 잘 성사시켜 보라고 하였다. Ted는 Rapid Robot이 이러한 조건을 충족할 수 있다고 확신한다. 그래서 이 장비를 서둘러 Alvindale로 가져갔다.

Ted와 Johnson 씨는 Thorndike사의 Rapid Robot 장비를 팀의 연습장에 설치하고, 타깃을 홈 플레이트에 설치하여 공이 맞는 지점을 정확하게 측정할 수 있게 하였다. 홈 플레이트 지면에서부터 측정하여 30번 피칭한 데이터가 다음과 같다. 이 자료는 파일 **THORN13**에 담겨져 있다.

26.1	26.2	27.2	26.9	25.8
26.8	25.3	29.9	27.1	26.3
28.1	31.4	27.3	23.5	27.0
29.0	31.3	24.2	28.7	30.6
26.9	28.9	25.4	26.9	22.7
32.1	30.1	26.6	25.5	27.5

1. Johnson 씨의 조건에 의하면 이는 양측검정인가 아니면 단측검정인가? 귀무가설과 대립가설은 무엇인가?
2. 데이터의 분석을 마쳤을 때 Johnson 씨는 Rapid Robot을 구매하기로 결정할 것인가?

Springdale Shopping Survey

2장에서 소개한 Springdale 쇼핑 조사 문제의 데이터 파일인 **SHOPPING**에 입력되어 있는 변수는 다음과 같다.

변수 1 = Springdale Mall에서의 쇼핑빈도
변수 2 = Downtown에서의 쇼핑빈도
변수 3 = West Mall에서의 쇼핑빈도
변수 4 = Springdale Mall에서 1회 구매금액
변수 5 = Downtown에서의 1회 구매금액
변수 6 = West Mall에서의 1회 구매금액
변수 17 = 바겐세일에 가장 적합한 쇼핑 지역(몰)
변수 26 = 응답자의 성별
변수 27 = 응답자의 교육수준
변수 28 = 응답자의 결혼 여부

이러한 데이터베이스로부터 얻은 정보는 응답자들의 특성을 파악하는 데 유용할 뿐만 아니라, 응답자들의 특성 간의 관련성 발견에도 도움을 준다. 여기서는 여러 가지 가능한 비교 중에서 다음 몇 가지만 다루어 보기로 한다.

〈분석 I〉 응답자 특성과 바겐세일 적합지역

1. 변수 26과 변수 17에 대해서 분할표를 구성하고 유의수준 0.05로 검정하라. 응답자의 성별과 바겐세일 적정지역이 서로 독립적이라고 결론을 내릴 수 있는가?
2. 변수 27과 변수 17에 대해서 분할표를 구성하고 유의수준 0.05로 검정하라. 응답자의 교육수준과 바겐세일 적정지역이 서로 독립적이라고 결론을 내릴 수 있는가?

〈분석 II〉 응답자 특성

1. 변수 26과 변수 27에 대해서 분할표를 구성하고 유의수준 0.05로 검정하라. 응답자의 성별과 교육수준이 서로 독립적이라고 결론을 내릴 수 있는가?
2. 변수 26과 변수 28에 대해서 분할표를 구성하고 유의수준 0.05로 검정하라. 응답자의 성별과 결혼 여부가 서로 독립적이라고 결론을 내릴 수 있는가?

경영사례

Baldwin Computer Sales (C)

3장과 5장에서 소개한 Baldwin 컴퓨터 판매사례에서, 컴퓨터 대금 납부 불이행과 그 학생들이 다니는 대학교가 서로 독립인지 분석해 보고자 한다. 데이터 파일 **BALDWIN**을 가지고 이 장에서 공부한 적절한 카이제곱 검정을 적용하여 이 변수들 간의 독립성 여부를 판단하라. 적절한 유의수준 값을 사용하고 검정에서의 p값을 구하고 해석하라. 이 검정의 결과를 이용하여 Baldwin 경영진에게 적절한 조언을 하라.

눈으로 보는 통계

애플릿 17: 카이제곱 분포

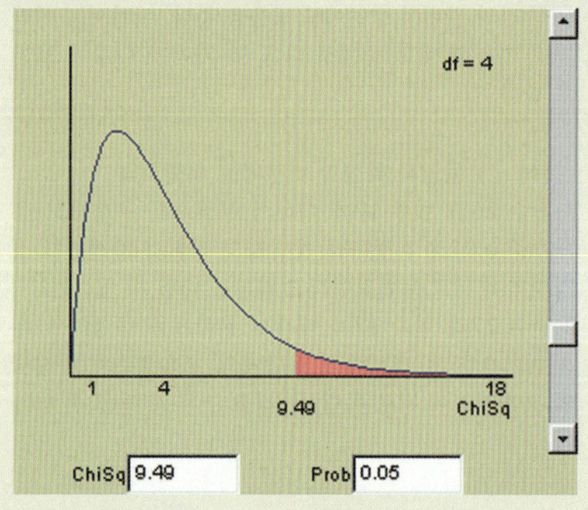

오른쪽 조절막대를 움직여서 자유도를 바꾸면서 카이제곱 분포의 모양을 관찰할 수 있고, 아래의 글상자에 x^2값이나 확률을 입력하여 오른쪽 영역의 면적과 x^2값을 비교해 볼 수 있다. 보다 정확한 값을 보여주기 때문에 책 뒤편의 표와 약간 다를 수 있다. 표에서 볼 수 없는 값들을 많이 알 수 있다.

애플릿 과제

17.1 조절막대를 이용하여 자유도를 크게 해보라. 분포모양이 어떻게 달라지는가?

17.2 "ChiSq" 글상자에 아주 큰 x^2값을 입력해 보라. 확률값에 어떤 영향을 주는가?

17.3 "Prob" 글상자에 높은 확률값을 입력해 보라. x^2값에 어떤 영향을 주는가?

http://www.cengage.com/international에서 **Applets**을 해보라.

CHAPTER

14 비모수적 방법

Nonparametric Methods

미국 대통령의 이름(姓)은 임의적 배열인가?

연속되는 일련(series)의 숫자, 이름 또는 다른 데이터가 있을 때 그것의 비임의성 경향(nonrandom tendency)을 확인하는 방법이 있을까? 이 장에서는 임의성(randomness)에 대한 런 검정(runs test)을 다룬다. 여기서, '런(run)' 이란 어떤 한 가지 유형의 데이터(예; 중앙값 이상의 데이터)가 한 번 이상 연속적으로 발생하는 것을 말하고, 런이 너무 많거나 너무 적은 것은 데이터가 임의적이 아니라는 것을 말해 준다.

비모수적 방법은 연속되는 데이터가 외부작용의 영향을 받는가를 알아보기 위한 편리한 방법이다. 그러나 이 방법은 외부작용이 정확히 무엇인지를 알려주지는 못하고, 단지 어떤 영향이 데이터에 작용한다는 것만을 알려준다. 미국 대통령들의 성을 나열하면 그 속에 비임의성 경향이 있을까? 아래에 있는 배열(파일 CX14PRES에 포함)에서는 44명 대통령의 성을 '1' (A-M으로 시작하는 이름)과 '2' (N-Z로 시작하는 이름)로 변환하였다. (Washington은 2, Bush는 1이다).

George Washington

2 1 1 1 1 1 1 2 1 2 2 2 1 2 1 1 1 1 1 1 1

1 1 1 2 2 2 1 1 1 2 2 1 1 1 2 1 1 2 1 1 1 2

Barack Obama

이렇게 나열된 배열(series)을 보면 111 . . . 1과 같은 긴 '군집(clusters)'을 갖는 것처럼 보인다. 관측된 열에는 모두 17개의 런이 있는데, 임의의 랜덤한 배열이라면 20.1개 런이 예상된다. 그러나 임의성에 대한 런 검정을 하면 p값이 0.275이 되고, 관측된 열이 임의성을 갖는다는 귀무가설을 기각할 수 없다. (여전히 랜덤하다는 결론이다.) 이 장의 마지막 부분에서 런 검정을 통해 이 결과를 확인해 볼 수 있다. 연습문제 14.60을 보면 Super Bowl 우승팀(American Conference vs. National Conference)을 나열해 보면 명백히 비임의적 배열이라는 것을 검증해 볼 수 있다.

학습목표

- 비모수 가설검정과 모수 가설검정을 구분한다.
- 비모수 검정과 모수 검정의 장점과 단점을 설명한다.
- 모수 가설검정 대신 비모수 가설검정을 언제 사용하는지 결정한다.
- 이 장에서 다루는 각각의 비모수적 방법을 적절하게 적용할 수 있도록 공부한다.

14.1 머리말

10장과 11장에서는 하나 또는 두 표본에 대한 가설의 검정을 설명했다. 12장에서는 이를 일원 분산분석(one-way analysis of variance)과 3개 이상의 표본으로 확장하고 임의화블록(randomized block) ANOVA 설계를 소개하였다. 이 장에서는 이러한 검정을 대신하는 검정방법을 소개하고, 이러한 대체적 방법이 필요한 조건을 설명하고, 컴퓨터를 사용하여 각 방법을 살펴볼 것이다.

비모수가설 검정

모집단의 분포에 대한 특별한 가정 없이 검정하는 방법을 **비모수적 방법(nonparametric methods)**이라고 한다. 지금까지의 대부분 검정에서는 모집단이 정규분포이거나 정규분포에 가깝다는 가정을 하였다. 두 개 이상의 모집단을 비교할 때도 두 모집단의 분산이 같다는 가정을 하였다. 대부분의 모수적 검정에서의 데이터는 구간척도 또 비척도이어야 했다. 그러나 비모수적 방법은 그러한 제한이 필요 없다. 13장의 카이제곱 적합도 검정이나 독립성 검정, 그리고 여러 개 모집단의 비율 검정은 비모수적 방법으로 응용 범위가 넓다. 여기서는 다양하고 더 많은 비모수적 검정을 공부한다.

비모수적 방법은 다음의 경우에 모수적 방법 대신 사용되어야 한다.

1. 데이터가 명목척도 또는 순서척도일 때
2. 데이터가 구간척도 또는 비율척도이지만 모집단에 대한 정규성 조건 혹은 다른 조건이 만족되지 않을 때

비모수 검정이나 모수적 검정에 적용되는 가설검정의 기본 원리는 같다. 그림 14.1은 이 장에서 다룰 5가지 비모수 검정기법을 대응되는 모수 검정과 함께 도식화하여 정리한 것이다.

비모수적 방법의 장점과 단점

모수 검정과 비교해 볼 때, 비모수 검정은 다음과 같은 장점과 단점이 있다.

장점

1. 모집단에 대한 가정이 덜 필요하다. 특히 모집단이 정규분포 또는 근사 정규를 따라야 한다는 가정이 필요 없다. 비모수적 검정은 모집단에 대한 어떤 구체적인 분포도 가정하지 않는다.

그림 14.1

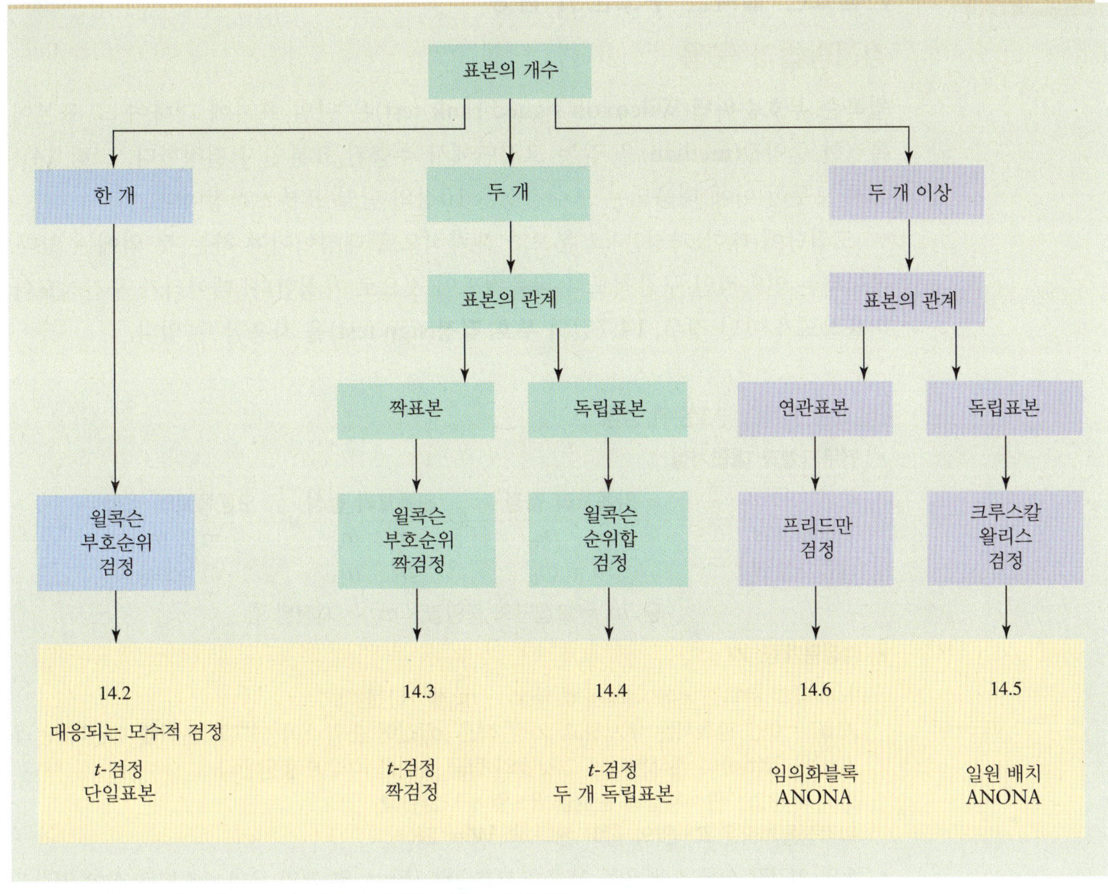

이 장에서 다루는 다섯 개의 비모수 검정과 각각에 대한 모수적 방법

2. 표본의 크기가 아주 작아도 이 기법을 적용할 수 있다.
3. 데이터가 명목척도 또는 순서척도인 표본에도 적용할 수 있다.

단점

1. 모수 검정과 비교했을 때, 데이터의 정보가 덜 효율적으로 사용되고 검정력(power of test)이 낮아진다. 이런 이유에서 적절한 가정을 할 수 있는 경우에는 모수 검정이 선호된다.
2. 통계 패키지나 Excel을 사용하지 않을 경우 비모수적 검정은 통계표에 더 많이 의존하게 된다.

연습문제

14.1 모수적 방법과 비교했을 때 뚜렷하게 구분되는 비모수적 검정의 주요한 특징은 무엇인가?

14.2 비모수적 검정의 장점과 단점은 무엇인가?

14.3 일반적으로, 언제 모수적 기법 대신에 비모수적 기법을 사용해야 하는가?

14.4 필요하다면 1장을 참조하여 명목, 순서, 구간, 비척도를 구분하라.

14.2 단일표본 윌콕슨 부호순위 검정

검정방법과 응용

윌콕슨 부호순위법(Wilcoxon signed rank test)은 단일 표본에 대하여 그 표본이 특정한 중앙값(median)을 갖는 모집단에서 추출된 표본인지 결정한다. 그림 14.1에서 보듯이 이에 대응되는 모수검정은 10장의 단일 표본 t-검정이다.

모집단에 대한 가정은 그 분포가 대략적으로 대칭이어야 하는 것 외에는 없다. 데이터는 연속적인 구간척도나 비율척도인 것으로 가정한다. 데이터가 구간척도나 비율척도가 아닌 경우, 14.7절의 **부호 검정**(sign test)을 사용할 수 있다.

단일표본 윌콕슨 부호순위 검정:

- **귀무가설과 대립가설**

	양쪽꼬리 검정	왼쪽꼬리 검정	오른쪽꼬리 검정
귀무가설 H_0:	$m = m_0$	$m \geq m_0$	$m \leq m_0$
대립가설 H_1:	$m \neq m_0$	$m < m_0$	$m > m_0$

단, m = 모집단의 중앙값, m_0 = 지정된 값

- **검정통계량, W**
  1. 각각의 관측값 x_i에 대해서 $d_i = x_i - m_0$를 계산한다.
  2. $d_i = 0$인 관측치는 무시하고, 가장 작은 $|d_i|$값이 순위 1이 되도록 순위를 매긴다. 만약 같은 값(tie)이 존재한다면 그것들의 평균 순위를 각각에 할당한다.
  3. $x_i > m_0$인 관측치들의 순위를 $R+$열에 나열한다.
  4. 검정통계량은 $R+$열의 합이 된다. 즉 $W = \Sigma R+$.
- **W의 기각값** 부록 A에 있는 윌콕슨 부호순위 표에는 몇 개의 유의 수준별로 상한 기각값과 하한 기각값이 있다. 표에서 n은 $d_i \neq 0$인 관측 개수이다. 이 표의 범위를 벗어나는 n값에 대해서는 z-검정 근사를 사용한다.

예제 EXAMPLE

윌콕슨 부호순위 검정, 단일표본

어떤 환경운동가는 그가 사는 지역의 식수에 포함된 어떤 금속의 함량이 보건국이 제시한 허용한도 40.0 ppm을 초과한다고 주장하고 있다. 그의 주장을 반박하기 위해서 보건국은 그 지역 내 11개 가구의 식수 표본을 추출하였다. 그 결과 39.0, 20.2, 40.0, 32.2, 30.5, 26.5, 42.1, 45.6, 42.1, 29.9, 40.9 ppm을 얻었다. 데이터는 파일 **CX14WAT**에 있다. 이 데이터를 가지고 보건국은 식수에 포함된 금속함량이 허용한도 40.0 ppm보다 작다고 결론지을 수 있는가? 유의수준을 $\alpha = 0.05$으로 하라.

풀이

환경운동가의 주장을 반박하기 위해서는 왼쪽꼬리 검정을 할 것이다. 귀무가

표 14.1

윌콕슨 부호순위 검정을 위한 데이터와 계산. 가정된 모집단 분포의 중앙값은 $m_0 = 40$ ppm이다.

가구	관측된 함량 x_i	$d_i = x_i - m_0$	$\lvert d_i \rvert$	순위	$R+$	$R-$
A	39.0 ppm	−1.0	1.0	2		2
B	20.2	−19.8	19.8	10		10
C	40.0	0.0	0.0	—		
D	32.2	−7.8	7.8	6		6
E	30.5	−9.5	9.5	7		7
F	26.5	−13.5	13.5	9		9
G	42.1	2.1	2.1	3.5	3.5	
H	45.6	5.6	5.6	5	5	
I	42.1	2.1	2.1	3.5	3.5	
J	29.9	−10.1	10.1	8		8
K	40.9	0.9	0.9	1	1	
					13.0	42.0

$W = \sum R+ = 13.0$

설과 대립가설은 다음과 같다.[1)]

$$H_0: m \geq 40.0 \text{ ppm}$$
$$H_1: m < 40.0 \text{ ppm}$$

표 14.1은 윌콕슨 부호순위 검정에 필요한 데이터와 계산을 보여준다. $d_i = x_i - m_0$는 귀무가설에서 가정한 모집단의 중앙값($m_0 = 40.0$ ppm)과 각 가구의 관측치의 차이이다. 이 차이의 절대값을 $|d_i|$열에 나열한 후, 0이 아닌 $|d_i|$값들의 순위를 매긴다.

0이 아닌 가장 작은 $|d_i|$값은 K번째 가구의 0.9이다. 이 가구는 '순위' 열에서 순위 1이 된다. A 가구의 1.0은 다음으로 작은 $|d_i|$값으로 순위 2가 된다. G와 I 가구는 $|d_i| = 2.1$로 같은 값을 갖는다. 이 둘은 순위 3과 4이므로 두 순위의 평균인 $(3 + 4)/2 = 3.5$ 을 각각의 순위로 삼는다. C 가구는 $|d_i| = 0.0$이므로 이 행은 앞으로의 분석에서 생략한다.

$x_i > 40.0$인 가구들의 순위는 $R+$열에 분류하였다. 검정통계량은 $W = 13.0$으로 R+열의 합이다. $R-$열은 사용하지 않지만 함께 적어놓았다.

$d_i \neq 0$인 관측치의 개수를 n으로 한다. 윌콕슨 부호순위 통계량은 $W = 0$(모든 d_i값이 음수인 경우)과 $W = n(n + 1)/2$(모든 d_i값이 양수인 경우) 사이의 값을 가진다. 이 검정에서 d_i가 0이 아닌 것의 개수 $n = 10$이므로, W의 값은 0과 55.0 사이이다. ($\Sigma R+ = 13.0$ 더하기 $\Sigma R- = 42.0$은 55.0이다.) $W = 13.0$은 상대적으로 작은 값이다.

1) 역주: 환경운동가의 주장과는 별도로 보건당국이 자신의 평소 관리기준을 확인하고 싶으면 H_0: $m \leq 40.0$ ppm, H_1: $m > 40.0$ ppm으로 가설을 수립한다.

표 14.2

부록 A에 있는 윌콕슨 부호순위 검정을 위한 기각값 표의 일부분

양쪽꼬리 검정:	$\alpha = 0.20$	$\alpha = 0.10$	$\alpha = 0.05$	$\alpha = 0.02$	$\alpha = 0.01$
한쪽꼬리 검정:	$\alpha = 0.10$	$\alpha = 0.05$	$\alpha = 0.025$	$\alpha = 0.01$	$\alpha = 0.005$
$n = 4$	1, 9	0, 10	0, 10	0, 10	0, 10
5	3, 12	1, 14	0, 15	0, 15	0, 15
6	4, 17	3, 18	1, 20	0, 21	0, 21
7	6, 22	4, 24	3, 25	1, 27	0, 28
8	9, 27	6, 30	4, 32	2, 34	1, 35
9	11, 34	9, 36	6, 39	4, 41	2, 43
10	15, 40	11, 44	9, 46	6, 49	4, 51
11	18, 48	14, 52	11, 55	8, 58	6, 60
12	22, 56	18, 60	14, 64	10, 68	8, 70
⋮	⋮	⋮	⋮	⋮	⋮

출처: Adapted from Roger C. Pfaffenberger and James H. Patterson, *Statistical Methods for Business and Economics*, (Homewood, Ill.: Richard D. Irwin, Inc., 1987), p. 1176; and R. L. McCornack, "Extended Tables of the Wilcoxon Matched Pairs Signed Rank Statistics," *Journal of the American Statistical Association*, 60 (1965), pp. 864–871.

W의 기각값은 부록 A에 있는 윌콕슨 부호순위 검정 기각값 표에서 찾을 수 있다. 표 14.2는 그 일부이다. 하한 기각값과 상한 기각값이 있는데, 그중 하한 기각값이 왼쪽꼬리 검정에서의 기각값이다. (상한 기각값은 오른쪽꼬리 검정의 기각값으로 사용한다.) 차이값 d_i가 0이 아닌 것의 개수는 $n = 10$이고 $\alpha = 0.05$일 때, 기각값은 11이다. 검정통계량 $W = 13.0$은 11보다 크므로 귀무가설을 기각할 수 없다. 유의수준 $\alpha = 0.05$에서 볼 때, 그 지역의 식수에 금속함량이 40.0 ppm 이상이라는 환경운동가의 주장을 틀렸다고 할 수 없다.

윌콕슨 부호순위 검정의 정규근사(Normal Approximation)

$d_i \neq 0$인 관측치의 개수가 $n \geq 20$일 때는 다음과 같은 z-통계량을 이용한 z-검정을 사용한다. 이는 윌콕슨 부호순위 검정에 대한 근사 방법이 된다. 이는 W의 분포가 n이 커질수록 정규곡선과 가까워지기 때문이다.

윌콕슨 부호순위 검정으로의 z-검정 근사:

검정통계량:

$$z = \frac{W - \dfrac{n(n+1)}{4}}{\sqrt{\dfrac{n(n+1)(2n+1)}{24}}}$$

$W = R+$열의 합

$n = d_i \neq 0$인 관측치의 개수

예제에서 차이값이 0이 아닌 것의 개수는 $n = 10$으로 매우 작지만 정규근사를 설명하기 위해 z-검정을 구해 보자.

$W = 13.0$과 $n = 10$을 위 식에 대입하면 $z = -14.5/9.81 = -1.48$이 된다. 유의수준 $\alpha = 0.05$에서의 왼쪽꼬리 검정의 z의 기각값은 -1.645가 된다(정규분포표로부터). $z = -1.48$은 기각값의 오른쪽에 위치하므로, 귀무가설을 기각할 수 없다. 그 지역의 식수는 40.0 ppm 이상의 금속을 포함한다고 할 수 있다.

「컴퓨터 솔루션 14.1」은 표 14.1에 있는 데이터를 윌콕슨 부호순위 검정에 어떻게 적용하는지 보여준다. Excel은 z-검정 근사를 사용하므로 데이터의 차이값이 0이 아닌 것이 20개 이상일 때 사용하여야 한다.

연습문제

14.5 단일표본 윌콕슨 부호순위 검정에 대응한 모수적 방법은 무엇인가? 각각의 검정법을 사용하는 데 필요한 가정들을 비교하라.

14.6 다음과 같이 임의로 추출된 관측치들이 주어졌을 때, 유의수준 $\alpha = 0.05$에서 윌콕슨 부호순위 검정을 사용하여 모집단의 중앙값이 4.9와 같은지 아닌지 검정하라. 적절한 통계표를 사용하여 검정의 p값을 구하고 검정결론을 설명하라.

2.9 2.7 5.2 5.3 4.5 3.2 3.1 4.8

14.7 다음과 같이 임의로 추출된 관측치들이 주어졌을 때, 유의수준 $\alpha = 0.01$에서 윌콕슨 부호순위 검정을 사용하여 모집단의 중앙값이 37.0보다 큰지 검정하라. 적절한 통계표를 사용하여 검정의 p값을 구하고 결론을 설명하라.

34.6 40.0 33.8 47.7 41.4 40.2 47.0
39.5 36.1 48.1 39.1 45.0 45.7 46.6

14.8 어느 주의 관광안내소 관리자에 따르면 여름의 일조시간의 중앙값은 10시간이라고 한다. 지난 3년 동안 여름에 대한 임의표본인 20일의 일조시간은 아래와 같다. 유의수준 $\alpha = 0.05$에서 관리자의 주장을 검정하라.

8 9 8 10 9 7 7 9 7 7
9 8 11 9 10 7 8 11 8 12시간

14.9 지방 국세청의 지침은 회계감사원과 납세자와의 인터뷰 시간을 15분 또는 그 이하가 되도록 권고한다. 임의로 추출된 최근 22개의 인터뷰 시간은 아래와 같다. 유의수준 $\alpha = 0.025$에서 회계감사원 인터뷰 시간의 중앙값이 권고되는 시간을 초과하는가? 적절한 통계표를 사용하여 검정의 p값을 구하고 검정의 결론을 설명하라.

12 15 16 16 17 10 22 13 20 20 20
19 24 12 11 18 23 23 13 24 24 12

참고: 연습문제 14.10~14.11은 컴퓨터를 사용해야 함

14.10 학생 취업 상담자에 따르면 작년 졸업생의 초봉 중앙값이 $35,000라고 한다. 임의로 추출한 졸업생의 초봉 데이터가 파일 **XR14010**에 천 달러 단위로 표시되어 있다. 유의수준 $\alpha = 0.05$에서 상담자의 수상이 사실인지 검정하라. 검정의 p값을 구하고 설명하라.

14.11 어떤 지역에서 첫 결혼하는 남성들 나이의 중앙값이 27.5세라고 보고되었다. 임의로 추출한 첫 번째 결혼하는 남성의 나이는 데이터 파일 **XR14011**에 있다. 유의수준 $\alpha = 0.05$에서 그 지역의 남성이 결혼할 때의 나이 중앙값이 국가 전체의 그것과 같은지 검정하라. 검정의 p값을 찾고 설명하라. (출처: *The New York Times Almanac 2009*, p. 298)

컴퓨터 솔루션 14.1

단일표본 윌콕슨 부호순위 검정

모집단의 중앙값에 대한 가설 검정이다.

EXCEL

	A	B	C	D
1	**Wilcoxon Signed Rank Sum Test**			
2				
3	Difference		*ppm - median0*	
4	T+		13	
5	T-		42	
6	Observations (for test)		10	
7	z Stat		-1.478	
8	P(Z<=z) one-tail		0.0697	
9	z Critical one-tail		1.645	
10	P(Z<=z) two-tail		0.1394	
11	z Critical two-tail		1.960	

***z*-검정 근사를 이용한 단일표본 윌콕슨 부호순위 검정**

1. 데이터(표 14.1)가 A1의 라벨(ppm)과 A2:A12의 데이터로 입력된 파일 **CX14WAT**을 연다. H_0의 귀무가설 중앙값 **(40)**을 **B2**에 입력한다. B2의 오른쪽 아래 코너를 클릭한 후 드래그하여 B12까지의 모든 셀이 40으로 채워지도록 한다. **B1**에 라벨 **(median0)**을 입력한다.
2. 메뉴에서 **추가기능**을 클릭한 후 **Data Analysis Plus**를 선택한다. **Wilcoxon Signed Rank Sum Test**를 선택한 후 **OK**를 클릭한다.
3. **Variable 1 Range** 상자에 **A1:A12**를 입력하고 **Variable 2 Range** 상자에 **B1:B12**를 입력한다. **Labels**을 체크하고 **0.05**를 **Alpha** 상자에 입력한 후 **OK**를 누른다. 그러면 위와 같은 EXCEL 결과를 얻는다. (EXCEL 워크시트 템플릿의 **TMWILSRI**을 이용해도 된다.)

14.3 짝표본 윌콕슨 부호순위 검정

윌콕슨 부호순위 검정은 짝표본에도 사용할 수 있다. 짝 관측치 간의 차이, 즉 $d_i = x_i - y_i$에 관심이 있을 경우에 사용하게 된다. 이 방법은 표본크기가 작을 때 11장의 짝표본 t-검정을 대신하는 비모수적 방법이다. 윌콕슨 부호순위 검정은 데이터가 연속적이고 구간척도이거나 비율척도임을 가정한다. 검정의 종류에 따라 귀무가설과 대립가설은 아래와 같다.

	양쪽꼬리 검정	왼쪽꼬리 검정	오른쪽꼬리 검정
귀무가설 H_0:	$m_d = 0$	$m_d \geq 0$	$m_d \leq 0$
대립가설 H_1:	$m_d \neq 0$	$m_d < 0$	$m_d > 0$

m_d: $d_i = x_i - y_i$의 모집단 중앙값

d값의 분포가 대칭적이거나 근사적으로 대칭을 이루면 윌콕슨 부호순위 검정을 적용할 수 있다. d값이 정규분포이거나 어떤 특정한 모양을 가질 필요는 없다. 윌콕슨 부호순위 검정을 짝표본에 적용하는 것은 앞 절에서 다룬 단일표본에 적용하는 것과 거의 같다. 두 접근법이 너무 비슷하므로 예제를 통해 설명하겠다.

예제 EXAMPLE

짝표본 윌콕슨 부호순위 검정

어느 작은 제조회사의 재고관리 부서는 두 개의 컴퓨터 소프트웨어 패키지 사용을 고려하고 있다. 계산작업이 필요한 대표적인 12개 재고관리 작업을 선택하고, 그것을 계산하는 데 걸리는 시간을 각각 기록하였다. 표 14.3은 두 패키지의 계산시간(x_i, y_i)과 시간차이(d_i)를 나타낸다. 데이터는 파일 **CX14TIME**에 있다. 유의수준 $\alpha = 0.10$에서 모집단 차이값(d_i)의 중앙값(m_d)이 0이라고 결론지을 수 있는가?

풀이

이 검정은 두 개 패키지가 서로 같지 않다는 것을 보이는 것이기 때문에 양쪽꼬리 검정(two-tail test)을 사용한다. 대립가설과 귀무가설은 다음과 같다.

H_0: $m_d = 0$ 모집단의 $d_i = x_i - y_i$의 중앙값이 0이다.

H_1: $m_d \neq 0$ 모집단의 $d_i = x_i - y_i$의 중앙값이 0이 아니다.

표 14.3에서 보는 것과 같이, 각 x_i와 y_i 쌍에 대해 차이값(d_i)을 계산하고 d_i의 절대값을 구한 후 $|d_i|$에 순위를 매긴다. 마지막으로, 차이값이 양수인 쌍의 순위는 $R+$열에 분류하여 그것의 합인 검정통계량 W를 계산한다.

작업 A의 $|d_i|$값은 0.9초이고 순위 1을 갖는다. 작업 D와 H는 각각 $|d_i| = 3.0$초로 같은 값을 갖는다. 이 두 작업은 2위와 3위이므로 두 순위의 평균 순위(2.5)를 부여한다. 작업 J의 $|d_i| = 0.0$이므로 분석에서 제외된다.

표 14.3에서 보는 것과 같이 검정통계량은 $W = \Sigma R+ = 8.5$이다. 윌콕슨

표 14.3

짝표본을 비교하기 위한 윌콕슨 부호순위 검정에 쓰인 데이터와 계산. 검정을 하기 전에는 하나의 패키지가 다른 패키지보다 더 시간이 많이 걸린다는 것을 모르기 때문에 양쪽꼬리 검정을 사용한다.

계산 작업	패키지 x와 y의 계산 소요시간 x_i	y_i	$d_i = x_i - d_i$	$\|d_i\|$	순위	$R+$	$R-$
A	24.0	23.1	0.9	0.9	1	1	
B	16.7	20.4	−3.7	3.7	4		4
C	21.6	17.7	3.9	3.9	5	5	
D	23.7	20.7	3.0	3.0	2.5	2.5	
E	37.5	42.1	−4.6	4.6	6		6
F	31.4	36.1	−4.7	4.7	7		7
G	14.9	21.8	−6.9	6.9	10		10
H	37.3	40.3	−3.0	3.0	2.5		2.5
I	17.9	26.0	−8.1	8.1	11		11
J	15.5	15.5	0.0	0.0	—		
K	29.0	35.4	−6.4	6.4	9		9
L	19.9	25.5	5.6	5.6	8		8
						8.5	57.5

$W = \Sigma R+ = 8.5$

부호순위표에서 0이 아닌 차이값의 개수는 $n = 11$이고 $\alpha = 0.10$일 때 W의 하한 기각값과 상한 기각값은 각각 14와 52이다. 관측치 $W = 8.5$는 두 기각값의 밖에(왼쪽에) 있으므로 귀무가설은 기각된다. 이 데이터에 따르면 두 소프트웨어 패키지는 재고관리 계산작업에서 속도가 같다고는 할 수 없다. 유의수준 0.10에서 모집단의 $d_i = x_i - y_i$의 중앙값이 0과 같지 않고 패키지 x가 패키지 y보다 더 빠르다고 $(x < y)$ 결론지을 수 있다.

앞 절에서 다룬 z-검정 근사는 짝표본에서도 사용할 수 있다. 차이값이 0이 아닌 것의 개수가 적어도 20개가 되어야 하지만, n이 작은 경우에도 개략적인 근사를 할 때 이 방법을 사용할 수 있다. 이 예에 정규근사를 적용하면 관측된 z-값은 -2.18이 된다. 이것은 앞 절에서 공부한 z식에 $W = 8.5$, $n = 11$을 대입한 것이다. 정규분포표를 보면 왼쪽꼬리의 영역이 0.0146임을 알 수 있다. 이 검정은 양쪽꼬리 검정(two-tail test)이기 때문에 p값은 $2(0.0146) = 0.0292$가 되고, 유의 수준 $\alpha = 0.10$보다 작으므로 귀무가설을 기각한다.

「컴퓨터 솔루션 14.2」는 Excel의 윌콕슨 부호순위 검정 방법을 보여준다. 짝을 이룬 데이터의 차이값이 20개 이상 되어야 z-검정 근사를 잘 할 수 있다.

컴퓨터 솔루션 14.2

짝표본 비교를 위한 윌콕슨 부호순위 검정

이 가설검정은 동일한 품목이나 실험을 대상으로 전후 비교와 같은 짝표본에 적용된다.

EXCEL

	A	B	C
1	Wilcoxon Signed Rank Sum Test		
2			
3	Difference		X - Y
4	T+		8.5
5	T-		57.5
6	Observations (for test)		11
7	z Stat		-2.178
8	P(Z<=z) one-tail		0.0147
9	z Critical one-tail		1.282
10	P(Z<=z) two-tail		0.0294
11	z Critical two-tail		1.645

z-검정을 이용한 짝표본 윌콕슨 부호순위 검정

1. 데이터(표 14.3)가 A1과 B1 라벨과 함께 A2:B13에 입력된 파일 **CX14TIME**을 연다. **추가기능**에서 **Data Analysis Plus**의 **Wilcoxon Signed Rank Sum Test**를 선택한다.

2. **Variable 1 Range** 상자에 **A1:A13**을 입력하고 **Variable 2 Range** 상자에 **B1:B13**을 입력한다. **Labels**을 체크한 후 A 상자에 0.10을 입력한다. **OK**를 클릭한다. 차이값이 0이 아닌 것의 개수와 z 통계량, 양쪽꼬리 검정에 대한 p값 (0.0294)이 결과물에 출력된다.

z-검정 근사는 짝의 차이값이 0이 아닌 것이 20개 이상 있을 때 적용 가능하다. 파일 **CX14TIME.**에 있는 데이터는 이 조건을 만족하지 않지만 설명하기 위해 이 근사법을 적용하였다.

참고: Excel worksheet 템플릿 **TMWILSR1**을 사용해도 된다.

연습문제

14.12 짝표본 윌콕슨 부호순위 검정에 대응되는 모수적 방법은 무엇인가? 각각에 해당하는 검정의 가정들을 비교하라.

14.13 아래와 같은 9쌍의 표본이 있다. 짝표본 간의 차이를 d라고 할 때 유의수준 $\alpha = 0.10$에서 H_0: $m_d \le 0$ 대 H_1: $m_d > 0$을 검정하라.

표본	1	2	3	4	5	6	7	8	9
x_1	7.8	4.0	4.2	9.8	8.7	4.3	8.7	8.1	8.9
x_2	9.7	2.1	3.7	8.2	6.6	5.7	5.6	7.7	8.6

14.14 아래와 같은 10쌍의 표본이 있다. 짝표본 간의 차이를 d라고 할 때 유의수준 $\alpha = 0.10$에서 H_0: $m_d = 0$ 대 H_1: $m_d \neq 0$을 검정하라.

표본	1	2	3	4	5	6	7	8	9	10
x_1	12.5	11.2	14.4	8.9	10.5	12.3	11.8	12.4	13.9	8.8
x_2	12.7	11.2	15.6	8.7	11.8	12.2	11.3	13.4	14.4	8.3

14.15 Tom Frederick은 큰 회사의 컴퓨터 지원 관리자이다. 그 회사의 직원들은 불필요한 '스팸메일'에 대해 불만을 호소하고 있다. Tom은 회사직원 9명의 샘플을 추출하여 지난주에 받은 스팸메일의 수를 조사였다. 스팸을 막기 위해, 스팸메일에 자주 쓰이는 키워드를 확인하여 여과해주는 스팸 '필터'를 설치하였다. 아래의 데이터는 필터 설치 후 일주일 동안 9명의 직원이 받은 스팸메일의 수이다. 유의수준 $\alpha = 0.05$에서 Tom의 필터링 시스템이 직원들이 받은 일주일 동안의 스팸메일의 수를 줄이는 데 효과적이었다고 결론지을 수 있는가?

직 원	1	2	3	4	5	6	7	8	9
필터링 전의 스팸메일 수	28	27	24	18	23	28	25	20	28
필터링 후의 스팸메일 수	19	25	25	19	20	21	18	21	22

14.16 8쌍의 기혼 커플의 구매 습관을 연구하는 한 조사자는 그들의 의복 구매를 위한 지출이 아래와 같음을 알 수 있었다. 유의수준 $\alpha = 0.05$에서 남편과 아내의 의복구매 지출액이 같다고 결론지을 수 있는가?

	1	2	3	4	5	6	7	8
남편	\$300	240	230	250	230	300	470	230
아내	\$380	375	180	390	400	480	470	320

14.17 전자 회로판을 조립하는 새로운 공정을 시험하고 있다. 현재의 방법과 제안된 방법으로 회로판을 조립하는 데 걸리는 시간을 5명의 직원에 대해서 각각 측정하였다. 5명의 직원이 측정된 시간이 다음 표와 같이 주어졌을 때, 유의수준 $\alpha = 0.025$에서 새로운 방법이 현재의 방법보다 나은지 검정하라. 적절한 통계표를 사용하여 검정의 p값을 구하고 설명하라.

		현재의 방법	제안된 방법
사람	1	66.4	70.0
	2	39.8	35.4
	3	50.5	43.7
	4	65.1	59.0
	5	55.6	49.9초

참고: 연습문제 14.18~14.19는 컴퓨터를 사용해야 함.

14.18 1995~96 NHL 하키 시즌의 득점이 그 전 시즌보다 감소한 것에 대하여 선수들과 코치는 시즌에 넣은 골의 개수에 큰 관심을 갖고 있다. 1995~96 시즌과 1994~95 시즌의 득점이 데이터 파일 **XR14018**에 있다. 유의수준 $\alpha = 0.05$에서 득점이 줄어든 것이 우연인지, 혹은 팀의 득점 능력을 줄이는 어떤 상황이 생겼다고 볼 수 있는지 검정하라. 검정의 p값을 찾고 설명하라. (출처: Kevin Allen, "Some Players, Coaches Applaud Trend Toward Lower-Scoring Games," *USA Today*, Nov. 12, 1996, p. 5C)

14.19 어떤 회사가 속독 강좌의 효과를 알아보기 위해 몇 명의 직원을 임의로 추출하였다. 강좌가 독서 속도 향상에 효과가 있다면 회사의 모든 사무원에게 제공할 예정이다. 실험을 위해 추출된 직원들의 강좌를 듣기 전후의 읽기 속도(1분당 단어수)는 데이터 파일 **XR14019**에 있다. 유의수준 α =0.01에서 강좌의 효과에 대한 검정을 하라. 검정 결과, 회사는 이 프로그램을 모든 사무원에게 제공해야 하는가? 검정의 p값을 찾고 설명하라.

14.4 두 독립표본 비교를 위한 윌콕슨 순위합 검정

검정방법과 응용

윌콕슨 순위합 검정(Wilcoxon rank sum test)은 두 개의 독립표본을 비교하며, 11장에서 공부한 두 표본 합동분산 t-검정에 대응되는 비모수적 방법이다. 이 검정은 데이터가 최소한 순서척도(ordinary scale)이고, 표본은 독립이며 임의로 추출되었고, 두 개 모집단의 분포모양이 거의 같은 모양을 한다고 가정한다.

구간척도(interval scale)의 요건을 충족하지 못하거나 등분산의 정규 모집단을 가정할 수 없으면 독립분포 합동분산 t-검정을 사용할 수 없으므로 윌콕슨 순위합 검정을 사용해야 한다. 표본크기가 같을 필요는 없다. 검정은 아래와 같이 진행된다.

두 개의 독립표본 비교를 위한 윌콕슨 순위합 검정:

- **귀무가설과 대립가설**

	양쪽꼬리 검정	왼쪽꼬리 검정	오른쪽꼬리 검정
H_0:	$m_1 = m_2$	$m_1 \geq m_2$	$m_1 \leq m_2$
H_1:	$m_1 \neq m_2$	$m_1 < m_2$	$m_1 > m_2$

단, m_1과 m_2는 모집단의 중앙값

- **검정통계량, *W***
  1. 두 표본 중 작은 것을 표본 1로 지정한다. 표본크기가 같으면 그중 하나를 표본 1로 지정한다.
  2. 두 표본을 한 데 모은 후 데이터 값의 순위(rank)를 매긴다. 가장 작은 값이 순위 1이 되고, 그 다음으로 작은 데이터가 순위 2 순으로 매긴다. 같은 값을 갖는 데이터들은 그들의 평균 순위를 준다.
  3. 표본 1의 데이터 값의 순위를 R_1열에 입력하고, 표본 2의 데이터 값의 순위는 R_2에 입력한다.
  4. 검정통계량의 관측치는 $W = \Sigma R_1$이 된다.
- ***W*의 기각값** 부록 A의 윌콕슨 순위합 표는 검정의 하한과 상한 기각값을 각 표본의 관측치 개수인 n_1과 n_2에 따라 나타내었다. 이 표의 범위를 넘는 n_1과 n_2인 검정은 z-검정 근사를 이용한다.

예제 EXAMPLE

윌콕슨 순위합 검정

고무로 된 묶음띠의 유연성을 알아보기 위해 임의표본을 추출하고 묶음띠가 끊어지기 전까지 견딜 수 있는 360도 꼬임의 개수를 세었다. 한 생산구역에서 생산된 7개 표본의 끊어지기 전까지 꼬임의 개수는 112, 105, 83, 102, 144, 85, 50이었다. 다른 생산구역의 10개 표본에서는 91, 183, 141, 219, 105,

138, 146, 84, 134, 106이었다. 유의수준 $\alpha = 0.05$에서 두 생산구역의 유연성 중앙값이 같다고 결론지을 수 있는가? 데이터는 파일 **CX14TIE**에 있다.

풀이

검정에 앞서 한 생산구역이 다른 것보다 더 유연하거나 덜 유연하다고 할 어떤 정보도 없으므로 이 검정은 양쪽꼬리 검정을 택한다. 귀무가설과 대립가설은 H_0: $m_1 = m_2$와 H_1: $m_1 \neq m_2$이고 m_1과 m_2는 각 모집단의 중앙값이다.

데이터 값을 섞어서 매긴 순위는 표 14.4와 같다. 50이 가장 작은 값으로 순위 1이 되며 그 다음으로 작은 83이 순위 2가 된다. 이런 방법으로 가장 큰 값인 219까지 순위를 매기며 219는 순위 17이 된다. 105로 같은 값을 갖는 데이터는 평균 순위인 7.5를 준다.

표본 1의 순위의 합은 $W = \Sigma R_1 = 44.5$이며, 이것이 관측된 검정통계량 값이다. 두 표본 중 작은 표본을 표본 1로 삼는다.

표 14.5는 부록 A의 윌콕슨 순위합 표의 일부분이다. $n_1 = 7$이고 $n_2 = 10$일 때 유의수준 0.05에서의 양쪽꼬리 검정에서 W의 하한과 상한 기각값은 43과 83이다. $W = 44.5$는 기각값 사이에 포함되므로 유의수준 $\alpha = 0.05$에서 귀무가설을 기각할 수 없다. 결론적으로 두 생산구역의 유연성의 중앙값은 같다.

표 14.4

두 개의 독립표본을 이용한 윌콕슨 순위합 검정을 위한 데이터와 계산. 더 적은 수의 관측치를 갖고 있는 표본이 표본 1이 된다.

표본 1	순위	표본 2	순위
112	10	91	5
105	7.5	183	16
83	2	141	13
102	6	219	17
144	14	105	7.5
85	4	138	12
50	1	146	15
	44.5	84	3
		134	11
		106	9
			108.5

$W = \Sigma R_1 = 44.5$

표 14.5

부록 A에 있는 윌콕슨 순위합 표의 하한과 상한 기각값. 표본의 크기가 다른 경우 표본 1은 더 적은 수의 관측치를 갖고 있는 표본이 된다.

$\alpha = 0.025$(한쪽꼬리) 혹은 $\alpha = 0.05$(양쪽꼬리)

	n_1	3	4	5	6	7	8	9	10
	3	5, 16	6, 18	6, 21	7, 23	7, 26	8, 28	8, 31	9, 33
	4	6, 18	11, 25	12, 28	12, 32	13, 35	14, 38	15, 41	16, 44
	5	6, 21	12, 28	18, 37	19, 41	20, 45	21, 49	22, 53	24, 56
	6	7, 23	12, 32	19, 41	26, 52	28, 56	29, 61	31, 65	32, 70
n_2	7	7, 26	13, 35	20, 45	28, 56	37, 68	39, 73	41, 78	43, 83
	8	8, 28	14, 38	21, 49	29, 61	39, 73	49, 87	51, 93	54, 98
	9	8, 31	15, 41	22, 53	31, 65	41, 78	51, 93	63, 108	66, 114
	10	9, 33	16, 44	24, 56	32, 70	43, 83	54, 98	66, 114	79, 131

참고: 두 표본 중 작은 표본의 수가 n_1이 된다. 즉 $n_1 \le n_2$.

출처: Wilcoxon and R. A. Wilcox, *Some Approximate Statistical Procedures* (New York: American Cyanamid Company, 1964), pp. 20–23.

윌콕슨 순위합 검정의 정규근사화

$n_1 \ge 10$이고 $n_2 \ge 10$일 때, 윌콕슨 순위합 검정을 정규근사화 할 수 있다. 이 근사법은 다음과 같다.

윌콕슨 순위합 검정으로의 z-검정 근사:

검정통계량:

$$z = \frac{W - \dfrac{n_1(n+1)}{2}}{\sqrt{\dfrac{n_1 n_2 (n+1)}{12}}}$$

$W = R_1$ 순위의 합

$n = n_1 + n_2$

예제는 경험법칙 $n_1 \ge 10$과 $n_2 \ge 10$에 미달하지만 정규근사의 설명에 사용할 것이다. 만약 경험 법칙을 만족한다면 결과는 더 정확할 것이다. $\alpha = 0.05$일 때 양쪽 검정의 z기각값은 -1.96과 $+1.96$이다.

$W = 44.5$, $n_1 = 7$, $n_2 = 10$, $n_3 = 17$을 위 식에 대입하면 $z = -1.81$이 된다. 계산된 z는 기각값의 사이에 있으므로 귀무가설을 기각할 수 없다.

양쪽꼬리 검정의 p값은 정규곡선 아래 $z = -1.81$의 왼쪽 면적의 두 배이다. 정규분포표를 보면 이 면적은 0.0351이므로 p값은 2(0.0351) = 0.0702가 된다.

「컴퓨터 솔루션 14.3」은 Excel에서 독립표본의 비교에 윌콕슨 순위합 검정을 사용하는 방법을 보여준다. Excel 방법은 z-검정 근사를 사용하고 각 표본크기가 10 이상일 때 적합한 방법이다.

컴퓨터 솔루션 14.3

두 개의 독립표본 윌콕슨 순위합 검정

이 가설검정은 두 개의 독립표본을 이용하여 두 개 모집단의 중앙값을 비교한다.

EXCEL

	A	B	C	D
1	Wilcoxon Rank Sum Test			
2				
3			Rank Sum	Observations
4	*LOT 1*		44.5	7
5	*LOT 2*		108.5	10
6	z Stat		-1.81	
7	P(Z<=z) one-tail		0.0355	
8	z Critical one-tail		1.645	
9	P(Z<=z) two-tail		0.071	
10	z Critical two-tail		1.960	

z-검정 근사를 이용한 윌콕슨 순위합 검정

1. 데이터(표 14.4)가 라벨(A1과 B1)과 A2:A8과 B2:B11의 데이터로 입력된 CX14TIE 파일을 연다. **추가기능**를 클릭하고 **Data Analysis Plus**를 선택한다. **Wilcoxon Rank Sum Test**를 선택한 후 **OK**를 클릭한다.
2. **Variable 1 Range** 상자에 **A1:A8**을 입력하고 **Variable 2 Range** 상자에 **B1:B11**을 입력한다. Labels을 체크하고 **0.05**를 **Alpha** 상자에 입력한 후 **OK**를 클릭한다. 양쪽꼬리 검정에 대한 p값(0.071)을 읽을 수 있다.

z-검정 근사는 각각의 표본크기가 10 이상일 경우 적용 가능하다. 파일 CX14TIE의 데이터는 이 조건을 만족하지 않지만 설명을 위해 이 근사법을 적용하였다.

참고 : Excel worksheet 템플릿 TMWILRS2도 사용할 수 있다.

연습문제

14.20 윌콕슨 부호순위 검정과 윌콕슨 순위합 검정을 구분하고 각 검정이 어떤 조건 하에서 적용되는지 설명하라.

14.21 윌콕슨 순위합 검정에 대응되는 모수적 방법은 무엇인가? 각 검정의 가정을 비교하라.

14.22 다음과 같은 두 모집단의 임의표본으로 유의수준 $\alpha = 0.05$에서 H_0: $m_1 = m_2$ 대 H_1: $m_1 \neq m_2$를 검정하라. m_1, m_2는 중앙값이다.

표본 1: 40 34 53 28 41

표본 2: 29 31 52 29 20 31 26

14.23 두 개의 모집단으로부터 추출한 임의표본이 다음과 같다. 이들의 중앙값에 대해서 H_0: $m_1 \geq m_2$ 대 H_1: $m_1 < m_2$를 유의수준 $\alpha = 0.025$에서 검정하라.

표본 1: 46.8 48.0 72.6 55.1 43.6 53.0 41.8 45.5

표본 2: 56.4 59.3 59.1 58.4 57.9 46.4 49.6 50.2 55.8 53.8

14.24 12마리의 애완동물을 임의로 두 그룹으로 나누었다. 그룹 1에게는 기존의 벼룩 잡는 가루약을 처방하고 그룹 2에게는 변형된 처방을 했다. 치료 4일 후 연구원들은 각각의 애완동물에서 2분 동안 모은 벼룩의 개수를 세었다. 결과는 아래와 같다. 유의수준 $\alpha = 0.025$에서 새 처방이 기존의 것보다 효과적인가?

기존 처방 후의 벼룩 마릿수:

17 16 17 4 8 15

새로운 처방 후의 벼룩 마릿수:

6 1 1 2 7 5

참고: 연습문제 14.25~14.26는 컴퓨터를 사용해야 함

14.25 어느 가게의 주인은 마스터카드와 비자카드로 결재된 임의 영수증 샘플을 수집하였다. 파일 **XR14025**의 데이터는 각 카드 영수증의 금액들이다. 유의수준 $\alpha = 0.05$에서 마스터카드와 비자카드의 영수금액 중앙값이 같다고 결론지을 수 있는가? 검정의 p값을 찾고 설명하라.

14.26 어느 워드 프로세싱 회사는 두 개의 대표 브랜드의 프린터로 그들의 선택을 좁히고 있다. 각 브랜드의 여러 대의 프린터가 20페이지 분량의 문서를 같은 선명도로 프린트 하는 데 걸린 시간을 재었다. 데이터 파일 **XR14026**에 시간들이 입력되어 있다. 유의수준 $\alpha = 0.05$에서 두 브랜드의 프린트 속도가 같다고 할 수 있는가? 검정의 p값을 찾고 설명하라.

14.5 세 개 이상의 독립표본 비교를 위한 크루스칼-왈리스 검정

검정방법과 응용

앞 절에서 다룬 윌콕슨 순위합 기법을 확장시킨 **크루스칼-왈리스 검정**(Kruskal-Wallis Test)은 세 개 이상의 모집단을 비교한다. 이는 일원 분산분석에 대응되는 비모수적 방법이다. 그러나 일원분산분석과 다르게 정규분포이고 등분산인 모집단에서 표본이 추출되었다는 가정이 필요 없다. 데이터는 적어도 순서척도(ordinary scale)이어야 하고 표본은 각각의 모집단으로부터 임의로 추출되었다고 가정한다.

귀무가설은 H_0: $m_1 = m_2 = \cdots = m_k$로 k개 모집단의 중앙값이 모두 같다는 것을 검정한다. 이 검정은 한쪽꼬리 검정이며 다음과 같이 진행된다.

세 개 이상의 독립표본 비교를 위한 크루스칼-왈리스 검정:

- **귀무가설과 대립가설**

  H_0: $m_1 = m_2 = \cdots = m_k$ $j = 1$에서 k까지의 모집단
  (모집단의 중앙값은 같다.)

  H_1: 적어도 하나의 m_j가 서로 다르다.
  (모집단의 중앙값은 같지 않다.)

- **검정통계량, *H***

  1. 표본의 데이터를 함께 섞은 후 데이터 값의 순위를 매긴다. 가장 작은 데이터 값이 순위 1이 되고 그 다음으로 작은 것이 순위 2가 되게 순위를 매긴다. 같은 값을 갖는 경우에는 그것들의 평균 순위를 준다.
  2. $\Sigma R_1, \Sigma R_2, \ldots, \Sigma R_k$와 같이 k개 그룹별로 데이터 값의 순위를 더한다.
  3. 계산된 검정통계량은 다음과 같다.

$$H = \frac{12}{n(n+1)}\left[\frac{(\Sigma R_1)^2}{n_1} + \frac{(\Sigma R_2)^2}{n_2} + \cdots + \frac{(\Sigma R_k)^2}{n_k}\right] - 3(n+1)$$

여기서 $n_1, n_2, \ldots, n_k$는 k개 각각의 표본의 크기

$$n = n_1 + n_2 + \cdots + n_k$$

- ***H*의 기각값** 각각의 표본크기가 5 이상이 되면 H의 분포는 근사적으로 카이제곱 분포이다. H의 기각값은 오른쪽꼬리 면적이 α에 해당하는 $df = k - 1$인 카이제곱 값이다. 계산된 H 값이 기각값을 넘으면 귀무가설을 기각한다. 넘지 않는다면 기각할 수 없다. 표본크기가 5보다 작은 것이 있으면 컴퓨터 통계 패키지나 특수한 통계표를 사용해야 한다.

예제 EXAMPLE

크루스칼-왈리스 검정

세 개의 항공우주 회사가 각각 기술직원 6, 5, 7명을 임의로 선발하여 교육프로그램에 보냈다. 교육프로그램 시작에 앞서 실시한 사전 테스트에서 얻은 점수는 표 14.6과 같다. 유의수준 $\alpha = 0.05$에서 각 항공우주 회사의 기술직원으로 구성된 세 개 모집단 점수의 중앙값이 같다고 결론지을 수 있는가? 데이터는 파일 **CX14TECH**에 있다.

표 14.6

세 그룹의 기술직원 시험 점수와 순위. 크루스칼-왈리스 검정은 윌콕슨 순위합 검정의 확장이다.

회사 1 기술직원		회사 2 기술직원		회사 3 기술직원	
점수	순위	점수	순위	점수	순위
67	7.5	64	5	75	15
57	1	73	13	61	3
62	4	72	12	76	16
59	2	68	9	71	11
70	10	65	6	78	17
67	7.5	$\Sigma R_2 = 45$		74	14
$\Sigma R_1 = 32$				79	18
				$\Sigma R_3 = 94$	

풀이

윌콕슨 순위합 검정에서와 같이 데이터를 한데 묶은 후 가장 작은 값의 순위가 1이 되도록 순위를 매긴다. 결과는 표 14.6에 요약되어 있고 각 표본의 순위합도 계산해 놓았다. 67점으로 같은 값을 갖는 사람들은 평균순위 7.5가 된다. 순위의 합은 $\Sigma R_1 = 32$, $\Sigma R_2 = 45$, $\Sigma R_3 = 94$가 된다. $k = 3$개 표본의 총 관측치 개수가 $n_1 = 6$, $n_2 = 5$, $n_3 = 7$로 $n = 18$이 된다.

$$H = \frac{12}{n(n+1)}\left[\frac{(\Sigma R_1)^2}{n_1} + \frac{(\Sigma R_2)^2}{n_2} + \cdots + \frac{(\Sigma R_k)^2}{n_k}\right] - 3(n+1)$$

$$= \frac{12}{18(18+1)}\left[\frac{32^2}{6} + \frac{45^2}{5} + \frac{94^2}{7}\right] - 3(18+1) = 7.490$$

H의 기각값은 $\alpha = 0.05$에 해당하는 위쪽의 오른쪽꼬리 영역에 해당하는 값으로 $df = k - 1 = 2$일 때의 카이제곱 통계량이 된다. 부록 A의 카이제곱 표에 따르면 H의 기각값은 5.991이 된다. 계산된 값 $H = 7.490$은 5.991을 넘으므로 유의수준 $\alpha = 0.05$에서 귀무가설을 기각한다. 즉 세 개 모집단의 중앙값은 같다고 할 수 없다.

계산된 H는 유의수준 $\alpha = 0.025$에서도 기각값($\chi^2 = 7.378$)을 넘지만, 유의수준이 $\alpha = 0.01$인 경우에는 기각값($\chi^2 = 9.210$)을 넘지 않는다. 부록의 표에 따르면 p값이 0.025와 0.01 사이라는 것을 알 수 있다.

「컴퓨터 솔루션 14.4」는 Excel에서 표 14.6의 독립표본 자료에 크루스칼-왈리스 검정을 어떻게 적용하는지 보여준다.

컴퓨터 솔루션 14.4

두 개 이상의 독립표본 비교를 위한 크루스칼-왈리스 검정

이 가설검정은 두 개 이상의 독립표본을 비교하여 검정한다.

EXCEL

	A	B	C
1	**Kruskal-Wallis Test**		
2			
3	Group	Rank Sum	Observations
4	*Firm1*	32	6
5	*Firm2*	45	5
6	*Firm3*	94	7
7	H Stat		7.4896
8	df		2
9	p-value		0.0236
10	chi-squared Critical		5.9915

두 개 이상의 독립표본을 비교하는 크루스칼-왈리스 검정

1. 데이터(표 14.6)를 라벨(A1:C1)과 데이터(A2:C8)로 입력한 파일 **CX14TECH**을 연다. 메뉴에서 **추가기능**를 클릭하고 **Data Analysis Plus**를 선택한다. **Kruskal-Wallis Test**를 선택한 후 **OK**를 클릭한다.
2. **Input Range** 상자에 **A1:C8**을 입력하고 **Labels**을 체크한다. **Alpha** 상자에 **0.05**를 입력한 후 **OK**를 클릭한다.

연습문제

14.27 크루스칼-왈리스 검정과 일원 분산분석을 비교하여 필요한 가정과 각각의 분석이 어떤 상황 하에서 적용되는지 구분하라.

14.28 다음의 독립된 3개의 임의표본에 대해, 유의수준 $\alpha = 0.05$에서 모집단의 중앙값들이 같은지 검정하라.

표본 1	표본 2	표본 3
31.3	29.4	36.0
30.7	20.8	37.7
35.4	22.2	31.0
36.1	24.9	28.4
30.3	21.4	31.7
25.5		24.1
		32.6

14.29 다음의 독립된 4개의 임의표본에 대해, 유의수준 $\alpha = 0.10$에서 모집단의 중앙값들이 같은지 검정하라.

표본 1	표본 2	표본 3	표본 4
313	361	197	382
240	316	203	302
262	149	244	260
218	325	108	370
236	171	102	190
253			382

14.30 비교적 일상적인 사업계약에 관한 법률 서비스 비용을 비교할 목적으로 세 개의 주요 도시에서 각각 5개의 법률사무소를 표본으로 추출하였다. 15개의 회사의 서비스 비용은 아래와 같다. 유의수준 $\alpha = 0.05$에서 모집단의 중앙값들이 같은가?

도시 A	도시 B	도시 C
452	439	477
469	461	460
430	487	496
403	431	484
456	401	423

14.31 세 가지의 고무 합성물에 대한 특성을 실험하기 위해 타이어 제조회사가 각 합성물로 된 타이어의 접지면 수명을 조사한 결과는 아래와 같았다. 유의수준 $\alpha = 0.05$에서 세 가지의 합성물의 접지면 수명의 중앙값들이 같은가?

합성물 1: 34 38 33 30 30 천 마일
합성물 2: 46 43 39 46 36
합성물 3: 48 39 33 35 41

14.32 농업 실험에서 각각의 네 가지 유기화합물을 식물 표본에 사용하였다. 4주 후에 식물의 키는 다음과 같았다. 유의수준 $\alpha = 0.025$에서 식물의 성장을 촉진시

키는 데 화합물이 미치는 영향이 같은가?

화합물 1:	19	18	20	20	18인치	
화합물 2:	9	13	20	16	13	18
화합물 3:	14	8	8	17	8	
화합물 4:	10	13	12	19	18	11

참고: 연습문제 14.33~14.34는 컴퓨터를 사용해야 함.

14.33 연령대별로 추출한 직원으로 이루어진 세 개의 표본에 대해서 지난 6개월 동안의 결근 횟수를 조사하였다. 유의수준 $\alpha = 0.10$에서 모집단의 결근 날수의 중앙값이 서로 같다고 결론지을 수 있는가? 검정의 p값을 찾고 설명하라. 데이터는 파일 **XR14033**에 있다.

14.34 환경보호단체는 도시에서의 자동차 표준연비를 측정하였다. 파일 **XR14034**는 세 가지의 자동차 모델의 갤론당 마일을 보여준다. 유의수준 $\alpha = 0.10$에서 세 가지 모델의 연비의 중앙값이 같다고 결론지을 수 있는가? 검정의 p값을 찾고 설명하라.

14.6 임의화블록설계의 프리드만 검정

검정방법과 응용

프리드만 검정(Friedman test)은 여러 개 모집단의 중앙값(median)이 서로 같은지 검정하는 기법이다. 이는 짝표본 윌콕슨 부호순위 검정을 확장한 것이고, 12장에서 다룬 임의화블록설계 ANOVA에 대응되는 비모수적 방법이다. 임의화블록 ANOVA는 표본이 등분산의 정규모집단으로부터 추출된 관측치이어야 하지만 프리드만 검정은 이런 조건이 필요 없다. 프리드만 검정은 모집단의 분포 모양에 구속받지 않고 적용할 수 있다. 임의화블록 ANOVA는 구간척도 변수나 비율척도 변수의 데이터에 국한되어 있지만, 프리드만 검정은 순서형 척도 변수의 데이터의 검정에도 적용할 수 있다.

임의화블록 ANOVA처럼 프리드만 검정도 처리(treatment)의 비교가 목적이지만 평균이 아니고 중앙값이 검정의 대상이다. 처리가 적용될 사람이나 대상을 균일한 블럭으로 정리한 다음 임의적으로 처리를 적용한다. 블럭의 특성 때문에 발생되는 오차를 줄이기 위해서 처리 적용 대상을 균일한 블럭으로 구성하는 것이다.

12장에서 다룬 임의화블록 ANOVA와 마찬가지로 프리드만 검정에서는 데이터의 각 열은 t개의 처리그룹(treatment group)을 나타내고 각 행은 b개의 블록(block)을 나타내는 $b \times t$표로 요약된다. 각 셀(블록과 처리의 결합)에는 하나의 관측치가 있다. 각 블록(행)에 있는 관측치를 가지고 가장 낮은 관측치(순위 = 1)부터 가장 높은 관측치(순위 = t)로 순위를 매긴다. 관측치가 같은 경우는 각각의 동점 셀들은 그들의 순위를 평균하여 순위가 매겨진다. 귀무가설과 대립가설, 검정통계량 그리고 결정규칙은 다음과 같다.

임의화블록설계에 대한 프리드만 검정:

- **귀무가설과 대립가설**

H_0: $m_1 = m_2 = \cdots = m_t$ j = 1에서 t까지의 처리 (모집단의 중앙값은 같다.)

H_1: 적어도 하나의 m_j는 다른 것들과 다르다. (모집단의 중앙값은 같지 않다.)

- **검정통계량**

$$F_r = \frac{12}{bt(t+1)} \sum_{j=1}^{t} R_j^2 - 3b(t+1)$$

b = 블록의 개수
t = 처리의 개수
R_j = j번째 처리의 순위 합

- **기각값과 결정규칙** $df = (t-1)$인 카이제곱 통계량의 오른쪽꼬리 영역 α에 해당하는 값을 기각값으로 정한다. F_r값이 카이제곱 기각값을 넘으면 H_0를 기각한다. 넘지 않으면 기각하지 않는다.

프리드만 검정의 통계량이, χ^2 분포에 근접하기 위해서는 블록 수나 처리 수 둘 중의 하나는 5보다 커야 한다. b와 t가 둘 다 5보다 작은 경우, 컴퓨터 통계 패키지나 Siegel(1956)[3]과 같은 참고문헌에 있는 특수 표의 사용을 추천한다. 동점인 것의 개수가 관측치 총 개수나 셀의 총 개수보다 상대적으로 적은 것이 좋다. 대부분의 컴퓨터 통계 패키지는 동점에 대해 수정을 자체적으로 한다.

예제 EXAMPLE

프리드만 검정

천에 묻은 얼룩을 제거하는 얼룩제거제를 제조하는 한 회사는 네 가지의 신규 제거제를 고려하고 있다. 이들을 비교하기 위해서 생활얼룩이나 음식물 얼룩 등이 묻은 네 개의 직물을 준비하여 각각의 제거제를 임의로 적용하였다. 실험에서 여섯 가지의 얼룩을 블록으로 사용하였고, 연구 책임자의 주관적인 판단으로 다음과 같이 1~10점 척도의 점수로 매겼다.

1	2	3	4	5	6	7	8	9	10
□	□	□	□	□	□	□	□	□	□
"나쁨"		"보통"		"좋음"		"우수함"			"아주 우수함"

연구 책임자는 직물의 각각의 얼룩을 제거제로 처리한 후 임의의 순서대로 보고 평가하였다. 평가결과의 점수는 표 14.7의 A에 있다. 유의수준 0.05에서 네 가지 얼룩제거제의 얼룩이 지워지는 정도가 같은지 검정하라. 데이터는 파일 **CX14FAB**에 있다.

풀이

척도 점수가 등구간으로 매겨져 있지만 척도값을 설명하는 단어를 볼 때 그 척도가 구간척도(interval scale)라고 간주하기는 어렵다. 예제에서, 척도간의 거리가 같다고 하더라도 과연 'Fair(보통)'와 'Good(좋음)' 사이의 거리와 'Good(좋음)'과 'Excellent(우수)' 사이의 거리가 같은지 의심이 든다. 따라서 표 14.7의 파트 A의 점수는 순서(순위)척도로 된 데이터로 간주하는 것이 낫다.

[3] 출처: S. Siegel, *Nonparametric Statistics for the Behavioral Sciences*(New York: McGraw-Hill, 1956).

표 14.7

A의 데이터는 블록이 얼룩의 종류이고 네 가지 얼룩제거제는 처리를 나타낸다. 점수는 얼룩이 얼마나 잘 지워지는지를 반영하는 효과를 나타낸다. B는 각 블록(行)의 점수를 순위화한 것이다.

A. *점수*

		얼룩제거제(처리)			
		1	**2**	**3**	**4**
	크레오소티	2	7	3	6
	크레용	9	10	7	5
얼룩종류	**엔진오일**	4	6	1	4
(블록)	**포도쥬스**	9	7	4	5
	잉크	6	8	4	3
	커피	9	4	2	6

B. *순위(1~4: 최저 점수 1, 최고 점수 4)*

		얼룩제거제(처리)			
		1	2	3	4
	크레오소티	1	4	2	3
	크레용	3	4	2	1
얼룩종류	**엔진오일**	2.5	4	1	2.5
(블록)	**포도쥬스**	4	3	1	2
	잉크	3	4	2	1
	커피	4	2	1	3
	순위 합:	17.5	21.0	9.0	12.5

검정의 첫 단계는 블록 안의 점수를 순위(rank)로 변환하는 것이다. 표 14.7의 B는 변환 결과이다. 예제에서 잉크얼룩을 보면, 파트 A에서 제거제 4가 가장 낮은 점수를 보이므로 블록에서 순위가 1이 되고, 같은 블록에서 제거제 3이 그 다음으로 낮은 점수를 보이므로 제거제 3은 순위가 2가 된다. 따라서 얼룩제거제 1은 순위 3, 얼룩제거제 2는 순위 4가 된다. 다른 블록의 순위도 같은 방법으로 매겨진다. 엔진오일 블록을 보면, 제거제 1과 4는 점수가 같으므로 두 제거제에는 각각 평균 순위((2 + 3)/2 = 2.5)를 준다.

다음으로 F_r 검정통계량을 계산한다. F_r은 표 14.7B의 순위들의 합으로 표현되고 계산 결과는 $R_1 = 17.5$, $R_2 = 21.0$, $R_3 = 9.0$, $R_4 = 12.5$와 같다. $b = 6$개의 블록과 $t = 4$개의 처리에 대한 검정통계량 값은 다음과 같다.

$$
\begin{aligned}
F_r &= \frac{12}{bt(t+1)} \sum_{j=1}^{t} R_j^2 - 3b(t+1) \\
&= \frac{12}{6(4)(4+1)}(17.5^2 + 21.0^2 + 9.0^2 + 12.5^2) - 3(6)(4+1) \\
&= \frac{12}{120}(984.5) - 90 = 8.45
\end{aligned}
$$

유의수준 $\alpha = 0.05$의 검정에서 F_r의 기각값은 $df = (t - 1) = 3$일 때의 카이제곱 분포의 오른쪽꼬리 면적 0.05에 해당하는 값이다. 카이제곱표에서 기각값이 7.815가 됨을 알 수 있다. 유의수준 $\alpha = 0.05$에서 F_r의 값(8.45)이 기각값(7.815)을 넘으므로 모집단의 중앙값이 같다는 귀무가설을 기각할 수 있다. 즉, 적어도 하나의 제거제가 다른 것들보다 제거능력이 좋거나 나쁘다고 할 수 있다.

유의수준 $\alpha = 0.025$에서 검정한다면, F_r의 값(8.45)은 이 수준에서의 기각값(9.348)을 넘지 않으므로 귀무가설을 기각할 수 없다. 카이제곱표에 따르면 이 검정의 관측된 유의수준 p값은 0.05와 0.025 사이이다.

「컴퓨터 솔루션 14.5」는 Excel에서 표 14.7A의 데이터에 임의화블록설계를 어떻게 적용하는지 보여준다.

컴퓨터 솔루션 14.5

임의화블록설계에서의 프리드만 검정

이 가설검정은 두 개 이상의 독립표본을 비교한다.

EXCEL

	A	B	C
1	**Friedman Test**		
2			
3	Group		Rank Sum
4	*Formula1*		17.5
5	*Formula2*		21
6	*Formula3*		9
7	*Formula4*		12.5
8	Fr Stat		8.45
9	df		3
10	p-value		0.0376
11	chi-squared Critical		7.815

두 개 이상의 독립표본을 비교하는 프리드만 검정

1. 데이터(표 14.7)가 있는 파일 **CX14FAB**를 연다. 여기에는 라벨(A1:D1)과 데이터(A2:D7)가 입력되어 있다. 표 14.7의 A와 같이 열은 처리를, 행은 블록으로 입력되어 있다. 메뉴에서 추가기능을 클릭하고 **Data Analysis Plus, Friedman Test, OK** 순으로 클릭한다.
2. **Input Range** 상자에 **A1:D7**을 입력한 후 **Labels**을 체크한다. **Alpha** 상자에 **0.05**를 입력하고 **OK**를 클릭한다. 검정 보고서에는 검정통계량 값(8.45)과 p값(0.0376)을 볼 수 있다.

연습문제

14.35 프리드만 검정과 임의화블록 ANOVA에 대해서

(a) 귀무가설과 대립가설과

(b) 각 검정을 하기 위해 필요한 가정을 서로 비교하라.

14.36 임의화블록설계로 다음 데이터의 세 가지 처리의 효과를 비교하라. 유의수준 $\alpha = 0.05$에서 처리들의 영향이 같다고 결론지을 수 있는가?

		처리		
		1	2	3
	1	80	75	72
	2	60	70	60
블록	3	53	45	50
	4	72	65	49
	5	84	82	75

14.37 미국 도시의 몇 개 도시를 대상으로 시장, 경찰서장, 소방서장의 봉급을 조사한 결과 아래와 같았다. 이것을 미국 주요도시에 대한 임의표본이라고 가정하고 유의수준 $\alpha = 0.10$에서 세 가지 직업의 봉급 중앙값이 같다고 결론지을 수 있는가? 적절한 통계표를 사용하여 검정의 p값을 구하고 설명하라.

	시장	경찰서장	소방서장
A	$105,000	$89,356	$93,516
B	120,000	118,750	128,476
C	117,400	106,408	115,888
D	126,991	95,000	95,000
E	120,670	87,108	104,961
F	100,000	139,456	125,626

14.38 어떤 해충 박멸회사는 개미 살충에 효과적이라는 몇 개 브랜드를 가지고 살충 스프레이의 효과에 대해 실험하였다. 각 스프레이는 다음 표에 기재되어 있는 각 종류의 개미 10마리에 뿌려졌다. 각 셀의 측량은 10마리 모두 죽을 때까지의 시간(초)이다. 유의수준 $\alpha = 0.05$에서 세 회사의 살충 스프레이의 효과가 같다고 결론지을 수 있는가? 적절한 통계표를 사용하여 검정의 p값을 구하고 설명하라.

	구충 스프레이			
	1	2	3	4
불개미	10	14	13	17
불독개미	12	16	8	19
꿀개미	17	14	15	20
나무개미	15	12	14	18
베짜기개미	14	11	10	15
문지기개미	13	15	17	17초

참고: 연습문제 14.39~14.40은 컴퓨터를 사용해야 함.

14.39 세 명의 영화 평론가는 현재 상영되고 있는 영화들을 1 = poor에서 10 = excellent까지의 척도로 평가하였다. 파일 **XR14039**에 있는 평가 데이터를 가지고 유의수준 $\alpha = 0.025$에서 평론가별 평가척도를 비교하여라. 그들이 다른 가치기준을 갖고 평가를 한다고 생각되는가? 검정의 p값을 찾고 설명하라.

14.40 어느 스키 리조트는 세 개의 슬로프에 대해서 그 난이도가 서로 같은지 알아보기 위해 실험을 하였다. 각각의 실력 범주(A = 초보자, F = 전문가)에 속하는 세 명의 스키어를 선정하고 임의로 지정된 슬로프에서 한 번씩 주행하고 그 주행시간을 측정하였다. 파일 **XR14040**에 주어진 시간(분) 데이터를 가지고 유의수준 $\alpha = 0.05$에서 검정하면 슬로프들의 난이도가 같다고 결론지을 수 있는가? 검정의 p값을 찾고 설명하라.

14.7 기타 비모수적 방법

앞에서 다룬 비모수적 방법들은 빙산의 일각이다. 특정한 경우마다 고안되어 있는 비모수 검정들이 아주 많다. 이 절에서는 대표적인 세 가지 기법을 소개한다.

짝표본 부호 검정

부호 검정(sign test)은 두 개 모집단이 서로 같은지, 또는 한 개 모집단의 중앙값(median)이 어떤 특정한 값인지 검정하는 기법이다. 부호 검정은 14.2절과 14.3절에서 공부한 윌콕슨 부호 순위 검정과 같은 목적으로 사용한다. 그러나 부호 검정은 데이터가 구간척도나 비율척도가 아닌 순서척도라도 가능하다. 부호 검정은 데이터 값과 가정된 중앙값의 차이값(단일표본 검정), 혹은 두 데이터 값의 차이값(짝표본 검정)을 그 부호에 따라 양(+)이나 음(−)으로 변환하여 검정한다. 순서척도 변량은 그 차이가 의미를 가지지 않고 다만 순위만 의미가 있기 때문이다. 여기서는 짝표본을 비교하는 경우에 대한 부호 검정을 설명한다.

부호 검정은 이항분포를 이용한다. 0이 아닌 $d_i = x_i - y_i$를 모집단으로 할 때,

그 중앙값 m_d가 0이라면 어떤 짝 (x_i, y_i)에 대해서 d_i가 양의 값을 가질 확률 $P(+)$는 0.5가 된다. 양(+)이나 음(−)의 분포는 정확히 이항분포를 따르는데, 표본이 크면 이는 정규분포를 이용하여 근사계산을 할 수 있다. 정규근사화는 나중에 다루도록 한다.

짝표본 비교를 위한 부호 검정:

- **검정통계량**
  1. 각 짝에 대한 $d_i = x_i - y_i$를 계산하고 d_i의 부호를 기록한다.
  2. n은 $d_i \neq 0$인 짝의 개수이다.
  3. 검정통계량 T는 $d_i > 0$인 짝의 개수이다.
- **검정의 p값 결정** 이항분포표(시행횟수 $= n$, 성공확률 $\pi = 0.5$일 경우)를 이용하여 '성공' 횟수 s에 대한 검정의 유의확률(p값)을 계산한다:
  - 양쪽꼬리 검정 H_0: $m_d = 0$ 대 H_1: $m_d \neq 0$.
    $$p값 = P(s \leq T) + P(s \geq [n - T])$$
  - 오른쪽꼬리 검정 H_0: $m_d \leq 0$ 대 H_1: $m_d > 0$.
    $$p값 = P(s \geq T)$$
  - 왼쪽꼬리 검정 H_0: $m_d \geq 0$ 대 H_1: $m_d < 0$.
    $$p값 = P(s \leq T)$$
- **결정규칙** 유의수준 α에서, p값 $< \alpha$이면 H_0를 기각하고, p값 $> \alpha$이면 기각하지 않는다.
- **단일표본부호 검정** x_i를 단일표본으로 삼고, y_i열의 각 값을 귀무가설의 가정된 중앙값 m_0로 삼는다. 위의 짝표본 검정과 같이 한다.

예제 EXAMPLE

부호 검정

부호 검정을 예시하기 위해 표 14.3(계산작업 소요시간 비교)의 짝표본에 대해 유의수준 $\alpha = 0.10$에서 부호 검정을 한다. 이 검정의 귀무가설과 대립가설은 H_0: $m_d = 0$과 H_1: $m_d \neq 0$인 양쪽꼬리 검정이다. 데이터는 파일 **CX14TIME**에 있다.

풀이

표 14.8에서 보는 바와 같이 부호 검정은 $d_i = x_i - y_i$값을 계산하고, x_i에 대응되는 y_i보다 큰지 작은지에 따라 양(+)이나 음(−)으로 변환한다. $d_i = 0$인 짝 관측치는 분석에서 제외한다. $n = 11$개의 0이 아닌 차이값 중에서 양인 것은 3개이므로 $T = 3$이다.

$n = 11$번의 시행과 각 시행에서의 '성공'(양의 차이값) 확률이 $\pi = 0.5$인 누적이항확률을 사용하여 검정의 p값을 결정한다. 이 확률들은 표 14.9에 있다. 귀무가설이 사실이라면 표 14.9에서와 같이 성공횟수가 $s \leq 3$일 확률은

$$P(s \leq 3) = 0.1133이다.$$

표 14.8

표 14.3의 짝표본 비교를 위한 부호 검정

계산작업	패키지 x와 y의 계산소요시간 x_i	y_i	$d_i = x_i - y_i$의 부호
A	24.0	23.1	+
B	16.7	20.4	−
C	21.6	17.7	+
D	23.7	20.7	+
E	37.5	42.1	−
F	31.4	36.1	−
G	14.9	21.8	−
H	37.3	40.3	−
I	17.9	26.0	−
J	15.5	15.5	0
K	29.0	35.4	−
L	19.9	25.5	−

표 14.9

이항확률을 이용한 표 14.3과 14.8 데이터에 대한 부호 검정

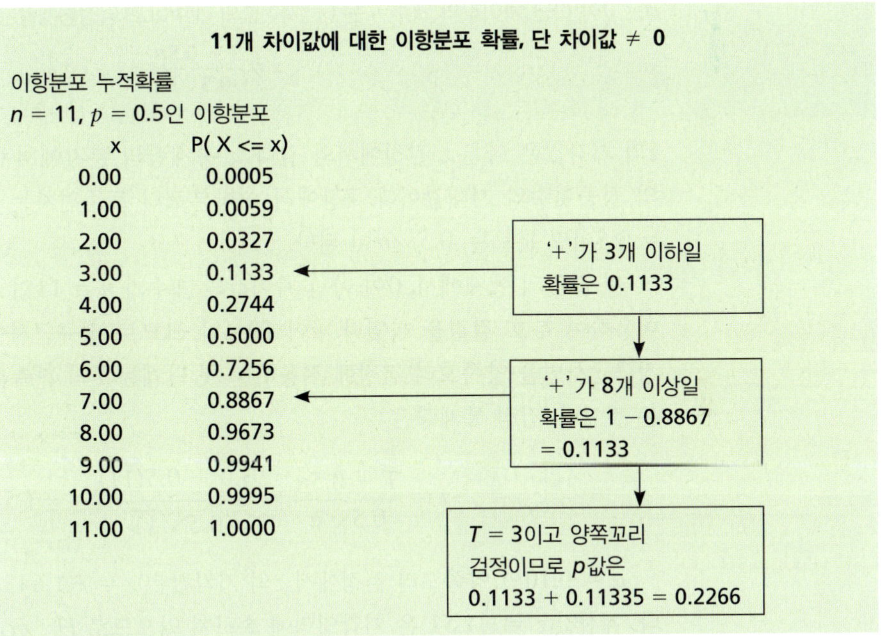

11개 차이값에 대한 이항분포 확률, 단 차이값 ≠ 0

이항분포 누적확률

n = 11, p = 0.5인 이항분포

x	P(X <= x)
0.00	0.0005
1.00	0.0059
2.00	0.0327
3.00	0.1133
4.00	0.2744
5.00	0.5000
6.00	0.7256
7.00	0.8867
8.00	0.9673
9.00	0.9941
10.00	0.9995
11.00	1.0000

그러나 이 검정은 양쪽꼬리 검정인데 $P(s \leq 3) = 0.1133$은 왼쪽꼬리 부분만을 나타낸다. 오른쪽꼬리 부분의 확률은 좌우대칭이므로($\pi = 0.5$인 경우 이항분포는 대칭이다), $s \geq (n - T)$의 확률, 즉 $P(s \geq 8)$이다. 이 부분은 다음과 같이 계산된다.

$$P(s \geq 8) = 1 - P(s \leq 7) = 1.0000 - 0.8867 = 0.1133$$

따라서 양쪽꼬리 검정에서 p값은 다음과 같다.

$$P(s \leq 3) + P(s \geq 8) = 0.1133 + 0.1133 = 0.2266$$

이 검정은 유의수준 $\alpha = 0.10$에서 m_d가 0인지 검정하는 것이다. p값(0.2266)이 $\alpha(0.10)$보다 작지 않으므로 유의수준 0.10에서 귀무가설을 기각할 수 없다. 부호 검정 결과, 소프트웨어 패키지가 계산작업을 하는 데 소요되는 시간은 서로 다르다고 할 수 없다.

0이 아닌 차이값의 개수 n이 10보다 크면 부호 검정에서 이항분포를 정규근사할 수 있다. 7장에서 배운 바와 같이, $n\pi$와 $n(1-\pi)$ 둘 다 5보다 클 때 이항분포는 정규분포로 근사계산할 수 있다. 부호 검정의 귀무가설은 항상 $\pi = 0.5$를 가정하기 때문에 $n \geq 10$인 경우에는 만족스러운 근사를 얻을 수 있다. 정규근사의 과정은 다음과 같다.

이항분포로의 정규근사를 이용한 부호 검정:
n은 0이 아닌 차이값의 개수, T는 (+)차이값의 개수이고 검정통계량은 다음과 같다.

$$z = \frac{T - 0.5n}{0.5\sqrt{n}}$$

z의 기각값은 다른 z-검정에서와 같다. z-통계량의 분자에서 $0.5n$은 n번 시행에서의 성공횟수의 기대값이다. 7장에서 이항분포의 표준편차는 $\sqrt{n\pi(1-\pi)}$ 인데 $\pi = 0.5$이면 분모는 $0.5\sqrt{n}$이 된다.

바로 앞의 예제에서, 0이 아닌 차이값의 개수가 $n = 11$인 경우에 이항분포표를 이용하여 부호 검정을 하였다. n이 10보다 크므로 정규근사를 사용할 수 있었다. 정규근사법을 양쪽꼬리 검정에 적용하는 첫 단계는 T의 관측값과 기대값을 비교하는 것이다. 검정 통계량은

$$z = \frac{T - 0.5n}{0.5\sqrt{n}} = \frac{3.0 - 0.5(11)}{0.5\sqrt{11}} = -1.51$$

$\alpha = 0.10$인 양쪽꼬리 검정에서 z의 기각값은 $z = -1.645$와 $z = +1.645$가 된다. 계산값($z = -1.51$)은 기각영역에 속하지 않으므로 H_0: $m_d = 0$을 기각할 수 없다. 이 결과는 이항확률로 검정한 결과와 같다. 짝의 차이값이 0이 아닌 개수가 클 경우는 부호 검정에 대한 정규분포 근사계산이 이항분포의 결과와 매우 가깝게 된다.

부호 검정은 단일표본인 경우에도 사용할 수 있다. 단일표본이면 각각의 관측치를 가정된 중앙값과 비교한다. 관측치를 x_i로 표현하고 가정된 중앙값은 y_i로 표현한다. y_i열에 있는 값은 m_0로 모두 동일하다고 간주한다. 이 방법을 적용하는 과정은 바로 전에 설명하였다. 0이 아닌 차이값 n이 10보다 작으면 이항분포표를 사용하고 큰 경우에는 정규근사를 사용한다.

「컴퓨터 솔루션 14.6」은 Excel에서 짝표본 비교를 위한 부호 검정 과정을 보여준다. p값(0.2266)은 같은 데이터의 윌콕슨 부호순위 검정에서의 p값(0.03)보다

컴퓨터 솔루션 14.6

짝표본 비교를 위한 부호 검정

이 가설검정은 동일한 품목에 대해서 전후 비교와 같은 짝표본에 적용된다.

EXCEL

	A	B	C	D	E
1	**Sign Test for Testing One Sample or for Comparing Paired Samples**				
2					
3	n, the Number of NonZero Differences:	11	*Calculated Values:*		
4	T, the Number of Differences with di > 0:	3	*p-value if the test is:*		
5			Left-Tail	**Two-Tail**	Right-Tail
6			0.1133	**0.2266**	0.9673

짝표본 부호 검정

1. 데이터(표 14.3, 표 14.8)가 있는 파일 **CX14TIME**을 연다. 라벨(A1, B1)과 데이터(A2:A13, B2:B13)가 있는데, **C1**에 라벨**(Difference)**을 입력한다. **C2**를 선택하고 식 **=A2−B2**를 입력한다. **C2**의 오른쪽 아래 코너를 클릭한 후, 드래그하여 **C2:C13**의 모든 셀에 차이값으로 계산되도록 한다. 양의 차이값, 음의 차이값, **0**인 차이값의 개수를 센다.
2. Excel worksheet 템플릿 **TMSIGN**를 열고 이 worksheet의 **B3**에 **0**이 아닌 차이값을 입력하고 **B4**에는 양의 차이값의 개수를 입력한다. 검정의 p값은 이항분포를 이용하여 Excel에서 자동적으로 계산된다. 이 양쪽꼬리 검정의 p값은 0.2266이다.

참고: 데이터 짝이 10개 이상인 경우 z-검정 근사를 적용할 수 있다. 메뉴에서 **추가기능, Data Analysis Plus, Sign Test**를 차례로 선택하면 이 검정을 할 수 있다.

크다. 이것은 부호 검정이 데이터를 구간척도 대신 순서척도를 가정하기 때문에 데이터 활용에서 덜 효율적(less efficient)이기 때문이다.

임의성에 대한 런 검정(The Runs Test for Randomness)

런 검정(runs test)은 일련의 연속된 관측치에 포함된 런(*run*)의 개수를 분석함으로써 임의성(*randomness*)을 평가한다. 런은 하나 이상의 비슷한 관측치가 연속적으로 나타난 배열(sequence)을 말한다. 예를 들어 난수 배열 2, 7, 6, 8, 9, 6, 7, 6, 6, 4를 생각해 보자. 첫 숫자 (2)는 가정된 중앙값 4.5보다 작으므로 하나의 런이 된다. 중앙의 8개 숫자는 모두 4.5보다 크므로 하나의 런이 된다. 마지막 숫자 (4)는 4.5보다 작으므로 세 번째 런이 된다. 중앙값보다 작으면 b, 크면 B로 나타내면 b B B B B B B B B b인데 런이 세 번 있다는 것을 알 수 있다. 난수표로부터 얻은 숫자들을 나열할 때, 너무 적거나 너무 많은 런이 발생하면 일련의 '난수'가 정말로 난수인지 의심하게 된다.

데이터가 명목형인 경우에도 런은 발생한다. 연속적인 동전 던지기에서 H H T T T H T로 나타나면 런(run)이 네 개 있다. 출근하는 순서대로 남성과 여성을 기록한 F M M M F F M에도 런을 네 개 볼 수 있다. 런 검정은 다음과 같이 진행된다.

런 검정:

- **귀무가설과 대립가설**

  H_0: 배열이 임의성을 보인다, H_1: 배열이 임의성을 보이지 않는다.

- **과정**
  - 두 개 범주의 명목형 데이터의 경우
    1. 각 범주의 관측치 개수인 n_1과 n_2를 결정한다.
    2. 런의 개수 T를 센다.
  - 순서척도나 구간척도, 비율척도 데이터의 경우
    1. 데이터의 중앙값 m을 결정한다.
    2. 각 데이터가 $x_i \geq m$이면 양(+), $x_i < m$이면 음(−)으로 구별한다.
    3. (+)와 (−) 관측치의 개수를 n_1과 n_2로 결정한다.
    4. 런의 개수 T를 센다.

- **검정통계량**

$$z = \frac{T - \left(\frac{2n_1n_2}{n} + 1\right)}{\sqrt{\frac{2n_1n_2(2n_1n_2 - n)}{n^2(n-1)}}}$$

T = 런의 개수
n_1 = 첫 번째 범주 관측치의 개수
n_2 = 두 번째 범주 관측치의 개수
n = 관측치의 총 개수, $n_1 + n_2$

위 식의 분자에서 괄호 안의 값은 관측치를 임의(randomly)로 배열할 때 기대되는 런의 개수이다. 런의 개수가 기대값보다 현저하게 작으면, 비슷한 관측이 **군집**(*clusters*)을 형성하여 나타남을 말한다. 스포츠 시합에서 연속해서 이기거나 지는 경우가 여기에 해당한다. 또, 초기값에서 마지막 값까지 점점 올라가거나 내려가는 **추세**(**trend**)를 보이는 경우도 마찬가지이다. 런의 개수가 기대값보다 현저하게 크면 데이터값이 우연히 일어나는 횟수보다 더 자주 역방향으로 바뀐다는 것을 의미한다.

데이터가 구간척도이거나 비율척도인 경우, 중앙값 대신 평균을 사용할 수 있다. 그러나 중앙값은 명목형이 아닌 어떤 데이터에도 적용할 수 있기 때문에 여기서는 중앙값을 적용한 예를 설명하기로 한다. 일련의 관측배열이 너무 긴 경우에는 중앙값보다는 평균값을 구하기 쉬우므로 평균을 사용하는 것이 좋다.

예제 EXAMPLE

임의성에 대한 런 검정

한 정치운동가는 길모퉁이에서 '임의로' 사람들을 선택하여 자신의 탄원서에 싸인을 부탁하고 나이를 적었다고 주장하고 있다. 길에서 처음 한 시간 동안 30명이 싸인을 하였고 말해준 나이를 순서대로 기록한 것이 표 14.10의 데이터이다. 유의수준 $\alpha = 0.05$에서 연속적인 30명의 응답자 나이에 임의성이 있는지 검정하라. 데이터는 파일 **CX14AGE**에 있다.

표 14.10

탄원서에 싸인을 한 사람들의 나이배열에서 나이의 중앙값은 44세이다. 열은 T = 10개의 런을 갖고 있고 순서가 랜덤하다(임의성을 갖는다)는 귀무가설은 유의수준 α = 0.05에서 기각되었다.

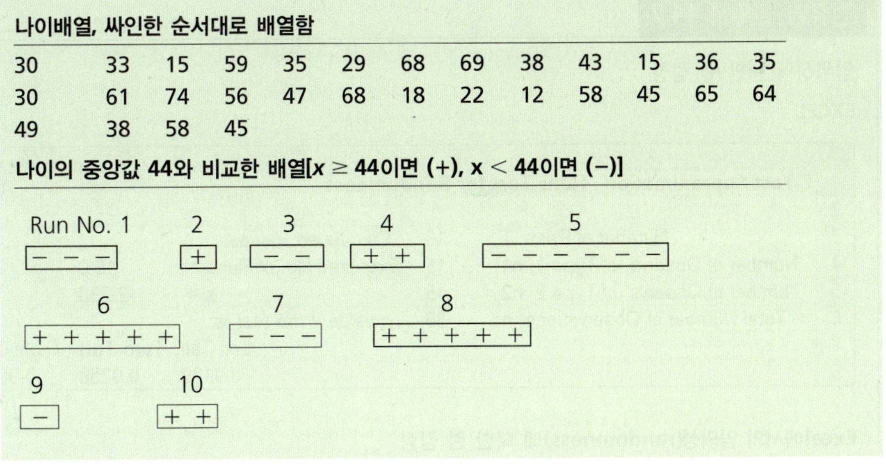

나이배열, 싸인한 순서대로 배열함

30	33	15	59	35	29	68	69	38	43	15	36	35
30	61	74	56	47	68	18	22	12	58	45	65	64
49	38	58	45									

나이의 중앙값 44와 비교한 배열[x ≥ 44이면 (+), x < 44이면 (−)]

Run No.	1	2	3	4	5	6	7	8	9	10
	− − −	+	− −	+ +	− − − − − −	+ + + + +	− − −	+ + + + +	−	+ +

풀이

이 검정의 귀무가설은 H_0: "나이의 배열이 랜덤하게 배열되어 있다."이다. 표 14.10의 나이 중앙값은 44세이다. 각 나이가 44와 같거나 많으면 양(+)으로, 44보다 작으면 음(−)으로 변환하면, 표의 아래에 (+)와 (−) 부호로 이루어진 배열이 생성된다. 런을 box로 나타내면 모두 T = 10개의 런이 있다. n_1 = 15개의 (+)심볼과 n_2 = 15개의 (−)심볼로 전체 표본크기는 n = 15 + 15 = 30이 된다. z-통계량은 다음과 같다.

실제 런의 개수 → T, 런 개수의 기대값 → $\left(\frac{2n_1n_2}{n}+1\right)$

$$z = \frac{T - \left(\frac{2n_1n_2}{n} + 1\right)}{\sqrt{\frac{2n_1n_2(2n_1n_2 - n)}{n^2(n-1)}}} = \frac{10 - \left(\frac{2(15)(15)}{30} + 1\right)}{\sqrt{\frac{2(15)(15)\cdot[2(15)(15) - 30]}{30^2(30-1)}}}$$

$$= \frac{10 - 16}{2.691} = -2.23$$

유의수준 α = 0.05에서 양쪽꼬리 검정의 임계 z-값은 z = −1.96과 z = +1.96이다. 관측된 z = −2.23은 이 기각값의 밖에 있으므로 귀무가설을 기각한다. 유의수준 0.05에서 보면 나이의 배열이 임의의 순서로 나타나지 않았다. 런의 개수(10)가 기대개수(16)보다 상당히 작은 것은 그 정치가의 잘못이라기 보다는 같은 시간대에 비슷한 나이의 사람들이 자주 지나갔거나 연령별로 다니는 시간대가 있을지도 모르기 때문이다. 예를 들어 나이가 많은 사람들은 이른 아침과 한낮에 주로 다닌다.

정규분포표에서 z = −2.23의 누적확률이 0.0129이며, 양측검정이므로 p 값은 z(0.0129) = 0.0258이다.

컴퓨터 솔루션 14.7

임의성에 대한 런 검정

EXCEL

	A	B	C	D	E
1	Z-Test Approximation , Runs Test for Randomness				
2					
3	Number of Runs, T:	10	*Calculated Values:*		
4	Number of Observs. of Type 1, n1:	15	Expected No. of Runs =	16.0	
5	Number of Observs. of Type 2, n2:	15	z =	-2.230	
6	Total Number of Observations, n:	30	*p-value if the test is:*		
7			Left-Tail	**Two-Tail**	Right-Tail
8			0.0129	**0.0258**	0.9871

Excel에서의 임의성(randomness)에 대한 런 검정

1. 데이터(표 14.10)가 있는 파일 **CX14AGE**을 연다. 라벨(A1)과 A2:A31에 데이터가 입력되어 있는데, B2를 클릭하고 식 **=A2 − 43.999**를 입력한다. B2의 오른쪽 아래 코너를 클릭한 후, 드래그하여 B31까지 자동채우기를 한다. B2:B31에 있는 배열을 살펴보면 표 14.10에 있는 부호의 배열과 같다. 런의 개수를 직접 세어보면, $T = 10$이고 '+' 값의 개수는 $n_1 = 15$, '−' 값의 개수는 $n_2 = 15$가 된다.
2. Excel worksheet 템플릿 **TMRUNS**를 열고 **B3**에 ***T*(10)**를 입력한다. **B4**에는 n_1**(15)**, **B5**에는 n_2**(15)**를 입력한다. 런 개수의 기대값과 *z*-통계량, 양쪽꼬리 검정의 *p*값이 나타난다.

「컴퓨터 솔루션 14.7」은 Excel에서 표 14.10에 있는 배열의 임의성(randomness)에 대한 부호 검정을 어떻게 하는지 보여준다. Excel에서는 직접 런의 개수를 세고 Excel worksheet 템플릿 **TMRUNS**을 사용한다.

콜모고로프-스미르노프의 정규성(Normality) 검정

콜모고로프-스미르노프(Kolmogorov-Smirnov) 검정을 이용하여 분포의 정규성을 검정할 수 있다. 13장에서 공부한 카이제곱 검정 방법과 비교해 보면, 이 검정은 기대도수에 대한 최소기준 조건(도수가 5 이상)이 만족되지 않아도 되고 큰 표본뿐만 아니라 작은 표본에도 적용할 수 있다. 데이터는 모집단으로부터 임의적으로 추출한 것으로서 관측된 변수는 최소한 구간척도(interval or ratioal scale)이어야 한다.

모집단의 모수는 지정되지 않고 표본평균과 표준편차로서 모집단의 모수를 추정하여 사용한다. 귀무가설과 대립가설은 다음과 같다.

H_0: 모집단 분포는 정규성을 띤다.

H_1: 모집단 분포가 정규성을 띠지 않는다.

이 검정은 두 개의 누적상대도수를 이용한다: 하나는 실제 관측된 데이터로부터 얻어진 누적상대도수이고 다른 하나는 정규분포라는 가정 하에 만들어지는 누적상대도수이다. 이들 두 개의 누적상대도수를 비교해서 누적분포의 차이를 구한 다음, **최대 차이**(**이격도**)가 검정통계량이 된다. 검정 과정과 검정통계량은 다음과 같다.

콜모고로프-스미르노프 정규성 검정:

1. 데이터 값 x를 작은 값부터 큰 값 순으로 정렬한다.
2. 검정통계량 계산:

$$D = \max|F_i - E_i|$$

F_i = i번째 데이터의 관측된 누적상대도수

E_i = i번째 데이터의 누적상대도수 기대값

3. 표본크기가 n이고 유의수준이 α인 경우, D가 콜모고로프-스미르노프 검정표(부록 A)의 기각값보다 크면 귀무가설을 기각한다. 반대로 기각값보다 작으면 귀무가설을 기각할 수 없다.

예제 EXAMPLE

콜모고로프-스미르노프 정규성 검정

5개의 데이터값으로 이루어진 임의 표본 438, 424, 213, 181, 137에 대해서 콜모고로프-스미르노프 검정을 이용하여 분포의 정규성을 검정하라. 데이터는 파일 **CX14XDAT**에 있고, 유의수준 $\alpha = 0.10$으로 하라.

풀이

이 표본은 크기가 너무 작아서 정규성에 대한 카이제곱 검정뿐만 아니라 다른 어떤 검정도 적용하기 어렵다. 그러나 콜모고로프-스미르노프 정규성 검정은 이렇게 작은 표본에도 적용 가능하다. 이 검정의 귀무가설은 표본이 정규모집단에서 추출되었다는 것이고 대립가설은 그렇지 않다는 것이다. 이 검정은 데이터를 증가하는 순서로 배열하고 누적상대도수의 관측값과 기대값을 비교하면 된다.

표 14.11에는 검정에서 필요한 계산이 요약되어 있다. 왼쪽의 열은 오름차순으로 정렬한 데이터이고 그 다음 열은 각각의 상대도수분포이고, F_i열은 각

표 14.11

콜모고로프-스미르노프 정규성 검정은 작은 표본에도 적용할 수 있다. 표본평균과 표준편차를 이용하여 누적상대도수의 기대값을 구한다.

		누적상대도수		
데이터값	상대도수	F_i = 관측값	E_i = 기대값	$\|F_i - E_i\|$
137	0.2000	0.2000	0.1587	0.0413
181	0.2000	0.4000	0.2451	0.1549
213	0.2000	0.6000	0.3228	0.2772
424	0.2000	0.8000	0.8485	0.0485
438	0.2000	1.0000	0.8686	0.1314

$\mu = 278.6$이고 $\sigma = 141.8$인 정규분포에서 424에 해당하는 z-점수는 1.03이고, $z = \dfrac{424 - 278.6}{141.8} = 1.03$, 표준정규분포에서 $z = 1.03$의 왼쪽 면적은 0.8485이다.

$D = \max|F_i - E_i| = 0.2772$

데이터에 대한 누적상대도수의 관측값이다. $F_3 = 0.6000$이 뜻하는 것은 5개의 관측치 중 3개(60%, 0.6000의 누적상대도수)가 213보다 작다는 것을 의미한다.

표본평균 278.6, 표본 표준편차 141.8을 모집단의 모수로 추정한다. E_i열은 $\mu = 278.6$이고 $\sigma = 141.8$인 정규분포의 누적확률이다. 각 데이터 값을 z-점수로 변환하고 z-점수에 해당하는 누적확률을 구한다. 표 14.11의 box 안에는 데이터 424에 해당하는 누적상대도수 기대값(누적확률) $P(x \leq 424)$를 계산하는 과정이 있다. z-점수는 1.03이고 누적확률은 0.8485이다.

$|F_i - E_i|$를 계산하고, 검정통계량은 $D = \max|F_i - E_i| = 0.2772$이다. 부록 A에 있는 콜모고로프-스미르노프 검정표에서 유의수준 $\alpha = 0.10$의 기각값은 0.315이다. D의 관측값(0.2772)은 기각값(0.315)을 넘지 않으므로 귀무가설을 기각할 수 없다. 데이터는 정규성을 띤다고 말할 수 있다.

Excel은 콜모고로프-스미르노프 검정을 수행할 수 있는 통계용 함수가 없고 Data Analysis Plus에도 이 기능이 없다. 그러나 Excel의 데이터 정렬(sorting) 기능을 이용하여 크기순으로 나열하고, 도수를 누적시켜서 누적확률을 구할 수 있다. 평균과 표준편차를 구해서 z-점수를 정할 수 있고, NORMDIST(z-점수)을 이용하면 누적확률을 구할 수 있다.

스피어만의 순위상관

두 개의 변량이 짝을 이룰 때, 두 변량 간의 상관관계의 정도와 방향을 **스피어만의 순위상관계수**(spearman coefficient of rank correlation) (r_s)를 이용하여 나타낼 수 있다. 변량이 순서척도, 구간척도 또는 비율척도인 경우에 적용할 수 있다. 예를 들면, 10개 주식에 대해서 두 사람의 주식투자 전문가가 투자 순위를 각각 매긴다고 하자. 만일 두 사람이 매긴 순위가 모두 일치하면 r_s 는 +1이 되고, 두 개의 순위매김이 정확히 반대로 되어 있으면 r_s는 −1이 된다. 스피어만의 순위상관계수(r_s)는 두 개의 순위를 비교하여 상관관계의 방향과 그 정도를 나타내 준다. 원 자료가 순위가 아니면 순위로 변환하여 적용하면 된다.

스피어만의 순위상관계수(r_s)는 2장에서 공부한 모수적인(parametric) 상관계수에 대응한 방법이다. 이에 대한 설명은 다음 장에서 더 다룬다. 아래 공식은 짝관측에 비김(ties)이 없을 때를 가정한 것인데, 비김의 개수가 비교되는 짝의 개수에 비해 상대적으로 적으면 아래 식은 매우 가까운 근사식이 된다.

스피어만의 순위상관계수(r_s):
검정통계량:

$$r_s = 1 - \frac{6\left(\sum d_i^2\right)}{n(n^2 - 1)}$$

Σd_i^2: 순위 간의 차이의 제곱 합
n: 짝의 개수

스피어만의 순위상관계수 ρ_s이 귀무가설의 지정값과 같은지에 대한 검정
$n \le 30$ 경우, 귀무가설: $\rho_s = 0(\le 0, \ge 0)$에 대한 r_s의 기각값을 부록 A의 표에서 찾는다.
대표본인 경우, 정규분포근사화를 이용하고, $z = r_s\sqrt{n-1}$ 을 검정통계량으로 한다.

컴퓨터 솔루션 14.8

콜모고로프-스미르노프 정규성 검정

이 검정은 데이터가 정규성을 띠는지 알아본다.

EXCEL

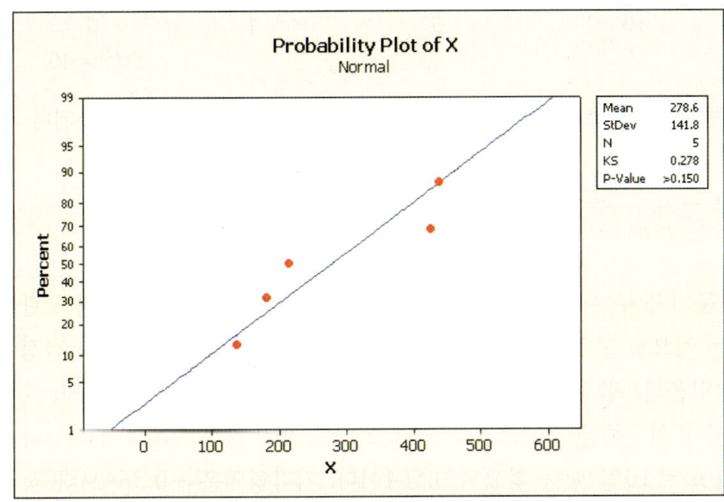

미니탭에서 Kolomogorov-Smirnov (KS) 정규성 검정

1. 데이터 파일 **CX14XDAT**를 연다. C1에 표 14.11의 맨 왼쪽 열의 데이터가 있다. **Stat**을 클릭하고, **Basic Statistics** 선택한 다음, **Normality Test**를 클릭한다.
2. **Variable** 박스에 **C1**을 입력, **Kolomogorov-Smirnov**을 선택한다음, **OK**를 클릭한다.
3. 정규확률도가 생성되고, 정규분포에서 온 데이터들은 직선을 따라 가운데 분포한다. D-통계량('KS'라고 표기됨)과 p 값의 근사값이 계산된다. $p > 0.15$로 계산되어, 유의수준 0.10보다 작지 않으므로 데이터가 정규분포에서 온 것으로 결론 내릴 수 있다.

예제 EXAMPLE

스피어만의 순위상관 검정

스포츠 전문기자 Arnold와 Barbara 두 사람은 올림픽 경기 종목 10개에 대해서 개인적으로 시청하고 싶은 순위를 매겼다. 스피어만의 순위상관계수를 계산하고, 순위상관계수가 0이 아닌지 유의수준 0.10으로 검정하라.

올림픽 종목	전문기자 1의 순위 x_i	전문기자 2의 순위 y_i	$d_i = x_i - y_i$	d_i^2
육상	1	2	−1	1
농구	2	4	−2	4
배구	3	5	−2	4
수영	4	1	3	9
복싱	5	8	−3	9
빙상	6	3	3	9
역도	7	6	1	1
레스링	8	7	1	1
유도	9	10	−1	1
승마	10	9	1	1
				$\Sigma d_i^2 = 40$

이 데이터를 가지고 스피어만의 순위상관계수를 구하면 $r_s = 0.758$이 된다.

$$r_s = 1 - \frac{6(\Sigma d_i^2)}{n(n^2 - 1)} = 1 - \frac{6(40)}{10(10^2 - 1)} = 1 - \frac{240}{990} = 0.758$$

스포츠 전문기자 두 사람이 매겨놓은 순위를 보면 서로 비슷해 보이며 상관관계를 가지는 것으로 보인다. 그렇다면 상관계수가 0이 아니라고 통계적 검정으로 보일 수 있을까? 검정통계량 r_s에 대한 기각값을 부록 A에서 찾아보자. 표는 단측검정의 유의수준을 기준으로 되어 있으므로, 양측검정은 $\alpha/2$에 해당하는 0.05 열의 $n = 10$인 행을 찾으면 0.564이다. 기각영역은 −0.564보다 작거나, +0.564보다 큰 값이다. 계산된 통계량이 $r_s = 0.758$이므로 양의 방향에서 기각값을 넘어서고 있다. 따라서 순위상관계수가 0이라는 귀무가설을 기각한다. 두 개의 순위는 서로 상관관계가 있음을 뜻한다.

「컴퓨터 솔루션 14.9」는 Excel로 스피어만 순위상관계수를 구하는 것을 보여준다. Excel은 정규분포 근사계산을 이용하여 p값과 기각값을 계산한다. 여기서는 $n = 10$인 경우에 적용하였지만, 정규근사계산을 이용하기 위해서는 짝 표본의 개수가 30보다 커야 한다.

컴퓨터 솔루션 14.9

스피어만의 순위상관계수

EXCEL

	A	B	C	D
1	**Spearman Rank Correlation**			
2				
3	*Arnold and Barbara*			
4	Spearman Rank Correlation			0.758
5	z Stat			2.273
6	P(Z<=z) one tail			0.012
7	z Critical one tail			1.282
8	P(Z<=z) two tail			0.023
9	z Critical two tail			1.645

Excel에서 스피어만 순위상관계수 검정

1. 파일 CX14SPEAR을 연다. **추가기능**를 클릭하고 **Data Analysis Plus**를 선택한다. **Correlation(Spearman)**을 선택한 후 **OK**를 클릭한다.
2. **Variable 1 Range** 상자에 **B1:B11**을 입력하고 **Variable 2 Range** 상자에 **C1:C11**을 입력하고, **Labels**를 체크하고, **Alpha** 상자에 **0.10** 입력하고 **OK**를 클릭한다.

참고: 결과를 보면 스피어만 순위상관계수는 **0.758**로 계산되어 있다. p값과 기각값은 정규근사계산으로 한 것이다.

연습문제

14.41 부호 검정에서 이항분포의 역할은 무엇인가? 어떤 조건 하에서 정규근사를 검정에 사용할 수 있는가?

14.42 단일표본이나 짝표본 비교의 검정에서, 부호 검정과 윌콕슨 부호순위 검정은 어떤 기준으로 선택하는가?

14.43 짝표본에서 0이 아닌 차이값이 $n = 8$개가 있는 경우, $d = x_1 - x_2$가 (+)인 차이값이 5개이다. 유의수준 $\alpha = 0.05$에서 H_0: $m_d = 0$ 대 H_1: $m_d \neq 0$을 검정하라.

14.44 0이 아닌 차이값이 $n = 6$인 단일표본 검정에서, 5개의 (+)인 $d = x - 20$ 값이 존재한다. 유의수준 $\alpha = 0.10$에서 H_0: $m_d \leq 20$ 대 H_1: $m_d > 20$을 검정하라.

14.45 연습문제 14.13의 데이터를 사용하여 유의수준 $\alpha = 0.10$에서 부호 검정을 이용하여 두 개 모집단을 비교하라.

14.46 연습문제 14.8의 데이터에 대하여 유의수준 $\alpha = 0.05$에서 주장하는 중앙값과 데이터를 비교하는 부호 검정을 하라. 검정결과는 연습문제 14.8에서의 결과와 서로 일치하는가? 만일 다르다면 각각의 검정에 대해서 의미하는 바는 무엇인가?

14.47 임의성에 대한 런 검정에서 '런'은 무엇인가?

14.48 다음 열에는 각각 몇 개의 런이 있는가?

a. 1 1 0 0 0 1 0 0 1 0 1 1 0 0 0 0 1 1 0 1 1 0 1 0 1 1 1 0 0 1

b. 0 1 0 1 1 0 1 1 1 0 0 0 1 0 1 1 0 0 1 0 1 0 0 1 0 1 1 0 0 1

c. 1 1 1 0 0 0 1 1 1 0 0 0 1 1 0 0 1 1 0 0 1 0 1 0 1 0 0 1 0 1

d. 1 1 1 1 1 1 1 1 1 1 1 1 1 1 1 0 0 0 0 0 0 0 0 0 0 0 0 0 0 0

14.49 1789년부터 1870년까지, 미국 대법원에 임명된 판사들의 성(last name)을 아래와 같이 코딩하였다. 성이 A-M으로 시작하면 '1'로, N-Z로 시작하면 '2'로 변환하였다. 관측된 런의 개수와 기대값을 비교하고, 그 차이가 무엇을 의미하는지 설명하라. 유의수준 $\alpha = 0.10$에서 이 열의 임의성을 검정하라. (출처: *Time Almanac 2003*, p. 91)

2 2 1 1 1 1 2 1 2 1 1 1 2 1 2 2 2 1
1 2 1 1 1 1 2 2 1 1 1 1 2 1 1 1 2 1

14.50 프랜차이즈 본사는 지난 몇 년 동안 지방에 있는 프랜차이즈들을 임의로 골라 예고 없이 방문하였다. 방문한 프랜차이즈 매니저의 성별[남성 (M) 대 여성 (F)]에 대한 열은 아래와 같다. 유의수준 0.10에서 열의 임의성을 검정하라.

F M M M F M F M F M F F M M F
M F M F M M M F M M F

14.51 한 대학이 최근에 받은 지원자들의 LSAT(Law School Admission Test) 점수의 임의표본은 아래와 같다. 유의수준 0.10에서 이 점수에 대하여 콜모고로프-스미르노프 정규성 검정을 하라.

142 161 142 149 147 145 164 170

14.52 라디오 제조회사의 검사원들은 생산라인에서 정기적으로 제품 표본을 추출하고 회로검사를 실시한다. 제품에 가해질 수 있는 가장 강력한 진동보다 3배에 달하는 진동을 가하여 회로의 안전성을 시험한다. 최근에 시행된 5개의 회로실험에서 파괴까지의 시간은 15, 79, 68, 10, 17분이 걸렸다. 유의수준 $\alpha = 0.05$에서 파괴 시간 모집단이 정규분포를 따르는지 콜모고로프-스미르노프 정규성 검정을 하라.

14.53 지방의 한 편의점은 기계장비로 청소를 하는 한 청소업자와 매일 저녁의 마루 청소 계약을 했다. 몇 주일이 지나서 틀이 잡힌 후에, 편의점 주인은 청소 작업에 소요되는 시간 분포의 특성을 파악하기 위해 작업에 걸리는 시간을 몇 번 측정하였다. 지난주 청소 작업에 소요된 시간은 61, 44, 57, 49, 59, 43, 42분이었다. 유의수준 $\alpha = 0.10$에서 콜모고로프-스미르노프 정규성 검정을 이용하여 청소 시간 모집단이 정규분포를 따르는지 검정하라.

14.54 스피어만의 순위상관계수는 무엇이며, 그 계수의 범위와 그 수치적 값의 해석은 어떻게 하는가?

14.55 두 명의 여행 기획자는 10군데의 인기 있는 여행지의 순위를 매겼다. 이 순위의 차이의 제곱의 합은 28이다. 순위상관의 스피어만 계수를 결정하고 해석하라. 0.05 유의수준에서 r_s가 0과 차이가 있는가?

14.56 연습문제 14.16의 데이터를 이용하여 남편과 아내의 순위를 결정하고, 순위상관의 스피어만 계수를 결정하고 해석하라. 0.05 유의수준에서 r_s가 0과 차이가 있는가?

14.57 공화당, 민주당의 정치인 후보는 최근에 입법된 각각 12개 법률에 대해서 1~12까지 그 주에 대해서 가장 유익한 법률(1위)에서 가장 덜 유익한 법률(12위)로 순위를 매겼다. 다음의 데이터로 순위상관의 스피어만 계수를 결정하고 해석하라. 0.02 유의수준에서 r_s가 0과 차이가 있는가?

법률	A	B	C	D	E	F	G	H	I	J	K	L
공화당 순위	1	2	3	4	5	6	7	8	9	10	11	12
민주당 순위	3	4	6	9	8	5	10	7	12	11	1	2

참고: 연습문제 14.58~14.63은 컴퓨터를 사용해야 함.

14.58 식이요법과 강도 높은 운동이 효과가 있는지 알아보기 위해 어느 스포츠 전문의원 40명 지원자를 대상으로 프로그램 1개월 전과 후의 콜레스테롤 수치를 측정하였다. 데이터는 파일 **XR14058**에 있다. 유의수준 $\alpha = 0.025$에서의 부호 검정으로 식이요법과 운동 프로그램의 효과를 검정하라. 검정의 p값을 찾고 설명하라.

14.59 R.L. Polk & Company에 의하면 현재 미국에서 사용 중인 자동차와 트럭의 사용 연수의 중앙값은 약 9년이다. 어느 회사의 간부전용 주차장에 주차된 자동차를 대상으로 임의표본을 조사한 결과 사용 연수는 파일 **XR14059**에 있다. 유의수준 $\alpha = 0.05$에서의 부호검정으로 회사 간부들의 자동차의 사용 연수의 중앙값이 미국 전체의 중앙값보다 작은지를 검정하라. 검정의 p값을 찾고 설명하라. (출처: theautochannel.com, July 31, 2009)

14.60 지금까지 Super Bowl(미국 프로 미식축구의 우승자 결정전) 시합의 우승자 가운데 최근의 43회의 우승자를 '1'과 '2'로(American Conference는 1, National Conference는 2로) 코딩한 파일 **XR14060**이 있다. 유의수준 $\alpha = 0.05$에서 이 열이 임의성을 보이지 않는다고 여길 수 있는가? 검정의 p값을 찾고 설명하라. (출처: NFL.com, July 31, 2009)

14.61 최근의 43회 Super Bowl 시합의 우승 점수 차이가 파일 **XR14061**에 있다. 유의수준 $\alpha = 0.10$으로 볼 때 이 열이 임의성을 보이지 않는다고 여길 수 있는가? 검정의 p값을 찾고 설명하라. (출처: NFL.com, July 31, 2009)

14.62 연습문제 14.61에서 우승 점수차이를 유의수준 $\alpha = 0.05$에서 콜모고로프-스미르노프 검정을 하여 데이터가 정규성을 띠는지 검정하라.

14.63 어느 뮤추얼 펀드의 작년 수익률이 파일 **XR14063**에 있다. 유의수준 $\alpha = 0.10$에서 콜모고로프-스미르노프 검정을 통하여 데이터가 정규성을 띠는지 검정하라.

14.8 요약

비모수적 검정과 모수적 검정

비모수적 방법은 모집단의 분포 모양에 대한 가정을 하지 않는다. 13장에서 다룬 적합도 검정과 독립성 검정, 그리고 비율을 비교하는 χ^2 검정은 비모수적 방법이지만, 모집단 분산에 대한 카이제곱 검정은 모수적이다. (σ^2에 대한 카이제곱 검정은 모집단의 정규분포를 가정한다는 것을 다시 생각해 보기 바람.) 이 장은 다른 장에서 배운 모수적 기법에 대응한 비모수적 기법들을 많이 다루었다.

비모수적 검정은 언제 사용하는가?

비모수적 검정은 모수적 방법에 대응하여 적용하되, (1) 데이터가 명목척도이거나 순서척도인 경우뿐만 아니라, (2) 데이터가 구간척도이거나 비율척도인 경우에도 적용할 수 있으며, 모집단 분포의 정규성과 같은 조건이 충족되지 않을 때 적용한다. 또, 모수적 방법과 다르게 비모수적 기법은 아주 작은 표본에도 적용 가능하다.

비모수적 검정의 유형과 적용

윌콕슨 부호순위 검정은 단일표본을 가지고 모집단의 중앙값이 가정된 값과 같은지 검정하는 데 적용된다. 이 검정은 모집단의 평균에 대한 단일표본 t-검정에 대응하는 비모수적 방법이다. 짝표본 t-검정에 대응하는 비모수적 방법인, 윌콕슨 부호순위 검정은 짝 데이터 차이의 모집단 중앙값이 0인지를 검정한다. 윌콕슨 순위합 검정은 두 개 독립표본의 중앙값들을 비교하며, 이는 두 개 표본 합동분산 t-검정에 대응하는 비모수적 방법이다.

크루스칼–왈리스 검정은 세 개 이상 독립표본의 중앙값을 비교한다. 이는 일원배치 분산분석에 대응되는 비모수적 방법이다. 프리드만 검정은 임의화블록설계 ANOVA와 마찬가지로 처리(treatment)의 효과를 비교하지만 평균이 아닌 중앙값이 비교 대상이다. 프리드만 검정은 순서척도 데이터에도 적용할 수 있고 모집단에 대한 어떠한 가정도 필요로 하지 않는다.

부호 검정의 목적은 윌콕슨 부호순위 검정과 같지만 데이터가 순서척도이면 충분하다. 이 검정에서는 각 관측치(단일표본 검정), 또는 짝 관측치(짝표본)의 차이를 양(+)과 음(−)의 부호로 표현한다. 데이터가 구간척도가 아닌 순서척도로 가정하기 때문에 부호 검정을 적용할 경우, 윌콕슨 부호순위 검정보다 데이터를 덜 효율적으로 사용하게 된다.

런 검정은 일련의 관측치 배열에 포함된 런의 개수를 분석함으로써 그 배열의 임의성을 검정한다. 런(run)은 같은 유형의 관측치가 하나 이상 연속적으로 나타난 배열(sequence)을 말한다. 런의 개수가 기대 개수보다 유의하게 다르면 우리는 데이터의 배열에 어떤 패턴이 있다고 결론지을 수 있다.

콜모고로프–스미르노프 검정을 이용하여 모집단의 정규성(normality)을 검정할 수 있는데, 이는 표본크기가 아주 작은 경우를 포함하여 어떤 크기의 표본에도 적용할 수 있다. 이 검정은 두 개의 누적상대도수를 비교한다. 하나는 관측된 실제 데이터로부터 얻어진 것이고 다른 하나는 정규분포를 가정하고 만들어진 누적상대도수이다. 이들 두 개의 누적상대도수를 비교하여 그 차이가 제일 큰 값이 기각치를 초과하면 정규성을 기각한다. (13장의 카이제곱 방법은 도수가 5개 이상이어야 하였다.)

순서척도 이상(구간척도 또는 비율척도)인 두 개 변수가 짝을 이룰 경우, 짝 관측을 각각 순위로 나타내어 두 변수 사이의 상관관계의 방향과 강도를 스피어만의 순위상관계수를 구하여 검정할 수 있다.

단원 연습문제

14.64 자동세차를 반복하는 동안에도 동일하게 효력이 유지되는지를 알아보기 위해 두 종류의 왁스를 실험 비교하였다. 왁스 A를 칠할 측면을 동전 던지기로 결정하면서 10대의 실험차량에 A, B 두 종류 왁스를 지붕의 양쪽에 칠하였다. 표면에 물방울이 더 이상 미끄러지지 않을 때까지의 세차 횟수를 표에 나타내었다. 유의수준 $\alpha = 0.05$에서 두 왁스가 동일한 효과를 갖는다고 결론지을 수 있는가? 적절한 통계표를 사용하였을 때 검정의 p값을 구하고 설명하라.

		자동차									
		1	2	3	4	5	6	7	8	9	10
왁스칠 후	*A*	12	14	15	14	14	11	14	10	8	15
세차 횟수	*B*	11	19	17	18	11	16	17	13	13	12

14.65 두 개의 만년필형 건전지 브랜드의 수명을 비교하기 위해 연구자는 브랜드 A에서 10개와 브랜드 B에서 10개의 건전지를 임의로 선택하였다. 그런 후 각 건전지를 같은 사용실험에 적용하였다. 아래의 건전지 수명으로 유의수준 $\alpha = 0.05$에서 브랜드 A가 브랜드 B보다 우수하다고 결론지을 수 있는가? 적절한 통계표를 사용하여 검정의 p값을 구하고 설명하라.

브랜드 A	93.4	119.1	94.3	90.0	66.0
	121.4	92.5	111.6	87.6	98.0분
브랜드 B	59.2	65.5	81.5	92.5	71.7
	69.4	83.4	92.5	93.3	81.7분

14.66 오레곤 주의 포트랜드에서 2007년에 구입된 집값의 중앙값은 \$295,200이다. 같은 해에 이 도시의 특정 지역에서 구입된 집들의 임의표본에 대한 집값을 표에 나타내었다. 유의수준 $\alpha = 0.025$에서 2007 일 년 동안 이 지역에서의 집 구입가격의 중앙값이 \$295,200보다 작은지 검정하라. 적절한 통계표를 사용하여 검정의 p값을 구하고 설명하라. (출처: Bureau of the Census, *Statistical Abstract of the United States 2009*, p. 596)

300.3	271.4	270.3	295.1	252.9
287.0	287.3	298.1	257.9	313.9천 달러

14.67 임의로 선정된 6명의 성인에 대해서, 휴식 상태의 맥박수를 4주 동안의 운동 프로그램 전과 후로 나누어서 측정한 결과를 표로 나타내었다. 유의수준 $\alpha = 0.05$에서 프로그램이 상당한 효과가 있다고 결론지을 수 있는가? 적절한 통계표를 사용하여 검정의 p값을 구하고 설명하라.

		맥박수	
		전	후
사람	1	86	85
	2	81	82
	3	77	73
	4	85	79
	5	77	67
	6	77	73 박동수/분

14.68 패스트푸드 레스토랑에서는 좌석이 편안하되 너무 안락하지 않는 것이 이상적이다. 단골손님들이 너무 편한 자리에 앉으면 오래 남아 있는 경향을 보일 것이고 레스토랑은 감당하기 힘들 것이기 때문이다. 좌석 디자인 비교를 위한 실험에서 18명이 같은 음식, 즉 햄버거, 프라이즈, 쉐이크로 얼마나 오래 앉아 있는지 조사하였고 결과를 표로 나타내었다. 유의수준 $\alpha = 0.05$에서 좌석 디자인이 단골손님이 머무는 시간에 유의하게 영향을 미치는가? 적절한 통계표를 사용하여 p값을 구하고 설명하라.

디자인 1, 시간:

6 10 9 5 5 8분

디자인 2, 시간:

13 10 8 13 9 12분

디자인 3, 시간:

10 15 10 8 15 15분

14.69 어떤 소비자 잡지는 일반 가정에서 나오는 쓰레기의 부피를 줄이는 데 쓰이는 다섯 종류의 '쓰레기 압축장치'의 효율성을 검사하였다. 이 실험에서 각 블록은 동일한 쓰레기 혼합물이 담겨 있는 세 개의 백으로 이루

어져 있다. 그리고 압축된 쓰레기의 부피를 ft^3으로 측정하여 표에 나타내었다. 유의수준 $\alpha = 0.025$에서 잡지사는 압축기들이 가정 쓰레기의 부피를 줄이는 데 동일한 효과를 보인다고 결론지을 수 있는가? 적절한 통계표를 사용하여 검정의 p값을 구하고 설명하라.

	압축기					
	1	2	3	4	5	
캔과 병	1.2	1.3	1.4	1.6	1.5	
카드보드박스	1.5	1.5	1.8	1.8	1.7	
신문과 잡지	1.7	1.9	2.1	2.4	2.3	ft^3

14.70 한 사진관의 매니저는 네 개의 다른 크기 사진 중 어떤 크기를 쇼윈도에 진열했을 때 가장 눈에 띄는지 비교 실험을 하였다. 지난달 영업일 23일 동안, 그녀는 매일 진열을 하기 위해 임의로 하나의 사진을 선택했다. 임의로 선택된 사진이 진열된 각각의 날에 방문한 손님의 숫자를 표에 나타내었다. 유의수준 $\alpha = 0.01$에서 네 개의 사진크기가 상점으로 손님을 끄는 데 동일한 효과를 보이는가? 적절한 통계표를 사용하여 검정의 p값을 구하고 설명하라.

사진 1	사진 2	사진 3	사진 4
14	39	19	28
39	19	27	21
45	25	22	32
48	37	15	29
26	18	31	42
30	45		48

14.71 해상 선박으로부터 원격 조정되는 심해 잠수함에 세 가지 모양의 고무패킹 사용을 고려하고 있다. 고무패킹의 방수 효율은 부분적으로 해수 온도에 좌우되므로 5종류의 온도에서 압력 시험을 하는 랜덤화블록 설계를 하였다. 온도는 열대 기후의 최고 수면 온도인 화씨 약 86°와 최대 수심 온도인 화씨 약 32° 사이에서 선정하였다. 각각의 온도에서 패킹의 봉합이 파괴되기 직전의 압력(평방 인치당 수천 파운드)을 측정하여 표로 나타내었다. 유의수준 $\alpha = 0.025$에서 각각의 고무패킹의 효율은 동일한가? 적절한 통계표를 사용하여 검정의 p값을 구하고 설명하라.

		고무패킹의 모양			
		1	2	3	
	86	18.5	18.3	17.4	
	75	14.5	15.8	10.6	
온도	65	13.5	14.9	11.9	
(화씨)	55	11.9	11.5	10.5	
	45	10.7	9.7	7.6	
	33	8.7	5.8	6.2	천 파운드/평방인치

14.72 에어로빅 수업을 수강하기 전에 12명의 헬스클럽 회원들은 강사를 3점 척도(3 = 'excellent,' 2 = 'good,' 3 = 'poor')로 평가하였다. 수강 후에 각 회원은 다시 강사를 평가하였다. 표로 나타낸 전후 평가를 유의수준 $\alpha = 0.05$에서 수강 후 강사에 대한 평가에 큰 변화가 있었는지 검정하라.

	학생											
	1	2	3	4	5	6	7	8	9	10	11	12
수강 전	1	3	2	2	2	2	1	3	1	2	2	1
수강 후	2	2	3	3	3	2	3	3	3	2	3	2

14.73 의심받지 않을 만한 위치에 서서, 편의점으로 들어가는 35명을 연속적으로 관찰하라. 여성인지 남성인지 메모하고 유의수준 $\alpha = 0.05$에서 런 검정을 하여 이 성별에 대한 배열이 임의성을 띠는지 결정하라.

14.74 기자는 임의로 응답자를 선택하고 대학 졸업자인지 아닌지 물어보았다. 인터뷰를 한 30명을 아래에 보는 것처럼 G = '대학 졸업자'이고 **N** = '졸업하지 않은 사람'으로 분류하였다. 유의수준 $\alpha = 0.01$에서 이 배열의 임의성을 검정하라.

G N G N G N N G N G G N N N G
N G G N N G N N G G N G N N G

14.75 Betty는 도심에 있는 한 회사에서 면접을 보았는데, 디렉터는 그녀의 아파트에서 회사까지 20분 이상 걸리지 않을 것이라고 말하였다. 일을 시작하고 첫 2주 동안 그녀의 출근 시간을 표로 나타내었다. 유의수준 $\alpha = 0.05$에서 디렉터의 말이 맞는지 검정하라. 적절한 통계표를 사용하여 검정의 p값을 구하고 설명하라.

24.7 19.5 22.6 21.4 18.0
22.2 17.1 27.1 24.9 23.1분

14.76 자동 요금징수소를 이용하는 운전자의 임의표본에 대해 차가 멈춘 순간부터 요금을 낸 후 출발할 때까지의 경과시간은: 6, 5, 7, 4, 17초이었다. 유의수준 $\alpha = 0.10$에서 이 경과시간이 정규성을 띠는지 콜모고로프-스미르노프 검정을 하라.

14.77 두 투자상담사는 '안전한 투자'를 위해 잠재력에 따라 15개 기업을 평가하였다. 두 투자상담사는 기업 C를 투자할 최고 기업으로 선정하였다. 이러한 나머지 기업에 대한 순위는 표에 나와 있다. 스피어만의 순위상관계수를 사용하여 두 투자상담사가 매긴 순위가 서로 어느 정도 상관되어 있는지 상관관계의 방향과 그 강도를 조사하라. 0.05 유의수준에서 r_s가 0과 차이가 있는가?

회사	A	B	C	D	E	F	G	H	I	J	K	L	M	N	O
상담사 1	2	14	1	8	7	13	3	12	9	4	10	15	5	11	6
상담사 2	3	12	1	5	6	13	7	10	11	2	9	14	8	15	4

참고: 연습문제 14.78~14.86은 컴퓨터 사용이 필요함.

14.78 시리얼 한 박스에 표시된 무게 12온스를 확실히 채우기 위해 시리얼 제조회사는 주입기계를 12.5온스로 세팅하였다. 시리얼 박스의 임의표본의 무게(온스)가 파일 **XR14078**에 들어 있다. 유의수준 $\alpha = 0.10$에서 기계가 세팅과 다른 양을 채웠는가? 검정의 p값을 찾고 설명하라.

14.79 과거에 어느 홈 인테리어 회사의 텔레마케터는 시간 수당을 받아왔다. 5명의 텔레마케터에 대해서 최종 판매금액의 1%에 해당하는 인센티브를 추가로 지급하는 소규모 실험이 진행되었다. 파일 **XR14079**에 있는 데이터는 각 텔레마케터의 실험 전의 판매실적과 실험 다음 날부터의 판매실적을 나타낸다. 유의수준 $\alpha = 0.05$에서 인센티브 정책이 실적을 향상시켰는가? 검정의 p값을 찾고 설명하라.

14.80 한 전자회사의 부품 조립부서에 일하기 위해 지원한 두 지원자에게 대표적인 6개 조립업무를 각각 완수하도록 하였다. 파일 **XR14080**은 부여받은 각각의 업무를 완수하는 데 소요된 시간(분)을 나타낸다. 유의수준 $\alpha = 0.10$에서 볼 때, 지원자의 업무수행 능력이 동등한지 검정하라. 검정의 p값을 찾고 설명하라.

14.81 신참 택시운전수가 공항에서 시내 호텔까지 운행을 할 예정이다. 그녀는 두 개의 길 중에서 어느 것이 시간이 덜 걸리는지에 대한 상반되는 의견을 들었다. 그녀는 10번의 운행 각각에 대해 임의로 경로를 선택하였는데 각 경로에 대한 다섯 번의 운행시간이 파일 **XR14081**에 있다. 유의수준 $\alpha = 0.05$에서 볼 때 두 길에서의 운행시간은 동일한가? 검정의 p값을 찾고 설명하라.

14.82 세 개의 레스토랑에 대한 고객의 평가를 비교해 보기 위해 각 레스토랑에 온 고객을 임의로 선택하고 각 고객은 50점에서 100점으로 레스토랑을 평가하게 하였다. 여기서 50 = 'poor'이고 100 = 'excellent'이다. 파일 **XR14082**의 데이터를 가지고 유의수준 $\alpha = 0.05$에서 세 개 레스토랑에 대한 모집단의 평가점수의 중앙값이 같은지 검정하라. 검정의 p값을 찾고 설명하라.

14.83 값싼 포도주와 비싼 포도주의 차이를 포도주 감식가들이 실제로 알 수 있는지에 대해 의심하는 독자들이 있었다. 이에 대해 지역신문의 음식 담당 편집자는 5명의 감식가에게 3종류의 미확인 포도주의 맛을 보게 하고 'poor'는 1, 'excellent'는 10의 척도로 평가하도록 실험을 시행했다. 포도주 1은 리터당 \$1.5인 Elderberry이고 포도주 2는 리터당 \$8인 Rhine, 포도주 3은 리터당 \$35인 Cabernet Sauvignon이다. 와인 종류를 '처리'로 하고 감식가들은 '블록'으로 하여, 유의수준 $\alpha = 0.05$로 검정하여, 음식 담당 편집자에게 와인에 관한 조언을 하라. 칼럼에서 이런 독자에게 어떻게 대답을 할지 조언을 하라. 검정의 p값을 찾고 설명하라. 데이터는 파일 **XR14083**에 있다.

14.84 다섯 명의 컴퓨터 운영자에게 네 가지의 작업장 배치를 가지고 일하기에 얼마나 좋은지 1 = 'very uncomfortable', 10 = 'very comfortable' 점수로 평가해 달라고 요청하였다. 유의수준 $\alpha = 0.05$에서 작업장 배치가 동일하게 편리하다고 할 수 있는가? 검정의 p값을 찾고 설명하라. 데이터는 파일 **XR14084**에 있다.

14.85 주조로 제작되는 회전속도 조절 바퀴(flywheel) 첫 34개의 무게(온스)를 측정하여 파일 **XR14085**에 나타내었다. 측정된 무게 배열이 임의적인지 유의수준 $\alpha = 0.01$으로 검정하라. 검정의 p값을 찾고 설명하라.

14.86 연습문제 14.85의 데이터의 정규성 검정에 콜모고로프-스미르노프 검정이나 카이제곱 검정을 적용하라. 유의수준 $\alpha = 0.05$에서 이 데이터가 정규성을 지닌다고 할 수 있는가?

종합사례

Thorndike Sports Equipment

Ted와 Luke Thorndike는 미국 각지에 위치한 550개 헬스클럽 체인의 사장인 Candice Ergonne과 점심을 먹고 돌아왔다. 그 헬스클럽은 수준 높은 이미지를 갖고 있고 어느 것에도 뒤지지 않는 시설과 장비로 유명하다. Thorndikes 손자와 할아버지는 그녀를 즐겁게 해주었고 Ergonne은 내년에 오픈하는 120개의 헬스클럽에 연습용 자전거를 공급하려는 Thorndikes의 제안을 받아들였다.

추가 협상 후에 거래는 실제로 종결되었지만 선택된 모델 'ThornBike 2000'의 의자 디자인에 대한 미세 조정이 남아 있었다. Ergonne은 보다 더 넓은 의자를 요구하는 클럽 회원들이 있다는 것을 알고 있지만, 의자마다 사이즈를 다르게 해서 고객의 주의를 끄는 것은 원치 않았다. 그녀는 누구에게나 맞는 단일 사이즈로 결정하기를 원했다.

4개의 의자 디자인을 평가하는 실험을 하기 위해서, Ergonne은 다양한 체구의 7명의 고객을 선발하고,

Thorndike는 실험에 필요한 의자를 제공하였다. 7명은 임의의 순서로 각각 4개의 의자에서 5분씩 자전거를 탔다. 의자의 편안함을 1에서 10까지의 척도(1 = 'poor'와 10 = 'excellent')로 평가했다. 결과는 아래와 같고 데이터는 파일 **THORN14**에 있다.

이 결과를 가지고 Ted Thorndike는 유의수준 0.10에서 네 개의 의자 디자인이 똑같이 편안하다는 귀무가설을 기각할 수 있는가?

		의자 디자인			
		1	**2**	**3**	**4**
	1	3	9	5	7
	2	7	8	6	8
	3	8	10	9	7
피실험자	*4*	4	8	3	6
	5	6	8	5	10
	6	9	5	7	6
	7	8	10	7	9

경영사례

Circuit Systems, Inc. (B)

11장에서 우리는 Circuit Systems, Inc.를 방문하였다. 이 회사는 시간급 노동자들의 결근으로 인한 손실을 줄이기 위한 새로운 프로그램의 효과에 관심이 있다. 새 프로그램은 사용하지 않은 유급병가(sick leave)에 대해 보상을 지급하고, 건강을 위해서 헬스클럽에 다니고 싶어하는 직원들에게 입회금을 $200 지원하는 것이다. 새 프로그램을 도입한 Thomas Nelson은 새 프로그램 시행 전 일 년과 시행 후 일 년 동안 회사에 다닌 233명의 직원을 대상으로 데이터를 수집하였다. Nelson이 갖고 있는 정보는 데이터 파일 **CIRCUIT**에 있다. 변수들과 그의 프로그램 설명은 11장의 Circuit Systems, Inc. (A)에서 설명한 것과 같다.

1. Circuit Systems (A)의 질문 1을 반복하라. 단, 새 프로그램이 시행되기 전의 결근 횟수와 그 후의 결근 횟수를 비교하는 데 독립표본 t-검정 대신 짝표본 윌콕슨 부호순위 검정을 사용하라.
2. Circuit Systems (A)의 질문 2를 반복하라. 단, 짝표본 윌콕슨 부호순위 검정을 사용하라. 이 프로그램의 목적이 결근에 따른 손실을 줄이는 것이라는 사실을 명심하고 두 개의 새 변수를 생성하거나 (A)에서 만들었던 것을 사용해야 한다. 이 변수들에 대한 Circuit Systems (A)의 질문에 있는 토론과 힌트를 참고하라.
3. Circuit Systems (A)의 질문 3을 반복하라. 단, 이 장에서 다룬 적절한 비모수적 통계 검정을 사용하여 프로그램의 효과성을 평가하라.

PART 5
회귀분석, 모형 구축 및 시계열

CHAPTER

15 단순선형회귀분석과 상관관계
Simple Linear Regression and Correlation

금전적 보상을 위한 승리

스포츠에서 어떤 팀은 돈으로 살 수 있는 최고의 팀으로 불린다. 2006년 메이저 리그 야구 시즌에서 연봉과 승리 횟수를 보면, 이 말이 꽤 의미가 있는 것 같다. 최고 연봉을 받는 팀이 World Series에서 우승한 것은 아니지만, 팀의 연봉과 정규시즌에서의 승리 횟수 사이에는 강한 관계가 있다.

이러한 관계는 **단순선형회귀**(*simple linear regression*) 분석기법을 사용하여 데이터를 가장 잘 나타내는 선형식을 찾음으로써 설명될 수 있다. 이 데이터 분석 방법에는 2장에서 다룬 **산점도**(*scatterplot*)와 3장에서 간단히 소개한 **상관계수**(*coefficient of correlation*)가 포함된다. 선형회귀와 상관을 사용하여 다음과 같은 흥미로운 결과를 얻을 수 있다: (1) 팀 연봉의 변동은 팀 승리 횟수의 변동의 29%를 설명한다; (2) 평균적으로 1회의 승리가 추가되기 위해서는 5백99만 달러의 팀 연봉이 추가로 필요하다; 그리고 (3) 야구에서 연봉이 가장 낮은 팀 중 하나인 미네소타 트윈스는 연봉으로 예측된 승리 횟수보다 17게임을 더 이김으로써 팬과 구단주를 기쁘게 했다. 「생활 속의 통계 15.2」에서 2006년 메이저 리그 야구 시즌의 연봉과 총 승리 횟수의 관계를 밝히는 데 회귀분석과 상관분석이 어떻게 적용되는지를 볼 것이다.

학습목표

- 단순선형회귀 모형(simple linear regression model)의 각각의 항(term)과 모형의 가정을 설명한다.
- 최소제곱 회귀식(least square regression equation)을 결정하고 종속변수에 대한 점추정(point estimate)과 구간추정(interval estimate)을 한다.
- 상관계수(correlation coefficient) 값을 결정하고 설명한다.
- 결정계수(coefficient of determination)의 의미를 설명한다.
- 신뢰구간(confidence interval)을 구하고 회귀직선의 기울기와 관련 있는 가설검정을 한다.
- 상관계수의 유의성(significance) 검정을 한다.
- 선형회귀 모형이 적절하고 가정이 만족되는가를 알아보기 위한 잔차분석(residual analysis)을 한다.

15.1 머리말

3.6에서 두 개의 구간 또는 비율 척도 변수가 서로 관계가 있는지 알아보는 방법인 상관계수를 간단하게 소개하였고, 13.4에서는 두 개의 명목 척도 변수가 상관이 있는지를 알아보기 위해 카이제곱 분석을 하였다. 이 기법들을 이용하면 두 변수 간에 관계가 있다는 것은 알 수 있지만 어떤 관계가 있는지는 알 수 없다. 이 장에서 다루는 기법들은 두 개의 구간이나 비율 척도 변수에 적용 가능하며, 변수들 간 관계의 강도나 특징을 밝혀준다.

회귀분석은 두 개의 변수에 대하여 가장 적합한 관계식을 제공한다. 식은 선형(직선)이거나 곡선이 될 수 있지만 이 장에서는 직선의 관계식에 대해 집중적으로 다룬다. **상관분석**은 변수들 간의 관계의 강도를 측정한다.

이 장에서는 두 개의 변수, x와 y에 대한 단순선형회귀분석과 상관을 다룬다. 변수들은 **종속변수** (y)와 **독립변수** (x)로 구분되며 이 분석의 대표적인 목표는 x가 주어졌을 때 y를 추정하는 것이다. (독립변수가 하나인 경우에 단순이라는 표현을 사용한다.) 다음 장에서는 종속변수를 추정하는 데 두 개 이상의 독립변수가 사용되는 다중선형회귀분석과 상관을 다룬다. 다음은 단순회귀에서의 종속변수와 독립변수의 예이다.

종속변수 (y)	독립변수 (x)
판매	광고
입사 후 봉급 초봉	평균 성적(GPA)
제품 결함수	품질보증 지출
잡지 광고료	잡지 발행부수

두 변수의 선형 상관을 알아보기 위한 한 방법은 2.5절에서와 같이 산점도를 그려보고 점들이 근사적으로 직선인지 직접 눈으로 확인하는 것이다. 다음 절에서는 단순선형회귀 모형을 소개하고 최소제곱법을 설명한다.

15.2 단순선형회귀 모형

모형과 가정

단순선형회귀 모형은 y절편과 기울기를 갖는 선형식이며, 표본을 이용하여 이 선형식의 모수가 추정된다. 모형은 다음과 같이 모수에 의하여 표현된다:

단순선형회귀 모형:

$$y_i = \beta_0 + \beta_1 x_i + \epsilon_i$$

y_i = 종속변수 y의 값
x_i = 독립변수 x의 값
β_0 = 회귀직선의 절편
β_1 = 회귀직선의 기울기
ϵ_i = 임의 오차, 잔차

1. 주어진 x값에 대한 선형식으로 표현된 y의 기대값은 $\mu_{y.x} = \beta_0 + \beta_1 x_i$이다. $\mu_{y.x}$는 'x가 주어졌을 때 y의 평균' 이라고 말할 수 있다.
2. y의 실제값과 기대값의 차이는 오차 혹은 잔차, $\epsilon_i = y_i - (\beta_0 + \beta_1 x_i)$이다.

이 모형에 따르면 (x_i, y_i) 쌍으로 이루어진 모집단의 y절편은 β_0이고 기울기는 β_1이다. ϵ_i항은 i번 째 관측치나 측정치에 대한 **잔차**이며, 실제값(y_i)과 회귀직선에 의한 기대값($\mu_{y.x} = \beta_0 + \beta_1 x_i$)의 차이이다. 값들은 회귀직선의 아래나 위에 흩어져 있을 것이지만, 주어진 x값에 대한 y의 기대값은 회귀직선 $\mu_{y.x} = \beta_0 + \beta_1 x_i$에 의하여 결정된다.

단순선형회귀 모형의 세 가지 가정은 다음과 같다:

1. 주어진 x에 대해 y값은 평균이 회귀직선 $\mu_{y.x} = \beta_0 + \beta_1 x_i$ 위에 있는 정규분포를 가진다.
2. x의 값과 관계없이 y값의 표준편차는 동일하다. 표준편차가 동일하다는 가정은 **등분산성**(**homoscedasticity**)이라고 부른다.
3. y값들은 통계적으로 서로 독립이다. 예를 들어 주어진 y값이 $\mu_{y.x} = \beta_0 + \beta_1 x_i$보다 커도 이것이 다음 y값의 관찰치가 $\mu_{y.x} = \beta_0 + \beta_1 x_i$보다 클 확률에 영향을 미치지 않는다.

그림 15.1은 모집단 회귀직선의 아래와 위에 흩어져 있는 y값들의 분포를 나타낸다. 각각의 x값마다 이러한 분포가 존재하며, 각각의 분포는 $\mu_{y.x}$를 평균으로 하고 표준편차가 같은($\sigma_{y.x} = \sigma$) 정규분포이다.

세 가지의 가정은 단순선형회귀 모형의 잔차(ϵ_i)에 관한 가정으로도 표현될 수 있다: (1) 주어진 x값에 대해 ϵ_i들의 모집단은 평균이 0이고 표준편차가 σ인 정규분포를 가진다; (2) 이 표준편차는 x_i값에 상관없이 동일하다; (3) ϵ_i값은 서로 독립이다.

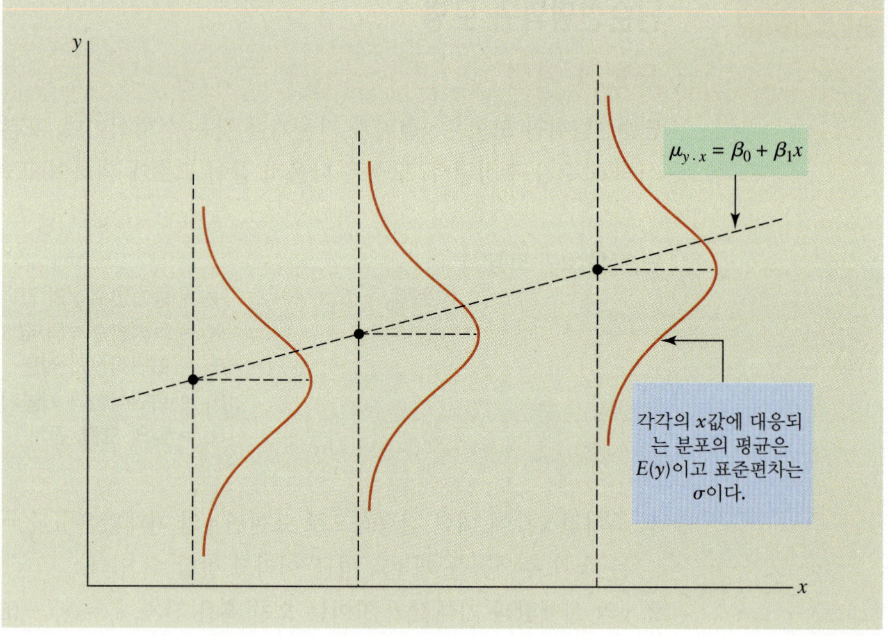

그림 15.1

주어진 x에 대응되는 y 값은 모집단 회귀직선을 중심으로 등분산성의 정규분포를 가진다. 모집단 회귀직선은 표본데이터에 의한 표본 회귀직선으로 추정되며, $s_{y.x}$는 σ의 표본추정치이다.

표본 데이터를 이용하여 모집단 회귀직선의 y절편과 기울기를 추정할 수 있으며, 이렇게 추정된 직선이 표본 회귀직선이다:

표본 회귀직선:

$\hat{y} = b_0 + b_1 x$

$\hat{y}$ = 주어진 x값에 대한 종속변수(y)의 추정값

b_0 = y절편; $x = 0$일 때 회귀직선이 y축을 통과하는 값이다.

b_1 = 회귀직선의 기울기

x = 독립변수 값

$\hat{y}$은 우리가 모르는 y의 '실제' 값의 추정치이다. 표본 회귀직선은 β_0와 β_1의 추정치인 y절편(b_0)과 기울기(b_1)에 의하여 결정된다. 서로 다른 b_0와 b_1에 의하여 무한히 많은 직선이 표현될 수 있지만, 산점도를 가장 잘 표현하는 최적의 직선은 최소제곱의 기준에 의하여 결정된다.

최소제곱의 기준

최소제곱 기준은 산점도에서의 y값과 추정된 y값의 차이를 제곱하여 합한 값을 최소화하는 것이다:

최적 적합식을 찾기 위한 최소제곱의 기준:

최적 적합식은 $\sum(y_i - \hat{y}_i)^2$을 최소화한다

y_i = 주어진 x에 대한 y관측값

$\hat{y}_i$ = 주어진 x에 대한 y예측값

최소제곱의 기준이 어떻게 적용되는가를 그림 15.2의 (a)와 (b)에서 살펴보자. (a)에서는 y의 관측치와 추정치의 차이를 제곱한 것의 합은 100.0이고 (b)에서는 67.0이다. 최소제곱 기준에 의하면 (b)의 직선이 (a)의 직선보다 더 적합하다.

최소제곱 회귀직선의 결정

데이터를 이용하여 최소제곱의 기준에 의하여 최적 적합직선을 구하는 식이 아래에 있다. 이 식들은 함수의 미분을 이용하여 도출한 것으로 이렇게 계산된 b_0와 b_1은 최소제곱의 기준을 만족한다. 최소제곱의 기준에 의한 회귀직선을 최소제곱 회귀직선 또는 단순히 **회귀직선**(regression line)이라 부른다:

그림 15.2

최소제곱 기준을 사용하여 (a)보다 (b)의 직선이 더 적합하다는 것을 알 수 있다.

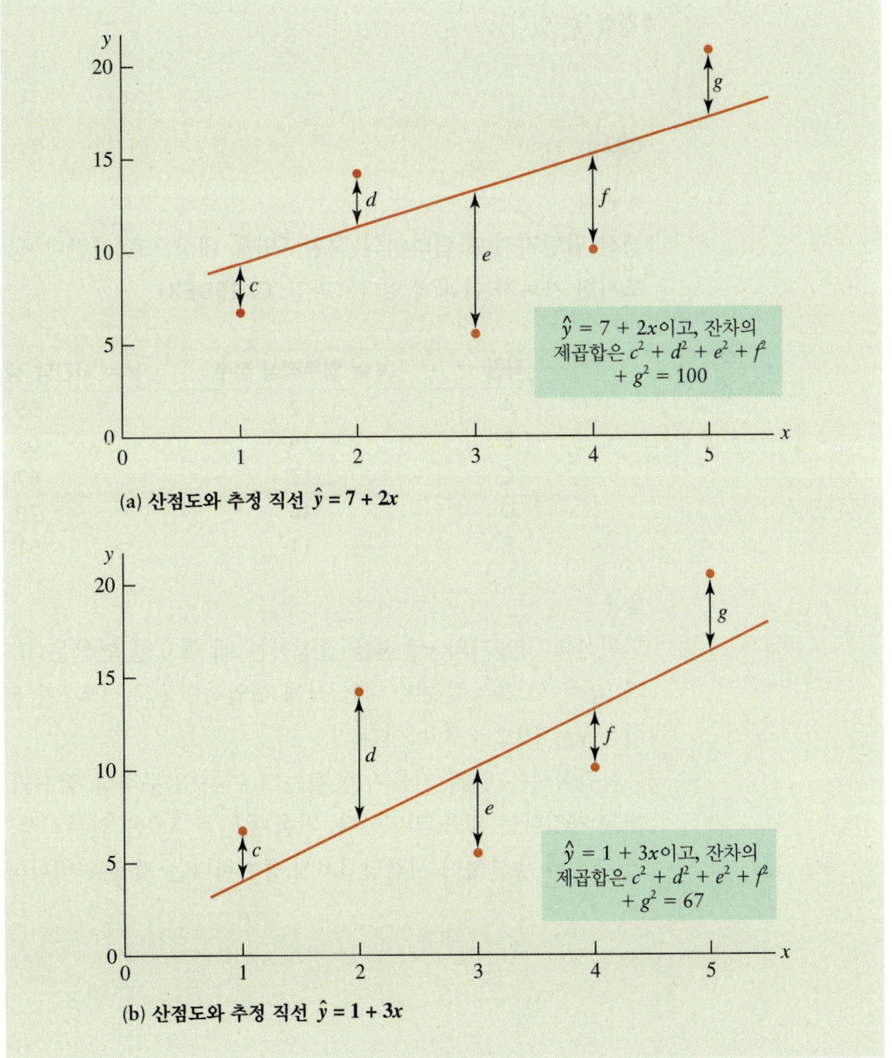

최소제곱 회귀직선, $\hat{y} = b_0 + b_1 x$

- 기울기

$$b_1 = \frac{(\sum x_i y_i) - n\bar{x}\bar{y}}{(\sum x_i^2) - n\bar{x}^2} \qquad n = \text{데이터의 개수}$$

- y절편

$$b_0 = \bar{y} - b_1 \bar{x}$$

기울기가 결정되면, 최소제곱 회귀직선이 항상 점 $(\bar{x}, \bar{y})$를 통과한다는 사실을 이용하여 y절편을 쉽게 구할 수 있다. y절편의 식 $b_0 = \bar{y} - b_1 \bar{x}$는 $\bar{y} = b_0 + b_1 \bar{x}$를 b_0에 대하여 정리한 것이다. (참고: 휴대용 계산기를 사용한다면 위의 식을 적용하기 전에 데이터의 단위를 재정의하여 데이터의 자릿수를 줄이는 것이 좋다. 예를 들어 달러를 백만 달러 단위로 변환하면 $30,500,000는 $30.5로 표현된다. 이렇게 하면 곱의 합이나 제곱근 등의 계산에서 계산기의 용량 때문에 생기는 문제를 해결할 수 있다)

예제 EXAMPLE

회귀식

생산 담당자가 조립라인의 직원 5명을 대상으로 시간당 생산성과 업무적성을 조사한 자료가 아래에 있다. (파일: **CX15DEX**)

직원	x = 업무적성 점수	y = 시간당 생산품 개수
A	12	55
B	14	63
C	17	67
D	16	70
E	11	51

풀이

회귀식의 기울기와 y절편을 결정하는 데 필요한 연산은 표 15.1에 있다. 기울기 $b_1 = 3.0$을 y절편에 대한 식에 대입하면 b_0는 19.2가 된다. 최소제곱 회귀식은 $\hat{y} = 19.2 + 3.0x$이다.

회귀직선은 양의 기울기를 갖는데 이는 업무적성 점수와 생산성이 양의 관계를 가진다는 것을 의미한다. 기울기 $b_1 = 3.0$은 업무적성 점수가 1점 증가하면 추정된 생산성이 시간당 3.0개 증가한다는 것을 의미한다.

표 15.1

업무적성 점수(x)와 시간당 생산품 개수(y)에 대한 예제의 최소제곱 회귀직선을 구하는 데이터와 기본계산

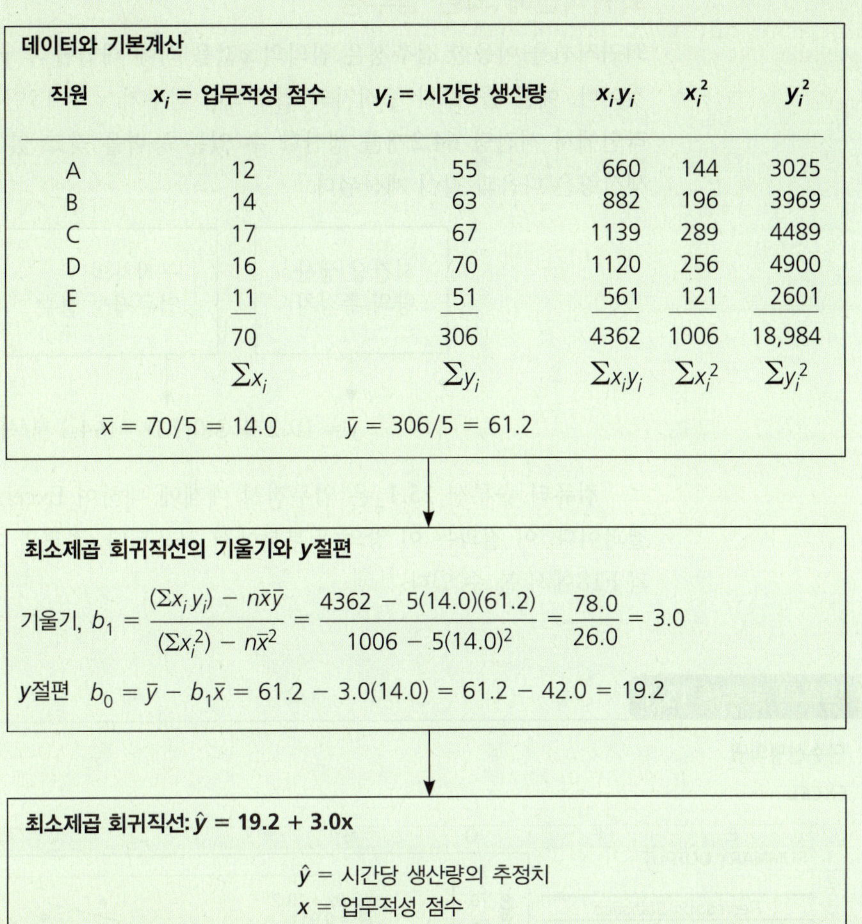

데이터와 기본계산

직원	x_i = 업무적성 점수	y_i = 시간당 생산량	$x_i y_i$	x_i^2	y_i^2
A	12	55	660	144	3025
B	14	63	882	196	3969
C	17	67	1139	289	4489
D	16	70	1120	256	4900
E	11	51	561	121	2601
	70	306	4362	1006	18,984
	Σx_i	Σy_i	$\Sigma x_i y_i$	Σx_i^2	Σy_i^2

$\bar{x} = 70/5 = 14.0 \qquad \bar{y} = 306/5 = 61.2$

최소제곱 회귀직선의 기울기와 y절편

$$\text{기울기, } b_1 = \frac{(\Sigma x_i y_i) - n\bar{x}\bar{y}}{(\Sigma x_i^2) - n\bar{x}^2} = \frac{4362 - 5(14.0)(61.2)}{1006 - 5(14.0)^2} = \frac{78.0}{26.0} = 3.0$$

$$y\text{절편} \quad b_0 = \bar{y} - b_1\bar{x} = 61.2 - 3.0(14.0) = 61.2 - 42.0 = 19.2$$

최소제곱 회귀직선: $\hat{y} = 19.2 + 3.0x$

$\hat{y}$ = 시간당 생산량의 추정치
x = 업무적성 점수

그림 15.3

표 15.1에 있는 데이터에 대한 산점도와 최소제곱 회귀직선.

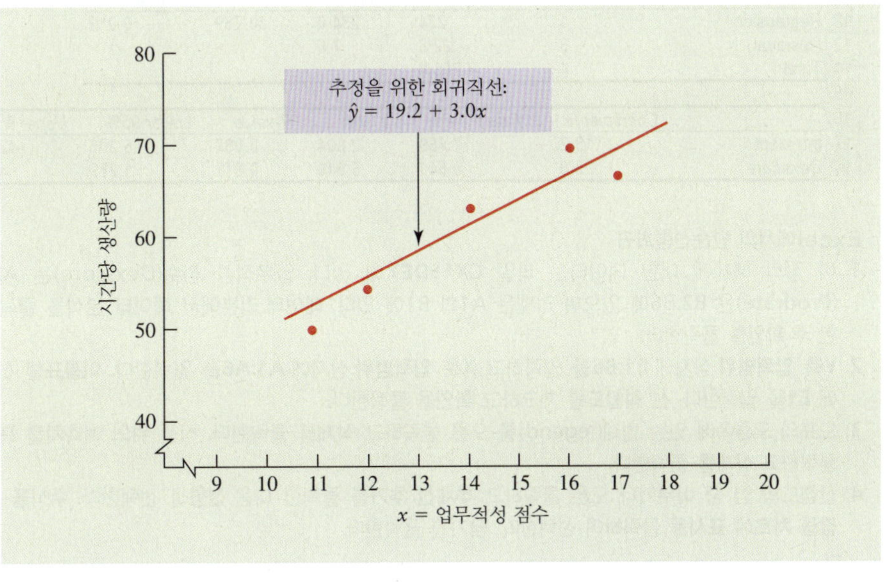

회귀직선에 의한 점추정

회귀직선을 이용한 점추정은 임의의 x값을 식에 대입한 후 y의 추정치를 계산하는 것이다. 예를 들어, 한 구직자의 업무적성 점수가 $x = 15$인 경우, 이 사람은 조립라인에서 시간당 64.2개를 생산할 수 있는 능력을 갖고 있다고 예상된다. 추정된 생산량은 다음과 같이 계산된다.

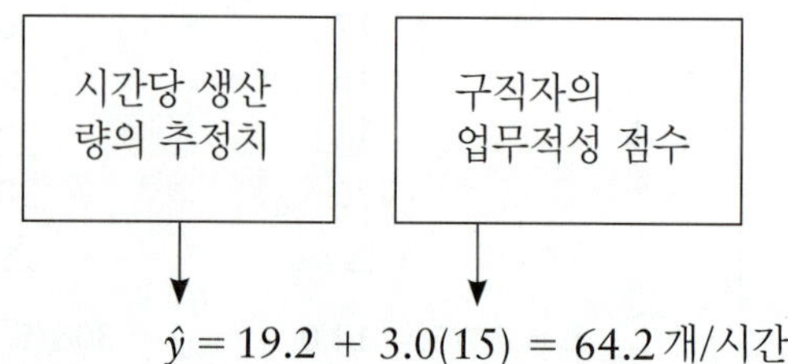

$$\hat{y} = 19.2 + 3.0(15) = 64.2\text{개/시간}$$

「컴퓨터 솔루션 15.1」은 업무적성 예제에 대하여 Excel로 단순회귀분석을 한 결과이다. 이 결과는 이 장의 뒷부분에서 사용된다. 절편과 기울기는 각각 셀 F17과 F18에서 볼 수 있다.

컴퓨터 솔루션 15.1

단순선형회귀

EXCEL

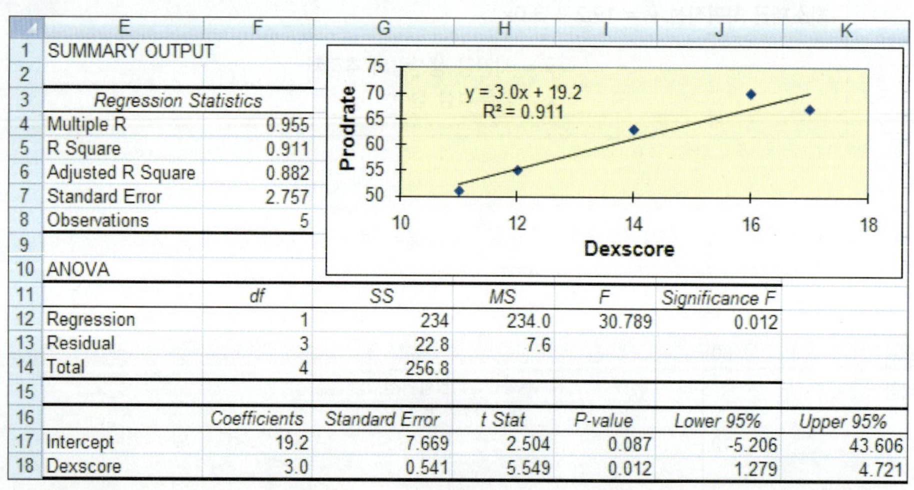

	E	F	G	H	I	J	K
1	SUMMARY OUTPUT						
2							
3	*Regression Statistics*						
4	Multiple R	0.955					
5	R Square	0.911					
6	Adjusted R Square	0.882					
7	Standard Error	2.757					
8	Observations	5					
9							
10	ANOVA						
11		*df*	*SS*	*MS*	*F*	*Significance F*	
12	Regression	1	234	234.0	30.789	0.012	
13	Residual	3	22.8	7.6			
14	Total	4	256.8				
15							
16		*Coefficients*	*Standard Error*	*t Stat*	*P-value*	*Lower 95%*	*Upper 95%*
17	Intercept	19.2	7.669	2.504	0.087	-5.206	43.606
18	Dexscore	3.0	0.541	5.549	0.012	1.279	4.721

Excel에서의 단순선형회귀

1. 이 장의 예제에 대한 데이터는 파일 **CX15DEX**에 있다. 업무적성 점수(Dexscore)는 A2:A6에 있고, 생산성(Prodrate)은 B2:B6에 있으며 라벨은 A1과 B1에 있다. **데이터** 리본에서 **데이터 분석**을 클릭하고 **회귀분석**을 선택한 후 **확인**를 클릭한다.
2. **Y축 입력범위** 상자에 **B1:B6**를 입력하고 **X축 입력범위** 상자에 **A1:A6**를 입력한다. **이름표**를 선택하고 **출력범위** 상자에 **E1**을 입력한다. **선 적합도**를 체크하고 **확인**을 클릭한다.
3. 도표의 오른쪽에 있는 범례(legend)를 오른 클릭하고 **삭제**를 클릭한다. 직선 위의 예측치를 표시하는 사각형을 오른 클릭하고 **삭제**를 클릭한다.
4. 산점도의 점 중 아무거나 오른 클릭하고 **추세선 추가**를 클릭한 다음 **선형**을 선택한다. **수식을 차트에 표시**와 **R-제곱값을 차트에 표시**를 클릭하여 선택한다. **닫기**를 클릭한다.

연습문제

15.1 선형회귀모형 $y_i = \beta_0 + \beta_1 x_i + \epsilon_i$의 각 항을 설명하라.

15.2 선형회귀모형의 가정은 무엇인가?

15.3 선형회귀식 $\hat{y} = b_0 + b_1 x$에서 좌변에 y가 아닌 $\hat{y}$이 있는 이유는 무엇인가?

15.4 최소제곱 기준은 무엇이며 주어진 데이터에 대한 회귀직선을 얻는 것과 무슨 상관이 있는가?

15.5 데이터 $(x = 2, y = 10)$, $(x = 3, y = 12)$, $(x = 4, y = 20)$, $(x = 5, y = 16)$을 갖고 있는 산점도에 대하여 두 개의 회귀직선 (1) $\hat{y} = 10 + x$와 (2) $\hat{y} = 8 + 2x$가 제안되었다. 최소제곱 기준에 의하면 두 개의 회귀직선 중 어느 것이 데이터에 더 적합한가? 그 이유는?

15.6 연습문제 15.5의 데이터에 대한 최소제곱 회귀직선을 찾고 y와 $\hat{y}$의 차이의 제곱의 합을 계산하라.

15.7 데이터 $(x = 3, y = 8)$, $(x = 5, y = 18)$, $(x = 7, y = 30)$, $(x = 9, y = 32)$를 갖고 있는 산점도에 대하여 두 개의 회귀직선 (1) $\hat{y} = 5 + 3x$와 (2) $\hat{y} = -2 + 4x$가 제안되었다. 최소제곱 기준에 의하면 두 개의 회귀직선 중 어느 것이 데이터에 더 적합한가? 그 이유는?

15.8 연습문제 15.7의 데이터에 대한 최소제곱 회귀직선을 찾고 y와 $\hat{y}$의 차이의 제곱의 합을 계산하라.

15.9 직원 8명의 근속 기간과 보유 주식 수에 관한 자료이다.

x = 근속기간	y = 주식 수
6	300
12	408
14	560
6	252
9	288
13	650
15	630
9	522

a. 최소제곱 회귀직선을 구하고 기울기의 의미를 설명하라.

b. 10년 근속한 직원의 추정 보유 주식 수는 얼마인가?

15.10 다음은 1995년부터 2000년까지의 x = 보트 판매량과 y = 보트 트레일러 판매량이다. (출처: Bureau of the Census, *Statistical Abstract of the United States 1999*, p. 269 and Statistical Abstract 2002, p. 755)

연도	보트 판매량(천)	트레일러 판매량(천)
1995	649	207
1996	619	194
1997	596	181
1998	576	174
1999	585	168
2000	574	159

a. 최소제곱 회귀직선을 구하고 기울기의 의미를 설명하라.

b. 500,000개의 보트가 판매되는 경우 보트 트레일러의 판매량을 추정하라.

c. 보트 트레일러의 연간 판매량이 보트의 연간 판매량보다 적은 이유는 무엇인가?

15.11 인기가 좋았던 5개 영화의 첫 2주간의 티켓 판매액과 총 판매액이다. 총 판매액을 추정하기 위한 최소제곱식을 계산하고 기울기에 대해 설명하라. 첫 2주 동안의 티켓 판매가 1억 달러였다면 총 판매액의 기대값은 얼마인가?

(단위: 백만 달러)

2주간 판매	총 판매액
104.5	207.9
125.0	250.3
64.7	191.8
88.2	205.0
75.4	175.1

참고: 연습문제 15.12~15.14에서는 컴퓨터와 통계 소프트웨어가 필요하다.

15.12 지분 파트너 1인당 이익이 가장 높은 5개 법률회사의 지분 파트너 수와 파트너 1인당 이익이 데이터 파일 **XR15012**에 있다. 파트너의 숫자에 의하여 1인당 이익을 추정하기 위한 최소제곱식을 구하고, 기울기를 설명하라. 200명의 파트너가 있다면 파트너 1인당 이익은 얼마가 되나? (출처: law.com, August 8, 2009)

15.13 플로리다의 생태계는 우기와 건기에 따라 큰 영향을 받고, 특히 초원의 화재 피해를 감소시켜 주는 겨울과 봄의 강수량에 가장 영향을 많이 받는다. 데이터 파일 **XR15013**은 1988~2000년의 1월에서 5월까지 화재면적(에이커)과 강수량(인치)을 나타낸 것이다. 강수량에 의하여 1월에서 5월 사이의 화재면적을 추정하기 위한 최소제곱식을 구하고 기울기를 설명하라. 1월에서 5월 사이에 18인치의 비가 왔을 경우 화재면적의 기대값은 얼마인가? (출처: "Rainfall, Fires Linked in Florida," *USA Today*, June 9, 2000, p.4A)

15.14 대표적인 건강관리 기업의 등록자 수와 건강관리 프로그램 수가 데이터 파일 **XR15014**에 있다. 프로그램 수에 의하여 등록자 수를 추정하기 위한 최소제곱식을 구하고, 기울기를 설명하라. 20개의 프로그램이 있다면 등록자 수는 얼마가 되나? (출처: *The Wall Street Journal Almanac 1999*, p. 565)

15.3 표본회귀직선을 이용한 구간추정

앞의 예제에서 업무적성 점수 $x = 15$인 구직자의 생산량이 시간당 64.2개로 추정되었다. 이것은 점추정 값이며, 실제로 이 사람의 생산량이 얼마나 크거나 작은 값이 될지는 불확실하다. 이 절에서 소개하는 기법을 사용하면 실제 생산량을 포함하는 구간의 상한과 하한을 추정할 수 있다.

추정값의 표준오차

종속변수에 대한 구간추정을 하려면 우선 **추정값의 표준오차**(standard error of estimate) $s_{y.x}$를 구해야 한다. 이것은 회귀직선 부근에 데이터가 산포되어 있는 정도를 나타내는 표준편차이다. 추정값의 표준오차에 대한 정확한 식은 아래와 같이 표본표준편차(s)를 구하는 것과 유사하다.

추정값의 표준오차:

$$s_{y.x} = \sqrt{\frac{\Sigma(y_i - \hat{y}_i)^2}{n-2}}$$

y_i = 데이터의 각각의 y값
$\hat{y}_i$ = 회귀직선으로 추정된 y값
n = 데이터 개수

y절편 b_0와 기울기 b_1이 표본으로부터 추정되었기 때문에 $s_{y.x}$를 구할 때의 자유도는 $n-2$이다. 표 15.1과 그림 15.3의 업무적성 예제에서 추정값의 표준오차는 아래와 같이 계산된다. 각 행에서 추정치($\hat{y}$)는 회귀직선 $\hat{y} = 19.2 + 3.0x$에 의하여 계산되고, 추정값과 관측값의 차이가 잔차(*residual*)이다. 각각의 잔차는 회귀직선으로부터 관측값까지의 수직거리이다.

		시간당 생산량			
직원	x_i = 업무적성 점수	실제값 (y_i)	예측값 $\hat{y}_i$	잔차 $(y_i - \hat{y}_i)$	잔차제곱 $(y_i - \hat{y}_i)^2$
A	12	55	55.2	− 0.2	0.04
B	14	63	61.2	1.8	3.24
C	17	67	70.2	− 3.2	10.24
D	16	70	67.2	2.8	7.84
E	11	51	52.2	− 1.2	1.44
					$\Sigma(y_i - \hat{y}_i)^2 = 22.80$

회귀직선에 대한 잔차 제곱의 합은 $\Sigma(y_i - \hat{y}_i)^2 = 22.80$으로 계산되었고, 따라서 추정값의 표준오차는 다음과 같이 계산된다.

$$s_{y.x} = \sqrt{\frac{\Sigma(y_i - \hat{y}_i)^2}{n-2}} = \sqrt{\frac{22.80}{5-2}} = \sqrt{7.6} = 2.757\text{개/시간}$$

이것은「컴퓨터 솔루션 15.1」의 Excel에 의한 값과 같다.

표준오차가 크다는 것은 데이터가 회귀직선 주위에 넓게 흩어져 있다는 것을 의미한다. 산점도의 모든 데이터들이 정확하게 회귀직선 위에 있다면 추정값의 표준오차는 0이 된다.

x값이 주어졌을 때 y평균의 신뢰구간

x값이 주어졌을 때 y에 대한 구간추정은 (1) y의 (알지 못하는) 실제 평균에 대한 신뢰구간과 (2) 각각의 y값에 대한 예측구간 두 가지가 가능하다. 이 구간들은 이번 절과 다음 절에서 다룬다.

x가 주어졌을 때 y의 평균에 대해 할 수 있는 가장 정확한 점추정 값은 회귀직선 $\mu_{y.x} = \hat{y} = b_0 + b_1 x$로 얻는 값이다. 그러나 회귀직선이 표본에 의하여 계산되며, b_0는 실제 y절편(β_0)의 추정값이고 b_1은 기울기(β_1)의 추정값이므로, b_0와 b_1도 오차를 야기한다. x값이 $\bar{x}$에 가까이 갈수록 추정값은 더 정확해지며[회귀직선은 항상 점 $(\bar{x}, \bar{y})$를 지난다는 것을 기억하는가?], 데이터의 개수가 적을수록 추정값의 오차가 더 커진다는 것을 다음 식에서 볼 수 있다.

x값이 주어졌을 때 y의 평균에 대한 신뢰구간:

$$\hat{y} \pm t(s_{y.x})\sqrt{\frac{1}{n} + \frac{(x\text{값} - \bar{x})^2}{\left(\sum x_i^2\right) - \left(\sum x_i\right)^2/n}}$$

$\hat{y}$ = x값이 주어졌을 때 y의 추정값
n = 데이터의 개수
$s_{y.x}$ = 추정값의 표준오차
t = 요구되는 신뢰수준에서 자유도 $df = n - 2$인 t값
x값 = 주어진 x값

예제 EXAMPLE

신뢰구간

업무적성 점수 $x = 15$인 사람에 대한 평균생산량의 95% 신뢰구간은 어떻게 되는가?

풀이

$x = 15$에서 추정값의 표준오차는 $s_{y.x} = 2.757$(개수/시간)이고, $\hat{y} = 19.2 + 3.0(15) = 64.2$이며 이 값이 신뢰구간의 중심이 된다. x의 평균은 $\bar{x} = 14.0$이고 $n = 5$이며, Σx_i^2과 Σx_i은 각각 1,006과 70으로 표 15.1에서 계산되었다. $df = n - 2 = 3$일 때 95% 신뢰구간을 위한 $t = 3.182$이므로 95% 신뢰구간은

$$\hat{y} \pm t(s_{y.x})\sqrt{\frac{1}{n} + \frac{(x\text{값} - \bar{x})^2}{\left(\sum x_i^2\right) - \left(\sum x_i\right)^2/n}}$$

$$= 64.2 \pm 3.182(2.757)\sqrt{\frac{1}{5} + \frac{(15.0 - 14.0)^2}{1006 - (70)^2/5}} = 64.2 \pm 8.773\sqrt{0.2385}$$

$$= 64.2 \pm 8.773(0.488) = 64.2 \pm 4.281,\ \text{즉 } (59.919,\ \ 68.481)$$

따라서 업무적성 점수가 $x = 15$인 사람의 평균생산량의 95% 신뢰구간은 시간당 59.919개와 68.481개 사이이다.

y 관측값에 대한 예측구간

x가 주어졌을 때 y의 각각의 관측값에 대한 추정구간을 **예측구간(prediction interval)**이라 한다. 업무적성 시험 예제를 통해 예측구간의 개념을 살펴보기로 하자. 사용되는 공식은 위의 경우와 흡사한데 단지 제곱근 부호 안에 1이 추가되었다는 것만 다르다.

x가 주어졌을 때 y에 대한 예측구간:

$$\hat{y} \pm t(s_{y.x})\sqrt{1 + \frac{1}{n} + \frac{(x\text{값} - \bar{x})^2}{\left(\sum x_i^2\right) - \left(\sum x_i\right)^2/n}}$$

$\hat{y}$ = x가 주어졌을 때 y의 추정값
n = 데이터의 개수
$s_{y.x}$ = 추정의 표준오차
t = 요구되는 유의수준에서 자유도 $df = n-2$인 t값
x값 = 주어진 x값

예제 EXAMPLE

예측구간

한 직원의 업무적성 점수가 $x = 15$인 경우, 생산성에 대한 95% 예측구간은 어떻게 되는가?

풀이

$x = 15$일 때 y는 $\hat{y} = 19.2 + 3.0(15) = 64.2$로 예측되었다. 앞의 예제에서 이 값은 구간의 중앙값이다. 예측구간 식을 적용하였을 때의 구간은 다음과 같다.

$$\hat{y} \pm t(s_{y.x})\sqrt{1 + \frac{1}{n} + \frac{(x\text{값} - \bar{x})^2}{\left(\sum x_i^2\right) - \left(\sum x_i\right)^2/n}}$$

$$= 64.2 \pm 3.182(2.757)\sqrt{1 + \frac{1}{5} + \frac{(15.0 - 14.0)^2}{1006 - (70)^2/5}}$$

$$= 64.2 \pm 8.773\sqrt{1.2385}$$

$$= 64.2 \pm 8.773(1.113)$$

$$= 64.2 \pm 9.764, \text{ 즉 } (54.436, 73.964)$$

그림 15.4

y값에 대한 95% 예측구간이 x값이 $\bar{x}$에서 멀어질수록 조금씩 더 넓어진다.

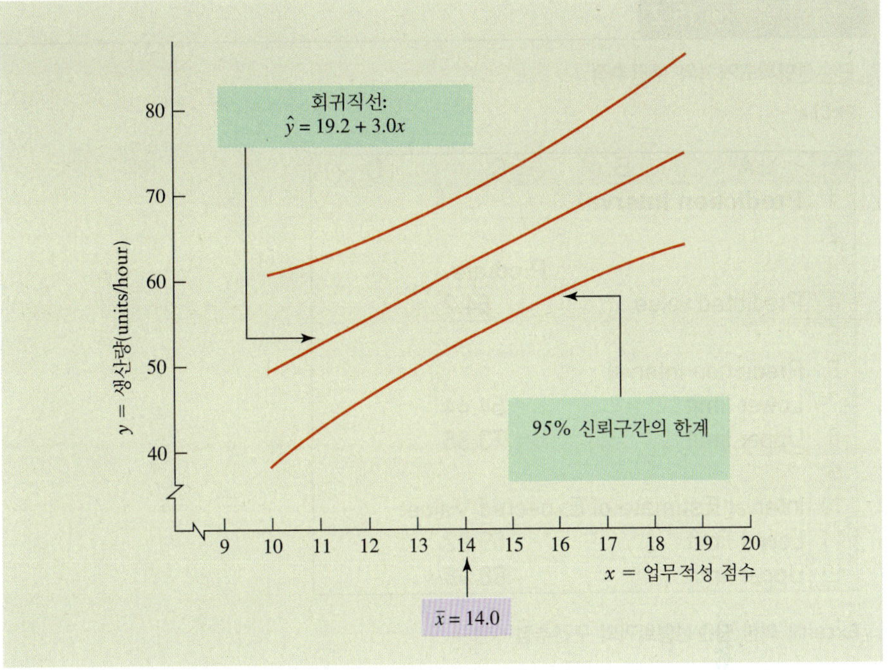

이 사람의 생산량이 시간당 54.436개에서 73.964개 이내일 것을 95% 확신할 수 있다. 이 구간의 폭은 2(9.764) = 19.528이다.

평균에 대한 95% 신뢰구간과 개인의 생산량에 대한 95% 예측구간을 결정하는 데 모두 업무적성 점수(x = 15)를 사용하였다. x = 15일 때, 95% 신뢰구간(64.2 ± 4.281)이 95% 예측구간(64.2 ± 9.764)보다 폭이 좁다. 이것은 x = 15점을 받은 모든 사람의 평균생산량에 대한 불확실성이 x = 15점을 받은 특정한 한 명의 생산성에 대한 불확실성보다 적다는 것을 의미한다.

x = 14에서의 예측구간은 폭이 2(9.610) = 19.220(개/시간)인 구긴 61.2 ± 9.610이며, x = 15에서 보다 조금 더 좁아진다. 그 이유는 $\bar{x}$ = 14.0이고 평균에 더 가까운 x에서 구간 추정을 할수록 더 적은 오차가 발생하기 때문이다. 그림 15.4는 주어진 x값이 $\bar{x}$로부터 멀어질수록 95% 예측구간이 어떻게 넓어지는지 보여준다.

「컴퓨터 솔루션 15.2」는 업무적성 점수가 x = 15인 경우, Excel에 의하여 생산량에 대한 신뢰구간과 예측구간을 얻는 과정과 결과를 보여준다. 이 경우 생산량에 대한 점추정도 할 수 있다.

컴퓨터 솔루션 15.2

단순선형회귀에서의 구간추정

EXCEL

	A	B	C	D
1	**Prediction Interval**			
2				
3			Prodrate	
4	Predicted value		64.2	
5				
6	Prediction Interval			
7	Lower limit		54.44	
8	Upper limit		73.96	
9				
10	Interval Estimate of Expected Value			
11	Lower limit		59.92	
12	Upper limit		68.48	

Excel에 의한 단순선형회귀의 구간추정

1. 파일 **CX15DEX**를 사용하여 A2:A6의 업무적성 점수와 B2:B6의 생산성, A1과 B1의 라벨을 갖고 $x = 15$에 관한 구간 추정을 구할 것이다: 비어 있는 편리한 셀(예, C3)을 선택하고 C3에 15를 입력한다.
2. **추가기능** 리본에서 **Data Analysis Plus**를 클릭한다. **Prediction Interval**을 선택하고 **OK**를 클릭한다.
3. **Input Y Range** 상자에 **B1:B6**를 입력하고 **Input X Range** 상자에 **A1:A6**를 입력한다. **Labels**을 클릭하고 **Given X Range** 상자에 **C3**를 입력한다. 원하는 신뢰도 수준을 소수(예, **0.95**)로 **Confidence Level(1-Alpha)** 상자에 입력하고 **OK**를 클릭한다. $x = 15$일 때 y의 점추정 값은 64.2이고 95% 예측구간과 신뢰구간은 위와 같다.

연습문제

15.15 추정값의 표준오차는 무엇인가? 그리고 그것은 단순선형회귀분석과 상관분석에서 어떤 역할을 하는가?

15.16 추정값의 표준오차가 0일 수 있는가? 만약 그렇다면, 어떤 조건 하에서 0이 되는가?

15.17 신뢰구간과 예측구간의 차이는 무엇인가?

15.18 x가 주어졌을 때 95% 신뢰구간과 95% 예측구간 중 어떤 것의 폭이 더 넓은지 설명하라.

15.19 x가 x의 평균에서 멀어질 때 y의 예측구간 폭은 어떻게 변화하는가? 왜 그렇게 되는가?

15.20 8개의 데이터에 대해 y의 관측값과 추정값의 차이의 제곱합이 34.72이다. 추정값의 표준오차는 얼마인가?

15.21 $n = 6$인 데이터에 대해 다음의 값들이 계산되었다:

$$\Sigma x = 40 \quad \Sigma y = 76 \quad \Sigma xy = 400$$
$$\Sigma x^2 = 346 \quad \Sigma y^2 = 1160 \quad \Sigma(y - \hat{y})^2 = 52.334$$

a. 최소제곱 회귀직선을 찾아라.
b. 추정값의 표준오차를 구하라.
c. $x = 7.0$인 경우 y평균의 95% 신뢰구간을 구하라.
d. $x = 9.0$인 경우 y평균의 95% 신뢰구간을 구하라.
e. (c)와 (d)에서 구한 신뢰구간의 폭을 비교하라. 어느 것의 폭이 더 넓은가? 왜 그런지 이유를 설명하라.

15.22 연습문제 15.21에서 제공된 요약 데이터에서 x가 다음과 같을 때 각 y에 대한 95% 예측구간을 구하라.

a. $x = 2$. b. $x = 3$. c. $x = 4$.

15.23 National Football League에서 가장 패스를 잘 하였던 쿼터백의 평가점수와 인터셉트 및 터치다운 비율은 다음과 같다.

선수	평가점수	터치다운%	인터셉트%
Steve Young	96.8	5.6	2.6
Peyton Manning	94.7	5.7	2.8
Kurt Warner	93.2	5.1	3.4
Tom Brady	92.9	5.4	2.4
Joe Montana	92.3	5.2	2.6
Carson Palmer	90.1	5.1	3.1
Daunte Culpepper	89.9	4.9	3.2

a. 터치다운 %에 의하여 평가점수를 예측하는 최소제곱 회귀직선을 찾아라.
b. 다음해 터치다운 %가 5.0%가 될 것이라고 자신하는 쿼터백의 다음해 평가점수 추정치는?
c. 추정값의 표준오차는?
d. b의 쿼터백의 95% 예측구간은?
e. b의 쿼터백의 95% 신뢰구간은?

15.24 연습문제 15.23에서 인터셉트 %를 독립변수로 하고, 다음해 인터셉트 %가 3.0%가 될 것이라고 예상하는 쿼터백에 대하여 (a)~(e)를 답하라.

15.25 연습문제 15.9에서 추정값의 표준오차를 구하고, 5년 근속한 직원에 대하여 95% 예측구간을 구하라.

15.26 연습문제 15.10에서 추정값의 표준오차를 구하고, 500,000대의 보트를 판매한 해에 대하여 95% 예측구간을 구하라.

참고: 연습문제 15.27~15.30 컴퓨터와 통계 소프트웨어를 사용하는 문제이다.

15.27 미국의 98개 최대 자동차판매 딜러 그룹에 관한 정보가 데이터 파일 **DEALERS**에 있다. 1999년 정보에는 딜러 수, 딜러 1개소당 평균 소매 판매 대수, 딜러 그룹 전체의 총 매출액이 포함되어 있다. 총매출액을 딜러 수의 함수로 하는 회귀직선 식을 구하라. 100개의 딜러를 갖고 있는 그룹의 매출에 대한 신뢰구간과 예측구간을 구하라. (출처: *Automotive News*, May 1, 2000, pp. 54-60)

15.28 평균 소매 판매 대수를 독립변수로 하여 연습문제 15.27를 다시 풀어라. 딜러당 편균 소매 판매 대수가 1,000인 경우 95% 구간추정을 하라.

15.29 연습문제 15.13의 정보가 주어졌을 때 플로리다에 1월과 5월 사이 비가 20인치인 경우 화재면적과 관련 있는 90% 신뢰구간과 예측구간을 구하고 설명하라.

15.30 연습문제 15.12의 정보가 주어졌을 때 200명의 사원이 있는 경우 사원당 수익에 관련된 90% 신뢰구간과 예측구간을 구하고 설명하라.

15.4 상관분석

회귀분석은 두 개의 구간이나 비율척도 변수 간의 선형관계의 형태를 결정하는 반면에, 상관분석은 선형관계의 강도를 측정한다. 상관분석에서는 (1) 상관계수와 (2) 결정계수 두 가지 측도를 이용하여 관계의 강도를 측정한다.

상관계수

3장에서 간단하게 소개한 **상관계수**(r, $-1 \leq r \leq +1$)는 종속변수(y)와 독립변수(x) 간 선형관계의 방향과 강도를 나타내는 숫사이다:

- **관계의 방향** r이 양수이면 y와 x는 양의 관계가 있다. 즉 x가 증가하면 y도 증가하는 경향을 보인다. r이 음수이면 y와 x는 음의 관계가 있으며, x가 증가하면 y는 감소하는 경향을 보인다.
- **관계의 강도** r의 절대값이 클수록 y와 x 사이에 더 강한 선형관계가 있다. $r = -1$이거나 $r = +1$이면 회귀직선은 모든 데이터 점을 지나게 되고 데이터에 완전하게 들어맞는 직선이 된다.

상관계수는 표 15.1에 나와 있는 항들을 이용하여 다음 식으로 계산된다.

상관계수:

$$r = \frac{n(\sum x_i y_i) - (\sum x_i)(\sum y_i)}{\sqrt{n(\sum x_i^2) - (\sum x_i)^2} \cdot \sqrt{n(\sum y_i^2) - (\sum y_i)^2}}$$

r = 상관계수, $-1 \leq r \leq +1$
n = 데이터의 개수

업무적성 예제에서 생산량(y)과 업무적성 점수(x) 사이의 상관계수는 다음과 같이 계산된다.

$$r = \frac{n(\Sigma x_i y_i) - (\Sigma x_i)(\Sigma y_i)}{\sqrt{n(\Sigma x_i^2) - (\Sigma x_i)^2} \cdot \sqrt{n(\Sigma y_i^2) - (\Sigma y_i)^2}}$$

$$= \frac{5(4362) - (70)(306)}{\sqrt{5(1006) - (70)^2} \cdot \sqrt{5(18{,}984) - (306)^2}} = \frac{390}{11.402 \cdot 35.833} = 0.9546$$

상관계수($r = 0.9546$)가 양수이므로 생산량(y)은 업무적성 점수(x)와 양의 상관관계가 있다. 다시 말해서 업무적성에서 더 높은 점수를 받은 사람들이 더 높은 생산성을 갖는다. 회귀직선($\hat{y} = 19.2 + 3.0x$)의 양의 기울기가 의미하는 것과 같다. 눈으로 보는 통계 애플릿 19에서는 데이터를 나타내는 점을 삽입하여 즉각적으로 상관계수와 회귀직선이 어떻게 변화하는가를 볼 수 있다.

결정계수

관계의 강도를 나타내는 다른 측도는 **결정계수**(r^2)이다. 결정계수의 값은 y값의 변화량 중 회귀직선($\hat{y} = b_0 + b_1x$)에 의하여 설명되는 변화량의 비율이다. 업무적성 예제에서 $r = 0.9546$, $r^2 = 0.911$이므로 시간당 생산량 변화의 91.1%가 업무적성 점수에 의하여 설명된다고 할 수 있다.

결정계수는 y값의 총 변화량과 이 중 독립변수에 의하여 설명되지 않은 변화량에 의하여 표현될 수 있다. 각 변화량은 차이의 제곱의 합으로 표현된다. 다음 식에서의 분모는 각각의 y값과 y의 평균값을 비교한 차이의 총 제곱합(SST), 즉 y값의 총 변화량이고, 분자는 각각의 y값과 y의 추정치를 비교한 차이(오차)의 오차제곱합(SSE), 즉 y값의 변화량 중 설명되지 않은 변화량이다.

결정계수, r^2:

$$r^2 = 1 - \frac{\text{회귀직선에 의해 설명되지 않는 오차변화량}}{y\text{값의 총 변화량}}$$

$$= 1 - \frac{\Sigma(y_i - \hat{y}_i)^2}{\Sigma(y_i - \bar{y})^2} = 1 - \frac{SSE}{SST}$$

y값의 변화가 어떻게 발생되나 즉, y값의 변화량이 어떻게 구성되는가를 다음과 같이 살펴보면 SST와 SSE를 계산하는 논리를 이해할 수가 있다.

1. x에 대한 아무런 정보도 없을 때 y의 가장 좋은 추정값은 y의 평균이다. 이것이 바로 $\bar{y}$로부터의 y값의 차이가 총 변화량 SST를 계산하는 데 사용되는 이유이다.
2. x에 대한 정보가 있는 경우에는 y의 가장 좋은 추정값은 회귀직선에 의한 $\hat{y}$이다. y의 실제값이 회귀직선으로 추정된 값과 다르면, 이 차이가 바로 회귀직선에 의하여 설명되지 않은 y값의 변화량이므로 SSE의 계산에 사용된다.

오차변화량(SSE)은 추정값의 표준오차를 계산할 때의 잔차(오차)제곱합이다. 결정계수를 계산하는 데 필요한 값들이 아래에 제시되어 있다. 여기서 y의 평균은 $\bar{y} = 61.2$(개/시간)이다.

x_i = 업무적성 점수	시간당 생산량 실제값 y_i	시간당 생산량 예측값 $\hat{y}_i$	$y_i - \hat{y}_i$	$(y_i - \hat{y}_i)^2$	$y_i - \bar{y}$	$(y_i - \bar{y})^2$
12	55	55.2	−0.2	0.04	−6.2	38.44
14	63	61.2	1.8	3.24	1.8	3.24
17	67	70.2	−3.2	10.24	5.8	33.64
16	70	67.2	2.8	7.84	8.8	77.44
11	51	52.2	−1.2	1.44	−10.2	104.04
				22.80		256.80

잔차제곱합(SSE) $\sum(y_i - \hat{y}_i)^2$

y값의 총변화량(SSE) $\sum(y_i - \bar{y})^2$

따라서 결정계수는 다음과 같이 표현된다.

$$r^2 = 1 - \frac{SSE}{SST} = 1 - \frac{22.80}{256.80} = 0.911$$

y의 총 변화량(SST)은 회귀직선으로 설명되지 않는 변화량(SSE)과 회귀직선으로 설명되는 변량(SSR)의 합이다.

y의 총 변화량 (SST) = 회귀직선으로 설명되는 변화량(SSR) + 회귀직선으로 설명되지 않는 변화량(SSE)

계산 결과 총 변화량은 $SST = 256.80$이고 오차제곱합은 $SSE = 22.80$이다. 회귀직선에 의해 설명되는 변화량(SSR)은 $SSR = SST - SSE = 256.80 - 22.80 = 234.0$이다. 이 세 값 모두 컴퓨터 패키지를 이용한 회귀분석이나 상관분석의 경우 대체로 결과에 포함된다. 이 장의 끝에 있는 눈으로 보는 통계 애플릿 20에서는 여러 가지 다른 직선에 대하여 회귀직선에 의하여 설명된 변화량과 설명되지 않은 변화량이 어떻게 변하는지 즉각적으로 볼 수 있다.

컴퓨터 프로그램에 따라서는 결정계수를 자유도에 대하여 수정된 값으로 보여준다. 데이터의 개수가 증가할수록 수정된 r^2의 값은 수정되지 않은 r^2의 값에 접근한다. 업무적성 예제에 대한「컴퓨터 솔루션 15.1」의 결과에도 자유도에 대하여 수정된 $r^2 = 0.882$가 나타나 있다.[1]

「컴퓨터 솔루션 15.3」은 Excel에 의하여 업무적성 점수(x)와 생산량(y)의 상관계수를 얻는 과정과 결과를 보여준다. 여기에서의 과정은「컴퓨터 솔루션 3.5」와 유사하다.

[1] 수정된 r^2를 구하는 식은 $r^2 = 1 - \dfrac{SSE/(n-2)}{SST/(n-1)}$이다.

컴퓨터 솔루션 15.3

상관계수

EXCEL

	A	B	C	D	E
1	Dexscore	Prodrate		*Dexscore*	*Prodrate*
2	12	55	Dexscore	1	
3	14	63	Prodrate	0.955	1
4	17	67			
5	16	70			
6	11	51			

1. 데이터 파일 CX15DEX를 연다. 위에서 보듯이 A와 B열에 변수의 이름과 데이터가 이미 입력되어 있다. **데이터** 리본에서 **데이터 분석**을 클릭한다.
2. **분석 도구** 상자에서 **상관 분석**을 클릭하고 **OK**를 클릭한다. **입력범위** 상자에 **A1:B6**를 입력하고 **데이터 방향**에서 **열**을 클릭한다. **첫째 행 이름표 사용**을 선택하고 **출력범위** 상자에 **C1**를 입력한다. **확인**을 클릭한다.

연습문제

15.31 상관계수와 결정계수는 어떻게 다르고, 각각 어떤 정보를 제공하는가?

15.32 x와 y는 음의 관계를 갖고 y값의 변화의 64%가 회귀직선에 의해 설명된다. 상관계수는 얼마인가?

15.33 변수 y와 x 간의 상관계수는 -0.90이다. 결정계수를 계산하고 의미를 설명하라.

15.34 연습문제 15.23에서 y = 터치다운 %, x = 인터셉트 %라 하고, 상관계수와 결정계수를 계산하고 의미를 설명하라.

15.35 회귀분석과 상관분석에서 y값의 총 변화량의 두 성분은 무엇인가? 이 성분들로 결정계수를 정의하라.

15.36 y의 총 변화량 $SST = 143.0$이고 오차제곱합 $SSE = 24.0$이다. y값의 변화량 중 얼마가 회귀식으로 설명 가능한가?

15.37 Insurance Institute for Highway Safety는 2005~2007년도 모델의 중형차 12종에 대하여 충돌 사고와 불만접수 건수를 다음과 같이 보고하였다. (출처: iihs.org, August 8, 2009)

충돌	불만	충돌	불만
113	89	93	79
108	91	105	97
90	74	106	86
124	92	99	71
131	108	116	98
126	108	120	93

a. 충돌사고 건수를 예측하기 위한 최소제곱 회귀직선을 구하라.

b. r과 r^2을 계산하고 의미를 설명하라.

c. 새 모델의 불만접수 건수가 90이라면, 충돌사고 건수의 예측치는 얼마인가?

15.38 다음 표는 미국의 인구(백만)와 1인당 생수 소비량(갤런)을 나타낸다. (출처: Bureau of the Census, *Statistical Abstract of the United States 2009*, pp. 10, 134)

연도	x = 미국 인구	y = 생수 소비량
2002	287.9백만	20.1갤런
2003	290.4	21.6
2004	293.2	23.2
2005	295.9	25.5
2006	298.8	27.6

a. 최소제곱 회귀직선과 r을 계산하라.

b. 1인당 생수 소비량의 변화 중 얼마가 회귀식에 의하여 설명 가능한가?

c. 미국 인구가 320백만 명인 해의 1인당 생수 소비량의 추정치는 얼마인가?

15.39 미국 남성은 하루에 3,774칼로리를 섭취하고 비만인 남성이 72.2%라고 한다. 이 데이터를 포함한 8개국의 데이터가 다음에 있다. (출처: "A Measure of How Mch Countries Eat," *USA Today*, December 16, 2005, p.4D)

국가	1일 섭취 칼로리	비만 비율(%)
Chad	2114	10.4
China	2951	27.5
Ecuador	2754	40.2
Egypt	3338	64.5
Great Britain	3412	62.5
India	2459	15.0
Mexico	3145	64.6
United States	3774	72.2

a. 남성의 비만 비율을 추정하기 위한 최소제곱 회귀직선을 구하라.
b. r과 r^2을 계산하고 의미를 설명하라.
c. 남성이 하루에 3,000칼로리를 섭취하는 나라가 있다면, 이 나라 남성의 비만 비율의 예측치는 얼마인가?

참고: 연습문제 15.40~15.43은 컴퓨터와 통계 소프트웨어가 필요하다.

15.40 연습문제 15.13의 정보가 주어졌을 때 플로리다에서의 1월과 5월 사이의 강수량과 화재면적의 상관계수와 결정계수를 구하고 설명하라.

15.41 연습문제 15.12의 정보가 주어졌을 때 총수익과 지분파트너 수 사이의 상관계수와 결정계수를 구하고 설명하라.

15.42 의사 처방이 필요한 잘 알려진 한 약 10가지의 미국, 캐나다, 영국, 오스트레일리아에서의 소매가격을 파일 **XR15042**에 미국 달러로 나타내었다. 미국에서의 가격과 캐나다에서의 가격에 대한 상관계수와 결정계수를 구하고 설명하라. (출처: "Prescription Drugs Cheaper in Other Nations," *USA Today*, November 10, 1999, p. 2A)

15.43 1990년대에 제작된 20개의 미국 최고 흥행 영화의 국내 매출액과 해외 매출액 데이터(백만달러)가 파일 **XR15043**에 있다. 국내 매출액에 의하여 해외 매출액을 예측하는 선형회귀식을 구하고, 상관계수과 결정계수의 값의 의미를 설명하라. (출처: "Overseas Grosses Outdoing North America," *USA Today*, December 13, 2000)

15.5 표본 회귀직선에 대한 추정과 검정

상관계수(r)는 표본 데이터에 의하여 계산되며, 모집단의 상관계수(ρ)에 대한 추정값이다. 높은 상관계수 값이 우연히 얻어질 수도 있다. 특히 작은 표본인 경우에 그럴 가능성이 높다. 마찬가지로, 표본 회귀직선의 기울기(b_1)는 모집단 기울기(β_1)의 추정값이다. $\beta_1 = 0$인 경우 모집단 회귀직선은 수평이고 변수들 간의 어떤 선형관계도 존재하지 않는다.

H_0: $\rho = 0$을 검정하는 것은 H_0: $\beta_1 = 0$을 검정하는 것과 같다. 이 중 한 귀무가설이 사실이면 변수들 간에 선형관계는 존재하지 않으며, 다른 귀무가설도 성립한다.

상관계수 검정

선형관계의 유의성에 대한 귀무가설과 대립가설은 모집단 상관계수 ρ에 관한 것이다.

모집단 상관계수 ρ에 대한 t검정:

- **귀무가설**

  H_0: $\rho = 0$ 선형관계가 존재하지 않는다.

- **대립가설**

  H_1: $\rho \neq 0$ 선형관계가 존재한다.

- **검정통계량**

$$t = \frac{r}{\sqrt{\frac{1-r^2}{n-2}}}$$

r = 표본 상관계수
n = 데이터의 개수
t = 검정의 유의수준과 $df = n - 2$에서의 t값

예제 EXAMPLE

상관계수 검정

직원의 업무적성에 관한 데이터에서 상관계수는 $r = 0.9546$이다. 유의수준 0.05에서 모집단의 상관계수(ρ)가 실제로 0이라는 귀무가설을 검정하라.

풀이

업무적성 예제에서 $n = 5$이고 $r = 0.9546$이므로, 검정통계량은 다음과 같다.

$$t = \frac{r}{\sqrt{\frac{1-r^2}{n-2}}} = \frac{0.9546}{\sqrt{\frac{1-(0.9546)^2}{5-2}}} = 5.55$$

$df = 5 - 2 = 3$이고 유의수준 0.05에서의 양쪽 꼬리 검정에 대한 기각 값은 $t = -3.182$와 $t = +3.182$이다. 계산된 검정통계량($t = 5.55$)이 기각 값들 사이에 있지 않으므로 귀무가설을 기각할 수 있다. 따라서 유의수준 0.05에서 표본 상관계수는 0과 유의하게 다르고 업무적성 점수와 생산량 사이에 선형관계가 있다고 결론지을 수 있다. 모집단 상관계수가 실제로 0인 경우, 이렇게 큰 표본 상관계수가 관찰될 가능성은 5% 이하이다.

기울기에 대한 검정과 추정

선형관계의 유의성을 검정하는 또 다른 방법은 모집단 회귀직선의 기울기(β_1)가 0인지를 검정하는 것이다.

모집단 회귀직선의 기울기(β_1)에 대한 t-검정:

- 귀무가설

  $H_0: \beta_1 = \beta_{10}$ 모집단의 기울기는 β_{10}이다.

- 대립가설

  $H_1: \beta_1 \neq \beta_{10}$ 모집단의 기울기는 β_{10}이 아니다.

검정통계량

$$t = \frac{b_1 - \beta_{10}}{s_{b_1}}$$

$$s_{b_1} = \frac{s_{y.x}}{\sqrt{\Sigma x_i^2 - n(\bar{x})^2}}$$

b_1 = 표본 회귀직선의 기울기
β_{10} = 모집단 회귀직선에 대해 가정된 값
s_{b1} = 기울기의 표준편차 추정치
$s_{y.x}$ = 추정값의 표준오차
n = 데이터의 개수
t = 검정의 유의수준과 자유도 $df = n - 2$인 t값

생활 속의 통계 • 15.1 β 계수와 투자 결정

그리스 문자의 두 번째 글자인 베타(β)는 재무 의사결정에서 가장 많이 사용되는 문자이다. 재무에서 수백만 달러의 투자가 자본자산가격결정 모형(CAPM, Capital Asset Pricing Model)이라는 수학적 모델에 의하여 이루어지며, 이러한 모델에서 베타는 중요한 역할을 한다.

CAPM은 그 이름이 주는 인상보다 훨씬 더 이해하기 쉽다. 왜냐하면 이것은 단순선형회귀 모델을 기본으로 하고 있기 때문이다. 주어진 주식에 대해 $i = 1$부터 n개의 기간 동안, 모형은

$$y_i = \beta_0 + \beta_1 x_i + \epsilon_i$$

이다. 이때, y_i = i번째 기간의 주식의 투자수익률 x_i = i번째 기간의 전체 주식 시장의 투자수익률이다.

평가되는 주식의 회귀직선의 기울기(즉, 베타 계수 β_1)는 전체 시장에 비해 이 주식의 위험(risk), 즉 이 주식의 투자 수익률이 얼마나 크게 변하는가를 나타낸다. $\beta_1 = 1$인 주식은 평균 위험, $\beta_1 < 1$과 $\beta_1 > 1$은 각각 더 보수적이거나 위험한 주식으로 간주된다.

재무 관리자는 우선 투자에서 감당할 수 있는 위험이 어느 정도인지를 검토하고 결정한다. 다음 CAPM을 이용하여, 즉 베타 값에 의하여 투자 대상이 되는 각각의 주식을 선택하여 전체 위험이 미리 결정된 수준이 되도록 한다.

각 주식의 표본 회귀식의 기울기(b_1)는 모집단의 β_1을 추정하는 데 사용된다. n 기간에 걸친 표본 자료를 이용하여 β_1에 대한 추정과 검정을 이 장에서 설명한 것처럼 할 수 있다.

출처: 베타 계수와 CAPM에 대한 더 많은 정보에 관심이 있다면 J. Fred Weston and Thomas E. Copeland, *Managerial Finance*, 9th ed. (Hinsdale, Ill.: The Dryden Press, 1992) 같은 재무 교재를 참조하라.

대부분의 경우, β_1이 0과 같은지를 검정하게 되는데, 이때 검정통계량의 분자는 $(b_1 - 0)$이 된다. 이 경우 가설값 $\beta_{10} = 0$이다. 그러나 위에서 설명한 방법은 모집단 회귀직선의 기울기가 0이 아닌 다른 어떤 값인가를 검정하는 데도 사용될 수 있다. (예를 들어, 「생활 속의 통계 15.1」에서 거론되는 자본자산가격결정모형(Capital Asset Pricing Model)에서 투자자는 기울기가 1.0과 유의하게 다른가를 검정하고자 할 것이다.)

위의 검정에서 중요한 요소는 β_1의 신뢰구간을 구성하는 데 사용되는 표본기울기 b_1의 표준편차 추정치(s_{b_1})이다.

모집단 회귀직선의 기울기(β_1)의 신뢰구간:
구간은

$$b_1 \pm t s_{b_1}$$

b_1 = 표본 회귀직선의 기울기
t = 원하는 신뢰수준과 $df = n - 2$에서의 t값
s_{b_1} = 기울기의 표준편차 추정치

$$= \frac{s_{y.x}}{\sqrt{\Sigma x_i^2 - n(\overline{x})^2}}$$

예제 EXAMPLE

기울기의 검정과 추정

업무적성 자료에서 표본 회귀직선의 기울기는 $b_1 = 3.0$이다.

1. 유의수준 0.05에서 모집단 회귀직선의 기울기가 0인가를 검정하라.
2. 모집단 회귀선의 기울기에 대한 95% 신뢰구간을 구하라.

풀이

H_0: $\beta_1 = 0$과 H_1: $\beta_1 \neq 0$을 검정한다.

업무적성 예제에서 $n = 5$, $s_{y.x} = 2.757$, $\Sigma x_i^2 = 1{,}006$, $\overline{x} = 14.0$을 이미 계산하였다. 기울기의 표준편차는

$$s_{b_1} = \frac{s_{y.x}}{\sqrt{\Sigma x_i^2 - n(\overline{x})^2}} = \frac{2.757}{\sqrt{1006 - 5(14.0)^2}} = 0.5407$$

이고, 검정통계량 t의 관측값은 다음과 같다.

$$t = \frac{b_1 - 0}{s_{b_1}} = \frac{3.0 - 0}{0.5407} = 5.55$$

유의수준 0.05와 $df = 5 - 2 = 3$에서 t의 기각 값은 상관계수의 검정에서처럼 -3.182와 $+3.182$이다. 검정통계량($t = 5.55$)도 상관계수 검정에서 계산된 값과 같다. 앞에서 설명했듯이, 두 검정이 동일한 검정이므로 검정 결과도 같고 p값도 같다. 신뢰수준 0.05에서 검정통계량은 기각 값의 영역 밖에 있으며, 모집단 회귀직선의 기울기가 0이라는 귀무가설은 기각된다. 「컴퓨터 솔루션 15.1」을 보면 정확한 p값은 0.012이다.

모집단 회귀직선의 기울기에 대한 95% 신뢰구간

표본 회귀직선의 기울기, $b_1 = 3.0$이 95% 신뢰구간의 중심이며, s_{b_1}은 이미 0.5407로 계산되었다. $n = 5$이며 자유도는 $df = n - 2 = 3$이다. t분포표에서 95% 신뢰구간에 대응되는 t값은 $t = 3.182$이다.

$$b_1 \pm t s_{b_1} = 3.0 \pm 3.182(0.5407), \text{ 즉 } 1.279\text{에서 } 4.721$$

모집단 회귀직선의 기울기(β_1)가 1.279와 4.721 사이에 있다고 95% 확신할 수 있다. 이 구간은 「컴퓨터 솔루션 15.1」에서도 제공된다. $\beta_1 = 0$이 95% 신뢰구간에 포함되지 않기 때문에, 0.05 수준에서 생산량과 업무적성 점수 간에는 선형 관계가 존재한다고 결론지을 수 있다.

분산분석

이제 y값의 총 변화량(SST)과 회귀직선에 의하여 설명된 변화량(SSR)을 이용하여 분산분석(ANOVA: Analysis of Variance) 검정을 할 수 있다. 이 검정은 상관계수의 검정이나 기울기의 검정과 대등한 것이며, 대부분의 컴퓨터 통계 패키지에서 제공된다.

이 검정은 결정계수 부분에서 설명했던 제곱합의 값에 의하여 이루어진다.

y값의 총 변량		회귀선으로 설명된 변량		회귀선으로 설명되지 않은 변량
(SST)	=	(SSR)	+	(SSE)
$\Sigma(y_i - \overline{y})^2$		$SSR = SST - SSE$		$\Sigma(y_i - \hat{y}_i)^2$

단순선형회귀의 유의성에 대한 분산분석(ANOVA) 검정:

- 귀무가설과 대립가설

  H_0: x와 y 사이에 선형관계가 없다.

  H_1: x와 y 사이에 선형관계가 있다.

- 검정통계량

$$F = \frac{SSR/1}{SSE/(n-2)}$$

SSR = 회귀직선으로 설명된 제곱합

SSE = 오차, 혹은 잔차의 제곱합

n = 데이터의 수

- 결정 방법 계산된 F값이 분자의 df = 1과 분모의 $df = n - 2$ 및 유의수준에 대한 F의 기각값보다 크면 H_0를 기각한다.

검정통계량으로 계산되는 F비율의 분자에서는 SSR을 회귀식의 자유도인 1로 나누고, 분모에서는 SSE를 오차제곱합의 자유도인 $(n - 2)$로 나눈다. 업무적성 예제에 대하여 15.4에서 $SST = 256.80$, $SSR = 234.0$, $SSE = 22.80$으로 이미 계산되었다. 따라서 검정통계량은

$$F = \frac{SSR/1}{SSE/(n-2)} = \frac{234.0/1}{22.80/(5-2)} = 30.79$$

df(분자) = 1, df(분모) = $(n - 2) = 3$, 유의수준 0.025에서의 F의 기각값은 17.44이고, 유의수준 0.01에서의 F의 기각값은 34.12이다. 계산된 값($F = 30.79$)이 유의수준 0.025에서의 기각값보다 크지만, 유의수준 0.01에서의 기각값보다는 작다. 따라서 F분포에 의하여 정확한 p값은 0.025와 0.01 사이에 있다고 할 수 있다. 「컴퓨터 솔루션 15.1」을 보면 정확한 p값은 0.012이다.

연습문제

15.44 실제 회귀직선의 기울기가 0이라는 귀무가설의 검정과 실제 상관계수가 0이라는 귀무가설의 검정이 동일한 검정인 이유가 무엇인가?

15.45 $n = 15$인 자료에서 $r^2 = 0.81$이다. 유의 수준 0.05에서 실제 상관계수가 0이 될 수 있다고 결론을 내릴 수 있는가?

15.46 $n = 37$인 자료에서 $r^2 = 0.29$이다. 유의 수준 0.02에서 실제 상관계수가 0이 될 수 있다고 결론을 내릴 수 있는가?

15.47 표본 데이터로 추정된 모집단 회귀직선 기울기의 90% 신뢰구간이 −2.5에서 1.4까지이다. H_0: $\beta_1 = 0$과 H_1: $\beta_1 \neq 0$의 검정을 하는 경우 p값은 얼마인가? 설명하라.

15.48 표본 데이터로 추정된 모집단 회귀직선 기울기의 95% 신뢰구간이 4.2에서 6.7까지이다. H_0: $\beta_1 = 0$과 H_1: $\beta_1 \neq 0$의 검정을 하는 경우 p값은 얼마인가? 설명하라.

15.49 연습문제 15.37에서 구한 회귀직선에 관하여 답하라.

a. 0.05 신뢰수준에서 모집단의 상관계수가 0이 될 수 있는지 검정하라.

b. 0.05 신뢰수준에서 모집단 회귀식의 기울기가 0이 될 수 있는지 검정하라.

c. 모집단 회귀식의 기울기에 대한 95% 신뢰구간을 구하라.

15.50 연습문제 15.38에서 구한 회귀직선에 관하여 답하라.

a. 0.05 신뢰수준에서 모집단의 상관계수가 0이 될 수 있는지 검정하라.

b. 0.05 신뢰수준에서 모집단 회귀식의 기울기가 0이 될 수 있는지 검정하라.

c. 모집단 회귀식의 기울기에 대한 95% 신뢰구간을 구하라.

15.51 관측된 30쌍에 대한 최소제곱 회귀식의 결과는 $\hat{y} = 14.0 + 5.0x$이고, 기울기의 표준편차는 $s_{b_1} = 2.25$이다.

a. 0.05 유의수준에서 모집단의 x와 y 사이에 선형관계가 존재하지 않는다고 결론을 내릴 수 있는가?

b. (a)의 결과가 주어졌을 때, 같은 유의수준에서 모집단의 상관계수가 0이 될 수 있는지 검정한다면, 어떤 결론을 내게 될 것인가?

c. 모집단의 기울기, β_1의 95% 신뢰구간을 구하라.

15.52 분산분석은 회귀분석과 어떤 관련이 있는가?

15.53 회귀분석에서 y와 $\bar{y}$의 차이의 제곱합은 $SST = 120.0$이다. 만약 상관계수가 $r = 0.7$이라면, SSE와 SSR의 값은 어떻게 되겠는가?

15.54 회귀분석에서 y와 $\bar{y}$의 차이의 제곱합은 $SST = 200.0$이다. 만약 회귀직선에 대한 잔차제곱합이 $SSE = 40.0$이라면, 결정계수는 얼마인가?

15.55 아래의 정보가 주어졌을 때, SST, SSR, SSE,결정계수를 구하라. ANOVA를 사용하여 0.05 수준에서 r^2이 0과 유의하게 다른지 검정하라.

x:	5	4	10	9	10	최소제곱식:
y:	34	44	65	47	66	$\hat{y} = 20.66 + 4.02x$

15.56 다음의 정보가 주어졌을 때, SST, SSR, SSE, 결정계수를 구하라. ANOVA를 사용하여 0.05 수준에서 r^2이 0과 유의하게 다른지 검정하라.

x:	4	1	4	6	최소제곱식:
y:	381	403	394	385	$\hat{y} = 5404.94 - 3.78x$

참고: 연습문제 15.57~15.59는 컴퓨터와 통계 패키지의 사용이 필요하다.

15.57 General Aviation Manufacturers Association이 보고한 단발엔진 비행기의 비행시간(백만 시간)과 연료 소비량(백만 갤런) 데이터가 **XR15057**에 있다. 연료 소비량을 비행시간의 함수로 하여 선형회귀식을 구하고, 기울기, 상관계수, 결정계수를 계산하라. 0.05 유의수준에서 모집단의 기울기와 모집단의 상관계수가 0인가를 검정하라. 모집단 기울기의 95% 신뢰구간을 구하라. (출처: General Aviation Manufacturers Association, *1999 Statistical Databook*, p. 25)

15.58 연습문제 15.13에서 화재 면적을 강우량의 함수로 하여 선형회귀식을 구하고, 기울기, 상관계수, 결정계수를 계산하라. 0.10 유의수준에서 모집단의 기울기와 모집단의 상관계수가 0인가를 검정하라. 모집단 기울기의 90% 신뢰구간을 구하라.

15.59 Fortune 지가 선정한 급성장한 회사 100개의 특성에 대한 데이터가 **GROWCO**에 있다. 변수 중 최근 4개 분기에 대한 수익과 이익이 백만 달러 단위로 포함되어 있다. 순이익을 수익의 함수로 하여 선형회귀식을 구하고, 기울기, 상관계수, 결정계수를 구하고 설명하라. 0.05 유의수준에서 모집단의 기울기와 상관계수가 0인가를 검정하라. 모집단 기울기의 95% 신뢰구간을 구하라. (출처: "*Fortune's* 100 Fastest-Growing Companies," *Fortune*, September 4, 2000, pp. 142-158)

15.6 회귀와 상관분석에 대한 추가적 논제

잔차분석

컴퓨터 통계 패키지나 스프레드시트에서 회귀분석 결과와 함께 잔차(y의 관측값에서 추정값을 뺀 것)도 보이도록 할 수 있다. 예를 들어, 표 15.2는 업무적성 자료에 대한 잔차를 Minitab이라는 프로그램에 의하여 표현한 것이다.

표 15.2는 업무적성 예제의 5개 데이터에 대하여 각각 y의 관측값, 예측값 및 잔차를 보여준다. 표 15.2는 '표준화된' 잔차, 즉 표준편차의 배수로 환산한 잔차도 보여준다. y 추정값의 표준편차는 'SE Fit' 열에 있다. 각 행마다 다른 값인데 그 이유는 x의 평균에서 멀리 떨어질수록 추정값이 더 부정확해지기 때문이다.

단순히 잔차를 나열하는 것에 그치지 않고 컴퓨터 패키지를 이용하여 잔차에 대한 분석을 할 수 있다. 예를 들면, 그 데이터만의 특성 때문에 상대적으로 회귀선에서 멀리 떨어져 있는 특이점(outlier)을 확인하도록 할 수 있다. 생산성이 특별히

표 15.2

업무적성 회귀분석의 잔차와 표준화 잔차에 대한 Minitab 결과.

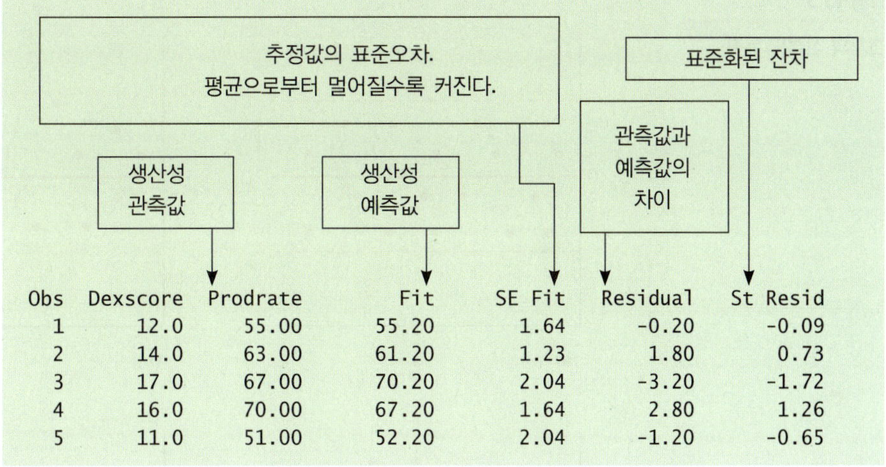

Obs	Dexscore	Prodrate	Fit	SE Fit	Residual	St Resid
1	12.0	55.00	55.20	1.64	-0.20	-0.09
2	14.0	63.00	61.20	1.23	1.80	0.73
3	17.0	67.00	70.20	2.04	-3.20	-1.72
4	16.0	70.00	67.20	1.64	2.80	1.26
5	11.0	51.00	52.20	2.04	-1.20	-0.65

좋은 사람이 업무적성 검사를 하던 날 편두통으로 매우 낮은 점수를 받았을 수 있다. 이런 경우 생산성의 관측치와 추정치 사이의 차이가 너무 크다면, 이 사람의 데이터는 특이점으로 확인된다.

특히 중요한 잔차분석은 회귀분석의 가정이 만족되는가를 검정하는 것이다. 가정의 만족 여부에 대한 검정 방법은 다음과 같다.

가정 1: ϵ의 모집단은 평균 0인 정규분포를 따른다.

a. 잔차($y - \hat{y}$)의 기둥그림표를 그리면, 0을 중심으로 거의 대칭인 모양, 즉 정규분포에 가까운 모양이 되어야 한다.

b. 컴퓨터를 이용하여 검정한다. 데이터의 개수에 상관없이 14장에서 소개한 Kolmogorov-Smirnov 검정을 사용할 수 있다. 자료의 수가 충분히 크면($n \geq 32$), Excel과 13장에서 소개한 카이제곱 적합도 검정을 사용할 수 있다.

14장에서 소개한 것처럼 Excel로 잔차에 대한 정규확률도를 그릴 수도 있다. 잔차정규분포에 가까울수록, 정규 확률도의 점들은 거의 직선을 이룬다.

c. x값에 대한 잔차의 산점도를 그리면, 그림 15.5의 (a)와 같이 0을 지나는 수평축 주변에 점들이 분포하여야 한다.

가정 2: ϵ의 표준편차는 x값과 관계없이 동일하다.

x값에 대한 잔차의 산점도를 그린다. 그림 15.5의 (a)와 같이 x의 모든 값에서 거의 동일한 분포로 나타나야 한다. 그림 15.5의 (b)에서는 잔차가 x의 큰 값에 더 큰 표준편차를 가지는 경향이 있기 때문에 동일한 표준편차의 가정이 위반되었다. 그림 15.5 (c)의 잔차 산점도는 모든 x에 대해 0을 중심으로 한 수평적 분포가 아니라 띠 모양으로 나타나 있는데, 이것은 y와 x 간에 선형관계가 없음을 나타내는 것이다.

가정 3: 잔차는 서로 독립이다.

i값에 대한 잔차($y_i - \hat{y}_i$)의 산점도를 그린다. 관측치가 얻어지는 순서에 상관없이 잔차가 독립적이 아니고, 상관관계가 있는 잔차를 가지면 자기상관(autocorrelation)이 있다고 한다. 예를 들어, 그림 15.5 (d)처럼 그림의 산점도가 음 또는 양의 기울기를 갖는다면, 이것은 자기상관을 암시하는 것이다. 자기상관은 특히 시계열 데이터의 회귀분석에서 중요한 문제가 된다.

그림 15.5

잔차의 산점도 유형

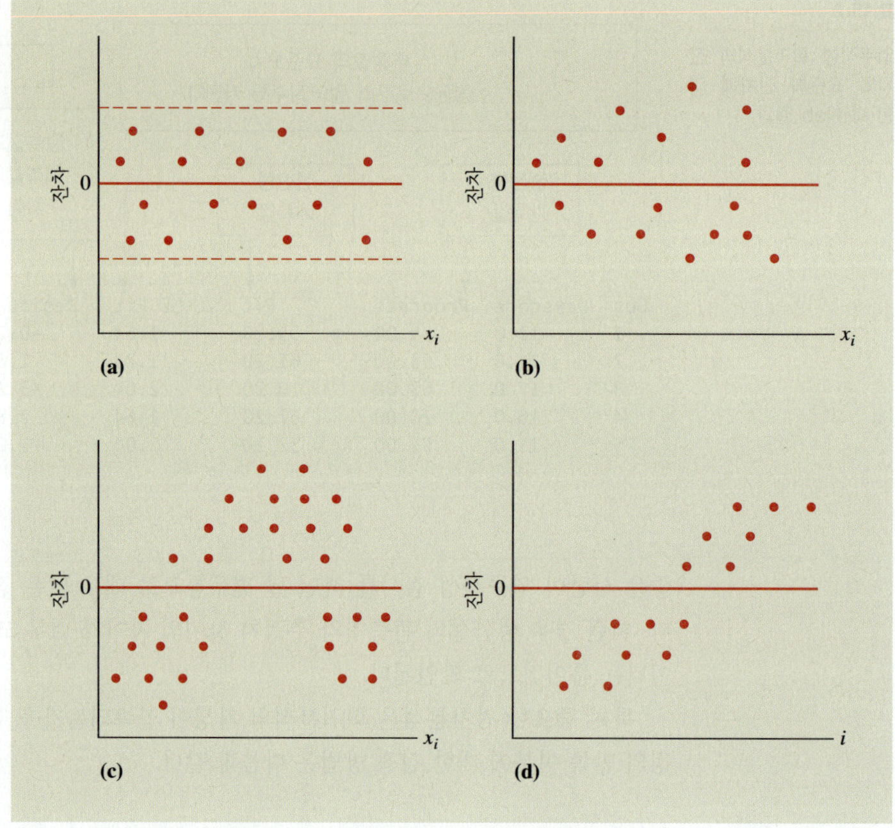

「컴퓨터 솔루션 15.4」는 업무적성 예제에 대한 잔차분석을 Excel로 하는 방법과 결과를 보여준다. 「컴퓨터 솔루션 15.4」의 첫 번째와 세 번째 그림을 보면, 다음과 같은 결과를 얻을 수 있다. (1) 가장 높은 업무적성 점수를 제외하면, 대체로 업무적성 점수가 증가할수록 잔차도 증가한다. (2) 정규확률도의 점들은 근사적으로 직선을 이루며, 이는 잔차가 정규분포에서 얻어진 것일 수 있다는 것을 보여준다. 데이터의 수가 적으며, (1)과 같은 경향을 가지고 있지만 단순회귀모형의 가설이 만족되지 않는다고 결론을 내릴 수 없다.

주의할 사항

회귀분석이나 상관분석을 한다는 것은 단순히 x와 y값을 입력하여 계산하거나 컴퓨터로 출력을 하는 것이 아니다. 아주 중요한 문제가 두 가지 있는데 이러한 문제를 소홀히 하면 대단히 잘못된 결과를 가져올 수 있다.

인과관계의 혼돈

분석에서 결정계수가 높은 값으로 나타나면. 이는 x값의 변화가 y값의 변화를 충분히 설명한다는 것을 의미한다. 그러나 이것이 바로 x가 y의 원인이 된다는 것을 의미하는 것이 아니다. 실제로는 y가 x의 원인이 될 수도 있고, 분석에 포함되지 않은 다른 변수들이 y와 x 모두의 원인일 수도 있다.

컴퓨터 솔루션 15.4

잔차분석

EXCEL

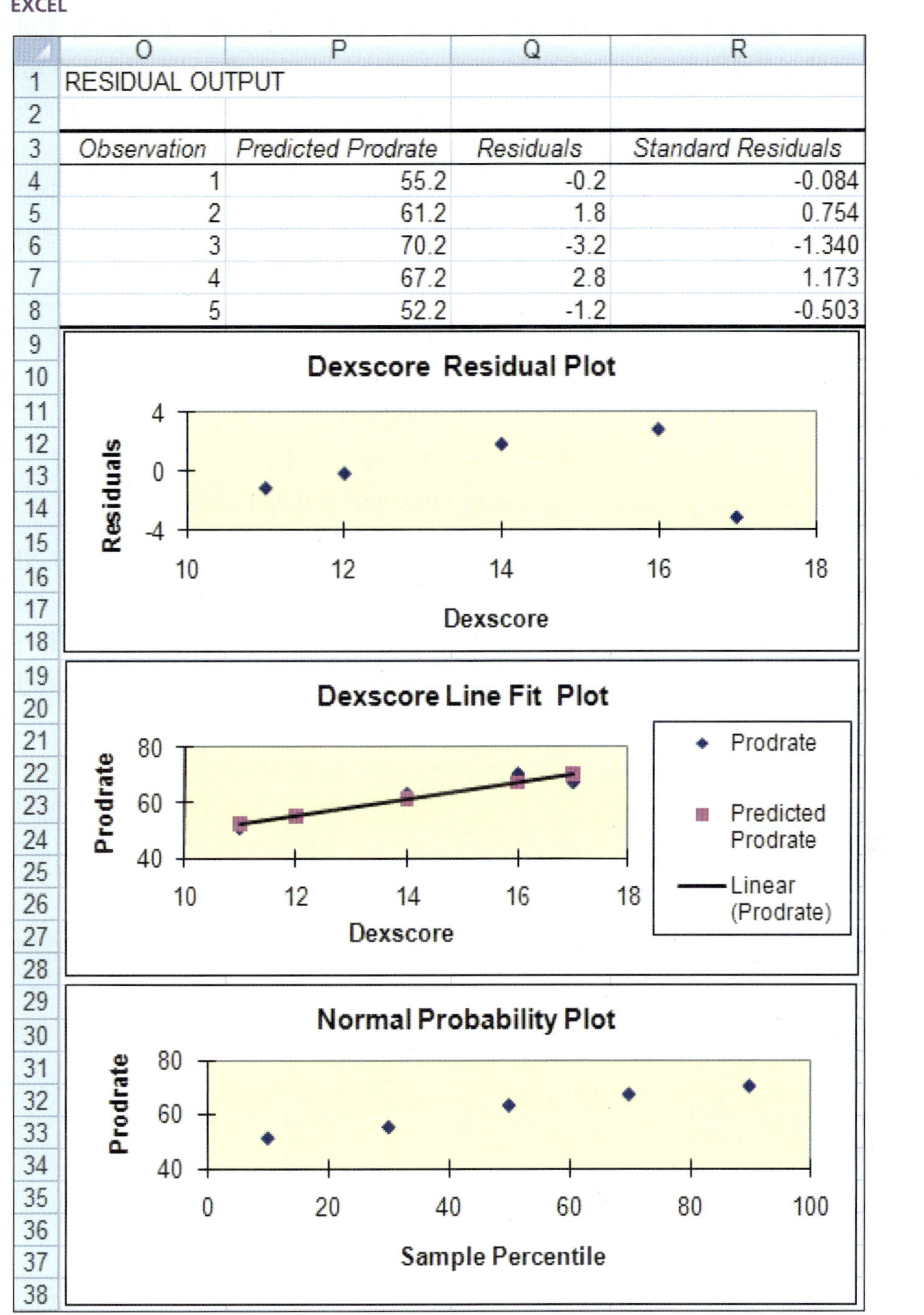

RESIDUAL OUTPUT

Observation	Predicted Prodrate	Residuals	Standard Residuals
1	55.2	-0.2	-0.084
2	61.2	1.8	0.754
3	70.2	-3.2	-1.340
4	67.2	2.8	1.173
5	52.2	-1.2	-0.503

「컴퓨터 솔루션 15.1」의 두 번째 과정에서 잔차의 네 가지 항목을 모두 선택하고 정규확률도를 선택한다.

만약에 Bristol-Myers Squibb Company의 1990~1999년의 순매출액(y)과 광고비(x)를 분석한다면, 상관계수 $r = 0.982$와 결정계수 $r^2 = 0.965$를 얻을 수 있을 것이다(그림 15.6). 통계적으로는 광고비가 순 매출액 변동의 96.5%를 '설명한다'고 할 수 있다. 이러한 설명은 광고를 더 많이 하면 매출이 증가한다는 일반적인 인식에 부합된다. 그러나 매출액이 큰 회사가 더 많은 광고비를 지출할 수 있고, 실제로 많은 회사들이 실제 매출 또는 예상 매출액의 일정 비율을 광고비로 책정한다. 이 경우, y와 x는 실제로 서로에게 영향을 주는 관계에 있다.

때로는 높은 상관관계를 가진 변수들이 서로 아무런 연관도 없는 변수들인 경우도 있다. 예를 들면, BMW의 매출과 중등학교 선생님들의 평균 봉급을 분석하면, 높은 상관관계가 나타낸다.[2]

2002~2006년 동안:
y = 미국에서의 BMW 자동차의 매출
x = 중등학교 선생님들의 평균 봉급
회귀식: $y = -375{,}997 + 14{,}126x$
$r = +0.959,\ r^2 = 0.920$

중등학교 선생님들의 봉급이 BMW 매출액 변동의 92.0%를 '설명'하고 있기 때문에 신중히 생각하지 않으면, 모든 BMW를 중등학교 선생님들이 사는 것처럼 여길 수 있을 것이다. 그러나 사실은 y와 x 모두 시간이 증가함에 따라 같이 증가하는 변수라고 보는 것이 더 적절할 것이다. 만약 두 변수가 시간과 선형관계를 가진다

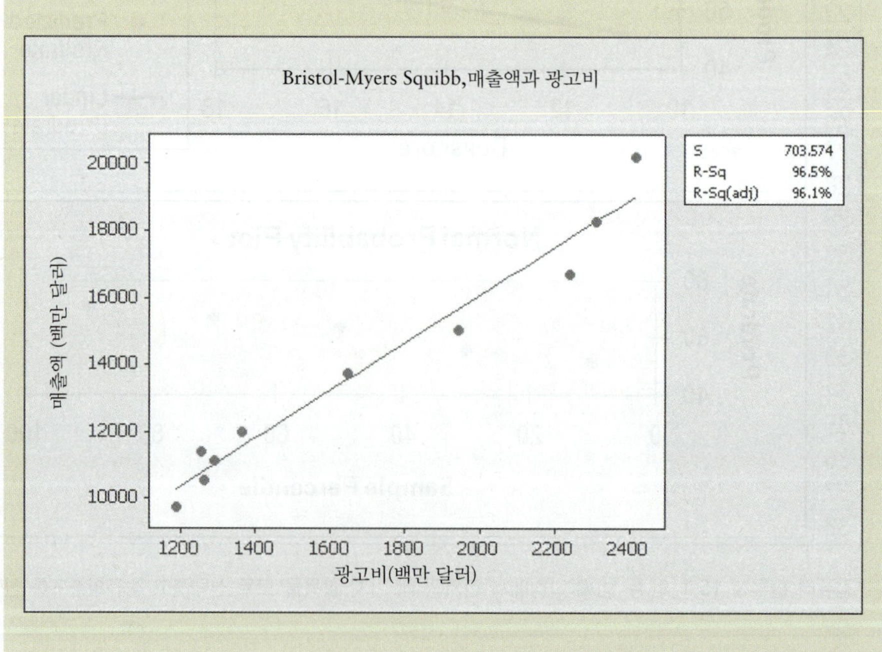

그림 15.6
1990~1999년 동안 Bristol-Myers Squibb 회사의 연간 매출액(y)과 연간 광고비(x)의 회귀직선. 상관계수는 매우 높으며($r = +0.982$), (1) 높은 수준의 광고가 매출 증대를 가져오는지, (2) 높은 판매가 많은 광고비 지출로 이어지는지 확실하지 않다. 출처: Bristol-Myers Squibb Company, *1999 Annual Report*, pp. 50, 51.

[2] 출처: autointell.com, August 8, 2009; and Bureau of the Census, *Statistical Abstract of the United States 2009*, p. 158.

면, 두 변수도 서로 선형관계를 갖게 된다. 두 변수가 높은 상관관계를 가져도, 실제로 한 변수가 다른 변수의 원인이 된다는 아무런 증거가 없는 경우(예: 북대서양에서 연간 잡히는 가자미 수와 연간 배출되는 물리학 학사의 수), 이를 가짜, 혹은 무의미한 상관(*spurious* correlation)이라 부른다.

자료의 범위를 넘어선 예측

주어진 자료를 바탕으로 회귀와 상관분석을 할 때, 이 자료 범위의 밖에 있는 x값에서 y값을 추정하는 것은 위험할 수 있다. 그림 15.7은 2001년형 자동차의 표본에 대한 갤런당 시내 주행 연비(y)와 자동차 무게(x)의 산점도와 회귀직선을 보여준다. 무거운 자동차일수록 갤런당 주행거리가 작을 것으로 기대된다. 그러나 만약 회귀직선이 얻어진 데이터의 x값 범위 밖에 있는 *6,591*파운드가 나가는 자동차의 연비를 예측한다면, 갤런당 *0* 마일이라는 물리적으로 불가능한 결과가 얻어진다. 「생활 속의 통계 15.2」는 프로 야구의 봉급과 팀 성과에 대한 자료를 이용하여, '인과관계'와 '데이터 범위 밖에서의 예측' 두 가지 문제를 검토한다.

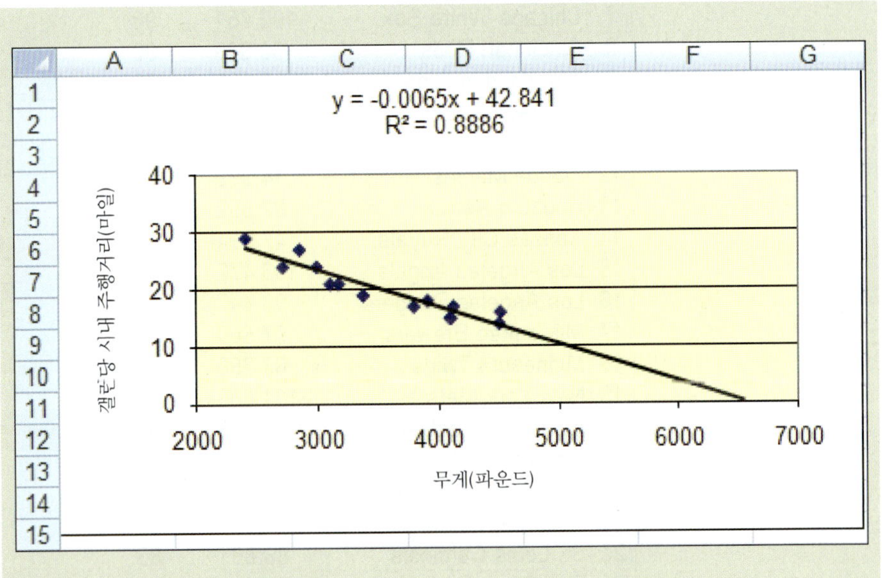

그림 15.7

데이터의 범위 밖의 x값에서 y값을 예측하는 것은 위험하다. 회귀직선에 따르면, 6,591파운드의 자동차는 연비가 갤런당 0마일이 된다. 출처: *Consumer Reports New Car Ratings & Review 2009.*

생활 속의 통계 • 15.2 메이저 리그 야구: 돈이 정말 승리를 가져오나?

이 장을 시작할 때, 팀의 연봉과 승리 횟수의 관계에 관해서 논의하였다. Excel을 사용하여 2006년도 메이저 리그 야구팀의 성과와 연봉에 대한 단순회귀분석을 하였다. Excel 파일 **CX15BASE**와 컴퓨터 솔루션 15.1, 15.4에서 얻어진 회귀식은 다음과 같다.

승리횟수 = 67.980 + 0.167연봉
(연봉은 백만 달러 단위)
$r = +0.536$, $r^2 = 0.287$

높은 연봉의 팀이 더 많은 경기에서 이기는 것으로 나타난 것은 이상할 것이 없다. 회귀직선의 기울기(+0.167)를 보면, 연봉이 백만 달러 증가하면 0.167번 더 승리한다고 할 수 있다. 표 15.3에는 각 팀의 연봉과 승리횟수, 회귀식에 의한 예측 승리횟수와 잔차(실제 승리횟수에서 예측 승리횟수를 뺀 것)가 있다. 표 15.3에서 특히 관심을 끄는 것은 높은 연봉 집단에 속하지 않는 Minnesota Twins와 Chicago Cubs의 두 팀의 비교이다. Twins는 예측된 것보다 17.4번이나 더 많이 이겼고, Cubs는 예측된 것보다 17.79번 더 적게 승리했다.

그림 15.8의 윗부분은 산점도와 회귀직선, 아래 부분은 연봉에 대한 잔차의 산점도이다. 연봉 6,300만 달러와 9,400만 달러를 보면, 기대 이상으로 좋은 성적을 낸 Twins와 기대 이하의 Cubs는 회귀직선에서 서로 반대 방향으로 유별나게 멀리 떨어져 있는 것을 볼 수 있다.

194,600만 달러로 가장 높은 연봉의 New York Yankees는 성공적인 시즌이 예상되었고, 또 실제로 가장 많이 승리했지만, 플레이오프에서 탈락해서 World Series에 진출하지 못하였다. World Series에서는 St. Louis Cardinals가 Detroit Tigers를 이기고 우승했다.

만일 연봉이 0인 팀이 있다고 하면, 이 팀도 회귀직선에 의하면 68번 승리를 하는 것으로 나타난다. 그러나 이러한 예측은 데이터의 범위 밖에서의 예측이기 때문에 대단히 잘못된 것이다.

출처: usatoday.com and mlb.com, June 21, 2009.

표 15.3

생활 속의 통계 15.2에서 설명한 2006년도 메이저 리그 야구 시즌의 팀의 연봉, 승리횟수, 회귀식에 의한 예측 승리횟수 및 잔차

	A	B	C	D	E
1	**팀**	**연봉**	**승리횟수**	**예측 승리횟수**	**잔차**
2	Arizona Diamondbacks	59.684	76	77.97	-1.97
3	Atlanta Braves	90.157	79	83.08	-4.08
4	Baltimore Orioles	72.586	70	80.13	-10.13
5	Boston Red Sox	120.100	86	88.09	-2.09
6	Chicago Cubs	94.424	66	83.79	-17.79
7	Chicago White Sox	102.751	90	85.19	4.81
8	Cincinnati Reds	60.910	80	78.18	1.82
9	Cleveland Indians	56.032	78	77.36	0.64
10	Colorado Rockies	41.233	76	74.88	1.12
11	Detroit Tigers	82.613	95	81.81	13.19
12	Florida Marlins	14.999	78	70.49	7.51
13	Houston Astros	92.552	82	83.48	-1.48
14	Kansas City Royals	47.294	62	75.90	-13.90
15	Los Angeles Angels	103.472	89	85.31	3.69
16	Los Angeles Dodgers	98.447	88	84.46	3.54
17	Milwaukee Brewers	57.568	75	77.62	-2.62
18	Minnesota Twins	63.396	96	78.60	17.40
19	New York Mets	101.085	97	84.91	12.09
20	New York Yankees	194.633	97	100.57	-3.57
21	Oakland Athletics	62.243	93	78.40	14.60
22	Philadelphia Phillies	88.273	85	82.76	2.24
23	Pittsburgh Pirates	46.718	67	75.80	-8.80
24	St. Louis Cardinals	88.891	83	82.86	0.14
25	San Diego Padres	69.896	88	79.68	8.32
26	San Francisco Giants	90.056	76	83.06	-7.06
27	Seattle Mariners	87.960	78	82.71	-4.71
28	Texas Rangers	68.229	80	79.40	0.60
29	Tampa Bay Devil Rays	35.418	61	73.91	-12.91
30	Toronto Blue Jays	71.915	87	80.02	6.98
31	Washington Nationals	63.143	71	78.55	-7.55

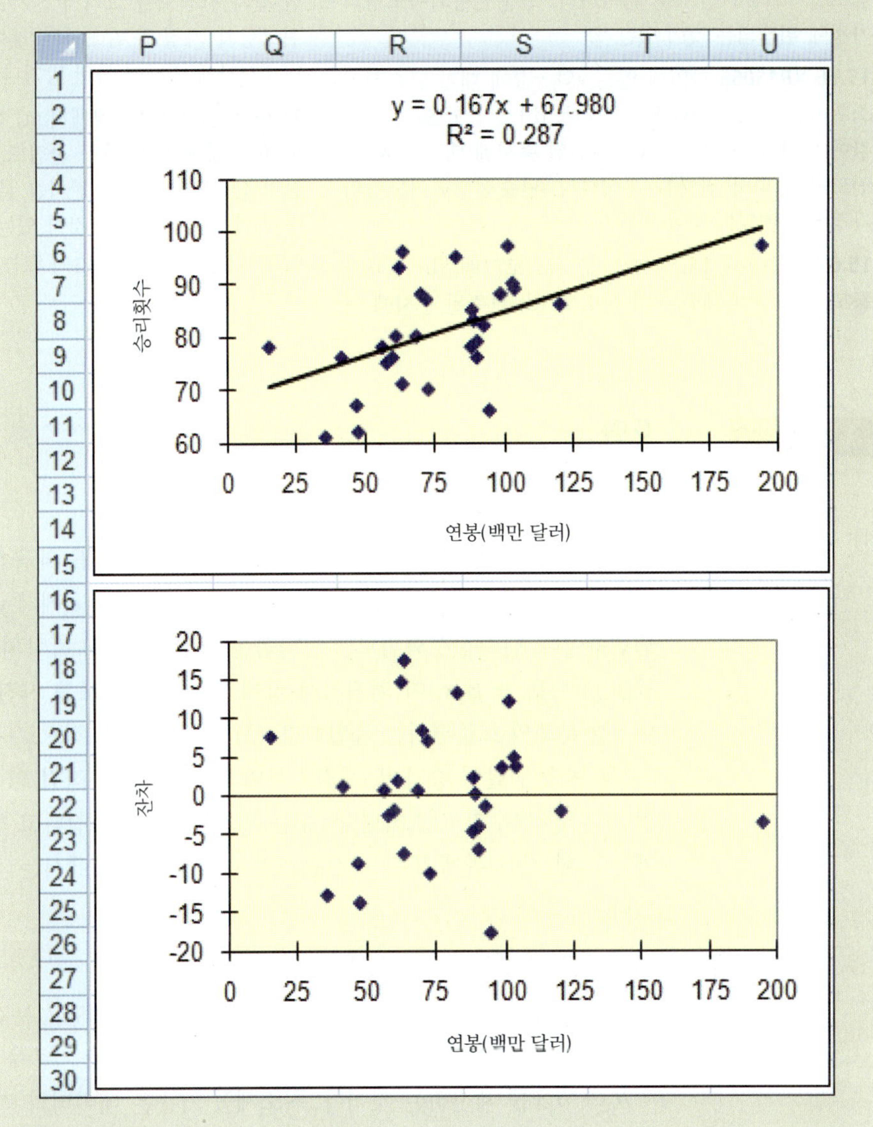

그림 15.8

Excel 산점도. 표 15.3의 연봉과 승리횟수의 회귀식과 잔차의 산점도.

연습문제

15.60 회귀분석에서 잔차는 무엇인가?

15.61 잔차분석은 무엇이며, 어떤 정보를 제공하나?

15.62 가짜 상관이란 무엇인가? 두 변수가 가짜 상관을 가질 수 있는 실제 또는 가상의 예를 들어라.

15.63 y = 연간 매출과 x = 연간 연구개발비 사이의 상관계수가 $r = +0.90$이었다. 이 변수들 간의 가능한 인과관계를 말하라.

15.64 "Ford사의 자동차 Edsel은 1957~1959년에만 팔렸는데, 이 차의 생산을 중단한 것은 큰 실수였다. 만약 이 3년간 매출로 회귀직선을 구해서 2006년에 대한 예측을 하였다면, 이 차가 2002년 매출순위 10위 안에 들 것이라는 것을 알았을 것이다." 이 문장의 타당성에 대해 논하라.

참고: 연습문제 15.65~15.68 컴퓨터와 통계 소프트웨어를 필요로 하는 문제이다.

15.65 파일 **XR15065**에 있는 y와 x값에 대한 단순선형 회귀식을 구하고, (a) 히스토그램, (b) 정규확률도, (c) x값에 대한 잔차 산점도, (d) 관측된 순서에 대한 잔차 산

점도를 그려서 잔차를 분석하라. 단순선형회귀모형의 가정에 위배되는 것이 있는가?

15.66 **XR15066** 파일에 있는 y와 x값에 대한 단순선형 회귀식을 구하고, (a) 히스토그램, (b) 정규확률도, (c) x값에 대한 잔차 산점도, (d) 관측된 순서에 대한 잔차 산점도를 그려서 잔차를 분석하라. 단순선형회귀모형의 가정에 위배되는 것이 있는가?

15.67 연습문제 15.57에서 (a) 히스토그램, (b) 정규확률도, (c) x값에 대한 잔차 산점도, (d) 관측된 순서에 대한 잔차 산점도를 그려서 잔차를 분석하라. 단순선형회귀모형의 가정에 위배되는 것이 있는가? 연료 소비가 비행시간에 비하여 특히 많거나 적은 연도가 있는가?

15.68 연습문제 15.59에서 (a) 히스토그램, (b) 정규확률도, (c) x값에 대한 잔차 산점도, (d) 관측된 순서에 대한 잔차 산점도를 그려서 잔차를 분석하라. 단순선형회귀모형의 가정에 위배되는 것이 있는가? 수익에 비하여 특히 이익이 많거나 적은 기업이 있는가?

15.7 요약

선형회귀 모델과 가정

단순선형회귀분석은 데이터에 가장 적합한 직선의 식을 제공하고, 상관분석은 선형 관계의 강도를 보여준다. 선형 모델 $y_i = \beta_0 + \beta_1 x_i + \epsilon_i$에서 y와 x는 각각 종속, 독립변수이다. 단순선형회귀모델은 다음을 가정한다. (1) 각각의 x값에 대해 y값은 평균($\mu_{y.x} = \beta_0 + \beta_1 x_i$)이 회귀직선 상에 있는 정규분포를 가진다. (2) x값에 관계없이 y값 분포의 표준편차는 동일하다. (3) y값들은 통계적으로 서로 독립이다.

두 변수가 같이 증가 또는 감소하면 서로 양(또는 직접)의 관계, 한 변수가 증가할 때 다른 변수가 감소하면 음(또는 역)의 관계를 가진다고 한다. 두 변수 간의 관계는 선형(직선)관계 또는 곡선관계일 수 있다. 이 장에서는 선형관계를 주로 다루었다.

최소제곱 선형회귀식의 결정

산점도는 데이터를 눈으로 볼 수 있게 한다. 자를 가지고 눈짐작으로 산점도에 맞는 직선을 구할 수도 있지만, 최선의 방법은 최소제곱 기준을 만족하는 회귀직선 $\hat{y} = b_0 + b_1 x$를 계산하는 것이다. 최소제곱 기준은 데이터와 직선 사이의 수직 거리의 제곱합이 최소가 되도록 y절편(b_0)과 기울기(b_1)를 결정하는 것이다.

최소제곱 기준에 의하여 b_0와 b_1을 계산하는 공식이 제공되어 있다. 회귀직선은 표본 데이터에 의하여 계산되므로, b_0와 b_1은 각각 모수 β_0, β_1의 추정값이다. 주어진 x에 대한 y의 점추정값은 $\hat{y}$이며, 회귀직선에 의하여 계산된다. y의 구간 추정을 하려면 추정값의 표준오차 $s_{y.x}$를 먼저 계산하여야 한다. 추정값의 표준오차는 y값이 회귀직선의 주위에 분포되어 있는 정도를 나타낸다. x값이 주어졌을 때, y의 관측값과 추정값의 차이를 오차 또는 잔차라 한다.

점추정과 구간추정

x값에 대응하는 y값의 구간추정은 (1) y의 실제(모집단) 평균에 대한 신뢰구간과 (2) y의 특정한 관측값에 대한 예측구간, 두 가지가 가능하다. 각 구간을 결정하는 공식이 본문에 제공되어 있다. 이때 데이터 수, 추정값이 계산되는 x값과 x의 평균값 간의 거리에 의하여 수정된 추정값의 표준오차가 사용된다.

상관계수와 결정계수

y와 x 사이의 선형관계의 강도를 나타내는 두 가지 중요한 측정치는 상관계수(r)와 결정계수(r^2)이다. 상관계수는 -1과 $+1$ 사이의 값을 가지며, 절대값이 클수록 변수들 간의 선형관계도 더 강하다. $r = 0$이면 선형관계가 없으며, 회귀직선의 기울기는 $b_1 = 0$이 될 것이다. 결정계수(r^2)는 y값의 변화량 중 회귀직선 $\hat{y} = b_0 + b_1x$에 의하여 설명되는 비율이며, 1 이하의 값을 가진다.

선형관계의 검정

두 변수 사이에 선형관계가 있는가는 상관계수가 0과 유의하게 다른지, 또는 기울기가 0과 유의하게 다른지로 검정할 수 있다. 이 검정들은 직선식이 y값의 변화량을 얼마나 설명하는가를 검정하는 분산분석과 같은 검정이다.

컴퓨터를 이용한 회귀분석

컴퓨터 통계 패키지를 이용하여 회귀분석, 상관분석뿐만이 아니라 잔차분석, 정규확류도 검정 등 회귀분석의 가정에 대한 검정, 특이점의 확인 등을 할 수 있다. 잔차 분석은 특히 선형회귀 모델의 기본 가정이 위반되지 않았는가를 확인하는 데 유용하다.

단순회귀분석에서 주의할 문제

회귀분석과 상관분석에서 두 변수 사이의 강한 선형관계를 두 변수 간의 인과관계로 혼동하지 않아야 한다. 실제로 한 변수가 다른 변수에 의하여 결정되는 경우도 있고, 두 변수 모두 분석에 포함되지 않은 다를 변수들에 의하여 결정되는 경우도 있을 수 있다. 또한 데이터의 범위 밖에서의 예측을 하는 실수를 범하지 않아야 한다.

단원 연습문제

15.69 한 지역의 가정에 관한 많은 변수가 관찰될 수 있다. y = 주택융자 월 할부금이라고 하면, x = 연간 소득은 y와 직접적인 관계가 있을 것이다. y와 (a) 직접적인 관계가 있는, (b) 역의 관계가 있는, (c) 아무 관계가 없는 변수 x의 예를 각각 제시하라.

15.70 대학 신입생의 경우, y(1학년 학점 평점)는 x(수능고사 성적)와 직접적인 관계가 있을 것이다. y와 (a) 양의 관계가 있는, (b) 역의 관계가 있는 변수 x의 예를 각각 제시하라.

15.71 McDonald's Corporation의 1998년부터 2005년까지 총수익과 순이익은 다음과 같다. 단위는 10억 달러이다. (출처: McDonald's Corporation, *2005 Annual Report*)

	1998	1999	2000	2001	2002	2003	2004	2005
순이익	1.55	1.95	1.98	1.64	0.89	1.47	2.28	2.60
총수익	12.42	13.26	14.24	14.87	15.41	17.14	19.07	20.46

순이익을 예측하기 위한 최소제곱 회귀식을 구하라. 180억 달러의 총수익이 있던 해의 순이익은 얼마가 될 것인가?

15.72 컴퓨터 가게의 직원 5명의 직무적성 검사 성적과 3개월간 소프트웨어 판매 실적이 다음과 같다.

	John	Cora	Sam	Cindy	Henry
x = 적성검사 성적	80	70	45	90	20
y = 판매실적	25	15	10	40	5

최소제곱 회귀직선을 구하고 기울기를 해석하라. 적성검사 성적이 60인 신규직원의 3개월간 판매실적을 추정하라.

15.73 2009년 6월 중순, 미국 국채에 투자하는 mutual fund 5개의 1연과 3개년 투자수익률은 다음과 같다. (출처: *Money*, August 2009, p. 113)

Fund	x = 3년 기간 투자수익률	y = 1년 투자 수익률
American Funds	6.3%	7.1%
Fidelity	7.4	8.4
Wells Fargo	6.5	7.3
Morgan Stanley	2.4	1.5
MFS Govt. Securities	7.2	9.0

a. 최소제곱 회귀직선을 구하고 기울기를 설명하라.
b. 3개년 투자수익률이 5.0%인 fund의 1년 투자수익률을 추정하라.
c. 3개년 투자수익률이 7.0%인 fund의 1년 투자수익률을 추정하라.

15.74 Peoples Energy, Inc.의 2001~2005년 수익과 이익은 다음과 같다. (출처: Peoples Energy, *2005 Annual Report*, pp. 83-84)

년도	x = 수익(백만)	y = 이익(백만)
2001	$2270.2	$96.9
2002	1482.5	89.1
2003	2138.4	103.9
2004	2260.2	81.6
2005	2600.0	78.1

최소제곱 회귀직선을 구하고, 기울기를 설명하라. 수익이 2,500백만 달러일 때의 이익을 추정하라.

15.75 2004년부터 2008년까지, Coca Cola의 수익과 이익은 다음과 같다. (출처: *Coca Cola 2008 Annual Review*, p. 7)

연도	x = 수익(십억)	y =이익(십억)
2004	$21.74	$4.85
2005	23.10	4.87
2006	24.09	5.08
2007	28.86	5.98
2008	31.94	5.81

최소제곱 회귀직선을 구하고, 기울기를 설명하라. 수익이 300억 달러일 때의 이익을 추정하라.

15.76 다음은 가구 소매점의 매출액(단위: 십억)과 신규 가옥 건축건수(단위: 백만)에 관한 데이터이다. (출처: *Statistical Abstract of the United States 2009*, pp. 594. 644)

	2001	2002	2003	2004	2005
매출액	50.6	51.3	52.1	56.5	59.8
신축 건수	1.27	1.36	1.50	1.61	1.72

a. 소매가구 매출액을 예측하기 위한 최소제곱 회귀직선을 구하라.
b. 상관계수와 결정계수를 구하고 설명하라.
c. 1백8십만 채 가옥이 신축되는 해의 소매가구 매출액의 예상액은?

15.77 1900년대 초에는 인구 수, 가격, 임금, 생명보험 계약액 등 모두가 오늘날에 비해 무척 낮았다. 아래에 생명보험 계약 건수(백만)와 금액(백만 달러)이 있다. (출처: American Council of Life Insurers, *Life Insurers Fact Book 2008*, p. 71)

	1900	1905	1910	1915	1920
계약 건수	14	22	29	41	64
계약 금액	7573	11,863	14,908	20,929	38,966

a. 생명보험 총 계약금액을 예측하기 위한 최소제곱 회귀직선을 구하고 기울기의 의미를 해석하라.
b. 상관계수와 결정계수를 구하고 설명하라.
c. 3천만 건의 계약이 이루어진 해의 총 계약 금액의 예상액은?

15.78 연습문제 15.77에서
a. 모집단의 상관계수가 0이 될 수 있는지 0.1 유의수준에서 검정하라.
b. 모회귀식의 기울기가 0이 될 수 있는지 0.1 유의수준에서 검정하라.
c. 모회귀식의 기울기에 대한 90% 신뢰구간을 구하라. b의 결과를 이용하여 이 구간에 대한 설명을 하라.

15.79 2002년부터 2006년 사이 미국에서의 자동차 주행거리(단위: 십억 갤런)와 연로 소비량(단위: 십억 마일)이 아래와 같다. (출처: *Statistcal Abstract of the United States 2009*, p. 676)

	2002	2003	2004	2005	2006
계약 건수	168.7	170.0	173.5	174.8	174.9
계약 금액	2856	2890	2965	2989	3014

a. 생명보험 총 계약금액을 예측하기 위한 최소제곱 회귀직선을 구하고 기울기의 의미를 해석하라.
b. 상관계수와 결정계수를 구하고 설명하라.
c. 3천백만 건의 계약이 이루어진 해의 총 계약 금액의 예상액은?

15.80 연습문제 15.79에서
a. 모집단의 상관계수가 0이 될 수 있는지 0.05 유의수준에서 검정하라.
b. 모집단 회귀식의 기울기가 0이 될 수 있는지 0.05 유의수준에서 검정하라.
c. 모집단 회귀식의 기울기에 대한 95% 신뢰구간을 구하라. b의 결과를 이용하여 이 구간에 대한 설명을 하라.

15.81 지속적인 검사와 보고 프로그램 중 하나로, Insurance Institute for Highway Safety는 다른 자동차의 범퍼를 대신하는 장애물에 자동차를 충돌시키고 파손된 자동차를 수리하는 데 드는 원가를 기록한다. 뒷모서리 충돌에서는 범퍼를 지면으로부터 16인치 떨어지게 설치하고, 뒷정면 충돌인 경우에는 18인치 높이에 설치한다. 시속 6마일에서 소형 및 초소형 자동차를 실험한 결과는 다음과 같다. (출처: Insurance Institute for Highway Safety, *Status Report*, June 11, 2009, p.2)

자동차	뒷정면 충돌	뒷모서리 충돌
Smart Fortwo	\$631	\$507
Chevrolet Aveo	1370	612
Mini Cooper	929	743
Toyota Yaris	3345	474
Honda Fit	3648	999
Hyundai Accent	2057	831
Kia Rio	3148	773

a. 뒷모서리 충돌 수리원가에 의하여 뒷정면 충돌 수리원가를 예측하기 위한 최소제곱 회귀직선을 구하라.
b. 상관계수와 결정계수를 구하고 설명하라.
c. 뒷모서리 충돌 수리원가가 \$800인 자동차의 경우 뒷정면 충돌 수리원가는 얼마일 것인가?

15.82 연습문제 15.81에서
a. 모집단의 상관계수가 0이 될 수 있는지 0.1 유의수준에서 검정하라.
b. 모집단 회귀식의 기울기가 0이 될 수 있는지 0.1 유의수준에서 검정하라.
c. 모집단 회귀식의 기울기에 대한 90% 신뢰구간을 구하라. b의 결과를 이용하여 이 구간에 대한 설명을 하라.

15.83 10개의 강철 막대를 6초에서 10초 동안 당겨서 장력(천 파운드) 실험을 한 결과를 Minitab 프로그램으로 출력한 결과가 다음과 같다.

```
Regression Analysis

The regression equation is
STRENGTH = 60.0 + 10.5 TEMPTIME

Predictor      Coef       StDev         T       P
Constant      60.02       29.36      2.04   0.075
TEMPTIME     10.507       3.496      3.01   0.017

S = 14.03       R-Sq = 53.0%      R-Sq(adj) = 47.2%

Analysis of Variance

Source       DF        SS        MS       F       P
Regression    1    1777.4    1777.4    9.03   0.017
Error         8    1574.6     196.8
Total         9    3352.0
```

a. 회귀직선은?
b. 장력의 변화량 중 얼마나 회귀직선에 의하여 설명되나?
c. 어떤 유의수준에서 기울기가 0이 아닌가? 이 결론을 도출하는 데 Minitab이 사용한 검정 방법은 무엇인가?
d. 어떤 유의수준에서 상관계수가 0이 아닌가? c에서의 유의수준과 비교하고 같거나 차이가 있으면 그 이유를 설명하라.
e. 모집단 회귀직선 기울기의 95% 신뢰구간을 구하라.

15.84 연습문제 15.83의 ANOVA 부분에서, 'SS'와 'F' 열의 의미를 설명하라.

15.85 타이어 제조회사가 회전 마찰(파운드)을 20 psi와 40 psi 사이의 공기압에 대하여 실험한 결과가 Minitab 프로그램에 의하여 다음과 같이 출력되었다.

```
Regression Analysis

The regression equation is
ROLRESIS = 9.45 - 0.0811 PSI

Predictor        Coef       StDev         T       P
Constant        9.450       1.228      7.69   0.000
PSI          -0.08113     0.03416     -2.38   0.029

S = 0.8808        R-Sq = 23.9%      R-Sq(adj) = 19.6%

Analysis of Variance

Source       DF        SS        MS       F       P
Regression    1    4.3766    4.3766    5.64   0.029
Error        18   13.9657    0.7759
Total        19   18.3422
```

a. 회귀직선은?
b. 회전 마찰의 변화량 중 얼마나 회귀직선에 의하여 설명되나?
c. 어떤 유의수준에서 기울기가 0이 아닌가? 이 결론을 도출하는 데 Minitab이 사용한 검정 방법은 무엇인가?
d. 어떤 유의수준에서 상관계수가 0이 아닌가? c에서의 유의수준과 비교하고 같거나 차이가 있으면 그 이유를 설명하라.
e. 모집단 회귀직선 기울기의 95% 신뢰구간을 구하라.

15.86 연습문제 15.85의 ANOVA 부분에서, 'SS'와 'F' 열의 의미를 설명하라.

15.87 연습문제 15.72에서 점수가 60인 경우의 95% 신뢰구간과 예측구간을 구하라.

15.88 연습문제 15.73에서 3개년 투자수익률이 7.0%인 경우의 90% 신뢰구간과 예측구간을 구하라.

15.89 연습문제 15.76에서 140만 채의 신규 건축이 있는 경우의 95% 신뢰구간과 예측구간을 구하라.

15.90 25명의 프로 축구선수를 조사한 결과, 40야드를 뛰는 데 걸리는 시간(y, 초)과 체중(x, 파운드)의 관계가 최소제곱 회귀식 $\hat{y} = -2.0 + 0.038x$로 나타났다. 이 식에 따르면, 200파운드의 사람은 40야드를 뛸 때 5.6초가 걸리고, 55파운드가 나가는 어린이는 40야드를 0.09초에 뛸 것으로 추정된다. 어떻게 이런 이상한 결과가 얻어졌는지 이유를 간단히 설명하라.

참고: 연습문제 15.91~15.96은 컴퓨터와 통계 소프트웨어를 필요로 하는 문제이다.

15.91 최근 대학 1학년을 마친 학생들의 평균 학점(GPA)과 입학 전의 SAT(Scholastic Aptitude Test) 점수에 관한 자료가 파일 **XR15091**에 있다.

a. SAT 점수로 신입생의 평균 학점을 추정하는 최소제곱 회귀식을 구하고, SAT 시험에서 1,100점을 받은 신입생의 평균 학점을 추정하라.

b. SAT 점수에 의하여 설명되는 신입생 GPA의 변화량 비율은 얼마인가?

c. SAT 점수가 1,100일 때, 평균 학점의 99% 신뢰구간과 예측구간을 구하고 설명하라.

15.92 연습문제 15.91에서, (a) 히스토그램, (b) 정규확률도, (c) x값에 대한 잔차 산점도, (d) 관측된 순서에 대한 잔차 산점도를 그려서 잔차분석을 하라. 단순선형회귀모형의 가정 중 위배되는 것이 있는가?

15.93 부동산 중개업자 협회가 1990~1999년 기간의 주택구매 용이도에 대한 조사를 한 결과가 파일 **XR15093**에 있다. y는 가계 수입의 중앙값에 대한 주택융자 월 평균 할부금의 비율이고, x는 주택융자 이자율(Mortgage rate)이다. (출처: *World Almanac and Book of Facts 2001*, p. 743)

a. x의 함수인 y에 대한 최소제곱 회귀식을 구하고, x = 8.0%일 때 y를 추정하라.

b. x로 설명되는 y 변화량의 비율은 얼마인가? 0.05 유의수준에서 기울기가 0과 유의하게 다른가?

c. x = 8.0%일 때, y값의 95% 신뢰구간과 예측구간을 구하고 설명하라.

15.94 연습문제 15.93에서, (a) 히스토그램, (b) 정규확률도, (c) x값에 대한 잔차 산점도, (d) 관측된 순서에 대한 잔차 산점도를 그려서 잔차분석을 하라. 단순선형회귀모형의 가정 중 위배되는 것이 있는가?

15.95 컴퓨터 데이터베이스 **GROWCO**는 *Fortune* 지가 선정한 급성장한 100개 회사의 특성에 대한 것이다. 이 중 두 개의 변수는 (1) 예측된 다음 해의 주가/수익 비율과 (2) 연간 수익 성장률이다. (출처: "*Fortune's* 100 Fastest-Growing Companies," *Forltune*, September 4, 2000, pp. 142-158)

a. x(연간 수익 성장률)로 y(주가/수익 비율)를 추정하기 위한 최소제곱 회귀식을 구하라. 수익 성장률이 150%인 회사의 주가/수익 비율 예측값은 얼마인가?

b. 주가/수익 비율(y)의 변화양 중 몇 퍼센트가 연간 수익 성장률(x)에 의하여 설명되는가? 0.05 유의수준에서 식의 기울기는 0과 다른가?

c. x = 150%일 때, y값의 95% 신뢰구간과 예측구간을 구하고 설명하라.

15.96 연습문제 15.95에서, (a) 히스토그램, (b) 정규확률도, (c) x값에 대한 잔차 산점도, (d) 관측된 순서에 대한 잔차 산점도를 그려서 잔차분석을 하라. 단순선형회귀모형의 가정 중 위배되는 것이 있는가?

종합사례

Thorndike Sports Equipment

Ted Thorndike의 친구 Mary Stuart는 근처 대학에서 통계학을 강의한다. Mary는 통계가 스포츠와 어떻게 연관이 있는지 자신의 강의 시간 중에 얘기해달라고 Ted에게 부탁했다. Ted는 남녀 수영선수의 올림픽 수영 기록이 그동안 어떻게 개선되었는가 하는 것이 강의 주제로 재미있겠다고 생각한다.

수영선수뿐만 아니라 모든 분야의 운동선수들이 점점 더 커지고, 빨라지고, 힘이 세졌다는 것이 Ted의 생각이다. 게다가 훈련 기술과 장비도 괄목할 정도로 개선되었다. Ted가 모은 자료 중에는, 1924년부터 2008년도까지의 올림픽 400미터 자유형 경기의 남녀 우승 기록이 있다. 자료는 파일 **THORN15**에 있으며, 아래 표와 같다. (출처: *Time Almanac 2009*, pp. 841, 842.)

1. 여자의 우승 기록을 종속변수, 연도를 독립변수로 하여 회귀식과 상관계수를 구하고 설명하라. 2016년도의 여자 400미터 자유형의 우승 시간에 대한 점 추정과 95% 예측구간을 구하라.
2. 남자 우승시간을 종속변수로 하여 1번 문제를 반복하라.

	400 m 자유형 우승 시간	
연도	여성	남성
1924	6.037분	5.070분
1928	5.713	5.027
1932	5.475	4.807
1936	5.440	4.742
1948	5.297	4.683
1952	5.202	4.512
1956	4.910	4.455
1960	4.843	4.305
1964	4.722	4.203
1968	4.530	4.150
1972	4.324	4.005
1976	4.165	3.866
1980	4.146	3.855
1984	4.118	3.854
1988	4.064	3.783
1992	4.120	3.750
1996	4.121	3.800
2000	4.097	3.676

3. 여자 우승시간을 종속변수, 남자 우승시간을 독립변수로 하여 회귀식과 상관계수를 구하고 설명하라. 남자의 우승시간이 3.600분인 경우, 여자 경기에서의 우승시간에 대한 점추정과 95% 예측구간을 구하라.
4. 3번 문제의 회귀식에서 변수들 간의 선형관계를 검정하는 데 필요한 검정방법을 하나 선택하여 검정하라.

Springdale Shopping Survey

여기서는 파일 **SHOPPING**의 자료 중 다음 변수를 사용한다.

- **변수 7~9**: 쇼핑 구역에 대한 전체적 태도. 가장 높은 점수는 5점이다. 각 분석에서 이것들 중의 하나는 종속변수가 될 것이다.
- **변수 18~25**: 쇼핑 구역의 8가지 특성의 중요성(가장 높은 점수 = 7). 각 분석에서 이들 중 하나는 독립변수가 될 것이다.

이러한 데이터로부터 추출되는 정보는 응답자가 각 쇼핑지역에 대한 인상이나 태도를 어떻게 형성하는가를 경영자가 이해하는 데 도움을 준다. 예를 들어, '빈번한 할인 판매'를 중요하게 생각하는 사람들의 쇼핑지역에 대한 평가가 높은지 아니면 낮은지를 경영자가 판단할 수 있다.

1. 변수 7(Springdale Mall에 대한 태도)을 종속변수로 사용하여, 아래의 각각의 독립변수에 대한 회귀분석을 하라. 각각의 회기분석에서 회귀식과 상관계수, 결정계수를 구하고 설명하라. 유의수준 0.05에서 선형관계를 검정하라. 2번 문제를 위해 컴퓨터 통계 패키지를 사용하여 잔차를 구하라.
   a. 변수 21(크기/스타일 다양성)
   b. 변수 25(빈번한 바겐세일)
2. 문제 1의 각 회귀분석에서 히스토그램, 정규확률도, 독립 변수에 대한 잔차의 산점도를 이용하여 잔차를 검정하라. 각 상황에서 선형회귀모형의 가정을 위배하는지 논하라.
3. 종속 변수로 변수 9(West Mall에 대한 태도)를 사용하여 문제 1, 2번을 반복하라.

경영사례

Pronto Pizza (B)

피자 배달 서비스에서 힘든 경쟁을 하고 있는 Pronto Pizza의 사장은, 특히 전화로 주문하는 고객들에게 얼마나 빨리 피자가 도착하는지, 즉 피자 배달시간을 보장할 수 있는가에 대하여 고민하고 있다. 매니저 Tony Scapelli는 준비시간, 대기시간, 이동시간, 배달거리 등에 관한 한 달 동안의 자료를 수집했다. 단순선형회귀분석과 상관관계를 이용하여 Tony가 배달거리(마일)로 배달시간(분)을 추정할 수 있도록 도우려고 한다. (파일 **PRONTO**의 데이터와 변수 TRAVEL_TIME과 DISTANCE를 이용한다.)

1. TRAVEL_TIME과 DISTANCE의 상관계수를 구하라. 상관계수의 부호는 양인가 음인가? 이 부호는 기대했던 것인가? 이동거리로 설명된 피자 배달 이동시간의 변화량은 몇 퍼센트인가?
2. DISTANCE로 TRAVEL_TIME을 추정하는 선형회귀식을 구하라. 기울기를 확인하고 설명하라.
3. 이동거리가 5마일인 경우, 추정된 배달시간은 얼마인가?
4. 이동거리가 5마일인 경우, 배달시간의 95% 신뢰구간과 예측구간을 구하고 설명하라.
5. 배달시간이 비정상적으로 너무 길거나 짧다고 컴퓨터 통계 패키지가 확인한 배달이 있는가? 이러한 배달이 경영에 시사하는 점은 무엇인가? 특히 회사가 배달시간을 보장하는 경우, 이를 지키기 위해 무리하게 노력하다가 배달하는 사람이 사고를 당하는 경우, 있을 수 있는 소송의 가능성을 고려하라.

애플릿 18: 회귀분석에서의 점추정

이 애플릿에서는 업무적성 예제의 최적 선형회귀직선을 볼 수 있다. 아래쪽에 있는 조절막대를 움직여서 업무적성 점수를 선택하면 이에 대한 시간당 생산량이 즉시 나타난다.

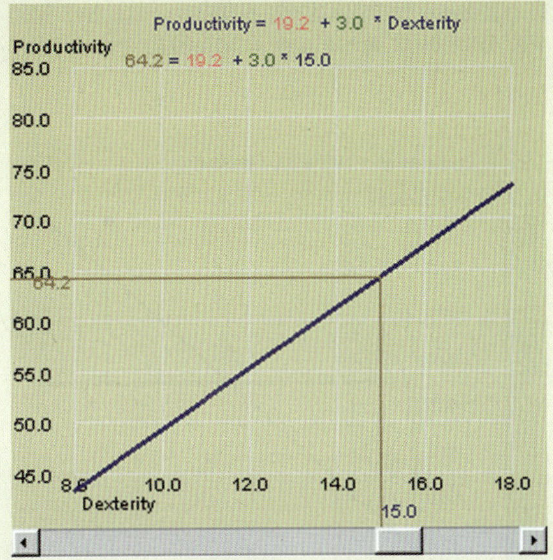

애플릿 과제

18.1 업무적성 점수가 10이 되도록 조절막대를 움직여라. 생산량의 점추정값은 얼마인가?

18.2 업무적성 점수가 11이 되도록 조절막대를 움직여라. 생산량의 점추정값은 얼마인가?

18.3 18.2에서 업무적성 점수를 1만큼 증가시키면 생산량의 추정값이 얼마 증가하나? 회귀직선의 기울기와 비교하라.

18.4 업무적성 점수를 5만큼 증가시키면 생산량은 얼마나 증가하는가? 업무적성 점수 10과 15의 점추정치를 비교하여 답이 맞는지 증명하라.

http://www.cengage.com/international에서 **Applets**을 해보라.

애플릿 19: 점 삽입 그림과 상관

이 애플릿에서는 비어 있는 눈금상자 아무데나 클릭하여 점을 찍을 수가 있다. 이렇게 생성된 점들에 대하여 애플릿은 자동적으로 상관계수와 회귀직선을 업데이트한다. 다시 처음부터 시작하려면 'Reset' 버튼을 누르면 된다.

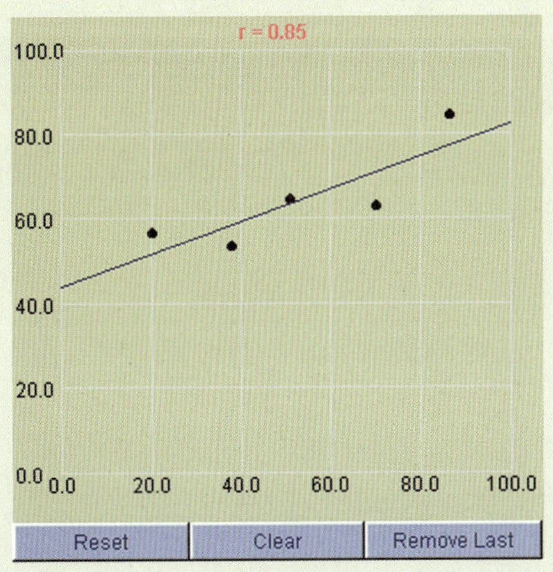

애플릿 과제

19.1 회귀직선이 양의 기울기를 갖도록 세 개의 점을 넣어라. r의 부호는 무엇인가?

19.2 화면을 지우고 다시 r이 0.7에서 0.9 사이가 되도록 점을 만들어라. 회귀직선이 이 점들에 적합한 것처럼 보이는가? $r < 0.7$이 되도록 점들을 추가로 넣어라.

19.3 화면을 지우고 다시 양의 대각선 방향으로 두 개 점을 넣어라. r값은 무엇인가?

19.4 화면을 지우고 r값이 -1에 아주 가깝게 되도록 최소 10개의 점을 넣어라.

19.5 화면을 지우고 r값이 0에 아주 가깝게 되도록 최소 10개의 점을 넣어라.

http://www.cengage.com/international에서 **Applets**을 해보라.

애플릿 20: 회귀분석 오차의 구성요소

이 애플릿에는 업무적성 예제의 산점도가 나타나 있다. 직선 위를 클릭하여 더 좋거나 나쁜 추정직선으로 만들 수 있다.

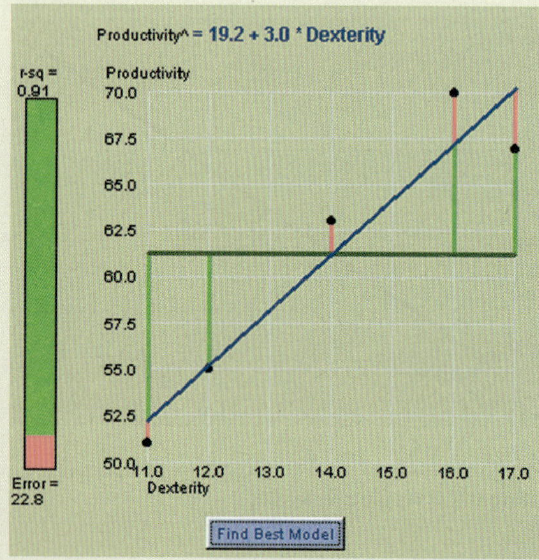

각각의 데이터 점에 대해 오차는 그 점과 선택된 직선 간의 수직거리이다. 화면의 왼쪽을 보면 오차제곱합은 아래에, r^2 값은 위에 나타나며, 또한 각각 녹색과 적색의 네모로 나타난다. 'Find Best Model' 버튼을 누르면 최선의 회귀식을 얻는다.

애플릿 과제

20.1 회귀직선을 클릭하여 수평에 가깝게 되도록 움직여라. r^2값을 확인하고 의미를 설명하라.

20.2 회귀식의 기울기가 1.0이 되도록 회귀직선을 클릭하고 움직여라. r^2가 어떻게 변하나?

20.3 회귀식의 기울기가 1.0에서 점차 5.0으로 증가하도록 클릭하여 움직이면서 r^2가 어떻게 달라지는지 확인하라.

20.4 'Find the Best Model' 버튼을 클릭해서, 회귀직선 기울기와 r^2의 값을 확인하라.

http://www.cengage.com/international에서 **Applets**을 해보라.

CHAPTER

16 다중회귀분석과 상관관계

Multiple Regression and Correlation

재난은 휴일도 없다

2007년에 디즈니 월드를 방문한 사람이 4,400만 명이었고, 같은 해 미국 사람들은 760만 대의 자동차를 구입하였다는 것처럼 긍정적인 사건이나 즐거운 경험이 통계로 표현되는 경우가 자주 있다.

그런가 하면, 좋지 않은 것들을 통계로 표현해야 되는 경우도 있다. 예를 들면, 2006년도에 병원 응급실을 찾은 사람의 수가 1억 1,900만 명(주원인은 복통)이고, 추락사한 사람이 21,200명이며, 자동차 사고로 죽은 사람도 44,700명이었다.

치명적인 자동차 사고는 추수감사절, 성탄절, 설날 등과 같은 공휴일에 훨씬 더 많이 일어난다. 이 장에서 공부하게 되는 다중회귀분석을 이용하여, (1) 설 연휴 동안 발생하는 자동차 사고 참사의 숫자와 (2) 그 이전의 추수감사절과 성탄절 연휴에 발생한 자동차 사고 참사의 숫자 사이에 밀접한 관계가 있다는 것을 발견하였다.

「생활 속의 통계 16.1」에서 자세히 보게 되겠지만, 23년간의 자동차 참사를 조사한 결과에 의하면 설 연휴 동안의 자동차 참사 건수(y)의 변화량의 80%가 전년도의 추수감사절과 성탄절에 발생한 참사건수(각각 x_1과 x_2)에 대한 선형관계에 의하여 설명된다. 원래 평일에 하는 운전보다 공휴일에 하는 운전이 좀더 위험하기는 하지만, 어떤 해의 공휴일은 다른 연도보다 훨씬 더 나쁘게 나타나기도 한다. 혹시 이 글을 공휴일 전이나 공휴일 동안 읽고 있는 중이라면, 운전에 조심하기 바란다.

출처: *TEAIERA attraction Attendance 2007*, p. vii, via, parkworld-online.com; and *World Almanac and Book of Facts 2009*, pp. 122, 183, 216.

학습목표

- 산점도와 최소제곱 개념이 어떻게 다중회귀분석에 적용되는지 설명한다.
- 다중회귀식을 구하고 설명한 다음, 종속변수에 대한 점추정과 구간추정을 한다.
- 다중결정계수의 의미를 이해하고, 가설검정을 수행한다.
- 신뢰구간을 구하고 편회귀계수(partial regression coefficients)에 대한 가설검정을 수행한다.
- 가변수(dummy variable)의 의미와 응용에 대해 설명한다.
- 다중회귀모형의 적정성과 가정이 만족되는가를 확인하기 위한 잔차 분석을 한다.

16.1 머리말

15장에서는 종속변수(y)와 한 개의 독립변수(x) 사이의 선형관계에 대해 알아보았다. 그러나 실제로는 y값이 두 개 이상의 독립변수($x_1, x_2, \cdots$)와 연관을 갖고 있는 경우가 많다. 두 개 이상의 독립변수를 이용하는 경우 '다중(*multiple*)'이라는 말이 사용된다. **다중회귀**와 **상관관계**를 사용해야 하는 경우의 예를 보면 다음과 같다.

종속변수 (*y*)	**독립변수 (*x*)**
연간 판매량	광고비
	영업 직원의 수
	제품의 판매 가격
주택 가격	방의 수
	건물의 평수
	대지의 크기

이 장의 목적은 하나의 y와 둘 이상의 x의 선형관계의 정도를 결정하고, 설명하고, 검토하는 것이다. 15장에서처럼 선형관계를 결정하고 설명하는 데 회귀분석이 사용되며, 선형관계의 강도는 상관분석에 의하여 이루어진다.

지금까지는 휴대용 계산기로도 쉽게 계산이 가능하도록 작고 간단한 예를 이용하여 여러 기법을 소개하였지만, 다중회귀분석과 상관분석에서는 많은 복잡한 계산을 하여야 하기 때문에 이 장을 공부하는 데 컴퓨터가 큰 도움이 될 것이다.

이제 앞으로 계속 이용하게 되는 예를 가지고 다중회귀모델과 다중회귀식에 대한 설명을 시작할 것이다. Excel에 의한 결과 전체를 제시한 다음 설명을 진행하면서 각 부분을 검토할 것이다. 다시 강조하지만, 다중회귀분석과 상관분석에서 컴퓨터가 필요하다는 것은 마치 조종사에게 비행기가 필요하다고 말하는 것과 같다. 컴퓨터는 필수이다.

앞 장에서처럼 점추정과 구간추정, 회귀분석과 상관분석의 유의도가 설명될 것이다. 기본적인 원리는 15장과 같지만, 여러 개의 독립변수가 있기 때문에 발생하는 구체적인 문제나 분석 또는 해석하는 방법은 15장과 조금 다르다는 것을 보게 된다.

연습문제

16.1 단순회귀와 다중회귀의 다른 점은 무엇인가? 어떤 경우에 다중회귀를 쓰는 것이 좋은가?

16.2 다중회귀와 상관분석의 목적은 무엇인가?

16.3 y를 연간 자동차 유지 보수를 위한 가계 지출이라고 할 때, 자동차 유지 보수 목적의 가계 지출액을 설명하는 데 도움이 될 독립변수로는 어떤 것들이 있겠는가?

16.4 인사 관리자가 직원들의 병가에 대한 다중회귀분석을 하고자 한다. 병가 일수를 추정하는 직선을 찾아서 병가 일수에 영향을 미치는 변수들을 확인하고자 한다. y = 지난해 직원 1인당 병가 일수라고 하면, 직원 인사 파일에서 얻을 수 있는 유용한 독립변수는 무엇이 있겠는가?

16.2 다중회귀모형

모형과 가정

다중회귀모형은 15장에서 배운 단순선형 회귀모형의 확장이다. 다른 점은 **독립변수가 하나가 아니라 두 개 이상이라는 것이다.** 15장에서처럼 모형의 모수 추정은 표본 데이터에 의하여 이루어진다. 다중회귀모형은 다음과 같다

다중회귀모형:

$$y_i = \beta_0 + \beta_1 x_{1i} + \beta_2 x_{2i} + \cdots + \beta_k x_{ki} + \epsilon_i$$

y_i = 종속변수 y의 값

β_0 = 상수

$x_{1i}, x_{2i}, \ldots, x_{ki}$ = 독립변수 $x_1, x_2, \ldots, x_k$의 값

$\beta_1, \beta_2, \ldots, \beta_k$ = 독립변수 $x_1, x_2, \ldots, x_k$에 대한 편회귀계수

ϵ_i = 잔차(오차)

독립변수의 값에 대응되는 y의 기대값은 회귀식 $E(y) = \beta_0 + \beta_1 x_{1i} + \beta_2 x_{2i} + \cdots + \beta_k x_{ki}$에 의해 결정된다. 회귀식에서 각 x에 대응되는 β를 **편회귀계수**라 한다. $E(y)$에서 각 $\beta_i (i = 1, 2, \ldots, k)$는 x_i를 제외한 다른 모든 x값들을 상수로 고정시켰을 때, x_i의 변화에 따른 기울기이다.

15장에서 언급했듯이, y의 관측값과 예측값 사이에는 잔차 ϵ_i만큼의 차이가 있다. 다중회귀에서는 잔차 항에 대하여 다음과 같은 가정을 한다.

1. 주어진 독립변수들의 값에서, ϵ_i는 평균이 0이고 표준편차가 σ인 정규분포를 가진다.
2. ϵ_i의 표준편차는 독립변수들 값의 조합에 관계없이 일정하다.
3. ϵ_i은 통계적으로 서로 독립이다.

표본회귀식의 결정

표본회귀식은 종속변수와 독립변수의 표본 관측값에 의하여 결정된다. 15장에서처럼, $\hat{y} = b_0 + b_1 x_1 + b_2 x_2 + \cdots + b_k x_k$로 표현된다. 표본회귀식에서의 $b_0, b_1, b_2, \ldots, b_k$는 모수 $\beta_0, \beta_1, \beta_2, \ldots, \beta_k$의 추정값이다.

다중회귀식의 최적 적합은 y의 관측값과 추정값의 차이인 잔차의 제곱합이 최소가 되게 하는 최소제곱기준(least-squares criterion)에 의하여 결정된다. 다음의 예제는 앞으로도 계속 사용될 것이다.

예제 EXAMPLE

다중회귀식

패스트푸드 체인의 사장이 임의로 10개의 체인점을 골라 지난 해 이익과 판매활동(매장 매출, 차량 매출)에 대한 데이터를 정리하였다. 데이터는 파일**CX16REST**에 있다.

체인점 번호	순이익 (y)	매장 매출 (x_1)	차량 매출 (x_2)
1	$1.5백만	$8.4백만	$7.7백만
2	0.8	3.3	4.5
3	1.2	5.8	8.4
4	1.4	10.0	7.8
5	0.2	4.7	2.4
6	0.8	7.7	4.8
7	0.6	4.5	2.5
8	1.3	8.6	3.4
9	0.4	5.9	2.0
10	0.6	6.3	4.1

이 데이터에는 하나의 종속변수(y = 이익)와 두 개의 독립변수(x_1 = 매장 매출, x_2 = 차량 매출)가 있다. 이 데이터의 표본회귀식은 $\hat{y} = b_0 + b_1x_1 + b_2x_2$이다.

풀이

표 16.1은 Excel로 음식점 데이터를 분석한 결과의 일부로서 다중회귀식 부분이다. 전체 결과와 이를 얻는 과정은 이 절의 마지막 부분에 있는 「컴퓨터 솔루션 16.1」에 있다. 이 결과의 다른 부분들은 다음 절에서 검토할 것이다. 여기에서 우리가 주목할 것은 표본회귀식이다. 소수점 아래 네 자리까지 보면 표본회귀식은 다음과 같다.

표 16.1

Excel에 의한 체인점 데이터에 대한 다중회귀분석 결과의 일부로서, 다중회귀식의 y절편, 편회귀계수를 보여준다. 전체 결과는 컴퓨터 솔루션 16.1에 있다.

	E	F
16		*Coefficients*
17	Intercept	-0.2159
18	$Counter	0.0855
19	$Driveup	0.1132

회귀식: $이익 = −0.216 + 0.0855 (매장 매출) + 0.113 (차량 매출)

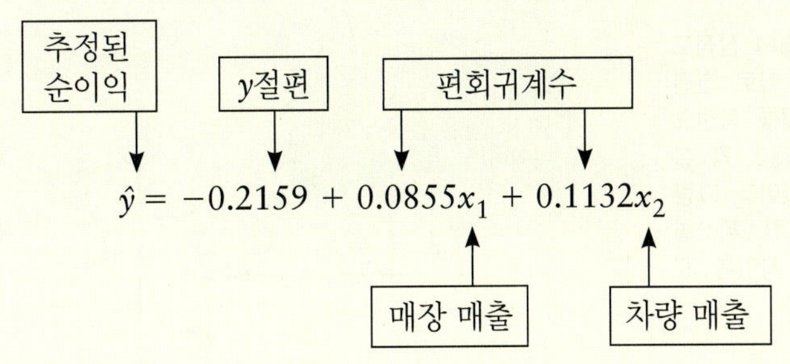

$$\hat{y} = -0.2159 + 0.0855x_1 + 0.1132x_2$$

이 최소제곱회귀식은 2차원 평면이며, x_1, x_2의 값에 대응하는 y의 추정치는 이 평면 위에 있다. 그림 16.1에서 각 데이터를 방바닥의 점(x_1, x_2)에 묶여 있는 헬륨 풍선이라고 상상해 보자. 방바닥의 각 점에서 관찰된 y값은 풍선을 묶어놓은 실의 길이로 표현할 수 있다. 각각의 실이 회귀평면과 만나게 되는 높이는 x_1과 x_2에 의하여 추정한 y값이다. 어떤 풍선(데이터 점)은 평면 위에 있을 것이고, 어떤 것은 평면 아래 또는 위에 있을 것이다. 15장에서처럼 관측값과 예측값 사이의 거리를 잔차 또는 예측 오차라고 한다. 최소제곱 기준은 다중회귀에서도 쓰이기 때문에, 잔차제곱합은 최소화 될 것이다.

두 개의 변수, y와 x만 있으면 최소제곱식은 직선이 된다. (y, x_1, x_2) 세 개의 변수가 있을 때는 그림 16.1과 같은 3차원 산점도에 적합된 평면이 된다. 세 개 이상의 변수가 있을 때는 산점도로 표현할 수 없다. 네 개 이상의 변수가 있는 경우에는 회귀식이 수학에서 **초평면(hyperplane)**이라고 부르는 것이 된다. 3차원 산점도는 그리기가 어려우며, 4차원 이상의 산점도는 한눈에 보이도록 그리는 것이 불가능하다.

회귀식의 해석

표본회귀식의 y절편($b_0 = -0.2159$)은 x_1과 x_2가 모두 0일 때의 y값이다. 이것을 손님이 하나도 없는 제인짐에서의 일 년간 손실액이 $215,900라고 해석해서는 안된다. (참고: 이러한 해석은 표본회귀식을 기계적으로 해석한 것이며, 실제로 어느 음식점에서도 두 가지 판매액이 모두 0인 경우가 없으므로 y절편을 추정값으로 해석하는 것은 잘못이다. 독립변수 데이터 범위 밖에서는 추정을 할 수 없다.)

x_1의 편회귀계수 $b_1 = 0.0855$는 차량 매출을 고정했을 때, 매장 매출이 $1.00 증가하면 이익의 예측값도 $0.0855 증가한다는 것을 나타낸다.

x_2의 편회귀계수 $b_2 = 0.1132$는 매장 매출을 고정했을 때, 차량 매출이 $1.00 증가할 때마다 이익의 예측값이 $0.0855씩 증가한다는 것을 나타낸다. 두 편회귀계수가 모두 양이므로, 어느 독립변수가 증가하든지 이익의 예측값도 증가한다.

회귀식을 이용한 점추정

점추정은 회귀식에 x값을 대입하여 y의 추정치를 계산하는 것이다. 예를 들어,

그림 16.1

체인점 데이터의 산점도는 방바닥에 실로 연결된 10개의 헬륨 풍선으로 그릴 수 있다. 각 실의 길이는 *y*값이다. 그림에는 없지만, 최소제곱회귀식은 풍선 사이를 지나는 평면이다.

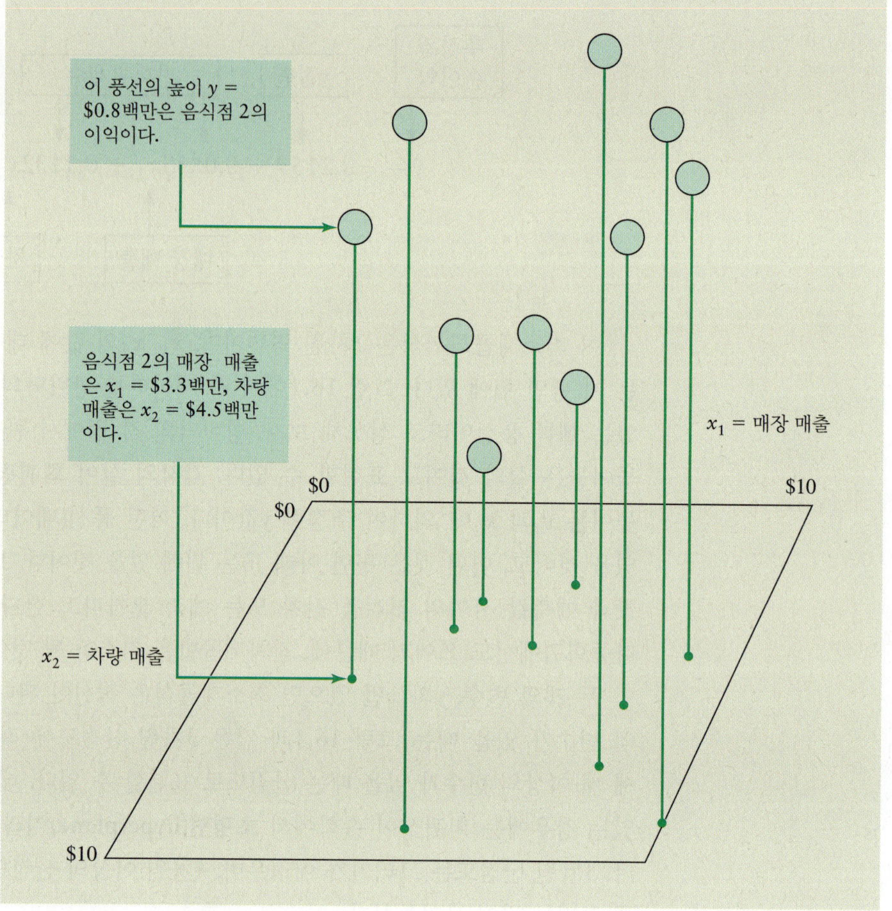

x_1 = 5백만 달러이고, x_2 = 7.4백만 달러면, 이익은 1.05백만 달러로 추정된다.

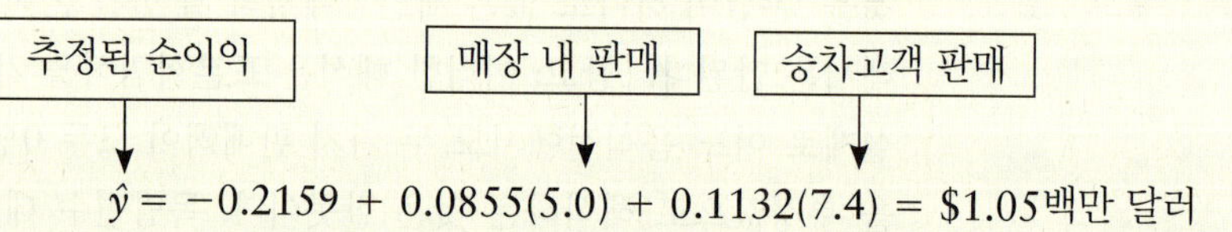

$$\hat{y} = -0.2159 + 0.0855(5.0) + 0.1132(7.4) = \$1.05\text{백만 달러}$$

「컴퓨터 솔루션 16.1」은 Excel에 의한 예제의 다중회귀분석 과정과 결과를 보여준다. 이 결과는 계속 사용될 것이지만 당분간은 표 16.1에 초점을 맞출 것이다.

컴퓨터 솔루션 16.1

다중회귀

EXCEL

	E	F	G	H	I	J	K
1	SUMMARY OUTPUT						
2							
3	*Regression Statistics*						
4	Multiple R	0.8786					
5	R Square	0.7719					
6	Adjusted R Square	0.7067					
7	Standard Error	0.2419					
8	Observations	10					
9							
10	ANOVA						
11		*df*	*SS*	*MS*	*F*	*Significance F*	
12	Regression	2	1.3864	0.6932	11.8448	0.0057	
13	Residual	7	0.4096	0.0585			
14	Total	9	1.7960				
15							
16		*Coefficients*	*Standard Error*	*t Stat*	*P-value*	*Lower 95%*	*Upper 95%*
17	Intercept	-0.2159	0.2643	-0.8169	0.4409	-0.8409	0.4091
18	$Counter	0.0855	0.0438	1.9516	0.0920	-0.0181	0.1890
19	$Driveup	0.1132	0.0385	2.9368	0.0218	0.0220	0.2043

Excel에 의한 다중회귀

1. 예제의 자료는 파일 **CX16REST**에 있다. 이익($Profit)은 A2:A11에, 매장 매출($Counter)은 B2:B11에, 차량 매출($Driveup)은 C2:C11에, 변수의 이름은 첫 번째 행에 있다. 독립변수가 서로 이웃하는 열에 있어야 하는 것에 주의하라. **데이터** 리본에서 **데이터 분석**을 클릭한다. **회귀분석**을 선택하고 **확인**을 클릭한다.
2. **Y축 입력범위** 상자에 **A1:A11**을 입력한다. **X축 입력범위** 상자에 **B1:C11**을 입력하고, **이름표**를 선택한다. **출력범위** 상자에 **E1**을 입력하고 **확인**을 클릭한다. 열의 폭과 소수점 아래 자리를 조정한 다음의 결과는 위와 같다.

연습문제

16.5 다중회귀모델의 각 항에 대해 설명하라.

16.6 다중회귀모델을 사용할 때 요구되는 가정은 무엇인가?

16.7 단순선형회귀에서는 회귀식이 직선이다. 다중회귀에서 두 개의 독립변수를 가질 때의 회귀식은 어떤 형태인가? 그리고 독립변수가 세 개, 혹은 그 이상일 때는 어떠한가?

16.8 다중회귀식, $\hat{y} = 100 + 20x_1 - 3x_2 + 120x_3$에 대하여 다음 물음에 답하라.

a. y절편과 편회귀계수는 각각 얼마인가?

b. $x_1 = 12$, $x_2 = 5$, $x_3 = 10$이면, y의 추정치는 어떻게 되겠는가?

c. x_3가 4만큼 증가했다면, 추정된 y값을 그대로 유지하기 위해 필요한 x_2의 변화는 얼마인가?

16.9 지난해 가정집의 전기료(y) 표본에 대한 다중회귀식은 $\hat{y} = 300 + 7x_1 + 13x_2$이며, 여기서 x_1은 거주자의 수이고, x_2는 방의 개수이다.

a. y절편과 편회귀계수는 각각 얼마인가?

b. 방 6개에 세 명이 사는 집에는 얼마의 청구서가 오겠는가?

16.10 미국의 15개 도심지역에 있는 유사한 생산 공장의 연간 운영 원가(y)를 조사한 결과에 대한 다중회귀식은 $\hat{y} = 1.0 + 1.1x_1 + 2.8x_2$이다. x_1은 노무원가이고, x_2는 전기료이다.

a. y절편과 편회귀계수의 의미를 설명하라.

b. 노무원가가 6백만 달러이고 전기료가 3십만 달러인 공장의 운영원가는 얼마가 되겠는가?

참고: 연습문제 16.11~16.14는 컴퓨터와 통계 소프트웨어를 사용하는 문제이다.

16.11 헬스 클럽 체인을 운영하는 사장이 신문 광고의 크기와 가입비의 할인이 다음 주 신규 고객 숫자에 어떤 영향을 주는지 알아보기 위해서, 작은 업소 8개를 선정하여 조사한 결과는 아래의 표와 같다.

클럽	신규회원, y	광고 크기 (인치), x_1	할인금액, x_2
1	23	4	$100
2	30	7	20
3	20	3	40
4	26	6	25
5	20	2	50
6	18	5	30
7	17	4	25
8	31	8	80

a. 최소제곱 다중회귀식을 구하라.
b. y절편과 편회귀계수를 설명하라.
c. 광고의 길이가 5인치이고, 가입비를 $75 할인해 줄 때, 예상되는 신규고객의 수는 몇 명인가?

16.12 승용차 9대의 승차감, 운전 편리성, 쾌적감에 대한 조사 결과와 총 평가 점수가 다음과 같다.

자동차	y = 평가점수	x_1 = 승차감	x_2 = 편리성	x_3 = 쾌적도
1	85	8	7	7
2	88	8	8	8
3	85	6	8	7
4	85	8	7	9
5	97	9	9	9
6	86	8	8	9
7	90	9	6	9
8	84	7	8	7
9	94	8	9	8

a. 최소제곱 다중회귀식을 구하라.
b. y절편과 편회귀계수를 설명하라.
c. 승차감이 6, 편리성이 9, 쾌적감이 7인 자동차의 총 평가점수는 얼마로 예상되나?

16.13 파이의 반죽을 만드는 회사가 파이를 시험적으로 구워서 다음과 같은 자료를 수집했다. y = 바삭한 정도(1~100점 수준), x_1 = 오븐에서 구운 시간(분), x_2 = 오븐 화씨 온도

y	x_1	x_2
68	6.0	460
76	8.9	430
49	8.8	360
99	7.8	460
90	7.3	390
32	5.3	360
96	8.8	420
77	9.0	350
94	8.0	450
82	8.2	400
97	6.4	450

a. 최소제곱 다중회귀식을 구하라.
b. y절편과 편회귀계수를 설명하라.
c. 파이가 5분 동안 200도에서 구워졌다면, 바삭한 정도는 얼마로 추정할 수 있겠는가?

16.14 10개의 미국 동물원에 대한 데이터가 다음과 같다.

도시	y = 예산	x_1 = 입장객 수	x_2 = 넓이	x_3 = 동물 종류 수
1	$19.5백만	0.6백만	210에이커	271
2	40.0	2.0	216	400
3	11.9	0.4	70	377
4	14.0	1.0	125	277
5	11.6	1.5	55	721
6	22.2	1.3	80	400
7	20.5	1.3	42	437
8	26.0	2.5	91	759
9	17.0	0.9	125	270
10	14.6	1.1	92	260

a. 최소제곱 다중회귀식을 구하라.
b. y절편과 편회귀계수를 설명하라.
c. 입장객이 2백만, 넓이가 150에이커이며 600 종류의 동물을 갖고 있는 동물원의 예상되는 예산은?

16.15 생산과정에서 4가지 검사(200점에서 800점까지의 점수)를 거치는 제품이 있다. 효율성 전문가는 4번째 검사는 다른 검사결과에 의하여 예측이 가능하기 때문에 불필요한 검사라고 주장한다. 4가지 검사를 모두 거친 12개 제품에 대하여 Minitab이라는 프로그램으로 분석한 결과가 다음과 같다.

```
Regression Analysis

The regression equation is
TEST04 = 12.0 + 0.274 TEST01 + 0.376 TEST02 + 0.326 TEST03

Predictor      Coef      StDev        T        P
Constant      11.98      80.50     0.15    0.885
TEST01       0.2745     0.1111     2.47    0.039
TEST02      0.37619    0.09858     3.82    0.005
TEST03      0.32648    0.08084     4.04    0.004

S = 52.72      R-Sq = 87.2%      R-Sq(adj) = 82.4%

Analysis of Variance

Source       DF        SS        MS        F        P
Regression    3    151417     50472    18.16    0.001
Error         8     22231      2779
Total        11    173648
```

a. 최소제곱 다중회귀식을 구하라.
b. 처음 3가지 검사 점수가 350, 400, 600인 제품의 예상되는 4번째 검사 점수는?

16.3 다중회귀에서의 구간 추정

주어진 독립변수의 값에 대하여, 다중회귀식은 y값과 y의 평균값의 추정값을 제공한다. 그러나 단순선형회귀에서처럼 추정값은 불확실하며, 불확실성을 측정하는 첫 번째 단계는 추정값의 다중표준오차를 결정하는 것이다.

추정값의 다중표준오차

추정값의 다중표준오차(s_e)는 15장에서와 비슷하며, 컴퓨터 분석결과에 포함된다. s_e의 계산된 값은 다중회귀식이 나타내는 평면 또는 초평면 주변에 데이터가 산포되어 있는 정도를 나타낸다. 독립변수가 두 개일 때는 그림 16.1에서 살펴본 것처럼 데이터 점들에 적합된 2차원 평면의 위, 아래에 데이터가 퍼져 있는 정도를 나타내는 것이다. 독립변수의 값에 상관없이 추정값의 다중표준오차는 다음과 같이 계산될 수 있다.

추정값의 다중표준오차:

$$s_e = \sqrt{\frac{\Sigma(y_i - \hat{y}_i)^2}{n - k - 1}}$$

y_i = 관찰된 y값
$\hat{y}_i$ = 회귀식에 의해 추정된 y의 값
n = 데이터의 개수
k = 독립변수(x)의 개수

제곱근 안의 분모는 자유도 $n - (k + 1)$이며, 표준오차를 계산하려면 $b_0, b_1, \ldots, b_k$, 즉 $(k + 1)$개의 값을 데이터를 이용하여 계산하여야 하므로 $(k + 1)$을 데이터 개수에서 빼주었다. 제곱근 안의 분자는 잔차제곱합(SSE)이다. 패스트푸드 체인점 예제의 다중회귀식에서 계산된 잔차제곱합($SSE = 0.4096$)이 표 16.2에 있다.

예제에서는 독립변수가 $k = 2$개, 데이터의 개수가 $n = 10$, 잔차제곱합이 0.4096이므로, 추정값의 다중표준오차를 계산하면 다음과 같다.

$$s_e = \sqrt{\frac{\Sigma(y_i - \hat{y}_i)^2}{n - k - 1}} = \sqrt{\frac{0.4096}{10 - 2 - 1}} = \sqrt{0.0585} = \$0.2419\text{백만}$$

b_0, b_1, b_2은 실제 모집단 회귀식 $E(y) = \beta_0 + \beta_1 x_1 + \beta_2 x_2$에 대한 표본 추정치이고, s_e는 추정값의 실제 다중표준오차 σ_e의 표본 추정치이다.

y의 조건부 평균의 신뢰구간

15장에서 최소제곱 회귀직선은 점 $(\bar{x}, \bar{y})$를 지나고, 추정된 구간은 x가 $\bar{x}$에서 더 많이 떨어질수록 넓어진다는 것을 보았다. 15장에서 구간을 설정하는 식이 x와 $\bar{x}$ 사이의 차이를 포함하고 있기 때문에 x가 $\bar{x}$로부터 멀어질수록 구간이 넓어졌다.

단순회귀에서와 같이 최소제곱 다중회귀식도 모든 변수들의 평균점을 지난다. (예제의 다중회귀식에 평균값 [$\bar{y}$ = \$0.88, $\bar{x}_1$ = \$6.52, $\bar{x}_2$ = \$4.76]을 대입하면 이를 확인할 수 있다.) 다중회귀에서도 x값들이 각각의 평균에서 멀어질수록 구간 추정은 넓어진다.

표 16.2

예제의 표본에서, 추정값의 다중표준오차, 다중상관계수, 다중결정계수를 계산하는 데 필요한 값이다. (단위: 백만 달러)

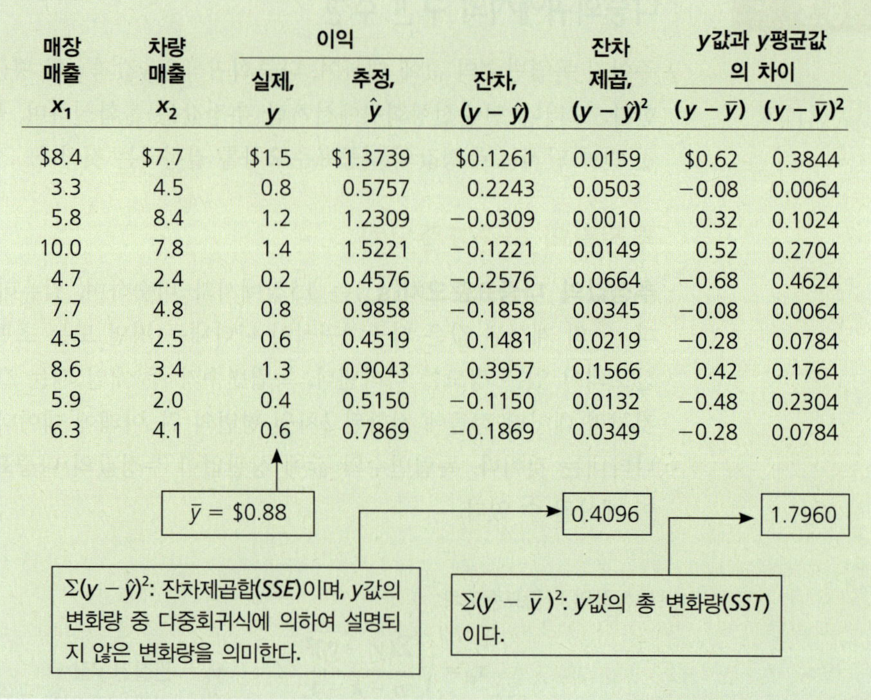

매장 매출 x_1	차량 매출 x_2	이익 실제, y	이익 추정, $\hat{y}$	잔차, $(y-\hat{y})$	잔차 제곱, $(y-\hat{y})^2$	y값과 y평균값의 차이 $(y-\bar{y})$	$(y-\bar{y})^2$
\$8.4	\$7.7	\$1.5	\$1.3739	\$0.1261	0.0159	\$0.62	0.3844
3.3	4.5	0.8	0.5757	0.2243	0.0503	−0.08	0.0064
5.8	8.4	1.2	1.2309	−0.0309	0.0010	0.32	0.1024
10.0	7.8	1.4	1.5221	−0.1221	0.0149	0.52	0.2704
4.7	2.4	0.2	0.4576	−0.2576	0.0664	−0.68	0.4624
7.7	4.8	0.8	0.9858	−0.1858	0.0345	−0.08	0.0064
4.5	2.5	0.6	0.4519	0.1481	0.0219	−0.28	0.0784
8.6	3.4	1.3	0.9043	0.3957	0.1566	0.42	0.1764
5.9	2.0	0.4	0.5150	−0.1150	0.0132	−0.48	0.2304
6.3	4.1	0.6	0.7869	−0.1869	0.0349	−0.28	0.0784
		$\bar{y}$ = \$0.88			0.4096		1.7960

$\Sigma(y-\hat{y})^2$: 잔차제곱합(*SSE*)이며, y값의 변화량 중 다중회귀식에 의하여 설명되지 않은 변화량을 의미한다.

$\Sigma(y-\bar{y})^2$: y값의 총 변화량(*SST*)이다.

대부분의 컴퓨터 통계 패키지는 추정의 표준오차를 제공한다. 이런 기능이 없는 패키지인 경우, 손으로 표준오차를 계산한다는 것은 불가능하다. 이런 경우나, 때로 다른 사람이 수행한 다중회귀분석의 요약된 결과(예로, n, s_e 및 회귀식)만 가지고 있는 경우에도 근사적으로 구간추정을 할 수 있다.

y의 조건부 평균의 근사적 신뢰구간:

$$\hat{y} \pm t\frac{s_e}{\sqrt{n}}$$

$\hat{y}$ = 주어진 x값에 대한 y의 추정값
t = 신뢰 수준과 $df = n - k - 1$에 의한 t값
(n = 데이터 개수, k = x변수의 개수)
s_e = 추정값의 다중표준오차

예제 EXAMPLE

신뢰구간

매장 매출이 6백만 달러, 차량 매출이 4백만 달러이었다면 이 체인점의 이익의 95% 신뢰구간의 근사치는 얼마인가?

풀이

x_1 = \$6.0, x_2 = \$4.0이면, $\hat{y} = -0.2159 + 0.0855(6.0) + 0.1132(4.0) =$ \$0.7499백만이다. 이 값은 이 x값에서의 y값 평균의 근사적 신뢰구간의 중심

점이다. 앞의 예제에서 자유도는 $n - k - 1 = 7$, 추정값의 다중표준오차는 $s_e = 0.2419$백만 달러이므로, 95% 신뢰수준과 $df = 7$인 t값은 2.365가 되고, y의 평균에 대한 근사적 신뢰구간은

$$\hat{y} \pm t\frac{s_e}{\sqrt{n}} = 0.7499 \pm 2.365\frac{0.2419}{\sqrt{10}} = 0.7499 \pm 0.1809,$$

즉, 0.5690에서 0.9308백만 달러까지

매장 매출이 6백만 달러, 차량 매출이 4백만 달러일 때의 평균 이익의 95% 신뢰구간은 0.5690에서 0.9308백만 달러 사이이다. 구간의 넓이는 0.9308 − 0.5690, 즉 0.3618백만 달러이다. 구간은 x값이 평균으로부터 멀어질수록 넓어지기 때문에, 실제 95% 신뢰구간은 여기서 계산된 0.3618백만 달러보다 더 넓을 것이다.

각각의 y값에 대한 예측구간

신뢰구간처럼, 각각의 관측된 각 y값에 대한 예측구간도 근사적으로 계산할 수 있다. 이런 구간들은 t분포, 추정값의 다중표준오차 및 y의 점추정값 $\hat{y}$를 이용하여 근사적으로 계산된다.

각각의 y값에 대한 근사적 예측구간:

$\hat{y} \pm ts_e$

$\hat{y}$ = 주어진 x값에 대한 y의 추정값
t = 신뢰수준과 $df = n - k - 1$에서의 t값
(n = 데이터 개수, k = x변수의 개수)
s_e = 추정값의 다중표준오차

예제 EXAMPLE

예측구간

패스트푸드 체인의 사장은 도시 근교에 새로 건설 중인 체인점이 작년에 영업이 가능하였다면, 매장 매출 6백만 달러, 차량 매출 4백만 달러는 올렸을 것으로 생각한다. 이 매출액에 대하여, 음식점 이익의 95% 예측 구간은 근사적으로 어떻게 되겠는가?

풀이

근사적 예측구간의 중앙값은 매장 매출(x_1 = 6백만 달러), 차량 매출(x_2 = 4백만 달러)에서의 이익의 점추정값

$$\hat{y} = -0.2159 + 0.0855(6.0) + 0.1132(4.0) = 0.7499\text{백만 달러이다.}$$

$n = 10$, $k = 2$이며, 자유도는 $df = n - k - 1 = 7$이므로, t값은 $t = \pm 2.365$가 되며, 근사적 95% 예측구간은

$$\hat{y} \pm ts_e = 0.7499 \pm 2.365(0.2149) = 0.7499 \pm 0.5721$$

즉, 0.1778에서 1.3220백만 달러까지이다.

이 음식점의 이익이 근사적으로 0.1778백만 달러와 1.3220백만 달러 사이가 될 것이라는 것을 95% 확신할 수 있다. $\bar{x}_1 = 6.52$백만 달러, $\bar{x}_2 = 4.76$백만 달러이고 예측이 평균과 조금 다른 값에서 이루어지므로 실제의 정확한 예측구간은 근사적 예측구간보다 1.3220 − 0.1778 = 1.1442백만 달러보다 약간 더 넓을 것이다.

「컴퓨터 솔루션 16.2」는 Excel을 이용하여 신뢰구간과 예측구간을 산출하는 과정과 결과를 보여준다. x_1, x_2, 두 변수의 값이 평균값과 다르기 때문에 Excel에서 계산된 정확한 구간은 위에서 계산한 근사 예측구간보다 조금 더 넓다.

컴퓨터 솔루션 16.2

다중회귀에서의 구간추정

EXCEL

	A	B	C	D
1	**Prediction Interval**			
2				
3			$Profit	
4	Predicted value		0.750	
5				
6	Prediction Interval			
7	Lower limit		0.146	
8	Upper limit		1.353	
9				
10	Interval Estimate of Expected Value			
11	Lower limit		0.558	
12	Upper limit		0.941	

Excel에 의한 다중회귀인 구간추정

1. 파일 **CX16REST**를 사용하여 「컴퓨터 솔루션 16.1」에서의 얻은 결과에서, 편리한 셀 두 개를 골라(예를 들어, A15:B15) 두 독립변수의 값을 차례로 입력한다. 즉 **A15**에 **6**을, **B15**에 **4**를 입력한다.
2. **추가기능** 리본에서 **Data Analysis Plus**를 클릭한다. **Prediction Interval**을 선택하고 **OK**를 클릭한다.
3. **Input Y Range** 상자에 **A1:A11**을 입력하고 **Input X Range** 상자에 **B1:C11**을 입력한다. **Labels**를 선택한다. **Given X Range** 상자에 **A15:B15**를 입력한다. **Confidence level (1 − Alpha)** 상자에 원하는 신뢰수준을 소수로(예: 0.95) 입력하고 **OK**를 클릭한다.

연습문제

16.16 연습문제 16.15의 출력된 결과에서 다음을 결정하라.

a. 3번의 검사에서 300, 500, 400의 점수를 받은 제품의 4번째 검사점수 평균값에 대한 95% 신뢰구간.

b. 3번의 검사에서 300, 500, 400의 점수를 받은 제품의 4번째 검사점수에 대한 95% 예측구간.

16.17 20개의 데이터에 대한 회귀식은 $\hat{y} = 5.0 + 1.0x_1 + 2.5x_2$이다. x_1, x_2의 평균이 각각 25와 40이다. 잔차제곱합(SSE)은 173.5로 계산되었고, y값의 총 변화량(SST)은 520.8이다. 다음을 구하라.

a. 데이터의 y값의 평균.

b. 추정값의 다중표준오차.

c. $x_1 = 20$이고 $x_2 = 30$일 때, y평균에 대한 근사적 95% 신뢰구간.

d. $x_1 = 20$이고, $x_2 = 30$일 때, 개별 y값에 대한 근사적 95% 예측구간.

참고: 연습문제 16.8~16.22는 컴퓨터와 통계 소프트웨어를 필요로 한다.

16.18 *PC World*는 8대의 노트북을 검사하여 각각의 하드웨어 성능과 효율성을 보도하였다. 데이터 총점, 시중 가격, PC WorldBench 4의 성능 점수, 배터리 수명에 대한 데이터가 아래에 있다. (출처: "Top 15 Notebook PCs," *PC World*, July 2003, p. 135.)

컴퓨터:	1	2	3	4
총점:	80	80	76	75
시중 가격:	1024	949	1499	1478
성능 점수:	102	96	111	104
배터리 수명:	3.03	2.97	2.00	3.05

컴퓨터:	5	6	7	8
총점:	75	74	72	72
시중 가격:	1857	1865	1699	1298
성능 점수:	100	98	104	91
배터리 수명:	1.88	3.00	2.38	2.33

a. 이 자료에서 다른 세 변수를 이용하여 총점을 추정하는 다중회귀식을 구하고, 시중 가격이 $1000, 성능 점수가 100, 베터리 수명이 2.5시간인 노트북의 총점 평균의 근사적 95% 신뢰구간을 결정하고 설명하라.

b. 시중 가격 $1,000, 성능 점수 100점, 베터리 수명이 2.5시간인 노트북의 총점의 95% 예측구간을 구하라.

16.19 신입생 중 일부에게 미적분학을 배우기 위한 선수과목으로 기본수학과목을 필수로 지정할 것인가를 고려하고 있는 경영대학이, 신입생 표본을 선정하여 수학능력 시험을 보게 하였다. 대학은 이 점수와 SAT 수리 점수를 이용하여 학생들이 미적분학 기말고사를 얼마나 잘 볼 것인가를 예측하려고 한다. 데이터는 9명의 신입생들의 표본이고, 그들의 점수는 다음과 같다.

학생:	1	2	3	4	5
수학 능력:	72	96	68	86	70
SAT, 수리:	462	545	585	580	592
미적분학 기말:	71	92	72	82	74

학생:	6	7	8	9
수학 능력:	73	91	75	76
SAT, 수리:	516	638	615	596
미적분학 기말:	71	100	87	81

a. 이 자료에서 다른 두 변수를 바탕으로 미적분학 기말고사 점수를 추정하는 다중회귀식을 구하고, 수학 능력 점수가 70, SAT 수리 점수가 500인 신입생의 미적분학 기말고사 점수 평균의 근사적 90% 신뢰구간을 구하고 설명하라.

b. 수학 능력 점수가 70이고 SAT 수리 점수가 500인 어떤 신입생의 미적분학 기말고사 점수의 90% 예측구간을 구하라.

16.20 연습문제 16.11에서 구한 다중회귀식으로 다음을 근사적으로 구하라.

a. 광고 크기 5인치와 $80 할인해 주는 경우 평균 신규 고객 수에 대한 95% 신뢰구간

b. 광고 크기 5인치와 $80 할인해 주는 업소의, 신규고객 수에 대한 95% 예측구간.

16.21 연습문제 16.12에서 구한 다중회귀식으로 다음을 근사적으로 구하라.

a. 승차감 8, 편리성 8, 쾌적감 9인 경우 평균 평가점수에 대한 95% 신뢰구간.

b. 승차감 8, 편리성 8, 쾌적감 9인 경우 평가점수에 대한 95% 예측구간.

16.22 연습문제 16.13에서 구한 다중회귀식으로 다음을 근사적으로 구하라.

a. 5분간 300도에서 구운 파이의 바삭거리는 정도의 평균의 95% 신뢰구간.

b. 5분간 300도에서 구운 파이의 바삭거리는 정도의 95% 예측구간.

16.4 다중상관분석

다중상관분석의 목적은 종속변수와 독립변수 집합 사이의 관계가 얼마나 강한가를 측정하는 것이다. 전체적인 관계의 강도는 다중결정계수에 의하여도 측정된다.

다중결정계수

다중결정계수(R^2, $0 \le R^2 \le 1$)는 다중회귀식에 의하여 설명되는 y 변화량의 비율이다. 이것의 양의 제곱근인 **다중상관계수**(R)는 15장의 상관계수만큼 중요하지는 않다.

다중결정계수의 정의와 계산은 단순선형회귀에서와 같다. R^2은 y값의 총 변화량과 회귀식에 의하여 설명되지 않고 남아 있는 y값의 변화량에 의하여 정의되고 계산된다.

다중결정계수:

$$\mathbf{R^2 = 1 - \frac{\text{회귀식으로 설명되지 않는 잔차제곱합}}{y\text{값의 총 변화량}}}$$

$$\mathbf{= 1 - \frac{\sum(y_i - \hat{y}_i)^2}{\sum(y_i - \bar{y})^2} \quad \text{즉} \quad 1 - \frac{SSE}{SST}}$$

y의 총 변화량은 회귀식에 의하여 설명되는 변화량과 설명되지 않고 남아 있는 변화량의 합이다.

$$SST = SSR + SSE$$

패스트푸드 체인점 예제에 대한 다중회귀식의 SST와 SSE는 표 16.2에 계산되어 있다. 위의 식에 $SST = 1.7960$과 $SSE = 0.4096$을 대입하면, 다중결정계수는 다음과 같다.

$$R^2 = 1 - \frac{SSE}{SST} = 1 - \frac{0.4096}{1.7960} = 1 - 0.2281 = 0.7719$$

10개 체인점의 이익 변화량 중 77.19%가 다중회귀식에 의하여 설명된다. 컴퓨터로 계산한 R^2 값은 표 16.3에 있다. 자유도를 고려하여 수정된 R^2(adjusted R^2)도 제공된다. 수정된 R^2을 얻는 공식은 각주에 있다.[1]

표 16.3에는 추정값의 다중표준오차(s_e), 회귀식, 잔차, SST가 자유도와 함께 나와 있다. 또한 각 값에 관련된 자유도를 고려한 회귀, 오차(잔차), 제곱합을 제공한다. 분산분석표의 나머지 부분은 16.5절의 유의성 검정에서 논할 것이다.

[1] 수정된 R^2은 다중회귀분석의 컴퓨터 출력에 통상적으로 포함되는 비율이며, 다음과 같이 계산한다.

$$\text{수정된 } R^2 = 1 - \frac{SSE/(n-k-1)}{SST/(n-1)}$$

표 16.3

패스트푸드 체인점을 Excel로 분석한 결과이며, 추정값의 다중표준오차와 다중결정계수를 볼 수 있다.

	E	F	G
3	*Regression Statistics*		
4	Multiple R	0.8786	
5	R Square	0.7719	
6	Adjusted R Square	0.7067	
7	Standard Error	0.2419	
8	Observations	10	
9			
10	ANOVA		
11		*df*	*SS*
12	Regression	2	1.3864
13	Residual	7	0.4096
14	Total	9	1.7960

연습문제

16.23 다중결정계수는 무엇이며, y와 독립변수들 사이의 관계에 대해 무엇을 말해 주는가?

16.24 다중회귀분석에서 SST, SSR, SSE는 무엇을 의미하며, y와 독립변수들 사이의 관계를 설명하는 데 어떻게 이용되는가?

16.25 연습문제 16.15의 컴퓨터 결과 출력에서 다중결정계수를 찾아서 의미를 설명하라.

참고: 연습문제 16.26과 16.27은 컴퓨터 통계 소프트웨어가 필요하다.

16.26 연습문제 16.12에서 얻은 다중회귀식에서 다중결정계수는 얼마이고, 무엇을 의미하는가?

16.26 연습문제 16.11에서 얻은 다중회귀식에서 다중결정계수는 얼마이고, 무엇을 의미하는가?

16.5 다중회귀와 다중상관의 유의성 검정

15장의 단순선형회귀($\hat{y} = b_0 + b_1x$)에서, 변수들 사이의 관계를 검정하는 여러 가지 방법을 검토하였는데, 모든 방법이 같은 결과를 가져오는 것을 보았다. 독립변수가 하나일 때 기울기의 모수가 0이 된다는 것은 결과적으로 상관계수의 모수가 0이 된다는 것과 같다. 그러나 두 개 이상의 독립변수를 가진 다중회귀에서는 (1) 다중회귀식 전체의 유의성과, (2) 각각의 편회귀계수들의 유의성을 별도로 검정해야 한다.

회귀식의 유의성 검정

표본 데이터에서 얻어지는 다중회귀식($\hat{y} = b_0 + b_1x_1 + b_2x_2 + \cdots + b_kx_k$)은 모집단의 다중회귀식, $E(y) = \beta_0 + \beta_1x_1 + \beta_2x_2 + \cdots + \beta_kx_k$을 추정한 것이다. 실제로 y가 x 변수 어떤 것과도 아무런 관계를 가지고 있지 않다면, 모집단의 회귀식의 모든 편회귀계수($\beta_1, \beta_2, \ldots, \beta_k$)는 0이 될 것이고, 이러한 사실을 이용하여 회귀식 전체의 유의성을 검정할 수 있다.

검정은 분산분석에서 얻어지는 *SSR*과 *SSE*에 의하여 이루어진다. 컴퓨터 통계 패키지에 따라서는 검정을 수행한 뒤에 유의성을 나타내는 *p*값을 보고하는 것도 있고, 결과를 예측하고 필요한 계산을 할 수 있도록 요약된 정보(예로, *SSR*, *SSE*, *SST*, 자유도 등)를 제공하는 것도 있다. 검정과정은 다음과 같다.

다중회귀식의 전체 유의성에 대한 ANOVA(분산분석) 검정:

- **귀무가설**

  $H_0: \beta_1 = \beta_2 = \cdots = \beta_k = 0$ 회귀식은 유의하지 않다.

- **대립가설**

  H_1: 적어도 한 개의 $\beta_i\ (i = 1, 2, \cdots, k) \neq 0$ 회귀식은 유의하다.

- **검정통계량**

$$F = \frac{SSR/k}{SSE/(n-k-1)}$$

  SSR = 회귀제곱합
  SSE = 잔차(오차) 제곱합
  n = 데이터의 개수
  k = 독립변수 (x)의 개수

- ***F*통계량의 임계값 (기각값)**

  유의 수준과 df (분자) = k, df (분모) = $n - k - 1$에 대한 F값

ANOVA(분산분석) 검정에서 *F*통계량의 분자와 관련된 자유도는 *k*이며, 이것은 *y*를 추정하는 데 쓰이는 독립변수의 수이다. 분모에 대한 자유도는 $df = n - k - 1 = n - (k + 1)$인데, 여기에서 $(k + 1)$은 표본 데이터에 의하여 계산되는 계수($b_0, b_1, b_2, \ldots, b_k$)의 개수이다.

패스트푸드 체인점 데이터에서 $SST = 1.7960$, $SSE = 0.4096$이다. $SST = SSR + SSE$이므로, $SSR = 1.7960 - 0.4096 = 1.3864$가 된다. 데이터의 수는 $n = 10$이고, 독립변수의 개수가 $k = 2$이므로 검정통계량은 다음과 같이 계산될 수 있다.

$$F = \frac{SSR/k}{SSE/(n-k-1)} = \frac{1.3864/2}{0.4096/(10-2-1)} = \frac{0.6932}{0.0585} = 11.85$$

분자의 자유도는 $k = 2$이고, 분모의 자유도는 $n - k - 1 = 10 - 2 - 1 = 7$이며, 신뢰수준 0.01에서 검정을 하므로, *F*분포에서 기각값은 $F = 9.55$이다. 계산된 통계량($F = 11.8448$)이 기각값보다 크면 H_0는 기각된다. 따라서 0.01 수준에서 다중회귀식은 유의하다.

표 16.4는 이 검정을 Excel로 수행한 결과를 보여준다. Excel은 다중회귀 전체의 유의성에 대한 *p*값을 0.0057로 보고한다.

편회귀계수의 검정

각 편회귀계수($b_1, b_2, \ldots$)에 대한 유의성 검정에서 귀무가설은 대응되는 모집단 값이 실제로 0이라는 것이다. 즉 0이 아닌 값이 데이터에 의해서 계산된 것은 단지 우연한 결과라는 것이다. 이 검정은 다음의 형식을 따르는 양쪽꼬리 *t*검정이다.

편회귀계수 b_i의 유의성에 대한 t-검정:

- **귀무가설**

H_0: $\beta_i = 0$ 모집단 계수가 0이다.

- **대립가설**

H_1: $\beta_i \neq 0$ 모집단 계수가 0이 아니다.

- **검정통계량**

$$t = \frac{b_i - 0}{s_{b_i}}$$

b_i = 회귀계수의 관측값

s_{b_i} = b_i의 추정 표준편차

1. 어떤 특정한 값 β_{i0}에 대하여, H_0: $\beta_i = \beta_{i0}$와 H_1: $\beta_i \neq \beta_{i0}$를 검정할 수도 있다. 위에서 0 대신에 β_{i0}를 사용한다는 것 이외에는 동일한 방법으로 검정한다.
2. t의 임계값은 원하는 유의수준과 $df = n - k - 1$에서의 $\pm t$이다. (n = 데이터 개수, k = 독립변수의 개수)

표 16.4는 패스트푸드 체인점 회귀식의 각 편회귀계수의 값과 표준 편차를 보여준다. 0.05 유의수준에서 이 검정을 적용하면 다음과 같다.

1. 귀무가설 H_0: $\beta_1 = 0$ 대 H_1: $\beta_1 \neq 0$의 검정.

검정통계량을 계산하면, $t = \dfrac{b_1 - 0}{s_{b_1}} = \dfrac{0.0855 - 0}{0.0438} = 1.95$이다.

자유도 $df = n - k - 1 = 10 - 2 - 1 = 7$, 유의수준 0.05에서의 임계값은 $t = -2.365$와 $t = +2.365$이다. 계산된 검정통계량 $t = 1.95$가 이 범위 안에 있으므로 귀무가설을 기각할 수 없다. 0.05 유의수준에서 $b_1 = 0.0855$는 0과 유의하게 다르지 않다. 유의수준을 0.10(임계값은 $t = -1.895$, $t = +1.895$)으로 하면 결론이 바뀌어서 귀무가설은 기각될 것이다.

t분포표를 이용하면, p값이 0.05와 0.10 사이에 있음을 알 수 있다. 표 16.4에서 보는 바와 같이 실제 p값은 0.092이다. 이익과 매장 매출 사이에 선형관계가 없다면(즉, $\beta_1 = 0$), 0이 아닌 $b_1 = 0.08547$이 표본통계량으로 얻어질 확률은 0.092이다.

2. 귀무가설 H_0: $\beta_2 = 0$ 대 H_1: $\beta_2 \neq 0$의 검정.

검정통계량을 계산하면, $t = \dfrac{b_2 - 0}{s_{b_2}} = \dfrac{0.11312 - 0}{0.0385} = 2.94$이다.

$df = n - k - 1 = 7$, 유의수준 0.05의 임계값은 $t = -2.365$과 $t = +2.365$이다. 계산된 t값이 이 범위 밖에 있으므로 귀무가설 ($\beta_2 = 0$)을 기각할 수 있다. 0.05 유의수준에서 β_2는 0과 유의하게 다르다. 유의수준을 0.02(임계값은 $t = -2.998$, $t = +2.998$)로 하면, 귀무가설을 기각할 수 없다.

표 16.4

EXCEL

	E	F	G	H	I	J	K
10	ANOVA						
11		*df*	*SS*	*MS*	*F*	*Significance F*	
12	Regression	2	1.3864	0.6932	11.8448	0.0057	
13	Residual	7	0.4096	0.0585			
14	Total	9	1.7960				
15							
16		*Coefficients*	*Standard Error*	*t Stat*	*P-value*	*Lower 95%*	*Upper 95%*
17	Intercept	-0.2159	0.2643	-0.8169	0.4409	-0.8409	0.4091
18	$Counter	0.0855	0.0438	1.9516	0.0920	-0.0181	0.1890
19	$Driveup	0.1132	0.0385	2.9368	0.0218	0.0220	0.2043

패스트푸드 체인점에 대한 (1) 회귀식의 전체 유의성에 대한 검정과, (2) 각 편회귀계수에 대한 유의성 검정을 Excel로 한 결과의 부분이다. 전체 결과와 과정은 컴퓨터 솔루션 16.1에 나와 있다.

t분포표를 이용하면 p값이 0.05와 0.02 사이에 있음을 알 수 있다. 표 16.4에서 보듯이 실제 p값은 0.0218이다. 이익과 승차고객 매출 사이에 선형관계가 없는데도(즉, $\beta_2 = 0$), 0이 아닌 $b_2 = 0.11315$가 얻어질 확률은 0.0218인 것이다.

위에서 우리가 한 계산은 각 편회귀계수에 대해 Excel로 검정한 결과와 일치한다. 표 16.4는 편회귀계수뿐만 아니라 y절편에 대한 t-검정과 유의확률도 제공한다. y절편 $b_0 = -0.2159$는 0과 그다지 유의하게 다르지 않다(유의확률 = 0.4409). 15장에서 언급한 것처럼 실제 응용에서 y절편에 대한 유의성 검정은 별로 중요하지 않다.

편회귀계수의 구간추정

b_i의 추정 표준오차는 유의성 검정뿐만 아니라, 모수 β_i의 신뢰구간을 구하는 데에도 사용된다. 15장과 비슷한 방법이 사용된다.

편회귀계수 b_i의 신뢰구간:

$$b_i \pm t(s_{b_i})$$

b_i = 표본회귀식의 편회귀계수
t = 신뢰수준과 $df = n - k - 1$에 대한 t값
s_{b_i} = b_i의 추정 표준편차

b_i와 b_i의 추정 표준편차는 일반적으로 컴퓨터 통계 패키지로 회귀분석을 실행할 때마다 출력되는 값이다. 이것을 패스트푸드 예제에 적용시켜서 β_1과 β_2의 95% 신뢰구간을 구할 것이다.

1. **β_1의 95% 신뢰구간** 표 16.4에서, b_1은 0.08547이고, b_1의 표준편차는 0.04380

이다. 데이터의 개수는 $n = 10$, 독립변수의 개수는 $k = 2$이므로, 자유도 $df = n - k - 1 = 7$에서 95% 신뢰구간의 t값은 $t = 2.365$이다. 신뢰구간은

$$b_1 \pm t(s_{b_1}) = 0.08547 \pm 2.365(0.04380) = 0.08547 \pm 0.10359$$

즉, -0.01812에서 0.18906 사이이다.

β_1이 -0.01812와 0.18906 사이에 있다는 것을 95% 신뢰할 수 있다. $\beta_1 = 0$이 신뢰구간에 속한다는 것에 유의하자. 이것은 앞서 언급한 0.05 유의수준에서 $b_1 = 0.08547$이 0과 다르지 않다는 것과 같은 것이다. 앞에서 살펴본 것처럼, x% 신뢰구간과 $(100 - x)/100$ 유의성수준에서의 양측검정은 같은 결과를 가져온다.

2. **β_2의 95% 신뢰구간** 표 16.4에서 b_2는 0.11315이고, b_2의 표준편차는 0.03853이다. 자유도 $df = n - k - 1 = 7$에서 95% 신뢰구간의 t값은 $t = 2.365$이다. 신뢰구간은

$$b_2 \pm t(s_{b_1}) = 0.11315 \pm 2.365(0.03853) = 0.11315 \pm 0.09112$$

즉, 0.02203에서 0.20427이다.

β_2가 0.02203과 0.20427 사이에 있다는 것을 95% 확신할 수 있다. $\beta_2 = 0$이 구간 안에 속하지 않는 것에 유의하자. 이것은 앞서 언급한 0.05 수준에서 $b_2 = 0.11315$가 0과 유의하게 다르다는 것과 같은 것이다.

Excel을 사용한다면, 편회귀계수의 신뢰구간이 표 16.4에서처럼 출력된다. 신뢰수준을 달리 명시하지 않으면, 95% 신뢰구간이 제공된다. 이 절의 연습문제에서 Excel을 이용하면, 많은 계산을 하지 않고도 신뢰구간을 쉽게 구할 수 있다.

연습문제

16.28 (a) 0.02 유의수준에서 β_3가 0과 유의하게 다른지를 검정하는 가설검정 결과와, (b) β_3의 98% 신뢰구간 사이에는 어떤 관계가 있는가?

16.29 연습문제 16.11에서 얻은 다중회귀식에 대하여

a. 0.05 수준에서 전체 회귀식은 유의한가?

b. 0.05 수준에서 각 편회귀계수가 0과 유의하게 다른지 검정하라.

c. 각 변수에 대하여 b의 검정 결과를 설명하라.

d. 모집단 회귀식의 각 편회귀계수에 대한 95% 신뢰구간을 구하라.

16.30 연습문제 16.12에서 얻은 다중회귀식에 대하여

a. 0.05 수준에서 전체 회귀식은 유의한가?

b. 0.05 수준에서 각 편회귀계수가 0과 유의하게 다른지 검정하라.

c. 각 변수에 대하여 b의 검정 결과를 설명하라.

d. 모집단 회귀식의 각 편회귀계수에 대한 95% 신뢰구간을 구하라.

16.31 연습문제 16.15의 결과 출력에서, (a) 각 편회귀계수의 90% 신뢰구간을 구하고, (b) 각 유의성 검정을 설명하라.

참고: 연습문제 16.32~16.35에서는 컴퓨터와 통계 소프트웨어를 사용해야 한다.

16.32 연습문제 16.18에서 제공된 결과와 최소제곱 회귀식을 참고하여 다음을 구하라.

a. 0.10 수준에서 전체 회귀식은 유의한가?

b. 각 편회귀계수가 0과 유의하게 다른지 0.10 수준에서 검정하라.

16.33 연습문제 16.19에서 제공된 결과와 최소제곱 회귀식을 참고하여 다음을 구하라.

a. 0.05 수준에서 전체 회귀식은 유의한가?

b. 각 편회귀계수가 0과 유의하게 다른지 0.05 수준에서 검정하라.

16.34 컴퓨터 데이터베이스 **GROWCO**는 *Fortune*지가 선정한 가장 빨리 성장한 100개 기업의 특성을 나타낸다. 세 가지 변수는 (1) 다음 해의 주식가격/이익 비율의 예측값, (2) 연간 수익 증가율(%)과 (3) 연간 주당 이익의 증가율(%)이다. (출처: "*Fortune's* 100 Fastest-Growing Companies," *Fortune*, September 4, 2000, pp. 142–158)

a. x_1 = 연간 수익 증가율, x_2 = 주당 이익 증가율, y = 다음 해의 주식가격/이익 비율로 하여, 최소제곱 회귀식을 구하라. 각 편회귀계수를 설명하라.

b. 0.05 수준에서 전체 회귀식은 유의한가?

c. 각 편회귀계수가 0과 유의하게 다른지 0.05 수준에서 검정하라.

d. 모집단 회귀식의 각 편회귀계수에 대한 95% 신뢰구간을 구하라.

16.35 미국의 상위 98개의 자동차 판매 대리점 그룹에 대한 정보가 컴퓨터 데이터베이스 **DEALERS**에 제공되어 있다. 각 그룹에 대한 데이터에는 (1) 1999년 전체 수익, (2) 판매된 자동차의 수, (3) 판매 대리점의 수가 포함되어 있다. (출처: *Automotive News*, May 1, 2000, pp. 54–60)

a. x_1 = 자동차 판매 대수, x_2 = 판매 대리점의 수, y = 그룹의 전체 수익으로 하여, 최소제곱 회귀식을 구하라. 각 편회귀계수에 대해 설명하라.

b. 0.02 수준에서 전체 회귀식은 유의한가?

c. 각 편회귀계수가 0과 유의하게 다른지 0.02 수준에서 구하라.

d. 모집단 회귀식의 각 편회귀계수에 대한 98% 신뢰구간을 구하라.

16.6 컴퓨터 분석의 개요 및 해석

결과의 요약

앞의 절에서는 Excel로 얻어지는 결과를 부분별로 구분해서 각 절의 설명에 사용하였다. 이제 반대로 구분되었던 부분을 한데 합해서 전체 결과를 보기로 하자.

표 16.5는 Excel의 다중회귀 결과이다. 「컴퓨터 솔루션 16.1」의 표준적인 Excel 결과에 「컴퓨터 솔루션 16.2」의 신뢰구간과 예측구간에 대한 추정을 추가한 것이다.

표 16.6은 Minitab이라는 프로그램을 이용한 결과인데, 특히 우리가 다루지 않은 두 개의 표준적인 Minitab 항목이 추가되어 있다. 하나는 아래쪽에 있는 'Unusual Observation(특이점)' 이며, 8번째 음식점이 회귀식으로부터 특히 멀리 떨어져 있는 것으로 보고되어 있다.

다른 하나는, 중간 아래 쯤에 있는 'SEQ SS' 라는 열이다. 이 열의 값은 독립변수가 차례로 하나씩 추가될 때 얼마나 오차제곱합(*SSE*)이 감소하는가를 보여준다. 'SEQ SS' 의 첫 번째 행은 상수만을 이용하여 y를 예측하는 경우보다, 독립변수 x_1을 추가함으로서 *SSE*가 0.88160만큼 줄어든다는 것을 의미한다. 일단 x_1이 회귀식에 포함된 후 다시 x_2를 추가로 포함시키면, *SSE*가 또 0.50475만큼 감소한다는 것을 두 번째 열에서 볼 수 있다. 이들을 합한 값 0.88160 + 0.50475 = 1.38635가 회귀식에 의하여 설명된 y값의 변화량, 즉 *SSR*이다.

표 16.5의 Excel 수치를 이용하여, 패스트푸드 체인점 회귀분석의 전체적 결론을 제시하기로 한다. 두 표를 비교해 보면 알겠지만, Excel과 Minitab의 결과가 모든 소수점 아래 자리에서 같지는 않다.

표 16.5

패스트푸드 체인점 자료에 대한 Excel의 다중회귀분석 결과. 컴퓨터 솔루션 16.1과 컴퓨터 솔루션 16.2의 결과를 합한 것이다.

	E	F	G	H	I	J	K
1	SUMMARY OUTPUT			**Prediction Interval**			
2						$Profit	
3	*Regression Statistics*			**Predicted value**		0.750	
4	Multiple R	0.8786		**Prediction Interval**			
5	R Square	0.7719		Lower limit		0.146	
6	Adjusted R Square	0.7067		Upper limit		1.353	
7	Standard Error	0.2419		**Interval Estimate of Expected Value**			
8	Observations	10		Lower limit		0.558	
9				Upper limit		0.941	
10	ANOVA						
11		*df*	*SS*	*MS*	*F*	*Significance F*	
12	Regression	2	1.3864	0.6932	11.8448	0.0057	
13	Residual	7	0.4096	0.0585			
14	Total	9	1.7960				
15							
16		*Coefficients*	*Standard Error*	*t Stat*	*P-value*	*Lower 95%*	*Upper 95%*
17	Intercept	-0.2159	0.2643	-0.8169	0.4409	-0.8409	0.4091
18	$Counter	0.0855	0.0438	1.9516	0.0920	-0.0181	0.1890
19	$Driveup	0.1132	0.0385	2.9368	0.0218	0.0220	0.2043

표 16.6

패스트푸드 체인점 자료에 대한 Minitab의 다중회귀분석 결과

```
Regression Analysis: $Profit versus $Counter, $Driveup

The regression equation is
$Profit = - 0.216 + 0.0855 $Counter + 0.113 $Driveup

Predictor      Coef   SE Coef      T      P
Constant    -0.2159    0.2643  -0.82  0.441
$Counter    0.08547   0.04380   1.95  0.092
$Driveup    0.11315   0.03853   2.94  0.022

S = 0.241912   R-Sq = 77.2%   R-Sq(adj) = 70.7%

Analysis of Variance
Source            DF        SS        MS      F      P
Regression         2   1.38635   0.69318  11.84  0.006
Residual Error     7   0.40965   0.05852
Total              9   1.79600

Source     DF   Seq SS
$Counter    1  0.88160
$Driveup    1  0.50475

Unusual Observations
Obs  $Counter  $Profit     Fit   SE Fit  Residual  St Resid
  8       8.6   1.3000  0.9039   0.1468    0.3961     2.06R
R denotes an observation with a large standardized residual.

Predicted Values for New Observations
New
Obs     Fit  SE Fit        95% CI              95% PI
  1  0.7496  0.0811  (0.5578, 0.9413)  (0.1462, 1.3529)

Values of Predictors for New Observations
New
Obs  $Counter  $Driveup
  1      6.00      4.00
```

- **종속변수와 독립변수**

$$y = \text{순이익} \quad x_1 = \text{매장 매출} \quad x_2 = \text{차량 매출}$$

- **다중회귀식**

$$\hat{y} = -0.2159 + 0.0855x_1 + 0.1132x_2$$

- **편회귀계수**

$$b_1 = 0.0855, \quad b_2 = 0.1132$$

  - 차량 매출이 변하지 않는다면, 매장 매출이 $1.00 증가할 때 이익의 추정치는 $0.0855씩 증가한다.
  - 매장 매출이 변하지 않는다면, 차량 매출이 $1.00 증가할 때, 이익의 추정치는 $0.1132씩 증가한다.
- **다중결정계수**

$$R^2 = 0.7719$$

  y의 변화량의 77.19%가 x_1과 x_2에 의하여 설명된다.
- **전체 회귀식에 대한 유의성 검정**

  회귀식은 매우 유의하다. H_0: $\beta_1 = \beta_2 = 0$의 분산분석 검정에서 p값은 0.0057에 불과하다.
- **각 편회귀계수에 대한 유의성 검정**
  - $b_1(0.0855)$이 0과 다르다는 유의성은 p값 = 0.920이다.
  - $b_2(0.1132)$이 0과 다르다는 유의성은 p값 = 0.0218이다.
- **편회귀계수에 대한 신뢰구간**

  β_1은 −0.0181과 0.1890 사이에, β_2는 0.0220과 0.2043 사이에 있을 거라고 95%신뢰할 수 있다.
- **종속변수에 대한 신뢰구간과 예측구간**

  x_1 = 6백만 달러이고 x_2 = 4백만 달러일 때의 구간이다. 이익(y)의 점추정값은 0.750백만 달러이다. 구간추정은 다음과 같다.
  - 신뢰구간: x_1 = 6백만 달러이고 x_2 = 4백만 달러인 음식점의 평균이익이 0.558백만 달러에서 0.941백만 달러 사이에 있다고 95% 확신할 수 있다.
  - 예측구간: x_1 = 6백만 달러이고 x_2 = 4백만 달러인 음식점의 이익이 0.146백만 달러에서 1.353백만 달러 사이에 있다고 95% 확신할 수 있다.

「생활 속의 통계 16.1」은 이 장을 시작하는 이야기에서 언급한 추수감사절과 성탄절 시즌에 일어난 사고의 수로 추정한 설 연휴의 교통 사고에 대한 다중회귀분석을 설명한다. Mintab에 의한 결과도 포함되어 있는데, 패스트푸드 체인점에 대한 결과와 모양이 비슷하다.

생활 속의 통계 • 16.1 휴일 교통사고에 대한 예측

National Highway Trafic Safety Administration (NHTSA)가 제공하는 여러 가지 정보 중에는 공휴일 기간의 교통사고 사망자 수가 있다. 설전 두 공휴일 기간의 사망자 수로 설 연휴 기간의 사망자 수를 예측할 수 있을지 보기 위하여, 저자는 1983-2005년 동안의 추수감사절, 성탄절, 그리고 설날 사고의 사망자 수에 대한 다중회귀분석을 하였다. Minitab이라는 통계프로그램에 의한 결과는 다음과 같다.

```
Regression Analysis: New_Yrs versus Thanksgiving, Christmas

The regression equation is
New_Yrs = - 47 + 0.291 Thanksgiving + 0.690 Christmas

Predictor         Coef   SE Coef      T      P
Constant         -46.6     140.2  -0.33  0.743
Thanksgiving    0.2912    0.2451   1.19  0.249
Christmas      0.69022   0.08054   8.57  0.000

S = 55.0154   R-Sq = 79.4%   R-Sq(adj) = 77.4%

Analysis of Variance
Source          DF      SS      MS      F      P
Regression       2  233898  116949  38.64  0.000
Residual Error  20   60534    3027
Total           22  294432
```

전체 회귀식은 대단히 유의하며 (p값: 0.000), 독립변수 중 x_2 = 성탄절 기간 사망자는 다른 변수들 보다 설날 연휴 동안의 교통사고 사망자를 더 잘 예측한다 (p값: 0.000). 설날 사망자 수의 변화량의 79.4%가 회귀식으로 설명되었다.

출처: U.S. National Highway Traffic Safety Administration, *Traffic Safety Facts 2006*, p. 33.

잔차 분석

대부분의 컴퓨터 통계 소프트웨어와 마찬가지로 Excel은 잔차에 관한 정보를 표 16.7처럼 보여준다. 15장에서 언급했듯이, 이 정보는 회귀직선으로부터 너무 멀리 떨어져 있는 특이점 데이터를 확인하거나, 회귀모형이 타당한가 즉, 모형의 가정이 만족되는가를 검정하는 데 사용될 수 있다.

표 16.7은 Excel에 의한 결과와 함께, Minitab이라는 컴퓨터 프로그램에 의한 결과도 포함되어 있다. 10개의 데이터에 대한 y의 관측값과 추정값 및 잔차와 표준화된 잔차가 출력되어 있다. Minitab 결과를 보면, y의 추정값에 대한 표준편차는 'SE Fit' 열에 있으며, 값이 각 행마다 다르다. 그 이유는 평균에서 멀리 떨어진 독립변수 값에서의 추정일수록 더 부정확해지기 때문이다.

체인점 음식점 8번은 표준화된 잔차가 0으로부터 표준편차의 2배 이상 떨어져 있기 때문에 특이점으로 표시되어 있다. 이 음식점의 이익은 추정치보다 훨씬 크며, 아마도 이 음식점은 회귀식으로 설명되지 않는 특성을 가지고 있을 것이다. 어쩌면 지배인이 원가를 절감하거나 직원에게 동기를 부여하는 데 특별한 능력이 있는 사람이거나, 주변에 고등학교나 회사가 많은 아주 좋은 장소에 있는 음식점일 수도 있다.

표 16.7

Excel과 Minitab에 의한 결과이다. Minitab과 Excel은 표준화 잔차를 구하는 방법이 약간 다르다.

EXCEL

	E	F	G	H
23	RESIDUAL OUTPUT			
24				
25	*Observation*	*Predicted $Profit*	*Residuals*	*Standard Residuals*
26	1	1.373	0.127	0.594
27	2	0.575	0.225	1.053
28	3	1.230	-0.030	-0.142
29	4	1.521	-0.121	-0.569
30	5	0.457	-0.257	-1.206
31	6	0.985	-0.185	-0.869
32	7	0.452	0.148	0.696
33	8	0.904	0.396	1.857
34	9	0.515	-0.115	-0.538
35	10	0.787	-0.187	-0.874

MINITAB

Obs	$Counter	$Profit	Fit	SE Fit	Residual	St Resid
1	8.4	1.5000	1.3734	0.1279	0.1266	0.62
2	3.3	0.8000	0.5754	0.1564	0.2246	1.22
3	5.8	1.2000	1.2303	0.1756	-0.0303	-0.18
4	10.0	1.4000	1.5214	0.1592	-0.1214	-0.67
5	4.7	0.2000	0.4574	0.1157	-0.2574	-1.21
6	7.7	0.8000	0.9854	0.0919	-0.1854	-0.83
7	4.5	0.6000	0.4516	0.1172	0.1484	0.70
8	8.6	1.3000	0.9039	0.1468	0.3961	2.06R
9	5.9	0.4000	0.5147	0.1228	-0.1147	-0.55
10	6.3	0.6000	0.7865	0.0797	-0.1865	-0.82

R은 잔차가 큰 관측값을 나타낸다.

잔차 분석에서는 (1) 잔차에 대한 히스토그램을 그려서 잔차가 근사적으로 정규분포를 따르는지 확인할 수 있고, (2) 정규성을 확인하기 위해 정규확률도를 검토할 수 있으며, (3) y의 예측치에 대한 잔차 산점도를 그릴 수 있고, (4) 관찰값을 얻은 순서에 대한 잔차 산점도를 그릴 수 있고, (5) x_1 변수에 대해 주기나 패턴을 보이는지 확인하기 위해 x_1에 대한 잔차 산점도를 그릴 수 있고, (6) 각 변수에 대해 (5)와 같은 잔차 산점도를 그릴 수 있다.

정규성을 검정하기 위해 13장에서 소개한 카이제곱 검정이나 14장에서 소개한 콜모고로프-스미르노프 검정을 할 수도 있다. 앞 문단의 (4)의 산점도를 검토하여 자기상관(*autocorrelation*)이 있는가, 즉 잔차값이 그 앞이나 뒤의 잔차값과 관계가 있을 가능성을 검토할 수 있다. 자기상관은 특히 시계열 회귀모델에서 중요하며 18장에서 더 자세히 다룰 것이다.

컴퓨터 솔루션 16.3

다중회귀에서의 잔차분석

EXCEL

「컴퓨터 솔루션 16.1」과 같이 하되, 2번의 **잔차** 부분에서 4개의 항목 모두를 선택하고, **정규확률도**를 선택한다. 표 16.7과 같은 표와 그림 16.2의 세 가지 잔차 그림이 나타난다.

「컴퓨터 솔루션 16.3」은 Excel을 이용하여 표 16.7에 있는 잔차를 구하고, 그림 16.2, 16.3과 같은 잔차의 산점도를 그리는 과정을 보여준다. (참고: 그림 16.3은 Minitab이라는 프로그램에 의하여 작성한 것이다.) 이 산점도를 검토하면 다음과 같은 특징을 말할 수 있다.

- **잔차의 히스토그램.** 10개의 자료가 있다. 히스토그램은 10개의 잔차들이 평균이 0인 정규분포에서 얻어진 것처럼 보인다.
- **정규 확률도.** 정규 확률도가 직선에서 크게 벗어난 것이 아니며, 이는 잔차가 평균이 0인 정규분포에서 얻어진 것이라는 가정을 지지한다.
- **y의 추정값에 대한 잔차.** 잔차가 무작위하게 흩어져 분포되어 있으므로, 10개 음식점의 예측된 이익과 추정값 사이에는 어떠한 관계도 없는 것으로 보인다.
- **관찰순서에 대한 잔차.** 조금은 U자 모양으로 보인다. 이것은 원자료에서의 데이터가 예측 이익보다 더 높거나 낮은 이익을 냈는가에 따라 나열된 것으로 보인다. 예를 들어, 5번째 음식점은 예측 이익 45.74만 달러보다 훨씬 적은 20만 달러의 이익을 낸 성과가 저조한 음식점이며, 잔차는 −25.74만 달러이다.
- **x_1에 대한 잔차.** 이것도 U자 모양의 형태를 갖는 것처럼 보인다. 잔차는 매장 매출과 독립적이지 않을 수 있다.
- **x_2에 대한 잔차.** 차량 매출이 작은 경우 잔차가 더 넓게 분포되어 있는 것처럼 보이기는 하지만, 이런 미미한 패턴은 데이터의 개수가 적기 때문에 발생하는 우연의 결과일 수 있다.

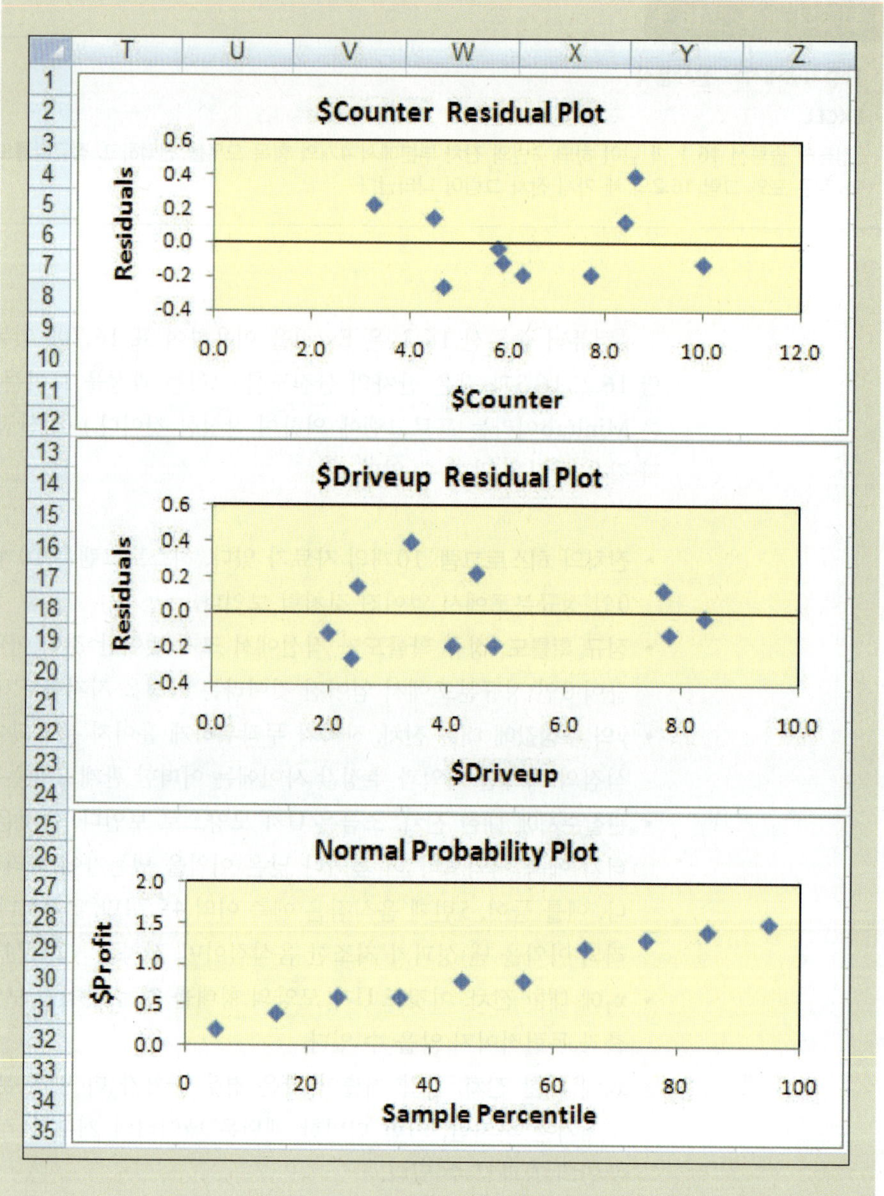

그림 16.2

Excel이 제공하는 잔차 그림. 컴퓨터 솔루션 16.3에 의하여 그려진다.

연습문제

16.36 다중회귀모델이 데이터에 적합한가를 판단할 때 정규확률도는 어떤 역할을 하는가?

16.37 다중회귀모델의 가정에 대한 잔차 분석은 어떤 것이 있는가?

16.38 연습문제 16.15의 결과에서

a. 각 편회귀계수를 확인하고 설명하라.

b. y변화량 중 회귀식에 의하여 설명되는 비율이 얼마인가?

c. 전체 회귀식에 대한 유의성 검정의 유의확률(p값)은 얼마인가?

d. 각 편회귀계수에서 유의확률이 얼마일 때 0과 유의하게 다르다고 할 수 있는가? 어떤 독립변수가 y의 변화를 설명하는 데 가장 유용한가? 또 가장 유용하지 못한 것은 어떤 독립변수인가?

참고: 연습문제 16.39~16.45는 컴퓨터와 통계 소프트웨어가 필요한 문제이다.

그림 16.3

Minitab이라는 프로그램에 의한 잔차 그림.

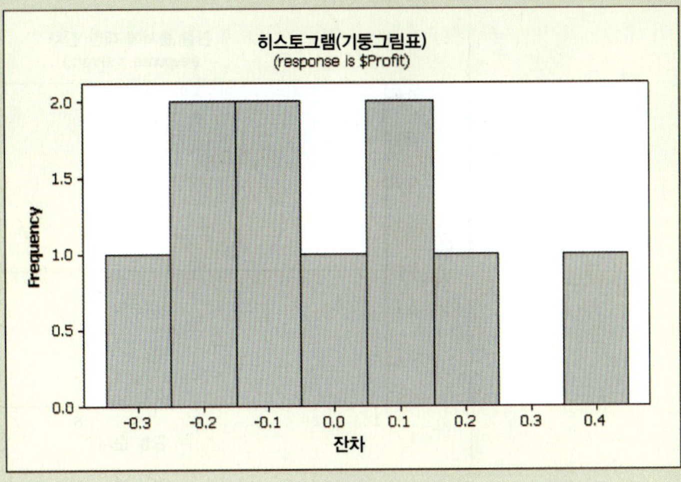

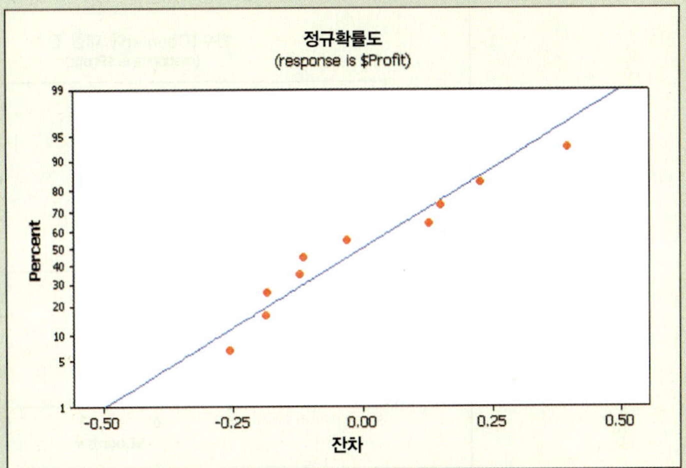

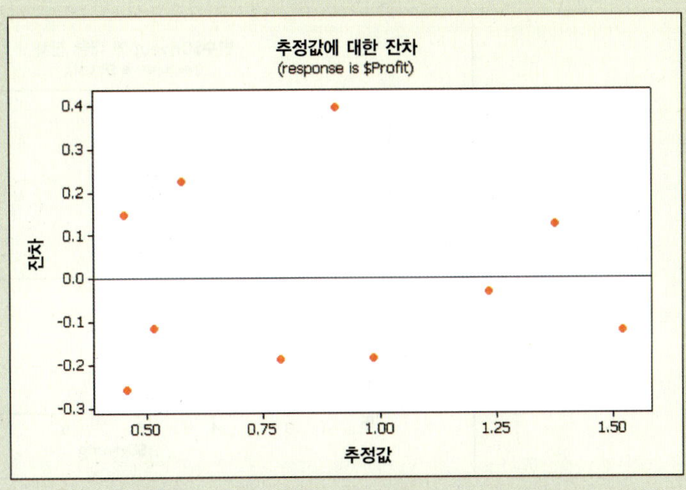

그림 16.3 (계속)

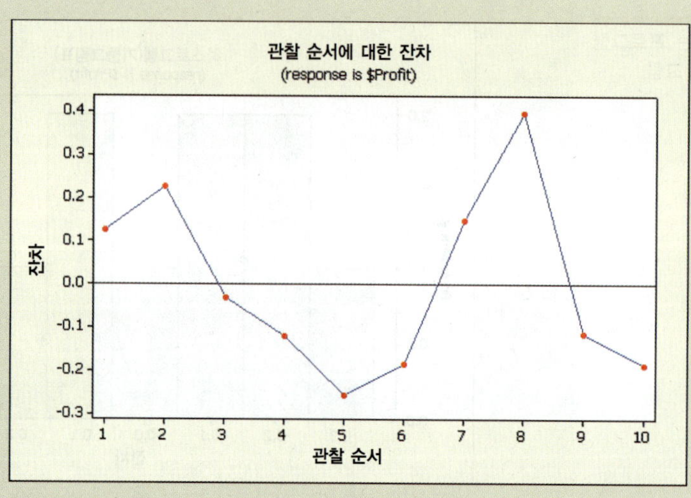
관찰 순서에 대한 잔차
(response is $Profit)
잔차
관찰 순서

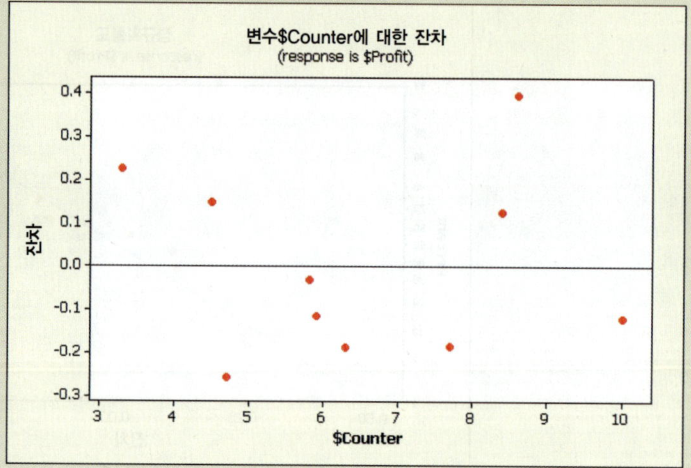
변수$Counter에 대한 잔차
(response is $Profit)
잔차
$Counter

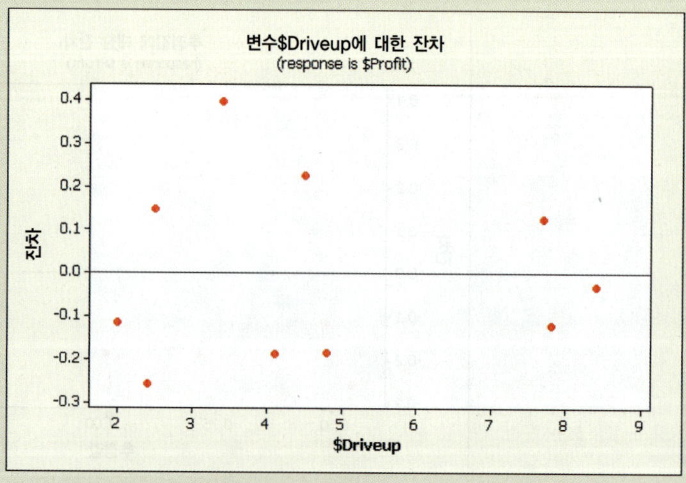
변수$Driveup에 대한 잔차
(response is $Profit)
잔차
$Driveup

16.39 연습문제 16.11에서 구한 회귀식에서 잔차를 다음의 방법으로 분석하라. (a) 히스토그램을 그리고, (b) 정규확률도를 이용하고, (c) 각 독립변수들에 대한 잔차 그림을 그려라. 다중회귀모델의 가정이 위배되는 것이 있는가?

16.40 연습문제 16.12에서 구한 회귀식에서 잔차를 다음의 방법으로 분석하라. (a) 히스토그램을 그리고, (b) 정규확률도를 이용하고, (c) 각 독립변수들에 대한 잔차 그림을 그려라. 다중회귀모델의 가정이 위배되는 것이 있는가?

16.41 연습문제 16.13에서 구한 회귀식에서 잔차를 다음의 방법으로 분석하라. (a) 히스토그램을 그리고, (b) 정규확률도를 이용하고, (c) 각 독립변수들에 대한 잔차 그림을 그려라. 다중회귀 모델의 가정이 위배되는 것이 있는가?

16.42 연습문제 16.18에서 구한 회귀식에서 잔차를 다음의 방법으로 분석하라. (a) 히스토그램을 그리고, (b) 정규확률도를 이용하고, (c) 각 독립변수들에 대한 잔차 그림을 그려라. 다중회귀모델의 가정이 위배되는 것이 있는가?

16.43 연습문제 16.19에서 구한 회귀식에서 잔차를 다음의 방법으로 분석하라. (a) 히스토그램을 그리고, (b) 정규확률도를 이용하고, (c) 각 독립변수들에 대한 잔차 그림을 그려라. 다중회귀모델의 가정이 위배되는 것이 있는가?

16.44 능률 전문가가 조립라인의 근로자들의 작업시간이 (1) 근무 년수 및 (2) 취업 전 적성검사 점수와 관계가 있는지 검사하려고 한다. 데이터는 다음과 같다.

y = 작업시간(초):	52	48	56	52	48	45	42
x_1 = 근무 년수(년):	7	14	8	6	10	6	10
x_2 = 검사 점수:	73	78	71	75	78	78	80

y = 작업시간(초):	51	51	53	47	45	49
x_1 = 근무 년수(년):	11	10	6	8	12	12
x_2 = 검사 점수:	72	79	77	79	84	72

a. 다중회귀식을 구하고 편회귀계수를 설명하라.

b. 모집단의 편회귀계수, β_1과 β_2에 대한 95% 신뢰구간을 구하라.

c. 결정계수와 컴퓨터에서 구한 각 유의성 검정의 결과에 대해 설명하라.

d. 잔차 분석을 하라. 이 분석이 다중회귀모형이 이 데이터에 적정한가를 평가하는 데 도움이 되는가?

16.45 미국 소비자 신용조합의 67%는 예금과다 인출 시 초과액에 대한 '우대 금융' 정책을 갖고 있으며, 이러한 금융에 대한 수수료의 중앙값은 $25이다. 14개 신용조합의 수수료 수익, 총자산, 가입자 1인당 평균수수료는 같다. (출처: Kathy Chu, "Credit Unions Hit Customers with Fee, Too," *USA Today*, August 4, 2009, p. 2B)

신용 조합	수수료 (y)	총자산 (x_1)	평균 수수료 (x_2)
1	$0.5백만	$19.0백만	$140.7
2	2.8	128.2	140.6
3	1.1	53.0	165.1
4	0.6	42.1	107.4
5	0.3	29.0	93.9
6	1.8	147.7	69.4
7	2.2	211.2	97.9
8	0.6	58.4	90.8
9	4.0	443.3	86.3
10	3.4	395.4	85.6
11	9.0	1249.8	54.6
12	6.8	986.0	93.3
13	2.5	417.5	76.6
14	0.2	178.4	18.1

a. 다중회귀식을 구하고 편회귀계수를 설명하라.

b. 모집단의 편회귀계수 β_1, β_2에 대한 95% 신뢰구간을 구하라.

c. 결정계수와 컴퓨터에서 구한 각 유의성 검정의 결과에 대해 설명하라.

d. 잔차 분석을 하라. 이 분석이 다중회귀모형이 이 데이터에 적정한가를 평가하는 데 도움이 되는가?

16.7 다중회귀와 상관에 대한 추가적 설명

다중회귀와 상관분석에 관한 모든 것을 다 설명할 수는 없지만 최소한 두 가지 중요한 사항은 빠트릴 수가 없다. 그것은 (1) 질적 데이터도 포함하여 분석을 할 수 있도록 가변수(dummy variable)를 이용하는 것과 (2) 다중공선성(multicollinearity)이라고 하는 문제이다.

질적 데이터의 포함: 가변수

데이터 중에 구간이나 비율 척도가 아닌 것이 있는 경우에도, 가변수(더미변수라고도 함)를 이용하여 분석에 포함시킬 수가 있다. **가변수**는 어떤 특성이 있는지 또는 없는지에 따라 1 또는 0의 값이 되는 변수이다.

예를 들어, 10개의 체인 음식점 중 지배인이 대학 졸업자인 곳도 있고 그렇지 않는 곳도 있다면, 이 정보를 나타내는 가변수 x_3를 분석에 사용할 수 있다. 지배인이 대학을 졸업하였는가에 따라 x_3는 1 또는 0의 값을 가진다.

지배인이 대학을 졸업한 음식점이면, $x_3 = 1$

지배인이 대학을 졸업하지 않은 음식점이면, $x_3 = 0$

분석에 포함된 가변수도 편회귀계수(b_3)를 가진다. 예를 들어, $b_3 = 0.300$이라면, 대학을 졸업한 지배인이 있는 음식점의 예측 이익이 그렇지 않은 음식점보다 30만 달러 더 높다는 것을 의미한다.

결혼 여부, 성별, 도시인지 시골인지, 경력자인지 아닌지, 콘텍트 렌즈를 꼈는지 아닌지 등의 정보를 가변수로 나타낼 수 있다. 컴퓨터 분석은 가변수의 편회귀계수의 유의성도 다른 독립변수와 같은 방법으로 검정한다. 예를 들어, b_3가 0과 유의하게 다르다면, 지배인의 대학 졸업 여부가 체인점의 이익 예측에 중요한 역할을 한다는 것을 의미한다. 만약에 b_3가 양수이고 유의하다면, 대학 졸업자가 지배인인 음식점의 이익이 그렇지 않은 음식점보다 유의하게 크다는 것을 의미한다.

20개의 개인용 프린터의 표본 데이터를 사용하여 가변수가 어떻게 사용될 수 있는가를 설명하기로 하자.[2] 어떤 프린터는 칼라를 출력할 수 있으며, 어떤 것은 흑백이다. 또 프린터 기종에 따라 텍스트 문서를 출력하는 속도가 다르다. 파일 **CX16PRIN**에 있는 데이터는 다음 변수에 관한 것이다.

PRICE = 프린터의 가격

SPEED = 텍스트 문서의 출력 속도 (분당 페이지)

COLOR = 컬러 프린터인가 흑백 프린터인가를 나타내는 가변수 (1 = 컬러 프린터, 0 = 흑백 프린터)

종속변수 PRICE를 예측하기 위한 추정식은 다음과 같다:

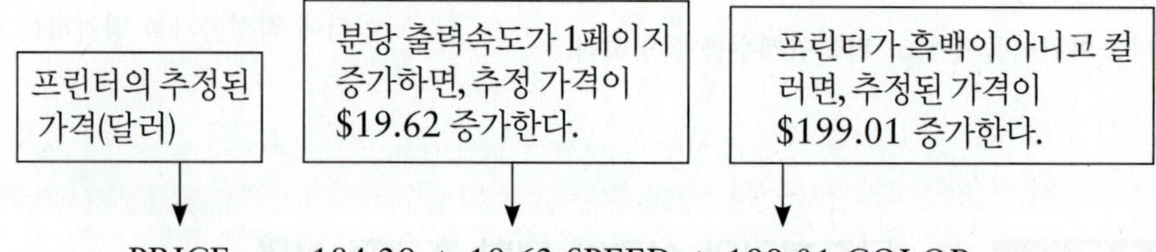

PRICE = −184.29 + 19.62 SPEED + 199.01 COLOR

가격(PRICE)에 대한 점추정과 구간추정, 신뢰구간, 유의성 검정, 그리고 다중

[2] 출처: "Top 10 Monochrome Laser Printers," *PC World*, August 2009, p.70; and "Top 10 Color Laser Printers," *PC World*, March 2009, p. 48.

결정계수는 이 장의 앞 부분과 같은 방법으로 다룬다. 예를 들어, 1분에 5쪽을 출력(SPEED = 5)하고, 컬러 출력이 가능한 (COLOR = 1) 프린터의 추정된 가격은 $-184.29 + 19.62(20) + 199.01(1) = \$407.12$이다.

다중공선성

다중공선성(multicollinearity)은 두 개 이상의 독립변수가 서로 강한 상관관계를 가지는 것이다. 다중공선성이 있으면, 편회귀계수는 통계적으로 신뢰할 수 없으며, 의미를 해석할 수가 없다. 독립변수가 서로 상관관계를 가지면, 독립변수가 y에 미치는 영향이 독립적으로 이루어지지 않기 때문이다. 패스트푸드 예제에서 차량 판매대를 지나간 자동차 수를 새로운 변수 x_3로 포함시킨다면, 이 변수는 차량 매출(x_2)과 매우 높은 상관관계를 가질 것이다. 결과적으로 이 두 변수는, 코미디언인 Laurel과 Hardy가 피아노를 같이 나르던 상황과 수학적으로는 같은 상황에 처하게 된다. 각자가 얼마의 무게를 감당하여야 하는가에 대해 분명한 결정을 할 수 없기 때문에 피아노는 대단히 불안정한 위험에 처하게 된다.

단지 y값을 추정하는 것이 목적이라면, 다중공선성은 문제가 되지 않는다. 그러나 서로 상관관계가 있는 독립변수의 편회귀계수를 설명하거나 검정하고자 할 때는 문제가 된다.

다중공선성이 존재하면 이상한 일이 발생할 수 있다. 두 개 이상의 독립변수들 사이에 높은 상관관계가 있으면 다음과 같은 일이 벌어질 수 있다.

1. 중요한 예측 변수로 분명히 알려져 있는 독립변수의 편회귀계수가 유의하지 않은 것으로 검정된다.
2. 양으로 기대되는 편회귀계수의 부호가 음으로, 음으로 기대되는 부호가 양으로 나타날 수 있다.
3. 한 독립변수를 추가하거나 삭제할 때, 다른 독립변수들의 편회귀계수가 크게 변화한다.

다중공선성을 처리하는 한 가지 방법은 서로 높은 상관관계 관계를 갖는 변수들이 포함되지 않도록 하는 것이다. 패스트푸드 예제의 경우, 높은 상관관계를 가지는 두 변수 x_2와 x_3를 모두 포함하여 분석을 하지 않도록 하는 것이다.

각 독립변수를 한 번에 하나씩 추가해 가면서 반복적으로 회귀분석을 하는 **단계별 회귀분석**(stepwise regression)을 17장에서 설명할 것이다. 처음 회귀식에 포함되는 변수는 y의 변화량을 가장 많이 설명하는 x변수이다. 두 번째로 포함되는 x변수는 y의 남아 있는 변화량을 가장 많이 설명하는 것이며, 같은 방법으로 계속한다. 컴퓨터는 각 단계에서 어떤 x변수가 추가되어야 하는가를 결정한다. 각 단계마다 추가된 독립변수를 포함한 새로운 회귀식과 이 식에 대한 분석된 결과가 보고된다. 단계별 회귀분석은 (1) 가능한 적은 수의 x변수들을 사용하여 (2) 가능한 많은 y의 변화량을 설명하도록 하는 것이다.

연습문제

16.46 가변수는 무엇이며, 다중회귀분석에서 어떻게 사용되는가? 당신의 동네를 나타내는 3가지 가변수의 예를 들어라.

16.47 y = 공공 수영장의 1일 입장객 수, x_1 = 온도(화씨), x_2 = 주말(1) 또는 주중(2)에 의한 다중회귀식이 다음과 같다. 각 편회귀계수를 설명하라.

$$\hat{y} = 100 + 8x_1 + 150x_2$$

16.48 연습문제 16.47의 회귀식에 의하면, 온도가 0도인 평일에 수영하러 오는 사람의 수는 100명이 된다. 이런 날 수영하려는 사람이 이렇게 많을 리가 없다. 회귀식이 잘못 계산되었나? 설명하라.

16.49 다중공선성은 무엇이며, 다중회귀분석에 어떻게 나쁜 영향을 주는가? 다중공선성이 존재한다고 어떻게 말할 수 있는가?

참고: 연습문제 16.50~16.51은 컴퓨터와 통계 소프트웨어가 필요한 문제이다.

16.50 한 비만 클리닉에서 최근 12명의 고객에 대해 다음과 같은 자료를 얻었다. [세션(Session)은 낮은 1, 저녁은 0으로, 성별은 남자가 1, 여자가 0이다.] 컴퓨터 통계 패키지를 이용하여, 다중회귀분석을 하고, 편회귀계수를 설명하고, 각 유의성 검정의 결과에 대해 논하라.

고객	체중 감량 (pounds)	치료 기간 (개월)	세션	성별
1	31	5	1	1
2	49	8	1	1
3	12	3	1	0
4	26	9	0	0
5	34	8	0	1
6	11	2	0	0
7	4	1	0	1
8	27	8	0	1
9	12	6	1	1
10	28	9	1	0
11	41	6	0	0
12	16	6	0	0

16.51 고속도로의 한 지점을 지나가는 자동차의 속도를 측정하였다. 또한 승객 수와 운전자가 안전벨트를 착용했는지 여부도 기록하였다. 안전벨트 착용자는 1, 미착용자는 0으로 한 데이터가 다음 표이다. 컴퓨터 통계 패키지를 이용하여 다중회귀분석을 하고, 편회귀계수에 대해 설명하고, 각 유의성 검정의 결과에 대해 논하라.

y = 속도(mph):	61	63	55	59	59	52	61
x_1 = 승객 수:	2	1	2	1	3	1	2
x_2 = 벨트 착용:	1	1	1	0	0	1	0
y = 속도(mph):	51	57	55	54	49	61	73
x_1 = 승객 수:	2	2	2	3	1	1	1
x_2 = 벨트 착용:	1	1	1	0	1	1	0

16.8 요약

다중회귀모델

다중회귀와 상관분석은 두 개 이상의 독립변수 (x)가 있는 경우에 수행된다. 모형은 $y_i = \beta_0 + \beta_1 x_{1i} + \beta_2 x_{2i} + \cdots + \beta_k x_{ki} + \epsilon_i$이고, 주어진 x값의 집합에 대한 y의 평균값은 $E(y) = \beta_0 + \beta_1 x_{1i} + \beta_2 x_{2i} + \cdots + \beta_k x_{ki}$이다. 회귀식의 각 x항에 대응되는 β를 **편회귀계수**라고 한다. 각 $\beta_i (i = 1, 2, \ldots, k)$는 다른 독립변수 값들이 상수로 고정되어 있을 때 x_i값의 변화에 따른 $E(y)$의 변화인 기울기이다. 추정 다중표준오차는 회귀직선 주변에 데이터가 산포되어 있는 정도를 나타낸다.

추정과 컴퓨터의 사용

다중회귀와 상관분석에 대한 계산을 손으로 하기는 힘들기 때문에 Excel과 같은 통계 패키지를 사용한다. 이 장에서는 주어진 x값들에서의 각 y값에 대한 근사적 예측구간뿐만 아니라 y의 조건부 평균에 대한 근사적 신뢰구간을 구하는 식을 소개하였다. 정확한 구간은 Excel을 이용해서 구할 수 있다.

다중결정계수

다중상관은 종속변수와 독립변수들 사이의 관계가 얼마나 밀접한가를 측정한다. 다중결정계수(R^2)는 y의 변화량 중에 회귀식으로 설명되는 부분의 비율이다.

유의성 검정과 잔차분석

회귀식의 전체 유의성은 분산분석을 이용하여 검정할 수 있으며, 각 편회귀계수의 유의성 검정에는 t-검정이 사용된다. 컴퓨터 통계 패키지는 이러한 검정 결과를 제공한다. 대부분의 컴퓨터 패키지는 잔차에 관한 요약정보를 제공하는데, 이러한 정보를 이용하여 회귀식을 검정하고, 회귀식으로부터 특히 멀리 떨어져 있는 특이점 데이터를 확인할 수 있다.

가변수와 다중공선성

주어진 특성을 만족하는가에 따라 1 또는 0의 값을 갖는 가변수를 이용하면 질적 데이터도 분석에 포함시킬 수 있다. 만약 두 개 이상의 독립변수들이 서로 높은 상관관계를 가지면 다중공선성이 있다고 하며, 이 경우 편회귀계수에 대하여 의미를 설명하거나 검정을 할 수가 없다. 단지 y를 예측하는 것이 목적인 경우에는 다중공선성은 별로 문제가 되지 않는다.

단계적 회귀분석

단계적 회귀에서는 y의 변화량을 가장 많이 설명하는 독립변수의 순서대로 한 번에 하나씩 독립변수를 회귀식에 추가한다. 각 단계에서 추가되는 독립변수는 y의 남아 있는 변화량을 가장 많이 설명하는 변수이다.

단원 연습문제

참고: 연습문제 16.52~16.58은 컴퓨터와 통계 소프트웨어를 필요로 한다.

16.52 식당의 종업원이 자신이 받는 봉사료(Tip)가 계산서 금액, 테이블의 손님 수와 어떤 관계가 있는지 궁금해서 다음의 8개 계산서로 표본을 얻었다.

관측 번호	y = 봉사료	x_1 = 계산서	x_2 = 손님 수
1	$7.5	$40	2
2	0.5	15	1
3	2.0	30	3
4	3.5	25	4
5	9.5	50	4
6	2.5	20	5
7	3.5	35	5
8	1.0	10	2

a. 다중회귀식을 구하고, 편회귀계수에 대해 설명하라.
b. 3명의 식대가 $40라면, 추정된 봉사료는 얼마인가?
c. (b)의 봉사료의 95% 예측구간을 구하라.
d. (b)의 봉사료의 95% 신뢰구간을 구하라.
e. 편회귀계수 β_1, β_2에 대한 95% 신뢰구간을 구하라.
f. 컴퓨터 결과를 이용하여 유의성 검정을 하라.
g. 잔차를 분석하고 다중회귀모델의 적정성을 판단하라.

16.53 1989년에서 2003년까지 기간의 전체 과일의 일인당 연간 소비량과 사과, 포도의 일인당 연간 소비량은 표와 같다. (출처: Bureau of the Census, *Statistical Abstract of the United States 2006*, p. 137.)

연도	y = 전체 과일	x_1 = 사과	x_2 = 포도
1998	128.9 lb/명	19.0 lb/명	7.1 lb/명
1999	129.8	18.7	8.1
2000	128.0	17.6	7.4
2001	125.7	15.8	7.7
2002	126.9	16.2	8.7
2003	126.7	16.7	7.5

a. 다중회귀식을 구하고, 편회귀계수에 대해 설명하라.

b. 일인당 사과 17파운드와 포도 6파운드를 소비한 해의 일인당 전체 과일 소비량은 얼마인가?
c. (b)의 일인당 전체 과일 소비량의 95% 예측구간을 구하라.
d. (b)의 평균 일인당 전체 과일 소비량의 95% 신뢰구간을 구하라.
e. 편회귀계수 β_1, β_2에 대한 95% 신뢰구간을 구하라.
f. 컴퓨터 결과를 이용하여 유의성 검정을 하라.
g. 잔차를 분석하고 다중회귀모델의 적정성을 판단하라.

16.54 새로 취업한 학생의 이력서에 나타난 평점과 과외 활동 건수가 첫 봉급에 어떤 영향을 미치는지 알고 싶은 대학의 취업담당자가 10명의 졸업생에 대한 데이터를 수집했다.

졸업생	y = 초봉(천)	x_1 = 평점	x_2 = 활동 수
1	$40	3.2	2
2	46	3.6	5
3	38	2.8	3
4	39	2.4	4
5	37	2.5	2
6	38	2.1	3
7	42	2.7	3
8	37	2.6	2
9	44	3.0	4
10	41	2.9	3

a. 다중회귀식을 구하고, 편회귀계수에 대해 설명하라.
b. 평점이 3.6이고 이력서에 3개의 활동이 나열된 졸업생의 초봉은 얼마인가?
c. (b)의 초봉의 95% 예측구간을 구하라.
d. (b)의 초봉의 95% 신뢰구간을 구하라.
e. 편회귀계수 β_1, β_2에 대한 95% 신뢰구간을 구하라.
f. 컴퓨터 결과를 이용하여 유의성 검정을 하라.
g. 잔차를 분석하고 다중회귀모델의 적정성을 판단하라.

16.55 x_1 = SAT 점수와 x_2 = 고등학교 석차가 y = 신입생 평균 성적(GPA)를 예측하는 데 도움이 되는가를 확인하기 위한 데이터(파일 **XR16055**)가 아래에 있다. 고등학교 석차는 누적 비율, 즉 100%는 1등을 반영하도록 표현하였다.

신입생 평점	SAT 총점	고등학교 석차	신입생 평점	SAT 총점	고등학교 석차
2.66	1153	61.5	2.45	1136	45.5
2.10	1086	84.5	2.50	966	60.2
3.33	1141	92.0	2.29	1023	74.0
3.85	1237	94.4	2.24	976	86.4
2.51	1205	89.5	1.81	1066	73.0
3.22	1205	97.0	2.99	1076	55.2
2.92	1163	95.9	3.14	1152	72.1
1.95	1121	64.1	1.86	955	51.0

a. 다중회귀식을 구하고, 편회귀계수에 대해 설명하라.
b. SAT 시험에서 1,100점, 80%의 누적 석차를 가진 학생의 추정된 GPA는 얼마인가?
c. (b)의 GPA에 대한 95% 예측구간을 구하라.
d. (b)의 GPA에 대한 95% 신뢰구간을 구하라.
e. 편회귀계수 β_1, β_2에 대한 95% 신뢰구간을 구하라.
f. 컴퓨터 결과를 이용하여 유의성 검정을 하라.
g. 잔차를 분석하고 다중회귀모델의 적정성을 판단하라.

16.56 파일 **XR16056**은 최근 매매된 주택 표본의 가격(달러), 대지면적(에이커), 주택면적(제곱피트)과 에어컨 유무(있으면 A/C = 1, 없으면 A/C = 0)에 대한 정보이다.

a. 다중회귀식을 구하고, 편회귀계수에 대해 설명하라.
b. 대지면적이 0.9, 주택면적이 1,800이고 에어컨이 있는 집의 추정된 판매가격은 얼마인가?
c. (b)의 판매가격에 대한 95% 예측구간을 구하라.
d. (b)의 판매가격에 대한 95% 신뢰구간을 구하라.
e. 편회귀계수 $\beta_1, \beta_2, \beta_3$에 대한 95% 신뢰구간을 구하라.
f. 컴퓨터 결과를 이용하여 유의성 검정을 하라.
g. 잔차를 분석하고 다중회귀모델의 적정성을 판단하라.

16.57 연습문제 16.56에서 대지면적이 0.01, 주택면적이 100이고 에어컨이 없는 집의 판매가격은 얼마로 추정되는가? 이 집의 조건을 고려할 때, 이 판매 가격이 합리적으로 보이는가? 그렇지 않다면, 컴퓨터가 주어진 회귀식을 잘못 계산한 것인가? 설명하라.

16.58 파일 **XR16058**은 ATM 시설 사용자의 거래 시간, 나이, 성별(남자 = 1, 여자 = 0)에 대한 정보이다.

a. 다중회귀식을 구하고, 편회귀계수에 대해 설명하라.
b. 45세 여성의 추정 사용시간은 얼마인가?
c. (b)의 추정 사용시간에 대한 95% 예측구간을 구하라.
d. (b)의 추정 사용시간에 대한 95% 신뢰구간을 구하라.
e. 편회귀계수 β_1, β_2에 대한 95% 신뢰구간을 구하라.
f. 컴퓨터 결과를 이용하여 유의성 검정을 하라.
g. 잔차를 분석하고 다중회귀모델의 적정성을 판단하라.

종합사례

Thorndike Sports Equipment

지난 수년간 Thorndike Sports Equipment는 Snow Kingdom Ski Resort의 소액 주주였다. Thorndike는 겨울마다 몇 번씩 Snow Kingdom의 매니저를 만나서 경영이 어떻게 되어가고 있는가를 확인한다. 또한 Snow Kingdom 방문은, Thorndike이 생산하는 스키 의류와 용품에 대한 고객의 의견을 듣고 정보를 수집하는 기회가 된다. Snow Kingdom의 오두막에서 따뜻한 음료를 마시는 동안 제품에 대한 많은 아이디어를 얻었다고 Luke는 주장한다.

이번에 방문했을 때, Ted와 Luke는 Snow Kingdom 매니저로부터 1일 고객 수를 예측하기 위한 자료 분석을 도와 달라는 부탁을 받았다. 지난 몇 년 간의 영업이 전체적으로는 비교적 안정적이었지만, 날짜 별로는 고객 수의 변동이 심하였다. Snow Kingdom의 매니저는 어떠한 요인에 의해서 일별 고객수가 변화하는가를 알고 싶어 한다. Ted의 요구에 따라 매니저는 지난 두 시즌의 임의의 30일을 선택해서 고객 수, 온도(화씨), 정오의 적설량(인치), 주말인지 여부(1 = 주말, 0 = 주중)에 관한 데이터를 제공했다. 데이터는 파일 **THORN16**과 아래에 제시되어 있다.

다중회귀와 상관분석을 이용하여 분석할 때, 이 데이터가 Snow Kingdom의 1일 고객 수를 설명하는 데 도움이 된다고 생각하는가? Snow Kingdom 매니저에게 보고하고 설명해야 하는 Ted를 도와라.

날짜	고객 수	주말	적설량	온도	날짜	고객 수	주말	적설량	온도
1	402	0	22	24	16	648	0	14	8
2	337	0	17	25	17	540	0 1	7	11
3	471	0	17	28	18	614	1	36	6
4	610	0	39	21	19	796	1	25	29
5	620	0	11	18	20	477	0	13	5
6	545	1	24	17	21	532	0	35	30
7	523	0	25	29	22	732	0	36	15
8	563	0	34	17	23	618	0	18	11
9	873	1	18	11	24	728	1	19	28
10	358	0	28	6	25	620	0	29	8
11	568	0	14	9	26	551	0	18	6
12	453	0	12	18	27	816	0	31	13
13	485	0	27	27	28	765	0	24	19
14	767	1	37	16	29	650	1	22	27
15	735	1	12	6	30	732	0	11	24

Springdale Shopping Survey

이 사례의 변수는 파일 **SHOPPING**에 있다. 이 사례에서 얻어지는 정보는, 쇼핑지역에 대한 고객의 태도를 두 개 이상의 변수(더미변수 포함하여)가 어떻게 설명할 수 있는가를 알게 해 준다.

- **변수 7~9** 쇼핑지역에 대한 전반적 태도. 가장 높은 점수는 5점이다. 각 분석에서 이중 하나가 종속변수가 될 것이다.
- **변수 18~25** 쇼핑지역이 가질 수 있는 8개 특성의 중요성(가장 높은 점수57). 각 분석에서 이 변수들이 독립변수에 포함된다.
- **변수 26과 28** 응답자의 성별(1 = 남자, 0 = 여자)과 결혼 여부(1 = 기혼, 0 = 미혼). 이 변수들은 가변수이다.

컴퓨터 통계 패키지를 사용할 때 저장을 하면 원래의 데이터가 지워지므로 저장을 하지 않도록 주의하라.

1. 변수 7(Springdale Mall에 대한 태도)을 종속변수로, 변수 21(크기/스타일 다양성), 변수 22(판매 직원의 친절도), 변수 26(성별), 변수 28(결혼 여부)을 독립변수로 하여 다중회귀분석을 하라. 가능하면, 잔차와 y의 예측값을 뒤의 분석을 위해 남겨두라.
   a. 변수 26(성별)의 편회귀계수를 설명하라. 0.05 수준에서 0과 유의하게 다른가? 그렇다면, 이것은 Springdale Mall에 대한 남자와 여자의 태도에 관해서 무엇을 말해 주는가? 다른 편회귀계수와 유의성 검정 결과에 대해 설명하라.

b. 0.05 수준에서 전체 회귀식은 유의한가? 정확한 p 값은 얼마인가?

c. 회귀식으로 설명되는 y의 변화량은 몇 퍼센트인가? 출력된 분산분석표에 있는 이 비율을 설명하라.

d. 통계 패키지에서 가능하다면, 각각의 독립변수(가로축)에 대한 잔차의 그림을 그려라. 회귀모델의 적정성을 저해하는 패턴이 존재하는지 평가하라.

e. 통계 패키지에서 가능하다면, 정규확률도를 이용하여 잔차를 조사하라.

2. 변수 8(Downtown에 대한 태도)을 종속변수로 하여 문제 1을 반복하라.
3. 변수 9(West Mall에 대한 태도)를 종속변수로 하여 문제 1을 반복하라.
4. 문제 1, 2, 3번에서 구한 회귀식을 비교하라. 어떤 쇼핑 구역에서 독립변수들이 고객의 태도를 가장 잘 예측하는가? 그 이유를 설명하라.

경영사례

Easton Realty Company (A)

Sam Easton은 10년 전 Atlanta에서 부동산 중개 대리인을 하기 시작하였다. 전국을 상대로 하는 부동산 회사에서 2년을 일한 후에, Texas의 Dallas에 있는 다른 부동산 회사에서 일하였다. 이제 부동산에 대한 충분한 지식과 경험이 있으니 자신의 사업을 하라는 친구와 가족들의 권유에 따라, 중개사 자격증을 취득하고, Texas의 Fort Worth에 Easton Realty Company를 개업했다.

이전에 근무하던 회사에서 두 명이 그를 따라 Easton으로 왔다. 현재 Easton에는 8명의 부동산 중개사가 있다. 부동산 매매가 저조해지기 전에는 Easton 부동산의 연간 전체 주택 판매액은 약 1,500만 달러이었다.

최근 여러 가지 요인 때문에 Dallas-Fort Worth 도시 지역은 물론, 텍사스 주 전체가 경제적 문제로 고민하고 있다. 텍사스의 대부분의 부는 석유산업에서 오는데, 최근 몇 년간 석유산업이 고전을 면치 못하고 있다. 많은 S&L(Saving and Loan) 회사들이 석유산업과 상가 및 주택 건설에 많은 돈을 대출하였다. 석유산업이 어려워지고 경제가 취약해졌기 때문에, 날이 갈수록 부동산 투자와 시장이 침체되었고, 많은 S&L이 어려움을 겪게 되었다. 냉전 시대가 지나면서 연방정부는 DFW 지역의 두 곳을 포함한 전국 여러 곳의 군사기지를 폐쇄하였다. General Dynamics 같은 정부 계약사업을 하는 대기업들이 영업규모를 줄이고, 많은 종업원들을 해고시켜야 했다. 이러한 변화 때문에 이미 포화상태였던 부동산 시장에 더 많은 집들이 매물로 등장하게 되어, 부동산 중개인들은 갈수록 집을 팔기가 어려워졌다.

이틀 전 Sam Easton은 지역 부동산업 협회장에게서 등기우편을 받았다. 지난달에 Easton을 통해 집을 팔았던 두 사람에게서 불만 사항이 협회에 접수되었기 때문에, 협회장이 이 불만 사항을 Sam에게 통보하고, 해명할 기회를 준다는 내용의 우편이었다. 제기된 불만은 최근 지역 신문에 실린 주택 판매 기사 때문에 생긴 것으로 기사에 포함된 표는 아래와 같다.

전형적 주택 판매, DFW 대도시권

평균 판매 금액	$104,250
평균 크기	1860 sq.ft.

참고: 지난 12개월 동안 달라스-포트워스 대도시권에서 팔린 모든 집들을 대상으로 조사한 결과임.

집을 판 두 사람은 Easton 부동산 회사가 그들의 집을 더 빨리 팔기 위해 시세보다 싼 가격에 팔았다고 주장했다. DFW 외곽에 있는 첫 번째 집은 4년 된 것으로, 2,190 square feet이고 $88,500에 팔렸다. Fort Worth에 있는 두 번째 집은 9년 된 것이며, 1,848 square feet이고 $79,500에 팔렸다. 문제의 두 집 모두 방이 세 개였다. 두 사람 모두, Easton 부동산이 정당한 실제 시장 가치로 가격을 책정했더라면 더 많은 돈을 받을 수 있었을 것이라고 주장한다.

집을 팔 때는 언제나 사람들이 자기 집의 가치를 과다하게 평가하고, 집이 팔렸을 때 대부분의 사람들은 더 많은 돈을 받을 수 있었을 것이라고 생각한다는 것을 Sam은 경험으로 알고 있다. 또한 Sam은 그의 중개인들이 고의로 낮은 가격에 집을 팔지는 않았을 것이라는 걸 알고 있었다. 그러나 불경기로 Easton 부동산을 포함한 많은 부동산 회사들이 많은 집을 재고로 가지고 있었고, 어떻게든 판매를 해야 했다. 집을 빨리 파는 방법 중 하나는 싼 가격으로 파는 것이다. 주택판매의 경우, 부동산업자 밑에서 일하는 중개인은 자신의 이름으로 매물 등록이 된 집이 팔리면 판매 가격의 3% 정도를 받는다. 판매 가격을 $100,000에서 $90,000으로 낮추면 빨리 팔 수는 있지만, 수수료가 $3,000에서 $2,700로 줄어든다. 수수료를 빨리 받기 위해 $300를 희생할 중개인도 있겠지만, 이것은 윤리에 어긋나는 일이다. 왜냐하면 중개인은 집을 파는 사람을 대표하고, 파는 사람의 이익을 보호하여야 하기 때문이다. Sam은 집을 판 두 사람과 협회장에게 불만사항이 사실이 아님을 납득시켜야만 한다. 어떻게 하면 좋은가?

첫째로, 그는 최근의 주택 판매 자료를 얻어야 한다. 불행히도 그 지역 MLS(multiple listing service)에 주택의 실제 판매 가격이 포함되어 있지 않다. 그러나 지역 부동산 감정사인 Pat McCloskey가 Sam이 필요로 하는 판매 정보 데이터를 가지고 있다는 것을 안 Sam이 Pat에게 전화를 걸어 자료를 요청했다. Pat는 MLS에서 다운받은 자료와 자신의 개인 자료를 결합해서 다음날 Sam에게 자료를 보내주었다.

Sam이 Pat에게 부탁한 것은 지난 3개월 동안 DFW 지역의 주택 판매에 대한 모든 자료였다. Pat에게 이 기간 동안 DFW지역에서 팔린 모든 주택에 대한 데이터가 있는 것은 아니었지만, Pat은 자신의 데이터가 전체 모집단을 대표할 수 있는 표본이라고 생각한다. 이 데이터는 판매된 달, 판매 가격, 주택의 크기(제곱피트), 방의 개수, 건물의 년수, 위치가 달라스나 포트워스인지 아니면 대도시권의 다른 곳인지와 판매를 담당한 부동산 회사 등을 포함한다.

과제

Sam Easton을 위해 Pat McCloskey가 편집한 부동산 데이터가 파일 **EASTON**에 포함되어 있다. 아래의 데이터 설명 부분에 변수의 정의와 데이터의 일부분이 제공되어 있다. 이 데이터와 앞의 설명에서 제공된 정보를 이용하여 Sam Easton을 도와라. 사례 연습문제가 분석에 도움이 될 것이다. 분석에서 얻어지는 정보를 이용하여 Sam에게 충고하라.

데이터 설명

EASTON 파일은 DFW 대도시권에서 지난 3개월간 팔린 주택에 대한 데이터이다. 데이터의 일부분은 다음과 같다.

변수는 다음과 같이 정의된다.

MONTH: 집이 팔린 달
(4 = 4월, 5 = 5월, 6 = 6월)
PRICE: 집이 팔린 가격(달러)
SQFEET: 주택면적(제곱피트)
BEDROOMS: 방의 개수
AGE: 집의 년수
DALLAS: 집이 DFW 지역에 있는지 여부
1 = 달라스 안에 있는 집
0 = 포트워스나 대도시권 내 다른 지역에 있는 집
EASTON: 판매 담당 부동산 회사
1 = Easton이 판 집
0 = 그 외의 경우

사례 문제

1. a. 최근 3개월 동안 팔린 모든 주택의 평균 판매 가격과 두 집의 판매 가격을 비교하라. 상당한 차이가 있는가?
   b. (a)의 비교가 적절하지 않은 이유를 최소한 2개 말하라. 즉 (a)의 비교에서 고려되지 않은 가격 요인을 최소한 2개 설명하라.
   c. 두 고객의 불만의 근거가 되는 기사에서 보고된 평균가격($104,250)은 부동산 시장이 약해지기 전 12개월 동안의 자료이다. $104,250과 최근 3개월 동안 이 지역에서 팔린 모든 집을 비교하고, 이러한 비교가 고객 주장의 타당성에 어떤 영향을 줄 것인지 논하라.
2. SQFEET, BEDROOMS, AGE, DALLAS, EASTON의 함수로 PRICE를 추정하는 다중회귀모델을 이용하라.
   a. 편회귀계수를 설명하라. 특히, 다른 부동산 회사의 주택 판매 가격보다 싸게 팔았다는 불평을 받은 Easton 부동산 회사에 대한 변수인 EASTON의 편회귀계수의 부호와 값에 대해 설명하라.
   b. 불만이 접수된 두 주택과 유사한 주택에 대한 95% 예측구간을 구하고 설명하라.
   c. 1번 문제와 이 문제의 (a), (b)의 분석을 기초로 하여, 접수된 불만에 대한 확실하고 신뢰성 있는 해명을 준비하라.

Month	Price	SqFeet	Bedrooms	Age	Dallas	EASTON
4	$73,800	1284	2	6	1	0
4	69,200	1919	3	8	0	0
4	98,500	2316	3	7	0	0
4	82,200	1821	4	4	0	0
4	100,300	1703	3	4	1	0
⋮	⋮	⋮	⋮	⋮	⋮	⋮

경영사례

Circuit Systems, Inc. (C)

11장과 14장에서 보았던 Circuit Systems, Inc.는 새로운 프로그램이 시간제 근무자들의 결근으로 인한 원가를 줄이는 데 효과가 있는가를 검토하고자 한다. 이 프로그램은 사용되지 않은 병가에 대하여 보상을 할 뿐만 아니라, 이 프로그램에 참가를 원하는 직원에게 $200 정도 하는 헬스클럽 회원권을 준다. 이 새로운 프로그램을 제안한 Thomas Nelson은 프로그램을 실행하기 전해와 시행한 다음 해에 모두 근무한 적이 있는 233명의 직원을 대상으로 데이터를 수집하였다. 이 데이터는 파일 **CIRCUIT**에 있으며, 변수와 프로그램에 대한 설명은 11장의 경영사례 Circuit Systems, Inc. (A)와 같다.

1. 다중회귀모델을 이용하여 올해의 병가 일수를 두 변수(지난해의 병가 일수와 프로그램 참여 여부)의 함수로 추정하라. 편회귀계수를 설명하라. 특히, 프로그램에 참여했는지 여부를 나타내는 가변수에 대한 편회귀계수의 부호와 값에 대해 논하라. 프로그램이 지속될만한 가치가 있는가?
2. (1)의 회귀식에 의하여 올해의 병가 일수의 변화량이 몇 퍼센트 설명되는가? 이 데이터에는 포함되어 있지 않지만, 설명되지 않고 남아 있는 병가 일수의 변화량을 추가로 설명할 수 있는 변수로는 어떤 것이 있겠는가?

CHAPTER

17 모형의 구축 Model Building

NFL의 쿼터백 점수(Passer Rating)

미국풋볼리그(NFL)의 팬들은 '쿼터백 점수'가 무엇을 의미하는지 잘 알지 못한다. 그것은 스포츠 해설가 혹은 '월요일아침 쿼터백'(Monday morning quarterback, 경기 후에 경기를 비평하는 사람)이 자주 인용하는 수치이지만 그 점수가 어떻게 계산되었는지를 설명하지는 않는다. 언론에서는 쿼터백 점수 이외에 패스거리, 패스성공률, 터치다운 수, 상대팀의 가로채기 수 등과 같은 수치도 제공한다.

이 장에서는 단계적회귀법을 설명한다. 단계적회귀는 후보변수를 하나씩 평가하여 회귀식에 포함할지를 결정하는 방법이다. NFL에서도 그렇지만, 모든 변수가 회귀식에 포함되지는 않는다. 전체 변수를 평가하여 한 번에 한 변수만 식에 포함한다. 그리고 종속변수를 예측하는 데 공헌할 변수를 더 이상 찾지 못하면 그 절차는 종료된다.

이 장의 뒷부분에 있는 연습문제 17.73에서는 NFL의 쿼터백 점수를 단계적회귀를 통하여 예측한다. 여러분은 그것을 통하여 어떤 변수가 어떤 비율로 사용되는지를 알 수 있을 것이다. NFL의 쿼터백 점수는 흥미롭고 유용한 척도이기는 하지만, NFL의 공식 사이트에서는 다음과 같은 경고를 하고 있다: "쿼터백의 평가를 위해서는 리더십이나 의사결정 능력과 같은 수치로 측정할 수 없는 요소도 함께 고려해야 한다. 우수한 쿼터백은 높은 점수를 기록하지만, 위대한 쿼터백은 팀의 승리로 이끌면서 그런 능력을 발휘한다."

학습목표

- 곡선관계에 대한 다항회귀모형을 구축한다.
- 두 개 이상의 범주를 나타내는 질적변수를 사용한다.
- 지수모형과 승법모형을 구축하기 위한 로그변환을 사용한다.
- 다중공선성의 확인과 해결을 한다.
- 모형에 사용할 변수를 선택하기 위한 단계적회귀를 적용한다.
- 데이터와 상황에 따라 적절한 모형을 선택한다.

17.1 머리말

15장에서는 한 개의 독립변수를 사용하여 한 개 종속변수의 값을 추정하는 단순선형회귀모형을 설명하였다. 그리고 16장에서는 두 개 이상의 독립변수를 가지는 모형을 설명하였다. 그 모형에서는 선형관계를 가정하고 있으며, 또 다중회귀에서는 독립변수들 간에는 연관성이 없는 것으로 가정한다. 이 장에서는 좀더 복잡하게 y 값을 추정하는 모형을 설명하고자 한다. 이러한 모형에는 곡선모형과 질적변수를 다루는 모형이 있다. 또한 독립변수들 사이에 연관성이 있는 모형도 살펴볼 것이다. 독립변수의 일부분만을 사용하여 원 모형과 유사한 예측력을 가지는 모형을 선택하는 방법도 살펴볼 것이다.

마지막 절에서는 이 장의 전체에서 중요하게 적용되는 개념으로, 데이터와 분석목적에 따라 적합한 모형을 선택하는 방법에 대하여 설명할 것이다. 그림 17.1의 (a)와 (b)에 있는 산점도를 보면, x가 증가함에 따라 y는 처음에는 증가하다가 다음에 감소하고 그 다음에 다시 증가한다. 그림의 (a)에 있는 선형모형은 데이터에 대한 적합도가 높지 않다. 한편 그림의 (b)는 17.2절에서 설명하게 될 모형인데, 이 모형을 사용하면 x의 값을 사용하여 y값을 훨씬 잘 예측할 수 있게 된다.

17.2 한 개의 양적변수를 사용하는 다항모형

15장에서 소개한 단순선형회귀모형에 독립변수 x의 거듭제곱 항을 추가하면 비선형적인 데이터에 적합한 모형을 구축할 수 있다. 그러한 모형은 그림 17.1에 있는 데이터도 적합시킬 수 있다. 그림 17.1의 (b)에 있는 식에는 x^2 항과 x^3 항이 있으며, 이는 이 절에서 설명하는 다항모형에 해당한다.

일반적 다항모형

다항모형에서는 독립변수 x에 대한 p개의 항이 있으며, 각 항에는 x의 첨자가 1에서 최대 p까지의 값이 된다. 여기서 독립(혹은 예측) 변수는 한 개이지만 식에 있는 각 항에서 x는 서로 독립인 변수로 간주된다. 모형의 일반식은 다음과 같다.

그림 17.1

주어진 자료에 적합한 모형을 선택하는 것이 중요하다. (a)에서는 15장의 단순선형회귀가 적용되었다. (b)에서 적용된 모형은 17.2절에서 소개할 것인데, 적합도가 훨씬 높다.

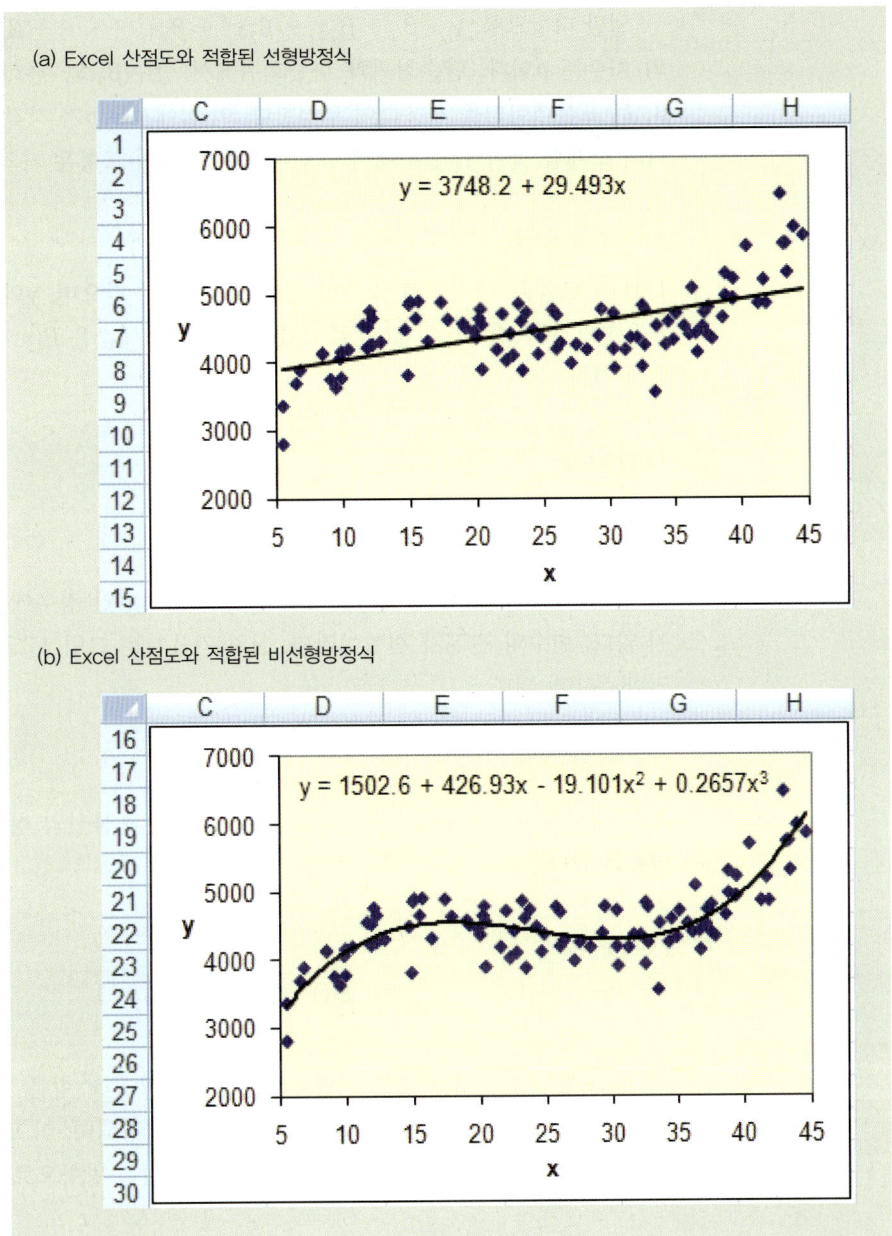

일반 다항모형:

$$y_i = \beta_0 + \beta_1 x_i + \beta_2 x_i^2 + \beta_3 x_i^3 + \cdots + \beta_p x_i^p + \epsilon_i$$

y_i = 종속변수 (y)의 값

β_0 = 상수

x_i = 독립(예측) 변수(x)의 값

$\beta_1, \beta_2, \ldots, \beta_p$ = 편회귀계수

ϵ_i = 오차, 혹은 잔차

일반 다항모형, $y_i = \beta_0 + \beta_1 x_i + \beta_2 x_i^2 + \beta_3 x_i^3 + \cdots + \beta_p x_i^p + \epsilon_i$,에서 다항식의 차수는 p이다. 단순회귀와 다중회귀에서 상수(β_0)와 편회귀계수($\beta_1, \beta_2, \ldots, \beta_p$)는 표본데이터를 사용하여 추정한다. 이 절에서는 p가 각각 1, 2, 3인 모형을 하나씩 소개할 것이다. 실무에서 그보다 높은 차수의 모형은 거의 사용하지 않는다.

1차다항모형

1차다항모형은 15장에서 소개한 선형회귀모형과 같으며, y와 x가 선형관계일 때 사용한다. 예측변수 x의 값이 주어졌을 때 y의 기대값을 $E(y)$라고 하면, 모형은 다음과 같다.

1차다항모형

$$E(y) = \beta_0 + \beta_1 x$$

그림 17.1의 (a)와 같이, y와 x의 관계가 비선형인 경우에는 이 모형이 적절하지 않다. 변수의 관계가 선형이라면, 식의 기울기는 그림 17.2에서와 같이 양수이거나 음수가 된다.

2차다항모형

2차다항모형은 'U'자이거나 그것을 뒤집어 놓은 포물선의 형태이다. 모형의 식은 다음과 같다.

2차다항모형

$$E(y) = \beta_0 + \beta_1 x + \beta_2 x^2$$

이 모형에 있는 $\beta_1 x$ 항은 선형요소를 나타내고 $\beta_2 x^2$ 항은 비선형요소를 나타낸다. 곡선의 모양은 β_1와 β_2와 값과 부호에 의해 결정되며, 이 모형의 전형적인 형태는 그림 17.3과 같다. 2차다항식의 모양은 항상 같은 방향으로 꺾인다.

3차다항모형

3차다항모형은 2차다항모형과 같이 곡선이지만, 곡선의 꺾이는 방향이 반대가 되기도 한다. 모형의 식은 다음과 같다.

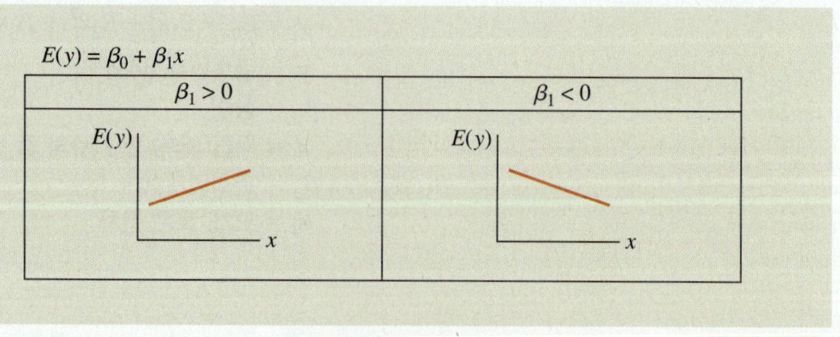

그림 17.2

1차다항모형에서 y의 기대값은 $E(y) = \beta_0 + \beta_1 x$이다. 이것은 15장의 단순선형회귀와 같으며, 선의 기울기는 양($\beta_1 > 0$)이거나 음($\beta_1 < 0$)이다.

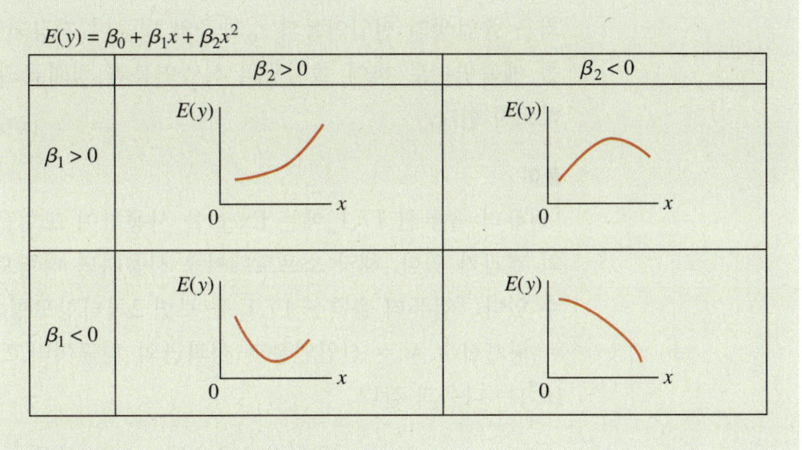

그림 17.3

2차다항모형에서 y의 기대값은 $E(y) = \beta_0 + \beta_1 x + \beta_2 x^2$이다. 곡선의 모양은 β_1과 β_2의 부호와 상대적 크기에 따라 달라진다. $x > 0$인 범위에서 β_1과 β_2의 부호에 따라 구분하면 그림과 같다.

3차다항모형

$$E(y) = \beta_0 + \beta_1 x + \beta_2 x^2 + \beta_3 x^3$$

이 모형에 있는 $\beta_1 x$ 항은 선형요소를 나타내고 $\beta_2 x^2$ 항은 비선형요소로서 선이 꺾이도록 하며, $\beta_3 x^3$ 항은 비선형요소로서 선이 꺾이는 방향이 반대가 되도록 한다. β_1의 부호는 x의 값이 작을 때 선의 기울기를 결정한다. β_2와 β_3의 부호가 반대이면 선은 꺾이는 방향이 변한다. β_2와 β_3의 부호가 같으면 $\beta_3 x^3$에 의하여 선이 한 방향으로 꺾이는 정도가 심하게 된다. β_2와 β_3의 부호가 반대인 경우를 예시하면 그림 17.4와 같다.

예제 EXAMPLE

다항모형의 적합

*U.S News & World Report*는 미국의 우수 대학원에 대한 정보를 매년 정리하여 발표한다. **CX17MBA** 파일에는 상위 25개 MBA 프로그램의 평가점수와

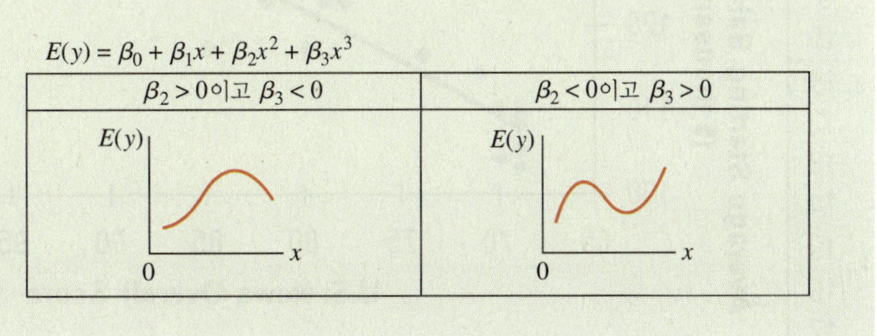

그림 17.4

3차다항모형에서 y의 기대값은 $E(y) = \beta_0 + \beta_1 x + \beta_2 x^2 + \beta_3 x^3$이다. β_2와 β_3의 부호가 서로 다르면 곡선의 꺾이는 방향이 바뀐다. $\beta_2 > 0$와 $\beta_3 < 0$의 값이 양수인 경우에 x와 β_1의 부호에 따른 곡선의 형태는 그림과 같다.

최근 졸업생의 신입연봉과 성과급의 평균이 저장되어 있다.[1] 우리는 평가점수를 예측변수로 하여 졸업생의 신입연봉과 성과급의 평균을 추정하는 분석을 하고자 한다.

풀이

「컴퓨터 솔루션 17.1」에는 Excel을 사용하여 모형을 데이터에 적합시킨 절차와 결과가 있다. 해당 소프트웨어를 사용하면 다항모형의 차수를 쉽게 결정할 수 있다. 「컴퓨터 솔루션 17.1」을 보면 2차다항모형을 데이터에 적합시켰다. x = 평가점수, y = 신입연봉과 성과급의 평균이라고 하면, 추정식과 결정계수(R^2)는 다음과 같다.

$$\hat{y} = -39.678 + 2.887x - 0.0109x^2,\ R^2 = 0.885$$

$R^2 = 0.885$의 의미는 신입연봉과 성과급의 변동성의 85.5%는 예측변수(평가점수)가 설명한다는 것이다. 표 17.1에는 x와 x_2를 서로 다른 변수로 간주하여 실행한 다중회귀분석의 출력결과가 있다. 이 결과를 보면 회귀식이 0.000 수준에서 유의함을 알 수 있다. 표 17.1을 출력하는 과정은 「컴퓨터 솔루션 17.1」에 설명되어 있다.

컴퓨터 솔루션 17.1

한 개의 예측변수를 사용하는 다항회귀방정식을 적합시키기

EXCEL

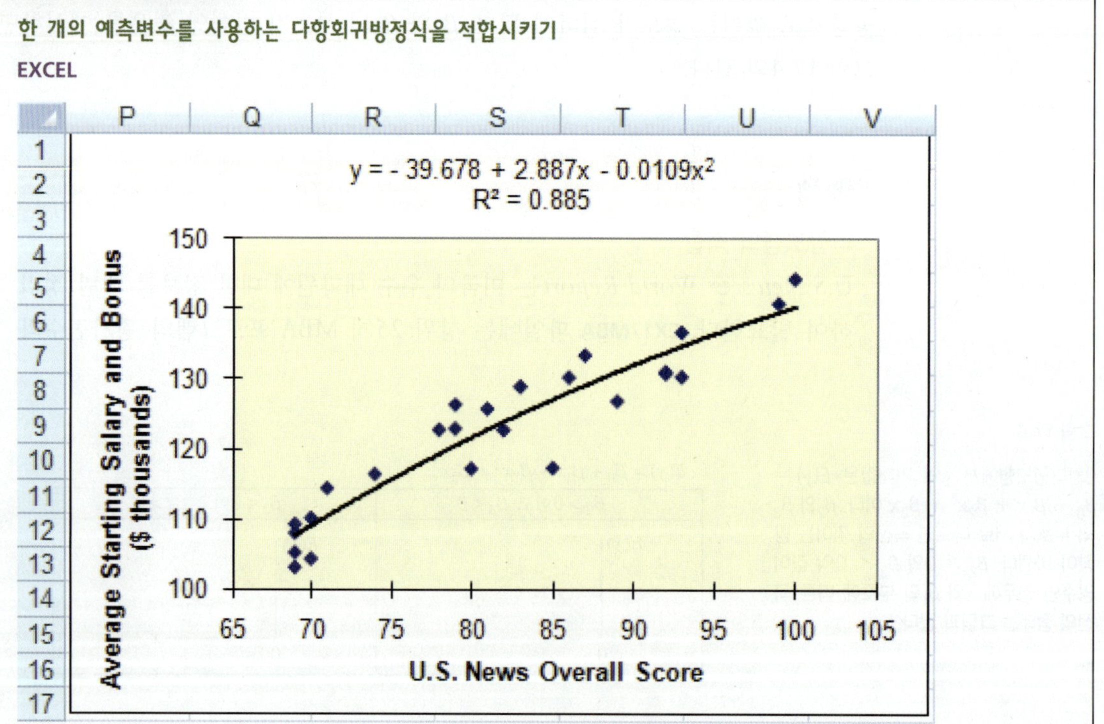

[1] 출처: U.S. News & World Report: America's Best Graduate Schools 2009, p. 14.

Excel을 사용하여 다항회귀모형을 적합시키기

1. **CX17MBA** Excel 파일에는 A2:A26에 MBA 신입연봉과 성과급의 평균(천 달러)이, F2:F26에 U.S. News & World Report 총점이, 그리고 A1:F1에 이름표가 있다. **데이터** 리본에서 **데이터 분석**을 클릭한다. **회귀분석**을 선택하고 **확인**을 클릭한다.
2. **Y축 입력범위** 칸에 **A1:A26**을 입력하고, **X축 입력범위** 칸에 **F1:F26**을 입력한다. **이름표**를 선택한다. **출력범위** 칸에 **H1**을 입력한다. **선적합도**를 선택하고 **확인**을 클릭한다.
3. 그림의 오른쪽에 있는 범례설명 안에서 마우스 오른쪽클릭을 하고 **삭제**를 클릭한다. 데이터의 예측값을 나타내는 사각형 중의 하나에 마우스 오른쪽클릭을 하고 **삭제**를 클릭한다.
4. 산점도에 있는 데이터 중의 하나에 마우스 오른쪽클릭을 하고 **추세선 추가**를 클릭한다. **추세선 옵션** 메뉴에서 **다항식**을 선택하고, **차수** 칸에 **2**를 입력한다. **수식을 차트에 표시**를 선택하고 **R-제곱 값을 차트에 표시** 옵션을 선택한다. **닫기**를 클릭한다. 차트의 모양을 수정한다.

참고: 표 17.1에 있는 출력을 얻으려면, 위의 2단계에서 **X축 입력범위** 칸에 **F1:G26**을 입력하고 선적합도를 선택하지 않는다. 3단계와 4단계를 생략한다. (G열에 총점의 제곱이 있어야 한다.)

표 17.1

컴퓨터 솔루션 17.1에 있는 그래프와 관련된 회귀분석의 출력이다. U.S. News & World Report 점수를 제곱한 값을 나타내는 변수를 만들었다. 회귀식의 p값은 반올림하여 0.0000이며, Excel에서는 4.64×10^{-11}로 나타내고 있다.

EXCEL

	H	I	J	K	L	M	N
1	SUMMARY OUTPUT						
2							
3	*Regression Statistics*						
4	Multiple R	0.941					
5	R Square	0.885					
6	Adjusted R Square	0.875					
7	Standard Error	4.067					
8	Observations	25					
9							
10	ANOVA						
11		*df*	*SS*	*MS*	*F*	*Significance F*	
12	Regression	2	2800.90	1400.45	84.68	4.64E-11	
13	Residual	22	363.82	16.54			
14	Total	24	3164.71				
15							
16		*Coefficients*	*Standard Error*	*t Stat*	*P-value*	*Lower 95%*	*Upper 95%*
17	Intercept	-39.6777	62.6340	-0.6335	0.5329	-169.5726	90.2172
18	USNscor	2.8870	1.5309	1.8858	0.0726	-0.2879	6.0619
19	USNscor_sq	-0.0109	0.0093	-1.1756	0.2523	-0.0301	0.0083

「컴퓨터 솔루션 17.1」의 방식을 1차다항모형과 3차다항모형을 사용하여 적용하면 R^2값은 각각 다음과 같다.

1차다항식:

$$\hat{y} = 33.505 + 1.09x, \quad R^2 = 0.878$$

3차다항식:

$$\hat{y} = -1552.294 + 58.031x - 0.675x^2 + 0.0026x^3, \quad R^2 = 0.910$$

$R^2 = 0.910$인 3차다항식이 다른 모형보다 신입연봉과 성과급의 변동성을 더

잘 설명하고 있다. 이는 3차다항식이 다른 모형보다 식의 항이 더 많으므로 당연한 결과이다. 그러나 3차다항식의 R^2은 2차다항식의 R^2보다 아주 조금 개선되었으므로, 모형의 단순성을 고려한다면 2차다항식이 더 좋은 모형이라고 판단할 수도 있다. 주어진 데이터에 따라 적절한 모형을 선택하는 과정을 17.8절에서 논의하도록 한다.

연습문제

17.1 이 절에서 소개한 모형은 1차, 2차, 그리고 3차다항식이다. 5차다항식은 무슨 형태여야 하는가? 이러한 형태의 다항식은 비즈니스 자료와 함께 사용하는 것이 실용적인가?

17.2 x가 증가할 때, y도 증가하지만, 증가하는 비율이 줄어든다. 만약 2차다항식 모형이 자료의 산포도에 적합되었다면, 모형의 편회귀계수의 표시는 무엇이 있겠는가?

17.3 x가 증가할 때, y도 증가하지만, 증가하는 비율이 증가한다. 만약 2차다항식 모형을 그러한 자료의 산포도에 적합시켰다면, 모형의 편회귀계수의 부호는 무엇이겠는가?

17.4 온도가 올라갈수록, 실험 중인 윤활유가 처음엔 점도가 하향, 다음엔 상승, 그리고 다시 하향한다. 이 절에서 설명한 다항식들 중, 어느것이 위의 자료에 가장 적합한가? 편회귀계수의 부호는 무엇이겠는가?

17.5 어느 통신회사는 수많은 고객의 집을 찾아가는 기술판매원을 고용한다. 자료에서 y = 통화당 평균 판매수, 그리고 x = 경력의 연수라고 할 때, 다음의 산포도가 나온다. 3차다항식이 이 자료에 적합되었을 때, 편회귀계수의 부호는 무엇이겠는가?

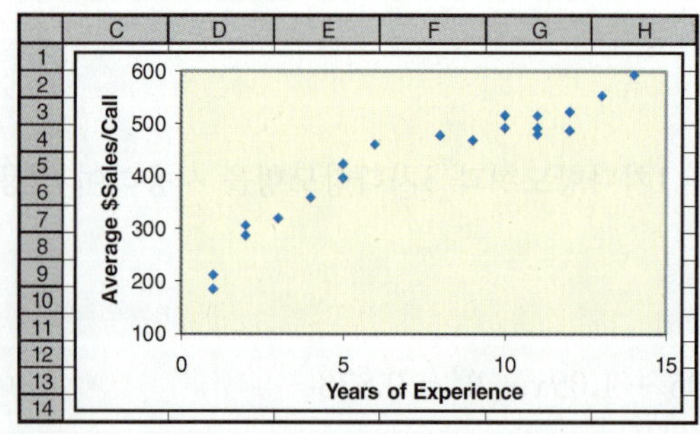

17.6 케이블 TV 시청자가 늘어나면서, 위성 TV 시청자도 늘어났다. 자료에서 y = 위성 TV 시청자 수, 그리고 x = 케이블 TV 시청자 수 라고 할 때, 산포도는 아래와 같다. 논의한 다항식들 중, 어느 것이 위의 자료에 가장 적합한가? 편회귀계수의 부호는 무엇이겠는가?(출처: *USA Today*, May 3, 2000, p. 26A)

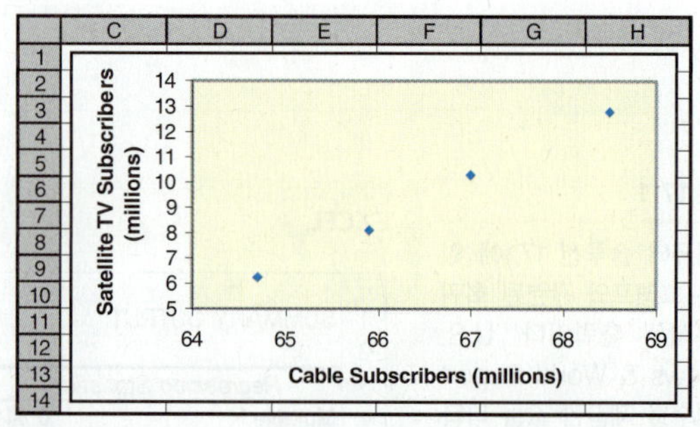

참고: 연습문제 17.7~17.10은 컴퓨터와 통계 소프트웨어를 필요로 한다.

17.7 어느 여행회사 연구소는 미국의 26개 호텔 시장의 호텔 평균 사용률과 방 가격을 조사했다. 이 자료는 파일 **XR17007**에도 있다. y = 호텔방 평균 가격(달러), x = 호텔방 이용률(%)이라고 할 때, 2차다항식 모형을 자료에 적합시키고, 평균 호텔방 가격의 변동성 중에서 이 모형이 설명하는 비율을 구하라. 이 변수들의 특성을 보고 인과관계가 있을지에 대하여 설명해 보라.

17.8 2005년에서 2009년 사이엔 100미터 달리기 최고기록이 계속 바뀌는 현상이 이례적으로 발생했다. 해당 년도와 기록은 아래 표에 있고 파일 **XR17008**에도 저장되어 있다. x = 1부터 5가 2005년부터 2009년이라고 할때, 2차다항식을 자료에 적합시켜 2014년의 100미터 달리기 최고 기록을 추정해 보라. (출처: Karen Rosen, "9.58: Bolt Strikes Again at Worlds," *USA Today*, August 17, 2009, p. 1C)

연도	x = 연도 코드	세계 기록 (초)
2005	1	9.77
2006	2	9.77
2007	3	9.74
2008	4	9.69
2009	5	9.58

17.9 *Car and Driver*의 초기호는 미국의 고출력 자동차부터 작은 국가의 수입차까지 이르는 차들에 대해 엔진의 마력, 최고속도(mph), 공차중량(lb), 0~60 mph까지의 시간(seconds)을 조사했다. 자료는 파일 **XR17009**에 있다. y = 0~60까지의 시간, x = 마력이라고 할 때, 2차다항식을 이용하여 300마력 자동차의 0~60까지의 시간을 추정하라. 0.05 수준의 유의성에서 이 회귀방정식은 유의한가?(출처: *1964 Car and Driver Yearbook*, pp. 14-63)

17.10 연습문제 17.9를 다시 하되, 3차다항식과 y = 최고속도를 종속변수로 설정하여라. 1960년대에 이른바 '고출력 자동차' 제조사들은 고의로 엔진의 마력을 낮춰 기재한다는 이유로 자주 비난을 받았다. 3차다항식의 모형을 보았을 때, 제조사들이 당했던 비난이 타당하다고 할 수 있는가?

17.11 1990년대에 가장 돈을 많이 벌어들인 20편의 미국 영화에서, 백만 달러 단위로 y = 해외 표 판매 그리고 x = 국내 표 판매이다. 아래에 나타난 표는 2차다항식을 이용했을 때 나타난 결과를 보여준다. 만약 어느 영화의 국내 판매가 4억 달러라고 할때, 그 영화의 해외 판매는 얼마이겠는가? 0.05 수준에서 이 모형은 유의한가?(출처: "Overseas Grosses Outdoing North America," *USA Today*, December 13, 2000)

	D	E	F	G	H	I	J
1	SUMMARY OUTPUT						
2							
3	*Regression Statistics*						
4	Multiple R	0.874					
5	R Square	0.764					
6	Adjusted RSquare	0.736					
7	Standard Error	112.603					
8	Observations	20					
9							
10	ANOVA						
11		*df*	*SS*	*MS*	*F*	*Significance F*	
12	Regression	2	697099.23	348549.61	27.49	4.71E-06	
13	Residual	17	215551.88	12679.52			
14	Total	19	912651.11				
15							
16		*Coefficients*	*Standard Error*	*t Stat*	*P-value*	*Lower 95%*	*Upper 95%*
17	Intercept	860.8444	244.9641	3.5142	0.0027	344.0146	1377.6743
18	DomGross	-4.1517	1.4392	-2.8848	0.0103	-7.1882	-1.1153
19	DomGross_sq	0.0077	0.0019	4.0038	0.0009	0.0036	0.0117

17.3 두 개의 양적변수를 사용하는 다항모형

이 절에서는 종속변수의 값을 추정하기 위하여 두 개의 양적변수를 사용하는 다항모형을 살펴보고자 한다.

두 변수를 가지는 일차모형

두 개의 양적변수를 가지는 일차다항모형은 16장에서 설명한 다중회귀모형과 동일하다. 따라서 모형의 식은 다음과 같다.

두 변수를 가지는 일차모형

$$E(y) = \beta_0 + \beta_1 x_1 + \beta_2 x_2$$

이 모형에서 y의 기댓값은 x_1과 x_2에 의하여 결정되며, 이는 16장의 다중회귀에서와 같다. 이 모형은 x_1과 x_2의 **상호작용효과가 없을 때** 사용 가능하다. 다음의 조건이 만족되면 x_1과 x_2의 상호작용효과는 없다:

1. x_1의 값을 고정한 상태에서 x_2를 한 단위 증가하면 $E(y)$의 값이 β_2만큼 증가한다.
2. x_2의 값을 고정한 상태에서 x_1을 한 단위 증가하면 $E(y)$의 값이 β_1만큼 증가한다.

그림 17.5

두 개의 양적 예측변수를 가지는 1차다항모형에서 x_1과 x_2 사이에 상호작용이 없는 경우이다. x_2의 값이 달라져도 y식의 x_1에에 대한 기울기는 변하지 않는다.

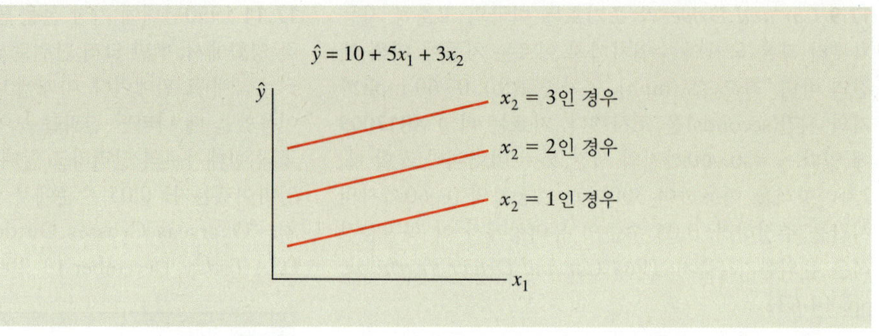

다시 말하면, x_2(혹은 x_1)가 한 단위 증가할 때 $E(y)$의 변화량은 x_1(혹은 x_2)과는 관계가 없는 경우에 두 변수의 상호작용효과는 없다고 한다. 상호작용효과가 없는 경우의 예를 그림으로 나타내면 그림 17.5와 같다. 그림에서는 추정식 $\hat{y} = 10 + 5x_1 + 3x_2$에 대하여 세 가지의 선형관계를 보여주고 있다. 각 선은 x_2의 값이 주어졌을 때 $\hat{y}$ 와 x_1의 관계를 나타낸다. 여기서 중요한 것은 x_2의 값이 달라져도 선의 기울기는 같다는 것이다.

상호작용 항을 가지는 일차모형

두 개의 예측변수간에 상호작용효과가 있다고 생각되면 앞의 일차모형에 상호작용항을 더한 모형을 고려할 수 있다. 모형의 식은 다음과 같다.

이 모형에서 상호작용항은 $\beta_3 x_1 x_2$이다. 이 항은 편회귀계수(β_3)와 두 변수의 곱($x_1 x_2$)으로 구성된다. 변수의 곱에서 지수의 합은 2이므로 엄밀하게는 이차모형이

두 예측변수와 상호작용항을 가지는 일차모형

$$E(y) = \beta_0 + \beta_1 x_1 + \beta_2 x_2 + \beta_3 x_1 x_2$$

라고 보는 것이 맞지만, 이어서 설명할 '완전' 이차모형과 구분하기 위하여 일차모형으로 분류하였다.

x_2(혹은 x_1)의 값이 한 단위 증가하면 $E(y)$의 변화량은 x_1(혹은 x_2)의 값에도 영향을 받기 때문에 상호작용이 존재한다. 상호작용효과가 있는 경우의 예를 그림으로 나타내면 그림 17.6과 같다. 그림에서는 추정식 $\hat{y} = 50 + 4x_1 + 3x_2 + 5x_1x_2$에 대하여 세 가지의 선형관계를 보여주고 있다. 각 선은 x_2의 값이 주어졌을 때 $\hat{y}$와 x_1의 관계를 나타낸다. 이 경우에는 선의 기울기가 다르며 그 기울기는 x_2의 값에 의하여 결정된다.

상호작용 항을 가지는 이차모형

예측변수 간의 상호작용에 추가하여 각 예측변수와 y와의 사이에 비선형관계가 있을 것이라 생각되면 이차모형을 고려한다. 모형의 식은 다음과 같다.

상호작용 항을 가지는 이차모형

$$E(y) = \beta_0 + \beta_1 x_1 + \beta_2 x_2 + \beta_3 x_1^2 + \beta_4 x_2^2 + \beta_5 x_1 x_2$$

상호작용 항 $\beta_5 x_1 x_2$에 추가하여 이차 항인 $\beta_3 x_1^2$과 $\beta_4 x_2^2$이 포함되었다. 이 모형은 '완전' 이차모형이라고 부른다. 이 모형에서는 상호작용 항의 차수뿐 아니라 예측변수도 제곱으로 표현된 항이 존재한다.

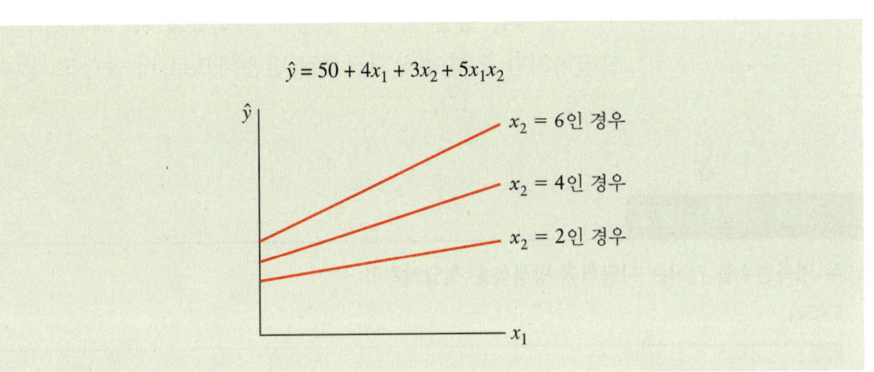

그림 17.6
두 개의 양적 예측변수를 가지는 1차다항모형에서 x_1과 x_2 사이에 상호작용 항이 있는 경우이다. y식의 x_1에 대한 기울기는 x_2의 값에 따라 달라진다.

예제 EXAMPLE

두 예측변수를 가지는 다항모형

온난지역에 거주하는 사람은 외부가 얼마나 덥게 느껴지는지를 나타내는 체감지수(heat index)에 관심이 많다. 체감지수는 기온과 상대습도를 사용하여 계산한다. **CX17HEAT** 파일에는 기온과 상대습도의 다양한 값에 따른 체감지수가 저장되어 있다.[2] 파일에는 추가로 기온과 상대습도를 제곱한 값과 기온에 상대습도를 곱한 값이 있다. 「컴퓨터 솔루션 17.2」에는 Excel을 사용하여 두 예측변수와 상호작용 항을 가지는 이차다항모형의 결과가 있다. 얻은 수식은 다음과 같다.

FeelsLike = 127.74 − 1.76AirTemp − 1.95RelHumid + 0.0134AirTemp_sq
+ 0.0011RelHumid_sq + 0.0259(AirTempXRelHumid)

풀이

출력에서 R^2의 값을 보면 체감지수 변동성의 98.0%가 이 모형으로 설명됨을 알 수 있다. 그러나 앞에서 설명한 다른 모형을 적용할 수도 있는데 그중 한 모형의

[2] *Time Almanac 2009*, p. 176.

결과는 비슷한 값의 R^2를 준다. 다른 모형을 적용하는 과정도 「컴퓨터 솔루션 17.2」에서 설명한 방법과 크게 다르지 않으며, 결과만을 보이면 다음과 같다.

일차다항식:

$$\text{FeelsLike} = -55.1311.52\text{AirTemp} + 0.341\text{RelHumid}, \quad R^2 = 0.855$$

상호작용 항이 있는 일차다항식

$$\text{FeelsLike} = 2.5410.867\text{AirTemp} - 1.467\text{RelHumid} + 0.0212(\text{AirTempXRelHumid}), \quad R^2 = 0.968$$

상호작용이 없는 일차모형과 비교하면 상호작용 항을 추가했을 때 R^2의 값이 0.855에서 0.968로 많이 증가했음을 알 수 있다. 한편 추가로 제곱 항을 넣은 경우에는 R^2의 값이 0.980으로 조금 증가하였다. 제곱 항이 포함되지 않은 모형은, 제곱 항을 포함한 모형과 비교했을 때, 체감지수의 변동성을 비슷하게 설명하지만 모형이 상대적으로 단순하므로 더 좋다고 할 수 있다.

컴퓨터 솔루션 17.2

두 예측변수를 가지는 다항회귀 방정식을 적합시키기

EXCEL

	G	H	I	J	K	L	M	N
1	SUMMARY OUTPUT							
2								
3	*Regression Statistics*							
4	Multiple R	0.990						
5	R Square	0.980						
6	Adjusted R Square	0.979						
7	Standard Error	3.317						
8	Observations	93						
9								
10	ANOVA							
11		*df*	*SS*	*MS*	*F*	*Significance F*		
12	Regression	5	46350.120	9270.024	842.617	0.00000		
13	Residual	87	957.127	11.001				
14	Total	92	47307.247					
15								
16		*Coefficients*	*Standard Error*	*t Stat*	*P-value*	*Lower 95%*	*Upper 95%*	*Lower 95.0%*
17	Intercept	127.74311	17.8207	7.1683	0.00000	92.32260	163.16362	92.3226038
18	AirTemp	-1.75589	0.3701	-4.7449	0.00001	-2.49142	-1.02037	-2.4914155
19	RelHumid	-1.95291	0.1301	-15.0099	0.00000	-2.21151	-1.69430	-2.2115116
20	AirTemp_sq	0.01341	0.0019	7.0907	0.00000	0.00965	0.01717	0.009654
21	RelHumid_sq	0.00108	0.0005	2.2802	0.02504	0.00014	0.00202	0.00013838
22	AirTempxRelHumid	0.02586	0.0012	21.1306	0.00000	0.02342	0.02829	0.02342466

Excel을 사용하여 두 예측변수를 가지는 다항모형을 적합시키기

1. Excel파일 **CX17HEAT**에 저장된 체감지수 자료에는 A2:A94에 체감지수의 값이, B2:B94에 온도(화씨)가, C2:C94에 상대습도의 값이, 그리고 A1:C1에 이름표가 있다. 온도와 상대습도의 제곱값은 각각 D열과 E열에 있으며, 온도와 상대습도를 곱한 값은 F열에 있다.
2. 상호작용항을 가지는 2차 모형을 위한 회귀방정식을 만들어 보자. **데이터** 리본에서 **데이터 분석**을 클릭한다. **회귀분석**을 선택하고 **확인**을 클릭한다.
3. **Y축 입력범위** 칸에 **A1:A94**를 입력하고 **X축 입력범위** 칸에 **B1:F94**를 입력한다. **이름표**를 선택한다. **출력범위** 칸에 **G1**을 입력한다. 열의 너비와 소수점자릿수를 약간 조정하면, 결과는 위의 출력과 같다.

연습문제

17.12 어느 연구자는 종속변수 y가 선형적으로 x_1와 x_2에 관계가 있다고 생각하는데, 두 예측변수는 서로 상호작용이 거의 없다고 믿는다. 이 절의 모형 중 어느 것이 이 경우에 가장 적절하겠는가?

17.13 연습문제 17.12에서, 연구자는 이 절에 나오는 모형 중 하나를 쓰고 싶지만, y가 x_1 또는 x_2와 비선형적인 관계가 있다고 단정지을 수 없다고 한다. 또한, 연구원은 x_1과 x_2에 상호작용 존재의 여부도 모른다고 한다. 이 절에 나오는 모형 중 어느 것이 x와 y 사이 관계의 중요한 특징을 놓쳤을 가능성을 가장 줄여주면서 가장 높은 R^2값을 얻을 수 있을까?

17.14 회귀모형 $\hat{y} = 200 + 5x_1 - 2x_2$가 자료에 적합되었다. $x_2 = 10$ 인 경우, x_1가 한단위씩 증가할때 $\hat{y}$에 미치는 영향은 무엇인가? 만약 $x_2 = 20$이였다면 답은 바뀌는가? 주어진 정보를 보고 x_1와 x_2에 상호작용이 있을지 없을지 설명하라.

참고: 연습문제 17.15~17.20은 컴퓨터와 통계학 소프트웨어를 필요로 한다.

17.15 연습문제 17.5에서 통신사의 인사담당 이사는 회사의 기술판매원에 관련한 또 다른 변수를 만들었다: 판매원의 판매적성 점수가 최근에 주어졌다. 자료파일 **XR17015**를 이용하여 y = 통화당 평균매출(달러), x_1 = 경력(년), 그리고 x_2 = 판매적성 점수라고 할때, 2차 다항식을 자료에 적합하여라. 모형의 R^2값을 해석하라. 0.05 수준에서 이 모형은 유의한가?

17.16 *Auto Rental News*는 미국의 톱 15 렌터카 회사를 영업자료를 발표했다. 자료파일 **XR17016**을 이용하여 y = 임대료 수익(백만 달러), x_1 = 서비스중인 자동차(천 대), 그리고 x_2 = 임대 지점의 수라고 할 때: (출처: *Wall Street Journal Almanac 1999*, p. 649.)

a. $E(y) = \beta_0 + \beta_1x_1 + \beta_2x_2$라는 1차다항식을 적합하라. 모형의 R^2값을 해석하라. 0.01 수준에서 이 모형은 유의한가?

b. (a)를 다시 하되, 상호작용 항을 포함하라. R^2을 해석하라. 상호작용 항을 포함한 모형의 설명력이 얼마나 더 나아졌는지 설명하라.

17.17 Air Transport Association은 23개의 항공사를 분석하고 다음과 같은 정보를 발표했다. 총 영업수익, 항공기 수, 직원 수, 그리고 항공기 이륙 수. 자료파일 **XR17017**을 이용하여, y = 총 영업수익(백만 달러), x_1 = 직원 수, 그리고 x_2 = 항공기 이륙 수라고 할때: (출처: *Wall Street Journal Almanac 1999*, p. 644.)

a. $E(y) = \beta_0 + \beta_1x_1 + \beta_2x_2$라는 1차 다항식을 적합하라. 모형의 R^2값을 해석하라. 0.01 수준에서 이 모형은 유의한가?

b. (a)를 다시 하되, 상호작용 항을 포함하라. 상호작용 항을 포함한 모형의 설명력이 얼마나 더 나아졌는지 설명하라.

17.18 자료파일 **XR17017**을 이용하여 연습문제 17.17을 다시 하되, y = 총 영업수익(백만 달러), x_1 = 항공기 수, 그리고 x_2 = 직원 수를 이용하라.

17.19 연습문제 17.9에 있는 *Car and Driver*의 정보에, 자동차가 60 mph까지 도달하는 시간은 자동차의 무게와 마력에 좌우된다고 해도 틀리지 않다. 더구나 마력과 무게가 서로 영향을 끼친다고 논리적으로 추정할 수 있다. 자료파일 **XR17009**를 이용하여 y = 0~60까지 도달하는 시간(초), x_1 = 마력, 그리고 x_2 = 공차중량이라고 할때, $E(y) = \beta_0 + \beta_1x_1 + \beta_2x_2 + \beta_3x_1x_2$를 대입하라. 0.02 수준에서 이 모형은 유의한가?

17.20 연습문제 17.19를 다시 하되, 상호작용이 있는 2차모형을 사용하라. R^2를 해석하라. 상호작용항을 포함한 모형의 설명력이 얼마나 더 나아졌는지 설명하라.

17.4 질적변수

16장에서 이진 질적변수를 잠시 설명하였다. 그러한 변수는 두 개의 값(1혹은 0)만을 가질 수 있다. 주택의 가격을 평가하는 데 중앙에어컨의 유무가 중요한 요인이 된다. 근로자의 임금을 연구할 때, 남녀 간의 임금격차가 있는지를 알아보려면 질적변수로 성별을 사용할 수 있을 것이다. 이 절에서는 두 개의 값을 가지는 질적변수를 모형에 포함하는 내용을 먼저 살펴보고, 다음에 세 개 이상의 값을 가지는 경우도 알아볼 것이다. 회귀분석에서 질적변수를 **가변수**(*dummy variables*)라고 부르기도 한다.

두 개의 범주를 나타내는 질적변수

자동차의 고속도로 연비를 결정하는 주요요인 중의 하나는 무게이다. 그러나 차체의 형태도 중요한데, 차체가 공기역학적이지 않으면 고속에서 연비가 낮아지기 때문이다. 고속도로 연비를 결정하는 다중회귀모형을 표현하면 다음과 같다.

$$\text{HwyMpg} = b_0 + b_1\text{Weight} + b_2\text{SUV?},$$

HwyMpg = 갤런당 고속도로 주행 마일
Weight = 공차중량(파운드)
SUV? = 스포츠-유틸리티 모형 가변수(SUV이면 1, 아니면 0)

예제 EXAMPLE

두 개의 범주를 나타내는 질적변수

*Consumer Reports*의 *New Car Preview 2001*에 나온 자동차에 대한 자료에는 고속도로 주행연비, 차량중량, 차종에 대한 값이 있다.[3] **CX17FUEL** 파일에는 53종의 차량(SUV, 중대형, 소형)에 대한 고속도로 주행연비와 공차중량이 저장되어 있다. SUV? 변수는 스포츠-유틸리티 모형일 경우는 1을, 아닌 경우는 0의 값을 부여하여 다음의 회귀식과 R^2을 얻었다:

$$\text{HwyMpg} = 52.3 - 0.00534\text{Weight} - 6.01\text{SUV?}, \quad R^2 = 0.784$$

풀이

이 식에 따르면, 고속도로 주행연비는 공차중량이 1파운드 증가하면 0.00534 mpg만큼 감소한다. SUV? 변수의 계수를 보면 공차중량을 고정하면 자동차가 SUV인 경우에 고속도로 주행연비가 6.01 mpg만큼 감소함을 알 수 있다. 모형의 회귀식은 표본데이터의 고속도로 주행연비의 변동성을 78.4% 설명하고 있다.

세 개 이상의 범주를 나타내는 질적변수

질적변수가 두 개의 값보다 많은 범주를 나타내는 경우에는 위에서 사용한 방법을 조금만 변경하면 된다. 앞의 **CX17FUEL** 파일에는 세 가지(n = 3)의 차종이 있었다. 이 경우는 2(n − 1)개의 질적변수가 필요하다. SUV?와 FamSedan?을 질적변수로 한다면 다음과 같이 값을 부여하면 된다.

SUV? =	FamSedan? =	설명
1	0	스포츠-유틸리티
0	1	중대형
0	0	소형

[3] Consumer Reports, *New Car Preview 2001*.

다음은 **CX17FUEL** 파일의 일부분으로 처음 다섯 개의 차의 자료이다.

HwyMpg	Weight	SUV?	FamSedan?	
26	3225	1	0	← 스포츠-유틸리티 차량
33	3455	0	1	← 대형/패밀리 세단
30	4070	0	1	
38	3325	0	1	
39	2780	0	0	← 소형 차량

예제 EXAMPLE

세 개 이상의 범주를 나타내는 질적변수

CX17FUEL 파일에 있는 자료를 사용하고 종속변수는 HwyMpg이며 예측변수는 Weight, SUV?, FamSedan?으로 하여 다중회귀를 적용하였다. Excel과 미니탭의 적용절차와 결과는「컴퓨터 솔루션 17.3」에 있다. 회귀식은 다음과 같다.

$$\text{HwyMpg} = 50.54 - 0.00428\text{Weight} - 8.62\text{SUV?} - 2.58\text{FamSedan}, \quad R^2=0.799$$

풀이

이 식에 따르면, 고속도로 주행연비는 공차중량이 1파운드 증가하면 0.00428 mpg만큼 감소한다. 자동차가 SUV인 경우에 고속도로 주행연비가 8.62 mpg 만큼 낮아지고, 자동차가 중대형인 경우에는 연비가 2.58 mpg만큼 낮아진다. 자동차가 소형이면(즉, SUV? = 0 이고 FamSedan? = 0) 고속도로 연비의 추정값은 50.54 − 0.00428Weight − 8.62(0) − 2.58(0), 혹은 50.54 − 0.00428Weight이다. 모형의 회귀식은 표본데이터의 고속도로 주행연비의 변동성을 79.9% 설명하고 있다.

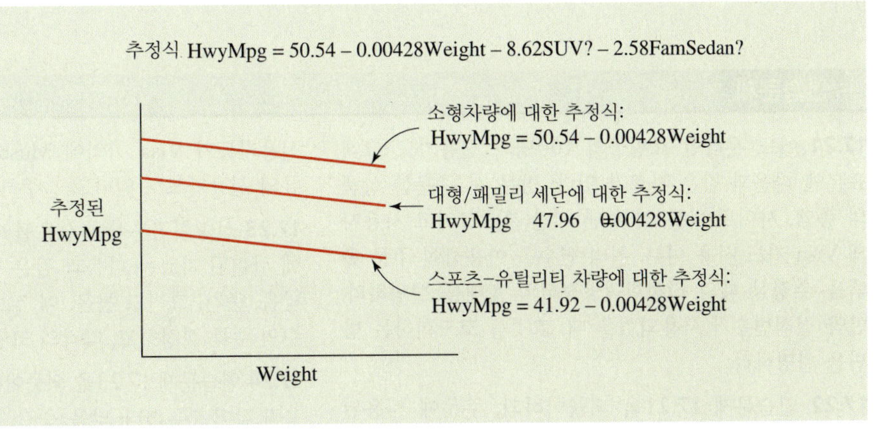

그림 17.7
컴퓨터 솔루션 17.3에서 구한 다중회귀식에 대하여, 각 차종에 따라 구분한 고속도로 연비의 추정식이다.

세 가지 종류의 자동차에 대한 추정식을 그림으로 나타내면 그림 17.7과 같다. 소형차에 대한 추정식에서 SUV?와 FamSedan?은 0이며, 그 식에서 상수는 50.54이다. SUV 차량과 중대형차량에 대한 식의 상수는 그보다 더 작은 값이다. 그림 17.7에 있는 것처럼 SUV 차량에 대한 식의 상수는 41.92(50.54 − 8.62)이며, 중대형 차량에 대한 식의 상수는 47.96(50.54 − 2.58)이다.

컴퓨터 솔루션 17.3

질적 예측변수를 가지는 다중회귀(Excel을 사용)

EXCEL

	G	H	I	J	K	L	M
1	SUMMARY OUTPUT						
2							
3	*Regression Statistics*						
4	Multiple R	0.894					
5	R Square	0.799					
6	Adjusted R Square	0.787					
7	Standard Error	3.089					
8	Observations	53					
9							
10	ANOVA						
11		*df*	*SS*	*MS*	*F*	*Significance F*	
12	Regression	3	1856.24	618.75	64.86	0.0000	
13	Residual	49	467.46	9.54			
14	Total	52	2323.70				
15							
16		*Coefficients*	*Standard Error*	*t Stat*	*P-value*	*Lower 95%*	*Upper 95%*
17	Intercept	50.5445	2.506	20.168	0.0000	45.508	55.581
18	Weight	-0.0043	0.001	-4.738	0.0000	-0.006	-0.002
19	SUV?	-8.6198	1.764	-4.885	0.0000	-12.166	-5.074
20	FamSedan?	-2.5828	1.348	-1.915	0.0613	-5.292	0.127

질적 예측변수를 가지는 다중회귀(Excel을 사용)

1. Excel파일 **CX17FUEL**에 저장된 신차 자료에는 A2:A54에 고속도로 연비(mpg)의 값이, B2:B54에 공차중량(파운드)이, C2:C54에 SUV인지의 여부(1이면 SUV, 0이면 아님)가, D2:D54에 중대형인지의 여부(1이면 중대형, 0이면 아님)가, 그리고 A1:D1에 이름표가 있다. **데이터** 리본에서 **데이터 분석**을 클릭한다. **회귀분석**을 선택하고 **확인**을 클릭한다.
2. **Y축 입력범위** 칸에 **A1:A54**를 입력하고, **X축 입력범위** 칸에 **B1:D54**를 입력한다. **이름표**를 선택한다. **출력범위** 칸에 **G1**을 입력한다. 열의 너비와 소수점자릿수를 약간 조정하면, 결과는 위의 출력과 같다.

연습문제

17.21 어느 온라인 쇼핑몰의 100명의 신용카드 고객 표본엔 다음과 같은 자료가 있다: 방문 시 주문한 상품의 총액, 사이트 방문 시 보낸 시간(분), 그리고 사용자의 Visa 카드 사용 여부. 위의 변수를 이용하여 주문 총액을 추정할 때의 직선회귀방정식의 형태를 설명하라. 만약 질적변수가 사용되었을 때, 그것을 코드화하는 방법을 설명하라.

17.22 연습문제 17.21을 되풀이하되, 주문에 사용된 신용카드가 Visa 이외에 MasterCard와 같이 다른 종류의 신용카드도 있다고 간주하라.

17.23 선형회귀분석에 사용될 어느 투자 상담역의 고객에 관련된 자료는 다음과 같은 위험도로 구분되어 있다: 낮음, 중간, 그리고 높음. 이 정보를 반영할 질적 독립변수의 수를 결정하고, 각각의 코딩 방법을 설명하라.

17.24 연습문제 17.23을 되풀이하되, 고객의 위험도를 다음과 같이 분류하라: 낮음, 중간, 높음, 그리고 매우 높음.

17.25 어느 아이스크림 판매점의 매니저는 두 가지 독립변수를 이용하여 손님의 수를 추정할 수 있는 회귀방정식을 만들었다: x_1 = 그날의 최고기온(화씨), 그리고 x_2 = 그날이 주말인지(1로 코딩함), 아니면 주중인지(0으로 코딩함). 추정방정식 $\hat{y} = 150 + 5x_1 + 50x_2$에 대하여, 편회귀계수를 설명하고, 기온 80도의 토요일에 올 손님 수를 추정하라.

17.26 어느 법학대학원의 학장은 두 가지 독립변수를 이용하여 갓 졸업한 학생의 초봉(천 달러)을 추정하기 위한 회귀방정식을 만들었다: x_1 = 법학대학원 적성 시험(LSAT) 점수, 그리고 x_2 = 일자리가 민간부문인지(1로 코딩함) 또는 공공부문인지(0으로 코딩함).

참고: 연습문제 17.27~17.30은 컴퓨터와 통계학 소프트웨어가 필요한다.

17.27 *PC World*의 컴퓨터 하드 드라이브 비교자료엔 다음과 같은 변수가 있다: 가격(달러), 용량(기가바이트), 그리고 회전속도(RPM)다. 자료는 파일 **XR17027**에 있다. y = 가격, x_1 = 용량, 그리고 x_2 = 회전속도(1 = 7,200 RPM, 그리고 2 = 5,400 RPM 으로 코딩한다)를 가지고, 두 예측변수 기능으로 가격을 추정하는 선형회귀방정식을 구하고 편회귀계수를 설명하라. 같은 용량에 고객이 더 빠른 회전속도를 가진 하드 드라이브를 구입할 때 돈을 얼마나 더 내야 하는가? (출처: Stan Miastkowski, *PC World*, March 2001, p. 109.)

17.28 어느 연구자는 50명의 박물관 기념품점 앞 무인 현금인출기(ATM) 이용자를 관찰했고, 자료는 파일 **XR17028**에 있다. y = 인출된 금액(달러) x_1 = 인출기 이용 시간(초), 그리고 x_2 = 성별(1 = 여성, 0 = 남성)을 가지고, 두 예측변수의 함수로 인출금액을 추정하는 선형회귀방정식을 구하고 편회귀계수를 설명하라. 방정식에 의하면, 성별에 따라 인출되는 금액은 얼마나 다른가?

17.29 어느 능률 전문가는 똑같은 일을 하는 12명의 직원들을 보고 생산성(시간당 개수), 경력, 그리고 일을 할 때 3가지의 방법 중 어느 것을 선택해서 이행하는지를 조사하였다. 다음에 기재된 자료를 보고, 예측변수의 함수로 능률을 추정하는 선형회귀방정식을 구하라. 사용된 질적변수가 있다면, 어떤 식으로 코딩했는지 설명하라. 회귀방정식의 설명능력과 편회귀계수를 설명하라.

직원	능률 (시간당 개수)	경력 (년)	방법
1	75	7	A
2	88	10	C
3	91	4	B
4	93	5	B
5	95	11	C
6	77	3	A
7	97	12	B
8	85	10	C
9	102	12	C
10	93	13	A
11	112	12	B
12	86	14	A

17.30 도시 근교에서 최근에 거래된 집 몇 채를 표본으로 잡고 거래된 가격($), 크기(제곱 피트), 그리고 동네(Sunny Haven, Easy Acres, 그리고 Rolling Hills)를 조사했다. 아래의 자료를 보고, 예측변수의 함수로 거래된 가격을 추정하는 선형회귀방정식을 구하라. 사용된 질적변수가 있다면, 어떤 식으로 코딩했는지 설명하라. 회귀방정식의 설명력을 계산하고 편회귀계수를 설명하라.

집	가격	살림 공간	동네
1	167,900	2860	Easy
2	184,800	2050	Sunny
3	161,000	2110	Rolling
4	160,800	2950	Easy
5	148,200	1570	Sunny
6	128,600	1860	Rolling
7	145,700	2620	Rolling
8	178,500	2010	Sunny
9	146,100	2710	Easy
10	146,300	2200	Rolling

17.5 자료의 변환

종속변수와 예측변수의 관계가 선형이 아닌 경우에는 17.2절과 17.3절에 소개된 다항모형을 사용하면 더 좋은 결과를 얻을 수 있다. 그런데 때로는 **자료의 변환**(*data transformation*)을 통하여 선형으로 변환하는 것이 더 좋은 경우가 있다. 이는 17.2절에서 설명한 3차모형의 x^2과 x^3 항을 만든 것과 같은 것이다. x를 제곱근, 역수, 혹은 로그함수를 사용하여 변환을 하는 것도 가능하다. 이 절에서는 두 개의 비선형모형을 로그함수를 사용하여 선형으로 변환하는 예를 설명할 것이다.

$\hat{y} = b_0b_1^x$와 같은 **지수모형**은 양변에 로그를 취하면 선형모형이 된다. 자연로그(밑수가 $e = 2.71828 \ldots$)나 상용로그(밑수가 10) 중에 어느 것도 가능하지만 여기서는 상용로그를 사용할 것이다. 지수모형은 다음과 같이 선형모형이 된다:

$\hat{y} = b_0b_1^x$는 다음과 같이 선형으로 변환된다:

$$\log\hat{y} = \log b_0 + x\log b_1 \text{ 혹은 } \log\hat{y} = \log b_0 + (\log b_1)x$$

어떤 수에 상용로그를 취하는 것은 그 수를 10의 거듭제곱으로 표현한 뒤에 지수에 해당하는 값으로 표현하는 것이다. 또 두 수를 곱하는 것은 그 수의 로그값을 더하는 것과 동등하며, 어떤 수를 거듭제곱으로 만드는 것은 그 수의 로그값에 지수값을 곱하는 것과 같다. 다음의 예를 보자.

- **로그함수와 곱셈**

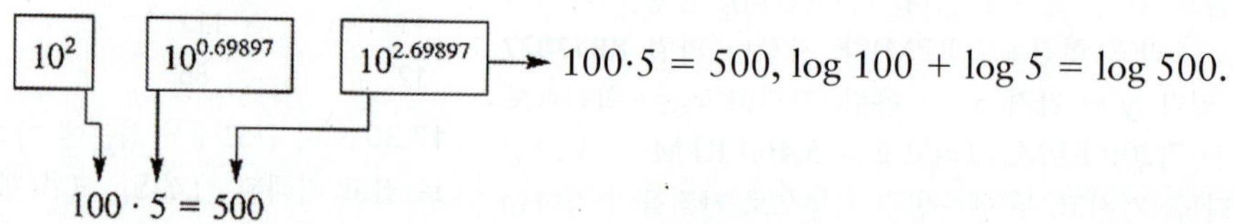

- **로그함수와 지수화**

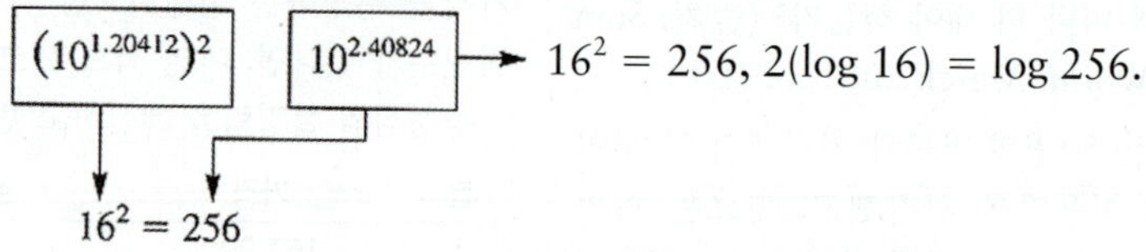

이번에는 **승법모형(multiplicative model)**을 살펴보자. 두 개의 예측변수가 있다면 종속변수의 추정값은 $\hat{y} = b_0x_1^{b_1}x_2^{b_2}$이다. 승법모형의 수식은 다음과 같이 선형식으로 변환된다.

$\hat{y} = b_0x_1^{b_1}x_2^{b_2}$는 다음과 같이 선형으로 변환된다:

$$\log\hat{y} = \log b_0 + b_1\log x_1 + b_2\log x_2$$

자료를 로그변환하는 예를 보이기 위하여 **CX17ACC** 파일을 사용할 것이다. 파일에는 *Car and Driver Yearbook*에서 발췌한 다음의 변수에 대한 자료가 있다.[4]

y = 0~60 mph까지 가속시간(초)
x_1 = 엔진 마력
x_2 = 공차중량(파운드)

60 mph까지 가속시간은 엔진의 마력에 비례하고 공차중량에 반비례하므로(즉,

[4] *1964 Car and Driver Yearbook*, pp. 14–63.

추정식은 $\hat{y} = b_0 x_1^{b_1} x_2^{b_2}$를 만족한다는 의미), 로그함수를 사용하여 식을 선형모형으로 변환한다. 이는 Excel을 사용하여 할 수 있으며, 그 적용절차와 결과는 「컴퓨터 솔루션 17.4」에 있다. 선형모형과 그것을 원래의 승법모형으로 다시 복원한 결과는 다음과 같다.

로그모형: Log_0~60 = −0.0528 − 0.8607log_hp + 0.8691 log_wt
승법모형: 0~60 = 0.8855 × hp0.8607 × curbwt$^{0.8691}$

위에서 −0.0528의 역로그는 $10^{-0.0528} = 0.8855$이다. 2,000파운드 무게를 가지는 100마력 자동차의 60 mph 가속시간의 추정값은 $0.8855 \times 100^{0.8607} \times 2000^{0.8691} = 12.44$초이다.

이 모형을 적용하려면 원자료의 값이 양수가 되어야 한다. 그리고 종속변수가 log y이므로 종속변수가 y인 모형과 R^2를 직접 비교하는 것은 옳지 않다.[5]

이 절에서 소개한 예는 많은 변환방법 중의 일부에 불과하다. 더 자세한 내용을 알기 원하는 독자는 주석에 있는 문헌을 참고하기 바란다.[6]

컴퓨터 솔루션 17.4

승법모형의 변환(Excel을 사용)

EXCEL

	G	H	I	J	K	L	M
1	SUMMARY OUTPUT						
2							
3	*Regression Statistics*						
4	Multiple R	0.923					
5	R Square	0.852					
6	Adjusted R Square	0.836					
7	Standard Error	0.066					
8	Observations	21					
9							
10	ANOVA						
11		*df*	*SS*	*MS*	*F*	*Significance F*	
12	Regression	2	0.455	0.228	52.014	0.000	
13	Residual	18	0.079	0.004			
14	Total	20	0.534				
15							
16		*Coefficients*	*Standard Error*	*t Stat*	*P-value*	*Lower 95%*	*Upper 95%*
17	Intercept	-0.0528	0.5531	-0.0954	0.925	-1.2148	1.1092
18	Log_hp	-0.8607	0.1062	-8.1022	0.000	-1.0839	-0.6375
19	Log_wt	0.8691	0.2170	4.0042	0.001	0.4131	1.3251

1. Excel파일 **CX17ACC**에 저장된 자료에는 A2:A22에 60mph까지 가속시간(초)이, B2:B22에 마력이, C2:C22에 공차중량(파운드)이, 그리고 A1:C1에 이름표가 있다.
2. **D2**셀을 클릭하라. 수식 리본에서 **f_x(함수 삽입)**을 클릭하라. **범주선택** 상자에서 **수학/삼각**을 선택하라. **함수** 상자에서 **LOG10**을 선택하라. **확인**을 클릭하라. **number** 상자에 **A2**를 입력하라. **확인**을 클릭하라. 그러면 60mph까지 가속시간의 로그값이 **D2**셀에 있게 된다.

[5] T. Dielman, *Applied Regression Analysis*, Pacific Grove, CA: Duxbury Press, 1996, p. 240.
[6] Dielman의 저서를 참고하거나 다음의 자료를 참고하라. J. Neter, M. Kutner, C. Nachtsheim, and W. Wasserman, *Applied Linear Statistical Models*, Homewood, IL: Irwin, 1996.

3. D2셀의 오른쪽아래부분을 클릭하여(커서가 '+' 모양으로 변한다.) F2까지 끌어서 채운다. 다시 F2셀의 오른쪽아래부분을 클릭하여 F22까지 끌어서 채운다. D1:F1에 행의 이름표(**Log_0-60**, **Log_hp**, **Log_wt**)를 입력한다.
4. **데이터** 리본에서 **데이터 분석**을 클릭한다. **회귀분석**을 선택하고 **확인**을 클릭한다.
5. **Y축 입력범위** 칸에 **D1:D22**를 입력하고, **X축 입력범위** 칸에 **E1:F22**를 입력한다. **이름표**를 선택한다. **출력범위** 칸에 **G1**을 입력한다. 열의 너비와 소숫점자릿수를 약간 조정하면, 결과는 위의 출력과 같다.

연습문제

17.31 자료변화에 이어, 회귀분석의 결과 $\log \hat{y} = -0.179 + 0.140x$와 같은 추정식이 나온다. 이 식을 추정식 $\hat{y} = b_0 b_1^x$을 이용하여 동등한 지수형식으로 변형하라. (log의 밑수는 10이다.)

17.32 자료변환을 한 뒤에 회귀분석을 하여 $\log \hat{y} = 3.15 + 0.473x \log x_1 + 0.354 \log x_2$와 같은 추정식을 얻었다. 이 식을 추정식 $\hat{y} = b_0 x_1^{b_1} x_2^{b_2}$를 이용하여 동등한 지수형식으로 변환하라. (log의 밑수는 10이다.)

참고: 연습문제 17.33~17.36은 컴퓨터와 통계학 소프트웨어를 필요로 한다. Log는 밑수를 10으로 하고 사용하라.

17.33 연습문제 17.7에서 설명한 상황과 변수에 대하여, 지수모형을 만들고 그 모형을 이용하여 평균 이용률이 70%인 방 요금의 평균을 추정하라. 자료는 파일 **XR17007**에 있다.

17.34 연습문제 17.8에서 설명한 상황과 변수에 대하여, 지수모형을 만들고 그 모형을 이용하여 2014년의 100미터 달리기 세계기록을 추정하라. 자료는 파일 **XR17008**에 있다.

17.35 연습문제 17.17에서 설명한 상황과 변수에 대하여, 승법모형을 적합시키고 그 모형을 이용하여 직원이 2000명이고 출항이 10,000편인 항공사의 총 영업 수익을 추정하라. 자료는 파일 **XR17017**에 있다.

17.36 연습문제 17.16에서 설명한 상황과 변수에 대하여, 승법모형을 적합시키고 그 모형을 이용하여 80,000대의 자동차와 2,500곳의 지점을 운영하고 있는 렌터카 회사의 임대 수익을 추정하라. 자료는 파일 **XR17016**에 있다.

17.6 다중공선성

16장에서 간략하게 논의한 적이 있는 **다중공선성**이란 두 개 이상의 독립변수가 높은 상관관계가 있음을 의미한다. 이런 상황이 발생하면 편회귀계수의 값이 통계적인 신뢰도가 낮아지고 해석도 용이하지 않게 된다. 그 이유는 상관이 높은 독립변수가 y에 대한 다른 설명을 해주지 못하기 때문이다. 다중공선성이란, 두 사람이 피아노를 들어 옮길 때 각 사람이 얼마만큼의 무게를 책임져야 할지를 몰라서 결과적으로 피아노가 매우 불안정해지는 상황에 비유할 수 있다. 다중공선성은 회귀식의 x에 값을 대입하고 y를 추정만 하는 경우라면 별 문제가 없다. 그러나 상관이 높은 독립변수 x의 편회귀계수를 해석하려면 문제가 된다.

두 개 이상의 독립변수가 높은 상관관계가 있다는 점 이외에 다중공선성이 존재하는 증거로서는 (1) 중요한 예측변수로 알려진 독립변수의 편회귀계수가 유의하지 않을 때, (2) 양수가 되어야 할 편회귀계수가 음수로 계산될 때, (3) 독립변수가 추가되거나 제거될 때 다른 독립변수의 편회귀계수의 값이 크게 변동될 때 등이다.

다중공선성을 파악하는 방법으로 많이 사용되는 것은 **상관행렬**을 계산해 보는 것이다. 상관행렬은 각 쌍의 변수에 대하여 상관계수를 계산하여 행렬로 표현한 것이다.[7] 「컴퓨터 솔루션 17.5」에는 **CX17DEAL** 파일에 있는 34개의 자동차 딜러에 관한 데이터를 사용하여 계산한 상관행렬이 있다.

y = TOTSALES, 매출액(천 달러)
x_1 = PARTSERV, 부품 및 공임 매출(천 달러)
x_2 = RETUSED, 중고차 소매판매 대수
x_3 = RETNEW, 신차 소매판매 대수
x_4 = FLEET, 법인판매 대수
x_5 = YRSINBUS, 영업활동기간(연)

전부 6개의 변수가 있으므로 15개의 쌍이 존재한다. 상관행렬의 첫 번째 열을 보면 종속변수인 TOTSALES와 상관이 높은 독립변수가 많음을 알 수 있다. 그런데 독립변수들 중에는 RETUSED와 RETNEW의 상관이 매우 높으며(0.835), 이것이 다중공선성에 해당한다.

다중공선성의 영향을 줄이려면 해당 변수를 같은 회귀식에 넣지 않도록 하면 된다. 예를 들면, RETUSED와 RETNEW 중에서 y와 상관이 높은 변수만을 회귀식에 포함한다. 다른 방법으로는 다음 절에 설명하는 단계적 회귀를 들 수 있다.

컴퓨터 솔루션 17.5

상관행렬(Excel을 사용)

EXCEL

	G	H	I	J	K	L	M
1		*TOTSALES*	*PARTSERV*	*RETUSED*	*RETNEW*	*FLEET*	*YRSINBUS*
2	TOTSALES	1.000					
3	PARTSERV	0.794	1.000				
4	RETUSED	0.780	0.386	1.000			
5	RETNEW	0.759	0.333	0.835	1.000		
6	FLEET	0.358	0.322	0.238	0.201	1.000	
7	YRSINBUS	0.190	0.275	-0.085	-0.130	0.336	1.000

1. Excel파일 **CX17DEAL**에 저장된 딜러쉽 자료에는 A2:A35에 총매출액이, B2:B35에 부품 및 공임 매출이, C2:C35에 중고차 소매판매대수가, D2:D35에 신차 소매판매 대수가, E2:E35에 법인판매대수가, F2:F35에 영업활동기간(연)이, 그리고 A1:F1에 이름표가 있다. **데이터** 리본에서 **데이터 분석**을 클릭한다. **상관분석**을 선택하고 **확인**을 클릭한다.
2. **입력범위** 칸에 **A1:F35**를 입력한다. **데이터 방향**을 열로 한다. **첫째 행 이름표 사용**을 선택한다. **출력범위** 칸에 **G1**을 입력하고 **확인**을 클릭한다. 열의 너비와 소수점자릿수를 약간 조정하면, 결과는 위의 출력과 같다.

[7] Crain Communications, Inc., *Automotive News 1988 Market Data Book*, pp. 95–108.

연습문제

17.37 상관행렬은 무엇이고, 다중회귀에서 무슨 역할을 하는가?

17.38 다중공선성이 존재함을 알려주는 몇 가지 지표 중 하나는 중요한 예측변수인줄 알았던 변수의 편회귀계수가 유의하지 않은 것으로 나올 때이다. 다중공선성이 존재하는 것을 알려주는 신호는 또 무엇이 있는가?

17.39 선형회귀 모형에, 어떤 경우에 다중공선성이 문제가 되는가? 다중공선성이 문제가 되지 않는 경우는 있는가?

17.40 x_1을 예측변수로 설정하여 선형회귀분석을 하였다. x_1의 회귀계수와 관련된 p값은 0.02였고, 회귀계수는 음수였다. 두 예측변수 x_1과 x_2를 이용하여 분석을 한 번 더 하였다. 두번째 분석에서는, 편회귀계수가 양수였고 그와 관련된 p값은 0.39였다. 결과적으로, 다중공선성은 존재하는가?

17.41 네 가지의 예측변수를 선형회귀모형에 사용하려고 한다. 아래의 상관행렬을 볼 때, 다중공선성이 문제가 되겠는가?

	E	F	G	H	I
1		x1	x2	x3	x4
2	x1	1.000			
3	x2	0.483	1.000		
4	x3	0.952	0.516	1.000	
5	x4	-0.164	-0.202	-0.113	1.000

참고: 연습문제 17.42~17.45는 컴퓨터와 통계학 소프트웨어를 필요로 합니다.

17.42 문항 17.16에서 설명한 상황과 변수에 대하여, 자료파일 **XR17016**을 이용하여 독립변수에 대한 상관행렬을 만들어라. 상관행렬을 검토하고, 다중공선성의 존재 여부를 설명하라.

17.43 연습문제 17.17에서 설명한 상황과 변수에 대하여, 자료파일 **XR17017**을 이용하여 다음의 독립변수에 대한 상관행렬을 만들어라: 항공기 수, 직원 수, 그리고 출항 수. 상관행렬을 검토하고, 다중공선성의 존재 여부를 설명하라.

17.44 1999~2007년의 일요일 신문의 판매(백만 부)와 아침과 저녁의 일일 신문 판매를 비교한 자료가 다음에 기재되어 있다. 이 자료는 파일 **XR17044**에도 있다. 일요일 판매를 종속변수로 설정하고, 독립변수에 대한 상관행렬을 만들어 다중공선성의 존재 여부를 설명하라. (출처: Bureau of The Census, *Statistical Abstract of the United States 2006*, p.738 and *Statistical Abstract of the United States 2009*, p. 697)

연도	일요일	일일 아침	일일 저녁
1999	59.9	46.0	10.0
2000	59.4	46.8	9.0
2001	59.1	46.8	8.8
2002	58.8	46.6	8.6
2003	58.5	46.9	8.3
2004	57.8	46.9	7.7
2005	55.3	46.1	7.2
2006	53.2	45.4	6.9
2007	51.2	44.5	6.2

17.45 1998~2008년 동안, 미국의 에너지 부문의 생산목록은 다음 표에 나와 있다. 변수들은 총 에너지 생산과 비재생성 화석연료에 의해 생산된 에너지를 나타낸다. 단위는 1,000조 Btu이고 자료는 파일 **XR17045**에 있다. 이 자료에, y = 총 에너지 생산일 때, 독립변수에 대한 상관행렬을 만들고 다중공선성의 존재 여부에 대해 설명하라. (출처: U.S. Energy Information Administration, *Annual Energy Review 2008*, pp. 5, 7)

연도	총 에너지 생산	원유	천연가스	석탄
1998	66.39	13.24	22.03	24.05
1999	65.23	12.45	21.87	23.30
2000	65.23	12.36	22.27	22.74
2001	66.57	12.28	22.71	23.55
2002	65.03	12.16	22.00	22.73
2003	64.12	12.03	22.04	22.09
2004	64.13	11.50	21.56	22.85
2005	63.22	10.96	20.91	23.19
2006	64.18	10.80	21.38	23.79
2007	64.70	10.72	22.03	23.49
2008	66.41	10.52	23.57	23.86

17.7 단계적 회귀

단계적 회귀(stepwise regression)에서는 한 번에 한 개만의 변수를 회귀식에 추가한다. 처음에는 y의 변동을 가장 많이 설명하는 x를 선택하여 모형을 구축한다. 그 다음에는 남아 있는 y의 변동을 가장 많이 설명하는 x를 선택하여 회귀식에 하나씩 추가한다. 그러므로 각 단계에서는 새로운 회귀식이 만들어지게 된다.

단계별 회귀는 x변수가 많은 경우에 유용한 방법이다. x변수의 수가 많을 때는 서로가 높은 상관관계가 있을 가능성이 높으며 그것을 분석가가 컴퓨터의 도움 없이 판단하기는 쉽지 않다. 단계별 회귀는 다음의 두 가지 목적을 균형 있게 달성하기 위함이다: (1) y의 변동성을 가능한 많이 설명한다. (2) 가능하면 x변수의 수를 줄인다.

회귀분석에서는 분석가가 가정하는 모형(예를 들면, x_1, x_3, x_6를 독립변수로 하는 다중회귀)을 구축하여 테스트하는 것이 좋다. 그렇지만 분석가가 가정하는 모형이 없고 독립변수의 수가 많은 경우에는 단계적 회귀를 통하여 적절한 선형모형을 찾으면 된다.

예제 EXAMPLE

단계적 회귀

「컴퓨터 솔루션 17.5」를 통하여 두 변수(RETUSED와 RETNEW)가 서로 상관이 높음을 알았다. 이제 단계적 회귀의 적용을 통하여 이런 상황이 회귀식의 선택에 어떻게 영향을 미치는지 알아보자.

풀이

「컴퓨터 솔루션 17.6」에는 앞에서의 데이터를 사용하여 단계적 회귀를 수행한 결과가 있다. 데이터에는 다섯 개의 독립변수가 있지만 분석결과에는 4개의 단계만 존재하며, 법인판매 대수(FLEET)는 회귀식에 포함되지 못하였다. 「컴퓨터 솔루션 17.6」의 결과를 간략하게 설명하면 다음과 같다.

1단계 처음으로 선택된 변수는 부품 및 공임 매출(PARTSERV)이다. 그 변수가 TOTSALES와 상관이 가장 높기 때문에 선택된 것이다. 추정된 회귀식은 다음과 같다.

$$\text{TOTSALES} = -347.6 + 9.55\text{PARTSERV}$$

이 회귀식은 TOTSALES의 변동을 63.04% 설명하며, 추정치의 표준오차는 23143(혹은 23.143백만 달러)이다.

2단계 다음에 선택된 변수는 신차 소매판매 대수(RETNEW)이다. 추정된 회귀식은 다음과 같다.

$$\text{TOTSALES} = -6156.0 + 7.32\text{PARTSERV} + 10.8\text{RETNEW}$$

RETNEW가 추가되면서 회귀식이 많이 수정되었다. 이는 회귀식이 개선되는 과정에서 자주 일어나는 일이다. 이제 회귀식이 설명하는 비율은 63.04%에서 90.50%로 많이 증가하였다. 마찬가지로 추정치의 표준오차도 11.920백만 달러로 감소되었다.

컴퓨터 솔루션 17.6

단계적 회귀(Excel을 사용)

EXCEL

	H	I	J	K	L	M	N
1	Results of stepwise regression						
2							
3	Step 1 - Entering variable: PARTSERV						
4							
5	Summary measures						
6		Multiple R	0.7940				
7		R-Square	0.6304				
8		Adj R-Square	0.6189				
9		StErr of Est	23143				
10							
11	ANOVA Table						
12		Source	df	SS	MS	F	p-value
13		Explained	1	29236853124	29236853124	54.59	0.000
14		Unexplained	32	17138622464	535581952		
15							
16	Regression coefficients						
17			Coefficient	Std Err	t-value	p-value	
18		Constant	-347.57	7685.61	-0.045	0.964	
19		PARTSERV	9.55	1.29	7.388	0.000	
20							

	H	I	J	K	L	M	N
21	Step 2 - Entering variable: RETNEW						
22							
23	Summary measures			Change	% Change		
24		Multiple R	0.9513	0.1573	%19.8		
25		R-Square	0.9050	0.2746	%43.6		
26		Adj R-Square	0.8989	0.2800	%45.2		
27		StErr of Est	11920	-11223	-%48.5		
28							
29	ANOVA Table						
30		Source	df	SS	MS	F	p-value
31		Explained	2	41971102084	20985551042	147.71	0.000
32		Unexplained	31	4404373504	142076565		
33							
34	Regression coefficients						
35			Coefficient	Std Err	t-value	p-value	
36		Constant	-6156.03	4005.73	-1.537	0.134	
37		PARTSERV	7.32	0.71	10.372	0.000	
38		RETNEW	10.81	1.14	9.467	0.000	
39							

	H	I	J	K	L	M	N
40	**Step 3 - Entering variable: RETUSED**						
41							
42	Summary measures			Change	% Change		
43		Multiple R	0.9632	0.0119	%1.3		
44		R-Square	0.9279	0.0228	%2.5		
45		Adj R-Square	0.9206	0.0217	%2.4		
46		StErr of Est	10561	-1359	-%11.4		
47							
48	ANOVA Table						
49		Source	df	SS	MS	F	p-value
50		Explained	3	43029497732	14343165911	128.60	0.000
51		Unexplained	30	3345977856	111532595		
52							
53	Regression coefficients						
54			Coefficient	Std Err	t-value	p-value	
55		Constant	-5874.83	3550.30	-1.655	0.108	
56		PARTSERV	6.91	0.64	10.812	0.000	
57		RETNEW	6.46	1.74	3.724	0.001	
58		RETUSED	10.20	3.31	3.081	0.004	
59							

	H	I	J	K	L	M	N
60	**Step 4 - Entering variable: YRSINBUS**						
61							
62	Summary measures			Change	% Change		
63		Multiple R	0.9691	0.0058	%0.6		
64		R-Square	0.9391	0.0112	%1.2		
65		Adj R-Square	0.9307	0.0100	%1.1		
66		StErr of Est	9871	-690	-%6.5		
67							
68	ANOVA Table						
69		Source	df	SS	MS	F	p-value
70		Explained	4	43549942148	10887485537	111.74	0.000
71		Unexplained	29	2825533440	97432188		
72							
73	Regression coefficients						
74			Coefficient	Std Err	t-value	p-value	
75		Constant	-10235.89	3817.27	-2.681	0.012	
76		PARTSERV	6.41	0.64	10.100	0.000	
77		RETNEW	6.92	1.63	4.237	0.000	
78		RETUSED	10.42	3.10	3.362	0.002	
79		YRSINBUS	388.30	168.01	2.311	0.028	

1. Excel파일 CX17DEAL에 저장된 딜러쉽 자료에는 A2:A35에 총매출액이, B2:B35에 부품 및 공임 매출이, C2:C35에 중고차 소매판매대수가, D2:D35에 신차 소매판매대수가, E2:E35에 법인판매대수가, F2:F35에 영업활동기간(연)이, 그리고 A1:F1에 이름표가 있다. 추가기능 리본에서 **Data Analysis Plus**를 클릭한다. **Stepwise Regression**을 선택하고 **OK**를 클릭한다.
2. 커서가 자료가 있는 셀의 위에 있는 것을 확인하고 **Continue**를 클릭한다. 자료에 결측치가 없으면 **OK**를 클릭한다. 반응변수로 **TOTSALES**를 클릭한 뒤에 **OK**를 클릭한다. **Ctrl**키를 누른 상태에서 사용할 설명변수 다섯 개(**PARTSERV**, **RETUSED**, **RETNEW**, **FLEET**, **YRSINBUS**)를 하나씩 클릭한다. .
3. **Stepwise regression parameters** 메뉴에서 **p-values**를 클릭한 뒤에 **OK**를 클릭한다. **p-to-enter**와 **p-to-leave**의 기본값(각각 0.05와 0.10임)을 확인하고 **OK**를 클릭한다. 원하는 산점도를 선택하고 **OK**를 클릭한다. **Location of results** 메뉴에서 **Same worksheet as the data**를 선택하고 **OK**를 클릭한다. 열의 너비와 소수점 자릿수를 약간 조정하면, 결과는 위의 출력과 같다..

3단계 RETUSED와 RETNEW의 상관이 매우 높았음을 지적하였다. 그렇지만, 남아 있는 변수 중에서 TOTSALES의 변동성을 가장 잘 설명하는 변수는 RETUSED로 판명되어서 그 변수가 모형에 추가될 변수로 선택되었다.

$$\text{TOTSALES} = -5874.8 + 6.91\text{PARTSERV} + 6.5\text{RETNEW} + 10.2\text{RETUSED}$$

추정된 회귀식에서 상수와 PARTSERV의 편회귀계수는 많이 바뀌지 않았다. 그러나 RETNEW의 편회귀계수는 매우 감소하였음을 알 수 있다. (피아노를 옮기는 경우로 설명하자면, 2단계에서는 RETNEW가 피아노의 무게를 혼자 감당하였지만 3단계에서는 RETUSED가 그 무게의 일부분을 책임지게 되었다.) 또한 RETNEW의 t값이 9.47에서 3.72로 많이 감소하였음을 알 수 있는데, 이것도 무게를 나누어 부담하게 된 결과이다. 한편 RETUSED는 TOTSALES와 상관이 매우 높음(0.780)에도 회귀식의 예측력은 많이 개선되지 못하였다. 회귀식이 설명하는 비율은 90.50%에서 92.78%로 조금만 증가하였다. 마찬가지로 추정치의 표준오차도 $10,561로 조금 감소되었다.

분석가의 목적이 TOTSALES를 예측하는 것이라면 3단계 혹은 4단계의 회귀식 중에서 어떤 것을 사용하여도 문제가 없다. 그러나 편회귀계수를 해석하는 것이 중요하다면 2단계에서 얻은 회귀식을 사용하는 것이 올바르다. 3단계에서는 다중공선성이 영향을 미쳐서 편회귀계수의 값을 받아들이기는 어렵게 되었다.

4단계 다음 단계에서 선택된 변수는 영업활동기간(YRSINBUS)이다. 추정된 회귀식은 다음과 같다.

$$\text{TOTSALES} = -10{,}235.9 + 6.41\text{PARTSERV} + 6.9\text{RETNEW} + 10.4\text{RETUSED} + 388.0\text{YRSINBUS}$$

RETNEW와 RETUSED가 피아노를 잘 맡고 있으므로 새로운 변수가 추가된 후에도 해당 편회귀계수는 많이 변하지 않았다. 그러나 상수는 −10,235.9로 바뀌었고, TOTSALES를 설명하는 비율은 93.91%로 증가하였다. 그리고 추정치의 표준오차는 9,871백만 달러가 되었다.

지금까지 설명한 변수선택방법은 각 단계에서 변수를 한 개씩 추가하는 방법이므로 전진선택 단계별회귀(*forward selection stepwise regression*)라고 부른다. 한편 모든 변수를 다 포함한 후에 단계별로 한 변수씩 제거하는 방법도 있는데, 그 방법은 후진제거 단계별회귀(*backward elimination stepwise regression*)라고 부른다.

연습문제

17.46 단계적 회귀는 무엇이고, 어떠한 상황에서 이 다중회귀 기법을 사용하는 것이 좋은가?

17.47 일반적으로 단계적 회귀에서 모형에 진입하는 독립변수는 어떤 기준으로 선택하는가?

17.48 상관행렬의 가장 큰 두 수는 y와 x_4 사이의 0.850, 그리고 y와 x_9 사이의 0.790이다. 다단계회귀법을 하는 중, 가장 먼저 진입한 변수는 x_4이다. 그 다음은 꼭 x_9여야 하는가? 만약 아니라면 설명하라.

17.49 다음 Minitab 출력은 10개의 독립변수에 대한 50개의 관측값을 사용한 다단계 회귀를 실행한 것이다:

Stepwise Regression: y versus x1, x2, x3, x4, x5, x6, x7, x8, x9, x10

```
 Alpha-to-Enter: 0.05  Alpha-to-Remove: 0.1
Response is     y     on 10 predictors, with N = 50
     Step         1          2          3
Constant      83.91     106.85     124.76

x5            -0.33      -0.35      -0.30
T-Value       -2.39      -2.65      -2.30
P-Value       0.021      0.011      0.026

x2                       -0.33      -0.38
T-Value                  -2.30      -2.70
P-Value                  0.026      0.010

x9                                  -0.27
T-Value                             -2.07
P-Value                             0.044

S              13.8       13.2       12.8
R-Sq          10.63      19.66      26.52
R-Sq(adj)      8.76      16.25      21.73
C-p             3.9        0.9       -0.9
```

a. 독립변수가 선택된 순서를 적어라.

b. 2개의 독립변수가 선택된 후의 다중회귀식은 무엇인가?

c. 3단계까지 3개의 변수가 모형에 진입하였다. 0.05의 유의수준에서 0과 유의하게 다른 편회귀계수가 있는가? 0.02의 유의수준에서는 어떤가?

참고: 연습문제 17.50~17.57은 컴퓨터와 통계 소프트웨어를 필요로 한다. Minitab 사용은 alpha-to-enter를 0.05로 설정하고, alpha-to-remove를 0.10으로 설정하길 권장한다. (「컴퓨터 솔루션 17.6」 참조)

17.50 연습문제 17.44의 자료에, 일요일 판매량을 참조 종속변수라고 할 때, 자료에 일반적인 다중회귀법과 다단계회귀법을 적용하고, 두 방법의 결과를 비교하라. 자료는 파일 **XR17044**에 있다.

17.51 연습문제 17.45의 자료에서, 총 에너지 생산을 종속변수라고 할 때, 자료에 일반적인 다중회귀법과 다단계회귀법을 사용하고, 두 방법의 결과를 비교하라. 자료는 파일 **XR17045**에 있다.

17.52 연습문제 17.16에서 제시한 상황, 자료, 그리고 변수들에 대하여, 일반적인 다중회귀법과 다단계회귀법을 사용하고, 두 방법의 결과를 비교하라. 자료는 파일 **XR17016**에 있다.

17.53 연습문제 17.15에서 제시한 상황, 자료, 그리고 변수들에 대하여, 일반적인 다중회귀법과 다단계회귀법을 사용하고, 두 방법의 결과를 비교하라. 자료는 파일 **XR17016**에 있다.

17.54 연습문제 17.17에서 제시한 상황과 자료에 대하여, 일반적인 다중회귀법과 다단계회귀법을 사용하고, 두 방법의 결과를 비교하라. 총 영업수익을 종속변수로 하고 항공기 수, 직원 수, 그리고 항공기 출항 수를 독립변수로 설정하라. 자료는 파일 **XR17017**에 있다.

17.55 어느 장교 훈련 프로그램은 후보자를 심사하는 9명의 이사가 있다. 마지막 결과를 계산할 때 가장 높은 점수와 가장 낮은 점수는 포함하지 않는다. 28명의 가장 최근의 입후보들을 표본으로 잡았고, 마지막 결과와 이사 개인의 평가가 자료 파일 **XR17055**에 있다.

a. 10개의 변수 모두에 대한 상관행렬을 만들어라

b. 마지막 결과를 종속변수로 잡고, 다단계회귀를 적용하고 결과를 설명하라.

c. (b)의 결과를 볼 때, 설명력을 잃지 않고 이사회의 크기를 줄일 수 있는가? 설명하라.

d. (b)에서 소개된 첫 두 이사들의 자료만 가지고, 다중회귀를 행하라. 다단계 회귀에서 이 두 이사가 진입되고 난 후의 모형과 비교하라.

17.56 연습문제 17.55의 자료 파일을 사용하라:

a. 이사 1의 심사를 종속변수로 잡고 나머지 8명의 이사들의 심사를 선택 가능한 독립변수로 잡아 다단계 회귀법을 적용하라.

b. 다단계회귀를 행하는 동안 선택된 독립변수들만 사용하여, 다중회귀를 행하라.

c. (a)와 (b)의 결과를 비교하라.

17.57 연습문제 17.55의 자료파일을 사용하라:

a. 이사 9의 심사를 종속변수로 잡고 나머지 8명의 이사들의 심사를 선택 가능한 독립변수로 잡아 다단계 회귀법을 적용하라.

b. 다단계회귀를 행하는 동안 선택된 독립변수들만 사용하여, 다중회귀를 행하라.

c. (a)와 (b)의 결과를 비교하라.

17.8 모형의 선택

15장에서부터 여러 가지의 모형을 설명하였다. 그러면 이제 여러분은 주어진 상황에 따라 어떤 모형을 사용하는 것이 좋을까라는 의문이 생길 것이다. 상황에 맞는 모형을 선택하는 것은 개별 모형 자체를 다루는 것보다 쉬운 일은 아니다. 이 절에서는 적절한 모형의 선택을 위하여 세세한 조건을 설명하기 보다는, 일반적인 과정을 설명하고 각 단계에서 중요하다고 생각되는 점을 지적하고자 한다. 최적의 모형을 선택하는 과정에 대하여 관심이 있는 독자는 주석에 있는 문헌을 참고하기 바란다.[8]

1. **종속변수를 명시하고 분석의 목적을 파악한다.** 분석의 목적이 예측변수를 통하여 종속변수의 값을 예측하는 것이라면 다중공선성은 걱정할 필요가 없다. 따라서 서로 상관이 높은 많은 수의 예측변수를 사용하여도 무방하다. 반면에 독립변수와 종속변수 간의 관계를 이해하기 위하여 편상관계수에 관심이 있다면 상관이 없는 예측변수만으로 구성된 모형을 구축하는 것이 좋을 것이다.
2. **가능한 예측변수를 명시한다.** 해당 분야의 지식이나 경험에 근거하여 종속변수에 영향을 미칠 것으로 판단되는 예측변수를 파악하라. 그 과정에서 데이터의 수집이 용이할지도 고려하는 것이 좋다. 모형에 포함시키고 싶은 변수의 데이터를 항상 얻을 수 있는 것은 아니다.
3. **데이터를 수집한다.** 자료는 일차 데이터와 이차 데이터로 나눌 수 있고, 4장에서 설명한 방법을 사용하여 수집한다. 수집될 데이터의 전체량을 고려하여 수집하라. 데이터의 수는 모형에 있는 예측변수 수의 다섯 배 이상이 되어야 한다.[9] 예측변수의 수가 많아지면 모형은 어떤 데이터에도 적합될 수 있다.
4. **후보 모형을 명시한다.** 고려할 수 있는 모형은 15장에서부터 지금까지 설명한 모든 모형뿐 아니라 더 복잡한 모형도 가능하다. 그렇지만 가능하면 적절한 모형중에서 가장 단순한 것을 선택하는 것이 좋다.
5. **각 후보 모형에 대하여 그 모형에 포함될 예측변수를 결정한다.** 17.7절에 설명한 방법과 같이 한 번에 한 변수씩 선택하여 넣는 방법이 있다. 한편 컴퓨터의 기능이 향상되고 통계 패키지가 발전함에 따라 '무지막지한' 방법도 사용할 수 있게 되었다. 최적 부분집합 회귀(*best subsets regression*)에서는 예측변수의 모든 조합(혹은 부분집합)에 대하여 회귀식을 추정하고 예측변수의 수가 주어지면 그 중에서 가장 좋은 모형을 찾아낸다. 가장 좋은 모형의 기준으로서 이 장에서는 결정계수(R^2)를 사용하였는데, 다른 판단기준을 사용할 수도 있다.
6. **모형을 선택하고 적합성을 평가한다.** 모형이 선택된 후에는 모형의 가정이 만족하는가를 평가할 수 있다. 평가하는 방법에는 잔차분석 등이 있다.
7. **새로운 데이터를 사용하여 모형의 신뢰성을 확인한다.** 새로운 데이터를 사용하

[8] Kleinbaum, D.G., L.L. Kupper, K.E. Muller, and A. Nizam, *Applied Regression Analysis and Multivariable Methods*, Pacific Grove, CA: Duxbury Press, 1998.

[9] Ibid., p. 389.

여 모형을 테스트할 수 있다. 혹은 현재 데이터의 일부분을 사용하여 모형을 구축하고 나머지 데이터를 사용하여 성능을 테스트할 수도 있다.

17.9 요약

모형, 변수 그리고 변환

이 장에서는 15장과 16장에서 설명한 단순회귀와 다중회귀에 추가하여 곡선모형과 두 개 이상의 범주를 가지는 질적변수를 포함하는 모형을 살펴보았다. 비선형적인 관계로서 지수모형과 승법모형을 구축하기 위한 로그변환의 사용을 보았다.

다중공선성

두 개 이상의 독립변수가 서로 높은 상관관계가 있으면 다중공선성이 존재하며, 그 경우에 편회귀계수는 신뢰할 수 없다. 다중공선성은 두 변수 간의 상관계수로 구성된 상관행렬을 보고 판단할 수 있다. 분석의 목적이 예측변수를 통하여 종속변수의 값을 예측하는 것이라면 다중공선성은 걱정할 필요가 없다. 반면에 편상관계수를 해석하는 경우에는 문제가 된다.

단계적 회귀

단계적 회귀를 소개하였고 전진선택법의 예를 보았다. 이 방법에서는 한 번에 한 개만의 변수를 회귀식에 추가한다. 처음에는 y의 변동을 가장 많이 설명하는 x를 선택하여 모형을 구축한다. 그 다음에는 남아 있는 y의 변동을 가장 많이 설명하는 x를 선택하여 회귀식에 하나씩 추가한다.

모형의 선택

주어진 상황에서 최적의 모형을 선택하는 과정은 복잡하며, 모형선택의 일반적인 과정을 소개하였다.

단원 연습문제

참고: 연습문제 17.58~17.73은 컴퓨터와 통계 소프트웨어를 필요로 한다.

17.58 Recording Industry Association of America의 조사에 의하면, 2000년에서 2007년까지의 CD 형식의 음반 판매 백분율이 다음 표에 기재되어있다. 자료는 파일 **XR17058**에도 있다. $x = 1$ 부터 8까지를 2000-2007 까지라고 하고, 자료에 2차 다항식을 대입하여 2015년도의 CD판매 백분율를 추정하라. (출처: *The World Almanac and Book of Facts 2009*, p. 288.)

연도	x = 연도 코드	CD 음악 백분위
2000	1	89.3
2001	2	89.2
2002	3	90.5
2003	4	87.8
2004	5	90.3
2005	6	87.0
2006	7	85.6
2007	8	82.6

17.59 J.K. 롤링의 유명한 해리포터 시리즈는 새로운 에디션이 나올 때마다 책이 두꺼워졌다. 출판년도와 페이지 수는 다음과 같다. 자료는 파일 **XR17059**에도 있다. $x = 1$이 1998년도(첫 권이 출판된 년도)를 의미하도록 코딩을 하여, 3차다항식을 적합시켜 2015년도에 출판될 해리포터 책의 페이지 수를 추정하라. (출처: Barnes & Noble, bn.com, August 20, 2009)

제목	출판년도	x = 연도 코드	페이지 수, 북미판
마법사의 돌	1998	1	309
The Chamber of Secrets	1999	2	341
The Prisoner of Azkaban	1999	2	435
The Goblet of Fire	2000	3	734
The Order of the Phoenix	2003	6	870
The Half-Blood Prince	2005	8	652
The Deathly Hallows	2007	10	759

17.60 1995년부터 2009년 중순까지, PricewaterhouseCoopers와 National Venture Capital Association은 각 분기의 벤처캐피털 투자액(1조 달러)과 투자 거래의 수를 자료파일 **XR17060**에 기재된 바와 같이 발표했다. 거래 수를 독립변수로 설정하여 산포도를 만들고, 그에 적절한 다항식을 적합시켜라. 변수끼리 서로 관계가 있는가? 각 분기의 벤처캐피털 투자액의 변화는 이 모형이 얼마나 설명이 가능한가?(출처: PricewaterhouseCoopers, pwcmoneytree.com, August 20, 2009)

17.61 어느 커다란 제조회사의 최종 조립장소의 각 작업영역에는 곧 마무리될 '밀린 주문'을 모아두는 영역이 있다. 어느 제조 기술자는 밀린 주문의 양과 직원의 생산성이 연관성이 있다고 믿는다. 구체적으로 말하면, 밀린 주문의 잔량이 많아질수록 직원은 '따라잡기 위해' 일을 더 빨리 해 생산성을 늘린다고 한다. 자료파일 **XR17061**은 기술자가 50곳의 사무실에서 여러가지의 밀린 주문을 두는 영역을 설정해 놓고 생산성을 관찰하는 실험의 자료를 저장하고 있다. y = 생산성(유닛/시간)과 x = 밀린 주문의 유닛 수를 가지고 산포도를 만들고, 그에 맞는 다항식을 적합하라. 변수끼리는 연관성이 있는가? 모형이 생산성의 변동성을 얼마나 설명해 주는가?

17.62 표에 나타낸 자료는 특정한 기술적 혁명이 미국 인구의 25%에게 알려질 때까지의 연도 수를 나타낸다. 자료는 파일 **XR17062**에도 있다. y = 알려질 때까지의 연도 수 이고 x = 1800년도부터 몇 년이 차이가 나는가(예: 1975를 175라고 코딩한다) 라고 할 때, 산포도를 만들고 그에 맞는 다항식을 적합하라. 변수 사이에 관계가 있는가? 이 모형은 보급시간의 변동을 얼마나 설명해 주는가? (출처: *Wall Street Journal Almanac 1999*, p. 350)

발명품	연도 코드	알려지기까지의 연도 수
가정 전기 (1873)	73	46
Telephone (1875)	75	35
Automobile (1885)	85	55
Radio (1906)	106	22
Television (1925)	125	26
VCR (1952)	152	34
Microwave oven (1953)	153	30
Personal computer (1975)	175	15
Cellular phone (1983)	183	13

17.63 파일 **XR17063**에 있는 자료는 여러 조합의 기온(화씨)과 풍속(시속 마일)에 따른 체감온도 자료를 포함하고 있다. y = 체감온도, x_1 = 기온, 그리고 x_2 = 풍속이라고 할 때, 자료에 1차다항식을 적합하고 편회귀계수와 R^2값을 설명하라. 모형에 상호작용 항을 추가하라. 상호작용 항의 추가가 이 모형의 설명력을 얼마나 증가시켰는가? (출처: *New York Times Almanac 2009*, p. 478)

17.64 보험에 가입된 상업은행에서의 대출에, Federal Financial Institutions Examination Council이 30일 이상 연체된 여러 대출건의 백분율을 다음 표에 발생한 년도대로 발표했다. 자료는 파일 **XR17064**에도 있다. y = 보험에 가입된 상업은행 대출의 연체비율, $x1$ = 신용카드 대출의 연체비율, 그리고 x_2 = 주택 대출 연체비율에 대하여, 자료에 1차다항식을 적합하고 편회귀계수와 R^2값을 설명하라. 모형에 상호작용 항을 추가하라. 상호작용 항의 추가가 이 모형의 설명력을 얼마나 증가시켰는가? (출처: Bureau of the Census, *Statistical Abstract of the United States 2009*, p. 727)

연도	모든 대출	신용카드	주택지 대출
2000	2.18%	4.50%	2.11%
2001	2.61	4.86	2.29
2002	2.69	4.87	2.11
2003	2.33	4.47	1.83
2004	1.80	4.11	1.55
2005	1.57	3.70	1.55
2006	1.57	4.01	1.73
2007	2.06	4.25	2.57

17.65 연습문제 17.61의 제조회사에 있는 생산 기술자가 또 하나의 변수를 추가했다: 1 = 여성, 그리고 0 = 남성이라고 하는 직원의 성별이다. 파일 **XR17065**에서 더

자세한 정보를 볼 수 있다. y = 생산성(유닛/시간)과 x_1 = 수주잔고의 유닛 수, 그리고 x_2 = 성별을 가지고, 상호작용항 없이 1차 다항식을 적합하라. 편회귀계수와 R^2값을 설명하라. 0.02의 유의수준에서 이 모형은 유의한가?

17.66 어느 기업소모성자재를 공급하는 회사의 영업이사가 그녀 밑에 일하는 80명의 판매원들의 실적과 성격에 대한 정보를 모았다. 자료파일 **XR17066**은 작년 판매원이 달성한 개인 판매 몫의 비율, 나이, 회사에서의 일한 햇수, 그리고 생김새(정말 단정함, 보통, 약간 단정하지 못함)의 정보가 있다. 자료 파일에, 정말 단정한 판매원은 단정함 = 1, 보통 = 0으로 코딩되어 있고, 보통 판매원은 단정함 = 0, 보통 = 1로 코딩되어 있고, 약간 단정하지 못한 사람은 단정함 = 0, 그리고 보통 = 0으로 코딩되어 있다. y = 개인 판매 몫의 비율이라고 할 때, 다른 변수들을 예측변수로 사용하여 선형회귀를 행하라. 편회귀계수와 R^2값을 설명하라. 0.05의 유의수준에서 이 모형은 유의한가?

17.67 연습문제 17.64의 대출 연체 자료(파일 **XR17064**에도 있음)에, 신용카드 연체가 4.0%이고 주택대출 연체가 2.0%일 때 보험을 든 상업은행의 대출 연체율을 승법모형을 이용하여 추정하라.

17.68 Dow Jones Global Indexes는 세계 주식시장에 있는 자본의 80% 이상을 포함하는 3,000개 이상의 회사를 나타낸다. 자료파일 **XR17068**은 23 분기 연속으로 전체 세계 분기별 지수, 미국의 지수, 남북 아메리카, 유럽, 그리고 아시아/태평양 지수를 나타낸다. 종속변수가 y = 세계 지수라고 할 때, 가능한 4 예측변수에 대한 상관행렬을 만들어라. 자료에 다중공선성이 존재하는가? 존재 한다면, 이것이 우리가 예측변수를 이용하여 세계 지수를 추정하는 데 문제를 야기하는가? 다중공선성이 존재한다면, 자료에 적용된 선형모형의 편회귀계수를 설명하는 데 문제를 발생시키는가? (출처: *Wall Street Journal Almanac 1999*, p. 264)

참고: 연습문제 17.69~17.73에, Minitab 유저는 alpha-to-enter를 0.05로 설정하고 alpha-to-remove를 0.10으로 설정하는 것을 권장한다. (Computer Solutions 17.6 참조)

17.69 자료파일 **XR17069**는 항공기 선택에 관한 여러 정보를 기록하고 있다. 변수와 단위는 운영비용(달러/시간), 좌석 수, 속도(mph), 비행 거리(마일), 그리고 연료 소비량(갤런/시간)이다. 시간당 운영비용을 종속변수로 잡고, 가능한 예측변수들에 대한 상관행렬을 구축하고 설명하라. 다중공선성이 존재하는가? y = 시간당 운영비용이라고 할 때, 다른 변수들을 예측변수로 잡아 다단계회귀법을 행하고 결과에 대해 설명하라. 얼마만큼의 운영비용의 변동을 이 모형이 설명해 주는가?

17.70 자료파일 **XR17066**과 연습문제 17.66의 상황과 변수를 사용하여, y = 판매 몫의 비율(%)을 이용하고 다른 변수들을 예측변수로 잡아 다단계회귀법을 행하라. 결과를 설명하고, 어떤 변수들이 판매 실적을 추정하는데 더 중요한지도 설명하라. 얼마만큼의 판매실적의 변동을 이 모형이 설명해 주는가?

17.71 어느 훈련 프로그램의 학생들이 4가지 시험과 기말고사를 치렀고, 점수는 표에 나와 있다. 자료는 파일 **XR17071**에도 있다.

학생	시험 1	시험 2	시험 3	시험 4	기말고사
1	59	65	53	65	62
2	69	77	57	76	78
3	79	74	81	86	82
4	87	88	83	90	96
5	92	89	97	92	94
6	65	69	60	66	68
7	71	70	68	81	78
8	93	87	85	95	94
9	83	92	89	90	91
10	71	68	69	74	77
11	64	61	74	74	73
12	76	82	79	78	86
13	65	75	67	77	79
14	90	88	75	94	89
15	69	68	74	76	72
16	85	81	99	79	96

a. 이 변수들에 대한 상관행렬을 구축하라. 만약 모든 독립변수가 y = 기말고사 점수를 추정하는 데 쓰인다면 다중공선성은 문제가 되겠는가? 다단계회귀법에서, 방정식에 가장 먼저 선택될 독립변수는 무엇이고, 왜 그런가?

b. y = 기말고사 점수와 위에 있는 독립변수들을 가지고, 다단계회귀법을 적용하라.

c. 선택된 변수에 대하여 다단계회귀법의 각 단계, 선택된 후의 회귀방정식, 그리고 설명된 y의 변동에 대해 기술하라.

d. 다단계회귀법을 통해 선택된 독립변수들만 이용하여, 자료에 대해 다중회귀법을 행하라. 만약 존재한다면, 다단계회귀법의 출력에는 없었지만 여러분이 사용하는 컴퓨터 통계 패키지에서 추가로 제공한 정보가 있는가?

17.72 시험 1을 종속변수로 잡고, 시험 2, 시험 3, 시험 4, 그리고 기말고사를 독립변수로 잡아 연습문제 17.71의 문제 (b)~(d)를 반복하라.

17.73 17장 시작부분에 있는 삽화에 따르면, NFL 쿼터백 점수는 거의 모든 관객에게 미스테리와 같다. 자료

파일 **XR17073**은 2008년도 32명의 쿼터백 점수를 수록하고 있고, 다음 10가지의 경기력을 각 쿼터백마다 수록하고 있다: 패스 시도, 성공, 성공 백분율, 전진한 야드, 시도당 평균 전진 야드, 터치다운 수, 터치다운에 이르게 했던 패스의 백분율, 성공한 패스 중 가장 거리가 긴 패스, 인터셉션의 수, 그리고 인터셉트된 패스의 백분율. 쿼터백 점수를 종속변수로 하고, 다단계회귀법을 이용하여 어느 예측변수들이 쿼터백 점수를 예측하는데 중요한지 알아내라. 결과를 설명하되, 이 모형이 설명한 쿼터백 점수의 변동의 백분율을 설명에 포함하라. (출처: NFL.com, August 21, 2009)

종합사례

Thorndike Sports Equipment

Ted Thorndike는 자신의 친구인 Mary Stuart가 가르치는 통계학 수업에 한 번 더 참석해 달라는 요청을 받았다. 그 대학의 육상선수는 올림픽 1,500미터('metric mile'이라고도 부름) 경주에 참가할 가능성이 매우 높다고 한다. Ted는 노트북 컴퓨터, 통계 패키지, 1마일 경주의 세계기록이 담긴 데이터를 가지고 갔다.

1954년에 영국의 Roger Bannister는 1마일을 4분 이내(3:59.4)에 달린 첫 선수가 되었다. 그 이후로 그 기록은 18번 경신되었으며, 가장 최근의 기록은 모로코의 Hicham El Guerrouj가 세운 3:43.13이다. 다음의 자료에는 세계기록과 기록을 세운 연도가 있다. **THORN17** 파일에 동일한 데이터가 저장되어 있다. (출처: *Sports Illustrated 2009 Almanac*, p. 526)

참고: 기록된 시간은 소숫점 이하의 자리수가 다르다. 그 이유는 경우에 따라 공식기록에 대한 정책이 다르고 시간측정기술도 변하여 왔기 때문이다. 편의에 따라 데이터를 다음과 같이 수정할 수 있다: (1) 시간은 3분을 초과하는 값으로 한다. (2) 연도는 1901년을 1년으로 한다.

선수	시간	연도
Roger Bannister	3:59.4	1954
John Landy	3:58	1954
Derek Ibbotson	3:57.2	1957
Herb Elliott	3:54.5	1958
Peter Snell	3:54.4	1962
Peter Snell	3:54.1	1964
Michael Jazy	3:53.6	1965
Jim Ryun	3:51.3	1966
Jim Ryun	3:51.1	1967
Filbert Bayi	3:51	1975
John Walker	3:49.4	1975
Sebastian Coe	3:49	1979
Steve Ovett	3:48.8	1980
Sebastian Coe	3:48.53	1981
Steve Ovett	3:48.4	1981
Sebastian Coe	3:47.33	1981
Steve Cram	3:46.32	1985
Noureddine Morceli	3:44.39	1993
Hicham El Guerrouj	3:43.13	1999

1. 시계열 데이터에 단순회귀식($\hat{y} = b_0 + b_1x$)을 적합시켜라.
2. 시계열 데이터에 다항회귀식($\hat{y} = b_0 + b_1x + b_2x^2$)을 적합시켜라.
3. 위의 회귀식의 R^2을 비교하면 어떤 식이 데이터에 적합한 모형인가?
4. 3번 문제에서 선택한 식에 따르면 2015년에 예측되는 세계기록은 얼마인가?

빠르게 성장하는 기업

*Fortune*이 선정한 빠르게 성장하는 100개의 기업의 특성을 기록한 데이터가 **GROWCO**에 있다.

1. 기업명
2. 주당이익 성장률, 3년간 연비율(%)
3. 순수입, 4개의 사사분기(백만 달러)
4. 수입증가율, 3년간 비율(%)
5. 수입, 4개의 사사분기(백만 달러)
6. 총투자수익률, 3년간 연비률(%)
7. 전년도 주가변동율(%)
8. 주가(달러)
9. 향후 1년간 추정 주가수익률
10. 범주(1 = 기술, 2 = 산업, 3 = 소매, 4 = 의료, 5 = 금융, 6 = 통신, 7 = 기타)

11에서 16번까지의 변수는 변수 10에 있는 범주를 나타내는 가변수이며, 값은 17.4절에서 설명한 방법으로 부여되었다. 기술기업의 경우는 기술 = 1이고 나머지 변수는 0이다. 금융서비스 회사이면 financial = 1이고 나머지 변수는 0이다. '기타'에 해당하는 기업은 모든 변수의 값이 0이다. 일곱 개의 범주를 나타내려면 6개의 변수가 필요하다.

1. 2~9와 11~16의 변수를 사용하여 상관행렬을 작성하라. (변수 10은 일곱 개의 범주를 설명하는 변수이므로 사용하지 않는다.) 상관계수의 부호를 확인하고, 그 부호가 그렇게 된 것이 이해가 되는가?
2. 종속변수 y를 주가(변수 8)로 하고 2~7, 9, 11~16의 변수를 사용하여 다중회귀분석을 실행하라. Excel 사용자는 아래의 1번 유의사항을 보라. 편회귀계수가 앞에서 구한 주가와 해당 변수의 상관계수의 부호와 일치하는지를 보라. 주가의 변동성 중에서 회귀식이 설명하는 부분은 얼마인가?
3. 단계적 회귀를 사용하여 2번 문제를 다시 풀어보라. 미니탭과 Excel 사용자는 아래의 유의사항을 확인하라. 어떤 변수가 선택되었는지를 확인하고 출력을 해석하라. 이전보다 작은 수의 변수가 선택되었는가? 주가의 변동성 중에서 회귀식이 설명하는 부분은 얼마인가?

미니탭 사용자, 유의사항: 해답의 단계적 회귀의 입력값으로 alpha-to-enter = 0.05 그리고 alpha-to-remove = 0.10을 사용하였다. 이는 교재에서 사용한 Excel과 Data Analysis Plus와 일관성을 유지하기 위한 값이다. 「컴퓨터 솔루션 17.6」을 참조하라.

Excel 사용자, 유의사항 *1*: Excel에서 다중회귀를 수행하려면 예측변수가 연속된 열에 위치해야 한다. 이는 상관행렬을 생성하는 데도 적용된다. 사용하는 예측변수에 따라 데이터의 열을 재배치할 필요도 있다. 데이터를 재배치하여 저장하는 경우에는 파일의 이름을 다른 이름으로 하기 바란다.

Excel 사용자, 유의사항 *2*: 4개의 회사에는 추정주가수익률이 없다. 즉 '결측자료'이다. Data Analysis Plus를 사용하여 단계적 회귀를 할 때는 해당변수를 삭제하거나 해당 회사를 삭제하고 분석해야 한다.

경영사례

Westmore MBA Program

Westmore 대학의 MBA Program은 지난 5년동안 많은 변화를 겪었다. 그 기간 동안에 경영대학은 많은 학생을 모집하여 학생수와 강의시간을 늘리려는 노력을 해 왔다. 학생을 모으기 위한 노력의 일환으로 프로그램을 소개하는 책자를 만들어 곳곳에 배포하였다. 배포대상은 대학을 졸업하는 학생, Westmore에 관심이 있는 학부학생이 재학하고 있는 학교, 그리고 GMAT 수험생 중에서 Westmore에 관심이 있는 학생을 포함하였다. (GMAT는 대부분의 경영대학이 학생 입학사정을 위하여 사용하는 국가표준시험이다.) 웨스트모어 경영대학원의 담당자는 지역 'MBA 설명회'에 참가하여 학생들과 만나 정보를 교환하기도 하였다.

시작 단계에서 Westmore MBA Program의 학생수는 많지 않았지만 학교의 노력이 점점 효과를 나타내어 경영대학의 학장과 MBA 책임자가 목표로 하였던 지원자의 수 150명을 달성하게 되었다. 학생의 등록률(합격한 학생이 실제로 학교를 다니는 비율)은 대략 70%이다. 등록을 포기한 학생은 다른 MBA 과정에 등록하거나 직장을 다니게 된다. 아래의 표는 MBA 과정에 입학허가를 받는 학생수와 등록하는 학생수에 대한 지난 5년 동안의 계획을 나타낸 것이다.

연도	1	2	3	4	5
입학허가	86	108	134	141	154
등록	54	77	91	96	106

MBA과정의 원장인 Wayne McDonald는 다음 단계의 계획을 실행하고자 한다. 그는 웨스트모어의 MBA 과정이 전국적인 인지도를 얻으려면 학생선발을 더 까다롭게 해야 한다고 판단하고 있다. 연간 등록학생의 수가 임계질량(critical mass)인 60명 아래로 내려가지 않을 만큼 지원자의 수가 충분히 많아졌기 때문이다.

Wayne이 고민하는 점은 어떻게 하면 우수한 학생을 선발할까 하는 것이다. Wayne은 최근에 학생선발위원회에서 회의를 하였다. 위원회의 구성원은 자신과 두 명의 교수(재무전공 교수 Dr. Susan Thompson과 마케팅전공 교수 Dr. Hector Gonzalez)이다.

Wayne: "오늘 회의에 참석해 주셔서 감사합니다. 아시다시피 지난 5년 동안 학생모집을 위한 우리의 노력은 매우 성공적이었습니다. 지난해에는 목표한 등록자수를 초과 달성하였습니다. 그런데 문제는 우수한 많은 학생들이 있어서 우리 MBA 과정의 존재를 주위에 확인시키기도 하지만 그렇지 못한 학생들도 많다는 것입니다. 어떤 교수님은 학생들이 포기하지 않도록 하기 위하여 수업의 내용을 쉽게 하는 경우도 있었습니다. 우리가 전국적인 인지도를 얻는 MBA 과정이 되려면 좀더 엄격한 기준으로 학생을 선발해야 할 것입니다. 다행스럽게도 우리는 이제 학생을 까다롭게 선발하여도 연간 등록학생의 수가 임계질량(critical mass)인 60명 아래로 내려가지

않을 정도가 되었습니다."

Susan: "원장님의 말씀이 맞습니다. 현재의 입학허가 최소기준은 GMAT 성적이 400점이고 학부의 성적 평균이 2.0입니다. 이 기준을 만족하기란 어렵지 않습니다. 개인적으로 최소기준이 GMAT는 580점에 학부성적은 2.75가 되어야 한다고 생각합니다."

Wayne: "최소기준을 올리는 것이 방법이 될 수 있습니다만, MBA 과정에 있는 학생의 성공 여부는 여러 다른 요인이 결정합니다. 학생선발기준에서 그러한 요인을 고려하는 것이 필요하다고 생각합니다."

Hector: "안타까운 것은 어떤 학생이 잘 할 것인지를 미리 알 수 없다는 것입니다. 다른 학교에서는 어떻게 하는지 원장님은 혹시 아시나요?"

Wayne: "학술대회에 참가해서 본 바에 의하면 많은 MBA 과정에서 GMAT 점수와 학부성적을 중요한 판단기준으로 삼고 있습니다. 어떤 학교에서는 우리와 같이 최소기준을 각각 정하여 놓기도 하고, 다른 학교에서는 두 성적을 조합하여 하나의 점수로 평가하기도 합니다. 예를 들면, 많은 학교에서 사용하는 '성적 공식'은 GPA에 200을 곱하여 GMAT 성적에 더합니다. 그 값이 일정한 수준(예를 들어 1,000점) 이상이면 합격 가능한 수준으로 판단합니다."

Susan: "그렇지만 그것 이외에 많은 평가요인이 있으므로, 그 공식에만 의존하는 것은 곤란합니다. 성적을 잘 주지 않는 학교를 졸업한 학생들도 있는데, 그런 학생은 성적을 잘 주는 학교의 학생과 비교해서 불리할 것입니다."

Hector: "그 지적에 동의합니다. 또 GMAT 성적이 대학원 과정을 잘 이수하는 것과 관련이 많지 않다는 연구도 있습니다."

Wayne: "저는 입학생의 평가기준이 수치적인 값으로 되어야 한다고 주장하는 것은 아닙니다만, 현재의 GMAT와 학부 GPA의 기준을 좀 상향하는 것이 학생을 걸러내는 좋은 방법이라고 생각합니다."

Susan: "학장님의 의견에 반대하지 않습니다. 그렇게 하면 대학원에서 성공할 가능성이 높은 학생을 뽑을 수 있다고 생각하며, 또 선발절차를 자동화하는 이점도 있을 것입니다."

Wayne: "그러면 시간을 많이 절약할 수 있겠군요. 위원회는 성적이 높은 학생이나 특별한 경우에 대하여만 회의를 하면 되겠습니다."

Susan: "훌륭한 생각입니다! 그러면 최소점수는 얼마로 하면 좋을까요? 혹은 성적공식을 사용한다면 어떤 공식을 사용하고 기준점수는 얼마로 할까요?"

Wayne: "교수님이 조금 전 제안하셨던 최소기준인 580/2.75로 하거나 아까 제가 말한 기준점수를 사용하면 되지 않을까요? 다른 MBA 과정의 원장과 상의를 하는 것도 좋겠습니다. 향후의 입학생에 대한 경험을 축적하여 기준점수를 수정할 수도 있겠습니다."

Hector: "몇 년을 기다릴 것이 아니라 과거 5년의 자료를 사용하면 어떻습니까? 그 정도의 자료면 적절한 기준을 만들 수 있을 것입니다."

Susan: "우리가 새로운 성적공식을 만들 수도 있겠습니다."

Wayne: "좋은 생각입니다! 회의를 한 보람이 있군요. 그러나 사용할 자료는 지난 2년 동안으로 한정했으면 합니다. 그 이전과 비교하면 프로그램이 많이 변하지 않았나요? 지난 2년 동안의 자료가 현재의 프로그램을 잘 반영할 것으로 생각됩니다."

Hector: "그러면 학생이 우리의 과정에서 성공했다는 판단을 어떻게 하면 될까요? 졸업을 했는지 그렇지 못했는지로 판단할까요?"

Wayne: "어떻게 보느냐에 따라 좋은 것일 수도 있고 나쁠 수도 있지만, 우리 학생들은 결국 다 졸업하였습니다. 우리가 목표하는 것은 프로그램의 수준을 높이는 것입니다. 그렇게 되려면 우수한 학생만을 입학시켜야 합니다."

Susan: "마지막 학기까지의 GPA를 기준으로 하면 어떻습니까?"

Wayne: "그렇게 하는 경우의 문제점은 학생들이 두 번째 연도에 전공이 나뉘기 때문에 같은 과목을 수강하지 않는다는 것입니다. 일부는 마케팅을, 일부는 재무를, 그리고 일부는 회계나 관리를 선택합니다. 그러므로 마지막 학기의 GPA는 비교하기가 어렵습니다. 그렇지만 첫 1년 동안의 GPA는 비교 가능합니다. 첫해 동안은 기초과목을 수강하므로 수강과목이 동일합니다. 전공에 따라 선택과목이 달라지려면 2학년이 되어야 합니다. 첫해에 수강하는 과목 중에 어떤 과목의 성적을 평가기준으로 사용하면 좋을까요?"

Hector: "과목의 다양성, 난이도, 학점 부여기준이 상향된 점 등을 고려하면 지난 2년 동안의 학생 중에서 성적이 3.2 이상이면 성공적인 첫해를 보냈다고 보고 싶습니다. Susan 선생님은 어떻게 생각하십니까?"

Susan: "다른 교수님들도 동의하실 것 같습니다."

Wayne: "너무 기준을 높게 잡지 마세요. 프로그램이 유지되려면 최소 60명의 학생이 필요합니다. 먼저 자료를 살펴볼 필요가 있겠습니다."

Hector: "지난 자료를 언제 볼 수 있을까요? 당장 보고 싶습니다만"

Wayne: "직원을 시켜서 지난 2년 동안 첫해를 마친 재학생의 관련자료를 정리하도록 하겠습니다. 빨리 자료를 준비해서 전해드리겠습니다. 그러면 2주 뒤에 새로운 내용을 가지고 만나도록 하겠습니다. 교수님의 아이디어를 기대하겠습니다."

과제

웨스트모어 MBA 과정의 지난 2년 동안의 자료가 정리되어 **WESTMORE** 파일에 저장되었다. 아래의 데이터 설명에는 자료의 일부와 변수에 대한 설명이 있다. 이 자료와 앞에서 제공된 다른 정보를 사용하여 웨스트모어 MBA 과정에서 사용할 좋은 입학사정기준을 만들어 보라. 아래의 사례문제를 보면 데이터분석을 하는 데 도움이 될 것이다. 여러분이 분석한 결과를 사용하여 결론을 이끌어 내도록 하라.

데이터 설명

웨스트모어 MBA 과정의 자료는 **WESTMORE** 파일에 저장되어 있다. 파일에는 지난 2년 동안 1학년을 마친 학생 202명에 대한 자료가 있다. 그 자료의 일부분은 아래와 같다.

변수는 다음과 같이 정의되었다:

ID_No:	학생의 ID 번호
GPA_Yr1:	웨스트모어 MBA 과정의 첫해 학점 평균
GMAT:	GMAT 점수
UG_GPA:	학부 성적 평균

학부전공은 질적변수로서 다음의 두 가지 변수로 측정되었다:

UB_Bus:	학부전공이 경영인 경우는 1, 그렇지 않으면 0
UG_Tech:	학부전공이 과학, 공학, 혹은 기타 이공계 전공이면 1, 그렇지 않으면 0 (참고: 학부전공이 경영도 아니고 이공계도 아니면 두 변수의 값은 0이다.)

학부대학분류는 질적변수로서 네 개의 변수로 측정되었다:

UG_1st5th:	상위 20%에 속하는 학교이면 1, 그렇지 않으면 0
UG_2nd5th:	다음 20%에 속하는 학교이면 1, 그렇지 않으면 0
UG_3rd5th:	다음 20%에 속하는 학교이면 1, 그렇지 않으면 0
UG_4th5th:	다음 20%에 속하는 학교이면 1, 그렇지 않으면 0 (하위 20%에 속하는 학교이면 모든 변수의 값이 0이다.)
Age:	학생의 나이(년수)
US_Cit:	미국시민이면 1, 그렇지 않으면 0

ID_No	GPA_ Yr1	GMAT	UG_ GPA	UG_ Bus	UG_ Tech	UG_1st 5th	UG_2nd 5th	UG_3rd 5th	UG_4th 5th	Age	US_Cit
4001	3.201	540	2.974	1	0	0	0	1	0	25	1
4002	2.964	540	2.529	1	0	0	1	0	0	23	1
4003	3.745	510	3.727	0	0	0	1	0	0	25	1
4004	3.290	570	2.905	1	0	0	0	1	0	23	1
4005	3.028	640	2.641	1	0	1	0	0	0	23	1
⋮	⋮	⋮	⋮	⋮	⋮	⋮	⋮	⋮	⋮	⋮	⋮

사례문제

1. 위원회는 학생의 우수성을 판단하기 위한 측도로 MBA 과정 첫해의 성적을 사용하기로 하였다. 첫 번째 단계로 상관행렬을 생성하고 그를 통하여 위원회의 위원에게 도움을 줄 수 있는 정보가 무엇인지 파악하라. MBA 과정 첫해의 성적을 예측하기 위해 한 개의 변수만을 사용한다면 무엇을 선택하겠는가? 그 변수만을 사용하여 지원자를 평가해도 되겠는가?
2. 위원회의 관심은 지원자의 MBA 과정 첫해의 성적을 예측하는 데에 있으므로 단계적 회귀를 적용하여 결과를 해석하여 도움을 주어라. (미니탭 사용자: Excel 사용자와 일관성을 유지하려면「컴퓨터 솔루션 17.6」에 있는 alpha-to-enter와 alpha-to-remove 값을 사용하라.) 결과에 근거하여 위원회에 도움이 될 제안을 하라.
3. 2번 문제의 분석에 더하여 추가로 모든 가능한 변수를 사용한 회귀식을 구해본 뒤에, 데이터에 있는 독립변수가 설명하지 못하는 MBA 과정 첫해의 성적의 변동분이 상당부분 존재하는가를 판단하라. 그렇다고 하면 MBA 과정 첫해의 성적을 예측할 수 있는 추가적인 독립변수(질적변수와 양적변수를 포함하여)를 제안해 보라.

경영사례

Easton Realty Company (B)

16장에서 이스톤 Easton Realty Company (A)를 방문했을 때, Sam Easton은 이스톤 부동산회사가 매매수수료를 챙기려고 고의로 매도자의 집의 가격을 낮추어 거래를 빨리 성사하도록 하였다는 비난 때문에 고민을 하고 있었다. 그 주장이 사실이 아니라는 것을 보이기 위하여, Mr. Easton은 달라스-포트워스 광역시의 주거용 부동산 매매자료를 확보하였다. 그 자료에는 거래 시점(월), 거래가격, 부동산의 면적(제곱 피트), 침실 수, 부동산의 연령, 위치가 달라스인지 아닌지, 이스톤이 거래를 담당했는지 등이 기록되어 있다. 이 사례에서는 이스톤 부동산중개소 (A)에서 소개한 변수를 사용하여 주거용 부동산의 매매가격이 어떤 요인으로 결정되는지 알아보려고 한다.

사례문제

1. 주거용 부동산의 가격이 어떻게 결정되는지 알아보기 위한 첫 번째 단계로 상관행렬을 작성해 보자. 변수는 PRICE, SQFEET, BEDROOMS, AGE, DALLAS, 그리고 EASTON이다. 행렬을 계산한 뒤에 주거용 부동산의 가격변동을 설명하는 가장 중요한 변수가 무엇인지를 확인하라. Mr. Easton은 부동산의 가격을 결정하는 요인이 한 가지가 아니라고 생각하고 있기 때문에 변수를 하나만 제시하면 수긍하지 못할 수도 있다.
2. 단계적 회귀를 적용하여 어떤 변수가 가장 중요한지를 찾아보라. (미니탭 사용자: Excel 사용자와 일관성을 유지하려면 「컴퓨터 솔루션 17.6」에 있는 alpha-to-enter와 alpha-to-remove 값을 사용하라.) 결과를 해석하고 그것에 근거하여 Mr. Easton에 도움이 될 제안을 하라.
3. 2번 문제의 분석에 더하여 추가로 1번 문제에서 제공한 모든 가능한 변수를 사용한 회귀식을 구해본 뒤에, 데이터에 있는 독립변수가 설명하지 못하는 주거용 부동산 가격의 변동분이 상당부분 존재하는가를 판단하라. 그렇다고 하면 주거용 부동산 가격이 추정된 회귀식의 예측보다 높거나 낮게 되는 것을 설명할 수 있는 추가적인 독립변수(질적변수와 양적변수를 포함하여)를 제안해 보라.

CHAPTER

18 시계열모형과 예측모형

Models for Time Series and Forecasting

시계열을 사용한 예측과 Zündapp

1950년대 후반에 이상한 모양의 소형차들이 미국에 수입되었는데, 이 중의 하나가 독일의 Zündapp사가 만든 것으로 9.5피트 크기에 14마력의 4인승 자동차이었다. 자동차의 이름은 Janus(얼굴이 둘인 로마 신화의 신)로서 문이 앞과 뒤에 하나씩 있었는데, 앞좌석에 앉은 운전자와 동승자는 앞을 바라보고 있고 뒷자석에 앉은 사람은 뒤를 보고 앉도록 되어 있었다.

뒷좌석에 앉은 사람은 본문에서 설명할 시계열을 사용한 예측 방법과 비슷하다고 할 수 있다. 뒤에 앉아서 볼 수 있는 것은 지금까지 지나온 길이며, 자동차가 가는 방향이 어디인지는 알 수 없다.

Zündapp Janus의 뒷좌석에 앉아서 앞을 못보는 운전자에게 방향을 지시한다고 생각해 보라. 앞길에 다리도, 교차로도, 신호등도 없다면 문제가 없을 것이다. 다시 말해서, 미래가 과거와 크게 다르지 않다면 어려움이 없을 것이다.

비록 미래의 예측이 다리, 교차로, 신호등에 의해 방해를 받지 않는다 해도, 예상하지 못하는 사건(기술 진보나 경제환경의 변화 등)이 혼란을 일으켜서 예측이 어긋날 수 있다. 시계열을 이용한 예측을 할 때 Zündapp을 상기하자.

학습목표

- 고전적 시계열모형에서 추세, 주기적 요소, 계절적 요소, 불규칙적 요소를 설명한다.
- 시계열에 선형추세식 혹은 다항추세식을 적합시킨다.
- 중심이동평균법과 지수평활법을 사용하여 시계열을 매끄럽게 한다.
- 계절지수를 구하여 시계열의 계절효과를 보정한다.
- 추세외삽법과 지수평활예측법을 사용하여 미래값을 추정한다.
- 평균절대편차(*MAD*)와 평균제곱오차(*MSE*) 기준을 사용하여 적합된 식이 시계열을 잘 나타내는지 비교한다.
- 더빈-왓슨검정을 사용하여 회귀잔차에 자기상관이 있는지 결정한다.
- 지수값을 이용하여 기간별 경영지표나 경제지표를 비교한다.

18.1 머리말

자료가 동일한 시간간격을 두고 연속적으로 측정되었다면 **시계열**(time series)이라고 부른다. 예를 들면, 주간 생산량, 월별 판매량, 연간 강우량, 혹은 일정한 간격으로 관측되거나 보고되는 값을 나타내는 변수를 말한다.

시계열은 두가지 이유로 연구된다: (1) 과거를 이해하고 (2) 미래를 예측한다. 시계열을 분석하면 과거의 매출이나 출하량, 강우량 등의 변동을 설명하는 양식이나 추세를 찾을 수 있다. 또한 그 지식이 미래의 값을 예측하는 데 도움을 줄 수도 있다.

18.2 시계열

시계열을 그래프로 그리면 y축이 관심이 되는 변수(매출액, 원가, 출하량 등)이고 x축이 시간이 된다. 그림 18.1은 2000년에서 2005년 사이에 미국에서 판매된 하이브리드 차량의 연도별 판매량을 나타낸다.

시계열의 구성요소

시계열을 분석하는 것은 자료의 변동의 원인이 되는 구성요소를 찾는 것이다. 시계열에 대한 '고전적' 접근에서는 다음과 같은 구성요소가 있다.

추세(TREND, *T*) 이는 전반적인 상승경향이나 하락경향을 나타내는 것이다. 그림 18.1을 보면 하이브리드 차량의 판매량은 2000~2005 기간 동안에 증가하는 경향을 보인다. 추세가 존재하면 시계열도표에 적합된 회귀식의 기울기는 그에 따라 양수이거나 홀수가 된다. 그림 18.1의 적합선은 기울기가 양수이다.

주기적요소(CYCLICAL, *C*) 이는 일정 기간 동안 오르내림을 반복하는 것으로서, 반복기간은 일년 이상이다. 태양 흑점이나 경영주기 등이 예이다.

계절적요소(SEASONAL, *S*) 이것도 주기적인 오르내림에 해당하는 것이지만, 반복기간은 1년

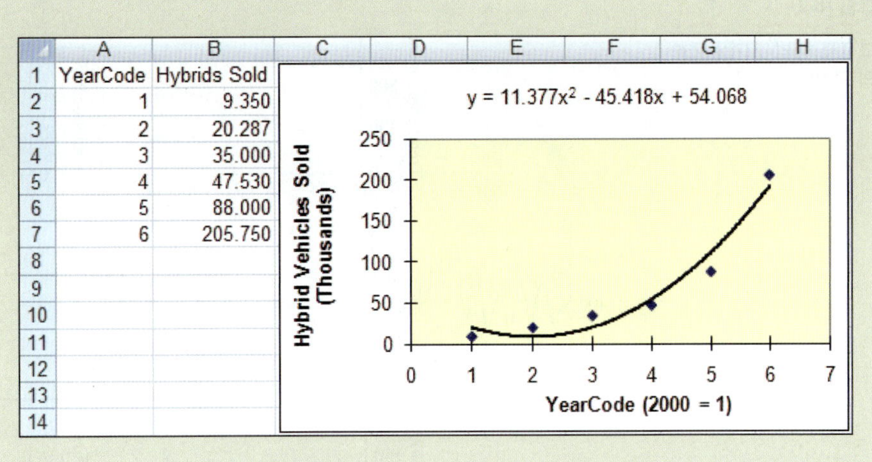

그림 18.1

2000년에서 2005년 사이에 미국의 하이브리드 자동차 판매량에 대하여 2차식을 사용한 추세선을 그린 것이다. 컴퓨터 솔루션 18.1에 있는 절차를 사용하면 Excel을 사용하여 그릴 수 있다. 2000년을 1로 코딩하였다. 출처: HybridCars.com, August 25, 2006.

이하이다. 예를 들면, 수영복의 소매판매량은 봄에는 많고 겨울에는 적다. 또 백화점은 크리스마스 시즌에 매출이 높고, 휴가여행은 여름에 많이 가며, 식품점 매출은 2주 동안의 주기가 있는데 이는 급여가 2주에 한 번씩 지급이 되기 때문이다.

불규칙적요소(IRREGULAR, *I*) 이는 파업, 석유 수출금지, 장비고장과 같이 변수의 값에 영향을 주는 것으로서 무작위로 일어나는 변동을 의미한다. 무작위로 일어나는 변동은 다른 요소의 효과를 찾는 것을 어렵게 한다.

고전적 시계열모형에서는 위의 요소들이 여러 형태로 결합되어진다. 우리는 아래와 같이 승법적 접근을 사용할 것이다. 그림 18.2도 참조하라.

고전적 시계열모형

$$y = T \cdot C \cdot S \cdot I$$

y = 시계열 변수의 관측값
T = 추세요소
C = 주기적요소
S = 계절적요소
I = 불규칙적요소

이 모형의 가정은 y의 모든 관측값은 네 가지 구성요소가 작용을 한 결과이며 그 작용이 승법적이라는 것이다. y의 관측값은 추세값(T)에 주기적요소, 계절적요소, 불규칙적요소가 결합하여 영향을 미쳐 수정된 값이다.

가법적 모형($y = T + C + S + I$)과 같은 모형도 존재한다. 또 y의 값이 전기의 값에 영향을 받는다는 가정을 할 수도 있다. 즉 y_t(t기간의 관측값)가 T, C, S, I와 y_{t-1}의 함수로 표현되기도 한다. 또한 $y = (T + C) \cdot S \cdot I$와 같이 승법모형과 가법모형이 혼합되기도 한다.

일반적으로 대부분의 시계열에서 가장 중요한 구성요소는 추세이며, 이는 (1) 회귀분석을 이용하여 추세선을 자료에 적합하거나 (2) 시계열의 최고점과 최소점을 억제하는 평활기법(다음 절에 설명함)을 사용하여 찾아낸다.

그림 18.2

고전적 승법 시계열모형의 구성요소

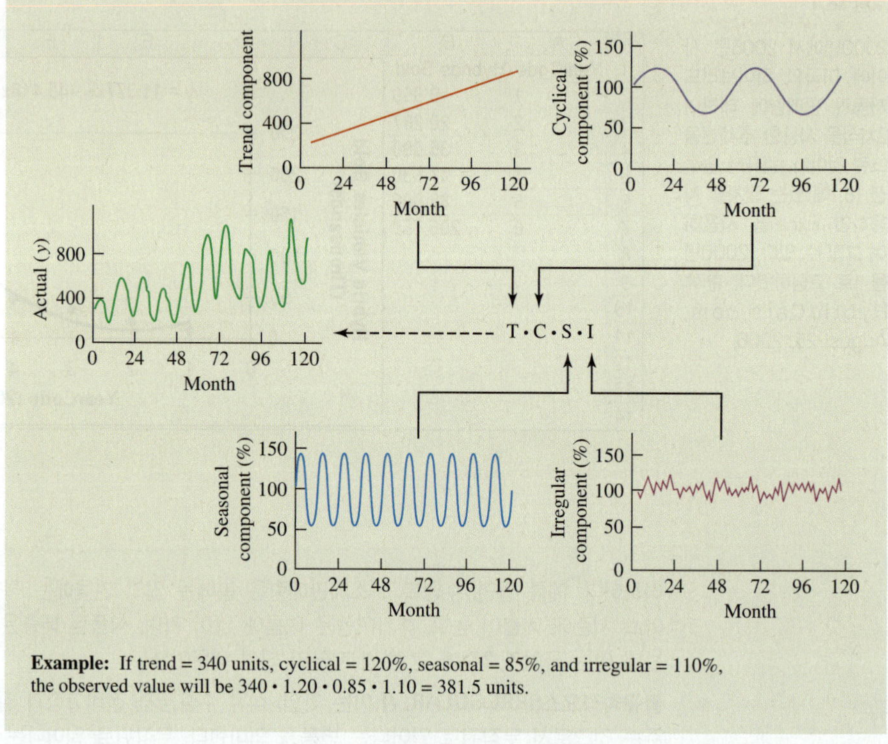

회귀분석을 적용한 추세선은 직선(예를 들어, $\hat{y} = b_0 + b_1x$)이거나 곡선(예를 들어, $\hat{y} = b_0 + b_1x + b_2x^2$)이며, 여기서 $\hat{y}$은 추세선 y의 추정치이고 x는 시간이다. 2차방정식의 예는 17장에서 설명하였다.

선형 추세방정식의 적합

이 방법에서는 최소제곱 선형식이 관측된 자료에 적합된다. 이는 15장에서 설명한 방법과 같으며 요약하면 다음과 같다.

선형 추세방정식

$$\hat{y} = b_0 + b_1x \qquad \hat{y} = y\text{의 추세선 추정}, \quad x = \text{시간}$$

이러한 추세방정식을 설정할 때 시간의 값을 1, 2, 3, . . .과 같이 되도록 한다. Excel에서도 이런 방법을 사용한다. 이렇게 하면 숫자의 크기가 작아져서 (연도는 네 자리의 숫자로 표현됨) 컴퓨터를 사용하지 않는 경우에도 계산을 쉽게 할 수 있다는 이점이 있다.

「컴퓨터 솔루션 18.1」에 있는 절차를 사용하면 최소자승회귀선($\hat{y} = -52.114 + 34.219x$)을 얻을 수 있다.

컴퓨터 솔루션 18.1

선형 혹은 2차 추세방정식을 적합시키기

EXCEL

선형 혹은 2차 추세방정식의 적합(Excel을 사용). 그림 18.1을 참조.

1. Excel파일 **CX18HYBRID**에 저장된 딜러쉽 자료에는 A2:A7에 연도 코드가, B2:B7에 판매량(천 대)이, 그리고 A1과 B1에 이름표가 있다. **데이터** 리본에서 **데이터 분석**을 클릭한다. **상관분석**을 선택하고 **확인**을 클릭한다.
2. **Y축 입력범위** 칸에 B1:B7을 입력하고, **X축 입력범위** 칸에 A1:A7을 입력한다. **이름표**를 선택한다. **출력범위** 칸에 J1을 입력한다. **선적합도**를 선택하고 **확인**을 클릭한다.
3. 차트의 오른쪽에 있는 범례위에 마우스 오른쪽클릭을 하고 **삭제**를 클릭한다. 예측값을 나타내는 사각형 중의 하나에 마우스 오른쪽클릭을 하고 **삭제**를 클릭한다.
4. 산점도의 점 중의 하나에 마우스 오른쪽클릭을 하고 **추세선 추가**를 클릭한다. **추세선 옵션** 메뉴에서 **다항식**을 선택하고 **차수** 칸에 **2**를 입력한다. **수식을 차트에 표시**를 선택하고 **닫기**를 클릭한다. 차트의 포맷을 수정하면 그림 18.1과 같이 된다.

2000년에서 2005년 사이의 판매량은 증가하고 있으므로 회귀선의 기울기는 양수이다. 기울기($b_1 = +34.219$)를 보면 그 기간 동안 연간 34.219(천 대)만큼 증가함을 알 수 있다. 추세방정식에 적절한 x값을 넣으면 y의 추정치를 얻을 수 있다. 예를 들어, 2013년은 $x = 14$이므로 그해의 추정치는 $\hat{y} = -52.114 + 34.219(14)$, 즉 426.95(천 대)이다.

2차 추세방정식의 적합

그림 18.1에 있는 것과 같이 2차모형을 시계열에 적합할 수 있다. 이 경우에는 x와 x^2를 두 개의 독립된 변수로 간주한다. 16장에서 설명한 다중회귀 기법을 사용하면 2차 추세방정식을 찾을 수 있으며, 모형은 다음과 같다.

2차 추세방정식

$$\hat{y} = b_0 + b_1x + b_2x^2$$

$\hat{y} = y$의 추세선 추정
x = 시간

(x와 x^2은 독립인 변수로 간주함)

2차 추세방정식은 상수(b_0), 선형항(b_1x), 그리고 비선형항(b_2x^2)으로 구성된다. 상향추세 이후에 하향추세가 나타나거나 그 반대의 경우이면 이런 방정식이 적합하다. 또한 시계열의 증가율이나 감소율이 커지는 경우도 사용가능하다.

「컴퓨터 솔루션 18.1」에는 Excel을 사용하여 2차 추세방정식을 2000(1)년에서 2005(6)년까지 하이브리드 자동차 판매량에 적합시킨 결과가 있다. 2차 추세방정식은 다음과 같다.

$$\hat{y} = 54.068 - 45.418x + 11.377x^2$$

선형 추세방정식에서와 같이, 적절한 x값을 넣으면 y의 추정치를 얻을 수 있다.

예를 들어, 2013년은 $x = 14$이므로 그해의 추정치는 $\hat{y} = 54.068 - 45.418(14) + 11.377(14)^2 = 1648.11$(천 대)이다.

이 경우에는 2차 추세방정식이 선형 추세방정식보다 적합도가 높아 보인다. 어떤 추세방정식이 주어진 시계열 자료에 더 적합한지를 판단하는 방법을 18.6절에서 볼 것이다.

연습문제

18.1 시계열의 4가지 요소는 무엇이고, 각 요소는 시계열의 어떤 종류의 변동을 나타내는가?

18.2 아래 모든 문항에 대해, 각각 시계열의 어느 요소를 나타내는지 찾아내고 설명하라.

a. 어느 영화관 소유주는 토요일이 영화를 보러오는 손님이 가장 많다고 한다.

b. 미국에서 정치적 광고는 매 4년마다 정점을 찍는다.

c. 아스피린계열이 아닌 진통제가 어느 의학잡지서 부정적인 평가를 받은 후 판매량이 줄었다.

18.3 어느 지역에서 물 사용의 추정량이 한 달에 400,000갤런이었다. 주기적요소가 보통 사용량의 120%라고 하고, 계절적요소와 불규칙적요소가 각각 보통 사용량의 70%와 110%라고 할때, 승법시계열 모형을 이용하여 그달의 물 사용량을 찾아라.

18.4 추세방정식 $\hat{y} = 1{,}200 + 35x$가 업무에 관련된 상해로 인하여 발생한 결근일수에 대한 시계열에 적합되었다. 만일 1995년인 경우에 $x = 1$로 코딩하였다면, 2012년도에 결근일수를 추정하라.

18.5 생산직 근로자의 평균 시급을 나타낸 자료에 1차 추세방정식을 적합시켜라. 2013년의 추정값은 얼마인가? (출처: *World Almanac and Book of Facts 2009*, p. 149)

연도	2004	2005	2006	2007
평균 시급	$15.69	$16.13	$16.76	$17.42

18.6 음식제품의 출하량의 금액(십억달러)을 나타낸 자료에 1차추세방정식을 적합하여라. 2015년도의 추정값은 얼마인가?(출처: Bureau of the Census, *Statistical Abstract of the United States 2009*, p. 624)

연도	2004	2005	2006	2007
출하량	$512.3	$532.4	$537.8	$573.5

18.7 1996~2007년의 미국 휴대전화 계약자 수가 다음과 같이 조사되었다. (출처: *World Almanac and Book of Facts 2009*, p. 406)

연도	이용자 수 (백만 명)	연도	이용자 수 (백만 명)
1996	44.0	2002	140.8
1997	55.3	2003	158.7
1998	69.2	2004	182.1
1999	86.0	2005	207.9
2000	109.5	2006	233.0
2001	128.4	2007	255.4

a. 시계열에 1차 추세방정식을 적합하여라. 이 방정식을 이용하여, 2013년의 추정값을 구하라.

b. 시계열에 2차 방정식을 적합하고, 그 방정식을 이용하여 2013년의 추정값을 구하라.

c. 시계열과 문항 (a)와 (b)에서 구한 방정식의 그래프를 만들어라. 어느 방정식이 자료와 더 적합되는가?

18.8 2000년부터 2007까지, 미국이 멕시코에 수출한 금액이 다음과 같다. 자료는 십억달러 단위이다. (출처: *World Almanac and Book of Facts 2009*, p. 117)

연도:	2000	2001	2002	2003
수출액:	$111.3	$101.3	$97.5	$97.4

연도:	2004	2005	2006	2007
수출액:	$110.8	$120.4	$134.0	$136.1

a. 시계열에 1차 추세방정식을 적합하여라. 이 방정식을 이용하여, 2015년의 추정값을 구하라.

b. 시계열에 2차 방정식을 적합하고, 그 방정식을 이용하여 2015년의 추정값을 구하라.

c. 시계열과 문항 (a)와 (b)에서 구한 방정식의 그래프를 만들어라. 어느 방정식이 자료와 더 적합되는가?

18.3 평활법

앞 절에서 설명한 기법은 시계열에 방정식을 적합시키는 것이었고, 이 절에서는 자료에 존재하는 단기적인 변동성을 줄이는 방법을 설명한다. 이러한 기법은 자동차에서 충격을 흡수하는 장치와 같이 자료에 존재하는 갑작스러운 값의 변화를 줄이는 역할을 한다.

이동평균

이동평균(*moving average*)는 원래의 시계열을 다른 시계열로 대체하는 것으로서, 대체된 시계열의 값은 원래의 시계열에 있는 N개의 값의 평균에 해당한다. 이 기법은 **중심이동평균**(**centered moving average**)이라고도 부른다. 이동평균의 목적은 단기적인 계절적/불규칙적 변동을 없애고 전체적인 추세와 순환적인 움직임을 남겨두는 것이다. 이 기법은 전력구매 자료에 대한 시계열분석을 통하여 설명할 것이다.

1995년에서 2009년까지 어떤 주에서 전력을 구매한 자료를 보면 해마다 변동성이 매우 심한 것을 발견할 수 있다. 이러한 변동성을 매끄럽게 하기 위하여 3개년 이동평균을 사용해 보자. 앞 부분에 있는 자료를 가지고 설명하면 다음과 같다.

연도	전력 구매 (천 kwh)	3개년 총합	3개년 중심이동평균
1995	815	—	—
1996	826	2386	795.3 (즉 2386/3)
1997	745	2347	782.3
1998	776	2359	786.3
1999	838		

중심이동평균의 첫 값은 (815 + 826 + 745)/3, 즉 795.3이다. 1996년이 세 연도의 가운데에 있으므로, 이 평균값은 1996년에 해당하는 값이 된다. 두 번째 값을 계산하려면 이동을 하여 1995년의 값을 탈락시키고 1998년의 값을 포함한다. 즉, 두 번째 평균값은 1996년에서 1998년까지의 값을 사용하여 782.3이 된다.

「컴퓨터 솔루션 18.2」를 보면 원자료가 있고, Excel을 사용하는 절차와 결과가 있다. 참고로 Excel에서 여기서 설명한 방법으로 중심이동평균을 적용하려면 홀수 기간의 값만을 사용해야 한다. 짝수 기간의 값을 사용하려면 「컴퓨터 솔루션 18.3」을 참고하라.

컴퓨터 솔루션 18.2

시계열을 평활하게 하는 중심이동평균

이 절차는 홀수 기간을 사용하는 중심이동평균에 대한 것이다. 짝수 기간을 사용하는 중심이동평균은 「컴퓨터 솔루션 18.3」에서 설명한다. 미니탭은 기간의 수에 관계없이 동일한 절차를 사용한다.

EXCEL

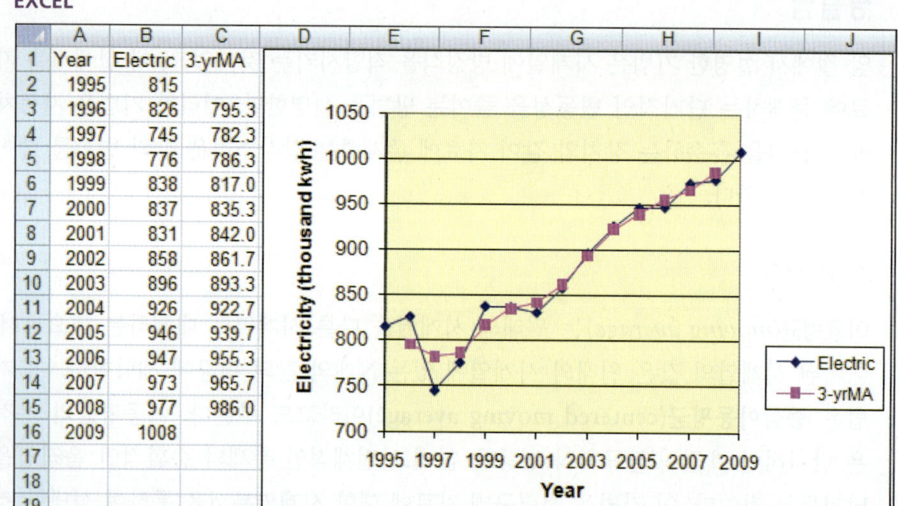

	A	B	C
1	Year	Electric	3-yrMA
2	1995	815	
3	1996	826	795.3
4	1997	745	782.3
5	1998	776	786.3
6	1999	838	817.0
7	2000	837	835.3
8	2001	831	842.0
9	2002	858	861.7
10	2003	896	893.3
11	2004	926	922.7
12	2005	946	939.7
13	2006	947	955.3
14	2007	973	965.7
15	2008	977	986.0
16	2009	1008	
17			
18			
19			

3기간 중심이동평균

1. 표 18.1의 자료는 Excel파일 CX18EPWR에 저장되어 있다. 자료에는 A2:A16에 연도 코드가, B2:B16에 전력구매량이, 그리고 A1과 B1에 이름표가 있다. **데이터** 리본에서 **데이터 분석**을 클릭한다. **이동 평균법**을 선택하고 **확인**을 클릭한다.
2. **입력범위** 칸에 **B1:B16**을 입력한다. **구간** 칸에 **3**을 입력한다. **첫째 행 이름표 사용**을 선택한다. **출력범위** 칸에 **C1**을 입력하고 (**차트 출력**은 선택하지 않는다) **확인**을 클릭한다.
3. C열의 처음 두 칸(#NA)을 선택한다. 마우스 오른쪽클릭을 하여 **내용지우기**를 선택한다. 그러면 C열의 숫자는 C3(1996년에 해당하는 중심이동평균)부터 시작하게 된다. **C1**에 이름표(**3-yrMA**)를 입력한다
4. **B1**을 클릭하여 **C16**까지 끌어 **B1:C16**을 선택한다. **삽입** 리본의 **차트** 메뉴에서 **꺾은선형**을 클릭한다. **2차원 꺾은선형** 메뉴에서 네 번째 옵션(**표식이 있는 꺾은선형**)을 클릭한다. 차트의 모양을 수정한다.

참고: 이 Excel차트에서 수평축의 기본값은 1, 2, 3, · · · 과 같이 표시된다. 위의 그림에서와 같이 연도로 표시하려면, 차트 위에서 마우스 오른쪽클릭을 하고 **데이터 선택**을 클릭하라. 데이터 원본선택 메뉴에서 가로(항목) 축 레이블 아래의 **편집** 버튼을 클릭하라. **축 레이블범위** 칸이 나타나면 **A2:A16**셀을 마우스로 끌어서 선택하라. 마우스를 끌어서 셀을 선택하면 칸에서 연도가 보일 것이다. 확인을 클릭하라. 확인을 또 클릭하라. 한 해씩 건너뛰어 나타내어 연도가 눈금의 중앙에 위치하도록 하려면, 수평축 위에서 마우스 오른쪽클릭을 하고 축 서식을 클릭하라. 축 옵션 메뉴에서 **눈금 사이에 들어갈 간격** 칸에 **2**를 입력하고, **간격단위 지정** 칸에 **2**를 입력하라. **축 위치**는 눈금으로 하라. 닫기를 클릭하라.

짝수 기간을 사용한 중심이동평균의 구축

앞의 예제에서는 홀수기간의 값을 기반으로 하는 중심이동평균을 설명하였다. 짝수기간의 값을 사용하려면 이동평균의 값이 원래 시계열의 기간과 일치하도록 방법을 약간 수정해야 한다. 수정된 절차를 표로 나타내면 표 18.1과 같다. (1)열에 있는 자료의 4개년 총합이 (2)열에 있는데, 그 값을 기간의 중간에 표기하였다. 마찬가지로 (3)열에 있는 평균값도 (2)열의 두 값의 중간에 표기하였다. 이처럼 연속적으로 값을 중간에 표기한 결과, (4)열에 있는 이동평균값은 원래의 시계열 자료의 기간과 정확히 일치하게 되었다.

「컴퓨터 솔루션 18.3」에는 연도별 자료와 함께 4개년 중심이동평균을 사용하는 절차와 결과가 있다. 앞에서 언급한 바와 같이, 짝수 기간의 값을 사용하는 경우에 Excel의 절차는 홀수 기간의 경우와 다르다.

컴퓨터 솔루션 18.3

짝수 기간을 사용하는 중심이동평균(Excel)

이 절차는 짝수 기간을 사용하는 중심이동평균에 대한 것이다.

EXCEL

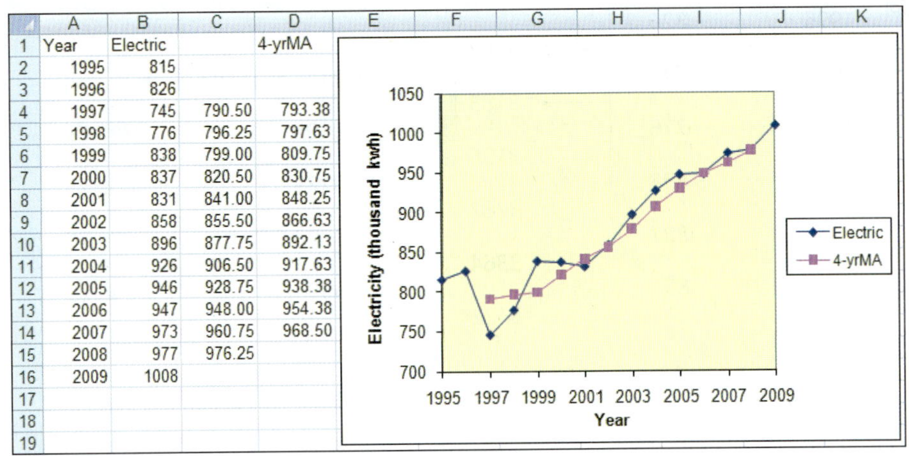

	A	B	C	D
1	Year	Electric		4-yrMA
2	1995	815		
3	1996	826		
4	1997	745	790.50	793.38
5	1998	776	796.25	797.63
6	1999	838	799.00	809.75
7	2000	837	820.50	830.75
8	2001	831	841.00	848.25
9	2002	858	855.50	866.63
10	2003	896	877.75	892.13
11	2004	926	906.50	917.63
12	2005	946	928.75	938.38
13	2006	947	948.00	954.38
14	2007	973	960.75	968.50
15	2008	977	976.25	
16	2009	1008		
17				
18				
19				

4기간 중심이동평균

1. 이 절차는 표 18.1에서 보았던 계산법과 같다. Excel파일 **CX18EPWR**에 저장되어 있는 자료에는 A2:A16에 연도 코드가, B2:B16에 전력구매량이, 그리고 A1과 B1에 이름표가 있다. **데이터** 리본에서 **데이터 분석**을 클릭한다. **이동 평균법**을 선택하고 **확인**을 클릭한다.
2. 입력범위 칸에 **B1:B16**을 입력한다. 구간 칸에 **4**를 입력한다. **첫째 행 이름표 사용**을 선택한다. **출력범위** 칸에 **C1**을 입력하고 (**차트 출력**은 선택하지 않는다) **확인**을 클릭한다.
3. C열에서 '#NA'로 표시된 칸을 모두 선택한다. 마우스 오른쪽클릭을 하여 내용지우기를 선택한다. 그러면 C4:C15에 평활값이 있게 된다. 그러나 아직 가운데 위치하고 있지는 않다.
4. 이제 2기간 이동평균을 하여 평활값을 가운데 위치시킨다. **데이터** 리본에서 **데이터 분석**을 클릭한다. **이동 평균법**을 선택하고 **확인**을 클릭한다.
5. **입력범위** 칸에 **C4:C15**를 입력한다. **구간** 칸에 **2**를 입력한다. (**첫째 행 이름표사용** 혹은 **차트출력**을 선택하지 않는다.) **출력범위** 칸에 **D1**을 입력하고 **확인**을 클릭한다.
6. **D1**에 이름표(**4-yrMA**)를 입력한다. **D2:D12**를 선택한 후, 아래로 이동시켜 첫 번째 값이 1997과 일치하도록 한다. 그러면 결과는 표 18.1과 같게 된다.
7. 위의 그림을 그리기 위하여 C열과 D열의 위치를 바꾸어서 Year, Electric, 4-yrMA 변수가 연속된 열에 위치하도록 한다.
8. **B1:C16**을 선택한다. **삽입** 리본의 **차트** 메뉴에서 **꺾은선형**을 클릭한다. **2차원 꺾은선형** 메뉴에서 네 번째 옵션(**표식이 있는 꺾은선형**)을 클릭한다. 차트의 모양을 수정한다. 수평축에 연도를 표시하고 싶으면 「컴퓨터 솔루션 18.2」에 참고에 있는 설명을 보라.

중심이동평균에서 기간의 선택

표 18.1에서 본 바와 같이 기간이 짝수인 경우는 계산이 복잡하므로, 계산기로 하는 경우에는 기간을 홀수로 하는 것이 좋다. 그렇지만 자료가 분기별(N = 4)이거나 월별(N = 12)로 수집되고 계절적 효과가 강한 경우에는 짝수 기간으로 하는 것이 필요할 수도 있다. 만약 기간을 12개월로 하면 이동평균의 각 점은 모든 달의 값을 하나씩 포함하게 된다. 크리스마스 기간에 매출이 급격히 늘어나는 소매업자의 경우에는 그러한 변동을 제거한 전체적인 추세를 알 수 있을 것이다. 일반적으

표 18.1

짝수기간을 사용하여 중심이동평균을 계산할 때는 표에서 설명하는 방식으로 해야 한다. 이렇게 하면 이동평균이 원시계열에 있는 기간과 상응하게 할 수 있다.

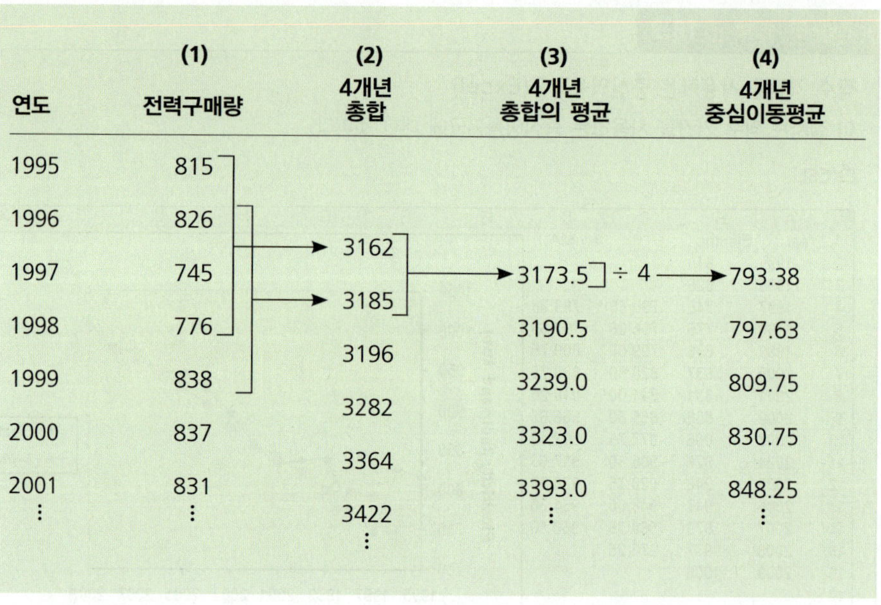

연도	(1) 전력구매량	(2) 4개년 총합	(3) 4개년 총합의 평균	(4) 4개년 중심이동평균
1995	815			
1996	826			
		3162		
1997	745		3173.5 ÷ 4	793.38
		3185		
1998	776		3190.5	797.63
		3196		
1999	838		3239.0	809.75
		3282		
2000	837		3323.0	830.75
		3364		
2001	831		3393.0	848.25
⋮	⋮	3422	⋮	⋮
		⋮		

로 이동평균의 기간을 패턴이나 사이클이 주기와 같게 하면 그러한 요인에 의해 발생하는 변동을 완화할 수 있다.

중심이동평균에서 기간(N)의 선택은 주관적인 판단에 의한다. 기간을 길게 하면 변동성은 완화되지만 추세의 전환에는 덜 민감하게 된다. 기간을 매우 길게 하면 원자료를 비효율적으로 사용하게 된다. 이는 시계열의 시작과 끝 부분에 있는 값을 이동평균으로 나타낼 수 없기 때문이다. 「컴퓨터 솔루션 18.2」의 Excel자료를 보면, 15개의 원자료값에서 3개년 이동평균은 13개의 점을 만든다. 만약 이 자료에서 9개년 이동평균을 하면 7개의 점만 만들 것이다.

지수평활

지수평활(exponential smoothing) 기법을 사용하면 시계열에서의 변동성을 완화시킬 수 있다. 이 기법은 시계열의 현재와 과거의 값을 가중평균하는 것으로서, 요약하면 다음과 같다.

시계열의 지수평활

$$E_t = \alpha \cdot y_t + (1 - \alpha) \cdot E_{t-1}$$

E_t = t기간에 대한 지수평활값
E_{t-1} = 전기간에 대한 지수평활값
y_t = t기간에 대한 시계열의 실제 y값
α = 평활상수, $0 \le \alpha \le 1$

각 지수평활값(E)은 다음 값의 가중평균이다: (1) 해당 기간의 실제 y값, (2) 전기간의 지수평활값. 평활상수(α)의 값이 크면 해당기간의 y값이 더 중요하게 된다.

이제 앞 절에서 사용한 전력구매자료를 사용하여 지수평활이 시계열의 변동성을 완화하는 것을 보도록 하자. 절차는 다음과 같다.

1. 평활상수(α)의 값을 선택한다. 이 예제에서는 임의로 $\alpha = 0.3$으로 한다.
2. 평활곡선의 초기값을 결정한다. 각 지수평활값은 (0.3 실제값) + ([1 − 0.3] [전기간의 지수평활값])이므로 전기간의 값이 있어야만 값을 계산할 수 있다. 일반적으로 $E_1 = y_1$로 하여 시작한다. 아래에 있는 것처럼 1기간(1995)의 평활값은 815(천 kwh)이다. 그다음 계산이 이어짐에 따라 이 초기값은 중요하지 않게 된다.
3. 1998년까지의 계산을 하면 다음과 같다.

평활곡선의 시작인 1995년의 값은 $E = y = 815$ 이다.

연도	전력구매량	지수평활 구매량 ($\alpha = 0.3$)
1995	815	815
1996	826	818.3 = 0.3(826) + 0.7(815.0)
1997	745	796.3 = 0.3(745) + 0.7(818.3)
1998	776	790.2 = 0.3(776) + 0.7(796.3)

1998년의 지수평활값은 0.3 (1998년의 실제구매량) + 0.7 (1997년의 평활구매량) 이다.

이후의 계산결과는 「컴퓨터 솔루션 18.4」의 Excel자료에 있다. 자료에는 $\alpha = 0.6$에 대한 평활값도 계산해 놓았다. 평활상수의 값이 작으면 원래 시계열의 변동이 더 완화됨을 유의하라. 반면에 시계열이 증가하거나, 감소하거나 혹은 방향을 바꾸면 평활곡선은 뒤처지는 문제가 있다. 「컴퓨터 솔루션 18.4」의 Excel자료의 그래프를 보면 2001년에서 2009년 사이에서 지수평활곡선이 실제 매출액보다 낮음을 알 수 있고, 「컴퓨터 솔루션 18.2」의 이동평균과 비교하면 그 차이가 확연함을 알 수 있다.

「컴퓨터 솔루션 18.4」의 Excel자료를 보면 'damping factor' 값($1 - \alpha$)을 입력해야 한다. 그 다음에 자동채움(AutoFill) 기능으로 2009년까지의 값을 얻는다. Excel은 시계열의 평활값을 계산하지만 예측도 하는 것으로 간주하여 평활곡선을 한 구간만큼 전진시킨다. 따라서 마지막 평활값은 사라진다. 지수평활을 예측에 적용하는 내용은 18.5절에서 다룰 것이다.

미니탭을 이용하면 좀 더 빠르게 할 수 있다. 주의할 것은 처음 평활값을 계산할 때 첫 번째 시계열값을 사용하도록 하는 것이다.

평활상수(α)의 값은 자료의 변동성을 얼마만큼 완화할 것인가에 따라 결정한다. α를 0으로 하면 평활곡선은 수평선이 되고, α를 1로 하면 평활곡선은 원래의 시계열과 같아진다. 그러므로 0과 1 사이의 값을 선택해야 할 것이다.

컴퓨터 솔루션 18.4

시계열의 지수평활

EXCEL

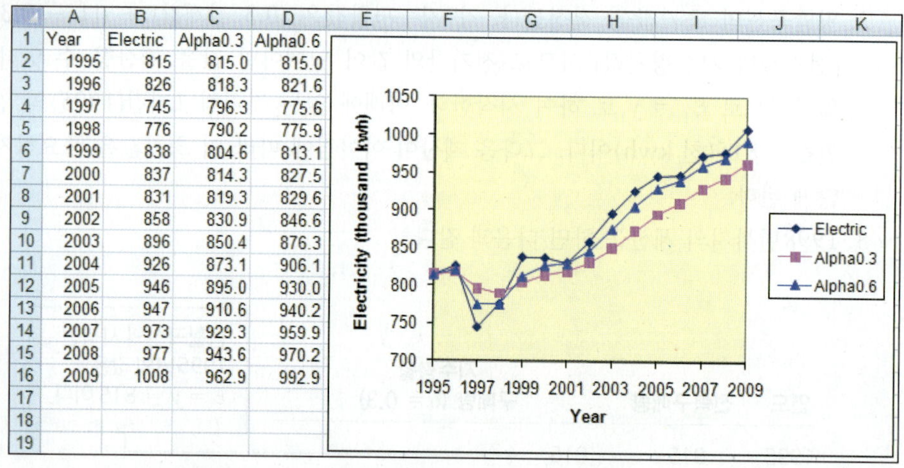

	A	B	C	D
1	Year	Electric	Alpha0.3	Alpha0.6
2	1995	815	815.0	815.0
3	1996	826	818.3	821.6
4	1997	745	796.3	775.6
5	1998	776	790.2	775.9
6	1999	838	804.6	813.1
7	2000	837	814.3	827.5
8	2001	831	819.3	829.6
9	2002	858	830.9	846.6
10	2003	896	850.4	876.3
11	2004	926	873.1	906.1
12	2005	946	895.0	930.0
13	2006	947	910.6	940.2
14	2007	973	929.3	959.9
15	2008	977	943.6	970.2
16	2009	1008	962.9	992.9
17				
18				
19				

평활상수(α = 0.3)을 사용한 지수평활(Excel)

1. Excel파일 **CX18EPWR**에 저장되어 있는 자료에는 A2:A16에 연도 코드가, B2:B16에 전력구매량이, 그리고 A1과 B1에 이름표가 있다. **데이터** 리본에서 **데이터 분석**을 클릭한다. **지수평활법**을 선택하고 **확인**을 클릭한다.
2. **입력범위** 칸에 **B1:B16**을 입력한다. **감쇠인수** 칸에 **0.7**을 입력한다 (참고: Excel에서 감쇠인수 = 1 − α이다). **이름표**를 선택한다. **출력범위** 칸에 **C1**을 입력하고 **(차트 출력**은 선택하지 않는다) **확인**을 클릭한다.
3. C1에는 '#NA'로 표시된 값이 있을 것이다. 마우스 오른쪽클릭을 하여 내용지우기를 선택하여 지운다. 그러면 C열의 숫자는 C2부터 시작하게 된다. **C1**에 이름표**(Alpha0.3)**를 입력한다. **C15**을 선택하고 셀의 오른쪽 아래를 클릭하여 '+' 사인이 나오게 하여 **D16**까지 끌어 채운다.
4. **B1:D16**을 선택한다. **삽입** 리본의 **차트**메뉴에서 **꺾은선형**을 클릭한다. **2차원 꺾은선형** 메뉴에서 네 번째 옵션**(표식이 있는 꺾은선형)**을 클릭한다. 차트의 모양을 수정한다. 수평축에 연도를 표시하고 싶으면 「컴퓨터 솔루션 18.2」에 있는 참고에 있는 설명을 보라.

연습문제

18.9 다음 자료는 1992년부터 2007년까지 주거용과 상업용 천연가스 소모량(1,000조 Btu)을 나타낸 것이다. (출처: Bureau of the Census, *Statistical Abstract of the United States 2009*, p. 567.)

연도	소모량	연도	소모량
1992	29.6	2000	37.7
1993	30.6	2001	37.3
1994	30.8	2002	38.2
1995	33.3	2003	38.6

연도	소모량	연도	소모량
1996	33.0	2004	38.8
1997	33.0	2005	39.6
1998	32.8	2006	38.6
1999	36.0	2007	40.2

a. 시계열의 그래프를 그리고, 3년 중심이동평균을 원 시계열의 위에 그려라.

b. 5년 중심이동평균을 원 시계열의 위에 그려라. N = 5일 때 이동평균이 더 '매끄러운' 이유는 무엇인가?

18.10 연습문제 18.9의 자료에, $N = 2$일 때와 $N = 5$일 때의 중심이동평균을 구하라.

18.11 U.S. Energy Information Administration에 의하면, 난방지수(heating degree-day)는 상대적 기온을 나타내는 것으로서, 하루의 평균 기온이 화씨 65도보다 얼마나 낮은가를 표시한다(최소값은 0). 난방지수가 높아질수록, 천연가스와 전기로 공급하는 난방 에너지의 국가 수요도 높아진다. 다음의 자료는 2005년부터 2008년까지의 월간 난방지수(한 달 동안의 난방지수의 합)를 나타낸다. (출처: U.S. Energy Information Administration, *Annual Energy Review 2008*, p. 17)

	1	2	3	4	5	6
2005	859	676	648	305	186	25
2006	687	731	600	264	137	23
2007	841	853	502	372	111	24
2008	892	741	617	319	183	26
	7	**8**	**9**	**10**	**11**	**12**
2005	3	6	39	236	466	866
2006	2	9	82	304	467	690
2007	5	7	44	175	521	800
2008	5	13	52	281	534	831

a. 시계열의 그래프를 그려라. 전체적인 추세는 상승하는가, 아니면 하강하는가?

b. 3개월과 5개월 중심이동평균곡선을 구하고 원 시계열 위에 그려라.

18.12 연습문제 18.11의 자료에:

a. $N = 4$, 그리고 $N = 12$의 중심이동평균을 구하라.

b. $N = 12$개월일 때, 중심이동평균이 $N = 4$일 때보다 상대적으로 평활하다. 더 많은 수의 달을 포함한다는 사실 외에도, $N = 12$일 때 이동평균이 평활해야 하는 다른 이유가 있는가?

18.13 다음 자료는 어느 택배회사의 매달 운송되는 물건의 수를 조사한 것이다. 자료는 천 개 단위이다.

	1	2	3	4	5	6
2007	4.5	4.7	4.7	5.0	5.0	4.4
2008	5.4	4.9	5.3	5.6	5.4	5.4
2009	5.8	5.8	6.6	6.5	6.2	6.7
	7	**8**	**9**	**10**	**11**	**12**
2007	4.7	4.9	4.6	5.4	4.8	5.2
2008	5.5	5.4	5.7	6.3	5.3	6.3
2009	6.7	6.7	6.9	7.4	6.6	7.4

a. 시계열의 그래프를 그려라. 전체적인 추세는 상승하는가, 아니면 하강하는가?

b. 3개월과 5개월 중심이동평균곡선을 구하고 각각 원 시계열 위에 그려라.

18.14 연습문제 18.13의 자료에 대하여:

a. $N = 4$, 그리고 $N = 12$의 중심이동평균을 구하라.

b. $N = 12$개월일 때, 중심이동평균이 $N = 4$일 때보다 상대적으로 평활하다. 더 많은 수의 달을 포함한다는 사실 외에도, $N = 12$일 때 이동평균이 평활해야 하는 다른 이유가 있는가?

18.15 다음은 1989년부터 2008년까지의 미국산 일반 항공제트기 출하량에 대한 자료이다. (출처: *2008 General Aviation Statistical Databook & Industry Outlook*, p. 20)

연도	수송품	연도	수송품
1989	157	1999	517
1990	168	2000	588
1991	186	2001	600
1992	171	2002	524
1993	198	2003	384
1994	222	2004	403
1995	246	2005	522
1996	233	2006	604
1997	342	2007	815
1998	413	2008	955

a. 시계열의 그래프를 그려라. 전체적인 추세는 상승하는가, 아니면 하향하는가?

b. 3년과 5년 중심이동평균곡선을 구하고 각각 원시 계열 위에 그려라.

18.16 연습문제 18.11의 자료에, 평활상수 $\alpha = 0.4$를 가지고 지수평활곡선을 적합하여라. 평활상수 $\alpha = 0.7$를 가지고 지수평활곡선을 적합하여라. 어느 상수가 곡선을 더욱 매끄럽게 만드는가? 그 이유는 무엇인가? 원 시계열이 방향을 바꿀 때 어느 곡선이 더 빨리 따라잡는가? 그 이유는 무엇인가?

18.17 연습문제 18.13의 자료에, 평활상수 $\alpha = 0.4$를 가지고 지수평활곡선을 적합하여라. 평활상수 $\alpha = 0.7$를 가지고 지수평활곡선을 적합하여라. 어느 상수가 곡선을 더욱 매끄럽게 만드는가? 그 이유는 무엇인가? 원 시계열이 방향을 바꿀 때 어느 곡선이 더 빨리 따라잡는가? 그 이유는 무엇인가?

18.18 연습문제 18.15의 자료에, $N = 2$와 $N = 4$를 사용하여 중심이동평균을 구하라.

18.19 연습문제 18.15의 자료에:

a. 평활상수 $\alpha = 0.6$를 사용하여 지수평활곡선을 적합하라.

b. 이 자료에 대하여, 평활상수가 $\alpha = 0.0$일 때와 $\alpha = 1.0$일 때 지수평활된 곡선의 모습을 설명하라. α를 이와 같은 극단적인 수로 설정하는 것이 효율적이지 않은 이유는 무엇인가?

18.4 계절지수

시계열변수에 따라 특정 달이나 특정 분기에 계절적 패턴이 강한 경우가 있다. **계절지수**(seasonal index)는 1년 이내의 주기로 반복되는 패턴의 효과를 보충하기 위하여 추세값을 확대하거나 줄이는 인자(factor)이다. 계절지수는 계절적 패턴의 상대적인 영향을 찾아내는 것 이외에 다음 절에서 설명하는 예측기법에서도 유용하게 사용된다.

이제 계절적 패턴이 매우 강한 시계열을 사용하여 계절지수를 계산하는 예를 들겠다. 그림 18.3에 있는 그래프는 2005년에서 2009년 사이에 북부지역의 어떤 도시에서 소비자에게 판매한 천연가스의 양을 분기별로 나타낸 것이다. 시계열을 보면 난방 등의 이유로 해마다 첫 번째 분기에 천연가스의 수요가 매우 높고 세 번째 분기에는 상대적으로 낮다.

이동평균비율법

이동평균비율법(ratio to moving average method)을 사용하면 계절적 변동효과를 계량화할 수 있다. 그림 18.3의 자료를 사용하여 이 기법을 설명하면 다음과 같다.

1. **시계열의 중심이동평균을 만든다.** 이것은 표 18.2의 (1)~(4)열에서 계산하였다. 이는 앞 절에서 보았던 표 18.1과 유사하다. 자료가 분기별이므로 4기간 동안의 이동평균을 계산하였다. 만약 월별 자료라면 12기간 동안의 이동평균을 계산하면 된다.

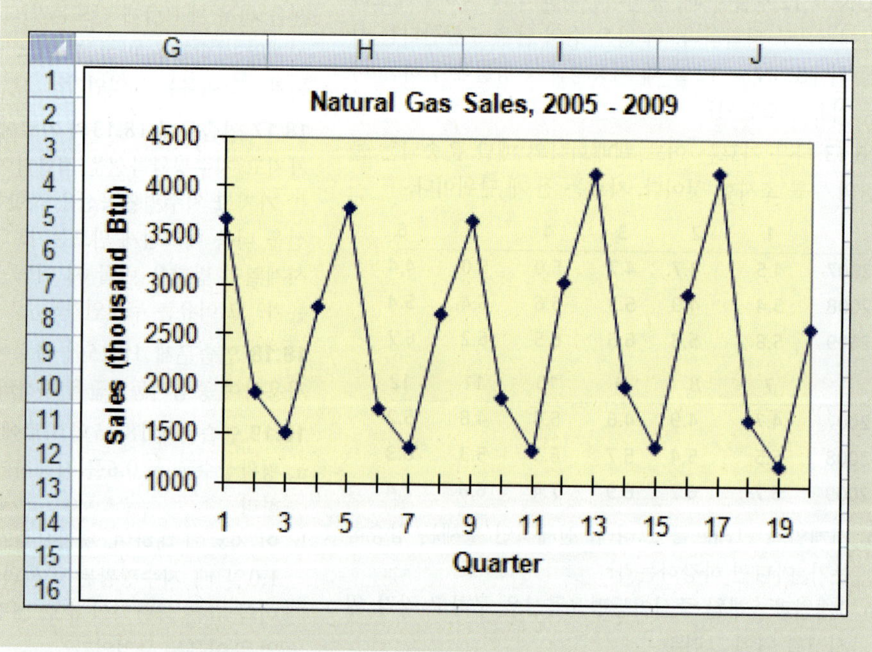

그림 18.3

2005년에서 2009년 사이에 북부지역의 어떤 도시에서 소비자에게 판매한 천연가스의 양에 대한 시계열의 그래프이다.

2. **원래의 시계열 자료를 대응되는 중심이동평균으로 나눈다.** 이렇게 하면 이동평균값에 대한 비율(%)을 얻을 수 있고, 그 결과는 표 18.2의 (5)열에 있다. 2006년 1사분기의 실제 판매량인 3,781(천 Btu)은 중심이동평균의 155.365%이다.
3. **각 분기별(혹은 월별)로 2단계에서 얻은 비율의 평균을 계산한다.** 이것은 시계열에 존재하는 불규칙적인 요소의 효과를 낮추기 위함이며, 계산 결과는 표 18.3의 첫 번째 상자에 있다. 평균대신에 중위수나 절사평균(trimmed mean, 최대값과 최소값을 제거한 후의 평균)을 사용할 수도 있다.

표 18.2

그림 18.3에 있는 분기별 자료를 사용하여 계절지수를 계산하는 첫 번째 단계. 이후의 계산은 표 18.3에 있다.

연도	분기	(1) 판매량	(2) 4개 분기 총합	(3) 4개 분기 총합의 평균	(4) 4개 분기의 중심이동평균	(5) 이동평균값에 대한 판매량의 비율(%)
2005	I	3661				
	II	1907				
			9,843			
	III	1500		9,903.0	2475.750	60.588%
			9,963			
	IV	2775		9,884.0	2471.000	112.303
			9,805			
2006	I	3781		9,734.5	2433.625	155.365
			9,664			
	II	1749		9,633.0	2408.250	72.625
			9,602			
	III	1359		9,541.5	2385.375	56.972
			9,481			
	IV	2713		9,541.0	2385.250	113.741
			9,601			
2007	I	3660		9,589.0	2397.250	152.675
			9,577			
	II	1869		9,741.5	2435.375	76.744
			9,906			
	III	1335		10,146.5	2536.625	52.629
			10,387			
	IV	3042		10,448.0	2612.000	116.462
			10,509			
2008	I	4141		10,532.5	2633.125	157.266
			10,556			
	II	1991		10,498.0	2624.500	75.862
			10,440			
	III	1382		10,446.5	2611.625	52.917
			10,453			
	IV	2926		10,284.0	2571.000	113.808
			10,115			
2009	I	4154		10,020.5	2505.125	165.820
			9,926			
	II	1653		9,755.0	2438.750	67.781
			9,584			
	III	1193				
	IV	2584				

표 18.3

천연가스의 분기별 매출에 대한 계절지수이다. 표 18.2에서 이어서 계산한 것이다.

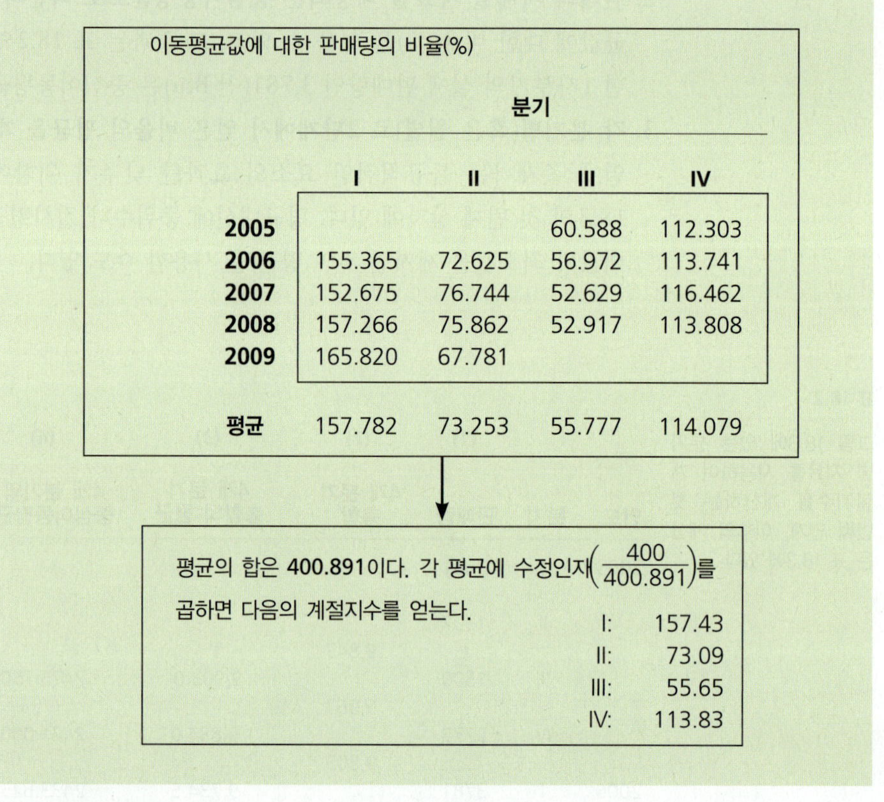

이동평균값에 대한 판매량의 비율(%)

	분기 I	II	III	IV
2005			60.588	112.303
2006	155.365	72.625	56.972	113.741
2007	152.675	76.744	52.629	116.462
2008	157.266	75.862	52.917	113.808
2009	165.820	67.781		
평균	157.782	73.253	55.777	114.079

평균의 합은 **400.891**이다. 각 평균에 수정인자$\left(\frac{400}{400.891}\right)$를 곱하면 다음의 계절지수를 얻는다.

I:	157.43
II:	73.09
III:	55.65
IV:	113.83

4. **3단계에서 구한 평균값의 평균이 100이 아니면 수정인자를 곱하여 100이 되도록 만든다.** 다시 말해서, 분기별 평균들의 합이 400이 되어야 하는데, 이렇게 되지 않으면 그렇게 만든다. 표 18.3을 보면 각 평균값에 400/400.891을 곱하였다.
5. **4단계에서 수정을 마친 뒤에 얻은 값이 계절지수이다.** 표 18.3에 계절지수를 구했으며, 계절지수가 크면 천연가스 판매량에 해당 분기가 미치는 영향이 큼을 의미한다. 1분기의 계절지수(157.43)가 가장 높은 것으로 나타났으며, 이는 분기별 가스 판매량의 평균의 157.43%가 1분기에 발생함을 의미한다. 마찬가지로 3분기에는 분기별 평균의 55.65%가 발생한다.

시계열에서 계절성을 없애기

계절지수를 찾고 나면 그것을 이용해서 원래 시계열의 **계절성을 없앨**(*deseasonalize*) 수 있다. 이 과정을 통하여 계절효과를 없애면 **계절조정된**(*seasonally adjusted*) 시계열을 얻게 된다.

고전적 시계열모형의 관점에서 원래의 시계열과 **계절조정된 시계열**을 요약하면 다음과 같다.

1. **원래의 시계열** 추세요소(T), 주기적요소(C), 계절적요소(S), 불규칙적요소(I) 혹은 $T \cdot C \cdot S \cdot I$.

2. **계절조정된 시계열** 추세요소(T), 주기적요소(C), 불규칙적요소(I) 혹은 $T \cdot C \cdot I$.

임의의 시계열에서 계절조정된 값은 $(T \cdot C \cdot S \cdot I)/S$로 나타낼 수 있으며, 시계열에서 S를 나누면 계절적효과를 제거한다. 다음의 식에서는 분모에 있는 계절효과(S)가 비율(혹은 계절지수에 100을 나눈 값)로 표현되어 있다.

계절조정된 시계열:
각 기간별 계절조정된 값은

$$D = \frac{\text{원래 시계열의 값}}{(\text{그 기간의 계절지수})/100}$$

위의 식을 사용하여 천연가스 자료의 계절조정된 시계열을 계산하면 표 18.4와 같다. 시계열 값에서 모든 1분기 판매량은 1.5743으로 나누고, 2분기 판매량은 0.7309로 나누고, 등으로 하였다. (3)열의 계절조정된 판매량은 (1)열의 판매량에 (2)열의 (계절지수)/100을 나눈 값이다. 예를 들어 2009년 1분기의 계절조정된 판매량은 다음과 같다.

$$D = \frac{\text{실재 판매량}}{(\text{계절지수})/100} = \frac{4154}{157.43/100} = 2638.6$$

「컴퓨터 솔루션 18.5」의 Excel결과를 보면 그림 18.3에 있는 원래 시계열에 계

표 18.4

표 18.2에 있는 천연가스 매출에서 계절성을 없앤 시계열이다.

연도	분기	(1) 실제 판매량	(2) (계절지수)/100	(3) 계절조정된 판매량
2005	I	3661	1.5743	2325.5
	II	1907	0.7309	2609.1
	III	1500	0.5565	2695.4
	IV	2775	1.1383	2437.8
2006	I	3781	1.5743	2401.7
	II	1749	0.7309	2392.9
	III	1359	0.5565	2442.0
	IV	2713	1.1383	2383.4
2007	I	3660	1.5743	2324.8
	II	1869	0.7309	2557.1
	III	1335	0.5565	2398.9
	IV	3042	1.1383	2672.4
2008	I	4141	1.5743	2630.4
	II	1991	0.7309	2724.0
	III	1382	0.5565	2483.4
	IV	2926	1.1383	2570.5
2009	I	4154	1.5743	2638.6
	II	1653	0.7309	2261.6
	III	1193	0.5565	2143.8
	IV	2584	1.1383	2270.1

절조정된 분기별 판매량이 추가로 그려져 있다. 시계열을 계절조정하면 추세적요소와 계절적요소를 확연하게 구분할 수 있다.

Excel에는 계절지수를 찾는 기능은 없다. 그래서 분기별 혹은 월별 시계열에 대하여 계절지수와 계절조정값을 계산하는 Excel 워크시트 템플릿을 교재에 넣었다. 또 Data Analysis Plus를 사용하여 계산할 수도 있다. 한편 Data Analysis Plus는 계절지수를 계산하는 기능이 있지만, 이 절에서 설명한 방법과 다르게 계절지수를 계산하므로 결과도 약간 다르게 된다.

컴퓨터 솔루션 18.5

계절지수의 결정

Excel의 워크시트 템플릿을 사용

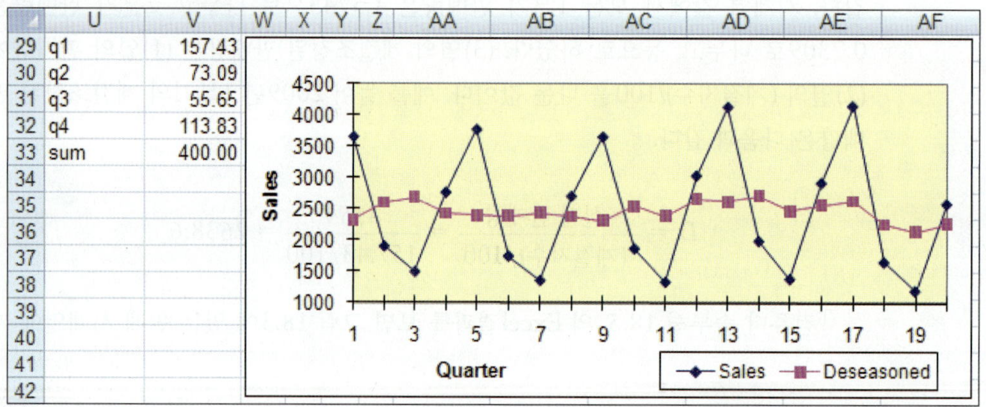

분기별 계절지수

1. Excel파일 **CX18GAS**에 저장되어 있는 자료에는 B2:B21에 분기가, C2:C21에 가스판매량이, 그리고 B1과 C1에 이름표가 있다. Excel의 워크시트 템플릿 **TMQUARTS**를 연다.
2. **TMQUARTS**에서 작업할 내용: 14행에 37행까지 마우스로 선택하고 마우스 오른쪽클릭을 하여 선택한 행을 모두 지운다. 그러면 20개의 행이 남아 있게 되고, 그곳에 20분기의 가스판매량을 복사할 수 있다.
3. **CX18GAS**에서 작업할 내용: C2:C21을 선택한다. 마우스 오른쪽클릭을 하여 **복사**한다.
4. **TMQUARTS**에서 작업할 내용: C6를 선택한다. 마우스 오른쪽클릭을 하여 **붙여넣기**한다. 가스판매량이 C6:C25에 복사되었다. D8셀을 선택하고 AutoFill '+'를 사용하여 D열에 현재 있는 값까지 내려 끈다. B열에 있는 숫자가 1에서 20까지의 값이 되게 하라.
5. **TMQUARTS**에서 계절지수는 V열에 있다. R열에서 아래로 내려오면 원시계열과 계절조정된 시계열의 그래프를 볼 수 있다. 그림의 포맷을 약간 수정하면 계절조정된 그래프는 위의 그림과 같다. 위의 그림에서는 그래프를 계절지수의 오른쪽으로 이동을 시켰다.

참고

1. 얼마만큼의 분기별 자료가 사용되는지에 따라 지수와 그래프가 있는 위치가 달라질 수 있다.
2. 월별 자료를 사용하는 경우에는 Excel의 워크시트 템플릿 TMMONTHS를 사용하라. 사용절차는 위와 유사하다.

Data Analysis Plus의 사용

분기별 계절지수

1. Excel파일 **CX18GAS**에 저장되어 있는 자료에는 분기별 자료가 C2:C21에 있다. **D1**셀에 이름표(Quarter)를 입력한다. **D2:D5**에 **1**에서 **4**까지의 수를 입력한다. 반복적으로 1에서 4까지의 수를 D18:D21까지 입력한다. 분기를 의미하는 1에서 4까지의 수는 판매량 자료의 오른쪽에 위치해야 한다.
2. **추가기능** 리본에서 **Data Analysis Plus**를 클릭하고 **Seasonal Indexes**를 선택하고 **OK**를 클릭한다.
3. **Input Range** 칸에 **C1:D21**을 입력하고 **Labels**를 선택한다. **OK**를 클릭한다. 계절지수는 다음의 출력과 같다.

	A	B
1	Seasonal Indexes	
2		
3	Season	Index
4	1	1.5633
5	2	0.7411
6	3	0.5492
7	4	1.1463

참고

1. Data Analysis Plus에서 사용하는 방법은 교재와 Excel의 워크시트 템플릿에서 설명한 것과 조금 다르다. 그래서 계절지수의 값도 약간 차이가 있다.
2. 월별 자료를 사용하는 경우도 비슷하게 하면 된다. 판매량 자료의 오른쪽에 1에서 12까지의 수를 반복적으로 입력해야 한다.

연습문제

18.20 월별로 계절지수를 구할 때, 한 통계학자는 '수정되지 않은' 계절지수의 합이 12 × 100(또는 1,200)이 아니라 1,180이라는 것을 발견했다. 수정된 계절지수를 계산하려면 어떻게 해야 하나?

18.21 어느 전시 센터의 예약의 계절지수가 분기 1~4까지 각각 83, 120, 112, 그리고 85이다. 전시 센터의 연간 예약의 몇 퍼센트가 2분기에 이루어지는가?

18.22 미주 텍사스는 2004~2008년까지의 주내의 숙박 및 식당의 분기당 총 매출을 발표했다. (출처: Texas Comptroller of Public Accounts site, ecpa.cpa.tx.us, August 22, 2009)

총 판매액 (10억 달러 단위)

	I	II	III	IV
2004	$7.014	7.330	7.260	7.521
2005	7.441	7.904	7.716	8.228
2006	8.166	8.390	8.321	8.751
2007	8.642	9.322	9.136	9.599
2008	9.412	9.879	9.578	9.995

a. 이 자료의 4분기 중심이동평균을 구축하고 각 분기별 값의 이동평균에 대한 퍼센트를 구하라.
b. 각 분기의 계절지수를 구하라.
c. 계절지수를 이용하여 원 시계열을 계절조정하라.

18.23 어느 놀이공원은 2005년부터 2009년까지의 손님의 수를 분기별로 가지고 있다.

손님 수(천 단위)

	I	II	III	IV
2005	155	231	270	105
2006	182	255	315	294
2007	160	250	280	297
2008	210	310	365	335
2009	225	325	384	386

a. 이 자료의 4분기 중심이동평균을 구축하고 각 분기별 값의 이동평균에 대한 퍼센트를 구하라.
b. 각 분기의 계절지수를 구하라.
c. 계절지수를 이용하여 원 시계열을 계절조정하라.

18.24 연습문제 18.11의 난방지수 자료를 가지고, (a)

1월부터 12월까지의 월별 계절지수를 구하고, (b) 이 계절지수를 이용하여 원 시계열을 계절조정하라.

18.25 연습문제 18.13의 자료를 가지고, (a) 1월부터 12월까지의 월별 계절지수를 구하고, (b) 이 계절지수를 이용하여 원 시계열을 계절조정하라.

18.26 어느 통신판매 회사에서 월별 전화주문의 수의 계절지수를 아래와 같이 구했다. 계절지수 아래에 있는 자료는 2009년에 걸려온 실제 월별 전화주문의 수(천 건) 이다.

a. 계절지수를 이용하여, 2009년의 자료를 계절조정하라.

b. 회사의 사장은 2009년 5월부터 12월까지 전화주문 수가 매달 늘어나서 기뻐하고 있다. 문항 (a)의 결과를 보면, 회사의 성과는 정말 좋아지고 있는 것인가?

월	1	2	3	4	5	6	7	8	9	10	11	12
계절지수	110	105	90	60	70	75	85	95	100	105	140	165
2009년의 주문 수	7.2	5.9	5.5	3.2	4.0	4.1	5.3	5.4	5.7	6.1	7.9	8.2

18.5 예측

가전제품 판매량, 천연가스 소비, 오존층의 두께와 같은 변수의 미래값을 예측하려면 과거의 자료를 사용해야 한다. 앞 절에서 설명한 시계열과 계절지수 기법이 이를 위해 적용되기도 한다. 과거의 자료를 사용하여 미래를 예측하는 것은 차 속에서 뒤를 보고 앉아 있으면서 어디로 갈지를 판단하는 것과 비슷하다. 1950년대에 그와 같은 자동차가 실제로 존재하였는데, 이 장의 서두에 있는 짧은 사연에서 시계열을 사용하는 예측과 그 자동차의 유사점을 설명하였다.

추세방정식을 사용한 예측

추세방정식을 자료에 적합시킨 후에 시간변수에 미래의 값을 대입하면 예측을 할 수 있다. 추세방정식이 선형이든 비선형이든 방법은 다르지 않다.

그림 18.1과 같이 2000년에서 2005년 사이의 하이브리드 자동차 판매량에 대한 추세방정식을 찾았다면, 2013년에 대한 예측은 다음과 같다.

적합된 2차 추세방정식

$$\hat{y} = 54.068 - 45.418x + 11.377x^2$$

$\hat{y}$ = 하이브리드 자동차 판매량에 대한 추세선 추정
x = 연도 (2000년이면 1임)

↓

2013년의 하이브리드 자동차 판매량에 대한 예측은

$\hat{y} = 54.068 - 45.418(14) + 11.377(14)^2$, 혹은 1648.11(천 대)이다.

지수평활을 이용한 예측

지수평활을 사용하여 미래의 기간에 대한 예측을 할 수 있다. 이는 18.3절에 있는 평활법에서 각 기간의 E(지수평활값) 대신에 F(예측값)를 사용하고, 시간(t)은 미래로 한 단위 이동시킨다.

지수평활을 이용한 예측:

$$F_{t+1} = \alpha \cdot y_t + (1-\alpha) \cdot F_t$$

F_{t+1} = $t+1$ 기간에 대한 예측
y_t = t기간에 대한 시계열의 실제 y값
F_t = t기간에 대한 예측값
α = 평활상수, $0 \le \alpha \le 1$

지수평활에서와 같이 평활상수($0 \le \alpha \le 1$)가 있다. 연간 판매량에 대한 예측을 한다면, 다음 해의 예측은 올해의 실제 판매량과 올해의 예측값의 가중평균이 된다. $\alpha = 1$로 하면 다음 해는 올해와 같다고 예측하는 것이다.

전력구매 자료를 사용하여 예를 들어보자. 이 자료에는 1995년에서 2009년까지의 구매량이 있는데, 지수평활을 사용하여 2010년을 예측해 보자. $\alpha = 0.6$을 사용하기로 한다.

지수평활은 초기 예측값의 설정이 필요하다. 1995년의 초기 예측값으로 그해의 실제 구매량인 815를 사용하기로 하자. 초기값은 예측이 계속 진행될수록 영향력이 감소한다. 당해 연도의 예측은 전년도의 실제값과 예측값의 가중평균이며, 가중치로는 평활상수를 사용한다.

연도	y = 실제구매량	F = 예측구매량 $\alpha = 0.6$
1995	815	815.0
1996	826	815.0 = 0.6(815) + 0.4(815.0)
1997	745	821.6 = 0.6(826) + 0.4(815.0)
1998	776	775.6 = 0.6(745) + 0.4(821.6)
⋮	⋮	⋮
2008	977	959.9 = 0.6(973) + 0.4(940.2)
2009	1008	970.2 = 0.6(977) + 0.4(959.9)
2010	—	992.9 = 0.6(1008) + 0.4(970.2)

1995년의 예측값(초기값)으로 815를 사용한다.

2010년의 예측값은 2009년의 예측값과 실제값의 가중평균이다.

「컴퓨터 솔루션 18.6」의 Excel결과를 보면 전력구매의 예측값 전체가 있다. 예측값과 그래프 이외에 미니탭을 이용하면 시계열값, 평활값, 예측값, 잔차 등의 값을 표로 만들 수 있다.

예측을 위하여 지수평활을 사용하면, 추세가 증가할 때는 예측을 낮게 하고 추세가 감소할 때는 예측을 높게 할 것이다. 이는 항상 이전의 값을 사용하여 현재를 예측하기 때문에 그렇다. 이 문제는 추세가 상향인지 하향인지를 나타내는 변수를 추가함으로써 해결할 수 있다. 이 방법은 Holt-Winters 예측모형이라 부르며, 자세한 내용은 관련 서적을 참고하기 바란다.

컴퓨터 솔루션 18.6

지수평활을 이용한 예측

EXCEL

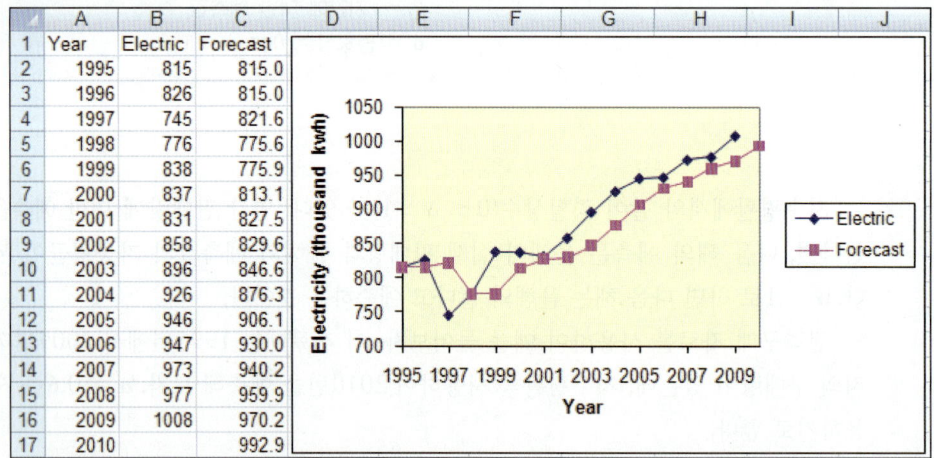

	A	B	C
1	Year	Electric	Forecast
2	1995	815	815.0
3	1996	826	815.0
4	1997	745	821.6
5	1998	776	775.6
6	1999	838	775.9
7	2000	837	813.1
8	2001	831	827.5
9	2002	858	829.6
10	2003	896	846.6
11	2004	926	876.3
12	2005	946	906.1
13	2006	947	930.0
14	2007	973	940.2
15	2008	977	959.9
16	2009	1008	970.2
17	2010		992.9

지수평활(= 0.6)을 이용한 예측 (Excel)

1. Excel파일 **CX18EPWR**에 저장되어 있는 자료에는 A2:A16에 연도 코드가, B2:B16에 전력구매량이, 그리고 A1과 B1에 이름표가 있다. **데이터** 리본에서 **데이터 분석**을 클릭한다. **지수평활법**을 선택하고 **확인**을 클릭한다.
2. **입력범위** 칸에 **B1:B16**을 입력한다. **감쇠인수** 칸에 **0.4**를 입력한다 (참고: Excel에서 감쇠인수 = 1 − α이다). **이름표**를 선택한다. **출력범위** 칸에 **C2**를 입력하고 **(차트 출력**은 선택하지 않는다**) 확인**을 클릭한다.
3. **C2**를 선택하고 **815**를 입력한다. (이는 '#NA' 대신에 첫 번째 기간의 예측값을 넣은 것이다.) C16을 선택하고 셀의 오른쪽 아래를 클릭하여 '+' 사인이 나오게 하여 **C17**까지 끌어 채운다. **A17**에 **2010**을 입력한다. C1에 이름표 **(Forecast)**를 입력한다.
4. **B1:C17**을 선택한다. **삽입** 리본의 **차트**메뉴에서 **꺾은선형**을 클릭한다. **2차원 꺾은선형** 메뉴에서 네 번째 옵션(**표식이 있는 꺾은선형**)을 클릭한다. 차트의 모양을 수정한다. 수평축에 연도를 표시하고 싶으면 「컴퓨터 솔루션 18.2」 참고에 있는 설명을 보라.

계절지수를 사용한 예측

연도별로 예측값을 얻은 뒤에는 계절지수를 사용하여 월별 혹은 분기별 예측을 할 수 있다. 계절지수의 상대적 크기에 따라 전체 예측값을 나누면 되고, 그 절차는 다음과 같다.

연간 예측값을 계절별로 나눈다:

$$계절별\ 예측 = \frac{연간\ 예측}{계절의\ 수} \cdot [(계절지수)/100]$$

천연가스 자료에서 2015년에 대한 예측이 9,200(천 Btu)이었다고 하고, 앞 절에서 계산한 계절지수를 사용하여 네 분기로 나누면 다음과 같다.

1. 연간 예측이 9,200(천 Btu)이므로 분기별 평균은 9,200/4 = 2,300이다.
2. 계절지수를 사용하여 분기별 값을 조정한다.

분기:	I	II	III	IV
(계절지수)/100:	1.5743	0.7309	0.5565	1.1383

분기	
I	2300(1.5743) = 3620.89 thousand Btu
II	2300(0.7309) = 1681.07
III	2300(0.5565) = 1279.95
IV	2300(1.1383) = 2618.09
	9200.00

3. 분기별 예측값을 수정하여 합이 연간 예측과 같아지도록 한다.

분기별 예측값의 합(9,200.00)이 연간 예측(9,200.00)과 같으므로 수정이 필요하지 않다. 만약 분기별 예측값의 합이 9,198.00이라면 2단계에서 분기별 예측에 9,200/9,198.00을 곱하면 된다.

연습문제

18.27 $\hat{y}$ = 추정 판매액(천 달러)이고 1999년을 $x = 1$로 코딩하여, 선형추세방정식 $\hat{y} = 120 + 4.8x$을 찾았다. 2013년과 2015년의 판매액을 예측하라.

18.28 어느 가전제품수리점은 $\hat{y}$ = 수리 주문의 건수이고 2005년을 $x = 1$로 코딩하여, 2차 추세방정식 $\hat{y} = 90 + 0.9x + 3x^2$을 찾았다. 2013년과 2015년의 수리 주문 건수를 예측하라.

18.29 연간 트럭임대 자료를 사용하여, 렌터카 회사는 2005년을 $x = 1$로 코딩하여 2차 추세방정식 $\hat{y} = 450 + 20x + 7.2x^2$을 만들었다. 2013년과 2015년의 y값을 예측하라.

18.30 지수평활을 이용하여 곡선을 시계열에 적합하면, 그것을 예측에 적용할 때는 방법이 약간 다르다. 예측에 사용되는 공식들을 비교하고 차이점이 무엇인지 설명하라.

18.31 2000년부터 2007년까지의 미국의 캐나다에 대한 무역적자(십억 달러)가 다음과 같이 발표되었다. 지수평활과 평활상수 $\alpha = 0.7$을 이용하여, 2008년도의 적자를 예측하라. (출처: *World Almanac and Book of Facts 2009*, p. 117)

연도	2000	2001	2002	2003	2004	2005	2006	2007
적자	$51.9	52.8	48.2	51.7	66.5	78.5	71.8	68.2

18.32 연습문제 18.7의 자료에, 가중상수 $\alpha = 0.5$와 지수평활을 이용하여 2008년의 결과를 예측하라.

18.33 연습문제 18.9의 자료에, 가중상수 $\alpha = 0.6$과 지수평활을 이용하여 2008년의 결과를 예측하라.

18.34 어느 시계열에서 한 해부터 그 다음 해까지의 판매액이 꾸준히 증가한다고 할 때, 지수평활을 사용하여 예측을 한 결과는 예측기간의 실제 판매액보다 (a) 낮을 것인가, (b) 높을 것인가? 설명하라.

18.35 어느 회사는 내년에 560,000갤런의 물을 사용할 것이라고 추정하고 있다. 만약 한 해의 2분기 물 사용의 계절지수가 135일 때, 그 분기 동안의 물 사용의 예측량은 얼마인가?

18.36 어느 회사의 전기 소모량은 1분기부터 4분기까지의 계절지수는 각각 115, 92, 81, 그리고 112이다. 2014년의 전기소모량이 시간당 850,000킬로와트로 예측되었다. 2014년 각 분기의 전기소모량을 예측하라.

18.6 경쟁모형의 평가: *MAD*와 *MSE*

같은 시계열에 여러 모형을 적합시켰다면 모형을 비교할 기준이 있다면 좋을 것이다. 이 절에서는 두 가지 기준을 살펴보겠다.

평균절대편차(*MAD*, **mean absolute deviation**)에 따르면 $|y_t - \hat{y}_t|$의 평균이 가장 작은 것이 최적모형이다. 오차(혹은 편차)의 방향은 고려하지 않는다. *MAD*는 다음과 같이 계산한다.

평균절대편차(*MAD*, mean absolute deviation) 기준:

같은 시계열에 적합된 여러 모형이나 추정방정식이 있다면, 다음의 값이 최소인 모형이 최적모형(혹은 최적방정식)이다.

$$MAD = \frac{\sum|y_t - \hat{y}_t|}{n}$$

y_t = y의 관측값
$\hat{y}_t$ = 추정방정식이나 모형에 의해 예측된 y의 값
n = 기간의 수

또 하나의 기준은 **평균제곱오차**(*MSE*, **mean square error**)이다. 그것에 따르면 $(y_t - \hat{y}_t)^2$의 평균이 가장 작은 것이 최적모형이다. 이는 15~17장에서 설명한 최소자승기준과 유사하다. MAD는 다음과 같이 계산한다.

평균제곱오차(*MSE*: mean square error) 기준:

같은 시계열에 적합된 여러 모형이나 추정방정식이 있다면, 다음의 값이 최소인 모형이 최적모형(혹은 최적방정식)이다.

$$MSE = \frac{\sum(y_t - \hat{y}_t)^2}{n}$$

y_t = y의 관측값
$\hat{y}_t$ = 추정방정식이나 모형에 의해 예측된 y의 값
n = 기간의 수

MAD 기준과 비교하면 *MSE*는 오차가 큰 추정치에 벌점을 더 많이 준다. 이는 *MSE*가 오차의 절대값이 아니라 오차의 제곱의 평균이기 때문이다. 그러므로 *MSE* 기준은 예측오차의 크기가 커지면 비용이 더 높은 비율로 증가하는 경우에 적합하다.

표 18.5를 보면 18.2절에서 사용한 하이브리드 자동차 판매량 자료에 대해 선형추정방정식과 2차 추정방정식에 *MAD*와 *MSE*를 계산하였다.

결과를 보면 2차방정식이 두 가지 기준 모두에 더 좋은 모형임을 알 수 있다. 2차방정식에는 선형과 비선형 항목이 다 포함되어 있으므로 당연하다고 하겠다.

연습문제

18.37 *MAD*와 *MSE*가 시계열에 대한 추정방정식의 적합도를 평가하는 방식이 어떻게 다른가?

18.38 다음은 2001년부터 2008년까지의 국내에서 생산된 천연가스의 원천가격(1,000피트^{3}당 1달러 단위)의 자료이다. 주어진 자료와 추세방정식들을 보고,

표 18.5

18.2절의 하이브리드 자동차 판매량 자료에 대하여 계산한 적합도(*MAD*와 *MSE*)

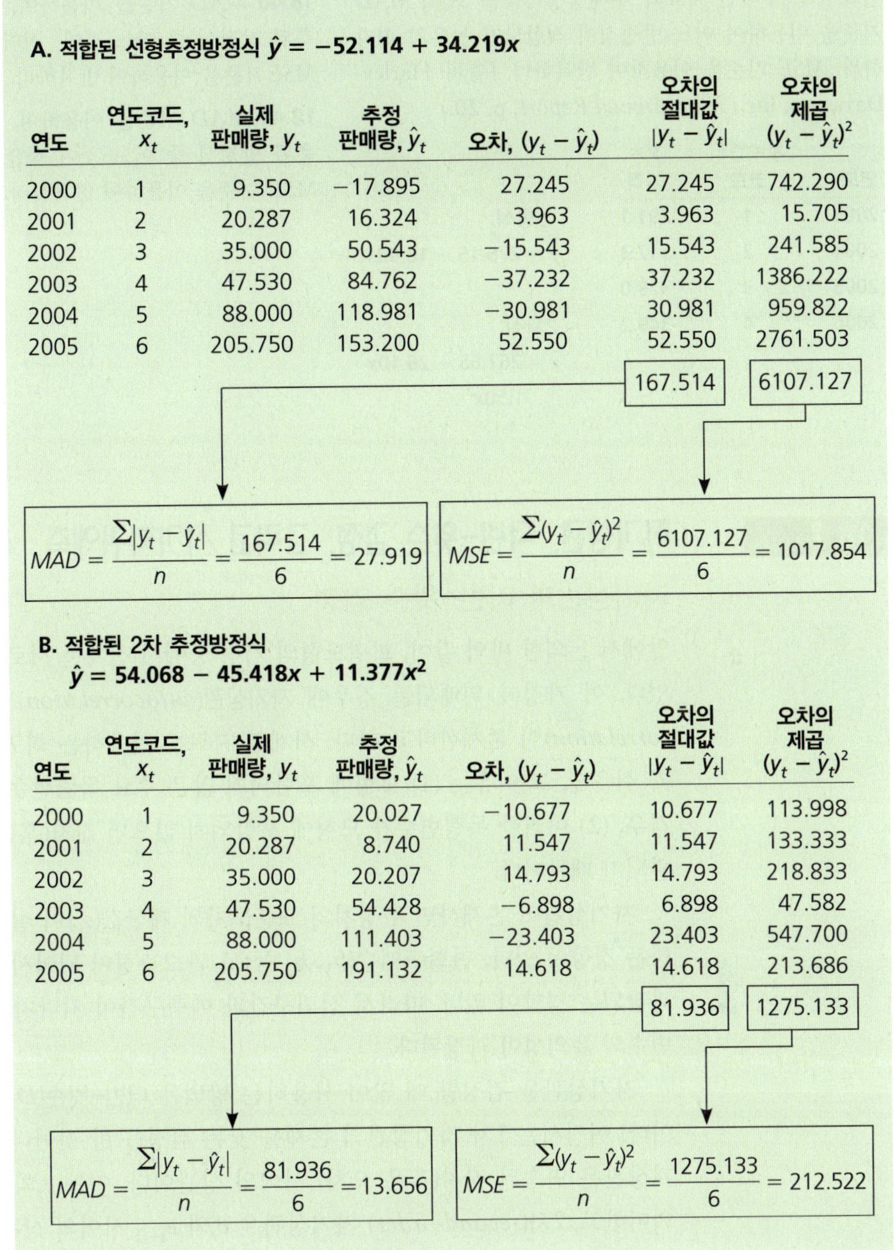

A. 적합된 선형추정방정식 $\hat{y} = -52.114 + 34.219x$

연도	연도코드, x_t	실제 판매량, y_t	추정 판매량, $\hat{y}_t$	오차, $(y_t - \hat{y}_t)$	오차의 절대값 $\lvert y_t - \hat{y}_t \rvert$	오차의 제곱 $(y_t - \hat{y}_t)^2$
2000	1	9.350	−17.895	27.245	27.245	742.290
2001	2	20.287	16.324	3.963	3.963	15.705
2002	3	35.000	50.543	−15.543	15.543	241.585
2003	4	47.530	84.762	−37.232	37.232	1386.222
2004	5	88.000	118.981	−30.981	30.981	959.822
2005	6	205.750	153.200	52.550	52.550	2761.503
					167.514	6107.127

$$MAD = \frac{\sum |y_t - \hat{y}_t|}{n} = \frac{167.514}{6} = 27.919 \qquad MSE = \frac{\sum (y_t - \hat{y}_t)^2}{n} = \frac{6107.127}{6} = 1017.854$$

B. 적합된 2차 추정방정식
$\hat{y} = 54.068 - 45.418x + 11.377x^2$

연도	연도코드, x_t	실제 판매량, y_t	추정 판매량, $\hat{y}_t$	오차, $(y_t - \hat{y}_t)$	오차의 절대값 $\lvert y_t - \hat{y}_t \rvert$	오차의 제곱 $(y_t - \hat{y}_t)^2$
2000	1	9.350	20.027	−10.677	10.677	113.998
2001	2	20.287	8.740	11.547	11.547	133.333
2002	3	35.000	20.207	14.793	14.793	218.833
2003	4	47.530	54.428	−6.898	6.898	47.582
2004	5	88.000	111.403	−23.403	23.403	547.700
2005	6	205.750	191.132	14.618	14.618	213.686
					81.936	1275.133

$$MAD = \frac{\sum |y_t - \hat{y}_t|}{n} = \frac{81.936}{6} = 13.656 \qquad MSE = \frac{\sum (y_t - \hat{y}_t)^2}{n} = \frac{1275.133}{6} = 212.522$$

*MAD*기준을 이용하여 어느 방정식이 적합도가 높은지 평가하라. *MSE*기준을 이용하여 반복하라. (출처: U.S. Energy Information Administration, *Annual Energy Review 2008*, p. 199)

년도	x = 연도 코드	y = 가격
2001	1	$4.00
2002	2	2.95
2003	3	4.88
2004	4	$5.46
2005	5	7.33
2006	6	6.39
2007	7	6.37
2008	8	8.07

선형식:
$\hat{y} = 2.896 + 0.6189x$

2차식:
$\hat{y} = 2.543 + 0.8305x - 0.02351x^2$

18.39 다음은 2003년부터 2006년까지 전 세계에서 판매된 Harley-Davidson 오토바이의 수(천 대)에 대한

자료이다. 주어진 자료와 추세방정식들을 보고, *MAD* 기준을 이용하여 어느 방정식이 적합도가 높은지 평가하라. *MSE* 기준을 이용하여 반복하라. (출처: Harley-Davidson, Inc., *2008 Annual Report*, p. 20.)

연도	x = 연도 코드	y = 가격
2003	1	291.1
2004	2	317.3
2005	3	329.0
2006	4	349.2

선형식:
$\hat{y} = 275.15 + 18.60x$

2차식:
$\hat{y} = 267.65 + 26.10x$
$1.50x^2$

18.40 *MAD* 기준을 이용하여, 연습문제 18.7에서 구축된 방정식 중 어느 것이 적합도가 높은지 판단하라. *MSE*기준을 이용하여 반복하라.

18.41 *MAD* 기준을 이용하여, 연습문제 18.8에서 구축된 방정식 중 어느 것이 적합도가 높은지 판단하라. *MSE* 기준을 이용하여 반복하라.

18.7 자기상관, 더빈-왓슨 검정, 그리고 자기회귀예측

자기상관과 더빈-왓슨 검정

앞에서 논의한 바와 같이, 회귀모형의 가정 중에서 잔차는 서로 독립이라는 것이 있었다. 이 가정이 위배되는 경우에 **자기상관**(*autocorrelation*) 혹은 **계열상관**(*serial correlation*)이 존재한다고 한다. 시계열 자료를 사용하는 회귀모형은 이렇게 되기가 쉬운데, 그 이유는 (1) 모형에 포함되지 않은 주요 독립변수(x)가 시간에 관련된 경우, (2) 이러한 독립변수가 모형에 포함되지 않으면 잔차(혹은 오차)가 시간과 연관되기 때문이다.

자기상관이 존재하면 추정치의 표준오차의 계산값(s_e)이 실제값(σ_e)을 과소추정하는 경향이 있다. 편회귀계수(b_1, b_2 등)도 과소추정이 되어서 유의성검정의 t값이 과장되는 경향이 있다. 따라서 신뢰구간과 예측구간이 지나치게 좁아지고 또 독립변수의 유의성이 과장된다.

자기상관을 검정할 때 많이 사용하는 방법은 **더빈-왓슨**(*Durbin-Watson*) 검정이다. 여기서는 1차 자기상관의 존재를 찾는 검정을 할 것이다. 1차(*first-order*) 자기상관은 연속된 잔차(혹은 오차) 사이의 상관이다. 이는 e_t와 e_{t-1} 사이의 상관을 의미하고, 2차(*second-order*) 자기상관은 e_t와 e_{t-2} 사이의 상관을 의미한다. 이 교재에서는 자기상관이라고 하면 1차 자기상관을 지칭할 것이다. 더빈-왓슨 검정에서는 잔차의 모집단을 다음과 같이 정의한다.

더빈-왓슨 검정, t시간에서의 잔차(오차):

$$\varepsilon_t = \rho\varepsilon_{t-1} + z_t$$

ε_t = t시간에서의 잔차
ε_{t-1} = $t-1$ 시간에서의 잔차
ρ = ε_t와 ε_{t-1} 사이의 모상관계수, $-1 \le \rho \le +1$
z_t = 평균이 0인 정규분포확률변수

$\rho = 0$이면 자기상관은 없고 $\varepsilon_t = z_t$이다. 즉 ε_t는 단순히 평균이 0인 확률변수

이다. ρ가 0보다 크면 양의 자기상관을 의미하고, ρ가 0보다 작으면 음의 자기상관을 의미한다. 그림 18.4에 양과 음의 자기상관의 예가 있다. 더빈-왓슨 검정의 절차는 다음과 같다.

더빈-왓슨 검정:

- **귀무가설과 대립가설**

양의 자기상관에 대한 검정	음의 자기상관에 대한 검정	양쪽꼬리 검정
H_0: $\rho \le 0$ H_1: $\rho > 0$	H_0: $\rho \ge 0$ H_1: $\rho < 0$	H_0: $\rho = 0$ H_1: $\rho \ne 0$

- **검정 통계량**

$$d = \frac{\sum_{t=2}^{t=n}(e_t - e_{t-1})^2}{\sum_{t=1}^{t=n} e_t^2}$$

e_t = t 기간에서의 잔차의 관측값
e_{t-1} = $t - 1$ 기간에서의 잔차의 관측값
n = 관측값의 수, $n \ge 15$

- **기각값과 의사결정구간** 부록 A에 있는 더빈-왓슨표의 d_L과 d_U값을 참조하라. 실제 기각값과 의사결정구간은 다음의 값에 따라 결정된다. (1) 검정의 형태(양의 자기상관, 음의 자기상관, 양쪽꼬리 검정), (2) α = 검정의 유의수준, (3) k = 회귀모형 독립변수의 수. 의사결정구간과 결론은 그림 18.5에 있다.

부록 A에는 더빈-왓슨 검정에 대해 3개의 표가 있다. 각 표는 한쪽꼬리 검정의 경우에는 유의수준이 0.05, 0.025, 0.01에 해당하고, 양쪽꼬리 검정의 경우에는 0.10, 0.05, 0.02에 해당한다.

더빈-왓슨 검정통계량(d)은 0과 4 사이의 값이며, 값이 2이면 잔차가 자기상관이 없다는 뜻이다. 그림 18.5에 있는 기각값과 의사결정구간에 따라서 판단하는 것이 올바르지만, 검정통계량의 계산값에 대한 직관적인 해석은 다음과 같다.

그림 18.4

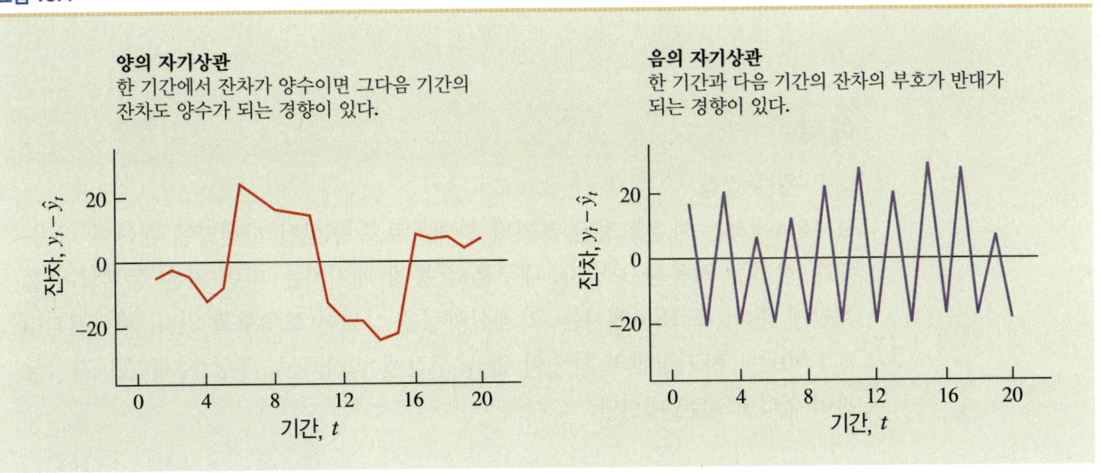

양의 자기상관과 음의 자기상관의 예

그림 18.5

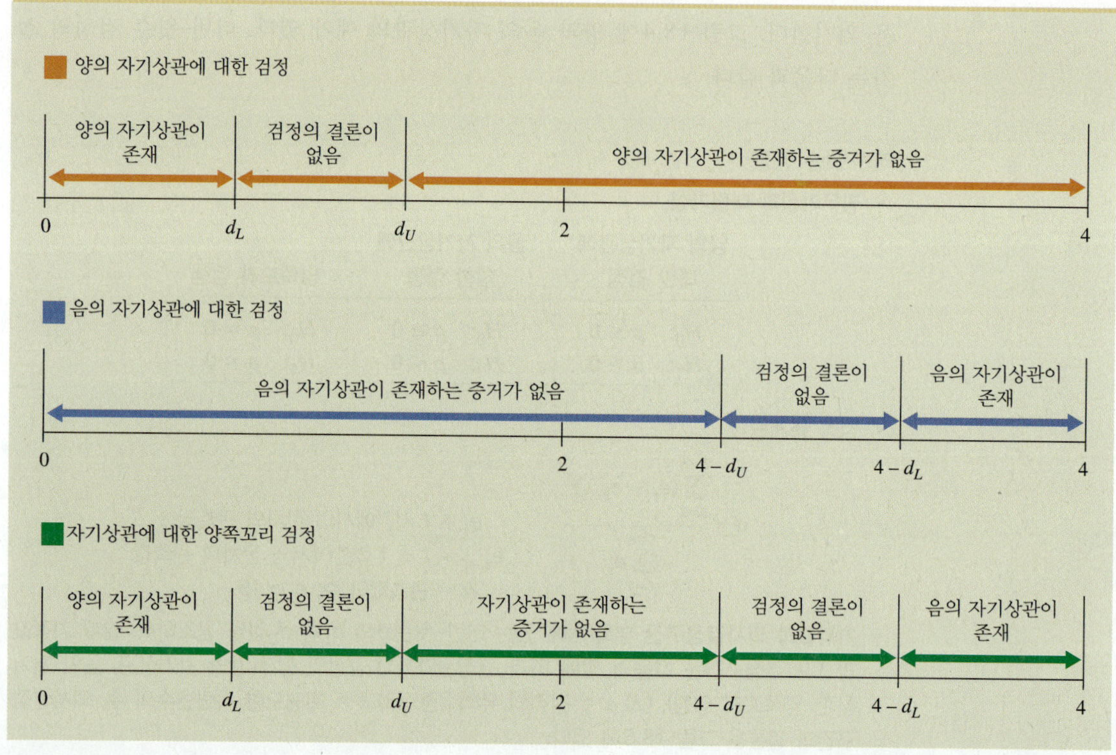

자기상관에 대한 더빈–왓슨 검정을 하려면, *d* 통계량의 값을 계산한 뒤에 세 가지 형태의 기각값과 의사결정영역 중 하나를 사용하여 결론을 내린다.

*d*의 값	해석
0.0에 가까움	양의 자기상관: 한 기간에서 잔차가 양수이면 그다음 기간의 잔차도 양수이며, 한 기간에서 잔차가 음수이면 그다음 기간의 잔차도 음수가 된다. 그림 18.4를 참조하라.
대략 2.0	약한 자기상관이거나 자기상관이 없음.
4.0에 가까움	음의 자기상관: 한 기간과 다음 기간의 잔차의 부호가 반대이다. 그림 18.4를 참조하라.

예제 EXAMPLE

더빈–왓슨 검정

표 18.6에서는 계절조정된 분기별 판매자료로 구성된 시계열에 대하여 더빈–왓슨 검정을 적용해 보았다. 대부분의 통계 패키지는 더빈–왓슨 통계량(*d*)을 계산해 준다. 표 18.6에서는 그 계산과정을 상세히 보여주고 있다. 계산결과($d = 1.90$)는 '자기상관의 확증이 없음' 구간에 속하므로, 해당 시계열은 자기상관이 없다고 결론 내린다.

표 18.6

더빈-왓슨 통계량 d의 계산값(1.90)은 양쪽꼬리 검정의 '검정의 결론이 없음' 구간에 해당한다. 대부분의 통계패키지는 d값을 계산해 준다. 컴퓨터 솔루션 18.7에서는 Excel과 미니탭을 이용하여 d값을 계산하는 과정을 보여주고 있다.

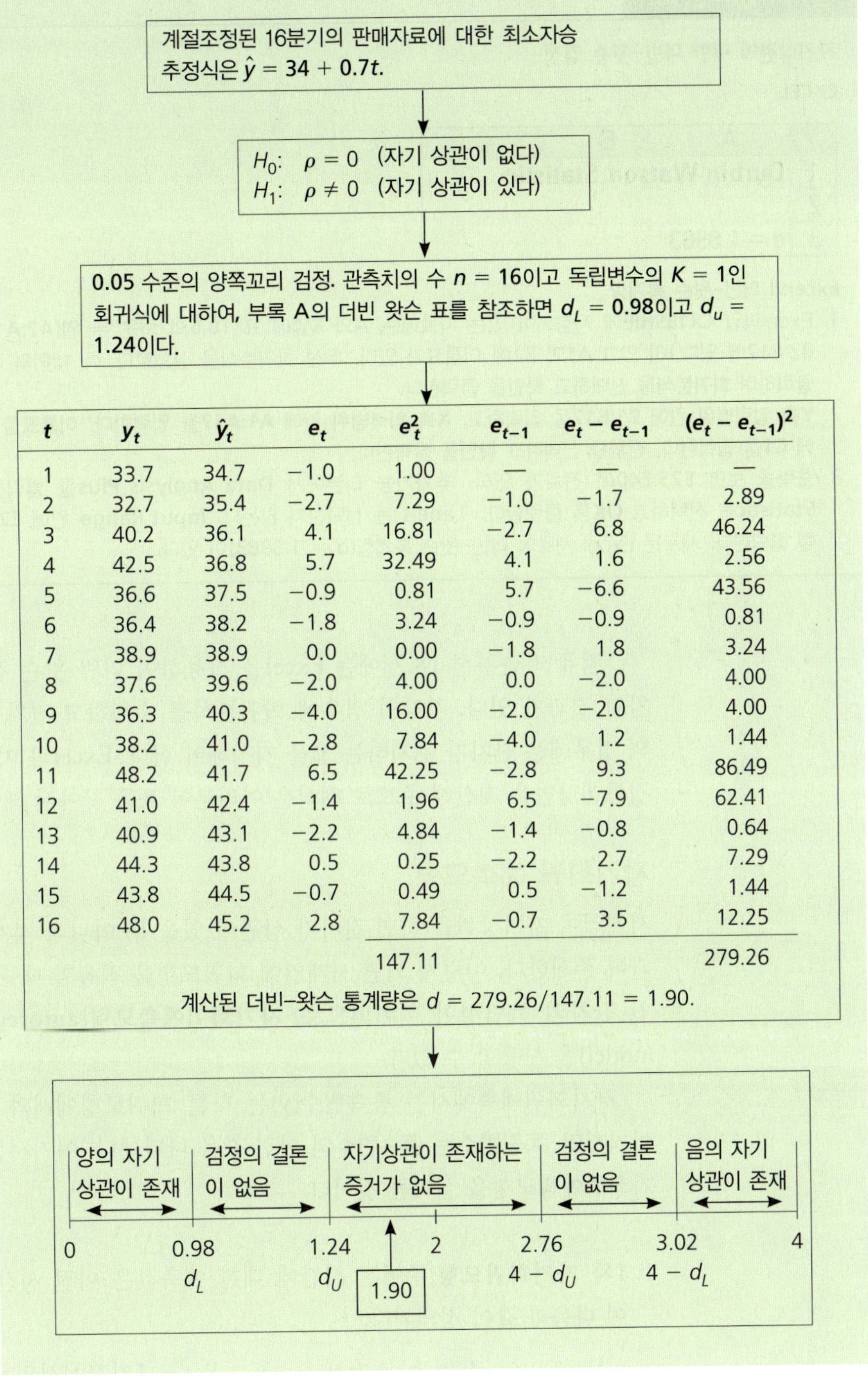

계절조정된 16분기의 판매자료에 대한 최소자승 추정식은 $\hat{y} = 34 + 0.7t$.

H_0: $\rho = 0$ (자기 상관이 없다)
H_1: $\rho \neq 0$ (자기 상관이 있다)

0.05 수준의 양쪽꼬리 검정. 관측치의 수 $n = 16$이고 독립변수의 $K = 1$인 회귀식에 대하여, 부록 A의 더빈 왓슨 표를 참조하면 $d_L = 0.98$이고 $d_u = 1.24$이다.

t	y_t	$\hat{y}_t$	e_t	e_t^2	e_{t-1}	$e_t - e_{t-1}$	$(e_t - e_{t-1})^2$
1	33.7	34.7	−1.0	1.00	—	—	—
2	32.7	35.4	−2.7	7.29	−1.0	−1.7	2.89
3	40.2	36.1	4.1	16.81	−2.7	6.8	46.24
4	42.5	36.8	5.7	32.49	4.1	1.6	2.56
5	36.6	37.5	−0.9	0.81	5.7	−6.6	43.56
6	36.4	38.2	−1.8	3.24	−0.9	−0.9	0.81
7	38.9	38.9	0.0	0.00	−1.8	1.8	3.24
8	37.6	39.6	−2.0	4.00	0.0	−2.0	4.00
9	36.3	40.3	−4.0	16.00	−2.0	−2.0	4.00
10	38.2	41.0	−2.8	7.84	−4.0	1.2	1.44
11	48.2	41.7	6.5	42.25	−2.8	9.3	86.49
12	41.0	42.4	−1.4	1.96	6.5	−7.9	62.41
13	40.9	43.1	−2.2	4.84	−1.4	−0.8	0.64
14	44.3	43.8	0.5	0.25	−2.2	2.7	7.29
15	43.8	44.5	−0.7	0.49	0.5	−1.2	1.44
16	48.0	45.2	2.8	7.84	−0.7	3.5	12.25
				147.11			279.26

계산된 더빈-왓슨 통계량은 $d = 279.26/147.11 = 1.90$.

자기상관이 존재하는 경우에는 중요한 변수가 회귀모형에 포함되지 않았는지를 확인해 봐야 한다. 그런 변수를 찾아서 모형에 포함시키면 자기상관을 낮출 수 있고, 회귀모형의 신뢰성을 높일 수 있다. 종속변수나 독립변수를 변환하는 것도 도움을 줄 수 있다.

컴퓨터 솔루션 18.7

자기상관에 대한 더빈-왓슨 검정

EXCEL

	A	B	C
1	Durbin-Watson Statistic		
2			
3	d = 1.8983		

Excel의 더빈-왓슨 통계량

1. Excel파일 **CX18SHIP**에 저장되어 있는 자료에는, A와 B열에 표 18.6의 처음 두 열(A2:A17에 t값이 있고 y값은 B2:B17에 있다.)이 있고 A1과 B1에 이름표가 있다. 우선 회귀분석을 실행한다. 즉, **데이터** 리본에서 **데이터 분석**을 클릭하여 **회귀분석**을 선택하고 **확인**을 클릭한다.
2. **Y축 입력범위** 칸에 **B1:B17**을 입력하고, **X축 입력범위** 칸에 **A1:A17**을 입력한다. **이름표**를 선택한다. **출력범위 칸**에 **C1**을 입력한다. **잔차**를 선택하고 **확인**을 클릭한다.
3. 출력을 보면 E25:E40에 잔차가 있다. **추가기능** 리본에서 **Data Analysis Plus**를 클릭하고 **Durbin-Watson Statistic**을 선택하고 **OK**를 클릭한다. 'Labels'는 선택하지 않는다. **Input Range** 칸에 **E25:E40**을 입력하고 **OK**를 클릭한다. 새로운 Excel 시트에 더빈-왓슨 통계량(d = 1.8983)이 있다.

「컴퓨터 솔루션 18.7」에는 Excel을 사용하여 더빈-왓슨 검정통계량을 얻는 절차와 결과가 있다. 각각의 경우에 회귀분석를 수행하고 잔차를 계산하였다. Excel의 경우에는 잔차가 위치하는 셀을 지정해야 한다. Excel과 미니탭은 더빈-왓슨 검정통계량만을 계산해 주므로 해석은 여러분이 표를 찾아서 해야한다.

자기회귀 예측모형

시계열이 자기상관을 하면 잔차가 상관이 있을 뿐 아니라 시계열값 자체에서도 상관이 존재한다. 이렇게 되면 시계열에 회귀모형을 적용할 때 기본적으로 하는 가정인 잔차의 독립성이 위배되므로, **자기회귀예측모형**(autoregressive forecasting model)을 사용할 수 있다.

자기회귀예측에서는 종속변수(y)는 다른 회귀모형에서와 같이 동일하게 다루어지지만, 독립변수는 종속변수의 이전 값을 나타낸다. 여기서는 두 가지 종류의 자기회귀예측모형을 살펴볼 것이다.

1. **1차 자기회귀모형** 주어진 시간에 대한 예측값은 이전 시간의 관측값을 사용하여 다음과 같이 정의된다.

$$\hat{y}_t = b_0 + b_1 y_{t-1},\quad y_{t-1}\text{은 } t-1\text{기간에서의 } y\text{값}$$

2. **2차 자기회귀모형** 주어진 시간에 대한 예측값은 이전 시간의 관측값 두 개를 사용하여 다음과 같이 정의된다.

$$\hat{y}_t = b_0 + b_1 y_{t-1} + b_2 y_{t-2},\quad y_{t-1}\text{은 } t-1 \text{ 기간에서의 } y\text{값}$$
$$y_{t-2}\text{는 } t-2 \text{ 기간에서의 } y\text{값}$$

표 18.7에는 1986년($t = 1$)에서 2005년($t = 20$) 사이에 미국에서 제조되어 출하된 일반항공기의 연간 대금청구액(백만 달러)이다. 이 시계열에 선형추세방정식과 2차추세방정식을 적합시키면 다음과 같다.

선형: 방정식은 $\hat{y}_t = -178.7 + 434.04t$이고 더빈–왓슨 통계량은 0.47(강한 양의 자기상관)이다.

2차: 방정식은 $\hat{y}_t = 557.3 + 233.3t + 9.558t^2$이고 더빈–왓슨 통계량은 0.50(강한 양의 자기상관)이다.

표 18.7

1986년에서 2005년 사이에 미국에서 제조되어 출하된 일반항공기의 연간 대금청구액(백만 달러)이다. 자기회귀 예측모형에서 추정값은 이전 시간의 관측값만을 사용하거나(1차 모형), 이전 시간의 관측값 두 개를 사용하여(2차 모형) 계산한다. 자료는 **CX18AIR**에 저장되어 있다.

연도	연도코드 (t)	대금청구액 (y_t)	y_{t-1}	y_{t-2}
1986	1	\$1262		
1987	2	1364	\$1262	
1988	3	1918	1364	\$1262
1989	4	1804	1918	1364
1990	5	2008	1804	1918
1991	6	1968	2008	1804
1992	7	1840	1968	2008
1993	8	2144	1840	1968
1994	9	2357	2144	1840
1995	10	2842	2357	2144
1996	11	3048	2842	2357
1997	12	4580	3048	2842
1998	13	5761	4580	3048
1999	14	7843	5761	4580
2000	15	8558	7843	5761
2001	16	8641	8558	7843
2002	17	7719	8641	8558
2003	18	6434	7719	8641
2004	19	6816	6434	7719
2005	20	8667	6816	6434

1차 자기회귀 모형:
$\hat{y}_t = 443.9 + 0.987y_{t-1}$

2차 자기회귀 모형:
$\hat{y}_t = 414.7 + 1.50y_{t-1} - 0.54y_{t-2}$

출처: 2005 *General Aviation Statistical Databook & Industry Outlook*, p. 13.

위의 결과에서 보면 자료의 연속된 값에서 양의 자기상관이 매우 강함을 알 수 있다. 어떤 해에서 실제값이 모형의 예측값을 초과하면 그 다음 해의 초과량은 더 크게 되고, 반대로 실제값이 모형의 예측값보다 낮으면 그 다음 해에는 그 차이가 더 커지는 경향이 있다.

표 18.7을 보면 각 연도(t)에 대하여 그해의 대금청구액(y_t)과 이전 두 해의 대금청구액 (y_{t-1})과 (y_{t-2})가 있다. 네 번째 열에 있는 금액은 세 번째 열의 금액을 아래로 한 칸씩 내려 적혔고, 다섯 번째 열에 있는 금액은 세 번째 열의 금액을 아래로 두 칸씩 내려 적혔음을 확인하라. 표의 아래에 있는 1차 자기회귀모형과 2차 자기회귀모형은 이 자료에 단순회귀와 다중회귀를 적용한 결과이다.

1차와 2차 자기회귀 모형을 항공기 대금청구액 자료에 적용하면 표 18.7의 하단에 있는 두 개의 식을 얻는다. 18.6절에 설명한 평균 절대편차를 계산하면 1차모형은 MAD = $603.1(백만)이고 2차모형은 MAD = $575.0(백만)이다. 따라서 2차모형의 적합도가 약간 좋다. 이 결과를 사용하여 2006년의 예측을 하면 다음과 같다.

1차 자기회귀모형을 사용한 예측:

$\hat{y}_t = 443.9 + 0.987y_{t-1}$ 이므로

$\hat{y}_{2006} = 443.9 + 0.987y_{2005} = 443.9 + 0.987(8667) = \$8998.2$(백만)

2차 자기회귀모형을 사용한 예측:

$\hat{y}_t = 414.7 + 1.50y_{t-1} - 0.54y_{t-2}$

이므로

$$\hat{y}_{2006} = 414.7 + 1.50y_{2005} - 0.54y_{2004} = 414.7 + 1.50(8667) - 0.54(6816) = \$9734.6\text{(백만)}$$

*MAD*값이 낮은 2차 자기회귀모형을 사용한 예측이 더 좋다고 할 수 있다. 그렇지만 *MAD*값이 낮다고 해서 무조건 그 모형을 선택한다는 것은 아니다. 2차모형을 적용하려면 처음 두 해의 자료를 사용할 수 없게 된다. 표 18.7을 보면 1986년과 1987년의 자료에는 결측값(missing data)이 존재한다. 만약 시계열의 자료가 많지 않다면 자료를 낭비하는 것이 좋은 선택은 아닐 것이다.

「컴퓨터 솔루션 18.8」에는 Excel을 사용하여 표 18.7에 있는 1차 자기회귀모형과 2차 자기회귀모형을 구하는 절차가 있다.

컴퓨터 솔루션 18.8

자기회귀 예측

EXCEL

Excel의 자기회귀 예측(표 18.7의 아래 부분에 있는 방정식)

1. Excel파일 **CX18AIR**에 저장되어 있는 자료에는, C2:C21에 표 18.7의 대금청구액 시계열이 있고 C1에 이름표가 있다. C2:C20을 선택하여 D3:D21로 복사하라. 이것은 (t − 1)값의 시계열이다. 다음에 C2:C19를 선택하여 E4:E21로

복사하라. 이것은 $(t - 2)$값의 시계열이다.

2. 1차 자기회귀 방정식은 **C3:C21**을 Y축 입력범위로 하고 **D3:D21**을 X축 입력범위로 하는 단순회귀로 얻는다. 회귀분석을 실행할 때 '이름표'는 선택하지 않는다. 잔차와 예측값을 얻으려면 **잔차**를 선택한다.
3. 2차 자기회귀 방정식은 **C4:C21**을 Y축 입력범위로 하고 **D4:E21**을 X축 입력범위로 하는 회귀분석으로 얻는다. 회귀분석을 실행할 때 '이름표'는 선택하지 않는다. 잔차와 예측값을 얻으려면 **잔차**를 선택한다.

연습문제

18.42 잔차의 자기상관이 존재할 때, 회귀모형의 구간추정과 유의성 검정에 어떤 영향을 주는가?

18.43 자기상관을 위한 더빈-왓슨 검정은 무엇이고, 시계열 자료에 적합된 회귀모형의 적절성을 평가하는 데에 어떤 도움을 주는가?

18.44 최소자승법 회귀식 $\hat{y} = 98.1 + 5.0t$가 주어진 출하량 자료에 적합되었다. 더빈-왓슨 d통계량을 계산하고 잔차가 양의 자기상관을 가지는지 0.05의 유의수준으로 검정해 보아라. 이 자료에 위의 모형을 사용하는 것이 적절한지에 대해 이야기해 보라.

t	y_t	t	y_t	t	y_t
1	97.0	6	125.5	11	150.6
2	109.7	7	132.9	12	157.8
3	110.3	8	139.7	13	158.3
4	121.5	9	145.6	14	166.9
5	130.4	10	149.4	15	175.8

18.45 최소자승법 회귀식 $\hat{y} = 15.2 + 10.7t$가 주어진 출하량 자료에 적합되었다. 더빈-왓슨 d통계량을 계산하고 잔차가 양의 자기상관을 가지는지 0.05의 유의수준으로 검정해 보아라. 이 자료에 위의 모형을 사용하는 것이 적절한지에 대해 이야기해 보라.

t	y_t	t	y_t	t	y_t
1	65.6	7	68.3	13	141.3
2	56.7	8	79.1	14	149.6
3	79.5	9	104.2	15	177.1
4	53.4	10	104.2	16	193.6
5	59.7	11	115.4	17	238.9
6	71.1	12	86.6	18	259.2

18.46 어느 회귀모형은 3가지 독립변수와 20개의 관측자료가 있고, 계산된 더빈-왓슨 d통계량은 0.91이다. 잔차에 대한 다음의 자기상관 검정의 결론을 내릴 수 있는가? 있다면 무엇인가?

a. 0.02 유의수준의 양쪽꼬리 검정
b. 양의 자기상관을 위한 0.05 수준의 한쪽꼬리 검정

18.47 어느 회귀모델은 2가지 독립변수와 16개의 관측자료가 있고, 계산된 더빈-왓슨 d통계량은 2.78이다. 잔차에 대한 다음의 자기상관 검정의 결론을 내릴 수 있는가? 있다면 무엇인가?

a. 0.05 유의수준의 양쪽꼬리 검정
b. 음의 자기상관을 위한 0.01 수준의 검정

18.48 어느 기업에서 웹페이지의 주간 방문자 수(천명)에 대한 시계열의 분석을 통하여 다음과 같은 자기회귀 예측 방정식을 찾았다: $\hat{y}_t = 34.50 + 0.58y_{t-1} - 0.72y_{t-2}$. 이번 주의 방문자가 26 만명이고 지난 주의 방문자가 24.5만 명이라고 했을 때, 다음 주의 방문자 수의 예측은 무엇이겠는가?

18.49 연습문제 18.45의 자료에, 1차 자기회귀 예측 방정식을 구축하고 기간 19의 결과를 예측하라.

18.50 Investment Company Institute의 조사에 의하면, 1990년(t = 1로 코딩함)부터 2007년까지의 미국의 뮤추얼펀드 주주 계정의 수는 다음과 같다. 2차 자기회귀 방정식을 구축하고 2008년의 예측값을 구하라. (출처: Investment Company Institute, *2008 Investment Company Fact Book*, p. 110)

t	y_t	t	y_t	t	y_t
1	61.9	7	149.9	13	251.1
2	68.3	8	170.3	14	260.7
3	79.9	9	194.0	15	269.5
4	94.0	10	226.2	16	275.5
5	114.4	11	244.7	17	288.6
6	131.2	12	248.7	18	299.0

18.51 지난 20년간, 어느 커다란 타이어 제조업체의 재고 유지비용(천 달러)은 다음과 같다. 1차 자기회귀 예측 방정식을 구축하고, 예측값의 실값에 대한 적합도를 판단하기 위해 *MAD*값을 계산한 후, 방정식을 이용하여 기간 21의 재고 유지비용을 예측하라.

t	y_t	t	y_t
1	4710.0	11	2828.5
2	4187.7	12	2734.8

t	y_t	t	y_t
3	4275.6	13	2743.9
4	4076.9	14	2789.6
5	3731.4	15	2939.4
6	3484.3	16	2770.6
7	3437.2	17	2815.0
8	3203.2	18	2808.4
9	3206.2	19	2938.1
10	2963.1	20	2918.6

18.52 연습문제 18.51을 반복하되, 2차 자기회귀 예측 방정식을 구축하라. 두 방정식을 통하여 얻은 예측값의 *MAD*값을 비교하고 어느 것이 적합도가 높은지 설명하라.

18.8 지수

18.4절에서 1년 이내의 주기로 반복되는 계절적 패턴을 측정한 계절지수를 논의하였다. 이 절에서는 '지수' 라는 단어를 포함하는 다른 용어를 소개할 것이다. 그렇지만 소개할 용어의 개념은 계절지수와는 다르다. 우선 다음의 다양한 상황을 고려해 보자.

- 구성원이 4명인 가구의 소득이 $80,000이다. 이는 전년보다 15% 상승한 액수이지만 여전히 수입보다 지출이 많다. 이 가구의 구매력은 3년 전보다 높아졌을까 낮아졌을까?
- 여러 광역시의 거주적합성을 비교하기 위하여 범죄, 자살, 알코올중독, 실업에 관한 자료를 모으려고 한다.
- 주립대학의 학기당 등록금인 $8,000는 평균 가구가 감당하기 어려운 수준이라고 지적된다. 그러나 대학 관계자는 인플레이션이 지속되었으므로 등록금이 예전보다 낮아진 것이라고 주장한다.

이와 같은 상황에 이용하려면 자료를 **지수(index number)**의 형태로 변환하면 편하다. 지수는 해당 연도의 측정값을 기준연도의 값의 비율(%)로 표현한 것이다. 기준연도의 값을 100으로 설정하고 해당 연도의 값은 그 값에 따라 100보다 크거나 작게 계산한다. 다음의 예를 보자.

2000년에 회사의 재고비용은 $3.6(백만)이다.

$$\rightarrow I_{2000} = 100 \text{ (기준연도가 2000)}$$

2009년에 회사의 재고비용은 $5.9(백만)이다.

$$\rightarrow I_{2009} = 163.9 \left(\text{i.e., } \frac{5.9}{3.6} \cdot 100\right)$$

다시 말하면, 2000년의 재고비용이 100이라면 2009년의 재고비용은 163.9이고 이는 63.9%증가했음을 의미한다. 다른 지수와 마찬가지로 이 지수에는 단위가 없다. 분모와 분자의 단위는 백만 달러이지만 나눗셈을 통하여 상쇄되었다.

지수의 기준이 되는 기간은 비정상적인 현상이 일어나지 않은 기간이 되도록 하는 것이 좋다. 예를 들면, 석유가격의 지수를 계산할 때 석유의 공급이 아주 많거나 적은 해를 기준연도로 하면 좋지 않다.

지수는 주가, 가격, 임금, 생산량 등과 같이 시간에 따라 변하는 값을 측정하는 데 사용된다. 어떤 지수는 여러 값을 결합하여 계산하기도 한다. 여러분이 추운지방에 살고 있다면 '체감지수(wind chill)'라는 용어에 익숙할 것이다. 체감지수는 기온과 풍속을 결합하여 하나의 수치로 변환한 것으로서 바람이 없는 상황에서 동일한 추위를 느끼는 온도를 의미한다. 이 지수는 1930년대에 남극에서 행한 실험에 근거한 것으로서 지수를 계산하는 일반적인 형태는 아니지만 여러 값을 결합하여 지수를 계산하는 경우의 한 예이다.

여러분은 다우존스산업지수, S&P 500지수, 소비자 가격지수 등과 같은 지수를 들어보았을 것이다. 소비자 가격지수는 이를 테면 $80,000를 버는 가계가 3년 전보다 구매력이 높아졌는지를 판단하는 데 사용할 수 있다.

소비자 가격지수

소비자 가격지수(CPI, Consumer Price Index)는 고정된 상품과 서비스로 구성된 '장바구니(market basket)'에 대하여 가격이 얼마만큼 변했는지를 나타내는 지수이다. 이는 미국의 노동통계국이 매달 측정하는 것으로서 아마 가장 유명한 지수일 것이다.

CPI의 계산

CPI는 주기적인 소비자 지출조사를 통하여 계산한다. 이 교재가 발행되는 현재의 기준가격은 1982년에서 1984년 사이의 기간에 실행된 소비자지출조사(Consumer Expenditure Survey)를 통하여 조사된 자료를 근거로 한다. 1971년에서 1987년 사이의 CPI는 기준연도가 1967년이다.

CPI를 계산하는 장바구니에는 빵 가격, 내과(치과)의사의 검진료, 음료수, 옷, 교통요금, 숙박요금, 기타 생활을 영위하는 데 필요한 상품과 서비스가 있다. 매달 미국의 85개 지역을 대표하는 57,000개의 집과 19,000개의 시설의 가격을 조사하여 특정지역이나 도시,[1] 혹은 상품이나 서비스를 구분하여 다양한 가격지수를 계산한다.

실생활에서의 적용

경제지표. CPI는 가격의 변동을 반영하므로 미국의 인플레이션의 1차 척도이고, 또 인플레이션을 통제하는 정부정책의 성패를 판단하는 척도가 된다. 야당의 선거 후보자는 CPI의 상승을 현 정책의 실패에 기인하였다고 주장할 것이며, CPI가 느리게 상승하였다면 여당의 후보는 그것을 홍보하려고 할 것이다.

단계적증감. 단계적증감 조항(*escalator clauses*)이나 생계비수정(*COLAs, cost of*

[1] *The New York Times Almanac 2009*, p. 338.

living adjustments)에서 임금이나 연금을 자동으로 조정하는 데 CPI를 사용한다. 물가가 오르면 (1) CPI의 변동에 따르거나 (2) 임금협상이나 관련법률조항에 명시된 공식에 따라 급여가 오르게 된다.

1987년에 일어난 태업 이후로 캘리포니아에 있는 Rohr Industries의 항공기 부품공장은 기계공노조와 협상을 하여 3년계약을 체결하였다. 그 계약에는 시간당 임금을 CPI에 연동한다는 조항이 있다. 미국의 노동청은 계약사항을 다음과 같이 요약하였다.

> 1987년 2월에 합의된 3년 동안의 계약은 다음과 같은 것들도 제공했다: 첫째 연도 급여의 10%, 둘째와 셋째 연도 급여의 6%와 일치하는 금액을 일괄지불; 현재의 COLA는 기본 요율에 추가로 BLS-CPI의 수치가 0.3-포인트씩 오를 때마다 1센트를 지급하는 것으로 변경함; 매월 $24(원래는 $20)의 퇴직 연금 불입; 직원 선택 의료보험 100%(원래는 95%) 지원; 최대 $1,000,000(원래는 $250,000)의 고액 의료비 보험 지원; $15,000(원래는 $10,000) 생명보험...[2]

가격수정인자. CPI를 사용하면 현재의 가격이나 임금을 실제가격과 실제임금으로 수정할 수 있다. 수정된 수치를 사용하면 이전 기간과 비교하여 구매력이 높아졌는지를 더 빠르게 비교할 수 있다. 어떤 사람의 수입이 실제 가격에 비하여 느리게 상승하고 있다면 그 사람의 경제적 조건과 생활수준은 낮아지고 있는 것이다. 현재 [명목]소득을 실질소득으로 변환하려면 다음과 같이 한다.

현재소득을 실질소득으로 변환:

$$\text{실질소득} = \frac{\text{현재소득}}{\text{소비자 가격지수 (CPI)}} \cdot 100$$

2007년의 미국가계 소득의 중앙값은 $61,355이다. 반면에 1970년에는 $9,867이었다. 1982년에서 1984년 기간을 100으로 하면 2007년의 CPI는 207.3이고, 1970년은 38.8이다.[3] 1970년에서 2007년까지 실질소득은 증가하였을까? 그것은 실질소득을 계산하여 비교하면 알 수 있다.

- 2007

  가계소득의 중앙값 = $61,355, CPI(1982~1984 기준) = 207.3

  $$\text{실질소득} = \frac{\$61{,}355}{207.3} \cdot 100 = \$29{,}597$$

- 1970

  가계소득의 중앙값 = $9867, CPI(1982~1984 기준) = 38.8

  $$\text{실질소득} = \frac{\$9867}{38.8} \cdot 100 = \$25{,}430$$

[2] Bureau of Labor Statistics, U.S. Department of Labor, *Current Wage Developments*, April 1987, p. 10.
[3] *The New York Times Almanac 2009*, pp. 336–337.

현재의 달러로 보면 2007년의 소득의 중앙값은 1970년의 6.22배이다. 그러나 2007년의 CPI는 1970년의 5.34배이다. 소득의 성장이 CPI의 성장보다 크므로 중앙에 위치한 가계의 2007년 소득은 1970년보다 높아졌다. 두 해의 실질소득은 $29,597와 $25,430이므로 2007년의 소득이 1970년과 비교해서 16.4%증가하였다. 「생활 속의 통계 18.1」에서는 오래전의 몇 가지 상품의 가격을 알려주고 CPI를 통한 '시간여행'을 한다.

기타 지수

연방정부나 정부기관에서는 다양한 형태의 지수를 만들어 사용한다. 주요한 지수를 소개하면 다음과 같다.

- **생산자물가지수(PPI, Producer Price Index)** 1980에 시작된 것으로서 미국의 노동통계국이 발표하는 가장 오래된 통계이다.
- **산업생산지수(Index of Industrial Production)** 연방준비제도이사회(Board of Governors of the Federal Reserve System)가 1920년대부터 발표하는 것으로서 제조업, 광산업, 전기, 가스 등의 생산량의 변화를 측정한 지수이다.
- **고용자원가지수(ECI, Employment Cost Index)** 미국의 노동통계국이 발표하는 ECI는 고용된 노동의 총 원가를 분기별로 측정한 것이다. 이는 노동자를 고용하는 데 드는 모든 비용을 포함한다.
- **S&P 주가합성지수(Standard & Poor's Composite Index of Stock Prices)** Standard & Poor's Corporation이 발표하는 이 지수는 500개 보통주의 가격에 대한 지수이다.
- **뉴욕 증권거래소 합성지수(NYSE Composite Index)** 뉴욕 증권거래소가 발표하는 이 지수는 NYSE에 상장되어 있는 모든 주식의 총액을 나타내는 지수이다.

지수의 기준연도를 조정하기

다음의 경우에 지수의 기준연도를 변경할 필요가 있다.

1. **대중의 기호나 경제적 활동을 잘 반영하기 위하여** 이러한 목적으로 기준연도를

생활 속의 통계 • 18.1 CPI 시간여행

1종우편 요금이 3센트, 우유 1쿼트가 15센트, 신차 가격이 $1649, 새집이 $12,638이라면 당장 사고 싶을 것이다. 그렇지만 여러분의 연봉이 $2359라면 어떨겠는가?

이는 1946년의 상황이다. Timex 시계와 Tide 세제가 신상품으로 나오고, TV를 가진 가구가 전체의 1% 미만이고, 인기가요가 'Zip-A-Dee-Doo-Dah'이던 시절이다. 위의 우유, 자동차, 집의 가격과 봉급은 그해의 평균수치이다. 당시의 시간당 최저임금은 40센트였었고 그해 말에 65센트로 올랐다.

시간여행을 할 정도로 아직 기술이 발전하지는 않았지만, 소비자가격지수(CPI)를 사용하면 오래전의 가격을 현재의 가치로 바꾸어 볼 수 있다. 예를 들면, $1,649의 자동차는 2007년의 가격으로 $17,530가 되고, 15센트의 우유는 2007년의 가격으로 $1.59가 된다. 2007년과 1946년의 CPI는 각각 207.3과 19.5이다.

출처: "A Snapshot of What Life Was Like in '46," *USA Today*, February 12, 1996, p. 6D; *New York Times Almanac 2009*, p. 338

표 18.8

이 지수의 기준연도는 각각 1990년과 1982년이다. 난방장비에 대한 기준연도를 1990년으로 변경하여 두 지수의 기준연도를 같게 하면 두 지수를 쉽게 비교할 수 있다.

Year	(1) 상업용 천연가스에 대한 생산자물가지수 (1990 = 100)	(2) 난방장비에 대한 생산자물가지수 (1982 = 100)	(3) 난방장비에 대한 생산자물가지수 (1990 = 100)
1990	100.0	131.6	100.0
2000	134.7	155.6	118.2
2005	232.5	179.9	136.7
2007	235.4	195.3	148.4

$$148.4 = \frac{195.3}{131.6} \cdot 100$$

출처: Bureau of the Census, U.S. Department of Commerce, *Statistical Abstract of the United States 2009*, pp. 475, 588.

최근으로 변경할 때는 지수를 구성하는 요소의 가중치를 조정하는 경우가 많다.

2. **기준연도가 다른 지수를 동일한 기준연도로 바꾸어 비교를 쉽게 하기 위하여** 표 18.8에는 1990년에서 2007년 동안 측정한 두 종류의 지수가 있다. 두 지수는 (a) 상업용 천연가스에 대한 생산자물가지수와 (b) 난방장비에 대한 생산자물가지수이다. (a)의 기준연도는 1990년이고 (b)는 1982년이다.

두 개의 지수가 기준연도가 같다면 비교를 쉽게 할 수 있을 것이다. 표 18.8의 (3)열의 지수는 새로운 기준연도의 지수를 (2)열의 지수에 나누어서 100을 곱하여 변환한 것이다. (1)열과 (3)열의 변환된 지수를 보면, 1990년에서 2007년 동안 천연가스의 가격은 135.4% 상승하였고, 난방장비의 가격은 48.5% 상승하였음을 알 수 있다.

연습문제

18.53 지수는 무엇이고, 기준기간에서 지수의 값은 얼마인가?

18.54 소비자물가지수는 무엇이고, 무엇의 값을 반영하는가?

18.55 소비자물가지수와 특정 산업에 대한 연간 평균 임금이 다음과 같다. (출처: Bureau of the Census, *Statistical Abstract of the United States 2009*, pp. 409, 465)

	평균 임금 ($/시간) 제조업	건설업	여가와 환대	소비자물가지수 (1982~1984 = 100)
1990	$10.78	$13.42	$6.02	130.7
2000	14.32	17.48	8.32	172.2
2007	17.26	20.95	10.41	207.3

1990년부터 2007년까지, 모든 산업에서 노동자의 평균임금이 증가했다. 하지만, 해당 기간 동안의 구매력의 변화를 보면 어느 산업에서의 증가율이 가장 높은가? 어느 산업이 가장 낮은가?

18.56 사장의 연봉이 2000년부터 2007년까지 $95,000에서 $130,000로 증가했지만, 소비자물가지수는 같은 기간에 172.2에서 207.3이 되었다. 사장의 실제 소득의 증가율 혹은 감소율(%)은 얼마인가?

18.57 소비자물가지수를 이용하여 연습문제 18.56의 사장의 2000년도 연봉을 2007년의 연봉으로 변환하여라.

18.58 2002년부터 2007년까지의 배관기구와 황동부품 생산자물가지수는 다음과 같다. 지수값의 기본 기간이 1982년 대신 2002년이 되도록 변환하여라. (출처: Bureau of the Census, *Statistical Abstract of the United States 2009*, p. 588)

2002	181.9	2005	197.6
2003	183.4	2006	207.2
2004	188.3	2007	220.8

18.9 요약

시계열 모형과 그 구성요소

시계열 자료의 분석은 과거의 패턴과 경향을 찾아내고 미래의 값을 예측하는 데 유용하다. 고전적 시계열모형의 구성요소는 추세(TREND, *T*), 주기적요소(CYCLICAL, *C*), 계절적요소(SEASONAL, *S*), 불규칙적요소(IRREGULAR, *I*)이다. 이 구성요소를 결합하는 데 널리 사용되는 모형은 승법모형($y = T \cdot C \cdot S \cdot I$)이다. 이 모형의 가정은 y의 모든 관측값은 네 가지 구성요소가 작용을 한 결과이며 그 작용이 승법적이라는 것이다.

추세방정식과 평활기법

추세방정식을 사용하여 시계열을 적합할 수 있고, 다음의 두 가지 모형이 소개되었다. (1) 선형추세방정식 $\hat{y} = b_0 + b_1x$, (2) 2차추세방정식, $\hat{y} = b_0 + b_1x + b_2x^2$ 시계열은 중심이동평균 혹은 지수평활법을 사용하여 매끄럽게 할 수 있다. 이동평균을 하는 경우에는 평균을 하는 값의 수가 짝수인지 홀수인지에 따라 방법이 약간 달라진다.

계절지수

시계열변수에 따라 특정 달이나 특정 분기에 계절적 패턴이 강한 경우가 있다. 계절지수는 1년 이내의 주기로 반복되는 패턴의 효과를 보충하기 위하여 추세값을 확대하거나 줄이는 인자이다. 계절지수는 이동평균에 대한 비율을 사용하여 계산하고, 계절지수를 찾고 나면 그것을 이용해서 원래 시계열의 계절성을 없앨 수 있다.

계절지수와 예측

시계열 정보에 근거한 예측은 과거의 자료를 사용하여 미래의 값을 예측하는 것이다. 두 가지 예측모형을 소개하였는데, 하나는 시계열에 적합된 추세방정식을 사용하여 예측을 하는 것이고, 또 하나는 지수평활법을 사용하는 것이다. 연도별로 예측값을 얻은 뒤에는 계절지수를 사용하여 월별 혹은 분기별 예측을 할 수 있다.

적합도와 자기상관에 대한 검정

같은 시계열에 여러 모형을 적합시켰다면 모형을 비교할 기준이 있다면 좋을 것이다. 그를 위한 기준은 평균절대편차(*MAD*, mean absolute deviation)와 평균제곱오차(MSE, mean square error)이다. 더빈-왓슨 검정을 사용하여 회귀모형의 잔차가 자기상관을 하는지 검정할 수 있다.

자기회귀 예측

시계열이 자기상관을 하면 자기회귀예측모형(autoregressive forecasting model)을 사용할 수 있다. 자기회귀 예측에서는 독립변수는 종속변수의 이전 기간의 값을 나타낸다. 1차 자기회귀예측모형과 2차 자기회귀예측모형을 소개하였다.

지수

지수는 해당 연도의 측정값을 기준연도의 값의 비율(%)로 표현한 것이다. 소비자가격지수는 고정된 상품과 서비스로 구성된 '장바구니'에 대하여 가격이 얼마만큼 변했는지를 나타내는 지수이다. CPI는 미국의 인플레이션의 1차 척도이고, 또 단계적증감 조항이나 생계비수정에서 임금이나 연금을 자동으로 조정하는 데 사용한다.

단원 연습문제

18.59 다음 2001년부터 2007년까지의 미국 현역육군 병사에 대한 자료에 1차 추세방정식을 적합하여라. 2015년의 추세 예측은 무엇인가? (출처: Bureau of the Census, *Statistical Abstract of the United States 2009*, p. 328)

연도	육군 인원 (천 명)
2001	481
2002	487
2003	499
2004	500
2005	493
2006	505
2007	522

18.60 연습문제 18.59의 시계열에 대하여, $\alpha = 0.7$의 지수평활을 이용하였을 때, 2008년의 예측을 계산하라.

18.61 SUBWAY는 1965년에 첫 지점을 열면서 지금까지 전 세계에 31,000개 이상의 지점을 열었다. 다음 자료는 1985년부터 2002년까지의 전 세계 SUBWAY 지점의 수에 대한 자료이다. 자료에 2차방정식을 적합하고 2014년의 SUBWAY 지점 수를 예측하라. (출처: SUBWAY.com, July 3, 2003)

연도	SUBWAY 지점	년도	SUBWAY 지점
1985	596	1994	9893
1986	991	1995	11,420
1987	1810	1996	12,516
1988	2888	1997	13,066
1989	4071	1998	13,600
1990	5144	1999	14,162
1991	6187	2000	14,662
1992	7327	2001	15,762
1993	8450	2002	17,482

18.62 연습문제 18.61의 시계열에 대하여, $\alpha = 0.6$의 지수평활을 이용하였을 때, 2003년의 예측을 계산하라.

18.63 2001년부터 2007년까지, 미국의 월별 케이블 TV 시청 평균 요금에 대한 자료가 다음과 같다. (출처: Bureau of the Census, *Statistical Abstract of the United States 2009*, p. 703)

연도	평균 요금
2001	$32.87
2002	34.71
2003	36.59
2004	38.14
2005	39.63
2006	41.17
2007	42.72

a. 시계열에 1차 추세방정식을 적합하라. 이 방정식을 이용하여, 2015년의 추정 추세를 구하라.
b. 시계열에 2차방정식을 적합하고, 방정식을 이용하여 2015년의 추정 추세를 구하라.
c. 앞의 두 방정식 중 *MAD* 기준을 이용했을 때 어느 것이 적합도가 높은가? *MSE* 기준을 이용했을 때에는 어느 것이 더 적합한가?

18.64 미국에 2000년부터 2007년 사이에 연간 외국인 방문자 수에 다한 자료가 다음과 같다. (출처: *World Almanac and Book of Facts 2009*, p. 127)

연도	방문자 수 (백만 단위)
2000	50.9
2001	44.9
2002	41.9
2003	41.2
2004	46.1
2005	49.4
2006	51.0
2007	56.0

a. 시계열에 1차 추세방정식을 적합하라. 이 방정식을 이용하여, 2015년의 추정 추세를 구하라.
b. 시계열에 2차 방정식을 적합하고, 방정식을 이용하여 2015년의 추정 추세를 구하라.
c. 앞의 두 방정식 중 *MAD* 기준을 이용했을 때 어느 것이 적합도가 높은가? *MSE* 기준을 이용했을 때에는 어느 것이 더 적합한가?

18.65 다음 자료는 1991년부터 2008년까지 미국의 카누 소매 판매액(천 달러)에 대한 자료이다. (출처: National Marine Manufactures Association, *2008 Recreation Boating Statistical Abstract*, p. 72)

연도	판매액 (천 달러)	연도	판매액 (천 달러)
1991	72.3	2000	111.8
1992	78.0	2001	105.8
1993	89.7	2002	100.0
1994	99.8	2003	86.7
1995	97.8	2004	93.9
1996	92.9	2005	77.2
1997	103.6	2006	99.9
1998	107.8	2007	99.6
1999	121.0	2008	73.7

a. 시계열의 그래프를 그려라. 전체적인 추세는 상승하는가? 하향하는가?

b. 시계열에 대한 3년 중심이동평균을 구축하라.

c. 원래의 시계열에 $\alpha = 0.3$의 지수평활곡선을 적합하라.

d. $\alpha = 0.3$을 사용하여 (c)를 반복하라. 상수의 값이 달라지면 적합된 곡선의 모양이 매끄럽게 되는가?

18.66 연습문제 18.65의 시계열을 보고, $\alpha = 0.5$인 지수평활을 이용하였을때, 2009년의 예측을 계산하라.

18.67 다음은 2000년 부터 2002년까지 J. C. Penney Company의 분기별 매출에 대한 자료이다. 분기별 계절지수를 구하고, 그것을 이용하여 원자료에서 계절성을 제거하라. (출처: J. C., Penney, Inc., *2001 Annual Report*, p. 31, *2002 Annual Report*, p. 39)

	총 판매액 (10억 단위)			
	I	II	III	IV
2000	$7.53	7.21	7.54	9.57
2001	7.52	7.21	7.73	9.54
2002	7.73	7.20	7.87	9.55

18.68 연습문제 18.67에 있는 분기별 J. C. Penney 매출에 대하여, 3기간과 4기간 중심이동 평균을 구축하여라. J. C. Penney 의 경우에서처럼, 다른 소매 회사도 4기간 이동평균을 사용하면 분기별 판매 자료를 매끄럽게 하는 효과가 높을까? (실제이든 가상이든) 예를 들어 보라.

18.69 다음은 2005년 부터 2008년까지의 주거용 천연가스의 분기별 판매에 대한 자료이다. 분기별 계절지수를 구하고, 그것을 이용하여 원자료에서 계절성을 제거하라. (출처: U.S. Energy Information Administration, eia.doe.gov, August 22, 2009.)

	천연가스 판매 (1조 세제곱 피트 단위)			
	I	II	III	IV
2005	2329	784	353	1360
2006	2042	700	349	1277
2007	2317	761	346	1294
2008	2351	762	345	1408

18.70 연습문제 18.69의 분기별 주택지 천연가스 판매의 4기간과 5기간 중심이동 평균을 구축하여라. 다른 에너지 산업 중에서 이처럼 4기간 이동평균을 사용하면 분기별 판매 자료를 매끄럽게 하는 효과가 높은 경우가 있을까? 있다면, 실제나 가상의 예를 들어보라.

18.71 Walt Disney Company의 회계연도 1998년 부터 2002년까지의 Parks & Resorts 운영부문 분기별 수익은 다음과 같다. 분기별 계절지수를 구하고, 그것을 이용하여 원자료에서 계절성을 제거하라. (출처: The Walt Disney Company, *Fact Book*, editions 1998–2002)

	분기			
	I	II	III	IV
1998	$1.260	1.244	1.504	1.524
1999	1.434	1.408	1.711	1.553
2000	1.577	1.571	1.940	1.715
2001	1.729	1.650	1.946	1.684
2002	1.433	1.525	1.847	1.660

18.72 연습문제 18.71의 분기별 수익의 4기간과 5기간 중심이동 평균을 구축하여라. 다른 연예회사 중에서 이처럼 4기간 이동평균을 사용하면 분기별 수익 자료를 매끄럽게 하는 효과가 높은 경우가 있을까? 있다면, 실제나 가상의 예를 들어보라.

18.73 지역 신문에 실린 구인 광고의 횟수는 작년 분기 I부터 IV까지 1682, 1963, 2451, 그리고 3205이다. 그에 대응하는 계절조정된 값은 각각 2,320, 2,362, 2,205, 그리고 2,414이다. 각 분기에 해당하는 계절조정지수는 얼마인가?

18.74 추세방정식 $\hat{y} = 2050 + 12x$는 매년 국제 해변에서 연락선 서비스를 이용하는 자동차 수에 대한 자료를 사용하여 만들어졌다(연도는 $x = 1$이 1997년으로 코딩되었다). 분기 I부터 IV까지의 계절지수가 각각 55.0, 130.0, 145.0, 그리고 70.0일 때, 2014년도 각 분기의 이용 대수를 추정하라.

18.75 추세방정식 $\hat{y} = 150 + 12x - 0.01x^2$은 지방 수자원공사가 사용하는 필터링 시스템의 연간 판매량에 대한 자료를 사용하여 만들어졌다. 연도는 $x = 1$이 2001년으로 코딩되었다. 분기 I부터 IV까지의 계절지수가 각각 85.0, 110.0, 125.0, 그리고 80.0일 때, 2015년도 각 분기의 판매량을 추정하라.

18.76 U.S. Energy Information Administration은 2003년부터 2008년까지 독일의 보통 무연 휘발유 가격을 다음과 같이 발표했다. (출처: U.S. Energy Information Administration, *Annual Energy Review 2008*, p. 321)

	2003	2004	2005	2006	2007	2008
갤런당 가격	$4.59	$5.24	$5.66	$6.03	$6.88	$7.75

a. 시계열에 선형추세방정식을 적합시켜라. 이 방정식을 사용하여 2014년의 값을 추정하라.
b. 시계열에 2차추세방정식을 적합시켜라. 이 방정식을 사용하여 2014년의 값을 추정하라.
c. 위의 두 방정식 중에서 어느 것이 시계열에 적합도가 높은가? *MAD*와 *MSE*를 각각 사용하여 답하라.

18.77 Ford Motor Company는 1993~2002년의 평균 시간당 노동비용(수익 + 보너스)을 발표했다. 2차와 선형 추세방정식을 자료에 적합시키고, *MSE*기준을 이용하여 어느 방정식이 더 적합도가 높은지 판단하라. (출처: Ford Motor Company, *2002 Annual Report*, p. 91)

연도	노동 가격	연도	노동 가격
1993	$39.06/시간	1998	45.72
1994	40.94	1999	47.37
1995	40.45	2000	48.44
1996	41.77	2001	47.73
1997	43.55	2002	52.65

18.78 어느 캐러비안 유람선 회사는 2005년부터 2009년까지 분기별로 아래와 같이 승객의 예약(천 명)을 받았다.

	I	II	III	IV
2005	27	23	21	24
2006	32	26	18	29
2007	28	25	16	30
2008	37	31	21	34
2009	38	33	23	39

a. 연도별로 분기별 예약 수를 합쳐서, 선형추세방정식을 적합하여 2013년의 예약 수를 예측하라.
b. 계절지수를 구하고 문항 (a)의 2013년 예측을 분기별로 나눠라.
c. 연도별로 분기별 예약 수를 합쳐서, $\alpha = 0.3$인 지수평활을 이용하여 2010년의 예약 수를 예측하라.
d. 계절지수를 이용하여 문항 (c)의 2010년 예측을 분기별로 나눠라.

18.79 연습문제 18.78에서 얻은 계절지수를 이용하여 계절조정된 시계열을 구축하라.

18.80 2006년부터 2009년까지의 월별 지역 은행 대출 신청 수에 대한 자료가 아래와 같다.

	J	F	M	A	M	J
2006	30	28	32	33	32	32
2007	22	26	30	36	35	40
2008	19	22	30	31	31	36
2009	29	28	42	47	49	53

	J	A	S	O	N	D
2006	39	44	48	47	33	28
2007	41	36	32	34	23	19
2008	39	37	36	36	32	29
2009	51	55	50	46	36	33

a. 연도별로 월별 신청 수를 합쳐서, 선형추세방정식을 적합하여 2012년의 신청 수를 예측하라.
b. 계절지수를 구하고 문항 (a)의 2012년 예측을 월별로 나눠라.
c. 연도별로 월별 신청 수를 합쳐서, $\alpha = 0.4$인 지수평활을 이용하여 2010년의 신청 수를 예측하라.
d. 계절지수를 이용하여 문항 (c)의 2010년 예측을 월별로 나눠라.

18.81 연습문제 18.80에서 얻은 계절지수를 이용하여 계절조정된 시계열을 구축하라.

18.82 더빈-왓슨 검정법과 유의수준 0.05를 이용하여 연습문제 18.65의 자료에 양의 자기상관이 존재하는지 확인하라. 결과를 보고, 자료에 선형회귀모형을 적용할 수 있는지에 대해 설명하라.

18.83 더빈-왓슨 검정법과 유의수준 0.05를 이용하여 연습문제 18.61의 자료에 양의 자기상관이 존재하는지 확인하라. 결과를 보고, 자료에 선형회귀모형을 적용할 수 있는지에 대해 설명하라.

18.84 1980년부터 2007년까지 완제품의 생산자 물가지수 자료는 파일 **XR18084**에 있다. 1982 = 100 그리고 1980은 $t = 1$로 코딩되었다. 자료에 대한 선형 자기회귀 예측방정식을 구축하고, 예측값의 적합도를 판단하기 위하여 *MAD*값을 구하고, 방정식을 이용하여 2008년의 생산자 물가지수를 예측하라.

18.85 1961년부터 2007년까지의 소비자 물가 지수는 파일 **XR18085**에 있다. 1982 ~ 1984 = 100이고 1961은 $t = 1$로 코딩되어 있다. 자료에 대한 선형 자기회귀 예측방정식을 구축하고, 예측값의 적합도를 판단하기 위하여 *MAD*값을 구하고, 방정식을 이용하여 2008년의 소비자 물가지수를 예측하라.

18.86 연습문제 18.85를 반복하되, 2차 자기회귀 예측방정식을 이용하라. 두 방정식의 예측값에 대한 *MAD*값을 비교하고 어느 것이 자료에 더 적합한지 설명하라.

18.87 1996년부터 2007년까지, 노동조합 가입자의 주간 임금의 중앙값이 $610에서 $857로 올랐고, 소비자 물가지수(1982 ~ 1984 = 100)는 156.9에서 207.3로 올랐다. 노조 가입자의 실임금의 증가나 감소는 몇 퍼센트인가? (출처: *World Almanac and Book of Facts 2009*, pp. 85, 150)

18.88 새로운 기준기간이 2004년이 되도록 다음의 지수를 변환하라.

	A	B
2001	101.3	100.0
2002	100.0	102.9
2003	103.4	104.7
2004	105.6	103.2
2005	107.9	107.5
2006	110.3	126.4
2007	116.2	122.1
2008	125.3	129.0
	(2002 = 100)	(2001 = 100)

종합사례

Thorndike Sports Equipment (Video 5번)

Thorndike 운동기구와 생산직근로자는 노사협의를 진행하고 있다. 회사와 노동조합은 앞으로 4년 동안 시간당 임금을 소비자물가지수(CPI)에 연계하기로 합의하였다. 가장 최근의 내용은 시간당 임금을 예상 CPI의 10%로 하는 것이다(즉, 당해 연도의 예상 CPI가 230.5이면 그해의 시간당 임금은 $23.05가 된다).

표 18.9에는 1961년에서 2007년까지의 CPI가 있다. 자료의 파일명은 **THORN18**이다. CPI가 100이 되

표 18.9

1961년에서 2007년까지의 소비자 가격지수(CPI). 1982에서 1984년 사이의 기간이 기준이며 100이다.

연도	연도 코드	CPI	연도	연도 코드	CPI
1961	1	29.9	1985	25	107.6
1962	2	30.2	1986	26	109.6
1963	3	30.6	1987	27	113.6
1964	4	31.0	1988	28	118.3
1965	5	31.5	1989	29	124.0
1966	6	32.4	1990	30	130.7
1967	7	33.4	1991	31	136.2
1968	8	34.8	1992	32	140.3
1969	9	36.7	1993	33	144.5
1970	10	38.8	1994	34	148.2
1971	11	40.5	1995	35	152.4
1972	12	41.8	1996	36	156.9
1973	13	44.4	1997	37	160.5
1974	14	49.3	1998	38	163.0
1975	15	53.8	1999	39	166.6
1976	16	56.9	2000	40	172.2
1977	17	60.6	2001	41	177.1
1978	18	65.2	2002	42	179.9
1979	19	72.6	2003	43	184.0
1980	20	82.4	2004	44	188.9
1981	21	90.9	2005	45	195.3
1982	22	96.5	2006	46	201.6
1983	23	99.6	2007	47	207.3
1984	24	103.9			

출처: Bureau of the Census, U.S. Department of Commerce, *Statistical Abstract of the United States 1999*, p. 495; and *New York Times Almanac 2009*, p. 338.

는 기준연도는 1982~1984이다. 새로운 계약이 2011~2014 기간 동안 유효하다고 가정하고, 통계 패키지를 사용하여 계약기간에 지불될 시간당 임금을 연도별로 예측하라. CPI의 추정값은 다음과 같이 하라.

1. 단순 선형방정식($\hat{y} = b_0 + b_1x$)을 사용하여 1961-2007 기간의 CPI 자료에 적합시켜라.
2. 2차 추정방정식($\hat{y} = b_0 + b_1x + b_2x^2$)을 사용하여 1961~2007 기간의 CPI 자료에 적합시켜라.

추정방정식과 협상내용에 대한 추가적인 질문:

3. 회사와 노조는 계약기간 동안 지불될 시간당 임금의 기준으로 어떤 방정식을 선호하겠는가?
4. 평균절대편차(*MAD*)를 사용한다면, CPI 시계열자료에 적합도가 높은 방정식은 어떤 것인가?
5. (a) 위의 질문을 통하여 선택된 방정식을 사용하고 (b) 2014년의 추정 CPI가 실제값이라고 하고 (c) Thorndike의 근로자의 평균 시간당 임금이 1987년에 $12.40이었다고 하면, 1987년과 2014년을 비교하면 근로자의 실질임금이 증가하였는가 아니면 감소하였는가? 설명하라.

PART 6
특별 주제

CHAPTER

19 의사결정 이론

Decision Theory

소송—현금 보상을 받고 그만둘 것인가 아니면 끝까지 갈 것인가?

Jill이 임신을 하자, 회사는 그녀를 퇴사시키기로 결정했다. 회사를 그만둔 후, Jill은 성차별에 의한 부당해고를 당했다고 회사를 상대로 소송을 제기했다. 그러자 회사는 소송을 취하하는 조건으로 $160,000를 보상하겠다고 제안했다.

Jill은 회사가 제안한 현금 보상을 받고 소송을 그만두어야 하나 아니면 그대로 소송을 계속해서 법정의 판단을 받아야 하나? Jill의 변호사에 의하면, 법정 소송에서 이길 가능성은 60%이고 이러한 부당해고의 경우 배상액의 중간값은 $250,000라고 한다.

Jill이 선택하여야 하는 대안은 (a) 확실한 현금 보상 $160,000와 (b) 60%의 가능성으로 $250,000(즉, $0의 보상을 받을 가능성이 40%)를 받는 것이다. 이 장에서 설명하는 기대보상 기준에 의하면 Jill은 확실한 현금 보상을 받고 마무리 짓는 것이 좋다. 이 장에서의 설명을 공부한 다음, 이러한 선택이 왜 옳은지를 쉽게 알 수 있을 것이다. 아무튼 이 경우 재판의 결과를 확실하게 알 수 있는 예측 방법이 있다면, 이러한 방법의 사용을 위하여 Jill이 지불할 수 있는 금액은 최대 $54,000이다. 이 금액을 **완전 정보**(*perfect information*)의 기대가치라고 한다.

출처: 보상의 중간값은 다음 기사에서; "Report: EPL Jury Awards Up 18%," *Insurance Journal, insurance-journal.com*, August 29, 2009.

학습목표

- 의사결정 문제를 대체안(alternatives), 사상(states of nature)과 보상(payoffs)에 의하여 표현한다.
- 베이즈(Bayesian) 의사결정 기준과 비베이즈(non-Bayesian) 의사결정 기준의 차이를 구별한다.
- 의사결정 대체안의 기대 보상(expected payoff)을 결정한다.
- 완전 정보(perfect information)의 기대 가치(expected value)를 계산하고 의미를 해석한다.
- 의사결정 문제를 기회비용(또는 손실: opportunity loss)과 기대기회비용에 의하여 표현하고 분석한다.
- 재고자산 의사결정에 증분 분석(incremental analysis)을 적용한다.

19.1 머리말

죽음과 세금 말고는 확실한 것이 없다고 하지만 한 가지 더 확실한 것이 있는데 바로 불확실성이다. 생선가게 주인은 오늘 몇 명이 도미를 살지 확신할 수 없고, 제약회사는 새로 개발한 약이 2천만 고객 모두에게 안전한 것인지 확실하게 알 수 없고, 컴퓨터 회사는 새로 설계하고 있는 컴퓨터가 생산될 때 얼마나 경쟁력을 가질지 확신할 수가 없다. 이러한 각각의 경우에, 생선가게 주인은 도미 몇 마리를 확보할지, 제약회사나 컴퓨터 회사는 신제품을 계속 추진하여야 하는가에 대한 의사결정을 하여야 한다.

의사결정과 불확실성에 대하여 다른 장에서도 언급을 하였다. 가설검정에서 귀무가설을 기각할 것인가에 대한 의사결정을 하였고, 불확실성은 1종 오류와 2종 오류로 반영되었다. 다음 장에서 공정이 정상적인지를 판단하는 데 통제도(control chart)가 어떻게 사용되는가를 설명하고, 배송된 제품이나 부품을 인수하는 데 수락표본(acceptance sampling)이 어떻게 사용되는가를 공부할 것이다.

이 장이 다른 장과 다른 점은 표본으로부터 얻어지는 지식의 도움 없이 의사결정을 한다는 것이다. 추가 정보를 얻을 가능성을 고려하는 경우에도, "의사결정과 연관된 불확실성을 감소시킬 수 있는 정보의 최대 가치는 얼마인가?" 하는 관점에서다.

우선 의사결정 문제를 보상표(payoff table) 또는 의사결정나무(decision tree)로 구성한 다음, 의사결정을 하기 위한 두 가지 접근 방법을 소개한다. 이 장의 마지막 부분에서는 재고자산 의사결정에 유용하게 사용되는 증분분석을 소개한다.

19.2 의사결정 문제의 구성

의사결정 문제를 분석하기 전에, 우선 의사결정 문제를 구성하는 각각의 요소와 이러한 요소에 의하여 의사결정 문제가 어떻게 구성되는가를 설명한다.

대체안

의사결정을 하는 사람이 선택할 수 있는 대상을 **대체안**이라 한다. 컴퓨터 회사의 경우 대체안은 (1) 신제품 개발을 계속한다와 (2)신제품 개발을 중지한다이다. 대체안 중에서 하나만 선택될 수 있다.

사상

대체안을 선택하는 경우, 결과가 어떻게 될 것인가는 의사결정자의 의지와 상관없이 우연에 의하여 결정된다. 예를 들면, 새 컴퓨터가 출시될 때 기술이나 성능 면에서 경쟁력 있는 제품이 될 것인가는 그 시점에 어떤 다른 제품이 시장에 있는가에 따라 결정될 것이다. 이런 발생될 수 있는 미래의 각각의 상황이 바로 의사결정 환경의 **사상**(states of nature)이다. 「생활 속의 통계 19.1」에서는 74년이나 영업을 해온 미국의 제품이 특정한 미래 사상의 발생으로 어떻게 어려움에 처했는가를 보여준다. 각각의 사상은 서로 배타적이고(즉, 단 하나만 실제로 발생할 수 있고), 포괄적이어야 한다(즉, 반드시 한 가지 사상이 발생해야 한다).

사상의 개념을 소개하였으니 이제 의사결정과 연관된 불확실한 정도를 3가지 수준에서 살펴보자.

위험(risk) 가능한 미래의 사상과 발생할 확률을 모두 정확하게 알고 있는 경우이다. 룰렛 같은 도박을 하는 경우에는 이런 상황이 대부분이지만, 경영 의사결정에서는 확률을 정확히 알 수 없기 때문에 거의 접할 수가 없다.

불확실성(uncertainty) 가능한 미래의 사상은 알지만, 발생할 확률은 정확하게 알지 못하는 경우이다. 대부분의 경영 의사결정이 이에 해당된다. 발생할 확률을 과거의 경험이나 경영자의 판단에 의하여 예측하게 된다.

무지(ignorance) 가능한 미래의 사상과 발생할 확률을 모두 알지 못하는 경우이다. 실제로 이러한 경우는 대단히 드물다. 의사결정의 결과로 어떠한 상황을 맞게 될 것인가를 전혀 예측하지 못하는 것은 아마도 화성에서 도망쳐온 외계인뿐일 것이다.

생활 속의 통계 • 19.1 필름이 필요 없는 사진

2009년 6월, Kodak은 일반인은 물론 전문가에 의해서도 74년간 사용되어온 Kodachrome 필름의 생산을 중지한다고 발표하였다. 당시 Kadachrome의 매출은 전체 필름 매출의 1% 미만에 불과했다.

이 전설적인 제품에 종지부를 찍은 주요 요인은 *기술*이라는 사상이다. 디지털 사진이 영상을 찍고 저장하는 주요 기술로 등장하였고, 다른 종류의 필름의 경우 보다 간단하게 생산하고 인화할 수 있는 기술이 개발되었기 때문이다, 이 글을 쓰는 시점에 Kodachrome 필름을 현상할 수 있는 실험실이 미국 전체에 단 한 군데밖에 없었다.

2000년대 초, 필름을 사용하던 시대로부터 디지털 시대로 전환하는 과정에서 Kadak이라는 기업 자체가 기술 전환에 따른 어려움을 겪고 있었다. 현재는 디지털 사진에 의한 매출이 전체 Kadak 매출의 70% 이상이며, 모두가 기업의 운명을 위협한다고 여겼던 디지털 사진의 발전에서 Kodak은 오히려 선도적 역할을 담당하고 있다.

출처: "Kodak Kills Kodachrome Film After 74 Years," Reuters.com, June 22, 2009.

보상표

의사결정의 대체안을 행으로, 사상을 열로 하여 각 행과 열의 교차점에 이익이나 손실과 같은 보상을 수치로 표현한 표를 **보상표**(payoff table)라 한다. 각각의 사상의 확률도 표에 나타낼 수 있다.

예제 EXAMPLE

보상표

독일의 자동차 회사가 미국 시장에서 판매되는 자동차를 현재 독일에서 생산하고 있다. 그러나 Euro화가 달러에 비하여 강세이기 때문에 자동차 가격이 대단히 비싸다. 더 낮고 안정적인 가격을 확보하기 위하여, 미국 시장에서 판매될 차를 남미에서 생산하는 방안을 고려 중이다.

풀이

표 19.1은 이 의사결정 문제에 대한 보상표이며 다음을 포함하고 있다.

- **대체안** (1) 계속 독일에서 생산한다; (2) 남미에서 생산한다.
- **사상** 차후 2년간 Euro 대비 달러의 상대적 가치는 (1) 약함, (2) 중간, (3) 강함 중 하나일 것이다.
- **확률** 회사의 경제 전문가는 달러의 상대적 가치의 가능성을 0.3(약함), 0.5(보통), 0.2(강함)로 예측하였다.
- **보상** 어떤 대체안이 선택되고 또 어떤 사상이 발생하는가에 따라 보상이 달라진다. 예를 들면, 남미에서 생산하고 달러의 상대적 가치가 강한 경우 2년간 이익은 1,600만 달러가 될 것으로 예측된다.

의사결정 문제는 대체안, 사상, 확률과 보상이 그림으로 표현되는 **의사결정나무**(decision tree)로 나타낼 수도 있다. 그림 19.1은 표 19.1을 의사결정나무로 표현

표 19.1

보상표는 의사결정의 대체안, 사상, 각 대체안과 사상의 결합에 대한 보상 및 사상의 확률을 표로 나타낸 것이다. (단위: 백만)

대체안	사상 Euro 대비 달러의 가치 약함 (확률 = 0.3)	 보통 (확률 = 0.5)	 강함 (확률 = 0.2)
독일에서 생산	$10	$15	$25
남미에서 생산	$20	$18	$16

그림 19.1

표 19.1의 보상표에 대응되는 의사결정나무.

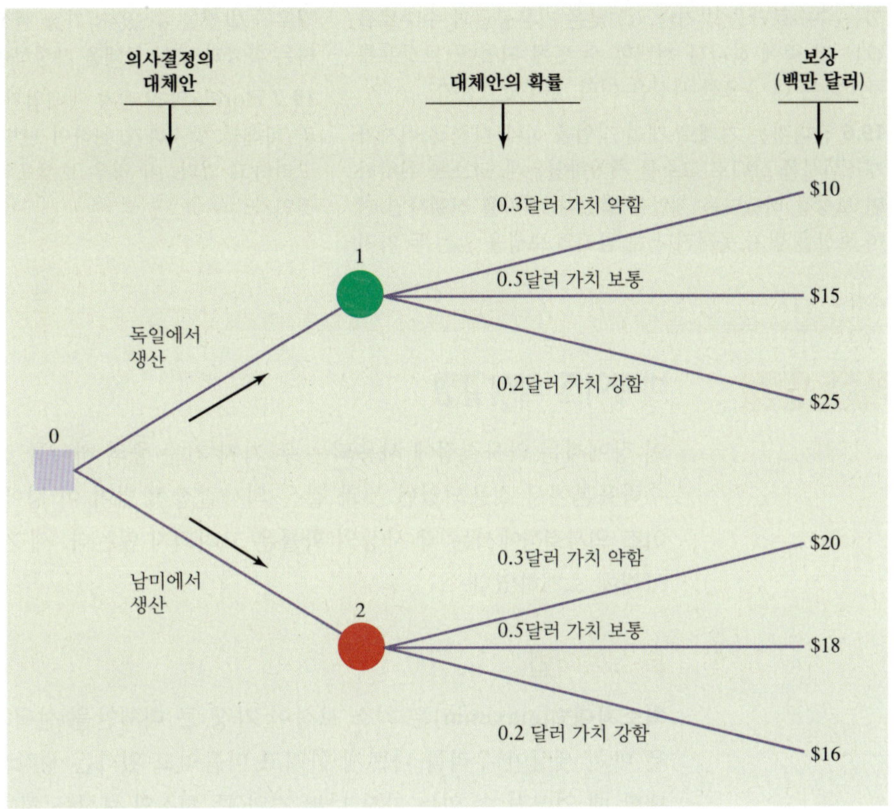

한 것이다. 보상표와 동일한 정보가 도형으로 표현되었다. 처음 두 개의 가지는 대체안이다. 각각의 대체안을 따라가면 마디 1이나 마디 2에 이르게 되고, 각각의 마디에서는 보상표에서처럼 3가지 사상이 확률과 함께 갈라진다.

의사결정나무에서 사각형 마디는 의사결정을 하는 마디이고, 동그란 마디는 사상의 발생을 나타내는 마디이다. 의사결정 문제를 다룰 때 주로 보상표를 이용할 것이지만, 이 장의 뒷부분에서 의사결정나무를 다시 접하게 될 것이다.

연습문제

19.1 위험, 불확실성 및 무지의 차이는 무엇인가? 대부분의 경영 의사결정은 어떤 유형에 속하나?

19.2 보상표의 사상은 서로 배타적이고 포괄적이어야 한다는 것은 무슨 의미인가?

19.3 사업용 제트기를 수용하려면 조그만 비행장의 매니저는 활주로를 확장하여야 한다. 그러나 비행장은 이미 교외 주택들 한가운데 있고, 주민들은 시 당국에 비행기의 교통량과 소음에 대하여 불만을 제기하고 있는 형편이다. 의사결정의 대체안과 의사결정 이후 직면하게 되는 사상은 무엇인가?

19.4 지난해 사업출장 때의 영수증을 몇 장 분실한 전문 경영 자문가가 분실되어 증거가 없는 경비 금액을 대충 추정하여 소득세 신고를 할 것인지 고려 중이다. 추정 경비를 포함하는 경우 세무조사를 받지 않는다면 세금이 $12,000이다. 그러나 세무조사를 받게 되면 추가로 $8,000을 추가세금 및 벌금으로 내야 한다. 잃어버린 영수증을 무시하면 세금이 $14,000가 된다. 보상표와 의사결정나무를 작성하라.

19.5 고정 봉급을 받고 있던 부동산 회사의 직원이 (a) 계속 고정 봉급을 받거나, (b) 매출의 일정액으로 계산

되는 수수료만을 받거나, (c) 낮은 기본봉급과 수수료를 받는 것 중에 하나를 선택할 수 있게 되었다. 보상표를 구성하는 데 유용한 사상은 어떤 것이 있겠는가?

19.6 잔디깎는 기계로 제설 작업을 하다 다친 소비자가 제조회사를 상대로 고소를 제기하였는데, 고소를 취하하면 보상을 하겠다는 제안을 받았다. 재판을 진행하면 전혀 보상을 받지 못하거나 큰 금액의 보상을 받는 두 가지 경우가 발생할 수 있다. 가장 현실적이라고 자신이 생각하는 확률과 보상 금액을 가정하여 보상표를 만들라.

19.7 Florida의 오렌지 재배업자가 다가오는 겨울의 서리 피해를 방지하기 위하여 난방장치를 설치하는 것을 고려하고 있다. 이 경우 보상표의 행과 열은 무엇이 될 것인가?

19.3 비베이즈 의사결정

이 장에서는 의사결정에 사용되는 두 가지 기준 중의 하나를 검토한다. 가설검정과 수락표본에서 적용되었던 것과 같은 의사결정 방법이 이 장에서도 사용된다. **비베이즈 의사결정**에서는 각 사상의 확률은 고려되지 않는다. 세 가지 의사결정 방법을 아래에 소개하였다.

최소최대법

최소최대법(maximin)은 최소 보상이 가장 큰 대체안을 선택하는 것이다. 이 방법은 마치 세상이 우리를 나쁘게 하려고 마음먹고 있다는 생각으로, 각 대체안을 선택할 때 얻어질 수 있는 가장 나쁜 결과 즉 최소의 보상을 최대로 하려는 보수적이고 비관적인 관점에서의 의사결정이라고 할 수 있다.

표 19.2는 표 19.1에 최소최대법을 적용한 것이다. 각 대체안의 가장 나쁜 결과를 찾아서 이 중 가장 큰 보상을 가져오는 대체안을 선택하는 것이다. 독일에서 생산할 때 가장 나쁜 결과는 달러가치가 약한 경우(이익 = 1,000만 달러)이고, 남미에서 생산할 때 가장 나쁜 결과는 달러가치가 강할 경우(이익 = 1,600만 달러)이다. 따라서 남미에서 생산하는 대체안이 선택된다.

표 19.2

최소최대법에 의하면 남미에서 생산하는 대체안이 선택된다. 의사결정 후 최악의 사상이 발생될 것으로 가정하는 비관적 방법이다.

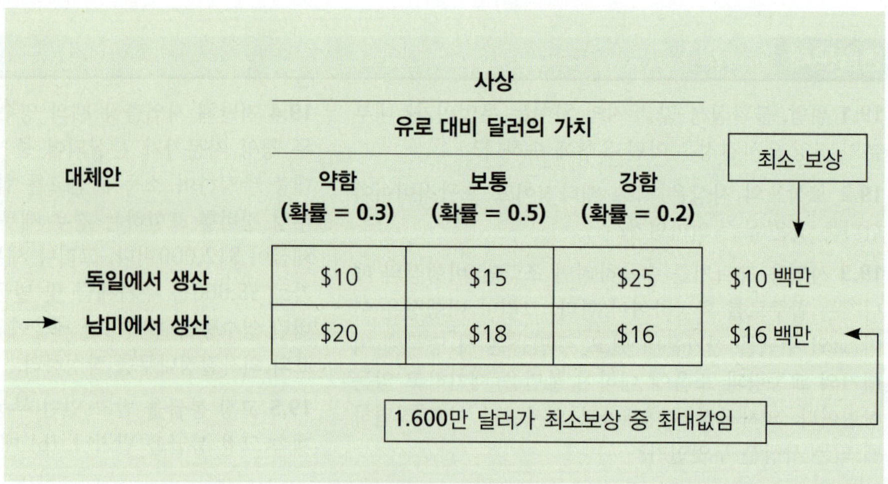

대체안	사상: 유로 대비 달러의 가치 — 약함 (확률 = 0.3)	보통 (확률 = 0.5)	강함 (확률 = 0.2)	최소 보상
독일에서 생산	$10	$15	$25	$10 백만
→ 남미에서 생산	$20	$18	$16	$16 백만

표 19.3

최대최대법에 의하면 독일에서 생산하는 대체안이 선택된다. 가장 좋은 사상이 발생될 것으로 가정하는 낙관적인 방법이다.

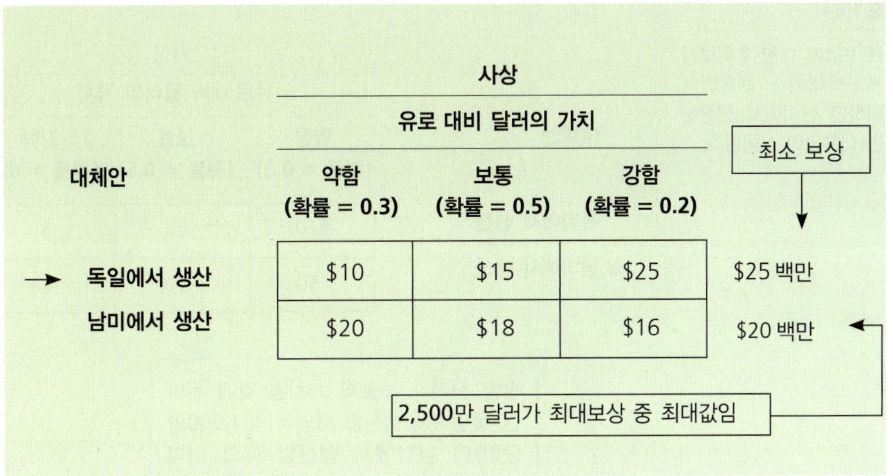

대체안	사상: 유로 대비 달러의 가치			최소 보상
	약함 (확률 = 0.3)	보통 (확률 = 0.5)	강함 (확률 = 0.2)	
→ 독일에서 생산	$10	$15	$25	$25 백만
남미에서 생산	$20	$18	$16	$20 백만

최대최대법

최대최대법(maximax)은 최대 보상이 가장 큰 대체안을 선택하는 것이다. 이 방법은 마치 세상이 우리에게 무척 관대한 것처럼 생각하여, 각 대체안을 선택할 때 얻어질 수 있는 가장 좋은 결과, 즉 최대의 보상을 최대로 하려는 낙관적인 관점에서 하는 의사결정이라고 할 수 있다.

표 19.3은 표 19.1에 최대최대법을 적용한 것이다. 각 대체안의 가장 좋은 결과를 찾아서 이 중 가장 큰 보상을 가져오는 대체안을 선택하는 것이다. 독일에서 생산할 때 가장 좋은 결과는 달러가치가 강한 경우(이익 = 2,500만 달러)이고, 남미에서 생산할 때 가장 좋은 결과는 달러가치가 약할 경우(이익 = 2,000만 달러)이다. 따라서 독일에서 생산하는 대체안이 선택된다.

최대최소 후회금액법

최대최소 후회금액법(minimax regret)은 사후에 뒤돌아보면서 어떤 대체안을 선택했어야 했는데 하며 후회하는 경우와 같다. 최대최소 후회법을 적용하려면, 우선 각 사상별로 각각의 대체안을 선택하면 후회하게 되는 금액, 즉 각 사상별로 가장 좋은 결과와 그 대체안을 선택할 때의 결과의 차이인 **후회금액**(regret)에 의한 후회보상표를 만들어야 한다. 후회보상표는 19.5절에서 설명하는 기회손실표와 같은 것이다.

표 19.4는 표 19.1에 최대최소 후회법을 적용한 것이다. 만일 달러가 보통의 가치를 갖게 된다면 남미에서 생산하여 1,800만 달러의 이익을 내는 것이 좋다. 이 경우 독일에서 생산한다면 이익이 1,500만 달러가 되므로, 후회보상표의 첫 행 두 번째 열은 300만 달러(= 1,800만 달러가 − 1,500만 달러)가 된다. 마찬가지 방법으로 이 경우 남미에서 생산한다면 후회 금액은 0달러이다.

최대최소 후회법은 최대 후회금액이 가장 작은 대체안을 선택하는 것이다. 표 19.4에서 독일에서 생산하면 최대 후회금액이 1,000만 달러이고 남미에서 생산하면 900만 달러이므로 남미에서 생산하는 대체안이 선택되는 것이다.

표 19.4

표 19.1에 대한 후회보상표. 최대최소 후회법에 의하면 남미에서 생산하는 대체안이 선택된다.

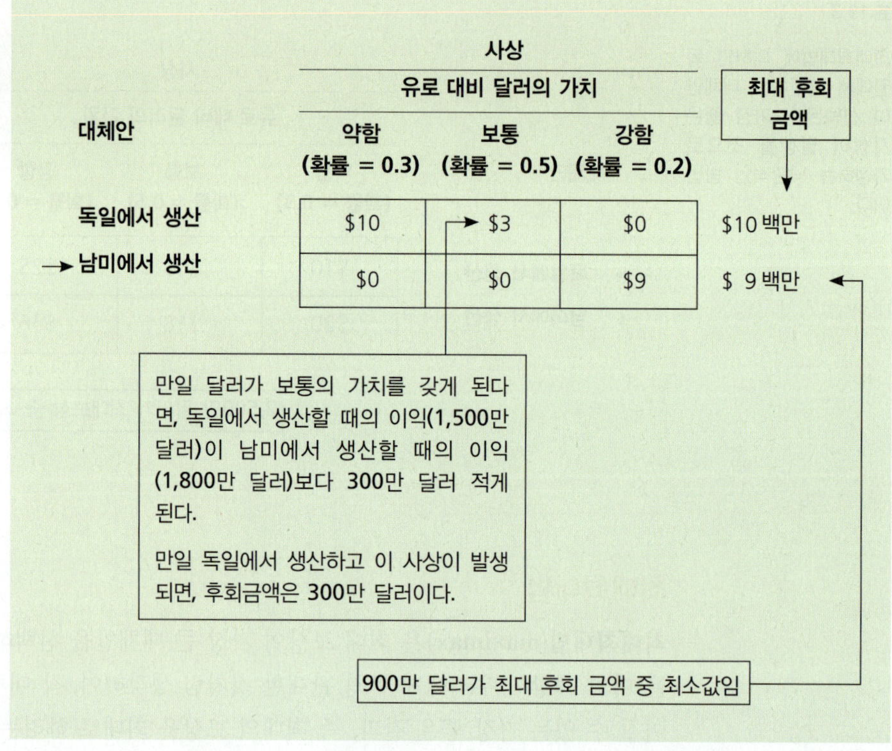

연습문제

19.8 연습문제 19.4에서, 최소최대법이 적용된다면 어떤 대체안이 선택되는가? 최대최소 후회금액법이 사용된다면?

19.9 Dave가 다니는 대학이 전국 볼링대회 결승전에 진출하여 다음 달 시합을 갖는다. "We're number one"이라는 구호가 가슴에 새겨진 T셔츠를 판매하고자 하는데, 오늘 주문하면 시합 전에는 판매할 수 없지만 시합 후 수일 이내에는 판매가 가능하다. T셔츠는 1,000장 단위로 주문이 가능하며, 시합 결과에 따른 판매 가능성을 예측하여 다음과 같은 보상표를 만들었다. 최소최대법이 적용된다면 어떤 대체안이 선택되는가? 최대최대법이 사용된다면? 최대최소 후회금액법이 사용된다면?

	Dave의 대학이		
	승리	패배	비김
주문 안함	$0	$0	$0
1,000장 주문	$800	−$200	$200
2,000장 부문	$1600	−$400	$300

19.10 새로운 전자제품에 3가지 디자인이 고려되고 있다. 이익은 디자인과 시장조건에 의하여 결정된다. 백만 달러 단위로 표현된 보상표는 다음과 같다. 최소최대법이 적용된다면 어떤 대체안이 선택되는가? 최대최대법이 사용된다면? 최대최소 후회금액법이 사용된다면?

	시장 조건		
	I	II	III
디자인 A	$25	$14	$6
디자인 B	$15	$30	$18
디자인 C	$5	$10	$40

19.11 다음의 경우 최소최대법과 최대최대법 중 어느 것이 사용되었는지를 설명하라.

a. 일정에 늦은 트럭 운전사가 경찰의 속도감지 레이더가 있는 구역인줄 알면서도 제한속도보다 시속 15마일을 초과해서 운전했다.

b. 영업이 부진한 소매점의 주인이 다음 달 봉급을 체불할 가능성이 있음에도 불구하고 전문 PR회사와 대대적인 판촉 행사를 위한 계약을 맺었다. 판촉 행사가 굉장히 성공적인 것이 되지 않으면 PR회사 대금도 지불하지 못할 것이다.

c. 롤러 스케이트장 주인이 사고 배상에 대한 보험에 가입하였다.

19.12 Fred가 사무실까지 직선으로 가면 30분이 걸린다. 그러나 가는 도중 건너야 하는 기찻길이 막히면 15

분이 더 걸린다. 기찻길이나 신호등이 없는 길로 우회해서 가면 40분이 걸린다. 빨리 사무실에 가는 것을 원하는 경우, 최소최대법이 적용된다면 어떤 길이 선택되는가? 최대최대법이 사용된다면? 최대최소 후회금액법이 사용된다면?

19.13 5만 달러짜리 골동품을 유럽에서 미국까지 보내려고 하는 골동품을 수집가가 보험에 들것인가를 고민하고 있다. 보험료는 $1,000이다. 최소최대법이 적용된다면 어떤 대체안이 선택되는가? 최대최대법이 사용된다면? 최대최소 후회금액법이 사용된다면?

19.14 자동차 제조업자가 연비가 매우 좋은 디젤엔진을 소개하려고 한다. 엔진의 성공 여부는 미국 환경보호국이 다음 해에 특별한 종류의 매연규제법을 시행하는가에 달려 있다. 백만 달러 단위의 보상표가 다음과 같다. 최소최대법이 적용된다면 어떤 대체안이 선택되는가? 최대최대법이 사용된다면? 최대최소 후회금액법이 사용된다면?

	매연규제법이	
	시행됨	시행 안됨
엔진을 개발함	−$10	$30
엔진을 개발하지 않음	$15	$15

19.4 베이즈 의사결정

지금까지 고려한 의사결정 방법은 사상의 확률을 고려하지 않았지만, **베이즈 의사결정**에서는 확률을 고려하며, 선택되는 대체안은 기대보상이 가장 큰 대체안이다.

기대보상

기대보상(expected payoff)은 각 사상에 따른 보상과 확률을 곱하여 합한 것이다. 각 대체안이 이산확률분포를 갖고 있는 것으로 간주하여, 6장에서 소개한 방법으로 기대값이 계산된다:

대체안의 기대보상:

기대보상 $= \Sigma p_i \cdot m_i$ p_i = 사상 i의 확률

m_i = 사상 i가 발생할 때 이 대체안의 보상

자동차 생산 예의 경우 각 대체안의 기대보상은:

독일에서 생산:

$$\text{기대보상} = \Sigma p_i \cdot m_i = 0.3(10) + 0.5(15) + 0.2(25) = \$15.5\text{백만}$$

남미에서 생산:

$$\text{기대보상} = \Sigma p_i \cdot m_i = 0.3(20) + 0.5(18) + 0.2(16) = \$18.2\text{백만}$$

표 19.5에서 보듯이 남미에서 생산하는 대체안의 기대보상이 1,820만 달러로 더 크며, 이 값은 보상표에는 나타나지 않지만 같은 의사결정을 여러 번 반복하는 경우 얻어지는 평균 보상 금액이다. 기대보상을 기대화폐가치(*EMV*, *expected monetary value*)라고도 한다.

그림 19.2는 표 19.5의 의사결정나무이다. 의사결정나무에서의 계산은 그림에

표 19.5

기대보상을 비교하여 남미에서 생산하는 대체안이 선택되고, 기대 이익은 1,820만 달러이다.

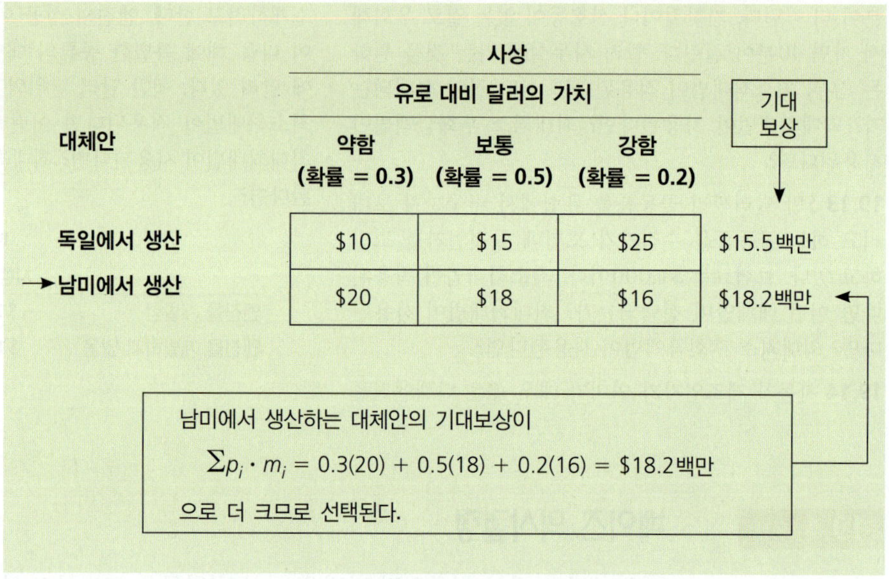

대체안	사상: 유로 대비 달러의 가치			기대보상
	약함 (확률 = 0.3)	보통 (확률 = 0.5)	강함 (확률 = 0.2)	
독일에서 생산	$10	$15	$25	$15.5백만
→ 남미에서 생산	$20	$18	$16	$18.2백만

남미에서 생산하는 대체안의 기대보상이

$$\Sigma p_i \cdot m_i = 0.3(20) + 0.5(18) + 0.2(16) = \$18.2\text{백만}$$

으로 더 크므로 선택된다.

그림 19.2

표 19.5를 표현한 의사결정나무.

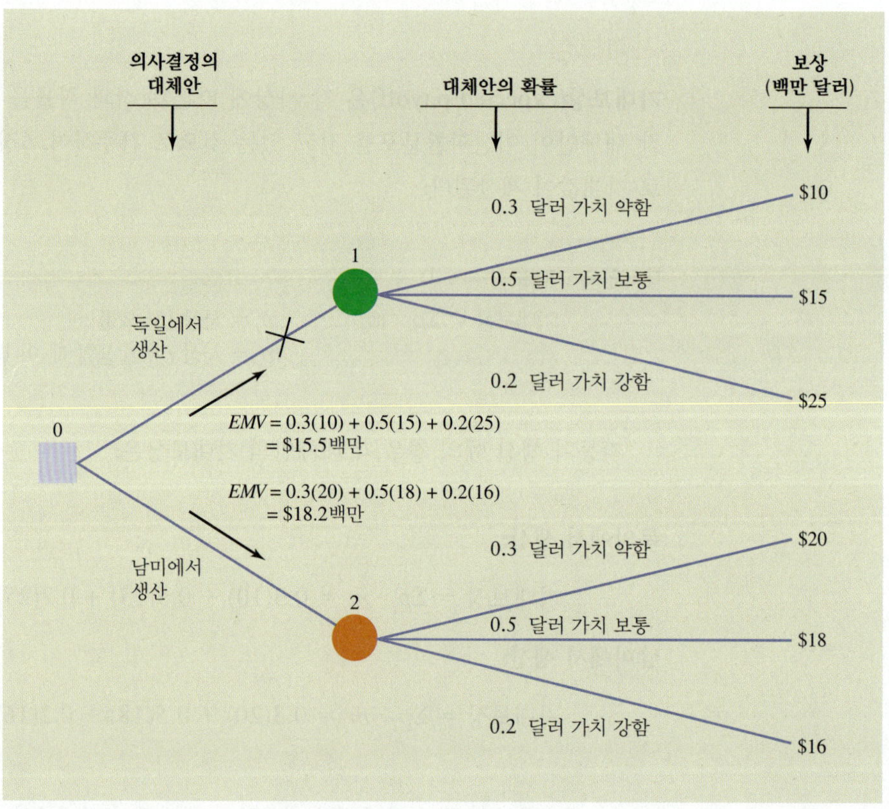

서 보듯이 오른쪽에서 시작하여 왼쪽으로 (즉, 미래로부터 현재로) 진행된다. 독일에서 생산을 나타내는 대체안 가지에 X표시가 된 것은 이 대체안의 기대보상이 작아서 선택되지 않았다는 것을 의미한다.

완전정보의 기대가치

불확실성 하에서 의사결정을 할 때, 미래에 어떤 사상이 발생할 것인가를 더 정확하게 예측하기 위한 연구에 투자를 할 수도 있다. 예를 들면, 앞의 자동차 생산의 경우, 유로화 대비 달러의 가치가 어떻게 될 것인가를 더 확실하게 알기 위하여 경제 전문가나 전문 예측기관의 자문을 구할 수 있다.

더 나은 의사결정을 하기 위하여 미래 사상에 대한 정보를 더 수집할 것인가는 이러한 정보가 얼마나 가치를 갖고 있는가에 달려 있다. 이러한 정보는 어떤 사상이 발생할 것인가를 확실하게 알려주는 정보, 즉 완전정보가 아니므로, 이러한 불완전 정보의 가치는 **완전정보의 기대가치(EVPI, expected value of perfect information)**보다는 작을 것이다. 완전정보의 기대가치는 (1) 미래 어떤 사상이 발생할지를 확실하게 아는 경우의 기대보상과 (2) 불확실성 하에서의 기대보상의 차이이다.

완전정보의 기대가치, *EVPI*:

$$EVPI = \text{완전정보가 주어졌을 때의 기대보상} - \text{완전정보가 없는 현재의 기대보상}$$

앞의 예에서, 추가 정보를 구하지 않은 현재 상태에서 최선의 선택, 즉 남미에서 생산하는 경우의 기대보상은 1,820만 달러이다. 만일 어떤 사상이 발생할 것인가를 확실히 안다면, 그 사상의 경우 가장 최선의 대체안을 선택할 것이다. 예로, 달러가 약세일 것을 확실하게 안다면 남미에서 생산하여 2,000만 달러의 이익을 낼 것이다.

아직 완전정보를 구한 것이 아니고 완전정보를 구할 것인가를 고려하는 입장이기 때문에, 완전정보에 의하여 예측될 사상이 무엇일지는 사전에 확실하게 알 수가 없다. 각 사상이 완전정보에 의하여 예측될 가능성은 우리가 추정한 각각의 사상의 가능성, 즉 0.3, 0.5, 0.2가 될 것이라고 기대할 수 있다.

- **완전정보가 '약함' 일 확률은** 0.3이며, 이 경우 남미에서 생산하여 2,000만 달러의 이익을 얻을 수 있다.
- **완전정보가 '보통' 일 확률은** 0.5이며, 이 경우 남미에서 생산하여 1,800만 달러의 이익을 얻을 수 있다.
- **완전정보가 '강함' 일 확률은** 0.2이며, 이 경우 독일에서 생산하여 2,500만 달러의 이익을 얻을 수 있다.

따라서 완전정보를 사용하여서 얻을 수 있는 기대보상은 0.3(20) + 0.5(18) + 0.2(25) = 2,000만 달러이다. 표 19.3에서 보듯이, 완전정보가 없을 때의 기대보상이 1,820만 달러이므로 완전정보의 기대가치는 180만 달러(= 2,000만 달러 − 1,820만 달러)이다. 이 금액은 의사결정의 불확실성을 감소시키기 위하여 회사가 지불할 수 있는 최대 금액이다.

그림 19.3

표 19.5의 의사결정에서 완전정보의 기대가치는 180만 달러이다. 이 금액은 불확실성을 감소시킬 수 있는 정보에 지출할 수 있는 최대 금액이다.

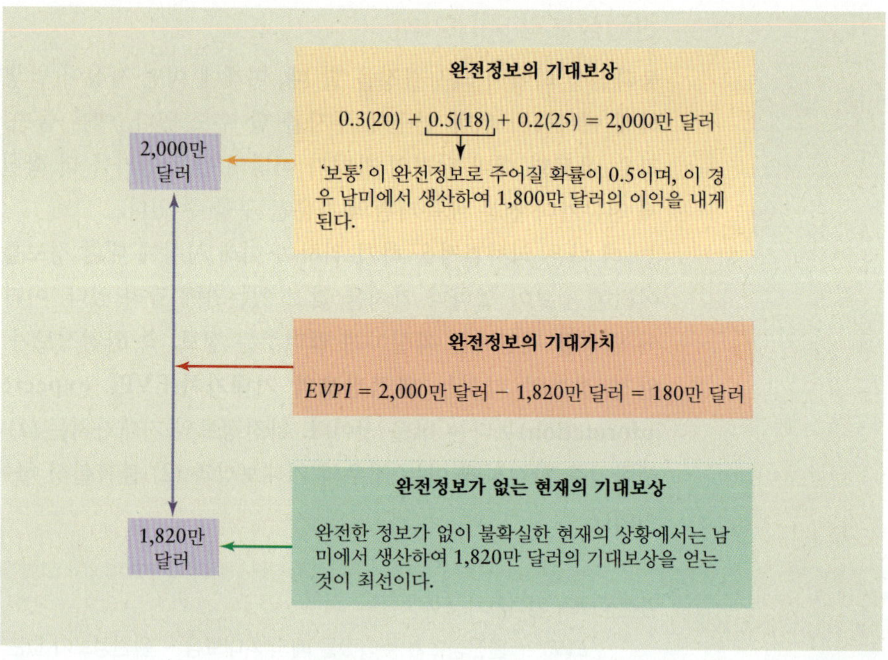

연습문제

19.15 베이즈 의사결정과 비베이즈 의사결정의 가장 중요한 차이는 무엇인가?

19.16 담보할 재산이 전혀 없는 사업가가 신제품이 성공하는 경우 이익을 나누어 갖기로 하는 조건으로 신제품 개발을 위한 자금의 대출을 신청하였다. 대출 담당자가 만든 보상표(단위: 천 달러)가 다음과 같다.

	제품의 성공 가능성		
	작음(0.1)	보통(0.3)	큼(0.6)
전액 대출	−$25	$20	$50
반액 대출	−$10	$10	$20
대출 거부	$0	$0	$0

기대보상 기준에 의하여 선택되는 대체안은 무엇인가? 완전정보의 기대가치를 계산하고 의미를 설명하라.

19.17 연습문제 19.4에서, 세무조사를 받을 확률이 0.1이라면, 기대화폐가치가 최대인 대체안은 무엇인가? 세무조사 가능성을 더 정확히 알기 위하여 지불할 수 있는 최대금액은 얼마인가?

19.18 연습문제 19.9에서, 승리할 확률이 0.6, 패배할 확률이 0.3, 비길 확률이 0.1이라면, 기대보상이 최대인 대체안은 무엇인가? 완전정보의 기대가치는 얼마인가?

19.19 연습문제 19.10에서, 세 가지 시장 조건의 확률이 각각 0.1, 0.6, 0.3이라면, 기대이익이 최대인 디자인은 무엇인가? 시장 조건의 가능성을 더 정확히 알기 위하여 지불할 수 있는 최대 금액은 얼마인가?

19.20 다음 보상표에서 완전정보의 기대가치를 계산하라. 계산 결과가 특이하지 않은가? 그렇다면 이유는?

	사 상	
	I (0.6)	II (0.4)
대체안 A	$80	$30
대체안 B	$12	$20

19.21 연습문제 19.12에서, 기차 건널목을 기차가 지나가고 있을 가능성이 0.1이라면, Fred는 어떤 경로를 선택할 것이며 이때 걸리는 기대시간(분)은 얼마인가? 기차가 건널목에 있을 것인가를 확실하게 안다면 Fred가 절약할 수 있는 시간은 얼마인가?

19.22 연습문제 19.13에서, 물건을 분실할 확률이 x라면, 대체안의 기대보상이 같게 되는 x는 얼마인가? 이 경우 완전정보의 기대가치는 얼마인가?

19.23 경영에 관한 조사 연구에서 미래에 발생할 사상을 확실하게 알아낼 수 있는 경우는 거의 없다. 완전정보가 얻어질 가능성이 없는데도 완전정보의 기대가치를 고려할 필요가 있는가?

19.5 기회손실 접근법

확률을 고려하여 최선의 대체안을 선택하고 완전정보의 기대가치를 계산하는 또 한 가지 방법은 기회손실에 의하여 의사결정 문제를 표현하는 것이다. **기회손실** **(opportunity loss)**은 앞에서 설명한 후회금액을 다른 말로 표현한 것이다. 기대보상과 같은 방법으로 계산되는 기대기회손실(expected opportunity loss)을 최소화하는 대체안이 선택된다.

대체안의 기대기회손실 (*EOL*):

$$EOL = \Sigma p_i \cdot l_i \qquad \begin{aligned} p_i &= \text{사상 } i\text{의 확률} \\ l_i &= \text{사상 } i\text{가 발생할 때 이 대체안의 기회손실} \end{aligned}$$

기회손실에 의한 선택은 기회보상에 의한 선택과 동일하며 특히,

1. 기대보상이 최대인 대체안이 곧 기대기회손실이 최소가 되는 대체안이고,
2. 이 최선의 대체안의 기대기회손실이 바로 완전정보의 기대가치가 된다.

표 19.6은 자동차 생산의 예를 기회손실로 표현한 것이다. 기회손실과 후회금액은 같은 것이기 때문에 보상표에 나타난 금액이 표 19.4에서의 후회금액과 동일한 것을 볼 수 있다.

표 19.6에서 '남미에서 생산' 하는 대체안의 기대기회손실이 180만 달러로 최소 금액이며, 이것은 (1) '남미에서 생산' 이 더 좋은 대체안이고, (2) 완전정보를 갖지 못해서 회사가 보는 손실이 180만 달러라는 것을 의미한다. 다시 한 번 강조하

표 19.6

기대기회손실은 완전정보의 기대가치와 같다. 기대보상과 기대기회손실은 항상 같은 의사결정 결과를 가져온다.

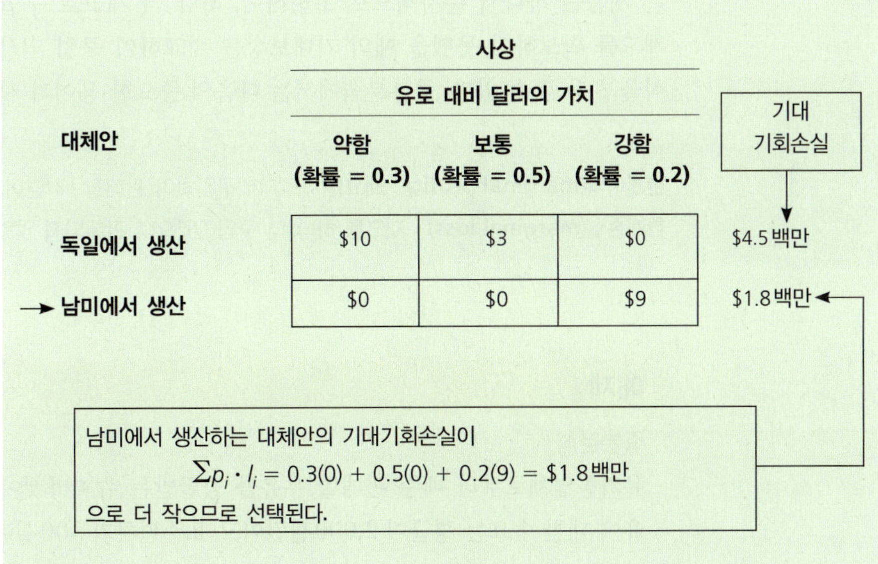

대체안	사상: 유로 대비 달러의 가치 약함 (확률 = 0.3)	보통 (확률 = 0.5)	강함 (확률 = 0.2)	기대 기회손실
독일에서 생산	$10	$3	$0	$4.5백만
→ 남미에서 생산	$0	$0	$9	$1.8백만

남미에서 생산하는 대체안의 기대기회손실이

$$\Sigma p_i \cdot l_i = 0.3(0) + 0.5(0) + 0.2(9) = \$1.8\text{백만}$$

으로 더 작으므로 선택된다.

지만, 기대보상과 기대기회손실은 모두 같은 대체안을 선택하게 한다. 기회손실과 후회금액이 같은 것이기 때문에 선택된 대체안의 기대기회손실과 완전정보의 기대가치도 같은 것이다.

연습문제

19.24 최대최소 후회금액법과 기대기회손실(*EOL*)에 의한 의사결정의 유사점과 차이점은 무엇인가?

19.25 세 회사의 주식 중에서 하나에 투자하려고 한다. 회사 A는 경제환경 변화에 대단히 민감하고, 회사 C는 비교적 민감하지 않고, 회사 B는 보통이다. 다음과 같이 보상표(단위: 천 달러)를 작성하였다.

	경제환경		
	취약 (0.2)	보통 (0.4)	강력 (0.4)
회사 A에 투자	−$40	$30	$60
회사 B에 투자	−$20	$20	$45
회사 C에 투자	$24	$28	$30

기회손실에 의하여 결정한다면 어떤 회사에 투자하여야 하며 기대기회손실은 얼마인가? 미래 경제환경에 대한 완전정보의 가치는 얼마인가?

19.26 연습문제 19.10에서 세 가지 시장 조건의 확률이 각각 0.1, 0.6, 0.3이라면, 각 대체안의 기대기회손실은 얼마인가? 이 중 최소값과 완전정보의 가치는 어떻게 연관되어 있나?

19.27 연습문제 19.12에서 기차 건널목에 기차가 있을 확률이 0.1이라면, 각 대체안의 기대기회손실은 얼마인가? 각 대체안의 기대기회손실의 의미를 설명하라.

19.6 증분분석과 재고자산 의사결정

경우에 따라 고려하여야 하는 대체안이나 사상의 숫자가 굉장히 많은 의사결정이 있을 수 있다. 예를 들면 소매상점이 어떤 상품을 0개에서 1,000개까지 구입하여 재고를 확보할 수 있고, 이 제품에 대한 수요도 0개에서 1,000개까지 어느 것이든 될 수 있는 경우이다. 보상표를 만들면 1,000개의 열과 1,000개의 행을 갖는 것이 되고, 최선의 대체안을 찾기 위한 계산도 무척 지루한 것이 될 것이다. 이런 경우에는 제품을 하나씩 순차적으로 고려하여, 하나 더 재고로 구입할 때의 기대보상과 재고를 확보하지 못했을 때의 기대보상을 비교하여 구입 의사결정을 하는 **증분분석**을 사용할 수 있다. 증분분석에서는 다음의 중요한 용어가 사용된다.

한계이익(marginal profit) 재고를 하나 더 구입하여 판매할 때 얻어지는 추가이익
한계손실(marginal loss) 재고를 하나 더 구입하였으나 판매되지 않았을 때의 추가손실

예제 EXAMPLE

증분분석

유가공업체로부터 매주 판매할 우유를 공급받는 슈퍼마켓이 있다. 한 주의 우유에 대한 수요는 평균이 2,000갤런이고 표준편차가 300갤런인 정규분포를 갖

는다고 추정된다. 우유는 갤런당 $2.10에 구입하여 $0.50의 이익을 얻는다. 팔리지 않은 우유는 주말에 공급업자가 갤런당 $0.60에 재구입하여 처분해 준다.

풀이

보상표를 만든다면 1,000개도 넘는 행과 열을 갖는 것이 되겠지만, 증분분석을 이용하면 아주 쉽게 기대보상이 최대(즉, 기회손실이 최소)가 되는 최선의 대체안을 결정할 수 있다.

우선 첫 번째 갤런의 우유를 재고로 구입하여야 하나를 생각해 보자. 구입하여 판매가 되면 한계이익이 $0.50가 되고, 판매되지 않는다면 한계손실이 $1.50가 된다. 수요가 μ = 2,000, σ = 300인 정규분포를 가지므로 1갤런의 우유가 판매되는 것은 거의 확실하다. 표 19.7은 이러한 방식으로 진행되는 의사결정에서의 보상표를 보여준다. 표의 A에서 보듯이 구입하여 판매하는 경우

표 19.7

증분분석에서는 i 번째 상품을 재고로 확보할 때의 기대보상이 재고로 갖지 않았을 때의 기대보상보다 크면 재고로 구입한다.

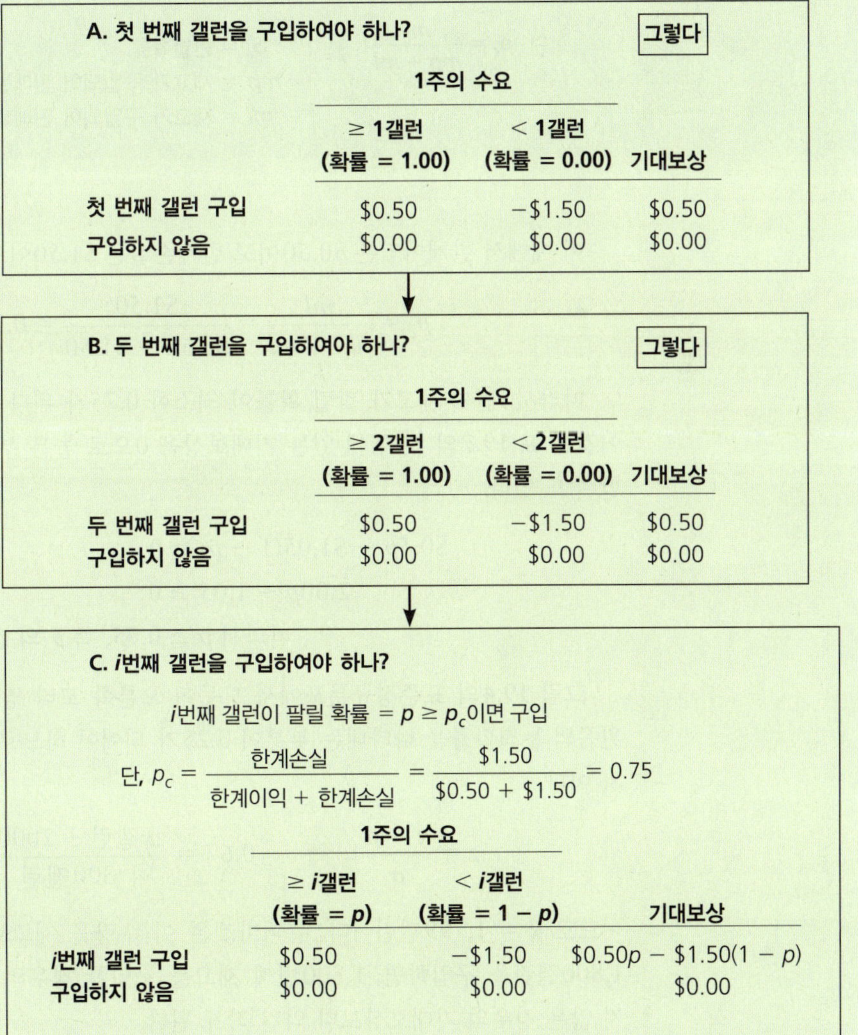

A. 첫 번째 갤런을 구입하여야 하나? 그렇다

	1주의 수요		
	≥ 1갤런 (확률 = 1.00)	< 1갤런 (확률 = 0.00)	기대보상
첫 번째 갤런 구입	$0.50	−$1.50	$0.50
구입하지 않음	$0.00	$0.00	$0.00

B. 두 번째 갤런을 구입하여야 하나? 그렇다

	1주의 수요		
	≥ 2갤런 (확률 = 1.00)	< 2갤런 (확률 = 0.00)	기대보상
두 번째 갤런 구입	$0.50	−$1.50	$0.50
구입하지 않음	$0.00	$0.00	$0.00

C. i번째 갤런을 구입하여야 하나?

i번째 갤런이 팔릴 확률 = $p \geq p_c$이면 구입

$$\text{단, } p_c = \frac{\text{한계손실}}{\text{한계이익} + \text{한계손실}} = \frac{\$1.50}{\$0.50 + \$1.50} = 0.75$$

	1주의 수요		
	≥ i갤런 (확률 = p)	< i갤런 (확률 = $1 - p$)	기대보상
i번째 갤런 구입	$0.50	−$1.50	0.50p$ − $1.50(1 − p)
구입하지 않음	$0.00	$0.00	$0.00

의 기대보상이 구입하지 않는 경우의 기대보상보다 크므로 첫 번째 1갤런의 우유는 재고로 구입된다는 것을 보여준다.

표의 B에서도 수요가 최소한 2갤런이 될 것은 분명하므로 첫 번째 갤런처럼 두 번째 갤런도 재고로 구입하는 것이 구입하지 않는 경우보다 기대보상을 $0.50 증가시킨다.

1 갤런이 추가될 때마다 이런 식으로 의사결정을 하는 것은 성가신 일이기 때문에, 이런 의사결정을 간단히 할 수 있는 방법으로 정리하여 보자. 이는 "추가된 1갤런이 팔릴 확률이 얼마가 되면 이를 구입할 때의 기대보상이 최소한 구입하지 않을 때의 기대보상보다 작지 않게 되는가?"라는 질문에 대한 해답을 구하면 된다. 이 확률은 다음과 같이 구할 수 있다.

증분분석의 판별확률:

Prob(수요 ≥ i) ≥ p_c이면 i번째 재고를 구입

단 $p_c = \dfrac{ml}{mp + ml}$

p_c = 판별확률
mp = 재고가 구입되어 판매될 때의 한계이익
ml = 재고가 구입되어 판매되지 않을 때의 한계손실

이 예에서 한계이익은 $0.50이고 한계손실은 $1.50이므로 판별확률은

$$p_c = \frac{ml}{mp + ml} = \frac{\$1.50}{\$0.50 + \$1.50} = 0.75$$

따라서 i번째 재고가 팔릴 확률이 최소한 0.75가 된다면, 구입하여야 한다. 이것은 표 19.7의 첫 행에 있는 기대보상을 0으로 놓은 부등식을 풀어서 계산할 수도 있다.

$$\$0.5p - \$1.05(1 - p) \geq 0$$
$$2.00p - 1.05 \geq 0$$
따라서 $p \geq 0.75$, 즉 p_c의 값

그림 19.4의 표준정규분포에서 보듯이 오른쪽 꼬리 영역이 0.75가 되려면 왼쪽의 누적확률을 나타내는 부분이 0.25가 되어야 하므로 $z = -0.67$ 표준편차 이다.

$$z = \frac{x - \mu}{\sigma} \quad \text{즉} \quad -0.67 = \frac{x\text{갤런} - 2000\text{갤런}}{300\text{갤런}}$$

이므로 x = 1,799갤런이다. 슈퍼마켓은 이 수량을 재고로 구입하여야 한다. 1,800갤런을 구입하면, 1,800번째 재고를 구입한 경우의 기대보상이 구입하지 않은 경우의 기대보상보다 약간 작게 된다.

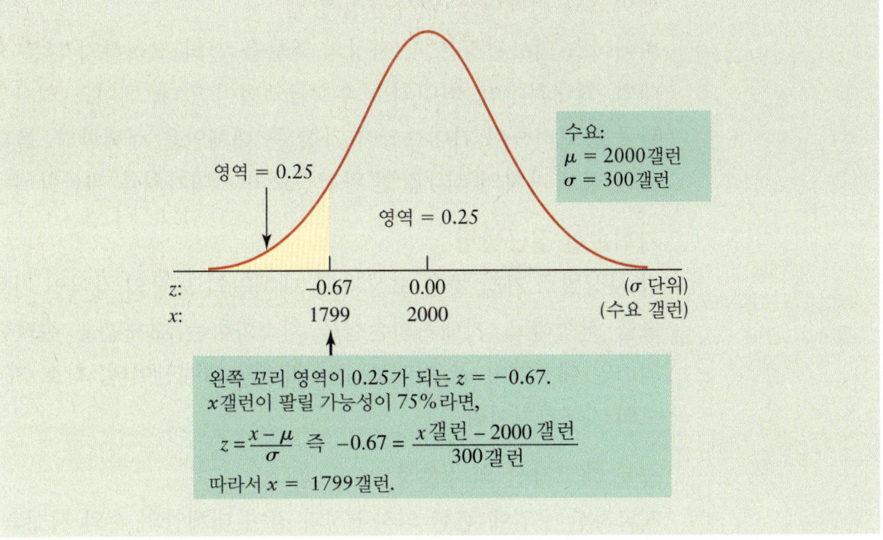

그림 19.4

수요가 1,799번째 갤런을 포함할 확률이 0.75이다. 기대이익은 재고가 1,799갤런일 때 최대가 된다.

연습문제

19.28 신문 가판대 운영자가 신문 몇 부를 비치할 것인가를 결정해야 한다. 과거 경험에 의하면, 신문 수요는 평균이 400, 표준편차가 80인 정규분포를 갖고 있다. 신문 1부를 30센트에 구입하여 50센트에 판매한다. 팔리지 않은 신문은 1부당 5센트에 신문사가 구입하여 간다. 기대이익을 최대로 하는 재고 구입량은 얼마인가?

19.29 생선가게가 대구 한 마리를 80센트에 구입하여 $1.50에 판매한다. 판매되지 않은 생선은 매일 모두 폐기된다. 1일 수요는 평균이 300, 표준편차가 50인 정규분포를 갖는다. 기대이익을 최대로 하려면 대구 몇 마리를 구입하여야 하나?

19.30 연습문제 19.29에서, 팔리지 않은 생선이 마리당 30센트에 비료회사에 팔린다면, 대구 몇 마리를 구입하여야 기대이익이 최대가 되나?

19.31 대학 축구 시합 때 $5.00씩에 판매할 팜프렛을 $1.00의 원가로 주문 구입하고자 한다. 팔리지 않은 팜프렛은 대학의 서점에서 $0.30에 팔 수 있다. 팜프렛에 대한 수요는 평균이 3,000, 표준편차가 500인 정규분포를 갖는다. 기대보상을 최대로 하기 위하여 몇 개를 주문하여야 하나?

19.32 연습문제 19.31에서 팔리지 않은 팜프렛을 폐기해야 한다면?

19.7 요약

의사결정 문제의 구성

의사결정 문제을 구성하려면 대체안과 사상을 명확히 정의하여야 한다. 사상은 미래의 모든 가능한 상황이 포함되도록 포괄적이어야 하며 또한 이 중 한 가지 경우만 발생되도록 상호 배타적이어야 한다. 사상의 발생 가능성에 대하여 얼마나 알고 있는가에 따라, 위험, 불확실성, 또는 무지한 의사결정 문제가 될 수 있다. 경영에 관한 대부분의 의사결정은 사상을 정확히 확인할 수 있고, 각 사상의 확률을 예측할 수 있는 불확실성 하의 의사결정이다.

보상표의 행은 의사결정의 대체안을, 열은 사상을 나타내고, 행과 열의 교차점은 보상을 나타내는 표이다. 의사결정 문제는 의사결정나무에 의하여 표현할 수도 있다. 보상표와 의사결정나무에 각 사상의 확률이 포함될 수도 있다.

베이즈와 비베이즈 의사결정 방법

비베이즈 의사결정은 각 사상의 확률을 전혀 고려하지 않는 의사결정이며, 최소최대법, 최대최대법, 최대최소 후회금액법이 있다. 베이즈 의사결정에서는 각 사상의 확률을 고려하여 기대보상이 가장 큰 대체안을 선택한다. 불확실성을 감소시킬 수 있는 정보 가치의 최대값인 완전정보의 기대가치를 계산할 수 있다.

기회손실 접근방법

각 사상별로 가장 좋은 보상과 각 대체안의 보상의 차이인 기회손실에 의하여 보상표를 작성하고, 기대기회손실을 최소화하는 대체안을 선택한다. 기대기회손실이 최소인 대체안이 곧 기대보상이 최대인 대체안이며, 최소 기대기회손실이 완전정보의 기대가치이다.

증분 재고자산 의사결정

재고자산 구입에 관한 의사결정과 같이 대체안의 수와 사상의 수가 엄청나게 많은 의사결정에 증분분석이 사용된다. 재고자산을 추가로 보유할 때의 기대보상이 보유하지 않을 때의 기대보상보다 큰가를 판단하여 하나씩 재고자산을 추가하여 가는 것이다.

단원 연습문제

19.33 소매점에서 취급하는 한 상품의 가격은 $10이고 구입원가는 $5이다. 매일 팔리지 않은 상품은 $1씩 받고 모두 처분된다. 이 상품에 대한 하루 수요가 다음의 확률분포를 갖는다면 몇 개를 구입하여야 하나?

x	확률(수요 = x)	x	확률(수요 = x)
0	0.01	7	0.18
1	0.02	8	0.14
2	0.04	9	0.09
3	0.07	10	0.05
4	0.09	11	0.02
5	0.12	12	0.01
6	0.15	13	0.01

19.34 스포츠용 운동화를 판매하는 회사가, 유명하지만 자유분방한 생활을 하는 것으로 잘 알려진 은퇴한 농구선수를 사용하여 내년도 TV 광고를 할 것인가를 고려중이다. 이 선수가 내년에 아무런 사회적 물의도 일으키지 않으면 이익이 440만 달러가 될 것으로 예측되지만, 사회적으로 물의를 일으키는 말썽을 부려서 회사의 이미지가 손상된다면 이익은 50만 달러에 그칠 것이다. 회사가 현재 광고에 사용하고 있는 유명하지는 않지만 안정적인 인물을 계속 사용하면 이익은 220만 달러가 될 것으로 예상된다. 농구선수가 내년에 문제를 일으킬 확률이 0.20이라면, 기대이익을 최대로 하는 선택은 무엇인가? 완전정보의 기대가치는 얼마인가?

19.35 연습문제 19.34에서 최소최대법을 사용한다면? 최대최대법을 사용한다면? 최대최소 후회금액법을 사용한다면?

19.36 투자자가 두 가지 기술 관련 주식에 대한 투자를 고려하고 있다. Disk Worth는 데이터 저장 디스크를 생산하는 안정적으로 운영되는 회사이며, ComTranDat은 기존의 무선통신과 데이터 전송을 압도할 수 있는 신기술을 개발하는 새로 설립되는 회사이다. 향후 10년간 IT 기술 분야가 전반적으로 더 약해지거나(확률 = 20%), 지금과 같은 상태를 유지하거나(확률550%), 아니면 더 강해지는가(확률 = 30%)에 따라, 각각의 경우 Disk Worth에 투자하면 $20,000, $30,000, $40,000의 이익을 낼 수 있고, ComTranDat에 투자하면 $20,000, $10,000, $90,000의 이익을 낼 수 있을 것으로 예측된다. 기대이익을 최대로 하려면 어떤 주식을 구입하여야 하나? 완전정보의 가치는 얼마인가?

19.37 연습문제 19.36에서 최소최대법을 사용한다면 어떤 회사가 선택될 것인가? 최대최대법이 사용된다면? 최대최소 후회금액법이 사용된다면?

19.38 스키장의 운영자가 스키시즌이 시작되기 전에

제설기를 리스로 계약할 것인가를 검토하고 있다. 따뜻한 겨울(확률 = 0.3), 보통의 겨울(확률 = 0.5), 또는 추운 겨울(확률 = 0.2)이 될 것인가에 따라, 제설기가 없으면 이익이 각각 $20,000, $30,000, $50,000이 되고, 제설기를 리스로 임대하면 이익이 $30,000, $35,000, $40,000가 될 것으로 예측된다. 기대이익을 최대로 하려면 제설기를 임대하여야 하나? 어떤 겨울이 될 것인가에 대한 정확한 예측 정보에 지불할 수 있는 최대 금액은 얼마인가?

19.39 연습문제 19.38에서 어떤 겨울이 될 것인가에 대한 확률을 전혀 예상할 수 없다면, 어떤 방법(기준)에 의하여 의사결정을 할 수 있고, 의사결정의 결과는 무엇인가?

19.40 Indianapolis 500 자동차 경주에서 선두로 달리고 있는 운전자가 8바퀴를 남겨놓고 연료가 거의 떨어진 것을 알았다. 충분한 연료를 갖고 2위로 달리는 자동차와는 10초의 차이가 있다. 선두의 운전자가 연료를 추가로 주입하지 않고 결승점까지 계속 달리기로 결심하였다. 이런 의사결정은 최소최대법인가 아니면 최대최대법인가? 설명하라.

종합사례

Thorndike Sports Equipment (Video 5번)

지난 수년간 Thorndike Sports Equipment는 전국 경기 대회인 Titans of Tenis에 음료수를 제공하는 기업 중 하나였다. 경기나 연습 중에 발산되는 수분이나 화학요소들을 보충해 줄 수 있도록 과학적으로 설계된 자신의 회사 제품이 음료수로 불린다는 것을 Luke Thorndike는 별로 좋아하지 않는다. 그는 "Thornado는 설탕과 향을 배합한 단순한 청량음료가 아니고 운동 선수로 하여금 최선의 기량으로 성과를 내도록 도와주는 제품"이라고 주장한다.

당연히 각 선수에게는 Thornado 상자를 무상으로 제공한다. Thorndike가 결정해야 하는 것은 관객의 소비를 위하여 몇 개를 배송하여야 하는가이다. Thornado 1개의 이익은 $0.25이다. 팔리지 않은 Thornado는 경기를 주관한 도시의 스포츠 단체에 기증된다. 무상으로 기증하는 것이 의미가 있는 일이지만, 제품 한 개를 생산하고 기증하는 데 드는 원가가 $0.80인 것을 무시할 수는 없다.

Luke는 Ted한테 이익을 최대로 하려면 몇 개를 배송하여야 하는지 계산해 보라고 하였다. Ted는 이 대회에서의 과거 판매 실적을 분석하여, 판매량이 평균이 4,500이고 표준편차가 300인 정규분포를 가진다는 것을 알았다. 할아버지가 바라는 대로 이익을 최대로 하려면 몇 개를 배송하여야 하나?

CHAPTER

20 종합적 품질관리 Total Quality Management

"Toyota 방법"

2010년 Toyota는 회사가 창립된 이후 최대 규모로 안전과 연관된 제품 회수(recall)를 하였다. 이와 연관된 차종의 생산을 중단하고, 판매 대리점에 있던 자동차에는 판매를 촉진하기 위한 장식이 아닌 '판매 불가(not for sale)' 표시가 붙어 있었다. 제품 회수는 Toyota와 고객 모두에게 제품의 안전에 대한 우려뿐만 아니라, 막대한 금전적, 법적 이해관계가 제기되는 문제였다.

Toyota에 관한 이야기로 이 장을 시작하는 이유는, 이 장에서 강조하는 내용을 Toyota 경험을 통해 볼 수 있기 때문이다. 첫째, 사후에 문제가 생긴 다음에 이를 확인하고 해결하느라고 발생하는 원가를 감수하는 것보다 처음 작업을 할 때 문제가 없도록 제대로 하는 것이 중요하다. 둘째, Toyota의 제품 회수는 막대한 규모였지만, Toyota는 전설적인 역사, 명성과 품질을 최우선으로 하는 철학을 가지고 있었다. 우리가 이 글에서 관심을 갖는 것은 바로 이 철학이며, Kentucky에 있는 Toyota Motor Manufacturing의 경영책임자인 Gary Convis의 책 The Toyota Way에 잘 나타나 있는 내용이다.

Toyota 방법은 '지속적 개선(*continuous improvement*)'과 '인간 존중(*respect for people*)' 두 가지로 요약할 수 있다. *Kaizen*이라고 불리는 지속적 개선은 *Toyota* 경영의 근본적 접근방법으로, 무엇이든지 도전하는 것이다. 각 개인의 노력에 의하여 얻어지는 개선보다 더 중요한 것은 지속적으로 학습하려는 분위기와 변화를 과감히 수용하는 업무 환경이다. 개선이 가능하지 않은 조직은 없다. 작고 추가적인 개선일지라도 작업과정에서 꾸준히 일어나게 하는 것이 Kaizen이다. 이 장을 한 학기 학습계획에 포함시키는 것이 무리인 경우라도 최소한 훑어보기라도 하면 모두에게 큰 도움이 될 것이다.

[참고: 당신이 어떤 차를 운전하든지 또는 운전하려고 하든지 간에, National Highway Traffic Safety Administration (nhtsa.gov)나 Edmunds.com 또는 Cars.com 같은 데서 안전 관련 제품 회수에 대한 조사자료를 알아보는 것이 좋다.]

출처: cnn.com, February 3, 2010; Quoted material from Liker, Jeffrey K, *The Toyota Way* (New York: McGraw-Hill, 2004, p. xi.

학습목표

- 종합적 품질관리(total quality management)의 개념을 설명한다.
- 종합적 품질관리에서 중요한 공정지향(process orientation)의 성격과 중요성을 이해한다.
- 품질관리를 위한 불량품 예방과 불량품 검사의 전략적 차이를 인식한다.
- 지속적 개선, 즉 Kaizen의 개념을 설명한다.
- 우연(random)과 특별(assignable) 공정변이(process variation)의 차이를 이해한다.
- 우연 및 특별 공정변이를 확인하고 감소시키는 방법을 설명한다.
- 통계적 공정관리(process control)가 제품 품질에 어떻게 영향을 미치는가를 이해한다.
- 각각의 변수 또는 특성에 대한 통계적 공정관리도(process control chart)를 작성하고 해석한다.
- 공정능력지수(process capability index)의 값을 결정하고 의미를 해석한다.

20.1 머리말

과거 어느 때보다도 광범위하고 강력하게 품질 추구가 이루어지고 있다. 생산자와 소비자가 모두 지향하는 품질 추구는 세계적 경쟁, 소비자의 기대, 기술 발전뿐만 아니라 품질 측정과 강화를 위한 기법과 철학의 발전에 의하여 가열되고 있다. 성공적 기업이 되려면 과거 어느 때보다도 제품의 품질에 초점을 맞추지 않으면 안 된다.

품질이란 무엇인가?

사전에서 '품질'을 찾아보면 '탁월', '우수' 등의 수식어에 의하여 정의되어 있는 것을 볼 수 있다. 그러나 점점 더 요구사항이 많아지는 시장에 제품을 공급하는 기업의 입장에서는 기업 고객이 요구하는 품질이 가장 중요한 품질의 정의이다.

고객이 무엇을 중요시하는지에 따라 제품의 품질 기준은 달라진다. 지붕을 고정시키는 못을 사는 고객은 제품의 성능과 내구성을 중요하게 생각하겠지만, 패션 의상을 사는 경우에는 심미적, 인식적 요소가 더 중요한 것이 될 것이다. 어떤 제품이든지 제품 설계에서부터 생산, 판매 후 서비스까지의 모든 과정이 고객 관점에서의 품질에 초점이 맞추어져야 한다.

품질은 왜 중요한가?

생산자에게 품질이 중요한 이유는 고객이 품질을 중요하게 여기기 때문이다. 고객으로부터 외면당한 기업은 사업을 오래 계속할 수가 없다. 품질이 중요한 또 하나의 이유는 품질—또는 품질 결여—은 원가를 발생시킨다는 것이다. 품질과 연관된 두 가지 원가의 관점에서 품질의 중요성을 파악할 수 있다.

1. 낮은 품질을 예방하기 위한 원가. **적합원가**(*cost of conformance*)라고도 하며, 제품 설계의 요구 또는 기대 사항에 적합하도록 하기 위하여 발생하는 원가이다. 예를 들면, 직원 훈련, 부품업자와의 협력, 고객 설문조사, 제품 설계나 제조 과정의 변경 등에 의하여 발생하는 원가이다.
2. 낮은 품질 때문에 발생하는 원가. **비적합원가**(*cost of nonconformance*)라고도 하며, 제품의 설계 요구 또는 기대 사항을 충족하지 못해서 발생하는 원가이다.

   불량품을 폐기하거나, 재작업, 수선을 한 다음 다시 검사를 하는 것은 원가를 발생시키고 제조 과정이 방해되는 결과를 가져온다. 불량품이 밝혀지지 않고 고객에게 판매되면, 보증에 따른 원가를 발생시키고, 제품과 기업에 대한 인식을 나쁘게 하는 제품 회수 등으로 매출이 감소되고, 때로는 피해보상을 요구하는 소송에까지 이를 수 있다.

낮은 품질을 예방하기 위하여 지출하는 큰 금액일지라도 낮은 품질이 발생될 때의 가시적, 비가시적 원가에 비하면 엄청나게 적은 금액이라는 것이 대부분 전문가들의 생각이다. 적시의 조치(stitch in time)는 뒤에 올 9가지 고난을 막는다(saves the nine)는 속담이 바로 오늘날 품질에 대하여 인식하는 경향이다.

공정변이와 제품 품질

생산 공정의 변이(variation)는 제품의 품질과 밀접한 연관이 있다. 어떤 생산 공정이든지 항상 정확하게 일정한 제품을 생산할 수 있는 것이 아니기 때문에 공정변이가 있다. 공정변이의 원인은 두 가지로 나눌 수 있다.[1]

1. **우연변이**(*random variation*). 특별한 원인 없이 무작위적으로 발생하는 변이는 모든 공정에서 발생되며 따라서 생산된 제품에도 차이가 있게 된다. 예를 들면 배송되기 위하여 트럭에 가득 실린 에어컨은 5,000 Btu/hour로 냉방을 하도록 설계되었지만 어떤 것은 5,100 Btu/hour, 또 어떤 것은 4,900 Btu/hour의 성능을 가질 수 있다. 날개의 각도, 전기 모터 내부의 마찰, 보온재의 설치, 냉각수의 보충 정도 등 많은 요소에서 제품 간 차이가 발생될 수 있다. 에어컨, 강철 막대, 베어링 등 어떤 제품을 생산하든지 제품은 장력, 직경 등 여러 가지 사항에서 극미한 차이를 보이게 마련이다. 이러한 차이는 작업자가 세심한 주의를 기울인다고 하여 배제될 수 있는 것이 아니다. 산업 현장에서는 우연 변이를 흔히 **일반원인 변이**(*common cause* variation)라고 부른다.

   우연변이는 피할 수 없는 것이지만, 더 성능이 좋은 기계나 재료를 사용하여 줄일 수 있다. 제품 규격의 허용되는 범위 이내에서 발생하는 우연변이는 염려할 필요가 없다.
2. **특별변이**(*assignable variation*)는 공정 변화로서 확인할 수 있는 원인에 의하여

[1] Norman Gaither, *Production and Operations Management* 6/e. Fort Worth: The Dryden Press, 1994, ch. 17.

생활 속의 통계 • 20.1 이제 달 표면에서 걷습니다...앗!

비디오 녹화를 잘못한 경험은 누구나 있을 것이다. 그러나 인류 최초로 달 표면을 걷는 역사적 사건을 로켓 과학자들이 녹화를 하는 경우에 일어난다면? 이것은 실제로 일어났던 일이다. 1969년 7월 20일 우주비행사 Neil Armstrong과 Buzz Aldrin이 인류 최초로 달 표면을 걷는 것을 녹화한 NASA의 비디오테이프가 실수로 다른 프로그램을 녹화하는 데 재사용되었다. 다행히 TV 중계를 녹화한 것을 찾아서 재생하고 이미지를 강화하고 디지털화할 수 있었고, 오히려 멍청하게 지운 원래 테이프보다 더 선명해졌다고 한다. 그러나 엄청나게 중요한 역사적 가치를 가지고 있는 테이프를 지울 때는 이 이야기의 교훈을 생각해 보아야 한다.

출처: Maggie Fox, "Moon Landing Tapes Got Erased, NASA Admits," reuters.com, July 16, 2009.

발생한다. 예를 들면, 작업자의 실수, 도구의 파손, 기계의 조정 불량, 작업자의 피로, 사출기에 누적된 이물질 등에 의하여 발생된다. 전문 작업자가 긴 주말을 보내는 동안 대체 인력으로 일하는 사람이 있기 때문에 금요일이나 월요일에 생산된 자동차는 사지 않는 게 좋다고 생각하는 사람도 있다. 이러한 변이는 작업자의 통제 하에 있는 변이이며, 흔히 **특별원인** 변이(*special-cause* variation)라고도 한다.

우연변이와 달리 특별변이는 방향성을 가지고 있다. 예를 들면, 절단 도구가 마모될수록 절단된 제품의 크기가 커지는 경우다. 우연변이의 원인을 찾아 감소시키는 것은 굉장히 힘든 일이지만, 특별변이의 원인은 보다 쉽게 파악되고 효율적으로 수정될 수 있다.

어떤 산업에서든지 우연변이와 특별변이를 구분하고 특별변이로 확인된 변이에 대하여 적절한 조치를 취하는 것은 중요하다. 이 장에서의 주 관심사가 특별변이이며 「생활 속의 통계 20.1」은 특히 오차 규모로 볼 때 믿기지 않는 특별변이의 예를 보여준다.

연습문제

20.1 생산 공정에서 발생할 수 있는 우연 및 특별 변이 중에서 어떤 것이 그 원인을 찾기 쉽고 감소시키기 쉬운가? 이유는?

20.2 제품품질에서 적합원가와 비적합원가는 어떻게 다른가? 각각의 원가의 예는 어떤 것이 있는가?

20.3 생산 공정에서 우연변이는 무엇인가? 아침에 먹는 씨리얼을 기계로 상자에 담는다면 각 상자의 무게에 어떻게 우연변이가 발생할 수 있는지 설명하라.

20.4 연습문제 20.3을 특별변이에 대하여 답하라.

20.2 불량 검사의 역사적 조감

품질에 대한 인간의 관심은 어쩌면 바퀴의 역사만큼 오래된 것일 것이다. 바퀴와 같은 유용한 도구를 발견한 후에 바퀴가 원에 가깝게 둥글수록 더 잘 기능한다는 것을 알게 되었을 것이다. 바퀴뿐만 아니라 다른 여러 가지 제품이 만들어지면서 제품의 품질은 장인의 책임이 되고 각 제품에 대한 장인의 감독이 이루어졌을 것이다.

대량생산 경제로 바뀌어감에 따라 이런 개인적인 감독은 실용적이지 못하게 되었고, 생산된 제품 중 일부 표본을 이용하는 **통계적 품질관리**(*statistical quality control*)가 1920년대에 처음 출현하게 된다. 이 시대에 사용된 두 가지 기법에 주목할 필요가 있다.

1. **통계적 공정관리도**(*SPC, Statistical Process Control Chart*) Walter Shewhart에 의하여 개발된 것으로 공정이 정상적으로 운영되고 있는가를 확인하는 도형적 기법이다. 일반적으로 특별변이가 없이, 허용되는 범위 안에서 우연변이가 발생하는 경우, 공정은 안정적 또는 통계적으로 정상(in statistical control)이라고 말한다. 불안정한 공정은 예측 가능하지 않거나 불만족스러운 품질의 제품을 만들게 된다.

   제품이 만들어질 때 공정의 안정성을 감시하는 SPC는 품질관리에서 **불량-예방** 전략이다. 계속되는 생산 공정 중에 특별변이에 의하여 공정이 널뛰기를 하거나 표류를 하는 경우 이를 확인하여 수정할 수 있게 하여 주기 때문이다. 오늘날 품질관리의 경향은 압도적으로 불량 예방에 있기 때문에 SPC가 널리 사용된다. 통계적 공정관리는 20.6~20.9절에서 자세히 다룰 것이다.
2. **수락표본**(*Acceptance Sampling*) Harold Dodge와 Harry Romig를 중심으로 개발된 것으로, 생산 또는 배송된 제품 전체에 대하여 (1) 수락, (2)거절, 또는 (3) 추가 표본에 의하여 검사할 것인가를 표본에 의하여 결정하는 기법이다.

   수락표본은 모든 생산 또는 배송될 제품의 생산이 완료된 후에 불량에 대한 검사를 하는 것으로 품질관리에서 **불량-검사** 접근방법이다. 수락표본 방법은 지금도 널리 사용되는 유용한 기법이다.

두 가지 기법 모두 표본에 의하여 추론을 하지만 (1) SPC는 제품을 생산하는 공정에 대하여 추론을 하고, (2) 수락표본은 표본이 추출된 모집단 제품에 대하여 추론한다는 것이 다르다. 통계적 공정관리는 불량 예방에 유용하게 사용될 수 있는 것이지만, 불행하게도 흰 옷을 입은 검사관이 늘어서서 불량품을 모두 찾아내는 식의 불량 검사가 주로 사용되던 시대에 소개되었다. 불량을 일으키는 디자인이나 생산 공정의 문제를 근본적으로 제거하여 불량을 예방하기보다는 모든 불량을 철저하게 찾아내는 데 온 힘을 기울이는 기업들이 아직도 많이 있다.

애초의 의도는 좋은 것이었지만, 불량 검사가 중요시된 것은, 품질이 기업 내의 독립된 조직에 의하여 관리되어야 한다는 기업 분위기에 기인한 것이며, 당시 공급업자나 작업자를 동반자가 아닌 감시되어야 하는 적대자로 간주하는 인식도 한몫을 했다. 세계적 경쟁과 세계 일류의 품질을 지향하는 기업은 더 이상 품질을 독립된 조직이 수행하는 기능으로 생각하지 않는다. 품질은 기업의 모든 조직에 녹아들어 기업사고의 중심 사항이 되어야 한다.

연습문제

20.5 통계적 공정관리와 수락표본의 차이와 각각의 목적은 무엇인가?

20.6 표본에 의하여 추론하는 통계적 공정관리와 수락표본에서 추론이 어떻게 다른가?

20.7 사회에서 발생할 수 있는 아래의 불량에 대하여 적용될 수 있는 불량 예방과 불량 검사의 개념을 대비하라.

a. 자동차 사고

b. 청소년 범죄

c. 알코올 중독

20.3 종합적(전사적) 품질관리의 대두

1950년대에 처음 대두된 종합적(전사적) 품질관리(*TQM*, *Total Quality Management*)는 (1)기업의 모든 측면에 품질이 융합되고 (2) 제품 설계, 생산, 배송, 지원의 모든 작업 공정을 개선함으로써 품질을 개선할 수 있다는 철학이다. 이러한 철학을 믿고 성공적으로 적용하는 사람들이 많아지면서 TQM이 확산되었다

TQM의 개척자들

W. Edward Deming은 TQM 선구자 중 가장 잘 알려지고 큰 영향력을 발휘한 사람이다. 2차 세계대전이 끝난 다음, 미국의 산업이 번창했기 때문에 미국에서는 아무도 Deming의 생각에 귀를 기울이지 않았다. 하지만 'made in Japan' 이 '싸구려', '모조품', '쓰레기' 와 같이 인식되던 일본은 절망적인 상태에서 도움을 필요로 하고 있었다. 1950년 일본은 Deming 박사를 초청하여 품질에 관한 문제점을 놓고 토론을 하였으며, 그의 생각을 듣고 실행에 옮긴 일본은 세계가 부러워하는 나라로의 발걸음을 떼기 시작했다. 미국의 기업들이 Deming의 생각에 심각한 관심을 갖기 시작한 것은 1980년대이며, 이때에라도 주의를 기울이게 된 것은 참으로 다행이었다고 하는 사람도 있다.

Deming 박사는 Walter Shewhart가 개발한 지속적 개선 모델을 유행시켰다. 용어를 약간 변경해서 Deming이 소개한 내용이 더 잘 알려졌지만 중심 내용은 "조직의 모든 단위에서 지속적이고 체계적인 개선 노력의 중요성을 강조하는 4단계 반복주기(four-stage repetitive cycle)"로서 동일하다. 아래에 소개하는 4단계는 *Deming* 주기 또는 PDCA(Plan-Do-Check-Act) 주기라고[2] 흔히 불리지만 우리는 이를 창안한 사람을 기리는 의미에서 *Shewhart-Deming* 주기라고 부르기로 한다.

기획(plan) 제품이나 제품생산 공정에서 가능한 개선에 대한 기획을 한다.

시험(do) 작은 규모로 기획된 개선을 적용하여 시험한다.

평가(check) 개선안이 성공적인가를 평가한다.

[2] Henry R. Neaves, *The Deming Dimension*, Knoxville: SPC Press, 1990, p. 142.

시행(Act) 시험 적용의 결과에 따라 (1) 개선안을 수용하거나 (2) 폐기하거나 또는 (3) 시험 적용에서 얻어진 정보에 의하여 수정된 개선안에 대하여 4단계 주기를 다시 시작한다.

종합적 공정관리의 선구자 역할을 한 사람 중에는 Joseph M. Juran, Kaoru Ishikawa, Phillip B. Crosby, Armand V, Feigenbaum이 있다.[3] Juran도 전후 일본의 제품 품질 향상에 중요한 기여를 했으며 *Quality Control Handbook*을 저술했다. *Guide to Quality Control*을 쓴 Ishikawa는 이 책의 뒷부분에서 다룰 **원인-결과도**(*Cause-and-Effect Diagram*)와 **품질서클**(*quality circle*)을 개발하였다. Crosby는 Quality is Free라는 책을 저술한 사람으로, 저품질에 따르는 원가가 워낙에 막대하기 때문에 어떤 규모의 지출을 감내하더라도 **무불량**(*zero defect*)을 지향하고 첫 시도부터 바르게 하는 것이 중요하다고 주장하였다. Feigenbaum의 책 *Total Quality Control*은 품질에 대한 책임이 작업자 각자에게 부여되는 **원천에서의 품질**(*quality at the source*)를 강조한다. 이러한 개념이 적용될 때, 작업자는 품질의 문제가 발견되는 즉시 작업을 중단할 수 있다.

공정 지향

전통적인 품질관리는 결과적으로 얻어지는 제품과 불량품 확인에 초점을 맞춘 **결과지향**(*result oriented*)적이지만, 종합적 품질관리는 제품을 설계, 생산, 배달, 지원하는 공정에 지속적으로 주의를 기울이고 개선하여 불량을 예방하는 **공정지향**(*process oriented*)적이다. 그림 20.1은 TQM에서 공정변이의 원인을 이해하고 감소시키는 것이 강조되는 것을 보여준다. (참고: TQM에서 '만족한 고객'의 고객은 최종 제품의 고객뿐만 아니라 공정의 다음 차례 작업자 또는 공정도 포함된다.)

Six Sigma와 품질관리 시스템

TQM은 여러 가지 다른 품질개선 기법과 결합되고 보완되었다. 이 중 가장 잘 알려진 것이 1980년대 Motorola에서 개발된 **Six Sigma**이다. 정규분포에서 -6σ와 6σ 밖에 있는 부분은 엄청나게 작아서 백만 개 중 3.4개에 해당되기 때문에 실질적으로 불량이 0인 경우라고 볼 수 있다는 생각에서 개발된 것이 Six Sigma이다.

*Six Sigma for Managers*의 저자 Greg Brue는 Six Sigma가 강한 이익 및 과제/문제 지향성을 가지고 있으며, 다음 5단계로 이루어진다고 한다: (1) 과제(project)의 목적과 내부 및 외부 고객을 정의한다; (2) 현 공정의 성과를 측정한다; (3) 공정에서 발생하는 불량의 근본적 원인을 분석한다; (4) 불량이 제거될 수 있도록 공정을 개선한다; (5) 공정의 미래성과를 관리한다. 또한 가능한 모든 자료를 사용하고 통계적 도구를 분석에 사용한다.[4]

[3] Norman Geither, *Production and Operations Management* 6/e. Fort Worth: The Dryden Press, 1994, ch. 17.
[4] Greg Brue, *Six Sigma for Managers*, McGraw-Hill, 1988, pp. 6–8.

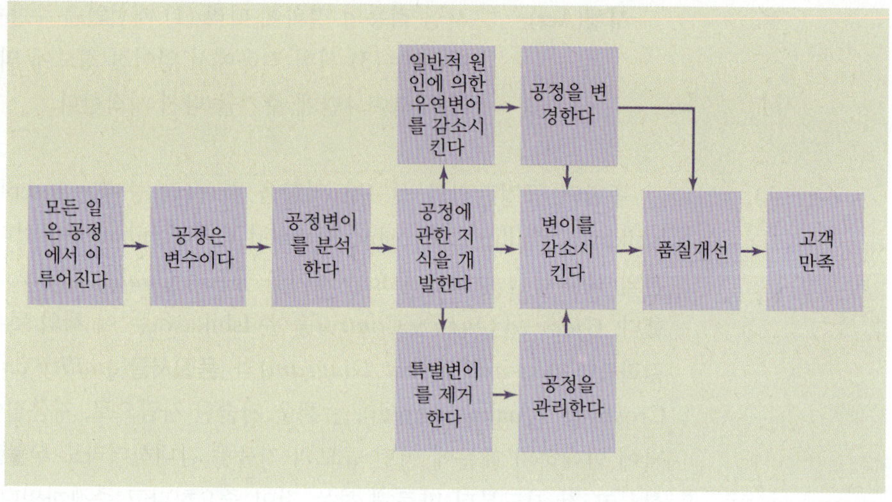

그림 20.1

TQM은 제품이나 서비스를 생산하는 공정의 변이를 이해하고 감소시키는 것을 강조한다.

현재 사용되고 있는 Toyota 생산 시스템(TPS), TQS 또는 Six Sigma를 이 책에서 자세히 다룰 수는 없다. 그러나 각각의 장단점을 가지고 있는 이러한 시스템이 모두 우리가 구입하는 제품이나 서비스의 품질을 결정하는 공정의 개선을 목표로 하고 대부분 같은 통계 방법을 사용한다. 더 자세한 내용은 주에 제시된 자료나 Google에서 'Six Sigma versus TQM' 을 찾아보면 될 것이다. 우리는 계속 전통적인 TQM 방법과 이 장 서두에 소개한 모든 산업의 존경을 받았던 기업의 정신에 집중할 것이다.

연습문제

20.8 Shewhart-Deming PDCA 주기는 무엇이며 TQM에 어떻게 적용될 수 있나?

20.9 품질관리의 전통적 접근 방법과 TQM은 어떤 차이가 있나?

20.10 TQM이 공정 지향적이라는 것은 어떤 의미인가?

20.11 Six Sigma의 5단계는 무엇인가?

20.4 종합적 품질관리의 실행

개념적으로나 실무적으로나 TQM은 빠르게 진화되어 가고 있기 때문에 전략이나 실무 중 TQM 자체를 이루고 있는 것과 TQM에 부수되어 도움을 주는 것을 구별하는 것이 어렵다. 우리가 다루는 내용도 이런 구별 없이 제시될 것이다.

[5] 주 4의 참고 서적에 추가해서, Jeffrey K. Liker, *The Toyota Way*, pp. 135, 252-253, 295-297과 Mekongcapital.com, "Introduction to Six Sigma," October 15, 2004.

Kaizen과 TQM

종합적 품질관리를 한마디로 표현하여야 한다면 '개선'이 될 것이다. 이것이 일본말로 Kaizen이다. Masaaki Imai는 1986년에 쓴 책 Kaizen에서 Kaizen의 개념을 아래와 같이 설명한다:

> *Kaizen*의 핵심은 단순명료하다. *Kaizen*은 개선을 의미한다. *Kaizen*은 지속적인 개선을 의미하며, 경영자와 작업자 모두를 포함한다. 업무적 생활, 사회적 생활, 가정적 생활, 어떤 것이든지 우리의 생활은 항상 개선할 가치가 있다는 것이 *Kaizen* 철학이다. *Kaizen*이 주는 교훈은 기업 어디에선가 어떤 종류든 개선이 이루어지지 않는 날이 하루라도 있어선 안 된다는 것이다.[6]

Kaizen은 기술이나 설비의 혁신에 의하여 이루어지는 것처럼 갑작스럽고 큰 규모의 변화가 아니고 작지만 지속적으로 이루어지는 개선을 의미한다고 Imai는 강조한다. Imai에 따르면, 서방세계는 그동안 주로 크고 갑작스러운 변화에 의존해 왔지만 이제는 많은 기업이 종합적 공정관리 쪽으로 변화해 가고 있다고 한다.

Deming의 14가지 사항

Deming 박사의 가르침의 핵심은 'Deming의 14개 사항'이라고 하는 지침에 있다. 그가 1950년대에 처음 시작할 때는 적은 숫자였지만 점점 더 추가되어서 이제는 14개 사항이 된 것이다. 표 20.1은 14개 사항의 축약된 결과이다. 이것을 충분히 다루려면 책 한 권은 필요한데, 더 자세히 알고자 하는 사람은 Henry R. Neave의 *The Deming Dimension* (1990)이나 William W. Scherkenbach의 *The Deming Route to Quality and Productivity* (1988)를 참고하는 것이 좋다.[7]

성공적인 결과를 위하여는 14개 사항이 모두 적용되어야만 한다고 Deming은 강력히 주장한다. 14개 사항은 작업자들이 품질 존중의 자세로 업무를 수행한다는 믿음과 협동, 팀워크를 바탕으로 구성되어 있다.

품질 감사

공급업자가 될 기업에 대하여 그 기업이 품질 향상을 위하여 기울이는 노력에 대한 평가와 함께 품질감사(quality audit)를 하는 것은 유별난 일이 아니다. *World Class Manufacturing*의 저자 Richard J. Schonberger에 의하면, 공급업자에 대한 품질감사 중 가장 중요한 요소가 **공정역량**(*process capability*)에 대한 것이다. 즉 공급업자는 제품의 설계명세서대로 제품을 공급할 수 있다는 증거를 제시하여야 하는 것이다. 이러한 증거로는 통계적 공정관리도에 대한 분석이 흔히 사용되는데, 공정이 (1) 특별변이가 없이 우연변이만 존재하며 (2) 우연변이도 제품의 설계명세

[6] Masaaki Imai, Kaizen. New York: McGraw-Hill, 1986, pp. 3, 6.

[7] Neaves, *The Deming Dimensions*, and William W. Scherkenbach, *The Deming Route to Quality and Productivity*. Washington: CEEPress Books, 1988.

표 20.1

Deming의 14개 사항은 그의 가르침의 핵심이다.

1. 제품과 서비스의 지속적 개선이라는 목적의 불변성을 확보하라 . . . .
2. 새로운 철학을 수용하라 . . . . 더 이상 일반적으로 허용되는 수준의 지연, 실수, 불량 재료, 불량 작업을 허용할 수 없다.
3. 처음 작업 시 품질을 확보함으로써 제품의 대량 검사를 필요 없게 하라.
4. 단지 가격에 의하여 사업을 결정하거나 평가하지 말고,가격과 함께 품질의 의미 있는 측정방법을 함께 요구하라.
5. 계획, 생산, 서비스의 모든 공정을 상시 항구적으로 개선하라.
6. 직원을 더 잘 활용하기 위하여 경영자를 포함한 모든 직원의 현장 훈련을 현대적 방법으로 시행하라.
7. 사람들이 더 잘 일할 수 있게 하는 리더십을 채택하고 적용하라.
8. 모든 사람이 두려움 없이 기업을 위하여 효과적이고 생산적으로 일할 수 있도록 효과적인 양방향 의사소통을 촉진하라.
9. 부서 간 또 스탭과의 장벽을 부셔라.
10. 방법이 제시되지 않는 경우, 무불량이나 생산성의 증가를 강조하는 구호나 포스터를 없애고 종업원에게 강요하지 말라.
11. 작업자에 대한 할당량이나 경영자에 대한 수치적 목표를 없애라 . . . . 품질과 생산성의 지속적인 개선을 돕는 리더십으로 대체하라.
12. 작업자나 경영자가 자신의 일에 긍지를 느끼지 못하게 하는 장애요인을 제거하라.
13. 교육을 강화하고 자기개발을 장려하라. 조직이 필요로 하는 것은 선량한 사람이 아니라 교육을 통해 개선되는 사람이다. 경쟁력은 지식에 뿌리를 두고 있다.
14. 항상 개선되는 품질과 생산성에 대한 최고경영진의 의지와 이를 위한 모든 원칙을 실행하여야 한다는 의무를 명확하게 정의하라.

출처: W. Edwards Deming, in Henry R. Neaves, *The Deming Dimension*, Knoxville: SPC Press, 1990, pp. 287–413.

서에 합당한 범위 안에서 발생한다는 것을 보여줄 수 있어야 한다. 통계적 공정관리와 공정역량은 20.6~20.9절에서 다룰 것이다.

품질감사는 공정역량의 평가뿐만 아니라 품질에 대한 직원 훈련, 품질 개선 노력의 정도와 종류, TQM에 적용되는 통계적 방법, 품질 개선에 기여한 직원에 대한 인지와 보상 등을 포함한다. 품질감사의 목적을 일반적으로 표현하면, 기업의 불량 예방을 위한 전략과 성취에 대한 평가이다.

경쟁력을 위한 벤치마킹

품질 개선에 널리 쓰이는 방법에 **벤치마킹**(*benchmarking*)이 있다. 이것은 세계 일류의 제품이나 서비스로 이미 잘 알려진 기업의 전략이나 실무를 연구하고 배우는 것이다. 기업이 지향하는 우월성의 유형에서 가장 앞선 품질의 기업을 여러 개 찾을 수 있을 것이다.

예를 들면, 고등교육기관인 경우 *U.S. News & World Report*가 매년 발간하는 *America's Best Colleges*나 *America's Best Graduate Schools*에서 자신이 지향하고자 하는 유형의 선도자적 대학을 찾을 수 있을 것이다. 종업원 의욕과 훈련 분야를 개선하고자 하는 기업은 Walt Disney Company를 선택하여 비교할 수 있고, 인터넷과 우편 주문 사업이라면 오랫동안 탁월한 성과를 보여 온 L.L. Bean을 연구 비교할 수 있다.

적시 생산

적시 생산(JIT, Just-in-time manufacturing)은 재료나 부품이 생산 공정에 투입되는 시점에 맞추어 공급되도록 함으로써 최소한도의 재고자산만 보유하는 생산시스템이다. JIT을 재고자산에 관한 철학으로 잘못 이해하는 사람이 많은데 사실은 재고자산에 영향을 미치는 생산에 관한 철학이다. 충분한 재고자산을 유지하면서 생산하는 경우와 달리, JIT에서는 재고자산 공급에 문제가 생기면 문제가 해결될 때까지 생산활동이 중단된다. 이러한 접근방법은 다음 공정이나 작업자를 고객으로 생각하여야 한다는 Deming 등의 철학과 잘 맞는다.

JIT은 공정 중에 필요로 하는 재고자산을 최소화하여 원가를 절감시키며, 또한 공정에 소요되는 재고자산을 거의 유지하지 않고 작업시점에 맞게 공급하기 때문에 작업자나 공급업자에 의한 저품질이 숨겨지지 않고 즉시 들어나게 되어 품질 향상에 기여한다. 문제가 생기면 품질이 확보될 때까지 생산이 중단되기 때문에 어떠한 문제든 발생 시점에서만 순간적으로 해결하는 것이 아니라 영원히 다시 발생되지 않도록 적극적인 조치를 취할 수 있다. 대량으로 생산하여 고객이나 다음 공정으로 전달하는 전통적인 생산방식과 달리, JIT에서는 고객의 수요에 맞추어 작은 규모로 생산하는 것을 권장하며, 공정에서의 실수를 더 빠르게 인식하고 수정할 수 있다. 불량을 효과적으로 예방하는 기능이 있기 때문에 JIT는 비적합원가를 감소시킨다.

종업원 권한부여

원천에서의 품질(*quality at the source*)이라고도 하는 종업원 권한부여(worker empowerment)는 (1) 각 종업원이 자신의 작업 결과에 따르는 품질을 책임지도록 하고 (2) 품질 개선을 위한 변경을 할 수 있는 권한을 부여하는 것이다. 작업자가 품질에 대한 책임과 권한을 모두 가지게 되면, 작업자가 자신의 작업에 Shewhart-Deming 주기나 20.5~20.9절에서 소개하는 통계적 기법을 적용할 수가 있다. 또한 자신의 작업이나 공정의 전 단계에서 옮겨 온 부품에 품질 문제가 발견되면 공정을 중지시킬 수도 있다. 「생활 속의 통계 20.2」에서 보듯이 종업원 권한부여 철학을 적용할 때 품질관리 서클(quality circle)이 중요한 구심적 역할을 할 수 있다.

품질의 인식과 수상

TQM을 시행하는 기업은 세계 일류의 제품과 서비스라는 직접적인 혜택뿐만 아니라 고도의 품질을 성취한 기업으로 인식되고자 하는 의욕을 점점 더 강하게 가지게 된다. 품질에 관한 최초의 시상은 1951년부터 일본정부가 품질관리에 뛰어난 기업에 매년 수여하는 Deming Prize이다. 미국에서는 제조, 서비스, 소기업, 교육, 건강관리, 비영리 분야에서 품질 향상과 관리에 뛰어난 기업에 수여하는 Malcolm Baldridge National Award가 있다.

생활 속의 통계 • 20.2 품질 서클과 제안 상자

의견을 모으기 위해 통상적으로 사용하는 제안 상자에는 품질이나 생산성의 증가를 가져오는 제안도 있지만, 실행에 옮길 수 없는 비실용적인 제안 또는 철학적, 도덕적으로 문제가 있는 제안도 있다. 제안 상자를 완전히 없애는 것은 아니지만, 제안 상자의 유용한 기능이 품질 서클에 의하여 수용되고 개선되었다.

품질 서클은 종업원에게 제품품질의 개선이나 유지 업무를 부여하는 것이다. 일본에서 특히 중요하게 여기는 품질 서클은 대략 12명 내외의 같은 부서 종업원으로 구성된다. 대개 지원자에 의하여 구성되며, 주기적으로 만나 제품이나 작업장의 품질 문제에 대한 사항이나 의견을 토론한다.

품질 서클에서 생성된 의견은 우연 또는 특별 변이를 감소시킬 수 있게 한다. 생산 공정에 가장 가까이에서 일하는 사람들이기 때문에 공정의 성능이나 뜻밖에 발생될 수 있는 일 등에 대하여 익숙하고, 공정에서 발생될 수 있는 문제를 인식하고 해결할 수 있는 능력을 가지게 된다.

품질 서클은 한 달에 두 번 정도 만나서 이야기를 나누는 단순한 모임이 아니다. 구체적인 사안에 대하여 연구조사를 실시할 수도 있고 문제와 연관된 기업의 자료를 사용할 수도 있다. 종업원은 자신의 중요성에 대한 인식을 가질 수 있다. 단순히 고용되어 맡은 일을 하는 사람에서 최고경영진의 적극적인 지원을 받는 품질 팀의 일원이라는 자금심을 갖게 되는 것이다.

연습문제

20.12 Kaizen은 무엇이며 종합적 품질관리와 어떤 연관이 있는가?

20.13 Kaizen 철학에서 '지속적 개선'과 '혁신'의 차이는 무엇인가?

20.14 (a) 편의점에서 일하는 판매원과 (b) 대학생을 대상으로 하는 임대 아파트의 매니저가 Kaizen을 어떻게 적용할 수 있는지 구체적 예를 제시하라.

20.15 품질감사는 무엇이며 어떤 목적으로 사용되나?

20.16 공정역량은 무엇이며 어떻게 확인되나?

20.17 경쟁적 벤치마킹은 무엇이며 어떻게 사용되나?

20.18 적시 생산은 무엇이며 종합적 품질관리에 어떤 도움을 주나?

20.19 "JIT는 단지 재고자산 원가를 감소시키려는 눈속임에 지나지 않으며 품질과는 아무런 상관이 없다"는 주장에 대하여 어떻게 생각하나?

20.20 대량의 단위로 생산하고 많은 재고자산을 보유하는 것이 제품 품질에 미치는 부정적 영향은 무엇인가?

20.21 종합적 품질관리에서 종업원 권한 부여가 성공적인 것이 되기 위한 두 가지 요소는 무엇인가?

20.5 종합적 품질관리를 위한 통계적 도구

여러 가지 통계적 도구가 종합적 품질관리에 사용될 수 있으며 그중 몇 가지를 소개한다. 더 자세한 내용이나 다른 기법에 대하여 알고자 하는 사람은 Kaoru Ishikawa의 *Guide to Quality Control*이나 William W. Scherkenbach의 *The Deming Route to Quality and Productivity*를 참조하면 된다. 20.6~20.9절에서는 가장 잘 알려지고 중요한 통계적 도구인 통계적 공정관리도를 집중적으로 공부한다.

공정흐름도

공정흐름도(*process flow chart*)는 공정에 속하는 여러 작업의 순차적 관계를 시각적으로 보여주는 것으로 공정을 이해하거나 개선하는 노력에 도움을 준다. 공정흐름도에 표시된 각 작업은 각각 하나의 공정으로 생각할 수 있으며, 각 작업별로 정보를 수집하고 지속적 개선을 위하여 Shewhart-Deming PDCA 주기를 적용하는

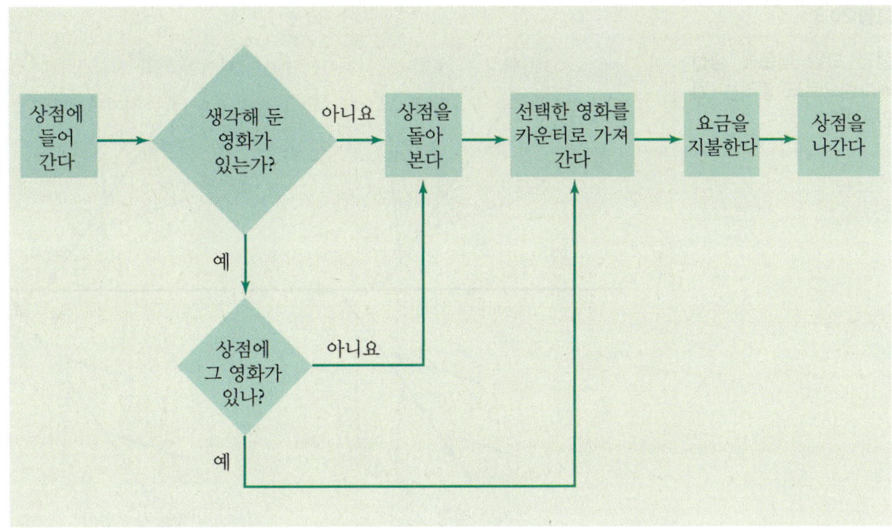

그림 20.2

비디오 대여점에서 영화를 빌릴 때의 원인-결과도.

대상이 될 수 있다. 공정지향의 관점에서 제시된 그림 20.1은 공정의 변이를 조사하고 감소시키기 위한 공정흐름도라고 할 수 있다. 그림 20.2는 비디오 대여점에서 영화를 빌리는 경우의 공정흐름도이다. 행동은 직사각형으로, 의사결정은 다이어몬드로 나타나는 것을 주의하라.

원인-결과도

Kaoru Ishikawa가 개발한 **원인-결과도**(*cause-and-effect diagram*)는 결과와 그의 원인을 시각적으로 나타내어 문제해결에 도움을 준다. 생긴 모양 때문에 **생선뼈그림**(*fishbone diagram*)이라고도 한다. 타이어 제조업자의 원인-결과도가 그림 20.3이며, 타이어의 접지면에 발생하는 기포의 원인이 되는 요소들을 보여준다.

그림 20.3에서 보듯이 맨 오른쪽에 있는 최종 결과의 여러 가지 원인이 왼쪽에 나타난다. 사람, 제조 방법, 재료, 기계설비, 작업환경 등이 원인이 될 수 있으며, 그림 20.3의 네 가지 세부 작업처럼 종류에 따라 구분된다.

원인-결과도나 이것을 통해 해결하고자 하는 문제가 복잡해지는 것은 원인의 원인이 있다는 것이다. '왜?' 라는 질문을 계속하면서 문제의 핵심에 있는 근본적인 원인을 밝혀내야 하는 것이다. 아래에 Toyota Motor의 부사장이었던 Taiichi Ohno가 사용한 일련의 '왜?' 질문이 있다.[8]

질문 1: 왜 기계가 멈추었나?
답변 1: 과부하 때문에 퓨즈가 끊어졌기 때문에

질문 2: 왜 과부하가 있었나?
답변 2: 베어링의 윤활유가 부적절했기 때문에

[8] Masaaki Imai, *Kaizen*. New York: McGraw-Hill, 1986, p. 50.

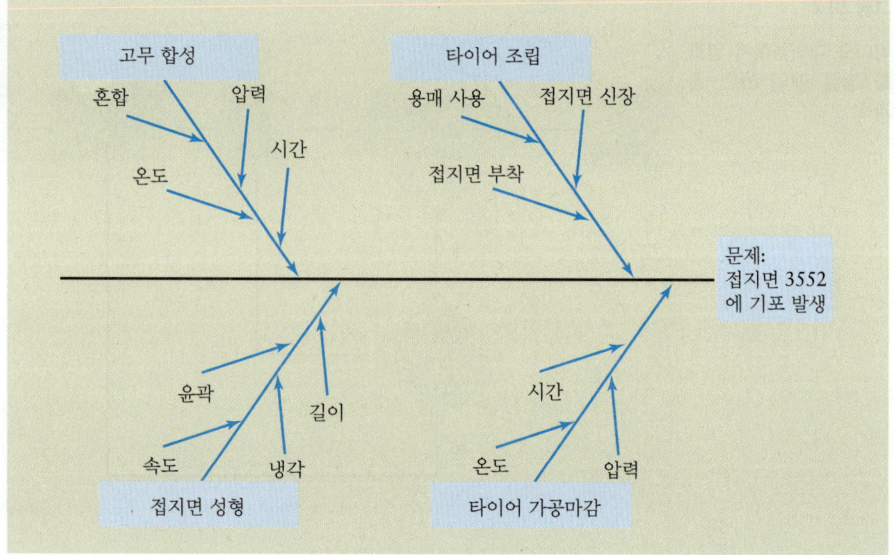

그림 20.3

생긴 모양 때문에 생선 뼈그림으로도 불리는 원인-결과도.

출처: Norman Gaither, *Production and Operations Management*, 6/e, Fort Worth: The Dryden Press, 1994, ch. 17.

질문 3: 왜 윤활유가 부적절했나?
답변 3: 윤활유를 공급하는 펌프가 제대로 작동하지 않았기 때문에

질문 4: 왜 펌프가 제대로 작동하지 않았나?
답변 4: 펌프의 축이 마모되었기 때문에

질문 5: 왜 펌프의 축이 마모되었나?
답변 5: 찌꺼기가 끼어들었기 때문에

기계가 멈추어 선 문제의 최종 해답은 이물질이 펌프에 스며드는 것을 방지하는 여과기에 있었다. '왜?' 라는 질문을 5번 반복하지 않았다면 퓨즈를 갈아 끼우는 것으로 문제를 해결하고 말았을 것이다.

Pareto 그림

Juran 그림이라고도 하는 *Pareto* 그림은 여러 가지 불량 또는 비적합적 요소가 발생하는 상대적 빈도를 나타내는 막대 그래프(bar chart)이다. 경영자나 작업자로 하여금 제한된 재화를 품질 개선의 효과가 가장 큰 곳에 집중하게 하여 품질 개선의 효율과 효과를 높여준다.

Pareto 그림의 효용은 흔히 말하는 '80/20 원칙' 즉, 문제의 80%가 문젯거리 중 20%에서 온다는 것에 있다. Pareto 그림은 문제가 가장 많이 일어나는 소수의 문제영역을 찾아내게 해준다. 그림 20.4는 빨래 건조기의 보증 수선에 대한 Pareto 그림이다. 품질 개선을 위한 가장 중요한 요소는 가열부분과 전기 모터인 것을 알 수 있다.

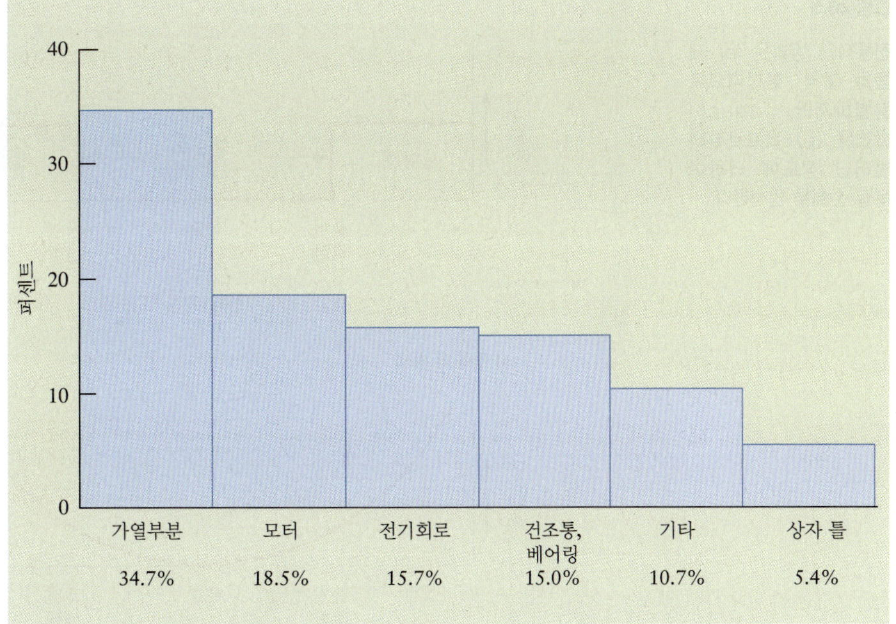

그림 20.4

세탁물 건조기의 보증 수선에 대한 Pareto 그림은 가열 부분과 전기 모터가 품질 개선에 가장 중요한 요소인 것을 보여준다.

점검표

점검표(*check sheet*)는 군대에서의 보병과 같다. 발견되는 문제를 찾아서 나열하고 빈도나 측정치를 기입하는 표이며, 이렇게 기입한 데이터는 다른 통계적 기법에 사용된다. Shewhart-Deming PDCA 주기나 Kaisen에 의한 품질 개선은 계량적 데이터를 필요로 하고 실질적인 TQM에서의 제안이나 의견도 이를 지지하는 데이터에 의존하게 된다.

Taguchi 방법

품질을 평가하는 전통적인 방법은 제품 설계명세서에 적합한지를 따지는 2분법적인 판단이다. 예를 들어, 제품 요구 사항이 14인치에서 0.016인치를 벗어나지 않아야 한다는 것이면, 13.984인치 보다 짧지 않고 14.016인치보다 길지 않은 제품은 적합한 것으로 판명된다. 이 경우 14인치는 목표이고 ±0.016인치는 **허용한계**(*tolerance*)이다.

엔지니어였던 Genichi Taguchi는 목표는 최적 또는 이상적인 것으로서 여기에서 크게 벗어날수록 품질이 낮다는 것을 의미한다고 한다. 전통적인 판단으로는 다 적합한 제품으로 판명이 난 것일지라도 목표로부터 벗어난 정도에 따라 제품의 품질은 차이가 난다는 것이다. 그림 20.5의 (a)와 (b)는 품질평가에서 ***Taguchi* 방법**이 어떻게 전통적인 방법과 다른지를 보여준다. (b)는 제품이 목표로부터 벗어날수록 품질의 손실이 얼마나 발생하는지를 보여주는 ***Taguchi* 손실함수**(*loss function*)이다.

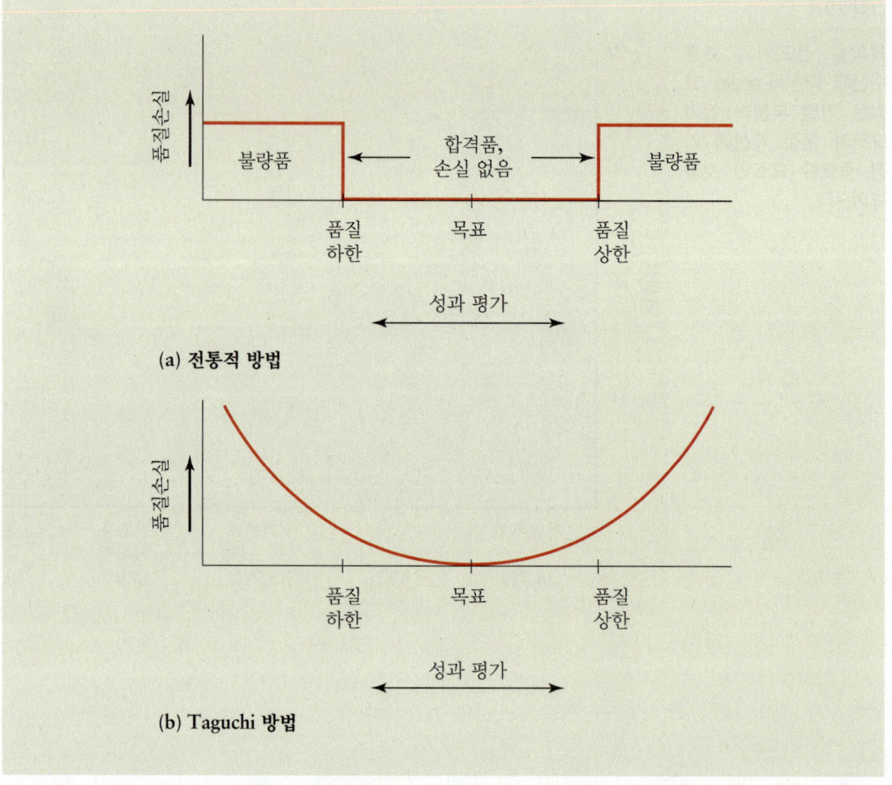

그림 20.5

전통적인 방법은 (a) 제품을 합격, 불합격으로 분별하지만, Taguchi 방법은 (b) 목표로부터 벗어난 정도에 의하여 품질 손실을 인식한다.

Taguchi 방법이 어떻게 적용되는가를 보여주는 예로, 수영장의 물 온도를 생각해 보자. 가장 쾌적한 물의 온도가 80°F이고 허용한계가 ±5°이기 때문에 매니저가 직원에게 물 온도를 75°와 85° 사이로 유지하라고 하였다. 그러나 물 온도가 75.1°에서 74.9°로 변했다고 해서 수영하는 사람이 갑자기 불편해지는 것은 아니다. 75.1°도 조금 덜 쾌적한 것은 마찬가지다. 이 경우 Taguchi 방법은 최적 온도에서 멀어질수록 사람들이 느끼는 불쾌감(품질 손실)의 정도를 인식하는 것이다.

여러 부품으로 이루어진 제품의 각 요소별로도 Taguchi 방법이 적용될 수 있다. 각 부품이 전통적인 평가에서 적정한 것으로 판명된 제품에도 품질의 차이가 있을 수 있다. 대략 15,000개의 부품 모두가 이상적 목표에 근접해 있는 자동차가 모든 부품이 허용한계 근처에 있는 자동차보다 더 만족스러울 것은 당연하다.

기획 실험

여러 요소들이 품질에 미치는 영향을 실험을 통해 측정함으로써 제품이나 서비스의 지속적 개선에 도움을 줄 수 있다. 예를 들면 양방향 분산분석 같은 실험 설계에 의하여 두 요소의 영향과 그들 사이의 상호작용을 측정할 수 있다. 새로운 의견을 생각해 내고 적용하고 평가하는 것이 바로 Shewhart-Deming PDCA 주기의 핵심이다. 종합적 품질관리는 데이터에 의존할 수밖에 없으며, 새로운 생각이나 의견이 광범위하게 적용되려면 적절한 데이터와 이에 대한 분석을 통하여 지지되어야 한다.

연습문제

20.22 공정흐름도는 무엇이며, 종합적 품질관리의 목적을 위하여 어떻게 사용될 수 있나?

20.23 원인-결과도는 무엇이며, 종합적 품질관리에서 어떤 역할을 담당하나?

20.24 '80/20 원칙'은 무엇이며, 종합적 품질관리에 어떻게 적용되나?

20.25 점검표는 무엇이며, 종합적 품질관리에서 어떤 역할을 담당하나?

20.26 설계 명세로부터의 변이를 전통적인 방법과 Taguchi 방법은 어떻게 다르게 취급하나?

20.27 초콜릿 음료에 들어가는 초콜릿 양에 대한 품질 손실의 경우 전통적 방법과 Taguchi 방법은 어떻게 다르게 적용되는가?

20.28 기획된 설계가 Shewhart-Deming PDCA 주기의 적용을 어떻게 지원할 수 있나?

20.6 통계적 공정관리의 개념

고속도로에서 톨게이트에 접근할 때처럼 속도를 줄이고 주의를 해야 하는 영역에 가까워질 때 도로표면에 홈을 파 놓아서 소음이 나게 하는 진동소음구간(rumble strips)을 지난 경험이 있을 것이다. 길 양편 가장자리에 좁은 진동소음구간이 계속적으로 펼쳐져 있는 좁고 긴 도로가 있다면 눈을 가리고도 길을 벗어나지 않고 운전을 할 수 있다. 간단히, 오른쪽에서 진동소음이 나면 왼쪽으로 방향을 수정하고 왼쪽에서 진동소음이 나면 오른쪽으로 수정하면 된다. 이런 고속도로가 바로 관리도와 같다.

관리도(control chart)는 진행 중인 공정을 관찰해서 비정상(out of control)인 상태로 전환될 가능성이 있는 경우, 마치 고속도로의 진동소음구간처럼 경고를 내도록 하기 위하여 개발되었다. 진동소음구간 대신 관리도는 시차적으로 얻어지는 표본의 표본 통계에 대한 통제 상한(**upper control limit**)과 하한(**lower control limit**)을 가지고 있다. 우연이 아닌 방향성이 있는 변이에 의하여 통제한계를 벗어나는 비정상적으로 크거나 작은 측정치가 발생하면 관리도는 경고신호가 되며 공정의 수정조치가 필요하게 된다. 관리도가 수정을 하는 것이 아니고 수정조치가 필요하다는 경고로서의 역할을 하는 것이다.

관리도의 종류

공정의 종류와 공정이 어떻게 감독되는가에 따라 관리도는 변수 또는 특성에 적용될 수 있다. 차이는 다음과 같다.

변수(variables)관리도 무게, 직경, 두께, 온도 등과 같이 측정치의 감시에 관심이 있을 때 적절한 관리도이다. 다음 절에서 주로 표본평균과 분산을 중심으로 변수관리도를 다룰 것이다.

특성(attributes)관리도 공정 결과의 특성이나 속성에 대한 것을 집계할 때 적절한 관리도이다. 20.8절에서 다루는 특성관리도에는 불량률(*p*-chart), 완제품 단위당 불량(*c*-chart) 등이 있다.

그림 20.6

관리도의 일반적 형태. 시차적으로 얻어지는 표본의 표본통계(예로, 표본 평균)가 상한과 하한의 범위를 벗어나면 공정이 비정상이라고 간주한다.

관리도의 형태

그림 20.6은 관리도의 대표적 형태이다. 공정에서 계속 표본이 집계되어 도표에 점으로 표시가 되고, 도표는 공정이 정상적인 상태인가를 보여준다. 상한과 하한 사이에서 우연적으로 발생하는 표본의 변화는 수정조치가 필요하지 않은 정상적인 공정을 의미한다. 표본이 상한과 하한을 벗어나면, 우연 또는 표본 오차라고 보기에는 너무 크기 때문에 공정이 비정상(*out of control*)이라고 한다.

관리도가 눈에 익은 이유는 가설검정과 관련이 있기 때문이다. 관리도의 상한과 하한은 표본 평균이나 비율에 대한 양측(two-tail) 검정에서 사용한 임계값(critical values)과 유사하다. 가설검정의 관점에서 보면, "공정이 정상이다"는 것이 기본가설이다. 가설검정에서처럼, 오류가 있을 수 있다. 예를 들면, 공정이 비정상인데 정상으로 간주하거나(2종 오류), 정상인데 비정상으로 간주하는(1종 오류) 경우이다.

연습문제

20.29 관리도는 무엇이며 어떤 목적으로 사용되나?

20.30 변수와 특성의 차이는 무엇인가?

20.31 관리도의 상한과 하한의 기능은 무엇인가?

20.32 우연변이와 특수변이에 의하여 표현하면, "공정이 비정상이다"는 것은 무슨 의미인가?

20.33 기본가설이 "H_0: 공정이 정상이다"일 때 1종 오류와 2종 오류의 차이를 설명하라.

20.7 변수관리도

평균이나 범위(*range*)에 대한 관리도는 공정의 중심 경향이나 변화성을 감시하기 위한 것이다. 이 관리도들은 서로 연관을 가지고 있어서, 시차적으로 얻어지는 표본의 범위는 공정의 평균에 대한 관리도 작성에 도움을 준다. 평균에 대한 관리도는 앞에서 이야기한 가설검정과 밀접한 관련이 있기 때문에 먼저 설명하기로 한다.

평균(에 대한)관리도

평균관리도(mean chart)는 정규분포와 중심극한정리(central limit theorem)에 의하여 구성된다. 8장에서 소개한 것처럼, 모집단에 상관없이 단순임의표본의 평균은 표본 크기가 증가할수록 더욱 더 정규분포에 가까운 분포를 갖는다는 것이 중심극한정리이다. 특히 모집단이 정규분포를 따르면 표본이 작을 때도 표본평균은 정규분포를 따르며, 이것은 일반적으로 변수(예: 폭, 직경, 무게, 두께 등)가 정규분포를 가진다고 가정하는 통계적 공정관리에서 중요하게 사용된다.

평균관리도에서 상한과 하한은 대체로 평균으로부터 '3-sigma' 즉, '±3 표준편차'로 선정된다. 이렇게 선정된 영역의 확률이 0.9974이므로, '공정이 정상'일 때 표본 평균이 이 영역 밖에서 관찰될 가능성은 0.0026이다.

평균관리도의 작성

공정의 평균(μ)은 (1) 과거의 경험으로 알고 있거나 (2) 수집된 표본에 의하여 추정된다. 일반적인 경우인 (2)의 경우에, 관리도의 **중심선**은 표본평균의 평균인 $\bar{\bar{x}}$이다. μ를 알고 있는 경우에는 아래의 설명에서 $\bar{\bar{x}}$를 μ로 대체하면 된다.

마찬가지로 공정의 표준편차(σ)도 (1) 과거의 경험으로 알고 있거나 (2) 수집된 표본에 의하여 추정된다. 따라서 관리도를 작성하는 두 가지 경우가 있게 된다.

공정의 표준편차(σ)를 알고 있는 경우의 평균관리도:

- 중심선 = $\bar{\bar{x}}$, 표본 평균의 평균
- 상한(UCL)과 하한(LCL):

$$\bar{\bar{x}} \pm 3\left(\frac{\sigma}{\sqrt{n}}\right)$$

σ = 공정의 표준편차
n = 표본의 크기
$\sigma/\sqrt{n}$ = 표본평균의 표준오차

예제 EXAMPLE

σ를 아는 경우의 평균관리도

알루미늄 원통을 생산하는데, 생산된 원통의 직경은 정규분포를 따르며, 표준편차는 $\sigma = 0.002$인치로 과거 경험으로 알고 있다. 표본크기 $n = 5$인 표본을 20번 수집하여, 표본평균의 평균이 $\bar{\bar{x}} = 2.1350$인치로 측정되었다.

풀이

- 3-sigma에 의한 상한과 하한은 얼마인가?

$\sigma = 0.002$인치이고 $n = 5$이므로,

$$\bar{\bar{x}} \pm 3\left(\frac{\sigma}{\sqrt{n}}\right) = 2.1350 \pm 3\left(\frac{0.002}{\sqrt{5}}\right) = 2.1350 \pm 3(0.0009)$$

즉, 2.1313(LCL)과 2.1377(UCL)이다.

- 만일 공정이 정상이라면, 다시 수집한 표본이 공정이 비정상인 것으로 잘못 보여줄 확률은 얼마인가?

3-sigma에 의한 하한과 상한 안에 포함되는 영역은 정규분포의 99.74%이다. 따라서 공정이 정상이라면, 단지 우연에 의하여 비정상을 나타내는 표본평균이 얻어질 확률은 1.0000 − 0.9974 = 0.0026이다.

공정의 표준편차를 모른다면, 표본의 평균범위($\bar{R}$)를 변동성의 측정치로 하고, 이 책의 부록 A에 있는 3-sigma 관리도의 계수표에서 표본크기에 해당하는 계수(A_2)를 선택하여 아래와 같이 상한과 하한을 결정하면 된다. 부록의 계수표가 표 20.2에 제시되어 있다. 표본크기가 커질수록 A_2가 작아지는 것을 볼 수 있다. 표 20.2에는 계수가 2가지 더 있는데 이것들은 다음 절에서 설명하는 범위관리도(range chart)를 구성할 때 쓰인다.

공정의 표준편차(σ)를 모르는 경우의 평균관리도:

- 중심선 = $\bar{\bar{x}}$, 표본평균의 평균
- 상한(UCL)과 하한(LCL):

$$\bar{\bar{x}} \pm A_2\bar{R} \qquad \bar{R} = \text{표본 범위의 평균}$$
$$A_2 = \text{3-sigma 관리도의 계수값}$$

표 20.2

부록 A의 3-sigma 관리도의 계수표. A_2는 평균관리도에 쓰인다. D_3와 D_4는 범위관리도에 싸용된다.

각 표본의 크기	평균관리도의 한계를 결정하는 계수	범위관리도의 한계를 결정하는 계수	
n	A_2	D_3	D_4
2	1.880	0	3.267
3	1.023	0	2.575
4	0.729	0	2.282
5	0.577	0	2.115
6	0.483	0	2.004
7	0.419	0.076	1.924
8	0.373	0.136	1.864
9	0.337	0.184	1.816
10	0.308	0.223	1.777
11	0.285	0.256	1.744
12	0.266	0.284	1.716
13	0.249	0.308	1.692
14	0.235	0.329	1.671
15	0.223	0.348	1.652

출처: E. S. Pearson, "The Percentage Limits for the Distribution of Range in Sampling from a Normal Population," *Biometrica* 24 (1932): 416.

예제 EXAMPLE

σ를 모르는 경우의 평균관리도

건설에 사용하는 대형 강철 못의 생산 초기 몇 시간 동안에 10분 간격으로, 한 번에 4개씩(n = 4) 20번 표본을 추출하였다. 결과가 표 20.3과 파일 **CX20RIVS**에 있다.

풀이

공정의 표준편차를 모르기 때문에 표 20.2의 계수와 평균범위에 의하여 평균관리도를 작성해야 한다. 표의 가장 오른쪽 열은 각 표본의 범위를 나타낸다. 예로 표본 3의 경우 범위, 즉 가장 큰 값과 작은 값의 차이는 (1.395 − 1.385) = 0.014이다. $\bar{R}$ = 0.022이고 $\bar{\bar{x}}$ = 1.398이다. 표 20.2에서 n = 4의 계수 A_2 = 0.729이므로,

$$\bar{\bar{x}} \pm A_2\bar{R} = 1.398 \pm (0.792)(0.022) = 1.398 \pm 0.016$$

즉, 하한(LCL)은 1.382 인치이고 상한(UCL)은 1.414인치이다.

표 20.3

n = 4인 20개 표본 결과. 표본평균의 평균은 1.398인치이고, 표본 범위의 평균은 0.022인치이다. 파일 **CX20RIVS**에 있다.

표본 #	측정치 1	측정치 2	측정치 3	측정치 4	$\bar{x}$	범위
1	1.405	1.419	1.377	1.400	1.400	0.042
2	1.407	1.397	1.377	1.393	1.394	0.030
3	1.385	1.392	1.399	1.392	1.392	0.014
4	1.386	1.419	1.387	1.417	1.402	0.033
5	1.382	1.391	1.390	1.397	1.390	0.015
6	1.404	1.406	1.404	1.402	1.404	0.004
7	1.409	1.386	1.399	1.403	1.399	0.023
8	1.399	1.382	1.389	1.410	1.395	0.028
9	1.408	1.411	1.394	1.388	1.400	0.023
10	1.399	1.421	1.400	1.407	1.407	0.022
11	1.394	1.397	1.396	1.409	1.399	0.015
12	1.409	1.389	1.398	1.399	1.399	0.020
13	1.405	1.387	1.399	1.393	1.396	0.018
14	1.390	1.410	1.388	1.384	1.393	0.026
15	1.393	1.403	1.387	1.415	1.400	0.028
16	1.413	1.390	1.395	1.411	1.402	0.023
17	1.410	1.415	1.392	1.397	1.404	0.023
18	1.407	1.386	1.396	1.393	1.396	0.021
19	1.411	1.406	1.392	1.387	1.399	0.024
20	1.404	1.396	1.391	1.390	1.395	0.014
					$\bar{\bar{x}}$ = 1.398	$\bar{R}$ = 0.022

컴퓨터 솔루션 20.1

평균관리도

여기서는 알지 못하는 공정의 표준편차를 표본에 의하여 측정한다.

EXCEL

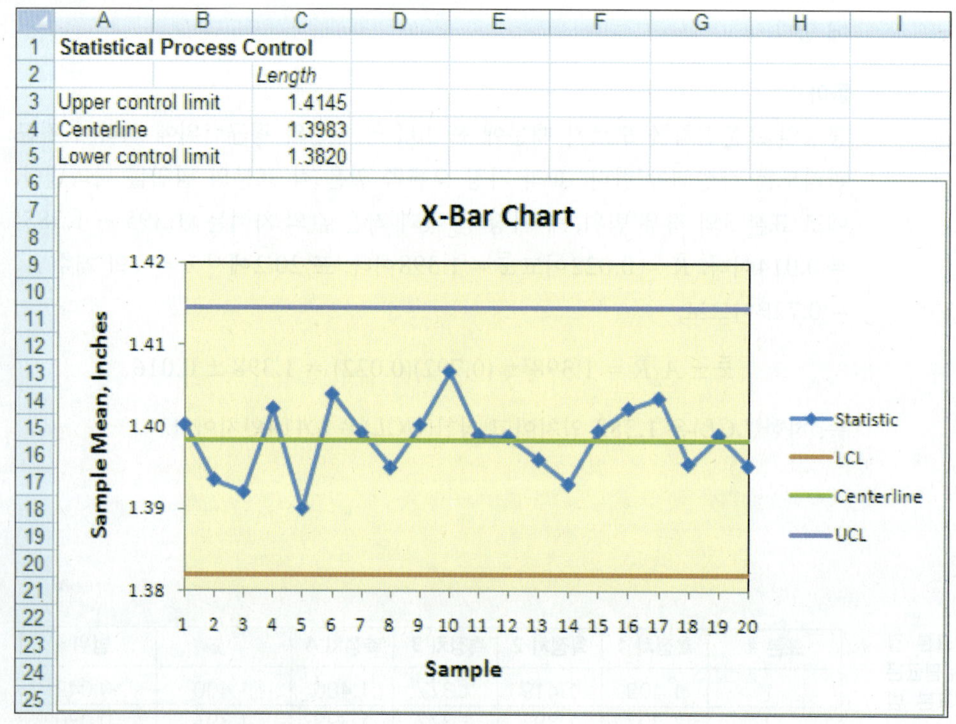

Excel 평균관리도, σ를 모르는 경우

1. 데이터 파일 **CX20RIVS**에서 이름은 A1에, 측정된 강철 못의 길이는 A2:A81에 있다. **추가기능** 리본에서 **Data Analysis Plus**를 클릭한다. **Statistical Process Control**을 클릭하고 **OK**를 클릭한다.
2. **Input Range** 상자에 **A1:A81**을 입력한다. **Labels**를 클릭해서 **Sample size** 상자에 **4**를 입력한다. **XBAR(Using R)**을 선택하고, **OK**를 클릭한다. 이렇게 하면 표 20.3의 20개 표본에 대한 평균관리도가 제공된다. (참고: Excel 워크시트 템플릿 **TMSPCMR**을 이용할 수도 있다. 사용 절차는 템플렛에 포함되어 있다.)

「컴퓨터 솔루션 20.1」은 표 20.3의 데이터에 대하여 Excel을 이용하여 평균관리도를 작성하는 과정과 결과를 보여준다. 상한과 하한, 중심선의 값($\bar{\bar{x}}$ = 1.398), 20개 표본의 평균이 나타나 있다. 모든 표본평균이 상한과 하한 사이에 있으므로 공정은 정상이다. 만일 허용한계를 벗어나는 표본평균이 발견된다면, 특수변이의 원인을 밝혀서 수정조치를 취해야 한다.

참고: 「컴퓨터 솔루션 20.1」에서의 과정은 공정의 표준편차에 대한 가정 없이 표본 범위에 의하여 표준편차를 추정한다. 이 장에서는 Excel에 의한 평균관리도 중 표준편차를 모르는 경우에 중점을 두었다.

범위관리도의 작성

범위관리도(R **chart**)의 목적은 평균관리도와 유사하다. 반복적으로 수집된 표본의 범위가 우연에 의한 변화라고 볼 수 있는 허용한계 안에 있는가를 확인하는 것이 범위관리도이다. 공정이 정상인가를 판단하게 하는 상한과 하한이 있다.

표본평균의 표준오차와 같은 것을 범위에 대하여 계산할 수 있지만, 우리는 간편하게 표 20.2를 사용할 것이다. 표가 제공하는 적절한 계수를 이용하여 3-sigma 관리도를 작성한다. 공정이 정상이라면, 우연한 결과로 표본 측정치가 한계 밖에서 관찰될 가능성은 0.0026이다. 평균관리도처럼 범위관리도도 같은 크기의 표본을 반복적으로 수집해서 구성하며, 중심선은 평균범위($\bar{R}$)이며, 상한과 하한은 다음과 같이 구한다.

범위관리도:

- 중심선 = $\bar{R}$, 표본 범위의 평균
- 상한(UCL)과 하한(LCL):

$UCL = D_4\bar{R}$ $\qquad$ $\bar{R}$ = 표본의 평균 범위

$LCL = D_3\bar{R}$ $\qquad$ D_3, D_4 = 3-sigma 관리도 계수표의 값

표 20.3의 20개 표본에 대하여 범위관리도를 작성하면, $\bar{R} = 0.022$인치가 중심선이 되고, 표 20.2에서 $n = 4$ 행을 보면 $D_4 = 2.282$, $D_3 = 0$이므로,

$$UCL = D_4\bar{R} = 2.282(0.022) = 0.050\text{인치},$$
$$LCL = D_3\bar{R} = 0.000(0.022) = 0.000\text{인치이다.}$$

「컴퓨터 솔루션 20.2」는 표 20.3의 데이터에 대하여 Excel을 이용하여 범위관리도를 구하는 과정과 결과를 보여준다. 관리도에는 상한과 하한, 중심선($\bar{R}$ = 0.022), 20개의 표본 범위가 나타나 있다. 모든 표본 범위가 한계 이내에 있으므로 공정은 정상이다.

「컴퓨터 솔루션 20.2」의 범위관리도에서 하한이 0인 것을 주목하라. 표 20.2에서 $n \le 6$인 경우 D_3가 0이기 때문에 이러한 크기의 표본에 대하여 하한은 항상 0이다.

표본 데이터에 대하여 평균관리도와 범위관리도 모두를 사용하여 공정의 정상 여부를 판단하여야 한다. 둘 중의 어느 하나라도 한계 밖의 표본통계가 관찰되면 공정은 비정상이다. 그림 20.7의 (a)에서 범위는 한계 이내에서 관찰되지만, 평균은 점점 커져서 상한을 벗어났다. 절단하는 기계가 점점 마모되어서 이런 일이 발생될 수 있다. (b)에서는 평균은 한계 이내에서 관찰되었지만, 범위가 상한을 벗어났다. 기계의 마모나 적절한 보수가 필요할 때 이런 결과가 발생될 수 있다.

비정상인 공정은 한계를 벗어난 표본통계에 의하여 확인할 수 있다. 그림 20.7의 (b)에서 7번째 표본의 범위가 한계를 벗어날 정도로 컸는데, 8번째는 한계 안에서 관찰됐지만 이후 다시 한계를 크게 벗어나게 되었다. 이 경우 7번째 표본은 이때 이미 공정이 비정상이었다는 것을 경고하는 신호였다고 볼 수 있다. 때로 한 개의 비정상적인 표본은 단지 전기 과부하와 같은 일시적 현상의 영향일 수도 있다.

컴퓨터 솔루션 20.2

범위관리도

여기서는 알지 못하는 공정의 표준편차를 표본 범위에 의하여 측정한다.

EXCEL

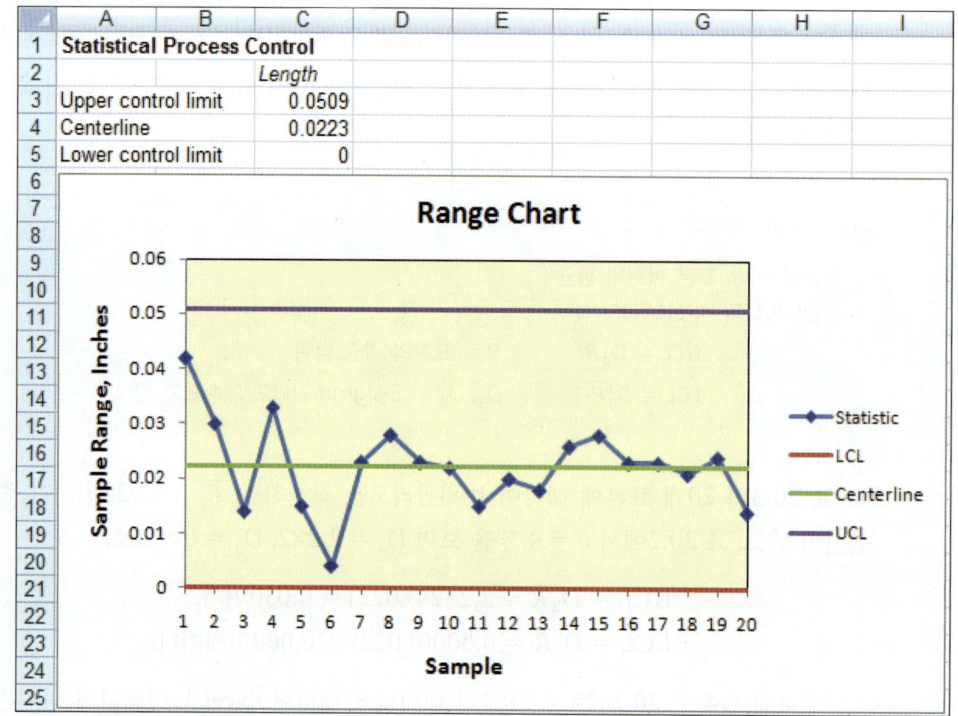

Excel 범위관리도, σ를 모르는 경우

1. 데이터 파일 **CX20RIVS**에서 이름은 A1에, 측정된 강철 못의 길이는 A2:A81에 있다. **추가기능** 리본에서 **Data Analysis Plus**를 클릭한다. **Statistical Process Control**을 클릭하고 **OK**를 클릭한다.
2. **Input Range** 상자에 **A1:A81**을 입력한다. **Labels**를 클릭해서 **Sample size** 상자에 4를 입력한다. **R**을 선택하고, **OK**를 클릭한다. 이렇게 하면 표 20.3의 20개 표본에 대한 평균관리도가 제공된다. (참고: Excel 워크시트 템플릿 **TMSPCMR**을 이용할 수도 있다. 사용 절차는 템플렛에 포함되어 있다.)

관리도를 구하기 위한 $\bar{\bar{x}}$와 $\bar{R}$는 공정이 정상인 것을 분명히 아는 때의 표본자료에 의하여 구하여야 한다. 이러한 표본 20개를 이용하여 「컴퓨터 솔루션 20.1」과 20.2로 관리도를 구성한 후, 실제 공정 운영에서 10개의 표본을 다시 구한 결과가 그림 20.7이다.

이 장 끝에 있는 눈으로 보는 통계 애플렛 21에서 표본을 연속적으로 선택하여, 정상적인 공정을 보여주는 평균관리도와 공정이 비정상적인 성향을 보이는 두 가지 평균관리도를 관찰할 수 있다.

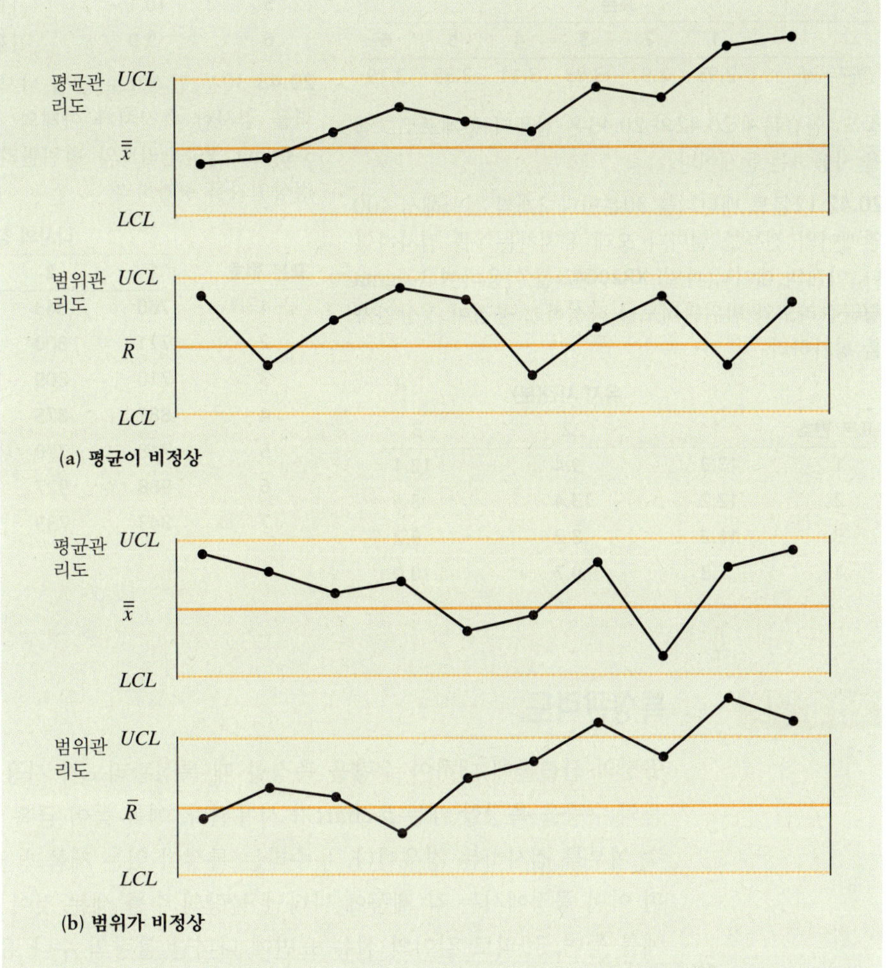

그림 20.7

평균관리도와 범위관리도는 함께 사용되어야 한다. (a)에서는 범위는 정상이지만 평균이 비정상이고, (b)에서는 평균은 정상이지만 범위가 비정상이다.

연습문제

20.34 평균관리도에서는 공정에서 관측되는 측정치의 분포에 대하여 어떠한 가정을 하나?

20.35 정상적인 공정의 3-sigma 관리도에서 한계를 벗어난 표본이 관측될 확률은 얼마인가?

20.36 3-sima 관리도 대신 2-sigma 관리도를 사용한다면 상한과 하한은 어떻게 변하나?

20.37 범위관리도의 목적은 평균관리도와 어떻게 다른가? 동일한 공정을 감독하는데 왜 두 관리도가 모두 사용되어야 하나?

20.38 로봇 용접기가 제대로 작동할 때 생산되는 자연가스 분출기의 분출 압력의 평균은 3,400 psi이고 표준편차는 100 psi이다. 각 표본의 크기가 4일 때, 3-sigma 관리도의 중심선, 상한, 하한은 얼마인가?

20.39 연습문제 20.38의 관리도를 이용하여, 다음 표본 관측치가 얻어졌을 때 공정의 정상 여부를 판단하라.

	표본					
	1	2	3	4	5	6
평균분출압력	3390	3447	3410	3466	3440	3384

20.40 용기의 뚜껑에 입히는 아연도금의 두께는 중심부에서 평균 3.000밀리이고 표준편차는 0.300밀리이어야 한다. 뚜껑 4개씩의 표본을 관측한다면, 3-sigma 관리도의 중심선, 상한, 하한은 얼마인가?

20.41 연습문제 20.40의 관리도를 이용하여, 다음 표본 관측치가 얻어졌을 때 공정의 정상 여부를 판단하라.

	표본					
	1	2	3	4	5	6
평균두께	2.95	2.97	3.03	3.11	2.35	3.19

참고: 연습문제 20.42와 20.43은 컴퓨터 통계프로그램을 사용하는 문제이다.

20.42 12볼트 배터리를 30분마다 3개씩 선택해서 400 암페어의 전류를 얼마나 오래 유지하는가를 검사하였다. 아래의 데이터(파일: **XR20042**)를 이용하여 3-sigma 평균관리도와 범위관리도를 작성하고 공정이 정상인가를 평가하라.

	유지 시간(분)		
표본 번호	**1**	**2**	**3**
1	13.3	9.4	12.1
2	12.2	13.4	8.5
3	11.2	8.2	9.2
4	7.8	9.7	10.0
5	10.1	11.4	13.8
6	9.9	11.7	8.5

20.43 30분 간격으로 강철 나사 4개씩을 선택하여 장력을 검사한 측정치가 아래와 같다. (파일: **XR20043**) 3-sigma 평균관리도와 범위관리도를 작성하고 공정이 정상인가를 평가하라.

	나사의 장력(파운드)			
표본 번호	**1**	**2**	**3**	**4**
1	760	843	810	706
2	771	800	747	742
3	710	809	876	754
4	882	875	873	763
5	718	770	728	939
6	988	927	902	956
7	843	739	792	787

20.8 특성관리도

공정의 산출물에 대하여 수량을 측정할 때 특성관리도가 사용된다. 합격품과 불량품의 수량을 측정할 때는 *p*-chart가 사용된다. 예를 들어 금속 용기를 생산할 때 누수 여부를 검사하는 경우이다. 누수라는 특성이 있는 제품과 없는 제품이 있다. 한편 어떤 공정에서는 각 제품에 나타난 불량의 수를 세는 것이 중요한 경우가 있다. 예를 들면, 30피트 길이의 섬유 표면에 나타난 불량의 수나 유리판에 나타난 공기 방울의 수 등이다. 이런 경우에는 공정의 정상 여부 판단에 *c*-chart가 사용된다.

p-Chart

***p*-chart**는 표본에 포함된 불량품의 비율에 의하여 공정의 정상여부를 판단하는 것이다. '불량 비율(fraction-defective),' '불량 퍼센트(percentage-defective)' 또는 '$\overline{p}$-chart' 라고도 한다. *p*-chart도 중심선과 상한 및 하한이 있는데, *p*-chart의 작성에는 정규분포를 사용하여 이항분포확률을 근사계산하며, 평균관리도나 범위관리도에서 보다 큰 표본이 사용되어야 한다.

p-Chart:

- 중심선: $\overline{p}$, 표본 비율의 평균, 즉 $\dfrac{\Sigma p}{\text{표본의 수}}$
- 상한(*UCL*)과 하한(*LCL*):

$$\overline{p} \pm z\sqrt{\frac{\overline{p}(1-\overline{p})}{n}}$$

$\overline{p}$ = 표본 비율의 평균
n = 각 표본의 크기
z = 정규분포의 표준오차 수

위 식에서 제곱근으로 표현되는 것은 σ_p의 추정치 즉, 표본 비율의 표준오차이다. 3-sigma ($z = 3$) 관리도가 가장 널리 사용되며, 공정이 정상인 경우 99.74%의 표본 비율이 허용한계 안에서 관찰된다. 정규분포에 의한 이항분포 근사가 적용되려면 $n\bar{p}$와 $n(1 - \bar{p})$가 모두 5 이상이 되어야 한다. 공정에서 불량의 비율이 매우 크거나 매우 작은 경우 이 조건을 만족시키려면 아주 큰 표본이 선택되어야 한다.

예제 EXAMPLE

p-Chart

생산되는 전구의 필라멘트의 내구성을 검사하기 위하여, 한 번에 100개씩 16번 표본을 추출하였다. 전구는 표시전압보다 30% 더 강한 전압에 노출시켜서 2초 이내에 필라멘트가 손상되면 불량으로 판단한다. 검사 결과가 표 20.4와 파일 **CX20FILS**에 있다.

풀이

같은 크기의 16개 표본의 불량품과 합격품의 수량이 표 20.4에 나와 있다. 표본 비율의 평균은 $\bar{p} = 0.135$이며 관리도의 중심선이 된다. 3-sigma 관리도에서 $z = 3$이다. $n = 100$이므로, 상한과 하한은

$$\bar{p} \pm z\sqrt{\frac{\bar{p}(1 - \bar{p})}{n}} = 0.135 \pm 3\sqrt{\frac{0.135(1 - 0.135)}{100}} = 0.135 \pm 0.103$$

즉, 하한(LCL)은 0.032이고 상한(UCL)은 0.238이다.

표 20.4

크기가 100인 16개 표본의 검사 결과. 불량 비율의 평균은 $\bar{p} = 0.135$이다. 파일 **CX20FILS**에 있는 데이터는 컴퓨터 솔루션 20.3에서 사용한다.

표본 번호	불량품	합격품	불량률, p
1	8	92	0.080
2	14	86	0.140
3	16	84	0.160
4	14	86	0.140
5	15	85	0.150
6	20	80	0.200
7	19	81	0.190
8	12	88	0.120
9	17	83	0.170
10	6	94	0.060
11	10	90	0.100
12	15	85	0.150
13	9	91	0.090
14	17	83	0.170
15	13	87	0.130
16	11	89	0.110
			$\bar{p} = 0.135$

컴퓨터 솔루션 20.3

p-chart

EXCEL

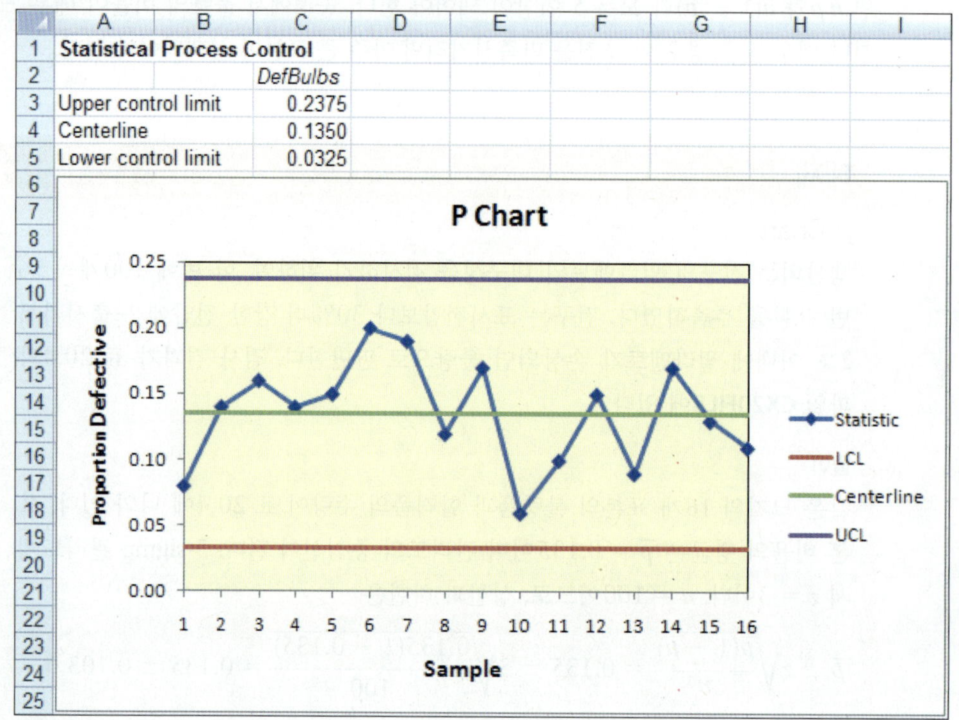

Excel *p*-Chart

1. 데이터 파일 **CX20FILS**에서 이름은 A1에, 각 표본의 불량품의 수는 A2:A17에 있다. **추가기능** 리본에서 **Data Analysis Plus**를 클릭한다. **Statistical Process Control**을 클릭하고 **OK**를 클릭한다.
2. **Input Range** 상자에 **A1:A17**을 입력한다. **Labels**를 클릭해서 **Sample size** 상자에 **100**을 입력한다. **P**를 선택하고, **OK**를 클릭한다. 이렇게 하면 표 20.4의 16개 표본에 대한 *p*-chart가 제공된다. (참고: Excel 워크시트 템플릿 **TMSPCMR**을 이용할 수도 있다. 사용 절차는 템플렛에 포함되어 있다.)

음의 수량이나 비율은 의미가 없기 때문에 하한이 음수로 계산되는 경우에는 0을 하한으로 사용한다. 평균이나 범위 관리도와 마찬가지로, *p*-chart를 구성하기 위한 표본은 모두 공정이 정상일 때의 표본이어야 한다.

「컴퓨터 솔루션 20.3」은 표 20.4의 데이터에 대한 *p*-chart를 컴퓨터로 구성하는 과정과 결과를 보여준다. 상한과 하한, 중심선($\bar{p}$ = 0.135), 16개 표본 비율이 나타나 있다. 모든 표본 비율이 한계 내에 있으므로 공정은 정상이다.

c-Chart

각각의 표본에 포함된 불량의 수효를 감시하는 것이 목적인 경우, ***c*-chart**가 사용된다. '$\bar{c}$ chart' 라고도 불리며, 10피트 길이 관에 나타난 불량의 수, 판자 표면의 흠집의 수, 자동차 몸체의 마감 후 나타난 불량의 수 등, 제품 하나하나에 포함되어 있는 불량의 수가 관심 대상인 경우 사용된다. 각 표본은 제품 하나씩으로 이루어지고,

통계량은 c = 불량의 수이며, 이런 불량의 수는 포아송 분포를 따른다. c-chart는 정규분포를 사용하여 포아송 분포확률을 근사계산하여 작성한다.

c-Chart:

- 중심선: $\bar{c}$, 표본의 불량 수의 평균, 즉 $\frac{\Sigma c}{\text{표본의 수}}$
- 상한(UCL)과 하한(LCL):

$\bar{c} \pm z\sqrt{\bar{c}}$ 　　 $\bar{c}$ = 표본 한 개당 불량 수의 평균

z = 정규분포의 표준오차 수

예제 EXAMPLE

c-Chart

연속적으로 강철 판을 생산하는 중에 10피트 길이의 표본을 주기적으로 선택해서 표면에 나타나는 흠집, 홈 등의 불량을 검사한다. 20개 표본의 검사 결과가 표 20.5와 파일 **CX20DEFS**에 있다.

풀이

20개 표본 각각에 나타난 불량의 수가 표 20.5에 나타나 있다. 표본 불량 수의 평균은 $\bar{c}$ = 5.30이며 관리도의 중심선이 된다. 3-sigma 관리도에서 z = 3이므로, 상한과 하한은

$$\bar{c} \pm z\sqrt{\bar{c}} = 5.30 \pm 3\sqrt{5.30} = 5.30 \pm 6.91$$

즉, $UCL = 5.30 + 6.91 = 12.21$

$LCL = 5.30 - 6.91 = -1.61$, 따라서 0이다. 음수의 불량은 발생할 수 없으므로 하한은 0이 된다. p-chart의 경우와 같다. 다른 관리도와 마찬가지로, c-chart을 구성하기 위한 표본은 공정이 정상이었던 기간에서 수집되어야 한다.

표 20.5

각각의 표본이 10피트 길이 강철 판인 20개 표본의 검사 결과. 각 표본의 불량 수 c의 평균은, $\bar{c}$ = 5.30이다. 이 데이터가 있는 파일 **CX20DEFS**는 컴퓨터 솔루션 20.4에서 사용한다.

표본 번호	불량 수, c	표본 번호	불량 수, c
1	3	11	10
2	4	12	5
3	6	13	7
4	6	14	8
5	4	15	3
6	7	16	3
7	9	17	1
8	8	18	4
9	3	19	6
10	6	20	3
			$\bar{c}$ = 5.30

컴퓨터 솔루션 20.4

c-Chart

EXCEL

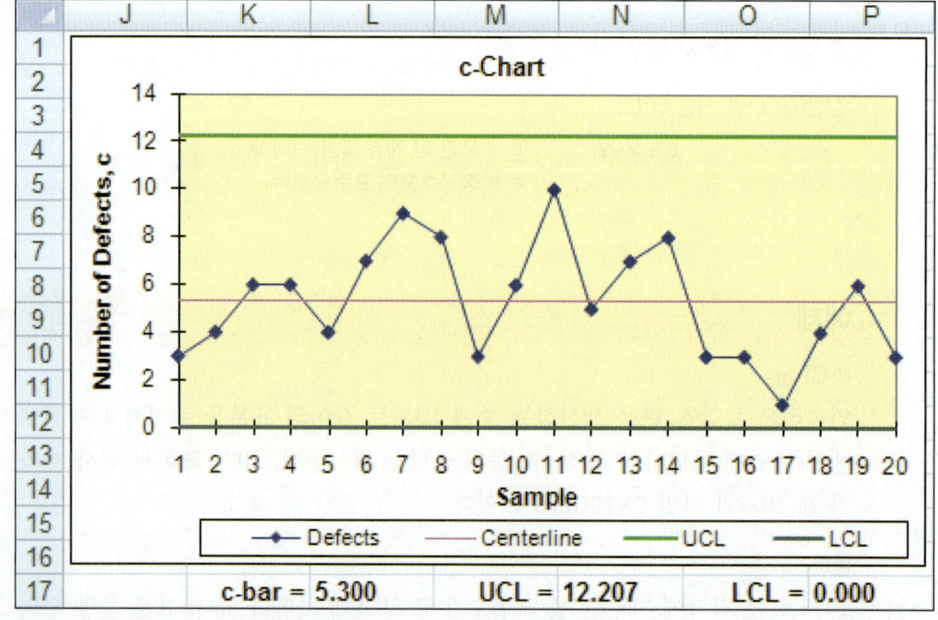

Excel *c*-Chart

1. Excel 워크시트 템플릿 **TMSPCCH**를 연다.
2. 템플릿 파일을 열어 둔 상태에서 데이터 파일 **CX20DEFS**를 연다. 템플릿에 있는 지시사항을 따른다.

「컴퓨터 솔루션 20.4」는 표 20.5의 데이터에 대한 *c*-chart을 컴퓨터로 구성하는 과정과 결과를 보여준다. 결과에는 상한과 하한, 중심선($\bar{c}$ = 5.30), 20개 표본 데이터가 나타나 있다. 모든 표본값이 한계 내에 있으므로 공정은 정상이다.

연습문제

20.44 *p*-chart와 *c*-chart의 차이가 무엇인가?

20.45 공정이 정상일 때 불량률은 4%이다. 크기가 150인 표본을 사용한다면, *p*-chart의 3-sigma 상한과 하한은 얼마인가?

20.46 공정이 정상일 때 불량률은 15%이다. *p*-chart의 3-sigma 상한과 하한의 차이가 4%가 되게 하려면 표본크기는 얼마여야 하나?

20.47 *c*-chart를 구성하기 위한 데이터에서 제품 한 개당 불량은 $\bar{c}$ = 7.5이었다. 3-sigma 상한과 하한은 얼마인가?

참고: 연습문제 20.48~20.53컴퓨터 통계 프로그램을 사용하는 문제이다.

20.48 12개의 표본 데이터가 아래와 같다. 3-sigma *p*-chart를 작성하고 공정이 정상인가를 판단하라.

표본 번호	표본크기	불량품 수
1	100	6
2	100	12
3	100	13
4	100	5
5	100	6

6	100	6
7	100	7
8	100	16
9	100	9
10	100	5
11	100	14
12	100	5

20.49 20개의 표본 데이터가 아래와 같다. 3-sigma *p*-chart를 작성하고 공정이 정상인지를 판단하라.

표본 번호	표본크기	불량품 수
1	200	38
2	200	26
3	200	37
4	200	42
5	200	48
6	200	45
7	200	38
8	200	42
9	200	46
10	200	45
11	200	32
12	200	37
13	200	38
14	200	37
15	200	36
16	200	39
17	200	50
18	200	39
19	200	38
20	200	36

20.50 연습문제 20.49에서 결정한 상한과 하한을 이용하여, 표본 21~32의 관측치가 다음과 같은 때 공정의 정상 여부를 판단하라.

표본 번호	표본크기	불량품 수
21	200	55
22	200	45
23	200	45
24	200	56
25	200	54
26	200	53
27	200	53
28	200	56
29	200	53
30	200	57
31	200	42
32	200	53

20.51 오늘 생산된 제품 중 20개를 선정하여 제품 표면에 나타난 흠집 등의 불량을 조사한 결과가 다음과 같다. 3-sigma *c*-chart를 작성하고 공정의 정상 여부를 판단하라.

표본 번호	c = 불량 수	표본 번호	c = 불량 수
1	1	11	8
2	2	12	5
3	4	13	5
4	6	14	4
5	1	15	2
6	5	16	6
7	1	17	2
8	3	18	3
9	11	19	4
10	12	20	4

20.52 완성된 자동차를 무작위로 선정하여 마감 작업의 불량을 조사한 결과가 아래와 같다. 3-sigma *c*-chart를 작성하고 공정의 정상 여부를 판단하라.

표본 번호	c = 불량 수	표본 번호	c = 불량 수
1	4	11	6
2	7	12	10
3	4	13	5
4	9	14	10
5	9	15	7
6	8	16	6
7	7	17	8
8	6	18	5
9	7	19	7
10	5	20	11

20.53 연습문제 20.52에서 결정한 상한과 하한을 이용하여, 표본 21~30의 관측치가 다음과 같은 때 공정의 정상 여부를 판단하라.

표본 번호	c = 불량 수	표본 번호	c = 불량 수
21	6	26	4
22	4	27	8
23	4	28	13
24	3	29	7
25	10	30	8

20.9 통계적 공정관리와 품질관리의 추가적 주제

지금까지 설명한 평균관리도, 범위관리도, *p*-chart, *c*-chart 이외에도 표준편차, 각각의 관측치, 이동평균(moving average), 이동범위(moving range)에 대한 통계적 공정관리도가 작성될 수 있다. 이동평균이나 이동범위는 새로운 관측치가 얻어질 때마다 이를 추가해서 고정된 크기의 표본을 재구성해서 평균과 범위를 계산하는 것이다. 18장에서 설명한 이동평균과 유사한 것이다. Minitab이라는 프로그램을 이용하면 이러한 다양한 관리도를 작성할 수 있지만, Excel이 제공하는 종류는 제한적이다.

공정의 상태를 진단하기 위한 검사

Excel의 Data Analysis Plus에서는 도표화된 공정의 관리 상태를 진단하기 위한 여러 가지 검사를 할 수 있다. 이러한 진단은 아래에 열거된 8가지 조건이나 경향을 찾아서 보고하는 형식으로 이루어진다. Excel은 모든 사용 가능한 진단 검사를 자동적으로 실시한다. 평균과 범위 관리도에는 8가지 검사가 모두 적용되고, *p*-chart와 *c*-chart에는 처음 4가지만 적용된다.

1. 관측치가 중심으로부터 3 표준편차 이상 떨어져 있다.
2. 9개의 관측치가 연속적으로 중심선의 한쪽에만 나타나 있다.
3. 6개의 관측치가 연속적으로 점점 더 커지거나 작아진다.
4. 14개 관측치가 연속적으로 중심선의 위, 아래에 교차해서 나타난다(톱니 모형).
5. 연속적인 3개 관측치 중 2개가 중심선 한쪽에 나타나고, 중심선으로부터 2 표준편차 이상 떨어져 있다.
6. 연속적인 5개 관측치 중 4개가 중심선 한쪽에 나타나고, 중심선으로부터 1 표준편차 이상 떨어져 있다.
7. 15개 관측치가 연속적으로 중심선으로부터 1 표준편차 이내에 나타난다.
8. 8개 관측치가 연속적으로 중심선으로부터 1 표준편차 이상 떨어져 있다.

공정능력지수

앞서 Taguchi 방법을 설명할 때 제품 규격의 상한과 하한의 개념을 간략하게 소개했다. 각 부품이 다른 부품과 잘 맞아서 제대로 기능하게 하려면 이러한 규격의 명세가 필요하다. 예를 들면, 알루미늄 봉의 길이가 1.575인치보다 크거나 1.525인치보다 작으면 안 된다는 경우다. 이때 규격 상한(*USL*: upper specification limit)은 1.575인치이고, 규격 하한(*LSL*, lower specification limit)은 1.525이다. 이 규격 상한과 하한 사이에 있는 제품이 합격품이다.

규격 명세의 상한과 하한 사이의 제품을 생산할 수 있는 공정의 능력을 측정하는 것이 **공정잠재력지수(process potential index)** C_p이며 다음과 같이 계산한다.

공정잠재력지수, C_p:

$$C_p = \frac{USL - LSL}{6\sigma}$$

C_p = 공정잠재력지수
USL = 규격 명세 상한
LSL = 규격 명세 하한
σ = 공정의 표준편차 (알지 못하는 경우에는 s 사용)

가정: 공정이 정상일 때 공정 평균은 규격 상한과 하한의 중간점이며, 제품의 측정치는 정규분포를 갖는다.

이 지수는 허용된 규격의 범위를 실제 제품의 범위로 나눈 값이다. C_p가 큰 값일수록 좋으며, 공정이 잠재적 능력이 있다고 평가되려면 최소한 1.0이 되어야 한다.[9]

공정 평균이 정확히 상한과 하한의 중간값이라고 가정하였지만, 실제로는 평균이 상한과 하한 중 어느 것에 더 가깝거나 상한과 하한의 범위를 벗어난 것일 수도 있다. 이런 이유로, 더 현실적인 측정치를 이제 설명한다.

공정능력지수(process capability index), C_{pk}는 공정 평균이 상한이나 하한에 더 가깝게 위치할 수 있다는 점을 감안하여 계산된다. 일반적으로 실제 공정 평균이나 표준편차가 알려져 있지 않으므로, 통계적 관리도를 작성할 때 사용한 것과 같은 표본에 의하여 추정한다. C_{pk}는 다음과 같이 계산한다.

공정능력지수, C_{pk}:

$$C_{pk} = \left(\frac{\bar{\bar{x}} - LSL}{3s}\right)\text{과 }\left(\frac{USL - \bar{\bar{x}}}{3s}\right)\text{중 작은 값}$$

C_{pk} = 공정능력지수
$\bar{\bar{x}}$ = 모든 표본 전체의 평균
s = 모든 표본 전체의 표준편차
USL = 규격 명세 상한
LSL = 규격 명세 하한

가정: 공정이 정상일 때, 제품의 측정치는 정규분포를 따른다.

예제 EXAMPLE

공정능력지수의 결정

「컴퓨터 솔루션 20.1」에서 제공된 80개 강철 못의 길이(파일: **CX20RIVS**)의 표본 평균과 표준편차를 Excel을 이용하여 계산하면, $\bar{\bar{x}} = 1.3983$인치, $s = 0.0103$인치이다. (주의할 것은, 표준편차가 80개 표본 전체의 실제 표준편차를 계산한 값이며, 「컴퓨터 솔루션 20.1」에서 통계적 관리도를 작성하기 위하여 추정한 값이 아니라는 것이다.) 공정은 이미 정상으로 판명되었고, 측정치는 정규분포에 가깝다고 가정을 하였다.

[9] "Process Capability, Minding Your C_{pk}'s," qualitydigest.com, September 1, 2009.

강철 못의 주문자가 요구하는 규격은 길이가 1.4900인치(USL)를 넘거나 1.3300인치(LSL)에 미달하면 안 된다고 하고 공정능력지수를 구해보자.

풀이

공정능력지수를 구하려면 우선 규격 명세 상한과 하한 각각에 비하여 공정이 얼마나 잘 작동되고 있는지를 계산한다.

$$\left(\frac{\bar{\bar{x}} - LSL}{3s}\right) = \left(\frac{1.3983 - 1.3300}{3(0.0103)}\right) = 2.21$$

$$\left(\frac{USL - \bar{\bar{x}}}{3s}\right) = \left(\frac{1.4900 - 1.3983}{3(0.0103)}\right) = 2.97$$

따라서 $C_{pk} = 2.21$. 공정능력지수가 크기 때문에 제조업자와 주문자가 모두 만족할 수 있다. 공식적으로 6-sigma 공정으로 인정받으려면 C_{pk}가 2.0 이상이 되어야 한다.

공정능력지수는 1.0 이상이 되어야 설계 명세에 합당한 생산을 할 수 있는 공정이다. 공정능력지수가 높을수록 그만큼 더 정확하게 생산을 할 수 있으므로 더 좋다고 할 수 있지만, 2.5 또는 3.0 이상인 경우는 불필요한 생산의 정확성을 위하여 과다한 지출이 이루어지고 있다는 것을 의미한다. 규경 명세의 상한과 하한이 있는 경우, 전문가에 의하면 기존의 공정인 경우에는 최소한 1.33, 안전이나 위험 요소가 결부되어 있는 기존 공정이나 신공정은 1.50, 안전이나 위험 요소가 결부되어 있는 신공정은 1.67, 6-sigma 품질 공정이면 2.00의 C_{pk}가 적절하다고 한다.[10]

C_{pk}는 공정이 의도한 명세 규격을 얼마나 효과적으로 지킬 수 있는가를 평가하므로, 매니저가 기업의 이익과 명성에 영향을 주는 제품의 생산 공정을 설계하고 개선하는 데 도움을 준다. 이 장에서는 간략하게 다루었기 때문에, 공정능력지수가 경영에 어떻게 적용되는가에 대하여 더 깊은 이해를 하고자 하는 사람은 전문적인 책을 참고하여야 한다.

연습문제

20.54 공정잠재력지수(C_p)와 공정능력지수(C_{pk})의 유사점과 차이점은 무엇인가?

20.55 공정능력지수(C_{pk})가 공정잠재력지수(C_p)보다 큰 값을 가질 수가 있는가? 이유는?

20.56 공정이 정상이며, 표본 전체의 평균과 표준편차는 $\bar{\bar{x}} = 23.50$그램, $s = 0.21$그램이다. 규격 상한(USL)은 24.40그램이고, 하한(LSL)은 22.80그램이다. 공정능력지수를 계산하고 의미를 설명하라.

20.57 공정이 정상이며, 표본 전체의 평균과 표준편차는 $\bar{\bar{x}} = 2.320$인치, $s = 0.003$인치이다. 규격 상한

[10] Douglas Montgomery, *Introduction to Statistical Quality Control*, New York: John Wiley & Sons, 2004, p. 776.

(USL)은 2.328인치이고, 하한(LSL)은 2.272인치이다. 공정능력지수를 계산하고 의미를 설명하라.

참고: 연습문제 20.58~20.64는 컴퓨터 통계프로그램을 사용하는 문제이다.

20.58 연습문제 20.42에서 컴퓨터에 의하여 할 수 있는 모든 진단 검사를 시행하라. 평균과 범위 관리도에 적용한 진단 검사 중 공정의 문제를 제기하는 것이 있는가? 그렇다면, 어떠한 문제인가?

20.59 연습문제 20.43에서 컴퓨터에 의하여 할 수 있는 모든 진단 검사를 시행하라. 평균과 범위 관리도에 적용한 진단 검사 중 공정의 문제를 제기하는 것이 있는가? 그렇다면, 어떠한 문제인가?

20.60 연습문제 20.52에서 컴퓨터에 의하여 할 수 있는 모든 진단 검사를 시행하라. *c*-chart에 적용한 진단 검사 중 공정의 문제를 제기하는 것이 있는가? 그렇다면, 어떠한 문제인가?

20.61 파일 **XR20061**은 $n = 3$인 표본 30개의 인치로 측정된 데이터이다. 평균과 범위 관리도에 컴퓨터에 의하여 할 수 있는 모든 진단 검사를 시행하라. 평균과 범위 관리도에 적용한 진단 검사 중 공정의 문제를 제기하는 것이 있는가? 그렇다면, 어떠한 문제인가?

20.62 파일 **XR20062**는 매 50일간 치안 당국의 긴급직통전화에 걸려온 익명의 제보 건수이다. 컴퓨터를 이용하여 적절한 관리도를 작성하고 비정상적인 상황이나 경향을 진단하기 위한 검사를 시행하라. 모든 상황이 정상이라는 것을 의심하게 하는 문제가 발견되었나? 그렇다면, 어떠한 문제인가?

20.63 파일 **XR20063**의 데이터(단위: 센티미터)에 대하여

a. 각 표본 크기가 4인 표본에 대하여 평균과 범위 관리도를 작성하고 해석하라. 공정이 정상인 것으로 보이나?

b. (a)의 결과를 감안할 때 공정능력지수를 계산하는 것이 적절하다고 생각하나? 그렇다면, 표본 전체의 평균과 표준편차를 계산하고, $USL = 5.700$센티미터, $LSL = 5.1000$센티미터일 때 C_{pk}를 계산하고 의미를 해석하라.

20.64 파일 **XR20064**의 데이터(단위: 온스)에 대하여

a. 각 표본크기가 5인 표본에 대하여 평균과 범위 관리도를 작성하고 해석하라. 공정이 정상인 것으로 보이나?

b. (a)의 결과를 감안할 때 공정능력지수를 계산하는 것이 적절하다고 생각하나? 그렇다면, 표본 전체의 평균과 표준편차를 계산하고, $USL = 45.400$온스, $LSL = 43.800$온스일 때 C_{pk}를 계산하고 의미를 해석하라.

20.10 요약

TQM과 공정경향

종합적 품질관리의 원칙과 실무를 적용하여 제품이나 서비스의 품질을 개선하고자 하는 기업들이 갈수록 증가하고 있다. "적절한 순간의 적은 노력이 이후의 노고를 줄인다"는 속담과 처음 시도부터 불량의 발생을 철저하게 예방하려는 공정경향의 TQM의 유사성을 기업이 인지하게 된 것이다.

공정변이와 불량 예방

TQM이 가장 강조하는 것은 제품을 생산하는 공정에서의 변이를 이해하고 감소시키는 것이며, 공정의 안정성에 대한 추론에 제품 표본을 이용한다. 공정변이에는 일반적 원인에 의한 우연변이와 특별한 원인에 의한 특별변이가 있다.

전통적으로 불량의 예방은 품질을 담당하는 기업의 독립된 부서에 의하여 이루어졌다. TQM에서는 조직의 모든 단위가 품질과 연관을 갖고 품질이 모든 조직의 사고의 중심이 되도록 하여 불량을 예방한다. TQM은 TQM과 공정경향을 가르친 W. Edwards Deming과 같은 선구자에 의하여 시작되었다.

Kaizen과 TQM의 도구

TQM의 실무적용은 지속적 개선의 철학에 기반을 둔 Kaizen과 밀접한 연관이 있으며, Deming의 14개 사항, 품질 감사, 경쟁적 벤치마킹, 적시 생산, 종업원 권한 부양 등의 지침이 포함된다. 이 장에서는 TQM에 적용되는 통계적 도구로서 공정관리도, 원인-결과도, 파레토 그림, 점검표, 품질 손실에 대한 Taguchi 방법을 소개하였다.

통계적 공정관리도

TQM을 적용하고자 할 때 잘 알려진 중요한 도구는 제품의 표본을 이용하여 공정에 대한 추론을 하는 통계적 공정관리이다. 공정을 감시하는 공정관리도는 특별변이에 의하여 공정이 불안정해질 때 경고를 제공하여, 원인을 파악하고 적절한 수정조치를 하게 하여 준다. 불안정한 공정은 예기치 못한 불만족스러운 품질을 발생시킨다.

변수와 특성 관리도

관리도는 변수 (측정치) 또는 특성 (수량)에 대하여 작성된다. 평균관리도와 범위관리도는 변수에 적용되며, 각각 중심 경향과 변동성을 감시한다. 특성관리도인 *p*-chart는 연속적으로 수집된 표본에서의 불량률을 나타내고, *c*-chart는 각 제품에 나타나는 불량의 숫자를 보여준다. 두 관리도에서 상한과 하한은 우연에 의하여 발생할 수 있는 변화의 경계가 된다. 이러한 관리도는 컴퓨터에 의하여 작성할 수 있다.

공정능력지수

공정능력지수는 규격 명세의 상한과 하한 사이에서 제품을 생산할 수 있는 공정의 능력을 측정하며, 6-sigma 품질관리 시스템의 중요한 요소이다.

단원 연습문제

20.65 햄버거를 케찹과 함께 먹는 사람의 경우, 햄버거에 뿌리는 케찹의 양에 대하여, 전통적인 방법이나 품질 손실에 대한 Taguchi 방법이 어떻게 적용될 수 있는가?

20.66 다음 각 경우에 우연변이와 특별변이 중 어떤 것이 작용하고 있는가를 밝히고 이유를 설명하라.

a. 점심시간에 갑자기 정전이 발생한 5분 동안 보조 전력에 의하여 기계로 조인 나사는 정상보다 15% 낮은 토크를 가지고 있었다.

b. 신발 소매점에 있는 '9-D' 로 표시된 신발이 모두 정확히 같은 크기인 것은 아니다. 9-D보다 조금 큰 신발도 있고 조금 작은 신발도 있다.

c. 금요일 러시아워에 Cleveland의 도심을 빠져나가는 자동차 수는 다른 날보다 많다.

d. 커튼 걸이 막대의 생산에서 막대 길이는 평균이 24.135인치이고 표준편차가 0.142인치인 정규분포를 가진다.

20.67 어느 대학교가 공과대학을 새로 시작하려고 하며, 자금도 충분하다. 경쟁적 벤치마킹을 하려고 한다면 어떤 미국 대학이 적절한가?

20.68 기계가 강철봉을 생산할수록 기계의 마모와 찌꺼기의 누적으로 생산되는 봉의 직경이 점차 커진다. 어떤 관리도가 공정의 적정성을 평가하는 데 적절한가? 이유는?

20.69 신문용지를 생산하는 업체가 일정한 길이의 신문용지에 나타나는 변색된 부분 등 불량을 조사해서 품질을 관리하고자 한다. 어떤 관리도가 왜 사용되어야 하나?

20.70 공정이 정상이며, 일련의 표본의 전체 평균이 21.4500인치이고, 표준편차가 0.0969인치이었다. 규격 명세의 상한이 21.8600인치, 하한은 21.0600인치

일 때 공정능력지수를 계산하고 의미를 해석하라.

20.71 공정이 정상이며, 일련의 표본의 전체 평균이 17.35 kg이고, 표준편차가 0.95 kg이었다. 규격 명세의 상한이 20.50 kg, 하한은 14.30 kg일 때 공정능력지수를 계산하고 의미를 해석하라.

참고: 연습문제 20.72~20.80은 컴퓨터 통계 프로그램을 이용하는 문제이다.

20.72 생산된 캔버스 25평방피트에서 마감 손질을 다시 해야 하는 4개의 얼룩이 발견되었다. 이를 포함한 같은 크기의 표본 데이터가 아래와 같다. 공정의 정상여부를 판별하기 위한 적절한 3-sigma 관리도를 작성하라.

표본 번호	얼룩 수	표본 번호	얼룩 수
1	4	16	13
2	6	17	10
3	3	18	9
4	9	19	8
5	9	20	12
6	8	21	10
7	3	22	12
8	5	23	9
9	8	24	12
10	12	25	10
11	15	26	12
12	8	27	12
13	10	28	10
14	8	29	11
15	10	30	16

20.73 각각 200개씩의 제품에 대하여 불량품 조사를 한 40개 표본의 결과가 아래와 같다. 공정의 정상 여부를 판별하기 위한 적절한 3-sigma 관리도를 작성하라.

표본 번호	얼룩 수	표본 번호	얼룩 수
1	12	21	10
2	9	22	10
3	15	23	7
4	11	24	8
5	15	25	12
6	8	26	9
7	14	27	12
8	13	28	16
9	10	29	12
10	12	30	11
11	7	31	11
12	12	32	9
13	12	33	7
14	14	34	12
15	8	35	8
16	9	36	8
17	7	37	12
18	8	38	9
19	10	39	6
20	12	40	11

20.74 끼움 쇠를 각각 3개씩 선택하여 두께(밀리미터)를 측정한 표본 20개의 데이터가 아래에 있다. 적절한 3-sigma 관리도를 사용하여 공정의 정상 여부를 판단하라.

	측정치 (mm)		
표본 번호	1	2	3
1	47.7	51.8	42.7
2	55.4	47.9	53.9
3	51.6	47.9	47.6
4	45.3	45.5	57.4
5	48.9	49.4	47.0
6	46.5	46.3	47.5
7	55.0	44.3	51.1
8	49.5	50.3	43.9
9	53.7	47.6	49.2
10	48.4	49.2	41.8
11	46.7	51.1	43.9
12	48.8	49.8	48.7
13	48.1	48.8	50.9
14	55.6	52.5	42.8
15	54.3	54.6	44.4
16	48.4	48.3	47.6
17	46.2	46.3	50.3
18	52.4	51.8	49.1
19	48.1	51.7	53.5
20	52.7	46.5	49.2

20.75 접착제 생산업자가 주기적으로 표본을 취해서 이쑤시개 6개를 접착시킨 다음 이쑤시개를 분리하는 데 필요한 압력(파운드)를 측정한다. 각각의 크기가 3인 15개의 표본 조사 결과가 아래와 같다. 적절한 3-sigma 관리도를 사용하여 공정의 정상 여부를 평가하라.

	분리 압력 (파운드)		
표본 번호	1	2	3
1	28	24	27
2	29	27	27
3	27	26	28
4	28	31	30
5	31	25	25
6	22	27	29
7	30	27	26

8	29	25	28
9	28	29	34
10	32	28	32
11	26	25	28
12	22	27	29
13	26	28	34
14	27	30	24
15	26	24	28

20.76 15암페어 회로 차단기를 생산하는 도중에 주기적으로 각각 4개씩의 표본 20개를 선택하여 회로 차단이 일어나는 전류량(암페어)을 조사한 결과 아래와 같다. 적절한 관리도를 작성하여 공정의 정상 여부를 판단하라.

	측정치			
표본 번호	1	2	3	4
1	14.8	15.1	15.2	14.7
2	15.1	14.8	15.1	15.2
3	15.0	15.0	15.0	15.2
4	15.1	15.2	14.7	15.1
5	15.2	15.2	15.2	14.7
6	15.1	15.0	15.2	15.2
7	15.6	14.7	14.8	15.2
8	15.2	14.9	14.7	15.0
9	14.9	14.9	15.4	14.9
10	15.1	15.0	14.6	15.2
11	15.1	14.7	14.7	14.8
12	15.3	15.1	15.0	14.8
13	15.3	14.6	14.5	14.9
14	15.2	15.1	15.1	15.0
15	15.2	14.1	14.9	15.4
16	15.3	15.9	15.4	15.6
17	16.2	15.9	15.5	15.1
18	15.9	15.0	14.9	14.9
19	14.7	16.6	15.8	14.7
20	15.1	15.2	16.9	15.6

20.77 우편주문업체의 전화 판매원에게 할당된 전화 건수는 일 200건이다. 상품 카탈로그와 첫 주문에 대한 할인권을 우편으로 받아 보고 싶어 하는 고객의 숫자를 기록하였다. 지난 50일간 카탈로그와 할인권을 발송한 숫자가 아래와 같다. 적절한 관리도를 작성하여 공정의 정상 여부를 판단하라.

날짜	성공(발송) 횟수							
1~15	21	16	23	16	22	19	23	25
	15	22	17	21	21	23	15	
16~30	18	20	14	24	18	18	22	27
	15	13	29	18	21	21	25	
31~45	20	24	15	20	21	11	19	17
	22	16	17	28	23	22	16	
46~50	22	18	19	15	21			

20.78 캐비닛 제작업자가 무작위로 제품을 선택하여 불량을 조사하였다. 30개 표본 각각의 불량이 다음과 같다. 적절한 관리도를 작성하여 공정의 정상 여부를 판단하라.

캐비닛 번호	불량 수	캐비닛 번호	불량 수
1	4	16	3
2	3	17	5
3	2	18	4
4	3	19	3
5	3	20	3
6	2	21	1
7	2	22	3
8	3	23	9
9	3	24	2
10	4	25	2
11	6	26	5
12	1	27	4
13	4	28	4
14	2	29	4
15	1	30	3

20.79 연습문제 20.75(파일: **XR20075**)의 결론을 얻은 다음, 공정능력지수를 계산할 필요가 있는가? 그렇다면, 표본 전체의 평균과 표준편차를 계산하고, 규격 명세의 상한이 33.700파운드, 하한이 21.700파운드일 때 공정능력지수를 계산하고 의미를 해석하라.

20.80 연습문제 20.74(파일: **XR20074**)의 결론을 얻은 다음, 공정능력지수를 계산할 필요가 있는가? 그렇다면, 표본 전체의 평균과 표준편차를 계산하고, 규격 명세의 상한이 61.000 mm, 하한이 37.000 mm일 때 공정능력지수를 계산하고 의미를 해석하라.

종합사례

Thorndike Sports Equipment

다른 큰 규모의 회사들처럼 Thorndike Sports Equipment도 매일 여러 번 고객으로부터 제품을 칭찬하거나 불만을 토로하는 전화를 받는다. Luke Thorndike는 특히 불만 전화 건수에 민감하다. 12주 전에, 고객서비스 부서에게 매일 접수되는 불만 건수를 기록하라고 요구했다. 회사 제품에 대하여 문의하거나 코멘트할 수 있는 무료전화 번호를 6주 전 회사 광고에 포함시켰다.

지난 60일간의 고객 불만 접수 기록을 요약한 고객서비스 부서의 보고서를 Luke가 Ted에게 주었다. (파일: **Thorn20**)

1. 일별 전화 건수가 포아송 분포를 이룬다고 가정하고 처음 30일간에 대하여 *c*-chart를 작성하라. 3-sigma 한계를 사용했을 때, 한계를 벗어난 날이 있었나?
2. (1)에서 비정상적으로 많거나 적은 불만 건수의 날짜가 있었다면, 이들을 제외한 나머지 날만을 이용하여 다시 3-sigma 한계를 결정하라.
3. (2)의 상한과 하한을 사용하여, 남은 31일부터 60일까지도 포함한 *c*-chart로 확장하라. 자동전화 번호의 제공이 불만접수 건수에 영향을 미쳤나?

날짜	불만 건수	날짜	불만 건수	날짜	불만 건수	날짜	불만 건수
1	2	16	3	31	4	46	2
2	4	17	1	32	6	47	2
3	1	18	1	33	4	48	6
4	7	19	0	34	3	49	7
5	1	20	2	35	5	50	2
6	3	21	1	36	5	51	5
7	0	22	5	37	3	52	9
8	2	23	7	38	5	53	3
9	3	24	6	39	2	54	4
10	2	25	1	40	4	55	2
11	2	26	0	41	5	56	9
12	3	27	3	42	8	57	3
13	0	28	3	43	3	58	3
14	3	29	3	44	5	59	10
15	9	30	2	45	2	60	7

Willard Bolt Company

지난 3개조 작업 기간 중, 볼트 5개씩의 표본 40개를 선택했다. 인치로 측정한 볼트의 직경 데이터는 파일 **CD820**에 있다.

1. 처음 20개의 표본에 대하여 3-sigma 평균관리도와 범위관리도를 작성하라. 20개 표본 평균과 범위를 관리도에 표시하라. 두 관리도로 볼 때 표본이 추출된 기간의 공정이 정상이었던 것으로 보이나?
   a. 표본 1~20에 대하여 공정이 정상인 것으로 보이면, 얻어진 상한과 하한을 40개 표본 모두에 대한 관리도에 사용하여, 표본 21~40이 정상공정인가를 판단하라. 평균관리도와 범위관리도를 모두 평가에 사용하라.
   b. 표본 1~20에 대하여 공정이 비정상인 것으로 보이면, 한계를 벗어난 표본의 특별한 원인이 밝혀진 것으로 가정하고, 이들을 제외한 나머지 표본에 의한 상한과 하한을 표본 21~40을 평가하는데 사용하라.

참고: 20개 표본의 데이터에 의하여 표본 21~40을 평가하여야 하므로, 실제 업무에서는 위 두 가지 가능성이 모두 발생할 수 있다. 아래 2에서는 모든 표본을 함께 고려할 것이다.

2. 40개 표본 모두를 이용하여 3-sigma 평균 및 범위 관리도를 작성하라. 40개 표본을 관리도에 모두 표시하라. 공정은 정상인 것으로 평가되나?

   (1)의 관리도에 비하여 (2)의 관리도에서 표본 21~40이 한계 안에 더 잘 수용되나? 어떻게 되어야 한다고 생각하나? 이유는?

3. 모든 40개 표본의 평균과 범위에 대하여 컴퓨터를 이용한 진단 검사를 하라. (2)에서는 발견하지 못한 비정상의 증거를 보여주는가?

눈으로 보는 통계

애플릿 21: 평균관리도

애플릿에는 2개의 평균관리도가 있다.

1. 처음 관리도는 정상적인 상태에 머무르는 순조로운 공정을 보여준다. 표본 크기는 n = 5이며, μ = 2.135, σ = 0.002인 공정에서 선택한 표본이다. 'New Sample' 단추를 누를 때마다 새 표본이 선택되고 평균이 관리도에 나타난다. 다시 애플릿을 시작할 때까지 100개의 표본을 선택할 수 있다.
2. 두 번째 관리도는 첫 번째와 비슷하지만, 여러 가지 비정상인 경향이 15번째 표본과 35번째 표본 사이에서 나타난다.

1. 정상적인 상태의 순조로운 공정

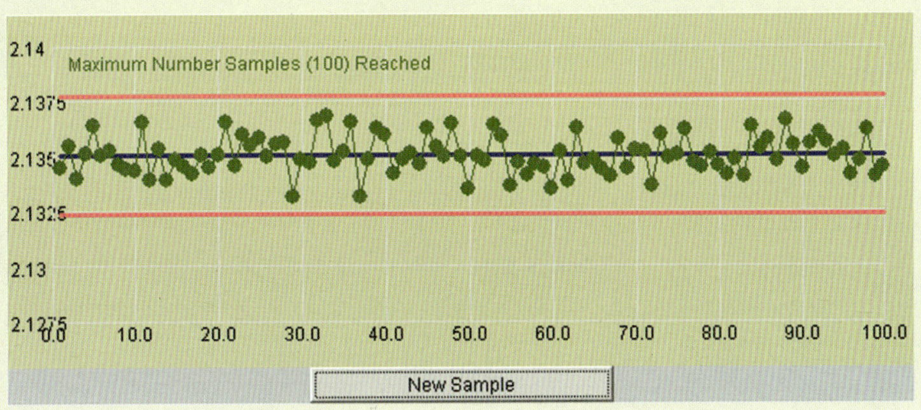

2. 비정상적인 경향을 가진 공정

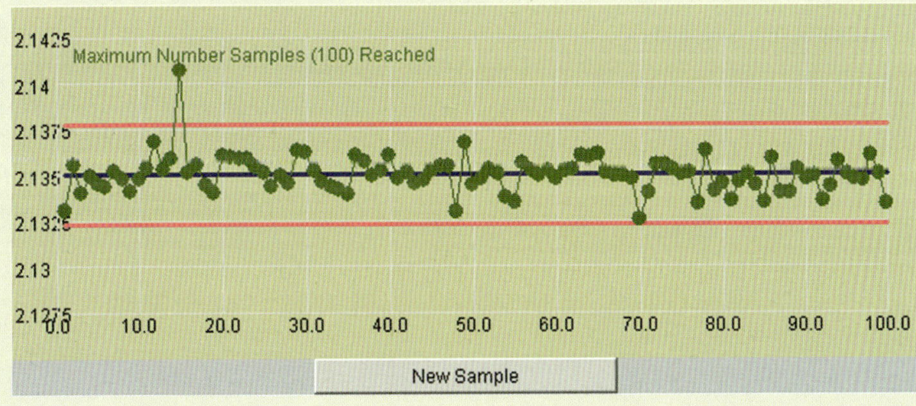

애플릿 과제

21.1 첫 번째 애플릿에서 'New Sample' 단추를 10번 눌러라. 이제 10개의 표본이 생성되었다고 평균이 관리도에 나타난다. 공정이 정상인 것으로 보이는가?

21.2 계속해서 첫 번째 애플릿에서 'New Sample' 단추를 90번 더 눌러서 10개의 표본이 생성되도록 하라. 공정이 정상인 것으로 보이는가?

21.3 두 번째 애플릿에서 'New Sample' 단추를 35번 눌러라. 이제 35개의 표본이 생성되었다고 평균이 관리도에 나타난다. 공정이 정상인 것으로 보이는가? 아니면, 이러한 결론에 도달하게 만든 관리도의 특징을 설명하라.

21.4 계속해서 두 번째 애플릿에서 'New Sample' 단추를 65번 더 눌러서 100개의 표본이 생성되도록 하라. 새로운 65개 표본에 나타난 상황은 어떠한가? 만일 공정이 앞의 표본에서 비정상이었다면, 새로운 표본에서 문제가 사라지고 다시 정상으로 자리잡았는가? 아니면 아직도 계속 공정관리의 문제가 존재하나?

21.5 두 애플릿을 다시 시작하여 (1)에서 (4)번까지를 반복하라. 어떤 점에서 지난번과 같거나 다른가?

http://www.cengage.com/international에서 **Applets**을 해보라.

부록 A: 통계 테이블

APPENDIX A: STATISTICAL TABLES

테이블 A.1

이항분포 개별확률, n번 시행에서 k회 성공할 확률, prob($x = k$)

$n = 2$

π:	0.1	0.2	0.3	0.4	0.5	0.6	0.7	0.8	0.9
k: 0	0.8100	0.6400	0.4900	0.3600	0.2500	0.1600	0.0900	0.0400	0.0100
1	0.1800	0.3200	0.4200	0.4800	0.5000	0.4800	0.4200	0.3200	0.1800
2	0.0100	0.0400	0.0900	0.1600	0.2500	0.3600	0.4900	0.6400	0.8100

$n = 3$

π:	0.1	0.2	0.3	0.4	0.5	0.6	0.7	0.8	0.9
k: 0	0.7290	0.5120	0.3430	0.2160	0.1250	0.0640	0.0270	0.0080	0.0010
1	0.2430	0.3840	0.4410	0.4320	0.3750	0.2880	0.1890	0.0960	0.0270
2	0.0270	0.0960	0.1890	0.2880	0.3750	0.4320	0.4410	0.3840	0.2430
3	0.0010	0.0080	0.0270	0.0640	0.1250	0.2160	0.3430	0.5120	0.7290

$n = 4$

π:	0.1	0.2	0.3	0.4	0.5	0.6	0.7	0.8	0.9
k: 0	0.6561	0.4096	0.2401	0.1296	0.0625	0.0256	0.0081	0.0016	0.0001
1	0.2916	0.4096	0.4116	0.3456	0.2500	0.1536	0.0756	0.0256	0.0036
2	0.0486	0.1536	0.2646	0.3456	0.3750	0.3456	0.2646	0.1536	0.0486
3	0.0036	0.0256	0.0756	0.1536	0.2500	0.3456	0.4116	0.4096	0.2916
4	0.0001	0.0016	0.0081	0.0256	0.0625	0.1296	0.2401	0.4096	0.6561

$n = 5$

π:	0.1	0.2	0.3	0.4	0.5	0.6	0.7	0.8	0.9
k: 0	0.5905	0.3277	0.1681	0.0778	0.0313	0.0102	0.0024	0.0003	0.0000
1	0.3281	0.4096	0.3601	0.2592	0.1562	0.0768	0.0284	0.0064	0.0005
2	0.0729	0.2048	0.3087	0.3456	0.3125	0.2304	0.1323	0.0512	0.0081
3	0.0081	0.0512	0.1323	0.2304	0.3125	0.3456	0.3087	0.2048	0.0729
4	0.0005	0.0064	0.0284	0.0768	0.1562	0.2592	0.3601	0.4096	0.3281
5	0.0000	0.0003	0.0024	0.0102	0.0313	0.0778	0.1681	0.3277	0.5905

출처: 미니탭으로 확률을 생성한 것임.

테이블 A.1

(계속)

n = 6

π:	0.1	0.2	0.3	0.4	0.5	0.6	0.7	0.8	0.9
k: 0	0.5314	0.2621	0.1176	0.0467	0.0156	0.0041	0.0007	0.0001	0.0000
1	0.3543	0.3932	0.3025	0.1866	0.0937	0.0369	0.0102	0.0015	0.0001
2	0.0984	0.2458	0.3241	0.3110	0.2344	0.1382	0.0595	0.0154	0.0012
3	0.0146	0.0819	0.1852	0.2765	0.3125	0.2765	0.1852	0.0819	0.0146
4	0.0012	0.0154	0.0595	0.1382	0.2344	0.3110	0.3241	0.2458	0.0984
5	0.0001	0.0015	0.0102	0.0369	0.0937	0.1866	0.3025	0.3932	0.3543
6	0.0000	0.0001	0.0007	0.0041	0.0156	0.0467	0.1176	0.2621	0.5314

n = 7

π:	0.1	0.2	0.3	0.4	0.5	0.6	0.7	0.8	0.9
k: 0	0.4783	0.2097	0.0824	0.0280	0.0078	0.0016	0.0002	0.0000	
1	0.3720	0.3670	0.2471	0.1306	0.0547	0.0172	0.0036	0.0004	0.0000
2	0.1240	0.2753	0.3177	0.2613	0.1641	0.0774	0.0250	0.0043	0.0002
3	0.0230	0.1147	0.2269	0.2903	0.2734	0.1935	0.0972	0.0287	0.0026
4	0.0026	0.0287	0.0972	0.1935	0.2734	0.2903	0.2269	0.1147	0.0230
5	0.0002	0.0043	0.0250	0.0774	0.1641	0.2613	0.3177	0.2753	0.1240
6	0.0000	0.0004	0.0036	0.0172	0.0547	0.1306	0.2471	0.3670	0.3720
7		0.0000	0.0002	0.0016	0.0078	0.0280	0.0824	0.2097	0.4783

n = 8

π:	0.1	0.2	0.3	0.4	0.5	0.6	0.7	0.8	0.9
k: 0	0.4305	0.1678	0.0576	0.0168	0.0039	0.0007	0.0001	0.0000	
1	0.3826	0.3355	0.1977	0.0896	0.0313	0.0079	0.0012	0.0001	
2	0.1488	0.2936	0.2965	0.2090	0.1094	0.0413	0.0100	0.0011	0.0000
3	0.0331	0.1468	0.2541	0.2787	0.2187	0.1239	0.0467	0.0092	0.0004
4	0.0046	0.0459	0.1361	0.2322	0.2734	0.2322	0.1361	0.0459	0.0046
5	0.0004	0.0092	0.0467	0.1239	0.2187	0.2787	0.2541	0.1468	0.0331
6	0.0000	0.0011	0.0100	0.0413	0.1094	0.2090	0.2965	0.2936	0.1488
7		0.0001	0.0012	0.0079	0.0313	0.0896	0.1977	0.3355	0.3826
8		0.0000	0.0001	0.0007	0.0039	0.0168	0.0576	0.1678	0.4305

n = 9

π:	0.1	0.2	0.3	0.4	0.5	0.6	0.7	0.8	0.9
k: 0	0.3874	0.1342	0.0404	0.0101	0.0020	0.0003	0.0000		
1	0.3874	0.3020	0.1556	0.0605	0.0176	0.0035	0.0004	0.0000	
2	0.1722	0.3020	0.2668	0.1612	0.0703	0.0212	0.0039	0.0003	0.0000
3	0.0446	0.1762	0.2668	0.2508	0.1641	0.0743	0.0210	0.0028	0.0001
4	0.0074	0.0661	0.1715	0.2508	0.2461	0.1672	0.0735	0.0165	0.0008
5	0.0008	0.0165	0.0735	0.1672	0.2461	0.2508	0.1715	0.0661	0.0074
6	0.0001	0.0028	0.0210	0.0743	0.1641	0.2508	0.2668	0.1762	0.0446
7	0.0000	0.0003	0.0039	0.0212	0.0703	0.1612	0.2668	0.3020	0.1722
8		0.0000	0.0004	0.0035	0.0176	0.0605	0.1556	0.3020	0.3874
9			0.0000	0.0003	0.0020	0.0101	0.0404	0.1342	0.3874

테이블 A.1

(계속)

$n = 10$

π:	0.1	0.2	0.3	0.4	0.5	0.6	0.7	0.8	0.9
k: 0	0.3487	0.1074	0.0282	0.0060	0.0010	0.0001	0.0000		
1	0.3874	0.2684	0.1211	0.0403	0.0098	0.0016	0.0001	0.0000	
2	0.1937	0.3020	0.2335	0.1209	0.0439	0.0106	0.0014	0.0001	
3	0.0574	0.2013	0.2668	0.2150	0.1172	0.0425	0.0090	0.0008	0.0000
4	0.0112	0.0881	0.2001	0.2508	0.2051	0.1115	0.0368	0.0055	0.0001
5	0.0015	0.0264	0.1029	0.2007	0.2461	0.2007	0.1029	0.0264	0.0015
6	0.0001	0.0055	0.0368	0.1115	0.2051	0.2508	0.2001	0.0881	0.0112
7	0.0000	0.0008	0.0090	0.0425	0.1172	0.2150	0.2668	0.2013	0.0574
8		0.0001	0.0014	0.0106	0.0439	0.1209	0.2335	0.3020	0.1937
9		0.0000	0.0001	0.0016	0.0098	0.0403	0.1211	0.2684	0.3874
10			0.0000	0.0001	0.0010	0.0060	0.0282	0.1074	0.3487

$n = 11$

π:	0.1	0.2	0.3	0.4	0.5	0.6	0.7	0.8	0.9
k: 0	0.3138	0.0859	0.0198	0.0036	0.0005	0.0000			
1	0.3835	0.2362	0.0932	0.0266	0.0054	0.0007	0.0000		
2	0.2131	0.2953	0.1998	0.0887	0.0269	0.0052	0.0005	0.0000	
3	0.0710	0.2215	0.2568	0.1774	0.0806	0.0234	0.0037	0.0002	
4	0.0158	0.1107	0.2201	0.2365	0.1611	0.0701	0.0173	0.0017	0.0000
5	0.0025	0.0388	0.1321	0.2207	0.2256	0.1471	0.0566	0.0097	0.0003
6	0.0003	0.0097	0.0566	0.1471	0.2256	0.2207	0.1321	0.0388	0.0025
7	0.0000	0.0017	0.0173	0.0701	0.1611	0.2365	0.2201	0.1107	0.0158
8		0.0002	0.0037	0.0234	0.0806	0.1774	0.2568	0.2215	0.0710
9		0.0000	0.0005	0.0052	0.0269	0.0887	0.1998	0.2953	0.2131
10			0.0000	0.0007	0.0054	0.0266	0.0932	0.2362	0.3835
11				0.0000	0.0005	0.0036	0.0198	0.0859	0.3138

$n = 12$

π:	0.1	0.2	0.3	0.4	0.5	0.6	0.7	0.8	0.9
k: 0	0.2824	0.0687	0.0138	0.0022	0.0002	0.0000			
1	0.3766	0.2062	0.0712	0.0174	0.0029	0.0003	0.0000		
2	0.2301	0.2835	0.1678	0.0639	0.0161	0.0025	0.0002	0.0000	
3	0.0852	0.2362	0.2397	0.1419	0.0537	0.0125	0.0015	0.0001	
4	0.0213	0.1329	0.2311	0.2128	0.1208	0.0420	0.0078	0.0005	
5	0.0038	0.0532	0.1585	0.2270	0.1934	0.1009	0.0291	0.0033	0.0000
6	0.0005	0.0155	0.0792	0.1766	0.2256	0.1766	0.0792	0.0155	0.0005
7	0.0000	0.0033	0.0291	0.1009	0.1934	0.2270	0.1585	0.0532	0.0038
8		0.0005	0.0078	0.0420	0.1208	0.2128	0.2311	0.1329	0.0213
9		0.0001	0.0015	0.0125	0.0537	0.1419	0.2397	0.2362	0.0852
10		0.0000	0.0002	0.0025	0.0161	0.0639	0.1678	0.2835	0.2301
11			0.0000	0.0003	0.0029	0.0174	0.0712	0.2062	0.3766
12				0.0000	0.0002	0.0022	0.0138	0.0687	0.2824

테이블 A.1

(계속)

$n = 13$

π:	0.1	0.2	0.3	0.4	0.5	0.6	0.7	0.8	0.9
k: 0	0.2542	0.0550	0.0097	0.0013	0.0001	0.0000			
1	0.3672	0.1787	0.0540	0.0113	0.0016	0.0001	0.0000		
2	0.2448	0.2680	0.1388	0.0453	0.0095	0.0012	0.0001		
3	0.0997	0.2457	0.2181	0.1107	0.0349	0.0065	0.0006	0.0000	
4	0.0277	0.1535	0.2337	0.1845	0.0873	0.0243	0.0034	0.0001	
5	0.0055	0.0691	0.1803	0.2214	0.1571	0.0656	0.0142	0.0011	0.0000
6	0.0008	0.0230	0.1030	0.1968	0.2095	0.1312	0.0442	0.0058	0.0001
7	0.0001	0.0058	0.0442	0.1312	0.2095	0.1968	0.1030	0.0230	0.0008
8	0.0000	0.0011	0.0142	0.0656	0.1571	0.2214	0.1803	0.0691	0.0055
9		0.0001	0.0034	0.0243	0.0873	0.1845	0.2337	0.1535	0.0277
10		0.0000	0.0006	0.0065	0.0349	0.1107	0.2181	0.2457	0.0997
11			0.0001	0.0012	0.0095	0.0453	0.1388	0.2680	0.2448
12			0.0000	0.0001	0.0016	0.0113	0.0540	0.1787	0.3672
13				0.0000	0.0001	0.0013	0.0097	0.0550	0.2542

$n = 14$

π:	0.1	0.2	0.3	0.4	0.5	0.6	0.7	0.8	0.9
k: 0	0.2288	0.0440	0.0068	0.0008	0.0001	0.0000			
1	0.3559	0.1539	0.0407	0.0073	0.0009	0.0001			
2	0.2570	0.2501	0.1134	0.0317	0.0056	0.0005	0.0000		
3	0.1142	0.2501	0.1943	0.0845	0.0222	0.0033	0.0002		
4	0.0349	0.1720	0.2290	0.1549	0.0611	0.0136	0.0014	0.0000	
5	0.0078	0.0860	0.1963	0.2066	0.1222	0.0408	0.0066	0.0003	
6	0.0013	0.0322	0.1262	0.2066	0.1833	0.0918	0.0232	0.0020	0.0000
7	0.0002	0.0092	0.0618	0.1574	0.2095	0.1574	0.0618	0.0092	0.0002
8	0.0000	0.0020	0.0232	0.0918	0.1833	0.2066	0.1262	0.0322	0.0013
9		0.0003	0.0066	0.0408	0.1222	0.2066	0.1963	0.0860	0.0078
10		0.0000	0.0014	0.0136	0.0611	0.1549	0.2290	0.1720	0.0349
11			0.0002	0.0033	0.0222	0.0845	0.1943	0.2501	0.1142
12			0.0000	0.0005	0.0056	0.0317	0.1134	0.2501	0.2570
13				0.0001	0.0009	0.0073	0.0407	0.1539	0.3559
14				0.0000	0.0001	0.0008	0.0068	0.0440	0.2288

$n = 15$

π:	0.1	0.2	0.3	0.4	0.5	0.6	0.7	0.8	0.9
k: 0	0.2059	0.0352	0.0047	0.0005	0.0000				
1	0.3432	0.1319	0.0305	0.0047	0.0005	0.0000			
2	0.2669	0.2309	0.0916	0.0219	0.0032	0.0003	0.0000		
3	0.1285	0.2501	0.1700	0.0634	0.0139	0.0016	0.0001		
4	0.0428	0.1876	0.2186	0.1268	0.0417	0.0074	0.0006	0.0000	
5	0.0105	0.1032	0.2061	0.1859	0.0916	0.0245	0.0030	0.0001	
6	0.0019	0.0430	0.1472	0.2066	0.1527	0.0612	0.0116	0.0007	
7	0.0003	0.0138	0.0811	0.1771	0.1964	0.1181	0.0348	0.0035	0.0000
8	0.0000	0.0035	0.0348	0.1181	0.1964	0.1771	0.0811	0.0138	0.0003
9		0.0007	0.0116	0.0612	0.1527	0.2066	0.1472	0.0430	0.0019
10		0.0001	0.0030	0.0245	0.0916	0.1859	0.2061	0.1032	0.0105
11		0.0000	0.0006	0.0074	0.0417	0.1268	0.2186	0.1876	0.0428
12			0.0001	0.0016	0.0139	0.0634	0.1700	0.2501	0.1285
13			0.0000	0.0003	0.0032	0.0219	0.0916	0.2309	0.2669
14				0.0000	0.0005	0.0047	0.0305	0.1319	0.3432
15					0.0000	0.0005	0.0047	0.0352	0.2059

테이블 A.1

(계속)

$n = 16$

π:	0.1	0.2	0.3	0.4	0.5	0.6	0.7	0.8	0.9
k: 0	0.1853	0.0281	0.0033	0.0003	0.0000				
1	0.3294	0.1126	0.0228	0.0030	0.0002	0.0000			
2	0.2745	0.2111	0.0732	0.0150	0.0018	0.0001			
3	0.1423	0.2463	0.1465	0.0468	0.0085	0.0008	0.0000		
4	0.0514	0.2001	0.2040	0.1014	0.0278	0.0040	0.0002		
5	0.0137	0.1201	0.2099	0.1623	0.0667	0.0142	0.0013	0.0000	
6	0.0028	0.0550	0.1649	0.1983	0.1222	0.0392	0.0056	0.0002	
7	0.0004	0.0197	0.1010	0.1889	0.1746	0.0840	0.0185	0.0012	0.0000
8	0.0001	0.0055	0.0487	0.1417	0.1964	0.1417	0.0487	0.0055	0.0001
9	0.0000	0.0012	0.0185	0.0840	0.1746	0.1889	0.1010	0.0197	0.0004
10		0.0002	0.0056	0.0392	0.1222	0.1983	0.1649	0.0550	0.0028
11		0.0000	0.0013	0.0142	0.0667	0.1623	0.2099	0.1201	0.0137
12			0.0002	0.0040	0.0278	0.1014	0.2040	0.2001	0.0514
13			0.0000	0.0008	0.0085	0.0468	0.1465	0.2463	0.1423
14				0.0001	0.0018	0.0150	0.0732	0.2111	0.2745
15				0.0000	0.0002	0.0030	0.0228	0.1126	0.3294
16					0.0000	0.0003	0.0033	0.0281	0.1853

$n = 17$

π:	0.1	0.2	0.3	0.4	0.5	0.6	0.7	0.8	0.9
k: 0	0.1668	0.0225	0.0023	0.0002	0.0000				
1	0.3150	0.0957	0.0169	0.0019	0.0001	0.0000			
2	0.2800	0.1914	0.0581	0.0102	0.0010	0.0001			
3	0.1556	0.2393	0.1245	0.0341	0.0052	0.0004	0.0000		
4	0.0605	0.2093	0.1868	0.0796	0.0182	0.0021	0.0001		
5	0.0175	0.1361	0.2081	0.1379	0.0472	0.0081	0.0006	0.0000	
6	0.0039	0.0680	0.1784	0.1839	0.0944	0.0242	0.0026	0.0001	
7	0.0007	0.0267	0.1201	0.1927	0.1484	0.0571	0.0095	0.0004	
8	0.0001	0.0084	0.0644	0.1606	0.1855	0.1070	0.0276	0.0021	0.0000
9	0.0000	0.0021	0.0276	0.1070	0.1855	0.1606	0.0644	0.0084	0.0001
10		0.0004	0.0095	0.0571	0.1484	0.1927	0.1201	0.0267	0.0007
11		0.0001	0.0026	0.0242	0.0944	0.1839	0.1784	0.0680	0.0039
12		0.0000	0.0006	0.0081	0.0472	0.1379	0.2081	0.1361	0.0175
13			0.0001	0.0021	0.0182	0.0796	0.1868	0.2093	0.0605
14			0.0000	0.0004	0.0052	0.0341	0.1245	0.2393	0.1556
15				0.0001	0.0010	0.0102	0.0581	0.1914	0.2800
16				0.0000	0.0001	0.0019	0.0169	0.0957	0.3150
17					0.0000	0.0002	0.0023	0.0225	0.1668

테이블 A.1

(계속)

n = 18

π:	0.1	0.2	0.3	0.4	0.5	0.6	0.7	0.8	0.9
k: 0	0.1501	0.0180	0.0016	0.0001	0.0000				
1	0.3002	0.0811	0.0126	0.0012	0.0001				
2	0.2835	0.1723	0.0458	0.0069	0.0006	0.0000			
3	0.1680	0.2297	0.1046	0.0246	0.0031	0.0002			
4	0.0700	0.2153	0.1681	0.0614	0.0117	0.0011	0.0000		
5	0.0218	0.1507	0.2017	0.1146	0.0327	0.0045	0.0002		
6	0.0052	0.0816	0.1873	0.1655	0.0708	0.0145	0.0012	0.0000	
7	0.0010	0.0350	0.1376	0.1892	0.1214	0.0374	0.0046	0.0001	
8	0.0002	0.0120	0.0811	0.1734	0.1669	0.0771	0.0149	0.0008	
9	0.0000	0.0033	0.0386	0.1284	0.1855	0.1284	0.0386	0.0033	0.0000
10		0.0008	0.0149	0.0771	0.1669	0.1734	0.0811	0.0120	0.0002
11		0.0001	0.0046	0.0374	0.1214	0.1892	0.1376	0.0350	0.0010
12		0.0000	0.0012	0.0145	0.0708	0.1655	0.1873	0.0816	0.0052
13			0.0002	0.0045	0.0327	0.1146	0.2017	0.1507	0.0218
14			0.0000	0.0011	0.0117	0.0614	0.1681	0.2153	0.0700
15				0.0002	0.0031	0.0246	0.1046	0.2297	0.1680
16				0.0000	0.0006	0.0069	0.0458	0.1723	0.2835
17					0.0001	0.0012	0.0126	0.0811	0.3002
18					0.0000	0.0001	0.0016	0.0180	0.1501

n = 19

π:	0.1	0.2	0.3	0.4	0.5	0.6	0.7	0.8	0.9
k: 0	0.1351	0.0144	0.0011	0.0001					
1	0.2852	0.0685	0.0093	0.0008	0.0000				
2	0.2852	0.1540	0.0358	0.0046	0.0003	0.0000			
3	0.1796	0.2182	0.0869	0.0175	0.0018	0.0001			
4	0.0798	0.2182	0.1491	0.0467	0.0074	0.0005	0.0000		
5	0.0266	0.1636	0.1916	0.0933	0.0222	0.0024	0.0001		
6	0.0069	0.0955	0.1916	0.1451	0.0518	0.0085	0.0005		
7	0.0014	0.0443	0.1525	0.1797	0.0961	0.0237	0.0022	0.0000	
8	0.0002	0.0166	0.0981	0.1797	0.1442	0.0532	0.0077	0.0003	
9	0.0000	0.0051	0.0514	0.1464	0.1762	0.0976	0.0220	0.0013	
10		0.0013	0.0220	0.0976	0.1762	0.1464	0.0514	0.0051	0.0000
11		0.0003	0.0077	0.0532	0.1442	0.1797	0.0981	0.0166	0.0002
12		0.0000	0.0022	0.0237	0.0961	0.1797	0.1525	0.0443	0.0014
13			0.0005	0.0085	0.0518	0.1451	0.1916	0.0955	0.0069
14			0.0001	0.0024	0.0222	0.0933	0.1916	0.1636	0.0266
15			0.0000	0.0005	0.0074	0.0467	0.1491	0.2182	0.0798
16				0.0001	0.0018	0.0175	0.0869	0.2182	0.1796
17				0.0000	0.0003	0.0046	0.0358	0.1540	0.2852
18					0.0000	0.0008	0.0093	0.0685	0.2852
19						0.0001	0.0011	0.0144	0.1351

테이블 A.1

(계속)

n = 20

π:	0.1	0.2	0.3	0.4	0.5	0.6	0.7	0.8	0.9
k: 0	0.1216	0.0115	0.0008	0.0000					
1	0.2702	0.0576	0.0068	0.0005	0.0000				
2	0.2852	0.1369	0.0278	0.0031	0.0002				
3	0.1901	0.2054	0.0716	0.0123	0.0011	0.0000			
4	0.0898	0.2182	0.1304	0.0350	0.0046	0.0003			
5	0.0319	0.1746	0.1789	0.0746	0.0148	0.0013	0.0000		
6	0.0089	0.1091	0.1916	0.1244	0.0370	0.0049	0.0002		
7	0.0020	0.0545	0.1643	0.1659	0.0739	0.0146	0.0010	0.0000	
8	0.0004	0.0222	0.1144	0.1797	0.1201	0.0355	0.0039	0.0001	
9	0.0001	0.0074	0.0654	0.1597	0.1602	0.0710	0.0120	0.0005	
10	0.0000	0.0020	0.0308	0.1171	0.1762	0.1171	0.0308	0.0020	0.0000
11		0.0005	0.0120	0.0710	0.1602	0.1597	0.0654	0.0074	0.0001
12		0.0001	0.0039	0.0355	0.1201	0.1797	0.1144	0.0222	0.0004
13		0.0000	0.0010	0.0146	0.0739	0.1659	0.1643	0.0545	0.0020
14			0.0002	0.0049	0.0370	0.1244	0.1916	0.1091	0.0089
15			0.0000	0.0013	0.0148	0.0746	0.1789	0.1746	0.0319
16				0.0003	0.0046	0.0350	0.1304	0.2182	0.0898
17				0.0000	0.0011	0.0123	0.0716	0.2054	0.1901
18					0.0002	0.0031	0.0278	0.1369	0.2852
19					0.0000	0.0005	0.0068	0.0576	0.2702
20						0.0000	0.0008	0.0115	0.1216

n = 25

π:	0.1	0.2	0.3	0.4	0.5	0.6	0.7	0.8	0.9
k: 0	0.0718	0.0038	0.0001						
1	0.1994	0.0236	0.0014	0.0000					
2	0.2659	0.0708	0.0074	0.0004	0.0000				
3	0.2265	0.1358	0.0243	0.0019	0.0001				
4	0.1384	0.1867	0.0572	0.0071	0.0004				
5	0.0646	0.1960	0.1030	0.0199	0.0016	0.0000			
6	0.0239	0.1633	0.1472	0.0442	0.0053	0.0002			
7	0.0072	0.1108	0.1712	0.0800	0.0143	0.0009	0.0000		
8	0.0018	0.0623	0.1651	0.1200	0.0322	0.0031	0.0001		
9	0.0004	0.0294	0.1336	0.1511	0.0609	0.0088	0.0004		
10	0.0001	0.0118	0.0916	0.1612	0.0974	0.0212	0.0013	0.0000	
11	0.0000	0.0040	0.0536	0.1465	0.1328	0.0434	0.0042	0.0001	
12		0.0012	0.0268	0.1140	0.1550	0.0760	0.0115	0.0003	
13		0.0003	0.0115	0.0760	0.1550	0.1140	0.0268	0.0012	
14		0.0001	0.0042	0.0434	0.1328	0.1465	0.0536	0.0040	0.0000
15		0.0000	0.0013	0.0212	0.0974	0.1612	0.0916	0.0118	0.0001
16			0.0004	0.0088	0.0609	0.1511	0.1336	0.0294	0.0004
17			0.0001	0.0031	0.0322	0.1200	0.1651	0.0623	0.0018
18			0.0000	0.0009	0.0143	0.0800	0.1712	0.1108	0.0072
19				0.0002	0.0053	0.0442	0.1472	0.1633	0.0239
20				0.0000	0.0016	0.0199	0.1030	0.1960	0.0646
21					0.0004	0.0071	0.0572	0.1867	0.1384
22					0.0001	0.0019	0.0243	0.1358	0.2265
23					0.0000	0.0004	0.0074	0.0708	0.2659
24						0.0000	0.0014	0.0236	0.1994
25							0.0001	0.0038	0.0718

테이블 A.2

이항분포 누적확률, n번 시행에서 k회 또는 그 이하 횟수로 성공할 확률, prob($x \le k$)

$n = 2$

π:	0.1	0.2	0.3	0.4	0.5	0.6	0.7	0.8	0.9
k: 0	0.8100	0.6400	0.4900	0.3600	0.2500	0.1600	0.0900	0.0400	0.0100
1	0.9900	0.9600	0.9100	0.8400	0.7500	0.6400	0.5100	0.3600	0.1900
2	1.0000	1.0000	1.0000	1.0000	1.0000	1.0000	1.0000	1.0000	1.0000

$n = 3$

π:	0.1	0.2	0.3	0.4	0.5	0.6	0.7	0.8	0.9
k: 0	0.7290	0.5120	0.3430	0.2160	0.1250	0.0640	0.0270	0.0080	0.0010
1	0.9720	0.8960	0.7840	0.6480	0.5000	0.3520	0.2160	0.1040	0.0280
2	0.9990	0.9920	0.9730	0.9360	0.8750	0.7840	0.6570	0.4880	0.2710
3	1.0000	1.0000	1.0000	1.0000	1.0000	1.0000	1.0000	1.0000	1.0000

$n = 4$

π:	0.1	0.2	0.3	0.4	0.5	0.6	0.7	0.8	0.9
k: 0	0.6561	0.4096	0.2401	0.1296	0.0625	0.0256	0.0081	0.0016	0.0001
1	0.9477	0.8192	0.6517	0.4752	0.3125	0.1792	0.0837	0.0272	0.0037
2	0.9963	0.9728	0.9163	0.8208	0.6875	0.5248	0.3483	0.1808	0.0523
3	0.9999	0.9984	0.9919	0.9744	0.9375	0.8704	0.7599	0.5904	0.3439
4	1.0000	1.0000	1.0000	1.0000	1.0000	1.0000	1.0000	1.0000	1.0000

$n = 5$

π:	0.1	0.2	0.3	0.4	0.5	0.6	0.7	0.8	0.9
k: 0	0.5905	0.3277	0.1681	0.0778	0.0313	0.0102	0.0024	0.0003	0.0000
1	0.9185	0.7373	0.5282	0.3370	0.1875	0.0870	0.0308	0.0067	0.0005
2	0.9914	0.9421	0.8369	0.6826	0.5000	0.3174	0.1631	0.0579	0.0086
3	0.9995	0.9933	0.9692	0.9130	0.8125	0.6630	0.4718	0.2627	0.0815
4	1.0000	0.9997	0.9976	0.9898	0.9688	0.9222	0.8319	0.6723	0.4095
5		1.0000	1.0000	1.0000	1.0000	1.0000	1.0000	1.0000	1.0000

$n = 6$

π:	0.1	0.2	0.3	0.4	0.5	0.6	0.7	0.8	0.9
k: 0	0.5314	0.2621	0.1176	0.0467	0.0156	0.0041	0.0007	0.0001	0.0000
1	0.8857	0.6554	0.4202	0.2333	0.1094	0.0410	0.0109	0.0016	0.0001
2	0.9841	0.9011	0.7443	0.5443	0.3437	0.1792	0.0705	0.0170	0.0013
3	0.9987	0.9830	0.9295	0.8208	0.6563	0.4557	0.2557	0.0989	0.0159
4	0.9999	0.9984	0.9891	0.9590	0.8906	0.7667	0.5798	0.3446	0.1143
5	1.0000	0.9999	0.9993	0.9959	0.9844	0.9533	0.8824	0.7379	0.4686
6		1.0000	1.0000	1.0000	1.0000	1.0000	1.0000	1.0000	1.0000

출처: 미니탭으로 확률을 생성한 것임.

테이블 A.2

(계속)

$n = 7$

π:	0.1	0.2	0.3	0.4	0.5	0.6	0.7	0.8	0.9
k: 0	0.4783	0.2097	0.0824	0.0280	0.0078	0.0016	0.0002	0.0000	
1	0.8503	0.5767	0.3294	0.1586	0.0625	0.0188	0.0038	0.0004	0.0000
2	0.9743	0.8520	0.6471	0.4199	0.2266	0.0963	0.0288	0.0047	0.0002
3	0.9973	0.9667	0.8740	0.7102	0.5000	0.2898	0.1260	0.0333	0.0027
4	0.9998	0.9953	0.9712	0.9037	0.7734	0.5801	0.3529	0.1480	0.0257
5	1.0000	0.9996	0.9962	0.9812	0.9375	0.8414	0.6706	0.4233	0.1497
6		1.0000	0.9998	0.9984	0.9922	0.9720	0.9176	0.7903	0.5217
7			1.0000	1.0000	1.0000	1.0000	1.0000	1.0000	1.0000

$n = 8$

π:	0.1	0.2	0.3	0.4	0.5	0.6	0.7	0.8	0.9
k: 0	0.4305	0.1678	0.0576	0.0168	0.0039	0.0007	0.0001	0.0000	
1	0.8131	0.5033	0.2553	0.1064	0.0352	0.0085	0.0013	0.0001	
2	0.9619	0.7969	0.5518	0.3154	0.1445	0.0498	0.0113	0.0012	0.0000
3	0.9950	0.9437	0.8059	0.5941	0.3633	0.1737	0.0580	0.0104	0.0004
4	0.9996	0.9896	0.9420	0.8263	0.6367	0.4059	0.1941	0.0563	0.0050
5	1.0000	0.9988	0.9887	0.9502	0.8555	0.6846	0.4482	0.2031	0.0381
6		0.9999	0.9987	0.9915	0.9648	0.8936	0.7447	0.4967	0.1869
7		1.0000	0.9999	0.9993	0.9961	0.9832	0.9424	0.8322	0.5695
8			1.0000	1.0000	1.0000	1.0000	1.0000	1.0000	1.0000

$n = 9$

π:	0.1	0.2	0.3	0.4	0.5	0.6	0.7	0.8	0.9
k: 0	0.3874	0.1342	0.0404	0.0101	0.0020	0.0003	0.0000		
1	0.7748	0.4362	0.1960	0.0705	0.0195	0.0038	0.0004	0.0000	
2	0.9470	0.7382	0.4628	0.2318	0.0898	0.0250	0.0043	0.0003	0.0000
3	0.9917	0.9144	0.7297	0.4826	0.2539	0.0994	0.0253	0.0031	0.0001
4	0.9991	0.9804	0.9012	0.7334	0.5000	0.2666	0.0988	0.0196	0.0009
5	0.9999	0.9969	0.9747	0.9006	0.7461	0.5174	0.2703	0.0856	0.0083
6	1.0000	0.9997	0.9957	0.9750	0.9102	0.7682	0.5372	0.2618	0.0530
7		1.0000	0.9996	0.9962	0.9805	0.9295	0.8040	0.5638	0.2252
8			1.0000	0.9997	0.9980	0.9899	0.9596	0.8658	0.6126
9				1.0000	1.0000	1.0000	1.0000	1.0000	1.0000

$n = 10$

π:	0.1	0.2	0.3	0.4	0.5	0.6	0.7	0.8	0.9
k: 0	0.3487	0.1074	0.0282	0.0060	0.0010	0.0001	0.0000		
1	0.7361	0.3758	0.1493	0.0464	0.0107	0.0017	0.0001	0.0000	
2	0.9298	0.6778	0.3828	0.1673	0.0547	0.0123	0.0016	0.0001	
3	0.9872	0.8791	0.6496	0.3823	0.1719	0.0548	0.0106	0.0009	0.0000
4	0.9984	0.9672	0.8497	0.6331	0.3770	0.1662	0.0473	0.0064	0.0001
5	0.9999	0.9936	0.9527	0.8338	0.6230	0.3669	0.1503	0.0328	0.0016
6	1.0000	0.9991	0.9894	0.9452	0.8281	0.6177	0.3504	0.1209	0.0128
7		0.9999	0.9984	0.9877	0.9453	0.8327	0.6172	0.3222	0.0702
8		1.0000	0.9999	0.9983	0.9893	0.9536	0.8507	0.6242	0.2639
9			1.0000	0.9999	0.9990	0.9940	0.9718	0.8926	0.6513
10				1.0000	1.0000	1.0000	1.0000	1.0000	1.0000

테이블 A.2

(계속)

n = 11

π:	0.1	0.2	0.3	0.4	0.5	0.6	0.7	0.8	0.9
k: 0	0.3138	0.0859	0.0198	0.0036	0.0005	0.0000			
1	0.6974	0.3221	0.1130	0.0302	0.0059	0.0007	0.0000		
2	0.9104	0.6174	0.3127	0.1189	0.0327	0.0059	0.0006	0.0000	
3	0.9815	0.8389	0.5696	0.2963	0.1133	0.0293	0.0043	0.0002	
4	0.9972	0.9496	0.7897	0.5328	0.2744	0.0994	0.0216	0.0020	0.0000
5	0.9997	0.9883	0.9218	0.7535	0.5000	0.2465	0.0782	0.0117	0.0003
6	1.0000	0.9980	0.9784	0.9006	0.7256	0.4672	0.2103	0.0504	0.0028
7		0.9998	0.9957	0.9707	0.8867	0.7037	0.4304	0.1611	0.0185
8		1.0000	0.9994	0.9941	0.9673	0.8811	0.6873	0.3826	0.0896
9			1.0000	0.9993	0.9941	0.9698	0.8870	0.6779	0.3026
10				1.0000	0.9995	0.9964	0.9802	0.9141	0.6862
11					1.0000	1.0000	1.0000	1.0000	1.0000

n = 12

π:	0.1	0.2	0.3	0.4	0.5	0.6	0.7	0.8	0.9
k: 0	0.2824	0.0687	0.0138	0.0022	0.0002	0.0000			
1	0.6590	0.2749	0.0850	0.0196	0.0032	0.0003	0.0000		
2	0.8891	0.5583	0.2528	0.0834	0.0193	0.0028	0.0002	0.0000	
3	0.9744	0.7946	0.4925	0.2253	0.0730	0.0153	0.0017	0.0001	
4	0.9957	0.9274	0.7237	0.4382	0.1938	0.0573	0.0095	0.0006	0.0000
5	0.9995	0.9806	0.8822	0.6652	0.3872	0.1582	0.0386	0.0039	0.0001
6	0.9999	0.9961	0.9614	0.8418	0.6128	0.3348	0.1178	0.0194	0.0005
7	1.0000	0.9994	0.9905	0.9427	0.8062	0.5618	0.2763	0.0726	0.0043
8		0.9999	0.9983	0.9847	0.9270	0.7747	0.5075	0.2054	0.0256
9		1.0000	0.9998	0.9972	0.9807	0.9166	0.7472	0.4417	0.1109
10			1.0000	0.9997	0.9968	0.9804	0.9150	0.7251	0.3410
11				1.0000	0.9998	0.9978	0.9862	0.9313	0.7176
12					1.0000	1.0000	1.0000	1.0000	1.0000

n = 13

π:	0.1	0.2	0.3	0.4	0.5	0.6	0.7	0.8	0.9
k: 0	0.2542	0.0550	0.0097	0.0013	0.0001	0.0000			
1	0.6213	0.2336	0.0637	0.0126	0.0017	0.0001	0.0000		
2	0.8661	0.5017	0.2025	0.0579	0.0112	0.0013	0.0001		
3	0.9658	0.7473	0.4206	0.1686	0.0461	0.0078	0.0007	0.0000	
4	0.9935	0.9009	0.6543	0.3530	0.1334	0.0321	0.0040	0.0002	
5	0.9991	0.9700	0.8346	0.5744	0.2905	0.0977	0.0182	0.0012	0.0000
6	0.9999	0.9930	0.9376	0.7712	0.5000	0.2288	0.0624	0.0070	0.0001
7	1.0000	0.9988	0.9818	0.9023	0.7095	0.4256	0.1654	0.0300	0.0009
8		0.9998	0.9960	0.9679	0.8666	0.6470	0.3457	0.0991	0.0065
9		1.0000	0.9993	0.9922	0.9539	0.8314	0.5794	0.2527	0.0342
10			0.9999	0.9987	0.9888	0.9421	0.7975	0.4983	0.1339
11			1.0000	0.9999	0.9983	0.9874	0.9363	0.7664	0.3787
12				1.0000	0.9999	0.9987	0.9903	0.9450	0.7458
13					1.0000	1.0000	1.0000	1.0000	1.0000

테이블 A.2

(계속)

n = 14

π:	0.1	0.2	0.3	0.4	0.5	0.6	0.7	0.8	0.9
k: 0	0.2288	0.0440	0.0068	0.0008	0.0001	0.0000			
1	0.5846	0.1979	0.0475	0.0081	0.0009	0.0001			
2	0.8416	0.4481	0.1608	0.0398	0.0065	0.0006	0.0000		
3	0.9559	0.6982	0.3552	0.1243	0.0287	0.0039	0.0002		
4	0.9908	0.8702	0.5842	0.2793	0.0898	0.0175	0.0017	0.0000	
5	0.9985	0.9561	0.7805	0.4859	0.2120	0.0583	0.0083	0.0004	
6	0.9998	0.9884	0.9067	0.6925	0.3953	0.1501	0.0315	0.0024	0.0000
7	1.0000	0.9976	0.9685	0.8499	0.6047	0.3075	0.0933	0.0116	0.0002
8		0.9996	0.9917	0.9417	0.7880	0.5141	0.2195	0.0439	0.0015
9		1.0000	0.9983	0.9825	0.9102	0.7207	0.4158	0.1298	0.0092
10			0.9998	0.9961	0.9713	0.8757	0.6448	0.3018	0.0441
11			1.0000	0.9994	0.9935	0.9602	0.8392	0.5519	0.1584
12				0.9999	0.9991	0.9919	0.9525	0.8021	0.4154
13				1.0000	0.9999	0.9992	0.9932	0.9560	0.7712
14					1.0000	1.0000	1.0000	1.0000	1.0000

n = 15

π:	0.1	0.2	0.3	0.4	0.5	0.6	0.7	0.8	0.9
k: 0	0.2059	0.0352	0.0047	0.0005	0.0000				
1	0.5490	0.1671	0.0353	0.0052	0.0005	0.0000			
2	0.8159	0.3980	0.1268	0.0271	0.0037	0.0003	0.0000		
3	0.9444	0.6482	0.2969	0.0905	0.0176	0.0019	0.0001		
4	0.9873	0.8358	0.5155	0.2173	0.0592	0.0093	0.0007	0.0000	
5	0.9978	0.9389	0.7216	0.4032	0.1509	0.0338	0.0037	0.0001	
6	0.9997	0.9819	0.8689	0.6098	0.3036	0.0950	0.0152	0.0008	
7	1.0000	0.9958	0.9500	0.7869	0.5000	0.2131	0.0500	0.0042	0.0000
8		0.9992	0.9848	0.9050	0.6964	0.3902	0.1311	0.0181	0.0003
9		0.9999	0.9963	0.9662	0.8491	0.5968	0.2784	0.0611	0.0022
10		1.0000	0.9993	0.9907	0.9408	0.7827	0.4845	0.1642	0.0127
11			0.9999	0.9981	0.9824	0.9095	0.7031	0.3518	0.0556
12			1.0000	0.9997	0.9963	0.9729	0.8732	0.6020	0.1841
13				1.0000	0.9995	0.9948	0.9647	0.8329	0.4510
14					1.0000	0.9995	0.9953	0.9648	0.7941
15						1.0000	1.0000	1.0000	1.0000

테이블 A.2

(계속)

n = 16

π:	0.1	0.2	0.3	0.4	0.5	0.6	0.7	0.8	0.9
k: 0	0.1853	0.0281	0.0033	0.0003	0.0000				
1	0.5147	0.1407	0.0261	0.0033	0.0003	0.0000			
2	0.7892	0.3518	0.0994	0.0183	0.0021	0.0001			
3	0.9316	0.5981	0.2459	0.0651	0.0106	0.0009	0.0000		
4	0.9830	0.7982	0.4499	0.1666	0.0384	0.0049	0.0003		
5	0.9967	0.9183	0.6598	0.3288	0.1051	0.0191	0.0016	0.0000	
6	0.9995	0.9733	0.8247	0.5272	0.2272	0.0583	0.0071	0.0002	
7	0.9999	0.9930	0.9256	0.7161	0.4018	0.1423	0.0257	0.0015	0.0000
8	1.0000	0.9985	0.9743	0.8577	0.5982	0.2839	0.0744	0.0070	0.0001
9		0.9998	0.9929	0.9417	0.7728	0.4728	0.1753	0.0267	0.0006
10		1.0000	0.9984	0.9809	0.8949	0.6712	0.3402	0.0817	0.0033
11			0.9997	0.9951	0.9616	0.8334	0.5501	0.2018	0.0170
12			1.0000	0.9991	0.9894	0.9349	0.7541	0.4019	0.0684
13				0.9999	0.9979	0.9817	0.9006	0.6482	0.2108
14				1.0000	0.9997	0.9967	0.9739	0.8593	0.4853
15					1.0000	0.9997	0.9967	0.9719	0.8147
16						1.0000	1.0000	1.0000	1.0000

n = 17

π:	0.1	0.2	0.3	0.4	0.5	0.6	0.7	0.8	0.9
k: 0	0.1668	0.0225	0.0023	0.0002	0.0000				
1	0.4818	0.1182	0.0193	0.0021	0.0001	0.0000			
2	0.7618	0.3096	0.0774	0.0123	0.0012	0.0001			
3	0.9174	0.5489	0.2019	0.0464	0.0064	0.0005	0.0000		
4	0.9779	0.7582	0.3887	0.1260	0.0245	0.0025	0.0001		
5	0.9953	0.8943	0.5968	0.2639	0.0717	0.0106	0.0007	0.0000	
6	0.9992	0.9623	0.7752	0.4478	0.1662	0.0348	0.0032	0.0001	
7	0.9999	0.9891	0.8954	0.6405	0.3145	0.0919	0.0127	0.0005	
8	1.0000	0.9974	0.9597	0.8011	0.5000	0.1989	0.0403	0.0026	0.0000
9		0.9995	0.9873	0.9081	0.6855	0.3595	0.1046	0.0109	0.0001
10		0.9999	0.9968	0.9652	0.8338	0.5522	0.2248	0.0377	0.0008
11		1.0000	0.9993	0.9894	0.9283	0.7361	0.4032	0.1057	0.0047
12			0.9999	0.9975	0.9755	0.8740	0.6113	0.2418	0.0221
13			1.0000	0.9995	0.9936	0.9536	0.7981	0.4511	0.0826
14				0.9999	0.9988	0.9877	0.9226	0.6904	0.2382
15				1.0000	0.9999	0.9979	0.9807	0.8818	0.5182
16					1.0000	0.9998	0.9977	0.9775	0.8332
17						1.0000	1.0000	1.0000	1.0000

테이블 A.2

(계속)

n = 18

π:	0.1	0.2	0.3	0.4	0.5	0.6	0.7	0.8	0.9
k: 0	0.1501	0.0180	0.0016	0.0001	0.0000				
1	0.4503	0.0991	0.0142	0.0013	0.0001				
2	0.7338	0.2713	0.0600	0.0082	0.0007	0.0000			
3	0.9018	0.5010	0.1646	0.0328	0.0038	0.0002			
4	0.9718	0.7164	0.3327	0.0942	0.0154	0.0013	0.0000		
5	0.9936	0.8671	0.5344	0.2088	0.0481	0.0058	0.0003		
6	0.9988	0.9487	0.7217	0.3743	0.1189	0.0203	0.0014	0.0000	
7	0.9998	0.9837	0.8593	0.5634	0.2403	0.0576	0.0061	0.0002	
8	1.0000	0.9957	0.9404	0.7368	0.4073	0.1347	0.0210	0.0009	
9		0.9991	0.9790	0.8653	0.5927	0.2632	0.0596	0.0043	0.0000
10		0.9998	0.9939	0.9424	0.7597	0.4366	0.1407	0.0163	0.0002
11		1.0000	0.9986	0.9797	0.8811	0.6257	0.2783	0.0513	0.0012
12			0.9997	0.9942	0.9519	0.7912	0.4656	0.1329	0.0064
13			1.0000	0.9987	0.9846	0.9058	0.6673	0.2836	0.0282
14				0.9998	0.9962	0.9672	0.8354	0.4990	0.0982
15				1.0000	0.9993	0.9918	0.9400	0.7287	0.2662
16					0.9999	0.9987	0.9858	0.9009	0.5497
17					1.0000	0.9999	0.9984	0.9820	0.8499
18						1.0000	1.0000	1.0000	1.0000

n = 19

π:	0.1	0.2	0.3	0.4	0.5	0.6	0.7	0.8	0.9
k: 0	0.1351	0.0144	0.0011	0.0001					
1	0.4203	0.0829	0.0104	0.0008	0.0000				
2	0.7054	0.2369	0.0462	0.0055	0.0004	0.0000			
3	0.8850	0.4551	0.1332	0.0230	0.0022	0.0001			
4	0.9648	0.6733	0.2822	0.0696	0.0096	0.0006	0.0000		
5	0.9914	0.8369	0.4739	0.1629	0.0318	0.0031	0.0001		
6	0.9983	0.9324	0.6655	0.3081	0.0835	0.0116	0.0006		
7	0.9997	0.9767	0.8180	0.4878	0.1796	0.0352	0.0028	0.0000	
8	1.0000	0.9933	0.9161	0.6675	0.3238	0.0885	0.0105	0.0003	
9		0.9984	0.9674	0.8139	0.5000	0.1861	0.0326	0.0016	
10		0.9997	0.9895	0.9115	0.6762	0.3325	0.0839	0.0067	0.0000
11		1.0000	0.9972	0.9648	0.8204	0.5122	0.1820	0.0233	0.0003
12			0.9994	0.9884	0.9165	0.6919	0.3345	0.0676	0.0017
13			0.9999	0.9969	0.9682	0.8371	0.5261	0.1631	0.0086
14			1.0000	0.9994	0.9904	0.9304	0.7178	0.3267	0.0352
15				0.9999	0.9978	0.9770	0.8668	0.5449	0.1150
16				1.0000	0.9996	0.9945	0.9538	0.7631	0.2946
17					1.0000	0.9992	0.9896	0.9171	0.5797
18						0.9999	0.9989	0.9856	0.8649
19						1.0000	1.0000	1.0000	1.0000

테이블 A.2

(계속)

$n = 20$

π:	0.1	0.2	0.3	0.4	0.5	0.6	0.7	0.8	0.9
k: 0	0.1216	0.0115	0.0008	0.0000					
1	0.3917	0.0692	0.0076	0.0005	0.0000				
2	0.6769	0.2061	0.0355	0.0036	0.0002				
3	0.8670	0.4114	0.1071	0.0160	0.0013	0.0000			
4	0.9568	0.6296	0.2375	0.0510	0.0059	0.0003			
5	0.9887	0.8042	0.4164	0.1256	0.0207	0.0016	0.0000		
6	0.9976	0.9133	0.6080	0.2500	0.0577	0.0065	0.0003		
7	0.9996	0.9679	0.7723	0.4159	0.1316	0.0210	0.0013	0.0000	
8	0.9999	0.9900	0.8867	0.5956	0.2517	0.0565	0.0051	0.0001	
9	1.0000	0.9974	0.9520	0.7553	0.4119	0.1275	0.0171	0.0006	
10		0.9994	0.9829	0.8725	0.5881	0.2447	0.0480	0.0026	0.0000
11		0.9999	0.9949	0.9435	0.7483	0.4044	0.1133	0.0100	0.0001
12		1.0000	0.9987	0.9790	0.8684	0.5841	0.2277	0.0321	0.0004
13			0.9997	0.9935	0.9423	0.7500	0.3920	0.0867	0.0024
14			1.0000	0.9984	0.9793	0.8744	0.5836	0.1958	0.0113
15				0.9997	0.9941	0.9490	0.7625	0.3704	0.0432
16				1.0000	0.9987	0.9840	0.8929	0.5886	0.1330
17					0.9998	0.9964	0.9645	0.7939	0.3231
18					1.0000	0.9995	0.9924	0.9308	0.6083
19						1.0000	0.9992	0.9885	0.8784
20							1.0000	1.0000	1.0000

$n = 25$

π:	0.1	0.2	0.3	0.4	0.5	0.6	0.7	0.8	0.9
k: 0	0.0718	0.0038	0.0001	0.0000					
1	0.2712	0.0274	0.0016	0.0001					
2	0.5371	0.0982	0.0090	0.0004	0.0000				
3	0.7636	0.2340	0.0332	0.0024	0.0001				
4	0.9020	0.4207	0.0905	0.0095	0.0005	0.0000			
5	0.9666	0.6167	0.1935	0.0294	0.0020	0.0001			
6	0.9905	0.7800	0.3407	0.0736	0.0073	0.0003			
7	0.9977	0.8909	0.5118	0.1536	0.0216	0.0012	0.0000		
8	0.9995	0.9532	0.6769	0.2735	0.0539	0.0043	0.0001		
9	0.9999	0.9827	0.8106	0.4246	0.1148	0.0132	0.0005		
10	1.0000	0.9944	0.9022	0.5858	0.2122	0.0344	0.0018	0.0000	
11		0.9985	0.9558	0.7323	0.3450	0.0778	0.0060	0.0001	
12		0.9996	0.9825	0.8462	0.5000	0.1538	0.0175	0.0004	
13		0.9999	0.9940	0.9222	0.6550	0.2677	0.0442	0.0015	
14		1.0000	0.9982	0.9656	0.7878	0.4142	0.0978	0.0056	0.0000
15			0.9995	0.9868	0.8852	0.5754	0.1894	0.0173	0.0001
16			0.9999	0.9957	0.9461	0.7265	0.3231	0.0468	0.0005
17			1.0000	0.9988	0.9784	0.8464	0.4882	0.1091	0.0023
18				0.9997	0.9927	0.9264	0.6593	0.2200	0.0095
19				0.9999	0.9980	0.9706	0.8065	0.3833	0.0334
20				1.0000	0.9995	0.9905	0.9095	0.5793	0.0980
21					0.9999	0.9976	0.9668	0.7660	0.2364
22					1.0000	0.9996	0.9910	0.9018	0.4629
23						0.9999	0.9984	0.9726	0.7288
24						1.0000	0.9999	0.9962	0.9282
25							1.0000	1.0000	1.0000

테이블 A.3

포아송 분포 개별확률, 사건이 k회 일어날 확률, prob($x = k$)

λ:	0.1	0.2	0.3	0.4	0.5	0.6	0.7	0.8	0.9	1.0
k: 0	0.9048	0.8187	0.7408	0.6703	0.6065	0.5488	0.4966	0.4493	0.4066	0.3679
1	0.0905	0.1637	0.2222	0.2681	0.3033	0.3293	0.3476	0.3595	0.3659	0.3679
2	0.0045	0.0164	0.0333	0.0536	0.0758	0.0988	0.1217	0.1438	0.1647	0.1839
3	0.0002	0.0011	0.0033	0.0072	0.0126	0.0198	0.0284	0.0383	0.0494	0.0613
4	0.0000	0.0001	0.0003	0.0007	0.0016	0.0030	0.0050	0.0077	0.0111	0.0153
5		0.0000	0.0000	0.0001	0.0002	0.0004	0.0007	0.0012	0.0020	0.0031
6				0.0000	0.0000	0.0000	0.0001	0.0002	0.0003	0.0005
7							0.0000	0.0000	0.0000	0.0001
8										0.0000

λ:	1.1	1.2	1.3	1.4	1.5	1.6	1.7	1.8	1.9	2.0
k: 0	0.3329	0.3012	0.2725	0.2466	0.2231	0.2019	0.1827	0.1653	0.1496	0.1353
1	0.3662	0.3614	0.3543	0.3452	0.3347	0.3230	0.3106	0.2975	0.2842	0.2707
2	0.2014	0.2169	0.2303	0.2417	0.2510	0.2584	0.2640	0.2678	0.2700	0.2707
3	0.0738	0.0867	0.0998	0.1128	0.1255	0.1378	0.1496	0.1607	0.1710	0.1804
4	0.0203	0.0260	0.0324	0.0395	0.0471	0.0551	0.0636	0.0723	0.0812	0.0902
5	0.0045	0.0062	0.0084	0.0111	0.0141	0.0176	0.0216	0.0260	0.0309	0.0361
6	0.0008	0.0012	0.0018	0.0026	0.0035	0.0047	0.0061	0.0078	0.0098	0.0120
7	0.0001	0.0002	0.0003	0.0005	0.0008	0.0011	0.0015	0.0020	0.0027	0.0034
8	0.0000	0.0000	0.0001	0.0001	0.0001	0.0002	0.0003	0.0005	0.0006	0.0009
9			0.0000	0.0000	0.0000	0.0000	0.0001	0.0001	0.0001	0.0002
10							0.0000	0.0000	0.0000	0.0000

λ:	2.1	2.2	2.3	2.4	2.5	2.6	2.7	2.8	2.9	3.0
k: 0	0.1225	0.1108	0.1003	0.0907	0.0821	0.0743	0.0672	0.0608	0.0550	0.0498
1	0.2572	0.2438	0.2306	0.2177	0.2052	0.1931	0.1815	0.1703	0.1596	0.1494
2	0.2700	0.2681	0.2652	0.2613	0.2565	0.2510	0.2450	0.2384	0.2314	0.2240
3	0.1890	0.1966	0.2033	0.2090	0.2138	0.2176	0.2205	0.2225	0.2237	0.2240
4	0.0992	0.1082	0.1169	0.1254	0.1336	0.1414	0.1488	0.1557	0.1622	0.1680
5	0.0417	0.0476	0.0538	0.0602	0.0668	0.0735	0.0804	0.0872	0.0940	0.1008
6	0.0146	0.0174	0.0206	0.0241	0.0278	0.0319	0.0362	0.0407	0.0455	0.0504
7	0.0044	0.0055	0.0068	0.0083	0.0099	0.0118	0.0139	0.0163	0.0188	0.0216
8	0.0011	0.0015	0.0019	0.0025	0.0031	0.0038	0.0047	0.0057	0.0068	0.0081
9	0.0003	0.0004	0.0005	0.0007	0.0009	0.0011	0.0014	0.0018	0.0022	0.0027
10	0.0001	0.0001	0.0001	0.0002	0.0002	0.0003	0.0004	0.0005	0.0006	0.0008
11	0.0000	0.0000	0.0000	0.0000	0.0000	0.0001	0.0001	0.0001	0.0002	0.0002
12						0.0000	0.0000	0.0000	0.0000	0.0001
13										0.0000

출처: 미니탭으로 확률을 생성한 것임.

테이블 A.3

(계속)

λ:	3.1	3.2	3.3	3.4	3.5	3.6	3.7	3.8	3.9	4.0
k: 0	0.0450	0.0408	0.0369	0.0334	0.0302	0.0273	0.0247	0.0224	0.0202	0.0183
1	0.1397	0.1304	0.1217	0.1135	0.1057	0.0984	0.0915	0.0850	0.0789	0.0733
2	0.2165	0.2087	0.2008	0.1929	0.1850	0.1771	0.1692	0.1615	0.1539	0.1465
3	0.2237	0.2226	0.2209	0.2186	0.2158	0.2125	0.2087	0.2046	0.2001	0.1954
4	0.1733	0.1781	0.1823	0.1858	0.1888	0.1912	0.1931	0.1944	0.1951	0.1954
5	0.1075	0.1140	0.1203	0.1264	0.1322	0.1377	0.1429	0.1477	0.1522	0.1563
6	0.0555	0.0608	0.0662	0.0716	0.0771	0.0826	0.0881	0.0936	0.0989	0.1042
7	0.0246	0.0278	0.0312	0.0348	0.0385	0.0425	0.0466	0.0508	0.0551	0.0595
8	0.0095	0.0111	0.0129	0.0148	0.0169	0.0191	0.0215	0.0241	0.0269	0.0298
9	0.0033	0.0040	0.0047	0.0056	0.0066	0.0076	0.0089	0.0102	0.0116	0.0132
10	0.0010	0.0013	0.0016	0.0019	0.0023	0.0028	0.0033	0.0039	0.0045	0.0053
11	0.0003	0.0004	0.0005	0.0006	0.0007	0.0009	0.0011	0.0013	0.0016	0.0019
12	0.0001	0.0001	0.0001	0.0002	0.0002	0.0003	0.0003	0.0004	0.0005	0.0006
13	0.0000	0.0000	0.0000	0.0000	0.0001	0.0001	0.0001	0.0001	0.0002	0.0002
14					0.0000	0.0000	0.0000	0.0000	0.0000	0.0001
15										0.0000

λ:	4.1	4.2	4.3	4.4	4.5	4.6	4.7	4.8	4.9	5.0
k: 0	0.0166	0.0150	0.0136	0.0123	0.0111	0.0101	0.0091	0.0082	0.0074	0.0067
1	0.0679	0.0630	0.0583	0.0540	0.0500	0.0462	0.0427	0.0395	0.0365	0.0337
2	0.1393	0.1323	0.1254	0.1188	0.1125	0.1063	0.1005	0.0948	0.0894	0.0842
3	0.1904	0.1852	0.1798	0.1743	0.1687	0.1631	0.1574	0.1517	0.1460	0.1404
4	0.1951	0.1944	0.1933	0.1917	0.1898	0.1875	0.1849	0.1820	0.1789	0.1755
5	0.1600	0.1633	0.1662	0.1687	0.1708	0.1725	0.1738	0.1747	0.1753	0.1755
6	0.1093	0.1143	0.1191	0.1237	0.1281	0.1323	0.1362	0.1398	0.1432	0.1462
7	0.0640	0.0686	0.0732	0.0778	0.0824	0.0869	0.0914	0.0959	0.1002	0.1044
8	0.0328	0.0360	0.0393	0.0428	0.0463	0.0500	0.0537	0.0575	0.0614	0.0653
9	0.0150	0.0168	0.0188	0.0209	0.0232	0.0255	0.0281	0.0307	0.0334	0.0363
10	0.0061	0.0071	0.0081	0.0092	0.0104	0.0118	0.0132	0.0147	0.0164	0.0181
11	0.0023	0.0027	0.0032	0.0037	0.0043	0.0049	0.0056	0.0064	0.0073	0.0082
12	0.0008	0.0009	0.0011	0.0013	0.0016	0.0019	0.0022	0.0026	0.0030	0.0034
13	0.0002	0.0003	0.0004	0.0005	0.0006	0.0007	0.0008	0.0009	0.0011	0.0013
14	0.0001	0.0001	0.0001	0.0001	0.0002	0.0002	0.0003	0.0003	0.0004	0.0005
15	0.0000	0.0000	0.0000	0.0000	0.0001	0.0001	0.0001	0.0001	0.0001	0.0002
16					0.0000	0.0000	0.0000	0.0000	0.0000	0.0000

λ:	5.1	5.2	5.3	5.4	5.5	5.6	5.7	5.8	5.9	6.0
k: 0	0.0061	0.0055	0.0050	0.0045	0.0041	0.0037	0.0033	0.0030	0.0027	0.0025
1	0.0311	0.0287	0.0265	0.0244	0.0225	0.0207	0.0191	0.0176	0.0162	0.0149
2	0.0793	0.0746	0.0701	0.0659	0.0618	0.0580	0.0544	0.0509	0.0477	0.0446
3	0.1348	0.1293	0.1239	0.1185	0.1133	0.1082	0.1033	0.0985	0.0938	0.0892
4	0.1719	0.1681	0.1641	0.1600	0.1558	0.1515	0.1472	0.1428	0.1383	0.1339
5	0.1753	0.1748	0.1740	0.1728	0.1714	0.1697	0.1678	0.1656	0.1632	0.1606
6	0.1490	0.1515	0.1537	0.1555	0.1571	0.1584	0.1594	0.1601	0.1605	0.1606
7	0.1086	0.1125	0.1163	0.1200	0.1234	0.1267	0.1298	0.1326	0.1353	0.1377
8	0.0692	0.0731	0.0771	0.0810	0.0849	0.0887	0.0925	0.0962	0.0998	0.1033
9	0.0392	0.0423	0.0454	0.0486	0.0519	0.0552	0.0586	0.0620	0.0654	0.0688
10	0.0200	0.0220	0.0241	0.0262	0.0285	0.0309	0.0334	0.0359	0.0386	0.0413
11	0.0093	0.0104	0.0116	0.0129	0.0143	0.0157	0.0173	0.0190	0.0207	0.0225
12	0.0039	0.0045	0.0051	0.0058	0.0065	0.0073	0.0082	0.0092	0.0102	0.0113
13	0.0015	0.0018	0.0021	0.0024	0.0028	0.0032	0.0036	0.0041	0.0046	0.0052
14	0.0006	0.0007	0.0008	0.0009	0.0011	0.0013	0.0015	0.0017	0.0019	0.0022
15	0.0002	0.0002	0.0003	0.0003	0.0004	0.0005	0.0006	0.0007	0.0008	0.0009
16	0.0001	0.0001	0.0001	0.0001	0.0001	0.0002	0.0002	0.0002	0.0003	0.0003
17	0.0000	0.0000	0.0000	0.0000	0.0000	0.0001	0.0001	0.0001	0.0001	0.0001
18						0.0000	0.0000	0.0000	0.0000	0.0000

테이블 A.3
(계속)

λ:	6.1	6.2	6.3	6.4	6.5	6.6	6.7	6.8	6.9	7.0
k: 0	0.0022	0.0020	0.0018	0.0017	0.0015	0.0014	0.0012	0.0011	0.0010	0.0009
1	0.0137	0.0126	0.0116	0.0106	0.0098	0.0090	0.0082	0.0076	0.0070	0.0064
2	0.0417	0.0390	0.0364	0.0340	0.0318	0.0296	0.0276	0.0258	0.0240	0.0223
3	0.0848	0.0806	0.0765	0.0726	0.0688	0.0652	0.0617	0.0584	0.0552	0.0521
4	0.1294	0.1249	0.1205	0.1162	0.1118	0.1076	0.1034	0.0992	0.0952	0.0912
5	0.1579	0.1549	0.1519	0.1487	0.1454	0.1420	0.1385	0.1349	0.1314	0.1277
6	0.1605	0.1601	0.1595	0.1586	0.1575	0.1562	0.1546	0.1529	0.1511	0.1490
7	0.1399	0.1418	0.1435	0.1450	0.1462	0.1472	0.1480	0.1486	0.1489	0.1490
8	0.1066	0.1099	0.1130	0.1160	0.1188	0.1215	0.1240	0.1263	0.1284	0.1304
9	0.0723	0.0757	0.0791	0.0825	0.0858	0.0891	0.0923	0.0954	0.0985	0.1014
10	0.0441	0.0469	0.0498	0.0528	0.0558	0.0588	0.0618	0.0649	0.0679	0.0710
11	0.0244	0.0265	0.0285	0.0307	0.0330	0.0353	0.0377	0.0401	0.0426	0.0452
12	0.0124	0.0137	0.0150	0.0164	0.0179	0.0194	0.0210	0.0227	0.0245	0.0263
13	0.0058	0.0065	0.0073	0.0081	0.0089	0.0099	0.0108	0.0119	0.0130	0.0142
14	0.0025	0.0029	0.0033	0.0037	0.0041	0.0046	0.0052	0.0058	0.0064	0.0071
15	0.0010	0.0012	0.0014	0.0016	0.0018	0.0020	0.0023	0.0026	0.0029	0.0033
16	0.0004	0.0005	0.0005	0.0006	0.0007	0.0008	0.0010	0.0011	0.0013	0.0014
17	0.0001	0.0002	0.0002	0.0002	0.0003	0.0003	0.0004	0.0004	0.0005	0.0006
18	0.0000	0.0001	0.0001	0.0001	0.0001	0.0001	0.0001	0.0002	0.0002	0.0002
19		0.0000	0.0000	0.0000	0.0000	0.0000	0.0001	0.0001	0.0001	0.0001
20							0.0000	0.0000	0.0000	0.0000

λ:	7.1	7.2	7.3	7.4	7.5	7.6	7.7	7.8	7.9	8.0
k: 0	0.0008	0.0007	0.0007	0.0006	0.0006	0.0005	0.0005	0.0004	0.0004	0.0003
1	0.0059	0.0054	0.0049	0.0045	0.0041	0.0038	0.0035	0.0032	0.0029	0.0027
2	0.0208	0.0194	0.0180	0.0167	0.0156	0.0145	0.0134	0.0125	0.0116	0.0107
3	0.0492	0.0464	0.0438	0.0413	0.0389	0.0366	0.0345	0.0324	0.0305	0.0286
4	0.0874	0.0836	0.0799	0.0764	0.0729	0.0696	0.0663	0.0632	0.0602	0.0573
5	0.1241	0.1204	0.1167	0.1130	0.1094	0.1057	0.1021	0.0986	0.0951	0.0916
6	0.1468	0.1445	0.1420	0.1394	0.1367	0.1339	0.1311	0.1282	0.1252	0.1221
7	0.1489	0.1486	0.1481	0.1474	0.1465	0.1454	0.1442	0.1428	0.1413	0.1396
8	0.1321	0.1337	0.1351	0.1363	0.1373	0.1381	0.1388	0.1392	0.1395	0.1396
9	0.1042	0.1070	0.1096	0.1121	0.1144	0.1167	0.1187	0.1207	0.1224	0.1241
10	0.0740	0.0770	0.0800	0.0829	0.0858	0.0887	0.0914	0.0941	0.0967	0.0993
11	0.0478	0.0504	0.0531	0.0558	0.0585	0.0613	0.0640	0.0667	0.0695	0.0722
12	0.0283	0.0303	0.0323	0.0344	0.0366	0.0388	0.0411	0.0434	0.0457	0.0481
13	0.0154	0.0168	0.0181	0.0196	0.0211	0.0227	0.0243	0.0260	0.0278	0.0296
14	0.0078	0.0086	0.0095	0.0104	0.0113	0.0123	0.0134	0.0145	0.0157	0.0169
15	0.0037	0.0041	0.0046	0.0051	0.0057	0.0062	0.0069	0.0075	0.0083	0.0090
16	0.0016	0.0019	0.0021	0.0024	0.0026	0.0030	0.0033	0.0037	0.0041	0.0045
17	0.0007	0.0008	0.0009	0.0010	0.0012	0.0013	0.0015	0.0017	0.0019	0.0021
18	0.0003	0.0003	0.0004	0.0004	0.0005	0.0006	0.0006	0.0007	0.0008	0.0009
19	0.0001	0.0001	0.0001	0.0002	0.0002	0.0002	0.0003	0.0003	0.0003	0.0004
20	0.0000	0.0000	0.0001	0.0001	0.0001	0.0001	0.0001	0.0001	0.0001	0.0002
21			0.0000	0.0000	0.0000	0.0000	0.0000	0.0000	0.0001	0.0001
22									0.0000	0.0000

테이블 A.3

(계속)

λ:	8.1	8.2	8.3	8.4	8.5	8.6	8.7	8.8	8.9	9.0
k: 0	0.0003	0.0003	0.0002	0.0002	0.0002	0.0002	0.0002	0.0002	0.0001	0.0001
1	0.0025	0.0023	0.0021	0.0019	0.0017	0.0016	0.0014	0.0013	0.0012	0.0011
2	0.0100	0.0092	0.0086	0.0079	0.0074	0.0068	0.0063	0.0058	0.0054	0.0050
3	0.0269	0.0252	0.0237	0.0222	0.0208	0.0195	0.0183	0.0171	0.0160	0.0150
4	0.0544	0.0517	0.0491	0.0466	0.0443	0.0420	0.0398	0.0377	0.0357	0.0337
5	0.0882	0.0849	0.0816	0.0784	0.0752	0.0722	0.0692	0.0663	0.0635	0.0607
6	0.1191	0.1160	0.1128	0.1097	0.1066	0.1034	0.1003	0.0972	0.0941	0.0911
7	0.1378	0.1358	0.1338	0.1317	0.1294	0.1271	0.1247	0.1222	0.1197	0.1171
8	0.1395	0.1392	0.1388	0.1382	0.1375	0.1366	0.1356	0.1344	0.1332	0.1318
9	0.1256	0.1269	0.1280	0.1290	0.1299	0.1306	0.1311	0.1315	0.1317	0.1318
10	0.1017	0.1040	0.1063	0.1084	0.1104	0.1123	0.1140	0.1157	0.1172	0.1186
11	0.0749	0.0776	0.0802	0.0828	0.0853	0.0878	0.0902	0.0925	0.0948	0.0970
12	0.0505	0.0530	0.0555	0.0579	0.0604	0.0629	0.0654	0.0679	0.0703	0.0728
13	0.0315	0.0334	0.0354	0.0374	0.0395	0.0416	0.0438	0.0459	0.0481	0.0504
14	0.0182	0.0196	0.0210	0.0225	0.0240	0.0256	0.0272	0.0289	0.0306	0.0324
15	0.0098	0.0107	0.0116	0.0126	0.0136	0.0147	0.0158	0.0169	0.0182	0.0194
16	0.0050	0.0055	0.0060	0.0066	0.0072	0.0079	0.0086	0.0093	0.0101	0.0109
17	0.0024	0.0026	0.0029	0.0033	0.0036	0.0040	0.0044	0.0048	0.0053	0.0058
18	0.0011	0.0012	0.0014	0.0015	0.0017	0.0019	0.0021	0.0024	0.0026	0.0029
19	0.0005	0.0005	0.0006	0.0007	0.0008	0.0009	0.0010	0.0011	0.0012	0.0014
20	0.0002	0.0002	0.0002	0.0003	0.0003	0.0004	0.0004	0.0005	0.0005	0.0006
21	0.0001	0.0001	0.0001	0.0001	0.0001	0.0002	0.0002	0.0002	0.0002	0.0003
22	0.0000	0.0000	0.0000	0.0000	0.0001	0.0001	0.0001	0.0001	0.0001	0.0001
23					0.0000	0.0000	0.0000	0.0000	0.0000	0.0000

λ:	9.1	9.2	9.3	9.4	9.5	9.6	9.7	9.8	9.9	10.0
k: 0	0.0001	0.0001	0.0001	0.0001	0.0001	0.0001	0.0001	0.0001	0.0001	0.0000
1	0.0010	0.0009	0.0009	0.0008	0.0007	0.0007	0.0006	0.0005	0.0005	0.0005
2	0.0046	0.0043	0.0040	0.0037	0.0034	0.0031	0.0029	0.0027	0.0025	0.0023
3	0.0140	0.0131	0.0123	0.0115	0.0107	0.0100	0.0093	0.0087	0.0081	0.0076
4	0.0319	0.0302	0.0285	0.0269	0.0254	0.0240	0.0226	0.0213	0.0201	0.0189
5	0.0581	0.0555	0.0530	0.0506	0.0483	0.0460	0.0439	0.0418	0.0398	0.0378
6	0.0881	0.0851	0.0822	0.0793	0.0764	0.0736	0.0709	0.0682	0.0656	0.0631
7	0.1145	0.1118	0.1091	0.1064	0.1037	0.1010	0.0982	0.0955	0.0928	0.0901
8	0.1302	0.1286	0.1269	0.1251	0.1232	0.1212	0.1191	0.1170	0.1148	0.1126
9	0.1317	0.1315	0.1311	0.1306	0.1300	0.1293	0.1284	0.1274	0.1263	0.1251
10	0.1198	0.1210	0.1219	0.1228	0.1235	0.1241	0.1245	0.1249	0.1250	0.1251
11	0.0991	0.1012	0.1031	0.1049	0.1067	0.1083	0.1098	0.1112	0.1125	0.1137
12	0.0752	0.0776	0.0799	0.0822	0.0844	0.0866	0.0888	0.0908	0.0928	0.0948
13	0.0526	0.0549	0.0572	0.0594	0.0617	0.0640	0.0662	0.0685	0.0707	0.0729
14	0.0342	0.0361	0.0380	0.0399	0.0419	0.0439	0.0459	0.0479	0.0500	0.0521
15	0.0208	0.0221	0.0235	0.0250	0.0265	0.0281	0.0297	0.0313	0.0330	0.0347
16	0.0118	0.0127	0.0137	0.0147	0.0157	0.0168	0.0180	0.0192	0.0204	0.0217
17	0.0063	0.0069	0.0075	0.0081	0.0088	0.0095	0.0103	0.0111	0.0119	0.0128
18	0.0032	0.0035	0.0039	0.0042	0.0046	0.0051	0.0055	0.0060	0.0065	0.0071
19	0.0015	0.0017	0.0019	0.0021	0.0023	0.0026	0.0028	0.0031	0.0034	0.0037
20	0.0007	0.0008	0.0009	0.0010	0.0011	0.0012	0.0014	0.0015	0.0017	0.0019
21	0.0003	0.0003	0.0004	0.0004	0.0005	0.0006	0.0006	0.0007	0.0008	0.0009
22	0.0001	0.0001	0.0002	0.0002	0.0002	0.0002	0.0003	0.0003	0.0004	0.0004
23	0.0000	0.0001	0.0001	0.0001	0.0001	0.0001	0.0001	0.0001	0.0002	0.0002
24		0.0000	0.0000	0.0000	0.0000	0.0000	0.0000	0.0001	0.0001	0.0001
25								0.0000	0.0000	0.0000

테이블 A.4

포아송분포 누적확률, 사건이 *k*회 또는 그 이하 횟수로 발생할 확률, prob($x \le k$)

λ:	0.1	0.2	0.3	0.4	0.5	0.6	0.7	0.8	0.9	1.0
k: 0	0.9048	0.8187	0.7408	0.6703	0.6065	0.5488	0.4966	0.4493	0.4066	0.3679
1	0.9953	0.9825	0.9631	0.9384	0.9098	0.8781	0.8442	0.8088	0.7725	0.7358
2	0.9998	0.9989	0.9964	0.9921	0.9856	0.9769	0.9659	0.9526	0.9371	0.9197
3	1.0000	0.9999	0.9997	0.9992	0.9982	0.9966	0.9942	0.9909	0.9865	0.9810
4		1.0000	1.0000	0.9999	0.9998	0.9996	0.9992	0.9986	0.9977	0.9963
5				1.0000	1.0000	1.0000	0.9999	0.9998	0.9997	0.9994
6							1.0000	1.0000	1.0000	0.9999
7										1.0000

λ:	1.1	1.2	1.3	1.4	1.5	1.6	1.7	1.8	1.9	2.0
k: 0	0.3329	0.3012	0.2725	0.2466	0.2231	0.2019	0.1827	0.1653	0.1496	0.1353
1	0.6990	0.6626	0.6268	0.5918	0.5578	0.5249	0.4932	0.4628	0.4337	0.4060
2	0.9004	0.8795	0.8571	0.8335	0.8088	0.7834	0.7572	0.7306	0.7037	0.6767
3	0.9743	0.9662	0.9569	0.9463	0.9344	0.9212	0.9068	0.8913	0.8747	0.8571
4	0.9946	0.9923	0.9893	0.9857	0.9814	0.9763	0.9704	0.9636	0.9559	0.9473
5	0.9990	0.9985	0.9978	0.9968	0.9955	0.9940	0.9920	0.9896	0.9868	0.9834
6	0.9999	0.9997	0.9996	0.9994	0.9991	0.9987	0.9981	0.9974	0.9966	0.9955
7	1.0000	1.0000	0.9999	0.9999	0.9998	0.9997	0.9996	0.9994	0.9992	0.9989
8			1.0000	1.0000	1.0000	1.0000	0.9999	0.9999	0.9998	0.9998
9							1.0000	1.0000	1.0000	1.0000

λ:	2.1	2.2	2.3	2.4	2.5	2.6	2.7	2.8	2.9	3.0
k: 0	0.1225	0.1108	0.1003	0.0907	0.0821	0.0743	0.0672	0.0608	0.0550	0.0498
1	0.3796	0.3546	0.3309	0.3084	0.2873	0.2674	0.2487	0.2311	0.2146	0.1991
2	0.6496	0.6227	0.5960	0.5697	0.5438	0.5184	0.4936	0.4695	0.4460	0.4232
3	0.8386	0.8194	0.7993	0.7787	0.7576	0.7360	0.7141	0.6919	0.6696	0.6472
4	0.9379	0.9275	0.9162	0.9041	0.8912	0.8774	0.8629	0.8477	0.8318	0.8153
5	0.9796	0.9751	0.9700	0.9643	0.9580	0.9510	0.9433	0.9349	0.9258	0.9161
6	0.9941	0.9925	0.9906	0.9884	0.9858	0.9828	0.9794	0.9756	0.9713	0.9665
7	0.9985	0.9980	0.9974	0.9967	0.9958	0.9947	0.9934	0.9919	0.9901	0.9881
8	0.9997	0.9995	0.9994	0.9991	0.9989	0.9985	0.9981	0.9976	0.9969	0.9962
9	0.9999	0.9999	0.9999	0.9998	0.9997	0.9996	0.9995	0.9993	0.9991	0.9989
10	1.0000	1.0000	1.0000	1.0000	0.9999	0.9999	0.9999	0.9998	0.9998	0.9997
11					1.0000	1.0000	1.0000	1.0000	0.9999	0.9999
12									1.0000	1.0000

λ:	3.1	3.2	3.3	3.4	3.5	3.6	3.7	3.8	3.9	4.0
k: 0	0.0450	0.0408	0.0369	0.0334	0.0302	0.0273	0.0247	0.0224	0.0202	0.0183
1	0.1847	0.1712	0.1586	0.1468	0.1359	0.1257	0.1162	0.1074	0.0992	0.0916
2	0.4012	0.3799	0.3594	0.3397	0.3208	0.3027	0.2854	0.2689	0.2531	0.2381
3	0.6248	0.6025	0.5803	0.5584	0.5366	0.5152	0.4942	0.4735	0.4532	0.4335
4	0.7982	0.7806	0.7626	0.7442	0.7254	0.7064	0.6872	0.6678	0.6484	0.6288
5	0.9057	0.8946	0.8829	0.8705	0.8576	0.8441	0.8301	0.8156	0.8006	0.7851
6	0.9612	0.9554	0.9490	0.9421	0.9347	0.9267	0.9182	0.9091	0.8995	0.8893
7	0.9858	0.9832	0.9802	0.9769	0.9733	0.9692	0.9648	0.9599	0.9546	0.9489
8	0.9953	0.9943	0.9931	0.9917	0.9901	0.9883	0.9863	0.9840	0.9815	0.9786
9	0.9986	0.9982	0.9978	0.9973	0.9967	0.9960	0.9952	0.9942	0.9931	0.9919
10	0.9996	0.9995	0.9994	0.9992	0.9990	0.9987	0.9984	0.9981	0.9977	0.9972
11	0.9999	0.9999	0.9998	0.9998	0.9997	0.9996	0.9995	0.9994	0.9993	0.9991
12	1.0000	1.0000	1.0000	0.9999	0.9999	0.9999	0.9999	0.9998	0.9998	0.9997
13				1.0000	1.0000	1.0000	1.0000	1.0000	0.9999	0.9999
14									1.0000	1.0000

출처: 미니탭으로 확률을 생성한 것임.

테이블 A.4

(계속)

λ:	4.1	4.2	4.3	4.4	4.5	4.6	4.7	4.8	4.9	5.0
k: 0	0.0166	0.0150	0.0136	0.0123	0.0111	0.0101	0.0091	0.0082	0.0074	0.0067
1	0.0845	0.0780	0.0719	0.0663	0.0611	0.0563	0.0518	0.0477	0.0439	0.0404
2	0.2238	0.2102	0.1974	0.1851	0.1736	0.1626	0.1523	0.1425	0.1333	0.1247
3	0.4142	0.3954	0.3772	0.3594	0.3423	0.3257	0.3097	0.2942	0.2793	0.2650
4	0.6093	0.5898	0.5704	0.5512	0.5321	0.5132	0.4946	0.4763	0.4582	0.4405
5	0.7693	0.7531	0.7367	0.7199	0.7029	0.6858	0.6684	0.6510	0.6335	0.6160
6	0.8786	0.8675	0.8558	0.8436	0.8311	0.8180	0.8046	0.7908	0.7767	0.7622
7	0.9427	0.9361	0.9290	0.9214	0.9134	0.9049	0.8960	0.8867	0.8769	0.8666
8	0.9755	0.9721	0.9683	0.9642	0.9597	0.9549	0.9497	0.9442	0.9382	0.9319
9	0.9905	0.9889	0.9871	0.9851	0.9829	0.9805	0.9778	0.9749	0.9717	0.9682
10	0.9966	0.9959	0.9952	0.9943	0.9933	0.9922	0.9910	0.9896	0.9880	0.9863
11	0.9989	0.9986	0.9983	0.9980	0.9976	0.9971	0.9966	0.9960	0.9953	0.9945
12	0.9997	0.9996	0.9995	0.9993	0.9992	0.9990	0.9988	0.9986	0.9983	0.9980
13	0.9999	0.9999	0.9998	0.9998	0.9997	0.9997	0.9996	0.9995	0.9994	0.9993
14	1.0000	1.0000	1.0000	0.9999	0.9999	0.9999	0.9999	0.9999	0.9998	0.9998
15				1.0000	1.0000	1.0000	1.0000	1.0000	0.9999	0.9999
16									1.0000	1.0000

λ:	5.1	5.2	5.3	5.4	5.5	5.6	5.7	5.8	5.9	6.0
k: 0	0.0061	0.0055	0.0050	0.0045	0.0041	0.0037	0.0033	0.0030	0.0027	0.0025
1	0.0372	0.0342	0.0314	0.0289	0.0266	0.0244	0.0224	0.0206	0.0189	0.0174
2	0.1165	0.1088	0.1016	0.0948	0.0884	0.0824	0.0768	0.0715	0.0666	0.0620
3	0.2513	0.2381	0.2254	0.2133	0.2017	0.1906	0.1800	0.1700	0.1604	0.1512
4	0.4231	0.4061	0.3895	0.3733	0.3575	0.3422	0.3272	0.3127	0.2987	0.2851
5	0.5984	0.5809	0.5635	0.5461	0.5289	0.5119	0.4950	0.4783	0.4619	0.4457
6	0.7474	0.7324	0.7171	0.7017	0.6860	0.6703	0.6544	0.6384	0.6224	0.6063
7	0.8560	0.8449	0.8335	0.8217	0.8095	0.7970	0.7841	0.7710	0.7576	0.7440
8	0.9252	0.9181	0.9106	0.9027	0.8944	0.8857	0.8766	0.8672	0.8574	0.8472
9	0.9644	0.9603	0.9559	0.9512	0.9462	0.9409	0.9352	0.9292	0.9228	0.9161
10	0.9844	0.9823	0.9800	0.9775	0.9747	0.9718	0.9686	0.9651	0.9614	0.9574
11	0.9937	0.9927	0.9916	0.9904	0.9890	0.9875	0.9859	0.9841	0.9821	0.9799
12	0.9976	0.9972	0.9967	0.9962	0.9955	0.9949	0.9941	0.9932	0.9922	0.9912
13	0.9992	0.9990	0.9988	0.9986	0.9983	0.9980	0.9977	0.9973	0.9969	0.9964
14	0.9997	0.9997	0.9996	0.9995	0.9994	0.9993	0.9991	0.9990	0.9988	0.9986
15	0.9999	0.9999	0.9999	0.9998	0.9998	0.9998	0.9997	0.9996	0.9996	0.9995
16	1.0000	1.0000	1.0000	0.9999	0.9999	0.9999	0.9999	0.9999	0.9999	0.9998
17				1.0000	1.0000	1.0000	1.0000	1.0000	1.0000	0.9999
18										1.0000

테이블 A.4

(계속)

λ:	6.1	6.2	6.3	6.4	6.5	6.6	6.7	6.8	6.9	7.0
k: 0	0.0022	0.0020	0.0018	0.0017	0.0015	0.0014	0.0012	0.0011	0.0010	0.0009
1	0.0159	0.0146	0.0134	0.0123	0.0113	0.0103	0.0095	0.0087	0.0080	0.0073
2	0.0577	0.0536	0.0498	0.0463	0.0430	0.0400	0.0371	0.0344	0.0320	0.0296
3	0.1425	0.1342	0.1264	0.1189	0.1118	0.1052	0.0988	0.0928	0.0871	0.0818
4	0.2719	0.2592	0.2469	0.2351	0.2237	0.2127	0.2022	0.1920	0.1823	0.1730
5	0.4298	0.4141	0.3988	0.3837	0.3690	0.3547	0.3406	0.3270	0.3137	0.3007
6	0.5902	0.5742	0.5582	0.5423	0.5265	0.5108	0.4953	0.4799	0.4647	0.4497
7	0.7301	0.7160	0.7017	0.6873	0.6728	0.6581	0.6433	0.6285	0.6136	0.5987
8	0.8367	0.8259	0.8148	0.8033	0.7916	0.7796	0.7673	0.7548	0.7420	0.7291
9	0.9090	0.9016	0.8939	0.8858	0.8774	0.8686	0.8596	0.8502	0.8405	0.8305
10	0.9531	0.9486	0.9437	0.9386	0.9332	0.9274	0.9214	0.9151	0.9084	0.9015
11	0.9776	0.9750	0.9723	0.9693	0.9661	0.9627	0.9591	0.9552	0.9510	0.9467
12	0.9900	0.9887	0.9873	0.9857	0.9840	0.9821	0.9801	0.9779	0.9755	0.9730
13	0.9958	0.9952	0.9945	0.9937	0.9929	0.9920	0.9909	0.9898	0.9885	0.9872
14	0.9984	0.9981	0.9978	0.9974	0.9970	0.9966	0.9961	0.9956	0.9950	0.9943
15	0.9994	0.9993	0.9992	0.9990	0.9988	0.9986	0.9984	0.9982	0.9979	0.9976
16	0.9998	0.9997	0.9997	0.9996	0.9996	0.9995	0.9994	0.9993	0.9992	0.9990
17	0.9999	0.9999	0.9999	0.9999	0.9998	0.9998	0.9998	0.9997	0.9997	0.9996
18	1.0000	1.0000	1.0000	1.0000	0.9999	0.9999	0.9999	0.9999	0.9999	0.9999
19					1.0000	1.0000	1.0000	1.0000	1.0000	1.0000

λ:	7.1	7.2	7.3	7.4	7.5	7.6	7.7	7.8	7.9	8.0
k: 0	0.0008	0.0007	0.0007	0.0006	0.0006	0.0005	0.0005	0.0004	0.0004	0.0003
1	0.0067	0.0061	0.0056	0.0051	0.0047	0.0043	0.0039	0.0036	0.0033	0.0030
2	0.0275	0.0255	0.0236	0.0219	0.0203	0.0188	0.0174	0.0161	0.0149	0.0138
3	0.0767	0.0719	0.0674	0.0632	0.0591	0.0554	0.0518	0.0485	0.0453	0.0424
4	0.1641	0.1555	0.1473	0.1395	0.1321	0.1249	0.1181	0.1117	0.1055	0.0996
5	0.2881	0.2759	0.2640	0.2526	0.2414	0.2307	0.2203	0.2103	0.2006	0.1912
6	0.4349	0.4204	0.4060	0.3920	0.3782	0.3646	0.3514	0.3384	0.3257	0.3134
7	0.5838	0.5689	0.5541	0.5393	0.5246	0.5100	0.4956	0.4812	0.4670	0.4530
8	0.7160	0.7027	0.6892	0.6757	0.6620	0.6482	0.6343	0.6204	0.6065	0.5925
9	0.8202	0.8096	0.7988	0.7877	0.7764	0.7649	0.7531	0.7411	0.7290	0.7166
10	0.8942	0.8867	0.8788	0.8707	0.8622	0.8535	0.8445	0.8352	0.8257	0.8159
11	0.9420	0.9371	0.9319	0.9265	0.9208	0.9148	0.9085	0.9020	0.8952	0.8881
12	0.9703	0.9673	0.9642	0.9609	0.9573	0.9536	0.9496	0.9454	0.9409	0.9362
13	0.9857	0.9841	0.9824	0.9805	0.9784	0.9762	0.9739	0.9714	0.9687	0.9658
14	0.9935	0.9927	0.9918	0.9908	0.9897	0.9886	0.9873	0.9859	0.9844	0.9827
15	0.9972	0.9969	0.9964	0.9959	0.9954	0.9948	0.9941	0.9934	0.9926	0.9918
16	0.9989	0.9987	0.9985	0.9983	0.9980	0.9978	0.9974	0.9971	0.9967	0.9963
17	0.9996	0.9995	0.9994	0.9993	0.9992	0.9991	0.9989	0.9988	0.9986	0.9984
18	0.9998	0.9998	0.9998	0.9997	0.9997	0.9996	0.9996	0.9995	0.9994	0.9993
19	0.9999	0.9999	0.9999	0.9999	0.9999	0.9999	0.9998	0.9998	0.9998	0.9997
20	1.0000	1.0000	1.0000	1.0000	1.0000	1.0000	0.9999	0.9999	0.9999	0.9999
21							1.0000	1.0000	1.0000	1.0000

테이블 A.4

(계속)

λ:	8.1	8.2	8.3	8.4	8.5	8.6	8.7	8.8	8.9	9.0
k: 0	0.0003	0.0003	0.0002	0.0002	0.0002	0.0002	0.0002	0.0002	0.0001	0.0001
1	0.0028	0.0025	0.0023	0.0021	0.0019	0.0018	0.0016	0.0015	0.0014	0.0012
2	0.0127	0.0118	0.0109	0.0100	0.0093	0.0086	0.0079	0.0073	0.0068	0.0062
3	0.0396	0.0370	0.0346	0.0323	0.0301	0.0281	0.0262	0.0244	0.0228	0.0212
4	0.0940	0.0887	0.0837	0.0789	0.0744	0.0701	0.0660	0.0621	0.0584	0.0550
5	0.1822	0.1736	0.1653	0.1573	0.1496	0.1422	0.1352	0.1284	0.1219	0.1157
6	0.3013	0.2896	0.2781	0.2670	0.2562	0.2457	0.2355	0.2256	0.2160	0.2068
7	0.4391	0.4254	0.4119	0.3987	0.3856	0.3728	0.3602	0.3478	0.3357	0.3239
8	0.5786	0.5647	0.5507	0.5369	0.5231	0.5094	0.4958	0.4823	0.4689	0.4557
9	0.7041	0.6915	0.6788	0.6659	0.6530	0.6400	0.6269	0.6137	0.6006	0.5874
10	0.8058	0.7955	0.7850	0.7743	0.7634	0.7522	0.7409	0.7294	0.7178	0.7060
11	0.8807	0.8731	0.8652	0.8571	0.8487	0.8400	0.8311	0.8220	0.8126	0.8030
12	0.9313	0.9261	0.9207	0.9150	0.9091	0.9029	0.8965	0.8898	0.8829	0.8758
13	0.9628	0.9595	0.9561	0.9524	0.9486	0.9445	0.9403	0.9358	0.9311	0.9261
14	0.9810	0.9791	0.9771	0.9749	0.9726	0.9701	0.9675	0.9647	0.9617	0.9585
15	0.9908	0.9898	0.9887	0.9875	0.9862	0.9848	0.9832	0.9816	0.9798	0.9780
16	0.9958	0.9953	0.9947	0.9941	0.9934	0.9926	0.9918	0.9909	0.9899	0.9889
17	0.9982	0.9979	0.9977	0.9973	0.9970	0.9966	0.9962	0.9957	0.9952	0.9947
18	0.9992	0.9991	0.9990	0.9989	0.9987	0.9985	0.9983	0.9981	0.9978	0.9976
19	0.9997	0.9997	0.9996	0.9995	0.9995	0.9994	0.9993	0.9992	0.9991	0.9989
20	0.9999	0.9999	0.9998	0.9998	0.9998	0.9998	0.9997	0.9997	0.9996	0.9996
21	1.0000	1.0000	0.9999	0.9999	0.9999	0.9999	0.9999	0.9999	0.9998	0.9998
22			1.0000	1.0000	1.0000	1.0000	1.0000	1.0000	0.9999	0.9999
23									1.0000	1.0000

λ:	9.1	9.2	9.3	9.4	9.5	9.6	9.7	9.8	9.9	10.0
k: 0	0.0001	0.0001	0.0001	0.0001	0.0001	0.0001	0.0001	0.0001	0.0001	0.0000
1	0.0011	0.0010	0.0009	0.0009	0.0008	0.0007	0.0007	0.0006	0.0005	0.0005
2	0.0058	0.0053	0.0049	0.0045	0.0042	0.0038	0.0035	0.0033	0.0030	0.0028
3	0.0198	0.0184	0.0172	0.0160	0.0149	0.0138	0.0129	0.0120	0.0111	0.0103
4	0.0517	0.0486	0.0456	0.0429	0.0403	0.0378	0.0355	0.0333	0.0312	0.0293
5	0.1098	0.1041	0.0986	0.0935	0.0885	0.0838	0.0793	0.0750	0.0710	0.0671
6	0.1978	0.1892	0.1808	0.1727	0.1649	0.1574	0.1502	0.1433	0.1366	0.1301
7	0.3123	0.3010	0.2900	0.2792	0.2687	0.2584	0.2485	0.2388	0.2294	0.2202
8	0.4426	0.4296	0.4168	0.4042	0.3918	0.3796	0.3676	0.3558	0.3442	0.3328
9	0.5742	0.5611	0.5479	0.5349	0.5218	0.5089	0.4960	0.4832	0.4705	0.4579
10	0.6941	0.6820	0.6699	0.6576	0.6453	0.6329	0.6205	0.6080	0.5955	0.5830
11	0.7932	0.7832	0.7730	0.7626	0.7520	0.7412	0.7303	0.7193	0.7081	0.6968
12	0.8684	0.8607	0.8529	0.8448	0.8364	0.8279	0.8191	0.8101	0.8009	0.7916
13	0.9210	0.9156	0.9100	0.9042	0.8981	0.8919	0.8853	0.8786	0.8716	0.8645
14	0.9552	0.9517	0.9480	0.9441	0.9400	0.9357	0.9312	0.9265	0.9216	0.9165
15	0.9760	0.9738	0.9715	0.9691	0.9665	0.9638	0.9609	0.9579	0.9546	0.9513
16	0.9878	0.9865	0.9852	0.9838	0.9823	0.9806	0.9789	0.9770	0.9751	0.9730
17	0.9941	0.9934	0.9927	0.9919	0.9911	0.9902	0.9892	0.9881	0.9870	0.9857
18	0.9973	0.9969	0.9966	0.9962	0.9957	0.9952	0.9947	0.9941	0.9935	0.9928
19	0.9988	0.9986	0.9985	0.9983	0.9980	0.9978	0.9975	0.9972	0.9969	0.9965
20	0.9995	0.9994	0.9993	0.9992	0.9991	0.9990	0.9989	0.9987	0.9986	0.9984
21	0.9998	0.9998	0.9997	0.9997	0.9996	0.9996	0.9995	0.9995	0.9994	0.9993
22	0.9999	0.9999	0.9999	0.9999	0.9999	0.9998	0.9998	0.9998	0.9997	0.9997
23	1.0000	1.0000	1.0000	1.0000	0.9999	0.9999	0.9999	0.9999	0.9999	0.9999
24					1.0000	1.0000	1.0000	1.0000	1.0000	1.0000

테이블 A.5

난수표

행	1–10		11–20		21–30		31–40		41–50	
1	37220	84861	59998	77311	87754	04899	75699	22423	01200	79606
2	31618	06840	45167	13747	74382	39250	37038	42810	81183	27226
3	53778	71813	50306	47415	21682	74984	69038	80269	18955	47908
4	82652	58162	90352	10751	49968	06611	23573	29523	78542	49685
5	40372	53109	76995	24681	42711	06899	14208	63897	60834	46618
6	24952	30711	22535	51397	37277	04343	84920	11970	28098	41367
7	94953	96367	87143	71467	31194	39897	56605	21810	72064	11296
8	98972	12203	90759	56157	40644	16283	80816	07379	87171	89016
9	61759	32900	05299	56687	92355	11684	23278	82492	00366	81502
10	14338	44401	22630	06918	86157	02229	68995	88455	35210	84775
11	03990	64484	50620	04134	04132	35323	39948	53446	13150	01522
12	04003	21357	21560	26820	97543	15607	75220	27896	29722	45389
13	75942	36578	85584	55496	88476	01255	75094	26800	78580	86252
14	29945	17580	17770	56883	90165	54800	47262	14471	66496	66618
15	05675	07093	47456	58942	13685	58422	50987	46420	60965	07193
16	38770	60956	63383	54619	28131	43657	25686	30869	44495	68087
17	93578	84503	84911	86482	45267	23662	59118	35926	11854	12602
18	54526	35249	68501	02206	77793	34752	67528	51706	94351	65383
19	66019	99264	83410	16479	55742	75660	24750	16698	15630	33348
20	30995	81658	22563	34561	29004	64725	80137	97704	63540	29097
21	54873	00592	16042	46776	31730	87258	15861	03115	95167	17410
22	69350	23570	89681	00936	22521	88911	10908	04029	21081	42224
23	43775	21148	77549	86081	02143	29803	17758	81909	09509	64255
24	94238	08655	67935	26234	17011	44426	18663	93938	12767	38048
25	90329	65940	30771	99446	08749	86843	72979	03701	72777	17442
26	49606	51896	13569	58172	37655	22835	26546	08220	22221	62889
27	85876	62869	92898	06662	89382	20703	70312	34032	40788	07235
28	99021	17433	31031	92399	28930	46651	81288	32707	50799	59045
29	43672	46199	83184	90585	32998	82557	82994	70297	79910	86498
30	77915	14650	48304	10282	16356	50667	23469	12116	42141	20876
31	62815	20732	36276	19416	09552	52494	85690	61579	99879	80023
32	35431	28351	10559	52307	49924	97564	68685	49850	62185	36563
33	26212	06143	84840	76247	08208	68191	73511	51271	28635	33390
34	03772	70603	28430	72720	70275	87396	54825	60139	48572	90762
35	22831	69776	07506	32013	51906	49757	41867	15688	53729	44526
36	91527	15810	88468	47664	28231	75104	24370	63076	53040	01302
37	98889	36471	23606	86428	36786	79805	17891	92903	52891	03626
38	80596	42027	72309	71805	39628	59368	15410	41685	05732	87997
39	06160	85702	50617	52953	85886	99013	52135	35314	13276	64765
40	07145	80861	37672	03747	76227	52880	65131	92937	32659	44959
41	25756	94616	75611	70478	82600	89252	99473	75367	36786	08165
42	31698	84269	82241	05714	68314	46971	27440	12794	51833	88879
43	65292	54687	65808	38799	44635	83610	83257	79134	29222	11974
44	55947	27034	40437	52112	94440	36443	89401	58176	74072	57605
45	21916	48584	21519	80149	38375	27493	94284	94171	65668	45875
46	38532	95321	76039	97791	57165	33428	37024	73345	32198	48764
47	33462	61546	54421	41760	68011	47564	77265	91710	89205	04352
48	13526	46548	09115	99063	45898	59162	70038	88042	85648	47177
49	34828	14870	70575	24312	79631	75697	72404	31103	00016	42082
50	89895	82390	89421	56029	61854	05548	21777	51553	17064	33859

출처: 미니탭으로 확률을 생성한 것임.

테이블 A.5

(계속)

행	1–10		11–20		21–30		31–40		41–50	
51	96018	27032	35948	81017	87632	68779	98468	82882	58835	61583
52	08657	49477	20792	55367	27957	21669	25807	01687	06853	87214
53	05183	80239	20082	32806	84896	36574	99899	02874	58987	07423
54	30558	18243	96761	22184	05203	62794	49547	62406	82189	38127
55	85574	37307	36048	72513	49070	82728	86719	96008	85102	66717
56	30554	02449	74975	54343	32643	06124	18521	63560	51187	23974
57	08408	15911	13377	74630	53089	11912	93262	10961	33576	60466
58	62944	23357	49036	41265	88109	02667	75931	89523	53776	14953
59	93160	32676	91167	63054	46459	76406	02739	44198	16693	85504
60	99581	93196	04941	28933	30480	81685	14525	34978	68211	18591
61	71317	85120	37427	57745	78399	49835	67713	10736	70576	81235
62	88100	72776	19450	63109	23254	45376	89233	40445	09325	73602
63	70782	68998	78042	28590	94522	49559	77357	16808	45458	35337
64	35340	66670	34011	47582	58480	32166	22558	69670	72272	26486
65	96757	46833	55325	73157	57438	18733	95369	55382	97468	19294
66	86797	63659	61773	64818	35218	19597	21190	18369	84201	85388
67	69259	17468	69838	56975	02929	21112	16636	61211	15809	48807
68	83837	17354	59419	24965	90989	83896	39712	78988	95621	81415
69	43638	54811	63054	08267	02125	17892	50132	01293	90524	30664
70	67436	14892	65654	88989	63574	39532	26906	72282	03567	54279
71	08336	51472	04056	15208	42517	97140	87426	55647	76220	70525
72	72678	31240	47192	49329	64702	25685	72651	25217	65463	65810
73	13063	46035	35899	22682	86499	28475	89917	11856	11202	45920
74	70022	46043	37033	04781	53014	68215	46567	83996	51586	00305
75	72803	61399	52929	75693	38989	14261	39257	38112	24227	15175
76	11566	26680	54965	42491	37382	11800	49989	96604	71890	62676
77	63085	07137	63898	54353	44912	00010	04212	51192	86710	38272
78	43029	84646	21389	71859	85939	95973	79164	23010	21267	39741
79	25172	64085	98417	45034	55105	15375	50465	75316	92495	93023
80	22565	88294	35872	45035	69125	46818	73424	10302	89830	66504
81	08342	34507	14599	76497	42542	52684	56830	80974	79301	25622
82	32972	02526	37798	66645	79124	60382	84256	55650	85417	83653
83	67256	76680	09063	90514	16663	29278	75623	96264	96627	21865
84	32925	24366	96567	21296	53412	46323	35922	56796	82847	43730
85	61270	37743	04870	55927	32722	51403	88391	35180	18657	14786
86	49847	35977	16510	95436	68933	06504	13832	58070	25616	00710
87	71292	25605	48086	25880	62403	90032	37255	49115	91855	85141
88	00829	65292	74516	37134	04001	09070	74628	70384	14075	85153
89	59329	18382	27521	73483	37372	94615	89458	56168	99200	58918
90	33251	02545	18701	39495	48746	23063	44545	99331	37707	11114
91	12488	88006	10476	66065	31729	75517	76418	49074	46531	71802
92	87379	02837	55836	46426	04337	20093	73444	93438	98875	92489
93	87793	28895	36704	80744	60137	62342	61414	31190	37768	17153
94	20540	32139	16496	72337	38768	82413	02398	89143	54376	16104
95	34086	44938	99218	17223	92393	39053	93918	56496	28382	77369
96	10403	83656	78289	65316	56677	99757	51479	03639	05957	62608
97	37124	75750	63234	00172	17453	87288	99592	98549	30527	03473
98	51218	08866	01031	39402	97757	19459	19458	52282	34979	82757
99	95060	16896	75433	40816	50161	87246	69040	64414	14555	27653
100	68291	35003	94288	95139	60876	61419	00615	49678	68123	55444

테이블 A.6

F 검정의 기각값

$\alpha = 0.05$

0 $F(\alpha, \nu_1, \nu_2)$ F

v_2 = 분모의 *df* \ v_1 = 분자의 *df*	1	2	3	4	5	6	7	8	9	10	12	15	20	24	30	40	60	120	∞
1	161.4	199.5	215.7	224.6	230.2	234.0	236.8	238.9	240.5	241.9	243.9	245.9	248.0	249.1	250.1	251.1	252.2	253.3	254.3
2	18.51	19.00	19.16	19.25	19.30	19.33	19.35	19.37	19.38	19.40	19.41	19.43	19.45	19.45	19.46	19.47	19.48	19.49	19.50
3	10.13	9.55	9.28	9.12	9.01	8.94	8.89	8.85	8.81	8.79	8.74	8.70	8.66	8.64	8.62	8.59	8.57	8.55	8.53
4	7.71	6.94	6.59	6.39	6.26	6.16	6.09	6.04	6.00	5.96	5.91	5.86	5.80	5.77	5.75	5.72	5.69	5.66	5.63
5	6.61	5.79	5.41	5.19	5.05	4.95	4.88	4.82	4.77	4.74	4.68	4.62	4.56	4.53	4.50	4.46	4.43	4.40	4.36
6	5.99	5.14	4.76	4.53	4.39	4.28	4.21	4.15	4.10	4.06	4.00	3.94	3.87	3.84	3.81	3.77	3.74	3.70	3.67
7	5.59	4.74	4.35	4.12	3.97	3.87	3.79	3.73	3.68	3.64	3.57	3.51	3.44	3.41	3.38	3.34	3.30	3.27	3.23
8	5.32	4.46	4.07	3.84	3.69	3.58	3.50	3.44	3.39	3.35	3.28	3.22	3.15	3.12	3.08	3.04	3.01	2.97	2.93
9	5.12	4.26	3.86	3.63	3.48	3.37	3.29	3.23	3.18	3.14	3.07	3.01	2.94	2.90	2.86	2.83	2.79	2.75	2.71
10	4.96	4.10	3.71	3.48	3.33	3.22	3.14	3.07	3.02	2.98	2.91	2.85	2.77	2.74	2.70	2.66	2.62	2.58	2.54
11	4.84	3.98	3.59	3.36	3.20	3.09	3.01	2.95	2.90	2.85	2.79	2.72	2.65	2.61	2.57	2.53	2.49	2.45	2.40
12	4.75	3.89	3.49	3.26	3.11	3.00	2.91	2.85	2.80	2.75	2.69	2.62	2.54	2.51	2.47	2.43	2.38	2.34	2.30
13	4.67	3.81	3.41	3.18	3.03	2.92	2.83	2.77	2.71	2.67	2.60	2.53	2.46	2.42	2.38	2.34	2.30	2.25	2.21
14	4.60	3.74	3.34	3.11	2.96	2.85	2.76	2.70	2.65	2.60	2.53	2.46	2.39	2.35	2.31	2.27	2.22	2.18	2.13
15	4.54	3.68	3.29	3.06	2.90	2.79	2.71	2.64	2.59	2.54	2.48	2.40	2.33	2.29	2.25	2.20	2.16	2.11	2.07
16	4.49	3.63	3.24	3.01	2.85	2.74	2.66	2.59	2.54	2.49	2.42	2.35	2.28	2.24	2.19	2.15	2.11	2.06	2.01
17	4.45	3.59	3.20	2.96	2.81	2.70	2.61	2.55	2.49	2.45	2.38	2.31	2.23	2.19	2.15	2.10	2.06	2.01	1.96
18	4.41	3.55	3.16	2.93	2.77	2.66	2.58	2.51	2.46	2.41	2.34	2.27	2.19	2.15	2.11	2.06	2.02	1.97	1.92
19	4.38	3.52	3.13	2.90	2.74	2.63	2.54	2.48	2.42	2.38	2.31	2.23	2.16	2.11	2.07	2.03	1.98	1.93	1.88
20	4.35	3.49	3.10	2.87	2.71	2.60	2.51	2.45	2.39	2.35	2.28	2.20	2.12	2.08	2.04	1.99	1.95	1.90	1.84
21	4.32	3.47	3.07	2.84	2.68	2.57	2.49	2.42	2.37	2.32	2.25	2.18	2.10	2.05	2.01	1.96	1.92	1.87	1.81
22	4.30	3.44	3.05	2.82	2.66	2.55	2.46	2.40	2.34	2.30	2.23	2.15	2.07	2.03	1.98	1.94	1.89	1.84	1.78
23	4.28	3.42	3.03	2.80	2.64	2.53	2.44	2.37	2.32	2.27	2.20	2.13	2.05	2.01	1.96	1.91	1.86	1.81	1.76
24	4.26	3.40	3.01	2.78	2.62	2.51	2.42	2.36	2.30	2.25	2.18	2.11	2.03	1.98	1.94	1.89	1.84	1.79	1.73
25	4.24	3.39	2.99	2.76	2.60	2.49	2.40	2.34	2.28	2.24	2.16	2.09	2.01	1.96	1.92	1.87	1.82	1.77	1.71
26	4.23	3.37	2.98	2.74	2.59	2.47	2.39	2.32	2.27	2.22	2.15	2.07	1.99	1.95	1.90	1.85	1.80	1.75	1.69
27	4.21	3.35	2.96	2.73	2.57	2.46	2.37	2.31	2.25	2.20	2.13	2.06	1.97	1.93	1.88	1.84	1.79	1.73	1.67
28	4.20	3.34	2.95	2.71	2.56	2.45	2.36	2.29	2.24	2.19	2.12	2.04	1.96	1.91	1.87	1.82	1.77	1.71	1.65
29	4.18	3.33	2.93	2.70	2.55	2.43	2.35	2.28	2.22	2.18	2.10	2.03	1.94	1.90	1.85	1.81	1.75	1.70	1.64
30	4.17	3.32	2.92	2.69	2.53	2.42	2.33	2.27	2.21	2.16	2.09	2.01	1.93	1.89	1.84	1.79	1.74	1.68	1.62
40	4.08	3.23	2.84	2.61	2.45	2.34	2.25	2.18	2.12	2.08	2.00	1.92	1.84	1.79	1.74	1.69	1.64	1.58	1.51
60	4.00	3.15	2.76	2.53	2.37	2.25	2.17	2.10	2.04	1.99	1.92	1.84	1.75	1.70	1.65	1.59	1.53	1.47	1.39
120	3.92	3.07	2.68	2.45	2.29	2.17	2.09	2.02	1.96	1.91	1.83	1.75	1.66	1.61	1.55	1.50	1.43	1.35	1.25
∞	3.84	3.00	2.60	2.37	2.21	2.10	2.01	1.94	1.88	1.83	1.75	1.67	1.57	1.52	1.46	1.39	1.32	1.22	1.00

테이블 A.6

F 검정의 기각값

$\alpha = 0.025$

$0 \quad F(\alpha, \nu_1, \nu_2) \quad F$

v_1 = 분자의 *df*

v_2 = 분모의 *df*	1	2	3	4	5	6	7	8	9	10	12	15	20	24	30	40	60	120	∞
1	647.8	799.5	864.2	899.6	921.8	937.1	948.2	956.7	963.3	968.6	976.7	984.9	993.1	997.2	1001	1006	1010	1014	1018
2	38.51	39.00	39.17	39.25	39.30	39.33	39.36	39.37	39.39	39.40	39.41	39.43	39.45	39.46	39.46	39.47	39.48	39.49	39.50
3	17.44	16.04	15.44	15.10	14.88	14.73	14.62	14.54	14.47	14.42	14.34	14.25	14.17	14.12	14.08	14.04	13.99	13.95	13.90
4	12.22	10.65	9.98	9.60	9.36	9.20	9.07	8.98	8.90	8.84	8.75	8.66	8.56	8.51	8.46	8.41	8.36	8.31	8.26
5	10.01	8.43	7.76	7.39	7.15	6.98	6.85	6.76	6.68	6.62	6.52	6.43	6.33	6.28	6.23	6.18	6.12	6.07	6.02
6	8.81	7.26	6.60	6.23	5.99	5.82	5.70	5.60	5.52	5.46	5.37	5.27	5.17	5.12	5.07	5.01	4.96	4.90	4.85
7	8.07	6.54	5.89	5.52	5.29	5.12	4.99	4.90	4.82	4.76	4.67	4.57	4.47	4.42	4.36	4.31	4.25	4.20	4.14
8	7.57	6.06	5.42	5.05	4.82	4.65	4.53	4.43	4.36	4.30	4.20	4.10	4.00	3.95	3.89	3.84	3.78	3.73	3.67
9	7.21	5.71	5.08	4.72	4.48	4.32	4.20	4.10	4.03	3.96	3.87	3.77	3.67	3.61	3.56	3.51	3.45	3.39	3.33
10	6.94	5.46	4.83	4.47	4.24	4.07	3.95	3.85	3.78	3.72	3.62	3.52	3.42	3.37	3.31	3.26	3.20	3.14	3.08
11	6.72	5.26	4.63	4.28	4.04	3.88	3.76	3.66	3.59	3.53	3.43	3.33	3.23	3.17	3.12	3.06	3.00	2.94	2.88
12	6.55	5.10	4.47	4.12	3.89	3.73	3.61	3.51	3.44	3.37	3.28	3.18	3.07	3.02	2.96	2.91	2.85	2.79	2.72
13	6.41	4.97	4.35	4.00	3.77	3.60	3.48	3.39	3.31	3.25	3.15	3.05	2.95	2.89	2.84	2.78	2.72	2.66	2.60
14	6.30	4.86	4.24	3.89	3.66	3.50	3.38	3.29	3.21	3.15	3.05	2.95	2.84	2.79	2.73	2.67	2.61	2.55	2.49
15	6.20	4.77	4.15	3.80	3.58	3.41	3.29	3.20	3.12	3.06	2.96	2.86	2.76	2.70	2.64	2.59	2.52	2.46	2.40
16	6.12	4.69	4.08	3.73	3.50	3.34	3.22	3.12	3.05	2.99	2.89	2.79	2.68	2.63	2.57	2.51	2.45	2.38	2.32
17	6.04	4.62	4.01	3.66	3.44	3.28	3.16	3.06	2.98	2.92	2.82	2.72	2.62	2.56	2.50	2.44	2.38	2.32	2.25
18	5.98	4.56	3.95	3.61	3.38	3.22	3.10	3.01	2.93	2.87	2.77	2.67	2.56	2.50	2.44	2.38	2.32	2.26	2.19
19	5.92	4.51	3.90	3.56	3.33	3.17	3.05	2.96	2.88	2.82	2.72	2.62	2.51	2.45	2.39	2.33	2.27	2.20	2.13
20	5.87	4.46	3.86	3.51	3.29	3.13	3.01	2.91	2.84	2.77	2.68	2.57	2.46	2.41	2.35	2.29	2.22	2.16	2.09
21	5.83	4.42	3.82	3.48	3.25	3.09	2.97	2.87	2.80	2.73	2.64	2.53	2.42	2.37	2.31	2.25	2.18	2.11	2.04
22	5.79	4.38	3.78	3.44	3.22	3.05	2.93	2.84	2.76	2.70	2.60	2.50	2.39	2.33	2.27	2.21	2.14	2.08	2.00
23	5.75	4.35	3.75	3.41	3.18	3.02	2.90	2.81	2.73	2.67	2.57	2.47	2.36	2.30	2.24	2.18	2.11	2.04	1.97
24	5.72	4.32	3.72	3.38	3.15	2.99	2.87	2.78	2.70	2.64	2.54	2.44	2.33	2.27	2.21	2.15	2.08	2.01	1.94
25	5.69	4.29	3.69	3.35	3.13	2.97	2.85	2.75	2.68	2.61	2.51	2.41	2.30	2.24	2.18	2.12	2.05	1.98	1.91
26	5.66	4.27	3.67	3.33	3.10	2.94	2.82	2.73	2.65	2.59	2.49	2.39	2.28	2.22	2.16	2.09	2.03	1.95	1.88
27	5.63	4.24	3.65	3.31	3.08	2.92	2.80	2.71	2.63	2.57	2.47	2.36	2.25	2.19	2.13	2.07	2.00	1.93	1.85
28	5.61	4.22	3.63	3.29	3.06	2.90	2.78	2.69	2.61	2.55	2.45	2.34	2.23	2.17	2.11	2.05	1.98	1.91	1.83
29	5.59	4.20	3.61	3.27	3.04	2.88	2.76	2.67	2.59	2.53	2.43	2.32	2.21	2.15	2.09	2.03	1.96	1.89	1.81
30	5.57	4.18	3.59	3.25	3.03	2.87	2.75	2.65	2.57	2.51	2.41	2.31	2.20	2.14	2.07	2.01	1.94	1.87	1.79
40	5.42	4.05	3.46	3.13	2.90	2.74	2.62	2.53	2.45	2.39	2.29	2.18	2.07	2.01	1.94	1.88	1.80	1.72	1.64
60	5.29	3.93	3.34	3.01	2.79	2.63	2.51	2.41	2.33	2.27	2.17	2.06	1.94	1.88	1.82	1.74	1.67	1.58	1.48
120	5.15	3.80	3.23	2.89	2.67	2.52	2.39	2.30	2.22	2.16	2.05	1.94	1.82	1.76	1.69	1.61	1.53	1.43	1.31
∞	5.02	3.69	3.12	2.79	2.57	2.41	2.29	2.19	2.11	2.05	1.94	1.83	1.71	1.64	1.57	1.48	1.39	1.27	1.00

테이블 A.6

F 검정의 기각값

$\alpha = 0.01$

0 $F(\alpha, \nu_1, \nu_2)$ F

v_1 = 분자의 *df*

v_2 = 분모의 *df*	1	2	3	4	5	6	7	8	9	10	12	15	20	24	30	40	60	120	∞
1	4052	4999.5	5403	5625	5764	5859	5928	5982	6022	6056	6106	6157	6209	6235	6261	6287	6313	6339	6366
2	98.50	99.00	99.17	99.25	99.30	99.33	99.36	99.37	99.39	99.40	99.42	99.43	99.45	99.46	99.47	99.47	99.48	99.49	99.50
3	34.12	30.82	29.46	28.71	28.24	27.91	27.67	27.49	27.35	27.23	27.05	26.87	26.69	26.60	26.50	26.41	26.32	26.22	26.13
4	21.20	18.00	16.69	15.98	15.52	15.21	14.98	14.80	14.66	14.55	14.37	14.20	14.02	13.93	13.84	13.75	13.65	13.56	13.46
5	16.26	13.27	12.06	11.39	10.97	10.67	10.46	10.29	10.16	10.05	9.89	9.72	9.55	9.47	9.38	9.29	9.20	9.11	9.02
6	13.75	10.92	9.78	9.15	8.75	8.47	8.26	8.10	7.98	7.87	7.72	7.56	7.40	7.31	7.23	7.14	7.06	6.97	6.88
7	12.25	9.55	8.45	7.85	7.46	7.19	6.99	6.84	6.72	6.62	6.47	6.31	6.16	6.07	5.99	5.91	5.82	5.74	5.65
8	11.26	8.65	7.59	7.01	6.63	6.37	6.18	6.03	5.91	5.81	5.67	5.52	5.36	5.28	5.20	5.12	5.03	4.95	4.86
9	10.56	8.02	6.99	6.42	6.06	5.80	5.61	5.47	5.35	5.26	5.11	4.96	4.81	4.73	4.65	4.57	4.48	4.40	4.31
10	10.04	7.56	6.55	5.99	5.64	5.39	5.20	5.06	4.94	4.85	4.71	4.56	4.41	4.33	4.25	4.17	4.08	4.00	3.91
11	9.65	7.21	6.22	5.67	5.32	5.07	4.89	4.74	4.63	4.54	4.40	4.25	4.10	4.02	3.94	3.86	3.78	3.69	3.60
12	9.33	6.93	5.95	5.41	5.06	4.82	4.64	4.50	4.39	4.30	4.16	4.01	3.86	3.78	3.70	3.62	3.54	3.45	3.36
13	9.07	6.70	5.74	5.21	4.86	4.62	4.44	4.30	4.19	4.10	3.96	3.82	3.66	3.59	3.51	3.43	3.34	3.25	3.17
14	8.86	6.51	5.56	5.04	4.69	4.46	4.28	4.14	4.03	3.94	3.80	3.66	3.51	3.43	3.35	3.27	3.18	3.09	3.00
15	8.68	6.36	5.42	4.89	4.56	4.32	4.14	4.00	3.89	3.80	3.67	3.52	3.37	3.29	3.21	3.13	3.05	2.96	2.87
16	8.53	6.23	5.29	4.77	4.44	4.20	4.03	3.89	3.78	3.69	3.55	3.41	3.26	3.18	3.10	3.02	2.93	2.84	2.75
17	8.40	6.11	5.18	4.67	4.34	4.10	3.93	3.79	3.68	3.59	3.46	3.31	3.16	3.08	3.00	2.92	2.83	2.75	2.65
18	8.29	6.01	5.09	4.58	4.25	4.01	3.84	3.71	3.60	3.51	3.37	3.23	3.08	3.00	2.92	2.84	2.75	2.66	2.57
19	8.18	5.93	5.01	4.50	4.17	3.94	3.77	3.63	3.52	3.43	3.30	3.15	3.00	2.92	2.84	2.76	2.67	2.58	2.49
20	8.10	5.85	4.94	4.43	4.10	3.87	3.70	3.56	3.46	3.37	3.23	3.09	2.94	2.86	2.78	2.69	2.61	2.52	2.42
21	8.02	5.78	4.87	4.37	4.04	3.81	3.64	3.51	3.40	3.31	3.17	3.03	2.88	2.80	2.72	2.64	2.55	2.46	2.36
22	7.95	5.72	4.82	4.31	3.99	3.76	3.59	3.45	3.35	3.26	3.12	2.98	2.83	2.75	2.67	2.58	2.50	2.40	2.31
23	7.88	5.66	4.76	4.26	3.94	3.71	3.54	3.41	3.30	3.21	3.07	2.93	2.78	2.70	2.62	2.54	2.45	2.35	2.26
24	7.82	5.61	4.72	4.22	3.90	3.67	3.50	3.36	3.26	3.17	3.03	2.89	2.74	2.66	2.58	2.49	2.40	2.31	2.21
25	7.77	5.57	4.68	4.18	3.85	3.63	3.46	3.32	3.22	3.13	2.99	2.85	2.70	2.62	2.54	2.45	2.36	2.27	2.17
26	7.72	5.53	4.64	4.14	3.82	3.59	3.42	3.29	3.18	3.09	2.96	2.81	2.66	2.58	2.50	2.42	2.33	2.23	2.13
27	7.68	5.49	4.60	4.11	3.78	3.56	3.39	3.26	3.15	3.06	2.93	2.78	2.63	2.55	2.47	2.38	2.29	2.20	2.10
28	7.64	5.45	4.57	4.07	3.75	3.53	3.36	3.23	3.12	3.03	2.90	2.75	2.60	2.52	2.44	2.35	2.26	2.17	2.06
29	7.60	5.42	4.54	4.04	3.73	3.50	3.33	3.20	3.09	3.00	2.87	2.73	2.57	2.49	2.41	2.33	2.23	2.14	2.03
30	7.56	5.39	4.51	4.02	3.70	3.47	3.30	3.17	3.07	2.98	2.84	2.70	2.55	2.47	2.39	2.30	2.21	2.11	2.01
40	7.31	5.18	4.31	3.83	3.51	3.29	3.12	2.99	2.89	2.80	2.66	2.52	2.37	2.29	2.20	2.11	2.02	1.92	1.80
60	7.08	4.98	4.13	3.65	3.34	3.12	2.95	2.82	2.72	2.63	2.50	2.35	2.20	2.12	2.03	1.94	1.84	1.73	1.60
120	6.85	4.79	3.95	3.48	3.17	2.96	2.79	2.66	2.56	2.47	2.34	2.19	2.03	1.95	1.86	1.76	1.66	1.53	1.38
∞	6.63	4.61	3.78	3.32	3.02	2.80	2.64	2.51	2.41	2.32	2.18	2.04	1.88	1.79	1.70	1.59	1.47	1.32	1.00

출처 : Standard Mathematical Tables, 26th ed., William H. Beyer (ed.), CRC Press, Inc., Boca Raton, FL, 1983.

테이블 A.7

카이제곱 분포

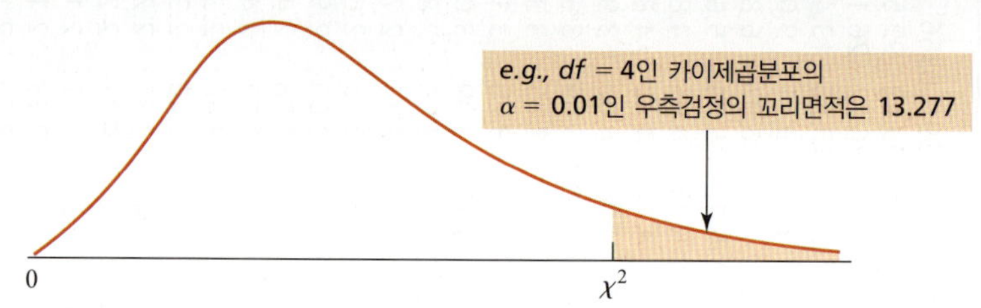

α = 오른쪽 꼬리면적

d.f.	0.99	0.975	0.95	0.90	0.10	0.05	0.025	0.01
1	0.00016	0.00098	0.00039	0.0158	2.706	3.841	5.024	6.635
2	0.0201	0.0506	0.103	0.211	4.605	5.991	7.378	9.210
3	0.115	0.216	0.352	0.584	6.251	7.815	9.348	11.345
4	0.297	0.484	0.711	1.064	7.779	9.488	11.143	13.277
5	0.554	0.831	1.145	1.610	9.236	11.070	12.833	15.086
6	0.872	1.237	1.635	2.204	10.645	12.592	14.449	16.812
7	1.239	1.690	2.167	2.833	12.017	14.067	16.013	18.475
8	1.646	2.180	2.733	3.490	13.362	15.507	17.535	20.090
9	2.088	2.700	3.325	4.168	14.684	16.919	19.023	21.666
10	2.558	3.247	3.940	4.865	15.987	18.307	20.483	23.209
11	3.053	3.816	4.575	5.578	17.275	19.675	21.920	24.725
12	3.571	4.404	5.226	6.304	18.549	21.026	23.337	26.217
13	4.107	5.009	5.892	7.042	19.812	22.362	24.736	27.688
14	4.660	5.629	6.571	7.790	21.064	23.685	26.119	29.141
15	5.229	6.262	7.261	8.547	22.307	24.996	27.488	30.578
16	5.812	6.908	7.962	9.312	23.542	26.296	28.845	32.000
17	6.408	7.564	8.672	10.085	24.769	27.587	30.191	33.409
18	7.015	8.231	9.390	10.865	25.989	28.869	31.526	34.805
19	7.633	8.907	10.117	11.651	27.204	30.144	32.852	36.191
20	8.260	9.591	10.851	12.443	28.412	31.410	34.170	37.566
21	8.897	10.283	11.591	13.240	29.615	32.671	35.479	38.932
22	9.542	10.982	12.338	14.042	30.813	33.924	36.781	40.290
23	10.916	11.689	13.091	14.848	32.007	35.172	38.076	41.638
24	10.856	12.401	13.848	15.659	33.196	36.415	39.364	42.980
25	11.524	13.120	14.611	16.473	34.382	37.652	40.647	44.314
26	12.198	13.844	15.379	17.292	35.563	38.885	41.923	45.642
27	12.879	14.573	16.151	18.114	36.741	40.113	43.195	46.963
28	13.565	15.308	16.928	18.939	37.916	41.337	44.461	48.278
29	14.256	16.047	17.708	19.768	39.087	42.557	45.722	49.588
30	14.953	16.791	18.493	20.599	40.256	43.773	46.979	50.892
40	22.164	24.433	26.509	29.051	51.805	55.759	59.342	63.691
50	29.707	32.357	34.764	37.689	63.167	67.505	71.420	76.154
60	37.485	40.482	43.188	46.459	74.397	79.082	83.298	88.381
70	45.442	48.758	51.739	55.329	85.527	90.531	95.023	100.42
80	53.540	57.153	60.391	64.278	96.578	101.88	106.63	112.33
90	61.754	65.647	69.126	73.291	107.57	113.15	118.14	124.12
100	70.065	74.222	77.930	82.358	118.50	124.34	129.56	135.81

출처: 미니탭으로 생성한 카이제곱 값임.

테이블 A.8

윌콕손 부호순위 검정의 하한 기각값, 상한 기각값

양측검정: 단측검정:	α = 0.20 α = 0.10	α = 0.10 α = 0.05	α = 0.05 α = 0.025	α = 0.02 α = 0.01	α = 0.01 α = 0.005
n = 4	1, 9	0, 10	0, 10	0, 10	0, 10
5	3, 12	1, 14	0, 15	0, 15	0, 15
6	4, 17	3, 18	1, 20	0, 21	0, 21
7	6, 22	4, 24	3, 25	1, 27	0, 28
8	9, 27	6, 30	4, 32	2, 34	1, 35
9	11, 34	9, 36	6, 39	4, 41	2, 43
10	15, 40	11, 44	9, 46	6, 49	4, 51
11	18, 48	14, 52	11, 55	8, 58	6, 60
12	22, 56	18, 60	14, 64	10, 68	8, 70
13	27, 64	22, 69	18, 73	13, 78	10, 81
14	32, 73	26, 79	22, 83	16, 89	13, 92
15	37, 83	31, 89	26, 94	20, 100	16, 104
16	43, 93	36, 100	30, 106	24, 112	20, 116
17	49, 104	42, 111	35, 118	28, 125	24, 129
18	56, 115	48, 123	41, 130	33, 138	28, 143
19	63, 127	54, 136	47, 143	38, 152	33, 157
20	70, 140	61, 149	53, 157	44, 166	38, 172

출처 : Adapted from Roger C. Pfaffenberger and James H. Patterson, *Statistical Methods for Business and Economics* (Homewood, Ill.: Richard D. Irwin, Inc., 1987), p. 110, and R. L. McCornack, "Extended Tables of the Wilcoxon Matched Pairs Signed Rank Statistics," *Journal of the American Statistical Association* 60 (1965), 864–871.

테이블 A.9

월콕손 순위합 검정의 하한 기각값, 상한 기각값

α = 0.025 (단측검정) or α = 0.05 (양측검정)

n_1:	3	4	5	6	7	8	9	10
n_2: 3	5, 16	6, 18	6, 21	7, 23	7, 26	8, 28	8, 31	9, 33
4	6, 18	11, 25	12, 28	12, 32	13, 35	14, 38	15, 41	16, 44
5	6, 21	12, 28	18, 37	19, 41	20, 45	21, 49	22, 53	24, 56
6	7, 23	12, 32	19, 41	26, 52	28, 56	29, 61	31, 65	32, 70
7	7, 26	13, 35	20, 45	28, 56	37, 68	39, 73	41, 78	43, 83
8	8, 28	14, 38	21, 49	29, 61	39, 73	49, 87	51, 93	54, 98
9	8, 31	15, 41	22, 53	31, 65	41, 78	51, 93	63, 108	66, 114
10	9, 33	16, 44	24, 56	32, 70	43, 83	54, 98	66, 114	79, 131

(참고: n_1은 두 개 표본 중에서 크기가 작은 표본의 크기—ie., $n_1 \leq n_2$)

α = 0.05 (단측검정) or α = 0.10 (양측검정)

n_1:	3	4	5	6	7	8	9	10
n_2: 3	6, 15	7, 17	7, 20	8, 22	9, 24	9, 27	10, 29	11, 31
4	7, 17	12, 24	13, 27	14, 30	15, 33	16, 36	17, 39	18, 42
5	7, 20	13, 27	19, 36	20, 40	22, 43	24, 46	25, 50	26, 54
6	8, 22	14, 30	20, 40	28, 50	30, 54	32, 58	33, 63	35, 67
7	9, 24	15, 33	22, 43	30, 54	39, 66	41, 71	43, 76	46, 80
8	9, 27	16, 36	24, 46	32, 58	41, 71	52, 84	54, 90	57, 95
9	10, 29	17, 39	25, 50	33, 63	43, 76	54, 90	66, 105	69, 111
10	11, 31	18, 42	26, 54	35, 67	46, 80	57, 95	69, 111	83, 127

(참고: n_1은 두 개 표본 중에서 크기가 작은 표본의 크기—ie., $n_1 \leq n_2$)

출처: F. Wilcoxon and R. A. Wilcox, *Some Approximate Statistical Procedures* (New York: American Cyanamid Company, 1964), pp. 20–23.

테이블 A.10

콜모고로프 스미르노프의 정규성 검정을 위한 *D*의 기각값

	유의 수준 α				
표본 크기 n	**0.20**	**0.15**	**0.10**	**0.05**	**0.01**
4	.300	.319	.352	.381	.417
5	.285	.299	.315	.337	.405
6	.265	.277	.294	.319	.364
7	.247	.258	.276	.300	.348
8	.233	.244	.261	.285	.331
9	.223	.233	.249	.271	.311
10	.215	.224	.239	.258	.294
11	.206	.217	.230	.249	.284
12	.199	.212	.223	.242	.275
13	.190	.202	.214	.234	.268
14	.183	.194	.207	.227	.261
15	.177	.187	.201	.220	.257
16	.173	.182	.195	.213	.250
17	.169	.177	.189	.206	.245
18	.166	.173	.184	.200	.239
19	.163	.169	.179	.195	.235
20	.160	.166	.174	.190	.231
25	.142	.147	.158	.173	.200
30	.131	.136	.144	.161	.187
30 이상	$\frac{.736}{\sqrt{n}}$	$\frac{.768}{\sqrt{n}}$	$\frac{.805}{\sqrt{n}}$	$\frac{.886}{\sqrt{n}}$	$\frac{1.031}{\sqrt{n}}$

출처 : From H. W. Lilliefors, "On the Kolmogorov–Smirnov Test for Normality with Mean and Variance Unknown," *Journal of the American Statistical Association*, 62 (1967), pp. 399–402. As adapted by Conover, *Practical Nonparametric Statistics* (New York: John Wiley, 1971), p. 398.

테이블 A.11

스피어만의 순위상관계수 r_s의 단측검정 기각값. (양측검정의 경우, 아래 표의 값은 유의주순 2α 해당하는 양측검정 기각값임.)

n	$\alpha = 0.05$	$\alpha = 0.025$	$\alpha = 0.01$	$\alpha = 0.005$
5	0.900	—	—	—
6	0.829	0.886	0.943	—
7	0.714	0.786	0.893	—
8	0.643	0.738	0.833	0.881
9	0.600	0.683	0.783	0.833
10	0.564	0.648	0.745	0.794
11	0.523	0.623	0.736	0.818
12	0.497	0.591	0.703	0.780
13	0.475	0.566	0.673	0.745
14	0.457	0.545	0.646	0.716
15	0.441	0.525	0.623	0.689
16	0.425	0.507	0.601	0.666
17	0.412	0.490	0.582	0.645
18	0.399	0.476	0.564	0.625
19	0.388	0.462	0.549	0.608
20	0.377	0.450	0.534	0.591
21	0.368	0.438	0.521	0.576
22	0.359	0.428	0.508	0.562
23	0.351	0.418	0.496	0.549
24	0.343	0.409	0.485	0.537
25	0.336	0.400	0.475	0.526
26	0.329	0.392	0.465	0.515
27	0.323	0.385	0.456	0.505
28	0.317	0.377	0.448	0.496
29	0.311	0.370	0.440	0.487
30	0.305	0.364	0.432	0.478

출처: E. G. Olds, "Distribution of Sums of Squares of Rank Differences for Small Samples," *Annals of Mathematical Statistics* 9 (1938).

테이블 A.12

더빈 왓슨(Durbin-Watson)검정의 d_L과 d_U값, 유의수준 $\alpha = 0.05$일 때

n = 관측 개수
k = 독립변수 개수

	$k = 1$		$k = 2$		$k = 3$		$k = 4$		$k = 5$	
n	d_L	d_U	d_L	d_U	d_L	d_U	d_L	d_U	d_L	d_U
15	1.08	1.36	0.95	1.54	0.82	1.75	0.69	1.97	0.56	2.21
16	1.10	1.37	0.98	1.54	0.86	1.73	0.74	1.93	0.62	2.15
17	1.13	1.38	1.02	1.54	0.90	1.71	0.78	1.90	0.67	2.10
18	1.16	1.39	1.05	1.53	0.93	1.69	0.82	1.87	0.71	2.06
19	1.18	1.40	1.08	1.53	0.97	1.68	0.86	1.85	0.75	2.02
20	1.20	1.41	1.10	1.54	1.00	1.68	0.90	1.83	0.79	1.99
21	1.22	1.42	1.13	1.54	1.03	1.67	0.93	1.81	0.83	1.96
22	1.24	1.43	1.15	1.54	1.05	1.66	0.96	1.80	0.86	1.94
23	1.26	1.44	1.17	1.54	1.08	1.66	0.99	1.79	0.90	1.92
24	1.27	1.45	1.19	1.55	1.10	1.66	1.01	1.78	0.93	1.90
25	1.29	1.45	1.21	1.55	1.12	1.66	1.04	1.77	0.95	1.89
26	1.30	1.46	1.22	1.55	1.14	1.65	1.06	1.76	0.98	1.88
27	1.32	1.47	1.24	1.56	1.16	1.65	1.08	1.76	1.01	1.86
28	1.33	1.48	1.26	1.56	1.18	1.65	1.10	1.75	1.03	1.85
29	1.34	1.48	1.27	1.56	1.20	1.65	1.12	1.74	1.05	1.84
30	1.35	1.49	1.28	1.57	1.21	1.65	1.14	1.74	1.07	1.83
31	1.36	1.50	1.30	1.57	1.23	1.65	1.16	1.74	1.09	1.83
32	1.37	1.50	1.31	1.57	1.24	1.65	1.18	1.73	1.11	1.82
33	1.38	1.51	1.32	1.58	1.26	1.65	1.19	1.73	1.13	1.81
34	1.39	1.51	1.33	1.58	1.27	1.65	1.21	1.73	1.15	1.81
35	1.40	1.52	1.34	1.58	1.28	1.65	1.22	1.73	1.16	1.80
36	1.41	1.52	1.35	1.59	1.29	1.65	1.24	1.73	1.18	1.80
37	1.42	1.53	1.36	1.59	1.31	1.66	1.25	1.72	1.19	1.80
38	1.43	1.54	1.37	1.59	1.32	1.66	1.26	1.72	1.21	1.79
39	1.43	1.54	1.38	1.60	1.33	1.66	1.27	1.72	1.22	1.79
40	1.44	1.54	1.39	1.60	1.34	1.66	1.29	1.72	1.23	1.79
45	1.48	1.57	1.43	1.62	1.38	1.67	1.34	1.72	1.29	1.78
50	1.50	1.59	1.46	1.63	1.42	1.67	1.38	1.72	1.34	1.77
55	1.53	1.60	1.49	1.64	1.45	1.68	1.41	1.72	1.38	1.77
60	1.55	1.62	1.51	1.65	1.48	1.69	1.44	1.73	1.41	1.77
65	1.57	1.63	1.54	1.66	1.50	1.70	1.47	1.73	1.44	1.77
70	1.58	1.64	1.55	1.67	1.52	1.70	1.49	1.74	1.46	1.77
75	1.60	1.65	1.57	1.68	1.54	1.71	1.51	1.74	1.49	1.77
80	1.61	1.66	1.59	1.69	1.56	1.72	1.53	1.74	1.51	1.77
85	1.62	1.67	1.60	1.70	1.57	1.72	1.55	1.75	1.52	1.77
90	1.63	1.68	1.61	1.70	1.59	1.73	1.57	1.75	1.54	1.78
95	1.64	1.69	1.62	1.71	1.60	1.73	1.58	1.75	1.56	1.78
100	1.65	1.69	1.63	1.72	1.61	1.74	1.59	1.76	1.57	1.78

출처: From J. Durbin and G.S. Watson, "Testing for Serial Correlation in Least Squares Regression," *Biometrika*, 38 June, 1951.

테이블 A.12

(계속)

더빈 왓슨(Durbin-Watson)검정의 d_L과 d_U값, 유의수준 $\alpha = 0.025$일 때

n = 관측 개수
k = 독립변수 개수

n	$k = 1$		$k = 2$		$k = 3$		$k = 4$		$k = 5$	
	d_L	d_U	d_L	d_U	d_L	d_U	d_L	d_U	d_L	d_U
15	0.95	1.23	0.83	1.40	0.71	1.61	0.59	1.84	0.48	2.09
16	0.98	1.24	0.86	1.40	0.75	1.59	0.64	1.80	0.53	2.03
17	1.01	1.25	0.90	1.40	0.79	1.58	0.68	1.77	0.57	1.98
18	1.03	1.26	0.93	1.40	0.82	1.56	0.72	1.74	0.62	1.93
19	1.06	1.28	0.96	1.41	0.86	1.55	0.76	1.72	0.66	1.90
20	1.08	1.28	0.99	1.41	0.89	1.55	0.79	1.70	0.70	1.87
21	1.10	1.30	1.01	1.41	0.92	1.54	0.83	1.69	0.73	1.84
22	1.12	1.31	1.04	1.42	0.95	1.54	0.86	1.68	0.77	1.82
23	1.14	1.32	1.06	1.42	0.97	1.54	0.89	1.67	0.80	1.80
24	1.16	1.33	1.08	1.43	1.00	1.54	0.91	1.66	0.83	1.79
25	1.18	1.34	1.10	1.43	1.02	1.54	0.94	1.65	0.86	1.77
26	1.19	1.35	1.12	1.44	1.04	1.54	0.96	1.65	0.88	1.76
27	1.21	1.36	1.13	1.44	1.06	1.54	0.99	1.64	0.91	1.75
28	1.22	1.37	1.15	1.45	1.08	1.54	1.01	1.64	0.93	1.74
29	1.24	1.38	1.17	1.45	1.10	1.54	1.03	1.63	0.96	1.73
30	1.25	1.38	1.18	1.46	1.12	1.54	1.05	1.63	0.98	1.73
31	1.26	1.39	1.20	1.47	1.13	1.55	1.07	1.63	1.00	1.72
32	1.27	1.40	1.21	1.47	1.15	1.55	1.08	1.63	1.02	1.71
33	1.28	1.41	1.22	1.48	1.16	1.55	1.10	1.63	1.04	1.71
34	1.29	1.41	1.24	1.48	1.17	1.55	1.12	1.63	1.06	1.70
35	1.30	1.42	1.25	1.48	1.19	1.55	1.13	1.63	1.07	1.70
36	1.31	1.43	1.26	1.49	1.20	1.56	1.15	1.63	1.09	1.70
37	1.32	1.43	1.27	1.49	1.21	1.56	1.16	1.62	1.10	1.70
38	1.33	1.44	1.28	1.50	1.23	1.56	1.17	1.62	1.12	1.70
39	1.34	1.44	1.29	1.50	1.24	1.56	1.19	1.63	1.13	1.69
40	1.35	1.45	1.30	1.51	1.25	1.57	1.20	1.63	1.15	1.69
45	1.39	1.48	1.34	1.53	1.30	1.58	1.25	1.63	1.21	1.69
50	1.42	1.50	1.38	1.54	1.34	1.59	1.30	1.64	1.26	1.69
55	1.45	1.52	1.41	1.56	1.37	1.60	1.33	1.64	1.30	1.69
60	1.47	1.54	1.44	1.57	1.40	1.61	1.37	1.65	1.33	1.69
65	1.49	1.55	1.46	1.59	1.43	1.62	1.40	1.66	1.36	1.69
70	1.51	1.57	1.48	1.60	1.45	1.63	1.42	1.66	1.39	1.70
75	1.53	1.58	1.50	1.61	1.47	1.64	1.45	1.67	1.42	1.70
80	1.54	1.59	1.52	1.62	1.49	1.65	1.47	1.67	1.44	1.70
85	1.56	1.60	1.53	1.63	1.51	1.65	1.49	1.68	1.46	1.71
90	1.57	1.61	1.55	1.64	1.53	1.66	1.50	1.69	1.48	1.71
95	1.58	1.62	1.56	1.65	1.54	1.67	1.52	1.69	1.50	1.71
100	1.59	1.63	1.57	1.65	1.55	1.67	1.53	1.70	1.51	1.72

테이블 A.12

(계속)

더빈 왓슨(Durbin-Watson)검정의 d_L과 d_U값, 유의수준 $\alpha = 0.01$일 때

n **= 관측 개수**
k **= 독립변수 개수**

	$k = 1$		$k = 2$		$k = 3$		$k = 4$		$k = 5$	
n	d_L	d_U	d_L	d_U	d_L	d_U	d_L	d_U	d_L	d_U
15	0.81	1.07	0.70	1.25	0.59	1.46	0.49	1.70	0.39	1.96
16	0.84	1.09	0.74	1.25	0.63	1.44	0.53	1.66	0.44	1.90
17	0.87	1.10	0.77	1.25	0.67	1.43	0.57	1.63	0.48	1.85
18	0.90	1.12	0.80	1.26	0.71	1.42	0.61	1.60	0.52	1.80
19	0.93	1.13	0.83	1.26	0.74	1.41	0.65	1.58	0.56	1.77
20	0.95	1.15	0.86	1.27	0.77	1.41	0.68	1.57	0.60	1.74
21	0.97	1.16	0.89	1.27	0.80	1.41	0.72	1.55	0.63	1.71
22	1.00	1.17	0.91	1.28	0.83	1.40	0.75	1.54	0.66	1.69
23	1.02	1.19	0.94	1.29	0.86	1.40	0.77	1.53	0.70	1.67
24	1.04	1.20	0.96	1.30	0.88	1.41	0.80	1.53	0.72	1.66
25	1.05	1.21	0.98	1.30	0.90	1.41	0.83	1.52	0.75	1.65
26	1.07	1.22	1.00	1.31	0.93	1.41	0.85	1.52	0.78	1.64
27	1.09	1.23	1.02	1.32	0.95	1.41	0.88	1.51	0.81	1.63
28	1.10	1.24	1.04	1.32	0.97	1.41	0.90	1.51	0.83	1.62
29	1.12	1.25	1.05	1.33	0.99	1.42	0.92	1.51	0.85	1.61
30	1.13	1.26	1.07	1.34	1.01	1.42	0.94	1.51	0.88	1.61
31	1.15	1.27	1.08	1.34	1.02	1.42	0.96	1.51	0.90	1.60
32	1.16	1.28	1.10	1.35	1.04	1.43	0.98	1.51	0.92	1.60
33	1.17	1.29	1.11	1.36	1.05	1.43	1.00	1.51	0.94	1.59
34	1.18	1.30	1.13	1.36	1.07	1.43	1.01	1.51	0.95	1.59
35	1.19	1.31	1.14	1.37	1.08	1.44	1.03	1.51	0.97	1.59
36	1.21	1.32	1.15	1.38	1.10	1.44	1.04	1.51	0.99	1.59
37	1.22	1.32	1.16	1.38	1.11	1.45	1.06	1.51	1.00	1.59
38	1.23	1.33	1.18	1.39	1.12	1.45	1.07	1.52	1.02	1.58
39	1.24	1.34	1.19	1.39	1.14	1.45	1.09	1.52	1.03	1.58
40	1.25	1.34	1.20	1.40	1.15	1.46	1.10	1.52	1.05	1.58
45	1.29	1.38	1.24	1.42	1.20	1.48	1.16	1.53	1.11	1.58
50	1.32	1.40	1.28	1.45	1.24	1.49	1.20	1.54	1.16	1.59
55	1.36	1.43	1.32	1.47	1.28	1.51	1.25	1.55	1.21	1.59
60	1.38	1.45	1.35	1.48	1.32	1.52	1.28	1.56	1.25	1.60
65	1.41	1.47	1.38	1.50	1.35	1.53	1.31	1.57	1.28	1.61
70	1.43	1.49	1.40	1.52	1.37	1.55	1.34	1.58	1.31	1.61
75	1.45	1.50	1.42	1.53	1.39	1.56	1.37	1.59	1.34	1.62
80	1.47	1.52	1.44	1.54	1.42	1.57	1.39	1.60	1.36	1.62
85	1.48	1.53	1.46	1.55	1.43	1.58	1.41	1.60	1.39	1.63
90	1.50	1.54	1.47	1.56	1.45	1.59	1.43	1.61	1.41	1.64
95	1.51	1.55	1.49	1.57	1.47	1.60	1.45	1.62	1.42	1.64
100	1.52	1.56	1.50	1.58	1.48	1.60	1.46	1.63	1.44	1.65

테이블 A.13

평균치 관리도와 범위 관리도의 3-시그마 관리한계선을 정해주는 상수.

각 표본의 관측수	평균의 $\bar{x}$-관리도	범위의 R-관리도	
n	A_2	D_3	D_4
2	1.880	0	3.267
3	1.023	0	2.575
4	0.729	0	2.282
5	0.577	0	2.115
6	0.483	0	2.004
7	0.419	0.076	1.924
8	0.373	0.136	1.864
9	0.337	0.184	1.816
10	0.308	0.223	1.777
11	0.285	0.256	1.744
12	0.266	0.284	1.716
13	0.249	0.308	1.692
14	0.235	0.329	1.671
15	0.223	0.348	1.652

출처: From E. S. Pearson, "The Percentage Limits for the Distribution of Range in Samples from a Normal Population," *Biometrika* 24 (1932): 416.

테이블 A.14 표준정규분포 누적확률(엑셀 함수활용)

z	0.00	0.01	0.02	0.03	0.04	0.05	0.06	0.07	0.08	0.09
0.0	0.5000	0.5040	0.5080	0.5120	0.5160	0.5199	0.5239	0.5279	0.5319	0.5359
0.1	0.5398	0.5438	0.5478	0.5517	0.5557	0.5596	0.5636	0.5675	0.5714	0.5753
0.2	0.5793	0.5832	0.5871	0.5910	0.5948	0.5987	0.6026	0.6064	0.6103	0.6141
0.3	0.6179	0.6217	0.6255	0.6293	0.6331	0.6368	0.6406	0.6443	0.6480	0.6517
0.4	0.6554	0.6591	0.6628	0.6664	0.6700	0.6736	0.6772	0.6808	0.6844	0.6879
0.5	0.6915	0.6950	0.6985	0.7019	0.7054	0.7088	0.7123	0.7157	0.7190	0.7224
0.6	0.7257	0.7291	0.7324	0.7357	0.7389	0.7422	0.7454	0.7486	0.7517	0.7549
0.7	0.7580	0.7611	0.7642	0.7673	0.7704	0.7734	0.7764	0.7794	0.7823	0.7852
0.8	0.7881	0.7910	0.7939	0.7967	0.7995	0.8023	0.8051	0.8078	0.8106	0.8133
0.9	0.8159	0.8186	0.8212	0.8238	0.8264	0.8289	0.8315	0.8340	0.8365	0.8389
1.0	0.8413	0.8438	0.8461	0.8485	0.8508	0.8531	0.8554	0.8577	0.8599	0.8621
1.1	0.8643	0.8665	0.8686	0.8708	0.8729	0.8749	0.8770	0.8790	0.8810	0.8830
1.2	0.8849	0.8869	0.8888	0.8907	0.8925	0.8944	0.8962	0.8980	0.8997	0.9015
1.3	0.9032	0.9049	0.9066	0.9082	0.9099	0.9115	0.9131	0.9147	0.9162	0.9177
1.4	0.9192	0.9207	0.9222	0.9236	0.9251	0.9265	0.9279	0.9292	0.9306	0.9319
1.5	0.9332	0.9345	0.9357	0.9370	0.9382	0.9394	0.9406	0.9418	0.9429	0.9441
1.6	0.9452	0.9463	0.9474	0.9484	0.9495	0.9505	0.9515	0.9525	0.9535	0.9545
1.7	0.9554	0.9564	0.9573	0.9582	0.9591	0.9599	0.9608	0.9616	0.9625	0.9633
1.8	0.9641	0.9649	0.9656	0.9664	0.9671	0.9678	0.9686	0.9693	0.9699	0.9706
1.9	0.9713	0.9719	0.9726	0.9732	0.9738	0.9744	0.9750	0.9756	0.9761	0.9767
2.0	0.9772	0.9778	0.9783	0.9788	0.9793	0.9798	0.9803	0.9808	0.9812	0.9817
2.1	0.9821	0.9826	0.9830	0.9834	0.9838	0.9842	0.9846	0.9850	0.9854	0.9857
2.2	0.9861	0.9864	0.9868	0.9871	0.9875	0.9878	0.9881	0.9884	0.9887	0.9890
2.3	0.9893	0.9896	0.9898	0.9901	0.9904	0.9906	0.9909	0.9911	0.9913	0.9916
2.4	0.9918	0.9920	0.9922	0.9925	0.9927	0.9929	0.9931	0.9932	0.9934	0.9936
2.5	0.9938	0.9940	0.9941	0.9943	0.9945	0.9946	0.9948	0.9949	0.9951	0.9952
2.6	0.9953	0.9955	0.9956	0.9957	0.9959	0.9960	0.9961	0.9962	0.9963	0.9964
2.7	0.9965	0.9966	0.9967	0.9968	0.9969	0.9970	0.9971	0.9972	0.9973	0.9974
2.8	0.9974	0.9975	0.9976	0.9977	0.9977	0.9978	0.9979	0.9979	0.9980	0.9981
2.9	0.9981	0.9982	0.9982	0.9983	0.9984	0.9984	0.9985	0.9985	0.9986	0.9986
3.0	0.9987	0.9987	0.9987	0.9988	0.9988	0.9989	0.9989	0.9989	0.9990	0.9990

테이블 A.14 표준정규분포 누적확률(엑셀 함수활용)

(계속)

z	0.00	0.01	0.02	0.03	0.04	0.05	0.06	0.07	0.08	0.09
-3.0	0.0013	0.0013	0.0013	0.0012	0.0012	0.0011	0.0011	0.0011	0.0010	0.0010
-2.9	0.0019	0.0018	0.0018	0.0017	0.0016	0.0016	0.0015	0.0015	0.0014	0.0014
-2.8	0.0026	0.0025	0.0024	0.0023	0.0023	0.0022	0.0021	0.0021	0.0020	0.0019
-2.7	0.0035	0.0034	0.0033	0.0032	0.0031	0.0030	0.0029	0.0028	0.0027	0.0026
-2.6	0.0047	0.0045	0.0044	0.0043	0.0041	0.0040	0.0039	0.0038	0.0037	0.0036
-2.5	0.0062	0.0060	0.0059	0.0057	0.0055	0.0054	0.0052	0.0051	0.0049	0.0048
-2.4	0.0082	0.0080	0.0078	0.0075	0.0073	0.0071	0.0069	0.0068	0.0066	0.0064
-2.3	0.0107	0.0104	0.0102	0.0099	0.0096	0.0094	0.0091	0.0089	0.0087	0.0084
-2.2	0.0139	0.0136	0.0132	0.0129	0.0125	0.0122	0.0119	0.0116	0.0113	0.0110
-2.1	0.0179	0.0174	0.0170	0.0166	0.0162	0.0158	0.0154	0.0150	0.0146	0.0143
-2.0	0.0228	0.0222	0.0217	0.0212	0.0207	0.0202	0.0197	0.0192	0.0188	0.0183
-1.9	0.0287	0.0281	0.0274	0.0268	0.0262	0.0256	0.0250	0.0244	0.0239	0.0233
-1.8	0.0359	0.0351	0.0344	0.0336	0.0329	0.0322	0.0314	0.0307	0.0301	0.0294
-1.7	0.0446	0.0436	0.0427	0.0418	0.0409	0.0401	0.0392	0.0384	0.0375	0.0367
-1.6	0.0548	0.0537	0.0526	0.0516	0.0505	0.0495	0.0485	0.0475	0.0465	0.0455
-1.5	0.0668	0.0655	0.0643	0.0630	0.0618	0.0606	0.0594	0.0582	0.0571	0.0559
-1.4	0.0808	0.0793	0.0778	0.0764	0.0749	0.0735	0.0721	0.0708	0.0694	0.0681
-1.3	0.0968	0.0951	0.0934	0.0918	0.0901	0.0885	0.0869	0.0853	0.0838	0.0823
-1.2	0.1151	0.1131	0.1112	0.1093	0.1075	0.1056	0.1038	0.1020	0.1003	0.0985
-1.1	0.1357	0.1335	0.1314	0.1292	0.1271	0.1251	0.1230	0.1210	0.1190	0.1170
-1.0	0.1587	0.1562	0.1539	0.1515	0.1492	0.1469	0.1446	0.1423	0.1401	0.1379
-0.9	0.1841	0.1814	0.1788	0.1762	0.1736	0.1711	0.1685	0.1660	0.1635	0.1611
-0.8	0.2119	0.2090	0.2061	0.2033	0.2005	0.1977	0.1949	0.1922	0.1894	0.1867
-0.7	0.2420	0.2389	0.2358	0.2327	0.2296	0.2266	0.2236	0.2206	0.2177	0.2148
-0.6	0.2743	0.2709	0.2676	0.2643	0.2611	0.2578	0.2546	0.2514	0.2483	0.2451
-0.5	0.3085	0.3050	0.3015	0.2981	0.2946	0.2912	0.2877	0.2843	0.2810	0.2776
-0.4	0.3446	0.3409	0.3372	0.3336	0.3300	0.3264	0.3228	0.3192	0.3156	0.3121
-0.3	0.3821	0.3783	0.3745	0.3707	0.3669	0.3632	0.3594	0.3557	0.3520	0.3483
-0.2	0.4207	0.4168	0.4129	0.4090	0.4052	0.4013	0.3974	0.3936	0.3897	0.3859
-0.1	0.4602	0.4562	0.4522	0.4483	0.4443	0.4404	0.4364	0.4325	0.4286	0.4247
0.0	0.5000	0.4960	0.4920	0.4880	0.4840	0.4801	0.4761	0.4721	0.4681	0.4641

테이블 A.15 t-분포, 오른쪽 꼬리면적에 해당하는 t-값(엑셀함수 활용)

자유도	0.20	0.10	0.05	0.025	0.01	0.005
1	1.3764	3.0777	6.3138	12.7062	31.8205	63.6567
2	1.0607	1.8856	2.9200	4.3027	6.9646	9.9248
3	0.9785	1.6377	2.3534	3.1824	4.5407	5.8409
4	0.9410	1.5332	2.1318	2.7764	3.7469	4.6041
5	0.9195	1.4759	2.0150	2.5706	3.3649	4.0321
6	0.9057	1.4398	1.9432	2.4469	3.1427	3.7074
7	0.8960	1.4149	1.8946	2.3646	2.9980	3.4995
8	0.8889	1.3968	1.8595	2.3060	2.8965	3.3554
9	0.8834	1.3830	1.8331	2.2622	2.8214	3.2498
10	0.8791	1.3722	1.8125	2.2281	2.7638	3.1693
11	0.8755	1.3634	1.7959	2.2010	2.7181	3.1058
12	0.8726	1.3562	1.7823	2.1788	2.6810	3.0545
13	0.8702	1.3502	1.7709	2.1604	2.6503	3.0123
14	0.8681	1.3450	1.7613	2.1448	2.6245	2.9768
15	0.8662	1.3406	1.7531	2.1314	2.6025	2.9467
16	0.8647	1.3368	1.7459	2.1199	2.5835	2.9208
17	0.8633	1.3334	1.7396	2.1098	2.5669	2.8982
18	0.8620	1.3304	1.7341	2.1009	2.5524	2.8784
19	0.8610	1.3277	1.7291	2.0930	2.5395	2.8609
20	0.8600	1.3253	1.7247	2.0860	2.5280	2.8453
21	0.8591	1.3232	1.7207	2.0796	2.5176	2.8314
22	0.8583	1.3212	1.7171	2.0739	2.5083	2.8188
23	0.8575	1.3195	1.7139	2.0687	2.4999	2.8073
24	0.8569	1.3178	1.7109	2.0639	2.4922	2.7969
25	0.8562	1.3163	1.7081	2.0595	2.4851	2.7874
26	0.8557	1.3150	1.7056	2.0555	2.4786	2.7787
27	0.8551	1.3137	1.7033	2.0518	2.4727	2.7707
28	0.8546	1.3125	1.7011	2.0484	2.4671	2.7633
29	0.8542	1.3114	1.6991	2.0452	2.4620	2.7564
30	0.8538	1.3104	1.6973	2.0423	2.4573	2.7500
31	0.8534	1.3095	1.6955	2.0395	2.4528	2.7440
32	0.8530	1.3086	1.6939	2.0369	2.4487	2.7385
33	0.8526	1.3077	1.6924	2.0345	2.4448	2.7333
34	0.8523	1.3070	1.6909	2.0322	2.4411	2.7284
35	0.8520	1.3062	1.6896	2.0301	2.4377	2.7238
36	0.8517	1.3055	1.6883	2.0281	2.4345	2.7195
37	0.8514	1.3049	1.6871	2.0262	2.4314	2.7154
38	0.8512	1.3042	1.6860	2.0244	2.4286	2.7116
39	0.8509	1.3036	1.6849	2.0227	2.4258	2.7079
40	0.8507	1.3031	1.6839	2.0211	2.4233	2.7045

테이블 A.15 t-분포, 오른쪽 꼬리면적에 해당하는 t-값(엑셀함수 활용)

(계속)

자유도	0.20	0.10	0.05	0.025	0.01	0.005
41	0.8505	1.3025	1.6829	2.0195	2.4208	2.7012
42	0.8503	1.3020	1.6820	2.0181	2.4185	2.6981
43	0.8501	1.3016	1.6811	2.0167	2.4163	2.6951
44	0.8499	1.3011	1.6802	2.0154	2.4141	2.6923
45	0.8497	1.3006	1.6794	2.0141	2.4121	2.6896
46	0.8495	1.3002	1.6787	2.0129	2.4102	2.6870
47	0.8493	1.2998	1.6779	2.0117	2.4083	2.6846
48	0.8492	1.2994	1.6772	2.0106	2.4066	2.6822
49	0.8490	1.2991	1.6766	2.0096	2.4049	2.6800
50	0.8489	1.2987	1.6759	2.0086	2.4033	2.6778
51	0.8487	1.2984	1.6753	2.0076	2.4017	2.6757
52	0.8486	1.2980	1.6747	2.0066	2.4002	2.6737
53	0.8485	1.2977	1.6741	2.0057	2.3988	2.6718
54	0.8483	1.2974	1.6736	2.0049	2.3974	2.6700
55	0.8482	1.2971	1.6730	2.0040	2.3961	2.6682
56	0.8481	1.2969	1.6725	2.0032	2.3948	2.6665
57	0.8480	1.2966	1.6720	2.0025	2.3936	2.6649
58	0.8479	1.2963	1.6716	2.0017	2.3924	2.6633
59	0.8478	1.2961	1.6711	2.0010	2.3912	2.6618
60	0.8477	1.2958	1.6706	2.0003	2.3901	2.6603
61	0.8476	1.2956	1.6702	1.9996	2.3890	2.6589
62	0.8475	1.2954	1.6698	1.9990	2.3880	2.6575
63	0.8474	1.2951	1.6694	1.9983	2.3870	2.6561
64	0.8473	1.2949	1.6690	1.9977	2.3860	2.6549
65	0.8472	1.2947	1.6686	1.9971	2.3851	2.6536
66	0.8471	1.2945	1.6683	1.9966	2.3842	2.6524
67	0.8470	1.2943	1.6679	1.9960	2.3833	2.6512
68	0.8469	1.2941	1.6676	1.9955	2.3824	2.6501
69	0.8469	1.2939	1.6672	1.9949	2.3816	2.6490
70	0.8468	1.2938	1.6669	1.9944	2.3808	2.6479
71	0.8467	1.2936	1.6666	1.9939	2.3800	2.6469
72	0.8466	1.2934	1.6663	1.9935	2.3793	2.6459
73	0.8466	1.2933	1.6660	1.9930	2.3785	2.6449
74	0.8465	1.2931	1.6657	1.9925	2.3778	2.6439
75	0.8464	1.2929	1.6654	1.9921	2.3771	2.6430
76	0.8464	1.2928	1.6652	1.9917	2.3764	2.6421
77	0.8463	1.2926	1.6649	1.9913	2.3758	2.6412
78	0.8463	1.2925	1.6646	1.9908	2.3751	2.6403
79	0.8462	1.2924	1.6644	1.9905	2.3745	2.6395
80	0.8461	1.2922	1.6641	1.9901	2.3739	2.6387

테이블 A.15 t-분포, 오른쪽 꼬리면적에 해당하는 t-값(엑셀함수 활용)
(계속)

자유도	0.20	0.10	0.05	0.025	0.01	0.005
81	0.8461	1.2921	1.6639	1.9897	2.3733	2.6379
82	0.8460	1.2920	1.6636	1.9893	2.3727	2.6371
83	0.8460	1.2918	1.6634	1.9890	2.3721	2.6364
84	0.8459	1.2917	1.6632	1.9886	2.3716	2.6356
85	0.8459	1.2916	1.6630	1.9883	2.3710	2.6349
86	0.8458	1.2915	1.6628	1.9879	2.3705	2.6342
87	0.8458	1.2914	1.6626	1.9876	2.3700	2.6335
88	0.8457	1.2912	1.6624	1.9873	2.3695	2.6329
89	0.8457	1.2911	1.6622	1.9870	2.3690	2.6322
90	0.8456	1.2910	1.6620	1.9867	2.3685	2.6316
91	0.8456	1.2909	1.6618	1.9864	2.3680	2.6309
92	0.8455	1.2908	1.6616	1.9861	2.3676	2.6303
93	0.8455	1.2907	1.6614	1.9858	2.3671	2.6297
94	0.8455	1.2906	1.6612	1.9855	2.3667	2.6291
95	0.8454	1.2905	1.6611	1.9853	2.3662	2.6286
96	0.8454	1.2904	1.6609	1.9850	2.3658	2.6280
97	0.8453	1.2903	1.6607	1.9847	2.3654	2.6275
98	0.8453	1.2902	1.6606	1.9845	2.3650	2.6269
99	0.8453	1.2902	1.6604	1.9842	2.3646	2.6264
100	0.8452	1.2901	1.6602	1.9840	2.3642	2.6259
∞	0.8417	1.2816	1.6450	1.9602	2.3267	2.5763

부록 B: 연습문제 해답

APPENDIX B: SELECTED ANSWERS

Answers to Selected Exercises

Chapter 2

2.3 a. 45.59 million **b.** lower limit is 35, upper limit is under 45 **c.** 10 years **d.** 40 years **2.5 a.** 183.53 thousand **b.** lower limit is 45, upper limit is under 55 **c.** 10 years **d.** 50 years **2.45 a.** $y = 323.53 + 0.8112x$ **b.** yes, direct **2.57 a.** 1342 cities **b.** 2815 cities **c.** 253 cities; 8.77% **d.** 175,000 **2.66 a.** yes **b.** lawjudge = 0.788 + 0.840*acad **2.67 c.** highest: mechanical 2 and electrical 1; lowest: mechanical 1 and electrical 3 **2.71 a.** yes **b.** Canada = 1.089 + 1.754*U.S.

Chapter 3

3.1 $\bar{x}$ = \$20.449, median = \$20.495 **3.3** $\bar{x}$ = 57.05 visitors, median = 57.50, mode = 63 **3.5** $\bar{x}$ = 6.93, median = 7.095 **3.7** $\bar{x}$ = 38.1, median = 36.5 **3.9** 83.2 **3.11 a.** mean **b.** median **3.13** $\bar{x}$ = 398.86, median = 396.75 **3.15** females: $\bar{x}$ = 40.62, median = 39.00; males: $\bar{x}$ = 41.08, median = 41.50 **3.17** range = 39, MAD = 10.35 visitors, s = 12.40, s^2 = 153.84 **3.19 a.** μ = 29.11 million, median = 22.4 million, range = 44.5 million, midrange = 39.45 million **b.** MAD = 12.99 million **c.** σ = 15.44 million, σ^2 = 238.396 **3.21 a.** $\bar{x}$ = 27.2 mpg, median = 28 mpg, range = 30 mpg, midrange = 25 mpg **b.** MAD = 5.6 mpg **c.** s = 8.052, s^2 = 64.84 **3.23** Q_1 = 7, Q_2 = 18, Q_3 = 30, interquartile range = 23, quartile deviation = 11.5 **3.25 a.** $\bar{x}$ = 23.35, median = 22.86, range = 26.13, midrange = 26.465 **b.** MAD = 4.316 **c.** s = 5.49, s^2 = 30.14 **3.27 a.** $\bar{x}$ = 90.771, median = 91.4, range = 40.4, midrange = 92.0 **b.** MAD = 6.70 **c.** s = 8.36, s^2 = 69.90 **3.29 a.** 84% **b.** 88.89% **c.** 96% **3.31** 90%, yes **3.33 a.** 68% **b.** 2.5% **c.** 84% **d.** 13.5% **3.35** Barnsboro **3.39 a.** approximately 7.00 and 1.504 **3.41** approximately 21.75 and 15.65 **3.43** r = −0.8 **3.45** lawjudge = 0.7880 + 0.8404*acad, r^2 = 0.9344, r = 0.967 **3.47** generic = −3.5238 + 0.377*brand, r^2 = 0.7447, r = 0.863 **3.48** \$4.69 **3.50** $\bar{x}$ = 117.75, median = 117.5, no **3.52 a.** $\bar{x}$ = 2.099, median = 2.115, range = 0.46, midrange = 2.08 **b.** MAD = 0.137 **c.** s = 0.156, s^2 = 0.02446 **3.56 a.** $\bar{x}$ becomes 3.1 lbs., s remains 0.5 lbs. **b.** 4.1 lbs. **3.59** greater variation for data in exercise 3.60 **3.60** no, positively skewed **3.63** 120, 116, 124, 20, symmetrical

Chapter 4

4.3 a. secondary **b.** secondary **4.11** response error **4.13** telephone **4.39** systematic **4.43 a.** sample **b.** sample **c.** sample **d.** census **4.68 a.** 54 **b.** 146

Chapter 5

5.1 subjective **5.7** decrease for men, increase for women **5.9** 0.36 **5.13 a.** 0 **b.** 196 **c.** 147 **d.** 372 **5.19** 0.945, 0.035 **5.21** 0.35, 0.65 **5.23** 0.797 **5.25 b.** 0.13 **c.** 0.30 **d.** 0.89 **5.27** 0.91 **5.29 a.** 0.947 **b.** 0.710 **c.** 0.351 **d.** 0.992 **5.31** no, no **5.33 a.** 0.16 **b.** 0.31 **c.** 0.12 **d.** 0.41 **5.35** 0.851 **5.37 a.** 0.025 **b.** 0.709 **c.** 0.266 **5.39** 0.175 **5.43** 0.154 **5.45 a.** 0.51 **b.** 0.85 **c.** 0.77 **5.47 a.** 0.5 **b.** 0.455 **5.49 a.** 0.1 **b.** 0.233 **5.51** 256 **5.53** 36 **5.57** 20 **5.59** $7.9019*10^{27}$ **5.62 a.** 0.000000005 **b.** 0.0625 **c.** 0.062500005 **d.** 0 **5.63 a.** 0.005 **b.** 0.855 **c.** 0.14 **d.** 0.995 **5.64 a.** 0.7 **b.** 0.9 **c.** 0.667 **5.67 a.** 3 **b.** 3 **c.** 1 **5.68 a.** 0.85 **b.** 0.278 **c.** 0.046 **5.71 a.** 0.001 **b.** classical **c.** yes **5.73** 120 **5.74** 22 **5.77 a.** 0.9 **b.** 0.429 **5.78 a.** 0.973 **b.** $4.741*10^{-12}$ **c.** 10 **5.81** 0.296, 0.963 **5.84** 10,000 **5.85** 1320

Chapter 6

6.3 a. discrete **b.** continuous **c.** discrete **d.** continuous **6.5** μ = 7.2, σ = 2.18, σ^2 = 4.76 **6.7** μ = 1.9, σ = 1.14, σ^2 = 1.29 **6.9** \$10 **6.11** E(x) = 3.1 **6.13** \$0.50 **6.15** \$37.9 million, \$41.9 million, \$40.3 million, minor **6.19 a.** 3.6 **b.** 1.59 **c.** 0.2397 **d.** 0.9133 **e.** 0.5075 **6.21 a.** 0.0102 **b.** 0.2304 **c.** 0.3456 **d.** 0.0778 **6.23 a.** 0.9703 **b.** 0.0294 **c.** 0.0003 **d.** 0.0000 **6.25 a.** 0.9375 **b.** 0.6875 **6.27** 0.1250, 0.1250, 0.3750 **6.29** 0.3439 **6.31 a.** 0.0014 **b.** 0.0139 **c.** yes **6.35 a.** 0.1000 **b.** 0.6000 **c.** 0.3000 **6.37** 0.9000 **6.39 a.** 0.1353 **b.** 0.2707 **c.** 0.8571 **d.** 0.5940 **6.41 a.** 4.9 **b.** 0.1460 **c.** 0.1753 **d.** 0.9382 **e.** 0.8547 **6.43 a.** 1.8 **b.** 0.2975 **c.** 0.0723 **d.** 0.9974 **e.** 0.5268 **6.45** 0.0047, should consider slight decrease **6.47 a.** 10.0 **b.** 0.0901 **c.** 0.1251 **d.** 0.7916 **e.** 0.7311 **6.49** 0.2275, \$45,000 **6.51** not merely a coincidence **6.58** 87.95% **6.59** no **6.61** 0.9098 **6.62** 0.3684 **6.65** 0.1904 **6.68** 0.3125 **6.69** 0.0839 **6.70** 0.6065 **6.73** 0.9872 **6.74** 0.1837 **6.75** 0.7748 **6.78** 0.0012, not believable

Chapter 7

7.9 a. 0.5 **b.** approx 0.683 **c.** approx 0.8415 **d.** 0 **e.** approx 0.4775 **f.** approx 0.9775 **7.11 a.** 0.5 **b.** approx 0.955 **c.** approx 0.683 **d.** approx 0.9985 **7.13 a.** approx 0.1585 **b.** approx 0.683 **c.** approx 0.0225 **d.** approx 0.819 **7.15 a.** approx 0.0015 **b.** approx 0.1585 **7.17 a.** −0.67, 0.67 **b.** −1.28, 1.28 **c.** −0.74, 0.74 **7.19 a.** −2.00 **b.** −0.80 **c.** 0.00 **d.** 3.40 **e.** 4.60 **7.21 a.** 0.3643 **b.** 0.1357 **c.** 0.9115 **7.23 a.** 0.8730 **b.** 0.2272 **c.** 0.1091 **7.25 a.** 0.52 **b.** −1.28 **c.** 0.10 **d.** 0.52 **7.27 a.** 0.0874 **b.** 0.8790

c. 0.8413 **7.29 a.** 0.4207 **b.** 0.3050 **c.** 0.3446 **7.31** \$409,350 **7.33 a.** 0.4207 **b.** \$9545 **7.35** 3.22 minutes **7.37** 70,500 **7.41 a.** 10.0, 2.739 **b.** 0.1098, 0.2823, 0.3900, 0.1003 **7.43 a.** 12.0, 1.549 **b.** 0.2501 **c.** 0.2510 **d.** 0.9463 **7.45** 0.4350 **7.47** 0.4191 **7.53 a.** 0.5488 **b.** 0.4493 **c.** 0.3679 **d.** 0.3012 **7.55** 0.2865 **7.57** 0.619, 0.383, 8779.7 hours **7.61** 11.51% **7.63** 0.3911 **7.65** no **7.67** 0.0668, 0.0228 **7.69** 0.1587 **7.71** 0.8023 **7.73** not credible **7.75** 0.6604 **7.77** 0.4584, 0.2101 **7.79** 0.4307 **7.81** 0.0918, 0.0446 **7.83** 20.615 **7.85 a.** 0.4628 **b.** 0.7772 **c.** 12,900 **7.87** 0.4724

Chapter 8

8.3 0.18, 0.15, 1000 **8.7 a.** 25 **b.** 10 **c.** 5 **d.** 3.162 **8.9 a.** 0.8413 **b.** 0.6853 **c.** 0.9938 **8.11** 0.8849, 0.8823 **8.13** concern is justified **8.15** 0.1056 **8.17** 0.1949 **8.19** 0.9976 **8.21** $\pi = 0.46, \sigma_p \le 0.0895$ **8.23 a.** 0.9616 **b.** 0.5222 **c.** 0.9616 **8.25 a.** 0.40 **b.** 0.35 **c.** 0.035 **d.** 0.9236 **8.27** 0.9938 **8.29** 0.0000; district's claim is much more credible **8.35** 0.1170 **8.37** 0.8023 **8.43 a.** 0.0183 **b.** not credible **8.45 b.** 0.0446 **8.47 a.** 2.40 **b.** 0.0082 **c.** no **8.51 a.** 0.10 **b.** 0.0062 **c.** no **8.53** 0.0643 **8.55** 0.0000 **8.57** 0.0228

Chapter 9

9.7 a. 2.625 **b.** 4.554 **9.11 a.** 0.45 **b.** (0.419, 0.481) **c.** 95%, 0.95 **9.15** 90%: (236.997, 243.003); 95%: (236.422, 243.578) **9.17** 90%: (82.92, 87.08); 95%: (82.52, 87.48) **9.19** (149.006, 150.994) **9.23** (99.897, 100.027); yes **9.27** 1.313 **9.29 a.** 1.292 **b.** −1.988 **c.** 2.371 **9.31** 95%: (46.338, 54.362); 99%: (44.865, 55.835) **9.33 a.** (22.16, 27.84) **b.** yes **9.35** (28.556, 29.707) **9.37** (1520.96, 1549.04) **9.39** (17.43, 21.97); no **9.41** (14.646, 15.354); yes **9.43** (0.429, 0.491) **9.45** (0.153, 0.247); not credible **9.47** (0.449, 0.511) **9.49** (0.579, 0.625) **9.51 a.** (0.527, 0.613) **9.53** (0.649, 0.711) **9.55** (0.566, 0.634); no; may not succeed **9.57** (0.311, 0.489) **9.61** 92 **9.63** 1068 **9.65** 863 **9.67** 601 **9.71** 95%: (0.522, 0.578); 99%: (0.513, 0.587) **9.73** 458 **9.75** 92 **9.77** 462 **9.79** 1226 **9.81** 0.01 **9.83** (135.211, 138.789) **9.85** 246 **9.87** 90%: (44.91, 49.96); 95%: (44.39, 50.47) **9.89** 411 **9.91** \$1200 **9.93** 95%: (0.347, 0.433); 99%: (0.334, 0.446) **9.95** 4161 **9.97** 722 **9.99** 1068 **9.101** 1110 **9.103** 3736 **9.105** 90%: (0.375, 0.425); 95%: (0.370, 0.430) **9.107** (0.018, 0.062) **9.109** (\$95.56, \$98.45) **9.111** (64.719, 68.301); funds are not endangered

Chapter 10

10.3 a. no **b.** yes **c.** yes **d.** no **e.** yes **f.** no **10.5** type I **10.7** type II **10.13** type I **10.17 a.** numerically high **b.** numerically low **10.23** no; do not reject H_0 **10.25 a.** 0.0618 **b.** 0.1515 **c.** 0.0672 **10.27** reject H_0; p-value = 0.021 **10.29** do not reject H_0; p-value = 0.035 **10.31** no; do not reject H_0; p-value = 0.052 **10.33** p-value = 0.316; do not reject H_0 **10.35 a.** do not reject H_0 **b.** reject H_0 **c.** do not reject H_0 **d.** reject H_0 **10.37** (1.995, 2.055); do not reject H_0; same **10.41** do not reject H_0 **10.43** no; do not reject H_0 **10.45** no; reject H_0 **10.47** yes; reject H_0 **10.49** do not reject H_0 **10.51** yes; reject H_0 **10.53** (86.29, 92.71); no; yes **10.55** (35.657, 37.943); no; yes **10.57** 0.03; reject H_0 **10.61** reject H_0 **10.63** reject H_0 **10.65** no; reject H_0; 0.003 **10.67** yes; reject H_0; p-value = 0.005 **10.69** reject H_0; p-value = 0.014 **10.71** yes; p-value = 0.220 **10.73** no; do not reject H_0; p-value = 0.079 **10.75** (0.735, 0.805); yes; yes **10.77** (0.402, 0.518); yes; yes **10.81** alpha unchanged, beta decreases **10.83** 0.9871 **10.87 a.** 2.33 **b.** 0.036 **10.93** reject H_0, has increased **10.95 a.** 0.05 level: reject H_0 **b.** 95% CI: (236,279; 255,321) **10.97** yes **10.99** reject H_0 **10.101** reject H_0; statement not credible **10.103** do not reject H_0; claim is credible **10.105 a.** 0.9505 **b.** 0.8212 **c.** 0.5753 **d.** 0.2946 **e.** 0.1020 **10.107 b.** e.g., 0.005 **c.** e.g., 0.02 **d.** 0.024 **10.109** yes; reject H_0; p-value = 0.015 **10.111** no; do not reject H_0; p-value = 0.059 **10.113** do not reject H_0; p-value = 0.282

Chapter 11

11.3 do not reject H_0, > 0.20 **11.5** yes; reject H_0 **11.7** do not reject H_0; between 0.05 and 0.10; (−8.872, 0.472) **11.9** reject H_0; between 0.10 and 0.05; 90% CI: (−1.318, −0.082) **11.11** claim could be valid; reject H_0; between 0.01 and 0.025 **11.13** yes; p-value = 0.031 **11.15** (−24.23, 1.03); yes; yes **11.17** (−3.33, 31.20); yes; yes **11.19** do not reject H_0 **11.21** yes, do not reject H_0; > 0.20; 95% CI: (−23.43, 6.43) **11.23** do not reject H_0; 0.1400; (−117.18, 17.18); yes; yes **11.25** do not reject H_0; (−2.03, −1.37); yes; yes **11.27** reject H_0; 0.000 **11.29** reject H_0; 0.006 **11.33** reject H_0 **11.35** yes, do not reject H_0; 0.2538; 95% CI: (−23.10, 6.10) **11.37** do not reject H_0; 0.1967; (−7.77, 37.77) **11.39** reject H_0; 0.0122 **11.41** reject H_0; 0.001 **11.43** do not reject H_0; 0.12 **11.45** dependent **11.47** reject H_0 **11.49** reject H_0; between 0.005 and 0.01 **11.51** do not reject H_0; 0.170; (−4.663, 1.774) **11.53** reject H_0 **11.55** no; do not reject H_0 **11.57** do not reject H_0 **11.59** yes; reject H_0; 0.0607; (−0.150, −0.010) **11.61** reject H_0; 0.0583 **11.63** do not reject H_0; 0.057; (−0.031, 0.211) **11.65** do not reject H_0; 0.1866; (−0.055, 0.005) **11.67** do not reject H_0; no, no **11.69** yes; do not reject H_0; no **11.71** yes; reject H_0 **11.73** reject H_0 **11.75** suspicion confirmed; reject H_0; between 0.025 and 0.05 **11.77** do not reject H_0; (−505.32, 65.32) **11.79** reject H_0; < 0.005 **11.81** yes; reject H_0; 0.0141 **11.83** reject H_0; table: < 0.01; computer: 0.0075; (0.13, 6.67) **11.85** do not reject H_0; (−1.13, 0.13) **11.87** yes; reject H_0 **11.89** no; do not reject H_0 **11.91** yes; reject H_0; < 0.005 **11.93** yes; reject H_0; 0.001 **11.95** yes; do not reject H_0; no **11.97** do not reject H_0; 0.140; (−1.95, 12.96) **11.99** not supported; do not reject H_0; 0.135 **11.101** do not reject H_0; 0.414; (−0.1204, 0.0404)

Chapter 12

12.7 designed **12.21** do not reject H_0; > 0.05 **12.23** do not reject H_0; > 0.05 **12.25** do not reject H_0 **12.27 b.** reject H_0 **12.29 b.** do not reject H_0 **c.** μ_1: (48.914, 61.086); μ_2: (42.714, 54.886); μ_3: (39.514, 51.686) **12.35** μ_1: (16.271, 19.009); μ_2: (13.901, 16.899); μ_3: (15.690, 18.060) **12.47** reject H_0; between 0.025 and 0.05 **12.49** do not reject H_0; do not reject H_0 **12.51** do not reject H_0; do not reject H_0 **12.53** reject H_0 **12.55** reject H_0 **12.59** yes; reject H_0 **12.69** Factor A, do not reject H_0; Factor B, reject H_0; Interaction, reject H_0

12.71 Factor A, do not reject H_0; Factor B, reject H_0; Interaction, do not reject H_0 **12.73** Factor A, reject H_0; Factor B, reject H_0; Interaction, reject H_0 **12.75** Assembly, do not reject H_0; Music, reject H_0; Interaction, reject H_0; Method 1, (35.846, 41.654); Method 2, (34.096, 39.904); Classical, (29.096, 34.904); Rock, (40.846, 46.654) **12.77** Bag, do not reject H_0; Dress, reject H_0; Interaction, reject H_0; Carry, (24.798, 30.536); Don't Carry, (27.298, 33.036); Sloppy, (41.736, 48.764); Casual, (17.736, 24.764); Dressy, (16.736, 23.764) **12.79** Keyboard, reject H_0; Wordpack, do not reject H_0; Interaction, reject H_0 **12.83** randomized block **12.85** independent: faceplate design; dependent: time to complete task; designed **12.87** no, randomized block procedure should be used **12.89** reject H_0 **12.91** do not reject H_0 **12.93** reject H_0 **12.95** do not reject H_0 **12.97** reject H_0 **12.99** Style, do not reject H_0; Darkness, reject H_0; Interaction, do not reject H_0; Style 1, (25.693, 30.307); Style 2, (23.693, 28.307); Light, (27.425, 33.075); Medium, (22.175, 27.825); Dark, (22.925, 28.575) **12.101** Position, reject H_0; Display, do not reject H_0; Interaction, reject H_0; Position 1, (42.684, 47.982); Position 2, (47.129, 52.427); Display 1, (42.089, 48.577); Display 2, (43.923, 50.411); Display 3, (46.923, 53.411)

Chapter 13

13.7 a. 3.490 **b.** 13.362 **c.** 2.733 **d.** 15.507 **e.** 17.535 **f.** 2.180 **13.9 a.** A = 8.547, B = 22.307 **b.** A = 7.261, B = 24.996 **c.** A = 6.262, B = 27.488 **d.** A = 5.229, B = 30.578 **13.13** 4 **13.15 a.** 6 **b.** 12.592 **c.** do not reject H_0 **13.17** yes; reject H_0 **13.19** do not reject H_0 **13.21** do not reject H_0 **13.23** do not reject H_0 **13.25** reject H_0 **13.29 a.** 6 **b.** 2 **c.** 12 **d.** 8 **e.** 12 **f.** 4 **13.31 a.** 12.833 **b.** 15.507 **c.** 16.812 **d.** 7.779 **13.33** no, reject H_0; between 0.025 and 0.01 **13.35** no; reject H_0; between 0.05 and 0.025 **13.37** no; reject H_0; less than 0.01 **13.39** yes; do not reject H_0 **13.41** no; reject H_0 **13.43** do not reject H_0 **13.45** do not reject H_0 **13.47** reject H_0 **13.49** yes; do not reject H_0 **13.53** (15.096, 43.011) **13.55** (2.620, 9.664) **13.57** (0.1346, 0.2791) **13.59** do not reject H_0 **13.61** do not reject H_0; between 0.05 and 0.025 **13.63** (0.0329, 0.0775) **13.65** do not reject H_0 **13.67** reject H_0 **13.69** yes; do not reject H_0 **13.71** do not reject H_0; between 0.10 and 0.05 **13.73** no; do not reject H_0; between 0.10 and 0.05 **13.75** (0.02001, 0.05694) **13.77** reject H_0 **13.79** do not reject H_0 **13.81** reject H_0 **13.83** reject H_0 **13.85** do not reject H_0 **13.87** probably not; reject H_0

Chapter 14

14.7 reject H_0; < 0.005 **14.9** yes; reject H_0; 0.017 **14.11** do not reject H_0; 0.137 **14.13** reject H_0 **14.15** yes, reject H_0 **14.17** do not reject H_0; between 0.05 and 0.10 **14.19** no; do not reject H_0; 0.137 **14.23** do not reject H_0 **14.25** yes; do not reject H_0; 0.2443 **14.29** reject H_0 **14.31** no; reject H_0 **14.33** no; reject H_0; 0.058 **14.37** yes; do not reject H_0; between 0.10 and 0.90 **14.39** no; do not reject H_0; 0.393 **14.43** do not reject H_0 **14.45** reject H_0 **14.49** do not reject H_0 **14.51** do not reject H_0 **14.53** do not reject H_0 **14.55** 0.83, yes **14.57** 0.343, no **14.59** reject H_0; 0.0287 **14.61** no, 0.619 **14.63** do not reject H_0 **14.65** yes; reject H_0; 0.0056 **14.67** no; do not reject H_0; between 0.05 and 0.10 **14.69** yes; do not reject H_0; between 0.025 and 0.05 **14.71** yes; do not reject H_0; between 0.025 and 0.05 **14.75** claim not credible, reject H_0; between 0.05 and 0.025 **14.77** 0.868, yes **14.79** no; do not reject H_0; 0.343 **14.81** do not reject H_0; 0.210 **14.83** they can tell the difference; reject H_0; 0.016 **14.85** do not reject H_0; 0.486

Chapter 15

15.5 second **15.7** second **15.9 a.** Shares = 44.3 +38.756*Years **b.** 431.9 **15.11** totgross = 110.02 + 1.0485*2wks; $214.87 million **15.13** Acres = 349,550 − 7851*Rain; 208,223 acres **15.21 a.** $\hat{y} = 21.701 - 1.354x$ **b.** 3.617 **c.** (8.107, 16.339) **d.** (4.647, 14.383) **e.** interval d is wider **15.23 a.** Rating = 54.97 + 7.166*TD% **b.** 90.796 **c.** 1.386 **d.** (86.728, 94.863) **e.** (88.833, 92.758) **15.25** 91.48; (−33.9, 510.1) **15.27** Revenue = $-1.66*10^8$ + 64,076,803*Dealers; CI: ($5.88*10^9$, $6.60*10^9$); PI: ($4.92*10^9$, $7.57*10^9$) **15.29** CI: (89,209; 295,832); PI: (−155,578; 540,619) **15.33** 0.81 **15.37 a.** Coll = 24.48 + 0.955*Comp **b.** 0.860, 0.740 **c.** 110.44 **15.39 a.** %Over = −82.19 + 0.04236*Cals **b.** 0.931, 0.866 **c.** 44.89% **15.41** $r = 0.800$; $r^2 = 0.640$ **15.43** Forgross = −69.382 + 1.5266*Domgross; $r = 0.7356$; $r^2 = 0.5411$ **15.45** no **15.47** > 0.10 **15.49 a.** reject H_0 **b.** reject H_0 **c.** (0.556, 1.354) **15.51 a.** reject H_0 **b.** reject H_0 **c.** (0.392, 9.608) **15.53** 61.2, 58.8 **15.55** 774.80, 536.01, 238.79; 0.692; do not reject H_0 **15.57** Gallons = 5,921,560.92 + 10.44806*Hours; $r = 0.993$; $r^2 = 0.986$; no; (8.746, 12.150) **15.59** NetIncome = 59.8006 + 0.0382*Revenue; $r = 0.7492$; $r^2 = 0.5612$; no; (0.031, 0.045) **15.71** NetIncome = 0.211 + 0.0999*TotRev; $2.009 billion **15.73 a.** OneYr% = −2.01 +1.45*ThreeYr% **b.** 5.264% **c.** 8.172% **15.75** NetIncome = 2.301 + 0.116*OpRev; $5.789 billion **15.77 a.** Amount = −2366.0 + 623.93*Policies **b.** $r = 0.99$; $r^2 = 0.984$ **c.** $16352 million **15.79 a.** Fuel = 48.065 + 0.042244*Miles **b.** 0.992, 0.984 **c.** 179.02 billion gallons **15.81 a.** RearFull = 318 + 2.612*RearCorner **b.** 0.397, 0.157 **c.** $2408 **15.83 a.** Strength = 60.02 + 10.507*Temptime **b.** 53.0% **c.** 0.017 **d.** 0.017 **e.** (2.445, 18.569) **15.85 a.** Rolresis = 9.450 − 0.08113*psi **b.** 23.9% **c.** 0.029 **d.** 0.029 **e.** (−0.15290, −0.00936) **15.87** CI: (8.26, 28.87); PI: (−6.66, 43.78) **15.89** CI: (49.710, 54.647); PI: (46.776, 57.581) **15.91 a.** GPA = −0.6964 + 0.0033282*SAT; 2.965 **b.** 69.5% **c.** CI: (2.527, 3.402); PI: (1.651, 4.278) **15.93 a.** Pay% = 7.020 + 1.516*Rate%; 19.148% **b.** 98.0%; yes **c.** CI: (18.9874, 19.3084); PI: (18.6159, 19.6799) **15.95 a.** Estp/e = 52.56 − 0.0959*Revgrow%; 38.17 **b.** 0.2%; no **c.** CI: (−0.74, 77.07); PI: (−94.67, 171.01)

Chapter 16

16.9 a. 300, 7, 13 **b.** 399 **16.11 a.** $\hat{y} = 10.687 + 2.157x_1 + 0.0416x_2$ **c.** 24.59 **16.13 a.** $\hat{y} = -127.19 + 7.611x_1 + 0.3567x_2$ **c.** −17.79 **16.15 b.** 454.42 **16.17 a.** 130.0 **b.** 3.195 **c.** (98.493, 101.507) **d.** (93.259, 106.741)

16.19 a. CalcFin = −26.6 + 0.776*MathPro + 0.0820*SATQ; 90% CI: (64.01, 73.46) **b.** 90% PI: (59.59, 77.88) **16.21 a.** (81.588, 90.978) **b.** (77.565, 95.002) **16.27** 0.716 **16.29 a.** yes **b.** β_1, reject H_0; β_2, do not reject H_0 **d.** β_1, (0.54, 3.77); β_2, (−0.07, 0.15) **16.31** β_1, (0.0679, 0.4811); β_2, (0.1928, 0.5596); β_3, (0.1761, 0.4768) **16.33 a.** yes **b.** each is significant **16.35 a.** $\hat{y} = -40{,}855{,}482 + 44{,}281.6x_1 + 152{,}760.2x_2$ **b.** yes **c.** β_1, reject H_0; β_2, do not reject H_0 **d.** β_1, (41,229.4, 47,333.8); β_2, (−4,446,472, 4,751,992) **16.45 a.** $\hat{y} = -0.8271 + 0.007163x_1 + 0.01224x_2$ **b.** β_1, (0.00615, 0.00818); β_2, (0.00198, 0.02249); **c.** 0.959 **16.51** Speed = 67.6 − 3.21*Occupants − 6.63*Seatbelt **16.53 a.** $\hat{y} = 99.865 + 1.236x_1 + 0.822x_2$ **b.** 125.816 lbs. **c.** (124.194, 127.438) **d.** (124.439, 127.193) **e.** β_1, (0.92, 1.55); β_2, (0.09, 1.56) **16.55 a.** gpa = −1.984 + 0.00372*sat + 0.00658*rank **b.** 2.634 **c.** (1.594, 3.674) **d.** (2.365, 2.904) **e.** β_1, (0.000345, 0.007093); β_2, (−0.010745, 0.023915) **16.57** $137,289

Chapter 17

17.3 negative, negative **17.5** positive, negative, positive **17.7** $Avgrate = 336.094 − 8.239*%Occup + 0.07709*%Occup^2; 49.1% **17.9** 0to60 = 26.8119 − 0.153866*hp + 0.0003083*hp^2; 8.396 seconds; yes **17.11** Forgross = 860.8 − 4.152*Domgross + 0.007689*Domgross^2; $430.4 million; yes **17.13** second-order with interaction **17.15** $percall = 61.2 + 25.63*yrs + 6.41*score −1.82*yrs^2 − 0.058*score^2 + 0.29*yrs*score; $R^2 = 0.949$; yes **17.17 a.** oprev = −231.2 + 0.129*employs + 0.00565*departs; yes **b.** oprev = 399.2 + 0.0745*employs + 0.00087*departs + 0.00000014*employs*departs; R^2 increases from 0.958 to 0.986 **17.19** 0to60 = 25.4 − 0.161*hp − 0.00030*curbwt + 0.000028*hp*curbwt; $R^2 = 0.734$; yes **17.23** two **17.25** 600 customers **17.27** price = −30.77 + 4.975*gb + 54.20*highrpm; $54.20 **17.29** productivity = 75.4 + 1.59*yrsexp − 7.36*metha + 9.73*methb; $R^2 = 0.741$ **17.31** $\hat{y} = 0.66(1.38)^x$ **17.33** $\hat{y} = 42.668371(1.0169419)^x$; $R^2 = 0.496$; $138.30 **17.35** log revenue = −0.1285 + 1.0040 log employs − 0.1121 log departs; revenue = 0.7439*employs$^{1.0040}$*departs$^{-0.1121}$; $546.2 million **17.41** yes **17.43** may be present **17.45** will not be a problem **17.49 a.** x_5, x_2, x_9 **b.** $\hat{y} = 106.85 - 0.35x_5 - 0.33x_2$ **c.** 0.05 level: x_5, x_2, x_9; 0.02 level: x_2 **17.59** Pages = −141.5 + 422.5x − 61.01x^2 + 2.749x^3; 3727 **17.61** $\hat{y} = 10.705 + 0.974x - 0.015x^2$; yes; 83.6% **17.63** Wchill = −11.296 + 1.320 Temp − 0.456 Wind; Wchill = −11.296 + 1.185 Temp − 0.456 Wind + 0.00542 TempxWind; from 0.995 to 0.997 **17.65** productivity = 19.09 + 0.211*backlog + 0.577*female; $R^2 = 0.676$; yes **17.67** Log_AllLoans = −1.0130 + 2.0567Log_CredCard + 0.0635Log_Resid; AllLoans = 0.09705*CredCard$^{2.0567}$*Resid$^{0.0635}$; 1.76%. **17.69** yes; OpCost/Hr = 525.8 +3.21*Gal/Hr − 0.68*Range; 90.68% **17.71 a.** yes, test 1 **b.** final = 14.79 + 0.885*test1; R^2 = 0.8568 **17.73** Rating = 2.225 + 4.1793*YdsperAtt − 4.1763*Int_pct +3.3231*TD_pct + 0.8305*Comp_pct; 100.00% (rounded)

Chapter 18

18.3 369,600 gallons **18.5** with $x = 1$ for 2004, Earnings = 15.045 + 0.582x; $20.865. **18.7 a.** Subs = 13.371 + 19.357x; 361.8 million **b.** Subs = 29.993 + 12.233x + 0.54798x^2; 427.7 million **c.** quadratic **18.17** the 0.4 curve; the 0.7 curve **18.21** 30% **18.23 b.** I , 74.72; II, 103.98; III, 123.76; IV, 97.54 **18.25 a.** J, 100.50; F, 94.33; M, 103.16; A, 103.60; M, 98.06; J, 100.55; J, 98.17; A, 98.38; S, 96.86; O, 108.84; N, 93.20; D, 104.35 **18.27** $192.0 thousand, $201.6 thousand **18.29** 1213.2; 1541.2 **18.31** $69.43 billion **18.33** 39.655 quadrillion Btu **18.35** 189,000 gallons **18.39** quadratic, quadratic **18.41** quadratic, quadratic **18.45** 0.58, positive autocorrelation **18.47 a.** inconclusive **b.** inconclusive **18.49** $y_t = -1.51 + 1.119y_{t-1}$; 288.5 **18.51** $y_t = 525.6 + 0.812y_{t-1}$; 2895.5; MAD = 100.5 **18.53** 100 **18.55** best: leisure and hospitality; worst: construction **18.57** $114,364. **18.59** Army = 476.29 + 5.4643x; 558.25 thousand **18.61** Restaurants = −1408.0 + 1206.50x − 9.92905x^2; 25,851 restaurants **18.63 a.** AvgBill = 31.4743 + 1.62536x; $55.855 **b.** AvgBill = 31.0071 + 1.93679x − 0.038929x^2; $51.300 **c.** quadratic, quadratic **18.67** I, 95.14; II, 89.69; III, 95.64; IV, 119.53 **18.69** I, 192.88; II, 63.87; III, 30.14; IV, 113.11 **18.71** I, 94.68; II, 93.54; III, 111.05; IV, 100.73 **18.73** I, 72.50; II, 83.11; III, 111.16; IV, 132.77 **18.75** I, 71; II, 91; III, 104; IV, 66 **18.77** Cost = 38.3268 + 0.794341x + 0.0538258x^2; Cost = 37.1427 + 1.38642x; quadratic **18.83** DW statistic = 0.48; positive autocorrelation **18.85** $CPI_t = 2.0216 + 1.01812*CPI_{t-1}$; MAD = 1.388; 213.08 **18.87** 6.36% increase

Chapter 19

19.9 0, 2000, 2000 shirts **19.11 a.** maximax **b.** maximax **c.** maximin **19.13** purchase, do not purchase, purchase **19.17** make claims, $600 **19.19** design B, $7.6 million **19.21** direct, 31.5 minutes, 0.5 minutes **19.25** A or C, $12,800, $12,800 **19.27** direct, 0.5 minutes; longer, 9.0 minutes **19.29** 296 cod **19.31** 3520 programs **19.33** 7 units **19.35** current; Dennis; Dennis **19.37** DiskWorth; ComTranDat; ComTranDat

Chapter 20

20.35 0.0026 **20.39** in control **20.41** out of control **20.43** out of control **20.45** LCL = 0, UCL = 0.088 **20.47** LCL = 0, UCL = 15.72 **20.49** centerline = 0.197; LCL = 0.113; UCL = 0.282; in control **20.51** centerline = 4.450; LCL = 0; UCL = 10.779; out of control **20.53** in control **20.55** no **20.57** 0.89; not capable **20.59** yes; mean chart failed test #1 at sample 6 **20.61** yes; mean chart failed tests #1 and #5 at sample 5 **20.63 a.** in control **b.** yes, 0.65; not capable **20.69** *c*-chart **20.71** 1.07; capable **20.73** centerline = 0.05225; LCL = 0.00504; UCL = 0.09946; in control **20.75** in control **20.77** centerline = 0.0988; LCL = 0.0355; UCL = 0.1621; in control **20.79** yes, 0.74; not capable

찾아보기
INDEX

ㅅ

ㅍ

ㅎ

기타

A

B

C

D

E

F

T

U

V

W

Z